LICENCIAMENTO AMBIENTAL

EDUARDO FORTUNATO BIM

Talden Farias
Prefácio

LICENCIAMENTO AMBIENTAL

6ª edição

Belo Horizonte

2024

© 2014 Editora Lumen Juris
2015 2ª edição
2016 3ª edição
© 2018 4ª edição Editora Fórum Ltda.
2019 5ª edição
2024 6ª edição

É proibida a reprodução total ou parcial desta obra, por qualquer meio eletrônico, inclusive por processos xerográficos, sem autorização expressa do Editor.

Conselho Editorial

Adilson Abreu Dallari	Floriano de Azevedo Marques Neto
Alécia Paolucci Nogueira Bicalho	Gustavo Justino de Oliveira
Alexandre Coutinho Pagliarini	Inês Virgínia Prado Soares
André Ramos Tavares	Jorge Ulisses Jacoby Fernandes
Carlos Ayres Britto	Juarez Freitas
Carlos Mário da Silva Velloso	Luciano Ferraz
Cármen Lúcia Antunes Rocha	Lúcio Delfino
Cesar Augusto Guimarães Pereira	Marcia Carla Pereira Ribeiro
Clovis Beznos	Márcio Cammarosano
Cristiana Fortini	Marcos Ehrhardt Jr.
Dinorá Adelaide Musetti Grotti	Maria Sylvia Zanella Di Pietro
Diogo de Figueiredo Moreira Neto (*in memoriam*)	Ney José de Freitas
Egon Bockmann Moreira	Oswaldo Othon de Pontes Saraiva Filho
Emerson Gabardo	Paulo Modesto
Fabrício Motta	Romeu Felipe Bacellar Filho
Fernando Rossi	Sérgio Guerra
Flávio Henrique Unes Pereira	Walber de Moura Agra

Luís Cláudio Rodrigues Ferreira
Presidente e Editor

Coordenação editorial: Leonardo Eustáquio Siqueira Araújo
Aline Sobreira de Oliveira

Rua Paulo Ribeiro Bastos, 211 – Jardim Atlântico – CEP 31710-430
Belo Horizonte – Minas Gerais – Tel.: (31) 99412.0131
www.editoraforum.com.br – editoraforum@editoraforum.com.br

Técnica. Empenho. Zelo. Esses foram alguns dos cuidados aplicados na edição desta obra. No entanto, podem ocorrer erros de impressão, digitação ou mesmo restar alguma dúvida conceitual. Caso se constate algo assim, solicitamos a gentileza de nos comunicar através do *e-mail* editorial@editoraforum.com.br para que possamos esclarecer, no que couber. A sua contribuição é muito importante para mantermos a excelência editorial. A Editora Fórum agradece a sua contribuição.

Dados Internacionais de Catalogação na Publicação (CIP) de acordo com ISBD

B611l

    Bim, Eduardo Fortunato

    Licenciamento ambiental / Eduardo Fortunato Bim. -- 6. ed. --. Belo Horizonte: Fórum, 2024.

    558p. 17x24cm

    ISBN 978-65-5518-666-6

    1. Direito à saúde. 2. Direito administrativo. 3. Direito financeiro. I. Título.

CDD: 344.046
CDU: 349.6

Ficha catalográfica elaborada por Lissandra Ruas Lima – CRB/6 – 2851

Informação bibliográfica deste livro, conforme a NBR 6023:2018 da Associação Brasileira de Normas Técnicas (ABNT):

BIM, Eduardo Fortunato. *Licenciamento ambiental*. 6. ed. Belo Horizonte: Fórum, 2024. 558p. ISBN 978-65-5518-666-6.

LISTA DE SIGLAS E ACRÔNIMOS

AAAS – Avaliação Ambiental de Área Sedimentar

AAE – Avaliação Ambiental Estratégica

AAI – Avaliação Ambiental Integrada

ADI – Ação Direta de Inconstitucionalidade

AEC – Atomic Energy Commission

AGU – Advocacia-Geral da União

AHE – Aproveitamentos Hidrelétricos

AIA – Avaliação de Impacto Ambiental

ALA – Autorização para Licenciamento Ambiental

Anatel – Agência Nacional de Telecomunicações

Aneel – Agência Nacional de Energia Elétrica

ANP – Agência Nacional do Petróleo, Gás Natural e Biocombustíveis

ANTAQ – Agência Nacional de Transportes Aquaviários

APA – Área de Proteção Ambiental ou *Administrative Procedure Act*

APP – Área de Preservação Permanente

AS – Avaliação de Sustentabilidade

ASV – Autorização de Supressão de Vegetação

BATNEEC – Best Available Technology Not Entailing Excessive Costs

CAL. – *Supreme Court of California* (Tribunal de Justiça da Califórnia)

Cetesb – Companhia Ambiental do Estado de São Paulo

CDB – Convenção sobre Diversidade Biológica

CEQ – Council on Environmental Quality

CEQA – California Environmental Quality Act

CF – Constituição Federal

CFR – Code of Federal Regulations

CGEN – Conselho de Gestão do Patrimônio Genético

CGU – Consultoria-Geral da União

Cir. – *Circuit Court* (Tribunal Regional Federal dos EUA)

CNEN – Comissão Nacional de Energia Nuclear

Conama – Conselho Nacional do Meio Ambiente

CONJUR – Consultoria Jurídica

CPA – Código de Procedimento Administrativo

CPC – Código de Processo Civil
CTN – Código Tributário Nacional
CTNBio – Comissão Técnica Nacional de Biossegurança
CWA – Clean Water Act
EIA – Estudo de Impacto Ambiental
EIBH – Estudo Integrado de Bacias Hidrográficas
EPA – Environmental Protection Agency
ETE – Exame Técnico Estadual
ETM – Exame Técnico Municipal
FAA – Federal Aviation Administration
FCA – Ficha de Caracterização da Atividade
FCP – Fundação Cultural Palmares
Funai – Fundação Nacional do Índio
Ibama – Instituto Brasileiro do Meio Ambiente e dos Recursos Naturais Renováveis
ICMBio – Instituto Chico Mendes de Conservação da Biodiversidade
IN – Instrução Normativa
Iphan – Instituto de Patrimônio Histórico e Artístico Nacional
LC – Lei Complementar
LP – Licença Prévia
LI – Licença de Instalação
LO – Licença de Operação
MINC – Ministério da Cultura
MJ – Ministério da Justiça
MMA – Ministério do Meio Ambiente
MME – Ministério de Minas e Energia
MPOG – Ministério do Planejamento, Orçamento e Gestão
MS – Ministério da Saúde
NEPA – National Environmental Protect Act
NIMBY – Not in My Back Yard
NRC – Nuclear Regulatory Commission
OEMA – Órgão Estadual de Meio Ambiente
OGM – Organismo Geneticamente Modificado
OMS – Organização Mundial de Saúde
OIT – Organização Internacional do Trabalho
OJN – Orientação Jurídica Normativa
PA – Processo Administrativo
PAD – Processo Administrativo Disciplinar
PCH – Pequenas Centrais Hidrelétricas

PFE-Ibama – Procuradoria Federal Especializada junto ao Ibama

PGE – Procuradoria-Geral do Estado

PGF – Procuradoria-Geral Federal

PMFS – Plano de Manejo Florestal Sustentável

PNPS – Política Nacional de Participação Social

PRAD – Projeto de Recuperação de Área Degradada

RI – Regimento Interno

RPPN – Reserva Particular do Patrimônio Natural

SEA – Strategic Environmental Assessment

SEIS – Suplementary EIS

SIB – Sistema de Informações em Biossegurança

SPI – Secretaria de Planejamento e Investimentos Estratégicos

Sisnama – Sistema Nacional do Meio Ambiente

STA – Supremo Tribunal Administrativo (Portugal)

TCU – Tribunal de Contas da União

TI – Terra Indígena

TJSP – Tribunal de Justiça de São Paulo

TRF – Tribunal Regional Federal

UC – Unidade de Conservação

UHE – Usinas Hidrelétricas

ZA – Zona de Amortecimento

ZEE – Zoneamento Ecológico-Econômico

SUMÁRIO

PREFÁCIO
Talden Farias 19

APRESENTAÇÃO DA SEXTA EDIÇÃO 23

INTRODUÇÃO 25

CAPÍTULO I
CARACTERÍSTICAS DO PROCESSO DECISÓRIO DO LICENCIAMENTO
AMBIENTAL..27

1.1	Sobre o papel estatal de balancear valores complexos e a má compreensão do menor impacto ambiental possível no licenciamento ambiental 27	
1.1.1	*In dubio pro natura* ou ambiente? 41	
1.2	Aspectos procedimentais do processo decisório no licenciamento ambiental..........44	
1.2.1	A dinamicidade do licenciamento ambiental...47	
1.2.2	Do negócio jurídico processual no licenciamento ambiental......................49	
1.2.3	Da impossibilidade de sanções políticas no processo de licenciamento ambiental ..49	
1.3	Espécies da autorização ambiental *lato sensu*: distinção entre o licenciamento ambiental e outras autorizações ambientais específicas (*stricto sensu*).........51	
1.4	O *mito status* quo do mundo e seu impacto no licenciamento ambiental 53	
1.5	O mito do licenciamento ambiental onisciente e exauriente: limites de cognoscibilidade e os engenheiros de obra pronta (*captain hindsight*).........................55	
1.5.1	Os estudos ou licenças ambientais não são garantidores de certas previsões ou seguradores universais 58	
1.5.2	O suposto desvio dos estudos ambientais por danos constatados *a posteriori* 58	
1.5.3	Os custos envolvidos nas especulações efetuadas nos estudos ambientais 59	
1.6	A incompletude e a incerteza científica, a ciência como política e a ausência de neutralidade científica 59	
1.7	A ascensão do risco, a mediação do princípio da precaução entre o Direito e a ciência e a judicialização da ciência 64	
1.8	O confronto entre a ciência e o direito: inviabilidade de uma abordagem maniqueísta 66	
1.9	A impossibilidade de seguir os modismos científicos pela constante mutação do estado da técnica..69	

1.10	O licenciamento ambiental como redentor ou guardião das políticas públicas a cargo de outros órgãos e entidades públicas	71
1.11	O prestígio do princípio da precaução pelo licenciamento ambiental: inexistência de risco zero e de presunção de desobediência futura à legislação ambiental	72
1.12	Inexistência de impacto ou poluição zero no licenciamento ambiental: diferença entre dano e impacto ambiental	80
1.13	A licença ambiental não substitui outras licenças exigidas pelo ordenamento jurídico	81

CAPÍTULO II
CONFLITOS ADMINISTRATIVOS E LEGISLATIVOS NO LICENCIAMENTO AMBIENTAL 83

2.1	Licenciamento ambiental e fiscalização no cenário pós LC nº 140/11: conflitos administrativos	83
2.1.1	A presunção de licitude da licença ou autorização ambientais e a vedação ao uso da autoexecutoriedade administrativa	85
2.1.2	Prevalência da competência fiscalizatória do ente competente para licenciar ou autorizar (fiscalização primária)	87
2.1.2.1	A concorrência entre autuações do mesmo ente federativo: Ibama *v*. ICMBio	94
2.1.3	Competência administrativa de outro ente da federação	96
2.1.4	Fiscalização ambiental, competência comum e o princípio da subsidiariedade	96
2.1.5	A autuação pelos órgãos gestores das unidades de conservação e a LC nº 140/11	104
2.2	Conflitos legislativos no licenciamento ambiental	107
2.2.1	Inexistência de um cânone hermenêutico da aplicação ou prevalência da norma ambiental mais restritiva ou protetiva	107
2.2.2	Impossibilidade de os entes locais imporem ritos ambientais ao ente federal, e vice-versa, exceto, nesse caso, por legislação nacional	119

CAPÍTULO III
COMPETÊNCIA NO LICENCIAMENTO AMBIENTAL 123

3.1	O licenciamento único, o sobreposto/múltiplo e o integrado/complexo	126
3.2	A mudança do critério pela LC nº 140/11: abandono do critério de abrangência do impacto para delimitar a competência da União (Lei nº 6.938/81, art. 10, §4º, e Res. Conama nº 237/97, art. 4º, *caput*)	133
3.3	A influência direta para mensurar os impactos ambientais	136
3.4	A interpretação restritiva para a aferição de competência em rol taxativo (União e Municípios)	138
3.5	A inexistência de competência federal em razão da dominialidade do bem e a questão do patrimônio nacional (CF, art. 225, §4º)	143
3.6	Inexistência de licenciamento por decurso de prazo (silêncio administrativo)	146
3.7	A competência ou atuação supletiva e a subsidiária prevista na LC nº 140/11	148
3.7.1	Decurso do prazo para licenciamento e competência supletiva	148

3.7.2	Inexistência de competência supletiva por ilegalidade na condução do licenciamento ambiental	149
3.8	Generalidades sobre a tipologia estabelecida por ato do Poder Executivo (Decreto nº 8.437/15)	150
3.9	Comentários sobre algumas situações de competência da União (LC nº 140, art. 7º, XIV)	152
3.9.1	Atividades militares e a dispensa de licenciamento das atividades de preparo e emprego	152
3.9.2	Terra-mar *v.* mar territorial, plataforma continental e zona econômica exclusiva	158
3.10	Da delegação do licenciamento ambiental	160
3.11	Da tipologia do impacto local: limites à tipologia do Consema (LC nº 140, art. 9º, XIV, *a*)	165
3.12	A autorização direta do gestor da unidade de conservação (IN ICMBio nº 19/2022) e a dispensa de licença ambiental, com anuência do Ibama, da Lei nº 11.516/07 (art. 14-C, §4º) e INC Ibama/ICMBio nº 03/23	167

CAPÍTULO IV
INTERVENÇÃO DE OUTROS ÓRGÃOS E INSTITUIÇÕES NO LICENCIAMENTO AMBIENTAL 171

4.1	O licenciamento ambiental não é tutor de outras autorizações administrativas (*v.g.* SPU), ainda que ambientais, ou de questões dominiais ou possessórias	172
4.2	A atuação de órgãos externos no licenciamento ambiental: regra da não vinculatividade (LC nº 140/11, art. 13, §1º)	173
4.2.1	Da ausência de poder dos intervenientes de impor condicionantes ou obstar o licenciamento ambiental	175
4.2.2	Intervenientes não podem impor seu rito ao processo decisório do órgão licenciador	176
4.3	As autorizações para o licenciamento ambiental da Lei do Snuc	177
4.3.1	Casos de autorização para licenciamento ambiental (ALA): impacto ambiental significativo	177
4.3.1.1	Apenas para licenciamento ambiental, não para autorizações diversas (Autorização para Supressão de Vegetação – ASV)	183
4.3.2	Momento da autorização para o licenciamento ambiental: impossibilidade de antecipá-la	184
4.3.3	Autoridade competente para expedir a ALA	187
4.3.4	Vinculantes ou opinativas?	188
4.3.5	Omissão no cumprimento do prazo para manifestação	191
4.3.6	Condições técnicas que deverão ser incorporadas nas licenças: condicionantes e mitigantes	193
4.3.6.1	A alteração das condicionantes e mitigantes pelo órgão gestor da UC e a revogação da autorização para licenciamento ambiental	194
4.3.7	A ALA não pode substituir política pública do órgão gestor da UC	194
4.3.8	Mora administrativa na análise para expedição de eventual ALA	195
4.4	O Exame Técnico Estadual (ETE) e Municipal (ETM)	195

4.5	A certidão de uso e ocupação do solo	196
4.6	A interveniência do Iphan e a terceirização do trabalho arqueológico	202
4.7	Submissão de licença ao Legislativo ou a consulta popular	205

CAPÍTULO V
OS ESTUDOS AMBIENTAIS: SUBSÍDIOS AO PROCESSO DECISÓRIO DO LICENCIAMENTO AMBIENTAL 207

5.1	A relação entre o licenciamento (processo), os estudos ambientais (subsídios ou atos instrutórios) e o projeto licenciado	208
5.2	A área de influência do empreendimento: ADA (Área Diretamente Afetada), AID (Área de Influência Direta) e AII (Área de Influência Indireta)	212
5.3	Utilização de dados secundários nos estudos ambientais	214
5.4	A ausência de caráter vinculante dos estudos ambientais e dos pareceres técnicos ao órgão licenciador: a compreensão do processo decisório do licenciamento ambiental	217
5.5	A presunção relativa do rol do artigo 2º da Resolução Conama nº 1/86 e da legislação esparsa: a necessária fase de triagem (*screening*)	219
5.6	O aproveitamento dos estudos ambientais em outros empreendimentos ou atividades	227
5.7	Sinergia entre estudos ambientais e licenças a serem expedidas: possível simplificação pela existência de estudos prévios?	227
5.8	Desmembramento ou compartimentação v. fracionamento do licenciamento ambiental (Res. Conama nº 237/97, art. 12, *caput*): reflexo nos estudos ambientais	229
5.9	Estudos ambientais complementares	233
5.9.1	Alteração do empreendimento na fase da LI ou LO	234
5.9.2	Após a autorização ou a implantação do empreendimento e os princípios da precaução ou prevenção: complementação e o EIA *a posteriori*	236
5.10	A ausência do direito de acompanhar os estudos ambientais por meio de assistente técnico	238
5.11	Equipe do EIA: necessidade de técnicos da área de estudos?	238
5.12	Necessidade de unanimidade quanto ao resultado dos estudos ambientais?	239
5.13	Os impactos cumulativos e sinérgicos	239
5.14	Estudos ambientais dentro de unidades de conservação	245

CAPÍTULO VI
AS ALTERNATIVAS TÉCNICAS E LOCACIONAIS NOS ESTUDOS AMBIENTAIS 249

6.1	As espécies de alternativas tecnológicas e locacionais e a sua previsão no processo decisório ambiental brasileiro	250
6.1.1	As alternativas tecnológicas e locacionais no EIA (Res. Conama nº 1/86, art. 5º, I) e a alternativa zero (ou de não ação)	251
6.1.2	A alternativa técnica para intervenção em APP	252
6.1.3	Supressão de vegetação no bioma Mata Atlântica	254

6.2	A necessária razoabilidade nas alternativas tecnológicas e locacionais do EIA: todas as alternativas razoáveis	255
6.2.1	O conceito de alternativa	256
6.2.2	Somente as alternativas razoáveis, praticáveis e consistentes com as diretrizes políticas básicas	258
6.2.3	A vedação de interferir nas escolhas políticas ou administrativas mediante alternativas tecnológicas ou locacionais	262
6.2.4	O critério qualitativo das alternativas e a imanente questão da metodologia	263
6.2.4.1	A crítica metodológica efetuada por órgãos estatais não responsáveis pelo licenciamento ambiental	267
6.2.5	Alteração das alternativas inicialmente analisadas e a necessidade de estudos ambientais complementares: mesclagem ou subconjunto	268

CAPÍTULO VII
AS CONDICIONANTES E AS MITIGANTES NO LICENCIAMENTO AMBIENTAL 271

7.1	As mitigantes	272
7.1.1	Hierarquia ou sequência de mitigação e seus problemas	273
7.1.2	A razoabilidade nas mitigantes	275
7.1.3	A importância da fase de acompanhamento: monitoramento ambiental	276
7.2	O órgão competente para impor as condicionantes: órgão licenciador e/ou intervenientes?	277
7.2.1	A fiscalização de condicionantes por outro órgão do Sisnama	278
7.3	Inexistência de ato jurídico perfeito ou direito adquirido às condicionantes ambientais	278
7.4	O cumprimento das condicionantes ambientais: dinamicidade e gerenciamento dos impactos	278
7.4.1	Os Acórdãos nº 1147/2005-P e nº 1869/2006-P do Tribunal de Conta da União (TCU)	284
7.5	A condicionante deve ter relação direta e proporcional com o impacto ambiental adverso	284
7.5.1	As condicionantes sociais e as substituições de soluções do direito positivo (*v.g.*, desapropriações e remoções)	289
7.6	Condicionantes imorais	300
7.7	A nulidade de condicionante acarreta a da licença?	301
7.8	Alterações de estudos ambientais e impacto sobre as condicionantes	301
7.9	O descumprimento das condicionantes e a nulidade da licença	302

CAPÍTULO VIII
LICENCIAMENTO AMBIENTAL E DIREITO INTERTEMPORAL: A LEI AMBIENTAL NO TEMPO 303

8.1	A aplicação dos critérios da LC nº 140/11 no tempo (art. 18)	303

8.1.1	A regra de transitoriedade do artigo 18, *caput*, não subverte a lógica da LC nº 140/11	304
8.1.2	As regras de transição dos parágrafos do artigo 18: vedação de exegese retrospectiva	307
8.1.2.1	A intertemporalidade na tipologia do artigo 7º, XIV, "h", e parágrafo único	309
8.2	A licença ambiental e o regime jurídico do ato ambiental	311
8.2.1	A compreensão da vedação do retrocesso e a alteração da legislação ambiental	320
8.2.2	A questão no direito sancionador: *novatio legis in mellius*?	323

CAPÍTULO IX
TRIAGEM, TITULARIDADE, FASES E LICENCIAMENTO AMBIENTAL CORRETIVO 327

9.1	Triagem do que deve ser licenciado e as competências legislativas no Estado federal	328
9.1.1	Os projetos de recuperação ambiental	331
9.1.2	A dispensa do licenciamento ambiental diante da emergência	332
9.2	Alteração de titularidade da licença ou do licenciamento ambiental	333
9.3	Validade de a execução ser efetuada por preposto do empreendedor, titular da licença ambiental	335
9.4	A LI ou LO por etapas ou parcial: o licenciamento ambiental por fases ou etapas	336
9.5	Expedição de licença de instalação ou de operação após o prazo de validade da licença predecessora: mora administrativa e licenciamento ambiental por fases	341
9.6	Alteração do empreendimento nas fases da LI ou LO	351
9.7	A licença ambiental corretiva (retificadora, tardia ou *a posteriori*)	352
9.8	Pedido de renovação da licença ambiental em menos de 120 dias de seu vencimento (LC nº 140, art. 14, §4º)	357
9.9	Mito do licenciamento ambiental trifásico como único meio apto ao meio ambiente ecologicamente equilibrado e sua origem	361
9.10	Licenciamento por adesão ou compromisso (praticabilidade nos atos estatais)	362
9.11	O descomissionamento (desinstalação ou desativação) do empreendimento ou atividade	364

CAPÍTULO X
DA PARTICIPAÇÃO POPULAR NO LICENCIAMENTO AMBIENTAL 367

10.1	As consultas e audiências públicas no licenciamento ambiental	368
10.1.1	A regra da participação administrativa (administração pública democrática): não orgânica, não vinculante e facultativa	368
10.1.2	Panorama geral das audiências públicas	375
10.1.2.1	Direito de participação, não ao devido processo legal	375
10.1.2.2	A exceção da obrigatoriedade e regra da facultatividade da realização das audiências públicas	377
10.1.2.3	Finalidade	377

10.1.2.4	Desnecessidade de sobrecarregar a publicidade em relação ao tema da audiência pública	379
10.1.2.5	Prazo para solicitação de realização e distinção com divulgação (mito dos 45 dias para a convocação)	380
10.1.2.6	Publicidade	383
10.1.2.7	Limitações materiais para as audiências públicas	384
10.1.2.8	Ordem dos trabalhos e poder de polícia	384
10.1.2.9	Prolongamento e número de audiências públicas: discricionariedade administrativa	387
10.1.2.10	Área de influência do empreendimento, número e local de realização: desnecessidade em cada cidade afetada pelo ato estatal	387
10.1.2.11	Tumultos e abuso de poder participativo: desaforamento, substituição por outros meios participativos e *ad impossibilia nemo tenetur*	390
10.1.2.12	Vinculatividade e diferenciação do plebiscito	393
10.1.2.13	Desnecessidade da oralidade bilateral	396
10.1.3	A audiência pública do processo de licenciamento ambiental	398
10.1.3.1	A pluralidade de vias participativas no licenciamento ambiental: publicação da licença, comentários e eventuais audiências públicas	399
10.1.3.2	Inexistência de direito potestativo à audiência pública e discricionariedade numérica	402
10.1.3.2.1	Eventual obrigatoriedade de realizar audiência pública mediante pedido da sociedade (Resolução Conama nº 9/87, art. 2º)	405
10.1.3.3	Ausência da audiência ou defeito em sua confecção	406
10.1.3.4	Publicação, convocação e imprensa local	407
10.1.3.5	Divulgação das informações necessárias à audiência pública	409
10.1.3.6	Momento da audiência pública ambiental: após o aceite ou após a entrega das complementações?	409
10.1.3.7	Audiências públicas conjuntas	410
10.1.4	Informalismo, impacto de outros meios participativos e convalidação das audiências públicas	412
10.2	A participação dos povos indígenas e tribais: oitivas na Convenção 169 da OIT, Constituição Federal e IN Funai nº 01/2012	415
10.2.1	Natureza política da autorização do Congresso Nacional, o julgamento Raposa Serra do Sol e o posicionamento da AGU na oitiva dos povos indígenas	415
10.2.2	Âmbito de aplicação da Convenção OIT nº 169: conceito de povos tribais e indígenas	418
10.2.3	A questão da oitiva (coleta de opinião) dos povos indígenas (Convenção OIT nº 169 e CF, art. 231, §3º): natureza de consulta e não de consentimento prévio	421
10.2.3.1	A diferença entre a consulta prévia do artigo 6º, 1, "a", e a do artigo 15, 2, da Convenção OIT nº 169	426
10.2.4	Diferença entre a oitiva das comunidades indígenas e tribais e as audiências públicas	430

10.2.5	Oitiva somente quando empreendimento (de exploração de recursos) estiver em terras indígenas ou tribais: insuficiência do impacto direto	430
10.2.6	Necessidade de oitiva para implementar a obra, não para autorizá-la, ainda que condicionalmente, e nem para efetuar estudos de viabilidade	433
10.2.7	A representatividade dentro da comunidade indígena ou tribal e a boa-fé	434
10.2.8	A necessidade de procedimentos prévios para a consulta e a razoabilidade do prazo: vedação do abuso de direito ou dos atos emulativos	435
10.2.9	A possibilidade de delegação da oitiva das comunidades indígenas pelo Congresso	438
10.2.10	A participação da Funai no processo de licenciamento ambiental (IN Funai nº 01/2012) e a oitiva dos povos indígenas nesse processo	439
10.2.10.1	O fundamento normativo da IN Funai nº 01/2012: Portaria Interministerial MMA/MJ/MinC/MS nº 419/2011 (atual Portaria Interministerial MMA/MJ/MinC/MS 60/2015)	439
10.2.10.2	A federalização do licenciamento, do caráter auxiliar da Funai no licenciamento ambiental e a questão do termo de referência específico	441
10.2.10.3	Os motivos que autorizam a Funai a intervir no licenciamento ambiental	442
10.2.10.4	A consulta às comunidades indígenas: legalidade do reforço participativo?	443

CAPÍTULO XI
CONVALIDAÇÃO DO LICENCIAMENTO AMBIENTAL EFETUADO POR ÓRGÃO INCOMPETENTE 445

11.1	Considerações gerais sobre o licenciamento ambiental no âmbito do processo administrativo (ato e procedimento)	445
11.1.1	As formas de deslocamento e a singularidade das decisões judiciais na questão do vício de competência do licenciamento ambiental	447
11.1.2	A indesejabilidade do deslocamento da competência de licenciamento ambiental – diretriz enunciada na LC nº 140/11 (art. 18)	448
11.1.3	A continuidade normativa e a convalidação quando houver deslocamento de competência	449
11.2	A convalidação como mecanismo de restauração da legalidade: superação da dicotomia entre atos nulos e anuláveis	449
11.3	A convalidação do vício de competência no licenciamento ambiental	453
11.4	A competência indelegável ou exclusiva e a impugnação do ato como óbices a sua não convalidação	457
11.5	A discricionariedade administrativa na autotutela administrativa (anulação ou convalidação)	461
11.6	Convalidação de outros aspectos do licenciamento ambiental	463
11.7	A motivação da convalidação e a inexistência de perfeita simetria	464

CAPÍTULO XII
CONTROLE JURISDICIONAL DO LICENCIAMENTO AMBIENTAL 465

12.1	O controle judicial em matéria procedimental: o exemplo da Suprema Corte estadunidense em Vermont Yankee *v.* NRDC (1978)	466

12.1.1	Críticas às decisões judiciais sobre audiências públicas	473
12.1.1.1	O caso da eleição do Conselho Gestor da APA Costa Brava	473
12.1.1.2	O caso do tombamento provisório do encontro das águas dos rios Negro e Solimões	474
12.1.1.3	O emblemático caso das audiências públicas do Porto Sul/BA	478
12.2	O controle substancial do licenciamento ambiental: o processo judicial como foro inadequado para resolver disputas entre cientistas ou metodologias científicas	483
12.2.1	O controle sobre a necessidade e a escolha (triagem) de estudo ambiental adequado (EIA, RCA, PCA, RAP etc.)	498
12.2.2	Os laudos efetuados para contestar as análises ambientais e a divergência dentro da própria Administração Pública	504

CAPÍTULO XIII
AVALIAÇÃO AMBIENTAL ESTRATÉGICA (AAE) E AVALIAÇÃO AMBIENTAL INTEGRADA (AAI) 509

13.1	Avaliação ambiental estratégica (AAE), integrada (AAI) e a sua equivocada contextualização no licenciamento ambiental: AAE subsidia política pública	510
13.1.1	A AAE é estudo que orienta a política, não é a política em si, e a excessiva confiança na AAE	513
13.2	Os argumentos para exigir a AAE como requisito para o licenciamento estatal	515
13.3	Ausência de exclusividade da AAE para mensurar impactos cumulativos e sinérgicos e o pleno controle dos impactos ambientais no licenciamento ambiental sem ela	515
13.3.1	O argumento da relação entre as partes e o todo	520
13.3.2	A desnecessidade do Zoneamento Ecológico-Econômico/agroecológico para a licença ambiental	521
13.4	A AAE como espécie da avaliação de impacto ambiental (AIA)? Possibilidade de criação por ato infralegal? Por quem?	521
13.4.1	A situação da AAE nos EUA e a diferença com a possibilidade regulatória brasileira	526
13.4.2	A impossibilidade de exigir a AAE baseada na mera discricionariedade técnica do órgão ambiental	528
13.5	Autocontenção judicial no procedimento administrativo de licenciamento ambiental: impossibilidade de exigir a AAE	530

CONCLUSÕES 537

REFERÊNCIAS 539

PREFÁCIO

Foi com enorme satisfação que eu aceitei o convite para escrever o prefácio do livro *Licenciamento ambiental*, escrito por Eduardo Fortunato Bim, já na sua primeira edição. Tal contentamento se deu em razão da pessoa do autor, do tema do livro e da qualidade e originalidade do texto.

O Prof. Eduardo é um estudioso do Direito Público em geral, e em particular do Direito Ambiental. Chama a atenção a forma aprofundada com que aborda os mais variados temas, tendo em vista a sua vasta bagagem de leitura na área. A sua maior marca, no entanto, é a originalidade, já que sua interpretação dos institutos jurídicos é crítica, sempre fugindo do lugar-comum. Membro da Advocacia-Geral da União (AGU), já tendo exercido o cargo de Procurador Federal junto ao Ibama, bem como de Presidente desta autarquia ambiental, ele possui também grande vivência prática na área. O tema abordado no livro, por sua vez, é tão relevante que diversos autores chegam a considerá-lo o principal instrumento público de gestão ambiental. Com efeito, o licenciamento ambiental é o mecanismo mediante o qual o Poder Público procura controlar as atividades que degradam ou que simplesmente podem degradar o meio ambiente, tendo em vista o direito fundamental ao meio ambiente equilibrado previsto no *caput* do art. 225 da Constituição da República. Tal função de controle está expressamente estabelecida no inciso V do §1º do dispositivo constitucional citado, ao rezar que, para assegurar a efetividade desse direito, incumbe ao Poder Público "controlar a produção, a comercialização e o emprego de técnicas, métodos e substâncias que comportem risco para a vida, a qualidade de vida e o meio ambiente". Sua importância é tamanha que a instalação ou o funcionamento de alguma atividade atrelada a ele sem a devida licença ambiental, ou em desacordo com a ela, estão sujeitos ao enquadramento nas esferas administrativa e criminal, além das reprimendas do próprio mercado, o qual já passa a enxergar tais atos administrativos como verdadeiros ativos empresariais. Não é por outra razão que cada vez mais a doutrina e a jurisprudência se debruçam sobre o assunto.

Entretanto, como se cuida do instrumento considerado mais efetivo da Política Nacional do Meio Ambiente, o qual, inclusive, se presta a preencher lacunas deixadas pela aplicação insuficiente dos demais instrumentos, diuturnamente surgem novas dúvidas e polêmicas a respeito do licenciamento ambiental. Como consequência natural, cria-se a necessidade de se ter uma abordagem doutrinária renovada que ultrapasse as discussões propedêuticas ou meramente teóricas relacionadas ao tema, a exemplo do conceito e dos fundamentos do licenciamento ambiental ou da natureza jurídica da licença ambiental. Afinal de contas, provavelmente mais do que os outros ramos da Ciência Jurídica, o Direito Ambiental só se justifica se estiver em compasso com a realidade, visto que o seu objetivo é defender o meio ambiente e a qualidade de vida da coletividade dentro de um panorama de crise ambiental.[1]

É exatamente nessa contextualização que ganha relevo a originalidade do texto da presente obra, que se caracteriza pela escolha de questões inéditas ou pouco exploradas, bem como pela abordagem singular de questões já deveras exploradas pela doutrina. No que diz respeito às questões inéditas, podem ser citadas a discussão sobre a convalidação do licenciamento ambiental efetuado por órgão incompetente, as alternativas técnicas e locacionais e a relação entre este mecanismo e a avaliação ambiental estratégica. Em relação às questões já exploradas pela doutrina, podem ser elencadas as sucessivas fases do licenciamento, a participação popular nessa modalidade de processo administrativo, a aplicação da lei ambiental no tempo e o controle jurisdicional, trazendo quanto a esse aspecto a discussão de *Vermont Yankee* e *Chevron USA. v. NRDC*, os dois precedentes mais famosos do Direito Ambiental e Administrativo estadunidenses.

Em suma, a obra não apenas promete, cumpre: não há nenhum capítulo que não verse sobre os pontos mais polêmicos do licenciamento ambiental na atualidade. Há, ainda, que se destacar o profundo domínio da doutrina, da jurisprudência e da legislação, sem deixar de fazer referência à valorização do Direito Comparado e à utilização dos pareceres e orientações jurídicas da advocacia pública federal e estadual.

O livro está organizado em treze capítulos, que abordam os temas mais instigantes relativos ao assunto, como as características do processo decisório do licenciamento ambiental, a fiscalização no licenciamento ambiental após a Lei Complementar nº 140/11, a competência no licenciamento ambiental, a intervenção de outros órgãos e instituições, as alternativas técnicas e locacionais nos estudos ambientais, o direito intertemporal ambiental, as questões que surgem das sucessivas fases do processo administrativo de licenciamento ambiental, a possibilidade de convalidação do licenciamento ambiental conduzido por órgão ambiental incompetente, a participação popular no licenciamento ambiental, o controle jurisdicional do licenciamento ambiental, os estudos ambientais e a avaliação ambiental estratégica. Cumpre dizer que ao longo das edições, os capítulos foram sendo ampliados e atualizados de maneira a abarcar não somente as novidades doutrinárias e jurisprudenciais, mas sobretudo as questões oriundas de sua experiência como Procurador do Ibama e, posteriormente, como Presidente mais longevo desta entidade, ocupando o cargo por quase 4 (quatro) anos. Nesse intuito caberia destacar os seguintes aspectos práticos: a ausência de poder dos intervenientes de impor condicionantes ou obstar o licenciamento ambiental, a impossibilidade de os intervenientes imporem seu rito ao órgão licenciador, a dispensa do licenciamento ambiental diante da emergência, a alteração de titularidade da licença ambiental, o mito do licenciamento ambiental trifásico como único meio apto e o descomissionamento do objeto licenciado, entre outros.

---

[1] BENJAMIN, Antonio Herman. Constitucionalização do ambiente e ecologização da Constituição brasileira. *In*: CANOTILHO, José Joaquim Gomes; LEITE, José Rubens Morato. *Direito constitucional ambiental brasileiro*. São Paulo: Saraiva, 2007, p. 67.

Apesar da formação jurídica do autor, a obra certamente interessará também aos mais variados consultores e técnicos que atuam na área ambiental, em função da transdisciplinaridade do assunto e da abordagem prática da obra. Na verdade, a sua leitura não deixa de ser uma espécie de curso prático, intensivo e aprofundado da política ambiental brasileira. O resultado é uma publicação inovadora, interdisciplinar, original e profunda, que indubitavelmente preencherá um espaço relevante no mercado editorial brasileiro. Por tudo isso, estão de parabéns o Prof. Eduardo e a Editora Fórum pelo importante contributo ao Direito Ambiental brasileiro.

João Pessoa/PB, 10 de janeiro de 2024.

Talden Farias

Pós-Doutor em Direito da Cidade pela UERJ. Doutor em Direito da Cidade pela UERJ. Doutor em Recursos Naturais pela UFCG. Mestre em Ciências Jurídicas pela UFPB. Advogado. Professor da graduação e da pós-graduação (mestrado e doutorado) da Direito da UFPB e da UFPE. Autor dos livros *Licenciamento ambiental*: aspectos teóricos e práticos (8ª ed. Fórum, 2022), *Introdução ao direito ambiental* (Del Rey, 2009) e *Direito ambiental*: tópicos especiais (UFPB, 2007). Organizador dos livros *Direito ambiental brasileiro* (2ª ed. RT, 2021) e *Direito ambiental*: o meio ambiente e os desafios da contemporaneidade (Fórum, 2010).

APRESENTAÇÃO DA SEXTA EDIÇÃO

Graças aos leitores, aos quais sou grato, vem a lume esta nova edição. Aqueles que estão familiarizados com as edições anteriores notarão que, embora a estrutura didática seja a mesma, o devido desafio de refinar, incorporar recentes precedentes jurisprudenciais, leis, pareceres da advocacia pública e aprofundar alguns tópicos permanece.

No que se refere à jurisprudência, destaque-se a inclusão do entendimento do Supremo Tribunal Federal nas ADPFs nºs 825 e 887 (avaliação ambiental estratégica do setor de óleo e gás – AAAS), também tratado pelo Parecer nº 14/2023/CGPP/DECOR/CGU/AGU, e nas ADIs nºs 4.757 (LC 140/11), 3.526 (Lei de Biossegurança) e 5.014 (validou licenciamento por adesão e compromisso para médio impacto ambiental). Merecem destaque as recentes decisões 2022-843 DC e 2023-1066 QPC do Conselho Constitucional francês sobre o status jurídico do dever de preservar o meio ambiente e do espaço de conformação do legislador ao aplicar corretamente o princípio da proporcionalidade.

No que diz respeito à legislação, detalhou-se o desdobramento da Lei da Liberdade Econômica (Lei nº 13.874/2019, art. 3º, XII) ao não mais exigir a certidão de uso e ocupação do solo no licenciamento ambiental, tal qual entenderam o Ibama, a Procuradoria do Inema, a Procuradoria-Geral do Espírito Santo, a Lei Estadual nº 18.350/22, de Santa Catarina (art. 35-A) e o Decreto Estadual do Rio de Janeiro nº 46.890/2019 (art. 33). Importante destacar a Lei nº 14.701/23 para o licenciamento ambiental ao regulamentar o uso e a gestão de terras indígenas, uma vez que esclareceu vários tópicos que geravam polêmicas, prevendo também o marco temporal, algo tratado pelo STF (RE-RG 1.017.365) em sentido diverso um mês antes.

Mantendo linguagem direta e objetiva, a obra foi enriquecida com novas referências bibliográficas, novos itens e aprofundamento de temas existentes.

Houve aprofundamentos nos seguintes temas: distinção entre licença ambiental e autorização; tratamento do risco; relação entre competência para licenciar e para fiscalizar após ADI nº 4757; o número de audiências públicas; dispensa no preparo e emprego; uso de dados secundários; posicionamento da Funai nos atos emulativos em consultas sob sua responsabilidade; desnecessidade de a licença prévia prever todas as mitigantes possíveis ou de condicionar o cumprimento de todas as exigências impostas nela para a expedição da licença de instalação; autorização direta do gestor da unidade de conservação (IN ICMBio 19/2022) e a dispensa de licença ambiental, com anuência do Ibama, da Lei nº 11.516/07 (art. 14-C, §4º) e INC Ibama/ICMBio 03/23; conceito de povos tribais para fins da Convenção OIT 169, constante da Orientação Jurídico Normativa 56/2022/PFE/IBAMA; tratamento da OJN 33/2022/PFE-ICMBio às condicionantes ambientais exigidas no licenciamento ambiental; exegese do STF no RE 1.379.751/PA (processo de consulta dos povos indígenas no licenciamento da UHE Belo Monte); alteração de projeto e comunicação ao órgão licenciador nas fases de LI e LO; distinção entre a aprovação prévia do órgão gestor da unidade de conservação nas hipótese do artigo 46 da Lei do Snuc e a autorização para a licença ambiental do artigo 36 da mesma lei constante na Orientação Jurídica Normativa 29/2021/PFE/ICMBio, bem como a sua regulamentação pela Portaria ICMBio 1.222/22, dentre outros temas; esclarecimentos da Orientação Jurídica Normativa 16/2020/PFE/ICMBio em relação à exigência pela gestão de APA de prévia submissão do licenciamento ambiental (ALA), ainda que o empreendimento ou a atividade estejam dentro da UC, no sentido de não poder ocorrer fora das hipóteses legais previstas nos artigos 36, §3º, e 46, *caput*, da Lei do Snuc, e da redação atual da Orientação Jurídica Normativa 07/2011 PFE/ICMBio, alterada no final de 2023.

Ressalte-se, ainda, a intenção primeira do autor de oferecer uma reflexão que agregue, ainda que com alguma polêmica, aspectos práticos e teóricos do instituto do licenciamento ambiental.

Por fim, não poderia deixar de agradecer a todos aqueles que, ao lerem o livro, contribuíram com observações e correções. Ao meu pai, uma especial menção; ao contínuo aprendizado proporcionado pelos servidores da Diretoria de Licenciamento Ambiental (Dilic) do Ibama e dos demais órgãos licenciadores.

INTRODUÇÃO

A pressão sobre o licenciamento ambiental aumenta diuturnamente, uma vez que é o principal instrumento da Lei da Política do Meio Ambiente regularmente aplicado. Esse fato faz com que naturalmente ele seja o palco para a resolução de questões ambientais que não deveriam ser por ele decididas, além de, adicionalmente, ser o lugar de deságue de inúmeros problemas sociais e estatais que somente seria possível se adotada uma concepção muito ampla de meio ambiente. Isso faz com que ele não seja apenas o instrumento mais litigioso da Política Nacional do Meio Ambiente, visto que diversas expectativas sociais recaem sobre o licenciamento ambiental, mas também que ele se desvie do seu leito.

Embora alguns temas do licenciamento ambiental façam parte do cotidiano dos órgãos licenciadores, de inúmeros processos judiciais e de recomendações do Ministério Público, eles não têm tido o merecido destaque doutrinário, fazendo com que cada problema seja enfrentado sem uma sistematização da matéria. Delimitar os horizontes das questões recorrentes do licenciamento ambiental bem como encorajar o enfrentamento delas no debate jurídico são as premissas motivadoras da presente obra.

O texto foi organizado de forma a possibilitar a compreensão de alguns dos tópicos polêmicos e malcompreendidos do licenciamento ambiental.

Dessa forma, trata-se da compreensão do processo decisório ambiental, do reconhecimento dos limites de cognoscibilidade e das naturais divergências metodológicas e científicas dos estudos e pareceres ambientais, bem como de suas relações com a incerteza e, consequentemente, com o princípio da precaução. A relação do licenciamento com a fiscalização ambiental e algumas questões da competência para licenciar antes e depois da LC nº 140/11 também são abordadas. Discorre-se sobre o papel e alcance das manifestações dos intervenientes e sobre as alternativas técnicas e locacionais, temas ainda incipientes. O direito intertemporal ambiental – material e processual – ganha destaque, bem como diversas questões oriundas do sistema de licenciamento trifásico, das condicionantes ambientais, da participação popular do licenciamento e da oitiva dos povos indígenas e tribais na Convenção OIT 169. A possibilidade de convalidação do licenciamento ambiental efetuado por órgão licenciador incompetente, o controle jurisdicional – tanto de substância quanto o procedimental – do licenciamento ambiental, os estudos ambientais e, por fim, da Avaliação Ambiental Estratégica (AAE) também são enfrentados.

Tradicionalmente, a doutrina e a jurisprudência são companheiras da legislação e, naturalmente, costumam permear os trabalhos jurídicos. Embora se mantenha tal tradição, acrescentar-se-ão os opinativos jurídicos produzidos pelos diversos órgãos da advocacia pública nacional sobre o tema licenciamento ambiental, visando melhor ilustrar questões que nem sempre são judicializadas ou tratadas pela doutrina. Com isso, almeja-se não apenas trazer mais elementos jurídicos para a presente obra, mas também tornar mais próximo o direito citado nos livros àquele praticados, ao mesmo tempo em que resgata posicionamentos jurídicos perdidos em processos administrativos. Para tanto, foram priorizados os entendimentos dos órgãos de assessoramento jurídico dos órgãos ambientais, especialmente os da Advocacia-Geral da União (AGU), mediante os opinativos da Procuradoria Federal Especializada junto ao Ibama (PFE-Ibama) e ao ICMBio (PFE-ICMBio).

Ressalte-se que, embora o autor esteja vinculado profissionalmente à AGU e já tenha sido ao Ibama, as opiniões expressas no presente livro são pessoais, as quais não necessariamente refletem as deste órgão e dessa entidade.

CAPÍTULO I

CARACTERÍSTICAS DO PROCESSO DECISÓRIO DO LICENCIAMENTO AMBIENTAL

O processo decisório do licenciamento ambiental é tema não devidamente aprofundado na ciência jurídica nacional e, por essa razão, promove distorções que levam à má compreensão de seu papel como instrumento da Política Nacional do Meio Ambiente.

O objetivo deste capítulo é apresentar algumas questões fundamentais sobre o licenciamento ambiental, sejam elas relativas à sua estrutura (processo decisório) ou à sua finalidade.

1.1 Sobre o papel estatal de balancear valores complexos e a má compreensão do menor impacto ambiental possível no licenciamento ambiental

O processo decisório do licenciamento ambiental é aquele no qual o órgão ambiental opta por permitir, com ou sem condicionantes, ou negar certa atividade ou empreendimento com, no mínimo, algum risco ao meio ambiente. Ele o faz após avaliar a extensão do impacto ambiental – positivo ou negativo – e a importância da atividade ou empreendimento.

O processo decisório ambiental do licenciamento não se confunde com o processo que avalia os impactos ambientais e nem a ele se subordina. O licenciamento ambiental é instrumento pelo qual se realiza uma ponderação dos valores em jogo. Ao balancear valores complexos e conflitantes,[1] ele tem como papel harmonizar interesses em conflito[2] para proceder ao juízo de viabilidade ambiental. Essa harmonização traduz-se em juízo discricionário do órgão licenciador e consiste basicamente no quanto se admite em termos de impactos ambientais e em quais condições.

A decisão ambiental é uma decisão estatal que pondera os interesses em jogo, no caso, o direito ao desenvolvimento e o ao meio ambiente ecologicamente equilibrado.

---

[1] OLIVEIRA, Raísa Lustosa de. *Licenciamento Ambiental*: avaliação ambiental estratégica e (in)eficiência da proteção do meio ambiente. Curitiba: Juruá, 2014. p. 146.
[2] DANTAS, Marcelo Buzaglo. *Direito Ambiental de Conflitos*. Rio de Janeiro: Lumen Juris, 2015. p. 51.

Esta decisão não implica necessariamente a escolha do menor impacto ambiental. Não é pelo fato de ela partir de um órgão com o dever de proteger o meio ambiente que a decisão tem que buscar o menor impacto ambiental a qualquer custo: deve-se, sim, ponderar os bens em jogo e optar, em maior ou menor escala, por um deles. A rigor, há uma escolha trágica.

Essa ponderação é permitida pela própria Constituição e não constitui novidade em termos jurídicos. A ordem econômica constitucional, além de ter o objetivo de propiciar a todos uma existência digna, deve observar a defesa do meio ambiente como princípio (art. 170, VI), mostrando a relação umbilical entre a promoção do desenvolvimento econômico e a proteção do meio ambiente. Não existe proteção constitucional à ordem econômica que sacrifique o meio ambiente,[3] e vice-versa, devendo haver uma situação de equilíbrio, salvo situações específicas.

A Constituição francesa foi alterada pela *Loi Constitutionelle* 2005-205 para incluir em seu preâmbulo, que já previa a adesão aos direitos humanos, o respeito aos direitos e deveres constantes da Carta do Meio Ambiente (*Charte de l'environnement*) de 2004. A Carta do Meio Ambiente integra o bloco de constitucionalidade e prevê em seu preâmbulo, aplicado com força normativa pelo Conselho Constitucional,[4] que "a preservação do meio ambiente deve ser buscada da mesma forma que os demais interesses fundamentais da Nação", mostrando como não existe hierarquia entre os direitos, não se exigindo a superestimação das preocupações ambientais sobre outras considerações e vice-versa, como depois esclarece, ao promover o desenvolvimento sustentável, que exige a conciliação entre a "proteção e o desenvolvimento do ambiente, o desenvolvimento econômico e o progresso social" (art. 6º).

A própria Lei da Política Nacional do Meio Ambiente (Lei nº 6.938/81) preceitua que seu objetivo é preservar, melhorar e recuperar o meio ambiente e assegurar "condições ao desenvolvimento socioeconômico, aos interesses da segurança nacional e à proteção da dignidade da vida humana" (art. 2º, *caput*). Por isso, ela objetiva compatibilizar o "desenvolvimento econômico-social com a preservação da qualidade do meio ambiente e do equilíbrio ecológico" (art. 4º, I).

Não é de se estranhar o exemplar entendimento do TJSP de que, em caso de contaminação de solo, a reparação integral da área e do meio ambiente ecologicamente equilibrado pode gerar arbitrariedades que não devem ser permitidas. "Ante a proibição de excesso e proibição de insuficiência, surgem para o legislador ordinário possibilidades de variação em aberto", motivo que, "em ponderação aos deveres e direitos fundamentais, a tutela posta na Lei Estadual nº 13.577/2009 e na Resolução Conama nº 420/2009, que impõem parâmetros para a remediação da área, mostra-se proporcional e não ofende a Constituição".[5]

Paulo Affonso Leme Machado explicita essa ponderação ao dizer que a função do estudo ambiental não é influenciar as decisões estatais apenas para as considerações ambientais, em detrimento de eventuais ganhos econômicos ou sociais do projeto.

---

[3] DERANI, Cristiane. *Direito Ambiental Econômico*. 3. ed. São Paulo: Saraiva, 2008. p. 226.
[4] Cf.: *v.g.*, Decisão nº 2022-843 DC, de 12 de agosto de 2022, e Decisão nº 2023-1066 QPC, de 27 de outubro de 2023.
[5] TJSP, 1ª Câmara Reservada ao Meio Ambiente, v.u., AC 1032789-75.2013.8.26.0100, Rel. Des. Ruy Alberto Leme Cavalheiro, j. em 03.03.2016.

A função do procedimento de avaliação não é influenciar as decisões administrativas sistematicamente a favor das considerações ambientais, em detrimento das vantagens econômicas e sociais suscetíveis de advirem de um projeto". O objetivo é dar "às Administrações Públicas uma base séria de informação, de modo a poder pesar os interesses em jogo, quando da tomada de decisão, inclusive aqueles do ambiente, tendo em vista uma finalidade superior, como acentua J. F. Chambault.[6]

O TJSP captou tal espírito de balanceamento do licenciamento ambiental ao decidir:

> [...] 5. Licenciamento ambiental. A LF nº 6.938/81 e a Constituição Federal não opõem a atividade econômica à preservação ambiental; propõem a composição e balanceamento delas, de modo que a uma não se exerça em detrimento da outra. A lei admite que a atividade econômica degrada o meio ambiente; por isso prevê que a licença seja precedida da avaliação do impacto ambiental, a partir da qual o projeto será alterado, proibido ou licenciado mediante as medidas de mitigação e compensação que forem definidas. Não há oposição, mas complementação entre a avaliação do impacto ambiental e o licenciamento da atividade ou empreendimento.[7]

O *National Environmental Protect Act (NEPA)* reconhece que o seu objetivo é instituir uma política nacional que encoraje a harmonia produtiva e agradável entre homem e seu meio ambiente (42 USC §4321). Declara, também, que é política permanente usar todos os meios e medidas possíveis para fomentar e promover o bem-estar geral, para criar e manter as condições em que o homem e a natureza possam existir em harmonia produtiva e atingir as necessidades sociais e econômicas, entre outras, das gerações presentes e futuras (Seção 101, *a*).

Como bem destacado pela decisão unânime da Suprema Corte estadunidense em *Baltimore Gas & Electric Co. v. NRDC* (1983), não se exige a superestimação das preocupações ambientais sobre outras considerações.[8] Em *Robertson v. Methow Valley Citizens Council* (1989), a Suprema Corte também foi categórica em afirmar que os órgãos ou

---

[6] MACHADO, Paulo Affonso Leme. *Direito Ambiental Brasileiro*. 17. ed. São Paulo: Malheiros, 2009. p. 224.

[7] TJSP, 1ª Câmara Reservada ao Meio Ambiente, AC 0000339-24.2008.8.26.0116, Rel. Des. Torres de Carvalho, j. em 02.10.2014. No acórdão constam ainda duas premissas: "[...] A norma-mãe constitucional e legal não opõe a atividade econômica e o meio ambiente, não escolhe um em detrimento do outro, mas faz com que interajam e se coordenem. Não proíbe a instalação de obra ou atividade potencialmente degradadora, mas exige que seja precedida de estudo do impacto ambiental e licenciada pela administração. O estudo prévio e a avaliação do impacto ambiental não foram previstos na lei e na Constituição para impedir a atividade econômica, embora possa chegar a isso; mas para permiti-la de uma forma ambientalmente sustentável. Essa é a primeira premissa. [...] A atividade humana impacta o meio ambiente; mas poderá ser autorizada depois da avaliação ambiental e do estabelecimento de medidas de mitigação ou compensação; mesmo as áreas de preservação permanente poderão ser utilizadas nas hipóteses previstas na lei e no regulamento. É a segunda premissa".

[8] "[...] O Congresso, ao aprovar o NEPA, entretanto, não exige que os órgãos públicos superestimem as preocupações ambientais sobre outras considerações apropriadas. Ver *Stryckers' Bay Neighborhood Council v. Karlen*, 444 U.S. 223, 227 (1980) *(per curiam)*. Antes, ele apenas requer que o órgão público dê uma "olhada criteriosa" nas consequências ambientais antes de tomar uma grande ação federal. Ver *Kleppe v. Sierra Club*, 427 U.S. 390, 410, n. 21 (1976). O papel do Judiciário é simplesmente assegurar que o órgão público considerou adequadamente e destrinchou o impacto ambiental dessas ações e que essas decisões não são arbitrárias ou caprichosas. Ver em geral *Citizens to Preserve Overton Park, Inc. v. Volpe*, 401 U.S. 402, 415-417 (1971)" (462 U.S. 98-99) – tradução livre.

entidades públicas podem "decidir que outros valores superam os custos ambientais".⁹ Em outra ocasião, ela aduziu que estava errada a decisão recorrida no sentido de que os órgãos ou entidades públicas, "ao selecionar um curso de ação, deve elevar as preocupações ambientais sobre outras considerações apropriadas".¹⁰

Em diversas ocasiões, os tribunais regionais federais estadunidenses (*Circuit Courts*) afirmaram que "até mesmo a ação estatal com efeitos ambientais adversos pode ser compatível com o NEPA, desde que a Administração Pública tenha considerado esses efeitos e determinado que os valores concorrentes superam esses custos".¹¹ Tendo a 6ª Corte de Circuito decidido que o olhar rigoroso (*hard look*) preceituado pelo NEPA não exige, entretanto, que a Administração Pública selecione a alternativa com menor impacto ambiental:

> Contudo, o NEPA não exige que a Administração Pública selecione a alternativa com menor impacto ambiental. *Kentuckians for the Commonwealth*, 746 F.3d at 706 [...] O NEPA não exige que certos fatores – mesmo considerações ambientais – sejam considerados mais intensamente pela FHWA [*The Federal Highway Administration*] que outros fatores. [...] Assim como a FHWA não é obrigada a selecionar uma alternativa com o menor impacto ambiental pelo NEPA, ela não é obrigada a selecionar uma alternativa com o menor impacto de justiça ambiental.¹²

Essa ponderação entre os valores no licenciamento ambiental é a clássica pergunta: como escolher entre (i) um meio que restringe pouco um direito, mas promove pouco o fim, e (ii) um que promove muito o fim, mas, por outro lado, restringe muito o direito? A resposta está na escolha do órgão estatal,¹³ o que não elimina o exame da proporcionalidade em sentido estrito para evitar que uma eficiência a todo custo sacrifique totalmente um direito.

Essa ponderação entre os valores em jogo e a decisão a ser tomada pelo Estado é clara na doutrina de Miguel Reale. Para o jusfilósofo, "o valor ecológico não é considerado um *valor absoluto*, ao qual todos os demais devam se subordinar, uma vez que a natureza não é tutelada apenas em si e por si, mas também para assegurar à *pessoa humana* os meios essenciais ao desenvolvimento de uma vida condigna", motivo pelo qual defende que sempre deverá "ser feito um '*balanceamento de valores*'". Isso não significa que o meio ambiente não deve ser defendido, como bem destaca:

> Não há dúvida, por conseguinte, que tudo deve ser feito para preservar os valores naturais, merecendo louvor a iniciativa de formar uma consciência pública para sua constante defesa. Não devemos, todavia, exagerar até o ponto de nos perdermos no "*fundamentalismo ecológico*", que acaba pondo em risco o bem-estar dos indivíduos e da coletividade. [...] Desse modo, quando para aproveitamento, por exemplo, de potenciais hidráulicos, é

---

⁹ "If the adverse environmental effects of the proposed action are adequately identified and evaluated, the agency is not constrained by NEPA from deciding that other values outweigh the environmental costs" (*Robertson v. Methow Valley Citizens Council*, 490 U.S. 332, 350 – 1989).

¹⁰ *Strycker's Bay Neighborhood Council v. Karlen*, 444 U.S. 227 (1980) – (tradução livre).

¹¹ *Latin Ams. for Social & Econ. Dev. v. FHWA* (6ª Cir. 2014); *Kentuckians for the Commonwealth v. United States Army Corps of Engineers* (6ª Cir. 2014); *Ohio Valley Environmental Coalition, Inc. et al v. Aracoma Coal Co.* (4ª Cir. 2009); *Ohio Valley Environmental Coalition v. Elk Run Coal Co.* (4ª Cir. 2009) – tradução livre.

¹² *Latin Ams. For Social & Econ. Dev. v. FHWA* (6ª Cir. 2014) – tradução livre.

¹³ LIMA, Rafael Bellem de. *Regras na Teoria dos Princípios*. São Paulo: Malheiros, 2014. p. 111.

necessário destruir parte de uma floresta, não pode de antemão prevalecer uma atitude de absoluta condenação, sendo imprescindível proceder-se a um balanceamento de valores.[14]

Em momento algum houve a afirmação pelo ordenamento jurídico, ou quis afirmar-se, que o meio ambiente detém precedência sobre outros aspectos envolvidos na atividade de controle ambiental. Embora o controle efetuado pelo órgão ambiental leve-o, naturalmente, a enfocar esse aspecto, o meio ambiente não detém primazia sobre outros aspectos, devendo-se decidir tendo em mente todos os elementos presentes. Canotilho, depois de ressaltar que a Constituição "não elege qualquer um dos direitos nela consagrados a 'direito fundamental supremo'", não sendo "possível demonstrar que um direito é supremo relativamente a outro em qualquer condição ou circunstância", doutrinou:

> [...] não basta proclamar a jusfundamentalidade própria do direito ao ambiente do direito à saúde ou do direito à qualidade de vida para, sem qualquer esforço de argumentação e de ponderação, proclamar o seu caráter preferente e absoluto.[15]

Essa avaliação efetuada pelo Estado, em regra através de seus órgãos ambientais, ocorre tanto em relação a aspectos internos à mensuração dos impactos ambientais como em relação a aspectos externos.

Há uma má compreensão do que significa menor impacto ambiental possível. Ele apenas significa que, afetando-se outros valores de forma igual, deve-se escolher pelo menor impacto ambiental. É uma questão de eficiência. Se os valores em jogo se mostram inalterados e podem causar um dano ambiental menor, consumindo menos recursos ambientais, é óbvio que esse caminho deve ser o escolhido. Situação bem diferente é a de existir uma escolha que consuma menos recursos ambientais, embora ela se apresente onerosa em relação a outros valores, caso no qual não há que se falar na escolha da opção ambiental menos impactante, porque isso isolaria o valor ambiental do resto do sistema, o que se viu ser impossível.

Essa incompreensão do que significa menor impacto ambiental possível, a rigor, é reflexo da má compreensão e deturpação do princípio da proporcionalidade, especialmente em sua dimensão de necessidade ou exigibilidade.

---

[14] REALE, Miguel. A ecologia na legislação brasileira. *Revista Jurídica*, Campinas: PUC-Campinas v. 19, n. 1. p. 5-8, 2003. p. 6-7. Não foi outra a decisão do STF, por meio da sua Presidência, na SL 722: "Com efeito, não se desconhece que a defesa e preservação do meio ambiente é um dos mais altos valores atuais. Dessa forma, a exploração de qualquer atividade econômica deve se dar de forma equilibrada a fim de preservá-lo para as presentes e futuras gerações. Por outro lado, como se sabe também, o aproveitamento do riquíssimo potencial hidrelétrico do País constitui imperativo de ordem prática, que não pode ser desprezado em uma sociedade em desenvolvimento como a nossa, cuja demanda por energia cresce dia a dia de forma exponencial. Afinal, não se pode olvidar a crise registrada no setor elétrico que ocorreu em 2001, a qual tantos transtornos causou aos brasileiros. Caso mantida a medida liminar, tal como deferida, não se poderá excluir a necessidade de buscar-se outras fontes energéticas com vistas a suprir aquela produzida pelo empreendimento UHE Teles Pires. Ocorre que a substituição não se faria sem danos ao meio ambiente, pois, como é cediço, até mesmo as chamadas 'fontes alternativas renováveis' causam malefícios à natureza. Ademais, a paralisação da obra que se encontra em pleno andamento poderá causar prejuízos econômicos de difícil reparação ao Estado e também aos particulares envolvidos na empreitada, acarretando, inclusive, a possível e indesejável demissão de trabalhadores que nela são empregados" (STF, SL 722/DF, Rel. Min. Ricardo Lewandowski, j. em 26.09.2013, *DJe* 01.10.2013).

[15] CANOTILHO, José Joaquim Gomes. Direito adquirido, ato jurídico perfeito e coisa julgada em matéria ambiental (Parecer Jurídico encomendado por Secovi-SP e Fiabci-SP). São Paulo: Secovi-SP, 2013. p. 37.

Pelo subprincípio da *adequação* do princípio da proporcionalidade, adequado "não é somente o meio com cuja utilização um objetivo é alcançado, mas também o meio com cuja utilização a realização de um objetivo é fomentada, promovida, ainda que o objetivo não seja completamente realizado".[16]

Em outras palavras, a regulação ou decisão ambiental, bem como os valores que competem com elas, não precisam ter eficiência ótima. A consequência prática disso é um espaço para a decisão estatal, não sendo exigidas, desse modo, provas irrefutáveis ou alguns poucos exemplos de que a decisão tomada não alcança a finalidade almejada.

Mesmo tendo como parâmetro constitucional o princípio da precaução (Carta do Meio Ambiente, art. 5º), o Conselho Constitucional francês recusou-se a invadir o espaço de conformação do legislador ao garantir o respeito ao princípio da proporcionalidade, porque não lhe caberia "investigar se os objetivos fixados pelo legislador poderiam ter sido alcançados por outros meios, uma vez que os termos declarados pela lei não são, no estado dos conhecimentos e técnicas científicas, claramente inadequados para esses objetivos", a proteção ambiental e da saúde.[17]

O teste da *necessidade* ou *exigibilidade* impõe que a medida estatal limitadora de um direito fundamental "não possa ser promovida, com a mesma intensidade, por meio de outro ato que limite, em menor medida, o direito fundamental atingido".[18] Suzana de Toledo Barros aduz que, além da medida escolhida ser menos gravosa, "ela deve ser concomitantemente apta para lograr o mesmo ou um melhor resultado",[19] o que se harmoniza com as lições de Canotilho,[20] Humberto Ávila,[21] Helenilson Cunha Pontes,[22] José Roberto Pimenta Oliveira[23] e Douglas Yamashita.[24]

Em termos de processo decisório ambiental, isso significa que não é suficiente escolher o meio com menor impacto ambiental se os demais valores em jogo não são promovidos com a mesma intensidade.

A compreensão disso é fundamental porque parte da doutrina se omite sobre esse aspecto basilar da exigibilidade ou necessidade do princípio da proporcionalidade. Somente se aplica a necessidade se o meio menos restritivo ao direito for igualmente

---

[16] SILVA, Virgílio Afonso da. O proporcional e o razoável. *Revista dos Tribunais*. São Paulo: RT, n. 798. p. 23-50, 2002. p. 36-37. Por isso, conclui que "uma medida somente pode ser considerada inadequada se sua utilização não contribuir em nada para fomentar a realização do objetivo pretendido" (p. 37).

[17] Decisão nº 2023-1066 QPC de 27 de outubro de 2023, item 11 (tradução livre).

[18] SILVA, Virgílio Afonso da. O proporcional e o razoável. *Revista dos Tribunais*, São Paulo: RT, n. 798. p. 23-50, 2002. p. 38.

[19] BARROS, Suzana de Toledo. O Princípio da Proporcionalidade e o Controle de Constitucionalidade das Leis Restritivas de Direitos Fundamentais. Brasília: Brasília Jurídica, 1996. p. 77.

[20] Em "outro meio igualmente eficaz e menos desvantajoso para os cidadãos" (CANOTILHO, José Joaquim Gomes. *Direito Constitucional e Teoria da Constituição*. 7. ed. 12. reimp. Coimbra: Almedina, 2013. p. 270).

[21] ÁVILA, Humberto. *Teoria dos Princípios*: da definição à aplicação dos princípios jurídicos. 10. ed. São Paulo: Malheiros, 2009. p. 172-173.

[22] O meio mais suave "dentre aqueles igualmente aptos ao alcance do resultado almejado", "igualmente efetivos" (PONTES, Helenilson Cunha. *O Princípio da Proporcionalidade e o Direito Tributário*. São Paulo: Dialética, 2000. p. 68).

[23] Em meio "com igual eficácia", em solução "que promove com o mesmo grau de efetividade o interesse da coletividade", meio apto a "ensejar o mesmo, ou melhor, resultado", um meio menos prejudicial "deve, no mínimo, ostentar eficácia igual à da medida adotada" (OLIVEIRA, José Roberto Pimenta. *Os Princípios da Razoabilidade e da Proporcionalidade no Direito Administrativo Brasileiro*. São Paulo: Malheiros, 2006. p. 301-302).

[24] O meio deve ser "pelo menos tão eficiente quanto outros meios disponíveis" (YAMASHITA, Douglas. In: MARTINS, Ives Gandra da Silva (Coord.). *Execução Fiscal – Pesquisas Tributárias – Nova Série (v. 14)*. São Paulo: RT: Centro de Extensão Universitária, 2008. p. 481).

apto a alcançar o fim. Observe-se que o Direito Ambiental não é o único direito que pode sofrer menor intervenção, os demais direitos envolvidos também. Isso nos leva ao terceiro aspecto do princípio da proporcionalidade, a proporcionalidade em sentido estrito.

A *proporcionalidade em sentido estrito* "consiste em um sopesamento entre a intensidade da restrição ao direito fundamental atingido e a importância da realização do direito fundamental que com ele colide e que fundamenta a adoção da medida restritiva".[25]

Normalmente fala-se na dicotomia direito ambiental *versus* direito ao desenvolvimento, mas isso é uma indevida redução dos diversos direitos envolvidos no sopesamento do processo decisório ambiental. Ademais, isso reflete na autocompreensão do papel do órgão licenciador, uma vez que essa dicotomia pode sugerir que é o meio ambiente, de um lado, contra o resto do mundo, de outro. O correto é considerar o meio ambiente como um dos valores que estão envolvidos no processo decisório ambiental. Aliás, Patrícia Silveira da Rosa, após aduzir que a licença ambiental "constitui um acoplamento estrutural entre os sistemas político, jurídico, econômico e ecológico", esclarece que a regra é o conflito entre os próprios bens ambientais.[26]

O Conselho Constitucional francês, mesmo tendo como parâmetro a detalhada Carta do Meio Ambiente de 2004, admite restrições legais "ao exercício do direito de viver em um ambiente equilibrado e respeitador da saúde", desde que "vinculadas a exigências constitucionais ou justificadas por uma razão de interesse geral e proporcionais ao objetivo prosseguido".[27]

Ao refutar o critério da norma mais restritiva para delimitar conflitos de competência, Marco Torres destaca esse conflito entre diversos bens, restrito ao tripé da sustentabilidade, ao lecionar que "não se pode querer que o espectro ambiental prevaleça sobre os aspectos econômicos e sociais inseridos nas normas conflitantes".[28]

Compreender que o aspecto ambiental não pode prevalecer sobre os demais é importante para evitar leituras fundamentalistas de passagens doutrinárias que falam em menor impacto ambiental. Deve-se ter essa compreensão em mente, ao ler, por exemplo, a doutrina de Herman Benjamin, entendendo que

> [...] ao Estado não resta mais do que uma única hipótese de comportamento: na formulação de políticas públicas e em procedimentos decisórios individuais, optar sempre, entre as várias alternativas viáveis ou possíveis, por aquela menos gravosa ao equilíbrio ecológico, aventando, inclusive, a não ação ou manutenção da integridade do meio ambiente pela via de sinal vermelho ao empreendimento proposto.[29]

---

[25] SILVA, Virgílio Afonso da. O proporcional e o razoável. *Revista dos Tribunais*, n. 798, São Paulo: RT. p. 23-50, 2002. p. 40.
[26] ROSA, Patrícia Silveira da. *O Licenciamento Ambiental à Luz da Teoria dos Sistemas Autopoiéticos*. Rio de Janeiro: Lumen Juris, 2009. p. 101, 107-108.
[27] Decisão nº 2023-1066 QPC de 27 de outubro de 2023, item 7 (Tradução livre).
[28] TORRES, Marcos Abreu. *Conflito de normas ambientais concorrentes*: uma nova exegese. Brasília: IDP, 2014. p. 114. Por isso, exemplifica que "é incorreto afirmar que os valores previstos no inciso VI (florestas, caça, pesca, fauna, conservação da natureza, defesa do solo e dos recursos naturais, proteção do meio ambiente e controle da poluição) são normativamente superiores aos valores esculpidos no inciso V (produção e consumo)" (p. 114).
[29] BENJAMIN, Antonio Herman V. *In*: CANOTILHO, José Joaquim Gomes; LEITE, José Rubens Morato (Org.). *Direito Constitucional Ambiental Brasileiro*. 3. ed. São Paulo: Saraiva, 2010. p. 95. O próprio autor já esclareceu o seu pensamento quando ao afirmar que, se a Administração prefere uma opção "que não seja, ambientalmente

Ao identificar esse aspecto do processo decisório ambiental, Erasmo Marcos Ramos é mais contundente ao esclarecer as razões pelas quais são licenciados projetos que não representam a alternativa mais ecológica. Ele aduz que "no momento da decisão de licenciamento o órgão ambiental pondera diversos aspectos (entre eles o EIA como parte autônoma ou não do processo). Essa ponderação tem, por si, duas formas de expressão":

> A primeira trata de todos os aspectos relevantes para o meio ambiente, que culmina com o prognóstico ou elaboração de sugestão num âmbito interno do EIA. Explicando esse procedimento em outras palavras, significa dizer que a primeira ponderação é parte integrante da UVP [avaliação de impacto ambiental]; e é feita não necessariamente pelo órgão administrativo, e sim por pessoas qualificadas que entendam do projeto e da integração ambiental do mesmo. Como um primeiro ponderamento sobre a proteção ambiental, este pode fornecer uma visão panorâmica das agressões ambientais que possam decorrer do projeto. Os resultados desse estudo técnico são transferidos ao papel e sintetizados na forma de um relatório que tenta justificar o projeto. Contudo, *o segundo ponderamento é o mais relevante para a decisão final, pois neste ocorre um ponderamento geral sobre todos os aspectos do projeto na forma do resultado ou da alternativa do EIA* (que representa nada mais que o primeiro ponderamento) *e de outros aspectos não necessariamente ambientais* (aspectos econômicos, outros interesses, interesse público) *sem que haja uma ordem hierárquica entre estes.*[30]

Essa ponderação de valores em jogo também admite uma perspectiva holística, que deve existir quando se trata de autorizar intervenções no meio ambiente. Uma hidrovia ou uma hidrelétrica podem ter impacto ambiental adverso global menor do que outros meios de transporte, como o rodoviário, ou de outras fontes de energia, como as térmicas.

Sendo fruto de complexa ponderação, a decisão estatal no licenciamento ambiental está longe de ser uma equação matemática, antes agrega opções político-administrativas do órgão ambiental. O peso a ser atribuído a cada elemento analisado está longe de ser cartesiano. A profundidade da análise é algo complexo por si só, sem contar as limitações de recursos humanos, materiais e de tempo, as minúcias envolvidas e a atribuição de peso a cada fator considerado.

Tal limitação é clara em *Hoosier Environmental Council v. U.S. Army Corps of Engineers* (7ª Cir. 2013), na qual, após a Corte dizer expressamente que "a decisão deverá refletir a preocupação nacional tanto de proteção quanto de utilização de recursos importantes", listando uma série de elementos que devem ser analisados pelo órgão licenciador, consignou que "seria irrealista pensar que o *Corps* poderia, dentro

---

falando, a 'ótima', assim não pode fazê-lo sem a devida motivação" (BENJAMIN, Antonio Herman V. In: BENJAMIN, Antonio Herman V.; MILARÉ, Édis. *Estudo Prévio de Impacto Ambiental*. São Paulo: Revista dos Tribunais, 1993. p. 83). De forma mais enfática, aduz que o EIA não aniquila a discricionariedade administrativa, podendo a Administração Pública escolher uma alternativa "que não seja ótima em termos estritamente ambientais. Tudo desde que a decisão final esteja coberta de razoabilidade, seja motivada e tenha levado em conta o próprio EIA" (BENJAMIN, Antonio Herman V. Os princípios do estudo de impacto ambiental como limites da discricionariedade administrativa, *Revista Forense*, Rio de Janeiro: Forense, n. 317. p. 25-45, jan./mar. 1992. p. 27; BENJAMIN, Antonio Herman V.; MILARÉ, Édis. *Estudo Prévio de Impacto Ambiental*. São Paulo: RT, 1993. p. 68).

[30] RAMOS, Erasmo Marcos. *Direito Ambiental Comparado (Brasil – Alemanha – EUA)*: uma análise exemplificada dos instrumentos ambientais brasileiros à luz do direito comparado. Maringá: Midiograf II, 2009. p. 173-174 – sem grifos no original.

de razoável tempo e com seus recursos limitados – para não mencionar os limites do conhecimento humano – realmente analisar cada um desses fatores com profundidade, atribuindo-lhes um peso e, somando-se todos os pesos, determinar se aprova um projeto".[31]

Esse balanceamento dos bens em jogo é a função do licenciamento ambiental, pertencendo ao âmbito do poder de polícia do Executivo,[32] mais especificamente na "competência exclusiva dos órgãos integrantes do Sistema Nacional do Meio Ambiente" (Lei nº 6.938/81, art. 17-L). A Suprema Corte da Califórnia asseverou que o bom senso em licenciar qualquer projeto, "uma tarefa delicada que requer ponderação de interesses, é necessariamente deixado à prudente discricionariedade" da Administração Pública.[33] O TRF da 4ª Região também disse não competir ao Judiciário ou ao Ministério Público, tendo em vista a separação de poderes,

> gerir a Política Nacional do Meio Ambiente e sopesar a relação custo/benefício de cada um dos empreendimentos que pode causar impacto ambiental. Destarte, não é função do Judiciário definir se determinado empreendimento, quando atendidos os trâmites legais do Licenciamento Ambiental, é viável ou não, seja do ponto de vista ambiental, seja do ponto de vista socioeconômico. Essa é a função do Poder Executivo, com o auxílio do Legislativo, compostos por pessoas que exercem suas funções públicas em razão da escolha popular. [...] Deveras, o Poder Judiciário não pode, como regra, interferir nas políticas públicas definidas pelos demais Poderes. Não cabe ao juiz realizar opções políticas ou eleger alternativas que estejam dentro do poder discricionário da Administração, salvo se drasticamente mal-ferido o princípio da legalidade e da razoabilidade, nos casos de completa falta ou falha do procedimento administrativo empregado.[34]

Tão imanente é a atribuição para os órgãos ambientais proceder a esse balanceamento de bens e valores em jogo nas autorizações ambientais que, mesmo diante de legislação específica, particularmente entre a preservação do *habitat* e das reservas de água, a 9ª Corte de Circuito não hesitou em consignar que o "Congresso delegou esse tipo de balanceamento para a Administração Pública quando aprovou a Lei de Processo Administrativo [APA] e a de Espécies Ameaçadas [ESA]" (*San Luis & Delta-Mendota Water Authority v. Locke* – 2014). Na verdade, esse entendimento originou-se em *River Runners for Wilderness v. Martin* (9ª Cir. 2010), no qual se admitiu que o balanceamento de valores entre a conservação da natureza selvagem nas unidades de conservação e o uso público gozaria da deferência judicial (*Chevron doctrine*).

Sem dúvida há o dever de considerar o conteúdo do estudo ambiental, mas não o de se curvar às razões da área técnica, porque existem outros elementos a serem ponderados. Ademais, a área decisória não necessariamente precisa concordar com as conclusões do estudo ambiental, uma vez que divergências, mesmo as científicas, são comuns. Por essa razão é que existe doutrina remansosa negando ao estudo de

---

[31] 772 F.3d at 1062 – tradução livre.
[32] FINK, Daniel Roberto. O controle jurisdicional do licenciamento ambiental. *In*: FINK, Daniel Roberto; ALONSO JÚNIOR, Hamilton; DAWALIBI, Marcelo. *Aspectos Jurídicos do Licenciamento Ambiental*. 2. ed. Rio de Janeiro: Forense Universitária, 2000. p. 74.
[33] *Citizens of Goleta Valley v. Board of Supervisors* (Cal. 1990) – tradução livre.
[34] TRF da 4ª Região, 4ª T., v.u., AC 5001170-58.2010.4.04.7004, Rel. Des. Fed. Luís Alberto D'azevedo Aurvalle, j. em 10.12.2015, D.E. 10.12.2015 – destacou-se.

impacto ambiental (EIA) o caráter vinculante ao licenciamento ambiental, como é visto em capítulo próprio.

Essa função de ponderar os diversos interesses em jogo nada tem a ver com "a virtude está no meio", como se o Estado devesse agradar ou desagradar gregos e troianos na mesma proporção. Como o processo decisório ambiental não deve considerar apenas o meio ambiente, ele está longe de fazê-lo dominante. O sistema jurídico alberga uma infinidade de valores cuja ponderação vai depender do caso concreto e da dinâmica social. As soluções encontradas em outros sistemas jurídicos, em outros tempos e em outros entes da federação não obrigam a autoridade ambiental, porque podem existir nuanças do caso concreto que demandem outra decisão. Essas nuanças podem conter necessidades sociais atuais, cuja premência pode se diferenciar das do passado.

Nem mesmo os outros entes federativos interessados, seja através de seus órgãos especializados ou não, podem tirar o poder de decisão do órgão responsável pela licença ou autorização ambiental, uma vez que se manifestam de forma não vinculante (LC nº 140/11, art. 13, §1º).

Essa ponderação é tão pacífica que o próprio Ministério Público, ao analisar o caso da reserva indígena Raposa Serra do Sol, critica a primazia absoluta do meio ambiente em face de outros valores, sendo esse caso emblemático, porque demonstra a complexidade dessa valoração. A Procuradoria-Geral da República sustentou em diversas passagens que o Supremo teria dado primazia incondicionada a interesses da União – inclusive econômicos –, bem como à tutela do meio ambiente, em detrimento dos direitos dos índios.[35] Em suma, criticou-se a preponderância do meio ambiente, na intensidade tutelada pelo Supremo, diante dos direitos dos índios.

Reconhecendo com naturalidade a necessidade de valorar os interesses em jogo, nossa Suprema Corte afirmou:

> [...] não há um problema *a priori* no fato de que "as tradições e costumes indígenas" sejam considerados como "apenas mais um fator, a ser sopesado pela autoridade ambiental". Em verdade, essa é uma circunstância inerente à unidade do sistema constitucional, que promove a tutela de um conjunto variado de interesses e direitos que, em diversas situações, podem entrar em rota de colisão. Ao não instituir uma hierarquia rígida ou estática entre tais elementos, a Constituição impõe a necessidade de que a concordância entre eles seja produzida em cada contexto específico, à luz de suas peculiaridades.[36]

Nesse cenário complexo é que aparecem as *alternativas tecnológicas e locacionais*, incluindo a denominada *alternativa zero*, também conhecida como *de não ação* (não realização do empreendimento ou atividade), caso a legislação exija a sua análise, como ocorre no EIA.

Tem-se, então, uma importante consequência no que se refere à decisão final: a decisão administrativa ambiental não necessariamente reflete a melhor alternativa do ponto de vista ambiental, ou seja, a melhor ou ótima opção ambiental. Não existe a necessidade de a Administração Pública escolher a solução com menor impacto ambiental, a menos que esta solução imponha o mesmo sacrifício aos demais valores prestigiados pelo ordenamento jurídico.

---

[35] STF, Pleno, EDcl na Pet 3.388/RR, Rel. Min. Roberto Barroso, j. em 23.10.13, *DJe* 04.02.2014 (item 60 do voto).
[36] STF, Pleno, EDcl na Pet 3.388/RR, Rel. Min Roberto Barroso, j. em 23.10.13, *DJe* 04.02.2014 (item 71 do voto).

Por isso, atos normativos que obriguem o atendimento ao melhor padrão ou ao menor impacto ambiental devem ser vistos com cautela. Nem a Lei nº 6.938/81 e nem a Constituição preceituam a supremacia da questão ambiental, submetendo-a à ponderação com os demais valores. Uma escolha por um valor, tomada como absoluta, *a priori*, deve ser cuidadosamente analisada, uma vez que a Constituição protege vários valores, não apenas o ambiental. O menor impacto, caso seja exigido pela legislação, deve ser lido com a cautela de que ele somente será aplicável quando onerar igualmente os demais valores envolvidos. Não basta selecionar a decisão de menor impacto ambiental se o seu ônus for excessivamente elevado para os demais valores envolvidos na decisão. Exemplo disso é a vedação da melhor escolha disponível implicar custo excessivo (*Best Available Technology Not Entailing Excessive Costs* – BATNEEC).

Essa lição não é nova, mesmo para quem estuda as alternativas no estudo de impacto ambiental. Antonio Herman Benjamin também é expresso em reconhecer, juntamente com a ausência de vinculatividade do EIA, a discricionariedade entre as escolhas das alternativas sem a obrigação de se escolher a menos impactante. Nas palavras do Ministro:

> É bom ressaltar que o EIA não aniquila, por inteiro, a discricionariedade administrativa em matéria ambiental. O seu conteúdo e conclusões não extinguem a apreciação de conveniência e oportunidade que a Administração Pública pode exercer, como, por exemplo, na escolha de uma entre múltiplas alternativas, optando, inclusive, por uma que não seja a ótima em termos estritamente ambientais. Tudo desde que a decisão final esteja coberta de razoabilidade, seja motivada e tenha levado em conta o próprio EIA.[37]

Herman Benjamin explicita, em seguida, as razões que o levaram a tal entendimento, reconhecendo expressamente a função de ponderação da decisão administrativa ambiental:

> Isso porque o EIA, como se sabe, visa a integrar a preocupação ambiental ao complexo de fatores que influenciam a decisão administrativa (econômicos, sociais, etc.). Sopesar o meio ambiente não significa, em realidade, fazê-lo predominante. A decisão administrativa não se submete ao monopólio da preocupação ambiental. Seria sair de um extremo e ir para outro. É, pois, um esforço mais de *integração* do que de *dominação*.[38]

Já em 1978, William W. Hill e Leonard Ortolano reconheciam a viabilidade de a escolha de uma alternativa com impactos ambientais adversos graves ser considerada como "a alternativa que melhor serve o interesse público. O NEPA apenas exige o balanceamento pleno e de boa-fé das considerações ambientais com as considerações econômicas e técnicas".[39] Anne Steinemann, também discorrendo sobre o processo

---

[37] BENJAMIN, Antonio Herman V. Os princípios do estudo de impacto ambiental como limites da discricionariedade administrativa. *Revista Forense*, Rio de Janeiro: Forense, n. 317. p. 25-45, jan./mar. 1992. p. 27.

[38] BENJAMIN, Antonio Herman V. Os princípios do estudo de impacto ambiental como limites da discricionariedade administrativa. *Revista Forense*, n. 317. p. 25-45, 1992. p. 27; BENJAMIN, Antonio Herman V. *In*: BENJAMIN, Antonio Herman V.; MILARÉ, Édis. *Estudo Prévio de Impacto Ambiental*, 1993. p. 68. No mesmo sentido: BELTRÃO, Antonio F. G. *Aspectos Jurídicos do Estudo de Impacto Ambiental (EIA)*. São Paulo: MP Editora, 2007. p. 40.

[39] HILL, William W.; ORTOLANO, Leonard. NEPA's effect on the consideration of alternatives: a crucial test. *Natural Resources Journal*, Albuquerque: UNM School of Law, v. 18, n. 2. p. 285-311, 1978. p. 302 – tradução livre.

decisório federal ambiental estadunidense, acentua que, após a análise das alternativas, o órgão público identifica a sua alternativa preferida, "que pode ou não ser a 'ação inicialmente proposta', e que pode ou não ser a 'ação ambientalmente preferível' [*environmentally preferable action*]".[40] Matthew Haws também é categórico ao afirmar que os tomadores de decisão são incentivados a "selecionar as alternativas que são mais prejudiciais para o ambiente, se assim o escolherem".[41]

Ao narrar que o objetivo da exigência de alternativas razoáveis no EIA é garantir que os formuladores de políticas estejam informados sobre as consequências ambientais da ação proposta e para a avaliação das alternativas menos adversas para o meio ambiente,[42] Michael Lackey Jr. não proclama que há a necessidade de escolher a alternativa menos impactante, mas apenas de estar atento a ela. Patrícia Rosa, com precisão, doutrina que quando a Administração opta por uma alternativa "que não seja, ambientalmente falando, a melhor [...], deve fundamentar a sua decisão".[43]

A própria regulação do NEPA pelo *Council on Environmental Quality* (CEQ) estabelece que a finalidade do estudo de impacto ambiental é informar, aos formuladores de políticas e ao público, as alternativas razoáveis que podem evitar ou minimizar os efeitos adversos ou melhorar a qualidade do meio ambiente (40 CFR 1502.1), o que não significa que haja alguma proteção substantiva. James Allen, por sua vez, aduz que a Suprema Corte estadunidense, em *Robertson v. Methow Valley Citizens Council* (1989), estabeleceu que é "bem conhecido que o NEPA não impõe deveres substantivos que restringem a escolha da Administração Pública de alternativas ambientalmente preferíveis, desde que tenham sido identificadas suas consequências".[44]

Ainda que o empreendimento alcance o seu ponto mínimo de lesão ambiental, não havendo alternativas menos impactantes, o órgão ambiental pode negar a licença ou autorização por causa da magnitude de seus impactos em relação aos seus benefícios. Da mesma forma, ainda que haja como diminuir o impacto ambiental, a licença ambiental pode ser concedida, exceto se o princípio da necessidade (menor dano com igual adequação) puder ser aplicado. Quem procede à ponderação dos valores envolvidos é o órgão licenciador, sendo dele o juízo de viabilidade ambiental.

Quem tomará esse tipo de decisão é o órgão público escolhido pelo ordenamento jurídico, normalmente órgãos ou instituições integrantes do Poder Executivo, não podendo o Judiciário substituir o julgamento administrativo pelo próprio. Esse é entendimento adotado pela Suprema Corte estadunidense em *Kleppe v. Sierra Club* (1976 – 427 U. S. 410, nota 21) e *Vermont Yankee Nuclear Power Corp. v. NRDC* (1978 – 435 U. S. 555), como é visto no capítulo do controle jurisdicional do licenciamento ambiental.

---

[40] STEINEMANN, Anne. Improving alternatives for environmental impact assessment. *Environmental Impact Assessment Review*, n. 21. p. 3-21, 2001. p. 9 – tradução livre.

[41] HAWS, J. Matthew. Analysis paralysis: rethinking the court's role in evaluating EIS reasonable alternatives. *University of Illinois Law Review*, n. 2. p. 537-576, 2012. p. 545 – tradução livre.

[42] LACKEY JR., Michael E. Misdirecting NEPA: leaving the definition of reasonable alternatives in the EIS to the applicants. *The George Washington Law Review*, n. 60. p. 1232-1274, 1992. p. 1233-1234.

[43] ROSA, Patrícia Silveira da. *O Licenciamento Ambiental à Luz da Teoria dos Sistemas Autopoiéticos*. 2009. p. 131. Como visto, no mesmo sentido: BENJAMIN, Antonio Herman V. *In*: BENJAMIN, Antonio Herman V.; MILARÉ, Édis. *Estudo Prévio de Impacto Ambiental*. 1993. p. 83.

[44] ALLEN, James. NEPA alternatives analysis: the evolving exclusion of remote and speculative alternatives. *Journal of Land, Resources, & Environmental Law*, v. 25, n. 2. p. 287-316, 2005. p. 293 – tradução livre.

Jason Czarnezki doutrina que o *Justice* Stephen Breyer, então integrante da 1ª *Circuit Court*, capturou o espírito do NEPA em *Sierra Club v. Marsh* (1989), ao dizer que o seu propósito não é obstar o dano ambiental (no sentido de manter a natureza intocada), mas evitar considerações inadequadas, precipitadas.[45] Segundo *Vermont Yankee Nuclear Power Corp. v. NRDC*, o NEPA assegura uma "decisão bem informada e ponderada, não necessariamente a decisão que os juízes ou essa Corte teriam decidido se eles fossem membros do órgão decisor da Administração Pública".[46] O Tribunal de Justiça de São Paulo (TJSP) tem o mesmo entendimento:

> É indiscutível que a construção do rodoanel (trecho sul) trará danos ao meio ambiente. Não é possível conceber-se e realizar-se uma obra de tal envergadura sem que ocorram algumas deteriorações ambientais. Trata-se, aqui, da difícil tarefa de conciliar o desenvolvimento, com as consequentes vantagens pretendidas e os danos que serão causados ao meio ambiente onde nele será construído.[47]

Atualmente tem-se falado em *capacidade de suporte* como limite à viabilidade ambiental, como se ela fosse algo matemático, que independe de um juízo valorativo. Entretanto, a capacidade de suporte não impede eventual juízo favorável de viabilidade ambiental, embora certamente influencie nas medidas mitigatórias e compensatórias a serem exigidas na licença ambiental.

Por existir um espaço de escolha a ser efetuada pelos órgãos ambientais, não pode a correspondente legislação ser transformada em salvo-conduto para decisões judiciais criativas em matéria de licenciamento ou estudos ambientais. Estas decisões seriam criativas porque, além de desprovidas de lastro legal, invadem a discricionariedade administrativa inerente à avaliação das alternativas, substituindo, assim, a decisão final do processo decisório ambiental. Em suma, deve-se evitar o decisionismo judicial na matéria, sobretudo baseado em cláusulas gerais ou princípios.

Nos EUA, essa tentativa de dar um peso desmedido ao meio ambiente com base nas alternativas ou, geralmente, no NEPA, foi rechaçada pelo *D.C. Circuit Court*. Em *Citizens Against Burlington v. Busey* (1991), o relator do caso, Clarence Thomas, atualmente juiz da Suprema Corte estadunidense, após tecer lúcidas considerações sobre as alternativas no EIA, defendeu a autocontenção na matéria. Deixou consignado que, do mesmo modo que o NEPA (equivalente à nossa Lei nº 6.938/81) não é uma Constituição verde, os juízes federais não são Barões de Runnymede,[48] ou seja, não são legisladores.[49] Esclareceu, ainda, que o "Congresso queria que a Administração Pública, não as cortes, avaliasse os planos para reduzir os danos ambientais" (938 F.2d 204). O NEPA "não ordena que a Administração Pública tome todas as medidas para diminuir o trauma ao meio ambiente, apenas que tome todas as razoáveis" (938 F.2d 206).

---

[45] CZARNEZKI, Jason J. Defining the project purpose under NEPA: promoting consideration of viable EIS alternatives. *The University of Chicago Law Review*, v. 70, n. 2. p. 599-619, 2003. p. 618.
[46] 435 U.S. 558 – tradução livre.
[47] TJSP, Câmara Especial do Meio Ambiente, v.u., AI 546.688-5/9-00, Rel. Des. Samuel Júnior, j. em 21.09.2006.
[48] Runnymede é o local, às margens do rio Tâmisa, na Inglaterra, onde foi proclamada a Magna Carta de 1215.
[49] *"Just as NEPA is not a green Magna Carta, federal judges are not the barons at Runnymede"* (938 F.2d 194).

Nesse sentido, especial atenção se deve dar ao princípio da precaução e do risco em matéria ambiental, como bem alertado por Carla Amado Gomes[50] e Paulo de Bessa Antunes.[51]

A compreensão dessa atividade de balanceamento estatal dos direitos em jogo é fundamental porque o licenciamento é um dos instrumentos pelo qual isso ocorre, uma vez que é reconhecido como "um procedimento voltado para a compatibilização do desenvolvimento de atividades econômicas necessárias ao homem e à conservação do meio ambiente".[52]

Conforme destacado pela AGU e pelo Ibama, ao analisarem caso concreto, mas cujas conclusões são generalizáveis, não existe a obrigação de escolher a alternativa menos impactante ou ótima em termos ambientais, caso contrário se estaria superestimando as preocupações ambientais sobre outras considerações, o que não se coaduna com a finalidade do licenciamento ambiental e nem mesmo do Direito Ambiental. Nos termos do Parecer nº 41/2018/COJUD/PFE-IBAMA-SEDE/PGF/AGU:

> A decisão no licenciamento ambiental pondera os interesses em jogo (Miguel Reale e Luís Roberto Barroso), existindo a discricionariedade do órgão ambiental entre as alternativas a serem adotadas, sem a obrigação de se escolher a menos impactante ou ótima em termos ambientais (Paulo Affonso Leme Machado e Herman Benjamin). A própria Lei da Política Nacional do Meio Ambiente preceitua esse balanceamento, compatibilizando o "desenvolvimento econômico-social com a preservação da qualidade do meio ambiente e do equilíbrio ecológico" (art. 4º, I). Esta é a razão pela qual, ainda que a alternativa da cava subaquática não fosse a melhor, o que se admite apenas para argumentar, ela não seria inválida, caso contrário se estaria superestimando as preocupações ambientais sobre outras considerações.[53]

A análise da dinâmica do processo decisório do licenciamento ambiental em relação aos estudos ambientais é realizada no capítulo relativo a estes, sendo complemento natural deste tópico porque evidencia a natureza decisória do licenciamento ambiental como ato administrativo de uma autoridade do órgão licenciador com capacidade de fazer seu próprio juízo técnico-administrativo.

---

[50] "No fundo, rejeitar a perspectiva da precaução é abrir espaço para a busca de alternativas, é conceber uma avaliação integrada dos valores em jogo em cada quadro de risco. O óptimo, já se sabe, é inimigo do bom: não podendo eliminar-se todo o risco, nem devendo dar-se sempre primazia aos valores ambientais sobre os restantes – como se houvesse uma presunção inilidível de risco superior nesta área –, a solução tem que passar pela ponderação o mais equilibrada possível dos factores em presença, no sentido da melhor composição dos interesses, públicos e privados. Não se trata, enfim, de hipervalorizar a realidade ambiental ou sanitária em face de outros valores igualmente relevantes. A regra de decidir sempre e cegamente *in dubio pro ambiente*, perante riscos remotos ou absolutamente dúbios à luz dos dados científicos é uma atitude que coloca tendencialmente em causa o interesse colectivo e pode até ter consequências negativas para a sedimentação de uma consciência ambiental equilibrada. O que está em causa, pelo contrário, é integrar a política de protecção do ambiente com outras políticas, é harmonizar, na medida do possível, a defesa dos valores ecológicos com o respeito por outros interesses, públicos e privados. Sem concepções aprioristicas, antes com a preocupação de balanceamento dos valores em jogo" (GOMES, Carla Amado. *Risco e Modificação de Actos Autorizativos Concretizadores de Deveres de Protecção do Ambiente*. Lisboa, 2012 (e-book). p. 252).

[51] ANTUNES, Paulo de Bessa. *Direito Ambiental*. 16. ed. São Paulo: Atlas, 2014. p. 39.

[52] AQUINO, Juliana Louyza de Souza Cavalcante. Licenciamento ambiental no direito ambiental e no direito administrativo. *Direito, Estado e Sociedade*, PUC-RJ: Departamento de Direito, n. 33. p. 131-148, jul./dez. 2008. p. 133.

[53] Parecer nº 41/2018/COJUD/PFE-IBAMA-SEDE/PGF/AGU, aprovado pelo Procurador-Chefe Nacional da PFE-Ibama, em 24.04.2018, mediante o Despacho nº 261/2018/GABIN/PFE-IBAMA-SEDE/PGF/AGU, nos autos do PA nº 00414.021655/2017-14, bem como pela Presidência do Ibama (Despacho SEI nº 2210697) na mesma data nos autos do PA nº 02001.004964/2018-80.

1.1.1 *In dubio pro natura* ou ambiente?

O meio ambiente ecologicamente equilibrado é direito expressamente previsto em nossa Constituição (art. 225, *caput*), mas isso não resulta em nenhuma supremacia em relação aos demais direitos previstos em nosso ordenamento. Como visto, considerações ambientais não devem subjugar as demais no licenciamento ambiental e não é correto afirmar que a solução que apresente o menor impacto ambiental será a melhor escolha. Assim, não surpreende que a Suprema Corte estadunidense (*Baltimore Gas & Electric Co. v. NRDC* – 1983) afaste-se da superestimação das preocupações ambientais sobre outras considerações.

Às vezes chega-se a defender abertamente que o meio ambiente detém supremacia sobre os demais direitos previstos em nosso ordenamento jurídico, especialmente sobre os econômicos. Entretanto, a forma mais comum consiste na enunciação de fórmulas que tentam disfarçar a ideia de supremacia, tais como "princípio do nível elevado de proteção ecológica" (Maria Alexandra de Sousa Aragão) e o *in dubio pro natura* ou *ambiente*.

Essa superioridade *prima facie* do meio ambiente em relação aos demais direitos deve ser rechaçada, porque não existe nenhuma norma que a ampare. O bem ecológico não está em posição superior em nossa Constituição.[54] Ao contrário, está integrado ao conceito de ordem econômica, fundada na valorização do trabalho humano e na livre-iniciativa (CF, art. 170, VI), não havendo que se falar em supremacia de um sobre outro ou mesmo sobre os demais direitos garantidos na Constituição. Como doutrinou Paulo Affonso Machado Leme, ao comentar decisão da Corte Permanente de Arbitragem (*Iron Rhine Railway – IJzeren Rijn*) de 2005, não existe superioridade entre o direito ambiental e o direito ao desenvolvimento, "mostrando que devem ser sopesados equitativamente nas decisões tanto o meio ambiente como a economia".[55]

Da mesma forma que não se pode falar *in dubio pro natura*, não se poderia falar em *in dubio pro* saúde, propriedade, livre-iniciativa, saneamento básico, direito ao desenvolvimento etc.

Essa ausência de fundamento jurídico fica clara na suposta base do *in dubio pro natura*, que residiria no princípio da precaução, sendo um "às na manga do intérprete ecológico" para ser usado como "forma de garantir o mínimo existencial ecológico, especialmente na colisão do direito ao meio ambiente com outros direitos fundamentais".[56]

---

[54] GUEDES, Rogério Pereira. A tênue estabilidade da licença ambiental: uma ponderação sem supremacias. In: SOUSA, José Péricles Pereira de (Org.). *Jurisdição Constitucional e Direitos Fundamentais*: estudos em homenagem a Jorge Reais Novais. Belo Horizonte: Arraes Editores, 2015. p. 258-259.

[55] Parecer Jurídico apresentado nos autos dos Recursos Especiais nº 1.596.081/PR e 1.602.106/PR (p. 20).

[56] BELCHIOR, Germana Parente Neiva; LEITE, José Rubens Morato. O Estado de Direito Ambiental e a particularidade de uma hermenêutica jurídica. *Sequência*: estudos jurídicos e políticos, n. 60. p. 291-318, Florianópolis: UFSC. p. 310. Cf.: sobre o princípio da precaução ser a base do *in dubio pro natura*, BELCHIOR, Germana Parente Neiva. Fundamentos Epistemológicos do Direito Ambiental. 2015. fls. 306. Tese (Doutorado) – Faculdade de Direito, UFSC, Florianópolis, 2015. p. 200. J. Russo e R. O. Russo entendem da mesma forma, citando, como reforço, o posicionamento do Tribunal Constitucional (Sala Constitucional) da Costa Rica (1995, Voto 5893-95), que, além da precaução e prevenção, o princípio *in dubio pro natura* pode extrair-se, analogicamente, de outros ramos do Direito e que está, como um todo, de acordo com a natureza (RUSSO, J.; RUSSO, Ricardo O. *In dubio pro natura*: un principio de precaución y prevención a favor de los recursos naturales. *Tierra Tropical*: sostenibilidad, ambiente y sociedad. Guácimo, CR: Universidad Earth, año 5, v. 1. p. 73-82, 2009. p. 76-77).

A tese de que os direitos podem ser escalonados não se sustenta, pois em abstrato todos possuem o mesmo valor, "havendo a necessidade da ponderação entre os valores para que, no caso concreto, seja estabelecido qual o valor constitucional deve prevalecer".[57] É inegável que as regras podem estabelecer uma situação de prevalência específica – papel do legislador –, podendo ser ela ambiental, o que não significa que toda e qualquer norma ambiental tenha preferência sobre outras.

A relação entre os direitos de determinada ordem jurídica se afigura complexa, havendo interdependência entre os diversos valores que eles prestigiam. Seria equívoco epistemológico entender que um deles prevalece sobre os demais. É natural e compreensível que cada estudioso de um objeto defenda a sua superioridade perante os demais. Entretanto, não há como sustentar o escalonamento hierárquico, tabelando o que seria mais importante em termos jurídicos, modulando-se antecipadamente as decisões.

Em suma, existe uma tendência no Direito Ambiental de sobrelevar o seu objeto diante de outros concorrentes, que se manifesta sobre bandeiras diferentes como o *in dubio pro natura* ou *ambiente*.[58] Rogério Pereira Guedes critica esse uso de fórmulas aprioristicas, como o *in dubio pro ambiente*, com as seguintes palavras:

> A fixação do ônus argumentativo não tem como ser determinado segundo qualquer dos princípios que levem a fórmula *in dubio*. Primeiramente pela impossibilidade de se determinar, de partida, qual o valor a ser escolhido como de maior peso, pois todos os direitos fundamentais, em abstrato, possuem o mesmo valor. Em segundo lugar, entendemos que a fixação do ônus argumentativo deve ser objeto de ponderação.
> Primeiramente, cabe ao legislador realizar a ponderação e, por meio de lei, fixar o ônus argumentativo. Caso não haja norma legal que possa ser aplicada ao caso concreto, o ônus cabe àquele que detenha as melhores condições para apresentar a justificação, não podendo ser utilizado qualquer critério com base em hierarquização de valores constitucionais, pois não há como extrair qualquer escalonamento hierárquico dos seus valores.[59]

A necessidade de conciliar a proteção do meio ambiente com outros valores constitucionais levará a um processo de ponderação que pode ser contestado, mas, como alerta Luís Roberto Barroso, "coisa diversa – e desprovida de fundamentação jurídica – seria sustentar a existência de um princípio geral *in dubio pro natura* para o

---

[57] GUEDES, Rogério Pereira. A tênue estabilidade da licença ambiental: uma ponderação sem supremacias. *In*: SOUSA, José Péricles Pereira de (Org.). *Jurisdição Constitucional e Direitos Fundamentais*: estudos em homenagem a Jorge Reais Novais. Belo Horizonte: Arraes Editores, 2015. p. 263. Continua o autor: "Compactuamos com o pensamento de Jorge Reis Novais no sentido de que a realização de uma hierarquização dos valores exige 'o preenchimento de um requisito irrealizável, qual seja o da construção da ordem constitucional como *ordem cardinal*' [...] As demandas para o Estado aumentaram e os valores erigidos à categoria de valores constitucionais seguiram o mesmo caminho. A obrigação de o Estado não é mais garantir apenas a liberdade dos seus cidadãos, mas também a saúde, a educação, a qualidade do meio ambiente, a previdência, entre tantas outras. Temos que observar que os direitos fundamentais se complementam em busca do interesse público" (p. 264-265).

[58] "Com o aumento das demandas do Estado, surgirão defensores nos mais variados valores e cada um levantará uma bandeira diferente, passando-se da ideia inicial de *in dubio pro libertate* para as possibilidades de *in dubio pro libertate*, *in dubio pro ambiente*, *in dubio pro autorictate legislatoris*, *in dubio pro securitate* e *in dubio pro salute publica*" (GUEDES, Rogério Pereira. A tênue estabilidade da licença ambiental: uma ponderação sem supremacias. *In*: SOUSA, José Péricles Pereira de (Org.). *Jurisdição Constitucional e Direitos Fundamentais*: estudos em homenagem a Jorge Reais Novais. Belo Horizonte: Arraes Editores, 2015. p. 265).

[59] GUEDES, Rogério Pereira. A tênue estabilidade da licença ambiental: uma ponderação sem supremacias. *In*: SOUSA, José Péricles Pereira de (Org.). *Jurisdição Constitucional e Direitos Fundamentais*: estudos em homenagem a Jorge Reais Novais. Belo Horizonte: Arraes Editores, 2015. p. 265-266.

fim de contornar a divisão constitucional de competências federativas e autorizar cada ente a agir como se fosse um Estado unitário".[60]

O uso da fórmula *in dubio pro natura* nada mais faz do que criar uma preferência inexistente e inaceitável em nosso ordenamento jurídico, descarregando um ônus argumentativo desproporcional em quem o desafia. O efeito nefasto é livrar o decisor de ponderar os direitos em jogo e fundamentar concretamente sua decisão, uma vez que tem a fórmula vazia à mão que resolve a dúvida entre valores conflitantes sempre a favor do meio ambiente. Em outras palavras, inova-se no ordenamento jurídico ao criar regra, extrapolando a função de aplicação da lei que deve orientar o Executivo e o Legislativo.

Outro efeito indesejado subsiste: o de transparecer a não necessidade de investigação de quem é o ente federativo competente para determinada legislação, bastando para tal invocar plástico e amigável *pro natura* ao menor sinal de dificuldade em determinar o ente competente, o que é uma constante no federalismo cooperativo como o brasileiro, que tem três esferas. A questão das normas ambientais na competência concorrente deve ocorrer com base na divisão constitucional de competências, não com base em critério material como o *in dubio pro natura*. Como argutamente observou Anizio Pires Gavião Filho, a construção do *in dubio pro natura* encontra objeções insuperáveis:

> O decisivo é que ela parece desprezar a distinção entre inconstitucionalidade formal e material, pois o critério da prevalência pela norma mais favorável à proteção do ambiente, orientado pelo princípio *in dubio pro natura*, tem fundamentação material e nada tem com a discussão de delimitação de competência entre a União e Estados.[61]

Ademais, o fato de se "latinizar" uma ideia não a transforma em aformismo ou brocardo jurídico,[62] muito menos em norma, acrescenta-se, ainda mais em princípio jurídico apto a ser panaceia quando em jogo valores ambientais, o que é criticado pela doutrina ao catalogar o atual direito público como ambiente de geleia geral, porque princípios vagos são capazes de justificar qualquer decisão.[63]

Essas foram as ideias cristalizadas em parecer da PFE-Ibama:

> [...] II – Inviabilidade, ainda, de aplicação *in dubio pro natura* (ou ambiente) pela igual tutela de todos os bens constitucionais, não sendo o valor ecológico considerado um valor absoluto, ao qual todos os demais devam se subordinar (Miguel Reale), ou um direito fundamental supremo (Canotilho), impossibilidade de haver superestimação das preocupações ambientais sobre outras considerações (*Baltimore Gas & Electric Co. v. NRDC* – 1983), bem como no fato de se "latinizar" uma ideia não a transforma em aforismo ou brocardo jurídico, motivo pelo qual o *in dubio pro natura* é desprovido de fundamentação jurídica (Barroso). A construção do *in dubio pro natura* encontra objeção insuperável ao ignorar a

---

[60] BARROSO, Luís Roberto. Federação, transportes e meio ambiente – interpretação das competências federativas. *In*: TAVARES, André Ramos; LEITE, George Salomão; SARLET, Ingo Wolfgang (Org.). *Estado Constitucional e Organização do Poder*. São Paulo: Saraiva, 2010. p. 500.
[61] GAVIÃO FILHO, Anizio Pires. *Direito Fundamental do Ambiente*. Porto Alegre: Livraria do Advogado, 2005. p. 84.
[62] JUNOY, Joan Picó. Iudex iudicare debet secundum allegata et probata, nin secundum conscientiam: storia della erronea citazione di un brocardo nella dottrina tedesca e italiana. *Rivista di Diritto Processuale*, Milano: CEDAM, ano 62, n. 6. p. 1497-1518, 2007. p. 1518.
[63] SUNDFELD, Carlos Ari. *Direito Administrativo para Céticos*. São Paulo: Malheiros, 2012. p. 60; LIMA, Rafael Bellem de. *Regras na Teoria dos Princípios*. São Paulo: Malheiros, 2014. p. 19.

distinção entre inconstitucionalidade formal e material, uma vez que o critério da prevalência pela norma mais favorável à proteção do ambiente, orientado pelo princípio *in dubio pro natura*, tem fundamentação material e nada tem com a discussão de delimitação de competência entre a União e Estados (Gavião Filho).[64]

Apenas para argumentar, ainda que se considerasse o *in dubio pro natura* um princípio jurídico, não se pode ignorar que, na teoria dos princípios, superar uma regra demanda ônus argumentativo superior ao que é exigido pela não satisfação de um princípio no caso concreto, bem como que os princípios não são normas mais importantes, abstratas ou vagas do que as regras.[65]

1.2 Aspectos procedimentais do processo decisório no licenciamento ambiental

Analisado o aspecto substantivo do processo decisório ambiental, no qual ocorre um balanceamento dos valores em jogo, faz-se necessário entendê-lo sob o ponto de vista procedimental.

O licenciamento ambiental é um processo administrativo que visa à expedição de uma licença ambiental (ato administrativo) do órgão licenciador, cujo procedimento varia conforme o órgão ou entidade licenciadora.

Os estudos ambientais, em regra, têm função preparatória para o ato da licença ou de sua denegação. Como bem percebido pelo STJ:

> [...] 3.2. o procedimento para o licenciamento de atividades potencialmente poluidoras é complexo, ao longo dele sendo possível instaurar procedimentos menores, não autônomos nem suficientes por si. Com efeito, o EIA/RIMA não se esgota em si mesmo, não constitui o objeto final postulado administrativamente, representando apenas uma das etapas (ato instrutório ou ordinatório) para o início da implantação e do funcionamento do empreendimento. Diante disso, eventual prazo prescricional somente passará a correr a partir do encerramento do procedimento administrativo maior, com a decisão final a respeito do licenciamento postulado à luz de todos os pareceres, laudos periciais e legislação em vigor. Nesse momento é que os danos poderão efetivamente ocorrer, viabilizando a necessidade de intervenção do Poder Judiciário a pedido do respectivo interessado.[66]

Compreender o fenômeno do ponto de vista procedimental é fundamental para evitar posturas equivocadas sobre o licenciamento ambiental.

Uma das consequências de se analisar o processo administrativo de licenciamento ambiental, sob o aspecto procedimental, é o *prestígio à discricionariedade procedimental da Administração Pública* se não existir rito próprio previsto na legislação de regência. Isso não impede que se reconheça a incidência do princípio do formalismo moderado, da possibilidade de convalidação e a dinamicidade do processo administrativo de

---

[64] Parecer nº 48/2017/COJUD/PFE-IBAMA-SEDE/PGF/AGU, aprovado, em 13.09.2017, pelo Procurador-chefe da PFE-IBAMA mediante Despacho nº 497/2017/GABIN/PFE-IBAMA-SEDE/PGF/AGU, nos autos do PA nº 00807.002884/2017-16.

[65] LIMA, Rafael Bellem de. *Regras na Teoria dos Princípios*. São Paulo: Malheiros, 2014. p. 73 e 34.

[66] STJ, 2ª T., v.u., REsp nº 1.072.463/SP, Rel. Min. Castro Meira, j. em 15.08.2013, *DJe* 22.08.2013.

licenciamento, mas evita-se que, com base em cláusulas gerais, haja menosprezo a essa discricionariedade administrativa procedimental.

Esse *iter* para analisar a viabilidade ambiental e expedir a licença normalmente é minimamente regrado, mas contém dose significativa de discricionariedade. Por exemplo, o artigo 10 da Resolução Conama nº 237/97 estabelece etapas do processo decisório ordinário de licenciamento ambiental, que passa da elaboração de um TR até o deferimento ou indeferimento da licença. Mas tal norma não pode ser levada ao pé da letra,[67] sendo ele um roteiro para o licenciamento ambiental nacional que deve ser conjugado com a discricionariedade procedimental para melhor dinamizar o processo decisório, conforme estipulado pelos artigos 3º, parágrafo único,[68] 8º e 12, *caput*, da Resolução Conama nº 237/97.

A discricionariedade procedimental é tanto *geral* – para estabelecer ritos apropriados para certas tipologias ou situações – como *específica* – há a possibilidade de calibrar o procedimento apenas para certo processo de licenciamento ambiental. O fato de a mudança do procedimento ocorrer em mais de um processo administrativo não muda o seu caráter específico.

Por exemplo, em termos gerais, é o caso do licenciamento ambiental federal, a cargo do Ibama, que tem na IN Ibama nº 184/08 a regulamentação do procedimento, excetuando os empreendimentos de petróleo *offshore* (art. 52). É essa IN que atribui à autarquia ambiental ampla discricionariedade procedimental para o caso concreto, visto que, em situações específicas, o Ibama poderá suprimir ou agregar fases de licenciamento (art. 2º, §2º). Em São Paulo, na Cetesb, existe a mesma previsão (Decisão de Diretoria 153/2014/I, art. 15).

Por essa razão, adicionar garantias processuais integra a discricionariedade da Administração, não devendo o Judiciário intervir na matéria sem clara base legal. A indesejável criatividade judicial não se expressa apenas por decidir sem base legal, com fulcro em princípios ou buscando a analogia, mas também pela integração de diplomas legais imiscíveis, ainda que em parte, ao se criar, por exemplo, uma nova fase

---

[67] Mormente porque ela não faz muito sentido se vista como um roteiro linear para ser seguido. Por exemplo, depois da análise dos estudos ambientais pelo órgão licenciador, o órgão licenciador pode pedir complementações. Se levado o artigo 10 ao pé da letra, constar-se-á que após o pedido de complementação há a previsão de eventuais audiências públicas. Em uma leitura literal do artigo 10 da Resolução Conama nº 237/97, o TR seria confeccionado antes mesmo de se ter um processo de licenciamento e de um pedido de licença ambiental, o que se configura um absurdo. Não há como confeccionar um TR fora dos autos de um processo administrativo criado com um propósito, no caso, a expedição da licença, que obviamente pressupõe nos autos um pedido para tanto, normalmente feito com o preenchimento de dados básicos para a caracterização do empreendimento.

[68] Dispositivo que a AGU já reconheceu como sendo a base para modelar o procedimento, em relação ao estudo ambiental a ser exigido, no caso concreto. No Parecer nº 138/2014/CGAJ/CONJUR-MMA/CGU/AGU consignou-se: "[...] 36. O parágrafo único, na linha do discorrido quanto à primeira indagação, apenas RECONHECE (DECLARA) que o órgão ambiental licenciador competente, ao verificar que a atividade ou empreendimento não é potencialmente causador de significativa degradação do meio ambiente – não havendo que se falar, assim, em burla ao art. 225, §1º, IV da CFRB/88 –, definirá os estudos ambientais pertinentes ao respectivo processo de licenciamento, ou seja, *diante um caso concreto submetido a apreciação*. 37. Para além de valorizar a função desempenhada pelo órgão ambiental competente e exigir que não haja formalismo desnecessário quando da atuação administrativa, o dispositivo é redigido todo no singular e atrela este dever de definição de estudos ambientais pertinentes à análise de um determinado caso concreto. Por clareza, o órgão ambiental, diante de um caso concreto que lhe seja submetido, declarando sob o ponto de vista técnico-ambiental que o empreendimento não é potencialmente causador de significativa degradação do meio ambiente, deve definir estudos específicos e individualizados para aquele caso concreto, específico" (Parecer nº 138/2014/CGAJ/CONJUR-MMA/CGU/AGU, aprovado pelo Consultor Jurídico do MMA, em 14.02.2014, mediante do Despacho nº 204/2013/CONJUR-MMA, nos autos do PA nº 02000.000040/2014-91).

ou audiências não previstas na legislação de regência. É por causa da autocontenção judicial em matéria procedimental que o Judiciário brasileiro nega estabelecer novas fases processuais apenas com previsão em lei processual genérica.[69]

Como é visto no capítulo atinente ao controle jurisdicional do licenciamento ambiental, a discricionariedade procedimental é a principal característica defendida pela Suprema Corte estadunidense em *Vermont Yankee Nuclear Power Corp. v. Natural Resources Defense Council* (1978 – 435 U. S. 519-558). O *Justice* Rehnquist deixou absolutamente claro que as agências são livres para moldar as suas próprias regras procedimentais (*"free to fashion their own rules of procedure"*), salvo previsão constitucional ou circunstância extremamente imperiosa em contrário (435 U. S. 543) e que isso é "um princípio fundamental do direito administrativo" (435 U. S. 544). *Enquanto as agências são livres para conceder garantias processuais adicionais de acordo com a sua discricionariedade, as cortes geralmente não são livres para impô-las, se as agências não escolheram garanti-los* (435 U. S. 520).

Até mesmo a Suprema Corte inglesa,[70] em *Bushell v. Secretary of State for the Environment* (1980), "se recusou a impor requisitos procedimentais não previstos no processo decisório – mesmo que isso envolvesse impactos ambientais – sem lei e com base em cláusulas abertas, ainda que fundamentais para o sistema jurídico do país, como é a do *fair procedure*. Ela estava 'consciente de desnecessidade de se 'superjudicializar' (*over-judicialise*) o procedimento".[71]

Outro desdobramento da liberdade procedimental é a existência da *diversidade de ritos* para se expedir a licença ambiental. Esses ritos variam em relação aos recursos cabíveis, acaso existentes, ao empreendimento a ser licenciado e seus respectivos estudos ou licenças ambientais, podendo sofrer alterações casuísticas durante o próprio processo de licenciamento. Essas variáveis são ainda potencializadas pela multiplicidade dos diferentes órgãos licenciadores do Sisnama.[72]

Diante desse cenário, bem como da dinamicidade, é difícil se falar em um modelo único de devido processo legal de licenciamento ambiental.

Outro aspecto esquecido ou desconhecido é o de que *atos intermediários, como pareceres técnicos ou mesmo despachos, não necessariamente constituem a opinião do órgão licenciador*. Não é incomum ver pareceres ou atos isolados de um órgão, coordenação ou setor do órgão licenciador serem tomados como a visão do órgão licenciador, quando na verdade são somente subsídios para a autoridade decidir.[73]

Se o subsídio para a autoridade decidir não foi encampado pelas instâncias superiores, eles não constituem a opinião do órgão, não se aperfeiçoam como tal e, consequentemente, não podem ser entendimento do órgão licenciador. Pela má compreensão

---

[69] BIM, Eduardo Fortunato. A autocontenção judicial no direito administrativo participativo: o caso das audiências públicas ambientais. *Revista Digital de Direito Administrativo*, Ribeirão Preto, SP: USP, v. 2. p. 37-70, 2015. p. 48-50.

[70] *House of Lords*, hoje *Supreme Court of the United Kingdom*.

[71] BIM, Eduardo Fortunato. A autocontenção judicial no direito administrativo participativo: o caso das audiências públicas ambientais. *Revista Digital de Direito Administrativo*, Ribeirão Preto, SP: USP, v. 2. p. 37-70, 2015. p. 52.

[72] Por exemplo, na Cetesb, no caso de a equipe técnica concluir pela inviabilidade ambiental do empreendimento, obra ou atividade, o respectivo processo será arquivado (Decisão de Diretoria nº 153/2014/I, de 28 de maio de 2014, art. 11). No âmbito do Ibama, por sua vez, o parecer técnico conclusivo cabe à Diretoria de Licenciamento (Dilic), mas não gera o arquivamento se for negativo, uma vez que a decisão final é da presidência do Ibama (IN Ibama nº 184/08, art. 24). Ainda no âmbito do Ibama, nos empreendimentos de impacto pouco significativo e quando não couber análise locacional, haverá a supressão da fase de licença prévia (IN Ibama nº 184/08, art. 38).

[73] Às vezes o equívoco vai mais longe ao imputar o conteúdo do EIA ao órgão licenciador, esquecendo-se que ele não apenas não é vinculante ao licenciamento, como é produzido pelo empreendedor.

desse fenômeno, recorta-se o parecer ou trecho de parecer técnico ou estudo ambiental do processo decisório de licenciamento para sustentar que o órgão licenciador – que expediu a licença – é contra ela.

Também são comuns citações descontextualizadas de pareceres técnicos apontando pendências, quando instâncias também técnicas afastaram essas supostas pendências. Assim é que a jurisprudência corretamente se nega a decretar a invalidade de atos autorizativos ambientais pela mera citação de trechos de manifestações técnicas, que não retratam o entendimento externado pelo órgão decisor. O TJSP decidiu que "citações descontextualizadas de trechos escolhidos de algumas manifestações técnicas não invalidam as manifestações favoráveis nem a decisão dos órgãos superiores da administração".[74]

Sob esse aspecto, uma boa analogia do processo decisório do licenciamento ambiental pode ser encontrada no Tribunal de Contas da União (TCU). Em diversos julgados há uma análise e opinião de uma secretaria técnica (Secex), o que equivale aos pareceres técnicos conclusivos do processo de licenciamento ambiental, e posteriormente há a decisão do TCU. O tribunal não necessariamente segue o opinativo da Secex, fazendo seu próprio julgamento da questão.

1.2.1 A dinamicidade do licenciamento ambiental

Outra característica do processo de licenciamento ambiental, enquanto processo concretizador do Direito Ambiental, é a sua *dinamicidade*, podendo ser alterado a qualquer momento, sofrendo retificações, convalidações e calibrações necessárias de acordo com os impactos ambientais detectados. Em outras palavras, a decisão sobre a licença ambiental não extingue o processo decisório ambiental.

Como o Direito Ambiental é dinâmico e variável,[75] o licenciamento ambiental tende a acompanhar essas características do direito material.[76] Por isso a Lei nº 6.938/81 arrola, como instrumento da Política Nacional do Meio Ambiente, a revisão de atividades, efetiva ou potencialmente poluidoras (art. 9º, IV), e a Resolução Conama nº 237/97 regula esse instrumento no artigo 19. Assim, doutrina-se que a licença ambiental "tem como uma de suas mais importantes características a possibilidade de modificação", sendo ato administrativo que "poderá sofrer modificações posteriormente caso se descubra algum erro ou omissão relevante ou caso haja algum motivo superior que o justifique".[77]

A *meta do processo de licenciamento ambiental é não perder o gerenciamento dos impactos ambientais*, mantendo a viabilidade ambiental do empreendimento, motivo pelo qual tem como característica ser um *moto perpetuo*: nunca acaba ou transita em julgado, mesmo com a expedição da LO, porque existem monitoramentos[78] que podem

---

[74] TJSP, 1ª Câmara Reservada ao Meio Ambiente, v.u., AI 0205003-35.2012.8.26.0000, Rel. Des. Torres de Carvalho, j. em 13.02.2014.

[75] LAVRATTI, Paula Cerski. *El Derecho Ambiental como Instrumento de Gestión del Riesgo Tecnológico*. Tarragona: Publicacions URV, 2011. p. 51; GUEDES, Rogério Pereira. A tênue estabilidade da licença ambiental: uma ponderação sem supremacias. *In*: SOUSA, José Péricles Pereira de (Org.). *Jurisdição Constitucional e Direitos Fundamentais*: estudos em homenagem a Jorge Reais Novais. Belo Horizonte: Arraes Editores, 2015. p. 277-278.

[76] ERTHAL, Thiago Serpa. *Revisibilidade das Licenças Ambientais*. Rio de Janeiro: Lumen Juris, 2015. p. 123.

[77] FARIAS, Talden. *Licenciamento Ambiental*: aspectos teóricos e práticos. 4. ed. Belo Horizonte: Fórum, 2013. p. 147.

[78] O monitoramento ambiental, no que diz respeito as etapas da atividade ou do empreendimento, pode ser classificado em (i) *pré-operacional*: efetuado durante os estudos ambientais, mas antes do início da implantação da

influenciar na eventual renovação da LO ou na alteração de mitigantes e condicionantes durante qualquer fase do processo. Assim, os "resultados do monitoramento ambiental e dos programas de acompanhamento podem levar a novas modificações de projeto ou à necessidade de novas medidas mitigadoras, caso sejam detectados impactos significativos não previstos".[79]

O fato de o licenciamento ambiental ser contínuo e permanente significa, como visto, que a emissão da licença (LP, LI ou LO) não cessa a constante avaliação dos programas ambientais e da execução do empreendimento de um modo geral. Antes mesmo da expedição da licença ambiental, o órgão licenciador monitora as obras e a execução dos programas ambientais constantes do licenciamento ambiental. Não apenas fiscaliza o atendimento das adequações exigidas, como também avalia se o que foi exigido está adequado, podendo haver, a qualquer momento, a estipulação de medidas adicionais. O conhecimento acumulado pelo órgão licenciador pode ser implementado a qualquer momento, conforme preceitua o artigo 19 da Resolução Conama nº 237/97.

A dinamicidade também pode impactar na correção da legalidade do licenciamento ambiental, seja para anular, seja para convalidar, uma vez que se admite até mesmo a complementação de estudos ambientais, que subsidiaram uma licença ambiental, por exemplo. Como bem pontuou o Min. Sepúlveda Pertence: "[...] 109. Já os vícios e as falhas acaso detectados no seu conteúdo [EIA/RIMA] poderão e deverão ser corrigidos no decorrer do processo de licenciamento ambiental, certo que sua eventual existência não significa, necessariamente, frustração do princípio da participação pública, como se alega".[80] O TRF da 4ª Região também reconheceu a dinamicidade do licenciamento ambiental, evitando-se falar em preclusão e na necessária invalidade de atos pretéritos à correção do vício:

> Com efeito, é da própria natureza do procedimento administrativo de licenciamento ambiental seu caráter dinâmico, uma vez que a previsão normativa garante a possibilidade de a Administração Pública solicitar esclarecimentos, complementações, revisões do empreendedor, bem como incorporar novas condicionantes. Portanto, descabida a alegação de existência de preclusão administrativa na espécie em relação à participação da Funai, por existir neste procedimento diversas etapas e possibilidade de complementações e saneamentos, sem que tais imperfeições impliquem, necessariamente, a invalidade dos atos pretéritos.[81]

---

atividade ou empreendimento; (ii) *operacional*: realizado durante as etapas de implantação, funcionamento e desativação; (iii) *pós-operacional*: efetuado após o fechamento da atividade, geralmente nos casos em que há potencial de significativos impactos residuais (*v.g.*, disposição de resíduos e a mineração). "O monitoramento ambiental refere-se à coleta sistemática e periódica de dados previamente selecionados, com o objetivo principal de verificar o atendimento a requisitos predeterminados, de cumprimento voluntário ou obrigatório, com padrões legais e condições impostas pela licença ambiental" (SÁNCHEZ, Luis Enrique. *Avaliação de Impacto Ambiental*: conceito e métodos. 2. ed. São Paulo: Oficina dos Textos, 2013. p. 516).

[79] SÁNCHEZ, Luis Enrique. *Avaliação de Impacto Ambiental*: conceito e métodos. 2. ed. São Paulo: Oficina dos Textos, 2013. p. 496.

[80] STF, ACO-MC 876/BA, Rel. Min. Sepúlveda Pertence, j. em 18.12.2006, *DJU* 01.02.2007. p. 148, *RTJ* 200/01/242. No mesmo sentido: TRF da 4ª Região, 3ª T., v.u., AC 2006.71.01.003801-8/RS, Rel. Des. Fed. Carlos Eduardo Thompson Flores Lenz, j. em 13.10.2009, *D.E.* 04.11.2009.

[81] TRF da 4ª Região, 4ª T., v.u., APELREEX 5000550-92.2014.4.04.7008, Rel. Des. Fed. Candido Alfredo Silva Leal Júnior, j. em 05.11.2015, *DE* 10.11.2015 – destaques no original.

Convalidando ou não, pode haver a exigência de novas mitigantes ou condicionantes a depender da avaliação efetuada pelo órgão licenciador.

Por essa razão não são incomuns, embora desnecessárias, previsões como a do artigo 18 da Portaria Interministerial MMA/MJ/MINC/MS 60/2015, que preceitua poder o Ibama, "no decorrer do processo de licenciamento e sem prejuízo do seu prosseguimento na fase em que estiver", considerar "manifestação extemporânea dos órgãos e entidades, após avaliação de conformidade e da relação direta com a atividade ou o empreendimento".

1.2.2 Do negócio jurídico processual no licenciamento ambiental

Embora exista liberdade procedimental no licenciamento ambiental na Resolução Conama nº 237/97, tanto dos estudos (art. 3º) – exceto no caso de significativo impacto ambiental – quanto das licenças (art. 8º) e do procedimento (art. 12), o novo Código de Processo Civil amplia essa discricionariedade ao incluir a possibilidade de que haja o negócio processual.

O artigo 15 do CPC prevê que as regras do código serão aplicadas supletiva e subsidiariamente ao processo administrativo. Embora haja normas que tratam do processo de licenciamento, elas não abordam o negócio jurídico processual e nem parecem vedá-lo, o que possibilita a sua aplicação no processo administrativo de licenciamento ambiental.

No CPC revogado (1973) havia negócios processuais típicos, como o ônus da prova, o foro de eleição ou a suspensão do processo para a confecção de acordo. No atual código (2015), o negócio jurídico processual também pode ser atípico, o que amplia significativamente o seu leque, podendo ocorrer antes ou durante o processo. Em seu artigo 190, o CPC versa sobre o negócio jurídico processual:

> Versando o processo sobre direitos que admitam autocomposição, é lícito às partes plenamente capazes estipular mudanças no procedimento para ajustá-lo às especificidades da causa e convencionar sobre os seus ônus, poderes, faculdades e deveres processuais, antes ou durante o processo.

Certamente que a autonomia da vontade garantida pelo CPC não é absoluta, inclusive no licenciamento ambiental. Entretanto, o artigo 190 c/c 15 do CPC possibilita que haja a negociação sobre o procedimento do processo de licenciamento ambiental desde que não se perca o gerenciamento dos impactos ambientais ou se elimine processos participativos nele previstos sem a anuência dos participantes.

1.2.3 Da impossibilidade de sanções políticas no processo de licenciamento ambiental

Embora haja uma liberdade procedimental no processo de licenciamento ambiental, ele deve obedecer aos princípios da proporcionalidade/razoabilidade, evitando desvios de poder em seu bojo, e da legalidade quando vai adotar posturas restritivas do direito de o administrativo ter seu pedido analisado e eventualmente deferido.

Infelizmente, alguns órgãos ambientais têm negado a expedição de licença ao empreendedor a menos que esse pague alguma multa ou cumpra alguma condicionante referente a outro processo de licenciamento ambiental. Tais atitudes costumam ser ilegais, não encampadas na liberdade procedimental, e, quando previstas em lei, são desproporcionais, configurando autêntica sanção política na seara ambiental. A violação da legalidade é direta quando essas exigências decorrem de portarias, resoluções, instruções normativas, opinativos técnicos ou jurídicos ou mesmo de simples práticas.

As sanções políticas são vedadas por serem manifestamente inconstitucionais ao violarem todas as dimensões do princípio da proporcionalidade (ou razoabilidade) e, consequentemente, do Estado de Direito.[82] As sanções políticas ambientais não fogem dessa regra, sendo inconstitucionais e não raramente também ilegais.

As sanções políticas ou indiretas são meios oblíquos de que se vale o Estado para impor certas condutas aos administrados, geralmente cobrar os seus créditos, tanto obrigação de dar como a de fazer.

O STF rechaçou o uso das sanções políticas porque não admite a execução administrativa da dívida, devendo ser assegurado ao Fisco, no caso era o Municipal, o acesso ao Judiciário (CF, art. 5º, XXXV) via execução fiscal.[83] Em relação às multas ambientais devidas pelo empreendedor, a mesma lógica se aplica, vedando-se que haja o condicionamento da expedição ou análise da licença ambiental por multas não pagas. Frise-se que nesse caso ainda pode haver violação ao devido processo legal administrativo e da presunção de inocência, pois as multas podem estar com a exigibilidade suspensa.

Não é o uso de qualquer meio indireto ou oblíquo que as caracteriza, mas apenas aqueles que interferem na livre-iniciativa do contribuinte e que sejam desproporcionais.[84] Como destacou o STF, para "ser tida como inconstitucional, a restrição ao exercício de atividade econômica deve ser desproporcional e não razoável".[85] Não pode ser considerado desproporcional o descumprimento de condicionante do próprio processo de licenciamento ambiental, desde que haja prejuízo evidente no adequado gerenciamento de impactos ambientais. Nesse caso, poderá haver negativa de expedição da licença ambiental ou mesmo a cassação das já existentes.

Destaque-se que o rechaço das sanções políticas pela jurisprudência afasta desde atos normativos administrativos até os legislativos, não sendo possível que alguma lei ambiental imponha como requisito da análise ou expedição da licença ambiental o pagamento de multas ou cumprimento de condicionantes referentes a outros processos ou do mesmo processo, mas não prejudiquem o correto gerenciamento dos impactos ambientais.

---

[82] BIM, Eduardo Fortunato. A inconstitucionalidade das sanções políticas tributárias no Estado de direito: violação ao *substantive due process of law* (Princípios da razoabilidade e da proporcionalidade). In: ROCHA, Valdir de Oliveira (Coord.). *Grandes Questões Atuais do Direito Tributário (8º vol.)*. Dialética, 2004. p. 67-92.

[83] STF, Pleno, RE-RG 591.033/SP, Rel. Min. Ellen Gracie, j. em 17.11.2010, DJe 25.02.2011.

[84] Por exemplo, o STF entende que não se pode interditar estabelecimento (Súmula nº 70), apreender mercadorias (Súmula nº 323), impedir a aquisição de notas fiscais (estampilhas) (Súmula nº 547) ou autorização para a sua impressão (RE nº 413.782). Esses meios aniquilam a livre-iniciativa dos contribuintes, além de abusarem da prerrogativa estatal, como fornecer autorização para impressão de notas fiscais, liberação do CNPJ, registro de alteração de contrato social na Junta Comercial etc. Não deixam outra escolha a empresa a não ser sucumbir, uma vez que sem nota fiscal, sem poder operar o estabelecimento, sem mercadorias, não há como subsistir.

[85] STF, Pleno, v.u., ADI nº 173, Rel. Min. Joaquim Barbosa, j. em 25.09.2008, DJe 20.03.2009.

1.3 Espécies da autorização ambiental *lato sensu*: distinção entre o licenciamento ambiental e outras autorizações ambientais específicas (*stricto sensu*)

O licenciamento ambiental distingue-se de outras autorizações ambientais específicas (*stricto sensu*), embora ambos sejam espécies do gênero autorização ambiental *lato sensu*.

Na autorização ambiental *lato sensu* almeja-se o controle ambiental de certa atividade humana. Esse controle pode ocorrer no licenciamento ambiental ou de forma apartada dele, mediante autorização específica (*v.g.*, outorga de recursos hídricos, autorização de supressão de vegetação, emprego do fogo em práticas agropastoris ou florestais, autorização direta).

O licenciamento ambiental é, indubitavelmente, uma expressão do poder de polícia ambiental,[86] mas não monopoliza a forma pela qual ele se materializa no Direito Ambiental, sendo apenas uma das espécies do gênero de autorização *lato sensu*. Existem outros instrumentos para promover o controle ambiental, seja de forma preventiva, como são as autorizações *stricto sensu*, seja de forma repressiva, como são as multas e embargos administrativos.

O licenciamento ambiental é uma forma preventiva de tutela do meio ambiente,[87] mas não a única. Dentre as autorizações ambientais que não se caracterizam como licenciamento, destacam-se a autorização de supressão de vegetação (ASV), a de outorga de recursos hídricos, a autorização para a queima controlada, esta vigente de forma expressa na legislação desde o Código Florestal (CFlo) de 1934.

Cada tipo de autorização ambiental exige o aporte de determinados dados e/ou trabalha, no todo ou em parte, com pauta padronizada (princípio da praticabilidade) para tutelar o meio ambiente de forma preventiva.

O princípio a ser aplicado para saber se a autorização ambiental deve ser via licenciamento ambiental ou mediante outra autorização é o da especialidade. Se não houver lei específica tratando da autorização para determinado caso, a permissão estatal deve ocorrer dentro do processo de licenciamento ambiental, nos termos da Lei da Política Nacional do Meio Ambiente (Lei nº 6.938/81, art. 10)[88]

Entretanto, leis preveem autorizações para certas atividades, como são os casos da ASV e da queima controlada. O CFlo de 1965 (Lei nº 4.771/65) previu a supressão de APP (art. 3º, §1º, e art. 4º), bem como já permitia o emprego do uso de fogo em práticas agropastoris ou florestais, desde que limitadas a áreas predeterminadas e fossem adotadas normas de precaução (art. 27, parágrafo único), no que copiou disposição prevista no CFlo de 1934, quando se permitia o uso do fogo mediante licença da autoridade florestal do lugar e a observância das cautelas necessárias, especialmente quanto a aceiros, aleiramentos e aviso aos confinantes (Decreto nº 23.893/34, art. 22, "a").

---

[86] Lei nº 6.938/81, art. 17-L; FINK, Daniel Roberto. O controle jurisdicional do licenciamento ambiental. *In*: FINK, Daniel Roberto; ALONSO JÚNIOR, Hamilton; DAWALIBI, Marcelo. *Aspectos Jurídicos do Licenciamento Ambiental*. 2. ed. Rio de Janeiro: Forense Universitária, 2002. p. 74.

[87] THOMÉ, Romeu. *Manual de Direito Ambiental*. 7. ed. Salvador: Juspodivm, 2017. p. 252.

[88] Art. 10. A construção, instalação, ampliação e funcionamento de estabelecimentos e atividades utilizadores de recursos ambientais, efetiva ou potencialmente poluidores ou capazes, sob qualquer forma, de causar degradação ambiental dependerão de prévio licenciamento ambiental.

Sublinha-se que essa autorização foi mantida no CFlo vigente (Lei nº 12.651/12), sendo ainda mais elaborada que a do código revogado, ao determinar o "emprego do fogo em práticas agropastoris ou florestais, mediante prévia aprovação do órgão estadual ambiental competente do Sisnama, para cada imóvel rural ou de forma regionalizada, que estabelecerá os critérios de monitoramento e controle" (art. 38, I).

A Lei da Política Nacional do Meio Ambiente (Lei nº 6.938/81), ao tratar das taxas de fiscalização, prevê a autorização para a queima controlada no item II (Flora) de seu Anexo – classificando-a como autorização (2), na espécie "Autorização para uso do fogo em queimada controlada" (2.1) –, distinguindo-a da licença ou licenciamento ambiental que são também previstos em seu Anexo (item I.2 e III.1).

Por essa razão, a LC nº 140/11 é expressa em reconhecer a distinção entre licenciamento e autorização ambiental em diversos de seus dispositivos (cf. arts. 7º, XV, "b"; 8º, XIII, XVI, "c"; 12; 13; 17 e 18), como faz, exemplificadamente, em seu artigo 7º, XIII ("exercer o controle e fiscalizar as atividades e empreendimentos cuja *atribuição para licenciar ou autorizar*, ambientalmente, for cometida à União" – destacou-se) e no seu artigo 15 ("ações administrativas de licenciamento e na autorização ambiental"), uma vez que ambos não se confundem, embora sejam expressão do poder de polícia preventivo ambiental.

A AGU reconheceu expressamente a diferença entre licenciamento ambiental e autorização ambiental *stricto sensu*, propugnando que a escolha entre o controle ambiental exigido deve ocorrer com base no princípio da especialidade, ou seja, se não houver lei específica prevendo a autorização para certo caso, ela deve ocorrer mediante licenciamento ambiental, nos termos da Lei da Política Nacional do Meio Ambiente (Lei nº 6.938/81, art. 10).[89] O TRF da 3ª Região também comunga de tal distinção, admitindo a validade da autorização da queima da palha sem o EIA/Rima, típico do processo de licenciamento ambiental:

> 6. A Constituição Federal, no inciso IV, §1º, do artigo 225, previu que a exigência de realização de estudo prévio de impacto ambiental estaria condicionada à reserva de lei. Por sua vez, a lei federal (artigo 27, parágrafo único do revogado Código Florestal e artigo 38, I, do atual) não previu a necessidade da realização de prévio estudo de impacto ambiental no caso da "queima controlada", mas apenas, por decreto, de prévia vistoria no caso de solicitação de autorização para uso do fogo em áreas "que contenham restos de exploração florestal [...] limítrofes às sujeitas a regime especial de proteção, estabelecido em ato do poder público".
>
> 7. A dispensa de estudo prévio, contudo, não se revela, em princípio, inconstitucional. Neste sentido, o parâmetro da desproporcionalidade ou da ofensa ao princípio da proibição

---

[89] "[...] II – As autorizações ambientais previstas na legislação (autorização *stricto sensu*) e o licenciamento ambiental são espécies da autorização ambiental *lato sensu*, expressão do poder de polícia ambiental preventivo. Distinção encampada expressamente pela LC nº 140/11 (*v.g.*, arts. 7º, XIII, XV, "b", 8º, XIII, XVI, "c", 12, 13, 15, 17 e 18). O licenciamento ambiental não é a única forma preventiva de tutela do meio ambiente, existindo, ainda, as autorizações de supressão de vegetação (ASV), a outorga de recursos hídricos, a queima controlada, esta vigente de forma expressa e ininterrupta na legislação desde o Código Florestal (CFlo) de 1934. A exigência de uma ou outra espécie de autorização ambiental *lato sensu* se fundamenta no princípio da especialidade; se não houver lei específica prevendo a autorização para certo caso, ela deve ocorrer mediante licenciamento ambiental, nos termos da Lei da Política Nacional do Meio Ambiente (Lei nº 6.938/81, art. 10)" (Parecer nº 37/2017/COJUD/PFE-IBAMA-SEDE/PGF/AGU, aprovado pela Procurador-Chefe Nacional da PFE-IBAMA, em 04.07.2017, mediante Despacho nº 373/2017/GABIN/PFE-IBAMA-SEDE/PGF/AGU, nos autos do PA nº 00760.000218/2016-38).

de excesso não favorece a pretensão ministerial. No caso, são invocados dois grandes valores constitucionalmente tutelados, dentre outros: a proteção ao meio ambiente e o desenvolvimento econômico. Embora não seja perfeita, a equação legal parece equilibrar dentro do possível tais bens jurídicos, a partir do modelo adotado de queima controlada, pois ainda que a atividade gere poluição com efeitos sobre o meio ambiente, existe uma estrutura organizada de atividade econômica e social que não pode ser ignorada.[90]

Importante notar que o manejo integrado do fogo, a execução de ações relacionadas com o uso de queimas prescritas e controladas e a prevenção e o combate aos incêndios florestais, com vistas à redução de emissões de material particulado e gases de efeito estufa, à conservação da biodiversidade e à redução da severidade dos incêndios florestais, respeitado o uso tradicional e adaptativo do fogo, ocorre mediante autorização ou mesmo prática administrativa, sem que haja estudo de impacto ambiental. A desnecessidade de EIA não torna tais autorizações inconstitucionais, não havendo afronta ao inciso IV, §1º, do artigo 225 da Constituição Federal.

Outra forma de autorização em sentido estrito reside na autorização direta do ICMBio,[91] que decorre de poder implícito do gestor da unidade de conservação (*implied powers*). Esse tipo de poder é, como aduz Louis Fisher, inerente, incidente ou deduzido, agregado. São poderes criados pelo costume e pelo consentimento.[92] Inicialmente prevista na IN ICMBio nº 04/2009, atualmente na IN ICMBio nº 19/2022.

Canotilho reconhece que o poder implícito serve para *aprofundar as competências explícitas* "(ex.: quem tem competência para tomar uma decisão deve, em princípio, ter competência para a preparação e formação de decisão)",[93] ou seja, quem tem o poder de gerir unidades de conservação, integrando o Sisnama, deve ter o poder de fazê-lo sem depender de autorizações ambientais de terceiros, salvo casos (i) muito claros, como são os de significativo impacto ambiental, que somente podem ocorrer mediante EIA e no bojo de um processo de licenciamento ambiental; ou (ii) expressa previsão legal, como previsto na Lei nº 11.516/07 (art. 14-C, §4º), regulamentada pela INC Ibama/ICMBio nº 03/2023, em que a autorização direta do ICMBio depende da anuência do Ibama, caracterizando um sistema misto de autorização.

1.4 O *mito status* quo do mundo e seu impacto no licenciamento ambiental

Um dos equívocos mais comuns no licenciamento ambiental é identificar a existência de um suposto direito ao *status quo*, com base no qual nada poderia ser mudado e quem chegou primeiro deteria alguma prerrogativa em qualquer possível mudança.

---

[90] TRF da 3ª Região, 3ª T., v.u., AC/RN 5008327-46.2017.4.03.6105, Rel. Des. Fed. Carlos Muta, j. em 25.03.2022, Intimação via sistema em 14.04.2022.

[91] Cuja aplicação é desenvolvida no item 3.12. A autorização direta do gestor da unidade de conservação (IN ICMBio nº 19/2022) e a dispensa de licença ambiental, com anuência do Ibama, da Lei nº 11.516/07 (art. 14-C, §4º) e INC Ibama/ICMBio nº 03/23.

[92] FISHER, Louis. *Constitutional Conflicts between Congress and the President*. 4. ed. Kansas: University Press of Kansas, 1997. p. 14.

[93] CANOTILHO, J. J. Gomes. *Direito Constitucional e Teoria da Constituição*. 7. ed., 12. reimp. Coimbra: Almedina, 2003. p. 549.

É um problema de concepção da função do licenciamento ambiental, que vai do mito de que ele substitui as políticas públicas a cargo de outros órgãos e entidades estatais que não o licenciador até a imposição de mitigantes, por condicionantes, que podem chegar à compensação pura e simples, baseada na manutenção do *status quo*.

A decisão do TRF da 4ª Região sobre o ressarcimento da supressão de ponto turístico que impulsionou a economia de um Município é exemplar, visto que desnuda o mito da manutenção do *status quo*. Com efeito, decidiu a Corte Federal que a supressão das Setes Quedas pela construção da UHE Itaipu não deveria gerar indenização ao Município afetado porque (i) a atração turística se formava a partir das águas do Rio Paraná, constituindo bem da União, e não do Município, e, principalmente, (ii) não existe, em favor do Município, o direito de ver mantidas a sua disposição, ainda que como pedra de toque de sua economia, as belezas naturais que outrora impulsionaram seu desenvolvimento. Sua ementa é elucidativa quanto a esses pontos:

> INDENIZAÇÃO. SUPRESSÃO DAS SETE QUEDAS PELA CONSTRUÇÃO DA USINA ITAIPU BINACIONAL. COMPENSAÇÃO FINANCEIRA PELA UTILIZAÇÃO DE RECURSOS HÍDRICOS PARA FINS DE GERAÇÃO DE ENERGIA ELÉTRICA. CRITÉRIOS QUE NÃO FORAM REGULAMENTADOS. IMPOSSIBILIDADE DE APRECIAÇÃO PELO PODER JUDICIÁRIO. MÉRITO ADMINISTRATIVO. PREJUÍZOS ECONÔMICOS. BEM DA UNIÃO. AUSÊNCIA DE RESPONSABILIDADE. INDENIZAÇÃO DESCABIDA. [...]
>
> 5. Não há como responsabilizar a União pelos prejuízos advindos da construção da Usina Itaipu Binacional, mormente porque, em que pese a exploração das Sete Quedas tenha proporcionado o desenvolvimento do Município, as mesmas se formavam a partir das águas do Rio Paraná, constituindo bem da União, e não do autor.
>
> 6. Quanto aos prejuízos alegados, deve-se atentar para "a ausência de categorização jurídica da lesão apresentada pelo autor: pretende ele, valendo-se da responsabilidade objetiva da União, ver-se ressarcido pelos danos econômicos que alega ter suportado ao longo dos anos em razão da inundação das Sete Quedas. Vê-se, aí, nitidamente, prejuízos de ordem meramente patrimonial. *Isso porque, em absoluto, não existe, em favor do Município de Guaíra, o direito de ver mantidas à sua disposição, ainda que como pedra de toque de sua economia, as belezas naturais que outrora impulsionaram seu desenvolvimento*.[94]

Não é papel do licenciamento ambiental manter o *status quo*, especialmente das situações lastreadas em uso ou aproveitamento indireto de bem público. Não existe o direito à manutenção do lucro, especialmente baseado em bem público; o risco é inerente ao sistema econômico adotado no Brasil. Não é a instalação de um empreendimento ou atividade, licenciado ou não, que deve mudar essa lógica. Da mesma forma que o licenciamento ambiental não deve cuidar da política pública a cargo de outros órgãos ou entidades estatais, ele não deve resolver todos os problemas sociais.

---

[94] TRF da 4ª Região, 3ª T., v.u., APELREEX 1999.70.04.010176-7/PR, Rel. Des. Fed. Maria Lúcia Luz Leiria, j. em 09.06.2009, D.E. 01.07.2009 – sem destaques no original.

1.5 O mito do licenciamento ambiental onisciente e exauriente: limites de cognoscibilidade e os engenheiros de obra pronta (*captain hindsight*)

A existência de um movimento que atribui ao licenciamento ambiental funções que não lhe cabem, tanto normativamente quanto do ponto de vista da praticabilidade, atrai para o licenciamento expectativas equivocadas ao seu papel e capacidades.

Os estudos ambientais que embasam a tomada de decisão ambiental, além de não se confundirem com a própria decisão, são apenas projeções do que pode acontecer ao meio ambiente em um cenário do que ordinariamente acontece.

Os estudos ambientais não precisam analisar o pior cenário possível (*worst case analysis or scenario*)[95] – como decidiu a Suprema Corte dos Estados Unidos em *Robertson v. Methow Valley* e *Marsh v. Oregon Natural Resources Council* (1989) – e não têm, ou deveriam ter, o dom da onisciência. Evitar o pior cenário possível – previsões mirabolantes, com base em situações para lá de excepcionais – não significa apenas economizar tempo e recursos, mas também atuar na média para o tipo de atividade, com previsões realistas para os dados da época. Deve-se evitar, por exemplo, modelos matemáticos que nunca são confirmados, dentre outras coisas.

Oportuno citar a legislação estadunidense nesse ponto.

A regulação do NEPA pelo *Council on Environmental Quality* (CEQ) preceituava a análise do pior cenário possível (*worst case analysis*), mas foi alterada pela cláusula razoavelmente previsível (*reasonably foreseeable*), mesmo assim somente se o seu custo não for excessivo e os meios para obtê-la forem conhecidos (Seção 1502.22, *b*). O razoavelmente previsível inclui impactos com consequências catastróficas, ainda que a probabilidade de sua ocorrência seja baixa, desde que a análise dos impactos seja fundamentada em evidência científica confiável, não baseada em puras conjecturas, e de acordo com a regra da razão (Seção 1502.22, *b*, 4).

Os estudos ambientais que embasam o licenciamento fazem previsões com base no que ordinariamente acontece, ainda que para algumas atividades isso exija um coeficiente de segurança maior, ensejando alguma especulação. Como leciona Kenneth Rosenbaum, "quase sempre, os impactos de uma ação não podem ser previstos exatamente. Os Tribunais têm reconhecido por muito tempo que os estudos ambientais do NEPA não podem ser limitados ao que se sabe com certeza".[96] [97]

Em *Delaware Riverkeeper Network, et al. v. FERC* (2014), a *D.C. Circuit Court*, corroborando posicionamento antigo, esclareceu bem essa questão de ser necessário algum grau de especulação, ainda que se evite a previsão do imprevisível:

---

[95] Não apenas os estudos ambientais não têm que prever o pior cenário, mas obviamente o próprio licenciamento ambiental e os órgãos e entidades públicas em geral. Como corretamente aduz Adrian Vermeule, as "agências não estão obrigadas a construir premissas precaucionárias ou de piores-cenários diante da incerteza, contrariamente a um *meme* que é surpreendentemente persistente em tribunais inferiores. Como mostrarei, a Suprema Corte, a seu crédito, rejeitou o *meme* em pelo menos duas ocasiões, em *Baltimore Gas & Electric* (1983) e *Robertson v. Methow Valley Citizens Council* (1989)" (Decisões racionalmente arbitrárias no direito administrativo. *Revista Estudos Institucionais*, Rio de Janeiro: UFRJ, vol. 3, n. 1, p. 01-47, 2017. p. 13).
[96] Ver, *e.g.*, *Scientists' Institute for Public Information, Inc. v. Atomic Energy Commission*, 481 F.2d 1979, 1092, 3 ELR 20525, 20532 (D.C. Cir. 1973) (observando que o NEPA exige que as agências se envolvam em previsão razoável e especulação, e para identificar áreas onde os efeitos são essencialmente desconhecidos).
[97] ROSENBAUM, Kenneth L. Amending CEQ's Worst Case Analysis Rule: Towards Better Decisionmaking? *Environmental Law Reporter*, 15. p. 10275-10278, 1985.

Na elaboração de um Estudo Ambiental ou Estudo de Impacto Ambiental, a Administração não precisa prever o imprevisível, mas ... previsão e especulação razoável é ... implícita no NEPA, e nós devemos rejeitar qualquer tentativa da Administração Pública de se esquivar de sua responsabilidade sob o NEPA, rotulando toda e qualquer discussão sobre efeitos ambientais futuros como uma "pergunta para uma bola de cristal". *Scientists' Inst. for Pub. Info., Inc. v. Atomic Energy Comm'n*, 481 F.2d 1079, 1092 (D.C. Cir. 1973).

Depois da ocorrência de algum fato, é usual criticar que houve subdimensionamento, que os impactos ou as alternativas eram previsíveis, mas não o foram por esse ou aquele motivo.

Indubitavelmente ocorrem erros nos estudos ambientais, mas criticá-los *a posteriori* pode ser um caso típico de engenheiro de obra pronta ou de profeta do acontecido. Quem acusa os estudos ambientais de estarem equivocados por causa de fato superveniente pode incorrer na mesma conduta do Capitão *Hindsight*, personagem da animação *South Park*, episódio *Coon 2: hindsight*. Basicamente o *Captain Hindsight* é um super-herói que "ajuda" as pessoas apenas dizendo o que elas fizeram de errado em determinado acidente ou poderiam ter feito para evitá-lo, em vez de realmente salvá-las. Apesar disso, ele é aplaudido pelo público, indo para casa com a sensação de dever cumprido. Este procedimento é tão pernicioso quanto o outro extremo, que é o de exigir a previsão do pior cenário possível.

Conceitualmente é fácil criticar a análise ou o planejamento dos estudos ambientais após a ocorrência de algum imprevisto. Ademais, deve-se ter em mente que sempre existirão críticas em projetos que afetem recursos valorizados. Como leciona Luis Enrique Sánchez:

> Sem dúvida, há qualidades e deficiências intrínsecas a cada estudo de impacto ambiental, e que estão sob controle da equipe multidisciplinar que o prepara, mas se o projeto analisado for de alto impacto ou afetar recursos muito valorizados, por melhor que seja o EIA, o projeto será severamente criticado.[98]

Infelizmente, acidentes são bons mestres, mas isso não significa que se deva utilizá-los para justificar a adoção do pior cenário possível.

A questão da visão pós-fato ou retroativa (*hindsight*) é tão conhecida que até mesmo magistrados descrevem as vantagens de julgar algo com essa perspectiva. Comentando a autocontenção judicial estabelecida em *Vermont Yankee Nuclear Power v. NRDC* (1978), Antonin Scalia destaca que a discricionariedade da Administração Pública deve ser respeitada, dentre outros motivos, pelo fato de que a decisão judicial sobre qual o "melhor" procedimento seria feita com o benefício da visão retroativa (*hindsight*).[99]

Não existe a necessidade de o estudo ambiental ser exauriente, infenso a modificações, detalhamentos e complementações mesmo posteriores à concessão da licença. Nesse sentido, é digno de nota o seguinte acórdão do TRF da 4ª Região:

---

[98] SÁNCHEZ, Luis Enrique. *Avaliação de Impacto Ambiental*: conceito e métodos. 2. ed. São Paulo: Oficina dos Textos, 2013. p. 450.
[99] SCALIA, Antonin. Vermont Yankee: the AAP, the D.C. Circuit, and the Supreme Court. *The Supreme Court Review*, Chicago: The University of Chicago Press, v. 1978. p. 345-409, 1978. p. 358.

[...] Nulidade do licenciamento ambiental prévio. Argui o Ministério Público que o EIA realizado não contemplou todas as informações arroladas nos arts. 5º e 6º da Resolução CONAMA nº 001/86, acarretando a nulidade do estudo e da Licença Prévia emitida. A nulidade afirmada, no entanto, não se verifica. Os arts. 5º e 6º da Resolução CONAMA nº 001/86, de fato, contém uma série de parâmetros que devem nortear a realização do Estudo de Impacto Ambiental, como as alternativas de localização do projeto, os impactos na implantação e operação da atividade, a delimitação da área impactada pelo empreendimento e a consideração dos projetos governamentais previstos ou implementados. Para isto, a norma estabelece que o EIA deverá ser integrado pelas atividades de diagnóstico ambiental da área de influência do projeto, contendo o levantamento dos recursos ambientais antes do empreendimento (meios físico, biológico, socioeconômico); de análise dos impactos ambientais do projeto e suas alternativas, com a projeção das prováveis alterações relevantes; das medidas mitigadoras dos impactos negativos; e da elaboração de programa de acompanhamento e monitoramento de tais impactos. Tratando-se de estudo ambiental necessário à concessão da Licença Ambiental apenas. Prévia, entretanto, não se exige que tais estudos sejam exaurientes, infensos a modificações, detalhamentos e complementações mesmo posteriores à concessão da licença. A mutabilidade do EIA é intrínseca à sua natureza, dado que se trata de um estudo prospectivo e projetivo das alterações ambientais a serem causadas, no futuro, pelo empreendimento. A própria norma reconhece a necessidade de um estudo probabilístico, ao determinar a necessidade de "projeção das prováveis alterações" ambientais a serem causadas (Resolução CONAMA nº 001/86, art. 6º). Assim, pretender a definitividade de um estudo cujo ethos é a virtualidade de alterações ambientais futuras, em face de obras ainda não empreendidas, não condiz com o espírito da norma. A interpretação defendida na inicial que, à hipótese de incidência "alterações e complementações do EIA", liga a consequência jurídica "nulidade do EIA" revela-se, nestes termos, a menos indicada. A definitividade pretendida é mesmo um contrassenso normativo, na medida em que se está, na fase da licença prévia, apenas tentando projetar, embora da forma mais detalhada e abrangente possível, as alterações ambientais a serem causadas por obra futura, e a forma de evitá-las, mitigá-las ou compensá-las. [...]

A previsão normativa de sucessivos pedidos de complementação do EIA, portanto, evidencia o caráter dinâmico dos estudos ambientais e das licenças ambientais concedidas pela Administração Pública. A exigência de complementações e de incorporação de novas condicionantes ambientais é ínsita à natureza do estudo ambiental e do licenciamento ambiental. *Assim, vê-se que o procedimento de licenciamento ambiental comporta diversas etapas e diversas possibilidades de complementações e saneamentos dos EIA's inicialmente apresentados, sem que tais deficiências e esclarecimentos impliquem, necessariamente, a invalidade dos estudos ambientais prévios. Não exige a legislação ambiental, como se vê, que o EIA, documento inicial do licenciamento ambiental, represente estudo definitivo, infenso a revisões.* Ao contrário, espera-se mesmo que, de seu exame, surjam novas indagações a serem respondidas para que seja possível o licenciamento ambiental. [...]

De fato, a legislação pertinente em nenhum momento determina que eventuais pedidos de complementação e solicitação de esclarecimentos devam acarretar a invalidade do EIA prévio e a necessidade de sua reelaboração completa. *É lícito, portanto, concluir que a existência de complementações nos EIA's previamente apresentados para o licenciamento ambiental não traz como consequência jurídica a sua nulidade e a necessidade de sua completa reelaboração, fazendo tábula rasa do quanto já empreendido nos estudos ambientais.* A constatação de *deficiências no estudo ambiental prévio determina que, caso procedentes e relevantes tais incompletudes, os estudos deverão ser acrescidos,* complementados ou esclarecidos, no bojo do licenciamento ambiental *e não completamente reelaborados, desconsiderando-se in totum o EIA inicialmente trazido ao órgão ambiental. Admitir a conclusão contrária é admitir que haverá, no curso do licenciamento ambiental, diversas reelaborações completas dos EIA's e nulidade das licenças já concedidas, uma para cada oportunidade de esclarecimentos e saneamento de deficiências, o que comprometeria, de forma definitiva, a necessária efetividade da atuação administrativa no licenciamento ambiental*. Deve a legislação ambiental ser interpretada conforme os fins a que se destina: compatibilizar a proteção ao meio ambiente com a execução de obras necessárias ao desenvolvimento econômico e social do País, colocando-se o poder de polícia do Estado como filtro a condicionar e mesmo restringir, caso necessário, a alteração material do ambiente. [...]

A interpretação aqui esposada encontra respaldo na recente jurisprudência do STF, ao examinar o pedido liminar na Ação Cível Originária nº 876, relativa às obras de transposição do Rio São Francisco. Neste caso, assim se manifestou o relator, Ministro Sepúlveda Pertence: [...] "(...) 108. Percebe-se, pois, que foram preenchidos, ao menos sob prisma formal, os requisitos mínimos exigidos pela legislação para a apresentação do EIA/RIMA. 109. *Já os vícios e as falhas acaso detectados no seu conteúdo, poderão e deverão ser corrigidos no decorrer do processo de licenciamento ambiental, certo que sua eventual existência não significa, necessariamente, frustração do princípio da participação pública, como se alega*.[100]

1.5.1 Os estudos ou licenças ambientais não são garantidores de certas previsões ou seguradores universais

Sendo meras previsões dos impactos que ocorrerão, os estudos ambientais não têm o poder de garantir a concretização dessas previsões, e nem é esse o seu papel.

A própria Resolução do Conama nº 1/86 reconhece o caráter probabilístico do EIA ao dizer que ele deve analisar os impactos ambientais através da "interpretação da importância dos prováveis impactos relevantes" (art. 6º, II). Como bem destacado por Paulo de Bessa Antunes, "ao lidar com dados científicos, o EIA não é capaz de afirmar certezas absolutas, dado que a natureza da ciência é evolutiva, com a superação de estágios cognitivos passados e a criação de novos que se fazem à base das pesquisas e estudos que se renovam".[101]

O licenciamento ambiental não é uma garantia, um salvo-conduto, de que algo não acontecerá, como também não tem a capacidade de prever, evitar, mitigar ou minorar todos os danos possíveis. Seu propósito é trazer adequado curso de ação ambiental baseado no conhecimento disponível, o que implica em processo imperfeito não apenas pela imanente discricionariedade do órgão licenciador, mas, sobretudo, pela característica do conhecimento, como destacado no presente capítulo, especialmente nos itens 1.6, 1.8 e 1.9.

Em suma, o licenciamento ambiental está longe de ser um segurador universal contra tudo o que pode dar errado em qualquer empreendimento ou atividade humana.

1.5.2 O suposto desvio dos estudos ambientais por danos constatados *a posteriori*

O efeito perverso de achar que o estudo ambiental deve ser onisciente reside no inconformismo de que algum dano ambiental ocorra após a instalação do empreendimento ou atividade.

---

[100] TRF da 4ª Região, 3ª T., v.u., AC 2006.71.01.003801-8/RS, Rel. Des. Fed. Carlos Eduardo Thompson Flores Lenz, j. em 13.10.2009, D.E. 04.11.2009 – destacou-se.

[101] ANTUNES, Paulo de Bessa. *Direito Ambiental*. 16. ed. São Paulo: Atlas, 2014. p. 636.

A ocorrência de algum dano não previsto no estudo ambiental não necessariamente significa a sua nulidade, falsidade ou mesmo incompetência. O estudo ambiental está longe de ser onisciente, infalível ou um salvo-conduto para a não reparação de danos ambientais não previstos.

1.5.3 Os custos envolvidos nas especulações efetuadas nos estudos ambientais

Outra faceta pouco discutida, quando da avaliação do alcance das eventuais especulações dos estudos ambientais, é o seu custo.

A excessiva preocupação em conjecturar – que poderia ser vista como um reforço da precaução e aumenta o coeficiente de segurança ambiental do empreendimento – seria desejável se não ocasionasse a elevação dos custos, inclusive aqueles presentes na ponderação do processo decisório ambiental.

A inclusão dos custos dos direitos (*cost of rights*) é faceta ainda pouco discutida pela sociedade, ainda mais porque conflita com a ilusão da pureza conceitual tão presente entre nós.

1.6 A incompletude e a incerteza científica, a ciência como política e a ausência de neutralidade científica

Não é de hoje que se lida com a incerteza científica em todas as áreas do conhecimento. O pensamento de que a ciência é precisa e responde a todas as perguntas ou tem um método seguro e eficaz está superado pelos estudos da história, da filosofia e da sociologia da ciência.[102]

Em *Introdução ao Pensamento Complexo*, Edgar Morin defende que os métodos simplificadores mutilam a realidade de tal forma a produzirem "mais cegueira do que elucidação".[103] Embora Morin exemplifique que o conhecimento fragmentado[104] não gera necessariamente um conhecimento global, ele aduz que todos os conhecimentos sobre a física, biologia, psicologia e sociologia não afastaram o desenvolvimento do erro, a ignorância ou mesmo a cegueira. O cientista precisa ser capaz de viver em um mundo desordenado.[105] Como sabiamente já reconheceu a jurisprudência:

> [...] Sob o enfoque da Epistemologia não há certeza científica absoluta. A exigência de certeza absoluta é algo utópico no âmbito das ciências. A questão da verdade científica

---

[102] "Os desenvolvimentos modernos na filosofia da ciência têm apontado com precisão e enfatizado profundas dificuldades associadas à ideia de que a ciência repousa sobre um fundamento seguro adquirido através de observação e experimento e com a ideia de que há algum tipo de procedimento de inferência que nos possibilita derivar teorias científicas de modo confiável de uma tal base. Simplesmente não existe método que possibilite às teorias científicas serem provadas verdadeiras ou mesmo provavelmente verdadeiras" (CHALMERS, Alan F. *O que é ciência afinal?* Trad. Raul Filker. São Paulo: Brasiliense, 1993. p. 13).

[103] MORIN, Edgard. *Introdução ao Pensamento Complexo*. Trad. Eliane Lisboa. 3. ed. Porto Alegre: Sulina, 2007. p. 5.

[104] A especialização nada mais é do que a redução do objeto estudado. O rigor científico, segundo Boaventura de Sousa Santos, aumentaria "na proporção directa da arbitrariedade com que espartilha o real". Acaba segregando o saber para "policiar as fronteiras entre as disciplinas e reprimir os que as quiserem transpor", fazendo do cientista um "ignorante especializado" (SANTOS, Boaventura de Sousa. *Um Discurso sobre as Ciências*. 6. ed. Porto: Afrontamento, 1993. p. 46).

[105] MORIN, Edgard, *Introdução ao Pensamento Complexo*, 3. ed., 2007. p. 9.

é um tema recorrente em Epistemologia porque a ciência busca encontrar o fato real. Todavia, há muito se percebeu que o absoluto é incompatível com o espírito científico e que na área das ciências naturais as pretensões hão de ser mais modestas.[106]

Por isso, o princípio da precaução deve ser visto com cautela em sua consagração na Declaração do Rio, quando aduz "ausência de absoluta certeza científica", uma vez que essa certeza absoluta não existe. Sempre haverá ausência de certeza científica e ignorar tal fato poderá hipertrofiar o princípio da precaução ao mesmo tempo em que paradoxalmente poderá anulá-lo, quando se exige prova irrefutável e se ignora a margem de discricionariedade técnica e política do Estado para regular o risco.

A compreensão do discurso científico deve ser feita com maturidade, evitando-se "o toque de Midas" da verdade e assunção de certezas absolutas, sob pena de se recair em um obscurantismo científico.[107] Nessa linha, deve-se ter cautela para não ceder aos impulsos de um princípio da precaução com características premonitórias, em que a tônica é o uso de exemplos de catástrofes nas quais o estado da técnica ou ciência não tinham ou ainda não têm condições de prever. Esse tipo de raciocínio dá margem a que se propale a ideia de que o perigo poderia ter sido evitado, quando na verdade isso não seria possível. Os coeficientes de segurança também fazem parte da política de avaliação dos riscos, uma vez que exigem ponderações oriundas da ciência, do custo e de valores jurídicos que somente os órgãos democraticamente designados podem fazer antes de decidirem.

Em obra clássica, *A Estrutura das Revoluções Científicas*, Thomas S. Kuhn quebra o mito de que a construção científica é algo formal, neutro, lógico, defendendo a sua historicidade (história da ciência) e a sua inserção sociológica (sociologia da ciência). Essa construção vai além da mera observação da realidade, havendo tensões entre cientistas que transbordam a suposta tradicional racionalidade científica. Aduz que "a competição entre os segmentos da comunidade científica é o único processo histórico que realmente resulta na rejeição de uma teoria ou na adoção de outra".[108]

O problema não é apenas dos limites cognitivos da ciência, considerada de uma maneira pura, mas também de sua história, de sua dinâmica e dos homens que dela participam. A construção do paradigma – bem como o de sua superação – de Thomas S. Kuhn bem demonstra isso. A ciência também tem razões que a própria ciência costuma desconhecer, sendo não raramente influenciada por questões políticas, ideológicas e/ou pessoais.

Max Weber aduz que a plena compreensão dos fatos fica prejudicada pelo próprio juízo de valor do cientista.[109] Por isso não é raro encontrar posicionamentos doutrinários

---

[106] TRF da 1ª Região, 5ª T., m.v., AC 1998.34.00.027682-0, Rel. Des. Fed. Selene Maria de Almeida, j. em 28.06.2004, DJ 01.09.2004. p. 14.

[107] "O entendimento de que a ciência procura a 'verdade' sobre a natureza e é baseada em comprovação de fatos inquestionáveis dependentes da pura observação científica conduz atualmente a uma aceitação do discurso científico assim como no passado se aceitava o discurso religioso" (CUNHA, Alexander Montero. Ciência, Tecnologia e Sociedade na Óptica Docente: construção e validação de uma escala de atitudes. 2008. 103 fls. Dissertação (Mestrado) – Faculdade de Educação, Unicamp, Campinas, 2008. p. 29).

[108] KUHN, Thomas S. *A Estrutura das Revoluções Científicas*. Trad. Beatriz Vianna Boeira e Nelson Boeira. 9. ed. São Paulo: Perspectiva, 2006. p. 27.

[109] WEBER, Max. *Ciência e Política*: duas vocações. Trad. Leonidas Hegenberg e Octany Silveira da Mota. 11. ed. São Paulo: Cultrix, 1999. p. 40.

que rechaçam essa neutralidade e a-historicidade da ciência, como faz Sérgio Resende de Barros: "É pura ideologia considerar os intelectuais como neutros, não importa a subcategoria: cientistas, filósofos, professores, técnicos, clérigos, etc.".[110]

Somam-se a isso as advertências de Gérard Fourez sobre a ausência de pureza racional do trabalho científico, bem como[111] sobre o fato de que "a comunidade científica busca também encontrar aliados que, eventualmente, subsidiarão as suas pesquisas; é, portanto, um grupo social que tem 'algo a vender', e que procura 'compradores'".[112] Acrescenta, ainda, em relação à ausência de pureza do trabalho científico:

> Além disso, essa 'racionalidade científica' é um conceito relativamente abstrato que, em geral, apenas reproduz a história da ciência vista pelos vencedores. Quando uma teoria científica é finalmente aceita, tem-se a tendência a dizer que ela é e que ela sempre foi racional. No entanto, no concreto da história, entra em jogo toda uma série de elementos que, pelo menos em nossa época, nunca foram considerados científicos.[113]

O próprio Karl Popper considera esse "lado" da ciência não muito prazeroso de se discutir ao aduzir em entrevista que "como os cientistas recebem financiamento para o seu trabalho, a ciência não é exata como devia ser. Isso é inevitável. Há uma certa corrupção, infelizmente. Mas não gosto de falar sobre isso".[114]

Por isso são memoráveis as palavras de Isabelle Stengers, que vão muito além da questão sociológica ou mesmo da análise simples da história, ao agregar complexidade política e vaidade acadêmica à questão:

> O cientista não é [...] o produto de uma história social, técnica, económica e política, mas tira activamente proveito dos recursos do ambiente com a finalidade de fazer prevalecer as próprias teses, e *esconde* as próprias estratégias sob a máscara da objectividade. Por outras palavras, o cientista, de produto da própria época, tornou-se actor; e se, como afirmara Einstein, importa desconfiar do que ele diz fazer, mas importa sobretudo olhar para o que faz, não é porque a invenção científica exceda as palavras, mas porque as palavras têm função estratégica que é necessário saber decifrar.[115]

---

[110] BARROS, Sergio Resende de. *Contribuição Dialética para o Constitucionalismo*. Campinas/SP: Millennium, 2008. p. 146. Boaventura de Sousa Santos corrobora tal característica: "o que a ciência ganhou em rigor nos últimos quarenta ou cinquenta anos perdeu em capacidade de auto-regulação. As ideias da autonomia da ciência e do desinteresse do conhecimento científico, que durante muito tempo constituíram a ideologia espontânea dos cientistas, colapsaram perante o fenómeno global da industrialização da ciência a partir sobretudo das décadas de trinta e quarenta" (SANTOS, Boaventura de Sousa. *Um Discurso sobre as Ciências*, 6. ed.. p. 34).

[111] "Para considerar um resultado científico como aceito e aceitável, os cientistas põem em jogo toda uma série de critérios que se pode mais facilmente determinar *a posteriori* do que *a priori*. Se um resultado vem do laboratório de um Prêmio Nobel, por exemplo, há mais chances de que ele seja aceito do que se vier de um laboratório menos conhecido. Já há algumas décadas, a sociologia da ciência tem examinado, no detalhe, como se realizavam as negociações concretas que conduziam a comunidade científica a aceitar esta ou aquela teoria. Nessas negociações entram elementos de várias ordens, desde relações de força até considerações de ordem financeira, passando por ambições de carreira, pressupostos filosóficos, políticos etc. (cf. Stengers, 1987)" (FOUREZ, Gérard. *A Construção das Ciências*: introdução à filosofia e à ética das ciências. Trad. Luiz Paulo Rouanet. São Paulo: Editora da UNESP, 1995. p. 85).

[112] FOUREZ, Gérard. *A Construção das Ciências*: introdução à filosofia e à ética das ciências, 1995. p. 98.

[113] FOUREZ, Gérard. *A Construção das Ciências*: introdução à filosofia e à ética das ciências, 1995. p. 85.

[114] *Apud* HORGAN, John. *O Fim da Ciência*: uma discussão sobre os limites do conhecimento científico. Trad. Rosaura Eichemberg. 2. reimp. São Paulo: Companhia das Letras, 1998. p. 55.

[115] STENGERS, Isabelle. *As Políticas da Razão*: dimensão social e autonomia da ciência. Trad. Artur Morão. Lisboa: Edições 70, 2000. p. 16.

É preciso quebrar o mito de que o cientista é "o representante acreditado de um modo de proceder em relação ao qual toda a forma de resistência se poderá dizer obscurantista ou irracional".[116] Com maestria Nietzsche asseverou o perigo desse tipo de fé:

> O que nos incita a olhar todos os filósofos de uma só vez, com desconfiança e troça, não é porque percebemos quão inocentes são, nem com que facilidade se enganam repetidamente. Em outras palavras, não é frívolo nem infantil indicar a falta de sinceridade com que elevam um coro unânime de virtuosos e lastimosos protestos quando se toca, ainda que superficialmente, o problema de sua sinceridade. Reagem com uma atitude de conquista de suas opiniões através do exercício espontâneo de uma dialética pura, fria e impassível, quando a realidade demonstra que a maioria das vezes apenas se trata de uma afirmação arbitrária, de um capricho, de uma intuição ou de um desejo íntimo e abstrato que defendem com razões rebuscadas durante muito tempo e, de certo modo, bastante empíricas. Ainda que o neguem, são advogados e frequentemente astutos defensores de seus preconceitos, que eles chamam "verdades".[117]

José Esteve Pardo descreve dois grandes movimentos da questão científica em relação ao direito que não devem ser ignorados.

O primeiro é a pressão da tecnociência, que se auto-organiza e se regula em estrutura empresarial para estabelecer referências comuns, facilitar o intercâmbio de seus produtos e, sobretudo, impor sempre que possível seus próprios critérios regulatórios.[118] O segundo é "a entrega, aos estamentos da ciência, da solução de aspectos determinantes de muitas decisões, quando não da decisão em si". É uma remissão voluntária ao que a ciência dispõe pelas próprias leis ou pelas instâncias jurídicas.[119] Sem dúvida a lei pode acatar soluções científicas, mas pode existir uma faixa não alcançável pela lei, tendo em vista a volatilidade científica ou mesmo a incerteza que ronda a matéria.

Nos EUA, Jonathan M. Metzl e Anna Kirkland organizaram uma coletânea de artigos sob o título *Against Health: how health became the new morality*[120] (Contra a saúde: como a saúde tornou-se a nova moralidade). A tônica dos textos se refere ao esforço para justificar determinados comportamentos como moralmente corretos a partir de concepções médicas sobre a saúde. Adicionam-se, ainda, os problemas metodológicos em si, como recentemente Marcelo Derbli Shafranski apontou em *Medicina – Fragilidades de um modelo ainda imperfeito*, ao dizer textualmente que a medicina baseada em evidências (MBE) "está sujeita a inúmeras falhas e manipulações, de acordo com o interesse de quem a utiliza", criticando como são feitas algumas pesquisas médicas, ao qual se

---

[116] STENGERS, Isabelle. *As Políticas da Razão*: dimensão social e autonomia da ciência, 2000. p. 28.

[117] NIETZSCHE, Friedrich. *Além do Bem e do Mal ou Prelúdio de uma Filosofia do Futuro*. Trad. Márcio Pugliese. Curitiba: Hemus, 2001. p. 14.

[118] "Amparando-se na expansão da complexidade técnica e incerteza científica que excede as instâncias públicas legitimadas para decidir, estas organizações, invocando seu conhecimento especializado, pretendem conquistar – e estão conquistando de fato – espaços de decisão em que impõem as referências de seus processos de autorregulação" (PARDO, José Esteve. *El Desconcierto del Leviatán*: política y derecho ante las incertidumbres de la ciencia. Madrid: Marcial Pons, 2010. p. 17 – tradução livre).

[119] PARDO, José Esteve. *El Desconcierto del Leviatán*: política y derecho ante las incertidumbres de la ciencia, 2010. p. 17-18 – tradução livre.

[120] METZL, Jonathan M, KIRKLAND, Anna (Org.). *Against Health*: how health became the new morality. New York: New York University Press, 2010.

adiciona o *viés de publicação* (estudos com resultados positivos têm mais chances de serem publicados do que os com resultados negativos ou neutros).[121]

Não é de hoje a advertência de Peter W. Huber sobre a invasão da ciência ruim (*junk science*) nos tribunais. Diz que a regra de perseguir a verdade deu lugar a dados sem sentido, especulações assustadoras e conjecturas fantásticas. "Teorias excêntricas que nenhuma agência governamental respeitável jamais iria financiar são generosamente recompensadas pelas cortes". Em muitos casos, o processo não tem base alguma, senão o que "um advogado e seu especialista de bolso [*pocket expert*] chamam de ciência".[122]

Esse lado incerto, unilateral, vaidoso e político da ciência tem chamado a atenção nas lides, ainda que timidamente.[123] Não é raro mascarar a luta política ou mesmo econômica,[124] usar argumentos não relacionados com os interesses declinados, entre outros estratagemas, mormente em questões que envolvem regulação, saúde ou meio ambiente. Por isso o STF não admite a confusão de argumentos jurídicos com outros que não compete ao Judiciário analisar. Constou do acórdão sobre a transposição do Rio São Francisco que a "opção por esse projeto escapa inteiramente do âmbito desta Suprema Corte. Dizer sim ou não à transposição não compete ao Juiz, que se limita a examinar os aspectos normativos, no caso, para proteger o meio ambiente".[125]

Deve ser considerado que a ciência, mais do que com certezas, trabalha sobretudo com probabilidades. Ilustra a ideologia da certeza científica a famosa frase de Albert Einstein (Deus não joga dados), na qual ele supostamente rejeitaria uma visão estatística da ciência, defendendo o determinismo. Não é certo que Deus não jogue dados, provavelmente ele não o faz. Certo é que nós jogamos e é com este jogo que nos aproximamos da realidade.

Frise-se que no Direito Ambiental, por exemplo, existem até mesmo aqueles que criticam a própria forma de abordagem deste ramo do Direito, que sobrevaloriza as ciências biológicas e desconsidera que a maioria dos problemas ambientais tem causa antrópica.[126]

---

[121] SHAFRANSKI, Marcelo Derbli. *Medicina* – Fragilidades de um modelo ainda imperfeito. Salto, SP: Editora Schoba, 2011. p. 22 e 72.

[122] HUBER, Peter W. *Galileo's Revenge*: junk science in the courtroom. New York: Basicbooks, 1993. p. 2 e 5 – tradução livre.

[123] Exemplo de alerta sobre essa questão está no voto do Min. Gilmar Mendes na ACO 876 MC-AgR/BA: "[...] E essas questões de meio ambiente sempre vêm envolvidas com esses propósitos e alguns deles projetando um certo catastrofismo. Aqui, também, não vamos esquecer, nesses debates, aparece sempre, desde aquele engajado na questão ambiental mais pura, mas há também o debate político que é absolutamente legítimo; aquele que se vale do procedimento que hoje a legislação concebe para a proteção do meio ambiente para travar a luta política – é apenas um juízo de constatação, não é um juízo axiológico. Não estou a dizer que isso seja inválido, mas o Tribunal deve deixar de conhecer essas realidades" (STF, Pleno, ACO 876 MC-AgR/BA, Rel. Min. Menezes Direito, j. em 19.12.2007, DJe 31.07.2008, RTJ 205/02/567).

[124] Dayna Nadine Scott concorda com um revisor anônimo do trabalho de Bart Gremmen e Henk van den Belt (*The precautionary principle and pesticides*, Journal of Agricultural and Environmental Ethics 12/197-198) quando esse aduziu que ativistas invocam o princípio da precaução como meio para transferir o ônus da prova da segurança com o objetivo de bloquear a introdução de tecnologias a que eles se opõem. E acrescenta que interesses privados bem organizados similarmente exigem provas conclusivas de dano como pré-condição para a regulação, e, em alguns setores, fizeram-no com sucesso por décadas (SCOTT, Dayna Nadine. Shifting the burden of proof: the precautionary principle and its potential for the "democratization" of risk. In: *Law and Risk* (edited by the Law Commission of Canada). Vancouver: UBC Press, 2005. p. 75, nota 55).

[125] STF, Pleno, m.v., ACO 876 MC-AgR/BA, Rel. Min. Menezes Direito, j. em 19.12.2007, DJe 31.07.2008, RTJ 205/02/537.

[126] TÁMARA, Felipe Cárdenas. Los silenciamientos de la ciencia ambiental: una reflexión crítica sobre estructuras de opresión. *Nómadas: Revista Crítica de Ciencias Sociales y Jurídicas* 16 (2007:2). Disponível em: http://www.ucm.es/info/nomadas/16/felipecardenas.pdf. Acesso em 28 jan. 2012.

Em suma, não somente a ciência é incapaz de explicar tudo, como está longe de ser pura, neutra ou equidistante, sendo também movida por razões políticas, que englobam a vaidade do (ser humano) cientista.

É necessário saber conviver com a ausência de neutralidade, a influência do homem na compreensão dos fatos bem como a motivação de que muitas vezes se quer fazer acreditar que não existe no processo científico. Tal compreensão é fundamental para que não se veja nisso um pecado, mas parte natural das limitações que envolvem o processo científico.

Essa consciência também tem o efeito de evitar que padrões adotados em outros países sejam considerados como puros, perfeitos e/ou melhores. Por exemplo, não é porque a Suíça adota determinado padrão em saúde, energia e/ou meio ambiente, que nós temos que adotar o mesmo padrão. Não se pode perder de vista que existe muito de político na regulação e na ciência. Importar critérios, sem que eles passem pelos órgãos decisórios legitimados pelo ordenamento, é ignorar essas duas questões.

1.7 A ascensão do risco, a mediação do princípio da precaução entre o Direito e a ciência e a judicialização da ciência

Com a consciência de que a ciência não é tão precisa quanto se pensa, a certeza foi substituída pela probabilidade. Nesse quadro, é natural a expansão dos cenários de risco porque o que se achava certo se tornou apenas provável. Como doutrina Carla Amado Gomes, o risco passou de

> *excepcional* (circunscrito a um número reduzido de sectores...) a *especial* (relacionando-se com atividades especialmente perigosas e fundando o aparecimento da responsabilidade pelo risco) e finalmente, nos tempos actuais, a *regra geral*, sobretudo em domínios como a saúde pública e o ambiente (traduzindo-se numa ameaça generalizada).[127]

A noção de risco acabou ganhando *status* nunca antes visto. Citando Peter Bernstein (*Against the Gods: the remarkable story of risks*), Gabriela Bueno de Almeida Moraes aduz que a separação dos tempos modernos do resto da história tem como o seu divisor de águas "o nascimento da noção de risco, já que, até então, o futuro estava adstrito à vontade dos deuses".[128]

Ainda assim não se esperava que o deslocamento do risco do campo da excepcionalidade para o da regra resultasse na hipertrofia[129] do *não fazer*, sobretudo quando

---

[127] GOMES, Carla Amado. Subsídios para um quadro principiológico dos procedimentos de avaliação e gestão do risco ambiental. *Revista de Estudos Constitucionais, Hermenêutica e Teoria do Direito (RECHTD)*, São Leopoldo, RS: Unisinos, 3(2). p. 140-149, jul./dez. 2011. p. 141.

[128] MORAES, Gabriela Bueno de Almeida. O princípio da precaução no direito internacional do meio ambiente. 2011. 211 fls. Dissertação (Mestrado) – Faculdade de Direito, Universidade de São Paulo, São Paulo, 2011. p. 36.

[129] O que se pode verificar na seguinte explicação do sociólogo João Areosa: "nos últimos anos aquilo que anteriormente era visto como uma fonte de segurança (relações interpessoais, família, trabalho, etc.) ter-se tornado numa fonte de risco. Recorrendo a uma certa ironia Douglas e Wildavsky (1982: 10) afirmam que as pessoas não têm receio de nada, excepto da comida que comem, da água que bebem, do ar que respiram, da terra onde vivem e da energia que utilizam" (AREOSA, João. O risco no âmbito da teoria social. Trabalho apresentado no *VI Congresso Português de Sociologia*, 2008. p. 4. Disponível em: http://www.aps.pt/vicongresso/pdfs/323.pdf. Acesso em 10 jan. 2012).

a humanidade esteja mais segura do que nunca na sua história, e no mascaramento de que a omissão (não fazer) ou a manutenção do *status quo* também implica riscos.

Também não se avaliava que à hipertrofia do risco se aditaria o princípio da precaução, cuja aplicação, antes restrita ao Direito Ambiental, passou a ser princípio de Direito Público.[130] Exemplo dessa expansão do princípio da precaução está no famoso julgamento dos cientistas de *L'Aquila*,[131] por não terem previsto a iminência de um terremoto. Foram processados na esfera criminal, além de existirem processos cíveis (responsabilidade civil), porque não agiram com precaução em face dos sinais que poderiam anunciar o violento terremoto que ocorreu algumas horas depois.

Mais de cinco mil acadêmicos assinaram uma carta aberta de apoio aos réus, entendendo que eles estariam sendo julgados por não preverem o terremoto, capacidade ainda inexistente em nosso atual estágio científico.[132] No processo criminal, a defesa se restringe basicamente à impossibilidade de se julgar a ciência, motivo pelo qual alguns caracterizaram esse processo de um ataque à ciência em estilo medieval. Para outros, não se trata de julgar a ciência, mas de avisar a população dos riscos envolvidos, o que envolveria a questão da decisão estatal e do princípio da precaução em sentido amplo.

A ciência está sendo incorporada ao Direito de várias formas, sendo o princípio da precaução a principal delas quando se trata de gerenciamento do risco – não apenas na seara ambiental, mas, como se viu, no Direito Público de modo geral.

O princípio da precaução se transformou no principal articulador das relações entre a ciência e o Direito em situações de incerteza científica, o que coloca a ciência em posição soberana, no ápice do poder e por cima do Direito.[133]

Não apenas o risco passou da exceção à regra, mas também o uso do princípio da precaução, como não poderia deixar de ser. Se a sociedade enxerga mais riscos, é natural que o princípio da precaução se destaque, oportunizando a sua aplicação em qualquer atividade humana, caso não se compreenda os limites da ciência e do papel do Estado.

---

[130] Carla Amado Gomes bem retrata essa transformação na seguinte passagem: "A questão da *imprevisibilidade* do risco é consumida numa ideia amplificada de *prevenção*, e este princípio acaba por se assumir também como *fundamento material da atividade da Administração no tocante ao controlo do risco*" (Subsídios para um quadro principiológico dos procedimentos de avaliação e gestão do risco ambiental. *Revista de Estudos Constitucionais, Hermenêutica e Teoria do Direito (RECHTD)*, São Leopoldo, RS: Unisinos, 3(2). p. 140-149, jul./dez. 2011. p. 143).

[131] Processo penal, que tramitou na Justiça italiana, no qual seis cientistas e um servidor público são acusados de negligência ao avaliar os riscos de um terremoto (6,3 na escala Richter) em *L'Aquila*, que matou 309 pessoas e deixou mais de 1.500 feridos em 6 de abril de 2009. Eles são acusados de terem cometido homicídio culposo, tendo sido condenados, em 2012 (*Tribunale dell'Aquila, crim sec*, nº 380/2012), a seis anos de prisão e ao pagamento de nove milhões de euros por danos aos sobreviventes e, em 2014, absolvidos, exceto o servidor público, sendo tal decisão mantida pela Corte de Cassação de Roma. Importante contextualizar os fatos que precederam o julgamento, como bem resumidos por Alessandra Arcuri e Marta Simoncini: em junho de 2008, uma onda de abalos sísmicos começou a atingir a cidade de L'Aquila e as províncias vizinhas. Intensificando-se gradualmente e quase ininterruptamente, os tremores continuaram até 30 de março de 2009, quando L'Aquila foi atingida por um terremoto de 4,1 na escala Richter, gerando, mesmo sem grandes danos, medo entre a população local de que um grande terremoto estaria por vir. Em 31 de março, o chefe do Departamento Italiano de Proteção Civil (DCP) convocou uma reunião especial da Comissão Nacional Italiana de Previsão e Prevenção de Riscos Graves (*Comissione nazionale per la previsione e la prevenzione dei grandi rischi*) para avaliar os riscos e informar a população. Alguns cientistas participantes da reunião divulgaram mensagens tranquilizadoras à mídia, mas infelizmente, em 6 de abril de 2009, um terremoto de 6,3 M_L atingiu a cidade de L'Aquila, destruindo grande parte do centro histórico, matando mais de 300 pessoas e ferindo outras milhares. (ARCURI, Alessandra; SIMONCINI, Marta. *Scientists and Legal Accountability*: Lessons from the L'Aquila Case. EUI Working Paper LAW 2015/17. Florence: European University Institute, 2015. p. 1).

[132] Cf.: inteiro teor em: <http://www.mi.ingv.it/open_letter/>.

[133] PARDO, José Esteve. *El Desconcierto del Leviatán*: política y derecho ante las incertidumbres de la ciencia, 2010. p. 106 e 146-147.

Como se isso não fosse suficiente, houve o aumento da judicialização das questões científicas, tanto a reboque do princípio da precaução (caso dos cientistas italianos de L'*Aquila*) como em outras bases.[134]

Quando a questão é judicializada, um maior número de operadores do Direito entra em ação. Criados em um mundo (ilusório, frise-se) de certeza e segurança jurídicas, os juristas tendem a ver as questões na base do tudo ou do nada, dificultando, desse modo, a visão das nuances científicas e a do espaço político-administrativo de decisão estatal. Diante desse enfoque, qualquer divergência científica cumulada com o princípio da precaução tende a potencializar a intervenção judicial na política pública de avaliação do risco.

1.8 O confronto entre a ciência e o direito: inviabilidade de uma abordagem maniqueísta

O Direito e a ciência se diferenciam em seus métodos de atuação.

Marcia Angell entende que uma abordagem maniqueísta (*adversarial approach*), na qual ou se ganha ou se perde, não faz parte do método científico.[135] De acordo com Angell, um advogado pode perguntar a um biólogo porque ele está fazendo um segundo estudo sobre determinado assunto. Entretanto para o advogado o segundo estudo implicitamente mostra que existe algo de errado com o primeiro.

Quando o biólogo explica que nenhum estudo único é conclusivo, o advogado fica confuso. Similarmente, segundo a autora, ocasionalmente advogados perguntam por que o *New England Journal of Medicine* não publica estudos vindos do outro lado, "conceito que não tem significado em pesquisas médicas. A abordagem maniqueísta é muito efetiva para resolver muitos tipos de disputas, que não deixa dúvidas por que o Direito é baseado nela, mas ela não é o caminho para alcançar conclusões científicas".[136]

O respeito saudável pelo método científico, quase sempre lento e às vezes frustrante, deve fazer parte do limite entre o Direito e a ciência. Como bem escreveu Dan Gardner:

---

[134] Recentemente foi julgada improcedente ação civil pública na qual se pedia a condenação de médicos convocados para opinarem em audiência pública sobre um novo medicamento a ser usado pelo SUS. Como os médicos se manifestaram contra o medicamento, o autor da ação entendeu que eles causaram danos à sociedade e à União. O acórdão ficou assim ementado: "DIREITO PROCESSUAL CIVIL. INDENIZAÇÃO POR DANO MORAL. INTERESSE DIFUSO. AÇÃO CIVIL PÚBLICA. ALTERAÇÃO DE MEDICAMENTO FORNECIDO PELO SUS. AUDIÊNCIA PÚBLICA. OPINIÕES CIENTÍFICAS DOS MÉDICOS CONVOCADOS NÃO CONSTITUEM DECLARAÇÕES LEVIANAS. AFRONTA AO DIREITO CONSTITUCIONAL DE LIBERDADE DE EXPRESSÃO. – Ação civil pública pela qual se insurge o Ministério Público contra a opinião técnica que teria sido manifestada pelos réus, médicos que atuam na área de transplante de órgãos, acerca da eficácia de um novo medicamento genérico em substituição ao que vinha sendo utilizado até então pelo SUS. – O sucesso da presente ACP implicaria obrigar uma classe médica a se abster de pensar como pensam, de externar suas opiniões, devendo considerar-se, ainda, que, no caso, foram os mesmos convidados justamente para emitir suas opiniões a pedido da Administração. Caracterizada, pois, a violação aos seus direitos, constitucionalmente garantido, à liberdade de expressão. – Há, portanto, na espécie, impossibilidade jurídica do pedido, já que o mesmo não encontra amparo no direito material positivo, ou seja, não há embasamento ou permissão no direito positivo para que se instaure a relação processual para a satisfação da pretensão autoral". (TRF da 2ª Região, 5ª Turma Especializada, v.u., AC 0007508-91.2001.4.02.5101 / 2001.51.01.007508-4, Rel. Des. Fed. Paulo Espírito Santo, j. em 21.05.08, *DJ* 26.06.2008. p. 173-176).

[135] ANGELL, Marcia. *Science on Trial*: the clash medical evidence and the law in the breast implant case. New York: London: W. W. Norton & Company, 1996. p. 29.

[136] ANGELL, Marcia. *Science on Trial*: the clash medical evidence and the law in the breast implant case, 1996. p. 29 – tradução livre.

Os cientistas também têm os seus vieses, mas o sentido da ciência é que, à medida que as evidências se acumulam, os cientistas discutem entre si com base em todo o corpo de evidências, não apenas em pedaços esparsos delas. No fim, a maioria decide numa direção ou em outra. Não é um processo perfeito, de jeito nenhum; é de uma lentidão frustrante e pode envolver erros. Mas é muito melhor do que qualquer outro método que os seres humanos têm usado para entender a realidade.[137]

Não deve o Direito tomar partido em discussões científicas não amadurecidas, embora isso seja inevitável, tanto pelo papel do Direito de trazer certeza e segurança jurídicas como pelo *moto perpetuo* de contestação científica, retirando aquela unanimidade científica que utopicamente se almeja. Quando o Direito é obrigado a tomar alguma decisão que implique uma escolha não pacífica em termos científicos, esta pode ser justificada pela margem de atuação/liberdade (discricionariedade) técnica ou pela política do órgão competente. Se tal não ocorrer, todas as decisões serão sempre impugnáveis por algum critério científico, ainda mais quando a decisão for relevante, cenário no qual todas as advertências do item anterior têm a capacidade de se acentuarem.

A cautela se faz ainda mais necessária quando se trata de meio ambiente porque o princípio da precaução, da maneira pela qual é tratado por muitos, potencializa o desprezo pelo estado da técnica, pelo consenso científico, pressupondo o risco zero, o pior cenário ou ignorando que nada fazer também implica riscos, uma vez que quem age primeiro tem a seu favor o princípio da surpresa, podendo selecionar o enfoque do risco, omitindo outros enfoques que consequentemente mostrariam os demais riscos envolvidos.

Deslocar o ônus argumentativo para os ombros do empreendedor, com base em palpites ou teorias sem plausibilidade, coloca-o em posição praticamente indefensável, tendo em vista o uso de argumentos *ad terrorem*, que não raras vezes supõe o *worst scenario* ou *zero-risk*, infelizmente de uso comum em certa leitura do Direito Ambiental, baseado mais na criatividade, na unilateralidade, em reduções/fragmentações e/ou na especulação do que no amadurecimento e consenso científicos. Tal postura pode se traduzir em uma automática concessão de medida cautelar[138] e inserir critério material de ponderação que, no plano cautelar, desequilibra totalmente a paridade das partes,[139] desaguando na prova diabólica (*diabolica probatio*).[140]

Deve-se ver com cuidado a afirmação de que o princípio da precaução "carrega em si uma presunção de lesividade ambiental".[141] Não se pode usar o princípio da

---

[137] GARDNER, Dan. *Risco – A Ciência e a Política do Medo*. Trad. Léa Viveiros de Castro e Eduardo Süssekind. Rio de Janeiro: Odisseia, 2009. p. 270.

[138] GOMES, Carla Amado. As providências cautelares e o "princípio da precaução": ecos da jurisprudência. Disponível em: https://dspace.ist.utl.pt/bitstream/2295/156543/1/PROVPREC.pdf. Acesso em 09 fev. 2011.

[139] GOMES, Carla Amado. *And now something completely different*: a co-incineração nas malhas da precaução, anotação ao Acórdão do TCANorte de 29 de março de 2007. *Cadernos de Justiça Administrativa*, n. 63. p. 55-59, mar./abr. 2007. p. 56. Acatando este posicionamento da jurista portuguesa, cf. STA, 1ª Subsecção do Contencioso Administrativo, v.u., Ac. 438/09, Rel. Cons. Freitas Carvalho, j. em 02.12.2009 e STA, 1ª Subsecção do Contencioso Administrativo, v.u., Ac. 961/09, Rel. Cons. Adérito Santos, j. em 11.02.2010.

[140] Como parece defender Cass R. Sunstein (*Laws of Fear*: beyond the precautionary principle. 4ª reimp. Cambridge University Press, 2008. p. 19) ao sustentar que o princípio da precaução parece exigir que o empreendedor demonstre que não existe risco algum, muitas vezes um fardo impossível de cumprir.

[141] TESSLER, Luciane Gonçalves. A importância do princípio da precaução na aferição da prova nas ações inibitórias ambientais. In: SILVA, Bruno Campos et al. (Coord.). *Direito ambiental*: visto por nós advogados. Belo Horizonte: Del Rey, 2005. p. 662 – original em itálico.

precaução para deslocar o ônus ao potencial poluidor se a própria ciência não consegue afirmar a inexistência do dano, quando não houver base científica razoável para provar a ameaça de dano ou mesmo se os possíveis danos forem fruto de enfoque unilateral e reducionista, negligenciando não apenas a estatística da ocorrência do dano como, principalmente, outros riscos que se incorre ao não tomar aquela medida contestada.

O caso dos coincineradores de resíduos industriais perigosos em Souselas, Portugal, bem demonstra a capacidade do princípio da precaução de deslocar o ônus argumentativo científico sem base razoável. O processo de licenciamento foi criticado por não praticar a melhor ciência (em termos de método), com críticas desde o método em si, passando pela composição da comissão que analisou a questão e a não consagração de metodologias alternativas à queima dos resíduos.

Levada a questão ao Judiciário, o Supremo Tribunal Administrativo de Portugal, depois de abrir exceção para conhecer um recurso de revista excepcional em sede de cautelares,[142] decidiu que esse entendimento exacerbado do princípio da precaução levaria a uma situação insustentável:

> [...] bastaria uma mera alegação genérica de que a ciência não garante que não há qualquer efeito danoso para o ambiente ou saúde, existindo, assim, sempre um risco potencial, para que qualquer decisão administrativa fosse paralisada, implicando, assim, que, perante a dúvida sobre a causa de um dano ou sobre a sua possível ocorrência, o julgador devia decidir sempre contra o autor do acto administrativo alegadamente causador de tal hipotético e eventual dano.[143]

Por isso exigiu a prova positiva da probabilidade séria dos danos virem a ocorrer, sob pena de se impedir a realização de interesses públicos, que não deve ser obstaculizada "por meros receios de danos eventuais ou hipotéticos, que não se demonstra com grau de probabilidade séria que possam vir a ocorrer".[144]

Ao rechaçar que a dúvida oriunda da mera opinião de leigos[145] seja suficiente para que se impeça uma determinada ação, Paulo de Bessa Antunes doutrina que a

---

[142] STA, 1ª Subseção do Contencioso Administrativo, v.u., Ac. 438/09, rela. Cons. Angelina Domingues, j. em 07.05.2009.

[143] STA, 1ª Subseção do Contencioso Administrativo, v.u., Ac. 438/09, Rel. Cons. Freitas Carvalho, j. em 02.12.2009.

[144] STA, 1ª Subseção do Contencioso Administrativo, v.u., Ac. 438/09, Rel. Cons. Freitas Carvalho, j. em 02.12.2009.

[145] "A ciência moderna produz conhecimentos e desconhecimentos. Se faz do cientista um ignorante especializado, faz do cidadão comum um ignorante generalizado" (SANTOS, Boaventura de Sousa. *Um Discurso sobre as Ciências*, 6. ed.. p. 55).
Exemplar ainda o caso julgado pelo Supremo Tribunal Administrativo de Portugal, ao rechaçar a pretensão de usar o princípio da precaução na tutela cautelar baseado em alegados riscos de origem não apurada, com receios quase obscurantistas, que resultam de uma alegada "consciência social" ou da "percepção do homem médio":
"A aplicação desta ideia de precaução aos procedimentos cautelares não pode ter a extensão que lhe deu o acórdão recorrido, bastando-se com a difusa imanência, na 'consciência social', de reticências e dúvidas sobre as alegadas potencialidades lesivas para a saúde da instalação de linhas eléctricas e dispensando os requerentes da demonstração, ainda que sumária, da existência de prejuízos irreparáveis, que invocaram, para a providência requerida.
Tal entendimento – como salientou o recente acórdão desta 1ª Secção Acórdão de 2 de dezembro de 2009, proferido no R 438/09 – levaria a que bastasse a mera alegação genérica de que a ciência não garante que não há qualquer efeito danoso para o ambiente ou para a saúde e de que, assim, sempre existe um risco potencial, para que qualquer decisão administrativa fosse paralisada, implicando que, perante a dúvida sobre a causa de um dano ou sobre a sua possível ocorrência, o julgador devesse decidir sempre contra o autor do acto administrativo alegadamente causador de tal hipotético e eventual dano. Seria exigir do autor de tal acto que não só fizesse prova de que o risco se situa nos limites legalmente admissíveis – como sucedeu, aliás, no caso das ora recorrentes [cf. alíneas I) e T), da matéria de facto provada] – mas, ainda, que demonstrasse a completa ausência desse risco,

dúvida deve ser "fundada em análises técnicas e científicas, realizadas com base em protocolos aceitos pela comunidade internacional. O que tem ocorrido é que, muitas vezes, uma opinião isolada e sem a necessária base científica tem servido de pretexto para que se interrompam projetos e experiências importantes".[146]

Cass Sunstein também rechaça crendices, ao doutrinar que um bom sistema democrático "coloca um grande prestígio na ciência e naquilo os especialistas têm para dizer. Ele rejeita o 'populismo'",[147] mesmo sabendo que a ciência pode ser inconclusiva, que os especialistas podem errar e que os valores públicos desempenham um papel importante. Essa crença na ciência deve ser vista considerando a complexidade apresentada pela sociologia e filosofia da ciência.

Não aceitando resolver divergências entre cientistas, o TRF da 4ª Região manteve regulação da Comissão Nacional de Energia Nuclear (CNEN) sobre a margem de radiação admissível em carne destinada ao consumo humano, que era igual à praticada na Europa, mesmo após os acidentes nucleares de Chernobyl (Ucrânia – 1986), de *Three Mile Island* (EUA – 1979) e, principalmente, do Césio 137 (Goiânia/Brasil – 1987). O tribunal foi categórico ao decidir que a legitimidade das normas "não pode, do ponto de vista jurídico, ser contestada com base em corrente científica dissidente".[148]

1.9 A impossibilidade de seguir os modismos científicos pela constante mutação do estado da técnica

As relações entre a ciência e o Direito estão cada vez mais próximas, suscitando questões sobre quem realmente decide, se o Direito ou a ciência. Embora as opiniões sejam unânimes em dizer que a decisão cabe ao Direito, "está se estabelecendo uma nova divisão de poderes entre o poder estabelecido pela ciência e o poder estabelecido pelo direito".[149]

Essa influência cada vez maior da ciência impacta na eventual decisão estatal a ser tomada. Como existe uma colaboração cada vez maior entre a autoridade pública e a técnica/científica,[150] esta pode querer impor decisões àquela, ainda que seus resultados não estejam consolidados.

De qualquer maneira, é inegável que as constantes alterações do estado da técnica, incluindo a ambiental, impõem limitações dinâmicas ao papel do Estado, uma vez que os padrões científicos são aqueles ditados pelo atual estado da técnica. Isso porque a ciência tende a ser transitória. Com os constantes aperfeiçoamentos científicos, o que atualmente pode ser considerado menos agressivo ao meio ambiente ou à saúde pode

---

obrigando-o, para além dos limites do razoável, a uma *diabolica probatio*, com violação do direito de acesso à justiça e do princípio do processo equitativo (art. 20/1 e 4 CRP)" (STA, 1ª Subseção do Contencioso Administrativo, v.u., Ac. 961/09, Rel. Cons. Adérito Santos, j. em 11.02.2010).

[146] ANTUNES, Paulo de Bessa. *Direito Ambiental*. 11. ed. Rio de Janeiro: Lumen Juris, 2008. p. 35.

[147] SUNSTEIN, Cass R. *Laws of Fear: beyond the precautionary principle*, 2008. p. 2 – tradução livre.

[148] TRF da 4ª Região, Turmas Reunidas, m.v., EIAC 90.04.09456-3, Rel. Des. Fed. Teori Albino Zavascki, j. em 17.10.1990, *DJU* 05.12.1990. p. 29.421.

[149] PARDO, José Esteve. *El Desconcierto del Leviatán*: política y derecho ante las incertidumbres de la ciencia, 2010. p. 99 – tradução livre.

[150] GOMES, Carla Amado. Subsídios para um quadro principiológico dos procedimentos de avaliação e gestão do risco ambiental, *Revista de Estudos Constitucionais, Hermenêutica e Teoria do Direito (RECHTD)*, São Leopoldo, RS: Unisinos, 3(2). p. 140-149, jul./dez. 2011. p. 147.

não sê-lo amanhã. Podem surgir novas técnicas mais sustentáveis e economicamente viáveis.

Por outro lado, novas tecnologias não são necessariamente as melhores, ainda que prometam sê-las. O Estado não pode se antecipar à ciência e nem *servir como campo de testes da ciência*. Não raramente são publicados estudos científicos em revistas conceituadas (*v.g.*, *Nature* ou *Science*) ou defendidos em bancas acadêmicas sustentando determinada tese, mas sem que o tempo demonstre ou consolide a veracidade do que foi dito. Não se pode com essa base lançar o Estado em uma aventura científica ou sustentável, principalmente se essa aventura custar mais caro e restringir em demasia a isonomia, bem como outros valores fundamentais do Estado Democrático de Direito. Conclusões equivocadas, falsas causas, desonestidade e incompetência intelectual são recorrentes, dentro e fora do mundo acadêmico.[151]

O Estado não é obrigado a seguir modismos ou estudos científicos novos e não amadurecidos na comunidade científica, principalmente nos casos de monopólio da informação por uma entidade ou grupos específicos, que podem ter interesse em apresentar um quadro caótico visando, por exemplo, reduzir o impacto sobre o meio ambiente ou simplesmente conseguir mais verbas para suas pesquisas. Tal situação também é comum em casos de medicamentos, principalmente aqueles experimentais.

Não se esquecendo do fato de que a ciência trabalha com probabilidades, e não mais com certezas, seguir modismos pode ser ainda mais temerário. Como disse José Esteve Pardo, "não é admissível a atribuição ou entrega incondicional da proteção que a ordem constitucional dispensa diante de meras promessas da ciência ou, como é habitual na prática, de influentes setores da tecnociência".[152]

Não seguir o modismo constitui-se em advertência válida, esteja ou não em jogo o uso da melhor tecnologia disponível. O Estado não é obrigado a adotar a melhor técnica apresentada pela ciência, porque inúmeros fatores podem vedá-la, como, por exemplo, (i) o custo excessivo, (ii) o núcleo irredutível de discricionariedade do órgão democraticamente legitimado para decidir, evitando a substituição das decisões estatais por algo ainda não muito sólido e os (iii) valores envolvidos, que podem não ser absorvidos pela sociedade e/ou Estado.

As decisões estatais que abordam questões nas quais a ciência esteja envolvida não são apenas decisões técnicas, mas também administrativas. Renato Alessi, ao comentar sobre a discricionariedade técnica, disse que essas decisões não se apoiam em critérios puramente técnicos, senão também administrativos.[153] Marçal Justen Filho é ainda mais enfático ao proclamar a falácia da tecnicidade das decisões discricionárias porque entende que, "ainda quando se tratar de decisões acerca de questões técnicas, haverá um componente político na decisão".[154]

---

[151] Cf.: a lista de Newton Freire-Maia sobre uma série de erros cometidos pelos cientistas (*v.g.*, variáveis espúrias não constatadas, estatística, força da autoridade, deficiência da aparelhagem, limitações das teorias) (FREIRE-MAIA, Newton. *Verdades da Ciência e outras Verdades*: a visão de um cientista. São Paulo: UNESP; Ribeirão Preto: SBG, 2008. p. 129-136).

[152] PARDO, José Esteve. *El Desconcierto del Leviatán*: política y derecho ante las incertidumbres de la ciencia, 2010. p. 33 – tradução livre.

[153] ALESSI, Renato. *Instituciones de Derecho Administrativo*. Trad. Buenaventura Pellisé Prats. Barcelona: Casa Editorial Bosch, 1970, t. I. p. 198.

[154] JUSTEN FILHO, Marçal. *Curso de Direito Administrativo*. 10. ed. São Paulo: RT, 2014. p. 254. O publicista leciona que "a defesa da autonomia e peculiaridade do instituto da discricionariedade técnica reflete certa concepção

1.10 O licenciamento ambiental como redentor ou guardião das políticas públicas a cargo de outros órgãos e entidades públicas

Provavelmente pelo prestígio derivado da preocupação com o meio em que vivemos, aos poucos o licenciamento ambiental está se transformando no redentor de todos os problemas que o circundam. Existe uma tendência de internalizar no licenciamento ambiental questões que não agregam nada em termos de controle ambiental, como questões dominiais, possessórias, urbanísticas locais etc., ou para suprir a ausência de Estado.

Esclareça-se que desde sua concepção original, que perdura até hoje, o licenciamento ambiental sempre foi categórico em não substituir outras licenças ou autorizações legalmente exigidas (Dec. Nº 99.274/1990, art. 17, *caput*, Res. Conama nº 237/97, art. 2º, *caput*).

Usar o licenciamento ambiental para alcançar outros fins pode caracterizar desvio de poder ou finalidade (legislativo ou administrativo), sobretudo quando eventuais imposições extrapolem a questão ambiental objeto do processo.

A crítica de Rachel Biderman Furriela ao que ocorre nas audiências públicas ajuda a ilustrar esse aspecto, ao aduzir que as comunidades ouvidas utilizam "o espaço de uma audiência pública em que têm acesso a autoridades de governo para reivindicar atendimento das necessidades básicas (ex.: posto de saúde, escola, transporte público, luz, água), em vez de discutir o projeto sob análise".[155] Infelizmente, os órgãos licenciadores tendem a incorporar essas necessidades básicas e repassá-las aos empreendedores, tentando suprir, via condicionantes, as deficiências estatais nas políticas públicas ou até mesmo problemas entre particulares.[156]

Mesmo que existam exigências ambientais, elas devem se relacionar com o empreendimento ou atividade, não devendo utilizar o licenciamento ambiental para equacionar problemas ambientais sem nexo de causalidade minimamente proporcional com o empreendimento, exceto nos termos da legislação que rege a compensação ambiental.

Dessa forma, a Portaria Interministerial MMA/MJ/MinC/MS 60/2015 (arts. 7º, §12, e 16), na esteira da revogada Portaria Interministerial MMA/MJ/MinC/MS 419/2011, com o objetivo de evitar exigências absurdas, que normalmente decorrem do oportunismo dos intervenientes no processo de licenciamento ambiental em tentar resolver problemas desvinculados do empreendimento ou atividade a serem licenciados, exige "relação direta" e "justificativa técnica" das condicionantes com os impactos identificados nos estudos apresentados pelo empreendedor (art. 6º, §8º).

No cerne desse desvio de poder, em termos de política pública, está a confusão de que não existirá nenhum dano se um empreendimento ou atividade forem licenciados, como se esse fosse seu papel. Por causa de uma concepção extremamente ampla do

---

positivista de ciência, incompatível com a realidade contemporânea. Ocorre que nenhuma ciência pode gerar aplicações práticas absolutamente precisas, uniformes e destituídas de alternativas ou dúvidas" (p. 254).

[155] FURRIELA, Rachel Biderman. *Democracia, Cidadania e Proteção do Meio Ambiente*. São Paulo: Annablume; FAPESP, 2002. p. 105.

[156] Nesse sentido, procedentes as críticas de Marcia Leuzinger e Sandra Cureau a falar das medidas mitigadoras e compensatórias: "constata-se que, muitas vezes, são propostas sem qualquer relação com o impacto ambiental ou não apresentam nenhuma solução prática para ele" (LEUZINGER, Marcia Dieguez; CUREAU, Sandra. *Direito Ambiental*. Rio de Janeiro: Elsevier, 2013. p. 86).

Direito Ambiental, erroneamente se imputa ao licenciamento ambiental questões que não lhe dizem respeito, como cálculos estruturais ou comportamento dinâmico de elementos sociais. Frise-se, o licenciamento ambiental não é um segurador universal.

Também se usa o licenciamento ambiental para fiscalizar ou forçar a implementação de outros instrumentos que nada se relacionam com ele, como o estudo de impacto de vizinhança (EIV), exigível apenas como subsídio das licenças municipais urbanísticas (Lei nº 10.257/01, art. 36), não ambientais em sentido estrito. Às vezes chega-se ao disparate de condicionar o licenciamento ambiental estadual ou federal ao EIV.

Não menos criticável é utilizar o licenciamento ambiental como guardião do direito de propriedade, posse ou mesmo de autorizações administrativas, como a expedida pela SPU, que gerou o rechaço categórico da AGU.[157]

O licenciamento ambiental não deve criar um direito paralelo, sendo-lhe vedado burlar soluções estabelecidas pelo direito positivo, como ocorre em termos de desapropriação, posse, direitos reais, propriedade.

1.11 O prestígio do princípio da precaução pelo licenciamento ambiental: inexistência de risco zero e de presunção de desobediência futura à legislação ambiental

O licenciamento ambiental é exatamente um dos principais instrumentos para viabilizar o princípio da precaução *lato sensu* (precaução e prevenção). Como "as licenças ambientais são atos administrativos de caráter preventivo",[158] o licenciamento ambiental "é um instrumento de caráter preventivo de tutela do meio ambiente".[159] Por conseguinte, essa atuação administrativa pelo licenciamento ambiental visa atender ao princípio da precaução.[160]

Essa relação entre o licenciamento e o princípio da precaução é tão grande que o TJPR, encampando *ipsis litteris* a doutrina de Paulo Affonso Leme Machado, aduz que o EIA tem um caráter genericamente preventivo e "ainda, que tal estudo identifica, em termos mais específicos, a máxima do princípio da precaução", fornecendo "indicações sobre as decisões a serem tomadas nos casos em que os efeitos sobre o

---

[157] Parecer nº 41/2018/COJUD/PFE-IBAMA-SEDE/PGF/AGU, aprovado pelo Procurador-Chefe Nacional da PFE-Ibama, em 24.04.2018, mediante o Despacho nº 261/2018/GABIN/PFE-IBAMA-SEDE/PGF/AGU, nos autos do PA nº 00414.021655/2017-14, bem como pela Presidência do Ibama (Despacho SEI nº 2210697) na mesma data nos autos do PA nº 02001.004964/2018-80: "IV – Não existe norma que vincule as etapas do licenciamento ambiental conduzido pelo Ibama às decisões ou manifestações da Secretaria do Patrimônio da União (SPU). Precedente. Independência. O licenciamento ambiental não é guardião de outras autorizações administrativas, ainda que ambientais, ou de questões dominiais, públicas ou privadas, externas ao processo decisório do órgão licenciador, exceto diante de expressa norma para tanto. Ainda que a autorização de um órgão público ou de um ente privado seja necessária isso não tem o condão de invalidar o licenciamento ambiental, uma vez que a licença ambiental não dispensa ou substitui aprovações, autorizações ou licenças exigidas por outros órgãos reguladores ou entes privados (Decreto nº 99.274/1990, art. 17, *caput*, e Resolução Conama nº 237/97, art. 2º, *caput*)".

[158] FERREIRA, Luciana de Morais. A força vinculatória do licenciamento ambiental. *Revista de Direito Administrativo*, Rio de Janeiro: Renovar, v. 209. p. 109-119, jul./set. 1997. p. 115.

[159] CARRAMENHA, Roberto. Natureza jurídica das exigências formuladas no licenciamento ambiental. In: BENJAMIN, Antonio Herman; SÍCOLI, José Carlos Meloni. *Anais do 5º Congresso Internacional de Direito Ambiental*. São Paulo: IMESP, 2001. p. 199.

[160] STAUT JÚNIOR, Sebastião Vilela. A competência administrativa para licenciamento ambiental em face das disposições do artigo 225, parágrafo 4º, da Constituição Federal: áreas do patrimônio nacional. *Revista de Direitos Difusos*, São Paulo: IBAP/ADCOAS, v. 5, n. 27. p. 3861-3871, set./out. 2004. p. 3862.

ambiente não sejam plenamente conhecidos sob o plano científico".[161] Não apenas o EIA prestigia a precaução, mas os demais estudos ambientais que subsidiam o processo de licenciamento, ainda que desenvolvidos pós-LP, com o projeto licenciado já em nível executivo. Por isso, em última instância, é o licenciamento ambiental, subsidiado com o estudo ambiental adequado a sua complexidade, que prestigia o princípio da precaução e da prevenção (precaução *lato sensu*).

Na verdade, qualquer autorização ambiental tende a ser modelada para antecipar os riscos, o que levou Carla Amado a doutrinar que na era ambiental ela ganha destaque enquanto método de prevenção de riscos originados da complexificação da atuação no domínio ambiental.[162] Essa característica, longe de ser exclusiva do Direito Ambiental, provém do próprio processo decisório na esfera pública. Adrian Vermeule, professor de Harvard, leciona que a autoridade legal atribuída ao órgão público "lhe permite tomar uma série de decisões sob incerteza".[163]

Houve uma transformação na retórica jurídica em parte das lides ambientais.

Antes de se começar a abusar do princípio da precaução, usava-se pura e simplesmente a figura do iminente dano ambiental, o que era rechaçado pela jurisprudência para a concessão de liminares. Com efeito, o extinto Tribunal Federal de Recurso (atual STJ) entendeu que a "simples alegação de dano ao meio ambiente não autoriza a concessão de liminar suspensiva de obras e serviços públicos prioritários e regularmente aprovados por órgãos técnicos competentes.[164] Isso porque a aprovação por órgão ambiental gera uma presunção relativa de adequação às normas ambientais, que somente poderia ser "desfeita através de um amplo processo probatório".[165]

Atualmente, utiliza-se o princípio da precaução para se obter provimentos judiciais baseados em risco constante da incerteza da vida e da ciência. Esse emprego apenas dissimula as especulações efetuadas, que denotam em regra possibilidades diante do pior cenário (*worst case analysis or scenario*).

A noção idílica da natureza, segundo a qual "qualquer mínima alteração nos processos naturais é arriscada e pode desencadear consequências catastróficas, com prejuízo para a vida humana", acaba se refletindo no campo jurídico "na *concepção superdimensionada do princípio da precaução*, e também produz consequências negativas, só que por omissão", conforme destacou o Min. Nunes Marques na ADI nº 3.526.[166] Continuou o magistrado, expondo a complexidade da questão, com seu inerente *trade-off*, citando Shakespeare:

> Imaginemos o mundo hoje, por exemplo, sem eletricidade, automóveis, antibióticos e vacinas. Todas essas invenções decerto propiciaram conforto, longevidade e bem-estar aos seres humanos, embora todas elas, em contrapartida, tenham também vindo com um *trade-off* ambiental e arrostado perigos não totalmente calculáveis. Nós, porém, nunca saberíamos sobre elas se alguém não houvesse tentando criá-las, apesar dos riscos. Como escreveu

---

[161] TJPR, 4ª Câmara Cível, v.u., AC 430.164-6, Rel. Rogério Etzel, j. em 12.06.2012, *DJ* 886 19.06.2012.
[162] GOMES, Carla Amado. Risco e Modificação do Acto Autorizativo Concretizador de Protecção do Ambiente. Coimbra: Coimbra Editora, 2007. p. 350.
[163] VERMEULE, Adrian. Decisões racionalmente arbitrárias no direito administrativo. *Revista Estudos Institucionais*, Rio de Janeiro: UFRJ, vol. 3, n. 1, p. 01-47, 2017. p. 10.
[164] TFR, Pleno, v.u., AR na SL 273/MA (Ac. 88.556.787), j. em 15.12.1988, *DJ* 10/04/89.
[165] ANTUNES, Paulo de Bessa. *Direito Ambiental*. 18. ed. São Paulo: Atlas, 2016. p. 609.
[166] STF, Pleno, m.v., ADI nº 3.526, Rel. p/ ac. Min. Gilmar Mendes, j. em 22.08.2023, Pub. 09.10.2023 (pág. 21).

Shakespeare, em Medida por Medida (Ato 1, Cena 4), "nossas dúvidas são traidoras e nos fazem perder o bem que nós muitas vezes podemos ganhar, pelo medo de tentar" (*Our doubts are traitors and make us lose the good we oft might win by fearing to attempt*).[167]

A verdade é que sempre resulta da ação ou omissão humana algum risco de dano ambiental, sendo impossível (*probatio diabolica*, prova diabólica ou, ainda, *devil's proof*) demonstrar a sua inexistência. Não se trata apenas de uma questão probatória, o que se resolveria com a vedação da legislação processual civil no sentido de que a distribuição dinâmica da prova não pode "gerar situação em que a desincumbência do encargo pela parte seja impossível ou excessivamente difícil" (CPC, art. 373, §2º); trata-se de uma inversão em nível argumentativo, que submete o acusado a uma prova diabólica discursiva subversiva à teoria do risco e às imanentes imprecisões científicas.

Conforme destacado pelo Min. Nunes Marques, a ideia da inversão do ônus da prova com base no princípio da precaução praticamente elimina as condições para a inovação, pois nenhuma realização inédita surge de situação de risco zero; o dever existente é estabelecer política de redução e gerenciamento do risco.[168]

O licenciamento ambiental tem como finalidade controlar os impactos, sendo secundária a questão do risco, apesar de presente em alguns casos. Sem ato normativo específico, a questão do risco é tratada em decisões sobre políticas públicas, planos ou programas, não no âmbito do projeto, como é o caso do licenciamento ambiental.

Ademais, sempre há incertezas associadas com não tomar ação alguma que o princípio da precaução ignora, uma vez que ele tem sido usado de forma obstativa a mudanças. A questão do uso da precaução deve se ancorar na probabilidade do dano, não na sua mera possibilidade, especialmente tendo em vista a predileção pelo pior cenário possível.

Nessa trilha seguiu a Suprema Corte estadunidense ao entender que para o deferimento da liminar em matéria ambiental não bastaria a mera possibilidade (*possibility*) de dano irreparável, por ser padrão muito leniente, tendo um histórico de exigir a probabilidade (*likely*) de um prejuízo irreparável (*Winter v. Natural Resources Defense Council* – 2008). Entendimento que vem sendo seguido pelo Supremo Tribunal Federal, como visto adiante. A jurisprudência da nossa Suprema Corte utiliza a

---

[167] STF, Pleno, m.v., ADI nº 3.526, Rel. p/ ac. Min. Gilmar Mendes, j. em 22.08.2023, Pub. 09.10.2023 (pág. 21). No mesmo sentido de Shakespeare, Fernando Machado aduziu: "Já faz um tempo que eu não escuto o medo. Vi ele impedir a morte poucas vezes, mas a vida, o tempo todo".

[168] "No campo da pesquisa científica, a ideia de que uma inversão do ônus da prova está na base do princípio da precaução – ou seja, o pesquisador teria de provar que a sua investigação não cria riscos relevantes – praticamente elimina as condições para a inovação, pois nenhuma realização inédita, especialmente no campo da biogenética, surge de uma situação de risco zero. O que tem de ocorrer é uma política consistente de redução e gerenciamento de riscos" (STF, Pleno, m.v., ADI nº 3.526, Rel. p/ ac. Min. Gilmar Mendes, j. em 22.08.2023, Pub. 09.10.2023, pág. 23). Citou, logo após (págs. 23-24), a seguinte passagem da obra *Transgênicos*: "A inversão do ônus da prova – em que uma inovação só pode ser adotada se provar sua inocuidade – não faz parte, portanto, da essência do princípio da precaução. Inverter o ônus da prova – tal inovação só pode ser adotada depois que se provar inofensiva para o meio ambiente – é exatamente imaginar que se pode suprimir a incerteza ligada às inovações técnicas contemporâneas e que a autoridade científica teria aí o papel decisivo. O princípio da precaução, ao contrário, "tem por objetivo estruturar a ação em situação de incerteza científica envolvendo riscos coletivos". A inversão do ônus da prova tem por base a ilusão de que a incerteza pode ser superada pela autoridade do julgamento científico, que atestaria sua inocuidade. O princípio da precaução não é recurso para congelar a inovação e o progresso tecnológico, mas, ao contrário, pretende sintetizar consignas para lidar com eles". (SILVEIRA, José Maria F. J. da *et al*. *Transgênicos*. São Paulo: Editora Senac. Edição do Kindle, 2017).

precaução com base em experiência prévia, "não se impressionando com meras alegações de possíveis riscos futuros", desempenhando, dessa forma, "um papel moderador na aplicação do Princípio da Precaução, esvaziando aplicações 'panfletárias' que, muitas vezes, têm caracterizado a sua aplicação pelo Judiciário, fruto de um ativismo sem base científica consistente".[169]

Por isso, o mero ponto de vista discordante não é suficiente para embasar a alegação de incerteza científica, que precisa estar apoiada em maciça parcela da comunidade científica e com argumentos robustos.

Não são alegações de divergências científicas,[170] metodológicas ou mesmo de existência de riscos que devem retirar do licenciamento ambiental e, consequentemente, do órgão licenciador o poder de fazer as escolhas legitimadas pelo sistema, tanto do ponto de vista substancial quanto do procedimental. Divergências e riscos são imanentes ao licenciamento ambiental, bem como a qualquer processo decisório estatal, sendo exatamente sua função gerenciar os impactos e os riscos ambientais, mediante metodologia própria do órgão licenciador.

Ao julgar ato do Ministério das Comunicações, o STF entendeu que se deve respeitar a *capacidade institucional* dos demais poderes, com a consequente cautela dos magistrados em questões complexas, bem como maior deferência às soluções encontradas pelos órgãos especialistas governamentais da área (ADPF-MC 309). Defendeu, em manifestação originariamente voltada ao legislador, embora também aplicável ao Executivo, a deferência do Supremo à solução jurídica encontrada pelos respectivos formuladores em questões de alta complexidade, sendo assim "por uma razão óbvia: dificilmente há questão social que não envolva algum grau de incerteza cognitiva". Afirmar-se que o legislador não pode intervir em tais searas seria paralisar o Estado. Cabe à sociedade, portanto, por intermédio de seus representantes, adotar posição quanto aos riscos advindos da incerteza.[171]

Mais recentemente, no RE-RG 627.189, o STF interpretou que o princípio da precaução deve ser aplicado com prudência, sob pena de se inviabilizar qualquer atividade humana, ao admitir que norma técnica mundialmente aceita não poderia ser desprezada pelo Judiciário sob o argumento de importar normativa alienígena que achava mais adequada. Não vislumbrou, ainda, motivo para obrigar as concessionárias de energia elétrica a reduzir o campo eletromagnético das linhas de transmissão de energia elétrica abaixo do patamar legal, não sendo o uso da precaução e de legislação estrangeira, com alguns estudos, suficiente para elidir a presunção de constitucionalidade.[172]

O que foi afastado pelo STF foi a visão de que a mínima probabilidade de ocorrência de dano seria inaceitável, sendo suficiente, para isso, a simples constatação de dissenso na comunidade científica para que se imponha determinado curso de ação,

---

[169] ANTUNES, Paulo de Bessa. *The precautionary principle in the brazilian environmental law*. Veredas do Direito, v. 13, nº 27. p. 63-88, set./dez. 2016. p. 85.

[170] A Recomendação Conjunta PRESI-CN 2/20 (art. 2º, parágrafo-único) trata bem da questão da divergência, recomendando autocontenção do ministério público "diante da falta de consenso científico em questão fundamental à efetivação de política pública", pois "é atribuição legítima do gestor a escolha de uma dentre as posições díspares e/ou antagônicas, não cabendo ao Ministério Público a adoção de medida judicial ou extrajudicial destinadas a modificar o mérito dessas escolhas".

[171] STF, Pleno, v.u., ADPF 309 MC-Ref/DF, Rel. Min. Marco Aurélio, j. em 25/09/2014, DJe 28/11/2014 (p. 10-11 do acórdão).

[172] STF, Pleno, m.v., RE-RG 627.189/SP, Rel. Min. Dias Toffoli, j. em 08.06.2016, DJe 03.04.2017.

direta ou indiretamente paralisante. Ao comentar e criticar o uso do princípio da precaução, Fernando Leal corretamente aduziu que "quanto mais vago o princípio, maior a probabilidade de ele sustentar decisões diferentes, às vezes excludentes, para o mesmo problema".[173] Depois, logo após afirmar que não existe com o princípio da precaução um conflito com valores constitucionais, continua o jurista:

> A "precaução" não é, na verdade, um princípio constitucional. Não é passível de ponderação. É uma *regra de decisão* aplicável quando há incerteza científica radical quanto aos *efeitos* de medidas que podem afetar a realização de objetivos constitucionais específicos, como saúde e meio ambiente. Ou seja, o que gera dúvida nos casos de aplicação da precaução não é como ponderá-la; a dúvida é saber que comportamentos devem ser adotados quando, em condições de incerteza, precisamos conciliar proteção à saúde e ao meio ambiente com o desenvolvimento, a mudança e a inovação.[174]

Por fim, Fernando Leal acaba por balizar o princípio da precaução, destacando que esse princípio gera um dever de gerir os riscos, não significa uma proibição de sua ocorrência, o que deve ser feito com argumentos jurídicos e os pertencentes a outras ciências, sob pena de ser um mero artifício retórico, apto a ser usado pelos juízes.[175] O uso do modo hipotético quando se trata de impactos ambientais denota especulação ou argumento *ad terrorem* para minar a capacidade decisória do órgão licenciador, como se a prevenção já não fosse o fundamento do licenciamento ambiental.

É importante destacar que o licenciamento ambiental não serve para dizer que não existem riscos ambientais nem é o lugar para resolver eventuais dúvidas científicas, garantindo uma certeza almejada pelo contestante.

No contexto de uma ciência imperfeita e das divergências naturais nessa seara, é temerário afirmar que não pode haver dúvidas sobre a exaustão dos estudos ambientais ou da análise do órgão licenciador, uma vez que isso se afigura impossível. Como lembrado por Joana Setzer e Nelson da Cruz Gouveia em relação ao princípio da precaução:

> A ausência de conhecimento da totalidade dos riscos decorrentes de um empreendimento ou atividade não justifica a sua proibição até que tal certeza se concretize. A ciência é incapaz de provar que qualquer substância, atividade ou ação é absolutamente segura e, conforme será visto adiante, a utilização do princípio da precaução não equivale a procurar um nível zero de risco.[176]

---

[173] LEAL, Fernando. A retórica do Supremo: precaução ou proibição? In: FALCÃO, Joaquim; ARGUELHES, Diego W.; RECONDO, Felipe (Org.). *Onze Supremos*: o supremo em 2016. Belo Horizonte: Letramento: Casa do Direito: Supra: Jota: FGV Rio, 2017. p. 48.

[174] LEAL, Fernando. A retórica do Supremo: precaução ou proibição? In: FALCÃO, Joaquim; ARGUELHES, Diego W.; RECONDO, Felipe (Org.). *Onze Supremos*: o supremo em 2016. Belo Horizonte: Letramento: Casa do Direito: Supra: Jota: FGV Rio, 2017. p. 49.

[175] "O dever geral de precaução é um dever de administração de riscos – não uma proibição de correr riscos. Gerir e medir riscos, porém, não se faz apenas com argumentos jurídicos. Sem parâmetros cientificamente informados que permitam separar riscos críveis e não críveis, prováveis e improváveis, não é possível emitir juízos confiáveis sobre as cautelas necessárias ou insuficientes para o atual estágio do conhecimento. Sem isso, a precaução se limita a um mero artifício retórico, um obstáculo intransponível pronto para ser seletivamente empregado pelos juízes" (LEAL, Fernando. A retórica do Supremo: precaução ou proibição? In: FALCÃO, Joaquim; ARGUELHES, Diego W.; RECONDO, Felipe (Org.). *Onze Supremos*: o supremo em 2016. Belo Horizonte, MG : Letramento: Casa do Direito: Supra: Jota: FGV Rio, 2017. p. 50).

[176] SETZER, Joana; GOUVEIA, Nelson da Cruz. Princípio da precaução rima com ação. *Revista de Direito Ambiental*, São Paulo: RT, ano 13, v. 49. p. 158-183, jan./mar. 2008 [extraído da *Revista dos Tribunais on line*].

Outro mal-entendido relativo ao princípio da precaução é o de se entender que existe risco zero ou algo próximo a isso, bem como a crença de que o nada fazer evita o risco, e não eventualmente o implementa. Após asseverar que "não existem decisões que não produzam risco nem muito menos a possibilidade de existir 'risco zero' em qualquer atividade", argutamente Pedro Avzaradel destaca fato esquecido quando se trata de tomar decisões: "Muitas vezes, uma decisão restritiva em função de um risco acaba por gerar outro, no que cabe o conceito de *negative-sum of colletive self damage*".[177]

Além de ser impossível garantir um risco zero ou certeza absoluta,[178] a decisão de aceitabilidade do risco ou da incerteza pertence ao órgão licenciador, exceto quando ela pertencer aos órgãos estatais políticos; assim, não é qualquer dúvida que é capaz de macular a higidez do processo de licenciamento ambiental. Em fevereiro de 2000, a Comissão Europeia elaborou uma Comunicação sobre o princípio da precaução, esclarecendo que ele "não é uma politização da ciência nem a aceitação de um nível zero de risco, mas proporciona uma base de atuação sempre que a ciência não puder dar uma resposta clara. A Comunicação esclarece igualmente que determinar qual é o nível de risco aceitável para a União Europeia é uma responsabilidade política".[179]

O Tribunal Constitucional Alemão (caso *Kalkar I* – 1978), ao tratar da questão da incerteza perante regulamentação legislativa sobre o uso pacífico da energia nuclear, asseverou que quando uma situação é marcada pela incerteza, as decisões são responsabilidade política do Legislador e do Executivo, não competindo ao Judiciário sobrepor-se, com suas valorações, pois faltariam parâmetros jurídicos.[180] Esse posicionamento de autocontenção da Corte Constitucional alemã, país de origem do princípio da precaução, é coerente mesmo com a Declaração do Rio, cujo princípio 15 não fala em princípio da precaução, como constou da tradução brasileira, mas em medidas de precaução (*mesures de précaution*), na sua versão em francês, ou em abordagem preventiva (*precautionary approach*), na sua versão em inglês, como adverte Paulo de Bessa Antunes.[181]

Em caso com estudos técnicos conflitantes, o STF (RE nº 519.778) afastou a alegação de que isso colocaria em risco a proteção ambiental e comprometeria o princípio da

---

[177] AVZARADEL, Pedro Curvello Saavedra. EIV e EIA: compatibilização, precaução, processo decisório e sociedade de risco. *Revista de Direito da Cidade*, Rio de Janeiro: UERJ, vol. 2, n. 1, p. 130-150, 2007. p. 133.

[178] "Em qualquer exemplo, em qualquer escolha, toda tomada de decisão implica arbitragem entre diferentes riscos. Na visão de Luhmann, os riscos são fruto de um processo decisório e afirma que não existe decisão isenta de risco, ou seja, qualquer escolha – inclusive a própria opção por não decidir – implica em riscos" (SETZER, Joana, GOUVEIA, Nelson da Cruz. Princípio da precaução rima com ação. *Revista de Direito Ambiental*, a. 13, v. 49, p. 158-183, São Paulo: RT, jan./mar. 2008 [extraído da *Revista dos Tribunais on line*]).

[179] MOTA, Mauricio. Princípio da precaução: uma construção a partir da razoabilidade e da proporcionalidade. *In*: MOTA, Mauricio (Coord.). *Fundamentos Teóricos do Direito Ambiental*. Rio de Janeiro: Elsevier, 2008. p. 42. O autor destaca que o Comunicado dispõe que qualquer aproximação que se faça do princípio da precaução "deve ser precedida por uma avaliação científica, tão completa quanto possível, em que seja admissível identificar em cada estágio o grau de incerteza científica. Autuando com moderação, as medidas de proteção devem ser proporcionais ao nível de proteção procurado" (p. 56).

[180] "Em uma situação necessariamente marcada pela incerteza, faz parte em primeira linha da responsabilidade política do legislador e do governo tomar, com base em suas respectivas competências, as decisões por eles consideradas convenientes. Dada essa situação fática, não é tarefa dos tribunais colocar-se, com suas valorações, no lugar dos órgãos políticos cunhados [funcionalmente] para tanto, pois neste caso faltam parâmetros jurídicos [de decisão]" (MARTINS, Leonardo (Org.). *Cinquenta Anos da Jurisprudência do Tribunal Constitucional Alemão*. Montevideo: Konrad-Adenauer-Stiftung, 2005. p. 860).

[181] The precautionary principle in the brazilian environmental law. *Veredas do Direito*, v. 13, nº 27. p. 63-88, set./dez. 2016. p. 66, 71-72.

precaução, rechaçando a visão de que o princípio da precaução determinaria a melhor solução para o meio ambiente diante desse cenário, sendo o licenciamento ambiental suficiente para controlar esses riscos. Nas palavras da Corte,

> [...] 3. O mero risco potencial de danos ambientais, em regra, não serve, por si só, para impedir completamente o desempenho de atividades econômicas. A defesa do meio ambiente não é o único princípio da ordem econômica (art. 170 da Constituição). 4. O princípio da precaução pode ser satisfeito com o controle concreto dos licenciamentos ambientais, não impedindo a alteração de regime de ocupação do solo por lei. 5. As complexidades técnicas relativas à análise ambiental da área, aliadas à presunção de constitucionalidade das leis, recomendam postura de autocontenção judicial.[182]

Por outro lado, a precaução deve ser usada quando não existir nenhum elemento técnico para subsidiar uma decisão de política pública com consequências ambientais diretas e relevantes, ainda mais se a política pública se desviar do padrão normalmente adotado, sendo indício forte de desvio de poder. A "não apresentação de dados objetivos ou de estudos técnicos ambientais que comprovem a desnecessidade do defeso" viola o princípio ambiental da precaução.[183]

Outra distorção do princípio da precaução em relação ao licenciamento reside no alto grau especulativo que ele assume, com presunções de que o órgão licenciador desrespeitará a legislação ambiental em algum estágio do processo. Presunções de que haverá desrespeito ao ordenamento vêm sendo rechaçadas não apenas pela nossa jurisprudência, mas também pela estadunidense. O STF, ao tratar da transposição do Rio São Francisco, foi categórico:

> Por outro lado, na minha compreensão, neste momento processual, não se pode, simplesmente, presumir que o projeto não será executado corretamente, seguindo os programas e planos indispensáveis à sua viabilização no plano ambiental. Igualmente, não se pode concluir, também antecipadamente, que não haverá fiscalização por parte do Estado.[184]

A 9ª Corte de Circuito dos EUA foi além, admitindo que a possibilidade de existirem erros nos estudos ambientais não geraria a presunção de que haveria o descumprimento das exigências da legislação ambiental por parte da Administração Pública:

> A cautela para a análise da metodologia é tão grande que, embora possam existir erros metodológicos que afetem etapas posteriores do processo decisório ambiental, não pode o Judiciário "presumir que a Administração Pública não irá cumprir com as suas obrigações ditadas pelo NEPA em estágios posteriores do processo.' *Conner*, 848 F.2d at 1448".[185]

Em outras situações, a 9ª Corte de Circuito decidiu que possibilidades remotas não exigem avaliações ambientais, rejeitando que cada impacto ambiental imaginável

---

[182] STF, RE nº 519.778/RN, Rel. Min. Roberto Barroso, j. em 27.02.2014, DJe 06.03.2014. Decisão confirmada pelo colegiado: STF, 1ª T., v.u., RE nº 519.778/RN, Rel. Min. Roberto Barroso, j. em 24.06.2014, DJe 01.08.2014.

[183] STF, ADI-MC nº 5.447, Rel. Min. Roberto Barroso, j. em 11.03.2016, DJE 15.03.2016.

[184] STF, Pleno, ACO nº 876 MC-AgR/BA, Rel. Min Menezes Direito, j. em 19.12.2007, DJe 31.07.2008, RTJ 205/02/550.

[185] *Northern Alaska Environmental Center v. Lujan E* (9ª Cir. 1992 – 961 F. 2d 886) – tradução livre. O precedente confirmado é o *Conner v. Burford* (9ª Cir. 1988).

precise ser discutido em um estudo ambiental (*Ground Zero Center for Non-Violent Action v. U.S. Dep. Of Navy* – 2017).[186]

Adiciona-se, ainda, o fato de o princípio da precaução ser usado como figura de retórica, como alternativa "à necessidade de se proceder à argumentação".[187] Infelizmente, é bastante comum a mera invocação do princípio da precaução para transformar especulações em verdade, com a finalidade de justificar a paralisação do licenciamento ambiental ou mesmo microgerir o seu processo.[188]

A expansão incomensurável do princípio da precaução e de sua indeterminação conceitual é um elemento de perturbação do ordenamento jurídico, que é exatamente o que não se espera de um princípio jurídico. Esse elemento de caos no ordenamento decorre do fato de sua aplicação ser aleatória, não servindo para tomar decisões quando se encontra em face de incertezas científicas, mas se transformou, como demonstrado pela prática brasileira, em um mecanismo de paralisia e um obstáculo para o desenvolvimento do conhecimento científico.[189] Lembrar que o princípio da precaução não veda os riscos não significa uma proibição de sua ocorrência, mas antes impõe o seu gerenciamento, uma das funções do processo de licenciamento ambiental. Como destaca Paulo de Bessa Antunes, o princípio da precaução *não determina a paralisação de toda e qualquer atividade, ao contrário, impõe a tomada de medidas de cuidado e monitoramento,* até mesmo para que o conhecimento científico possa avançar e a dúvida venha a ser esclarecida.[190]

Em suma, o princípio da precaução não dá substância para alegações de potenciais danos decorrentes do licenciamento ambiental, porque é exatamente essa a sua função, gerenciar os danos ou riscos caso eles sejam admissíveis no balanceamento efetuado pelo órgão licenciador, exigindo mitigantes para tanto. Também não caracteriza o interesse de agir para um pedido administrativo ou judicial baseado na especulação de que o licenciamento será ilegal em alguma fase posterior. O dito popular "é melhor prevenir do que remediar" não autoriza premonições sobre cursos de ação ilegais ou inconstitucionais. Antecipar-se, com base em suposições dessa natureza, ao exame e decisão do órgão licenciador gerará judicialização desnecessária, sem interesse de agir.

---

[186] Citando como precedentes: No *GWEN All. of Lane County. v. Aldridge* (9ª Cir. 1988 – 855 F. 2d 1380); *Ground Zero Center for Non-Violent Action v. U.S. Dep. Of Navy* (9ª Cir. 2004 – 383 F. 3d 1082).

[187] DANTAS, Marcelo Buzaglo. *Direito Ambiental de Conflitos*. Rio de Janeiro: Lumen Juris, 2015. p. 88.

[188] Essa eficácia paralisante do princípio da precaução é criticada por Joana Setzer e Nelson da Cruz Gouveia: "Com bastante frequência, estudiosos, grupos militantes e representantes de organizações não-governamentais dão-lhe o conteúdo de uma regra imperativa de abstenção. O princípio da precaução seria sinônimo da máxima: 'na dúvida, abstenha-se'. A ausência de certeza científica sobre a inocuidade de um produto, técnica ou atividade, sob essa perspectiva, seria uma razão para as autoridades públicas não autorizá-los ou proibi-los. Ocorre que essa concepção, além de praticamente indefensável, não corresponde à intenção dos textos legais. O princípio da precaução não exige de novos produtos ou tecnologias uma prova científica de inocuidade a longo prazo, nem se aplica a riscos hipotéticos. Ao contrário de uma regra de abstenção, é um princípio de ação que diante da incerteza exige a realização de processos de avaliação e gestão de riscos" (SETZER, Joana; GOUVEIA, Nelson da Cruz. Princípio da precaução rima com ação. *Revista de Direito Ambiental*, São Paulo: RT, ano 13, v. 49. p. 158-183, jan./mar. 2008 [extraído da *Revista dos Tribunais on line*]).

[189] ANTUNES, Paulo de Bessa. The precautionary principle in the brazilian environmental law. *Veredas do Direito*, v. 13, nº 27. p. 63-88, set./dez. 2016. p. 68.

[190] The precautionary principle in the brazilian environmental law. *Veredas do Direito*, v. 13, nº 27. p. 63-88, set./dez. 2016. p. 74.

Esse posicionamento foi adotado pela AGU e pelo Ibama:

> [...] VI – O licenciamento ambiental é um dos principais instrumentos para viabilizar o princípio da precaução *lato sensu* (precaução e prevenção) porque a licença e o licenciamento ambiental são instrumentos de caráter preventivo de tutela ambiental. Empregar o princípio da precaução para obter provimentos judiciais baseados em risco constante da incerteza da vida e da ciência nada mais é do que dissimular as especulações efetuadas, que denotam possibilidades diante do pior cenário (negligência da probabilidade), porque da ação ou omissão humana sempre resulta algum risco de dano ambiental, sendo impossível (prova diabólica) demonstrar a sua inexistência. Não são alegações de divergências científicas, metodológicas ou mesmo de existência de riscos que devem retirar do licenciamento ambiental e, consequentemente, do órgão licenciador, o poder de fazer as escolhas legitimadas pelo sistema, tanto do ponto de vista substancial quanto do procedimental. Divergências e riscos são imanentes ao licenciamento ambiental, bem como a qualquer processo decisório estatal, sendo exatamente sua função gerenciar os impactos e os riscos ambientais, mediante metodologia própria do órgão licenciador, que tem capacidade institucional para tanto. O Tribunal Constitucional Alemão (*Kalkar I* – 1978) asseverou que quando uma situação é marcada pela incerteza, as decisões são responsabilidade política do Legislador e do Executivo, não competindo ao Judiciário sobrepor-se aos demais poderes com suas valorações, pois faltariam parâmetros jurídicos. Quando da judicialização, o uso do princípio da precaução deve-se ancorar em significativa probabilidade do dano, que deve ser grave e irreparável, e não na sua mera possibilidade (risco potencial), especialmente tendo em vista a predileção pelo pior cenário possível. O princípio da precaução é um dever de administrar os riscos, nunca uma vedação a eles. O licenciamento ambiental não serve para dizer que não existem riscos ambientais, que possibilidades remotas devam ser objeto de estudos e nem é o lugar para resolver eventuais dúvidas científicas, garantindo a certeza almejada por algum contestante, ainda mais no contexto de uma ciência imperfeita e de divergências naturais nessa seara.[191]

1.12 Inexistência de impacto ou poluição zero no licenciamento ambiental: diferença entre dano e impacto ambiental

Confusão comum é a de que o licenciamento ambiental existe para implementar o impacto zero, gerenciando de tal forma os impactos do empreendimento de forma a desaguá-lo em um resultado de não agressão à natureza (poluição zero).

Uma das razões para esse pensamento é a equivocada leitura do princípio da precaução, que teria como escopo "eliminar por completo os impactos ambientais causados pela atividade econômica".[192] Não existe impacto zero, poluição zero ou mesmo danos ambientais completamente mitigáveis, não sendo tarefa do princípio da precaução realizar algo que não existe, pois não existe atividade humana que não cause impacto ambiental. Como corretamente reconheceu o TRF da 4ª Região, "toda atividade humana pode causar danos ao meio ambiente, não há 'poluição zero', de forma que a ideia de natureza intocada é um mito moderno".[193]

---

[191] Parecer nº 41/2018/COJUD/PFE-IBAMA-SEDE/PGF/AGU, aprovado pelo Procurador-Chefe Nacional da PFE-Ibama, em 24.04.2018, mediante o Despacho nº 261/2018/GABIN/PFE-IBAMA-SEDE/PGF/AGU, nos autos do PA nº 00414.021655/2017-14, bem como pela Presidência do Ibama (Despacho SEI nº 2210697) na mesma data nos autos do PA nº 02001.004964/2018-80.

[192] DANTAS, Marcelo Buzaglo. *Direito Ambiental de Conflitos*. Rio de Janeiro: Lumen Juris, 2015. p. 93.

[193] TRF da 4ª Região, 3ª T., v.u., AI 1998.04.01.016742-3, Rel. Des. Fed. Marga Inge Barth Tessler, j. em 20.08.1998, DJU 02.09.1998. p. 278. Em tal decisão ficou assentado que a ocupação desordenada da área por causa da pressão

Em *Kalkar I* (1978), a Corte Constitucional alemã corretamente concluiu pela impossibilidade de regulamentação do risco zero ou mesmo dos riscos meramente hipotéticos a direitos fundamentais, porque isso ignoraria os limites da cognoscibilidade humana e ainda baniria certo tipo de ação.[194]

Essa confusão é rechaçada pela doutrina. Paulo de Bessa Antunes narra tendência bastante marcante do preservacionismo de pretender "a intocabilidade dos bens ambientais e a chamada 'poluição zero'".[195]

O impacto negativo ao meio ambiente é algo previsto e avaliado, logo, aceito, enquanto o dano não foi previsto e, consequentemente, gerenciado, não tendo sido aceito.[196]

Impacto ambiental sempre ocorrerá, seja ele positivo, seja adverso ou negativo. O que o Direito Ambiental quer evitar pela via instrumento de licenciamento ambiental é o dano ambiental, a alteração do meio ambiente não prevista no processo decisório, pois se o impacto ambiental não foi previsto no licenciamento ambiental, o órgão licenciador não pôde realizar a ponderação adequada entre os valores concorrentes e nem gerenciar os impactos mediante mitigantes.

1.13 A licença ambiental não substitui outras licenças exigidas pelo ordenamento jurídico

A licença ambiental, resultado almejado pelo requerente ao deflagrar o processo de licenciamento ambiental, não substitui a necessidade de obtenção de outras licenças exigidas pelo ordenamento jurídico. A licença ambiental pode não ser condição suficiente para que certa atividade ou empreendimento possa efetivamente ser instalado ou operado. Como dito, o licenciamento ambiental não tem o condão de substituir outras licenças ou autorizações legalmente exigidas.

O fato de um empreendimento ser viável do ponto de vista ambiental não significa que outras licenças e autorizações não devam ser obtidas ou que elas sejam substituídas pela licença ambiental.

O Decreto nº 99.274/1990, em seu artigo 17, *caput*, preceitua que a construção, instalação, ampliação e funcionamento de estabelecimento de atividades utilizadoras

---

populacional pode piorar com a paralisação da obra, sendo aconselhável chegar-se a solução menos degradadora do meio ambiente no curso da ação civil pública. Nas palavras do acórdão: "Por outro lado, a área em discussão sofre pressão populacional crescente, e a ocupação desordenada pode ser ainda mais degradante ao meio ambiente. Dessa forma, não há necessidade de paralisação das atividades, pois, no transcorrer da Ação Civil Pública, haverá meios para que, com o auxílio de profissionais, chegue-se a uma solução menos degradadora do meio ambiente. Essa orientação está em conformidade com a idéia de que as normas constitucionais, nesse assunto, têm o objetivo de preservação de um mínimo de 'ponderação ecológica'".

[194] "Exigir do legislador, com vistas ao seu dever de proteção, uma regulamentação que exclua com precisão absoluta riscos sofridos por direitos fundamentais, que possivelmente pode surgir da permissão de instalações técnicas e suas operações, significaria desconhecer os limites da faculdade cognoscitiva humana e, no mais, baniria definitivamente toda autorização estatal para o uso da técnica. Para a conformação da ordem social, deve, a esse respeito, satisfazer-se com prognósticos baseados na razão prática. Incertezas [que estão] além dos limites da razão prática são inevitáveis, devendo, nesse caso, ser suportados como ônus socialmente adequados por todos os cidadãos" (MARTINS, Leonardo (Org.). *Cinquenta Anos da Jurisprudência do Tribunal Constitucional Alemão*. Montevideo: Konrad-Adenauer-Stiftung, 2005. p. 860).

[195] ANTUNES, Paulo de Bessa. Indústria siderúrgica: impactos ambientais e controle da poluição – uma outra visão ou defesa de uma agressão injusta. *Revista de Direito Ambiental*, São Paulo: RT, ano 7, v. 25. p. 175-192, jan./mar. 2002 [extraído da *Revista dos Tribunais on line*].

[196] ARTIGAS, Priscila Santos. O dano ambiental e o impacto negativo ao meio ambiente. *Revista do Advogado*, São Paulo: AASP, ano XXXVII, n. 133. p. 188, mar. 2017.

de recursos ambientais, consideradas efetiva ou potencialmente poluidoras, bem assim os empreendimentos capazes, sob qualquer forma, de causar degradação ambiental, dependerão de prévio licenciamento do órgão competente integrante do Sisnama, *sem prejuízo de outras licenças legalmente exigíveis*. Por sua vez, a Resolução Conama nº 237/97 também reforça que a necessidade de licenciamento ambiental não isenta da obtenção de outras licenças legalmente exigíveis (art. 2º, *caput*): "dependerão de prévio licenciamento do órgão ambiental competente, sem prejuízo de outras licenças legalmente exigíveis". É o que a AGU já deixou expressamente consignado em opinativo jurídico:

> Ainda que a autorização de um órgão público ou de um ente privado seja necessária isso não tem o condão de invalidar o licenciamento ambiental, uma vez que a licença ambiental não dispensa ou substitui aprovações, autorizações ou licenças exigidas por outros órgãos reguladores ou entes privados (Decreto nº 99.274/1990, art. 17, *caput*, e Resolução Conama nº 237/97, art. 2º, *caput*).[197]

Antes de sua atualização pela LC nº 140/11º, o artigo 10 da Lei nº 6.938/81 também era categórico em afirmar que certas atividades dependerão de prévio licenciamento, por integrante do Sisnama, "sem prejuízo de outras licenças exigíveis". A não reprodução do "sem prejuízo de outras licenças exigíveis" na atual redação não é silêncio eloquente, mas lapso legislativo; o objetivo das reformas do artigo foi o de atualizar o órgão licenciador: estadual, na redação original, para, posteriormente, com a Lei nº 7.804/89, adicionar o federal (Ibama). A LC nº 140/11 não teve por objetivo adensar no licenciamento ambiental todas as autorizações necessárias para determinado empreendimento ou atividade ou dispensá-las pelo fato de haver licença ambiental.

A consciência de que o licenciamento ambiental não possibilita por si só determinado empreendimento ou atividade é importante porque, às vezes, ele é contestado por questões que não competem a ele, mas estão a cargo de outro tipo de autorização ou licença. Embora, eventualmente, a falta de autorização de um órgão público ou de um ente privado possa impedir a instalação da obra ou a sua operação, ela não tem o condão de invalidar o licenciamento ambiental sem que haja expressa norma nesse sentido, uma vez que a licença ambiental não dispensa ou substitui aprovações, autorizações ou licenças exigidas por outros órgãos reguladores ou entes privados.

Por outro lado, quem busca a licença ambiental deve estar consciente de que ela por si só pode não ser o suficiente para a operação do empreendimento ou atividade. Como destacado pela Diretoria de Licenciamento (Dilic) do Ibama, em relação à autorização da SPU para o uso de terreno de marinha, "a emissão da licença de instalação não autoriza o uso do terreno de marinha à revelia da Secretaria de Patrimônio da União ou do procedimento previsto na Lei nº 9636/1998.[198]

---

[197] Parecer nº 41/2018/COJUD/PFE-IBAMA-SEDE/PGF/AGU, aprovado pelo Procurador-Chefe Nacional da PFE-Ibama, em 24.04.2018, mediante o Despacho nº 261/2018/GABIN/PFE-IBAMA-SEDE/PGF/AGU, nos autos do PA nº 00414.021655/2017-14, bem como pela Presidência do Ibama (Despacho SEI nº 2210697) na mesma data nos autos do PA nº 02001.004964/2018-80.

[198] Despacho nº 02001.022626/2014-04 DILIC/IBAMA, de 28 de agosto de 2014.

CAPÍTULO II

CONFLITOS ADMINISTRATIVOS E LEGISLATIVOS NO LICENCIAMENTO AMBIENTAL

Sendo procedimento pelo qual se exterioriza o poder de polícia, o licenciamento ambiental é palco para inúmeros conflitos entre os entes competentes do Sisnama, tanto do ponto de vista material, por causa da equivocada compreensão da competência comum em nossa Constituição, como do ponto de vista legislativo, pois a competência para legislar sobre meio ambiente é concorrente e acaba gerando inúmeros conflitos, abrindo espaço à ideia equivocada de que existiria um cânone hermenêutico da aplicação ou prevalência da norma ambiental mais restritiva ou protetiva, válida tanto do ponto de vista substancial quanto procedimental.

O objetivo do presente capítulo é explorar parte desses conflitos, tentando desmitificar a equivocada compreensão das competências materiais e legislativas relacionadas ao licenciamento ambiental.

2.1 Licenciamento ambiental e fiscalização no cenário pós LC nº 140/11: conflitos administrativos

Licenciamento ambiental e fiscalização estão interligados no sistema estabelecido pela LC nº 140/11. Antes da edição da LC nº 140/11, o licenciamento e a fiscalização ambientais eram fragilmente interligados, a ponto de se reconhecer que não tinham ligação. Fiscalizava o ente federativo que primeiro tivesse a iniciativa, havendo ainda casos de múltiplas autuações, expressamente reconhecidas como válidas pelo artigo 76 da Lei nº 9.605/98,[199] pelo STJ[200] e pelo STF.[201]

---

[199] Art. 76. O pagamento de multa imposta pelos Estados, Municípios, Distrito Federal ou Territórios substitui a multa federal na mesma hipótese de incidência.

[200] "PROCESSUAL CIVIL. ADMINISTRATIVO. AMBIENTAL. MULTA. CONFLITO DE ATRIBUIÇÕES COMUNS. OMISSÃO DE ÓRGÃO ESTADUAL. POTENCIALIDADE DE DANO AMBIENTAL A BEM DA UNIÃO. FISCALIZAÇÃO DO IBAMA. POSSIBILIDADE. 1. Havendo omissão do órgão estadual na fiscalização, mesmo que outorgante da licença ambiental, pode o IBAMA exercer o seu poder de polícia administrativa, pois não há confundir competência para licenciar com competência para fiscalizar. 2. A contrariedade à norma pode ser anterior ou superveniente à outorga da licença, portanto a aplicação da sanção não está necessariamente vinculada à esfera do ente federal que a outorgou. 3. O pacto federativo atribuiu competência aos quatro entes da federação para proteger o meio ambiente através da fiscalização. 4. A competência constitucional para fiscalizar é comum aos órgãos do meio ambiente das diversas esferas da federação, inclusive o art. 76 da Lei Federal nº 9.605/98 prevê a possibilidade de atuação concomitante dos integrantes do SISNAMA. 5. Atividade desenvolvida com risco de dano ambiental a bem da União pode ser fiscalizada pelo IBAMA, ainda que a competência para licenciar seja de outro ente federado" (STJ, 2ª T., REsp nº 711.405/PR, Rel. Min. Humberto Martins, j. em 28.04.2009, DJe 15.05.2009).

[201] STF, STA nº 286/BA, Rel. Min. Gilmar Mendes, j. em 08.04.2010, DJe 28.04.2010.

A LC nº 140/11 veio para regulamentar o artigo 23, parágrafo único, da Constituição Federal, que trata das normas de cooperação entre os entes federativos em termos de competência comum. Sendo comuns as competências para licenciar e fiscalizar, compreender as limitações dessa lei – embora algumas já estivessem em resoluções do Conama – é fundamental.

Deve-se ler a LC nº 140/11 com o máximo de eficiência possível, prestigiando a intervenção do legislador e evitando interpretações retrospectivas.

É relativamente comum haver dois focos bem precisos de resistência ao sistema estabelecido pela nova legislação.

O primeiro, mais simples, uma vez que já havia a Resolução Conama nº 237, artigo 7º, é referente à existência do licenciamento único. Há um mito de que quanto mais entes licenciando o mesmo empreendimento, melhor seria a proteção do meio ambiente.

O segundo foco de resistência é baseado no argumento de que a LC nº 140 não poderia regulamentar a competência comum de forma a "reduzir" o poder de fiscalização, quando o que se tem é a tentativa de racionalização das funções estatais feita pelo legislador, de forma que sua leitura não deve ser excepcional, como se fosse um caso de exceção odiosa.

O exemplo mais comum dessa resistência ao novo sistema reside em não reconhecer a prevalência do entendimento do ente licenciador ou autorizador – caso esse entenda não haver infração (o que deve ser dito de forma categórica, expressa e obviamente motivada) –, visto que prevaleceria o entendimento do ente federado que sustenta que a infração existe, porque isso protegeria o meio ambiente. Outra resistência menos óbvia é o entendimento de que o artigo 17 da LC nº 140 somente seria aplicável a empreendimentos e atividades licenciados ou autorizados, baseado em leitura literal e como se o dispositivo fosse excepcional, devendo receber leitura restritiva.

A rigor, o argumento é o mesmo do licenciamento múltiplo, isto é, o de que haveria melhor proteção ambiental com o auto de infração ou de que se estaria diante de uma supressão da competência comum, vedando que os entes federativos exercessem sua competência para proteger o meio ambiente, o que não seria permitido por legislação infraconstitucional.

O equívoco desse entendimento não reside apenas no completo desprestígio do legislador, que também aplica e interpreta a Constituição, mas também porque imobiliza e torna absoluta uma determinada exegese constitucional, o que nem o próprio STF admite, uma vez que reconhece a possibilidade de que sobrevenha lei em sentido contrário à sua interpretação sobre determinado preceito constitucional.[202]

---

[202] "Em diversas ocasiões [ADIs 152/MG, 122/DF e 2.253/ES], o Supremo havia fixado a interpretação de que a expressão 'funções de magistério', prevista no §5º do artigo 40 da Constituição Federal, para efeito de cômputo de tempo de aposentadoria especial relativa à carreira de professor, deveria ser compreendida estritamente como 'funções de docência exercidas em sala de aula'. O Tribunal chegou a editar o Verbete nº 726 da Súmula, estampado que, 'para efeito de aposentadoria especial de professores, não se computa o tempo de serviço prestado fora de sala de aula'. Assim, o profissional 'professor' não poderia contar, para a aposentadoria especial da carreira, o tempo de atividade de caráter administrativo na área de educação, como a atividade de diretor de escola ou de coordenador escolar, sendo válido apenas o tempo de ensino propriamente dito – em sala de aula. Essa orientação foi posteriormente desafiada pela Lei Federal nº 11.301, de 2006, segundo a qual 'funções de magistério', para efeito de concessão de aposentadoria especial aos professores, deveriam ser compreendidas como as 'exercidas por professores e especialistas em educação no desempenho de atividades educativas', incluídas, 'além do exercício da docência, as de direção de unidade escolar e as de coordenação e assessoramento pedagógico'. Ao expandir o sentido da expressão constitucional 'funções de magistério' para alcançar 'serviços

Em primeiro lugar, precisa haver uma decisão do STF no sentido de que o artigo 23, parágrafo único, da Constituição, vedaria uma regulamentação racionalizadora, o que não é o caso. A ADI nº 2.544, ao decidir que a "inclusão de determinada função administrativa no âmbito da competência comum não impõe que cada tarefa compreendida no seu domínio, por menos expressiva que seja, haja de ser objeto de ações simultâneas das três entidades federativas", está longe de impor ou admitir que mais entidades realizando a mesma tarefa estejam mais afinadas com o âmbito da competência comum. O que os entes não podem é se demitir dos encargos constitucionais de proteção constantes da competência comum para "descarregá-los ilimitadamente sobre os Municípios.[203] A LC nº 140/11 em nenhum momento demitiu algum ente federativo dos encargos da competência comum, apenas regulou a eventual sobreposição, tornando prevalente e primário o entendimento do ente licenciador ou autorizador.

Em segundo lugar, ainda que não se admita que a LC nº 140/11 seja plenamente compatível com a exegese que o STF tinha do dispositivo constitucional, ainda resta a possibilidade de o legislador desenvolver e concretizar a Constituição, exatamente como deve ocorrer em uma democracia, como bem lembrou o Min. Marco Aurélio no MS 32.033/DF.

2.1.1 A presunção de licitude da licença ou autorização ambientais e a vedação ao uso da autoexecutoriedade administrativa

A licença ou autorização ambiental é ato administrativo, dotado de presunção de compatibilidade com as normas jurídicas (presunção de legitimidade).

Embora o controle jurisdicional seja possível, como será visto em capítulo próprio, existe presunção de legitimidade e definitividade do ato administrativo autorizativo expedido pelo órgão ou instituição competentes, o que está longe de conferir-lhe imunidade.[204] Como bem salientado pelo STJ, deve haver precisa indicação dos malefícios ao meio ambiente, não bastando alegações genéricas.[205]

---

educacionais prestados fora de sala de aula' – direção, coordenação e assessoramento pedagógico –, o legislador ordinário, a toda evidência, procurou reverter a interpretação constitucional anteriormente consolidada pelo Supremo.
A lei foi impugnada por meio da citada Ação Direta de Inconstitucionalidade nº 3.772. O autor – Procurador-Geral da República – sustentou que a norma implicou inobservância aos precedentes do Supremo, inclusive ao Verbete nº 726. O Supremo recusou os argumentos e reconheceu a superação, mediante lei ordinária, da interpretação anterior do artigo 40, §5º, da Carta Federal, modificando, ele mesmo, a orientação antecedente quanto ao tema. Entrou no debate sobre os significados constitucionais com o legislador ordinário e *permitiu que a Constituição fosse desenvolvida e concretizada também na arena parlamentar, exatamente como deve ocorrer em uma democracia real*. (Voto do Min. Marco Aurélio no MS 32.033/DF, páginas 246-247 – destacou-se).

[203] STF, Pleno, m.v., ADI nº 2.544/RS, Rel. Min. Sepúlveda Pertence, j. em 28.06.2006, *DJU* 17.11.2006. p. 47.

[204] "Consequentemente, inútil brandir perante o juiz licença ou autorização ambiental que desrespeita os mais comezinhos pressupostos e requisitos de validade, a pretexto de se estar diante de abstrata presunção de legitimidade. O ato administrativo teratológico ou aberrante, que viola clara, direta e abertamente norma de regência, não barra a função jurisdicional, ao contrário, a incita e ordena, exigindo que o juiz, último árbitro da sanidade da função administrativa, exerça o nobre controle do *officium* do Administrador inepto ou inapto" (STJ, 2ª T., v.u., REsp nº 1.245.149/MS, Rel. Min. Herman Benjamin, j. em 09.10.2012, *DJe* 13.06.2013).

[205] [...] 7. Isso porque, não há no acórdão nenhuma informação de que a construção encontrava-se em desconformidade com o projeto final apresentado quando do licenciamento, outra irregularidade que obstaria o seguimento da obra, ou ainda de eventual ilegalidade dos atos de licenciamento. Tampouco o acórdão indica, com precisão, em que consistem os malefícios ao meio ambiente que poderiam decorrer da construção do condomínio na forma como aprovado. [...] 9. A jurisprudência da Primeira Turma firmou orientação de

Os órgãos ambientais não podem desconsiderar pura e simplesmente os atos administrativos dos demais (CF, art. 19, II), especialmente se esses são expedidos pelo órgão competente para licenciar ou autorizar.

Nesses casos, deve o órgão do Sisnama ajuizar ação judicial contra o ato administrativo ambiental autorizativo que entende ilegal, não podendo se valer da autoexecutoriedade contra ato administrativo expedido dentro das competências do ente licenciador. O próprio STF parece ter decidido nesse sentido na STA 286/BA:

> [...] Contudo, cabe destacar que, se há um dever comum de fiscalização dos órgãos do SISNAMA quanto a infrações e crimes ambientais, isso não significa que se possa interpretar o seu poder de polícia ambiental a ponto de se incitar, em último caso, uma inoperância da preservação ambiental a partir da divergência de entendimentos dos órgãos de fiscalização ambiental e da ação de uns em prejuízo dos outros e da coletividade. Por isso, o parâmetro mínimo que pode ser considerado aqui é exatamente se a fiscalização em análise decorreria diretamente do exercício regular do licenciamento ambiental (para a concessão de uma licença, para a discussão quanto a condicionantes e requisitos necessários à licença), o que evidenciaria, em princípio, possível superposição da atuação do IBAMA sobre a competência do órgão municipal/estadual para o licenciamento, o que não está permitido, provisoriamente, pelas decisões desta Presidência.[206]

Amanda Loiola Caluwaerts, ao comentar a STA 286/BA, observou que o STF foi além do que decidem os Tribunais Regionais Federais, "na medida em que estabeleceu o parâmetro mínimo a ser considerado para o exercício da competência comum de fiscalização, estabelecendo não ser permitida a fiscalização da atividade de licenciamento no que tange ao seu mérito administrativo, por considerar-se invasão de competência de um ente federado sobre outro".[207]

De qualquer forma, como bem colocado pelo STJ (REsp nº 1.245.149), a presunção de legitimidade do ato administrativo e, consequentemente, da própria licença ou autorização ambiental, não significa leniência com atos *contra legem* ou insindicabilidade jurisdicional.[208] Caso haja ilegalidade no ato administrativo ambiental do ente federado

---

que aprovado e licenciado o projeto para construção de empreendimento pelo Poder Público competente, em obediência à legislação correspondente e às normas técnicas aplicáveis, a licença então concedida trará a presunção de legitimidade e definitividade, e somente poderá ser: a) cassada, quando comprovado que o projeto está em desacordo com os limites e termos do sistema jurídico em que aprovado; b) revogada, quando sobrevier interesse público relevante, hipótese na qual ficará o Município obrigado a indenizar os prejuízos gerados pela paralisação e demolição da obra; ou c) anulada, na hipótese de se apurar que o projeto foi aprovado em desacordo com as normas edilícias vigentes. (REsp nº 1.011.581/RS, Rel. Ministro Teori Albino Zavascki, Primeira Turma, DJe 20.08.2008). 10. Nessa ordem de raciocínio, não cabe ao Judiciário, sob pena de violar o art. 10 da Lei nº 6.938/81, determinar o embargo da obra, e, por consequência, anular os atos administrativos que concederam o licenciamento de construção, aprovada em acordo com todas as exigências legais, ainda mais quando a prova pericial realizada em juízo constatou que, quanto ao processo de licenciamento, "não havia indícios de que o DEPRN teria se baseado em falsas premissas para decidir sobre a emissão e conteúdo da licença ambiental" (fl. 1.551). Precedentes: AgRg na MC 14.855/MG, Rel. Ministro Mauro Campbell Marques, Segunda Turma, DJe 4.11.2009; REsp nº 763.377/RJ, Primeira Turma, Rel. Min. Francisco Falcão, DJe 20.3.2007; REsp nº 114.549/PR, Primeira Turma, Rel. Min. Humberto Gomes de Barros, DJe 2.10.1997" (STJ, 1ª T., v.u., REsp nº 1.227.328/SP, Rel. Min. Benedito Gonçalves, j. em 05.05.2011, *DJe* 20.05.2011).

[206] STF, STA 286/BA, Rel. Min. Gilmar Mendes, j. em 08.04.2010, *DJe* 28.04.2010.

[207] CALUWAERTS, Amanda Loiola. *O Licenciamento e a Fiscalização Ambiental*: uma análise acerca da competência dos entes federados. Pará de Minas, MG: VirtualBooks, 2011. p. 58.

[208] "[...] Importa salientar que se iguala perante o Direito quem age, desmata, usa ou constrói sem licença e quem age, desmata, usa ou constrói com licença inválida por nulidade insanável. Nenhum órgão ambiental

competente, deve-se recorrer à via judicial, mesmo que o autor seja a Administração Pública ambiental, uma vez que, nesses casos, ela perde a sua capacidade de agir sem recorrer ao Judiciário.

Entretanto, o STJ já admitiu que outro ente federativo acoimasse de ilegal a licença ambiental e lavrasse auto de infração contra o cidadão que confiou no ato administrativo, sob o argumento de que a competência para fiscalização não se confunde com a de licenciar.[209] Além de ser improvável que o administrado detentor de licença ambiental tenha agido com subjetividade (culpa ou dolo) na prática da infração administrativa ambiental, requisito estabelecido pela 1ª Seção do STJ (EDiv em REsp nº 1.318.051) e reconhecido, dentre outros, pela OJN 53/2020/PFE-IBAMA/PGF/AGU,[210] esse entendimento desprestigia o Sisnama, trazendo-lhe caos, ineficiência e desarrazoabilidade, pois possibilita que, sem intermediação, órgãos ambientais disputem competências plenas, sem foco em sua competência primária, como se verá a seguir.

2.1.2 Prevalência da competência fiscalizatória do ente competente para licenciar ou autorizar (fiscalização primária)

Para evitar a sobreposição de atribuições, desperdício de recursos públicos, perda de eficiência e, consequentemente, de irracionalidade na atuação estatal, o artigo 17 da LC nº 140/11 preceituou que todos podem fiscalizar, embora prevaleça o auto de infração ambiental lavrado por órgão que detenha a atribuição de licenciamento ou autorização (art. 17, §3º).

– irrelevante a supereminência, instância administrativa ou especialização técnica que exiba – detém poder para contrariar o legislador ou, na falta de legislação, o velho e conhecido *bom senso*, algo que não se confunde com o *senso comum*, que, frequentemente, àquele se opõe. Licença Prévia, de Instalação ou de Operação, que abona o que a lei proíbe, restringe ou condiciona, materializa papelucho sem serventia, órfão de valor jurídico ou ético, exceto o de cobrir de opróbrio quem a expede e o de pôr em marcha mecanismos legais de caráter sancionador e reparatório. A licença ou autorização ambiental, mormente a destinada a liberar a supressão de vegetação nativa ou a chancelar medidas que impedem sua regeneração, demanda motivação robusta, minuciosa e translúcida. Deve vir, cabal e cumulativamente, alicerçada em argumentos legais e técnicos, tanto mais se lastreada em exceção prevista na legislação – como utilidade pública, interesse social e baixo impacto –, pois, nesses casos, se está diante de comprometimento da integridade dos próprios atributos ecológicos essenciais que justificaram a promulgação, pelo legislador, do feixe normativo destinado a resguardá-los. Por outro lado, inadmissível pretender que licença ou autorização inválida, que despreza prescrições legais ou regulamentares imprescindíveis à sua emissão, se preste a legitimar exploração ou ocupação irregular. Fora de propósito, portanto, cogitar que *presunção de legitimidade do ato administrativo* (que transporta dupla presunção, de legalidade e de verdade dos fatos) cubra a autorização ou licença ambiental com uma espécie de manto de insindicabilidade judicial. [...] Consequentemente, inútil brandir perante o juiz licença ou autorização ambiental que desrespeita os mais comezinhos pressupostos e requisitos de validade, a pretexto de se estar diante de abstrata presunção de legitimidade. O ato administrativo teratológico ou aberrante, que viola clara, direta e abertamente norma de regência, não barra a função jurisdicional, ao contrário, a incita e ordena, exigindo que o juiz, último árbitro da sanidade da função administrativa, exerça o nobre controle do *officium* do Administrador inepto ou inapto. Tampouco inverte o ônus da prova, porque, muito ao contrário, toca a quem pretende fazer valer documento frágil, na sua configuração exterior e no conteúdo, demonstrar sua plena compatibilidade com os preceitos constitucionais e legais. Na mesma linha, imprópria a utilização de Termo de Ajustamento de Conduta – TAC como capa vistosa para acobertar irregularidades e referendar violações de comandos normativos explícitos e inequívocos, dando-lhes aparência de bom Direito. Quando assim se passa, o Administrador, ele próprio infrator dos requisitos legais, de forma ou de mérito, desce ao mesmo plano espúrio da ilegalidade que flutuam as condutas que pretende purificar" (STJ, 2ª T., v.u., REsp nº 1.245.149/MS, Rel. Min. Herman Benjamin, j. em 09.10.2012, *DJe* 13.06.2013).

[209] STJ, 2ª T., m.v, REsp nº 1.646.016/RN, Rel. Min. Herman Benjamin, j. em 23.05.2023, *DJe* 28.06.2023.
[210] De aplicação obrigatória no Ibama, segundo Despacho nº 11459461/2021-GABIN.

Art. 17. Compete ao órgão responsável pelo licenciamento ou autorização, conforme o caso, de um empreendimento ou atividade, lavrar auto de infração ambiental e instaurar processo administrativo para a apuração de infrações à legislação ambiental cometidas pelo empreendimento ou atividade licenciada ou autorizada. [...]

§3º O disposto no *caput* deste artigo não impede o exercício pelos entes federativos da atribuição comum de fiscalização da conformidade de empreendimentos e atividades efetiva ou potencialmente poluidores ou utilizadores de recursos naturais com a legislação ambiental em vigor, prevalecendo o auto de infração ambiental lavrado por órgão que detenha a atribuição de licenciamento ou autorização a que se refere o *caput*.

Poder-se-ia chamar essa competência de *fiscalização primária* e a do ente federativo não competente para autorizar ou licenciar de *fiscalização colaborativa* (art. 17, §3º) ou *acautelatória* (art. 17, §2º). Importa notar que, na delegação de competência, quem a recebe se sub-roga no lugar do delegante (Lei nº 9.784/99, art. 14, §3º, Súmula 510 STF).

Para situações não previstas no dispositivo (*v.g.*, autuações por fiscalização não preponderante, por atividades não licenciáveis), deve ser aplicado o critério temporal para aferir a preponderância da autuação, uma vez que ele propicia segurança jurídica e prestigia a proporcionalidade e o *non bis in idem*. A preponderância é inafastável por força dos princípios básicos de Direito Administrativo sancionador (*non bis in idem* e o da proporcionalidade[211]),[212] evitando-se, desse modo, duas sanções pelo mesmo fato.

Para não existir *bis in idem*, os bens tutelados devem ser diferentes, como ocorre, por exemplo, quando o mesmo fato ensejar sanção disciplinar de cassação de aposentadoria e de multa pelo TCU[213] ou o derramamento de petróleo no mar ensejar sanções pela violação de normas ambiental ou do setor do petróleo.[214]

Não há maior proteção ao meio ambiente pela cumulação das sanções ou a prevalência da autuação com penalidade mais grave. Essa cumulação das sanções esbarra na vedação do *bis in idem* e contraria o princípio da proporcionalidade. A escolha da sanção mais severa atenta contra a moralidade administrativa porque cria uma corrida fiscalizatória, elevando artificialmente os valores das sanções, para que o ente fiscalizador possa se sobressair e conquistar repercussão midiática pela tutela do meio ambiente de forma mais dura.

A sobreposição de autos de infração exige identidade dos seus elementos, como o sujeito passivo e o tipo. Aqui certamente será campo fértil para a aplicação do conflito

---

[211] LOBO, José María Quirós. *Principios de Derecho Sancionador*. Granada: Colmares, 1996. p. 70. No mesmo sentido, Heraldo Garcia Vitta aduz que a vedação do *bis in idem* no direito administrativo sancionador nada mais é do que um princípio geral do direito e, citando, ainda, Cassagne, adverte que ele encontra seu fundamento na razoabilidade, uma vez que "uma segunda condenação pelo mesmo fato geraria uma *desproporção entre a falta e a pena*" (VITTA, Heraldo Garcia. *A Sanção no Direito Administrativo*. São Paulo: Malheiros, 2003. p. 115 – destaques no original).

[212] OSÓRIO, Fábio Medina. *Direito Administrativo Sancionador*. São Paulo: RT, 2000. p. 279; VITTA, Heraldo Garcia. *A Sanção no Direito Administrativo*. São Paulo: Malheiros, 2003. p. 114; STJ, 2ª T., v.u., REsp nº 912.985/RS, Rel. Min. Eliana Calmon, j. em 19.08.2008, *DJe* 24.09.2008; STJ, 3ª S., v.u., MS 8.658/DF, Rel. Min. Paulo Medina, j. em 10.03.2004, *DJU* 29.03.2004. p. 170; STF, 2ª T., v.u., MS 25.910/DF, Rel. Min. Joaquim Barbosa, j. em 17.04.2012, *DJe* 25.05.2012; Súmula 19 do STF.

[213] "[...] Inexistência do 'bis in idem' pela circunstância de, pelos mesmos fatos, terem sido aplicadas a pena de multa pelo Tribunal de Contas da União e a pena de cassação da aposentadoria pela Administração. Independência das instâncias" (STF, Pleno, v.u., MS 22.728/PR, Rel. Min. Moreira Alves, j. em 22.01.1998, *DJU* 13.11.1998. p. 05).

[214] Esse último caso é didaticamente reconhecido pela própria legislação de regência da poluição causada por lançamento de óleo e outras substâncias nocivas ou perigosas em águas sob jurisdição nacional (Lei nº 9.966/00, art. 25, §3º).

aparente de normas, muito comum no Direito Penal, mas que deve ser temperado pelo Direito Administrativo sancionador.

A LC nº 140/11 não deve ser aplicada somente às fiscalizações posteriores a sua vigência, uma vez que se trata de lei processual, no sentido de resolver conflitos de competência entre autuações. Não se pode tratá-los como questão material quando, na realidade, se trata de questão formal, de prevalência de critério de autuação, dado que materialmente a fiscalização compete a todos os entes federativos. O dispositivo é explícito ao usar a expressão auto de infração e não simplesmente infração, reforçando assim seu caráter formal, incidindo sobre situações em curso, mas tendo como limite a própria possibilidade de aplicação do artigo 17 da LC nº 140/11. Não cabe aplicar o artigo 18, destinado exclusivamente aos licenciamentos e demais processos autorizativos.

Não há distinção entre atividade que está licenciada ou autorizada daquela que deveria ser licenciada ou autorizada, o que uma leitura literal do *caput* do artigo 17 poderia dar a entender, porque menciona empreendimento ou atividade "licenciada ou autorizada", e não licenciável ou autorizável.[215]

Frise-se que o §3º do artigo 17 nada exige sobre a atividade estar licenciada ou autorizada, apenas preceitua que a tônica é a "atribuição comum de fiscalização da conformidade de empreendimentos e atividades efetiva ou potencialmente poluidores ou utilizadores de recursos naturais com a legislação ambiental em vigor", não dos que tenham sido licenciados ou autorizados. Sua redação indica que a regra se aplica às atividades e aos empreendimentos licenciáveis ou autorizáveis, uma vez que dispõe que prevalece o auto de infração ambiental lavrado por órgão que "detenha a atribuição de licenciamento ou autorização". A remissão do dispositivo ao licenciamento ou autorização a que se refere o *caput* não tem o condão de restringir o padrão de racionalidade imposto pela regra, se não pela aplicação direta, como se entende, no mínimo, pela analogia, dado que restringir a regra da prevalência é compreender equivocadamente o papel da LC nº 140/11 no sistema, como se disse no começo desse capítulo.

Desse modo, não se afigura possível sacar qualquer distinção com base em uma leitura literal como a de que a prevalência somente valeria para atividades licenciadas ou autorizadas.

Trazer racionalidade ao sistema de fiscalização deve ser o norte do intérprete. Se a atividade é licenciável, seguindo a lógica da LC nº 140/11, o órgão licenciador tem mais capacidade para fiscalizar a atividade, ainda que não a tenha efetivamente licenciado. Evidentemente, essa capacidade é um raciocínio de ficção jurídica, de coerência com o método da LC nº 140/11 para superar conflitos entre os autos de infração, não uma real incapacidade do órgão ambiental para fiscalizar a atividade que ele não licencia.

Lucas de Faria Rodrigues, ao empreender exegese sistemática, conclui que o §3º do artigo 17 da LC nº 140/11 aplica-se às atividades passíveis de serem licenciadas ou autorizadas devido aos seguintes argumentos: (i) os incisos XIII dos artigos 7º, 8º e 9º "vincularam a atividade a outro conjunto de competências, não a uma atividade específica ou a um ato administrativo"; (ii) a própria redação do dispositivo dispõe sobre

---

[215] "Perceba-se que não regula o *caput* do referido dispositivo situação de prevalência de auto de infração em caso de atividade licenciável, mas não efetivamente licenciada. Considerando, ainda, que os incisos e parágrafos devem ser interpretados em função do seu *caput*, entende-se que não há critério expresso para resolver eventual conflito de atribuição e prevalência de auto de infração nas situações em que não emitida licença ambiental, ainda que em tese a respectiva atividade seja licenciável" (OJN 49/2013 PFE-IBAMA/PGF/AGU, item 43).

a prevalência do órgão que detenha a atribuição de licenciamento ou autorização; (iii) haveria redução de seus efeitos concretos, caso ela fosse aplicável apenas às atividades licenciadas ou autorizadas, "deixando de atender à sua finalidade essencial de evitar conflitos e racionalizar a atuação administrativa. Grande parte das atuações ocorre em face de situações nas quais ainda não há os referidos atos administrativos".[216]

Entretanto, as atividades que não são passíveis de licenciamento ou autorização, ainda que corretivos, parecem estar fora do campo de aplicação da regra da prevalência, sendo preponderante o elemento temporal. Aqui não existe nenhum critério para resolver a questão no artigo 17 da LC nº 140/11, tendo o elemento temporal importância fundamental.

Pode haver divergência de critérios para a qualificação jurídica do mesmo fato. Um órgão do Sisnama pode entender que há infração X, o outro Y ou mesmo não haver infração. Deve prevalecer, então, o critério do órgão competente para licenciar ou autorizar, ainda que esse entenda não ser caso de infração ambiental, independentemente desse posicionamento ocorrer de ofício ou mediante requerimento do autuado.

Segundo orientação da AGU e do Ibama, somente no caso de atividade licenciada ou autorizada, tendo em vista a leitura literal do *caput* do artigo 17, "o ato fiscalizatório do ente detentor de competência supletiva não prevalecerá caso o órgão *licenciador-fiscalizador primário*... fiscalize a atividade que licenciou/autorizou e lavre um auto de infração ou entenda pela inocorrência da mesma". Para os referidos órgãos:

> [...] em nenhuma hipótese, deve-se admitir a prevalência da opinião técnica do órgão fiscalizador supletivo sobre a do órgão licenciador-fiscalizador primário, seja na situação de lavratura de dois autos de infração pela mesma hipótese de incidência, seja na situação em que o segundo, cientificado pelo primeiro da lavratura do AI, dele discorda e justifica tecnicamente posição pela inocorrência da infração (OJN 49/2013/PFE-IBAMA/PGF/AGU, itens 27-28).

Em outras palavras, não é preciso que o ente competente (órgão *licenciador-fiscalizador primário*) efetivamente lavre um auto de infração para que este prevaleça sobre o do incompetente para licenciar ou autorizar. Basta alguma manifestação expressa pela não caracterização da infração para que o auto de infração do ente incompetente para licenciar ou autorizar seja insubsistente. Talden Farias é preciso quanto a esse aspecto:

> Em outras palavras, o auto de infração lavrado valerá apenas até que o órgão responsável pelo licenciamento ambiental tome posição em relação à penalidade aplicada, seja ele mesmo lavrando o seu auto de infração seja atestando a legalidade da atividade autuada. Se o ente federativo licenciador confirmar a regularidade do empreendimento, o ente meramente fiscalizador não poderá mais adotar qualquer medida administrativa, tendo em vista que nessa esfera prevalece o entendimento do responsável pelo licenciamento ambiental. Caso o órgão fiscalizador mantenha a sua discordância, poderá encaminhar denúncia ao Ministério Público ou levar o caso ele mesmo ao Poder Judiciário.[217]

---

[216] RODRIGUES, Lucas de Faria. Autuações concorrentes e as infrações administrativas ambientais: a disciplina da Lei Complementar nº 140/2011. *Revista da Escola Superior da Procuradoria-Geral do Estado de São Paulo (RESPGE-SP)*, São Paulo: Procuradoria-Geral do Estado de São Paulo, Escola Superior, v. 4, n. 1. p. 185-224, jan./dez. 2013. p. 217.

[217] FARIAS, Talden. *Licenciamento Ambiental*: aspectos teóricos e práticos. 4. ed. Belo Horizonte: Fórum, 2013. p. 127. No mesmo sentido: TEIZEN, Thaís. A atividade fiscalizatória ambiental na vigência da Lei Complementar

Mesmo lecionando que "o objetivo do legislador foi fazer prevalecer o entendimento do órgão ambiental licenciador", Frederico Amado defende que nesses casos deve o órgão licenciador recorrer ao Judiciário para fazer valer seu entendimento de que não há infração ambiental, uma vez que a prevalência do entendimento do órgão ambiental licenciador equivaleria à supressão do poder de polícia ambiental, ferindo a competência comum na matéria.[218] Esse entendimento não procede porque eliminaria o sentido da LC nº 140/11, anulando a regra da preponderância, além de se apoiar em discurso absolutizante da competência comum, que nunca teve respaldo jurisprudencial do STF. Logo após a promulgação da Constituição de 1988, Leonardo Greco já lecionava que nessa "área de administração comum não deve estar sujeita a desperdício de esforços e à superposição de atividades, muito menos ao entrechoque de ações administrativas de órgãos entre si autônomos, mas que todos, sob a égide da lei, devem agir de maneira harmoniosa e cooperativa".[219] A articulação entre os entes federativos é de rigor para prevenir o desperdício de recursos públicos e a superposição de funções idênticas, imprimindo uma prestação de serviços de forma eficiente e racional.[220]

O dispositivo legal não condiciona a prevalência do auto de infração do órgão ambiental competente a qualquer limitação temporal, embora a AGU e o Ibama entendam que ele somente se aplica até o trânsito em julgado administrativo.[221] Para outros, o limite temporal ocorreria somente com a prescrição.[222] De qualquer forma, é prudente que o órgão do Sisnama que autuou primeiro e não é o competente para licenciar ou autorizar, provoque o competente para se manifestar sobre o curso da ação administrativa, evitando prosseguir em uma atividade fadada a se extinguir, independentemente de ele já haver autuado ou não. Caso não haja resposta do órgão que detenha a atribuição de licenciamento ou autorização, deve-se manter o auto de infração.

A norma do artigo 17, §3º, da LC nº 140/11, visa a imprimir eficiência ao processo de fiscalização, não criar nulidades sem sentido. Assim, o ideal é que haja regulamentação

---

nº 140/11. 2014. 231 fls. Dissertação (Mestrado) – Faculdade de Direito, Pontifícia Universidade Católica de São Paulo, São Paulo, 2014. p. 187: "Essa não é a única hipótese de insubsistência do auto lavrado pelo ente com competência supletiva, uma vez que o órgão licenciador – ao exercer a fiscalização – pode concluir que não deve lavrar nenhum auto. Nessa hipótese não há razão para que o auto lavrado pelo ente supletivo, ainda que único existente, não se torne insubsistente. A fiscalização que conclui pela inexistência de infração também deve acarretar a insubsistência do auto lavrado por órgão com competência supletiva, devendo a expressão *'prevalecendo o auto de infração ambiental lavrado por órgão que detenha a atribuição de licenciamento ou autorização'* englobar a referida hipótese".

[218] AMADO, Frederico Augusto Di Trindade. *Direito Ambiental Esquematizado*. 4. ed. Rio de Janeiro: Forense; São Paulo: Método, 2013. p. 133-134.

[219] GRECO, Leonardo. Competências constitucionais em matéria ambiental. *Revista de Informação Legislativa*, Brasília: Senado, ano 29, n. 116. p. 135-152, out/dez. 1992. p. 140.

[220] YOSHIDA, Consuelo Yatsuda Moromizato. Rumos do federalismo cooperativo brasileiro na tutela estatal ambiental: excessos e busca de equilíbrio e integração dos entes federativos. *Revista da Procuradoria-Geral do Estado de São Paulo*, n. 73-74. p. 103-144, jan./dez. 2014. p. 126.

[221] "Em razão disso, entende-se que a prevalência do auto de infração lavrado pelo órgão licenciador não pode ocorrer após a constituição do respectivo crédito, a se consolidar com a última decisão administrativa que confirma a autuação, após o regular exercício do contraditório do autuado" (OJN 49/2013 PFE-IBAMA/PGF/AGU, item 40). No mesmo sentido: TEIZEN, Thaís. A atividade fiscalizatória ambiental na vigência da Lei Complementar nº 140/11. 2014. 231 fls. Dissertação (Mestrado) – Faculdade de Direito, Pontifícia Universidade Católica de São Paulo, São Paulo, 2014. p. 178-180.

[222] RODRIGUES, Lucas de Faria. Autuações concorrentes e as infrações administrativas ambientais: a disciplina da Lei Complementar nº 140/2011. *Revista da Escola Superior da Procuradoria-Geral do Estado de São Paulo (RESPGE-SP)*, São Paulo: Procuradoria-Geral do Estado de São Paulo, Escola Superior, v. 4, n. 1. p. 185-224, jan./dez. 2013. p. 214.

do Conama sobre esse prazo, visando otimizar a competência administrativa comum e, ao mesmo tempo, propiciar segurança jurídica aos destinatários da norma.

Não mais se pode falar em sistema de compensação de multas advindas de esferas distintas, conforme previsto no artigo 76 da Lei nº 9.605/98,[223] que está revogado.[224]

Também não existe qualquer distinção sobre a espécie ou a quantificação da sanção aplicada, ainda que o órgão competente tenha aplicado menos sanções do que o outro. Se o ente não licenciador ou autorizador entender que a proteção pelo auto de infração não foi suficiente, deve buscar o Judiciário para impor seu ponto de vista, não podendo se valer de auto de infração. Essa solução de a autoridade administrativa respeitar a solução legal, podendo ir ao Judiciário em caso de discordância, foi prestigiada pelo STF (ADC 66)[225] em questão tributária, na qual admitiu que decisão judicial afastasse a solução legal se surgisse motivo para tanto. Entretanto, com o julgamento da ADI nº 4.757,[226] essa exigência não ficou mais clara, sendo objeto de embargos de declaração pela AGU que foram rejeitados.

O STJ já vinha admitindo autuações de ente secundário (não licenciador) quando houvesse omissão ou inércia do ente primário,[227] havendo julgado mantendo esse entendimento, mas deixando claro que se houvesse auto do órgão ambiental do órgão primário, haveria o vedado *bis in idem*.[228] Como visto, a Segunda Turma do STJ, por maioria, admitiu que outro ente federativo acoimasse de ilegal a licença ambiental e lavrasse auto de infração contra o cidadão que confiou no ato administrativo, sob o argumento de que a competência para fiscalização não se confunde com a de licenciar.[229]

Não existir auto de infração não significa omissão ou inércia do ente primário, porque este pode ter entendido que não está caracterizado o ilícito administrativo ambiental. Essa é a razão pela qual deve haver uma interlocução prévia e formalizada antes do ente não primariamente competente autuar fato que esteja sob a competência licenciatória de terceiro: descobrir se houve omissão ou se está diante de divergência de interpretação, cenário no qual a autocontenção do ente não primário é de rigor.

A ADI nº 4757 chancelou esse diálogo prévio ao estipular nos julgamentos dos embargos de declaração que "a autuação dos órgãos ambientais deve ser coordenada, em âmbito administrativo".

O Ibama, antes de concluir pela "prevalência do auto de infração que consta §3º do art. 17, da Lei Complementar nº 140/2011, nas situações em que a atividade estiver sujeita a atos autorizáveis", teceu importantes considerações sobre o tema, tendo em mente as consequências, os obstáculos e as dificuldades reais do gestor, bem como as exigências das políticas públicas (Lindb, arts. 20 e 22):

---

[223] "Art. 76. O pagamento de multa imposta pelos Estados, Municípios, Distrito Federal ou Territórios substitui a multa federal na mesma hipótese de incidência".
[224] OJN 49/2013 PFE-IBAMA/PGF/AGU, item 33.
[225] STF, Pleno, ADC nº 66, Rel. Min. Cármen Lúcia, j. em 21.12.2020, *DJe* 19.03.2021.
[226] STF, Pleno, ADI nº 4757, Rel. Min. Rosa Weber, j. em 13.12.2022, *DJe* 17.03.2023.
[227] STJ, 1ª T., v.u., AgRg no REsp nº 1.569.052, Rel. Ministro Napoleão Nunes Maia Filho, j. em 15.04.2019, *DJe* 22.04.2019; STJ, 1ª T., v.u., AgInt no REsp nº 1.484.933, Rel. Min. Regina Helena Costa, j. em 21.03.2017, *DJe* 29.03.2017; STJ, 2ª T., v.u., AgRg no REsp nº 711.405, Rel. Min. Humberto Martins, j. em 28.04.2009, *DJe* 15.05.2009.
[228] STJ, 2ª T., v.u., REsp nº 1.560.916, Rel. Min. Francisco Falcão, j. em 06.10.2016, *DJe* 09.12.2016.
[229] STJ, 2ª T., m.v, REsp nº 1.646.016, Rel. Min. Herman Benjamin, j. em 23.05.2023, *DJe* 28.06.2023.

2.3. Não obstante os aperfeiçoamentos permitidos pela melhor clareza trazida na LC, a atuação supletiva do Ibama é ainda constante e necessária, principalmente no combate ao desmatamento ilegal, considerado como competência primariamente estadual para licenciamento ambiental, nos termos do art. 8º, XVI, da LC.

2.4. Dessa maneira, não há que se falar em impactos ao Ibama pela necessidade de atuação supletiva, pois a situação já ocorre no contexto atual da LC nº 140/2011. Importante frisar, contudo, que a atuação supletiva do Ibama decorre principalmente de compromissos internacionais assumidos pelo Brasil, especialmente para redução do desmatamento ilegal.

2.5. Uma das estratégias para proteção ambiental, no contexto do Ibama, são as ações de comando e controle, que culminam em sanções administrativas diversas, incluindo os autos de infração de que trata o §3º do art. 17 da LC nº 140/2011. Conforme já mencionado, o Ibama realiza, em casos estratégicos, ações supletivas no combate aos ilícitos ambientais, aplicando autos de infração mesmo nos casos em que a competência primária seria do órgão estadual ou municipal.

2.6. Na nova interpretação trazida pela Ministra Rosa Weber ao art. 17, em caso de dupla autuação de um mesmo ilícito ambiental, prevaleceria aquele "mais eficiente" à proteção do meio ambiente, desde que comprovada omissão ou insuficiência na tutela fiscalizatória do ente licenciador/autorizador. Infere-se que caberia ao Ibama comprovar a maior efetividade da ação federal e a insuficiência das ações do outro ente, critério mais subjetivo do que o atual e, assim, sujeito à judicialização e arrastamento dos processos de penalização das infrações ambientais. Em caso de contradição entre os entes, por exemplo, o Ibama poderia ser acionado a pagar honorários advocatícios à outra parte, situação que se deseja evitar.

2.7. Assim, o critério de prevalência de autos de infração é necessário, tanto para a proteção do administrado quanto para a racionalização de recursos públicos. Talvez, se a prevalência do auto recaísse àquele mais rígido (de valor mais alto, por exemplo), o efeito dissuasório das ações seria amplificado, evitando-se os subterfúgios do infrator para obter uma sanção mais amena pelo órgão competente. Por outro lado, geraria uma corrida fiscalizatória, com consequentes possíveis aumentos das sanções para privilegiar o órgão fiscalizador, caso haja interesse na divulgação institucional. De todo jeito, a dupla autuação é o que se deve evitar, tendo em vista a necessidade de racionalizar e organizar a atuação do poder público, mesmo nos casos em que a competência é comum. Isso reforça a necessidade de melhor articulação entre as diversas esferas, pois a dupla autuação reflete justamente a falta de comunicação e parceria institucional, frente ao enorme número de atividades fiscalizáveis em todo o país.

2.8. Enquanto a interlocução interinstitucional não se concretizar na distribuição racional, previamente acordada e compartimentada de ações, parte-se do pressuposto que é indispensável a existência de um critério de prevalência em caso de dupla autuação. O critério visa evitar *bis in idem,* sendo o fundamento do órgão competente para licenciar o mais adequado. Isso porque o empreendimento sujeito a licenciamento ambiental envolve documentos e complexidades que são de conhecimento pleno somente do órgão licenciador, que detém o histórico de utilização de determinada área ou tipologia atribuída a tal ente para licenciar. Além disso, a ação de fiscalização realizada por um ente público, bem como seu ato autorizativo são revestidos de legitimidade presumida. A dupla autuação não deve ser o instrumento para fazer valer entendimento diverso de um ente com relação ao outro – para tanto, deve-se buscar as vias judiciais ou correcionais nos casos específicos.

2.9. Na análise, é importante também especular sobre outras possíveis consequências da alteração do §3º do art. 17. Ao fazer prevalecer o auto de infração mais "efetivo", e considerando a realidade de muitos órgãos estaduais e municipais de meio ambiente, o Ibama estará sujeito a mais acionamentos por órgãos de controle para atuar em situações que não são prioritárias no contexto nacional. Como resultante de tais acionamentos, o Ibama é obrigado a reduzir sua atuação nas questões de interesse prioritariamente federal, como a fiscalização de ilícitos ambientais em Terras Indígenas e a verificação do cumprimento de condicionantes ambientais de grandes empreendimentos, por exemplo.

2.10. Com avaliação pormenorizada, os órgãos de controle ou a justiça poderiam determinar ou fomentar o desenvolvimento dos órgãos competentes, aprimorando a proteção ambiental em todo o ambiente federativo, o que deveria ser o intuito da legislação como um todo. Ou seja, o fortalecimento do Sisnama deve ser o real propósito da legislação ambiental no modelo federativo, evitando-se trazer as fragilidades institucionais existentes como norteadoras de normatização. Ao se elevar o Ibama como órgão prioritário, desarticula-se a coesão pretendida para o Sisnama, assumindo-se como rotineira a intervenção federal em situações de escopo local.

2.11. Reforça-se que o Ibama atua constantemente de maneira supletiva, quando há interesse estratégico no combate aos ilícitos ambientais em determinada região/atividade, em função de Políticas Públicas sob sua competência. Contudo, tal supletividade estratégica não deve se confundir com obrigação de agir em casos cujo impacto não é de interesse nacional, pois isso fere a lógica da atuação comum federativa.

2.12. Anota-se, ainda, que o dispositivo da prevalência se aplica somente aos casos em que a atividade fiscalizada é passível de autorização ou licenciamento. Para os demais casos, deve prevalecer o critério temporal.[230]

Pode ocorrer de serem necessárias medidas urgentes para evitar a iminência ou ocorrência de degradação da qualidade ambiental. Nesses casos, o ente federativo não competente para licenciar ou autorizar "deverá determinar medidas para evitá-la, fazer cessá-la ou mitigá-la, comunicando imediatamente ao órgão competente para as providências cabíveis" (LC nº 140/11, art. 17, §2º). Essas medidas, caso não percam o objeto com o tempo, serão substituídas pelas adotadas pelo ente competente, se já não tiverem exaurido seu efeito (*v.g.*, demolição).

Quando em face de fiscalização inválida, seria possível aplicar a regra da prevalência, independentemente de ser pelo critério temporal ou pelo do ente preponderante? A questão se justifica porque o ato administrativo nulo de fiscalização não teria efeito algum, não podendo prevalecer sobre o outro. Defende-se que deve prevalecer o auto nulo, evitando, desse modo, a concorrência entre os entes fiscalizadores ao autuar apenas para se resguardar de alguma eventual nulidade da fiscalização do ente prevalente ou do que autuou primeiro. Se assim não fosse, a defesa apresentada e acolhida pelo órgão fiscalizador teria o condão de ressuscitar o auto de infração não prevalente, o que a LC nº 140/11 não admite.

2.1.2.1 A concorrência entre autuações do mesmo ente federativo: Ibama *v.* ICMBio

Pode haver concorrência no exercício da atividade de fiscalização no mesmo nível de competência quando os órgãos gestores das unidades de conservação têm personalidade jurídica apartada do órgão licenciador e fiscalizador, como ocorre no nível federal.

É a legislação do ente federativo que ditará a relação entre os órgãos ambientais. No âmbito federal, o Ibama tem competência para licenciar e fiscalizar em geral, e

---

[230] Nota Técnica nº 01/2022/DIPRO (SEI nº 13654692), PA nº 00744.000263/2022-39.

o Instituto Chico Mendes de Conservação da Biodiversidade (ICMBio) para gerir e fiscalizar as unidades de conservação federais.

A competência para a fiscalização ambiental nas áreas das unidades de conservação, bem como nas respectivas zonas de amortecimento (ZA), pertence ao órgão gestor da unidade de conservação. A ZA também está sob o poder de polícia do órgão gestor da unidade de conservação (UC) porque sua função é de proteger a própria UC, sendo, do ponto de vista dos atributos que justificaram a criação da UC, dela indissociável.

A Lei nº 9.985/00 prevê os órgãos executores do Snuc genericamente em todos os níveis, exceto na seara federal, cuja previsão é específica do Instituto Chico Mendes e, em caráter supletivo, do Ibama (art. 6º, III).

Na Lei nº 11.516/07, que criou o ICMBio, está expresso que compete a esta autarquia o exercício do poder de polícia ambiental para a proteção das unidades de conservação instituídas pela União (art. 1º, IV), o que não exclui o poder de polícia supletivo a ser exercido pelo Ibama (art. 1º, parágrafo único).

No âmbito federal, o ICMBio, em regra, é o ente competente para a fiscalização ambiental quando está em jogo UC, somente se admitindo a fiscalização do Ibama pela competência supletiva, excetuado o caso de medidas cautelares (LC nº 140/11, art. 17, §2º, e Lei nº 9.784/99, art. 45).

Caso mais complexo é o poder de fiscalizar do órgão gestor da UC fora da unidade de conservação ou de sua zona de amortecimento quando a atividade pode afetar diretamente a UC.[231] A poluição de um rio que gera reflexos na UC pode justificar o poder de polícia do órgão gestor da UC, mas tal poder deve ser motivado, sob pena de vício de competência. Esse é o posicionamento da AGU.[232]

Nessa moldura, a ação do Ibama com base na competência supletiva pressupõe injustificada omissão do ICMBio. A AGU entende que a competência supletiva deve ser analisada caso a caso, não excluída a colaboração entre Ibama e ICMBio.[233]

Antes da edição da LC nº 140/11, a AGU entendeu que, "ocorrendo dupla autuação em face do mesmo infrator e sobre os mesmos fatos, prevalecerá o auto de infração lavrado em primeiro lugar" (OJN 17/2010/PFE-IBAMA/PGF/AGU). Após a LC nº 140 tal entendimento ainda parece ser correto porque não existe concorrência, em termos da LC nº 140, entre órgãos e instituições do mesmo ente federativo, apenas entre as de nível federativo diferente. Assim, nada mais natural do que estipular uma regra de chegada, priorizando o aspecto temporal.

---

[231] Na OJN 17/2010/PFE-IBAMA ficou consignado que o ICMBio "não pode se omitir diante de fato ocorrido fora da UC, mas que vá atingi-la direta ou indiretamente, pois que a Lei nº 11.516/2007 não restringiu a competência deste órgão executor ao exercício da fiscalização de atos praticados dentro da Unidade, mas, ao revés, incumbiu-lhe de defender, proteger, fiscalizar e monitorar as Unidades de Conservação, seja em face de atividades nocivas internas, seja externas.

[232] "[...] 6. Visando evitar conflito de competência entre IBAMA e ICMBio, quando esta autarquia pretender realizar fiscalização fora das unidades de conservação e zonas de amortecimento deverá motivar seu ato baseado em circunstâncias que justifiquem a adoção da medida como forma de proteção de uma UC. A ausência de motivação poderá acarretar vício de competência por parte do ICMBio" (ementa da OJN 17/2010/PFE-IBAMA/PGF/AGU).

[233] "[...] 3. A competência fiscalizatória do IBAMA para a proteção das Unidades de Conservação Federais e respectivas Zonas de Amortecimento está condicionada a que a autarquia federal primariamente competente (ICMBio), por qualquer razão injustificada, deixe de atuar quando deveria. É possível ainda que o IBAMA atue em regime de cooperação com o ICMBio, desde que lhe seja solicitada tal colaboração"; (ementa da OJN 17/2010/PFE-IBAMA/PGF/AGU).

Entretanto, deve-se atentar ao fato de que o Ibama somente deverá autuar quando houver omissão do ICMBio, o que pressupõe que este tenha sido provocado e não pura e simplesmente um ilícito ambiental não fiscalizado dentro de uma UC ou de sua ZA. A regra do artigo 17, §2º, da LC nº 140/11, por analogia, pode ajudar a caracterizar a inércia do órgão gestor da UC.

Caso o ICMBio entenda não haver sanção a ser aplicada, deve prevalecer o seu entendimento, uma vez que não se poderá falar em inércia que deflagre a competência supletiva. Não se faz necessária a analogia com o artigo 17, §3º, da LC nº 140/11.

2.1.3 Competência administrativa de outro ente da federação

A competência administrativa para fiscalizar é comum, logo pode ser exercida por todas as esferas federativas, embora com a limitação da prevalência do auto de infração do ente competente para licenciar ou autorizar.

Uma visão literal e isolada do artigo 17, §3º, da LC nº 140/11 sustentaria que somente diante do auto de infração do ente competente para licenciar ou autorizar é que haveria a prevalência. Se ele não existisse, seja por entender não ser o caso de aplicar a sanção administrativa, seja por estar impedido por ordem judicial, não se aplicaria a regra estampada no §3º.

Ocorre que, como visto, a AGU e o Ibama aceitam de forma expressa a aplicação da regra quando o ente competente, para licenciar ou autorizar, entende que não está diante de uma infração ambiental (OJN 49/2013/PFE-IBAMA/PGF/AGU, itens 27-28),[234] não havendo motivo para ler a norma como se ela contemplasse uma exceção odiosa, que merecesse repúdio pelo intérprete e consequentemente aplicação restritiva.

A mesma solução deve ser dada quando existe ordem judicial impedindo a autuação e a fiscalização pelo ente prevalente. Não pode haver autuação ou fiscalização por outro ente por causa da prevalência do "auto de infração" do ente competente. Não está em jogo a competência da Justiça estadual de julgar o ente federal. Logo, não há que se falar em violação ao artigo 109 da CF, por exemplo.

Raciocinar diferente sempre imporia ao autor da demanda ajuizá-la na Justiça federal, colocando no polo passivo todos os entes federativos, não apenas o competente para licenciar ou autorizar.

Se o ente federativo não concorda com a ordem judicial que impede a autuação pelo ente competente para licenciar ou autorizar, deve ele procurar as medidas judiciais cabíveis e não usar da sua competência comum fiscalizatória para burlar tal ordem.

2.1.4 Fiscalização ambiental, competência comum e o princípio da subsidiariedade

Diante da competência comum para proteger o meio ambiente (CF, art. 23), criou-se um mito de que todas as três esferas federativas teriam o dever de tutelar o bem protegido, sem qualquer "benefício de ordem" entre elas. Dessa forma, qualquer das

---

[234] FARIAS, Talden. *Licenciamento Ambiental*: aspectos teóricos e práticos, 4. ed., 2013. p. 127; TEIZEN, Thaís. A atividade fiscalizatória ambiental na vigência da Lei Complementar nº 140/11. 2014. 231 fls. Dissertação (Mestrado) – Faculdade de Direito, Pontifícia Universidade Católica de São Paulo, São Paulo, 2014. p. 187.

três esferas podia ser provocada para que realizasse a fiscalização ambiental, ficando a escolha de qual – União, Estado ou Município – ao exclusivo talante do requerente.

Geralmente é o órgão ou instituição federal que é provocado para fiscalizar atividades que devem ser licenciadas pelos Estados-membros ou Municípios. Distorção que se embasa em mito sobre a competência comum, sobretudo porque a União não é supervisora ou corregedora dos demais órgãos do Sisnama.

Esse mito nasceu de uma compreensão singela da competência comum: o de que ela sendo comum não haveria que se falar em um "benefício de ordem" entre os entes, tendo em vista o princípio da subsidiariedade do direito público e a concepção do federalismo cooperativo.

O federalismo cooperativo tem em mira evitar a sobreposição inútil e dispendiosa da atuação dos entes estatais, como doutrina Luís Roberto Barroso.[235] O federalismo cooperativo implica coordenação entre os entes políticos, sendo pautado por uma racionalidade que visa a evitar desperdício dos escassos recursos estatais. É o que entende Leonardo Greco.[236]

As competências comuns, sob essa ótica cooperativa, devem ser regulamentadas por lei complementar – no caso a LC nº 140/11 –, mas sem eliminar a competência de um ente federativo, como bem destaca Gilberto Bercovici,[237] ou perder a coordenação entre os entes políticos, especialmente face ao princípio da subsidiariedade. Entretanto, isso não significa que não subsista sobreposição ou autuações descoordenadas, gerando desperdício de conhecimento acumulado, deslocamentos desnecessários, atropelando o planejamento da política pública de fiscalização do órgão ambiental por uma visão desvirtuada das competências administrativas comuns.

A própria LC nº 140/11 preceitua que se deve proceder a uma gestão descentralizada, democrática e eficiente, buscando-se como objetivo fundamental evitar a sobreposição de autuação e, consequentemente, garantindo uma atuação administrativa eficiente (art. 3º, III).

Paulo José Leite Farias também entende que se deve evitar a sobreposição de atuações, uma vez que "o significado do adjetivo 'comum' na Constituição Federal é inconfundível com as conotações que se reconhecem aos vocábulos 'concorrente' e 'simultâneo'".[238] Leciona que o artigo 23 da Constituição Federal "não implica – nem se pode conceber que implique – *superposição* de poderes, de modo a propiciar manifestações conflitantes ou contraditórias das diferentes pessoas políticas, em face de um mesmo

---

[235] BARROSO, Luís Roberto. *Temas de Direito Constitucional*. Rio de Janeiro: Renovar, 2003, tomo II. p. 128.

[236] GRECO, Leonardo. Competências constitucionais em matéria ambiental. *Revista de Informação Legislativa*, Brasília: Senado, ano 29, n. 116. p. 135-152, out/dez. 1992. p. 140: "[...] já lecionava que nessa "área de administração comum não deve estar sujeita a desperdício de esforços e à superposição de atividades, muito menos ao entrechoque de ações administrativas de órgãos entre si autônomos, mas que todos, sob a égide da lei, devem agir de maneira harmoniosa e cooperativa".

[237] "No caso brasileiro, as competências comuns do art. 23 da Constituição, após sua regulamentação pela lei complementar prevista no parágrafo único do mesmo artigo, serão obrigatórias para a União e todos os entes federados. A lei complementar prevista não poderá retirar nenhum ente da titularidade das competências comuns, nem restringi-las" (BERCOVICI, Gilberto. A descentralização de políticas sociais e o federalismo cooperativo brasileiro. *Revista de Direito Sanitário*, São Paulo: USP, v. 3, n. 1. p. 13-28, mar. 2002. p. 18).

[238] FARIAS, Paulo José Leite. Competência comum e o federalismo cooperativo na subsidiariedade do licenciamento ambiental – avanços da Lei Complementar nº 140/2011 na proteção do meio ambiente. *Revista de Informação Legislativa*, Brasília: Senado, ano 51, n. 203. p. 39-51, jul./set. 2014. p. 47.

assunto".[239] Pimenta Bueno, em lição sobre a separação de poderes (horizontal), que igualmente serve ao federalismo (separação de poderes vertical), enfatiza a cooperação ao aduzir que a máquina administrativa não trabalha sob a separação de poderes para gerar o choque, o conflito, mas "para melhor garantir o destino, e fim social, para que em justo equilíbrio trabalhem e cooperem, auxiliem-se".[240]

Como visto no item anterior, entender que todos os entes devem fiscalizar ao mesmo tempo ou independentemente de qualquer benefício de ordem constitui-se em equívoco não apenas pelo completo desprestígio do legislador, mas também porque imobiliza e torna absoluta uma determinada exegese constitucional, o que nem o próprio STF admite, além de não existir exegese do STF no sentido de que todos os entes precisam fazer tudo ao mesmo tempo ou independentemente de qualquer ordem. A ADI nº 2.544[241] não tem esse alcance e a LC nº 140/11 não demitiu nenhum ente político de atuar ambientalmente, apenas regulou a eventual sobreposição, que de forma alguma aniquila a capacidade fiscalizatória dos outros entes, mas apenas impõe um benefício de ordem na fiscalização ambiental, tornando-a harmônica e, *ipso facto*, eficiente. Ademais, a LC nº 140/11 pode desenvolver e concretizar a Constituição, exatamente como deve ocorrer em uma democracia, como bem lembrou o Min. Marco Aurélio no MS 32.033/DF.

Esse benefício de ordem não exclui a iniciativa do próprio órgão ambiental para fiscalizar o que estiver em seu planejamento, caso no qual haveria uma supressão da competência comum para fiscalizar.

No sistema da LC nº 140/11 existem duas formas de subsidiariedade na atuação dos entes públicos, uma de forma categórica, em relação ao licenciamento ambiental (arts. 15-16), e a outra menos incisiva, relativa à fiscalização (art. 17). Em uma das formas, a LC nº excluiu apenas a intervenção decisória de outros entes, mantendo a tomada de decisão em único nível (art. 13), mas sem alijar os demais do processo de licenciamento ambiental (art. 13, §1º);[242] na outra, apenas manteve a prevalência do órgão responsável pelo licenciamento (art. 17, §3º), mas também não admitiu a autuação por mais de um ente ou a preponderância sobre o posicionamento do ente responsável pelo licenciamento ou autorização ambientais.[243]

A rigor, ambas as soluções da LC nº 140/11 se equivalem, uma vez que ela garante a participação dos demais entes no licenciamento ambiental e possibilita a fiscalização ambiental por todos, embora com regra de prevalência.

No plano da fiscalização, a LC nº 140/11 (art. 17, §2º)[244] vai além ao prever que existe uma solidariedade cautelar para proteger o meio ambiente, embora mantenha a competência do órgão competente.

---

[239] FARIAS, Paulo José Leite. Competência comum e o federalismo cooperativo na subsidiariedade do licenciamento ambiental – avanços da Lei Complementar nº 140/2011 na proteção do meio ambiente. *Revista de Informação Legislativa*, Brasília: Senado, ano 51, n. 203. p. 39-51, jul./set. 2014. p. 40.

[240] BUENO, José Antonio Pimenta. *Direito Publico Brazileiro e analyse da Constituição do Imperio*. Rio de Janeiro: Typographia Imp. e Const. de J. Villeneuve & C., 1857. p. 36 (item 33) – redação atualizada.

[241] STF, Pleno, m.v., ADI nº 2.544/RS, Rel. Min. Sepúlveda Pertence, j. em 28.06.2006, *DJU* 17.11.2006. p. 47.

[242] MILARÉ, Édis. *Direito do Ambiente*. 9. ed. São Paulo: RT, 2014. p. 807.

[243] OJN 49/2013/PFE-IBAMA/PGF/AGU, itens 27-28; FARIAS, Talden. *Licenciamento Ambiental*: aspectos teóricos e práticos. 4. ed. Belo Horizonte: Fórum, 2013. p. 127.

[244] "Nos casos de iminência ou ocorrência de degradação da qualidade ambiental, o ente federativo que tiver conhecimento do fato deverá determinar medidas para evitá-la, fazer cessá-la ou mitigá-la, comunicando imediatamente ao órgão competente para as providências cabíveis".

A LC nº 140/11 não exclui os entes não prevalentes da fiscalização ambiental (art. 17, §3º), mas estatui a ordem a ser seguida. Em termos impositivos, é o licenciador ou autorizador do empreendimento ou atividade que tem o dever primário de fiscalizar, ainda que a atividade não tenha sido licenciada ou autorizada. Quando a LC nº 140 preceitua como ação administrativa do ente fiscalizar as atividades ou empreendimentos cuja atribuição para fiscalizar ou autorizar for sua (arts. 7º, XIII, 8º, XIII, 9º, XIII), ela deixa claro que a regra é a fiscalização ambiental pelo ente competente para licenciar ou autorizar, independentemente dessa licença ou autorização ter sido concedida.

A regra por trás dessa opção da LC nº 140 pela racionalização da competência para fiscalizar atrelada à de licenciar ou autorizar reside no fato de que o órgão ambiental conhece a dinâmica das atividades ou empreendimentos que autoriza ou licencia, uma vez que acumula conhecimento ao exercer o poder de polícia preventivo em relação a tais atividades ou empreendimentos, aumentando a eficiência e precisão na fiscalização efetuada.[245]

Mesmo em se tratando de atividades não licenciáveis ou autorizáveis, deve-se buscar, o máximo possível, a aplicação do princípio da subsidiariedade, deixando ao ente público que tenha a estrutura mais próxima cuidar do assunto, somente passando para os de maior abrangência territorial, e com a estrutura mais distante, quando o de menor não conseguir se desincumbir do encargo. Isso não significa que há uma vedação à fiscalização ambiental por entes menos próximos, mas apenas que, em termos de dever, existe uma espécie de benefício de ordem. Desse modo, a AGU entendeu que se as normas de cooperação entre os entes federados têm por "objetivo 'evitar choques e dispersão de esforços e recursos', o que impõe a adoção de um sistema de cooperação e, em alguma medida, de distribuição de competências", desde que a omissão do ente responsável por efetuar a fiscalização possibilite que os demais possam agir, uma vez que o exercício dessas competências é irrenunciável.[246]

Um dos pilares do federalismo democrático, o princípio da subsidiariedade (institucional), prescreve que apenas "quando ao nível inferior não seja possível a realização de determinada ação, de igual ou melhor forma, é que o nível superior deve receber a competência para agir".[247] Édis Milaré leciona que esse princípio também decorre do princípio da eficiência, devendo a Administração Pública atentar para o princípio da subsidiariedade, segundo o qual "todas as atribuições administrativas materiais devem ser exercidas, de modo preferencial, pela esfera mais próxima ou diretamente vinculada ao objeto de controle ou da ação de polícia". Ou, em outras palavras, "nada será exercido por um poder de nível superior, desde que possa ser cumprido pelo inferior".[248]

---

[245] "Portanto, nada mais lógico do que vincular a atividade fiscalizadora à atividade de licenciamento. Afinal, os órgãos ambientais encarregados do licenciamento de determinado empreendimento conhecem, concretamente, a dinâmica das atividades licenciadas, os empreendedores que as exercem, seus equipamentos e sistemas de controle, sua gestão ambiental, as particularidades do setor econômico, os prazos razoáveis para saneamento de irregularidades etc". (BEZERRA, Luiz Gustavo Escorcio; GOMES, Gedham Medeiros. Lei complementar nº 140/11 e fiscalização ambiental: o delineamento do princípio do licenciador sancionador primário. *Revista de Direito da Cidade*, Rio de Janeiro: UERJ, v. 09, n. 4. p. 1738-1765, 2017. p. 1753).

[246] Parecer nº 176/2011/DENOR/CGU/AGU, aprovado pelo Advogado-Geral da União, em 29.11.2011, nos autos do PA nº 00001.015988/2003-52 – item 26.

[247] ZIMMERMANN, Augusto. *Teoria Geral do Federalismo Democrático*. 2. ed. Rio de Janeiro: Lumen Juris, 2005. p. 201.

[248] MILARÉ, Édis. *Direito do Ambiente*. 10. ed. São Paulo: RT, 2015. p. 212.

O princípio da subsidiariedade pode ser aplicado nas relações entre estado e sociedade (estatal) e nas relações intergovernamentais (institucional).[249] Na sua vertente institucional, especialmente em relação à fiscalização ambiental, deve-se priorizar a fiscalização pelas pontas, pela estrutura administrativa mais próxima da infração. Consequentemente, a União não deve assumir competências que podem ser exercidas com maior eficiência pelos Estados, e estes, por sua vez, não devem fazer aquilo que pode ser executado pelo Município, prestigiando-se a eficiência e a economicidade e evitando-se a sobreposição de funções, com desperdício de recursos estatais. Por essa razão, Augusto Zimmermann aduz que o princípio da subsidiariedade acarreta a justificável preocupação em "conferir à União apenas aquelas competências que não possam ser reservadas aos Estados, ou mais preferencialmente aos próprios Municípios".[250]

No Peru, Iván Lanegra Quispe, depois de recordar que é um princípio fundamental da organização estatal evitar a existência de duas ou mais entidades com a mesma função, "pois isso implicaria em uma duplicidade que gera, de um lado, desperdício de recursos e, de outro, do administrado, introduz elemento de incerteza que pode resultar em relevantes custos privados e sociais",[251] doutrinou que a distribuição vertical de competências em matéria ambiental centra-se em dois critérios: o princípio da subsidiariedade e do rigor subsidiário. Pelo princípio da subsidiariedade,

> a função ambiental específica deve ser desenvolvida pelo nível de governo mais próximo da população, portanto, o governo nacional não deve assumir competências que podem ser cumpridas mais eficientemente pelos governos estaduais, e estes, por sua vez, não devem fazer aquilo que pode ser executado pelos governos municipais, evitando-se a duplicidade e superposição de funções.[252]

Paulo de Bessa Antunes defende que a subsidiariedade resulta na justificativa de atuação do órgão federal ou estadual de meio ambiente "somente nas hipóteses em que o órgão local não tenha capacidade de desempenhá-la de forma mais eficiente".[253]

Nem se argumente que quanto mais órgãos ambientais fiscalizando, melhor para o meio ambiente. O argumento é falacioso porque ignora que *uma atuação desordenada, com sobreposições, gera uma deficiência na proteção ambiental, uma vez que há perda de eficiência. Dois órgãos protegendo ambientalmente o mesmo objeto impossibilita que um deles possa fiscalizar outro ainda não fiscalizado, diminuindo a proteção ambiental efetuada via órgão ambiental.* Ademais, haveria ainda mais ineficiência porque a probabilidade de existirem conflitos entre os órgãos ambientais aumentaria, gerando dispêndio de recursos para resolvê-los que poderiam ser utilizados na fiscalização ambiental em si.

Por isso se doutrina que a definição de competência é uma boa política para evitar sobreposições e conflitos entre os órgãos de fiscalização ambiental.[254] A definição de

---

[249] TORRES, Silvia Faber. *O Princípio da Subsidiariedade no Direito Público Contemporâneo*. Rio de Janeiro: Renovar, 2001. p. 123.

[250] ZIMMERMANN, Augusto. *Teoria Geral do Federalismo Democrático*. 2. ed. Rio de Janeiro: Lumen Juris, 2005. p. 204.

[251] QUISPE, Iván K. Lanegra. *El (Ausente) Estado Ambiental: razones para la reforma de las instituciones y las organizaciones públicas ambientales en el Perú*. Lima: Realidades S/A, 2008. p. 93 – tradução livre.

[252] QUISPE, Iván K. Lanegra. *El (Ausente) Estado Ambiental: razones para la reforma de las instituciones y las organizaciones públicas ambientales en el Perú*. Lima: Realidades S/A, 2008. p. 96-97 – tradução livre.

[253] ANTUNES, Paulo de Bessa. *Federalismo e Competências Ambientais no Brasil*. 2. ed. São Paulo: Atlas, 2015. p. 114.

[254] LORENZETTI, Ricardo Luis. *Teoria Geral do Direito Ambiental*. Trad. Fábio Costa Morosini e Fernanda Nunes Barbosa. São Paulo: RT, 2010. p. 114.

competências administrativas ambientais é, então, fundamental para evitar desperdício de capacidade estatal para fiscalizar o meio ambiente.

Não há alijamento de competência. A subsidiariedade nada mais é do que o substrato organizativo do federalismo, sendo-lhe imanente e incorporada ao ordenamento jurídico brasileiro pelo artigo 23 da CF (competências comuns), por exemplo.[255]

As competências dos órgãos e entidades públicas nada mais são do que poderes-deveres, mas que devem ser exercidos em certa ordem, sem saltos, mantendo a coerência federativa e a prevalência estabelecida pela LC nº 140/11.

De forma alguma isso significa que os entes estatais não possam fiscalizar fora de suas atribuições autorizativas em sentido amplo (licenciamento ou autorização ambientais), embora devam se concentrar em suas funções primárias, como destacado pela OJN 49/2013/PFE-IBAMA/PGF/AGU.[256]

Mas essa faculdade de fiscalizar dentro de sua esfera discricionária não pode se transformar em um dever de fiscalizar o que lhe for pedido, administrativa ou judicialmente, sem que haja um benefício de ordem. Isso geraria uma irresponsabilidade pública na federação e transformaria a competência comum em competência do que foi primeiro demandado, o que fere o senso do federalismo lastreado no princípio da subsidiariedade.

Dentro da discricionariedade para fiscalizar atividades lesivas ao meio ambiente, deve ser destacado que existe um interesse nacional para fiscalizar algumas atividades, uma vez que o Estado brasileiro precisa cumprir metas acordadas no plano internacional, o que de forma alguma se traduz em alguma espécie de exclusividade. A OJN 49/2013/PFE-IBAMA sintetizou esse tipo de questão ao destacar o desmatamento na Amazônia.[257]

Nem mesmo a eventual atuação fiscalizatória do ente federativo, quando de sua competência não prevalente, atrairá automaticamente a sua competência para ações fora da esfera administrativa, como as cabíveis na esfera cível, como ações civis públicas ou populares.

---

[255] TORRES, Silvia Faber. *O Princípio da Subsidiariedade no Direito Público Contemporâneo*. Rio de Janeiro: Renovar, 2001. p. 212 e 242.

[256] "Sabe-se que a competência comum não pode ser exercitada com base em um postulado puro e rígido de divisão, mas deve, ao contrário, pressupor um certo grau de concorrência entre as entidades federativas, para garantir a real proteção ambiental. Tal máxima é absolutamente compatível com o estabelecimento de um mecanismo de ordenação inicial entre os entes, não rigidamente fechado (sistema de preferências), com a definição de um método para evitar a multiplicidade de autos de infração referentes ao mesmo ilícito, impondo-se o aproveitamento dos atos já realizados no primeiro auto de infração lavrado. [...]
De qualquer forma, mesmo após se concluir pela necessidade de prevalência do auto de infração lavrado em primeiro lugar, quando inexistente licença expedida, não custa reafirmar a conveniência de se respeitar, em princípio, e de se atender, quando possível, as atribuições primárias de cada ente. Essa sistemática de atuação em cooperação, respeitando-se a delimitação e focando-se no direcionamento da atividade fiscalizatória, foi desejada pelo legislador e não deve ser desconsiderada" (OJN 49/2013/PFE-IBAMA, item 51 e 57).

[257] "[...] 61. De outro modo, sabe-se existirem situações que, por certas especificidades, demandam atuação concreta do órgão que se encontra em fiscalização em campo, ainda que não seja esse o ente licenciador. Há operações incluídas em planos de fiscalização, já em processo de realização, que contemplam, de forma racional e eficiente, vários empreendimentos e atividades, cuja regularidade ambiental será apurada em grupo. Em tais casos, haverá razão operacional que justifique uma atuação imediata, mesmo porque a efetividade da ação poderá ser útil aos fins da operação como um todo. Perceba-se que em tais operações, previamente planejadas, há toda uma logística de atuação, que garante resultado e concretização dos objetivos buscados, a partir de uma estrutura pré-montada. Ademais, por se incluir no planejamento da entidade, como é exemplo concreto para o Ibama o combate ao desmatamento na Região Amazônica Brasileira, presume-se a alta relevância de ordem nacional da sua plena realização pelo órgão dela incumbido".

A própria Portaria Conjunta 2, de 26 de agosto de 2014, assinada pelo Ibama e a PFE-IBAMA/PGF/AGU (*DOU* 27/08/14, S1, p. 123), encampa tal entendimento, ao preceituar em seu artigo 2º que o ajuizamento das ações civis públicas ambientais será focado na atuação prioritária da autarquia e naquele decorrente do planejamento.[258] Em uma das *consideranda* de tal portaria conjunta tal questão fica ainda mais clara:

> Considerando a necessidade de planejamento da propositura de ações civis públicas pelo IBAMA de modo a conformar sua atuação institucional com os comandos normativos contidos na Lei Complementar nº 140/2011 e na Lei nº 12.651/2012, buscando uma priorização na propositura de ações relacionadas às competências administrativas prevalentes da Autarquia, sem prejuízo da atuação supletiva dirigida a questões julgadas mais relevantes segundo planejamentos nacional e local da Autarquia;

Deve-se destacar que essa ordem no exercício das competências federativas comuns relativas ao Sisnama, sistema administrativo de execução de políticas públicas, evita as duas falhas destacadas pela doutrina: ações repetidas ou contraditórias.[259]

A AGU pronunciou-se pela existência dessa espécie de benefício de ordem na competência ambiental fiscalizatória no Parecer nº 41/2017/COJUD/PFE-IBAMA-SEDE/PGF/AGU, conforme esclarece sua ementa:

> [...] I – Ação Civil Pública para obrigar o Ibama a fiscalizar, de forma solidária com órgãos ambientais locais e com a União, diversas ocupações irregulares em bens da União (*v.g.*, terrenos de marinha), áreas de preservação permanente (APPs) ou mesmo Áreas de Proteção Ambiental (APAs).
> II – A incompetência do Ibama em licenciar acarreta a aplicação do princípio constitucional da subsidiariedade nas atividades de fiscalização ambiental, com a consequente ausência do dever de fiscalizar de forma primária. Dever principal do órgão licenciador e do gestor da unidade de conservação ou, em suas ausências, de forma secundária e escalonada do órgão municipal, estadual e federal. Leitura conforme a regulamentação da competência comum ambiental pela Lei Complementar 140/2011. Mesmo em se tratando de atividades não licenciáveis ou autorizáveis, a aplicação do princípio constitucional da subsidiariedade implica na competência primária para a fiscalização ambiental do ente federativo municipal ou estadual, somente passando para os entes de maior abrangência territorial (Estados e União) quando o de menor abrangência não conseguir se desincumbir do encargo.
> III – Competência comum para fiscalizar o meio ambiente deve ser lida à luz do federalismo cooperativo, especialmente pelo princípio constitucional da subsidiariedade. Reconhecimento de benefício de ordem dos entes federativos para proceder a fiscalização ambiental quando não prevista em seu planejamento, na sua zona de discricionariedade.
> IV – Ausência de competência primária do Ibama para fiscalizar APA. Situação inalterada, se for após a criação do ICMBio, ainda que seja APA federal, tendo em vista a competência fiscalizatória deste enquanto gestor da unidade de conservação (OJN 17/2010/PFEIBAMA). Competência fiscalizatória do Ibama ditada pela LC nº 140/11 (art. 7º c/c 17).

---

[258] "Art. 2º A autorização para propositura de ações civis públicas relacionadas à atuação finalística do IBAMA, a cargo da PFE-IBAMA, nos termos da Portaria PGF nº 530/2007 e da Ordem de Serviço PGF nº 02/2007, deverá observar as seguintes diretrizes: I – atuação prioritária nas medidas de reparação de danos decorrentes da competência administrativa prevalente da Autarquia de que trata o art. 7º da Lei Complementar nº 140/2011; II – medidas de reparação de danos decorrentes da competência administrativa supletiva de que trata o art. 17, §§2º e 3º, da Lei Complementar nº 140/2011, conforme planejamento conjunto firmado entre PFE-IBAMA-UF e Divisão Técnica – DITEC".

[259] MARRARA, Thiago. O princípio da publicidade: uma proposta de renovação. *In*: MARRARA, Thiago (Org.). *Princípios de Direito Administrativo*. São Paulo: Atlas, 2012. p. 297.

V – Inexistência de competência federal para licenciamento ou autorização ambiental em razão da dominialidade do bem, de ele estar na zona costeira ou integrar o patrimônio nacional (CF, art. 225, §4º). Precedentes. Empreendimentos, obras ou atividades concomitantes terra-mar (LC nº 140, art. 7º, parágrafo único) são de competência dos Estados-membros, exceto se previstos na tipologia. Águas interiores, ainda que marítimas, não se compreendem na competência para licenciar ou autorizar ambientalmente da União, pois somente após a linha de base se caracteriza o mar territorial.

VI – Poder de polícia sobre bens da União contra ocupações irregulares é da União (SPU/MPOG), não do órgão ambiental. Dever de recuperar área, ainda que do ponto de vista ambiental, é do titular do domínio, posse ou detenção do bem, como destaca o *Parquet*.

VI – Impossibilidade de se exigir a fiscalização ambiental sem a prova do cumprimento desse benefício de ordem. Omissão dos entes federativos que deflagram o benefício de ordem (competência supletiva compulsória) deve ser grave, sob pena de se estimular a irresponsabilidade federativa, com a quebra de harmonia do sistema federativo. Se a mera omissão a caracterizasse, haveria sobrecarga da União ou dos Estados-membros, estimulando uma irresponsabilidade federativa. Deve-se evitar exegeses que conduzam ao absurdo, como seria aquela que deslocasse o dever primário de fiscalização a outro ente apenas porque o detentor original se omite. É imperioso que se constate que a inércia decorre de uma total falta de infraestrutura capaz de tornar o órgão estadual ou municipal completamente inoperantes, fazendo profunda investigação nesse sentido (analogia com o artigo 15 da LC nº 140/11). Na fiscalização, o dever primário decorre da distribuição das atividades administrativas na LC nº 140/11, o que não permite escolha e gera um dever se de aparelhar para tanto, dentro da razoabilidade. Não pode ser qualquer omissão que deflagra esse dever cooperativo, ainda mais tendo em conta que só haveria transferência de problema, uma vez que haveria sobrecarga no órgão que sanaria a omissão, além de ir contra o princípio federativo de descentralizar as atribuições, e não concentrá-las.

VII – Competência supletiva compulsória diante de emergência ambiental, conceito que não se equipara ao de infração ambiental permanente, mas ao de perecimento de direito do processo civil, sob pena de se esvazia o conceito de emergência e reduzi-lo praticamente ao de infração ambiental. Garantia de uso de cautelares, inclusive atípicas (LC nº 140/11, art. 17, §2º, c/c Lei nº 9.784/99, art. 45).[260]

O caso das APPs é ilustrativo. O licenciamento ou autorização nas hipóteses cabíveis para ocupação nas áreas de preservação permanente, consoante a LC nº 140/11 (art. 8º, XIV e XVI), o novo Código Florestal (arts. 7º, 8º e 26) e a Resolução Conama nº 369 (art. 4º, §1º), competem ao Estado-membro, assim como a fiscalização dessas autorizações e, por óbvio, a fiscalização de eventuais ocupações não autorizadas, por força do disposto no artigo 17 da LC nº 140/11.

Nas ações judiciais no qual o órgão prevalente seja o Estado-membro, por exemplo, deve o órgão não prevalente, seja municipal, seja federal, requerer ao juízo a citação ou intimação do ente federativo correto para assumir um dos polos da ação. O fato da APP se referir a um reservatório de uma hidrelétrica licenciada pela União, por exemplo, não deve atrair a competência fiscalizatória do Ibama a menos que a área tenha sido ocupada para alguma instalação do empreendimento. Outras atividades dissociadas do empreendimento licenciado devem sofrer fiscalização pelo Estado-membro.

---

[260] Parecer nº 41/2017/COJUD/PFE-IBAMA-SEDE/PGF/AGU, aprovado pelo Procurador-Chefe Nacional da PFE-Ibama, em 14.07.2017, mediante o Despacho nº 401/2017/GABIN/PFE-IBAMA-SEDE/PGF/AGU, nos autos do PA nº 00435.017777/2017-50.

O limite da APP, ainda que previsto em licença do Ibama, nada tem a ver com a competência federal, sendo neutro nesse sentido, pois se trata de APP legal (Código Florestal, arts. 4º, III, 5º), não de unidade de conservação federal. Afetá-la não atrai a competência do Ibama, mas do órgão competente para autorizar a supressão de vegetação, via de regra o Estado-membro.

2.1.5 A autuação pelos órgãos gestores das unidades de conservação e a LC nº 140/11

Os órgãos gestores das unidades de conservação têm competência para lavrar autos de infrações cometidas no interior e no entorno de unidades de conservação. Mas essa competência sofreu algum impacto da LC nº 140/11?

Segundo o Parecer nº 806/2011/PFE-ICMBIO/PGF/AGU,[261] o artigo 17 da LC nº 140/11 em nada altera "a competência decorrente do poder de polícia outorgado ao ICMBio, na medida em que repousa em fundamentos diversos". A competência comum de proteger o meio ambiente (CF, art. 23) é que teria embasado o artigo 17 da LC nº 140/11 (licenciamento e fiscalização), enquanto a base da competência do poder de polícia dos gestores das unidades de conservação repousaria em fundamento constitucional diferente, o artigo 225, §1º, III.[262]

> [...] 12. A distinção é sutil, porém de necessária compreensão: enquanto as competências comuns permitem a todos os entes federativos atuar sobre um mesmo bem jurídico – saúde, meio ambiente, educação –, a obrigação constitucional de criar unidades de conservação é dirigida, de forma autônoma e independente, a cada um dos entes federativos.

Depois explica que esse poder de polícia seria decorrente da teoria dos poderes implícitos, aduzindo:

> [...] 17. Ora, se a Constituição determina que os entes federativos criem unidades de conservação, impedindo qualquer utilização que comprometa a integridade dos atributos que justificaram sua instituição, por evidência confere competências fiscalizatórias – de índole preventiva e repressiva –, eis que instrumentos necessários à efetividade do dever por ela mesma atribuído.

O parecer argumenta que a atribuição de competência para disciplinar o uso de recursos naturais por meio de licença ou autorização ambiental não se confunde com aquelas dos entes gestores das unidades de conservação de implementar e proteger os espaços territoriais protegidos, o que traria à baila a regra hermenêutica de que se não se aplica a mesma lógica, não se aplica o mesmo direito. Por isso, conclui:

---

[261] Parecer nº 806/2011/AGU/PGF/PFE-ICMBio, aprovado pelo Procurador-Chefe Nacional da PFE-ICMBio, em 22.03.2012, mediante o Despacho nº 173/2012/AGU/PGF/PFE-ICMBIO-SEDE, nos autos do PA nº 02070.004050/2011-29.

[262] "Art. 225. Todos têm direito ao meio ambiente ecologicamente equilibrado, bem de uso comum do povo e essencial à sadia qualidade de vida, impondo-se ao Poder Público e à coletividade o dever de defendê-lo e preservá-lo para as presentes e futuras gerações. §1º Para assegurar a efetividade desse direito, incumbe ao Poder Público: [...] III – definir, em todas as unidades da Federação, espaços territoriais e seus componentes a serem especialmente protegidos, sendo a alteração e supressão permitidas somente através de lei, vedada qualquer utilização que comprometa a integridade dos atributos que justifiquem sua proteção".

[...] 32. Deveras, independentemente da existência de atribuição de autorizar conferida ao ente gestor, a competência para fiscalização é ampla, desde que exercida *para* a proteção da unidade de conservação, possuindo amparo diretamente da Constituição.

33. Ante o exposto, pode-se afirmar que a superveniência da Lei Complementar nº 140/2011 não trouxe qualquer alteração do regime jurídico de fiscalização ambiental do ICMBio, inclusive em Áreas de Proteção Ambiental, independentemente da dominialidade da área.

O Procurador-Chefe Nacional do ICMBio, no despacho que aprovou tal parecer,[263] acrescentou que "o art. 17 da LC nº 140/11 não se aplica pelos órgãos gestores de unidades de conservação, porquanto o referido dispositivo pretende evitar que entes licenciadores diversos fiscalizem uma mesma atividade ou empreendimento, em nada se confundindo com o poder fiscalizatório próprio dos órgãos gestores de unidades de conservação".

No Parecer nº 11/2012/AGU/PGF/PFE-ICMBio,[264] entendeu-se que a competência para fiscalizar não sofre influência alguma da LC nº 140/11, inclusive das regras de prevalência de seu artigo 17. Na dicção do parecer da AGU:

[...] 45. No que toca à fiscalização das atividades impactantes às unidades de conservação, independentemente do ente licenciador, cabe ao órgão gestor aplicar todas as medidas administrativas e sanções cabíveis, eis que sua competência é ampla e irrestrita, inexistindo prevalência do ente licenciador, na medida em que voltada à realização concreta de uma determinação constitucional.

Deve-se ressaltar que é, no mínimo, complicada a afirmação de que o órgão gestor da UC não tem como função gerir o uso de recursos naturais, quando o próprio artigo 25, §1º, da Lei do Snuc, fala em dispor sobre o uso dos recursos nas zonas de amortecimento e nos corredores ecológicos.

De qualquer forma, há um sofisma na não aplicação da LC nº 140/11 pelo argumento de que a base normativa do poder de fiscalização das UCs seria diferente. No entanto, é a proteção do meio ambiente que está em jogo, pela via administrativa, ou seja, por meio do poder de polícia. O que a LC nº 140/11 regulamenta, em relação ao seu artigo 17, não é apenas o artigo 23 da CF, mas o poder de polícia ambiental, mais genericamente um poder implícito para garantir o meio ambiente ecologicamente equilibrado, direito previsto no artigo 225 da CF.

Ademais, quando a LC nº 140/11 pretende resolver o conflito de autuações, seu artigo 17, §3º, cita apenas "entes federativos", não algum órgão ou instituição pública, apartando-se da dicção do *caput*, que apenas dispõe sobre o "órgão responsável pelo licenciamento ou autorização". Se há divisão de tarefas dentro do ente federativo – como há na União (Ibama e ICMBio) – e o §3º do artigo 17 da LC nº 140/11 serve para resolver conflitos decorrentes do uso de poder de polícia, não há como negar a sua aplicação em face de conflito entre o poder de polícia do órgão gestor da UC e o licenciador.

Aqui valem as mesmas considerações sobre o uso do poder de polícia em face de licenciamentos ambientais. Com ou sem o aval do órgão gestor da UC – uma vez que existem casos nos quais sua autorização é dispensada –, a pessoa que explora o

---

[263] Despacho nº 173/2012/AGU/PGF/PFE-ICMBIO-SEDE, proferido nos autos do PA nº 02070.004050/2011-29.
[264] Parecer nº 11/2012/AGU/PGF/PFE-ICMBio, aprovado pelo Procurador-Chefe Nacional do ICMBio, em 22.03.2012, mediante o Despacho nº 19/2012/PFE-ICMBIO-SEDE/PGF/AGU, nos autos do PA nº 02070.004155/2011-88.

empreendimento licenciado não pode ser autuada se estiver agindo dentro dos limites da licença ambiental. Se houver conflito, esse deve ser resolvido no Judiciário, enquanto não se cria uma instância decisória administrativa para isso.[265]

Assim, não procede o posicionamento de que "resta ao ICMBio o exercício do poder de polícia ambiental repressivo como ferramenta extrema para fazer valer o regime jurídico do Snuc e o plano de manejo da UC sempre que se deparar com licenciamentos ambientais mal conduzidos do ponto de vista da observância da Lei do SNUC".[266] Por isso, tal entendimento foi tacitamente revogado pela própria AGU no Parecer nº 12/2014/PFE-ICMBIO-SEDE/PGF/AGU,[267] que bem explicitou a OJN PFE-ICMBio nº 07/2011,[268] ao dizer que ela não outorgava um cheque em branco para o órgão licenciador ignorar a exigência do EIA, apenas que a competência não era do órgão gestor da UC, embora este possa requerer administrativamente ao órgão licenciador a exigência do EIA ou mesmo propor ação judicial com tal fim. Eloquente é o seguinte trecho do Parecer nº 12/2014/PFE-ICMBIO-SEDE/PGF/AGU:

> [...] 3. A equivocada classificação do empreendimento como não ocasionador de significativa degradação acarreta, como efeito prático direto ao Instituto Chico Mendes, a dificuldade em se avaliar eventuais reflexos sobre a Unidade de Conservação, bem como a dimensão dos danos, dada a dispensa dos Estudos aprofundados, donde, por si só, já exsurge o interesse da autarquia na fiel observância das prescrições legais sobre o tema.
> 4. Não me parece, todavia, que a redação original da OJN em apreço advogue em favor de ideia contrária quando afirma que "O ICMBIo não detém poder para influir na escolha do tipo de estudo prévio de impacto ambiental exigido pelo ente licenciador". O que se tem no exemplo trazido é a extrapolação pelo órgão licenciador de um espaço de atuação definido pelo próprio constituinte, quando impôs ao Poder Público "exigir, na forma da lei, para instalação de obra ou atividade potencialmente causadora de significativa degradação ao meio ambiente, estudo prévio de impacto ambiental, a que se dará publicidade", sobre o quê não há discricionariedade.
> 5. Da Lei nº 6.938/81, que dispõe sobre a Política Nacional do Meio Ambiente, tem-se arrolada dentre as competências do Conselho Nacional do Meio Ambiente-CONAMA, "estabelecer, mediante proposta do IBAMA, normas e critérios para o licenciamento de atividades efetiva ou potencialmente poluidoras, a ser concedido pelos Estados e supervisionado pelo IBAMA".
> 6. No exercício desta competência, editou o CONAMA a Resolução 237/1997, firmando balizas para a atividade estatal de Licenciamento Ambiental [...]
> 7. A definição das hipóteses em que exigível o licenciamento ambiental possui extensão trazida pela própria Resolução, não podendo ser reduzida pelo ente licenciador. É dizer,

---

[265] No âmbito federal pode-se levar o caso à Câmara de Conciliação e Arbitragem da Administração Federal (CCAF). O Decreto nº 7.392/10 dispõe: "Art. 18. A Câmara de Conciliação e Arbitragem da Administração Federal compete: [...] III – dirimir, por meio de conciliação, as controvérsias entre órgãos e entidades da Administração Pública Federal, bem como entre esses e a Administração Pública dos Estados, do Distrito Federal, e dos Municípios; [...] VI – propor, quando couber, ao Consultor-Geral da União o arbitramento das controvérsias não solucionadas por conciliação".

[266] Parecer nº 496/2011/PFE-ICMBIO-SEDE/PGF/AGU, aprovado pelo Subprocurador-Chefe Substituto do ICMBio, em 25.10.2011, mediante o Despacho nº 791/2011/PFE-ICMBIO-SEDE/PGF/AGU, nos autos do PA nº 02070.003384/2011-85.

[267] Parecer nº 12/2014/PFE-ICMBIO-SEDE/PGF/AGU, aprovado em parte pelo Subprocurador-Chefe Substituto do ICMBio, em 27.01.2014, pelo Despacho nº 18/2014/PFE-ICMBIO-SEDE/PGF/AGU, nos autos do PA nº 02070.00079/2011-31.

[268] Essa OJN foi revogada pela Portaria PFE-ICMBio nº 01, de 30 de janeiro de 2014, publicada no Boletim de Serviço Instituto Chico Mendes 05, de 31.01.2014.

não poderá ser dispensado o licenciamento de atividades que em sua essência se enquadrem na definição do art. 2º *caput* da norma, e que, especialmente, esteja prevista no rol exemplificativo trazido em seu anexo 1.

10. Há de se diferenciar, pois, duas situações distintas, para a correta aplicação do entendimento firmado na OJN em questão:

1) quando o ente licenciador, dentro dos limites da competência posta pela Constituição e em observância aos critérios fixados pelas normas gerais (Lei nº 6.938/81, Res. Conama nº 237/97, etc.) define certa atividade como não acarretadora de significativa degradação ambiental, dispensando-a, por consequência, de EIA/RIMA;

2) quando o ente licenciador, em desobediência aos parâmetros traçados pela legislação geral, dispensa empreendedor da apresentação de EIA/RIMA, embora o empreendimento seja ocasionador de significativo impacto ambiental;

11. Feita a diferenciação, parece-me que a OJN nº 07/11 possui seu âmbito de aplicação limitado à primeira hipótese, estabelecendo que o Instituto Chico Mendes, enquanto entidade carente de competência para promover o licenciamento ambiental, não detém poderes para "influir na escolha do tipo de estudo prévio de impacto ambiental exigido pelo ente licenciador".

12. Enquanto entidade preocupada com a preservação ambiental, em especial de suas Unidades de Conservação, não me parece crível, de outra parte, que este Instituto observe passivamente a classificação feita pelo ente licenciador em contrariedade à legislação posta. Neste caso, não restam dúvidas, poderá o ICMBio pleitear junto ao ente competente a correção do procedimento adotado, caso necessário, através das devidas medidas judiciais.

2.2 Conflitos legislativos no licenciamento ambiental

Os dois principais conflitos legislativos que se relacionam ao licenciamento ambiental referem-se ao suposto cânone hermenêutico da aplicação ou prevalência da norma ambiental mais restritiva ou protetiva e da diferença de ritos para controle ambiental, especialmente na imposição de procedimentos e estudos ambientais.

A questão do suposto cânone hermenêutico da aplicação da lei ambiental mais restritiva ou protetiva é fruto de certa leitura da competência concorrente que impacta diretamente as competências privativas da União, gerando, ainda, interferências na liberdade do cidadão, uma vez que os entes locais somente podem legislar diante de suas peculiaridades.

Essa capacidade de legislar concorrentemente sobre o meio ambiente acaba gerando conflitos em questões formais. Um desses conflitos é a necessidade de um ente federativo aplicar a legislação de outro que exige o licenciamento ambiental de certa atividade, ou que demande estudos ambientais específicos, não exigidos pela lei do ente licenciador.

2.2.1 Inexistência de um cânone hermenêutico da aplicação ou prevalência da norma ambiental mais restritiva ou protetiva

A competência constitucional em matéria ambiental no Brasil é bipartida em administrativa ou material (atribuição para fazer ou executar – art. 23) e em legislativa ou formal (poder de legislar). A competência legislativa ambiental é concorrente entre União, Estados e Distrito Federal (art. 24, VI, VII e VIII), caracterizando o federalismo cooperativo – aquele que encampa competências concorrentes, sejam materiais, sejam legislativas. "O federalismo dual cedeu lugar ao federalismo cooperativo, e esse modelo acabou por representar uma maior concentração de poder no governo federal".[269]

Aliás, a concentração de poderes na União não é fenômeno do federalismo brasileiro, sendo considerada, por unanimidade, tendência mundial,[270] mas no Brasil se justifica pelo processo de criação de nossa federação (desagregação de um Estado unitário) e pela passagem do Estado liberal para o providencialista.[271] De qualquer forma, foi o caminho seguido pelo constituinte da Constituição de 1988, que, para Fernanda Dias Menezes de Almeida, foi ocasionado pelo convencimento de que as competências que a União tinha já deveriam ser suas, pois são encargos que somente o poder central poderia desempenhar a contento.[272]

À União cabe uma gama de atribuições para legislar sobre meio ambiente que lhe confere superioridade em relação aos entes locais (Estados-membros e Municípios), ainda mais quando ela pode prever normas gerais em matéria ambiental que impedem que outras sejam estipuladas pelos entes locais. As normas devem ser gerais pelo mesmo motivo, embora em menor intensidade relativamente às competências privativas: trato legislativo uniforme no país, evitando que alegações de peculiaridades locais desfigurem a normativa delineada pela União e garantindo harmonia, pela inibição de uma guerra federativa, e coerência federativas.

A exceção de que as normas gerais devem ser sinônimo de toda a regulação quando se trata de competência privativa da União decorre do fato de que, conforme leciona Fernanda Dias Menezes de Almeida, essa competência privativa se justifica porque "a disparidade de ordenamentos provocaria a incerteza e a insegurança nas relações jurídicas que se estabelecessem entre partes domiciliadas em Estados diversos, com consequências prejudiciais à convivência harmoniosa na Federação".[273] Em algumas situações seria necessária a tomada de decisões comuns a todos.[274] Desta forma, como destacado por Alexandre de Moraes, as competências privativas (CF, art. 22) demonstram a "clara supremacia em relação aos demais entes federativos, em virtude da relevância das disposições".[275]

Floriano de Azevedo Marques Neto, ao colocar o regramento uniforme em todo o território nacional como a *ratio* da competência privativa, doutrina sobre a necessidade de os serviços públicos terem marco regulatório único, vedando a interferência de outros entes federativos.[276] Parece ser o entendimento de Fernando Dias Menezes de Almeida,

---

[269] FERRERI, Janice Helena. A federação. *In*: BASTOS, Celso Ribeiro (Coord.). *Por uma Nova Federação*. São Paulo: RT, 1995. p. 20.

[270] BARROSO, Luís Roberto. *Direito Constitucional Brasileiro*: o problema da federação. Rio de Janeiro: Forense, 1982. p. 53. No mesmo sentido: ALMEIDA, Fernanda Dias Menezes de. A doutrina contemporânea do federalismo. *Revista da Procuradoria-Geral do Estado de São Paulo*, n. 80. p. 13-36, jan./dez. 2014. p. 21 e 35.

[271] ALMEIDA, Fernanda Dias Menezes de. A doutrina contemporânea do federalismo. *Revista da Procuradoria-Geral do Estado de São Paulo*, n. 80. p. 13-36, jan./dez. 2014. p. 24.

[272] ALMEIDA, Fernanda Dias Menezes de. *Competências na Constituição de 1988*. 6. ed. São Paulo: Atlas, 2013. p. 75.

[273] ALMEIDA, Fernanda Dias Menezes de. *Competências na Constituição de 1988*, 6. ed., 2013. p. 86.

[274] ALMEIDA, Fernanda Dias Menezes de. A doutrina contemporânea do federalismo. *Revista da Procuradoria-Geral do Estado de São Paulo*, n. 80. p. 13-36, jan./dez. 2014. p. 15.

[275] MORAES, Alexandre. *Constituição do Brasil Interpretada e Legislação Constitucional*. 9. ed. São Paulo: Atlas, 2013. p. 671.

[276] "Desnecessário lembrar que (à exceção do transporte coletivo de passageiros intramunicipal, cuja circunscrição local está patente já no próprio nome) todos os serviços públicos que envolvem transporte (deslocamento espacial de bem, sinal, pessoas ou coisas) são titularizados pela União. Não é gratuito, portanto, que transporte rodoviário interestadual (artigo 21, XII, *e*), navegação aérea (artigo 21, XII, *c*), transporte ferroviário (artigo 21, XII, *d*) e mesmo aquaviário (artigo 21, XII, *d*), entre outros, são atribuídos pela Constituição à União (competência

que faz uma ressalva conceitual na questão da competência legislativa: "quando a Constituição prevê competência legislativa privativa por matéria, compreende-se que o ente competente esgote o tratamento da matéria em questão".[277]

Em outras palavras, não é porque a norma ambiental local pode ser mais restritiva ou ampliativa que ela será válida, que ela será autorizada pela norma geral da União. A norma federal pode ter regulamentado toda a matéria e, se se tratar de competência privativa da União, essa deve ser a presunção: o padrão federal deve ser único, vedando que outros entes tratem do assunto. Não é uma questão de negar a existência de interesse local, que sempre existirá, mas de reconhecer que está em jogo um interesse preponderante maior, o nacional, motivo pelo qual a Constituição atribuiu tal competência à União, privativamente; estar-se-ia diante da predominância do interesse nacional, certificado expressamente pela Constituição.

Segundo Alexandre de Moraes, "o princípio geral que norteia a repartição de competência entre as entidades componentes do Estado federal é o da *predominância do interesse*".[278] O primado do interesse nacional seria o que justificaria a superioridade das normas gerais da União no âmbito da competência concorrente, bem como a própria Constituição.[279]

A ADI nº 3.645 foi julgada procedente, derrubando lei estadual em questão associada à OGM, porque a questão transcende o âmbito meramente local, tendo, portanto, âmbito nacional. Não por outro motivo, ao tratar da predominância de interesse, Luís Roberto Barroso destacou que os "serviços públicos de interesse nacional, como parece óbvio, exigem estrutura também de vulto nacional, com soluções técnicas e econômicas de larga escala, capazes de fazer frente às necessidades de todo o país, o que justifica sua atribuição à União", estando os serviços ferroviários enquadrados nessa circunstância.[280]

Nesse contexto, deve-se considerar que a competência legislativa acompanha a material, sendo mais intensa quando se tratar de competência material privativa ou exclusiva (CF, art. 21), devendo ser usada para compreender seu alcance e significado. Logo, pelo STF, os Estados-membros são competentes para regulamentar a prestação de serviços de transporte intermunicipal, já que lhes cabe a sua exploração (ADI nº 2.349), mas não podem avançar no transporte municipal por competir aos Municípios (ADI nº 845), da mesma forma que esses não podem avançar sobre o transporte intermunicipal por competir aos Estados-membros (AR no RE nº 549.549).

---

material). É porque o tratamento regulatório (do qual a outorga é parte essencial) não pode ser fragmentado, pulverizado, sob pena de comprometimento do princípio federativo. Ora, se a competência legislativa para trânsito e transporte é exclusiva da União e se a tal competência material para implementar todos os serviços públicos correlacionados a esses temas, quando de âmbito nacional, foi reservada à União (artigo 21 da CF), não seria razoável que uma atividade não referida na Constituição (ITV) recebesse tratamento legal distinto e fosse remetida à competência Estadual" (MARQUES NETO, Floriano de Azevedo. Aspectos jurídicos enredados na implantação do programa de inspeção veicular. *Revista de Informação Legislativa*, Brasília: Senado, ano 38, n. 151. p. 183-189, jul./set. 2001. p. 185).

[277] ALMEIDA, Fernando Dias Menezes de. Competências legislativas e analogia – breve ensaio a partir de decisões judiciais sobre a aplicação do art. 54 da Lei nº 9.784/99. *Revista da Faculdade de Direito da Universidade de São Paulo*, São Paulo: FDUSP, v. 102. p. 357-370, jan./dez. 2007. p. 362.

[278] MORAES, Alexandre de. *Direito Constitucional*. 33. ed. São Paulo: Atlas, 2017. p. 322 – destaques no original.

[279] LAMY, Marcelo. Repartição federal de competências ambientais. *Revista Brasileira de Direito Constitucional*, São Paulo: ESDC, n. 13. p. 13-39, jan./jun. 2009. p. 22.

[280] BARROSO, Luís Roberto. Federação, transportes e meio ambiente – interpretação das competências federativas. *In*: TAVARES, André Ramos; LEITE, George Salomão; SARLET, Ingo Wolfgang (Org.). *Estado Constitucional e Organização do Poder*. São Paulo: Saraiva, 2010. p. 494.

A predominância do interesse deve estar sempre na mente do intérprete, ainda que em caráter residual, pela sua importância quando há conflitos entre leis federativas, uma vez que ele estabiliza conceito vital, o interesse nacional, presente quando deve haver regramento uniforme em todo o país, ou seja, quando não existe razão para cada ente federativo estipular regra diferente, o que é a própria razão de existirem competências privativas ou exclusivas, bem como as normas gerais da competência concorrente. Como destacado pela doutrina:

> Suponha-se, *e.g.*, que a matéria a ser regulada tenha repercussão nacional: entender existente uma competência estadual sobre a matéria conduziria a soluções regionais para um problema geral, o que violaria o pacto federativo. O tema pede uma deliberação nacional e não regional ou local. [...] Assim, se prevalece o interesse nacional na solução de determinada questão, a preferência deve ser dada à lei federal, afastando-se a lei estadual ou municipal que também postulem incidência no caso concreto.[281]

Alguns exemplos são eloquentes para a correta compreensão da limitação da legislação local (estadual e municipal).

Em empreendimentos lineares de competência da União (transporte: rodovias, ferrovias, hidrovias; energia elétrica: linhas de transmissão, usinas nucleares), não podem os entes locais (Estados e Municípios) imporem padrões ambientais que interfiram na prestação do serviço público privativo da União. Caso pudesse se fazer uma leitura da competência concorrente que interferisse nessa competência privativa, ela deixaria de ser privativa pela entrada pela janela (norma ambiental) do que foi expulso pela porta (norma setorial em competência privativa). Assim, um limite de ruído de uma rodovia, ferrovia, linha de transmissão poderia variar de estado para estado ou de Município para Município, impondo alterações significativas ao serviço público ou mesmo impedindo-o? A legislação de uso e ocupação do solo urbano poderia proibir gasodutos em seu perímetro? Obviamente que não. Se pudesse, não seria um serviço público federal, mas um mosaico de competências locais sobrepostas que formariam a competência federal.

Mesmo em empreendimentos que não são lineares tal compreensão fica clara. Em portos (marítimos, fluviais ou lacustres) não se pode fazer leis proibindo ou restringindo a sua existência. Por isso, o STF rechaçou legislação urbanística (ordenamento do uso e ocupação do solo) que restringia a atividade portuária, porque ela somente poderia ocorrer por meio de legislação federal (ADPF-MC 316). O STF já derrubou lei estadual sobre polícia sanitária por violar competência da União para legislar sobre atividades nucleares, na qual se inclui a competência para fiscalizar a execução dessas atividades e legislar sobre a referida fiscalização (ADI nº 1.575). Às vezes, em competências privativas da União, como a nuclear, é desvirtuada pela pretensão de aplicar normas locais ambientais, como as que restringem a emissão de certas substâncias em padrão diferente do federal, gerando maior resíduo radioativo, maior preocupação ambiental das Usinas Nucleares (UTNs).

---

[281] PIRES, Thiago Magalhães. *As Competências Legislativas na Constituição de 1988*: uma releitura de sua interpretação e da solução de seus conflitos à luz do direito constitucional contemporâneo. Belo Horizonte: Fórum, 2015. p. 251-252.

Por isso, não apenas em atividades monopolizadas pela União se aplica unicamente a norma federal, afastando as ambientais concorrentes, como entende Consuelo Yoshida,[282] mas essa concepção se estende à competência privativa em geral, ainda que não sujeita ao regime de monopólio.

O problema também existe entre Estados-membros e Municípios, como haveria entre a competência municipal para dispor sobre ordenamento territorial (CF, art. 30, VIII) e a competência estadual para explorar serviços de gás encanado (CF, art. 25, §2º). Deve prevalecer a competência mais específica, a estadual, sob pena de se inviabilizar ou onerar excessivamente a tarefa que lhe foi destinada pela Constituição. Assim, Luís Roberto Barroso doutrina que nesses casos, como acontece entre normas gerais e especiais, "as competências específicas não podem ser inviabilizadas pelo pretenso exercício de competências gerais", não sendo razoável que outros entes, "invocando competências genéricas, pretendam inviabilizar ou onerar excessivamente o exercício de competências específicas cometidas à esfera de governo diversa".[283]

Quem dá os fins dá os meios (*implied powers doctrine*): a competência também envolve os meios para a sua realização. É equivocado o pensamento de que a Constituição é uma enumeração explícita de poderes, porque, como leciona Louis Fisher, quando se atenta ao trabalho real do governo, encontra-se "uma complexa gama de poderes que não são expressamente declarados. Eles se manifestam sob variados nomes: implícitos ou inerentes, incidentes ou deduzidos, agregados, poderes criados pelo costume e pelo consentimento [...] Qualquer que seja o nome, o resultado é o mesmo: a outorga de poder que não é expressamente declarada na Constituição nem especificamente concedida pelo Congresso".[284] Como bem colocado por Luís Roberto Barroso, "não faria sentido imaginar que a Constituição outorgasse competência a um ente e não lhe conferisse os poderes para executá-lo, que poderiam ser restringidos ou mesmo inviabilizados pelos demais entes".[285]

Nesses casos de conflitos entre as leis dos entes federais não se deve entender a restrição a um deles como restrição à sua autonomia, uma vez que ela não preexiste à Constituição, antes sendo por ela delineada.

Os Municípios, ainda que não constem expressamente no artigo 24 da CF, podem legislar sobre assuntos de interesse local, dentre os quais se inclui o meio ambiente. Embora no artigo 24, VI, da Constituição Federal, seja de competência concorrente apenas da União, Estados e Distrito Federal legislar sobre proteção ao meio ambiente, os Municípios podem suplementar a legislação federal ou estadual, no que couber (CF, art. 30, II), visando ajustar legislações federais e estaduais às peculiaridades locais. Entretanto, o STF consolidou o entendimento de que o Município (também aplicável aos

---

[282] YOSHIDA, Consuelo Yatsuda Moromizato. Rumos do federalismo cooperativo brasileiro na tutela estatal ambiental: excessos e busca de equilíbrio e integração dos entes federativos. *Revista da Procuradoria-Geral do Estado de São Paulo*, n. 73-74. p. 103-144, jan./dez. 2014. p. 107, nota 5.

[283] BARROSO, Luís Roberto. Federação, transportes e meio ambiente – interpretação das competências federativas. *In*: TAVARES, André Ramos; LEITE, George Salomão; SARLET, Ingo Wolfgang (Org.). *Estado Constitucional e Organização do Poder*. São Paulo: Saraiva, 2010. p. 487.

[284] FISHER, Louis. *Constitutional Conflicts between Congress and the President*. 4. ed. Kansas: University Press of Kansas, 1997. p. 14 – tradução livre.

[285] BARROSO, Luís Roberto. Federação, transportes e meio ambiente – interpretação das competências federativas. *In*: TAVARES, André Ramos; LEITE, George Salomão; SARLET, Ingo Wolfgang (Org.). *Estado Constitucional e Organização do Poder*. São Paulo: Saraiva, 2010. p. 488.

Estados-membros) é competente para legislar sobre o meio ambiente conjuntamente com a União e os Estados-membros, no limite de seu interesse local, e desde que *tal regramento seja suplementar e harmônico à disciplina estabelecida pelos demais entes federados*. Com efeito, no Recurso Extraordinário com Repercussão Geral nº 586.224 restou decidido:

> [...] 1. O Município é competente para legislar sobre meio ambiente com União e Estado, no limite de seu interesse local e desde que tal regramento seja harmônico com a disciplina estabelecida pelos demais entes federados (art. 24, VI c/c 30, I e II da CRFB).[286]

Da mesma forma ocorre com a legislação estadual: ela não pode estar em desarmonia com o regramento federal. Assim, o STF asseverou ser pacífico o entendimento quanto à inconstitucionalidade de normas estaduais que tenham como objeto matérias de competência legislativa privativa da União (ADI nº 3.380). Como as matérias privativas materiais são acompanhadas pelas legislativas, estando no artigo 21 ou 22 da CF existe uma supremacia da legislação federal, com a consequente exclusão da legislação local.

No RE-RG nº 586.224, o STF entendeu que optar pela constitucionalidade da norma local (no caso, municipal) acarretaria a ineficácia do planejamento traçado nacionalmente, ainda que se tratasse de lei ambiental. Todos os entes federados podem legislar sobre meio ambiente, mas isso sem que os entes locais (Estados-membros e Municípios) usurpem a atuação dos demais entes ou adotem condutas no sentido de inviabilizar o exercício de competências atribuídas pela Carta de 1988 à União. Como destacado por Paulo de Bessa Antunes, "a restrição que o Estado está autorizado legitimamente a opor a uma atividade submetida à competência concorrente não pode ir ao ponto de descaracterizar as normas federais".[287]

Foi o caso de lei estadual, supostamente mais restritiva ou protetiva ao meio ambiente por vedar a manipulação, a importação, a industrialização e a comercialização de organismos geneticamente modificados em seu território, que foi derrubada pelo STF, pois ofendia "à competência privativa da União e das normas constitucionais relativas às matérias de competência legislativa concorrente" (ADI nº 3.035). Da mesma forma, o Superior Tribunal de Justiça não aplicou decreto municipal que vedava o uso e armazenamento de substâncias agrotóxicas em seu território por considerá-lo contrário à legislação federal sobre a matéria (REsp nº 29.299).

A Ministra Cármen Lúcia foi direto ao ponto, mostrando como a legislação local deve ter alcance limitado sob pena de inviabilizar serviços dos outros entes:

> Recordo-me, Ministra Rosa, ainda Procuradora de Estado, que um determinado município de Minas fez uma lei estabelecendo que, naquele município, não poderia – e a matéria é municipal, sobre uso e ocupação do solo –, em nenhum local daquele solo urbano, poderia se situar penitenciária. A penitenciária é de competência do Estado. Então, se os oitocentos e cinquenta e três municípios mineiros fizessem a mesma lei, em Minas, não poderia ter penitenciária, porque o Estado não teria como, em que espaço fazer situar.[288]

---

[286] STF, Pleno, RE-RG 586.224/SP, Rel. Min. Luiz Fux, j. em 05.03.2015, *DJe* 07.05.2015.
[287] ANTUNES, Paulo de Bessa. *Direito Ambiental*. 18. ed. São Paulo: Atlas, 2016. p. 117.
[288] STF, Pleno, RE-RG 586.224/SP, Rel. Min. Luiz Fux, j. em 05.03.2015, *DJe* 07.05.2015 – pág. 50 de 75.

Como corretamente doutrinaram Fabiana da Silva Figueiró e Suzane Girondi Colau, a análise de diversas decisões do Supremo Tribunal Federal "corrobora o entendimento de que a opção pela norma mais restritiva não representa a melhor técnica com vistas à resolução de conflitos normativos em sede ambiental".[289]

Posicionamento que não apenas é adotado pela jurisprudência do STF, mas por robusta doutrina.

Paulo de Bessa Antunes é categórico ao dizer que não existe base constitucional para a afirmação de que se aplique a norma mais restritiva ou protetiva do meio ambiente.

> Não há qualquer base legal ou constitucional para que se aplique a norma mais restritiva. A ordem jurídica, como se sabe, organiza-se em uma escala hierárquica, encimada pela Constituição Federal, que, dentre outras coisas, dispõe sobre a competência dos diversos organismos políticos e administrativos que formam o Estado. *Pouco importa que uma lei seja mais restritiva e, apenas para argumentar, seja mais benéfica para o meio ambiente se o ente político que a produziu não é dotado de competência para produzi-la*. A questão central que deve ser enfrentada é a que se refere à competência legal do órgão que elaborou a norma.[290]

Conforme explica Paulo Afonso Cavichioli Carmona:

> Há que se afastar a ideia sem qualquer base legal ou constitucional que sustenta a aplicação da norma mais restrita, ou seja, aquela que, em tese, mais protegeria o meio ambiente. Não bastasse a dificuldade de, diante de diversos casos concretos, estabelecer qual é a norma mais restrita, a CF, em nenhum momento, adotou tal critério.[291]

A questão é tratada de modo mais detalhado por Andreas Joachim Krell, que chega mesmo a mencionar diversas tentativas rejeitadas na Constituinte para impor a prevalência da lei mais restritiva ou protetiva, em tópico intitulado "Há preferência geral pela norma ambiental 'mais restritiva'?":

> No Brasil, há autores que defendem a tese de que, em todo campo da proteção do meio ambiente, sempre deva prevalecer a norma das três esferas de estado que mais proteja o meio ambiente. Segundo essa teoria, os municípios poderiam – a qualquer hora – sobrepujar as normas superiores no seu amparo ecológico.
>
> Forte argumento contra a introdução generalizada deste sistema é o fato de que, na Constituinte, foram rejeitadas várias propostas que tiveram por objetivo fazer vigorar sempre o dispositivo legal "que mais proteja o meio ambiente", não importando se ele fosse federal, estadual ou municipal.
>
> O Anteprojeto da Comissão pela Ordem Social (art. 111) ainda quis estabelecer a competência concorrente da União, dos estados e municípios pelo "estabelecimento de restrições legais e administrativas visando à proteção ambiental e à defesa dos recursos naturais, *prevalecendo o dispositivo mais severo*" (grifamos).

---

[289] FIGUEIRÓ, Fabiana da Silva; COLAU, Suzane Girondi. Competência legislativa ambiental e aplicação da norma mais restritiva como forma de resolução de conflitos: uma análise crítica. *Veredas do Direito*, Belo Horizonte: Escola Superior Dom Elder Câmara, v. 11, n. 21. p. 255-280, jan./jun. de 2014. p. 271-272.

[290] ANTUNES, Paulo de Bessa. *Direito Ambiental*, 18. ed., 2016. p. 116-117 – destaques no original.

[291] CARMONA, Paulo Afonso Cavichioli. *Das normas gerais*: alcance e extensão da competência legislativa concorrente. Belo Horizonte: Fórum, 2010. p. 108-109.

O Projeto da Subcomissão de Segurança, Saúde e Meio Ambiente também conferiu aos municípios a competência para estabelecer limitações e restrições legais e administrativas relacionadas à proteção ambiental, mesmo no caso de já haver dispositivo regulando a matéria, para suprir as lacunas ou deficiências ou para atender a interesses locais, "desde que não dispensem ou diminuam as exigências anteriores" (art. 40).

O Decreto Federal nº 99.274/90 reza que "caberá aos Estados e Municípios a regionalização das medidas emanadas do Sistema Nacional do Meio Ambiente, elaborando normas e padrões supletivos e suplementares" (art. 14, II). Sem dúvida, os municípios continuam podendo "fixar parâmetros de emissão, ejeção e emanação de agentes poluidores, observada a legislação federal" (art. 14, II, parágrafo único); todavia, hoje não existe qualquer regulamentação a respeito de uma eventual primazia da norma respectivamente *mais restritiva*.

Além disso, muitos dispositivos de leis e decretos ambientais declaram expressamente a primazia da norma mais restritiva e "autorizam" expressamente os municípios a promulgarem – quando for necessário – parâmetros e padrões ambientais mais restritivos que os fixados.

Tais esclarecimentos formais seriam simplesmente supérfluos caso houvesse uma preferência generalizada pelo regulamento mais protetor. Por essas razões, parece ser inaceitável a teoria da vigência universal de um "sistema de proteção máxima" em todas áreas da proteção ambiental. Vale reiterar que os municípios não têm o direito de exacerbar todas as normas ambientais estaduais ou federais, embora essa tese provavelmente agradaria bastante os ambientalistas e defensores das questões ecológicas.[292]

Fabiana Figueiró e Suzane Colau concluem que, ainda que exista doutrina invocando a regra da utilização da norma mais restritiva em casos de conflitos, "a análise cuidadosa do texto constitucional que trata sobre repartição de competências bem como da doutrina e da jurisprudência, notadamente do STF", esse critério não é o correto, e lecionam:

> Com respeito aos doutrinadores que defendem tal critério, optamos por nos filiar àqueles que rechaçam tal entendimento. Dessa forma, tendo como fundamento as informações avaliadas, não se identificou dispositivo expresso que aponte para a prevalência da norma mais protetiva. Além disso, os casos conflituosos devem ser solucionados com base no sistema constitucional de repartição de competências.[293]

Como destacou Marcos Abreu Torres, o primeiro motivo para não se reconhecer a existência de um cânone hermenêutico da prevalência da norma ambiental mais protetiva ou restritiva é a ausência de qualquer orientação constitucional nesse sentido, com sua rejeição na Constituinte.[294] Dito de outra forma, "não dá para aceitar a aplicação de um critério que foi rejeitado pelo poder constituinte originário e que desvirtuaria a *ratio constitucionale*. [...] o critério solucionador do conflito não é de ordem material, mas sim formal, de competência".[295]

---

[292] KRELL, Andreas Joachim. Autonomia municipal e proteção ambiental: critérios para definição das competências legislativas e das políticas locais. *In*: KRELL, Andreas J. (Org.). *A Aplicação do Direito Ambiental no Estado Federativo*. Rio de Janeiro: Lumen Juris, 2005. p. 183-184 – destaques no original.

[293] FIGUEIRÓ, Fabiana da Silva; COLAU, Suzane Girondi. Competência legislativa ambiental e aplicação da norma mais restritiva como forma de resolução de conflitos: uma análise crítica. *Veredas do Direito*, Belo Horizonte: Escola Superior Dom Elder Câmara, v. 11, n. 21. p. 255-280, jan./jun. de 2014. p. 274 e 276-277.

[294] TORRES, Marcos Abreu. *Conflitos de Normas Ambientais na Federação*. Rio de Janeiro: Lumen Juris, 2016. p. 142.

[295] TORRES, Marcos Abreu. *Conflitos de Normas Ambientais na Federação*, 2016. p. 143.

A mesma solução é encontrada na Alemanha. Andreas Krell leciona que no Direito germânico o princípio da preferência da lei federal sobre a local para resolver os conflitos entre as leis tem pouca aplicação, porque quase todos os conflitos entre o direito federal e o estadual são resolvidos com base na interpretação de regras específicas de distribuição de competências legislativas.[296]

Embora essas decisões e a doutrina já sejam motivo para rejeitar a genérica afirmação de que vale a lei ambiental mais restritiva ou protetiva, ainda existe outro: a desvirtuação dos valores constitucionais ao se tentar emplacar um *in dubio pro natura*. Existe doutrina que afirma que os conflitos nos quais norma geral e especial sejam insuficientes para seu deslinde devem ser resolvidos com base no *in dubio pro natura*.[297] Quanto ao equívoco da adoção do *in dubio pro natura* remete-se o leitor ao item 1.1 do capítulo 1.

A afirmação genérica de que prevalece a lei mais protetiva ignora o fato de que o Estado, ao regular alguma atividade, atua como um ponderador de interesses, fazendo escolhas, embora, do ponto de vista constitucional, não existe hierarquia dos bens constitucionais. O meio ambiente ecologicamente equilibrado é direito expressamente previsto em nossa Constituição (art. 225, *caput*), mas isso não resulta em nenhuma supremacia em relação aos demais direitos previstos em nosso ordenamento.

O desenvolvimento sustentável é argumento que, às vezes, aparece para fundamentar o cânone hermenêutico da prevalência da lei mais protetiva. O problema desse argumento é que o desenvolvimento sustentável se ancora em um tripé ambiental, econômico e social, não sendo correto sobrepor *a priori* um desses valores sobre os demais. Como alertou Marcos Torres, "se um destes valores for anulado ou tentar sobrepor-se sobre os demais, o tripé não se mantém. Portanto, não se pode querer que o espectro ambiental prevaleça sobre os demais aspectos presentes nas normas conflitantes".[298]

Dessa forma, fica claro o desacerto da ideia pura e simples de aplicação ou prevalência da lei ambiental mais restritiva ou protetiva. Para Andreas J. Krell "não existe um 'princípio' universal da prevalência da norma mais restritiva (mais protetora)".[299] O que existe é a competência para regulamentar determinada matéria em condomínio legislativo, especialmente para complementar a legislação do ente com maior abrangência territorial, quando isso é cabível (comprovação da peculiaridade local), ou seja, é uma questão de divisão de competências constitucionais e não de prevalência de lei mais protetiva.

Por isso é juridicamente equivocado falar em prevalência de norma mais restritiva *tout court*.

Isso não impede que haja espaço para regulação concomitante sobre o mesmo tema, como as restrições à pesca decorrentes da relação de espécies da fauna e da flora ameaçadas de extinção em seu território, que podem ser efetuadas pela União e Estados (cf. LC nº 140/11, arts. 7º, XVI, e 8º, XVII), e que o cidadão tenha que obedecer a ambas as ordens jurídicas simultaneamente. Obediência essa que pode ser fiscalizada

---

[296] KRELL, Andreas Joachim. *Leis de Normas Gerais, Regulamentação do Poder Executivo e Cooperação Intergovernamental em tempos de Reforma Federativa*. Belo Horizonte: Fórum, 2008. p. 23.
[297] FARIAS, Paulo José Leite. *Competência Federativa e Proteção Ambiental*. Porto Alegre: SAFE, 1999. p. 356.
[298] TORRES, Marcos Abreu. *Conflitos de Normas Ambientais na Federação*, 2016. p. 143.
[299] FIGUEIRÓ, Fabiana da Silva; COLAU, Suzane Girondi. Competência legislativa ambiental e aplicação da norma mais restritiva como forma de resolução de conflitos: uma análise crítica. *Veredas do Direito*, Belo Horizonte: Escola Superior Dom Elder Câmara, v. 11, n. 21. p. 255-280, jan./jun. de 2014. p. 271.

por qualquer esfera. Como pode não existir restrição por parte da União, por exemplo, tem-se a impressão de que isso geraria um espaço de imunidade contra a legislação local, mas isso seria exceção, a regra é que, havendo a possibilidade de o ente local inserir restrição à pesca não prevista na legislação federal, o cidadão deve obedecer a ambas as regulamentações, o que pode dar a falsa impressão de que haveria um cânone hermenêutico de prevalência da lei mais protetiva quando se está diante de uma norma válida, editada dentro do espaço constitucionalmente garantido.

Como visto, *ad argumentandum tantum*, ainda que se pudesse falar em prevalência da norma mais protetiva ao meio ambiente, esse cânone não seria aplicável aos casos de serviços públicos federais, competência privativa da União, especialmente porque muitas das competências privativas (art. 22) são exclusivas (art. 21). Há, nesses casos, como aduz Paulo de Bessa Antunes, um *direito de preempção sobre a competência concorrente* sempre que entre elas se identifique um ponto de contato, uma vez que tem sido o entendimento do STF que as competências privativas se sobrepõem às concorrentes. Exemplifica com o caso das minas, que se legislada pela União, condiciona a legislação concorrente aos padrões federais.[300]

A doutrina da preempção federal *(doctrine of federal preemption)* entre as leis é desenvolvida no Direito Constitucional norte-americano, no qual se entende que algumas leis federais preponderam sobre ou esvaziam a legislação local, sendo fundamental para se entender as relações entre os entes federativos, devendo ser utilizada como um parâmetro no Brasil para auxiliar a compreensão das relações entre as legislações dos entes federativos. A preempção pode ser explícita, quando o legislador federal proíbe que os entes locais legislem a respeito, ou implícita *(conflict preemption)*, quando há um conflito entre a lei federal e a local. A implícita ocorre, como descrito por Thiago Pires, (i) ao ser impossível a aplicação de ambas as normas simultaneamente *(physical impossibility preemption)*, (ii) porque a lei local impede que a União atinja objetivo a ela deferido *(obstacle preemption)* ou (iii) pela normativa federal ser tão minuciosa que esgota a matéria e esvazia a local *(field preemption)*.[301]

Embora se diga que no Brasil a doutrina da preempção federal não tenha lugar pela ausência de hierarquia entre as leis federativas, ela pode servir como guia para melhor compreender o papel da competência atribuída à União e seus limites, especialmente a privativa ou exclusiva, ainda que haja competências concorrentes que podem regular a mesma matéria, uma vez que ela foi criada para impor a efetividade da legislação federal em cenário de competências extremamente amplas dos entes locais. Com efeito, a preempção implícita mostra uma zona de atribuição do interesse nacional que justifica o regramento uniforme e, consequentemente, a sua atribuição ao ente central da federação. Como destacou Floriano de Azevedo Marques Neto: "como já sustentou o Supremo Tribunal Federal, a competência privativa da União, para legislar sobre trânsito e transporte, interdita que outros entes da federação editem normas sobre o tema, mesmo que na perspectiva de complementar ou regulamentar as normas gerais editadas pela União".[302]

---

[300] ANTUNES, Paulo de Bessa. *Direito Ambiental*, 18. ed., 2016. p. 105.

[301] PIRES, Thiago Magalhães. *As Competências Legislativas na Constituição de 1988*: uma releitura de sua interpretação e da solução de seus conflitos à luz do direito constitucional contemporâneo. Belo Horizonte: Fórum, 2015. p. 235.

[302] MARQUES NETO, Floriano de Azevedo. Aspectos jurídicos enredados na implantação do programa de inspeção veicular. *Revista de Informação Legislativa*, Brasília: Senado, ano 38, n. 151. p. 183-189, jul./set. 2001. p. 184.

As competências legislativas privativas têm preferência às concorrentes sob pena de se descaracterizá-las como tal, da mesma forma que a lei geral da União pode ser minuciosa a ponto de impedir sua complementação pelos entes locais. Aqui não se tem necessariamente um transbordamento da norma geral, mas uma regulamentação geral que pode deixar praticamente nenhuma margem aos entes locais porque a questão não comporta peculiaridades locais. Certo que esses têm um espaço para legislarem na competência concorrente sobre seu peculiar interesse, mas isso não lhes dá um cheque em branco para legislar invadindo as competências dos outros entes, especialmente as privativas.

Por isso, mesmo quem aparentemente encampa o critério da lei mais restritiva reconhece como limite (i) a divisão constitucional de competências e que (ii) a legislação local não pode contrariar a política nacional ou estadual existente.[303]

Não se trata de reconhecimento de hierarquia legislativa, o que não existe em nossa federação,[304] mas apenas da distribuição de competências. Os entes federativos, ao legislarem, não podem restringir ou inviabilizar a competência de caráter nacional. Como destacado por Luís Roberto Barroso: "A ideia de que o exercício de competências locais não pode restringir o desenvolvimento de competências nacionais parece bastante intuitiva. Na realidade, o argumento é mais amplo: o que não se admite é que pretensões locais possam inviabilizar a realização de necessidades mais abrangentes, que incluem a localidade, mas vão para além dela".[305]

Essa inviabilização fica muito clara nas questões de competências privativas, embora não seja exclusividade delas. Algumas normas locais que restringem a emissão de substâncias poluentes para além dos padrões federais acabam por gerar mais resíduos radioativos em usinas nucleares.[306] Em outras palavras, obedecer a um padrão aparentemente mais restritivo ou protetivo, como a menor emissão de certas substâncias, gera mais dano ambiental no que mais importa em termos de impacto ambiental das usinas nucleares, a geração de resíduos radioativos.

Por isso, aponta-se como impeditivo para se reconhecer o cânone da prevalência da norma ambiental mais protetiva ou restritiva a dificuldade de apontá-la no caso concreto. Marcos Torres aduz que "nem sempre seria possível saber qual norma que garante maior proteção ao meio ambiente", além do fato de que um padrão menos restritivo, ainda que facilmente identificável, poderia ser menos protetivo porque o descumprimento da lei seria maior, como o caso das APPs, sendo mais fácil uma lei pegar se a metragem da APP for menor, ou seja, se a legislação for menos rigorosa.[307]

Quando a matéria mereça uniformidade nacional, caso típico das competências privativas e de sua justificativa para serem cometidas à União, as normas da União esgotam a questão, não havendo espaço para o exercício da competência complementar ou supletiva. O motivo de se conferir competências à União é porque a Constituição

---

[303] "Os Estados ou Municípios poderão suplementar a legislação federal, ou no caso dos Municípios também a estadual, para adequá-la à sua realidade, todavia não poderá afastar sua incidência no território estadual ou municipal, contrariando a política nacional ou estadual existente" (OLIVEIRA, Cláudia Alves de. Competências ambientais na federação brasileira. *Revista de Direito da Cidade*, Rio de Janeiro: UERJ, v. 4, n. 2. p. 40-64, 2012. p. 53).

[304] MENDES, Gilmar Ferreira, BRANCO, Paulo Gustavo Gonet. *Curso de Direito Constitucional*. 11. ed. São Paulo: Saraiva, 2016. p. 869.

[305] BARROSO, Luís Roberto. Federação, transportes e meio ambiente – interpretação das competências federativas. In: TAVARES, André Ramos; LEITE, George Salomão; SARLET, Ingo Wolfgang (Org.). *Estado Constitucional e Organização do Poder*, 2010. p. 489.

[306] Cf. Ofício nº 62/2017/DENEF/COHID/CGTEF/DILIC-IBAMA – PA nº 02001.110542/2017-61.

[307] TORRES, Marcos Abreu. *Conflitos de Normas Ambientais na Federação*, 2016. p. 145.

reconhece o interesse nacional na atividade e a capacidade de o ente central realizá-las, sendo o único legitimado a agir em nome de toda a coletividade. "Nesse contexto, não haveria sentido algum em subordinar a realização de necessidades nacionais ou regionais – cometidas aos entes maiores – à vontade ou aos interesses locais".[308]

Se houver legislação concorrente editada que conflite com a privativa, deve-se priorizar esta em detrimento daquela, bem como se prioriza a aplicação da competência enumerada sobre a genérica,[309] uma vez que competências especiais prevalecem sobre as gerais, assim como ocorre na resolução das antinomias normativas.

Mesmo a previsão em legislação nacional autorizando a aplicação da legislação local deve receber tratamento restritivo, sob pena de subverter a competência privativa da União. No federalismo alemão, onde os Estados-membros têm uma forte tradição de autonomia política, a União "tende a esgotar suas competências legislativas, a interpretar extensivamente os diferentes títulos de competência e a tratar de forma generosa os limites quantitativos da sua legislação *de quadro* estabelecida pela Lei Fundamental", sendo necessário no Brasil "adotar não a interpretação 'mais restrita possível' das competências da União, mas aquela que corresponda melhor ao sentido da própria subdivisão e seja mais adequada ao efetivo exercício das próprias funções normativas".[310]

O federalismo cooperativo em matéria ambiental não significa que o propósito constitucional "seja a superposição completa entre a atuação dos entes federados, como se todos detivessem competência irrestrita em relação a todas as questões".[311]

A legislação que trata de competência privativa da União não necessariamente acarreta a inconstitucionalidade da lei local, exceto se esta for voltada exclusivamente ao objeto da competência privativa. Como dificilmente esse será o objeto da lei local, deve-se reconhecer que a lei local não é aplicável apenas na parte em que há a sobreposição com a competência privativa. Conforme Andreas Krell, na dúvida sobre a inclusão de certa matéria entre a competência concorrente e a privativa da União, o STF decide por esta.[312]

A competência supletiva existe para que a omissão do poder central não impeça os entes locais de legislarem para satisfazer seus interesses. Por isso, na inexistência de leis nacionais, os Estados-membros exercerão a competência legislativa plena, para atender a suas peculiaridades (CF, art. 24, §3º). Quando se trata de competências legislativas concorrentes, deve-se considerar a inexistência de lei federal sobre a matéria como apta a deflagrar a competência supletiva, não simples lacunas na regulamentação ou eventual silêncio eloquente do legislador federal.

Entretanto, quando se trata da competência privativa da União – rol que não se exaure no artigo 22[313] –, não existe poder de suplementar dos entes locais. Deve-se

---

[308] BARROSO, Luís Roberto. Federação, transportes e meio ambiente – interpretação das competências federativas. *In*: TAVARES, André Ramos; LEITE, George Salomão; SARLET, Ingo Wolfgang (Org.). *Estado Constitucional e Organização do Poder*, 2010. p. 490.

[309] PIRES, Thiago Magalhães. *As Competências Legislativas na Constituição de 1988*, 2015. p. 247-248.

[310] KRELL, Andreas J. *Leis de Normas Gerais, Regulamentação do Poder Executivo e Cooperação Intergovernamental em tempos de Reforma Federativa*, 2008. p. 27-28 e 38.

[311] BARROSO, Luís Roberto. Federação, transportes e meio ambiente – interpretação das competências federativas. *In*: TAVARES, André Ramos; LEITE, George Salomão; SARLET, Ingo Wolfgang (Org.). *Estado Constitucional e Organização do Poder*, 2010. p. 495.

[312] KRELL, Andreas Joachim. *Leis de Normas Gerais, Regulamentação do Poder Executivo e Cooperação Intergovernamental em tempos de Reforma Federativa*, 2008. p. 118.

[313] ALMEIDA, Fernanda Dias Menezes de. *Competências na Constituição de 1988*, 6. ed., 2013. p. 82; MENDES, Gilmar Ferreira; BRANCO, Paulo Gustavo Gonet. *Curso de Direito Constitucional*, 11. ed., 2016. p. 864.

entender haver silêncio eloquente em prol da liberdade do cidadão, regra no Estado Democrático de Direito, restringindo o poder dos entes locais na ausência de legislação da União, senão o serviço público prestado pela União seria balizado pela legislação estadual ou mesmo municipal e não teria uniformidade nacional. Como doutrinou Andreas Krell para a competência concorrente, o que faz com que suas lições sejam *a fortiori* mais aplicáveis à competência privativa, "nem todos os temas objeto de normas gerais permitem suplementação estadual, visto que não se trata apenas de fixação de princípios e diretrizes genéricas, mas também do estabelecimento de regras específicas que devem vigorar em todo o território nacional".[314]

Luís Roberto Barroso, ao analisar a competência dos Estados-membros e Municípios sobre leis que têm editado impondo exigências e restrições aos concessionários do serviço público federal de transporte ferroviário – como restrições à utilização de sinais sonoros (buzinas), com ou sem imposição de medidas de segurança alternativas, e vedações de vagões abertos para o transporte de minérios a fim de evitar dispersão de partículas –, conclui que essas medidas não se encontram inseridas na esfera de competências estaduais ou municipais.[315]

Deve-se destacar que as normas gerais da União, em termos de competência concorrente, não devem avançar sobre questões peculiares de cada Estado ou Município a pretexto de sua função uniformizadora. Muitas vezes a União impõe como norma geral o que não tem essa qualidade, invadindo a esfera legislativa dos entes locais,[316] sendo que essa indeterminação das normas gerais pode usurpar competências locais, minando o federalismo.[317] Por outro lado, um dos critérios apontados para definir normas gerais são aqueles que demandam aplicação federativa uniforme, o que poderia ser considerado como o definido pelo próprio constituinte ao elencar competências privativas à União.[318]

2.2.2 Impossibilidade de os entes locais imporem ritos ambientais ao ente federal, e vice-versa, exceto, nesse caso, por legislação nacional

O licenciamento ambiental é indubitavelmente processo administrativo, chamado de procedimento administrativo pela Resolução Conama nº 237/97 (art. 1º, I) e pela LC nº 140/11 (art. 2º, I). Por outro lado, os estudos ambientais, do qual o Estudo de Impacto Ambiental (EIA) é espécie, "são todos e quaisquer estudos relativos aos aspectos ambientais relacionados à localização, instalação, operação e ampliação de

---

[314] KRELL, Andreas Joachim. *Leis de Normas Gerais, Regulamentação do Poder Executivo e Cooperação Intergovernamental em tempos de Reforma Federativa*, 2008. p. 63.

[315] BARROSO, Luís Roberto. Federação, transportes e meio ambiente – interpretação das competências federativas. In: TAVARES, André Ramos; LEITE, George Salomão; SARLET, Ingo Wolfgang (Org.). *Estado Constitucional e Organização do Poder*, 2010. p. 507.

[316] ALMEIDA, Fernanda Dias Menezes de. A doutrina contemporânea do federalismo. *Revista da Procuradoria-Geral do Estado de São Paulo*, n. 80. p. 13-36, jan./dez. 2014. p. 32.

[317] TAVARES, André Ramos. Normas gerais e competência legislativa concorrente: uma análise a partir de decisões do STF. *Revista da Procuradoria-Geral do Estado de São Paulo*, n. 73-74. p. 01-39, jan./dez. 2011, 39.

[318] TAVARES, André Ramos. Normas gerais e competência legislativa concorrente: uma análise a partir de decisões do STF. *Revista da Procuradoria-Geral do Estado de São Paulo*, n. 73-74. p. 01-39, jan./dez. 2011. p. 10.

uma atividade ou empreendimento, apresentado como subsídio para a análise da licença requerida, tais como: relatório ambiental, plano e projeto de controle ambiental, relatório ambiental preliminar, diagnóstico ambiental, plano de manejo, plano de recuperação de área degradada e análise preliminar de risco" (art. 1º, III). Em outras palavras, o licenciamento ambiental é processo administrativo, que pode contar com diferentes tipos de instrução (estudos ambientais).

Tanto o licenciamento ambiental quanto os estudos ambientais são meros procedimentos a serem seguidos para eventual autorização ambiental em sentido amplo. São procedimentos, não impõem padrões de conduta em termos substantivos (padrões de qualidade ambiental), como seriam os limites à poluição ou degradação ambiental.

Os entes federativos não podem impor procedimentos ou processos administrativos (*v.g.*, licenciamento ambiental ou estudos ambientais) para os demais dentro de nosso modelo federativo, tendo em vista a autonomia federativa em matéria de processo administrativo. Fernando Dias Menezes de Almeida é categórico ao afirmar que, em matéria de Direito Administrativo, a qual se compreende o processo e ato administrativo em geral – exceto as normas gerais de licitação e contratação (CF, art. 22, XXVII) –, "é de competência privativa de cada ente da Federação, no que diz respeito à sua própria Administração".[319]

Assim, entes estaduais ou municipais não podem impor ritos ambientais ao ente federal, sendo a recíproca verdadeira, uma vez que a União também não pode ditar questões de processo administrativo conduzido por entes locais, exceto se o fizer mediante lei nacional. É o que o Ibama tem entendido:

> i) Por fim, apenas para argumentar, ainda que existisse o princípio da aplicação da norma ambiental mais restritiva, ele não valeria para questões formais, como é o licenciamento ambiental. A legislação brasileira define o licenciamento ambiental como procedimento administrativo (LC nº 140/11, art. 2º, I, Res. Conama nº 237/97, art. 1º, I) e, como tal, não pode ser imposto por legislação de outro ente federativo. Tanto a norma estadual não pode criar procedimento administrativo para o ente Federal, como este para os Estados e municípios, exceto se for mediante legislação nacional. Dessa forma, a lei estadual se aplica aos procedimentos conduzidos pelo órgão estadual e não por esta Autarquia Federal.[320]

Conclui-se, então, que não são válidas as normas ou a leitura dessas que signifique a imposição de realizar licenciamento ambiental ou certo tipo de estudo ambiental de um ente local ao outro, exceto se essa obrigação advier de lei nacional de forma clara, conceito que compreende a Constituição Federal, situação na qual a legislação local não poderá dispensar essas exigências, como entende o STF (ADI nº 1086 e AR no RE nº 396.541).

Foi o que também entendeu a AGU, no Parecer nº 48/2017/COJUD/PFE-IBAMA-SEDE/PGF/AGU:

---

[319] ALMEIDA, Fernando Dias Menezes de. Competências legislativas e analogia – breve ensaio a partir de decisões judiciais sobre a aplicação do art. 54 da Lei nº 9.784/99. *Revista da Faculdade de Direito da Universidade de São Paulo*, v. 102. p. 357-370, 2007. p. 361.

[320] Ofício nº 120/2017/COMIP/CGTEF/DILIC-IBAMA – PA nº 02001.109151/2017-02.

V – Impossibilidade de os entes federativos imporem ritos ou processos administrativos ambientais (*v.g.*, licenciamento ambiental ou estudos ambientais) uns aos outros, sendo vedado aos entes locais criarem esse tipo de obrigação ao ente federal, tendo em vista a autonomia federativa em matéria de processo administrativo, embora a União possa fazê-lo se for mediante clara legislação nacional.[321]

---

[321] Parecer nº 48/2017/COJUD/PFE-IBAMA-SEDE/PGF/AGU, aprovado pelo Procurado-Chefe da PFE-Ibama, em 13.09.17, mediante o Despacho nº 497/2017/GABIN/PFE-IBAMA-SEDE/PGF/AGU, nos autos do PA nº 00807.002884/2017-16.

CAPÍTULO III

COMPETÊNCIA NO LICENCIAMENTO AMBIENTAL

Embora a competência seja um dos pontos mais litigiosos do licenciamento ambiental, sendo a campeã de disputas judiciais ambientais[322] – pelo menos em um primeiro momento, enquanto as questões formais são suficientes para estancar o processo decisório ambiental –, o presente capítulo, seguindo a linha traçada para esta obra, trata de algumas questões que costumam passar despercebidas.

A competência para tratar do licenciamento pode ser legislativa ou material.

A competência legislativa é exercida por meio da edição de leis ou regulamentos em sentido amplo. Em nível regulamentar, importa salientar que a Nota Conjunta AGU/CGU/PGF nº 02/2011[323] estabelece alguns parâmetros interpretativos sobre a matéria. Entende-se que o Conama regulamenta o licenciamento para os Estados-membros com base no artigo 8º, I, da Lei nº 6.938/81, e para a União com base no artigo 7º, I, do Decreto nº 99.274/90. Entretanto, a leitura sistemática desses dispositivos com a Constituição (arts. 84, II, e 87, I, II e IV) não impede que o Ministério do Meio Ambiente possa expedir as instruções que entender necessárias ao cumprimento da legislação de regência, ao lado do poder outorgado ao Presidente da República, aos órgãos e entidades a ele vinculados.[324]

---

[322] Segundo Marcela Albuquerque Maciel, a competência para licenciar "é uma das questões que suscita divergências na doutrina ambiental brasileira, ensejando conflitos, positivos e negativos, verificados entre os órgãos federal, estaduais e municipais integrantes do Sisnama, que, invariavelmente, implicam a sua judicialização" (MACIEL, Marcela Albuquerque. *Compensação Ambiental*: instrumento para a implementação do Sistema Nacional de Unidades de Conservação. São Paulo: Letras Jurídicas, 2012. p. 119). Diversos doutrinadores apontam a dificuldade na identificação do órgão competente para licenciar, cf., dentre outros, ERTHAL, Thiago Serpa. *Revisibilidade das Licenças Ambientais*. Rio de Janeiro: Lumen Juris, 2015. p. 67; MOREIRA, João Batista Gomes. Competência comum para o licenciamento ambiental. *Revista do Tribunal Regional Federal da 1ª Região*, Brasília: TRF 1ª Região, v. 24, n. 7. p. 47-56, jul. 2012. p. 55; AMADO, Frederico Augusto Di Trindade. *Critérios Definidores da Competência Administrativa no Processo de Licenciamento Ambiental*. São Paulo: Baraúna, 2011. p. 75-76; FARIAS, Talden. A repartição de competências para o licenciamento ambiental e a atuação dos municípios. *Revista de Direito Ambiental*, São Paulo: RT, ano 11, v. 43, jul./set., 2006. p. 246; D'OLIVEIRA, Rafael Lima Daudt. Notas sobre alguns aspectos polêmicos do licenciamento ambiental. *Revista de Direito da Procuradoria-Geral*, Rio de Janeiro: PGE-RJ, n. 61, 2006. p. 273.

[323] Nota Conjunta AGU/CGU/PGF 02/2011, aprovada pelo Advogado-Geral da União, em 11.10.2011, mediante despacho nos autos do PA nº 00400.015591/2011-78.

[324] Sob esse aspecto vale salientar que "as instruções dirigidas pelo Ministro do Meio Ambiente ao IBAMA, quando relacionadas à execução do licenciamento ambiental de competência federal, não encontram limitação no previsto no art. 7º, do Decreto nº 99.274, de 1990. Por certo, ressalve-se apenas que, se essas instruções não se dirigirem somente a órgãos do Ministério do Meio Ambiente e a entidades a ele vinculadas, atingindo a esfera de competência de outras Pastas, essas instruções devem ser veiculadas em atos conjuntos entre os

A competência material é a de fiscalização, autorização e licenciamento ambientais, sendo da União, dos Estados e dos Municípios, embora limitada aos termos da LC nº 140/11. Nesse aspecto, deve-se mencionar que os Municípios, com o advento da Constituição de 1988, são juridicamente capazes de licenciar com competência própria (CF, art. 18 c/c Res. Conama nº 237/97, art. 6º)[325] ou mesmo delegada pelos Estados-membros ou União,[326] sendo equivocadas decisões que julgam inconstitucional o artigo 6º da Resolução Conama nº 237/97.[327]

A competência para licenciar atividades ou empreendimentos estava prevista no artigo 10 da Lei nº 6.938/81.

Esse artigo previa que o licenciamento ambiental deveria ser conduzido pelo "órgão estadual competente, integrante do Sisnama, sem prejuízo de outras licenças exigíveis", na mais perfeita regra de que o Estado-membro é o epicentro do federalismo, com o seu §4º atribuindo "ao Poder Executivo Federal, ouvidos os Governos Estadual e Municipal interessados", o licenciamento "relativo a polos petroquímicos e cloroquímicos, bem como instalações nucleares e outras definidas em lei".

Com o advento da Lei nº 7.804/89, o *caput* do artigo 10 foi reformulado para incluir o "Ibama, em caráter supletivo", bem como reformular seu §4º ao atribuir ao Ibama licenciar "atividades e obras com significativo impacto ambiental, de âmbito nacional ou regional". Também sob a égide dessa lei que houve a alteração da Lei nº 6.938/81 para atribuir ao Conama estabelecer "normas e critérios para o licenciamento de atividades efetiva ou potencialmente poluidoras, a ser concedido pelos Estados e supervisionado pelo IBAMA" (art. 8º, I). Manteve-se os Estados-membros como elementos principais do licenciamento ambiental.

Posteriormente, sob o guarda-chuva legal, foi editada a Resolução Conama nº 237/97, que em seus artigos 4º, 5º e 6º previram as competências do Ibama (União), Estados-membros (OEMA) e Municípios para conduzir o licenciamento ambiental.

---

respectivos Ministros, não em razão de qualquer limitação do citado Decreto, mas da Lei nº 10.683, de 2003, que dispõe sobre a organização da Presidência da República e dos Ministérios" (Nota Conjunta AGU/CGU/PGF nº 02/2011, aprovada pelo Advogado-Geral da União, em 11.10.2011, mediante despacho nos autos do PA nº 00400.015591/2011-78).

[325] "Art. 6º. Compete ao órgão ambiental municipal, ouvidos os órgãos competentes da União, dos Estados e do Distrito Federal, quando couber, o licenciamento ambiental de empreendimentos e atividades de impacto ambiental local e daquelas que lhe forem delegadas pelo Estado por instrumento legal ou convênio".

[326] "[...] 4. Licenciamento ambiental. Município. O art. 6º da Resolução Conama nº 237/97 nada tem de ilegal ou inconstitucional. Os convênios firmados com os municípios, diversamente do que afirmado nos precedentes, não contêm cláusula de exclusividade e não impedem a atuação supletiva do Estado, a rescisão ou a não prorrogação. Não se trata de demissão ou abandono, mas de delegação de uma competência que continua a ser do Estado ou da União. 5. Licenciamento ambiental. Município. A ineficiência ou precariedade do serviço municipal é uma conclusão a que se chega no caso concreto, não uma premissa de que se parta na análise do convênio em si. Se bem executada, a descentralização amplia a fiscalização e a consciência ambiental dos municípios. Se mal executada, basta o Estado retomar o licenciamento. Improcedência. Recurso do Ministério Público desprovido" (TJSP, 1ª Câmara Reservada ao Meio Ambiente, v.u. AC nº 0008248-31.2010.8.26.0510, Rel. Des. Torres de Carvalho, j. em 05.12.2013).

[327] "Controle de constitucionalidade (CF, arts. 93, XI, e 97; CPC, art. 480). Incidente suscitado pela 3ª. Câmara da Seção de Direito Público deste Tribunal, objetivando a declaração da inconstitucionalidade da Resolução Conama nº 237/97 em face da Constituição da República. Matéria ambiental. Competência legislativa concorrente (CF, art. 24, VI e VIII), não podendo ser mitigada por lei de outro ente federativo ou por ato normativo inferior. O município tem competência somente para suplementar as normas já existentes (CF, art. 30, II). Incidente conhecido. Declaração de inconstitucionalidade do art. 6º da Resolução Conama nº 237/97, com efeito apenas no processo (*incidenter tantum*)" (TJSP, Órgão Especial, Incidente de Inconstitucionalidade de Lei nº 151.638-0/9-00 / 9233203-69.2007.8.26.0000, Rel. Des. Penteado Narravo, j. em 26.08.2009).

Atualmente, a competência para proceder ao licenciamento ambiental está prevista na LC nº 140/11, devendo ser ela a única baliza para o aplicador do direito. Dessa forma, não cabe alegações de que "fatos ambientais" mudariam os critérios de competência, como fez certo julgado do TRF da 1ª Região:

> Normativamente, tudo parece convergir para a manutenção do licenciamento de que trata a espécie no âmbito da SEMA-PA, o que levaria ao provimento das apelações da Belo Sun, do Estado do Pará e do IBAMA quanto à matéria de fundo.
> Porém, os fatos ambientais, com seus antecedentes e suas possíveis repercussões, apontam no sentido de se fixar a competência federal para esse licenciamento.[328]

Além de fatos ambientais poderem ser qualquer coisa, como "região ambientalmente estressada", eles não estão previstos na legislação, dando azo a criatividades ilegais.

Sob a égide da Lei nº 6.938/81 e Resolução Conama nº 237/97, a definição de quem é competente para licenciar sempre foi um dos temas mais disputados no licenciamento ambiental. Por essa razão, não causa espanto o legislador ter elaborado a LC nº 140/11 com o propósito de resolver esse cenário de insegurança jurídica, tornando mais claras as regras para identificar quem é competente para licenciar.

A competência para proceder ao licenciamento ambiental segue critérios formais, orientados a distribuir o poder de licenciar entre as três esferas federativas, nos moldes do artigo 23, parágrafo único, da Constituição Federal.

Esse poder não é repartido com o fito de prestigiar princípios de direito ambiental, como a precaução, a prevenção ou a participação, mas exclusivamente para indicar quem será o responsável pela condução do licenciamento ambiental.

Assim, o princípio da prevenção e da precaução não dão guarida à mudança de competência, não apenas por serem impertinentes, por ter a sua função voltada à outra finalidade que não seja indicar o ente competente para licenciar, mas também por não terem nenhuma relação com os critérios legais. Dizer que se deve tomar medidas para evitar um dano conhecido ou um dano potencial (risco verossímil) não tem relação alguma com a condução de um licenciamento ambiental pela União, pelo Estado-membro ou pelo município. Esses princípios nunca foram previstos na Lei nº 6.938/81, Resolução Conama nº 237/97 ou na LC nº 140/11 como critérios para identificar o sujeito do Sisnama responsável pelo licenciamento.

Não se mostra diferente em relação à participação, seja esta geral ou específica, como a decorrente da oitiva da C169 OIT para os povos indígenas ou tribais. Garantir a participação é questão que passa longe dos critérios legais para identificar o órgão ou entidade do Sisnama que irá conduzir o licenciamento ambiental. O direito de participação deve ser garantido pelo responsável pela condução do licenciamento ambiental, não havendo como sacar disso algum critério para definir a competência.

Os critérios estão previstos exclusivamente na legislação. Admitir-se a criação de outros critérios que não os previstos pelos órgãos competentes para criá-los, viola a legalidade e a separação de poderes.

---

[328] TRF da 1ª Região, 6ª T., v.u., AC 0001813-37.2014.4.01.3903, Rel. Des. Fed. Jamil Rosa de Jesus Oliveira, j. em 11.09.2023, *PJe* 11.09.2023.

Por fim, destaque-se que a sinergia com outros empreendimentos não é critério de atribuição de competência para proceder o licenciamento ambiental, apenas requisito de certo tipo de estudo ambiental, o EIA. Ilegal o uso desse critério, como fez o TRF da 1ª Região, em certa ocasião, para imputar competência ao Ibama.[329]

3.1 O licenciamento único, o sobreposto/múltiplo e o integrado/complexo

No Brasil, o *licenciamento ambiental é único*, isto é, praticado por apenas um ente da federação. A LC nº 140/11 é categórica em preceituar que "os empreendimentos e atividades são licenciados ou autorizados, ambientalmente, por um único ente federativo" (art. 13, *caput*).

Isso não se constitui novidade alguma em nosso ordenamento jurídico, pois a Resolução Conama nº 237/97 estipulava que "os empreendimentos e atividades serão licenciados em um único nível de competência" (art. 7º). Tal critério legal é endossado pela doutrina majoritária,[330] que repugna o licenciamento ambiental simultâneo,[331] bem como pela AGU, cuja OJN nº 37/2012/PFE-IBAMA/PGF/AGU aduz: "4. O procedimento de licenciamento ambiental é único, como também deve ser de um só ente federativo a competência para licenciar o empreendimento em todas as suas fases".

Houve muita resistência doutrinária quando a Lei nº 7.804/89 alterou o §4º do artigo 10 da Lei nº 6.938/81 para atribuir competência ao órgão federal para licenciar atividades e obras de significativo impacto ambiental de âmbito nacional ou regional, principalmente porque o *caput* do artigo 10 ainda mencionava licenciamento por órgão estadual competente, o que foi solucionado com a mudança de sua redação pela LC nº 140/11 (art. 20). Na antiga redação do §4º do artigo 10, o critério para o licenciamento ambiental era tipológico: o Executivo Federal somente licenciaria "polos petroquímicos e cloroquímicos, bem como instalações nucleares e outras definidas em lei".

Essa crítica durou anos e perdurou até mesmo durante a vigência do artigo 7º da Resolução Conama nº 237/97, que trouxe segurança jurídica, eficiência, economicidade e racionalidade ao prever o licenciamento ambiental em um único nível.

Reflexo disso é o antigo posicionamento de 2004 da PGE-RJ, que, ao reconhecer a recepção da Lei nº 6.938/81 pela CF/88, aduziu[332] que a nova redação do §4º do artigo 10

---

[329] "8. O licenciamento deve estar a cargo da autarquia federal, que, ainda que por decisão judicial, licenciou a UHE Belo Monte, e, portanto, pode adequadamente avaliar as interações entre os empreendimentos e suas repercussões nas comunidades indígenas vizinhas, afetadas pelo primeiro empreendimento e cuja situação pode agravar-se pelo projeto de mineração" (TRF da 1ª Região, 6ª T., v.u., AC 0001813-37.2014.4.01.3903, Rel. Des. Fed. Jamil Rosa de Jesus Oliveira, j. em 11.09.2023, *PJe* 11.09.2023).

[330] SILVA, Bruno Campos. O licenciamento ambiental único e outros temas relevantes da Lei Complementar 140/2011. *In*: FARIAS, Talden (Org.). *10 anos da Lei Complementar 140*: desafios e perspectivas. Andradina: Meraki, 2022. p. 248; FARIAS, Talden. *Licenciamento Ambiental*: aspectos teóricos e práticos. 4. ed. Belo Horizonte: Fórum, 2013. p. 119-120; FIGUEIREDO, Guilherme José Purvin de. *Curso de direito ambiental*. 6. ed. São Paulo: Revista dos Tribunais, 2013. p. 250-251; MACIEL, Marcela Albuquerque. Competência para o licenciamento ambiental: uma análise das propostas de regulamentação do art. 23 da CF. *Jus Navigandi*, Teresina, ano 15, n. 2716, 8 dez. 2010. Disponível em: http://jus.com.br/artigos/17978/competencia-para-o-licenciamento-ambiental. Acesso em 6 out. 2014.

[331] SILVA, Romeu Faria Thomé da. Comentários sobre a nova lei de competências em matéria ambiental (LC nº 140, de 08.12.2011). *Revista de Direito Ambiental*, São Paulo: RT, ano 17, v. 66. p. 55-76, abr./jun. 2012 [extraído da *Revista dos Tribunais on line*].

[332] Na esteira da doutrina de Édis Milaré, Paulo Affonso Leme Machado e Paulo de Bessa Antunes.

não afastou a competência dos demais entes de Direito Público interno para o licenciamento ambiental prévio, concluindo:

> 23. Verifica-se, pois, que no caso de obras com significativo impacto ambiental, de âmbito nacional ou regional, ao lado do licenciamento ambiental prévio pelos órgãos competentes estaduais (tantos quantos sejam os entes federados atingidos), obrigatório será o licenciamento do Ibama.[333]

A regra do licenciamento por único ente prestigia o princípio da segurança jurídica, o da eficiência (CF, art. 37, *caput*) e o da economicidade (CF, art. 70), e já constava da Resolução Conama nº 237/97 (art. 7º).[334]

Como destacou a PGE-RJ, ao reverter o seu posicionamento de 2004 e criticar o licenciamento conduzido por dois ou mais entes ao mesmo tempo, "não seria razoável que isso ocorresse, tanto pela excessiva burocracia imposta aos empreendedores, como pelos altos custos, e ainda, pela possibilidade de procedimentos e decisões conflitantes".[335] Ao aprovar esse entendimento, o Subprocurador-Geral do Estado destacou:

> No entanto, procurar na expressão em destaque a autorização legislativa para a possibilidade de cumulação de exigências de licenciamento ambiental é negar sentido lógico à própria exigência de um dispositivo que reparte competências (com efeito, por que repartir se tudo pode, ao fim e ao cabo, ser exigido por todos ao mesmo tempo?). Ademais, não haveria também qualquer sentido em se falar na existência de um "sistema" onde todos podem atuar ao mesmo tempo e na mesma intensidade. [...]
>
> Ora, esquecem-se os defensores de tal tese, com as vênias de praxe, que ela abre espaço não para a mera "duplicidade", mas sim para a multiplicidade de licenciamentos ambientais. Tome-se, por exemplo, o licenciamento de um oleoduto, ou de uma linha de transmissão que cruze dois estados. Para quem defende a possibilidade de licenciamento ambiental cumulativo este empreendimento deveria se sujeitar a três licenças ambientais (duas estaduais e uma federal). [...]
>
> Se o quadro acima traçado já tem todos os contornos da obra de Kafka lembre-se que, para os que admitem que o município é um dos entes licenciadores, teríamos ainda o possível licenciamento ambiental por parte de todos os municípios por onde o duto ou a linha de transmissão passarão.[336]

---

[333] Parecer nº 01/2004, aprovado pelo Procurador-Geral da PGE-RJ, em 01.03.2004, nos autos do PA nº E-14/1022/2004, *Revista de Direito da Procuradoria-Geral*. Rio de Janeiro: PGE-RJ, n. 58, 2004. p. 313 e 315. O Procurador-Geral do Estado do Rio de Janeiro foi categórico ao aprovar o parecer: "Ainda de acordo com o parecer ora aprovado, o empreendimento depende não apenas da licença expedida pelo órgão ambiental federal, mas também, da aprovação pelo órgão ambiental estadual, afigurando-se inconstitucional e ilegal a restrição constante dos arts. 4º e 7º da Resolução Conama nº 237/97. [...] A eventual concessão de licença por parte do IBAMA não é suficiente para, por si só, autorizar a construção de novo oleoduto [...], vez que não exclui a necessidade de licenciamento pelo órgão estadual" (Despacho de aprov, em 01.03.2004, nos autos do PA nº E-14/1022/2004, *Revista de Direito da Procuradoria-Geral*, Rio de Janeiro: PGE-RJ, n. 58, 2004. p. 317-318).

[334] Guilherme Purvin aduz que há grande prejuízo para a Administração Pública e ao próprio regime federativo na realização do licenciamento por mais de uma esfera federativa (licenciamento dúplice ou tríplice) (FIGUEIREDO, Guilherme José Purvin. *Curso de Direito Ambiental*. 3. ed. Curitiba: Arte & Letra, 2009. p. 146).

[335] Parecer nº 01/2007, aprovado pelo Subprocurador-Geral do Estado, em 26.03.2007, *Revista de Direito da Procuradoria-Geral*, Rio de Janeiro: PGE-RJ, n. 62. p. 443-458, 2007. p. 451. No mesmo sentido: D'OLIVEIRA, Rafael Lima Daudt. Notas sobre alguns aspectos polêmicos do licenciamento ambiental. *Revista de Direito da Procuradoria-Geral*. Rio de Janeiro: PGE-RJ, n. 61. p. 273-298, 2006. p. 289.

[336] Despacho do Subprocurador-Geral do Estado, em 26.03.2007, ao aprovar o Parecer nº 01/2007, *Revista de Direito da Procuradoria-Geral*, Rio de Janeiro: PGE-RJ, n. 62. p. 443-458, 2007. p. 457.

Abstraindo a irracionalidade, é ilusória a ideia de que mais órgãos licenciando a mesma atividade seja benéfico ao meio ambiente. A proteção múltipla prevista em nosso sistema federativo "tem *a desvantagem de ser o cerne de conflitos e de superposição de jurisdições, competências e atribuições* que oneram, retardam e por vezes dificultam e mesmo inviabilizam a efetividade da proteção ao meio ambiente e à qualidade de vida".[337]

O licenciamento ambiental único, efetuado por um só órgão licenciador, não é um capricho legal, pois está fundado na eficiência e na melhor proteção do meio ambiente. Não faria sentido que se duplicassem ou triplicassem os esforços para licenciar o mesmo empreendimento, com comprometimento dos escassos recursos humanos e materiais estatais, se o licenciamento por um só ente é suficiente para proteger o meio ambiente. Ademais, esse desperdício de recursos humanos e materiais significa que o meio ambiente, em outras frentes, ficará desprotegido pela ausência do Estado para fiscalizar e/ou operar os diversos instrumentos da Política Nacional do Meio Ambiente. É o que expõe com maestria Talden Farias ao defender que o licenciamento único já "podia ser inferido da própria Constituição da República, a partir de uma interpretação buscando maior efetividade do instrumento".[338] Como destacou Marcela Maciel, não é razoável "o entendimento de que o licenciamento ambiental possa se dar de forma dúplice e até tríplice, com evidente desperdício de esforços e contrariamente à necessidade de atuação integrada dos entes federativos".[339] Ao comentar sobre o papel do que viria a ser a LC nº 140/11, Laudicéia Fumis aduz ser essencial que ela cesse com o duplo ou múltiplo licenciamento, porque isso contraria a segurança jurídica, a economicidade, a racionalidade e a eficiência administrativa, bem como o interesse público.[340]

Dessa forma, Bruno Campos Silva destaca que

> todos os entes federativos possuem competência para o licenciamento ambiental, entretanto, *todos, ao mesmo tempo, não deverão promover o licenciamento ambiental*. A segurança jurídica não está vinculada à quantidade de intervenções estatais ambientais (licenciamentos ambientais múltiplos), e sim àquela que guarda coerência e plena forma de atuar em regime de cooperação. [...] E a existência de mais de um licenciamento ambiental, além de não ser eficiente, também não é eficaz e, muito menos, efetiva.[341]

A existência de dois órgãos licenciando a mesma atividade seria um desperdício dos escassos recursos públicos, acarretando ainda insegurança jurídica e abonando visão distorcida do modelo federativo (CF, art. 23). O federalismo cooperativo tem em mira evitar a sobreposição inútil e dispendiosa da atuação dos entes estatais, como doutrina

---

[337] YOSHIDA, Consuelo Yatsuda Moromizato. Critérios de definição de competências em matéria ambiental na estrutura federativa brasileira. *In*: RASLAN, Alexandre (Org.). *Direito Ambiental*. Campo Grande: Ed. UFMS, 2010. p. 222.

[338] FARIAS, Talden. *Licenciamento Ambiental*: aspectos teóricos e práticos. 4. ed. Belo Horizonte: Fórum, 2013. p. 119-120.

[339] MACIEL, Marcela Albuquerque. Competência para o licenciamento ambiental: uma análise das propostas de regulamentação do art. 23 da CF. *Jus Navigandi*, Teresina, ano 15, n. 2716, 8 dez. 2010. Disponível em: http://jus.com.br/artigos/17978/competencia-para-o-licenciamento-ambiental. Acesso em 6 out. 2014.

[340] FUMIS, Laudicéia Blenner. Licenciamento ambiental: conflitos de competência no procedimento licenciatório, *Revista Brasileira de Direito Ambiental*, São Paulo: Fiuza, v. 6, n. 24. p. 61-92, out./dez. 2010. p. 84.

[341] SILVA, Bruno Campos. O licenciamento ambiental único e outros temas relevantes da Lei Complementar 140/2011. *In*: FARIAS, Talden (Org.). *10 anos da Lei Complementar 140: desafios e perspectivas*. Andradina: Meraki, 2022. p. 248 e 250.

Luís Roberto Barroso.[342] Não se pode deixar o apego ao *status quo* passar por cima da racionalidade do federalismo cooperativo e dos escassos recursos estatais.

O STJ encampa tal entendimento ao dizer que o licenciamento ambiental único tem o propósito sistêmico de evitar incertezas, desperdícios de recursos humanos e materiais, e, caso não seja adotado, há prejuízo à eficiência e à segurança jurídica.

> 6. O *princípio da unicidade do licenciamento ambiental* significa que o *procedimento* correrá, formalmente, perante apenas um dos entes federativos, evitando-se, assim, duplicidade ou triplicidade capazes de ocasionar ações paralelas, desconexas ou não, que poderiam angariar incerteza e desperdício de recursos humanos, técnicos e financeiros, em prejuízo da eficiência e da segurança jurídica.[343]

Antes mesmo da LC nº 140/11, ao apontar a racionalidade existente nas normas constitucionais, João Batista Gomes Moreira doutrinava:

> A competência comum significa que as atividades devem ser distribuídas entre todas as entidades envolvidas; não são exclusivas de uma ou outra. Mas, ao contrário do que se poderia pensar à primeira vista, *não traduz a possibilidade indiscriminada do licenciamento por qualquer entidade da Federação, nem responsabilidade solidária.* A existência de dispositivo prevendo que "leis complementares fixarão normas para a cooperação" das entidades políticas contradiz a cumulatividade e a solidariedade. *A competência em questão é sistêmica e um sistema não admite vácuo ou superposição de atribuições; os elementos do sistema estão entrelaçados e orientados pela finalidade comum, mas cada órgão desempenha atribuições específicas, sob pena de desperdício e omissões e, consequentemente, atentado ao princípio da eficiência.* Nas palavras do Min. Herman Benjamin, corroborando lição de Paulo Afonso Leme Machado, "deve-se evitar a criação de órgãos ambientais múltiplos, com atribuições sobrepostas e, não raras vezes, conflitantes".[344]

Foi este o argumento usado pelo Procurador-Geral da República (PGR) para arquivar representação de inconstitucionalidade efetuada pela 4ª Câmara do MPF[345] contra o artigo 13, *caput*, uma vez que se entendia, por causa da competência comum na matéria, ser obrigatória a possibilidade de um nível de licenciamento ambiental.[346] O PGR, ao rechaçar tal argumento (Nota nº 45/2014 PGR – RJMB), deixou claro que a opção legislativa era válida porque evitava "a possibilidade de sobreposição da atuação, de conflitos de atribuições entre eles [órgãos do Sisnama] e ineficiência administrativa nessas atividades". Assim, consignou que o artigo 13, da LC nº 140/11, ao permitir que os órgãos ambientais licenciadores "atuem com autonomia, eficiência e nos termos exatos das atribuições concedidas pela lei complementar em tela para cada ente federativo, sem intervenções externas, não parece ofender qualquer dispositivo constitucional de forma direta".

---

[342] BARROSO, Luís Roberto. *Temas de Direito Constitucional*. Rio de Janeiro: Renovar, 2003. t. II. p. 128.
[343] STJ 2ª T., v.u., REsp nº 1.802.031/PE, Rel. Min. Herman Benjamin, j. em 07.11.2019, *DJe* 11.09.2020.
[344] MOREIRA, João Batista Gomes. Competência comum para o licenciamento ambiental. *Revista do Tribunal Regional Federal da 1ª Região*, Brasília: TRF 1ª Região, v. 24, n. 7. p. 47-56, jul. 2012. p. 47.
[345] Por causa do Ofício nº 5371/12 – 4. CCR foi aberto processo administrativo (Peças de Informação), sob o número 1.00.000.015209/2012-64, no qual houve o arquivamento da representação de inconstitucionalidade (Nota nº 45/2014 PGR – RJMB).
[346] Interessante notar que a 4ª Câmara do MPF usou para fundamentar seu pedido a leitura equivocada – como descrito adiante nesse item – de duas decisões: REsp nº 588.022 e o acórdão do TRF da 3ª Região (AC nº 0025724-15.2003.4.03.6100) sobre o licenciamento complexo do Rodoanel.

Por isso, no Curso Internacional Judicial de Atualização em Direito Ambiental e Agrário, realizado em Belém, no Estado do Pará, em 2014, corretamente concluiu-se que a "atribuição da competência para o licenciamento ambiental (ato complexo de proteção "preventiva" do meio ambiente) a um único ente da federação não afronta a competência constitucional comum".[347]

Diferentemente do licenciamento único, no *licenciamento múltiplo ou sobreposto*[348] há mais de um ente licenciando o mesmo empreendimento ou atividade, gerando, consequentemente, uma atividade paralela e descoordenada dos órgãos licenciadores.

A Resolução Conama nº 06/87, ao tratar o licenciamento ambiental de geração de energia elétrica, prevê um licenciamento sobreposto, embora estipule que "os órgãos estaduais deverão manter entendimento prévio no sentido de, na medida do possível, uniformizar as exigências", sob supervisão do Ibama (art. 2º). Contudo essa Resolução foi revogada pela LC nº 140/11.

Ao contrário do que deixa entrever a sua ementa, esse tipo de licenciamento não foi encampado pelo STJ no REsp nº 588.022/SC.[349] No caso em questão, embora o voto do relator tenha citado a doutrina de Paulo Affonso Leme Machado – para quem, a competência prevista pela Lei nº 7.804/89, que modificou o §4º do artigo 10 da Lei nº 6.938/81,[350] não excluiu a do Estado-membro, ou seja, o duplo licenciamento –, a decisão simplesmente admitiu a competência do Ibama para licenciar a obra em questão.

A leitura apressada desse precedente gerou mal-entendidos na jurisprudência, ao criar uma espécie de licenciamento ambiental (*conjunto, integrado ou complexo*) na qual vários entes trabalhavam juntos em um mesmo processo administrativo. Exemplo clássico desse equívoco ocorreu no Rodoanel, no Estado de São Paulo, no qual o TRF da 3ª Região homologou acordo que criou o licenciamento ambiental complexo ou múltiplo.[351]

Também não foi o decidido pelo STJ no mais recente REsp nº 1.245.149/MS. Apenas de passagem (*obiter dictum*), constou do voto do relator a possibilidade de

---

[347] *Revista de Direito Ambiental*, São Paulo: RT, ano 19, v. 76. p. 533-541, out./dez. 2014, [extraído da *Revista dos Tribunais on line*].

[348] Também denominado licenciamento *dúplice* ou *tríplice*.

[349] "ADMINISTRATIVO E AMBIENTAL. AÇÃO CIVIL PÚBLICA. DESASSOREAMENTO DO RIO ITAJAÍ-AÇU. LICENCIAMENTO. COMPETÊNCIA DO IBAMA. INTERESSE NACIONAL. 1. Existem atividades e obras que terão importância ao mesmo tempo para a Nação e para os Estados e, nesse caso, pode até haver duplicidade de licenciamento. 2. O confronto entre o direito ao desenvolvimento e os princípios do direito ambiental deve receber solução em prol do último, haja vista a finalidade que este tem de preservar a qualidade da vida humana na face da terra. O seu objetivo central é proteger patrimônio pertencente às presentes e futuras gerações. 3. Não merece relevo a discussão sobre ser o Rio Itajaí-Açu estadual ou federal. A conservação do meio ambiente não se prende a situações geográficas ou referências históricas, extrapolando os limites impostos pelo homem. A natureza desconhece fronteiras políticas. Os bens ambientais são transnacionais. A preocupação que motiva a presente causa não é unicamente o rio, mas, principalmente, o mar territorial afetado. O impacto será considerável sobre o ecossistema marinho, o qual receberá milhões de toneladas de detritos. 4. Está diretamente afetada pelas obras de dragagem do Rio Itajaí-Açu toda a zona costeira e o mar territorial, impondo-se a participação do IBAMA e a necessidade de prévios EIA/RIMA. A atividade do órgão estadual, *in casu*, a FATMA, é supletiva. Somente o estudo e o acompanhamento aprofundado da questão, através dos órgãos ambientais públicos e privados, poderá aferir quais os contornos do impacto causado pelas dragagens no rio, pelo depósito dos detritos no mar, bem como, sobre as correntes marítimas, sobre a orla litorânea, sobre os mangues, sobre as praias, e, enfim, sobre o homem que vive e depende do rio, do mar e do mangue nessa região. 5. Recursos especiais improvidos" (STJ, 1. T., v.u., REsp nº 588.022/SC, Rel. Min. José Delgado, j. em 17.02.2004, DJU 05.04.2004. p. 217).

[350] O §4º do artigo 10 da Lei nº 6.938/81 foi alterado para prever a competência do Ibama para licenciar atividades e obras com significativo impacto ambiental, de âmbito nacional ou regional, antes restrita a polos petroquímicos e cloroquímicos, bem como instalações nucleares e outras definidas em lei.

[351] TRF da 3ª Região, 6. T., v.u., AC 0025724-15.2003.4.03.6100 (Ac. 990253), Rel. Des. Fed. Consuelo Yoshida, j. em 09.03.2005, DJU 22.03.2005.

o licenciamento, "conforme a natureza do empreendimento, obra ou atividade, ser realizado, conjunta ou isoladamente, pela União, Distrito Federal e Municípios".[352] No entanto, essa não foi a questão decidida e nem fundamento dela, sendo apenas um *obiter dictum*, não constituindo em precedente da Corte.

O *licenciamento conjunto, integrado ou complexo* ocorre quando mais de um ente efetua o mesmo licenciamento ambiental, sendo a condução compartilhada ou coordenada por algum dos entes envolvidos.

Essa foi a solução proposta por Édis Milaré para a futura legislação (hoje a LC nº 140/11), por entender que a atribuição para um único ente licenciar seria inconstitucional por ferir a ampla competência licenciatória:

> *De lege ferenda*, a superação dessas dificuldades passa pela adoção de um licenciamento único, de caráter complexo, do qual participem, de forma integrada, os órgãos das diferentes esferas federativas interessadas.[353]

Como visto no início do capítulo anterior, quando se fala da competência comum para fiscalizar, o pressuposto desse entendimento (violação à competência comum) não existe.

Sob a sombra da ementa equivocada do REsp nº 588.022/SC, o TRF da 3ª Região entendeu que é mais eficiente, com menor dispêndio de tempo e recursos, o licenciamento efetuado ao mesmo tempo por vários entes.[354] Por essa razão, o licenciamento conjunto, integrado ou complexo recebeu aplausos como representando um marco na matéria, "pois o licenciamento complexo, em detrimento do duplo ou múltiplo licenciamento, confere ao empreendedor segurança, economia e agilidade".[355]

O raciocínio estaria perfeito se o licenciamento sobreposto ou múltiplo realmente fosse possível, tal como citado no voto do Min. José Delgado, mas a premissa é falsa e o que se criou foi um licenciamento mais caro, lento e custoso.

---

[352] STJ, 2. T., v.u., REsp nº 1.245.149/MS, Rel. Min. Herman Benjamin, j. em 09.10.2012, *DJe* 13.06.2013.

[353] MILARÉ, Édis. *Direito do Ambiente*. 6. ed. São Paulo: RT, 2009. p. 430.

[354] "CONSTITUCIONAL. DIREITO AMBIENTAL. AÇÃO CIVIL PÚBLICA. RODOANEL MÁRIO COVAS (TRECHOS NORTE, SUL E LESTE). IMPACTO NO MEIO AMBIENTE. ÂMBITO NACIONAL E REGIONAL. *LICENCIAMENTO AMBIENTAL COMPLEXO. PROCEDIMENTO ÚNICO. EFETIVA INTEGRAÇÃO E PARTICIPAÇÃO DAS ESFERAS FEDERAL, ESTADUAL E MUNICIPAL. VIABILIDADE. MENOR DISPÊNDIO DE TEMPO E MENORES CUSTOS.* PROPOSTA DE CONCILIAÇÃO. AQUIESCÊNCIA DAS PARTES. PRESERVAÇÃO DO SISTEMA CONSTITUCIONAL DE COMPETÊNCIAS, DA ESTRUTURA FEDERATIVA E DA PROTEÇÃO AMBIENTAL NO INTERESSE DA COLETIVIDADE. HOMOLOGAÇÃO. EXTINÇÃO DO PROCESSO COM JULGAMENTO DO MÉRITO. [...] 3. Trata-se de pioneira e histórica experiência de licenciamento ambiental que, embora processado num único e mesmo nível, sintetizará a participação efetiva e integrada das esferas federal, estadual e também municipal, no que couber, resultando em licenças ambientais como atos complexos de natureza jurídica constitucional, lastreadas no art. 225 combinado com o art. 23, VI, VII e parágrafo único da Constituição Federal. 4. Esta forma de *licenciamento ambiental complexo alcança resultado prático equivalente ao do duplo ou múltiplo licenciamento ambiental, com vantagens de menor dispêndio de tempo e menores custos*. 5. Uma vez que as partes e demais interessados lograram êxito na implementação da conciliação, com a preservação do sistema constitucional de competências, da estrutura federativa e da proteção ambiental no interesse da coletividade, necessária se faz a homologação da composição celebrada para que produza seus regulares efeitos, nos termos do que dispõe o art. 269, III, do CPC. 6. Extinção do processo, com julgamento de mérito. Remessa oficial e apelações prejudicadas" (TRF da 3ª Região, 6. T., v.u., AC 0025724-15.2003.4.03.6100 (Ac. 990.253), Rel. Des. Fed. Consuelo Yoshida, j. em 09.03.2005, *DJU* 22.03.2005 – destacou-se).

[355] FUMIS, Laudicéia Blenner. Licenciamento ambiental: conflitos de competência no procedimento licenciatório. *Revista Brasileira de Direito Ambiental*, São Paulo: Fiuza, v. 6, n. 24. p. 61-92, out./dez. 2010. p. 86.

Atualmente nota-se uma tendência de burlar a previsão de licenciamento ambiental único em ações judiciais, nas quais se determina, sob diversos argumentos, que outro ente federativo participe, de forma vinculante, do licenciamento conduzido por outro ente.[356] A exigência de licenciamento ambiental em nível único (LC nº 140, art. 13, Res. Conama nº 237, art. 7º) já seria suficiente para afastar esse tipo de exigência, mas, ainda assim, a LC nº 140 foi categórica quanto ao ponto ao vedar intervenções vinculantes (LC nº 140, art. 13, §1º). Por essa razão, os TRFs da 2ª e 4ª Regiões rechaçaram a participação vinculante e, consequentemente, mantiveram a autonomia do órgão licenciador em avaliar e gerenciar os impactos em jogo no licenciamento ambiental:

> ADMINISTRATIVO. LICENCIAMENTO AMBIENTAL. ÓRGÃO INTEGRANTE DO SISNAMA. MANIFESTAÇÃO NÃO VINCULANTE.
> 1. Hipótese em que a FATMA analisou estudo de impacto ambiental e considerou-o suficiente para autorizar o regular funcionamento do empreendimento, que consiste na exploração de conchas calcárias.
> 2. A emissão de licença não tem sua eficácia condicionada à aprovação do estudo de impacto ambiental e relatório de impacto ambiental por outro órgão integrante do Sistema Nacional do Meio Ambiente (IBAMA), nos termos do art. 13, §1º, da Lei Complementar nº 140/2011, que prevê a manifestação de outros órgãos de maneira não vinculante, respeitados os prazos e procedimentos.[357]
> [...] 5 – Da análise dos art. 2º, III, art. 13, §1º e art.16, parágrafo único, todos da Lei Complementar nº 140/11, infere-se que o licenciamento ambiental compete a apenas um único ente federativo, o qual poderá solicitar a manifestação de outros órgãos, caso julgue necessário, sendo certo que tal manifestação terá efeito não vinculante.[358]

Um dos argumentos para se exigir a participação vinculante é a necessidade de contemplar os *impactos cumulativos e sinérgicos*, exigência do EIA. Contudo, para aferir os impactos cumulativos e sinérgicos, não se faz necessária a intervenção de outros entes no licenciamento, apenas a sua consideração mediante o uso dos dados produzidos nos estudos ambientais do empreendimento com o qual se almeja aferir a sinergia ou a cumulatividade dos impactos. Assim, não se pode impor participações anômalas a esse título porque os dados dos estudos ambientais são públicos, podendo ser incorporados ao EIA em questão sem a participação de outro órgão licenciador.

Como dito, sinergia e cumulatividade com outros empreendimentos ou atividades também não é critério para se alterar a competência prevista na LC nº 140/11.

Ressalvados os casos de cooperação do artigo 16 da LC nº 140/11 (*v.g.*, atuação subsidiária), que pressupõem voluntariedade, não é possível haver licenciamento ambiental que não seja único.

---

[356] Cf.: TRF da 2ª Região, 6ª T. Especializada, v.u., AI nº 0003940-53.2015.4.02.0000, Rel. Des. Fed. Salete Maccalóz, j. em 18.11.2015, E-DJF2R 23.11.2015, cujo argumento foi o fato de o empreendimento estar em terreno pertencente à União e que a competência comum chegaria a tanto, ignorando que não apenas o artigo 13 da LC nº 140/11 veda essa conduta, como o artigo 7º da Resolução Conama nº 237/97.

[357] TRF da 4ª Região, 2. S., v.u., EI 0007287-70.2003.404.7207/SC, Rel. Des. Fed. Carlos Eduardo Thompson Flores Lenz, j. em 08.08.2013, DE 21.08.2013.

[358] TRF da 2ª Região, 5ª T. Especializada, v.u., AC 0003636-21.2008.4.02.5102, Rel. Des. Fed. Flavio Oliveira Lucas (conv.), j. em 29.07.2014, DJe 06.08.2014.

3.2 A mudança do critério pela LC nº 140/11: abandono do critério de abrangência do impacto para delimitar a competência da União (Lei nº 6.938/81, art. 10, §4º, e Res. Conama nº 237/97, art. 4º, *caput*)

A LC nº 140/11 efetuou pequenas alterações nas disposições sobre competência da Resolução Conama nº 237/97. Embora pontuais, essas alterações trouxeram relevante consequência prática à previsibilidade da identificação do órgão licenciador competente, ao abandonar o critério da abrangência do impacto.

Em primeiro lugar, alterou a competência para licenciar empreendimentos ou atividades localizadas em unidades de conservação instituídas pela União, exceto áreas de proteção ambiental – APAs (art. 7º, XIV, "d"). Desse modo, a LC nº 140/11 afastou-se da regra da Resolução Conama nº 237/97, que falava em domínio da União, o que podia ensejar arguição de incompetência federal no caso de UCs sem propriedade pública ou regularização fundiária, e nada falava sobre as APAs, agora sujeitas a outros critérios que não o do ente instituidor (LC nº 140/11, art. 12).

Em segundo lugar, a LC nº 140/11 eliminou o critério de abrangência de impacto para delimitar a competência da União. Previa-se como competência do Ibama licenciar "empreendimentos e atividades com significativo impacto ambiental de âmbito nacional ou regional" (Res. Conama nº 237/97, art. 4º, *caput*).

O objetivo da tipologia prescrita no artigo 7º, XIV, "h", da LC nº 140/11,[359] é o de substituir a abrangência do impacto, eliminando-a como critério para aferição da competência do órgão licenciador. Para evitar as intermináveis discussões e divergências constatadas sob a égide da Resolução Conama nº 237/97, a LC nº 140 estabelece a tipologia, que é editada por ato do Executivo, considerando o porte, o potencial poluidor e a natureza da atividade ou empreendimento. Por isso, o §4º do artigo 10 da Lei nº 6.938/81[360] foi categoricamente revogado pelos artigos 20 e 21 da LC nº 140.

De acordo com a LC nº 140/11, essa tipologia deve ser editada por ato do Poder Executivo ("tipologia estabelecida por ato do Poder Executivo"), por exemplo, do Presidente da República ou do Ministro do Meio Ambiente. Embora o Conama integre o Poder Executivo, ele não pode ter essa atribuição diante do atual cenário normativo, pois não faz sentido atribuir a competência a um órgão, ao mesmo tempo em que lhe é garantida a participação no processo ("assegurada a participação de um membro do Conselho Nacional do Meio Ambiente"). Em outras palavras, se o órgão competente para estipular a tipologia fosse o Conama, a LC nº 140/11 não precisaria garantir um membro dele na comissão tripartite, uma vez que a decisão seria sua.

A AGU, na OJN nº 33/2012/PFE-IBAMA/PGF/AGU, ressaltava a necessidade de reconhecer essa mudança de paradigma,[361] aduzindo que "houve alterações no texto

---

[359] "h) que atendam tipologia estabelecida por ato do Poder Executivo, a partir de proposição da Comissão Tripartite Nacional, assegurada a participação de um membro do Conselho Nacional do Meio Ambiente (Conama), e considerados os critérios de porte, potencial poluidor e natureza da atividade ou empreendimento;".

[360] "Compete ao Instituto do Meio Ambiente e Recursos Naturais Renováveis – Ibama o licenciamento previsto no *caput* deste artigo, no caso de atividades e obras com significativo impacto ambiental, de âmbito nacional ou regional".

[361] "12. Há que se ressaltar, assim, que totalmente revisto pelo legislador os critérios de regionalidade/nacionalidade dos impactos causados pela atividade licenciada, para atrair a competência do Ibama. Forçoso reconhecer a revogação, por incompatibilidade com Lei Complementar que lhe é superior, do critério genérico definido no *caput* do art. 4º da Resolução Conama nº 237/1997, sendo que os seus incisos também não estão em perfeita consonância coma recém editada lei".

dos incisos, principalmente referente à definição de competência unicamente pela localização física do empreendimento, não mais havendo que se cogitar da abrangência dos impactos diretos ou indiretos causados pela atividade". Posteriormente, manteve-se esse entendimento com a aprovação pela AGU e Ibama da OJN nº 43/2012/PFE-IBAMA/PGF/AGU (alterada em 2016), na qual fica clara a não mais existência dos critérios da regionalidade ou nacionalidade dos impactos causados para atrair a competência do Ibama:

> IV. Deve-se reconhecer a revogação, por incompatibilidade com Lei Complementar que lhe é superior, do critério genérico definido no *caput* do art. 4º da Resolução Conama nº 237/1997, sendo que os seus incisos também não estão perfeitamente de acordo com a atual Lei. Ademais, o dispositivo legal regulamentado pelo citado artigo, qual seja, o §4º do art. 10 da Lei nº 6.938/1981, restou expressamente revogado pelo art. 21 da LC nº em análise.

Em seu corpo, na versão original, se explicavam as razões de tal entendimento:

> Nesse sentido, o §3º acima transcrito dá margem à interpretação de que, até serem estabelecidas as tipologias, os processos de licenciamento e autorização ambiental, iniciados a partir da data de 09/12/2011, devem ser conduzidos pelo órgão ambiental competente, de acordo com a legislação em vigor. Ou seja, a definição de competência obedecerá aos demais dispositivos da LC nº 140/2011, que é a norma legal atualmente vigente sobre o assunto. Portanto, ao Ibama competirá apenas licenciar, ordinariamente, os empreendimentos que atendam aos demais critérios previstos nas alíneas do inciso XIV do art. 7º daquela Lei.
>
> Em vista disso, é preciso reconhecer grande mudança na sistemática atualmente vigente de definição de competência. Diferentemente da legislação anteriormente aplicada (Resolução Conama nº 237/1997), o Ibama não terá mais competência para licenciar empreendimento, apenas em razão da abrangência do seu impacto ambiental. No momento, ainda que atividade tenha potencial poluidor de âmbito nacional ou regional, o Ibama não será competente para licenciar, a não ser que esteja configurada uma das hipóteses previstas nas alíneas do inciso XIV do art. 7º, que estabelece apenas critério de localização e de tipo de atividade.
>
> Há que se ressaltar, assim, que totalmente revisto pelo legislador os critérios de regionalidade/nacionalidade dos impactos causados pela atividade licenciada, para atrair a competência do Ibama. Forçoso reconhecer a revogação, por incompatibilidade com Lei Complementar que lhe é específica, do critério genérico definido no *caput* do art. 4º da Resolução Conama nº 237/1997, sendo que os seus incisos também não estão em perfeita consonância com a recém editada Lei.
>
> Ademais, é preciso destacar que o art. 20 da LC nº 140/11 revogou, de forma expressa, o art. 10, §4º, da Lei nº 6.938, de 31 de agosto de 1981, que constituía o embasamento legal da regulamentação contida na Resolução Conama nº 237/1997.

Dessa forma, é difícil sustentar que há a perpetuação desse critério no artigo 18, §3º, da LC nº 140/11, como é visto no capítulo do direito intertemporal.[362]

---

[362] Exemplo disso é que, em 22.02.2013, a Nota nº 04/2013/GABIN/PFE-IBAMA-SEDE, do Procurador-Chefe Nacional do Ibama, nos autos do PA nº 02001.001697/2010-31, suspendeu a vigência do item *c* da conclusão da OJN nº 43/2012 sob o seguinte argumento: "[...] 5. Há aparente intenção finalística da norma de estabelecer um regime transitório para a total supressão dos critérios de abrangência de impactos como definidores da competência para promoção do licenciamento ambiental – evitando criar um vácuo legal e sobretudo de expertise enquanto não definidas as tipologias que, pelo porte, potencial poluidor e natureza da atividade ou empreendimento,

A LC nº 140/11 deixou claro que o importante é o empreendimento ou atividade estarem localizados na área descrita, sendo abolido o critério dos eventuais impactos diretos sobre essas áreas. Curt e Terence Trennepohl são categóricos ao doutrinar que a LC nº 140/11 "utiliza apenas o critério da localização, desprezando a abrangência dos impactos",[363] com exceção das tipologias previstas no Decreto nº 8.437/15.[364]

De forma oportuna, o critério de abrangência de impacto foi abandonado. Com isso se prestigiou a segurança jurídica dos envolvidos na questão, deslocando o esforço depreendido, *rectius*, desperdiçado, na determinação do ente competente para outros campos da atividade dos órgãos, aumentando, desse modo, a proteção ambiental apenas pela racionalização das regras de competência administrativa para licenciar. O esforço com o abandono do critério de impacto para definir qual o ente competente para licenciar é menor, porque há redução da subjetividade já presente no conceito de impacto ambiental, bem como de sua qualificação com o critério de abrangência, regional ou nacional, e com o fato de ser ou não significativo. Não raras vezes, essa abrangência somente podia ser conhecida durante o processo de licenciamento ambiental, sendo difícil ter certeza de sua extensão antes do início do licenciamento, o que aumentava os litígios pelo alto grau de especulação envolvido e da síndrome NIMBY, presente em alguns empreendimentos ou atividades sujeitos ao licenciamento ambiental.

Exatamente por ignorar o fim da abrangência de impacto como critério para definir a competência é que claramente viola a LC nº 140/11 a decisão do TRF da 1ª Região, ao justificar a competência da União baseada no fato de ser "atividade de grande impacto ambiental em área impactada por usina hidrelétrica de grande porte, na verdade, a segunda maior usina dessa espécie no país", enquanto os precedentes citados "cuidaram de licenciamentos de pequenos empreendimentos, com impactos ambientais igualmente pequenos ou pouco significativos", ao contrário do caso julgado".[365]

Apesar de posicionamentos contrários, a LC nº 140/11 também eliminou tal critério para os Municípios, que ficaram com o impacto ambiental de âmbito local, "conforme tipologia definida pelos respectivos Conselhos Estaduais de Meio Ambiente, considerados os critérios de porte, potencial poluidor e natureza da atividade" (art. 9º, XIV, "a"). Embora pareça que o foco do critério de competência municipal seja o impacto de âmbito local, ele está contido na tipologia, cuja finalidade é eliminar as incertezas decorrentes da abrangência do impacto. A previsão de impacto local serve mais para balizar a regulamentação dos Conselhos Estaduais de Meio Ambiente do que efetivamente criar algum direito ou dever aos Municípios em termos de licenciamento. Por isso, a tipologia pode ser mais restritiva do que uma definição de impacto local comportaria, mas nunca ampliativa do que se comporta em tal conceito.

---

deveriam ser mantidas sob a competência federal". Posteriormente, tal suspensão provisória foi confirmada, em 26.05.2014, pela Nota nº 05/2014/GABIN/PFE-IBAMA-SEDE/PGF/AGU, do Procurador-Chefe Nacional do Ibama, nos autos do PA nº 02001.007045/2012-72.

[363] TRENNEPOHL, Curt; TRENNEPOHL, Terence. *Licenciamento Ambiental*. 5. ed. Niterói: Impetus, 2013. p. 65. No mesmo sentido, cf.: AMADO, Frederico Augusto Di Trindade. *Direito Ambiental Esquematizado*. 4. ed. 2013. p. 154; ERTHAL, Thiago Serpa. *Revisibilidade das Licenças Ambientais*. Rio de Janeiro: Lumen Juris, 2015. p. 77. Marcia Leuzinger e Sandra Cureau também reconhecem que a LC nº 140/11 "substituiu o critério do impacto direto pelo atendimento a tipologia estabelecida por ato do Poder Executivo" (LEUZINGER, Marcia Dieguez; CUREAU, Sandra. *Direito Ambiental*. 2013. p. 90).

[364] TRENNEPOHL, Curt; TRENNEPOHL, Terence. *Licenciamento Ambiental*. 6. ed. São Paulo: RT, 2015. p. 254.

[365] TRF da 1ª Região, 6ª T., v.u., AC 0001813-37.2014.4.01.3903, Rel. Des. Fed. Jamil Rosa de Jesus Oliveira, j. em 11.09.2023, PJe 11.09.2023.

A opção da novel legislação foi clara: evitar os intermináveis conflitos e discussões que travavam o licenciamento ambiental por uma questão meramente formal (órgão competente).

3.3 A influência direta para mensurar os impactos ambientais

A influência direta para a avaliação de impacto foi abandonada pela LC nº 140/11, porém a graduação dos impactos ainda é importante, porque o seu artigo 18 somente autorizou a aplicação dos novos critérios posteriormente à entrada em vigor da LC nº 140/11. Os processos iniciados anteriormente a sua promulgação ainda convivem com a regra antiga, com a aplicação pura e simples da Resolução Conama nº 237/97.

A superação da mensuração de impacto direto nada mais é do que uma consequência do abandono do critério de abrangência do impacto. Sob esse ponto, a OJN nº 43/2012/PFE-IBAMA/PGF/AGU é precisa:

> Assim, apesar dos incisos previstos no art. 4º da Resolução Conama coincidirem, em sua maioria, com as alíneas do inciso XIV do art. 7º da LC nº 140/2011, não se pode ignorar que o critério do *caput* (art. 4º), que orientava a aplicação dos incisos, encontra-se revogado. Além disso, houve alterações no texto dos incisos, principalmente referente à definição de competência unicamente pela localização física do empreendimento, não mais havendo que se cogitar da abrangência dos impactos diretos ou indiretos causados pela atividade.
>
> Assim, se antes um empreendimento localizado, em sua totalidade, em um Estado, mas que causasse impacto direto em outro país ou em Estado diverso, era licenciado pelo Ibama, agora, não há que se falar em competência federal. O Ibama será competente, nesse caso, apenas se o empreendimento ou atividade for contemplado em ato do Poder Executivo (art. 7º, XIV, "h") ou estiver, fisicamente, localizado ou desenvolvido em mais de um Estado ou extrapole os limites territoriais do país.

A importância da compreensão do impacto ser direto ou indireto reside na mudança de competência para licenciar. Se for admitido o impacto indireto, a área de abrangência será muito maior e certamente extrapolará o Município ou mesmo o Estado-membro, fazendo com que a competência para licenciar seja estadual ou federal. Essa maior abrangência pode fazer o impacto recair sobre áreas que desloquem a competência para a União, por exemplo.

Essa questão se desdobra em duas etapas, a definir: (i) se o impacto deve ser direto ou se basta que seja indireto e (ii) o que é impacto direto.

Quanto à primeira etapa, vê-se que o critério utilizado pela legislação é indubitavelmente o impacto direto (Res. Conama nº 237/97, arts. 4º, III, e 5º, III). A doutrina é pacífica em relação ao critério adotado pela Resolução Conama nº 237/97 ser o do impacto direto,[366] entendimento também encampado pela AGU e pelo MMA, vinculando

---

[366] SILVA, Romeu Faria Thomé da. Comentários sobre a nova lei de competências em matéria ambiental (LC nº 140, de 08.12.2011). *Revista de Direito Ambiental*, São Paulo: RT, ano 17, v. 66. p. 55-76, abr./jun. 2012 [extraído da *Revista dos Tribunais on line*]; LEUZINGER, Marcia Dieguez; CUREAU, Sandra. *Direito Ambiental*, 2013. p. 89; NASCIMENTO, Sílvia Helena Nogueira. *Competência para o Licenciamento Ambiental na Lei Complementar 140/2011*. São Paulo: Atlas, 2015. p. 88; FIGUEIREDO, Guilherme José Purvin de. *Curso de Direito Ambiental*. 6. ed. São Paulo: Revista dos Tribunais, 2013. p. 244.

todos os seus respectivos órgãos autônomos e entidades vinculadas.[367] Talden Farias é categórico ao doutrinar que é o impacto ambiental direto que a Resolução Conama nº 237/97 escolheu como critério para a repartição da competência licenciatória.[368]

O impacto direto também é respaldado pela nossa jurisprudência:

> [...] 10. A legislação atinente à espécie fixou a área sob *influência direta* dos impactos ambientais do empreendimento como elemento definidor da competência para o licenciamento ambiental.[369]
>
> [...] 9. A jurisprudência desta Corte entende que o impacto regional a justificar a competência do IBAMA deve ser um impacto ambiental direto, nos termos da Resolução 237 do Conama.[370]
>
> [...] III – Competência exclusiva do IBAMA para a análise do licenciamento objeto do feito principal afastada, pois esta teria lugar somente se impactos ambientais diretos ultrapassassem os limites territoriais do País ou de um ou mais Estados.[371]
>
> [...] No caso em tela, como não se vislumbra a ocorrência de nenhuma das hipóteses acima descritas, permanece – repita-se – a competência do órgão estadual para o licenciamento em questão. Ressalte-se, por pertinente, que a atividade mineradora se dá em área próxima à reserva indígena, mas não em área a esta pertencente.[372]

A definição de impacto direto, segunda etapa, demanda análise técnica. Essa tecnicidade da aferição do que é impacto direto costuma esbarrar em divergências técnico-científicas. Sílvia Helena Nogueira Nascimento bem pontua a questão:

> A questão é eminentemente de ordem técnica e, além da diversidade de fatores, comporta no âmbito das ciências aplicadas, como a biologia, uma diversidade de entendimentos, sem que se possa apontar necessariamente qual o correto, ou mesmo, qual estaria equivocado. Ouvir vários técnicos pode, por vezes, gerar igual número de avaliações de impacto ambiental, cada qual com pequenos ou grandes pontos de divergência.[373]

Tal constatação é fundamental porque em face dessas divergências metodológicas, técnicas e/ou científicas, o Judiciário deve ser deferente com as análises realizadas pelos órgãos ambientais (*Chevron doctrine*), conforme defendido no capítulo sobre o controle jurisdicional do licenciamento ambiental.

---

[367] "[...] na determinação de competências para realização do licenciamento ambiental, deve prevalecer o critério do alcance do "impacto ambiental direto" (Parecer nº 312/2004 CONJUR-MMA/CGU/AGU, proferido pelo Consultor Jurídico do MMA, em 04.10.2004, nos autos do PA nº 02026.004638/2004-99. O presente parecer foi aprovado pela Ministra do Meio Ambiente em 22.10.2004, o que o torna vinculante aos respectivos órgãos autônomos e entidades vinculadas – LC nº 73/93, art. 42).

[368] FARIAS, Talden. *Licenciamento Ambiental*: aspectos teóricos e práticos. 4. ed. Belo Horizonte: Fórum, 2013. p. 50.

[369] TRF da 1ª Região, 5ª T., v.u., AC 2001.40.00.006531-7/0006530-49.2001.4.01.4000/PI, Rel. Des. Selene Maria de Almeida, j. em 16.12.2013, *e-DJF1* 10.01/2014. p. 290 – destacou-se. No mesmo sentido: TRF da 1ª Região, 5. T., v.u., AI 0025801-69.2008.4.01.0000 / 2008.01.00.025509-1/MA, Rel. Des. Selene Maria de Almeida, j. em 12.11.2008, *e-DJF1* 21.11.2008. p. 976; TRF da 1ª Região, 5. T., v.u., AG 0020981-75.2006.4.01.0000/MT, Rel. Des. Fed. João Batista Moreira, j. em 20.09.2006, *DJ* 09.11.2006. p. 65.

[370] TRF da 1ª Região, 5. T., REO 0007786-39.2010.4.01.3603/MT, Rel. Des. Fed. Néviton Guedes, j. em 04.11.2015, *e-DJF1* 17.12.15.

[371] TRF da 3ª Região, 3. T., v.u., AR no AI 2007.03.00.036133-5 / 0036133-75.2007.4.03.0000 (Ac. 298.034), Rel. Des. Cecília Marcondes, j. em 19.09.07, *DJU* 17.10.2007.

[372] TRF da 3ª Região, 4. T., v.u., AC 2003.61.04.001816-9 / 0001816-14.2003.4.03.6104 (Ac. 1.062.702), Rel. Des. Mônica Nobre, j. em 26.02.2009, *e-DJF3 Judicial 2* 24.03.2009. p. 929.

[373] NASCIMENTO, Sílvia Helena Nogueira. *Competência para o Licenciamento Ambiental na Lei Complementar nº 140/2011*. São Paulo: Atlas, 2015. p. 99.

3.4 A interpretação restritiva para a aferição de competência em rol taxativo (União e Municípios)

Importante destacar que deve ser atribuída interpretação restritiva para as competências da União e dos Municípios, pois contidas em rol taxativo (LC nº 140/11, arts. 7º e 9º).

Os Estados-membros eram[374] e ainda são o centro gravitacional do licenciamento ambiental, ou seja, são a regra, porque cabe a eles "promover o licenciamento ambiental de atividades ou empreendimentos utilizadores de recursos ambientais, efetiva ou potencialmente poluidores ou capazes, sob qualquer forma, de causar degradação ambiental, ressalvado o disposto nos arts. 7º e 9º" (LC nº 140, art. 8º, XIV). O que não estiver expressamente taxado como sendo da União ou dos Municípios é dos Estados-membros. Por isso, nada mais natural do que ler as competências contidas na LC nº 140 de forma restritiva, às vezes chamada de literal, em relação à União e Municípios. Esse mesmo fenômeno ocorre quando da competência dos tribunais superiores, que estão em rol taxativo e não se constituem na regra, merecendo exegese restritiva.[375] "As normas restritivas – como as que determinam a competência jurisdicional – requerem interpretação igualmente restritiva",[376] como bem assentou o STJ.

Como destacou o TRF da 1ª Região em caso envolvendo competência para licenciamento ambiental, se as competências da União vêm numeradas (expressas) na Constituição, relegando-se aos Estados-membros as remanescentes, isso significa que, exceto pelas competências taxativamente atribuídas à União, o resto é dos Estados-membros. Conclui, então, que, assim como na Constituição, "o mesmo critério deve ser empregado na interpretação das normas infraconstitucionais. Não há, pois, lugar para interpretação extensiva ou analógica da regra de competência da entidade federal".[377]

Correto entendimento da AGU quando afirma que o rol do artigo 7º deve ser interpretado restritiva ou literalmente, "com extrema restrição" ou de "maneira bastante estrita", conforme explicitado nos Pareceres nºs 168/2014/CONEP, 12 e 23/2016/COJUD/PFE-IBAMA-SEDE/PGF/AGU:

> [...] 22. [...] Como se afirmou, as alíneas 'c' e 'd' do inciso XIV do art. 7º da LC nº 140/11 devem ser lidas de maneira bastante estrita, pelo que não se pode compreender que as áreas perimetrais, lindeiras ou tangenciais aos limites nelas descritos devam ser compreendidos como pertencentes a seus espaços para efeitos de determinação de competência para licenciamento ambiental. A conclusão é demasiadamente simples: se o empreendimento cuja atividade a ser licenciada estiver inserto em área de UC instituída pela União, ou de TI, a competência para conduzir o licenciamento será do Ibama; caso contrário, será do órgão ambiental estadual (não interessa para a fixação de competência para a condução do licenciamento, assim, se o empreendimento ou a sua faixa de domínio localiza-se em espaço imediatamente vizinho ou lindeiro a UC ou TI, descabendo falar em estabelecimento de limite de tolerância – e, consequentemente, em critérios para tal).[378]

---

[374] Lei nº 6.938/81, art. 10, *caput* – redação revogada pela LC nº 140.
[375] *V.g.*, STF, AR na ACO 2.379, AR no MS 30.844, 27.763, 32.942, HC 111.015, AR na PET 1.738; STJ, AR na Rcl 10.037 e Rp 479.
[376] STJ, 1. S., v.u., CC 130.946/CE, Rel. Min. Sérgio Kukina, j. em 24.09.2014, *DJe* 30.09.2014.
[377] TRF da 1ª Região, 5. T., v.u., AC nº 0000267-95.2005.4.01.3600, Rel. Des. João Batista Moreira, j. em 17.08.2011, e-DJF1 26.08.2011. p. 153.
[378] Parecer nº 168/2014/CONEP/PFE-IBAMA-SEDE/PGF/AGU, aprovado pela Procuradora-Chefe Nacional da PFE-Ibama, em 02.12.2014, mediante Despacho nº 658/2014/GABIN/PFE-IBAMA-SEDE/PGF/AGU, nos autos do PA nº 02001.007431/2010-01.

[...] I – A exegese da competência do Ibama para licenciar deve ser restritiva ou literal, uma vez que a regra é os Estados-membros licenciarem (LC nº 140/11, art. 8º), constando como exceção a União e os Municípios, pois contidas em rol taxativo (LC nº 140/11, arts. 7º e 9º). Precedente.

II – Não há que se falar em analogia ou interpretação extensiva quando se tratar de competências da União ou dos Municípios. O que não for expressamente enumerado como sendo da União não pode ser-lhe atribuído. No caso de terra indígena ou UC, a União somente pode licenciar se o empreendimento estiver localizado em (sobreposição cartorial) terra indígena ou UC instituída pela União (art. 7º, XIX, *c* e *d*), não bastando a mera vizinhança ou tangência, ainda que bilateral. Exegese diversa significaria adoção do abandonado critério de abrangência de impacto pela LC nº 140/11 (OJNs 33 e 43/2012/PFE-IBAMA).[379]

Por tais razões, a OJN 33 da PFE-Ibama foi remodelada e aprovada pela Presidência do Ibama, tornando-a vinculante à autarquia, para expressamente consignar a exegese restritiva na leitura da competência da União prevista no artigo 7º da LC nº 140/11. Segundo a atual ementa desta OJN:

1. Alterações substanciais na sistemática legal de divisão de competência ambiental entre os entes federativos para licenciamento ambiental.
2. Interpretação literal do rol de competências do Ibama fixado no art. 7º, inciso XIV, da Lei Complementar nº 140/2011.
3. Competência do Ibama para licenciar qualquer empreendimento localizado no interior de terra indígena, conceito que exige a interceptação da área demarcada.
4. Não estão em área protegida os empreendimentos cuja faixa de domínio tenha sido excluída das áreas demarcadas como terras indígenas.
5. Interpretação literal e restritiva das competências da União, que melhor se coaduna com o espírito da Lei Complementar, respeitando a competência remanescente dos Estados-membros.

Em relação ao critério do impacto direto, por exemplo, não se pode falar em analogia do impacto direto para deslocar a competência quando ele existir em terras indígenas, unidades de conservação instituídas pela União ou no território de mais de um Estado-membro.[380] O que não for expressamente enumerado como sendo da União – que, nos exemplos citados, somente tem competência para licenciar se o empreendimento estiver localizado em terra indígena ou dentro de UC instituída pela União (art. 7º, XIX, "c" e "d"), não bastando a mera vizinhança ou a tangência, ainda que bilateral – não pode ser-lhe atribuído.[381]

---

[379] Parecer nº 12/2016/COJUD/PFE-IBAMA-SEDE/PGF/AGU, aprovado pela Procuradora-Chefe Nacional da PFE-Ibama, em 23.02.2016, mediante Despacho nº 47/2016/GABIN/PFE-IBAMA-SEDE/PGF/AGU, nos autos do PA nº 00807.000062/2016-10; Parecer nº 23/2016/COJUD/PFE-IBAMA-SEDE/PGF/AGU, aprovado pela Procuradora-Chefe Nacional da PFE-Ibama, em 08.03.2016, mediante Despacho nº 84/2016/GABIN/PFE-IBAMA-SEDE/PGF/AGU, nos autos do PA nº 00807.000057/2016-07.
[380] FARIAS, Talden. *Licenciamento Ambiental*: aspectos teóricos e práticos. 4. ed. Belo Horizonte: Fórum, 2013. p. 109, 111-112.
[381] A AGU já afastou a exegese restritiva ao opinar pela competência do Ibama em licenciar uma estrada que fazia um túnel dentro de terra indígena, ainda que sem alteração da faixa de domínio, porque localizado no interior de terra indígena incluiria a "interceptação da área demarcada" (OJN nº 33/2012/PFE-IBAMA/PGF/AGU). Entretanto, mais recentemente, manifestou-se pela exegese objetiva e literal do artigo 7º, concluindo: "[...] 21. A expressão

Equivocada a decisão do TRF da 1ª Região na qual considera o impacto direto em terra indígena como apto a justificar a competência da União para conduzir o licenciamento ambiental.[382] Tanto a Res. Conama nº 237/97 quanto a LC nº 140 exigem que o empreendimento ou atividade estejam em terra indígena, não que somente a impactem diretamente. Estar em terra indígena gera impacto direto, equivalendo a área diretamente afetada (ADA), mas nem todo o impacto direto pressupõe que o empreendimento ou atividade esteja em terra indígena; neste caso não há que se falar em competência da União. Ainda que a obra, por exemplo, despeje resíduos em rio que atravessa UC federal, a competência não é da União. O objeto do licenciamento precisa estar na área da UC federal para a competência ser da União, *o que não inclui a sua zona de amortecimento (ZA)*, quando existente, uma vez que a exegese deve ser estrita e a ZA não faz parte da UC.[383] De qualquer forma, ainda que se pense diferente, não se deve equiparar a ZA de uma UC com o limite provisório da Resolução Conama nº 428/10, previsto para autorização de licenciamento ambiental ou mera ciência, para delimitar a competência administrativa para licenciar.

O que deve estar dentro dos limites da UC federal para que o Ibama licencie é o empreendimento ou o desenvolvimento da atividade. Não basta, por exemplo, para

---

'localizados ou desenvolvidos' em UC's e TI's deve ser interpretada com extrema restrição, compreendendo-se como ali situados ou implementados, para efeitos de definição de competência para licenciamento ambiental, apenas os empreendimentos e atividades localizados geograficamente em área coincidente com a da UC ou a da TI [...] 22. [...] Sim, somente podem ser considerados em UC's ou TI's os empreendimentos cuja faixa de domínio não tenha sido excluída das áreas instituídas para as unidades de conservação e as terras indígenas. Caso tenham sido excluídas tais faixas de domínio das áreas descritas nos itens 'c' e 'd' do art. 7º, inciso XIV, da LC nº n. 140/11, não mais restarão inseridas em áreas aptas a atrair a competência do Ibama para a condução do licenciamento, que ficará sob responsabilidade do órgão ambiental estadual" (Parecer nº 168/2014/CONEP/PFE-IBAMA-SEDE/PGF/AGU, aprovado pelo Procurador-Chefe Nacional da PFE-Ibama, em 02.12.2014, mediante Despacho nº 658/2014/GABIN/PFE-IBAMA-SEDE/PGF/AGU, nos autos do PA nº 02001.007431/2010-01). No mesmo sentido: Parecer nº 12/2016/COJUD/PFE-IBAMA-SEDE/PGF/AGU, aprovado pela Procurador-Chefe Nacional da PFE-Ibama, em 23.02.2016, mediante Despacho nº 47/2016/GABIN/PFE-IBAMA-SEDE/PGF/AGU, nos autos do PA nº 00807.000062/2016-10, e Parecer nº 23/2016/COJUD/PFE-IBAMA-SEDE/PGF/AGU, aprovado pela Procuradora-Chefe Nacional da PFE-Ibama, em 08.03.2016, mediante Despacho nº 84/2016/GABIN/PFE-IBAMA-SEDE/PGF/AGU, nos autos do PA nº 00807.000057/2016-07.

[382] "Portanto, como se vê, há muito está sedimentada a jurisprudência do Tribunal no sentido de que não se fixa a competência no âmbito federal senão quando houver impacto ambiental interestadual *ou impacto direto sobre terras indígenas* [...] 6. O empreendimento que se quer instalar, Projeto Volta Grande de Mineração, não está, efetivamente, localizado em terras indígenas, e a área indígena mais próxima está à distância de 11,6km (TI Paquiçamba) e outra, a 16,2km (TI Arara da Volta Grande), mas a Volta Grande do Xingu é uma região ambientalmente estressada, ainda que além do limite de 10km considerado pela Portaria Interministerial nº 419/2011" (TRF da 1ª Região, 6ª T., v.u., AC 0001813-37.2014.4.01.3903, Rel. Des. Fed. Jamil Rosa de Jesus Oliveira, j. em 11.09.2023).

[383] A AGU entendeu que a zona de amortecimento não apenas não fazia parte da UC, não atraindo a competência da União ou dos Municípios para licenciar prevista nos artigos 7º, XIV, "d", e 9º, XIV, "b", da LC nº 140/2011, como devia sofrer exegese restritiva para não subtrair dos Estados-membros o papel central no licenciamento, tal qual previsto na LC nº 140 com respaldo na Constituição Federal. No Parecer nº 83/2016/COJUD/PFE-IBAMA-SEDE/PGF/AGU, que consta um "de acordo" da Presidência do Ibama, ficou consignado: "INTERVENÇÃO. AÇÃO CIVIL PÚBLICA. AMPLIAÇÃO DE ZONA DE AMORTECIMENTO DE UNIDADE DE CONSERVAÇÃO. ZONA DE AMORTECIMENTO NÃO ATRAI A COMPETÊNCIA PARA LICENCIAR. AUSÊNCIA DE INTERESSE DO ÓRGÃO LICENCIADOR EM INTERVIR NA LIDE. I – Zona de amortecimento de unidade de conservação não atrai a competência para licenciar da União ou do Município. Os artigos 7º, XIV, *d*, e 9º, XIV, *b*, da LC nº 140/2011 exigem que o objeto licenciado esteja dentro da unidade de conservação, conceito que não abrange a sua zona de amortecimento. Exegese da Lei do SNUC reforçada pela interpretação restritiva das competências da União e Município previstas na LC nº 140, por constarem de rol taxativo" (Parecer nº 83/2016/COJUD/PFE-IBAMA-SEDE/PGF/AGU, aprovado pela Procuradora-Chefe Nacional da PFE-Ibama, em 15.08.2016, mediante Despacho nº 427/2016/GABIN/PFE-IBAMA-SEDE/PGF/AGU, nos autos do PA nº 00543.000668/2016-95).

atrair a competência federal que o imóvel no qual o empreendimento será desenvolvido tenha parte em UC federal, se o empreendimento em si não for desenvolvido nessa parte do imóvel.[384]

Outro exemplo de interpretação restritiva é sobre a competência para licenciar no *mar territorial*. Seria ele sempre computado da linha de baixa-mar ou da linha de base, ambos previstos na Lei nº 8.617/93 (art. 1º, *caput* e parágrafo único)?

A LC nº 140 apenas preceitua que a União deverá licenciar os empreendimentos ou atividades "localizados ou desenvolvidos no mar territorial, na plataforma continental ou na zona econômica exclusiva" (art. 7º, XIV, "b").

A regulação pela Convenção das Nações Unidas sobre o Direito do Mar (Convenção de Monte Bay, 1982) preceitua que "as águas situadas no interior da linha de base do mar territorial fazem parte das águas interiores do Estado" (art. 8º). Essa classificação foi adotada pela Lei nº 8.617/93, que usou o método da linha de base reta quanto à demarcação da linha inicial do mar territorial na faixa litorânea que possui recortes profundos (art. 1º). O Decreto nº 8.400/15, ao revogar igual disposição do Decreto nº 4.983/2004, deixa claro que a linha de base do Brasil é definida exatamente para traçar os limites do mar territorial (art. 4º), o que significa que se trata de águas interiores, e não de mar territorial, o espaço compreendido entre a linha de base e o continente.

A própria Comissão Interministerial para Recursos do Mar (CIRM) entende que a totalidade do mar territorial é a faixa (marítima) "que se estende mar afora distando 12 milhas marítimas das Linhas de Base estabelecidas de acordo com a Convenção das Nações Unidas sobre o Direito do Mar" (item 3.1.1 do Plano Nacional de Gerenciamento Costeiro – PNGC II, aprovado pela Resolução CIRM nº 5/1997). Em outras palavras, a CIRM também entende que as águas interiores estão fora do mar territorial, senão não teria qualificado como a "totalidade" do mar territorial a faixa de 12 milhas marítimas a partir das linhas bases.

Vê-se que a linha de base é critério a partir do qual se considera iniciado o mar territorial, devendo-se adotar os termos da legislação específica para tal fim. O que vem antes da linha de base, em relação ao continente, são as águas interiores, a porção de mar formada pela distância da linha de baixa-mar até a linha de base. Considerar algo além disso é deixar de interpretar restritivamente a competência da União. Logo, uma leitura restritiva da questão exclui as águas interiores,[385] motivo pelo qual o licenciamento pelo Ibama "em águas interiores, ainda que marítimas, não encontra qualquer ressonância legal".[386]

Apartando-se do sistema de linha de base reta, Antonio Inagê leciona que a definição de mar territorial para fins de competência para licenciar não pode englobar

---

[384] Conforme Despacho nº 3485697/2018-CGTEF/DILIC (PA nº 02022.004812/2018-39).
[385] Ressalte-se que a Lei nº 9.966/00 define águas interiores como as compreendidas entre a costa e a linha de base reta (art. 3º, I). Pouco depois, o Conama encampou esse entendimento na hoje revogada Resolução 344/04, definindo águas interiores no artigo 2º, IV, *a*, como: "1. águas compreendidas entre a costa e a linha de base reta, a partir de onde se mede o mar territorial; 2. águas dos portos; 3. Águas das baías; 4. águas dos rios e de suas desembocaduras; 5. águas dos lagos, das lagoas e dos canais; 6. águas entre os baixios a descoberto e a costa". A Lei nº 11.959/09 adotou a seguinte definição de águas interiores: "as baías, lagunas, braços de mar, canais, estuários, portos, angras, enseadas, ecossistemas de manguezais, ainda que a comunicação com o mar seja sazonal, e as águas compreendidas entre a costa e a linha de base reta, ressalvado o disposto em acordos e tratados de que o Brasil seja parte" (art. 2º, XIII).
[386] ANTUNES, Paulo de Bessa. *Direito Ambiental*. 16. ed. 2014. p. 202.

a porção do mar territorial integrado à zona costeira,[387] critério inviável atualmente, porque esta não mais avança 6 milhas em direção ao mar (PNGC I), mas avança até o limite do mar territorial (PNGC II).

No Parecer nº 35/2017/COJUD/PFE-IBAMA/PGF/AGU ficou esclarecido que águas interiores, "ainda que marítimas, não se compreendem na competência para licenciar ou autorizar ambientalmente da União, pois somente após a linha de base se caracteriza o mar territorial".[388]

Ainda por esse motivo, exegese restritiva, a definição da Portaria Interministerial MMA/MJ/MINC/MS nº 60/2015 para terra indígena – que exige que haja (i) relatório circunstanciado de identificação e delimitação aprovado por ato da Funai, publicado no Diário Oficial da União, (ii) áreas que tenham sido objeto de portaria de interdição expedida pela Funai em razão da localização de índios isolados, também publicada no DOU, ou – em acréscimo em relação a revogada Portaria Interministerial nº 419/2011 – demais modalidades previstas no artigo 17 da Lei nº 6.001/73 (art. 2º, XII) – somente deve servir ao propósito da norma, que é regular a interveniência por meio de pareceres (Lei nº 11.516/07, art. 14), não de fixar elementos para a definição do ente federativo competente para licenciar.

Esses limites da Portaria Interministerial MMA/MJ/MINC/MS nº 60/15, no que diz respeito à manifestação da Funai, não significam que o licenciamento ambiental deva ser conduzido pela União, visto que a LC nº 140/11 somente preceitua "localizados ou desenvolvidos em terras indígenas" (art. 7º, XIV, "c") e não localizados ou desenvolvidos perto ou adjacentes às terras indígenas ou, ainda, que possam apresentar elementos que possam gerar impacto socioambiental direto na terra indígena.

Em suma, o rol é taxativo, sujeito à interpretação restritiva, não havendo motivo para leituras extensivas. Como reconhecido pela própria jurisprudência:

> [...] 9. Algum impacto a construção da usina trará à bacia do Rio Xingu e a terras indígenas, mas esses impactos são indiretos, não afastando a competência da entidade estadual para o licenciamento. O *impacto regional*, para justificar competência do IBAMA, deve subsumir-se na especificação do art. 4º da Resolução nº 237/97, ou seja, deve ser *direto*; semelhantemente, justifica-se a competência do IBAMA quando o empreendimento esteja sendo desenvolvido *em terras indígenas*, não o que possa refletir sobre terras indígenas. [...] 11. Na Constituição, as competências materiais da União vêm expressas (enumeradas), ficando para os Estados-membros e Distrito Federal as competências remanescentes. Significa dizer que, em regra (por exclusão das competências da União, taxativamente previstas), as competências são dos Estados-membros. Assim na Constituição, o mesmo critério deve ser empregado na interpretação das normas infraconstitucionais. Não há, pois, lugar para interpretação extensiva ou analógica da regra de competência da entidade federal.[389]

Essa leitura restritiva deve também ser observada a quaisquer outros dispositivos que possam deslocar a competência à União ou aos Municípios, como no caso da

---

[387] OLIVEIRA, Antonio Inagê de Assis. *O Licenciamento Ambiental*. São Paulo: Iglu, 1999. p. 105.

[388] Parecer nº 35/2017/COJUD/PFE-IBAMA/PGF/AGU, aprovado, em 25.05.2017, pela Procuradora-Chefe da PFE/Ibama, mediante Despacho nº 310/2017/GABIN/PFE-IBAMA-SEDE/PGF/AGU, nos autos do PA nº 04972.206413/2015-54.

[389] TRF da 1ª Região, 5. T., v.u., AC 2005.36.00.000267-2 / 0000267-95.2005.4.01.3600/MT, Rel. Des. João Batista Moreira, j. em 17.08.2011, *e-DJF1* 26.08.2011. p. 153.

competência supletiva ou na tipologia do artigo 9º, XIV, "a", definida pelos Conselhos Estaduais de Meio Ambiente, não cabendo também invocar analogia com as terras de índios para que a União licencie obras e atividades desenvolvidas dentro de terras quilombolas ou habitadas por comunidades tradicionais.

3.5 A inexistência de competência federal em razão da dominialidade do bem e a questão do patrimônio nacional (CF, art. 225, §4º)

Um equívoco comum é entender a competência do órgão licenciador federal para proceder ao licenciamento ou mesmo à fiscalização ambiental somente porque a área é da União ou é considerada patrimônio nacional (Floresta Amazônica, a Mata Atlântica, a Serra do Mar, o Pantanal Mato-Grossense e a Zona Costeira).

A competência ambiental para licenciar não é delimitada pela titularidade do bem. Não existe nenhum princípio jurídico que atribua competência para fiscalizar ou licenciar baseada pura e simplesmente na dominialidade do imóvel. Quando a relação de dominialidade é relevante para esse fim, a LC nº 140/11 ou a legislação precedente expressamente se referem a ela. Equivocado, dessa forma, pretender atribuir à União o licenciamento ambiental de empreendimentos ou atividades realizadas em seu patrimônio, como observa a AGU e a doutrina.[390]

Assim é que, desde o Parecer nº 1853/1998/CONJUR-MMA/CGU/AGU, a AGU entende que o critério para licenciar não se vincula à titularidade de bens.[391] Entendimento repetido no Parecer nº 312/2004 CONJUR-MMA/CGU/AGU,[392] que teve aprovação ministerial, tornando-o vinculante aos respectivos órgãos autônomos e entidades vinculadas (LC nº 73/93, art. 42), e cristalizado, mais recentemente, na OJN nº 15/2010/PFE-IBAMA/PGF/AGU.[393]

---

[390] SOUZA, Omar Bradley Oliveira de. O impacto do empreendimento, e não a titularidade dos bens afetados, como parâmetro para definir a competência de um licenciamento ambiental. *Boletim de Direito Municipal*, São Paulo, NDJ, v. 25, n. 7. p. 479-483, jul. 2009. p. 480-482.

[391] "[...] não há contradição entre o regime constitucional dos bens da União e o fato de ser o licenciamento ambiental realizado pelos órgãos estaduais ou municipais integrantes do Sisnama, dada a preponderância do interesse público sobre o domínio do bem. Não há direito de propriedade da União sobre os bens de seu domínio tal qual a do particular, posto que são bens de uso comum do povo, e portanto, patrimônio de toda a Nação. O critério utilizado pela lei para efeito de fixação das competências não decorre do regime constitucional dos bens da União, pois a licença é um instrumento administrativo de gestão ambiental. A competência administrativa em matéria ambiental é repartida politicamente para os três níveis de governo por força do texto constitucional. O critério adotado pelo legislador na Lei nº 6938/81, para efeito de divisão das competências é o do dano e não do bem ou localização da atividade ou empreendimento. O conceito de domínio, administração e utilização dos bens públicos não se vincula com o instituto do licenciamento ambiental, eis que são institutos distintos e por conseguinte tratados em legislação própria. Por fim, o licenciamento ambiental de uma atividade não implica no uso ou alteração de regime do bem público" (*Apud* Parecer nº 312/2004 CONJUR-MMA/CGU/AGU, proferido pelo Consultor Jurídico do MMA, em 04.10.2004, nos autos do PA nº 02026.004638/2004-99).

[392] "[...] a titularidade do bem afetado pela atividade ou empreendimento não define a competência do membro do Sisnama para realização do licenciamento ambiental. Tal critério contraria o art. 10 da Lei nº 6.938/81 e as disposições do Conama sobre o tema" (Parecer nº 312/2004 CONJUR-MMA/CGU/AGU, proferido pelo Consultor Jurídico do MMA, em 04.10.2004, nos autos do PA nº 02026.004638/2004-99. O presente parecer foi aprovado pela Ministra do Meio Ambiente em 22.10.2004, o que o torna vinculante aos respectivos órgãos autônomos e entidades vinculadas – LC nº 73/93, art. 42).

[393] "O critério da titularidade não pode ser aplicado per si sob pena de virem à tona inúmeros conflitos. Imagine-se a situação em que uma atividade de impacto ambiental local (competência municipal) é realizada em um rio estadual (competência do estado-membro), dentro de uma unidade de conservação de domínio da União (competência do IBAMA). A adoção desse critério inviabilizaria as atividades da autarquia federal, que teria que

Caso que merece análise específica dos bens da União é o das *florestas públicas*, uma vez que por vezes se tenta imputar ao Ibama obrigação de gerir as florestas públicas, competência do Serviço Florestal Brasileiro (SFB).

Pela definição legal, florestas públicas são aquelas "florestas, naturais ou plantadas, localizadas nos diversos biomas brasileiros, em bens sob o domínio da União, dos Estados, dos Municípios, do Distrito Federal ou das entidades da administração indireta" (Lei nº 11.284/06, art. 3º, I). Segundo a Lei que dispõe sobre a gestão de florestas públicas, ficou criado, na estrutura básica do Ministério do Meio Ambiente, o Serviço Florestal Brasileiro – SFB (art. 54), que "atua exclusivamente na gestão das florestas públicas" (art. 55). Nesse mister de gestão, o SFB promoverá a articulação com Estados, DF e os Municípios para a execução de suas atividades de forma compatível com a Política Nacional do Meio Ambiente (art. 55, §1º).

Importante lembrar que somente podem ser florestas públicas as que estejam em domínio do Estado e que se caracterizem com tal, não podendo se valer do fato de ser terreno público e contar com, por exemplo, restinga para ser floresta pública. Conforme destacado no Parecer nº 80/2015/COJUD/PFE-IBAMA/PGF/AGU:

> I – Não é qualquer vegetação em imóvel de domínio da União que deve ser considerada como floresta pública federal para fins de definição de competências administrativas. Floresta e restinga são formações vegetais distintas. Mera questão dominial que não atrai a competência do Ibama (OJN nº 52/2015/PFE-IBAMA/PGF/AGU). Inexistência de competência para fins do artigo 7º da LC nº 140/11.[394]

Destaque-se que o entendimento técnico do Ibama é igual ao da PFE-Ibama, uma vez que a Diretoria de Uso Sustentável da Biodiversidade e Florestas (DBFLO/IBAMA) do Ibama rechaçou expressamente a tese de que qualquer vegetação em imóvel de domínio da União deve ser considerada como floresta pública federal para fins de definição de competências administrativas (Nota Técnica nº 02001.002237/2015-35 COUSF/DBFLO/IBAMA). Quem tem competência para definir as florestas públicas federais é o SFB (OJN nº 52/2015/PFE- IBAMA/PGF/AGU).

De qualquer forma, a União autoriza ou aprova a supressão de vegetação, de florestas e formações sucessoras em florestas públicas federais, terras devolutas federais ou UCs instituídas pela União, exceto em APAs (LC nº 140/11, art. 7º, XV, *a*). Se as florestas públicas estiverem dentro de UCs federais, a competência primária é do órgão gestor da UC (ICMBio).

Outra faceta dessa questão é a do patrimônio nacional. Por constar da Constituição Federal que a Floresta Amazônica, a Mata Atlântica, a Serra do Mar, o Pantanal Mato-Grossense e a Zona Costeira são patrimônio nacional (art. 225, §4º), outrora se entendeu que a competência para fiscalizar ou licenciar seria da União, ainda que não houvesse nenhuma norma nesse sentido. Embora o próprio STF tenha rechaçado a visão de que o artigo 225, §4º, transformaria o que foi chamado de patrimônio nacional pela

---

licenciar todos os empreendimentos, em toda a zona costeira, mesmo que de impactos meramente locais" (OJN nº 15/2010/PFE-IBAMA/PGF/AGU).

[394] Parecer nº 80/2015/COJUD/PFE-IBAMA/PGF/AGU, aprovado pela Procuradora-Chefe da PFE-Ibama, em 18.12.2015, mediante Despacho nº 810/2015/GABIN/PFE-IBAMA-SEDE/PGF/AGU, nos autos do PA nº 00435.005036/2015-64.

Constituição em bens da União (RE nº 259.267)³⁹⁵ ou mesmo em bens públicos (RE nº 134.297),³⁹⁶ esse sólido entendimento não tem sido suficiente para afastar a equivocada atração de competência, em termos de licenciamento ambiental, à União. Os motivos de tal proceder desvirtuado da exegese constitucional encampada pelo Supremo existem tanto por ainda se ater ao critério dominial – equivocado em si, bem como por considerar que esse patrimônio nacional seria um bem da União – quanto por achar que, pelo fato de esse patrimônio ser chamado de nacional, a intervenção da União, em termos ambientais, seria de rigor, por haver relevante interesse nacional.

Essa previsão como patrimônio nacional "não lhes confere a qualidade de serem bens da União ou de exclusivo interesse nacional. Significa, antes, tratar-se de bens de todos os brasileiros".³⁹⁷ Marcelo Dantas também perfila tal entendimento: "é mais do que evidente que os ecossistemas indicados no mandamento constitucional em apreço não são bens da União, estes que se encontram arrolados no art. 20 da mesma Carta. Não é necessário ir muito longe para constatar que patrimônio nacional é patrimônio da nação, de todos os indivíduos, da coletividade, e não da pessoa jurídica de direito público".³⁹⁸

Assim, a previsão do art. 225, §4º, da CF, não interfere na competência para licenciar ou fiscalizar.³⁹⁹ Como destaca Sebastião Vilela Staut Júnior

> A adjetivação "patrimônio nacional" consubstancia a especial relevância dos respectivos ecossistemas para toda a sociedade brasileira, no sentido de que sua utilização esteja sempre subordinada ao desígnio de sua preservação. Todavia, não importa o referido dispositivo em estabelecer interesse exclusivo da União sobre o referido patrimônio, de modo a deslocar competências administrativas ou mesmo jurisdicionais.⁴⁰⁰

---

³⁹⁵ "EMBARGOS DE DECLARAÇÃO EM AGRAVO REGIMENTAL NO RECURSO EXTRAORDINÁRIO. CONSTITUCIONAL. ADMINISTRATIVO. RESTRIÇÃO AO DIREITO DE PROPRIEDADE. SERRA DO MAR. INDENIZAÇÃO. LEGITIMIDADE. 1. A propriedade particular situada nas florestas e matas mencionadas no artigo 225, §4º, da Constituição Federal permanece como bem privado, devendo o Estado em que essa estiver localizada responder pela restrição que a ela impuser, visto que a expressão patrimônio nacional contida na norma constitucional não as converteu em bens públicos da União. Precedente. 2. Ilegitimidade do Estado de São Paulo para figurar no polo passivo da ação indenizatória. Improcedência. Pretensão de rediscutir a matéria a partir das disposições da legislação federal – Código Florestal – para afastar a responsabilidade do ente estatal e legitimar passivamente a União Federal. Impossibilidade. Vícios no julgado. Inexistência. Embargos de declaração rejeitados" (STF, 2. T., v.u., RE nº 259.267 AgR-ED/SP, Rel. Min. Maurício Corrêa, j. em 18.03.2003, *DJU* 25.04.2003. p. 63).

³⁹⁶ [...] O preceito consubstanciado no art. 225, par. 4º, da Carta da Republica, além de não haver convertido em bens públicos os imóveis particulares abrangidos pelas florestas e pelas matas nele referidas (Mata Atlântica, Serra do Mar, Floresta Amazônica brasileira), também não impede a utilização, pelos próprios particulares, dos recursos naturais existentes naquelas áreas que estejam sujeitas ao domínio privado, desde que observadas as prescrições legais e respeitadas as condições necessárias a preservação ambiental" (STF, 1. T., v.u., RE nº 134.297/SP, Rel. Min. Celso de Mello, j. em 13.06.1995, *RTJ* 158/205-206).

³⁹⁷ STAUT JÚNIOR, Sebastião Vilela. A competência administrativa para licenciamento ambiental em face das disposições do artigo 225, parágrafo 4º, da Constituição Federal: áreas do patrimônio nacional. *Revista de Direitos Difusos*, São Paulo: IBAP/ADCOAS, v. 5, n. 27. p. 3861-3871, set./out. 2004. p. 3.866.

³⁹⁸ DANTAS, Marcelo Buzaglo. *Ação Civil Pública e Meio Ambiente*. São Paulo: Saraiva, 2009. p. 26.

³⁹⁹ STAUT JÚNIOR, Sebastião Vilela. A competência administrativa para licenciamento ambiental em face das disposições do artigo 225, parágrafo 4º, da Constituição Federal: áreas do patrimônio nacional. *Revista de Direitos Difusos*, São Paulo: IBAP/ADCOAS, v. 5, n. 27. p. 3861-3871, set./out. 2004. p. 3.869.

⁴⁰⁰ STAUT JÚNIOR, Sebastião Vilela. A competência administrativa para licenciamento ambiental em face das disposições do artigo 225, parágrafo 4º, da Constituição Federal: áreas do patrimônio nacional. *Revista de Direitos Difusos*, São Paulo: IBAP/ADCOAS, v. 5, n. 27. p. 3861-3871, set./out. 2004. p. 3.870.

Nesse caso, mantém-se a regra: a competência do Estado-membro para o licenciamento ou a fiscalização ambiental.

A presença do patrimônio nacional, nos termos do artigo 225, §4º, da CF, não transforma o impacto – critério utilizado antes da LC nº 140/11 para se definir a competência da União – em nacional ou mesmo regional. Equivocada, assim, a decisão do TRF da 3ª Região na qual se reconheceu a competência do Ibama para licenciar a duplicação de trecho de rodovia, localizado em apenas um Estado, por causa do impacto no bioma Mata Atlântica, o que sinalizaria interesse nacional nos efeitos ambientais da rodovia e, *ipso facto*, impacto nacional.[401]

Conforme destacado no Parecer nº 41/2017/COJUD/PFE-IBAMA-SEDE/PGF/AGU, não existe "competência federal para licenciamento ou autorização ambiental em razão da dominialidade do bem, de ele estar na zona costeira ou integrar o patrimônio nacional (CF, art. 225, §4º). Precedentes".[402]

Pela inexistência de um princípio que atribua a fiscalização ambiental à União, a AGU afastou expressamente a competência do Ibama para fiscalizar prioritariamente imóveis na zona costeira (OJN nº 52/2015/PFE-IBAMA/PGF/AGU).

3.6 Inexistência de licenciamento por decurso de prazo (silêncio administrativo)

A legislação é expressa em reconhecer que não existe licenciamento ambiental por decurso de prazo e que o silêncio ou a mora administrativa não produzem outro efeito que não seja o de instaurar a competência supletiva do artigo 15 da LC nº 140/11 (art. 14, §3º).[403]

> Art. 14. Os órgãos licenciadores devem observar os prazos estabelecidos para tramitação dos processos de licenciamento. [...]
> §3º O decurso dos prazos de licenciamento, sem a emissão da licença ambiental, não implica emissão tácita nem autoriza a prática de ato que dela dependa ou decorra, mas instaura a competência supletiva referida no art. 15.

O STJ enfrentou com precisão as razões pelas quais o dispositivo que veda o licenciamento tácito existe:

> [...] Em respeito ao princípio da legalidade [...] mostra-se descabido, qualquer que seja o pretexto ou circunstância, falar em licença ou autorização ambiental tácita, mormente por quem nunca a solicitou ou fê-lo somente após haver iniciado, às vezes até concluído, a atividade ou o empreendimento em questão. Se, diante de pleito do particular, o Administrador permanece silente, é intolerável que a partir da omissão estatal e do

---

[401] TRF da 3ª Região, 4. T., v.u., AC 0040722-27.1999.4.03.6100/SP, Rel. Desa. Fed. Mônica Nobre, j. em 03.02.2016, *DE* 09.03.2016.

[402] Parecer nº 41/2017/COJUD/PFE-IBAMA-SEDE/PGF/AGU, aprovado pelo Procurador-Chefe Nacional da PFE-Ibama, em 14.07.2017, mediante o Despacho nº 401/2017/GABIN/PFE-IBAMA-SEDE/PGF/AGU, nos autos do PA nº 00435.017777/2017-50.

[403] A IN Ibama nº 184/08 também rechaça o licenciamento ambiental tácito: "Art. 51. A inobservância dos prazos fixados para decisão do Ibama não torna nula a decisão da autoridade administrativa competente e nem o processo de licenciamento, além de não autorizar o empreendedor a iniciar qualquer atividade licenciável".

nada jurídico se entreveja salvo-conduto para usar e até abusar dos recursos naturais, sem prejuízo, claro, de medidas administrativas e judiciais destinadas a obrigá-lo a se manifestar e decidir. [...]

Em síntese, diante de bens e interesses indisponíveis, inalienáveis e imprescritíveis, se nem por declaração explícita cabe ao órgão ambiental transigir, exceto quando legalmente autorizado, não seria ao calar ou permanecer inerte que, contrariando a lógica e a razoabilidade, ao inverso se arvoraria a tanto. Ninguém certamente defenderá que ao particular é suficiente assegurar a omissão do Administrador para espertamente livrá-lo – e livrar-se – da exigência constitucional e legal de enunciar e revelar às claras os fundamentos jurídicos e técnicos que o levam à expedição de licença ou autorização ambiental. A ser diferente, aberto ficaria um vasto mercado para todo tipo de condutas ímprobas, quando não de corrupção, com o desiderato de propiciar, em vez de um agir, um mero calar, esquecer no fundo do escaninho ou esconder na gaveta.[404]

O Tribunal de Justiça da Comunidade Europeia (C-230/00) rechaça a autorização tácita em matéria ambiental, declarando-a incompatível com as exigências das Diretivas sobre o assunto.[405] Na Espanha, a legislação é expressa em negar que a mora administrativa possa se entender como uma avaliação ambiental favorável (Lei nº 21/2013, art. 10).

Em outras palavras, somente existe licença ou autorização ambiental expressa, exceto se se tratar de renovação e houver pedido com antecedência mínima de 120 (cento e vinte) dias da expiração de seu prazo de validade, quando este fica automaticamente prorrogado até a manifestação definitiva do órgão ambiental competente (Res. Conama nº 237/97, art. 18, §4º). Logo, (i) o protocolo do pedido de renovação (ii) efetuado com mais de 120 dias de antecedência da expiração do prazo de validade da licença é suficiente para comprovar a vigência da licença, não sendo necessária alguma declaração do órgão licenciador.

É importante não confundir a impossibilidade de haver licença ambiental tácita, por decurso de prazo, com ausência de óbice ao licenciamento por falta de oportuna manifestação de eventuais intervenientes. É a licença ambiental que não pode ser tácita, não a presunção da manifestação de eventuais intervenientes ou a ausência de óbices por parte destes.

Com a aprovação da Lei da Liberdade Econômica (Lei nº 13.874/2019), discute-se se a previsão de que a mora administrativa, "nas solicitações de atos públicos de liberação da atividade econômica que se sujeitam ao disposto nesta Lei, apresentados todos os elementos necessários à instrução do processo", importará em aprovação tácita (art. 3º, IX) da licença ambiental. Não teria tal efeito porque o artigo ressalva as hipóteses expressamente vedadas em lei e, na questão das licenças ambientais, essa vedação existe (LC nº 140, art. 14, §3º).

Quanto às demais autorizações ambientais essa vedação não existe, levantando dúvidas sobre a sua aplicação a outros aspectos da tutela ambiental. O veto do artigo 3º, §9º,

---

[404] STJ, 2. T., v.u., REsp nº 1.245.149/MS, Rel. Min. Herman Benjamin, j. em 09.10.2012, DJe 13.06.2013.
[405] "[...] 16. Resulta desta jurisprudência que uma autorização tácita não pode ser compatível com as exigências das directivas visadas pela presente acção, uma vez que estas preveem quer, no que respeita às Directivas nºs 75/442, 76/464, 80/68 e 84/360, mecanismos de autorizações prévias, quer, no que respeita à Directiva nºs 85/337, processos de avaliação que precedem a concessão de uma autorização. As autoridades nacionais são, por conseguinte, obrigadas, nos termos de cada uma destas directivas, a examinar, caso a caso, todos os pedidos de autorização apresentados" (TJCE, 3ª Seção, C-230/00, Rel. J. N. Cunha Rodrigues, j. em 14.06.2001).

dispositivo que dizia que o direito garantido pelo inciso XI não se confundiria com o prazo para analisar a licença ambiental, pareceria reforçar a invalidade para outras autorizações ambientais, mas veto não tem efeitos jurídicos, sendo muito discutido o seu poder de balizar a atividade interpretativa, e ele fala na previsão constitucional do EIA, que somente subsidia o licenciamento ambiental, não outras autorizações.

A vedação de licença tácita não significa que o interessado não possa acionar o Judiciário para sanar a mora administrativa.

3.7 A competência ou atuação supletiva e a subsidiária prevista na LC nº 140/11

Não se confundir a competência ou atuação supletiva com a subsidiária.

A competência ou atuação *supletiva* é aquela na qual há a substituição da competência originalmente atribuída a certo ente federativo, caso sejam cumpridos certos requisitos taxativamente previstos na LC nº 140/11 (art. 2º, II).

Por se constituírem em uma anomalia federativa sem respaldo no modelo federativo plasmado por nossa Constituição, os casos de competência supletiva são de exegese restrita. Embora, em regra, menos agressivo do que uma intervenção federal, é importante destacar que essa solução criada pelo legislador, com base no parágrafo único do artigo 23 da Constituição, é aquela exceção cuja aplicação somente deve ocorrer nos estritos moldes legais.

Os casos previstos na LC nº 140 para a atuação supletiva são a mora no processo de licenciamento ambiental (art. 14, §3º) – situação que merece temperamentos, como visto no item 3.7.1 – e a ausência de órgão ambiental capacitado ou conselho de meio ambiente no ente federado a ser substituído (art. 15).

Há um auxílio na competência ou atuação *subsidiária* quando solicitado pelo ente federativo originariamente detentor das atribuições (LC nº 140, arts. 2º, III c/c 16). Geralmente essa ajuda é traduzida em apoio técnico, científico, administrativo ou financeiro, sem prejuízo de outras formas de cooperação. Importante destacar que não há deslocamento de competência na atuação subsidiária e que ela somente pode existir mediante o pedido de ajuda do ente competente.

Por ser alvo de inúmeras incompreensões, a competência supletiva é detalhada a seguir, especialmente nas duas questões que mais geram conflitos: a da irregularidade ou ilegalidade na condução do licenciamento ambiental e a da expiração do prazo.

3.7.1 Decurso do prazo para licenciamento e competência supletiva

Defende-se que a instauração da competência supletiva, salvo motivo de força maior e com certa razoabilidade, é inconstitucional. Sem a força maior, estar-se-ia dando ao ente ineficiente o pretexto legal para continuar a sê-lo. Sem a razoabilidade, transformar-se-ia o ente que receberia a competência supletiva em um ente igualmente ineficiente. A patente falta de razoabilidade do artigo 14, §3º, da LC nº 140/11, se evidencia caso o órgão federal extrapole os prazos para licenciar. Qual seria a solução uma vez que não há como deslocar o licenciamento para outro ente?

São milhares de Municípios que fariam o licenciamento ambiental recair em 27 entes estaduais e esses em apenas um ente federal. Nesse cenário, premiar-se-ia a ineficiência do licenciamento ambiental, ao invés de prestigiá-lo, uma vez que seria criada sobrecarga no órgão competente para assumir a competência supletiva, com efeito cascata no sistema licenciatório, tornando patente a desarrazoabilidade dessa interpretação.

Ademais, uma visão pragmática também mostraria como uma leitura literal ou meramente formal seria descabida.

Richard Posner expõe que o pragmatismo "é interessado nos 'fatos' e também deseja estar bem informado sobre a operação, propriedades e prováveis efeitos de cursos alternativos de ação".[406] Isso porque o direito não é apenas lógica, mas fundamentalmente experiência, como doutrinou Oliver Wendell Holmes.[407] Os resultados práticos das decisões, as necessidades atuais, as políticas públicas etc. mostram que não é o silogismo ou a mera leitura literal que determinam as regras pelas quais o homem é governado. Nessa linha é que a Lei de Introdução às Normas do Direito Brasileiro preceitua que existe um dever de considerar as consequências práticas da decisão, evitando-se apenas valores jurídicos abstratos (Lindb, art. 20).

Deve-se considerar que aplicar literalmente o dispositivo, com simples mora justificando a transferência, aniquilaria a capacidade de licenciar do ente que deveria assumir o licenciamento ambiental. Não se pode interpretar um dispositivo tutelando valor não abrigado por ele, a destruição da capacidade de licenciar do ente supletivo, pois ao licenciar fora de sua competência primária teria o desgaste não apenas de novo processo administrativo, mas provavelmente de uma tipologia que não está acostumado a licenciar.

Na ADI nº 4.757 ficou esclarecido que, ao dar interpretação conforme ao §4º do artigo 14 da LC nº 140, decidiu-se que "em havendo omissão ou mora administrativa imotivada e desproporcional, se torna legítima a atuação supletiva dos entes federativos. Em outras palavras, o STF incorporou a desarrazoabilidade, pois não basta a mera omissão ou mora; ela deve ser imotivada e desproporcional.

3.7.2 Inexistência de competência supletiva por ilegalidade na condução do licenciamento ambiental

O desvio de função da competência supletiva também surge quando ela é invocada diante de qualquer irregularidade no licenciamento ambiental. É comum ver a invocação da competência supletiva pelo descumprimento, pelo órgão licenciador, de norma do Conama.

A competência supletiva não deve ser usada para mero descumprimento de normas ambientais e os órgãos ambientais não devem atuar como corregedores uns dos outros. A incapacidade do órgão licenciador, para fins de competência supletiva (LC nº 140, art. 15), não se confunde com descumprimentos de normativas relativas ao licenciamento ambiental. Antes, em visão sistemática com a própria LC nº 140, incapaz é o órgão licenciador que não possui técnicos próprios ou em consórcio, devidamente habilitados e em número compatível com a demanda das ações administrativas a serem delegadas (art. 5º, parágrafo único).

---

[406] POSNER, Richard A. *Overcoming Law*. 3. ed. Cambridge: Harvard University Press, 1996. p. 5 – tradução livre.
[407] *"The life of the law not has been logical: its has been experience"*. (HOLMES, Oliver Wendell. *The Common Law*. New York: Dover Publications, 1991. p. 1).

Ao concordar com a doutrina de Ubiracy Araújo e Antônio Inagê Assis de Oliveira, Paulo de Bessa Antunes alerta que "não há que se imiscuir o órgão federal nas atividades desempenhadas pelos Estados e, muito menos, exercer funções de corregedoria, como tem sido muitas vezes tentado".[408] Precisas as lições de Lucas Milaré:

> [...] dentre as hipóteses de competência supletiva, não está previsto o caso de atuação irregular ou viciada dos outros órgãos federativos competentes. Ao que nos parece, nenhum órgão de qualquer ente federativo pode se arvorar em corregedor de seus congêneres, posto que tal não é função sua. Assim, os vícios porventura existentes devem ser sanados pelo próprio órgão do qual emanou.[409]

Nesse contexto, é importante destacar que na LC nº 140 não consta, como critério de distribuição de competência, o fato de um órgão ser "melhor" do que outro, na visão, por exemplo, de quem ajuíza uma ação civil pública ambiental. O apelo aos princípios da precaução ou prevenção não tem aptidão para deslocar a competência. Independentemente de quem licencia, não se pode falar em violação da precaução e da prevenção pelo fato, por exemplo, de não ser o Ibama o condutor do licenciamento do empreendimento ou atividade, e, consequentemente, que esses princípios deslocariam a competência para licenciar do Estado-membro para a União.

Em lugar de requerer, administrativa ou judicialmente, que se cumpra a regulamentação, aciona-se a competência supletiva, colaborando com a ineficiência estatal. Ainda mais paradoxais são as tentativas de impor a competência supletiva por via judicial, em vez de demandar o ente competente para exercer a sua competência nos moldes normativos.

3.8 Generalidades sobre a tipologia estabelecida por ato do Poder Executivo (Decreto nº 8.437/15)

A LC nº 140/11 deixou uma cláusula em aberto para a previsão da competência da União por ato do Poder Executivo ao prever que compete à União promover o licenciamento ambiental de empreendimentos e atividades "que atendam tipologia estabelecida por ato do Poder Executivo, a partir de proposição da Comissão Tripartite Nacional, assegurada a participação de um membro do Conselho Nacional do Meio Ambiente (Conama), e considerados os critérios de porte, potencial poluidor e natureza da atividade ou empreendimento" (art. 7º, XIV, "h") e "cuja localização compreenda concomitantemente áreas das faixas terrestre e marítima da zona costeira será de atribuição da União exclusivamente nos casos previstos em tipologia estabelecida por ato do Poder Executivo, a partir de proposição da Comissão Tripartite Nacional, assegurada a participação de um membro do Conselho Nacional do Meio Ambiente (Conama) e considerados os critérios de porte, potencial poluidor e natureza da atividade ou empreendimento" (art. 7º, parágrafo único).

Considerados os critérios de porte, potencial poluidor e natureza da atividade ou empreendimento, foi expedido o Decreto Federal nº 8.437, em 22 de abril de 2015,

---

[408] ANTUNES, Paulo de Bessa. *Federalismo e Competências Ambientais no Brasil*. 2. ed. São Paulo: Atlas, 2015. p. 122.

[409] MILARÉ, Lucas Tamer. *Competência Licenciatória Ambiental*. 2011. 118 fls. Dissertação (Mestrado) – Faculdade de Direito, Pontifícia Universidade Católica de São Paulo, São Paulo, 2011. p. 95.

que regulamenta a tipologia de competência da União nos termos do art. 7º, XIV, "h", e parágrafo único, da LC nº 140/11, conforme expressamente preceitua o seu artigo 1º. Não havia necessidade de ser um decreto, uma vez que a LC nº 140/11 prevê ato do Poder Executivo, mas sem dúvida o decreto é uma via adequada para tal fim e somente poderá ser alterado por ato de igual hierarquia.

Depois de definir alguns termos usados no decreto para a correta compreensão do alcance das tipologias (art. 2º), estabeleceu os casos de competência da União (art. 3º).[410]

A União tinha ampla margem discricionária para fazê-lo, dado que a lei somente aduz que devem ser considerados os "critérios de porte, potencial poluidor e natureza da atividade ou empreendimento", sendo difícil extrair-se desses limites algo substantivo em relação à mera listagem das atividades.

De qualquer forma, a tipologia deve ser lida sistematicamente com as previsões das alíneas "a" e "g" do inciso XIV do artigo 7º da LC nº 140/11, como prevê, em disposição meramente didática, o *caput* do artigo 3º do Decreto nº 8.437/15. Em suma, a tipologia serve para adicionar empreendimentos e atividades ao rol de competências licenciatória da União, não para diminuí-lo.

Os §§1º e 2º do artigo 3º preveem casos nos quais não se aplica a tipologia.[411]

Entretanto, em termos de tipologia, o mais polêmico é o §3º, que prevê que a "competência para o licenciamento será da União quando caracterizadas situações que comprometam a continuidade e a segurança do suprimento eletroenergético, reconhecidas pelo Comitê de Monitoramento do Setor Elétrico – CMSE, ou a necessidade de sistemas de transmissão de energia elétrica associados a empreendimentos estratégicos, indicada pelo Conselho Nacional de Política Energética – CNPE".

Essa previsão é polêmica porque licenciar "quando caracterizadas situações que comprometam a continuidade e a segurança do suprimento eletroenergético" não é tipologia que parece levar em conta o porte, potencial poluidor e natureza da

---

[410] "I – rodovias federais: a) implantação; b) pavimentação e ampliação de capacidade com extensão igual ou superior a duzentos quilômetros; c) regularização ambiental de rodovias pavimentadas, podendo ser contemplada a autorização para as atividades de manutenção, conservação, recuperação, restauração, ampliação de capacidade e melhoramento; e d) atividades de manutenção, conservação, recuperação, restauração e melhoramento em rodovias federais regularizadas; II – ferrovias federais: a) implantação; b) ampliação de capacidade; e c) regularização ambiental de ferrovias federais; III – hidrovias federais: a) implantação; e b) ampliação de capacidade cujo somatório dos trechos de intervenções seja igual ou superior a duzentos quilômetros de extensão; IV – portos organizados, exceto as instalações portuárias que movimentem carga em volume inferior a 450.000 TEU/ano ou a 15.000.000 ton./ano; V – terminais de uso privado e instalações portuárias que movimentem carga em volume superior a 450.000 TEU/ano ou a 15.000.000 ton./ano; VI – exploração e produção de petróleo, gás natural e outros hidrocarbonetos fluidos nas seguintes hipóteses: a) exploração e avaliação de jazidas, compreendendo as atividades de aquisição sísmica, coleta de dados de fundo (*piston core*), perfuração de poços e teste de longa duração quando realizadas no ambiente marinho e em zona de transição terra-mar (*offshore*); b) produção, compreendendo as atividades de perfuração de poços, implantação de sistemas de produção e escoamento, quando realizada no ambiente marinho e em zona de transição terra-mar (*offshore*); e c) produção, quando realizada a partir de recurso não convencional de petróleo e gás natural, em ambiente marinho e em zona de transição terra-mar (*offshore*) ou terrestre (*onshore*), compreendendo as atividades de perfuração de poços, fraturamento hidráulico e implantação de sistemas de produção e escoamento; e VII – sistemas de geração e transmissão de energia elétrica, quais sejam: a) usinas hidrelétricas com capacidade instalada igual ou superior a trezentos megawatt; b) usinas termelétricas com capacidade instalada igual ou superior a trezentos megawatt; e c) usinas eólicas, no caso de empreendimentos e atividades *offshore* e zona de transição terra-mar".

[411] "§1º O disposto nas alíneas "a" e "b" do inciso I do *caput*, em qualquer extensão, não se aplica nos casos de contornos e acessos rodoviários, anéis viários e travessias urbanas. §2º O disposto no inciso II do *caput* não se aplica nos casos de implantação e ampliação de pátios ferroviários, melhoramentos de ferrovias, implantação e ampliação de estruturas de apoio de ferrovias, ramais e contornos ferroviários".

atividade ou empreendimento; são situações, Estados, que põem em risco a continuidade e segurança eletroenergética, embora possam estar abrigadas sob a perspectiva da natureza da atividade, dinamicamente considerada. E com uma agravante, deixa uma cláusula aberta dentro de uma competência que deveria ser fechada.

3.9 Comentários sobre algumas situações de competência da União (LC nº 140, art. 7º, XIV)

A descrição de todas as situações descritas no artigo 7º, XIV, da LC nº 140, que lista a competência administrativa da União para o licenciamento ambiental, fugiria do escopo da presente obra, voltada mais para uma teoria geral do licenciamento ambiental do que ao trato do instituto no âmbito federal, motivo pelo qual são abordadas as atividades militares, que têm um caso de dispensa de licenciamento ambiental, e as dos empreendimentos terra-mar, que geralmente são malcompreendidas por causa da previsão relativa ao mar territorial, plataforma continental e zona econômica exclusiva.

3.9.1 Atividades militares e a dispensa de licenciamento das atividades de preparo e emprego

A LC nº 140/11 molda o licenciamento dos empreendimentos e atividades militares, os relativos às Forças Armadas, de forma especial. Ela definiu como de competência da União os licenciamentos das atividades e empreendimento de *caráter militar*, excetuando-os do licenciamento ambiental, nos termos de ato do Poder Executivo, aqueles previstos como preparo e emprego das Forças Armadas, conforme disposto na LC nº 97/1999 (art. 7º, XIV, "f").

Pela exegese do dispositivo legal existem três categorias de atividades ou empreendimentos a serem efetuados pelas Forças Armadas que dizem respeito ao licenciamento ambiental:
    1) caráter militar;
    2) preparo e emprego;
    3) não intrinsecamente militar.

Para fins de licenciamento ambiental, atividades ou empreendimentos de caráter militar são aqueles previstos no início da alínea "f", XIV, artigo 7º da LC nº 140/11. Englobam, portanto, aquelas atividades que são militares, mas obviamente não todas as efetuadas pelos militares, porque senão a LC nº 140 não realçaria o *"caráter* militar" da atividade em empreendimento.

Como espécie do gênero atividades de caráter militar, têm-se as de preparo e emprego. Essa espécie detém algumas das características do gênero, mas tem âmbito mais reduzido, embora não muito, de abrangência. Se toda atividade ou empreendimento de caráter militar fossem de preparo e emprego, não faria sentido a diferenciação descrita na alínea "f", do inciso XIV do artigo 7º da LC nº 140/11.

No Parecer nº 60/2013/CONEP/PFE-IBAMA-SEDE/PGF/AGU, entendeu-se que era o Ministério da Defesa, ou autoridade superior, que deveria indicar o que seria atividade ou empreendimento de caráter militar:

[...] carece de competência o IBAMA e até mesmo este órgão jurídico, para delimitar o sentido da expressão "caráter militar", vez que não detentores da expertise necessária para definir o que poderia ou não impactar na segurança e soberania nacional.

26. Apenas o Ministério da Defesa, ou a Presidência da República, poderiam definir quais as atividades e empreendimentos por eles desenvolvidos têm correlação com a defesa e à soberania nacional sem que, necessariamente, estivessem ligados ao preparo e ao emprego.[412]

Como os empreendimentos e atividades de preparo e emprego são espécies do gênero caráter militar, cabe às Forças Armadas apontá-los, nos termos da Portaria Normativa MD nº 15/2016 e demais atos regulamentares pertinentes. A LC nº 140 fala em "ato do Poder Executivo", o que traduz qualquer ato administrativo do Poder Executivo, geral ou individual.

Desnecessário que o ato do poder executivo seja decreto, bastando que seja ato que venha do chefe das Forças Armadas que vão caracterizar o preparo e emprego. A LC nº 140/11 não exigiria que o ato do Executivo fosse um decreto, preceituando apenas "ato do Poder Executivo", e não do "Chefe do Poder Executivo". Assim, é válida tanto a edição de portaria normativa pelo Ministro da Defesa quanto de decreto da Presidência da República para todas as Forças Armadas, bem como a edição de ato pelo comandante da Marinha, se a declaração de preparo e emprego for para esta força singular.

O fato de o licenciamento ambiental ser efetuado na pasta ambiental (Ministério de Meio Ambiente) não teria o condão de alterar a clara previsão da LC nº 140, transformando o "ato do Poder Executivo" em "ato do Chefe do Poder Executivo". Não se faz necessário ato do Executivo que abranja todos os ministérios envolvidos, uma vez que definir preparo e emprego é juízo militar a cargo do Ministério da Defesa, devendo a pasta ambiental, da mesma forma que o Judiciário, respeitar tal avaliação.

Não se faz necessária a lista exata do que seria preparo e emprego, bastando que o ato do Poder Executivo preveja quem pode declarar uma atividade militar como tal. Isso porque a LC nº 97/1999 (art. 13, §1º)[413] define preparo e emprego de forma ampla, em rol exemplificativo, cabendo a regulamentação apenas reconhecer a atividade dentro os critérios estabelecidos na lei.

Preparo e emprego não são conceitos instintivos, pois desfrutam de intenso DNA militar. Para um leigo, um hospital militar poderia não ser abrangido nesse conceito; no entanto, hospitais militares são de preparo porque fazem parte do adestramento e da logística, ambos previstos expressamente no artigo 13, §1º da LC nº 97/99.[414] Se as

---

[412] Parecer nº 60/2013/CONEP/PFE-IBAMA-SEDE/PGF/AGU, aprovado pela Procurador-Chefe Nacional da PFE-Ibama, em 21.05.2013, mediante Despacho nº 340/2013/GABIN/PFE-IBAMA-SEDE/PGF/AGU, nos autos do PA nº 02001.006759/2012-63.

[413] "Art. 13. Para o cumprimento da destinação constitucional das Forças Armadas, cabe aos Comandantes da Marinha, do Exército e da Aeronáutica o preparo de seus órgãos operativos e de apoio, obedecidas as políticas estabelecidas pelo Ministro da Defesa.
§1º O preparo compreende, entre outras, as atividades permanentes de planejamento, organização e articulação, instrução e adestramento, desenvolvimento de doutrina e pesquisas específicas, inteligência e estruturação das Forças Armadas, de sua logística e mobilização".

[414] "ADMINISTRATIVO. PROCESSUAL CIVIL. APELAÇÃO. AÇÃO CIVIL PÚBLICA. LICENCIAMENTO AMBIENTAL DO HOSPITAL MILITAR DE PORTO ALEGRE. ATIVIDADES POTENCIALMENTE POLUIDORAS. ATO DO PODER EXECUTIVO. ART. 13, §1º, DA LC Nº 99/97. LOGÍSTICA. PREPARO. ART. 7º, XIV, "F", DA LEI Nº 140/2011. EXCEÇÃO. [...] Nos termos do art. 13, §1º, da Lei nº 99/97, hospital se caracteriza como de logística, porquanto dá suporte na área da saúde dos militares, enquadrando-se no conceito de preparo". (TRF

Forças Armadas não tiverem um hospital, não treinarão e nem estarão preparadas para o emprego, que tem com parâmetro básico, dentre outros, a "permanente eficiência operacional" (LC nº 97/99, art. 14, I).

Na verdade, a regulamentação exigida pela LC nº 140 não é pressuposto para a dispensa do licenciamento ambiental das atividades de preparo e emprego, desde que ela esteja expressamente afirmada pela autoridade militar. Seu conceito já está na lei, não sendo o objetivo da regulamentação, prevista na lei ambiental, a criação de direito subjetivo, mas apenas de se ter maior previsibilidade de rito para o reconhecimento do preparo ou emprego.

A classificação do que seja atividade ou empreendimento de caráter militar ou de preparo e emprego está no campo de discricionariedade militar, dentro da moldura do artigo 13, §1º, da LC nº 97/1999, atraindo a deferência do órgão ambiental licenciador. No entanto, esse entendimento deve ser razoável, estando no campo da discricionariedade e não do arbítrio, motivo pelo qual o órgão ambiental licenciador, excepcionalmente, pode discordar dessa classificação, quando diante de *manifesta desarrazoabilidade* da classificação efetuada pelas Forças Armadas.

A Suprema Corte estadunidense, em *Winter v. Natural Resources Defense Council* – 2008, garantiu deferência ao entendimento das Forças Armadas, devendo haver cautela em rever esses posicionamentos mesmo em face de preocupações ambientais, no caso, o risco de dano aos mamíferos marinhos pelo exercício de detecção de submarinos via sonar pela Marinha. A Corte foi enfática ao decidir que os juízos militares gozam de deferência por parte do Judiciário (555 U.S. 14):

> Este caso envolve "decisões complexas, sutis e profissionais quanto à composição, treinamento, equipamento e controle de uma força militar", que são "essencialmente juízos militares profissionais". *Gilligan* v. *Morgan*, 413 U. S. 1, 10 (1973). Nós "damos grande deferência ao julgamento profissional das autoridades militares em relação à importância relativa de um interesse militar particular". *Goldman* v. *Weinberger*, 475 U. S. 503, 507 (1986). Como a Corte enfatizou no último Termo, "nem os membros deste Tribunal nem a maioria dos juízes federais começam o dia com informações que possam descrever novas e sérias ameaças à nossa Nação e ao seu povo. *Boumediene* v. *Bush*, 553 U. S. _, _ (2008) (slip op., at 68).

A LC nº 140/11 não exige um licenciamento especial das atividades de preparo e emprego, ela exclui o licenciamento ambiental nesses casos. Esse o motivo pelo qual ela preceituou que aqueles empreendimentos e atividades de caráter militar previstos no preparo e emprego das Forças Armadas não estão sujeitos ao licenciamento ambiental, nos termos de ato do Poder Executivo. O verbo utilizado, excetuar ("excetuando-se"), tem como sinônimos excluir, isentar ou livrar (Dicionário Aulete), e a partícula "do" demonstra claramente que houve exclusão das atividades e empreendimentos de preparo e emprego das Forças Armadas do controle ambiental via licenciamento ambiental.

Atividades e empreendimentos de preparo e emprego são isentos de licenciamento ambiental. Tal previsão se afigura constitucional, mesmo em face do artigo 225 da CF, uma vez que se admite que o legislador pondere os interesses em conflito e, em situações

---

da 4ª Região, 3ª T., v.u., AC 5083858-41.2014.4.04.7100/RS, Rel. Des. Fed. Rogerio Favreto, juntado aos autos em 05.10.2022).

pontuais, priorize um deles. Como se observa, o legislador atribuiu mais importância à Política de Defesa Nacional, a "defesa da Pátria, à garantia dos poderes constitucionais e, por iniciativa de qualquer destes, da lei e da ordem" (CF, art. 142), embora, frise-se, não em todos os casos, apenas naqueles de preparo e emprego.

O Ministro da Defesa, ao reconhecer a importância do meio ambiente, ainda que diante de empreendimentos ou atividades de preparo em emprego, estabeleceu na Portaria MD nº 41/2017 (*DOU* 03.11.2017) que as Forças Armadas, "sempre que possível, continuarão a conciliar os interesses da Defesa Nacional com os de conservação da natureza" (art. 1º).

O STF já chancelou o entendimento de que cláusulas constitucionais podem sofrer limitações, especialmente diante da política de defesa nacional, quando impôs como condicionante à TI Raposa Serra do Sol (Pet 3388) que o "usufruto dos índios não se sobrepõe ao interesse da Política de Defesa Nacional. A instalação de bases, unidades e postos militares e demais intervenções militares, a expansão estratégica da malha viária, a exploração de alternativas energéticas de cunho estratégico e o resguardo das riquezas de cunho estratégico a critério dos órgãos competentes (o Ministério da Defesa, o Conselho de Defesa Nacional) serão implementados independentemente de consulta a comunidades indígenas envolvidas e à Funai" (condicionante 5).

Essa condicionante é considerada pressuposto para o reconhecimento da validade da demarcação efetuada, não apenas por decorrer, em essência, da própria Constituição, mas também pela necessidade de se explicitar as diretrizes básicas para o exercício do usufruto indígena (ED na Pet 3388). A AGU também a reconhece como válida porque a Portaria AGU nº 303/12, de 16 de julho de 2012 (*DOU* 17.07.2012), c/c a Portaria AGU nº 415/12 (*DOU* 18.09.2012) – que deve ser uniformemente seguida pelos órgãos jurídicos da Administração Pública Federal direta e indireta, vale dizer, vincula todos os órgãos e membros da AGU – previu a mesma condicionante em seu artigo 1º, V, o que posteriormente foi aprovado em parecer do AGU (Parecer AGU-GMF nº 05/2017) e pelo Presidente da República (*DOU* 20.07.2017, p. 07), vinculando toda a Administração Pública Federal.

A Suprema Corte estadunidense também valida restrição às preocupações ambientais em face das concernentes à defesa (*Winter v. Natural Resources Defense Council* – 2008), mesmo sem lei prevendo tal ponderação, como ocorre no Brasil. Não somente temos previsão constitucional para a defesa da Pátria, como temos lei expressa no sentido de dispensar o licenciamento ambiental das atividades de preparo em emprego das Forças Armadas.

O TRF da 4ª Região já entendeu pela validade do não licenciamento ambiental das atividades de preparo e emprego, motivo pelo qual "o pedido de que todos os empreendimentos e atividades militares potencialmente poluidores se sujeitem ao licenciamento ambiental ignora a existência de exceção legal à necessidade de licenciamento, resultando em trabalho sem utilidade e inexequível".[415]

Em suma, é compatível com a Constituição a exclusão da exigência de licenciamento ambiental dos empreendimentos e atividades de caráter militar previstos no preparo e emprego das Forças Armadas (LC nº 140/11, art. 7º, XIV, "f").

---

[415] TRF da 4ª Região, 3ª T., v.u., AC 5022715-46.2017.4.04.7100, Rel. Des. Fed. Marga Inge Barth Tessler, j. em 21.05.2019, *DE* 29.04.2019.

Ainda que essa previsão seja constitucional, ela deve ser interpretada restritivamente, não se aplicando às demais autorizações previstas na legislação ambiental, não afastando a necessidade de outras autorizações exigidas em lei.

Entretanto, a autorização para supressão vegetal (ASV) não se aplica "para a execução, em caráter de urgência, de *atividades de segurança nacional* e obras de interesse da defesa civil destinadas à prevenção e mitigação de acidentes em áreas urbanas" (art. 8º, §3º). Por ser mais amplo, o conceito de segurança nacional engloba as atividades de preparo e emprego. Por sua vez, a Resolução Conama nº 369/06 (art. 4º, §3º, II) não menciona urgência e traz exatamente o "preparo e emprego das Forças Armadas" para dispensar a autorização prévia, mas condiciona que ela ocorra em área militar ("desenvolvidas em área militar"). Em opinativo jurídico da AGU, a questão foi assim resumida:

> 13. Dessa forma, ainda que não de caráter emergencial, entende-se que as atividades de preparo e emprego, desenvolvidas em área militar, são igualmente dispensadas de autorização prévia por aplicação da CONAMA nº 369/2006.
> 14. Assim, pode-se resumir da seguinte forma: As atividades de preparo e emprego localizadas em área militar ou aquelas de caráter urgente estão isentas de autorização prévia, fora dessas situações, a autorização deve ser obtida junto ao respectivo órgão competente quando localizadas nas áreas referidas nos arts. 7º, XV, a); art. 8º, XVI, a) e b); art. 9º, XV, a), todos da LC nº 140/2011. [...]⁴¹⁶

Embora essa dispensa seja dirigida à APP, ela se aplica também à reserva legal (RL) e às áreas de uso alternativo do solo também. Não faria sentido dispensar para a espécie de área mais protegida, como é a APP, e não para aquelas menos protegidas, como a RL e as áreas de uso alternativo do solo.⁴¹⁷ Entender essa exceção ao regime do licenciamento ambiental é importante porque, ela não desloca o licenciamento da atividade da União para outro ente federativo. Ela simplesmente elimina a necessidade de controle ambiental via licenciamento ambiental para as atividades e empreendimentos de preparo e emprego das Forças Armadas.

As atividades e empreendimentos não intrinsecamente militares, ou seja, que não ostentam caráter militar para os fins da alínea "f", XIV, artigo 7º da LC nº 140, como entendido no retrocitado Parecer nº 60/2013/CONEP/PFE-IBAMA-SEDE, são de competência dos entes locais: Estados ou Municípios.

---

[416] Despacho de Aprovação nº 00630/2022/GABIN/PFE-IBAMA-SEDE/PGF/AGU, proferido, em 13.12.2022, pelo Procurador-Chefe da PFE-Ibama, nos autos do PA nº 02001.001121/2022-16. Esse despacho também deixou consignado que a isenção do licenciamento ambiental não afasta a observância dos ditames legais específicos (Parecer nº 00113/2018/CONEP/PFE-IBAMA-SEDE/PGF/AGU – NUP 00688.000413/2017-69) e das forças armadas adotarem a boa técnica para mitigar ao máximo os impactos advindos da referida supressão.

[417] "8. Embora a leitura literal do parágrafo indique que a exceção para exigência de autorização de execução em caráter de urgência de atividades de segurança nacional seria apenas aplicável à área de APP (por ser um parágrafo em um artigo que disso trata), interpretar assim tiraria qualquer sentido da norma. 9. Se a atividade é de urgência e diz respeito à segurança nacional, então seria necessário solicitar ASV para as áreas passíveis de conversão ou daquelas definidas como Reserva Legal, mas não que digam respeito a APP, cuja relevância ambiental é mais elevada? Além disso, ao iniciar uma atuação emergencial, haveria de suspender a atuação ao cessar os limites de APP? 10. Evidencia-se assim, que a exceção do parágrafo terceiro do artigo 8º do Cflor está topograficamente em posição equivocada, porém, tendo em vista a distinção entre texto e norma, necessariamente, é fundamental que sua interpretação se dê de maneira ampla". (Despacho de Aprovação nº 00630/2022/GABIN/PFE-IBAMA-SEDE/PGF/AGU, proferido, em 13.12.2022, pelo Procurador-Chefe da PFE-Ibama, nos autos do PA nº 02001.001121/2022-16).

Os empreendimentos e atividades de preparo e emprego não devem ser licenciados, mesmo que a declaração de preparo e emprego seja posterior ao início de algum processo de licenciamento ambiental. Nesses casos, ainda há que se destacar que o acessório segue o principal, não havendo como manter obrigações decorrentes do licenciamento ambiental se este não é mais cabível.

Não faz sentido algum, no Direito Ambiental, que trabalha com a noção de regime jurídico e, consequentemente, impede se a existência de direito adquirido e de ato jurídico perfeito, que o atual tratamento da LC nº 140 não seja aplicado. Da mesma forma que não se pode falar em direito adquirido ou ato jurídico perfeito a não ser licenciado em face de nova legislação que o exija, não se pode sustentar que há direito jurídico e ato jurídico perfeito em continuar a se submeter ao licenciamento ambiental se a nova legislação não mais o exige.

Entretanto, a LC nº 140 (art. 18) preceituou sua aplicação "apenas aos processos de licenciamento e autorização ambiental iniciados a partir de sua vigência". Essa redação pode suscitar a incorreta leitura de que os licenciamentos anteriores à LC nº 140 devessem continuar existindo para sempre, mas tal interpretação não se sustenta.

As licenças e autorizações ambientais trabalham de forma cíclica, uma vez que têm eficácia temporal limitada, exigindo, portanto, renovações. Quem obtém o ato autorizativo do Estado sabe de antemão que precisará renová-lo, conspirando contra a própria fixação de competência da LC nº 140/11 eternizar o que deveria ser transitório.

Embora tratando sobre transferência dos processos administrativos (competência em razão da pessoa) de acordo com a nova disposição legislativa, a AGU adotou a exegese que manteria o espírito da LC nº 140, reconhecendo o alcance de seu artigo 18 apenas para prorrogar momentaneamente a competência.

Não se pode falar, dessa forma, em regime híbrido de licenciamento ambiental (pré e pós LC nº 140) perpétuo. Também não há justificativa para fazer uma leitura diferenciada do artigo 18 da LC nº 140 entre a titularidade de competência e a de ausência de competência em si (legislador preceituar não haver licenciamento ambiental).

Essa transição rumo à extinção não deve demorar mais do que o mínimo necessário, ou seja, assim que for expedida a LO ou, no pior cenário, quando for requerida a renovação da licença, o órgão licenciador deve extinguir o processo se as Forças Armadas declararem, por quem de direito, que o seu objeto é de preparo e emprego, nos termos da LC nº 97/1999.

Esse foi o entendimento da AGU no Parecer nº 66/2016/COJUD/PFE-IBAMA-SEDE/PGF/AGU, assim ementado:

LICENCIAMENTO AMBIENTAL. FORÇAS ARMADAS. DISTINÇÃO ENTRE EMPREENDIMENTO OU ATIVIDADE DE CARÁTER MILITAR, DE PREPARO E EMPREGO E NÃO INTRINSECAMENTE MILITAR. COBRANÇA DE TAXA. VALIDADE SOMENTE QUANDO EMPREENDIMENTO OU ATIVIDADE FOR LICENCIÁVEL.

I – A cobrança de valores no licenciamento ambiental inclui tanto taxa (licença em si) quanto preço público, ressarcimento pelos custos de análise do processo, como horas de análise e diárias e passagens. Necessidade de revisão da OJN nº 04/2009/PFE-IBAMA no que pertine ao licenciamento ambiental. Ressarcimento dos custos de análise do processo é devido independentemente da expedição da licença ambiental.

II – As atividades ou empreendimentos de caráter militar são licenciadas pelo Ibama, sendo pelos demais entes federativos nos casos de atividades ou empreendimentos não intrinsecamente militares. Precedente.

III – Não estão sujeitas ao licenciamento ambiental as atividades militares de preparo e emprego das Forças Armadas, tais como definidas na LC nº 97/99 e concretizadas por atos administrativos individuais ou gerais (LC nº 140/11, art. 7º, XIV, *f*), tal como a Portaria MD nº 15/2016. Constitucionalidade dessa exclusão. Exegese que não afasta a necessidade de outras autorizações exigidas em lei, como a autorização para supressão vegetal (ASV).

IV – Cabe as Forças Armadas definirem o que se entende por atividades ou empreendimentos de caráter militar, de preparo e emprego e não intrinsecamente militares, devendo haver razoabilidade na caracterização do preparo e emprego. O órgão ambiental licenciador deve ter deferência em relação à tal definição, mas pode discordar dela diante de manifesta desarrazoabilidade.

V – Extinção do processo de licenciamento ambiental em curso de empreendimentos ou atividades de preparo e emprego das Forças Armadas. Impossibilidade de regime híbrido (pré e pós LC nº 140) sem expressa previsão legal. Inteligência do artigo 18 da LC nº 140/11.[418]

Excepcionalmente, a condição de preparo e emprego pode ocorrer em empreendimento ou atividade cujo empreendedor não pertença às Forças Armadas ou cuja execução não seja realizada por militar. Às vezes, o empreendedor não é militar, mas a obra é executada por eles, como algumas rodovias do DNIT realizadas pelo Exército, em típica atividade de preparo. Em outros casos, existe instalação de conteúdo nitidamente militar, cujas necessidades energéticas demandam instalações e equipamentos próprios para o seu funcionamento, construídos sob o comando da Marinha do Brasil, mas cuja operação demanda, por questão regulatória, procedimento de incorporação à concessionária de distribuição de energia local.[419]

Por fim, o licenciamento ambiental de atividades ou empreendimentos da Polícia Militar não se amolda a essa hipótese de competência da União. Embora as Polícias Militares sejam "forças auxiliares e reserva do Exército" (CF, art. 144, §6º), elas não se confundem com as Forças Armadas, estando fora do alcance do artigo 7º, XIV, "f", da LC nº 140.

3.9.2 Terra-mar *v.* mar territorial, plataforma continental e zona econômica exclusiva

No item 3.4, viu-se a distinção entre mar territorial e águas interiores (dentro da linha de base), ficando claro que nestas a competência para licenciar é dos Estados-membros.

Para além desta questão, costumam gerar confusão, em termos de competência para licenciar, os empreendimentos ou atividades localizados e desenvolvidos no mar territorial, plataforma continental e zona econômica exclusiva (art. 7º, XIV, "b") em face dos localizados ou desenvolvidos em terra-mar (art. 7º, parágrafo único), que, nos termos da LC nº 140, são da União apenas se estiverem no ato de tipologias.[420]

---

[418] Parecer nº 66/2016/COJUD/PFE-IBAMA-SEDE/PGF/AGU, aprovado pela Procuradora-Chefe Nacional da PFE-Ibama, em 22.06.2016, mediante Despacho nº 348/2016/GABIN/PFE-IBAMA-SEDE/PGF/AGU, nos autos do PA nº 02001.002998/2016-78.

[419] Conforme entendeu a Advocacia-Geral da União (AGU) no Despacho de Aprovação nº 00386/2022/GABIN/PFE-IBAMA-SEDE/PGF/AGU, proferido em 04.08.2022, nos autos do PA nº 02001.001671/2009-50.

[420] Art. 7º. [...] Parágrafo único. O licenciamento dos empreendimentos cuja localização compreenda concomitantemente áreas das faixas terrestre e marítima da zona costeira será de atribuição da União exclusivamente nos

Porque a maioria dos empreendimentos terra-mar também ocorre no mar territorial, pode haver o entendimento de que a competência do terra-mar é da União, ainda que não estivesse na tipologia.

Entretanto, sustentar que a competência do mar territorial prevalece sobre a terra-mar seria privilegiar a regra geral em detrimento da específica, o que contraria a boa hermenêutica jurídica. Este é o entendimento da AGU:

> [...] IV – Empreendimentos, obras ou atividades concomitantes terra-mar (LC nº 140, art. 7º, parágrafo único) são de competência dos Estados-membros, exceto se previstos na tipologia. Leitura sistemática das hipóteses de competência da União, com prevalência da regra especial (art. 7º, parágrafo único) sobre a geral (art. 7º, XIV, *b*).[421]

> [...] V – Inexistência de competência federal para licenciamento ou autorização ambiental em razão da dominialidade do bem, de ele estar na zona costeira ou integrar o patrimônio nacional (CF, art. 225, §4º). Precedentes. Empreendimentos, obras ou atividades concomitantes terra-mar (LC nº 140, art. 7º, parágrafo único) são de competência dos Estados-membros, exceto se previstos na tipologia. Águas interiores, ainda que marítimas, não se compreendem na competência para licenciar ou autorizar ambientalmente da União, pois somente após a linha de base se caracteriza o mar territorial.[422]

Adicionalmente, a competência da União de promover o licenciamento ambiental de empreendimentos e atividades "localizados ou desenvolvidos no mar territorial, na plataforma continental ou na zona econômica exclusiva" (art. 7º, XIV, "b") deve ser lida de forma sistemática com o parágrafo único do mesmo artigo 7º, caso contrário a aplicação desse último dispositivo seria pífia, reduzindo a nada a frase "compreenda concomitantemente áreas das faixas terrestre e marítima da zona costeira", uma vez que a porção do mar integrado à zona costeira avança até o limite do mar territorial (Plano Nacional de Gerenciamento Costeiro – PNGC II, aprovado pela Resolução CIRM nº 5/1997). O próprio Decreto nº 5.300/2004 é categórico em incluir na faixa marítima da zona costeira "a totalidade do mar territorial" (art. 3º, I).

Essa competência poderia ser assim resumida, como bem explicitou o Parecer nº 178/2012/CONEP/PFE-IBAMA-SEDE/PGF/AGU (PA nº 02001.000088/2012-27) antes da instituição da tipologia: "São ações administrativas da União: promover o licenciamento ambiental de empreendimentos e atividades localizados ou desenvolvidos no mar territorial, quando não compreenderem área da faixa terrestre da zona costeira", hipótese na qual será de competência dos Estados-membros ou Municípios, exceto previsão na tipologia da União.

Deve o intérprete ficar atento aos casos que se enquadram na tipologia citada no artigo 7º e nas regras de transição previstas no Decreto nº 8.437/15 (arts. 4º e 5º), pois essas podem determinar a não transferência imediata à União.

---

casos previstos em tipologia estabelecida por ato do Poder Executivo, a partir de proposição da Comissão Tripartite Nacional, assegurada a participação de um membro do Conselho Nacional do Meio Ambiente (Conama) e considerados os critérios de porte, potencial poluidor e natureza da atividade ou empreendimento.

[421] Parecer nº 35/2017/COJUD/PFE-IBAMA/PGF/AGU, aprovado, em 25.05.2017, pela Procuradora-Chefe da PFE/Ibama, mediante Despacho nº 310/2017/GABIN/PFE-IBAMA-SEDE/PGF/AGU, nos autos do PA nº 04972.206413/2015-54.

[422] Parecer nº 41/2017/COJUD/PFE-IBAMA-SEDE/PGF/AGU, aprovado pelo Procurador-Chefe Nacional da PFE-Ibama, em 14.07.2017, mediante o Despacho nº 401/2017/GABIN/PFE-IBAMA-SEDE/PGF/AGU, nos autos do PA nº 00435.017777/2017-50.

3.10 Da delegação do licenciamento ambiental

A competência para efetuar o licenciamento ambiental pode ser delegada. O ente competente (delegante) pode atribuir a outro ente do Sisnama (delegatário), com competência para licenciar, o licenciamento ambiental que lhe é atribuído por lei.

A delegação relativa ao licenciamento ambiental pode ser concreta, por caso(s) específico(s) (*v.g.*, UHE X, aeroporto Y, ferrovia Z) ou abstrata, por tipologia, porte, localização etc. (*v.g.*, todas as UHEs ou portos acima de certa capacidade). Em outras palavras, a delegação pode ocorrer por tipologia de empreendimento ou atividade (delegação geral) ou por cada empreendimento ou atividade (delegação específica).

No atual estado de nosso ordenamento jurídico, a possibilidade de delegação do licenciamento ambiental é definida na LC nº 140/11 (art. 4º, V e VI, e 5º).[423] Os requisitos para a delegação estão previstos no artigo 5º da LC nº 140 e se traduzem na existência de (i) órgão ambiental capacitado, aquele que possui técnicos próprios ou em consórcio, devidamente habilitados e em número compatível com a demanda das ações administrativas a serem delegadas, e de (ii) conselho de meio ambiente.

O delegatário atua como se delegante fosse (Lei nº 9.784/99, art. 14, §3º, Súmula nº 510 STF). Com a delegação, todos os atos necessários ao termo do licenciamento ambiental são de competência do delegatário, inclusive atos acessórios, como autorizações ou anuências de supressão de vegetação (LC nº 140, art. 13, §2º).

Recentemente, o Ibama editou a IN nº 08/2019, que estabelece os procedimentos administrativos no âmbito desta autarquia para a delegação de licenciamento ambiental de competência federal para Órgão Estadual de Meio Ambiente – OEMA ou Órgão Municipal de Meio Ambiente – OMMA.

O fato de a disputa estar *sub judice* não influencia na competência para delegar. Se houver ordem judicial atribuindo certo licenciamento ambiental a determinado ente, ainda que não haja trânsito em julgado, já é possível delegar. Não consta dentre os requisitos para a delegação administrativa prevista na LC nº 140/11 que a questão da competência não esteja *sub judice*. Foi o entendimento da AGU no Parecer nº 121/2016/COJUD/PFE-IBAMA-SEDE/PGF/AGU.[424]

---

[423] "Art. 4º. Os entes federativos podem valer-se, entre outros, dos seguintes instrumentos de cooperação institucional: [...] V – delegação de atribuições de um ente federativo a outro, respeitados os requisitos previstos nesta Lei Complementar; VI – delegação da execução de ações administrativas de um ente federativo a outro, respeitados os requisitos previstos nesta Lei Complementar. Art. 5º. O ente federativo poderá delegar, mediante convênio, a execução de ações administrativas a ele atribuídas nesta Lei Complementar, desde que o ente destinatário da delegação disponha de órgão ambiental capacitado a executar as ações administrativas a serem delegadas e de conselho de meio ambiente. Parágrafo único. Considera-se órgão ambiental capacitado, para os efeitos do disposto no *caput*, aquele que possui técnicos próprios ou em consórcio, devidamente habilitados e em número compatível com a demanda das ações administrativas a serem delegadas".

[424] "DELEGAÇÃO ADMINISTRATIVA DE LICENCIAMENTO AMBIENTAL. ATO DISCRICIONÁRIO DO DELEGANTE E DO DELEGATÁRIO. EXISTÊNCIA DE ORDEM JUDICIAL RECONHECENDO A COMPETÊNCIA DO IBAMA (UNIÃO) PARA LICENCIAR CERTO EMPREENDIMENTO NÃO IMPEDE A SUA DELEGAÇÃO. NECESSIDADE DE CONSTAR EXPRESSAMENTE QUE A COMPETÊNCIA DO IBAMA DECORRE DE COMANDO JUDICIAL. I – Os requisitos para a delegação do licenciamento ambiental via administrativa estão na LC nº 140 (art. 4º e 5º), pressupondo ainda o acordo de vontades de ambas as partes (delegante e delegatário). II – Não é requisito negativo para a delegação administrativa prevista na LC nº 140/11 que a competência do delegante não esteja *sub judice*. Por isso, a delegação do licenciamento ambiental não está impedida pela prolação de decisão judicial que reconhece a competência do Ibama. III – Necessidade de constar do instrumento de delegação que a competência do Ibama para licenciar o empreendimento decorre de comando judicial, evitando confusões futuras sobre o posicionamento do Ibama em questões semelhantes, bem como em eventual consideração sobre um reconhecimento jurídico do pedido efetuado na ação judicial"

Se houver confirmação da decisão judicial pelas instâncias superiores ou trânsito em julgado, a delegação permanecerá válida por ser o órgão apontado judicialmente ainda considerado delegante. Se a decisão que atribui a competência a esse órgão do Sisnama for reformada nesse ponto, a delegação perde sua validade, mas o ato é praticado com base em competência originária, dispensando-se a convalidação.

Destaque-se que a delegação é uma transferência de poder, o que implica que o delegatário passa a ter o poder do delegante. Os desdobramentos práticos são evidentes. Em delegação da União ao OEMA, não é necessária a anuência de nenhum dos Estados onde o empreendimento, por exemplo, linear, se localiza ou a atividade é desenvolvida. Esse entendimento foi recepcionado pela IN Ibama nº 08/19, que, em seu artigo 2º, §1º, previu a possibilidade de a delegação do licenciamento ambiental de empreendimentos ou atividades que afetem mais de um estado a apenas um OEMA, ou OMMA, ainda que não haja manifestação dos demais Estados-membros ou, adita-se, municípios. O mesmo raciocínio vale para as delegações dos Estados aos Municípios. O delegatário atuará com os poderes do delegante, que sendo o Ibama, poderá atuar em todo território nacional, ainda que fora de sua área geográfica. A delegação da extração de areia em poligonal entre dois Estados-membros, que é exatamente o motivo pelo qual o Ibama é competente para licenciar (LC nº 140, art. 7º, XIV, *e*), costuma ocorrer apenas para o órgão ambiental de um dos Estados-membros.

Ainda que a atividade ou empreendimento compreendam o território de outro Estado-membro, o delegatário tem plenos poderes ambientais nesse outro território, já que atua com base na delegação do poder federal. Nesses casos, é comum a delegação ocorrer para órgãos ou instituições que têm apenas parte da obra em seu território, como pontes e extração de areia, mas seria perfeitamente válida a delegação de um empreendimento ou atividade localizados ou desenvolvidos exclusivamente em certo Estado-membro a órgão ambiental de outro Estado-membro. Atuando com base no poder delegante federal, as limitações territoriais dos entes delegatários não mais existem em termos ambientais.

No caso de delegação provir do órgão ambiental federal (Ibama), não se faz necessário que o OMMA tenha o objeto de delegação em seu rol de itens licenciáveis como de impacto de âmbito local, conforme tipologia definida pelos respectivos Conselhos Estaduais de Meio Ambiente (LC nº 140/11, art. 9º, XIV, *a*). Isso porque a fonte do poder para licenciar não reside na tipologia definida pelo Consema para delimitar o impacto de âmbito local, mas na competência federal, não havendo necessariamente caráter local no impacto do objeto do licenciamento ambiental delegado.

Questão mais complexa é a delegação condicional, chamada de cautelar pela IN Ibama nº 08/19 (art. 2º, §§2º e 3º), aquela praticada quando há dúvida sobre a competência do delegante, mas que ocorre para extinguir os efeitos desestabilizadores de um litígio judicial ou administrativo em relação ao órgão competente para licenciar. Infelizmente, por falta de consciência de que o licenciamento ambiental pode ser convalidado, e devido ao açodamento manifestado em liminares, diversas atividades ou empreendimentos sujeitos ao licenciamento ficam paralisados.

(Parecer nº 121/2016/COJUD/PFE-IBAMA-SEDE/PGF/AGU, aprovado pelo Procurador-Chefe da PFE-Ibama, em 21.12.2016, mediante o Despacho nº 755/2016/GABIN/PFE-IBAMA-SEDE/PGF/AGU, nos autos do PA nº 02001.002125/2013-12).

Para evitar esse cenário de paralisia decorrente de ordem judicial suspendendo o licenciamento ambiental, com prejuízo à eficiência administrativa e direito do administrado de um processo administrativo em tempo razoável (CF, art. 5º, LXXVIII), pode haver delegação condicional. Caso o resultado da demanda seja pelo reconhecimento da competência do delegante, os atos praticados pelo delegatários serão válidos em decorrência da delegação. Se a demanda judicial for improcedente, a delegação não terá efeito e os atos praticados pelo delegatário serão em nome próprio, em sua competência originária, mantendo a sua validade.

Como mencionado, essa prática foi expressamente encampada pela IN Ibama nº 08/19 sob a denominação de *delegação cautelar*.[425]

Às vezes, a delegação do processo de licenciamento ocorre em licenciamento existente e irregularmente em curso no Estado-membro ou município. Nesses casos, quando há expedição de licença ambiental pelo órgão incompetente, pode haver pedido para que se delegue a ele o licenciamento ambiental. Com a efetivação da delegação, o órgão licenciador deixaria de ser incompetente, mas sua licença ainda teria sido praticada quando era incompetente. A IN nº 08/19 do Ibama prevê que nesses casos caberá ao delegatário (OEMA ou OMMA) a eventual convalidação dos atos (art. 8º, §4º).

Como pressuposto pela IN Ibama nº 08/19, não se faz necessária a convalidação dos atos anteriores praticados por ente incompetente para delegação do licenciamento ambiental a este mesmo ente. Existem vários motivos para isso, não apenas em termos de valores abstratos, mas também concretos, trazendo consequências indesejadas. Sabe-se que não se deve apenas decidir com "base em valores jurídicos abstratos sem que sejam consideradas as consequências práticas da decisão" (Lindb, art. 20, *caput*) e como a decisão pressupõe interpretação, a hermenêutica também deve considerar os efeitos de sua atividade.

O primeiro motivo é que exigir a prévia convalidação criaria um requisito (convalidação) não previsto em lei para a delegação. A delegação é ato administrativo que pressupõe vários elementos, variando um pouco a doutrina sobre esses elementos. De qualquer forma, quando a doutrina lista, sob o regime geral do direito administrativo, os requisitos da delegação,[426] ela não menciona em momento algum a convalidação de algum ato processual anterior.

Inserir requisito não previsto para o ato de delegação viola o princípio da legalidade (CF, art. 37, *caput*). Não consta como requisito da delegação atestar a legalidade do processo de licenciamento conduzido pelo ente ambiental incompetente via convalidação ou auditoria. É responsabilidade do delegatário cumprir a legislação ambiental, não havendo necessidade de o órgão ambiental delegante adentar no mérito dos atos praticados quando faltava competência ao até então órgão licenciador.

O segundo problema jurídico é contrariar a eficiência e economicidade da Administração Pública, ambos princípios constitucionais.

---

[425] Art. 2º. [...] §2º Em casos de controvérsia judicial ou extrajudicial quanto à competência para o licenciamento, cujo deslinde puder causar mora administrativa, poderá o Ibama realizar a delegação cautelar do licenciamento ambiental ao OEMA ou ao OMMA, ainda que não se entenda, *a priori*, competente, nos termos do artigo 7º da Lei Complementar nº 140/2011. §3º A delegação cautelar subsistirá até o deslinde final da controvérsia, convertendo-se em definitiva, caso definida a competência do Ibama, ou perderá seu objeto, caso entendido que a OEMA ou o OMMA detém a competência para o licenciamento.

[426] OLIVEIRA, Regis Fernandes de, *Delegação e Avocação Administrativas*. 2. ed. 2005. p. 60.

Impor a necessária convalidação, como requisito da delegação do licenciamento ambiental, contribui para um serviço público, do ponto de vista do delegante, pródigo, em termos pessoais e materiais, e certamente torna o Estado (delegante) mais ineficiente para alcançar os seus fins, em nítida atuação antieconômica. Se um dos motivos para a delegação pode ser a circunstância de índole econômica e se o órgão ambiental tem que atuar com eficiência e economicidade, dispender esforços materiais e humanos para analisar a possibilidade de convalidação dos atos até então praticados, que podem ser analisados pelo delegatário, é contraprodutivo para o delegante.

Na verdade, haveria uma perda de eficiência e economicidade global, inclusive em termos estatais, uma vez que o delegatário geralmente é quem praticou os atos no processo de licenciamento ambiental sem competência para tanto. Assim, agora, sob a égide da delegação, ele é muito mais eficiente para analisar se os próprios atos devem ser convalidados. O princípio constitucional da eficiência, antigamente conhecido como "dever de eficiência", impõe a busca do melhor resultado, proteção do meio ambiente, com os menores esforços e custos possíveis. Em seu núcleo está a redução do desperdício de recursos públicos,[427] orientando a "atividade administrativa no sentido de conseguir os melhores resultados com os meios escassos de que se dispõe e a menor custo",[428] o que não ocorre quando outro órgão estatal deve se imiscuir, via convalidação, em ato de outro ente, sem necessidade. Impor a necessidade de convalidação pelo delegante, que pode ser mais produtivamente efetuada pelo delegatário, configura opção hermenêutica que deságua em "comportamento administrativo negligente, contraprodutivo, ineficiente",[429] o que é vedado pelo princípio da eficiência.

Como desdobramento da eficiência administrativa, mas rotulado como direito autônomo, está o direito fundamental à razoável duração do processo administrativo (art. 5º, LXXVIII). A celeridade na resolução dos processos administrativos de licenciamento ambiental, garantindo a sua duração razoável, ficaria comprometida porque o órgão ambiental delegante certamente precisaria de mais tempo do que o delegatário para eventualmente convalidar os atos do licenciamento praticados com vício de competência.

O terceiro é a responsabilização do delegante por atos praticados pelo órgão incompetente, em regra o futuro delegatário.

A delegação do licenciamento ambiental, cumpridos os requisitos da LC nº 140/11, não implica em responsabilidade do órgão ambiental delegante. Regis Fernandes de Oliveira, em capítulo sobre a responsabilidade sobre a delegação, doutrina sobre a ausência de responsabilidade do delegante citando doutrina e jurisprudência.[430] Ao

---

[427] CARVALHO FILHO, José dos Santos. *Manual de Direito Administrativo*. 27. ed. São Paulo: Atlas, 2014. p. 31.

[428] SILVA, José Afonso da. *Curso de Direito Constitucional Positivo*. 24. ed. São Paulo: Malheiros, 2005. p. 671.

[429] MODESTO, Paulo. Notas para um debate sobre o princípio da eficiência. *Revista do Serviço Público*, v. 51, nº 2. p. 105-119, 2000. p. 109.

[430] "Como ensina Caio Tácito, 'a responsabilidade administrativa, civil, ou penal pelos atos praticados em regime de delegação de competência, pertence ao autor, ou seja, à autoridade delegada. O delegante somente dela participará se, por qualquer forma, concorrer diretamente, para a realização ou a confirmação do ato'. No mesmo sentido é a posição de Gordillo, ao afirmar que 'o delegado é inteiramente responsável pelo modo com que exerce a faculdade delegada' (tradução nossa) É este, também, o entendimento de Clenício da Silva Duarte. Odete Medauar afirma que, 'transferida a competência para a prática do ato, nenhuma reserva cabe mais à autoridade delegante, ficando o delegado responsável pelo exercício ou prática das atividades delegadas, pois seria absurdo que o delegante transferisse atribuições e continuasse responsável por atos que não praticou'. A matéria foi excelentemente analisada em acórdão do Supremo Tribunal Federal, no qual se decidiu que 'é da responsabili-

comentar o regime de responsabilização na delegação, a administrativista Irene Patrícia Nohara é clara em enfatizar a irresponsabilidade do delegante pelos atos praticados pelo delegatário em virtude de delegação:

> Como ninguém pode ser responsabilizado por algo que não fez, exceto se tinha dever legal específico de praticar o ato e não o faz, o regime de responsabilização tanto na delegação como na avocação recai sobre quem pratica o ato.
> Assim, enquanto na delegação é o delegado, isto é, quem recebe as atribuições transferidas pelo delegante, que responde pelos atos praticados, na avocação.
> Ao delegante, enfatiza Márcio Fernando Elias Rosa, "não caberá qualquer responsabilização pelo ato praticado (RDA, 96/77), visto que o delegado não age em nome do delegante, mas no exercício da competência que recebeu.[431]

Em geral, "a responsabilidade pelos atos e medidas decorrentes de delegação cabe ao delegado".[432] Em geral porque não se pode descartar em tese a possibilidade de o delegante, quando superior hierárquico, concorrer para eventual erro do delegatário, "promovendo uma delegação que não transfira com clareza atribuições e objetivos plausíveis ou que contenha ressalva do exercício de atribuição delegada, utilizando-se desta última para orientar o delegado (por meio de pressões pautadas no poder hierárquico) e um resultado ilegítimo que intenta alcançar através das mãos do subordinado, ele (superior) não se eximirá de responder com o subordinado na medida do que couber para a situação causada".[433] Entretanto, as delegações de licenciamento ambiental são externas, não existindo subordinação hierárquica entre delegante e delegatário, tendo objeto claro, impossibilitando a caracterização dessa hipótese excepcional de responsabilidade.

Nessa linha, deve-se desfazer o equívoco comum de se entender que o delegatário é um preposto do delegante, pois não há confusão da delegação com o mandato.

> No mandato, o representante age em nome do representado. Na delegação, o delegado age em razão do cargo ou função que ocupa, em seu próprio nome. Os atos dos representados são imputados ao representante. Na delegação, os atos do delegado a ele são imputados.[434]

A própria Súmula 510 do STF ("Praticado o ato por autoridade, no exercício de competência delegada, contra ela cabe o mandado de segurança ou a medida judicial") deixa clara a ausência de responsabilidade do delegante, motivo pelo qual a medida judicial se volta contra o delegatário. Esse entendimento tem sido aplicado pelo STF, que não admite o deslocamento da competência judicial em virtude da delegação de

---

dade do Ministro de Estado o ato por ele praticado por delegação do Presidente da República, na forma da lei'. Como razões de decidir, o Ministro Themístocles Cavalcanti afirmou que, 'transferida a competência, nenhuma reserva é feita à autoridade delegante, ficando o delegado responsável pela solução administrativa, e a aplicação da lei'. Em seguida, afirma o Ministro que 'na delegação de funções é diferente, porque os fundamentos do ato, as razões de decidir pertencem à autoridade delegada' (*Delegação e Avocação Administrativas*. 2. ed. 2005. p. 161-162).

[431] NOHARA, Irene P.; MARRARA, Thiago. *Processo Administrativo*: Lei nº 9.784/99 comentada. São Paulo: Atlas, 2009. p. 153-154.

[432] *Direito Administrativo Moderno*. 16. ed. 2012. p. 65.

[433] NOHARA, Irene Patrícia; MARRARA, Thiago. *Processo Administrativo*: Lei nº 9.784/99 comentada. 2009. p. 154.

[434] OLIVEIRA, Regis Fernandes de. *Delegação e Avocação Administrativas*. 2. ed. 2005. p. 87.

competência administrativa (*v.g.*, AgR no MS 24.732 e AgR no MS 30.492). A Lei nº 9.784/1999 estabelece expressamente que as decisões proferidas por meio de ato de delegação considerar-se-ão editadas pelo delegado (art. 14, §3º).

Caso o órgão ambiental convalidasse os atos praticados antes de delegar a competência para licenciar ele seria responsável por eles, o que não aconteceria se ele simplesmente delegasse o licenciamento ambiental. Certo que a convalidação pelo delegante é possível, embora não obrigatória, ou seja, não é requisito da delegação, ainda mais considerando a "consequência prática", para usar a terminologia da Lindb (art. 20, *caput*), de atrair a responsabilidade do delegante pelos atos convalidados, subvertendo desnecessariamente a regra da delegação.

O órgão ambiental delegante tem a faculdade de convalidar os atos praticados até então, mas existe grande diferença em transformar essa faculdade em obrigatoriedade, ainda mais se for como requisito para a prática do ato de delegação. O que não pode é determinar que o incompetente proceda as correções que entender presentes no processo, o que o delegante mesmo deve fazer antes de delegar, se entender conveniente e oportuno. Uma vez delegado o licenciamento ambiental, o órgão delegante somente pode revogá-la, e não impor ao delegatário cursos de ação, uma vez que o delegatário não é preposto do delegante e cada órgão ambiental tem a sua discricionariedade procedimental.

Cabe ao delegatário sanar eventual vício ou anular o ato ou conjunto de atos, caso o delegante não convalide os atos praticados pelo órgão ambiental incompetente, se vislumbrar os requisitos legais para tanto, pois a competência para a execução de ações administrativas agora é sua. Ademais, as próprias circunstâncias que justificam a delegação indicam que o delegatário é quem tem primazia na convalidação, pelas razões de índole técnica, econômica e/ou territorial.

Destaque-se que a revogabilidade da delegação não significa que o órgão ambiental delegante se transforma em corregedor do delegatário, obrigando-o a revogar a delegação diante de qualquer acusação de ilegalidade no licenciamento ambiental conduzido pelo delegatário. Na IN Ibama nº 08/19 existe uma gradação de situações no artigo 18 e ss., não existindo a necessária rescisão diante de qualquer irregularidade, embora seja ressalvada a rescisão da delegação a qualquer tempo (art. 17). O dever do delegante em relação ao licenciamento ambiental delegado é cobrar informações que comprovem o cumprimento do objeto da delegação, basicamente devendo ser informado das licenças ambientais expedidas ou renovadas.

3.11 Da tipologia do impacto local: limites à tipologia do Consema (LC nº 140, art. 9º, XIV, *a*)

A LC nº 140/11 atribui aos municípios os licenciamentos ambientais cujos empreendimentos ou atividades tenham impacto de âmbito local (art. 9º, XIV). Entretanto, ao invés de deixar o termo impacto local para ser interpretado pelo município, determinou que é o Conselho Estadual de Meio Ambiente (Consema) que determinará a tipologia do que venha a ser impacto ambiental de âmbito local, observados os critérios de porte, potencial poluidor e natureza da atividade (art. 9º, XIV, *a*).

Embora haja contestações sobre a constitucionalidade do dispositivo, uma vez que não caberia ao Consema definir o que é impacto local,[435] tem-se deparado com situações de flagrante inconstitucionalidade nas tipologias estaduais independentemente dessa alegação prejudicial. Os casos mais dramáticos são aqueles nos quais a tipologia prevê o licenciamento ambiental com restrições que nada tem a ver com a ausência de impacto local.

Um desses casos de restrição é a autorização de supressão de vegetação (ASV), de forma pura e simples ou qualificada, como nos casos de ela ser acima de certa área. O município licencia, mas não autoriza a supressão de vegetação, ou não a autoriza acima de determinada metragem, o que se configura em flagrante invalidade, por violar a autonomia municipal, expressamente garantida pelo legislador.

Com efeito, a LC nº 140/1 prevê que compete aos municípios aprovar a supressão e o manejo de vegetação, de florestas e formações sucessoras em empreendimentos licenciados ou autorizados, ambientalmente, por ele (art. 9º, XV, *b*). Como se essa expressa previsão não fosse suficiente, a LC nº 140 em outro dispositivo também é categórica em prever que o licenciamento não apenas é licenciado em único nível, mas que a "supressão de vegetação decorrente de licenciamentos ambientais é autorizada pelo ente federativo licenciador" (art. 13, §2º).

A tipologia do Consema não é um favor que faz o Estado em prol do município. Também não é uma delegação de competência que é sua, caso que se poderia falar em deslocamento parcial da competência para licenciar. Dessa forma, não se pode falar em recorte do impacto local e prever que a ASV, por exemplo, extrapolaria o impacto local. A própria LC nº 140/11 (arts. 9º, XV, *b*, 13, §2º), como visto, rechaça essa tese.

Em outras situações a tipologia ou a legislação estadual impõem autorizações para licenciamentos de atividades com típico caráter local, como empreendimentos de parcelamentos do solo para fins residenciais, conjuntos e condomínios habitacionais, públicos ou privados. Essa situação, tipicamente de impacto local, não deve ser admitida em face do nosso ordenamento jurídico, exceto se ele ocorrer em mais de um município.

Situação também inadmissível é forçar a assinatura acordos (*v.g.*, termos de cooperação ou de conduta) para que haja a eficácia da definição de impacto. A tipologia do Consema em determinar o impacto local não é algo negociável, devendo esse órgão estadual identificar o que se entende por impacto local pura a simplesmente. Impor ao município a confecção de acordos seria chantageá-los, reduzindo-lhes a autonomia em autêntico desvio de poder por parte do Estado-membro. Deve haver um ato de reconhecimento de impacto local e outro que trate da delegação de competências estaduais para os municípios, como reconhecia o artigo 6º da Resolução Conama nº 237/97. Certamente o Estado-membro pode delegar sua competência para os municípios, quando indubitavelmente se poderá negociar diversos aspectos da delegação, inclusive seu alcance, mas essa situação em nada se confunde com a competência do Consema para determinar a tipologia do que venha a ser impacto ambiental de âmbito local.

Por fim, não cabe ao Consema condicionar o reconhecimento do impacto local a comprovação de que o município é capacitado para promover o licenciamento ambiental, isso porque requisito é apenas para a delegação. Para reconhecer impacto local não

---

[435] Cf.: STRUCHEL, Andrea. *Licenciamento Ambiental Municipal*. São Paulo: Oficina de Textos, 2016. p. 38; FARIAS, Talden. *Licenciamento Ambiental*: aspectos teóricos e práticos. 7. ed. Belo Horizonte: Fórum, 2019. p. 136-137.

se precisar comprovar a capacidade do município para licenciar. Entretanto, sem tal capacidade, pela sua competência supletiva, o que caberia ao município licenciar passa a ser competência do Estado-membro.

3.12 A autorização direta do gestor da unidade de conservação (IN ICMBio nº 19/2022) e a dispensa de licença ambiental, com anuência do Ibama, da Lei nº 11.516/07 (art. 14-C, §4º) e INC Ibama/ICMBio nº 03/23

Com a alteração promovida em 2018, a Lei nº 11.516/07 (criação do ICMBio) prevê que o ato autorizativo expedido pelo gestor da unidade de conservação para serviços ou instalações de unidades de conservação federais, visando explorar visitação voltadas à educação ambiental, à preservação e conservação do meio ambiente, ao turismo ecológico, à interpretação ambiental e à recreação em contato com a natureza, precedidos ou não da execução de obras de infraestrutura, "dispensa, com a anuência do Ibama, outras licenças e autorizações relacionadas ao controle ambiental a cargo de outros órgãos integrantes do Sistema Nacional de Meio Ambiente (Sisnama), exceto quando os impactos ambientais decorrentes dessas atividades forem considerados significativos ou ultrapassarem os limites territoriais da zona de amortecimento" (art. 14-C, §4º).

Essa previsão legal regulamentada pela INC Ibama/ICMBio nº 03/2023 disciplina a modalidade de autorização a ser concedida pelo ICMBio, com anuência do Ibama, para a execução de serviços, atividades, obras e edificações concedidos a terceiros no interior de unidades de conservação federais ou quando o próprio ICMBio realizar diretamente essas mesmas atividades e obras (arts. 1º e 2º).

O ponto crucial dessa regulação reside na autorização pelo Ibama das instalações de infraestruturas e das operações das atividades especificadas no Anexo I da INC, mantendo-se a necessidade de autorização direta pelo ICMBio (art. 3º).

Para os casos não previstos na INC Ibama-ICMBio nº 03/2023 que não sejam passíveis de licenciamento ambiental, cabe *autorização direta* do ICMBio; não sendo previstos na INC e passíveis de licenciamento ambiental, deve-se proceder ao licenciamento (art. 14).

Atualmente prevista na IN ICMBio nº 19/2022, a autorização direta é ato autorizativo para atividades ou empreendimentos condicionados ao controle do poder público não sujeitos ou dispensados do licenciamento ambiental ou cuja autorização seja exigida por normas específicas.

Cabe autorização direta para os casos nos quais não há necessidade de licenciamento ambiental federal e ocorram dentro de unidades de conservação federal que não sejam APAs.

Em acordo judicial entre Ibama, ICMBio e MPF (ACP Nº 0800225-62.2017.4.05.8003), houve previsão da autorização direta, caso não seja cabível licenciamento segundo análise do Ibama, nas atividades e empreendimentos em unidade de conservação de proteção integral, o Monumento Natural do São Francisco.[436] A autorização direta

---

[436] A complexidade do caso se devia ao fato de a legislação estadual entender que deveria haver licenciamento de atividades que o Ibama não entendia como passíveis de licenciamento ambiental com base no Anexo I da Resolução Conama nº 237/97. Como leis locais não podem impor procedimento aos órgãos federais, o Ibama não era

permite a requalificação de estrada dentro de UC, quando já prevista em plano de manejo, conforme o Parecer Técnico 88/2020-COTRA/CGLIN/DILIC[437] (SEI Nº 7644166, PA Nº 02070.003071/2020-18). Na sua aprovação pelo Despacho nº 7648298/2020-DILIC, o Diretor de Licenciamento corretamente pontuou:

> 5. Pelo exposto, avalio que pela baixa complexidade e impactos previstos para a atividade de adequação/melhoramento da via interna da UC, conforme se pode depreender do apresentado no processo em epígrafe, e considerando tratar-se de via já existente, carecendo de melhorias que adicionarão ganhos inclusive para a conservação do entorno próximo do local em que está implantada a rodovia (redução do potencial de geração de processos erosivos provocados inclusive pela existência da via no local, diminuição da suspensão de particulados em decorrência do trânsito de veículos no local, dentre outros), avalio que a atividade pode ser autorizada de forma direta pelo ICMBio, entendendo que a atividade não é passível de licenciamento ambiental, não sendo este instrumento necessário para a realização das obras em questão, pois a baixa complexidade e os controles ambientais próprios para a efetivação desse tipo de obra podem ser realizados de forma direta e eficiente pelo ICMBio.

Em outro caso, em atividade *off road* em duas unidades de proteção integral (Esec e Parna), o Ibama também entendeu como suficiente para o controle ambiental a autorização direta, uma vez que a atividade não era passível de licenciamento ambiental federal.[438]

Importante notar que o STJ (REsp nº 1.213.046),[439] em caso de implantação de centro de visitantes no Parque Nacional da Chapada dos Guimarães, afastou a

---

obrigado a licenciar e, sendo sua a competência para tanto, nos termos da LC nº 140/11 (art. 7º), ele procedeu a análise e não identificou a necessidade de licenciamento ambiental daquelas atividades e empreendimentos, sendo suficiente a autorização direta do órgão gestor da unidade de conservação.

[437] "12. Como informado anteriormente, o zoneamento previsto abarca os locais onde poderão ser executadas atividades que envolvem o uso antrópico do espaço em questão; e a estrada em questão já é prevista no Plano de Manejo, e está em área de zoneamento que prevê atividades antrópicas. 13. No caso em tela, considerando o reduzido impacto ambiental incremental (pois a estrada já encontra-se implantada e em uso) e os potenciais ganhos (redução de processos erosivos e manutenções frequentes, disciplinamento de águas pluviais, entre outros), não se vislumbra ganhos adicionais submeter o processo pelas vias tradicionais de licenciamento. 14. Finalmente, o ICMBio dispõe de *expertise* e previsão legal para regular os processos autorizativos dentro das Unidades de Conservação sob sua tutela, e considera-se estes instrumentos suficientes e adequados, do ponto de vista técnico, para a autorização das atividades. Nesse sentido, sugerimos informar ao Instituto Chico Mendes de Conservação da Biodiversidade que o empreendimento proposto deve ser autorizado conforme disposto na Instrução Normativa ICMBio nº 04, de 02 de setembro de 2009, por meio de critérios a serem definidos por aquele Instituto".

[438] Ofícios nºs 42/2021/DILIC (9363665) e 320/2021/GABIN (9564505) nos autos do PA nº 02023.000331/2021-40.

[439] "ADMINISTRATIVO. PROCESSUAL CIVIL. MEIO AMBIENTE. INEXISTÊNCIA DE LICENÇA AMBIENTAL. ICMBIO. AUSÊNCIA DE DANOS. PRINCÍPIO DA PREVENÇÃO. PARQUE NACIONAL DA CHAPADA DOS GUIMARÃES. CENTRO DE VISITANTES DA CACHOEIRA 'VÉU DE NOIVA'. POSSIBILIDADE DE O PODER JUDICIÁRIO EXAMINAR O MÉRITO DO ATO ADMINISTRATIVO. HISTÓRICO DA DEMANDA 1. O Ministério Público do Estado de Mato Grosso e o Município de Chapada dos Guimarães propuseram Ação Civil Pública contra o Ibama, impugnando a implantação de 'Centro de Orientação e Informação' ('Centro de Visitantes') no Parque Nacional da Chapada dos Guimarães, nas proximidades da cachoeira 'Véu de Noiva'. DESNECESSIDADE DO ESTUDO DE IMPACTO AMBIENTAL 2. O Parque Nacional da Chapada dos Guimarães foi alvo da ocupação de grileiros e posseiros, que destruíram veredas e vegetação das margens dos rios, represaram cursos d'água e desmataram grandes áreas em seu interior. Em decorrência dessas agressões foi construído o Centro de Orientação e Informação, em caráter emergencial, sobretudo para garantir a fiscalização dessa notável Unidade de Conservação. 3. A construção, *in casu*, destinada a salvaguardar o próprio Parque, não apresenta potencial de dano que exija a elaboração de Estudo Prévio de Impacto Ambiental. Ademais, a construção foi precedida de estudo técnico do Instituto Matogrossense de Engenharia de Avaliações e Perícias, que constatou a sua viabilidade no local. A legislação florestal admite obra ou construção em Área de Preservação Permanente,

necessidade de EIA-Rima estabelecido na decisão recorrida, mas manteve a necessidade de licenciamento ambiental, que, no caso, seria o corretivo. No voto, há declaração de que houve licenciamento, mas sem a expedição da respectiva licença.

O REsp nº 1.213.046 mostra como é importante compreender a autorização direta, que não era normatizada em 1997, quando ajuizada a ação, porque o exigido pelo STJ em 2016 seria o que atualmente é uma autorização direta, pois não havia significativo impacto na instalação do centro de visitantes em questão.

A autorização direta, prevista inicialmente na IN ICMBio nº 04/2009, já existia como poder implícito do gestor da unidade de conservação. A gestão da unidade de conservação requer certas atividades e estruturas plenamente controláveis pela autorização direta, tendo em vista não serem de significativo impacto, não exigirem licenciamento ambiental e cujo controle, em termos de impacto, é possível pela adoção desse instrumento. Sem essa compreensão, toda a atividade ou empreendimento em UC irá resvalar para o licenciamento ambiental, o que não se afigura correto do ponto de vista legal ou mesmo técnico, além de menosprezar a capacidade institucional do gestor da UC.

---

desde que de 'utilidade pública' ou 'interesse social'. OBRIGATORIEDADE DO LICENCIAMENTO AMBIENTAL 4. Na hipótese dos autos, embora seja evidente o "interesse público" da intervenção, toda atividade potencialmente danosa ao meio ambiente necessita de regular licenciamento ambiental. A licença ambiental, mesmo em empreendimento público a cargo do próprio órgão ambiental, não pode ser implícita. 5. De rigor, então, a declaração da desnecessidade de elaboração de Estudo de Impacto Ambiental e respectivo relatório – EIA/RIMA, devendo o órgão ambiental, no entanto, providenciar a respectiva Licença Ambiental do empreendimento 6. Recurso Especial parcialmente provido" (STJ, 2ª T., v.u., REsp nº 1.213.046, Rel. Min. Herman Benjamin, j. em 06.10.2016, *DJe* 25.08.2020).

CAPÍTULO IV

INTERVENÇÃO DE OUTROS ÓRGÃOS E INSTITUIÇÕES NO LICENCIAMENTO AMBIENTAL

Questão tormentosa tem sido a natureza das intervenções de órgãos e entidades públicos não licenciadores no curso do licenciamento ambiental. Para melhor decidir, são previstas diversas intervenções de terceiros no processo de licenciamento ambiental. O objetivo do presente capítulo é investigar o alcance e os limites de algumas dessas intervenções.

Se não houver lei com abrangência nacional ou regulação do Conama, o ente federado tem total liberdade para disciplinar seu rito decisório. A competência para disciplinar o rito está implícita na de licenciar. Isso inclui a participação (ciência e manifestação) de outros entes federativos (LC nº 140/11, art. 13, §1º), definindo-se o procedimento, a forma, o momento e o prazo adequado para tanto.[440]

Dessa forma, não podem os Municípios e os Estados-membros pela via legislativa, regulamentar ou em ato administrativo específico impor qualquer requisito ao licenciamento conduzido pela União, bem como impor o próprio licenciamento, como visto no capítulo 2, item 2.2. A recíproca também é verdadeira, motivo pelo qual a Portaria Interministerial MMA/MJ/MINC/MS 60/2015 ou normativos específicos de entidades federais não servem para delimitar competência, impor obrigatoriedade de consultas ou participação e nem estabelecer um impacto presumido em licenciamentos estaduais e municipais.

Somente regulação nacional pode impor requisitos procedimentais ao licenciamento ambiental conduzido pelos Estados-membros e Municípios.

No âmbito federal, a Portaria Interministerial nº 60/2015 estabelece procedimentos administrativos que disciplinam a atuação da Funai, da FCP, do Iphan e do Ministério da Saúde nos processos de licenciamento ambiental de competência do Ibama (art. 1º).

No âmbito nacional, a Resolução Conama nº 428/10 dispõe, no âmbito do licenciamento ambiental, sobre a autorização do órgão responsável pela administração da UC, de que trata o §3º do artigo 36 da Lei nº 9.985/00,[441] bem como sobre a ciência do órgão responsável pela administração da UC no caso de licenciamento ambiental de empreendimentos não sujeitos a EIA-RIMA.

---

[440] SILVA, Ana Cristina Maximo et al. Notas sobre a LC nº 140/2011. *Revista de Direito Ambiental*, São Paulo: RT, ano 18, v. 70, p. 39-73, abr./jun. de 2013. p. 64.

[441] Dispositivo legal contestado na ADI nº 5.180, relator Min. Dias Toffoli, a qual foi negado seguimento.

De qualquer forma, não existe nenhum direito subjetivo dos intervenientes de participarem do licenciamento ambiental que não seja o conferido por leis ou atos administrativos. É o órgão licenciador que não pode ser excluído do licenciamento ambiental, não sendo de sua essência a participação de terceiros.

4.1 O licenciamento ambiental não é tutor de outras autorizações administrativas (*v.g.* SPU), ainda que ambientais, ou de questões dominiais ou possessórias

Autorizações administrativas, ainda que ambientais, questões dominiais ou possessórias, não devem ser internalizadas no processo decisório de licenciamento ambiental. O licenciamento ambiental não é guardião, tutor ou babá de outros controles públicos que são executados mediante autorizações, permissões etc.; muito menos de questões dominiais ou possessórias, ainda que de bens públicos. Não existe norma nacional vinculando a autorização da SPU, do proprietário ou mesmo do possuidor do imóvel ao licenciamento ambiental.

O fato de um empreendimento ser viável do ponto de vista ambiental não significa que outras licenças e autorizações não devam ser obtidas ou que elas sejam substituídas pela licença ambiental.

O próprio Decreto nº 99.274/1990 e a própria Resolução Conama nº 237/97 preveem que o licenciamento ambiental não dispensa outras licenças legalmente exigíveis, demonstrando quão limitado é o seu escopo, mais do que geralmente se propaga. No artigo 17, *caput*, do Decreto nº 99.274/1990, prevê-se:

> A construção, instalação, ampliação e funcionamento de estabelecimento de atividades utilizadoras de recursos ambientais, consideradas efetiva ou potencialmente poluidoras, bem assim os empreendimentos capazes, sob qualquer forma, de causar degradação ambiental, dependerão de prévio licenciamento do órgão estadual competente integrante do Sisnama, *sem prejuízo de outras licenças legalmente exigíveis*. [destacou-se]

Em seu artigo 2º, *caput*, a Resolução Conama nº 237/97 preceitua da mesma forma:

> A localização, construção, instalação, ampliação, modificação e operação de empreendimentos e atividades utilizadoras de recursos ambientais consideradas efetiva ou potencialmente poluidoras, bem como os empreendimentos capazes, sob qualquer forma, de causar degradação ambiental, dependerão de prévio licenciamento do órgão ambiental competente, *sem prejuízo de outras licenças legalmente exigíveis*. [destacou-se]

Por isso, a condicionante de que a licença não autoriza a supressão da vegetação, assim como não dispensa, tampouco substitui aprovações, autorizações ou licenças exigidas por outros órgãos reguladores, é cláusula desnecessária nas licenças ambientais.

O Ibama entende que somente mediante norma expressa se poderia exigir manifestação da SPU como requisito do licenciamento ambiental.[442] A AGU também entendeu que não

---

[442] "5. Por um lado, quanto à situação da dominialidade da área do projeto junto à SPU frente ao licenciamento ambiental, esta equipe não encontrou fundamento normativo próprio que os associem diretamente. Assim,

existe como se obstar o licenciamento ambiental às decisões ou manifestações da SPU, por ausência de norma nesse sentido. Recentemente esse entendimento foi reafirmado pela AGU e pelo Ibama.[443]

Eventualmente, a falta de autorização de um órgão público ou de um ente privado pode impedir a instalação da obra ou a sua operação, mas ela não tem o condão de invalidar o licenciamento ambiental sem que haja expressa norma nesse sentido, uma vez que a licença ambiental não dispensa ou substitui aprovações, autorizações ou licenças exigidas por outros órgãos reguladores ou entes privados.

4.2 A atuação de órgãos externos no licenciamento ambiental: regra da não vinculatividade (LC nº 140/11, art. 13, §1º)

Com a aprovação da LC nº 140/11, os empreendimentos e atividades são licenciados ou autorizados somente por um único ente federativo, e a manifestação dos demais entes federativos interessados não é vinculante, ou seja, não condiciona o processo decisório do único ente responsável pela decisão. Dispõe seu artigo 13, §1º:

> Art. 13. Os empreendimentos e atividades são licenciados ou autorizados, ambientalmente, por um único ente federativo, em conformidade com as atribuições estabelecidas nos termos desta Lei Complementar.
> §1º Os demais entes federativos interessados podem manifestar-se ao órgão responsável pela licença ou autorização, de maneira não vinculante, respeitados os prazos e procedimentos do licenciamento ambiental.

---

incluir a questão da dominialidade em suas licenças e autorizações é temerário ao Instituto (tanto em terrenos da União quanto em áreas particulares), por avocar possível competência e expertise de outros órgãos. As anuências externas envolvidas no licenciamento ambiental são especificadas e normatizadas, em espécie e prazos conhecidos (p. ex., a Portaria Interministerial nº 60/2015 estabelece procedimentos administrativos que disciplinam a atuação dos órgãos e entidades da administração pública federal em processos de licenciamento ambiental de competência do Ibama). [...] 7. Reforça este entendimento, deliberação sobre o mesmo assunto, porém no âmbito do processo do Estaleiro do Nordeste – ENOR (Despacho nº 02001.022626/2014-04 DILIC/IBAMA, onde também se verificou *a ausência de embasamento legal para que o Ibama rejeite a emissão de qualquer licença por falta de documentos exigidos na Lei nº 9636/1998*). Como precisamente colocado pelo referido despacho, a emissão da licença de instalação não autoriza o uso do terreno de marinha à revelia da Secretaria de Patrimônio da União ou do procedimento previsto na Lei nº 9638/1998. 8. Em síntese, entende-se que o conceito de legitimidade para o uso e ocupação de uma área (seja pública ou privada), contemplando a possibilidade de cessões, bloqueios e desapropriações, dentre outros, suplanta a as competências atuais deste Instituto. Por consequências, enquanto não haja instrução específica sobre o tema nos trâmites do licenciamento, não se vê óbices ao andamento dos processos e autorizações dentro do Ibama, ainda que estejam em curso discussões sobre legitimidade para suo e ocupação de área". (Parecer nº 02001.002544/2016-05 COPAH/IBAMA – SEI nº 2110624). No mesmo sentido, cf. Nota Técnica nº 4/2018/COMAR/CGMAC/DILIC (SEI nº 2082080) e Memorando nº 66/2018/COMAR/CGMAC/DILIC (SEI nº 2110965).

[443] "[...] IV – Não existe norma que vincule as etapas do licenciamento ambiental conduzido pelo Ibama às decisões ou manifestações da Secretaria do Patrimônio da União (SPU). Precedente. Independência. O licenciamento ambiental não é guardião de outras autorizações administrativas, ainda que ambientais, ou de questões dominiais, públicas ou privadas, externas ao processo decisório do órgão licenciador, exceto diante de expressa norma para tanto. Ainda que a autorização de um órgão público ou de um ente privado seja necessária isso não tem o condão de invalidar o licenciamento ambiental, uma vez que a licença ambiental não dispensa ou substitui aprovações, autorizações ou licenças exigidas por outros órgãos reguladores ou entes privados (Decreto nº 99.274/1990, art. 17, *caput*, e Resolução Conama nº 237/97, art. 2º, *caput*)". (Parecer nº 41/2018/COJUD/PFE-IBAMA-SEDE/PGF/AGU, aprovado pelo Procurador-Chefe Nacional da PFE-Ibama, em 24.04.2018, mediante o Despacho nº 261/2018/GABIN/PFE-IBAMA-SEDE/PGF/AGU, nos autos do PA nº 00414.021655/2017-14, bem como pela Presidência do Ibama (Despacho SEI nº 2210697) na mesma data nos autos do PA nº 02001.004964/2018-80).

A LC nº 140/11 almejou o monismo decisório, evitando assim que outros entes federativos obstaculizem seu processo ou interfiram de modo a tirar ou reduzir o poder decisório do órgão licenciador. A interveniência não pode significar intervenção no processo decisório do licenciamento ambiental, seja a qual título for.

Essa regra já era reivindicada pela doutrina. Lucas Tamer Milaré, antes mesmo da LC nº 140, lecionava:

> [...] parece-nos, até como meio de se evitar a judicialização e consequente procrastinação do procedimento, que o caráter não vinculativo é o que deve prevalecer. Claro que a recusa deve ser exposta em decisão motivada, em ordem a se evitar possíveis alegações de falta de cuidado no trato da questão ambiental ou até mesmo indesejáveis arbitrariedades.[444]

A previsão do §1º do artigo 13 da LC nº 140/11 não poderia ser diferente. Quando se atribui a um órgão o poder de tomar alguma decisão, a regra é que ele seja soberano em tomar essas decisões, sem sofrer interferências de outros órgãos e entidades públicas. Assim, já decidiu o TRF da 4ª Região que a manifestação do órgão licenciador federal não vincula o licenciamento conduzido pelo estadual, vedando-se ainda o licenciamento por mais de um ente federativo.[445]

Na verdade, previsões desse jaez são meramente declaratórias, motivo pelo qual o artigo 4º, §1º, da Resolução Conama nº 237/97 em nada inovou no ordenamento. Por isso, o exame técnico estadual (ETE) ou municipal (ETM) bem como o parecer dos demais órgãos competentes da União, dos Estados, do Distrito Federal e dos Municípios, envolvidos no procedimento de licenciamento, são meramente opinativos, não vinculantes para a decisão do órgão licenciador.

Somente com previsão expressa de vinculatividade da interferência de terceiro órgão é que se poderia afetar o curso do licenciamento ambiental, atingindo a discricionariedade do órgão licenciador.

De forma alguma isso significa que as considerações não vinculantes possam ser ignoradas pelo órgão licenciador, devendo esse analisar e se posicionar em face dos exames técnicos e outras manifestações, podendo mesmo até incorporá-las à fundamentação de seu processo decisório *per relationem*[446] (Lei nº 9.784/99, art. 50, §1º). Por essa razão, aduz-se que "uma objeção consubstanciada em parecer fundamentado em razões de ordem técnica, devidamente comprovadas e que não venham a ser refutadas tecnicamente, deverá ser observada pelo órgão licenciador".[447]

---

[444] MILARÉ, Lucas Tamer. *Competência Licenciatória Ambiental*. 2011. 118 fls. Dissertação (Mestrado) – Faculdade de Direito, Pontifícia Universidade Católica de São Paulo, São Paulo, 2011. p. 88.

[445] "ADMINISTRATIVO. LICENCIAMENTO AMBIENTAL. ÓRGÃO INTEGRANTE DO SISNAMA. MANIFESTAÇÃO NÃO VINCULANTE. 1. Hipótese em que a FATMA analisou estudo de impacto ambiental e considerou-o suficiente para autorizar o regular funcionamento do empreendimento, que consiste na exploração de conchas calcárias. 2. A emissão de licença não tem sua eficácia condicionada à aprovação do estudo de impacto ambiental e relatório de impacto ambiental por outro órgão integrante do Sistema Nacional do Meio Ambiente (IBAMA), nos termos do art. 13, §1º, da Lei Complementar nº 140/2011, que prevê a manifestação de outros órgãos de maneira não vinculante, respeitados os prazos e procedimentos" (TRF da 4ª Região, 2. S., v.u., EI 0007287-70.2003.4.04.7207, Rel. Des. Fed. Carlos Eduardo Thompson Flores Lenz, j. em 08.08.2013, D.E. 21.08.2013). Essa decisão manteve a decisão tomada pela 4ª Turma (AC 0007287-70.2003.4.04.7207, Rel. p/ ac. Des. Fed. Cândido Alfredo Silva Leal Júnior, j. em 05.03.2013, D.E. 08.04.2013).

[446] A respeito desta modalidade de motivação, também chamada de *aliunde*, cf. ARAÚJO, Florivaldo Dutra de. *Motivação e Controle do Ato Administrativo*. Belo Horizonte: Del Rey, 2005. p. 119-120.

[447] NASCIMENTO, Sílvia Helena Nogueira, Competência para o Licenciamento Ambiental na Lei Complementar 140/2011, 2015. p. 161.

A decisão de conceder ou negar a licença ambiental, bem como estabelecer mitigantes e condicionantes, é unicamente do órgão licenciador competente.

A LC nº 140 deve ser vista como bloqueadora da eventual vinculatividade de órgãos ou entidades públicas de outros entes da federação, não se aplicando em relação aos diferentes órgãos e entidades públicas do mesmo ente federativo caso o ente resolva em regulação própria compartilhar o poder decisório.

A Lei nº 11.516/07, lei de conversão da MP nº 366/07, que criou o ICMBio, contém um artigo com uma regra geral para os intervenientes públicos no processo de licenciamento ambiental. Seu artigo 14[448] é sintomático ao vedar qualquer vinculação e resguardar a autonomia dos entes federados, uma vez que prevê que as manifestações dos órgãos públicos nos licenciamentos ambientais são efetuadas por forma de parecer, ou seja, por opinião, não por algo vinculante, como uma autorização. Ademais, ainda deixa claro o respeito à autonomia dos entes federados ao consignar que cabe aos respectivos regulamentos estabelecer o prazo de tal manifestação.

Pouco depois de promulgada, a LC nº 140/11 foi objeto de questionamento por parte da 4ª Câmara do MPF, que enviou Ofício (5371/12) ao Procurador-Geral da República (PGR)[449] para que este ajuizasse ação direta de inconstitucionalidade contra o artigo 13, *caput* e §1º, uma vez que a manifestação dos demais órgãos seria vinculante e poderia haver mais de um nível de licenciamento ambiental. O artigo 13 (*caput* e §1º) seria inconstitucional porque afastaria o poder de gestão ambiental de outras esferas federativas, ferindo o artigo 23 da CF, ou seja, esvaziaria o sentido do texto constitucional.

A 4ª Câmara do MPF usou para fundamentar seu pedido a leitura equivocada de duas decisões – REsp nº 588.022 e o acórdão do TRF da 3ª Região sobre o licenciamento complexo do Rodoanel – cuja análise no capítulo III, item 1, já explicita a razão pela qual a representação da 4ª Câmara foi arquivada pelo PGR (Nota 45/2014 PGR – RJMB): a competência comum não significa que todos tenham que atuar conjuntamente ou em paralelo em uma mesma situação, como seria o licenciamento ambiental sobreposto ou complexo.

4.2.1 Da ausência de poder dos intervenientes de impor condicionantes ou obstar o licenciamento ambiental

Uma consequência da manifestação não vinculante dos intervenientes implica que eles não detêm poder de paralisar o processo de licenciamento ambiental, não podendo apontar óbices à sua continuidade, salvo expressa disposição legal. O juízo sobre a viabilidade ambiental é exclusivo do órgão licenciador, sendo as manifestações dos intervenientes meramente opinativas (Lei nº 11.516/07, art. 14).

Com exceção da intervenção do órgão gestor da unidade de conservação, como visto a seguir, na legislação federal não existe nenhuma previsão de que algum interveniente possa paralisar ou encerrar um processo de licenciamento ambiental com a sua manifestação.

---

[448] Art. 14. Os órgãos públicos incumbidos da elaboração de parecer em processo visando à emissão de licença ambiental deverão fazê-lo em prazo a ser estabelecido em regulamento editado pela respectiva esfera de governo.

[449] Por causa desse ofício foi aberto processo administrativo (Peças de Informação), sob o número 1.00.000.015209/2012-64, no qual houve o arquivamento da representação de inconstitucionalidade (Nota nº 45/2014 PGR – RJMB).

O que se prevê é a sua participação na elaboração do termo de referência (TR) que subsidiará a confecção dos estudos ambientais e a sua análise conclusiva sobre tais estudos. Se o interveniente não quiser, por qualquer que seja a razão, colaborar com a elaboração do TR ou analisar os estudos ambientais, o órgão licenciador deve prosseguir com o processo.

Por isso, análise conclusiva do interveniente ou sua colaboração para a elaboração do TR não significam poder de paralisar o licenciamento ambiental ou mesmo impor condicionantes, as quais devem ser julgadas pelo órgão licenciador. Infelizmente, a prática tem demonstrado que os intervenientes se utilizam da sua participação no licenciamento ambiental para obstar o processo ou impor condicionantes para substituir suas próprias atribuições.

A depender da análise que se faça da autorização para o licenciamento ambiental prevista na Lei do Snuc, o órgão gestor pode até emitir uma opinião que obste a expedição de uma licença plena, mas, mesmo nesse caso e adotando tal exegese, o processo de licenciamento ambiental pode prosseguir até o limite de não causar o impacto que o órgão gestor da UC apontou como motivo para negar a autorização para o licenciamento ambiental. Se o ato for imotivado, deve ser desconsiderado pelo órgão licenciador.

4.2.2 Intervenientes não podem impor seu rito ao processo decisório do órgão licenciador

Como visto, os intervenientes não podem impor seu próprio processo decisório, do ponto de vista substancial, ao órgão licenciador, e, adite-se, nem mesmo do ponto de vista procedimental.

Se o interveniente tem um rito ou intepretação de como deve ocorrer a sua participação no processo, isso se restringe ao âmbito interno, não afetando terceiros. Sem norma que lhe atribua um poder específico no processo decisório alheio, o interveniente não pode impor suas liturgias ao órgão licenciador.

Assim, não são raros os pareceres das Procuradorias dos Estados negando o poder de um órgão federal impor seu rito ao órgão licenciador estadual. A Procuradoria-Geral do Estado de Pernambuco já expediu parecer pela não vinculação do órgão licenciador do Estado-membro às regras do Iphan.[450] A Procuradoria-Geral do Estado do Rio de Janeiro também entendeu que a leitura da norma federal (Portaria MMA 55/2014) somente vincula os órgãos e entidades federais, não alcançando, desse modo, órgão licenciador estadual.[451] No caso tratava-se do seu artigo 9º, que estabelecia autorização não prevista na Lei do Snuc e nem na respectiva Conama (428/10), aditando procedimento não previsto em legislação nacional ao processo decisório do Inea e, consequentemente, violando a autonomia dos entes federados.

Em outras palavras, as normatizações internas dos intervenientes não surtem efeito no órgão licenciador, exceto se encampadas por quem tem poder normativo ou administrativo sobre ele. No caso federal e sob a perspectiva administrativa, somente surtiria efeito sobre o Ibama se o ato viesse do Presidente da República ou do Ministério

---

[450] Parecer PGE-PE nº 523/2015, aprovado pelo PGE, em 15.09.2015, nos autos do PA nº 2015.02.002956.
[451] Parecer MCC nº 19/2015 (PGE-RJ/INEA), aprovado pela Procuradora-Chefe do Inea em 10.03.2015, sem PA (cadastro Inea 297989).

do Meio Ambiente. Nos casos dos Estados-membros, poderia ser pelo governador ou secretaria a que se vinculasse o órgão ambiental licenciador.

4.3 As autorizações para o licenciamento ambiental da Lei do Snuc

A Lei nº 9.985/00, que instituiu o Sistema Nacional de Unidades de Conservação da Natureza (Snuc), contém de forma bem evidente duas autorizações relativas ao licenciamento ambiental (arts. 36, §3º, e 46).

A regulamentação nacional das intervenções dos órgãos gestores das UCs está na Resolução Conama nº 428/2010 e a federal na IN Conjunta ICMBio/Ibama nº 08/2019, que substituiu a Portaria MMA nº 55/2014 (revogada pela Portaria MMA nº 635, de 4 de novembro de 2019), e IN ICMBio nº 07/2014.

Importante ressaltar que a ALA é ato administrativo que, no caso de ser federal, é expedido por autarquia (ICMBio), e sobre o qual não cabe supervisão ministerial.[452]

4.3.1 Casos de autorização para licenciamento ambiental (ALA): impacto ambiental significativo

Para que haja necessidade de autorização (Lei nº 9.985/00, art. 36, *caput*, §3º; Res. Conama nº 428/2010, art. 1º e 2º), exige-se que o impacto ambiental seja (i) significativo,[453] sujeito a EIA (o que somente o órgão licenciador pode determinar), (ii) e que o empreendimento afete UC (inclusive a APA[454]) ou sua zona de amortecimento.[455] Na sua ausência, basta a ciência do órgão gestor da UC (Res. Conama nº 428/2010, art. 5º).

---

[452] "[...] 43. Até então, é possível vislumbrar que a Nota Técnica nº 108/2013 – COIMP/DIBIO/ICMBio é ato administrativo fruto da autonomia administrativa do ICMBio e, no tocante a este ponto, não é dado a este Ministério Ambiental – e a nenhum outro – imiscuir-se com ares hierárquicos quando do trato com aquela autarquia ambiental. [...] 48. Pelo que foi exposto, a União, no caso em disceptação, não possui qualquer poder-dever de ingerência quanto ao mérito da questionada nota técnica, obedecendo assim aos princípios constitucionais da legalidade e eficiência. Ao revés, deve respeitá-lo, já que o Poder Legislativo, ao descentralizar a atividade exercida pelo ICMBio reconheceu-lhe o traço da especialidade, não sendo lícito à Administração Central desrespeitar esta fragmentação legislativa. Tampouco é dado à União ou qualquer outro ente político desrespeitar, ignorar ou relevar imotivadamente os cuidados ambientais indicados pela autarquia ambiental federal" (Informações nº 296/2013/CGAJ/CONJUR-MMA/CGU/AGU, aprovada pelo Consultor Jurídico do MMA, em 29.10.2013, mediante Despacho Conjur-MMA 1545/2013, Registro 035473/2013-00).

[453] Polêmica decorrente da entrada em vigor da Lei do Snuc, que falava em impacto significativo, ao contrário da Resolução Conama nº 13/90 (art. 2º), que regulava a matéria antes da Resolução Conama nº 428/2010. Depois da Lei nº 9.985/00 houve o reconhecimento de que havia a necessidade do significativo impacto ambiental, como sustentavam, por exemplo, os pareceres de diversas procuradorias estaduais: Cf. Parecer RD 03-2008, aprovado pelo Subprocurador da PGE-RJ, em 08.08.2008, nos autos do PA E-07/ 201.818/08, *Revista de Direito da Procuradoria-Geral*, Rio de Janeiro: PGE-RJ, n. 63, 2008. p. 398 e Parecer nº 0033/2009/PROMAI/PGFD, aprovado pelo Procurador-Geral da PGDF, em 13.05.2009, nos autos do PA nº 0391.000.4671/2009.

[454] "[...] Por fim, é importante dizer, em relação à revogação da Resolução Conama nº 10/88, que a exigência de autorização prévia para licenciamento em APA, nos contornos ditos, decorre da interpretação do regime do SNUC, e não propriamente do referido ato infralegal, concebido muito antes da edição da Lei nº 9.985/2000" (Parecer nº 496/2011/PFE-ICMBIO-SEDE/PGF/AGU, aprovado pelo Subprocurador-Chefe Substituto do ICMBio, em 25.10.2011, mediante o Despacho nº 791/2011/PFE-ICMBIO-SEDE/PGF/AGU, nos autos do PA nº 02070.003384/2011-85).

[455] Quanto à criação da zona de amortecimento da UC, a Nota AGU/MC nº 07/2006, elaborada pelo Consultor-Geral da União e aprovada pelo Advogado-Geral da União, estabelece que: "[...] a definição da zona de amortecimento das unidades de conservação que a comportem seja assentada no ato de sua criação ou, na impossibilidade ou inconveniência, posteriormente e devidamente justificada por ato de idêntica natureza e hierarquia, em face do que proponho seja revista a forma do ao de que se cuida, sem prejuízo da manutenção das razões e fundamentos que ela revela ou defende". Entretanto, isso não impede a delegação do ato, no caso concreto, ao ICMBio, conforme reconhece o Despacho nº 416/2012/PFE-ICMBIO-SEDE/PGF/AGU, proferido pelo Procurador-Chefe Nacional do ICMBio).

Ao estabelecer que a exigência pela gestão de APA de prévia submissão do licenciamento ambiental (ALA), ainda que o empreendimento ou atividade estejam dentro da UC, não pode ocorrer fora das hipóteses legais previstas nos artigos 36, §3º, e 46, *caput*, da Lei do Snuc, a Orientação Jurídica Normativa nº 16/2020/PFE/ICMBio trouxe importantes esclarecimentos na matéria:

> ÁREAS DE PROTEÇÃO AMBIENTAL. LICENCIAMENTO. EMPREENDIMENTOS E ATIVIDADES NÃO SUJEITOS A EIA/RIMA. INEXIGÊNCIA DE AUTORIZAÇÃO DIRETA. IN CONJUNTA IBAMA/ICMBIO Nº 08/2019. REGULAMENTAÇÃO DO ART. 7º, XIV. EXCLUSÃO DAS APAS. PODER DE POLÍCIA. ATUAÇÃO PREVENTIVA. ELABORAÇÃO DO PLANO DE MANEJO. GARANTIA DE SUA OBSERVÂNCIA.
>
> 1. Os licenciamentos ambientais de empreendimentos ou atividades localizados em APAs, ou que as afetem, para os quais foi dispensada a apresentação de EIA/RIMA, não estão sujeitos, em regra, a autorização direta pelo órgão gestor da Unidade de Conservação. A hipótese contrária, isto é, de necessidade de submissão prévia ao ICMBio daqueles licenciamentos, depende de norma juridicamente válida que prescreva expressamente as situações em que esse requisito seria obrigatório.
>
> 2. Tendo em conta o caráter *sui generis* das APAs, o exercício ordinário do poder de polícia ambiental de que é dotado o ICMBio deve manifestar-se, em seu viés preventivo, não mediante intervenções nos processos de licenciamento ambiental legalmente a cargo de outros órgãos, e sim através das restrições previstas no plano de manejo, ato cuja edição é de sua alçada. O ICMBio também pode, no uso de seu poder extroverso e à luz do princípio da prevenção, editar cautelar e, excepcionalmente, por meio de sua autoridade máxima, os atos regulamentares necessários à salvaguarda dos atributos ambientais que justificaram a criação de APA desprovida de plano de manejo.
>
> 3. Em relação às APAs federais, a competência fiscalizatória do ICMBio é mediata e consiste em fazer valer o regime especial estabelecido pelo próprio Instituto no plano de manejo ou ato regulamentar, restando ao órgão licenciador a competência para fiscalizar primária e diretamente toda a gama de atividades desenvolvidas na unidade.
>
> 4. Excetuadas as tipologias de empreendimentos elencadas no art. 46 da Lei do Snuc, aplica-se às APAs geridas pelo ICMBio – dada sua peculiaridade de ser a única categoria de unidade de conservação instituída pela União expressamente excluída do licenciamento ambiental federal – a regra prevista no art. 5º, I, da Resolução CONAMA nº 428/2010, cabendo ao órgão licenciador competente dar ciência ao Instituto acerca dos processos de licenciamento ambiental de atividades ou empreendimentos não sujeitos a EIA/RIMA.

Diferentemente da revogada Resolução Conama nº 13/1990, o critério de distância da UC foi abandonado, embora usado de forma provisória (3km do limite da UC) enquanto não prevista a zona de amortecimento (Res. Conama nº 428/2010, art. 1º, §2º), exceto para as Reservas Particulares do Patrimônio Natural (RPPNs), Áreas de Proteção Ambiental (APAs) e Áreas Urbanas Consolidadas. A dispensa para APAs e RPPNs é porque a Lei do Snuc não prevê zonas de amortecimento para esse tipo de UC, não fazendo sentido estimar uma ZA provisória.

Quem tem competência para dizer se é necessário ou não a ALA, pela definição do estudo ambiental a ser exigido, é o órgão licenciador, não o gestor da UC, como reconhecia o item 2 da revogada OJN nº 07/2011/PFE-ICMBio.[456] Entretanto, como visto

---

[456] "LICENCIAMENTO AMBIENTAL DE EMPREENDIMENTOS POTENCIALMENTE CAUSADORES DE DANOS A UNIDADES DE CONSERVAÇÃO FEDERAL. DELIMITAÇÃO DO PAPEL DO ICMBIO. 1. No processo

no capítulo II, item 5, isso não significa que o órgão gestor da UC deva assistir passivamente à dispensa indevida do EIA, podendo pleitear administrativa ou judicialmente que o órgão licenciador exija o EIA, como destacado pela AGU, antes na revogada OJN nº 10/2016/PFE-ICMBio[457] e atualmente pela redação minuciosa da Orientação Jurídica Normativa PFE/ICMBio nº 07/2011, com a redação dada pela Portaria PFE-ICMBio nº 2/2023 (*DOU* 27.11.2023, S1, p. 49):

> LICENCIAMENTO DE EMPREENDIMENTOS POTENCIALMENTE CAUSADORES DE IMPACTO AMBIENTAL QUE POSSAM AFETAR UNIDADES DE CONSERVAÇÃO FEDERAIS. DELIMITAÇÃO DO PAPEL DO ICMBIO. BUSCA POR SOLUÇÃO CONSENSUAL. ORIENTAÇÃO NO SENTIDO DE NÃO SE AUTUAR O ÓRGÃO OU ENTIDADE LICENCIADORA, OU AGENTE PÚBLICO, BEM COMO O EMPREENDEDOR. DEMONSTRAÇÃO DE ILEGALIDADE OU ABUSO DE PODER. INTERLOCUÇÃO E POSICIONAMENTO INSTITUCIONAL.
>
> 1. No processo de licenciamento ambiental, cabe ao ICMBio analisar, através dos diversos instrumentos legais de que dispõe, apenas os impactos que o empreendimento a ser licenciado cause especificamente às Unidades de Conservação – UCs federais. As condicionantes ambientais impostas pelo ICMBIO, no caso de ALA, e propostas, no caso de ciência, devem guardar relação direta e proporcional aos impactos às UCs federais.
>
> 2. Compete ao órgão licenciador a definição do tipo de estudo prévio de impacto ambiental exigido para o empreendimento, podendo o ICMBio exigir, de forma devidamente motivada, estudos complementares como condição para a realização de análise técnica e eventual autorização, condicionada ou não, desde que diretamente relacionados aos impactos causados às UCs federais, na forma dos arts. 2º §2º e 3º, II, da Resolução CONAMA nº 428/2010.
>
> 3. O rol do art. 2º da Resolução Conama nº 01/1986 não é exaustivo, mas exemplificativo para nortear a análise das atividades/empreendimentos como efetivo ou potencialmente causador de significativo impacto ambiental. Não há ilegalidade na decisão do órgão licenciador que, verificando que o empreendimento não é potencialmente causador de significativa degradação do meio ambiente, defina estudos ambientais pertinentes ao respectivo processo de licenciamento ambiental, com base no parágrafo único do art. 3º da Resolução CONAMA nº 237/1997, desde que devidamente motivada em análise técnica específica e vinculada aos parâmetros normativos gerais e do CONAMA.

---

de licenciamento ambiental, cabe ao ICMBio analisar, através dos diversos instrumentos legais de que dispõe, apenas os impactos que o empreendimento a ser licenciado cause especificamente às unidades de conservação federais. 2. O ICMBio não detém poder para influir na escolha do tipo de estudo prévio de impacto ambiental exigido pelo ente licenciador e tampouco na imposição ou proposição de condicionantes ao empreendimento que não guardem relação direta a impactos a UCs federais. 3. Nada obstante, pode o ICMBio exigir estudos complementares como condição à realização de análise técnica e eventual autorização, condicionada ou não, desde que diretamente relacionados aos impactos causados às UCs federais" (OJN nº 07/2011/PFE-ICMBio). Essa OJN foi revogada pela Portaria PFE-ICMBio nº 01, de 30 de janeiro de 2014, publicada no Boletim de Serviço Instituto Chico Mendes 05, de 31.01.2014, mas depois foi ressuscitada em 2020 pela Portaria PFE-ICMBio nº 2/20 (*DOU* 26.06.2020, S1. p. 45).

[457] "DELIMITAÇÃO DO PAPEL DO ICMBIO NA AUTORIZAÇÃO DE LICENCIAMENTO AMBIENTAL DE EMPREENDIMENTOS POTENCIALMENTE CAUSADORES DE DANOS A UNIDADES DE CONSERVAÇÃO FEDERAL. Em que pese a classificação de atividades e empreendimentos em significativo ou não potencial causador de impacto ambientais (e a consequente exigência de EIA/RIMA) ser de responsabilidade do órgão licenciador, quando o dano ambiental puder afetar Unidade de Conservação caberá ao ICMBio exigir que a aludida classificação seja feita em observância aos parâmetros definidos constitucionalmente e pela legislação em vigor, especialmente Lei nº 6.938, de 1981, de Resolução Conama nº 237/97 e, se for o caso, demais normas estaduais e municipais" (Orientação Jurídica Normativa nº 10/2016/PFE-ICMBio, revogada pela Portaria PFE/ICMBio nº 02/2017, SEI nº 1839359, BS 45, de 14 de Setembro de 2017).

4. Em havendo discordância do ICMBio quanto à classificação do empreendimento ou atividade que acarrete afastamento do pedido de autorização do órgão gestor da UC de que trata o art. 36, §3º, da Lei nº 9.985/2000, a autarquia não deve promover a autuação do empreendedor com esse fundamento, visto que não é este quem classifica o empreendimento ou atividade, tampouco cabendo a ele requerer a autorização para o licenciamento ambiental. Por sua vez, não deve, igualmente, autuar o órgão licenciador ou o agente responsável, quando pratica ele ato administrativo compreendido dentro de suas atribuições legais. Neste caso, o ICMBio não fica impedido de influir no licenciamento ambiental, podendo apresentar contribuições técnicas e sugerir condicionantes que visem a mitigar/compensar os impactos causados às UCs federais, na forma do art. 5º da Resolução CONAMA nº 428/2010, as quais não terão caráter vinculante.

5. As controvérsias em relação ao licenciamento ambiental devem ser resolvidas, sempre que possível, de forma consensual. A busca pela via judicial exige a demonstração de ilegalidade e/ou abuso de poder por parte do órgão licenciador.

6. Na falta de concordância técnica sobre aspecto essencial ao controle ambiental, é atribuição legítima do órgão licenciador a escolha de uma dentre as posições técnicas díspares e/ou antagônicas, de modo que o mero dissenso técnico por parte do ICMBio nesses casos não é suficiente para o reconhecimento de ilegalidade ou abuso de poder. Ocorre ilegalidade ou abuso de poder quando a escolha do órgão licenciador apresenta-se teratológica ou destituída de motivação técnico-científica adequada.

7. É recomendado que posicionamento institucional do ICMBio quanto ao reconhecimento de ilegalidade e/ou abuso de poder no licenciamento ambiental seja definido pela autoridade máxima do Instituto, mediante prévia interlocução com o órgão licenciador, respaldado em manifestação técnica devidamente fundamentada e parecer jurídico.

Tal possibilidade está excepcionada se o licenciamento ambiental for federal porque nesse caso cabe exclusivamente ao Ibama definir as atividades e empreendimentos de significativo impacto ambiental passíveis de autorização pelo ICMBio (IN Conjunta ICMBio/Ibama nº 08/2019, art. 4º, §1º, previsão também constante da revogada Portaria MMA nº 55/2014, art. 3º, §1º). Embora tal exclusividade seja para determinar o grau de impacto, o que pode ou não demandar o EIA, ela disse menos do que gostaria. Certamente, a disputa em torno da presença do significativo impacto ambiental é fundamental porque deflagra a necessidade de ALA e de compensação ambiental, não havendo tanta disputa pelos outros tipos de estudos ambientais ou, ainda, pela sua dispensa. A leitura que se deve fazer do dispositivo é no sentido de que compete ao órgão licenciador federal determinar que tipo de licenciamento ambiental bem como seu respectivo estudo devem ser efetuados, devendo tal conclusão ser aceita pelo ICMBio.

A Resolução Conama nº 428/2010 também preceitua, caso não haja ZA prevista e pelo prazo de cinco anos da sua publicação, que, se o empreendimento estiver em uma faixa de 3 (três) km a partir do limite da UC, a autorização é necessária, com exceção de Reservas Particulares do Patrimônio Natural (RPPNs), APAs e Áreas Urbanas Consolidadas (art. 1º, §2º). O que a legislação impõe aqui é uma presunção de que o significativo impacto ambiental afetará a UC, deflagrando a necessidade de autorização. Entretanto, se o empreendimento tiver a capacidade de afetar diretamente a UC, a autorização é necessária, esteja o empreendimento (i) na UC, (ii) a 3 (três) km da sua borda ou (iii) em sua ZA (art. 1º, *caput*), o que também é reconhecido pela IN Conjunta ICMBio/Ibama nº 08/2019 (art. 9º) e revogada Portaria MMA nº 55/2014 (art. 8º).

Pela revogada Portaria MMA 55/2014, aplicável exclusivamente no âmbito federal, se o empreendimento estivesse dentro da UC, ainda que não precise de EIA, ainda assim seria necessária a autorização do ICMBio (art. 9º). A revogada regulação federal pressupõe uma aparente lacuna no artigo 5º da Resolução Conama nº 428/2010, uma vez que ele preceitua a mera ciência ao órgão gestor da UC quando o empreendimento (i) puder causar o impacto direto (mas não significativo), (ii) estiver localizado na ZA, (iii) estiver localizado no limite de até 2 mil metros da UC, cuja ZA não tenha sido estabelecida no prazo de até 5 anos, a partir da data da publicação desta Resolução.

Essa autorização prevista no artigo 9º da revogada Portaria MMA 55/2014 ultrapassa as exigências da Resolução Conama nº 428/10 porque o limite provisório estabelecido na norma não é para fora da UC, mas da UC para fora, o que incluiria o que estivesse dentro da UC, sua ZA ou o limite provisório dos artigos 1º, §2º, e 5º, III. Em outras palavras, a norma da Resolução Conama nº 428/10 não serve apenas para o licenciamento de empreendimentos ou atividades que estão fora da UC, mas para os que estão dentro também. Outro motivo para tal exegese reside no fato de que a norma regulamentada pelo Conama preceitua "afetar unidade de conservação específica ou sua zona de amortecimento" (Lei nº 9.985/00, art. 36, §3º), não afetar a UC ou sua ZA, mas sem estar dentro delas.

Entretanto, em virtude da Nota Conjunta AGU/CGU/PGF 02/2011,[458] sendo regulamentação do MMA, a revogada Portaria MMA 55/2014 somente obrigava os órgãos e entidades a ele vinculados, ou seja, os federais (Ibama e ICMBio). Quando o licenciamento for efetuado por órgão estadual ou municipal, não existe necessidade de ALA, apenas da mera ciência, pois não se poderia admitir a ciência na ZA ou mediante impacto direto e dispensá-la para o impacto direto pelo empreendimento ou atividade estar dentro da UC.

De qualquer forma, com a edição da IN Conjunta ICMBio/Ibama nº 8/2019, não mais subsiste tal previsão, apenas se faz necessária a autorização do ICMBio quando de empreendimentos e atividades previstos no artigo 46 da Lei do Snuc, quando não sujeitos à EIA/Rima, aplicando-se, no que couber, as disposições contidas nos artigos 4º, 5º, 6º e 7º desta Instrução Normativa Conjunta (art. 13).

Não parece que as autorizações da Lei do Snuc existam para manter a integridade dos atributos que justificam a criação dos espaços territoriais protegidos (CF, art. 225, §1º, III),[459] argumento usado para afirmar que elas têm base constitucional. Esse dever é do Poder Público, não necessariamente do órgão gestor da UC, embora ele também se insira no conceito e deva tutelar os atributos que justificaram a criação da UC. O órgão licenciador também pertence ao Poder Público e, consequentemente, tem o dever de preservar as UCs.

A Lei do Snuc, em seu artigo 36, §3º, prevê que se o "empreendimento afetar unidade de conservação específica ou sua zona de amortecimento, o licenciamento a que se refere o *caput* deste artigo só poderá ser concedido mediante autorização do órgão responsável por sua administração".[460] Essa autorização é para empreendimento

---

[458] Nota Conjunta AGU/CGU/PGF nº 02/2011, aprovada pelo Advogado-Geral da União, em 11.10.2011, mediante despacho nos autos do PA nº 00400.015591/2011-78.

[459] "[...] III – definir, em todas as unidades da Federação, espaços territoriais e seus componentes a serem especialmente protegidos, sendo a alteração e a supressão permitidas somente através de lei, vedada qualquer utilização que comprometa a integridade dos atributos que justifiquem sua proteção;".

[460] "Art. 36. Nos casos de licenciamento ambiental de empreendimentos de significativo impacto ambiental, assim considerado pelo órgão ambiental competente, com fundamento em estudo de impacto ambiental e respectivo

que afete diretamente a UC ou a sua ZA. Aqui, tem-se o impacto direto e significativo, não bastando ser apenas direto, como deixa claro o artigo 5º, I, da Resolução Conama nº 428/2010.

Já em seu artigo 46, existe previsão de que depende de prévia aprovação do órgão responsável pela administração da UC a instalação de redes de abastecimento de água, esgoto, energia e infraestrutura urbana em geral em UC ou na ZA.[461] A AGU esclareceu a aplicabilidade do artigo 46 da Lei do Snuc na Orientação Jurídica Normativa nº 29/2021/PFE/ICMBio:

> APROVAÇÃO PRÉVIA DO ICMBIO PARA INSTALAÇÃO DE INFRAESTRUTURA URBANA. HIPÓTESE DO ART. 46, *CAPUT* E PARÁGRAFO ÚNICO, DA LEI nº 9.985/00. RELAÇÃO COM O LICENCIAMENTO AMBIENTAL. DISTINÇÃO EM RELAÇÃO À ALA.
> 1. A aprovação prévia prevista no art. 46 da Lei nº 9.985/00 não trata de hipótese de autorização para o licenciamento ambiental, sendo exigência distinta, portanto, daquela prevista no art. 36, §3º, da Lei nº 9.985/00 e regulamentada pela Resolução CONAMA nº 428/2010.
> 2. Na hipótese de ser também exigido para as atividades descritas no art. 46 da Lei nº 9.985/00 o licenciamento ambiental, e este for de competência do IBAMA, aplica-se o art. 13 da IN Conjunta IBAMA e ICMBio nº 08/2019, que determina a incidência do regramento previsto para a ALA.
> 3. Caso o licenciamento ambiental seja de competência do estado ou município e não houver, no regramento local, norma no mesmo sentido do art. 13, da IN-Conjunta IBAMA e ICMBIO nº 08/2019, cabe ao empreendedor provocar diretamente o ICMBio para obtenção da aprovação prévia, prevista no art. 46 do SNUC. Nessa hipótese, o requerimento deve ser submetido, por analogia, ao rito da IN-ICM nº 04/2009, enquanto não elaborado regulamento específico no âmbito da autarquia federal.
> 4. Nessa última hipótese, a aprovação prévia prevista no art. 46 do SNUC não é requisito ou condição de legalidade da licença ambiental estadual ou municipal, salvo se o regramento específico do licenciamento ambiental perante o órgão competente preveja expressamente nesse sentido. A referida aprovação prévia é requisito para a legalidade da instalação das obras de infraestrutura urbana previstas no referido dispositivo, de modo que eventual início destas sem o atendimento da exigência configura ato ilícito de responsabilidade do empreendedor.
> 5. As Unidades por meio de seu Plano de Manejo podem, previamente, excluir do alcance da norma do art. 46 atividades de pequeno impacto que entendam, de forma antecipada, serem compatíveis com o regime protetivo da Unidade, o que equivaleria a autorizar previamente tais tipologias, de modo a evitar que os pedidos de autorização para atividades de impacto insignificante se avolumem no âmbito deste Instituto, ocasionando mora desnecessária à execução das atividades.

---

relatório – EIA/RIMA, o empreendedor é obrigado a apoiar a implantação e manutenção de unidade de conservação do Grupo de Proteção Integral, de acordo com o disposto neste artigo e no regulamento desta Lei. [...] §3º Quando o empreendimento afetar unidade de conservação específica ou sua zona de amortecimento, o licenciamento a que se refere o caput deste artigo só poderá ser concedido mediante autorização do órgão responsável por sua administração, e a unidade afetada, mesmo que não pertencente ao Grupo de Proteção Integral, deverá ser uma das beneficiárias da compensação definida neste artigo, bem como, que em caso de ausência de previsão de zona de amortecimento não pode ser utilizada".

[461] "Art. 46. A instalação de redes de abastecimento de água, esgoto, energia e infraestrutura urbana em geral, em unidades de conservação onde estes equipamentos são admitidos, depende de prévia aprovação do órgão responsável por sua administração, sem prejuízo da necessidade de elaboração de estudos de impacto ambiental e outras exigências legais. Parágrafo único. Esta mesma condição se aplica à zona de amortecimento das unidades do Grupo de Proteção Integral, bem como às áreas de propriedade privada inseridas nos limites dessas unidades e ainda não indenizadas".

6. Recomenda-se ao ICMBio a celebração de acordos com os órgãos licenciadores, a fim de pacificar a aplicação do art. 46, SNUC. Nos referidos ajustes, deverá preferencialmente constar a expressa determinação de incidência do mesmo procedimento previsto para as autorizações para o licenciamento ambiental (ALA), tal como feito entre IBAMA e ICMBio, por meio do art. 13 da IN-Conjunta nº 08/2019.

Depois, o ICMBio regulamentou os procedimentos de aprovação prévia de que trata o artigo 46 da Lei nº 9.985, de 18 de julho de 2000, na Portaria ICMBio nº 1.222, de 19 de dezembro de 2022.

Pela regulamentação da matéria, quem deve pedir a autorização para o licenciamento ambiental é o órgão licenciador e não o empreendedor (Res. Conama nº 428/2010, art. 2º, *caput*). A AGU tem entendimento de que é nulo de pleno direito o licenciamento ambiental efetuado sem a autorização do órgão gestor, ainda que o empreendedor esteja de boa-fé, não se aplicando a possibilidade de convalidação (Lei nº 9.784/99, art. 55).[462] Entretanto, esse entendimento, por demais formalista, pode mesmo inviabilizar uma licença corretiva ou a análise das peculiaridades do caso concreto, desconsiderando dispositivo normativo específico da Lei nº 9.784/99 (art. 55), bem como pareceres da AGU, aprovados pelo Advogado-Geral da União, que admitem a convalidação.[463]

4.3.1.1 Apenas para licenciamento ambiental, não para autorizações diversas (Autorização para Supressão de Vegetação – ASV)

As autorizações da Lei do Snuc são apenas para o licenciamento ambiental, não abrangendo outras autorizações ambientais, como é o caso, por exemplo, da Autorização de Supressão de Vegetação (ASV).

Como a Autorização para Licenciamento Ambiental (ALA) é exceção no processo decisório de licenciamento, independentemente de ela ser ou não vinculante e em que termos deve ser processada, não se deve permitir a analogia para incluir atividade externa no licenciamento ambiental.

Note-se que a legislação prevê a manifestação cia do ICMBio para ASV a cargo do Ibama (IN Conjunta ICMBio/Ibama nº 8/2019, art. 20, §2º), diferente do modelo anterior (Portaria MMA 55/2014, art. 15).[464] Em relação à Autorização para Captura, Coleta e Transporte de Material Biológico (Abio), haverá anuência para emissão da

---

[462] Parecer nº 496/2011/PFE-ICMBIO-SEDE/PGF/AGU, aprovado pelo Subprocurador-Chefe Substituto do ICMBio, em 25.10.2011, mediante o Despacho nº 791/2011/PFE-ICMBIO-SEDE/PGF/AGU, nos autos do PA nº 02070.003384/2011-85.

[463] A AGU entende que não existe rol taxativo de vícios que possam ser convalidados em convênios, ou seja, nega que exista uma rígida catalogação daquilo que pode ou não ser convalidado pela Administração Pública federal (Parecer Conjur-MT/CGU/AGU 243/2013, aprovado pelo Advogado-Geral da União, em 05.07.2013, nos autos do PA nº 00400.0006975/2013-61 e Parecer nº 85/2014/DECOR/CGU/AGU, aprovado pelo Advogado-Geral da União, em 08.12.2014, nos autos do PA nº 25100.019371/2014-71).

[464] Sob a vigência do artigo 15 da Portaria MMA 55/14, havia questionamento sobr sua validade. Embora o Poder Executivo tenha a função de regular o funcionamento de seus órgãos e entidades, esquema semelhante certamente seria inválido se abrangesse níveis federativos diferentes. De qualquer forma, há um compartilhamento do processo decisório do Ibama que não é admitido pela lei que o criou, ou pelo ICMBio, uma vez que para a AGU somente o Ibama é o órgão licenciador (Parecer nº 20/2013/CONEP/PFE-IBAMA-SEDE/PGF/AGU, aprovado pelo Procurador-Chefe Nacional do Ibama, em 14.03.2014, mediante Despacho nº 135/2014/AGU/PGF/PFE-IBAMA-SEDE, nos autos do PA nº 02001.000646/2014-16).

Abio apenas para os levantamentos faunísticos realizados antes da primeira licença e/ou quando houver levantamento ou monitoramento não previstos nos estudos já apresentados (art. 21, §2º).

4.3.2 Momento da autorização para o licenciamento ambiental: impossibilidade de antecipá-la

O envio dos dados para que as autorizações previstas na Lei do Snuc sejam expedidas devem preceder à primeira licença, geralmente a LP, mas sua efetiva expedição não precisa ocorrer antes da LP, admitindo-se que anteceda a LI. A Lei do Snuc preceitua que a autorização precisa acontecer antes do licenciamento ("o licenciamento a que se refere o *caput* deste artigo só poderá ser concedido mediante autorização do órgão responsável por sua administração" – art. 36, §3º), mas não esclarece se a autorização deve anteceder qualquer licença no licenciamento com mais de uma fase (trifásico ou bifásico).

A AGU, via Consultoria Jurídica do Ministério de Minas e Energia, já afirmou que a manifestação somente tem lugar uma única vez, antes da expedição da LP,[465] mas tal entendimento vai além do artigo 21º da Resolução Conama nº 428/10, como se verá.

Expedida a autorização antes da LP, não existe na legislação a necessidade e muito menos o dever de nova manifestação para licença de instalação ou operação. Não existe um *moto perpetuo* de manifestação do órgão gestor da UC, exceto se houver mudanças significativas, em termos de impacto ambiental, no projeto do empreendimento ou atividade já analisados, seja qual for a razão (pedido do órgão licenciador, iniciativa do empreendedor etc.).

A própria Resolução Conama nº 428/2010 preceitua que a autorização deve ser solicitada depois, no prazo máximo de 15 dias contados do aceite do EIA/RIMA, devendo a ALA ser analisada no máximo em 60 dias (art. 2º, *caput*, §1º). Em outras palavras, é a solicitação pelo órgão ambiental licenciador que deve ser antes da primeira licença,[466] mas não a autorização em si.

Entende-se que o momento máximo para a ALA no licenciamento com mais de uma fase é a LI. Não precisaria ser antes da LP porque embora essa ateste a viabilidade e a localização, ela não autoriza a efetiva alteração do meio ambiente. Certo que se a ALA não for expedida não se pode mais falar em viabilidade ambiental, o que se compatibiliza com nosso ordenamento jurídico porque a viabilidade da LP é provisória. Se assim não fosse, não haveria necessidade de se expedir a LI, por exemplo, ou a ASV, que ocorre depois da LP, ambas podendo infirmar a viabilidade ambiental previamente afirmada. Aliás, a viabilidade ambiental da LI e da LO também são provisórias, caso contrário não a regra do artigo 19 da Resolução Conama nº 237/97 seria inválida.

---

[465] "[...] 26. O fato de o procedimento administrativo do licenciamento ambiental prever três etapas e respectivas licenças, quais sejam Licença Prévia, Licença de Instalação e Licença de Operação, não significa dizer que o gestor da UC deva emitir autorização prévia para cada uma delas, por desnecessário, por não ser exigência legal e por atentar contra o princípio da eficiência, sobre o qual se discorrerá mais à frente" (Informação nº 286/2013/CONJUR-MME/CGU/AGU, aprovada, em 08.11.13, pela Consultora do MME mediante Despacho nº 1182/2013, nos autos do PA nº 48000.001834/2013-91).

[466] "Art. 2º A autorização de que trata esta Resolução deverá ser solicitada pelo órgão ambiental licenciador, antes da emissão da primeira licença prevista, ao órgão responsável pela administração da UC, que se manifestará conclusivamente após avaliação dos estudos ambientais exigidos dentro do procedimento de licenciamento ambiental, no prazo de até 60 dias, a partir do recebimento da solicitação".

No licenciamento federal, a IN Conjunta ICMBio/Ibama nº 8/2019 (art. 4º) previu que a autorização deve ser preceder à "primeira licença ambiental federal". Em outras palavras, a autorização deve ser concedida antes da primeira licença, seja ela qual for: LP, LP-LI, LP-LI-LO ou LO corretiva.

O momento adequado para a manifestação do órgão gestor da UC impede que haja pronunciamentos antecipados, isto é, antes do aceite do EIA, devendo eles serem desconsiderados. Há casos nos quais a manifestação do órgão gestor da UC ocorre antes do EIA, com os objetivos mais variados, como, por exemplo: (i) inclusão da UC na área de influência do empreendimento, visando a atrair a compensação ambiental, condicionantes e/ou mitigantes; (ii) vedar a concessão da licença pela sua impossibilidade jurídica ou técnica.

Há uma patente e inválida antecipação do momento no qual a UC deve se manifestar, uma vez que o momento correto é regulado pela Resolução Conama nº 428/10 (art. 2º, *caput*, §1º): depois do aceite do EIA e antes da LI ou, no caso federal, antes da primeira licença (IN Conjunta ICMBio/Ibama nº 8/2019, art. 4º). O ato assim praticado incorre em desvio de poder, por pretender substituir a ALA, tanto a positiva quanto à negativa.

Ademais, a Resolução Conama nº 428/2010, ao mostrar que não almeja alcançar licenciamentos em curso – reforçando o caráter prévio de sua manifestação antes da primeira licença –, vai além e preceitua que ela somente se aplica às UCs criadas até a data de requerimento da licença ambiental (art. 7º). Embora possa parecer ilegal, uma vez que em confronto aparente com o artigo 36, §3º, da Lei nº 9.985/00, o artigo 7º tem a função fundamental de garantir segurança jurídica pelos diversos estágios do licenciamento no qual pode ocorrer a criação da UC. Se ela ocorrer antes da confecção do termo de referência, não parece adequada exegese restritiva a ponto de excluir a necessidade da manifestação do órgão gestor da UC. É relevante a questão envolvida, porque se excluiu a necessidade de autorização somente pelo fato de o pedido ter sido protocolado antes da criação da UC, mesmo que a primeira licença ainda não tenha sido expedida.

A AGU parece entender da mesma forma, mas ressalva que a dispensa da autorização para o licenciamento ambiental não significa a vedação para propor medidas mitigantes, que devem alcançar os futuros atos do processo de licenciamento:

> [...] Traz, pois, uma espécie de direito adquirido do particular à continuidade do processo de licenciamento, impedindo a utilização do mecanismo da criação de uma UC como empecilho à instalação de empreendimentos na área.
> 68. Nada obstante, não se pode ignorar o fato de que, havendo de fato razões técnicas para a criação de uma unidade de conservação em determinada área, por um interesse maior da sociedade, os processos de licenciamento já em curso deverão ser adequados, na medida do possível, ao novo regime jurídico de administração incidente na área.
> 69. Nessas situações, embora dispensada a ALA, deve o órgão gestor da unidade estudar o empreendimento e, sempre que possível, propor as medidas necessárias para mitigação de impactos à área protegida em relação aos atos futuros do processo de licenciamento, salvo se o empreendimento for manifestamente conflitante com o regime jurídico adotado na área.[467]

---

[467] Parecer nº 496/2011/PFE-ICMBIO-SEDE/PGF/AGU, aprovado pelo Subprocurador-Chefe Substituto do ICMBio, em 25.10.2011, mediante o Despacho nº 791/2011/PFE-ICMBIO-SEDE/PGF/AGU, nos autos do PA nº 02070.003384/2011-85.

Por outro lado, o órgão gestor da UC poderá se manifestar, no prazo máximo de 15 (quinze) dias úteis, sobre o termo de referência do EIA/RIMA (art. 2º, §2º), manifestação essa que deverá se circunscrever à "avaliação dos impactos do empreendimento na UC ou sua ZA e aos objetivos de sua criação" (art. 2º, §3º) e não a impor restrições ao projeto ou negar a autorização para o licenciamento do empreendimento.

Frise-se que *essa manifestação de forma alguma vincula o órgão licenciador*, não havendo nada na legislação que ampare tal leitura; contudo, ela precisa ser analisada e eventualmente pode ser incorporada ao termo de referência mediante motivação.

A própria Portaria MMA 55/2014, revogada pela Portaria MMA nº 635/2019, contempla tal entendimento, ao obrigar o Ibama a submeter o termo de referência – em até 15 dias depois do recebimento da Ficha de Caracterização da Atividade (FCA) – ao ICMBio, para que esse apresente a sua contribuição em até 15 (quinze) dias úteis (art. 4º). Entendimento que foi mantido na IN Conjunta ICMBio/Ibama nº 8/2019 (art. 5º).

Uma vez concedida a autorização, não há mais que se falar em reanálise ou em alteração do posicionamento. O cidadão e a própria atividade estatal de licenciamento ambiental não podem ficar à mercê das inconstâncias técnico-administrativas do órgão gestor da UC. Obviamente, se houver fraude, corrupção ou sonegação de informações nos estudos ambientais enviados para subsidiar a ALA e essas tiverem papel central na avaliação de impactos, deve-se admitir a alteração. O que não é admitido é haver alteração técnica no entendimento com os mesmos fatos apresentados, embora mesmo isso deva ser visto *cum grano salis* porque, conforme o monitoramento operacional vai sendo efetuado, sempre há uma mudança do cenário previsto no EIA.

A mudança de entendimento não tem efeito algum no processo de licenciamento ambiental, ainda que se entenda que a ALA seria vinculante. Como corretamente decidiu o TRF da 4ª Região, não há que se falar em efeitos *ex tunc*.[468] Na verdade, não há que se falar em efeito algum, uma vez que a fase correta (pré-licença prévia) já se encerrou, havendo uma espécie de preclusão administrativa.

Entretanto, pode acontecer que o órgão gestor da UC faça considerações técnicas para o detalhamento dos estudos ambientais, postergando a sua anuência. Essa situação é de diferimento da anuência, não se devendo falar em sua existência ainda. Embora isso seja de todo indesejável, uma vez que os estudos exigidos pelo órgão gestor da

---

[468] "[...] 6. A legislação ambiental exige anuência prévia do órgão gestor da unidade de conservação (parque nacional) em cuja proximidade (área de entorno ou zona de amortecimento) o empreendimento estará localizado, o que ocorreu de forma inequívoca por meio do Ofício 0408/2008/DIREP/ICMBio, de 25/7.2008, ainda que posteriormente o ICMBio tenha suspendido cautelarmente a autorização. E se estamos diante de 'reanálise' pelo ICMBio é porque houve anuência e o que se pode discutir não é mais se a anuência foi ou não dada pelo ICMBio, mas quais os efeitos sobre a licença prévia da retirada da anuência prévia dada pelo ICMBio. 7. *A mudança na posição técnica do ICMBio a respeito da licença prévia (depois da licença prévia ter sido emitida) não produz efeitos para trás (ex tunc)*. A licença prévia já concedida não foi invalidada, continua hígida porque seus requisitos foram atendidos na ocasião em que foi passada e não há motivos para invalidar ou reconhecer nulo o consentimento administrativo manifestado pelo ICMBio naquela ocasião: não está sendo alegada fraude, não está sendo alegado vício de consentimento, não há vício de legalidade, não foi praticado ato ilícito. 8. É inequívoco que a licença de instalação e a licença de operação da hidrelétrica somente poderão ser concedidas se houver prévia anuência do ICMBio, na forma do §3º do artigo 36 da Lei nº 9.985/2000, mas não é isso que se discute nessa ação civil pública, que trata somente da licença prévia. 9. O que se está autorizando nesta ação civil pública não é ainda a instalação do empreendimento e muito menos sua operação. O que se está autorizando é o prosseguimento do licenciamento, que deverá observar o devido processo e as regras legais cabíveis, entre as quais está o disposto no §3º do artigo 36 da Lei nº 9.985/2000" (TRF da 4ª Região, 2. S., EINF 5000970-08.2011.4.04.7007, Rel. p/ ac. Candido Alfredo Silva Leal Júnior, j. em 14.11.2013, *DE* 21.11.2013).

UC devam ser feitos antes da sua anuência, devendo ele negá-la de forma expressa, ainda que provisória, para não gerar insegurança, pode haver a expedição de licença prévia pelo órgão licenciador. Se assim for, a licença prévia será nula ou ao menos condicionada à futura anuência do órgão gestor da UC.[469] Para evitar tal fato, não deve o órgão licenciador expedir a licença prévia enquanto a anuência não for manifestada, rejeitando autorizações provisórias condicionadas às complementações do estudo ambiental.

4.3.3 Autoridade competente para expedir a ALA

A má compreensão do processo decisório da ALA dentro dos órgãos ou entidades públicas responsáveis pela gestão das UC tem gerado distorções. Um exemplo claro disso reside na equivocada consideração da manifestação de um gestor de uma UC específica como a do órgão gestor da UC, este o verdadeiro legitimado para se pronunciar sobre a ALA.

Desconsiderando o fato de que elas são extemporâneas, aspecto tratado no item anterior, há vício de competência do ato administrativo pela incompetência do agente. A Lei do Snuc aduz que a ALA deve ser expedida pelo "órgão responsável por sua administração" (Lei nº 9.985/00, art. 36, §3º), não pelo chefe de determinada UC ou um servidor qualquer do órgão ou entidade pública sem autorização para tanto. Normalmente, é do dirigente máximo do órgão ou entidade responsável pela administração da UC, embora a regulamentação da matéria possa atribuir tal responsabilidade a um ou mais órgãos.

No âmbito federal, o "órgão" responsável pela gestão das UC federais é o ICMBio, devendo as normas internas identificar quem é o responsável por decidir sobre a ALA, não cabendo tal papel a qualquer servidor da autarquia.

Tanto a manifestação extemporânea prévia quanto a praticada por agente incompetente devem ser desconsideradas, não podendo ser sequer citadas como emanadas do órgão ou entidade pública gestora da UC.

Outro problema possível é a ALA efetuada por órgão incompetente da UC, que em princípio será nula. Entretanto, se for atribuição da Sede do órgão gestor da UC encaminhar a certo órgão para que esse expeça a ALA, como ocorre no âmbito federal, e este for incompetente, deve-se prestigiar a boa-fé de terceiros (empreendedor ou órgão

---

[469] "[...] 3. A anuência do órgão gestor à concessão de licença prévia para o empreendimento, mas com o estabelecimento de condicionantes consistentes na realização de estudos e em medidas complementares necessárias à proteção da unidade de conservação, obriga o empreendedor a demonstrar àquele órgão os resultados obtidos com as providências indicadas na licença prévia, de forma a obter a anuência para a expedição da licença de instalação da obra. Somente o órgão gestor da unidade conservacionista, que é quem por ela "fala", pode avaliar se os resultados são satisfatórios para a preservação da unidade. 4. Por isso, por infringência à regra do art. 36, §3º da Lei nº 9.985/2000, é ilegal a expedição de licença de instalação do empreendimento impactante pelo órgão ambiental estadual competente, sem a prévia manifestação favorável do órgão gestor da unidade de conservação atingida, ainda que este tenha anteriormente prestado sua anuência, sob condição, à expedição de licença prévia. 5. Agravo de instrumento parcialmente provido para suspender os efeitos da licença de instalação da usina hidrelétrica de Baixo Iguaçu/PR emitida pelo Instituto Ambiental do Paraná – IAP, em decorrência da ausência de prévia manifestação expressa do ICMBio, órgão administrador do Parque Nacional do Iguaçu, sobre o atendimento das exigências contidas nas condicionantes previstas na licença prévia do empreendimento, tendentes à preservação do parque nacional" (TRF da 4ª Região, 4. T., v.u., AI 5003364-52.2014.4.04.0000/PR, Rel. Des. Fed. Cândido Alfredo Silva Leal Júnior, j. em 16.06.2014, D.E. 20.06.2014).

licenciador). Nesses casos, o vício de incompetência não pode ser pretexto para outra manifestação técnica divergente, exceto nos casos de fraude, corrupção ou sonegação de informações nos estudos ambientais enviados para subsidiar a ALA, que tiverem papel central na avaliação de impactos.

4.3.4 Vinculantes ou opinativas?

Se para existir vinculatividade deve haver previsão expressa, uma vez que a regra é a não vinculação das manifestações de outros órgãos que não o licenciador, a situação que seria simples à luz apenas da Lei do Snuc (Lei nº 9.985/00) – pela previsão de situações nas quais há previsão de autorização do órgão responsável pela administração da UC – ganha complexidade após a LC nº 140/11.

Nesse cenário, vislumbram-se três correntes.

A primeira é a de que a LC nº 140/11 nada alterou quanto a esse ponto. Ela trataria da manifestação dos demais entes federativos (União, DF, Estados e Municípios), mas em nada interferiria na autorização do artigo 36, §3º, da Lei do Snuc. Haveria uma especialidade na legislação do Snuc que manteria a necessidade de anuência em face do artigo 13, §1º, da LC nº 140/11 e do licenciamento único.

É o atual entendimento da AGU,[470] da PGE-RJ,[471] de parte da doutrina[472] e da atual regulação da matéria (Res. Conama nº 428/2010, art. 1º, *caput*;[473] IN Conjunta ICMBio/Ibama nº 8/19, art. 4º, revogada Portaria MMA 55/2014, art. 3º, *caput*). Nesse sentido, o TRF da 4ª Região também decidiu em duas ocasiões, embora sobre o mesmo caso, antes da LC nº 140/11:

> [...] 8. É inequívoco que a licença de instalação e a licença de operação da hidrelétrica somente poderão ser concedidas se houver prévia anuência do ICMBio, na forma do §3º do artigo 36 da Lei nº 9.985/2000, mas não é isso que se discute nessa ação civil pública, que trata somente da licença prévia.
>
> 9. O que se está autorizando nesta ação civil pública não é ainda a instalação do empreendimento e muito menos sua operação. O que se está autorizando é o prosseguimento

---

[470] Parecer nº 55/2012/PFE-ICMBio-CR9/PGF/AGU, proferido nos autos do PA nº 02078.000038/2012-56; Parecer nº 03/2014/CONEP/PFE-IBAMA-SEDE/PGF/AGU, aprovado pelo Procurador-Chefe Nacional do IBAMA, em 28.01.2014, mediante o Despacho nº 47/2014/GABIN/PFE-IBAMA-SEDE/PGF/AGU, nos autos do PA nº 02001.000053/2014-50. Parece também ser o entendimento da Consultoria Jurídica do MMA: "c) que o licenciamento do empreendimento discutido nos autos não pode ocorrer à revelia dos requisitos traçados pelo ICMBio, por força do §3º do art. 36 da Lei nº 9.985/2000, art. 1º, inciso IV da Lei nº 11.516/2007, e o art. 1º da Resolução do Conama nº 428/2010. Também devem ser consideradas as exigências estatuídas pela Agência Nacional de Águas" (Informações nº 296/2013/CGAJ/CONJUR-MMA/CGU/AGU, aprovada pelo Consultor Jurídico do MMA, em 29.10.2013, mediante Despacho Conjur-MMA nº 1545/2013, Registro nº 035473/2013-00).

[471] Parecer PGE-RJ nº 002/2016-CCSF, aprovado pelo subprocurador-geral da PGE-RJ em 16.09.2016, nos autos do PA E-07/002.002266/2015.

[472] "Veja-se, como exemplo, a anuência do órgão gestor de Unidade de Conservação no caso de implantação de obras ou atividades que venham a impactá-la de forma direta, consoante determina o artigo 36, §3º, da Lei nº 9.985/2000. Trata-se de anuência necessária e vinculante para o órgão licenciador" (NASCIMENTO, Sílvia Helena Nogueira, *Competência para o Licenciamento Ambiental na Lei Complementar 140/2011*. São Paulo: Atlas, 2015. p. 161-162).

[473] "Art. 1º. O licenciamento de empreendimentos de significativo impacto ambiental que possam afetar Unidade de Conservação (UC) específica ou sua Zona de Amortecimento (ZA), assim considerados pelo órgão ambiental licenciador, com fundamento em Estudo de Impacto Ambiental e respectivo Relatório de Impacto Ambiental (EIA/RIMA), só poderá ser concedido após autorização do órgão responsável pela administração da UC ou, no caso das Reservas Particulares de Patrimônio Natural (RPPN), pelo órgão responsável pela sua criação".

do licenciamento, que deverá observar o devido processo e as regras legais cabíveis, entre as quais está o disposto no §3º do artigo 36 da Lei nº 9.985/2000.[474]

DIREITO AMBIENTAL. LICENCIAMENTO AMBIENTAL. EMPREENDIMENTO A SER CONSTRUÍDO EM ZONA DE AMORTECIMENTO DE UNIDADE DE CONSERVAÇÃO FEDERAL. USINA HIDRELÉTRICA DE BAIXO IGUAÇU. PARQUE NACIONAL DO IGUAÇU. NECESSIDADE DE ANUÊNCIA DO ICMBIO.

1. O licenciamento ambiental de empreendimento que produza impacto ambiental sobre unidade de conservação e/ou a respectiva zona de amortecimento, além do atendimento às normas protetivas do ambiente natural em geral, depende da anuência do órgão responsável pela administração da unidade conservacionista, conforme previsto no art. 36, §3º da Lei nº 9.985/2000.

2. A anuência do órgão gestor tem de ser obtida em relação ao empreendimento como um todo, de forma que se tenha certeza quanto à sua viabilidade ambiental, dada sua influência sobre área especialmente protegida, e quanto a terem sido realizados todos os estudos necessários e tomadas todas as medidas possíveis para a minimização do impacto sobre a unidade de conservação.[475]

De qualquer forma, como bem destacado pela AGU, no Parecer nº 03/2014/CONEP/PFE-IBAMA-SEDE/PGF/AGU (item 17), "essa participação, apesar de vinculante, deverá se restringir especificamente à análise de impacto sobre a UC gerida pelo órgão manifestante, não sendo permitida pelo legislador, obviamente, uma negativa de autorização baseada em motivos outros ou mesmo com ausência de motivação". Complementa aduzindo que a negativa somente poderá surgir quando os impactos não puderem ser mitigados ou compensados por eventuais condicionantes.

> [...] cabe ainda reconhecer, no que tange especificamente à decisão autorizativa do licenciamento ambiental a ser emitida pelo órgão responsável pela UC, a necessidade de vinculação dos motivos do ato com a proteção da respectiva unidade. Nesse sentido, apesar de o Ibama ter que respeitar a decisão do órgão responsável pela UC, a quem compete dar a última palavra em relação à autorização, é fato que esta deve necessariamente estar fundamentada em razão de fato e/ou direito que guarde relação efetiva com a instalação do empreendimento naquela área protegida. Impõe-se, assim, a justificativa do ato em relação aos impactos negativos na UC a ser protegida, impactos estes que não podem vir a ser compensados/mitigados por condicionantes presentes na licença a ser emitida, segundo juízo técnico da autoridade gestora competente.[476]

Uma segunda corrente sustenta que o artigo 13 da LC nº 140/11 regulamenta a participação dos outros entes federativos, sendo inaplicável a outros órgãos e entidades públicas do mesmo ente federativo. Parece ser essa a corrente acertada.

Em outras palavras, o dispositivo teria almejado prevenir uma guerra federativa ao vedar que os órgãos e as entidades públicas interferissem no licenciamento ambiental de outros níveis federativos. Dessa forma, somente seria vinculante a autorização do

---

[474] TRF da 4ª Região, 2. S., EINF 5000970-08.2011.4.04.7007, Rel. p/ ac. Candido Alfredo Silva Leal Júnior, j. em 14.11.2013, D.E. 21.11.2013.
[475] TRF da 4ª Região, 4. T., v.u., AI 5003364-52.2014.4.04.0000/PR, Rel. Des. Fed. Cândido Alfredo Silva Leal Júnior, j. em 16.06.2014, D.E. 20.06.2014.
[476] Parecer nº 03/2014/CONEP/PFE-IBAMA-SEDE/PGF/AGU (item 20), aprovado pelo Procurador-Chefe Nacional do Ibama, em 28.01.2014, mediante o Despacho nº 47/2014/GABIN/PFE-IBAMA-SEDE/PGF/AGU, nos autos do PA nº 02001.000053/2014-50.

órgão gestor da UC pertencente ao mesmo ente federativo do órgão licenciador, enquanto as demais não seriam. Esse entendimento evitaria atritos entre os entes federativos, ao mesmo tempo em que reconheceria a vinculação da autorização dada pelo órgão gestor, se ele for do mesmo ente federativo do órgão licenciador.

Condicionar o licenciamento a uma autorização externa equivaleria a admitir o licenciamento por mais de um ente federativo, justamente o que a LC nº 140 quis evitar. Como bem destacou a PGE-RJ, ao tratar da vinculatividade das manifestações previstas no artigo 4º, §1º, da Resolução Conama nº 237/97:

> Condicionar a expedição da licença a novas "autorizações", significa admitir, por via transversa, que em certas situações haja o licenciamento por dois ou mais órgãos, o que se revela inconstitucional por violação do princípio da razoabilidade, proporcionalidade e eficiência.[477]

É o que doutrina Paulo de Bessa Antunes: "[...] o parecer oferecido por uma unidade de conservação integrante de outra esfera administrativa não obriga àquela que está licenciando, o que modera os efeitos do poder de veto que passa a ser aplicável apenas quando a Unidade de Conservação afetada e o órgão licenciador forem do mesmo nível federativo".[478]

A terceira corrente entende que a anuência do órgão gestor da UC não seria mais obstativa[479] ou nunca teria sido,[480] ainda que viesse de órgão ou instituição do mesmo nível federativo. Essa corrente se distingue da segunda porque não admite regulamentação do ente federativo preceituando a vinculatividade. Ainda que ela exista, como ocorre na esfera federal, não se poderia falar em vinculação, porque a competência legal do órgão licenciador não poderia ser diluída pela barreira da LC nº 140 e, para atos infralegais, pela da lei que fixou a competência.

Quando a LC nº 140/11 quis excepcionar o regime de intervenções de terceiros, ela o fez expressamente. No seu artigo 11, ela preceitua que a "lei poderá estabelecer regras próprias para atribuições relativas à autorização de manejo e supressão de vegetação", o que poderia justificar, por exemplo, a exceção ao licenciamento ambiental e a autorização para supressão em único nível, validando as competências da Lei do Bioma Mata Atlântica (Lei nº 11.428/06).

Sem nenhuma exceção para que outras legislações prevejam a questão da autorização para licenciamento com impactos diretos em UC, é possível se falar em ausência de vinculatividade da anuência prevista na Lei do Snuc.

Reforça esse posicionamento a superação da leitura literal do artigo 13, §1º, da LC nº 140/11 – uma vez que ele fala em outros entes federativos, e não outros órgãos ou

---

[477] Parecer RD 03-2008, aprovado pelo Subprocurador da PGE-RJ, em 08.08.2008, nos autos do PA nº E-07/201.818/08, *Revista de Direito da Procuradoria-Geral*, Rio de Janeiro: PGE-RJ, n. 63, 2008. p. 422.

[478] ANTUNES, Paulo de Bessa. *Direito Ambiental*. 16. ed. São Paulo: Atlas, 2014. p. 215.

[479] DANTAS, Marcelo Buzaglo. *Direito Ambiental de Conflitos*. Rio de Janeiro: Lumen Juris, 2015. p. 125; CHIANCA, Maria Helena da Costa. As manifestações de outros órgãos no licenciamento ambiental sob a perspectiva da Lei Complementar nº 140/2011. In: *Direito, economia e desenvolvimento sustentável II* [Recurso eletrônico on-line] organização CONPEDI/UFMG/FUMEC/ Dom Helder Câmara; coordenadores: Fernando Gustavo Knoerr, Marco Antônio César Villatore, Romeu Faria Thomé da Silva – Florianópolis: Conpedi, 2015. p. 487-508. p. 503; Parecer MCC 08/2015 (Inea), de 02.02.2015, embora sem a aprovação expressa quanto a não vinculatividade (E07/002.1325/2013).

[480] MILARÉ, Édis. *Direito do Ambiente*. 10. ed. São Paulo: RT, 2015. p. 819-823.

entidades públicas, seja ou não do mesmo ente federativo – porque a vinculatividade é exceção e restringir o preceito a sua literalidade é ampliar a exceção. Superada essa visão literal, admitir o compartilhamento do processo decisório com outro órgão ou instituição seria reconhecer um colicenciador, no caso o gestor da UC, mesmo sabendo que ele não é o único interveniente no licenciamento ambiental. Conforme observado por Édis Milaré:

> No que toca às manifestações dos intervenientes posicionados na linha horizontal da organização político-administrativa do País – ou seja, no mesmo patamar de uma das esferas de poder –, ainda que se pudesse entender inaplicável para eles o §1º do art. 13 da LC nº 140/2011, é certo que eventual vinculação da autoridade licenciadora aos seus desígnios representaria inegável afronta à competência disciplinada por lei, que em nenhum momento conferiu poder licenciatório a qualquer dos intervenientes.[481]

Maria Helena da Costa Chianca também é expressa em ressaltar a inexistência de vinculação da autorização expressa no artigo 36, §3º, da Lei do Snuc, pós LC nº 140, por causa da exclusividade do órgão licenciador em gerenciar e avaliar os impactos previstos para o empreendimento ou atividade, e no fato de que a retrocitada lei complementar almejou dirimir os eventuais conflitos de atuação entre os entes no que tange à proteção do meio ambiente, não os manter:

> [...] entende-se que a autorização prevista no §3º, do art. 36 da Lei Federal nº 9.985/2000 tem caráter opinativo, de modo a influenciar, mas sem vincular a decisão final do órgão licenciador, que no caso de discordar da manifestação do órgão administrador da unidade de conservação, deverá fazer isso de forma fundamentada dentro do processo de licenciamento ambiental.[482]

A função de calibração, de sopesamento, entre o desenvolvimento e o meio ambiente ainda é do órgão licenciador, agora reforçada com a LC nº 140/11, que não veio somente para tratar de competência, mas também de ações administrativas decorrentes do exercício da competência comum, as quais estariam abrangidas as colaborações que existem no processo decisório de licenciamento ambiental. Em suma, ela veio para evitar a fragmentação do processo decisório do licenciamento ambiental.

4.3.5 Omissão no cumprimento do prazo para manifestação

O prazo para deferimento ou indeferimento da autorização não é peremptório, mas há preclusão, do ponto de vista da vinculatividade da ALA – para os que defendem a sua natureza vinculante –, caso a questão não seja analisada no prazo.

O órgão licenciador não pode ficar à mercê da boa vontade do órgão gestor da UC para cumprir suas funções institucionais e nem ser obrigado a socorrer-se do Judiciário para obter a autorização do órgão gestor da UC.

---

[481] MILARÉ, Édis. *Direito do Ambiente*. 10. ed. São Paulo: RT, 2015. p. 822.
[482] CHIANCA, Maria Helena da Costa. As manifestações de outros órgãos no licenciamento ambiental sob a perspectiva da Lei Complementar nº 140/2011. In: *Direito, economia e desenvolvimento sustentável II* [Recurso eletrônico on-line] organização CONPEDI/UFMG/FUMEC/ Dom Helder Câmara; coordenadores: Fernando Gustavo Knoerr, Marco Antônio César Villatore, Romeu Faria Thomé da Silva – Florianópolis: Conpedi, 2015. p. 487-508. p. 503.

Se é certo que não existe licenciamento tácito (LC nº 140/11, art. 14, §2º), também é certo que nesse caso se trata de uma mera autorização complementar ao licenciamento ambiental, não se confundindo com ele, e que o meio ambiente não está desamparado, uma vez que está sob a tutela do órgão ambiental licenciador.

A autorização do órgão gestor da UC não é uma licença tácita – inexistente em nosso ordenamento, como se viu –, mas manifestação que integra o processo de licenciamento, independentemente de considerá-la vinculante ou meramente opinativa. Não existe o poder de paralisar o licenciamento ambiental por participação de órgãos externos, e nem se considera que o órgão licenciador concede uma licença ambiental por decurso de prazo. É isso que é vedado em nosso ordenamento pela LC nº 140/11 – manifestações de terceiros não podem paralisar o processo de licenciamento se forem extemporâneas.

Por essa razão, as manifestações conclusivas sobre o estudo ambiental dos órgãos que intervêm no licenciamento ambiental não paralisam o seu andamento, nem a expedição da respectiva licença, tal qual didaticamente plasmado na Portaria Interministerial MMA/MJ/MINC/MS 60/2015 (art. 7º, §4º).[483] Ressalte-se que essa Portaria Interministerial regulamenta o artigo 14 da Lei nº 11.516/07 – lei que criou o ICMBio e é posterior à Lei do Snuc. Esse preceito legal é claro quanto à necessidade de manifestação em prazo a ser estabelecido em regulamento,[484] seja ele do Conama, seja de algum ente federativo, afastando a pretensão de usar o artigo 42, §§1º e 2º da Lei nº 9.784/99 para interpretar a situação após a regulamentação. No Estado de São Paulo, a Resolução SMA 85/12 é categórica ao preceituar que a inobservância injustificada dos prazos para apresentação de manifestação implicará anuência do órgão responsável pela administração da UC (art. 5º).

A Resolução Conama nº 428/10 estipulou o prazo máximo de 60 (sessenta) dias, a partir da solicitação de ALA, para que órgão gestor da UC se manifeste. Ultrapassado esse prazo, não faz sentido considerar a ausência de manifestação como obstativa ao prosseguimento do processo de licenciamento ambiental, especialmente se para os demais intervenientes isso não ocorre (Portaria Interministerial MMA/MJ/MINC/MS 60/2015, art. 7º, §4º).

Ademais, se na lei que regulamenta o processo administrativo federal (Lei nº 9.784/99) existe expresso comando no sentido de que se o parecer obrigatório e não vinculante "deixar de ser emitido no prazo fixado, o processo poderá ter prosseguimento e ser decidido com sua dispensa" (art. 42, §2º), não faria sentido considerar haver óbice.[485]

Esse não é o posicionamento da AGU, uma vez que ela entende que deixar expirar o prazo não enseja autorização tácita, diferenciando essa situação do prazo para

---

[483] "Art. 7º. Os órgãos e entidades envolvidos no licenciamento ambiental deverão apresentar ao IBAMA manifestação conclusiva sobre o Estudo Ambiental exigido para o licenciamento, nos prazos de até noventa dias, no caso de EIA/RIMA, e de até trinta dias nos demais casos, contado da data de recebimento da solicitação, considerando: [...] §4º A ausência de manifestação dos órgãos e entidades envolvidos, no prazo estabelecido, não implicará prejuízo ao andamento do processo de licenciamento ambiental, nem para a expedição da respectiva licença". Esse artigo reproduz, com alterações redacionais apenas, o art. 6º, §4º, da Portaria Interministerial 419/2011.

[484] "Art. 14. Os órgãos públicos incumbidos da elaboração de parecer em processo visando à emissão de licença ambiental deverão fazê-lo em prazo a ser estabelecido em regulamento editado pela respectiva esfera de governo".

[485] CHIANCA, Maria Helena da Costa. As manifestações de outros órgãos no licenciamento ambiental sob a perspectiva da Lei Complementar nº 140/2011. In: Direito, economia e desenvolvimento sustentável II [Recurso eletrônico on--line] organização CONPEDI/UFMG/FUMEC/ Dom Helder Câmara; coordenadores: Fernando Gustavo Knoerr, Marco Antônio César Villatore, Romeu Faria Thomé da Silva – Florianópolis: Conpedi, 2015. p. 487-508. p. 505.

se manifestar quanto ao termo de referência, conforme consta no Parecer nº 496/2011/ PFE-ICMBIO-SEDE/PGF/AGU.[486] No Parecer nº 03/2014/CONEP/PFE-IBAMA-SEDE/ PGF/AGU[487] ficou consignado:

> [...] 31. Observa-se que o órgão responsável pela UC tem o prazo de 60 (sessenta) dias, contados do recebimento da solicitação, para decidir. Trata-se, contudo, de um prazo que não pode ser tido por peremptório, vez que não se admite que de um ato administrativo efeito tácito, a ser produzido pelo mero decurso do tempo sem manifestação válida.

A IN ICMBio nº 07/14 (art. 15, §1º), mantendo o mesmo preceito da IN ICMBio nº 05/09 (art. 11, §4º), também dispõe que não há concessão tácita, embora fosse somente aplicável ao âmbito das autorizações dadas pelo ICMBio.

A possibilidade de o órgão licenciador prosseguir com o licenciamento ambiental, quando a resposta do órgão gestor da UC não estiver no prazo, não significa que haja ALA tácita e nem que a manifestação extemporânea não possa ser levada em consideração, se ainda houver tempo hábil.

4.3.6 Condições técnicas que deverão ser incorporadas nas licenças: condicionantes e mitigantes

O órgão gestor da UC pode, pelo teor da Resolução Conama nº 428/2010, especificar condições técnicas que deverão ser consideradas nas licenças (art. 3º, §1º). Em outras palavras, pode sugerir condicionantes para que sua autorização seja válida, desde que elas guardem relação direta com os impactos adversos e sejam minimamente proporcionais. Se o órgão licenciador não as acatar, considera-se a autorização como não dada, caso se entenda que a ALA tenha efeito vinculante.

O que não pode ocorrer são manifestações inconclusivas, que ficam, por assim dizer, "em cima do muro", e não estabelecem o que precisa ser feito, apenas apontando dúvidas que servem mais para escamotear uma decisão vazia, que decidiu sem decidir, eximindo-se do encargo atribuído pela legislação. Caso isso ocorra, salvo expressa negativa, deve-se considerar a autorização como dada.

Os gestores das UC têm o dever de ser categóricos em suas manifestações e ela deve apontar contribuições técnicas, não políticas, que devem guardar "relação direta com os impactos identificados" (IN Conjunto ICMBio/Ibama nº 8/19, art. 12, §1º).

---

[486] Ao distinguir sobre os dois momentos distintos de consulta ao órgão gestor da UC (antes da emissão do termo de referência; e após a conclusão dos estudos ambientais e antes da emissão da primeira licença), a AGU entendeu: "[...] 42. A diferença entre os dois é que, exaurido o prazo quinzenal para a manifestação que procede a elaboração do termo de referência, esta prerrogativa do órgão gestor não mais poderá ser exercida; por outro lado, o decurso dos 60 dias para emissão da ALA não ensejará autorização tácita por parte do órgão gestor, mas poderá gerar responsabilização pela mora indevida na conclusão do procedimento" (Parecer nº 496/2011/PFE-ICMBIO-SEDE/PGF/AGU, aprovado pelo Subprocurador-Chefe Substituto do ICMBio, em 25.10.2011, mediante o Despacho nº 791/2011/PFE-ICMBIO-SEDE/PGF/AGU, nos autos do PA nº 02070.003384/2011-85).

[487] Parecer nº 03/2014/CONEP/PFE-IBAMA-SEDE/PGF/AGU, aprovado pelo Procurador-Chefe Nacional do Ibama, em 28.01.2014, mediante o Despacho nº 47/2014/GABIN/PFE-IBAMA-SEDE/PGF/AGU, nos autos do PA nº 02001.000053/2014-50.

4.3.6.1 A alteração das condicionantes e mitigantes pelo órgão gestor da UC e a revogação da autorização para licenciamento ambiental

Pela dinâmica da natureza, bem como pela percepção posterior de que os impactos ambientais do empreendimento podem estar se comportando de forma diferente da analisada, a alteração das licenças ambientais é possível. Pode haver casos nos quais houve omissão nos dados apresentados, má interpretação dos impactos sobre a UC ou mesmo alteração da situação pela dinâmica ambiental, desvirtuando a correta mensuração do impacto sobre a UC. Tal previsão se encontra estampada no artigo 19 da Resolução Conama nº 237/97:

> Art. 19. O órgão ambiental competente, mediante decisão motivada, poderá modificar os condicionantes e as medidas de controle e adequação, suspender ou cancelar uma licença expedida, quando ocorrer:
> I – Violação ou inadequação de quaisquer condicionantes ou normas legais.
> II – Omissão ou falsa descrição de informações relevantes que subsidiaram a expedição da licença.
> III – Superveniência de graves riscos ambientais e de saúde.

Mas seria possível o órgão gestor de UC, que se manifestou antes da primeira licença ambiental, alterar as suas condições para a expedição de uma autorização já concedida? A IN ICMBio nº 07/14 reconhece tal direito em seu artigo 35, por uma série de motivos que basicamente copiam o artigo 19 da Resolução Conama nº 237/97.

Se a autorização já foi concedida, ela pode ser retirada? Se puder, quais os efeitos sobre a validade da licença em curso?

Entende-se que não há como retirar a autorização para licenciamento ambiental concedida pelo órgão gestor da UC por má avaliação dos impactos (o que seria uma mudança de interpretação) ou por causa da mudança na dinâmica ambiental. Depois de proferida a autorização pelo órgão gestor da UC não há como este se retratar, apesar de que fatos novos podem influir decisivamente no juízo anterior, a ponto de alterá-lo. *O que o órgão gestor da UC deve fazer é provocar o licenciador para que esse verifique sobre o cabimento da aplicação do artigo 19 da Resolução Conama nº 237/97, não tendo ingerência automática no licenciamento ambiental em curso.*

Por outro lado, no caso de fraude, corrupção, omissão ou falsa descrição de informações relevantes que subsidiaram a expedição da autorização, pode haver nulidade da autorização concedida, ao retirar um ato que faz parte do processo de licenciamento ambiental. Dependendo da natureza jurídica da autorização, se vinculante ou não, pode haver a nulidade consequente da licença ambiental.

4.3.7 A ALA não pode substituir política pública do órgão gestor da UC

A ALA não pode servir para ampliar a área da UC, substituindo, por exemplo, a zona de amortecimento ou criando restrições não previstas nela, bem como impondo condicionantes que deveriam ser cumpridas pelo órgão gestor da UC. Infelizmente, às vezes existem negativas de ALA de atividades e ou empreendimentos triviais para a região sem que haja respaldo no plano de manejo.

Dizer, por exemplo, que haverá pressão antrópica sobre a UC é inadmissível, uma vez que cabe ao órgão gestor zelar pela integridade da área usando seu poder de polícia e não transformando a ALA em um sucedâneo para tanto. Haveria desvio de poder em tal conduta.

Isso não impede que o órgão gestor de posicione contra o empreendimento, por exemplo, por alguma restrição constante do plano de manejo, ou que seja autorizado, mas imponha condicionantes pertinentes e proporcionais aos impactos adversos e ao plano de manejo da área.

4.3.8 Mora administrativa na análise para expedição de eventual ALA

A Resolução Conama nº 428/10, ao contrário de sua precedente (Res. Conama nº 13/90), estipulou prazo de 60 dias para que o órgão gestor da UC se manifeste conclusivamente sobre a concessão da ALA (art. 2º, *caput*). Entretanto, não diz se existe uma consequência jurídica sobre a não decisão, ou seja, sobre a mora da Administração em analisar a solicitação do órgão licenciador.

Sendo a ALA um ato administrativo, as regras para a sua avaliação devem ser as mesmas aplicáveis a eles. Se a legislação nada aduz sobre o assunto, não existe ato e logo não existe ALA. Conforme consta do Parecer nº 03/2014/CONEP/PFE-IBAMA-SEDE/PGF/AGU:

> [...] 31. Observa-se que o órgão responsável pela UC tem o prazo de 60 (sessenta) dias, contados do recebimento da solicitação, para decidir. Trata-se, contudo, de um prazo que não pode ser tipo por peremptório, vez que não se admite que de um ato administrativo efeito tácito, a ser produzido pelo mero decurso do tempo sem manifestação válida.
>
> 32. Como se viu, o ato administrativo (seja de deferimento, seja de indeferimento) da autorização deve ser, necessariamente, fundamentado pelo órgão emissor, motivo pelo qual seria inválida uma autorização tácita, pelo decurso do prazo, visto que sem a devida motivação não há que se falar em ato autorizativo válido.[488]

Por sua vez, a legislação do ente pode preceituar que no caso de omissão há negativa (Lei Paulista nº 10.177/98, art. 33, §1º) ou concessão.[489]

A presente questão não se relaciona com o artigo 14, §3º, da LC nº 140, porque nesse caso a legislação trata da própria licença ambiental, não de autorizações de intervenientes.

4.4 O Exame Técnico Estadual (ETE) e Municipal (ETM)

No artigo 4º, §1º, da Resolução Conama nº 237/97, existe a previsão de que o Ibama somente efetuará o licenciamento ambiental de que trata o artigo 4º "após considerar o

---

[488] Parecer nº 03/2014/CONEP/PFE-IBAMA-SEDE/PGF/AGU, aprovado pelo Procurador-Chefe Nacional do IBAMA, em 28.01.2014, mediante o Despacho nº 47/2014/GABIN/PFE-IBAMA-SEDE/PGF/AGU, nos autos do PA nº 02001.000053/2014-50.

[489] Interessante notar que o Estado de Minas Gerais legislou a questão pela não existência de decisão, mas proibindo a unidade administrativa responsável pelo julgamento do processo de concluir os demais processos em tramitação, até que seja emitida a decisão (Lei Mineira nº 14.184/02, art. 48).

exame técnico procedido pelos órgãos ambientais dos Estados e Municípios em que se localizar a atividade ou empreendimento". Também obriga a oitiva dos "demais órgãos competentes da União, dos Estados, do Distrito Federal e dos Municípios, envolvidos no procedimento de licenciamento". Igual norma se aplica quando o órgão licenciador for estadual (Res. Conama nº 237/97, art. 5º, parágrafo único).[490]

Essas são as bases dos exames técnico estadual e municipal que nada mais são do que pareceres técnicos ambientais, que normalmente envolvem estudos levados a cabo pelo Município ou pelo Estado-membro, sobre o empreendimento objeto do licenciamento ambiental perante o Ibama. Às vezes tais estudos são incorporados e acatados em sua íntegra pelo órgão licenciador pela sua qualidade.

Destaque-se que esses estudos (ETE e ETM) trabalham com os estudos exigidos pelo órgão licenciador, não podendo o Município ou Estado exigir estudos complementares do empreendedor. Essa impossibilidade se mantém ainda que seja para expedir certidão municipal de uso e ocupação do solo, conforme será visto no próximo item.

Os pareceres não são vinculantes, como pacificamente reconhecem a AGU[491] e a PGE-RJ.[492]

A sua falta de vinculatividade para o órgão licenciador não decorre apenas do artigo 13, §1º, da LC nº 140/11, mas da ausência de previsão de que eles sejam vinculantes.

O fato de não existir vinculação não significa que esses pareceres não devem ser analisados pelo órgão licenciador, como também acontece com toda a manifestação aportada ao processo administrativo de licenciamento ambiental.

4.5 A certidão de uso e ocupação do solo

O artigo 10, §1º, da Resolução Conama nº 237/97 exige que o empreendedor apresente no processo de licenciamento a certidão de conformidade com o uso e ocupação do solo:

> §1º No procedimento de licenciamento ambiental deverá constar, obrigatoriamente, a certidão da Prefeitura Municipal, declarando que o local e o tipo de empreendimento ou atividade estão em conformidade com a legislação aplicável ao uso e ocupação do solo e, quando for o caso, a autorização para supressão de vegetação e a outorga para o uso da água, emitidas pelos órgãos competentes.

---

[490] "Parágrafo único. O órgão ambiental estadual ou do Distrito Federal fará o licenciamento de que trata este artigo após considerar o exame técnico procedido pelos órgãos ambientais dos Municípios em que se localizar a atividade ou empreendimento, bem como, quando couber, o parecer dos demais órgãos competentes da União, dos Estados, do Distrito Federal e dos Municípios, envolvidos no procedimento de licenciamento".

[491] "[...] VI. As manifestações técnicas previstas no §1º do art. 4º da Resolução Conama nº 237, de 1997, têm caráter contributivo e de colaboração ao licenciamento federal, sendo a sua natureza não vinculante;" (Parecer nº 58/2014/CONEP/PFE-IBAMA-SEDE/PGF/AGU, aprovado pelo Procurador-Chefe Nacional da PFE-Ibama, em 17.06.2014, mediante o Despacho nº 348/2014/GABIN/PFE-IBAMA-SEDE/PGF/AGU, nos autos do PA nº 02001.005351/2007-15).

[492] "[...] Fora desta hipótese, nos licenciamentos, os órgãos gestores de unidades de conservação, que possam ser afetadas pelos impactos da atividade nela e no seu entorno, deverão ser somente consultados (arts. 4º, §1º, e 5º, parágrafo único, da Resolução Conama nº 237). A manifestação emitida, contudo, não vincula nem condiciona à expedição da licença ambiental. Pode o órgão competente para o licenciamento acatar ou discordar do teor da manifestação dos órgãos gestores, devendo apresentar expressamente os motivos de sua decisão" (Parecer RD 03-2008, aprovado pelo Subprocurador da PGE-RJ, em 08.08.2008, nos autos do PA nº E-07/ 201.818/08, *Revista de Direito da Procuradoria-Geral*, Rio de Janeiro: PGE-RJ, n. 63, 2008. p. 398).

A exigência da certidão de uso e ocupação do solo, aparentemente simples, uma vez que sua natureza é de ato administrativo declaratório, garantido constitucionalmente (CF, art. 5, XXXIV, *b*), e vinculado, tem gerado uma série de questionamentos.

Entretanto, antes de discorrer sobre essas questões, deve-se destacar que a certidão de uso e ocupação do solo não pode ser mais exigida pelo órgão licenciador com o advento da Lei de Liberdade Econômica (Lei nº 13.874/19, art. 3º, XII), que tem a natureza jurídica de lei nacional.

Como destacado pela Presidência do Ibama, no Despacho nº 7013022/2020-GABIN, proferido em 18.02.2020, não mais se encontra vigente, pela revogação causada pela Lei nº 13.874/19 (Lei da Liberdade Econômica – LLE), a necessidade de apresentação da certidão de ocupação e uso do solo exigidas pela Resolução Conama nº 237/97 (art. 10, §1º). Com efeito, em seu artigo 3º, XII, expressamente preceitua que é vedada a exigência de certidões por parte da Administração Pública "sem previsão expressa em lei",[493] ou seja, sem que ela esteja clara e diretamente prevista em lei, como reconhece Talden Farias.[494] Por tais motivos, o Despacho nº 7013022/2020-GABIN encampou o posicionamento da Diretoria de Licenciamento do Ibama (Despacho nº 6994042/2020-DILIC, 6994042) de não mais reconhecer exigíveis tais certidões no processo de licenciamento ambiental perante o Ibama.

Enfatiza-se que o entendimento pela inexigibilidade de certidão de uso e ocupação do solo com advento da Lei de Liberdade Econômica também foi adotado pela Procuradoria do Inema[495] e pela Procuradoria-Geral do Espírito Santo (PGE-ES).[496]

Deve-se destacar a Lei Estadual nº 18.350/22, de Santa Catarina, que em seu artigo 35-A foi categórica em reconhecer que o licenciamento ambiental "independe da emissão da certidão de uso, parcelamento e ocupação do solo urbano emitida pelo Município, bem como de autorizações e outorgas de órgãos não integrantes do Sisnama, sem prejuízo do atendimento, pelo empreendedor, da legislação aplicável a esses atos administrativos". O Decreto Estadual do Rio de Janeiro nº 46.890/2019 (art. 33),[497] que dispõe sobre o Sistema Estadual de Licenciamento e demais Procedimentos de Controle Ambiental – SELCA, também adota esse entendimento.

A primeira delas é saber se essa certidão equivale a uma licença para construir, ou se basta uma declaração de que as leis urbanísticas não vedam aquele empreendimento ou atividade naquele local. Entende-se que basta uma declaração genérica do Município, porque a legislação almejava integrar o direito urbanístico de forma abstrata no licenciamento ambiental. Em vários casos nem seria possível a expedição de licença

---

[493] Art. 3º. São direitos de toda pessoa, natural ou jurídica, essenciais para o desenvolvimento e o crescimento econômicos do País, observado o disposto no parágrafo único do art. 170 da Constituição Federal: [...] XII – não ser exigida pela administração pública direta ou indireta certidão sem previsão expressa em lei.

[494] FARIAS, Talden. Efeitos da Lei de Liberdade Econômica sobre o licenciamento ambiental. *In*: SAES, Marcos; COSTA, Mateus. *Questões Atuais do Direito Ambiental*: uma visão prática. São Paulo: Ibradim, 2022. p. 231-232.

[495] Pareceres Inema nº 1946-21, aprovado pela Diretora-Geral do Inema em 17.05.2021 via Despacho SEI nº 00030607733, nos autos do PA nº 027.1452.2021.0000416-71, e 2034-21 (PA nº 027.7667.2021.0000726-74).

[496] Parecer PGE/PCA nº 1040/2021, aprovado pelo Subprocurador-Geral do Estado para Assuntos Administrativos em 31.08.2021, nos autos do PA nº 2021-6PZ7C.

[497] O artigo 33 foi categórico ao dizer que o "licenciamento ambiental independe de comprovação da dominialidade da área do empreendimento ou atividade a ser licenciado, da certidão expedida pelo Município atestando a conformidade do empreendimento ou atividade à legislação municipal de uso e ocupação do solo, assim como de licenças, autorizações, certidões, certificados, outorgas ou outros atos de consentimento dos demais órgãos em qualquer nível de governo, ressalvadas as hipóteses previstas no art. 34".

para construir porque a concepção inicial do projeto pode não fornecer todos os dados a ela necessários.

O licenciamento ambiental não se confunde com outras licenças, como bem esclarecia a redação do *caput* do artigo 10 da Lei nº 6.938/81, antes de sua mudança pela LC nº 140/11 ("... dependerão de prévio licenciamento por órgão estadual competente, integrante do Sisnama, sem prejuízo de outras licenças exigíveis"). Esse, como se viu, vem sendo invadido por exigências que não lhe seriam típicas, como se ele fosse o redentor de todos os males que afligem a sociedade.

Isso não rechaça, para a finalidade do artigo 10, §1º, da Resolução Conama nº 237/97, a validade do alvará municipal, se a legislação local estipular como seu requisito o cumprimento da legislação de uso e ocupação do solo. Apenas significa que não é necessário alvará ou licença municipal, bastando a certidão. Essa é a exegese que deve prevalecer no processo administrativo de licenciamento ambiental, pois ela não impõe obrigação em medida superior à necessária ao atendimento do interesse público, garante uma forma simples e é leitura que garante o atendimento ao fim público a que se dirige, a exigência da certidão de conformidade com o uso e ocupação do solo (Lei nº 9.874/99, art. 2º, parágrafo único, incs. VI, IX).

Mais complicado é quando há rigidez locacional na atividade ou empreendimento. A mineração ou a ampliação ou modificação de obras e serviços públicos, como a duplicação de estradas, a ampliação de hidrelétricas, são empreendimentos com rigidez locacional.

Quanto à rigidez locacional, deve-se ter em mente que o STF[498] e o STJ[499] têm garantido o direito adquirido de construir, se houver licença municipal e se as obras forem iniciadas, não sendo aplicável a legislação vigente na data do protocolo do pedido, por exemplo,[500] salvo se ela for mais favorável.

Se a ampliação do empreendimento não o altera substancialmente, deve-se entender estar diante de direito adquirido. O Poder Público não pode aproveitar qualquer alteração do empreendimento, garantido pelo direito adquirido, para inviabilizá-lo, descumprindo esse direito fundamental. Por outro lado, não pode o empreendedor se escorar no direito adquirido para burlar a legislação. É o delicado equilíbrio que deve ser atentamente analisado, sem revanchismos ou condescendência por causa do direito adquirido.

Quanto aos serviços públicos, deve-se atentar ao fato de que os interesses de ente federativo de maior abrangência territorial prevalecem sobre o de menor. Então, serviços públicos estaduais ou federais não devem ser obstados por posturas urbanísticas. A construção ou ampliação de estradas, ferrovias, portos (RE nº 253.472/SP), aeroportos etc. não podem ser vedadas pela legislação urbanística, devendo o órgão licenciador se atentar para tal fato, ainda mais por causa da síndrome NIMBY (*Not In My Back Yard* – "não em meu quintal") que afeta alguns empreendimentos. Não é porque a Resolução Conama nº 237/97 exige a certidão municipal de conformidade de uso e ocupação

---

[498] STF, 1. T., v.u., AR no AI 135.464/RJ, Rel. Min. Ilmar Galvão, j. em 05.05.1992, *DJU* 22.05.1992. p. 7.217, *RTJ* 142/358; STF, 1. T., v.u., AR no AI 121.798/RJ, Rel. Min. Sydney Sanches, j. em 04.03.1988, *DJU* 08.04.1988. p. 7.483; STF, 2. T., v.u., RE nº 105.634/PR, Rel. Min. Francisco Rezek, j. em 20.09.1985, *DJU* 08.11.1985. p. 20.107; STF, 2. T., v.u., RE nº 85.002/SP, Rel. Min. Moreira Alves, j. em 01.06.1976, *DJU* 17.09.1976. p. 8.051, *RTJ* 79.03/1016.

[499] STJ, 2. T., v.u., REsp nº 103.298/PR, Rel. Min. Ari Pargendler, j. em 17.11.1998, *DJU* 17.02.1999. p. 138.

[500] STF, 2. T., v.u., RE nº 90.059/SP, Rel. Min. Djaci Falcao, j. em 29.02.1980, *DJU* 28.03.1980. p. 1.775, *RTJ* 97/03/704.

do solo que isso significa que o Município pode obstar políticas públicas a cargo dos Estados e da União.

Essa exegese não implica o esvaziamento da legislação urbanística, que ainda se aplica a prédios de órgãos públicos ou de concessionárias, apenas a afasta se certa localização for fundamental para determinado serviço público.

Já houve licenciamento ambiental de ampliação de infraestruturas de rodovia federal, no qual o Município não apenas se recusou a expedir a certidão de conformidade de uso do solo, como também embargou a obra, situação que somente foi revertida pelo Judiciário.[501] Também é importante destacar que o STF rechaçou legislação urbanística (ordenamento do uso e ocupação do solo) que restringia a atividade portuária porque ela somente poderia ocorrer por meio de legislação federal (ADPF-MC 316). A Ministra Cármen Lúcia, ao julgar lei municipal inconstitucional, foi direto ao âmago da questão:

> Recordo-me, Ministra Rosa, ainda Procuradora de Estado, que um determinado município de Minas fez uma lei estabelecendo que, naquele município, não poderia – e a matéria é municipal, sobre uso e ocupação do solo –, em nenhum local daquele solo urbano, poderia se situar penitenciária. A penitenciária é de competência do Estado. Então, se os oitocentos e cinquenta e três municípios mineiros fizessem a mesma lei, em Minas, não poderia ter penitenciária, porque o Estado não teria como, em que espaço fazer situar.[502]

O STF é bem restritivo com leis ambientais procedimentais que invadem competências privativas da União ou em relações contratuais (concessões) de serviços públicos federais. Assim, julgou inconstitucional norma estadual que institui a obrigatoriedade de licenciamento ambiental para a instalação de Rede de Transmissão de Sistemas de Telefonia e de Estações Rádio Base (ERBs) e Equipamentos de Telefonia sem Fio em seu território, por violar a competência da União privativa para legislar sobre telecomunicações (CF/1988, art. 22, IV) e exclusiva para explorar esses serviços (CF/1988, art. 21, XI).[503]

---

[501] "ADMINISTRATIVO E CONSTITUCIONAL. MANDADO DE SEGURANÇA. SERVIÇO E OBRA PÚBLICA EM RODOVIA FEDERAL. CONTRATO DE CONCESSÃO. PRAÇA DE PEDÁGIO EM LOCAL AUTORIZADO PELO PODER CONCEDENTE. ATITUDE ABUSIVA DO MUNICÍPIO APELANTE. REMESSA NECESSÁRIA E APELAÇÃO CÍVEL IMPROVIDOS. 1 – A Rodovia do Aço S/A impetrou mandado de segurança objetivando a suspensão do embargo administrativo realizado pelo Município de Barra do Piraí nas obras de construção da praça de pedágio P3, no KM 265,1, da BR 393/RJ. 2 – A referida praça de pedágio está em local autorizado pelo Poder Concedente Federal. Atitude abusiva do ente municipal apelante em embargar a construção, tendo em vista que está fora do seu âmbito de competência. 3 – Remessa Necessária e Apelação Cível improvidos" (TRF da 2ª Região, 5ª T. Especializada, v.u., AC 0000705-91.2008.4.02.5119, Rel. Des. Fed. Guilherme Diefenthaeler, j. em 25.02.2014, *e-DJF2R* 13.03/2014. p. 365).

[502] STF, Pleno, RE-RG 586.224/SP, Rel. Min. Luiz Fux, j. em 05.03.2015, *DJe* 07.05.2015 – pág. 50 de 75.

[503] STF, Pleno, v.u., ADI nº 7.321/AL, Rel. Min. Gilmar Mendes, j. 26.5.2023 a 2.6.2023. Cf.: ainda, citando precedentes, STF, Pleno, v.u., ADPF nº 1.031. Rel. Min. Nunes Marques, j. em 18.09.2023, *DJe* 04.10.2023: "AÇÃO DIRETA DE INCONSTITUCIONALIDADE. FEDERALISMO. SISTEMA DE DISTRIBUIÇÃO DE COMPETÊNCIAS NORMATIVAS. LEI Nº 11.382/2022 DO MUNICÍPIO DE BELO HORIZONTE. IMPLANTAÇÃO E COMPARTILHAMENTO DE INFRAESTRUTURA DE TELECOMUNICAÇÕES. LICENCIAMENTO. DISCIPLINA. COMPETÊNCIA PRIVATIVA DA UNIÃO PARA EXPLORAR OS SERVIÇOS DE TELECOMUNICAÇÕES E LEGISLAR SOBRE A MATÉRIA (CF, ARTS. 21, XI, E 22, IV). 1. A forma de Estado federal instituída pela Constituição de 1988 flexibiliza a autonomia dos entes políticos ao estabelecer o sistema de repartição de competências materiais e normativas, alicerçado no princípio da predominância do interesse. A partilha de atribuições fundamenta a divisão de poder no Estado de direito, ora centralizando-o na União (arts. 21 e 22), ora homenageando seu exercício cooperativo (arts. 23, 24 e 30, I). 2. A Carta da República é expressa quanto à exclusividade da União para legislar sobre telecomunicações e explorar esses serviços (arts. 21, XI; e 22, IV). Precedentes. 3. A Lei

A legislação municipal não pode impedir a atividade de mineração quando ela independer da anuência do proprietário superficiário. Por exemplo, o Município pode até proibir a extração de areia em seu território, atividade que depende da anuência do proprietário superficiário, mas nunca de ouro, bauxita e outros minérios, que dependem de portaria de lavra. A ponderação entre a importância da mineração e seus efeitos deve ser feita pelo órgão federal concessor da lavra, não pela legislação do ente local ou por ações judiciais que propugnem um meio ambiente equilibrado.

Os Municípios também não podem impor condicionantes (medidas mitigantes ou compensatórias), ainda que com base em lei municipal, pois não existe autorização na Resolução Conama nº 237/97 (art. 10, §1º) para tanto. A regulamentação da concessão da certidão não pode chegar ao ponto de desvirtuar a certidão e transformá-la em uma anuência condicionada. A certidão de uso e ocupação do solo deve apenas dizer se há compatibilidade do objeto licenciado com as posturas urbanísticas do Município, não podendo, desse modo, haver imposição de quaisquer tipos de condições. Fazê-lo significa praticar desvio de poder, que deve ser prontamente rechaçado pelo órgão licenciador ou pelo Judiciário.

Em alguns casos, os Municípios vêm exigindo estudos complementares para a expedição da certidão de uso e ocupação do solo, em manifesta usurpação de poder do órgão licenciador, configurando ato manifestamente ilegal.

Tais iniciativas corretamente têm sido rechaçadas pela jurisprudência. Como precisamente destacado pelo TJMG:

> – Tratando-se de atividade/empreendimento a ser licenciado pelo Estado, eventuais condicionantes apresentadas pelo Município devem ser encaminhadas diretamente ao órgão ambiental, que as apreciará sem caráter vinculativo.
> – A emissão de certidão de conformidade de Uso e Ocupação de Solo, a ser emitida pelo Município como requisito para o andamento do licenciamento ambiental, não pode ser condicionada ao cumprimento de medidas supostamente voltadas a minimizar o impacto ambiental do empreendimento, por ausência de sustentáculo legal.
> – Recaindo sobre o Estado a competência para o licenciamento ambiental no caso concreto, o campo de manifestação do ente Municipal limita-se à avaliação da adequação ou não do empreendimento a ser licenciado em relação à lei de uso e ocupação do solo.[504]
>
> [...] 2. Não cabe ao município exigir a realização de estudo ambiental para emissão da certidão prevista no artigo 10, §1º, da Resolução do Conama nº 237, de 1997, visto que o licenciamento é de competência do órgão ambiental estadual, devendo a municipalidade apenas manifestar-se sobre a observância pelo empreendimento da lei de uso e ocupação do solo.[505]

---

nº 11.382/2022 do Município de Belo Horizonte/MG apresenta vício formal de inconstitucionalidade por invadir a competência normativa privativa da União sobre a matéria. 4. Pedido julgado procedente".

[504] TJMG, 6ª Câm. Cível, v.u., AC nº 1.0000.20.005377-5/002 (5006477-65.2019.8.13.0481), Rel. Des.(a) Renan Chaves Carreira Machado, j. em 01.08.2023, DJe 03.08.2023. Entendimento desde 2014 pelo Tribunal de Justiça mineiro: "[...] 1. Quando o empreendimento abranger mais de um município, a competência para o licenciamento ambiental é do órgão ambiental estadual, não cabendo ao município exigir qualquer compensação ambiental para emissão da certidão prevista no artigo 10, §1º, da Resolução CONAMA nº 237, de 1997. 2. Eventuais impactos ambientais decorrentes da instalação e operação do empreendimento submetido ao controle ambiental serão monitorados e sofrerão as devidas intervenções do órgão competente, não sendo permitida a superposição de competências entre os órgãos ambientais das três esferas administrativas" (TJMG, 2ª Câm. Cível, v.u., AC nº 1.0064.13.001331-7/003 (0013317-79.2013.8.13.0064), Rel. Des. Marcelo Rodrigues, j. em 05.08.2014, DJe 19.08.2014).

[505] TJMG, 2ª. Câm. Cível, v.u., AC nº 1.0372.14.003094-4/001 (0030944-11.2014.8.13.0372), Rel. Des. Marcelo Rodrigues, j. em 03.11.2015, DJe 13.11.2015.

Questão mais rara é não haver lei de zoneamento municipal, tornando dúbia a necessidade de expedição de certidão, uma vez que sem lei vige o princípio da liberdade, não havendo como o empreendimento estar em desconformidade com as leis de uso e ocupação do solo.

Em parecer a AGU já entendeu que caso o Município "declare não possuir legislação a regular o uso e ocupação do solo em seu território, poderá o Ibama conferir efeito de certidão positiva a esse tipo de manifestação, apresentada pelo órgão competente, já que sem legislação local sobre o assunto não há que se vislumbrar a existência de qualquer espécie de incompatibilidade".[506] A única ressalva a esse entendimento é que o órgão ambiental deve (obrigação) reconhecer a inexigibilidade da certidão de ocupação de uso do solo pela lógica: impossibilidade de estar em desacordo com a lei.

Cristiane Jaccoud e Alexandre Sion também entendem que "diante da inexistência de norma municipal sobre o uso e ocupação do solo, deve-se presumir a conformidade de atividade ou empreendimento, uma vez que não há base legal para que o Município declare eventual incompatibilidade com o ordenamento inexistente.[507]

A omissão ou mora municipal para expedir a certidão pode ser tratada judicialmente, obviamente, mas também administrativamente, perante o órgão licenciador. Esse, "subsidiado por informações técnicas apresentadas pelo empreendedor e sob a responsabilidade de quem as produziu, pode atestar ou não a compatibilidade do empreendimento com a legislação municipal de uso e ocupação do solo".[508]

De qualquer forma, ainda cabe a consideração de que a certidão não deveria ser exigida no licenciamento ambiental por constituir um desvio de poder, ao mesmo tempo em que se caracteriza como excessiva, no licenciamento ambiental. Desvio excessivo porque o licenciamento ambiental, especialmente de outros entes federativos, não tem que zelar pela política urbana municipal, que consta com licença específica para tanto.

Parece que foi para evitar exigências cruzadas, nas quais um órgão se apropria de política pública a cargo de outro, que a Lei da Liberdade Econômica (Lei nº 13.874/19) preceituou que são direitos de toda a pessoa natural ou jurídica 'não ser exigida pela administração pública direta ou indireta certidão sem previsão expressa em lei" (art. 3º, XII). Em suma, não mais subsiste a exigência de certidão municipal por ser exigida por Resolução do Conama, não em lei.

---

[506] Parecer nº 107/2017/CONEP/PFE-IBAMA-SEDE/PGF/AGU, aprovado, em 24.07.2017, pelo Coordenador da Conep, mediante Despacho nº 229/2017/CONEP/PFE-IBAMA-SEDE/PGF/AGU, com base na delegação provisória de competência para aprovar manifestações do Procurador-Chefe nos assuntos da Conep firmada na Ordem de Serviço nº 03/2017/GABIN/PFE-IBAMA-SEDE/PGF/AGU (PA nº 00807.002644/2017-11), nos autos do PA nº 02001.002976/2016-16.

[507] JACCOUD, Cristiane; SION, Alexandre. Certidão municipal de conformidade com a legislação aplicável ao uso e ocupação do solo. In: QUERUBINI, Albenir; BURMANN, Alexandre; ANTUNES, Paulo de Bessa (Org.). *Direito Ambiental e os 30 anos da Constituição de 1988*. Londrina: Thoth, 2018. p. 83.

[508] JACCOUD, Cristiane; SION, Alexandre. Certidão municipal de conformidade com a legislação aplicável ao uso e ocupação do solo. In: QUERUBINI, Albenir; BURMANN, Alexandre; ANTUNES, Paulo de Bessa (Org.). *Direito Ambiental e os 30 anos da Constituição de 1988*. Londrina: Thoth, 2018. p. 98.

4.6 A interveniência do Iphan e a terceirização do trabalho arqueológico

O Iphan normatizou a questão da sua intervenção em todos os licenciamentos conduzidos no país, não apenas de âmbito federal, o que a PI 60/2015 resguarda, mas também nos municipal e estadual, consoante a IN Iphan 01/2015 (art. 1º), que substituiu a Portaria Iphan nº 230/02.[509]

O fato de o Iphan ter extrapolado a seara federal na abrangência da IN faz com que sua norma não seja vinculante aos licenciamentos estaduais e municipais, tornando-se diretriz a ser seguida internamente quando não interferir com a liberdade procedimental dos órgãos ou entidades licenciadoras estaduais e municipais. Essa ausência de vinculação também foi notada pela Procuradoria-Geral do Estado de Pernambuco.[510]

Pela PI 60/15, que somente vincula o licenciamento ambiental federal, o empreendedor deverá avisar na ficha de caracterização de atividade sobre possíveis intervenções em bens culturais acautelados (art. 3º, *caput*), presumindo-se a interferência quando "a área de influência direta da atividade ou o empreendimento submetido ao licenciamento ambiental localizar-se em área onde foi constatada a ocorrência dos bens culturais acautelados referidos no inciso II do *caput* do art. 2º" (art. 3º, III).[511] No Estado do Rio Grande do Sul, a Resolução Consema 357/2017 preceitua claramente que os órgãos licenciadores somente devem instar o Iphan a se manifestar, previamente à primeira licença, "quando existirem bens culturais acautelados identificados na área de influência direita do empreendimento" (art. 1º).

A IN Iphan 01/2015 (art. 1º) prevê manifestação do órgão nos processos de licenciamento ambiental de todos os entes federativos quando houver intervenção na Área de Influência Direta (AID) do empreendimento em bens culturais acautelados em âmbito federal. Pela regulamentação, não existe o dever de preventivamente vasculhar a área de influência direta ou mesmo a ADA atrás de patrimônio tutelado pelo Iphan, o que configuraria usurpação e terceirização da função do Iphan caso fosse previsto. Destaque-se, porém, que essa não terceirização do trabalho do Iphan não exime o empreendedor de tomar as devidas providências, previstas na legislação de regência, quando do encontro fortuito de bens culturais. Entretanto, embora a IN tenha o mesmo conteúdo da PI 60/2015, ambas extrapolam a regulamentação legal da matéria.

Como bem destacado por Martinus Filet e Antonio Fernando Pinheiro Pedro, o Iphan obriga o empreendedor a realizar pesquisas e prospecções arqueológicas prévias na AID, o que se afigura em autêntica e ilegal transferência de encargos e atribuições. Ao preceituar que compete ao órgão ambiental zelar pelo patrimônio arqueológico cria-se novo instrumento procedimental (Projeto e o Relatório de Avaliação de Impacto ao Patrimônio Arqueológico) totalmente estranho ao instituto do licenciamento ambiental, que não compete ao Iphan exercer e muito menos regular, não havendo nada nas normas

---

[509] As regras de transição estão no artigo 59 da IN Iphan nº 01/2015.
[510] Parecer PGE-PE 523/2015, aprovado pelo PGE, em 15.09.2015, nos autos do PA nº 2015.02.002956.
[511] "Art. 2º Para os fins desta Portaria entende-se por: [...] II – bens culturais acautelados em âmbito federal: a) bens culturais protegidos pela Lei nº 3.924, de 26 de julho de 1961; b) bens tombados nos termos do Decreto-Lei nº 25, de 30 de novembro de 1937; c) bens registrados nos termos do Decreto nº 3.551, de 4 de agosto de 2000; e d) bens valorados nos termos da Lei nº 11.483, de 31 de maio de 2007".

legais federais ou mesmo regulamentares do Conama sobre o tema, destacando que o Iphan nem mesmo integra do Sisnama.[512]

A IN Iphan 01/15 impõe obrigação que não cabe no licenciamento ambiental, qual seja, "a de exigir dos empreendedores a realização de pesquisas arqueológicas prévias nas áreas de influência direta de seus empreendimentos. Algo como obrigar um suspeito de qualquer coisa a produzir prova negativa de existência da coisa…para deixar de ser suspeito".[513] Nas palavras de Filet e Pinheiro Pedro:

> Os antecedentes da intromissão normativa de organismos não vinculantes no licenciamento ambiental remontam ao ano de 2003, com a edição da Portaria IPHAN nº 230/2002, (que dispõe sobre os procedimentos necessários para obtenção das licenças ambientais referentes à apreciação e acompanhamento das pesquisas arqueológicas no país). Tratava-se de um enunciado bastante dúbio, cuja seção de considerandos, ou justificativas, expunha a primeira e sutil "pegadinha" no licenciamento ambiental. Aliás, a péssima técnica legislativa de "considerar" para "iluminar" ideologicamente a norma, é a base de toda a distorção regulamentadora produzida pelo IPHAN.
> Dizia a "pegadinha":
> "Considerando o disposto na Portaria SPHAN nº 07, de 01 de dezembro de 1988, que trata do ato (Portaria) de outorga (autorização/permissão) para executar determinado projeto que afete direta ou indiretamente sítio arqueológico…"
> A grande surpresa surge quando se lê o enunciado da tal Portaria SPHAN n° 07/1988:
> "• Considerando que a Lei nº 3.924, de 26 de julho de 1961, submete à proteção do Poder Público, pelo SPHAN, os monumentos arqueológicos e pré-históricos;
> • Considerando a necessidade de regulamentar os pedidos de permissão e autorização e a comunicação prévia, quando do desenvolvimento de pesquisas de campo e escavações arqueológicas no País a fim de se resguarde os objetos de valor científico e cultural localizados nessas pesquisas;
> • Considerando a urgência de fiscalização eficaz das atividades que envolvem bens de interesse arqueológico e pré-histórico do País resolve:
> Artigo 1º – Estabelecer os procedimentos necessários à comunicação prévia, às permissões e às autorizações para as pesquisas e escavações arqueológicas em sítios arqueológicos previstas na Lei nº 3924, de 26 de julho de 1961". [...]
> O enunciado da Portaria IPHAN nº 230/2002 é totalmente discrepante do citado texto da Portaria SPHAN nº 07, que pretende "considerar", já que: "… a autorização/permissão para executar determinado projeto que afete direta ou indiretamente sítio arqueológico" é bem diferente de "… às permissões e às autorizações para as pesquisas e escavações arqueológicas em sítios arqueológicos previstas na Lei nº 3924, de 26 de julho de 1961".
> O entendimento além de abusivo é perigosamente fraudulento!
> Com ele os arqueólogos do IPHAN "penduraram" no licenciamento ambiental verdadeira traquinagem jurídica – com o intuito de obrigar empreendedores a arcar com os custos dos levantamentos de sítios arqueológicos em todo o País, às suas expensas, sob a chibata obrigacional do SISNAMA. Pior ainda, a burocracia do IPHAN dorme na cama da burocracia do SISNAMA distorcendo norma legal que a obriga, isto sim, proteger os

---

[512] FILET, Martinus; PEDRO, Antonio Fernando Pinheiro. Interferência normativa indevida do Iphan no licenciamento ambiental. Disponível em: https://www.theeagleview.com.br/2016/11/interferencia-normativa-indevida-do.html. Acesso em 10 jun. 2018.

[513] FILET, Martinus; PEDRO, Antonio Fernando Pinheiro. Interferência normativa indevida do Iphan no licenciamento ambiental. Disponível em: https://www.theeagleview.com.br/2016/11/interferencia-normativa-indevida-do.html. Acesso em 10 jun. 2018.

sítios arqueológicos existentes e cadastrados, (que foi a intenção do legislador ao aprovar a Lei nº 3924/1961).

A lei foi aprovada para não apenas proteger os monumentos arqueológicos e pré-históricos conhecidos e cadastrados, mas, também, para sobretudo tratar da regulamentação do direito de realizar escavações para fins arqueológicos, por pesquisadores particulares e instituições científicas especializadas da União, dos Estados e dos Municípios.

Nada tem a ver o marco legal referenciado pela instrução do IPHAN, com o licenciamento ambiental.

A norma de proteção ao patrimônio arqueológico já possui norma de tutela própria.

Reza o artigo 5º da lei nº 3924/1961 que: "qualquer ato que importe na destruição ou mutilação dos monumentos a que se refere o art. 2º desta lei" (que relacionam os monumentos arqueológicos ou pré-históricos), "será considerado crime contra o Patrimônio Nacional e, como tal, punível de acordo com o disposto nas leis penais".

A lei, portanto, jamais deu direito ao IPHAN, e muito menos aos órgãos do SISNAMA, de se intrometer e obstaculizar o Licenciamento Ambiental com base na mera presunção hipotética de existência de materiais arqueológicos na área dos futuros empreendimentos.

Essa presunção exige, portanto, lei que a explicite e discipline a intervenção.

Não existindo marco autorizativo, não há supedâneo legal que sustente a normativa do IPHAN. Tem-se, então, que a normativa está sendo aplicada sem qualquer base legal pelo SISNAMA.

Aliás, aplicando-se ao caso a verdadeira arqueologia jurídica... não é por outra razão que os órgãos de licenciamento ambiental sempre utilizaram a recomendação derivada da própria Lei nº 3924/1961 – Art. 18, nas exigências das licenças:

"A descoberta fortuita de quaisquer elementos de interesse arqueológico ou pré-histórico, histórico, artístico ou numismático, deverá ser imediatamente comunicada à Diretoria do Patrimônio Histórico e Artístico Nacional, ou aos órgãos oficiais autorizados, pelo autor do achado ou pelo proprietário do local onde tiver ocorrido".

Ou seja, caso ocorra, quando ocorrer, se ocorrer.[514]

Ademais, é bom esclarecer que ainda que o Iphan, ou quem lhe faça as vezes, possa pedir estudos específicos, isso não lhe dá o direito de escolher os profissionais que os efetuarão. Ele deve autorizar qualquer profissional habilitado, de acordo com a legislação de regência, que seja indicado pelo empreendedor. A escolha do profissional que fará os estudos que compõem o estudo ambiental que subsidia o licenciamento ambiental é do empreendedor, jamais dos intervenientes.

Não apenas a sua norma não é vinculante aos Estados e Municípios, mas também a sua opinião, dado que há expressa disposição legal no sentido de que os "entes federativos interessados podem manifestar-se ao órgão responsável pela licença ou autorização, de maneira não vinculante" (LC nº 140/11 (art. 13, §1º). Note-se que mesmo nos licenciamentos federais, a manifestação do Iphan não é vinculante quando o órgão licenciador federal entender que as condicionantes sugeridas não guardam relação direta com os impactos decorrentes da atividade ou do empreendimento (PI 60/2015, art. 16).

---

[514] FILET, Martinus; PEDRO, Antonio Fernando Pinheiro. Interferência normativa indevida do Iphan no licenciamento ambiental. Disponível em: https://www.theeagleview.com.br/2016/11/interferencia-normativa-indevida-do.html. Acesso em 10 jun. 2018.

4.7 Submissão de licença ao Legislativo ou a consulta popular

Embora não se trate de interveniência, no sentido usado no presente capítulo, algumas legislações estaduais ou municipais submetem o licenciamento ou a licença ambiental à anuência do Poder Legislativo.

Seja essa anuência prévia ou posterior, submeter a licença ou o licenciamento ambiental ao referendo do legislativo é inconstitucional por ferir a separação de poderes (CF, art. 2º). A licença é ato privativo do Executivo (Lei nº 6.938/81, art. 17-L), da mesma forma que a celebração de convênios e contratos[515] – quando não acarretem encargos ou compromissos gravosos ao patrimônio público – não pode sofrer ingerência do Legislativo por ofender a separação de poderes. Não se pode transformar a fiscalização que o Legislativo exerce sobre o Executivo em uma instância de supervisão administrativa ou controle hierárquico.

Foi o que decidiu o STF, ao julgar inconstitucionais dispositivos estaduais que impunham a submissão do licenciamento à Assembleia Legislativa, rechaçando a intervenção sistemática dos demais Poderes (ADI nº 1.505[516], ADI-MC nº 3.252[517] e ADI nº 6.350[518]).

Também não se pode despojar o Executivo do poder decisório, mediante previsão de consulta popular com efeito vinculante, embora seja possível legislar que órgão colegiado com participação da sociedade seja o responsável por decidir pela emissão da licença ambiental.

---

[515] STF, Pleno, v.u., ADI nº 342/PR, Rel. Min. Sydney Sanches, j. em 06.02.2003, *DJU* 11.04/2003. p. 25; STF, Pleno, v.u., ADI nº 462/BA, Rel. Min. Moreira Alves, j. em 20.08.1997, *DJU* 18.02/2000. p. 54; STF, Pleno, v.u., ADI nº 165/MG, Rel. Min. Sepúlveda Pertence, j. em 07.08.1997, *DJU* 26.09/1997. p. 47.474; STF, Pleno, v.u., Rp 1.024/GO, Rel. Min. Rafael Mayer. j. em 07.05.1980, *RTJ* 94/995; STF, Pleno, v.u., Rp 1.210/RJ, Rel. Min. Moreira Alves, j. em 19.12.1984, *RTJ* 115/597.

[516] "AÇÃO DIRETA DE INCONSTITUCIONALIDADE. ART. 187 DA CONSTITUIÇÃO DO ESTADO DO ESPÍRITO SANTO. RELATÓRIO DE IMPACTO AMBIENTAL. APROVAÇÃO PELA ASSEMBLEIA LEGISLATIVA. VÍCIO MATERIAL. AFRONTA AOS ARTIGOS 58, §2º, E 225, §1º, DA CONSTITUIÇÃO DO BRASIL. 1. É inconstitucional preceito da Constituição do Estado do Espírito Santo que submete o Relatório de Impacto Ambiental – RIMA – ao crivo de comissão permanente e específica da Assembleia Legislativa. 2. A concessão de autorização para desenvolvimento de atividade potencialmente danosa ao meio ambiente consubstancia ato do Poder de Polícia – ato da Administração Pública – entenda-se ato do Poder Executivo" (STF, Pleno, v.u., ADI nº 1.505/ES, Rel. Min. Eros Grau, j. em 24.11.2004, *DJU* 04.03.05. p. 10, *RTJ* 193/58).

[517] "[...] 3. Condicionar a aprovação de licenciamento ambiental à prévia autorização da Assembleia Legislativa implica indevida interferência do Poder Legislativo na atuação do Poder Executivo, não autorizada pelo art. 2º da Constituição. Precedente: ADI nº 1.505" (STF, Pleno, v.u., ADI-MC 3.252/RO, Rel. Min. Gilmar Mendes, j. em 06.04/2005, *DJe* 24.10.2008, *RTJ* 208/3/951).

[518] STF, Pleno, ADI nº 6.350, Rel. Min. Gilmar Mendes, j. em 13.10.2020, *DJe* 29.10.2020.

CAPÍTULO V

OS ESTUDOS AMBIENTAIS: SUBSÍDIOS AO PROCESSO DECISÓRIO DO LICENCIAMENTO AMBIENTAL

Estudos ambientais ou avaliações de impacto ambiental (AIA) são instrumentos para mensurar o impacto ambiental, servindo de subsídio ao processo decisório ambiental, seja de qual espécie for.

Mensurar os impactos é um meio – não uma finalidade – para o estudo ambiental. Sua finalidade é analisar a viabilidade ambiental e mitigar os impactos adversos.[519] Importante ter essa noção finalística em mente porque estudos ambientais não são pesquisa científica, não devendo ser usados para tal finalidade.

Infelizmente, alguns termos de referência de estudo ambiental são elaborados pensando mais em pesquisa científica do que identificar futuros impactos ambientais e propor as respectivas mitigantes. Essa prática se afigura desvio de finalidade e, consequentemente, é ilegal.

Impacto ambiental pode ser definido, segundo Wathern, como "a mudança em um parâmetro ambiental, num determinado período e numa determinada área, que resulta de uma dada atividade, comparada com a situação que ocorreria se essa atividade não tivesse sido iniciada".[520] O impacto ambiental deve ser avaliado pela diferença entre a existência da obra ou atividade e a sua não existência projetada no futuro, o que pressupõe a previsão da situação sem a realização do empreendimento (alternativa zero). Em Portugal, o Decreto-Lei nº 151-B/2013 (art. 2º, "k") conceitua impacto ambiental como o

> conjunto das alterações favoráveis e desfavoráveis produzidas no ambiente, sobre determinados fatores, num determinado período de tempo e numa determinada área, resultantes da realização de um projeto, comparadas com a situação que ocorreria, nesse período de tempo e nessa área, se esse projeto não viesse a ter lugar.

Uma vez constatada a necessidade de alguma espécie de estudo ambiental, deve-se listar o seu conteúdo, geralmente, por meio de termo de referência (TR).

Como subsídio para o processo de licenciamento ambiental, o estudo ambiental costuma ser prévio, exceto no caso do licenciamento corretivo, mas a lei pode postergar a sua apresentação em casos específicos.

---

[519] SÁNCHEZ, Luis Enrique. *Avaliação de Impacto Ambiental*: conceitos e métodos. 2. ed. 2013. p. 319.
[520] SÁNCHEZ, Luis Enrique. *Avaliação de Impacto Ambiental*: conceitos e métodos. 2. ed. 2013. p. 29.

A Constituição francesa é uma das mais avançadas no mundo na questão ambiental, após a sua alteração pela *Loi Constitutionelle* 2005-205 incluindo em seu preâmbulo o respeito à Carta do Meio Ambiente (*Charte de l'environnement*) de 2004. No entanto, isso não impediu que fosse declarada a constitucionalidade de lei que *postergou a apresentação do estudo sobre os impactos ambientais* para após o começo da operação do empreendimento, sob certas condições, como cumprir medidas para evitar e reduzir os danos às espécies protegidas e aos seus habitats e estar sujeito às regras e aos controles de segurança internacionalmente reconhecidos aplicáveis à categoria de navios, e em particular aos que manuseiam gás, material natural liquefeito, bem como todas as prescrições de polícia portuária, nomeadamente para prevenir inconvenientes ou perigos para o ambiente.

O Conselho Constitucional francês (Decisão 2022-843 DC, de 12 de agosto de 2022), ao julgar lei que previa a instalação de um terminal flutuante de gás natural liquefeito (GNL) no porto de Le Havre, visando garantir a segurança do abastecimento de energia a gás ao aumentar as capacidades nacionais de processamento de GNL, deixou consignado que ela é válida porque "implementa os requisitos constitucionais inerentes à salvaguarda dos interesses fundamentais da Nação, incluindo a independência da nação, bem como os elementos essenciais do seu potencial econômico", podendo coexistir com a proteção ambiental "em caso de ameaça grave à segurança do abastecimento de gás" (itens 11-12).

Um dos pontos validados pela corte constitucional residia na autorização legal de instalação e operação do empreendimento (terminal flutuante de GNL) sem que houvesse estudo sobre os impactos ambientais, que deveria ser apresentado "no prazo de seis meses a partir da entrada em funcionamento do terminal", bem como "seis meses antes do final da operação" dever-se-ia apresentar outro estudo sobre as condições de descomissionamento da operação, as medidas de compensação implementadas e o estado da biodiversidade e dos solos (item 14).

5.1 A relação entre o licenciamento (processo), os estudos ambientais (subsídios ou atos instrutórios) e o projeto licenciado

O licenciamento ambiental é o processo decisório estatal, decorrente do poder de polícia, exclusivo do Executivo,[521] no qual se permite que uma atividade ou empreendimento seja realizado.

A Resolução Conama nº 237/97 previu, em seu Anexo I, atividades passíveis de licenciamento, não de EIA. O próprio título do Anexo 1 ("atividades ou empreendimentos sujeitos ao licenciamento ambiental") corrobora tal exegese, além do artigo 2º, §1º, da Resolução: "Estão sujeitos ao licenciamento ambiental os empreendimentos e as atividades relacionadas no Anexo 1, parte integrante desta Resolução". Essa lista encerra um mínimo de atividades a serem licenciadas ou apenas indica as atividades que devem merecer especial atenção dos órgãos licenciadores?

---

[521] Lei nº 6.938/81, art. 17-L; FINK, Daniel Roberto. O controle jurisdicional do licenciamento ambiental. *In*: FINK, Daniel Roberto; ALONSO JÚNIOR, Hamilton; DAWALIBI, Marcelo. *Aspectos Jurídicos do Licenciamento Ambiental*. 2. ed. Rio de Janeiro: Forense Universitária, 2000. p. 74.

Entende-se que o rol do Anexo 1 da Resolução Conama nº 237/97 não impôs o licenciamento de todas as atividades ali previstas, sobretudo porque é uma lista de "tipos de empreendimentos, sem considerações quanto ao porte ou localização".[522] Sabe-se que o impacto da atividade no meio ambiente varia muito de acordo com o porte ou localização, sendo desarrazoado entender que todas as atividades ali listadas devam ser licenciadas ambientalmente, embora possam ser autorizadas pelo Estado sem esse processo decisório.

Logo após a aprovação da Lei nº 6.938/81, o Decreto nº 88.351/83 atrelou o licenciamento ao estudo ambiental, espécie de avaliação de impacto ambiental, em seu artigo 18.[523] Antes, não existia essa vinculação entre os instrumentos da Política Nacional do Meio Ambiente (i) avaliação de impactos ambientais (art. 9º, III) e (ii) o licenciamento e a revisão de atividades efetiva ou potencialmente poluidoras (art. 9º, IV).

Os estudos ambientais, segundo regulação do Conama, podem ser de diversas espécies. Segundo o artigo 1º, III, da Resolução Conama nº 237/97, estudos ambientais

> são todos e quaisquer estudos relativos aos aspectos ambientais relacionados à localização, instalação, operação e ampliação de uma atividade ou empreendimento, apresentado como subsídio para a análise da licença requerida, tais como: relatório ambiental, plano e projeto de controle ambiental, relatório ambiental preliminar, diagnóstico ambiental, plano de manejo, plano de recuperação de área degradada e análise preliminar de risco.

Sua função é instruir o processo decisório ambiental, subsidiando a análise da licença ou autorização requerida.[524] Como plasmado na Resolução Conama nº 237/97 (art. 1º, III) e na Portaria Interministerial MMA/MJ/MinC/MS 60/2015 (art. 2º, I), eles são um "subsídio para a análise da licença requerida". Recentemente, o STJ reafirmou esse caráter instrutório do estudo ambiental – tratava-se de EIA – no processo de licenciamento ao decidir que ele "não se esgota em si mesmo, não constitui o objeto final postulado administrativamente, representando apenas uma das etapas (ato instrutório ou ordinatório) para o início da implantação e do funcionamento do empreendimento".[525]

---

[522] SÁNCHEZ, Luis Enrique. As etapas iniciais no processo de avaliação de impacto ambiental. *In*: GOUVÊA, Yara Maria Gomide; ACKER, Francisco Thomaz Van; SÁNCHEZ, Luis Enrique et al. *Avaliação de Impacto Ambiental*. São Paulo: Secretaria do Meio Ambiente, 1998. p. 54.

[523] "Art. 18. A construção, instalação, ampliação e funcionamento de estabelecimento de atividades utilizadoras de recursos ambientais, consideradas efetiva ou potencialmente poluidoras, bem como os empreendimentos capazes, sob qualquer forma, de causar degradação ambiental, dependerão de prévio licenciamento do órgão estadual competente, integrante do Sisnama, sem prejuízo de outras licenças legalmente exigíveis. §1º Caberá ao Conama fixar os critérios básicos, segundo os quais serão exigidos estudos de impacto ambiental para fins de licenciamento, contendo, entre outras, os seguintes itens: a) diagnóstico ambiental da área; b) descrição da ação proposta e suas alternativas; c) identificação, análise e previsão dos impactos significativos, positivos e negativos".

[524] Por isso, Herman Benjamin doutrina que o EIA "nasce, cresce e matura para a emanação de um ato administrativo: a licença ambiental" (BENJAMIN, Antonio Herman V. *In*: BENJAMIN, Antonio Herman V.; MILARÉ, Édis. *Estudo Prévio de Impacto Ambiental*. São Paulo: Revista dos Tribunais, 1993. p. 83). O próprio Ministério do Meio Ambiente entende que os estudos ambientais "são todos e quaisquer estudos relativos aos aspectos ambientais relacionados à localização, instalação, operação e ampliação de uma atividade ou empreendimento, apresentado como subsídio para a análise da licença requerida" (*Programa Nacional de Capacitação de gestores ambientais: licenciamento ambiental* / Ministério do Meio Ambiente. – Brasília: MMA, 2009. p. 39).

[525] STJ, 2. T., v.u., REsp nº 1.072.463/SP, Rel. Min. Castro Meira, j. em 15.08.2013, DJe 22.08.2013. Constou do acórdão: "Considerando-se, a propósito, a função do EIA/RIMA no complexo procedimento do licenciamento em debate, classifica-se como 'ato instrutório ou ordinatório', definido por Celso Antônio Bandeira de Mello como o que se destina 'a instrumentar e preparar as condições de decisão, tais as informações, laudos, perícias,

Como subsídio ao processo decisório, os estudos ambientais não se confundem com ele, muito menos com a decisão final tomada nesse processo (concessão ou negativa da licença). Da mesma forma, o projeto licenciado não se confunde com os estudos ambientais e nem com a decisão ou com o processo decisório de licenciamento ambiental. Essa compreensão é fundamental para se evitar o equívoco de se exigir aspectos do projeto licenciado ou dos estudos que não foram encampados pelo licenciamento ambiental, uma vez que não fariam, segundo critério do órgão licenciador, diferença no controle ambiental.

Por exemplo, certo aspecto dos estudos ambientais, como determinada medida compensatória, pode não ter sido encampado pelo licenciamento, não havendo como exigi-los somente por constarem neles. O licenciamento ambiental deve adotá-lo expressamente, ainda que via remissão, para que a exigência possa ser efetuada. Na relação entre projeto licenciado e licenciamento ocorre o mesmo: somente é exigível a característica do projeto encampada pelo licenciamento, geralmente implicitamente, uma vez que se presume que sua falta gera prejuízo no controle ambiental. Não é incomum existirem aspectos do projeto que não trazem alterações ambientais, não devendo por isso serem vedadas ou mesmo passarem pelo controle preventivo do órgão ambiental.

Eles nem sempre precisarão ser exigidos para toda e qualquer licença ou autorização ambiental, mas, em regra, os estudos ambientais são o subsídio do processo decisório de licenciamento ambiental.

Os estudos ambientais não têm outra função que não seja a instrutória, não vinculando o juízo do órgão licenciador, tanto dos técnicos que farão o parecer conclusivo, e eventualmente pedirão complementação dos estudos, quanto do órgão que expedirá a licença ambiental propriamente dita. Ao comentar sobre a função de um dos estudos ambientais, o EIA, Herman Benjamin doutrina que "antes de mais nada, almeja dar suporte à decisão administrativa de aprovação ou rejeição do projeto".[526]

O conteúdo dos estudos ambientais não limita a capacidade decisória do órgão ambiental, não procedendo o entendimento de que não é lícito ao órgão licenciador negar ou aprovar o empreendimento ou atividade com elementos estranhos a ele.[527] Podem existir elementos de conhecimento do órgão licenciador que não integram o estudo ambiental, mas, se não constituírem fato notório, devem ser carreados aos autos.

O mais conhecido e completo estudo ambiental é o Estudo de Impacto Ambiental (EIA) e é sobre ele que gira a maioria das divergências, pois ele é sacralizado, equivocadamente, como o ápice da eficiência em termos de estudos ambientais. Paradoxalmente, essa eficiência somente é prestigiada antes de ele ser efetuado; depois, volta a ser um simples estudo a ser contestado pelos mais variados motivos.

É importante destacar, de plano, que a ausência de um estudo ambiental para determinada atividade está longe de significar que o meio ambiente esteja desprotegido. Existem outros instrumentos de controle com essa função. Luis Enrique Sánchez

---

documentações, pareceres, 'acertamentos' etc.' (*Curso de Direito Administrativo*. 27. edição. São Paulo: Malheiros Editores, 2010. p. 445)".
[526] BENJAMIN, Antonio Herman V. In: BENJAMIN, Antonio Herman V.; MILARÉ, Édis. *Estudo Prévio de Impacto Ambiental*, 1993. p. 122.
[527] FERNANDES, Paulo Victor. *Impacto Ambiental*: doutrina e jurisprudência. São Paulo: RT, 2005. p. 127.

apresenta exemplos didáticos, como o de uma padaria[528] e o de um posto de gasolina,[529] concluindo:

> Na existência de regras gerais, aplicáveis a todos os empreendimentos de determinado tipo, é desnecessário – além de ineficiente – exigir um estudo que certamente concluirá que determinadas condicionantes deverão ser impostas ao empreendimento, quando essas mesmas condicionantes já existem na forma de regras gerais. Caso estas não funcionem – ou seja, se forem ineficazes –, não será a exigência de um EIA que resolverá o problema.[530]

Afinada com tal entendimento, a AGU entendeu que norma de setor regulado pode levar a desnecessidade de se efetuar o licenciamento ambiental, caso o órgão licenciador reconheça essas normas como suficientes para o controle ambiental.[531]

Da mesma forma, o EIA está longe de ser o estudo ambiental mais adequado para toda e qualquer atividade. Existem estudos ambientais mais simples e suficientes para subsidiar com eficiência o processo decisório do órgão licenciador e preservar o meio ambiente.

---

[528] "Uma padaria artesanal consome uma certa quantidade de recursos naturais, emite uma certa carga de poluentes e ainda causa outros impactos. Farinha, água e lenha são os principais insumos, além de energia elétrica e alguns outros ingredientes. Por sua vez, a produção de lenha, trigo e sua transformação em farinha, assim como o fornecimento de água, são atividades que causam seus impactos ambientais, assim como o transporte desses insumos até a padaria. No processo de fabricação de pão são emitidos gases de combustão pela chaminé da padaria, acompanhados de material particulado. Efluentes líquidos escoam pelas torneiras e ruído, outro poluente, é emitido pelo processo produtivo e durante as atividades de comercialização desse produto. Além disso, se o pão for bom, os clientes vêm em grande quantidade, a pé ou de automóvel, e contribuem para perturbar o trânsito ou ocupar vagas de estacionamentos, emitindo mais ruídos e poluentes atmosféricos. Tudo isso justificará a realização de um Estudo de Impacto Ambiental – EIA antes da abertura de toda nova padaria? Certamente que não, pois já outras maneiras de regular a atividade de produção de pão de modo a reduzir seus impactos ambientais. Pode-se exigir que a lenha venha de plantações sustentáveis e certificadas (lenha com "selo verde"), que o trigo seja produzido sem agrotóxicos, que o moinho de farinha não descarregue seus efluentes líquidos diretamente num rio, que os caminhões que entregam a farinha e a lenha sejam regulados para emitir o mínimo de fumaça preta e outros poluentes atmosféricos. Pode-se também determinar, através de zoneamento municipal, que padarias não sejam instaladas em determinadas vias, ou que ofereça certo número de vagas de estacionamento aos seus clientes, para citar apenas algumas medidas de gestão ambiental aplicáveis a padarias" (SÁNCHEZ, Luis Enrique. As etapas iniciais no processo de avaliação de impacto ambiental. *In*: GOUVÊA, Yara Maria Gomide; ACKER, Francisco Thomaz Van; SÁNCHEZ, Luis Enrique *et al*. *Avaliação de Impacto Ambiental*, 1998. p. 38).

[529] "Por exemplo, um posto de abastecimento de combustíveis certamente causa impactos ambientais diretos e indiretos, mas estes podem ser satisfatoriamente controlados mediante o uso de regras gerais como: (a) zoneamento de uso do solo urbano; (b) regras de destinação de resíduos sólidos de estabelecimentos comerciais; (c) regras de destinação de resíduos sólidos perigosos; (d) especificações técnicas quanto aos materiais e equipamentos a serem utilizados na fabricação, instalação e manutenção de tanques subterrâneos; (e) procedimentos padronizados para a detecção de vazamentos; (f) procedimentos padronizados de inspeção e monitoramento" (SÁNCHEZ, Luis Enrique. *Avaliação de Impacto Ambiental*: conceitos e métodos, 2. ed. 2013. p. 107).

[530] SÁNCHEZ, Luis Enrique. *Avaliação de Impacto Ambiental*: conceitos e métodos. 2. ed. 2013. p. 107.

[531] No caso, tratava-se de transporte aéreo de produtos perigosos, sujeito à regulação internacional severa da *Organização da Aviação Civil Internacional* (OACI), replicada pela Anac, motivando opinativo da AGU, cujo trecho da ementa é elucidativo: "IV. Como recomendações da OACI têm também a preocupação com o meio ambiente, o IBAMA pode chegar à conclusão de que não é necessário exigir licença ambiental (ainda que seja simplificada) do transporte aéreo de produtos perigosos" (Parecer nº 155/2015/CONEP/PFE-IBAMA-SEDE/PGF/AGU, aprovado pelo Despacho nº 751/2015/GABIN/PFE-IBAMA-SEDE/PGF/AGU, de 26.11.2015, nos autos do PA nº 02001.006224.2015-35).

5.2 A área de influência do empreendimento: ADA (Área Diretamente Afetada), AID (Área de Influência Direta) e AII (Área de Influência Indireta)

A questão da delimitação da área de influência do empreendimento é uma das questões mais tormentosas do EIA: sem bom senso, podem-se considerar os impactos como globais. Isso ocorre por vários motivos, como a não especificação dos conceitos na Resolução Conama nº 1/86, a divergência científica ou acadêmica sobre o seu significado e até mesmo sobre seu uso.

A delimitação da área de influência é vital para a correta imposição das medidas mitigatórias (condicionantes) e do conhecimento, bem como eventual autorização no processo de licenciamento ambiental, dos impactos causados.

A área de influência somente é descoberta após a realização dos estudos ambientais, não antes. O que se tem antes é a área a ser estudada (área de estudos), que determinará a área de influência e poderá ser menor ou maior do que a estudada. A importância dessa compreensão é não se poder considerar a área de estudos como área impactada (direta ou indiretamente), como infelizmente ocorre em alguns licenciamentos. Em alguns licenciamentos acaba por se tomar a área estudada, geralmente delimitada por um raio ou linha paralela, como área impactada, causando uma série de entraves burocráticos que somente seriam necessários caso realmente houvesse impacto direto.

Outro aspecto que deve ser destacado é o de que a área de influência normalmente varia de acordo com o meio (físico, biótico ou socioeconômico) analisado ou dentre aspectos desses meios.

Não se deve confundir a área de influência com a área de risco do empreendimento ou atividade submetida ao licenciamento ambiental. Elas trabalham em planos diferentes, impossibilitando que o risco seja utilizado para a definição de área de influência, cuja função é delimitar os impactos do objeto licenciado, não seu risco.

A área de influência é para considerar os impactos do empreendimento ou atividade, não os seus riscos, que são apenas possibilidades geralmente abstratas, imprevisíveis e incompatíveis com os critérios claros para a delimitação dos impactos ambientais. O risco é apenas uma estatística, podendo ocorrer se algo der errado (*v.g.*, vazamento de óleo, rompimento de barragem), acarretando medidas de controle, mas não de definição das áreas de influência direta ou indireta; já o impacto trabalha no âmbito do que ocorrerá, sendo por isso considerado como critério delimitador das áreas de influência. Confundir o risco ambiental com os impactos para definir a área de influência prejudicaria a necessária tecnicidade deste aspecto dos estudos ambientais, porque seria inviável, técnica e cientificamente, além de economicamente, o estudo de todas as regiões que podem ser afetadas caso um risco ambiental se concretize e vire um possível dano ambiental.[532]

A Resolução Conama nº 1/86 (art. 5º, III) aduz que o EIA deve "definir os limites da área geográfica a ser direta ou indiretamente afetada pelos impactos, denominada área de influência do projeto". Disso surgem os termos AID (*área de influência direta*) e AII (*área de influência indireta*), que são os termos utilizados na Resolução Conama nº 1/86.

---

[532] GULIN, Gleyse; SAES, Marcos André Bruxel; TONON NETO, Nelson. A correta delimitação da área de influência na avaliação de impacto ambiental. *In*: COLI, Adriana; DIAS, Pedro (Coord.). *O Setor Elétrico e o Meio Ambiente*. Rio de Janeiro: Synergia: FMASE, 2017. p. 653-654.

De qualquer forma, é importante frisar que esses termos não se aplicam para a delimitação da competência administrativa ou do objeto do licenciamento, que são definidos pela área efetiva do empreendimento, a *área diretamente afetada* (ADA).

Então, a discussão, que já seria difícil levando-se em conta os termos da Resolução, ganha ainda mais complexidade quando se pretende incluir dentro do conceito de área diretamente afetada, não especificado em nenhuma regulação, algo que o órgão licenciador não encampa. Somente se considera ADA a área efetiva e exclusivamente utilizada pelo empreendimento a ser licenciado.

Salma Saráty de Carvalho bem pontua que a área diretamente afetada (ADA) é a "área onde será evitada a entrada de pessoas não autorizadas",[533] complementando em estudo mais recente outras características:

> 1. Área onde será evitada a entrada de pessoas não autorizadas, 2. Espaço a ser ocupado pelo projeto com a infraestrutura para implantação e operação, 3. Área onde será ocupada pelo projeto na qual serão instaladas unidades administrativas e infraestruturas, 4. Espaço físico onde vai ser implantado o empreendimento, o qual ocorrerá alterações no meio ambiente de forma intensa, com substituição completa dos usos atuais decorrentes das alterações morfológicas de vegetação e outros fatores ambientais.[534]

Édis Milaré também define a ADA como o "terreno a ser efetivamente ocupado pelo empreendimento e por todas as estruturas e instalações de apoio".[535] Da mesma forma, o STF entendeu que a ADA seria aquela na qual haveria "contatos diretos e efetivos entre as estruturas construtivas (canais, reservatórios, obras associadas, etc.) do empreendimento e a região em que ele será implantado".[536] Para Gulin, Saes e Kowalski, a ADA "corresponde àquela de fato ocupada pela planta objeto de avaliação de impacto ambiental, local que será objeto de intervenção, com a implantação do empreendimento e de suas estruturas auxiliares, incluindo atividades de aterro, supressão de vegetação, dentre outras".[537]

Como se isso não fosse suficiente, há divergência sobre o uso dos conceitos AID, ADA e AII, como se verifica em estudo do MPF (Nota Técnica nº 39/2007, da 4ª Câmara de Coordenação e Revisão).[538] A sua 4ª Câmara de Coordenação e Revisão anota que não apenas diversas nomenclaturas são utilizadas em relação à área de influência,

---

[533] CARVALHO, Salma Saráty de. A importância da definição das áreas de influência (AI's) no licenciamento ambiental para a sociedade – estudo de caso: as minas de Caulim nos municípios de Ipixuna do Pará. Dissertação de mestrado em Ciências Ambientais na Universidade Federal do Pará, Belém, 2009. p. 89.

[534] CARVALHO, Salma Saráty de. A utilização da Área Diretamente Afetada – ADA na Avaliação de Impacto Ambiental e sua importância para a sociedade. *Anais do 1º Congresso Brasileiro de Avaliação de Impacto/ 2. Conferência da REDE de Língua Portuguesa de Avaliação de Impactos.* pág. 8. Disponível em: http://avaliacaodeimpacto.org.br/wp-content/uploads/2012/10/126_ADA.pdf. Acesso em 18 nov. 2014.

[535] MILARÉ, Édis. *Direito do Ambiente.* 10. ed. 2015. p. 807, nota 236.

[536] STF, ACO-MC 876/BA, Rel. Min. Sepúlveda Pertence, j. em 18.12.2006, *DJU* 01.02.2007. p. 148, *RTJ* 200/01/247.

[537] GULIN, Gleyse; SAES, Marcos André Bruxel; TONON NETO, Nelson. A correta delimitação da área de influência na avaliação de impacto ambiental. *In:* COLI, Adriana; DIAS, Pedro (Coord.). *O Setor Elétrico e o Meio Ambiente.* Rio de Janeiro: Synergia: FMASE, 2017. p. 649.

[538] Nota Técnica nº 39/2007, da 4ª Câmara de Coordenação e Revisão do MPF. Disponível em: http://4ccr.pgr.mpf.mp.br/institucional/grupos-de-trabalho/gt-licenciamento/documentos-diversos/informa-tecnicas/NT%20039-07_Encaminha_trabalho_area_de_influencia.pdf. Acesso em 17 mar. 2015. A solução do MPF? Que o Conama fixe critérios a serem utilizados no EIA, "se possível, prevendo a distinção entre 'área de estudo' e 'área de influência', bem como o momento e a forma de identificação de cada uma delas" (p. 31).

mas também diferentes combinações entre elas (pág. 19) e com "uso de vários recortes espaciais para a delimitação das áreas de influência nos EIAs" (pág. 20).

Essa subjetividade é temperada pelo conhecimento acumulado pelo órgão licenciador, o que gera uma prática administrativa, assim como o poder argumentativo da equipe que preparou o estudo ambiental.

Mesmo membros do Ministério Público que escrevem voltados para a prática do licenciamento costumam deixar o tema sem aprofundamento.[539] Não sem razão. Antes de doutrinar que a AID e a AII são definidas pelo EIA, caso o seu termo de referência não tenha determinação específica nesse sentido, Paulo de Bessa Antunes aduz que "a definição da área de influência é uma das tarefas mais inglórias em matéria de estudos ambientais".[540] Tommasi já doutrinava que o estabelecimento dos limites "geográficos, tecnológicos, sociais, econômicos a serem considerados, ou seja, a área de influência do projeto, é uma das tarefas mais difíceis e complexas num EIA".[541]

Isso tudo demonstra como essa questão é intrincada, que deve permanecer, salvo regulação normativa, no âmbito da discricionariedade técnica do órgão licenciador, vedando-se substituir seu critério por outro.

Nessas situações de divergência entre critérios científicos sem clara regulação deve prevalecer o posicionamento do órgão estatal licenciador. O poder decisório para arbitrar as inúmeras divergências metodológicas ou científicas que podem surgir é do órgão executor do Sisnama, não de agentes externos a ele, sejam cientistas, analistas, professores ou membros do *Parquet*. Obviamente isso não significa que tal decisão esteja imune ao controle jurisdicional, mas que deve receber deferência, na linha da doutrina Chevron.[542]

5.3 Utilização de dados secundários nos estudos ambientais

Sob condições normais de temperatura e pressão, estudos ambientais trabalham com dados primários e secundários. Para entender o papel desempenhado pelos dados secundários no contexto dos estudos ambientais, faz-se necessário defini-los e compará-los com os dados primários.

Dados secundários são aqueles já existentes em diversas fontes – em geral, fontes publicadas[543] –, "produzidos por outros, não especificamente para a questão da pesquisa em questão".[544] Dados primários são os "coletados para o problema da

---

[539] "[...] 378 É obrigatório constar do EIA os limites geográficos da área direta ou indiretamente afetada: Artigo – da Resolução Conama nº 01/86: "III – Definir os limites da área geográfica a ser direta ou indiretamente afetada pelos impactos, denominada área de influência do projeto, considerando, em todos os casos, a bacia hidrográfica na qual se localiza"; (SALVADOR, Aline Valéria Archangelo. *Manual Prático de Licenciamento Ambiental*. 2013. 264 fls. Dissertação (Mestrado) – IPÊ – Instituto de Pesquisas Ecológicas, Nazaré Paulista, 2013. p. 157). Perceba-se que na nota de rodapé 378, a promotora de justiça do Estado da Bahia mencionou a ADA sem nada explicitar sobre ela. Aliás, para a doutrinadora, a ADA seria igual à área de influência direta, uma vez que fala em ADA, mas cita o artigo 5º, III, da Res. Conama nº 1/86, conceito com o qual não se concorda.

[540] ANTUNES, Paulo de Bessa. *Direito Ambiental*. 16. ed. 2014. p. 628-629.

[541] TOMMASI, Luiz Roberto. *Estudo de Impacto Ambiental*. São Paulo: Cetesb: Terragraph Artes e Informática, 1994. p. 41.

[542] Explicada no capítulo sobre controle jurisdicional (cap. XII, item 2).

[543] RABIANSKI, Joseh S. Primary and secondary data: concepts, concerns, errors, and issues. *The Appraisal Journal*, Madison: The Appraisal Institute, v. 71 (1), p. 43-55, jan. 2003. p. 44.

[544] COWTON, Christopher J. The use of secondary data in business ethics research. *Journal of Business Ethics*, Dordrecht: Kluwer Academic Publishers, v. 17 (4), p. 423-434, 1998. p. 424; HARRIS, Howard. Content analysis

pesquisa específica em curso, usando procedimentos que se encaixam melhor no problema de pesquisa",[545] no caso, o estudo ambiental do empreendimento ou atividade a ser licenciada.

Normalmente, admitem-se os secundários como (i) alternativa aos dados primários, ou como (ii) suplemento a eles.[546]

Em alguns casos, prevê-se a utilização de dados secundários nos estudos ambientais. Quando são exigidos dados primários para embasar os estudos e esses não podem ser adquiridos ou somente podem sê-lo com custo excessivo, não apenas financeiro (*v.g.*, risco à equipe coletora de dados, ao meio ambiente, aos espécimes estudados etc.), surge um problema que deve ser solucionado pelos órgãos ambientais. Às vezes, não é possível utilizar dados primários no estudo ambiental, ainda que eles sejam preferíveis aos secundários em relação a certos tópicos.

Como ninguém é obrigado ao impossível ou a ato desarrazoado – trabalhar com dados primários quando sua coleta, por algum motivo é inviável –, entende-se que o uso dos dados secundários no lugar dos primários nos estudos ambientais pode ser válido, ainda que de forma excepcional em alguns casos. Diz-se em alguns casos por que os dados secundários devem ser a regra nos estudos ambientais, deixando para os primários o que não puder ser obtido pelos secundários.

Inúmeras razões justificam o uso de dados secundários, como a economia de tempo, de dinheiro, a impossibilidade ou dificuldade de obter dados primários. Christopher Cowton doutrina que na prática os dados secundários podem possuir algumas vantagens quando, por exemplo, não é possível obter acesso para a coleta de dados primários,[547] concluindo que é a situação concreta que ditará o balanço a ser feito sobre as vantagens e desvantagens sobre o uso de dados secundários.[548]

De forma geral, os dados secundários são considerados menos precisos do que os primários porque não foram coletados especificamente para a pesquisa ou estudo que se almeja. Sua desvantagem reside no fato de que "podem não ser o ideal para o problema pesquisado ou, no caso de dados qualitativos, podem não ser facilmente interpretados sem informação explícita sobre os informantes e do contexto".[549] Adicione-se como elemento complicador a atualidade dos dados secundários. Esse é o maior desafio à sua utilização: a superação da arguição de que eles não responderiam satisfatoriamente à pergunta realizada.

Ao estudar o compartilhamento de dados por ecologistas, ou seja, o uso de dados secundários, Ann S. Zimmerman observa que essa prática é fortemente encorajada para resolver problemas ambientais e que os dados ecológicos têm características que os fazem

---

of secondary data: a study of courage in managerial decision making. *Journal of Business Ethics*, Dordrecht: Kluwer Academic Publishers, v. 34 (3-4), p. 191-208, 2001. p. 192 – tradução livre.

[545] BOEIJE, Hennie R.; HOX, Joop J. Data collection, primary vs. secondary. *In*: KEMPF-LEONARD, Kimberly (Ed.). *Encyclopedia of Social Measurement*. Elsevier. p. 593-599, 2005, v. I (A-G). p. 593 – tradução livre.

[546] GOODWIN, John. Editor's introduction: secondary sources and secondary analysis. *In*: GOODWIN, John (Ed.). *SAGE Secondary Data Analysis*. London: SAGE Publications Ltd., 2012. v. I. p. xx.

[547] COWTON, Christopher J. The use of secondary data in business ethics research. *Journal of Business Ethics*, Dordrecht: Kluwer Academic Publishers, v. 17 (4), p. 423-434, 1998. p. 430.

[548] COWTON, Christopher J. The use of secondary data in business ethics research. *Journal of Business Ethics*, Dordrecht: Kluwer Academic Publishers, v. 17 (4), p. 423-434, 1998. p. 431.

[549] BOEIJE, Hennie R.; HOX, Joop J. Data collection, primary vs. secondary. *In*: KEMPF-LEONARD, Kimberly (Ed.). *Encyclopedia of Social Measurement*. Elsevier. p. 593-599, 2005. v. I (A-G). p. 594 – tradução livre.

difíceis de compartilhar (*v.g.*, falta de uma base para compartilhamento de metodologia e padrões de mensuração).[550] Isso demonstra que o uso de dados secundários em matéria ambiental não é algo excepcional, ao contrário do que possa parecer.

Entretanto, mesmo que se exijam dados primários, os secundários podem ser muito úteis, especialmente em situações transitórias (enquanto a coleta dos primários não é possível), uma vez que propiciam mais segurança para os estudos e posterior análise pelo órgão ambiental. Sua utilidade pode aumentar proporcionalmente conforme a distância entre a área neles referida e a área diretamente afetada pelo empreendimento for menor.

De qualquer forma, quando forem necessários os dados primários para certos aspectos do estudo ambiental em questão, eles devem ser coligidos assim que possível, ainda que no monitoramento operacional ou pós-operacional.

Apesar dos dados primários constituírem a praxe de certos tópicos dos estudos ambientais, os órgãos ambientais devem aceitar os secundários como substitutos totais ou parciais quando a coleta dos primários for desarrazoada, excessivamente onerosa ou mesmo impossível. Como espécie do uso de dados secundários, não se pode descartar a admissão da meta-análise nos estudos ambientais.

O uso de dados secundários pode surgir de ofício ou a pedido do empreendedor.

A título de comparação, o *National Historic Preservation Act* (NHPA) permite a condução de pesquisa/estudo (*survey*) para identificar propriedades históricas. A *D.C. Circuit Court* esclareceu que os órgãos ou entidades públicas "são livres para usar a pesquisa/estudo ou outro método para obter informação",[551] o que admitiria o uso de dados secundários.

No que diz respeito ao estudo do componente indígena (ECI), o TRF da 1ª Região não admitiu o efetuado com dados secundários por "contrariar o disposto na Constituição Federal e na Convenção nº 169 da OIT, que estabelecem expressamente a necessidade de manifestação da comunidade indígena atingida".[552]

O uso de dados secundários se relaciona com o tipo de aporte de informações aos estudos, não havendo relação com a participação via oitiva. A participação pode ocorrer posteriormente, cenário no qual se usariam os dados do ECI e a participação tenderia a ser mais significativa (característica da participação quando ela está mais próxima da fase de execução).

A decisão do TRF da 1ª Região entendeu que o ECI necessariamente tem que ser construído com a oitiva (dados primários), ainda que afirme, com apoio em precedente do próprio tribunal,[553] que a "elaboração do ECI não afasta a necessidade de consulta prévia, livre e informada dos povos indígenas, na forma da Convenção nº 169 da OIT, já que são institutos que não se confundem entre si". Exatamente por serem institutos que não se confundem, não existe essa restrição ao uso de dados secundários na composição do ECI e a oitiva posterior.

---

[550] ZIMMERMAN, Ann S., *Data sharing and secondary use of scientific data: experiences of ecologists*. 2003. 272 fls. Tese (doutorado em Filosofia) – University of Michigan. Ann Arbor, 2003. p. 3 e 94.

[551] *Oglala Sioux Tribe v. Nuclear Regulatory Commission* (D.C. Circuit Court – 2022). p. 23 (Tradução livre).

[552] TRF da 1ª Região, 6ª T., v.u., AC 0002505-70.2013.4.01.3903/PA, Rel. Des. Fed. Jirair Aram Meguerian, j. em 06.12.2017, *e-DJF1* 19.12.2017.

[553] TRF da 1ª Região, 5ª T., v.u., AC 0005891-81.2012.4.01.3600/MT, Rel. Des. Souza Prudente, j. em 09.10.2013, *e-DJF1* 29.10.2013. p. 1.111.

No caso concreto, havia uma demora em conseguir marcar os trabalhos de campo dentro das áreas indígenas, não havendo nem mesmo previsão de data para tal. Seria um caso clássico para o uso de dados secundários,[554] mas para a Sexta Turma do TRF da 1ª Região cabia ao empreendedor acionar o judiciário visando sanar a alegada omissão estatal, sem lhe ser permitido, todavia, violar as regras da necessidade de oitiva.[555] Sem dúvida, as regras sobre a oitiva devem ser cumpridas, mas elas não têm relação com o uso de dados para o ECI.

Posteriormente, afinado com o rito do licenciamento ambiental, o TRF da 1ª Região admitiu que não bastaria o ECI, sendo também necessária a sua aprovação pela Funai ou pelo órgão licenciador.[556]

5.4 A ausência de caráter vinculante dos estudos ambientais e dos pareceres técnicos ao órgão licenciador: a compreensão do processo decisório do licenciamento ambiental

Existe remansosa doutrina que nega ao EIA e, a rigor, a qualquer estudo ambiental o efeito vinculativo sobre o licenciamento ambiental.[557]

---

[554] O processo de licenciamento ambiental não pode ser obstado por manobras que caracterizem abuso de poder, ainda que por particulares. Cf., em relação as oitivas da Convenção OIT 169, o Capítulo X, item 10.2.08 (A necessidade de procedimentos prévios para a consulta e razoabilidade do prazo: vedação do abuso de direito ou dos atos emulativos) e o artigo de Roberta Jardim de Moraes e Mayara Alves Bezerra, no qual também admitem que pode haver abuso de poder na recusa ou postura protelatória em participar do processo de consulta, com vistas a configurar verdadeiro óbice à condução do processo de licenciamento ambiental (MORAES, Roberta Jardim de; BEZERRA, Mayara Alves. Reflexões sobre as consultas às comunidades quilombolas, no contexto do licenciamento ambiental, e sua moldura no ordenamento jurídico atual. *In*: SILVA, Bruno Campos; GURGEL, Carlos Sérgio; THAMAY, Rennan (Coords.). *Direito e Política no Brasil – estudos em homenagem ao Professor José Afonso da Silva*. São Paulo: Almedina, 2023).

[555] "[...] X – Não modifica o entendimento acerca da imprestabilidade do ECI apresentado com base em dados secundários a alegação de que, após diversos contatos realizados com a Funai para que fosse agendada a apresentação do empreendimento aos indígenas das TIs Paquiçamba e Arara da Volta Grande do Xingu para a realização dos trabalhos de campo do ECI dentro dessas áreas, não foi possível sua realização, sendo que a autarquia não teria apresentado nova data para a retomada dos estudos. Isso porque a primeira apelante dispõe dos meios judiciais cabíveis para sanar a omissão da FUNAI no que se refere à definição das datas para a retomada dos estudos relacionados ao ECI. O que não lhe é permitido é que, diante da alegada omissão do órgão indigenista, o que deve ser apurado em ação própria, apresente estudo que não possui validade frente ao que determinam a Constituição Federal e a Convenção nº 169 da OIT" (TRF da 1ª Região, 6ª T., v.u., AC 0002505-70.2013.4.01.3903/PA, Rel. Des. Fed. Jirair Aram Meguerian, j. em 06.12.2017, e-DJF1 19.12.2017).

[556] "[...] 8. No que concerne à pretensão de se obter efeito suspensivo ao acórdão pelos embargos de declaração, é cediço que não basta a mera realização dos estudos concernentes ao Componente Indígena, porque é preciso que esses estudos sejam submetidos aos órgãos competentes e sejam aprovados, seja no âmbito da FUNAI, seja no âmbito do órgão concessor da licença prévia, estabelecendo-se, a partir daí, as respectivas condicionantes a serem atendidas nas próximas fases de sua implementação" (TRF da 1ª Região, 6ª T., v.u., EDAC 0002505-70.2013.4.01.3903/PA, Rel. Des. Fed. Jamil Rosa de Jesus Oliveira, j. em 25.04.2022, PJe 05.05.2022).

[557] ANTUNES, Paulo de Bessa. *Direito Ambiental*. 16. ed. São Paulo: Atlas, 2014. p. 618-619, 621 e 638; GRANZIERA, Maria Luiza Machado. *Direito Ambiental*. 3. ed. São Paulo: Atlas, 2014. p. 412; AMADO, Frederico Augusto Di Trindade. *Direito Ambiental Esquematizado*. 4. ed. 2013. p. 178; FIORILLO, Celso Antonio Pacheco. *Curso de Direito Ambiental Brasileiro*. 13. ed. São Paulo: Saraiva, 2012. p. 223; ROSA, Patrícia Silveira da. *O Licenciamento Ambiental à Luz da Teoria dos Sistemas Autopoiéticos*, 2009. p. 130; FREITAS, Vladimir Passos de. *Direito Administrativo e Meio Ambiente*. 3. ed. 5. tir. Curitiba: Juruá, 2004. p. 73-74; MIRRA, Álvaro Luiz Valery. *Impacto Ambiental*: aspectos da legislação brasileira. 2. ed. São Paulo: Juarez de Oliveira, 2002. p. 85; OLIVEIRA, Antonio Inagê de Assis. *O Licenciamento Ambiental*. São Paulo: Iglu, 1999. p. 213; BARROSO, Luís Roberto. A proteção do *meio ambiente* na Constituição Brasileira. *Revista Forense*, n. 317. p. 161-178, Rio de Janeiro: Forense, jan./mar. de 1992. p. 173; BENJAMIN, Antonio Herman V. Os princípios do estudo de impacto ambiental como limites da discricionariedade administrativa. *Revista Forense*, n. 317, p. 25-45, Rio de Janeiro: Forense, jan./mar. de 1992. p. 27.

A ausência de compreensão do processo decisório do licenciamento ambiental leva a concepções equivocadas sobre o papel dos estudos ambientais ou mesmo dos pareceres técnicos do próprio órgão licenciador. É que sendo apenas um subsídio possível para a análise sobre a emissão da licença ambiental, os estudos ambientais e os pareceres técnicos não se confundem com a própria decisão. Uma coisa são os aportes técnicos, que se faz por estudos ambientais ou pareceres técnicos conclusivos no licenciamento ambiental, outra, bem diferente, é o julgamento sobre a viabilidade ambiental da atividade que pondera todos os elementos em jogo.

Ciente do funcionamento do processo decisório do licenciamento ambiental, a jurisprudência corretamente recusa a invalidação de atos autorizativos ambientais fundada na mera citação de trechos de manifestações técnicas, que não retratam a vontade externada pelo órgão decisor. Assim, o TJSP decidiu que "citações descontextualizadas de trechos escolhidos de algumas manifestações técnicas não invalidam as manifestações favoráveis nem a decisão dos órgãos superiores da administração".[558]

Se os estudos ambientais vinculassem o julgamento do órgão licenciador, a licença em si seria desnecessária, bem como um parecer técnico sobre o estudo. Por isso, Paulo de Bessa Antunes, ao reforçar tal entendimento, leciona que as conclusões do EIA não obrigam a Administração, apenas "são um importantíssimo instrumento de auxílio na tomada de decisão e não mais do que isso", e arremata com propriedade:

> Caso o EIA fosse vinculante para a Administração, *data venia*, não haveria sentido na própria existência do licenciamento, pois, uma vez que o EIA tivesse concluído que uma licença deveria ser dada, a Administração não poderia negá-la, por exemplo. O EIA não é um instrumento capaz de impor ao administrador uma determinada conduta – positiva ou negativa – com relação à concessão de uma licença ambiental.[559]

Nesse sentido, Luís Roberto Barroso é categórico ao rechaçar que a concessão da licença em desconformidade com as conclusões do estudo de impacto ambiental gere a sua invalidade, uma vez que o EIA/RIMA seria vinculativo: "Este estudo, por relevante que seja, é na verdade *informativo* da decisão a ser tomada pela autoridade administrativa, que o levará em conta, mas terá de balanceá-lo com outros elementos".[560]

Herman Benjamin também reconhece essa discricionariedade administrativa para escolher entre as alternativas, e a desobrigação de se escolher a alternativa menos impactante para o meio ambiente, negando, ainda, o caráter vinculante do EIA. Nas palavras do jurista:

> É bom ressaltar que o EIA não aniquila, por inteiro, a discricionariedade administrativa em matéria ambiental. O seu conteúdo e conclusões não extinguem a apreciação de conveniência

---

[558] TJSP, 1. Câmara Reservada ao Meio Ambiente, v.u., AI 0205003-35.2012.8.26.0000, Rel. des. Torres de Carvalho, j. em 13.02.2014.

[559] ANTUNES, Paulo de Bessa. *Direito Ambiental*. 16. ed. 2014. p. 618.

[560] BARROSO, Luís Roberto. A proteção do *meio ambiente* na Constituição Brasileira, *Revista Forense*, Rio de Janeiro: Forense, n. 317, p. 161-178, jan./mar. 1992. p. 173 – itálicos no original. Obviamente o jurista entende que ao divergir do EIA/RIMA deve a autoridade fazê-lo motivadamente, mas rechaça a vinculação ao estudo ambiental e admite a necessidade de se balancear com outros elementos não constantes da avaliação de impacto ambiental. Na conclusão do seu texto volta a enfatizar que "o estudo é apenas informativo e não vinculativo da decisão da autoridade administrativa" (BARROSO, Luís Roberto. A proteção do *meio ambiente* na Constituição Brasileira. *Revista Forense*, n. 317, p. 161-178, 1992. p. 177).

e oportunidade que a Administração Pública pode exercer, como, por exemplo, na escolha de uma entre múltiplas alternativas, optando, inclusive, por uma que não seja a ótima em termos estritamente ambientais. Tudo desde que a decisão final esteja coberta de razoabilidade, seja motivada e tenha levado em conta o próprio EIA.[561]

Vladimir Passos de Freitas comunga do mesmo entendimento, enfatizando que inexiste qualquer comando legal que ordene a vinculação do órgão licenciador ao estudo ambiental e que a autoridade licenciante "necessita possuir certa dose de discricionariedade para decidir tal tipo de questão, pois, não raramente, existirão interesses sociais relevantes a justificar a tomada de certa posição".[562]

Aliás, o próprio parecer técnico não constitui a palavra final sobre o licenciamento ambiental. Ele está para a licença assim como o estudo ambiental está para o licenciamento, pois ele é um mero subsídio. A autoridade decisora é quem realmente tomará a decisão, podendo discordar das avaliações efetuadas tanto no estudo ambiental quanto no parecer técnico efetuado pelos servidores do órgão licenciador do qual faz parte, uma vez que tem competência técnica e administrativa para tanto. Precisa a lição de Antonio Inagê de Assis Oliveira quanto a esse ponto:

> A decisão de conceder ou não a licença é político-administrativa, portanto, leva em linha de conta outros critérios que os exclusivamente técnicos. Há razões do interesse do Estado que se sobrepõem aos critérios técnicos centrados puramente na preservação do meio ambiente. Desta forma, não é o EIA uma camisa de força para a Administração. Apenas para que sejam desconsideradas suas considerações e recomendações é necessária uma motivação clara.[563]

Uma boa analogia para ajudar a compreensão do processo decisório do licenciamento ambiental é com o Tribunal de Contas da União (TCU). Em diversos julgados há uma análise e opinião de uma secretaria técnica (Secex), o que equivale aos pareceres técnicos conclusivos do processo de licenciamento ambiental, e posteriormente há a decisão do TCU. Ele não necessariamente segue o opinativo da Secex, fazendo seu próprio julgamento da questão.

5.5 A presunção relativa do rol do artigo 2º da Resolução Conama nº 1/86 e da legislação esparsa: a necessária fase de triagem (*screening*)

O artigo 2º da Resolução Conama nº 1/1986, ao prever o EIA para as atividades lá listadas em rol exemplificativo, não deve ser interpretado como se sempre houvesse significativo impacto a justificar o EIA. Ainda que essa previsão provenha de lei, como a da Lei do Bioma Mata Atlântica (Lei nº 11.428/06, arts. 20, parágrafo único, 22 e 32, I),

---

[561] BENJAMIN, Antonio Herman V. Os princípios do estudo de impacto ambiental como limites da discricionariedade administrativa. *Revista Forense*, Rio de Janeiro: Forense, n. 317, p. 25-45, jan./mar. 1992. p. 27. No mesmo sentido: ALONSO JÚNIOR, Hamilton. O autolicenciamento ambiental. *In*: FINK, Daniel Roberto; ALONSO JÚNIOR, Hamilton; DAWALIBI, Marcelo. *Aspectos Jurídicos do Licenciamento Ambiental*. 2. ed. 2002. p. 55.

[562] FREITAS, Vladimir Passos de. *Direito Administrativo e Meio Ambiente*. 3. ed. 5. tir. Curitiba: Juruá, 2004. p. 73-74.

[563] OLIVEIRA, Antonio Inagê de Assis. *O Licenciamento Ambiental*. São Paulo: Iglu, 1999. p. 213.

a da Lei do Zoneamento Costeiro (Lei nº 7.661/88, art. 6º, §2º) ou da Lei de Gestão de Florestas Públicas (art. 18, §2º), deve-se fazer interpretação conforme a Constituição (art. 225, §1º, IV) para o EIA ser exigido somente nos casos de obra ou atividade potencialmente causadora de significativa degradação do meio ambiente.

A Resolução Conama nº 237/97 (art. 3º, parágrafo único) já tinha atualizado essa questão, não exigindo o EIA pela natureza da atividade, mas pela natureza do impacto ambiental. Assim é que consta comando ao órgão ambiental para definir "os estudos ambientais pertinentes ao respectivo processo de licenciamento" ambiental se verificado "que a atividade ou empreendimento não é potencialmente causador de significativa degradação do meio ambiente".

Por tal razão, é fundamental a existência de uma etapa de triagem ou seletividade (*screening*) no licenciamento ambiental para averiguar se o projeto tem potencialidade para causar significativo impacto ambiental.[564]

Se a exigência do EIA tem sede constitucional (art. 225, §1º, IV) e daí se extrai algo substantivo, que impede a dispensa do EIA pela mera imprevisão do legislador ou que normas infraconstitucionais suprimam a sua exigência,[565] torna-se evidente que a listagem legal ou regulamentar não pode ser considerada de forma absoluta. Não se poderia falar em mínimo obrigatório, que somente seria ampliado e nunca restringido, porque isso transformaria a intenção constitucional de exigir o EIA, para instalação de obra ou atividade potencialmente causadora de significativa degradação do meio ambiente, em algo meramente formal ou, pior, seria formal só para um dos lados da questão: somente haveria ampliação das hipóteses de cabimento.

A Resolução Conama nº 237/97 (art. 3º, parágrafo único) é sábia nesse sentido, pois ao reconhecer substância na escolha constitucional pelo EIA para obras com significativo impacto, preceituou que o órgão licenciador definirá os estudos ambientais pertinentes ao respectivo processo de licenciamento se verificar que a atividade ou empreendimento não é potencialmente causador de significativa degradação do meio ambiente.

A Constituição impõe uma garantia em prol do meio ambiente, não um mínimo, mas a exata medida de como o significativo impacto ambiental deve ser tratado pelo EIA.[566] O legislador não pode ser desproporcional e exigir um tiro de canhão para matar um pardal. Pecar pelo excesso é descumprir a Constituição, impondo ônus desnecessário ao Estado e aos seus cidadãos. Herman Benjamin aduz que "é induvidoso que não é

---

[564] "Existem várias formas para a determinação de quão significativo é o impacto nos sistemas de avaliação: listagem classificatória das ações, projetos ou tipos de obras (Europa); estudo preliminar ou aplicação de critérios que determinam os aspectos adversos de relevância (EUA); procedimentos e métodos desenvolvidos por países ou agências de financiamento (agências de cooperação); histórico de projetos e revisões já desenvolvidos anteriormente para atividades semelhantes" (FIORILLO, Celso Antonio Pacheco; MORITA, Dione Mari; FERREIRA, Paulo. *Licenciamento Ambiental*. São Paulo: Saraiva, 2011. p. 185).

[565] "AÇÃO DIRETA DE INCONSTITUCIONALIDADE. ARTIGO 182, §3º, DA CONSTITUIÇÃO DO ESTADO DE SANTA CATARINA. ESTUDO DE IMPACTO AMBIENTAL. CONTRARIEDADE AO ARTIGO 225, §1º, IV, DA CARTA DA REPÚBLICA. A norma impugnada, ao dispensar a elaboração de estudo prévio de impacto ambiental no caso de áreas de florestamento ou reflorestamento para fins empresariais, cria exceção incompatível com o disposto no mencionado inciso IV do §1º do artigo 225 da Constituição Federal" (STF, Pleno, v.u., ADI nº 1.086/DF, Rel. Min. Ilmar Galvão, j. em 07.06.2001, *DJU* 10.08.2001). Mais recentemente, cf. STF, 2. T., v.u., AR no RE nº 650.909/RJ, Rel. Min. Ricardo Lewandowski, j. em 17.04.2012, *DJe* 03.05.2012.

[566] Roberto Carramenha é expresso em defender que a Constituição condiciona o EIA às obras e atividades potencialmente causadoras de degradação ambiental significativa, "nem sempre sendo obrigatória a sua apresentação" (CARRAMENHA, Roberto. Natureza jurídica das exigências formuladas no licenciamento ambiental. In: BENJAMIN, Antonio Herman; SÍCOLI, José Carlos Meloni. *Anais do 5º Congresso Internacional de Direito Ambiental*. São Paulo: IMESP, 2001. p. 201).

toda e qualquer obra ou atividade que exige a elaboração de EIA. *Seria um desperdício de recursos humanos e econômicos*".[567] As "atividades modificadoras do meio ambiente" do *caput* do artigo 2º da Resolução Conama nº 1/86 e das Leis nº 11.428/06 e nº 7.661/88 estão muito longe da "significativa degradação do meio ambiente" exigida pela Constituição, devendo-se fazer uma leitura conforme a Constituição do instituto.[568]

Não é o EIA que dirá se há ou não significativo impacto ambiental, senão ele seria obrigatório a todos os empreendimentos. É a experiência ou mesmo um estudo ambiental preliminar ou simplificado que dirá se existirá impacto ambiental significativo.

Dessa forma, é comum a doutrina defender que o rol do artigo 2º da Resolução Conama nº 1/1986 encerra presunção *juris tantum*,[569] admitindo que provas, pareceres técnicos ou decisão administrativa determinem a possibilidade ou não de significativa degradação ambiental, afastando a presunção relativa da referida norma.

A própria evolução legislativa dos poderes atribuídos ao Conama indicaria esse sentido, com a alteração da Lei nº 6.938/81 logo após a promulgação da Constituição de 1988. A partir da redação original do artigo 8º, II, que preceituava competir ao Conama determinar a realização de estudos ambientais de projetos públicos ou privados, pura e simplesmente, passou-se a exigir esses estudos, no caso de obras ou atividades de significativa degradação ambiental, com o advento da Lei nº 7.804/89 e, na atual legislação, com a Lei nº 8.028/90.

Nesse sentido, em 1989 já existiam pareceres da assessoria jurídica da Cetesb (Pareceres nº 130/89/PJ[570] e 241/89/PJ[571]) citando diversos casos nos quais a exigência

---

[567] BENJAMIN, Antonio Herman V. *In*: BENJAMIN, Antonio Herman V.; MILARÉ, Édis. *Estudo Prévio de Impacto Ambiental*. 1993. p. 112.

[568] Propugnando por uma leitura conforme, Rogério Pagel leciona: "Nos termos da nova ordem constitucional, somente quando houver significativa degradação do meio ambiente poderá ser exigido o EIA/RIMA. Isso, e apenas dessa forma, está na Constituição. Qualquer outra disposição que houver na legislação infraconstitucional deve se conformar com a previsão constitucional, e de acordo com ela deve ser interpretada" (PAGEL, Rogério. A responsabilidade civil do estado frente à concessão de licença ambiental. *Veredas do Direito*, Belo Horizonte: Editora Dom Helder, v. 9, n. 18. p. 229-248, jul./dez. 2012. p. 236).

[569] GOLDENSTEIN, Stela. Apresentação. *In*: GOUVÊA, Yara Maria Gomide; ACKER, Francisco Thomaz Van; SÁNCHEZ, Luis Enrique et al. *Avaliação de Impacto Ambiental*. São Paulo: Secretaria do Meio Ambiente, 1998. p. 7-8; ACKER, Francisco Thomaz Van. Os estudos de impacto ambiental: da Resolução 1/86 à Resolução 237/97 do Conama. *In*: GOUVÊA, Yara Maria Gomide; ACKER, Francisco Thomaz Van; SÁNCHEZ, Luis Enrique et al. *Avaliação de Impacto Ambiental*. 1998. p. 28-29; GOUVÊA, Yara Maria Gomide. A interpretação do artigo 2º da Resolução Conama nº 1/86. *In*: GOUVÊA, Yara Maria Gomide; ACKER, Francisco Thomaz Van; SÁNCHEZ, Luis Enrique et al. *Avaliação de Impacto Ambiental*. 1998. p. 11-23; BUGALHO, Nelson R. Estudo prévio de impacto ambiental. *Revista de Direito Ambiental*, São Paulo: RT, ano 4, v. 15, p. 18-33, jul./set. 1999 [extraído da *Revista dos Tribunais on line*]; ALONSO JÚNIOR, Hamilton. O autolicenciamento ambiental. *In*: FINK, Daniel Roberto; ALONSO JÚNIOR, Hamilton; DAWALIBI, Marcelo. *Aspectos Jurídicos do Licenciamento Ambiental*, 2. ed. 2002. p. 54; KRELL, Andreas J. Problemas do licenciamento ambiental no sistema nacional do meio ambiente. *Revista de Direitos Difusos*, São Paulo: IBAP/ADCOAS, v. 5, n. 27, p. 3765-3781, set./out. 2004. p. 3780; BINENBOJM, Gustavo. *Temas de Direito Administrativo e Constitucional* – artigos e pareceres. Rio de Janeiro: Renovar, 2008. p. 713; MACIEL, Marcela Albuquerque. *Compensação Ambiental*: instrumento para a implementação do Sistema Nacional de Unidades de Conservação, 2012. p. 113-114; NASCIMENTO, Sílvia Helena Nogueira. *Competência para o Licenciamento Ambiental na Lei Complementar 140/2011*. São Paulo: Atlas, 2015. p. 80-81; MILARÉ, Édis. *Direito do Ambiente*, 8. ed. p. 752-756; VILLAR, Pilar Carolina. O licenciamento ambiental: competência, procedimento e fiscalização. *In*: CIBIM, Juliana Cassano; VILLAR, Pilar Carolina (Orgs). *Direito, Gestão e Prática*: direito ambiental empresarial. São Paulo: Saraiva, FGV Direito SP, 2017. p. 106.

[570] O Parecer nº 130/89/PJ/CETESB foi aprovado pelo Consema, em 27.07.1990, mediante a Deliberação 20/90. Assim, pouco depois, o Estado de São Paulo reconheceu a tese através de sua Secretaria de Meio Ambiente. Na Resolução SMA 42, de 29 de dezembro de 1994, estabeleceu que era necessário apresentar um Relatório Ambiental Preliminar (RAP) para subsidiar a necessidade de se exigir um EIA pela SMA, através do DAIA, dispensando a automaticidade da vinculação do EIA ao fato de a atividade estar no rol do artigo 2º da Resolução Conama nº 01/86.

[571] *Apud* GOUVÊA, Yara Maria Gomide. A interpretação do artigo 2º da Resolução Conama nº 1/86. *In*: GOUVÊA, Yara Maria Gomide; ACKER, Francisco Thomaz Van; SÁNCHEZ, Luis Enrique et al. *Avaliação de Impacto Ambiental*. p. 12-22.

do EIA seria completamente desarrazoada e desnecessária, constituindo-se mera formalidade burocrática. Neles ficou consignado que nem todas as atividades constantes do rol do artigo 2º da Resolução Conama nº 1/86 dependem, obrigatoriamente, de EIA, bem como outras omitidas nesse rol podem depender do EIA. No Parecer nº 130/89/PJ/CETESB foi observado: "O exemplificativo não é 'só para mais', pelo menos não nos termos em que a questão foi colocada na Resolução em exame".[572]

Com base nesse entendimento jurídico, a Secretaria de Meio Ambiente/SP editou a Resolução SMA 42/94, pela qual o EIA não era obrigatório pelo simples fato de a matéria estar no rol do artigo 2º da Resolução Conama nº 1/86. A resolução estadual foi alvo de Inquérito Civil, instaurado pelo MP-SP, o que gerou a elaboração de um opinativo jurídico da PGE-SP (Parecer nº 278/1998)[573] pela sua validade.

A PGE-RJ também entendeu dessa forma nos Pareceres 03 e 05/2001-VCP,[574] reconhecendo que o órgão técnico pode, no caso concreto, verificar a ausência de obra ou atividade potencialmente causadora de significativa degradação ambiental.[575]

Interessante notar que a AGU entendeu que o órgão licenciador competente definirá os estudos ambientais, diante do caso concreto, se a atividade ou empreendimento não for potencialmente causador de significativa degradação do meio ambiente. A AGU afastou, dessa forma, formalismos estéreis, como a exigência de EIA sem significativo impacto ambiental.[576]

Recentemente, a AGU e o Ibama acolheram especificamente essa tese na OJN nº 51/2015/PFE-IBAMA/PGF/AGU, assim ementada:

---

[572] *Apud* GOUVÊA, Yara Maria Gomide. A interpretação do artigo 2º da Resolução Conama nº 1/86. *In*: GOUVÊA, Yara Maria Gomide; ACKER, Francisco Thomaz Van; SÁNCHEZ, Luis Enrique et al. *Avaliação de Impacto Ambiental*. p. 13.

[573] COSTA, Ana Cristina Pasini da. Avaliação de impacto ambiental no Estado de São Paulo. *In*: GOUVÊA, Yara Maria Gomide; ACKER, Francisco Thomaz Van; SÁNCHEZ, Luis Enrique et al. *Avaliação de Impacto Ambiental*. p. 66. O Parecer nº 278/1998/CONJUR-SMA/PGE-SP (PA SMA 10.057/98) citou parecer precedente (Parecer nº 106/1998/CONJUR-SMA/PGE-SP), sendo mantido no Parecer nº 162/2003/CONJUR-SMA/PGE-SP (aprovado pela Procuradora-chefe da Conjur SMA/SP, em 23.04/2003, nos autos do PA SMA 13.728/2001).

[574] Parecer nº 05/2001-VCP, de 09.04.2001 (fls. 56-58), aprovado pelo Procurador-Geral do Estado do RJ, em 01.06.2001, nos autos do PA E-07/201.383/00, que também contém o Parecer nº 03/2001-VCP (fls. 59-62), igualmente aprovado pelo PGE-RJ.

[575] No Parecer nº 05/2001-VCP constou: "Desrespeita a vontade do legislador constituinte tanto dispensar o EIA nos casos de obra ou atividade potencialmente causadora de significativa degradação ambiental, assim como exigir, por mera burocracia, EIA onde constatar-se que a obra ou a atividade não é *potencialmente causadora de significativa degradação ambiental*" (fls. 58). Isso porque, como asseverado no Parecer nº 03/2001-VCP: "Por fim, saliente-se apenas que a Constituição Federal (mencionado artigo 225, inciso IV) fez menção à *significativa* degradação ambiental, no exato propósito de não transformar o Estudo de Impacto Ambiental em mera complicação burocrática, a ser exigida em todo e qualquer caso, excluindo, destarte, as atividades que o órgão ambiental identifique a ocorrência de '*reduzido impacto ambiental*'" (fls. 62).

[576] "[...] 36. O parágrafo único, na linha do discorrido quanto à primeira indagação, apenas RECONHECE (DECLARA) que o órgão ambiental licenciador competente, ao verificar que a atividade ou empreendimento não é potencialmente causador de significativa degradação do meio ambiente – não havendo que se falar, assim, em burla ao art. 225, §1º, IV da CFRB/88 –, definirá os estudos ambientais pertinentes ao respectivo processo de licenciamento, ou seja, *diante um caso concreto submetido a apreciação*. 37. Para além de valorizar a função desempenhada pelo órgão ambiental competente e exigir que não haja formalismo desnecessário quando da atuação administrativa, o dispositivo é redigido todo no singular e atrela este dever de definição de estudos ambientais pertinentes à análise de um determinado caso concreto. Por clareza, o órgão ambiental, diante de um caso concreto que lhe seja submetido, declarando sob o ponto de vista técnico-ambiental que o empreendimento não é potencialmente causador de significativa degradação do meio ambiente, deve definir estudos específicos e individualizados para aquele caso concreto, específico" (Parecer nº 138/2014/CGAJ/CONJUR-MMA/CGU/AGU, aprovado pelo Consultor Jurídico do MMA, em 14.02.2014, mediante do Despacho nº 204/2013/CONJUR-MMA, nos autos do PA nº 02000.000040/2014-91).

EXIGÊNCIA LEGAL OU REGULAMENTAR DE ESTUDO DE IMPACTO AMBIENTAL (EIA). NORMAS PRÉ E PÓS CONSTITUIÇÃO DE 1988. NECESSIDADE DE INTERPRETAÇÃO CONFORME A CONSTITUIÇÃO (ART. 225, §1º, IV). IMPOSSIBILIDADE DE SE CONFERIR CARÁTER ABSOLUTO OU CATEGÓRICO A NORMAS QUE EXIGEM EIA, SOB PENA DE DESRESPEITO AO CONTEÚDO SEMÂNTICO MÍNIMO DA CONSTITUIÇÃO. SOMENTE OBRA OU ATIVIDADE POTENCIALMENTE CAUSADORA DE SIGNIFICATIVA DEGRADAÇÃO DO MEIO AMBIENTE ENSEJA A CONFECÇÃO DE EIA.

I – Com a Constituição de 1988, somente obra ou atividade potencialmente causadora de significativa degradação do meio ambiente enseja a elaboração de EIA (art. 225, §1º, IV). A autorização legal ("na forma da lei"), prevista no dispositivo constitucional, para exigir EIA para instalação de obra ou atividade deve ser conjugada com o restante do dispositivo, que aponta um pressuposto: potencialidade de causar significativa degradação do meio ambiente.

II – Interpretação conforme a Constituição tanto na recepção de legislação pré-constitucional (*v.g.*, Res. Conama nº 1/86, art. 2º, e Lei nº 7.661/88, art. 6º, §2º), quanto na pós Constituição (*v.g.*, Lei nº 11.428/06, arts. 20, parágrafo único, 22 e 32, I).

III – Impossibilidade de se conferir caráter absoluto ou categórico a normas que exigem EIA, devendo ser interpretadas como presunções relativas de que há significativo impacto ambiental, ou seja, o órgão ambiental pode afastá-la em circunstâncias específicas.

IV – Exegese que resguarda a eficiência da gestão ambiental, a economicidade, a vedação de excesso na atuação estatal e a análise do processo administrativo em prazo razoável.

O próprio histórico da regulação sugere que o EIA da Resolução Conama nº 1/86 sinalizava mais para o gênero de estudo ambiental do que para o EIA propriamente dito. À época, como visto, a norma regulamentada foi o artigo 18 do Decreto nº 88.351/83, que atrelou o "EIA" ao licenciamento. A Lei nº 6.938/81 somente citava avaliações de impacto ambiental e licenciamento (art. 9º, III e IV), tendo o decreto unido ambos, na tentativa de copiar o estudo ambiental mais famoso e completo dos EUA, o *Environmental Impact Assessment* (EIA), que também tinha expressa previsão para alternativas e identificação de impactos.

Como o Conama estava se estruturando e não havia o conhecimento acumulado na matéria, essa redação infeliz deu margem ao entendimento de que o estudo ambiental exigido para o licenciamento daquelas atividades sempre seria o EIA. Conforme bem destacado pelo Parecer nº 241/89/PJ/CETESB, essa não foi a intenção do Conama, "que certamente terá visado os impactos significativos ao meio ambiente e não a transformação de um instrumento dessa importância em mera exigência formal, imposta sem qualquer análise ou critério".[577] Há ainda quem veja, como Antônio Inagê, o uso de iniciais minúsculas na grafia do EIA, ao contrário do RIMA, como indicativo de que ele não seria "uma figura específica", mas sinônimo de avaliação de impacto ambiental.[578]

Após a Constituição, principalmente com a total falta de sentido de exigir o EIA para diversas situações listadas no artigo 2º da Resolução Conama nº 1/1986, *o Conama esclareceu sua intenção na Resolução Conama nº 237/97*, que tem por base o artigo 17 do Decreto nº 99.274/90, norma idêntica do artigo 18 do revogado Decreto nº 88.351/83.

---

[577] *Apud* GOUVÊA, Yara Maria Gomide. A interpretação do artigo 2º da Resolução Conama nº 1/86. In: GOUVÊA, Yara Maria Gomide; ACKER, Francisco Thomaz Van; SÁNCHEZ, Luis Enrique *et al*. *Avaliação de Impacto Ambiental*, 1998. p. 22.

[578] OLIVEIRA, Antonio Inagê de Assis. *O Licenciamento Ambiental*. 1999. p. 165.

Em cima da mesma norma regulamentadora da Lei nº 6.938/81, o Conama eliminou qualquer dúvida ao esclarecer que a sua intenção não era exigir o EIA para todas as atividades, mas somente para aquelas que pudessem ter significativo impacto ambiental. Por isso, além da Resolução Conama nº 237/97, diversas outras encampam o entendimento de somente exigir EIA diante da significativa degradação ambiental: Resoluções nºs 308/02 (art. 5º, parágrafo único) – revogada pela 404/08 (art. 2º, parágrafo único) –, 316/02 (art. 26, II), 347/04 (art. 8º, *caput*), 350/04 (art. 4º, §5º), 369/06 (art. 7º, §2º).[579]

É fundamental proceder à leitura sistemática da questão sob a égide da Resolução Conama nº 237/97 – e com as que lhe seguiram – que previu, nos casos de o empreendimento não ser potencialmente causador de significativa degradação ao meio ambiente, que o órgão ambiental competente "definirá os estudos ambientais pertinentes ao respectivo processo de licenciamento" (art. 3º, parágrafo único), listando em seu Anexo I apenas as atividades que entendia ser passível de licenciamento (presunção relativa), nada tendo a ver com a obrigatoriedade de realizar o EIA.

Mesmo quem defendia a obrigatoriedade do EIA diante do rol do artigo 2º da Resolução Conama nº 1/86 (presunção absoluta ou *juris et de jure*), como Celso Antonio Pacheco Fiorillo, alterou seu entendimento após a Resolução Conama nº 237/97.[580] Raísa de Oliveira leciona que o órgão licenciador não apenas pode adaptar as etapas e exigências do licenciamento às características do que está sendo licenciado, mas pode substituir o EIA por outros estudos ambientais mais adequados "nos casos em que se verifique não ser a atividade ou empreendimento potencialmente causadores de significativa degradação do meio ambiente (art. 3º, parágrafo único, Resolução Conama nº 237/97".[581]

Salvo casos de manifesta desarrazoabilidade da decisão administrativa na escolha do estudo ambiental (triagem/*screening*), não deve o Judiciário intervir. É importante lembrar a *Chevron doctrine* (doutrina Chevron), originada de um caso ambiental no qual o Judiciário se conscientiza que a escolha administrativa não deve ser necessariamente a melhor, mas apenas razoável.

Édis Milaré aduz que haveria uma inversão do ônus da prova nos casos de previsões de EIA, sendo dever da Administração exigir o EIA nas situações listadas, e que caberia ao empreendedor provar a ausência do impacto significativo para dispensa do EIA.[582] Mas nem sempre isso ocorre, e não existe impedimento de a Administração Pública, *ex officio*, dispensar o EIA, se ela já tem fundamento técnico para tal. De qualquer

---

[579] Faz-se necessário apontar a recente exceção da Resolução Conama nº 462/14, que, ao regulamentar o licenciamento ambiental de eólicos, instituiu EIA abstraindo o significativo impacto aos empreendimentos eólicos que estejam localizados em certas áreas e condições (art. 3º, §3º). O exemplo é importante porque apenas algumas dessas exceções se baseiam em leis específicas que impõem o EIA.

[580] "A Resolução Conama nº 237/97 alterou essa situação, uma vez que, por intermédio de seu art. 3º, foi previsto um rol (mais amplo que o previsto pela Resolução Conama nº 1/86) de atividades necessariamente sujeitas ao licenciamento ambiental, todavia, sem vincular o licenciamento à realização do EIA/RIMA. Dessa forma, as atividades elencadas no Anexo I da Resolução nº 237/97 devem passar por um procedimento de licenciamento ambiental, conforme estabelece o art. 2º, §1º, da Resolução Conama nº 237/97, que, por sua vez, poderá ou não ter o respaldo do EIA/RIMA, em razão de o art. 3º não estabelecer para as atividades enumeradas no Anexo I qualquer presunção de potencialidade de causarem significativa degradação ambiental" (FIORILLO, Celso Antonio Pacheco. *Curso de Direito Ambiental Brasileiro*. 12. ed. São Paulo: Saraiva, 2011. p. 226).

[581] OLIVEIRA, Raísa Lustosa de. *Licenciamento Ambiental*: avaliação ambiental estratégica e (in)eficiência da proteção do meio ambiente. Curitiba: Juruá, 2014. p. 89.

[582] MILARÉ, Édis. *Direito do Ambiente*. 8. ed. p. 755.

forma, há um aumento no dever de motivação para ilidir a presunção relativa da Resolução Conama nº 1/86.[583]

Tornou-se claro para um número de agentes públicos, acadêmicos e consultores que, para os efeitos práticos, exigir o mais completo e complexo estudo ambiental para pequenos empreendimentos estava prejudicando a própria reputação do EIA e desviando recursos governamentais para medidas de controle padronizadas em situações recorrentes.[584]

Exigir o EIA pelo simples fato de ele estar no rol do artigo 2º da Resolução Conama nº 1/86 é tão formalista que, ao cotejar passagens doutrinárias de quem defende o caráter de presunção absoluta da lista, como Álvaro Luiz Valery Mirra, defronta-se com um paradoxo. Mirra entende que "o EIA é condição para o licenciamento de obras e atividades potencialmente causadoras de 'significativa degradação do meio ambiente' e não de qualquer empreendimento degradador",[585] mas pouco depois se contradiz e afirma que há, na Resolução Conama, presunção absoluta de que existe significativo impacto ambiental.[586]

Um dos argumentos de Álvaro Mirra é o de que negar o caráter de presunção absoluta ao rol do artigo 2º da Resolução Conama nº 1/86 seria tornar a listagem "sem efeito e verdadeiramente inócua", além de contraditória, uma vez que lista atividades sujeitas ao EIA e, em ato contínuo, deixa à autoridade administrativa a possibilidade de não aplicação.[587] Ocorre que a listagem não é inócua, se for entendido que ela encerra presunção relativa; o órgão licenciador não é livre para dispensar o EIA diante do significativo impacto e, de forma alguma, dispensá-lo sem motivação, constatando a ausência de impacto significativo, se a atividade estiver prevista na lista. Não existe esse arbítrio e nem contradição, pois a lista serve de norte para o órgão licenciador.

A parte mais curiosa é a afirmação – equivocada, frise-se – de que, para demonstrar que a obra ou atividade não causará significativo impacto ambiental, o empreendedor deverá apresentar perícias e estudos técnicos que "constituem precisamente o cerne das avaliações levadas a efeito no próprio EIA. Dessa forma, mais lógico que se realize diretamente o EIA, afastando com isso um incidente inútil... garantindo que a análise da questão se dará de forma cuidadosa e aprofundada".[588] Se os estudos são iguais, já parece paradoxal que se fale em análise mais cuidadosa e aprofundada no EIA.

Álvaro Mirra continua sua argumentação no sentido de que sem o EIA ocorrerá uma supressão da participação popular no licenciamento ambiental, notadamente audiências públicas, que ele entende como "regra básica e fundamental de qualquer avaliação de impacto ambiental".[589] A inversão é evidente. A audiência pública é um elemento acidental no processo de licenciamento subsidiado pelo EIA; não é ela que o gera, mas é o EIA que a possibilita como elemento acidental, uma vez que o instrumento

---

[583] KRELL, Andreas J. Problemas do licenciamento ambiental no sistema nacional do meio ambiente. *Revista de Direitos Difusos*, São Paulo: IBAP/ADCOAS, v. 5, n. 27. p. 3765-3781, set./out., 2004. p. 3780.
[584] SÁNCHEZ, Luis Enrique. Development on environmental impact assessment in Brazil. *UVP Report*, v. 27 (4 + 5). p. 193-200, 2013. p. 194.
[585] MIRRA, Álvaro Luiz Valery. *Impacto Ambiental*: aspectos da legislação brasileira. 2. ed. 2002. p. 33.
[586] MIRRA, Álvaro Luiz Valery. *Impacto Ambiental*: aspectos da legislação brasileira. 2. ed. 2002. p. 49-56.
[587] MIRRA, Álvaro Luiz Valery. *Impacto Ambiental*: aspectos da legislação brasileira. 2. ed. p. 51.
[588] MIRRA, Álvaro Luiz Valery. *Impacto Ambiental*: aspectos da legislação brasileira. 2. ed. p. 52.
[589] MIRRA, Álvaro Luiz Valery. *Impacto Ambiental*: aspectos da legislação brasileira. 2. ed. p. 52.

participativo perene são os comentários, que necessariamente fazem parte do EIA – como visto no capítulo relativo à participação popular. Ademais, o Judiciário deve ser deferente à decisão administrativa, tanto do ponto de vista procedimental (*Vermont Yankee*) quanto do substancial (*Chevron USA v. NRDC*), como será abordado no capítulo XII desta obra, não podendo impor instâncias participativas por alguma noção vaga de justiça.

Marcela Albuquerque Maciel destaca que banalizar o EIA ao exigi-lo para toda e qualquer atividade, ainda que não haja impacto significativo, pode torná-lo ineficaz. A necessidade do EIA deve ser analisada no caso concreto, motivo pelo qual a aprovação de um plano de manejo florestal sustentável (PMFS), visando à exploração econômica da madeira em uma área de 150 hectares, não pode – decorrente de uma visão formal do artigo 2º, XIV, da Resolução Conama nº 1/86 – ser considerada, por si só, como de impacto significativo. Conclui, ainda, que "a aplicação do dispositivo não pode ser realizada sem uma interpretação sistemática. O dispositivo não deve, portanto, ser tomado literalmente".[590]

As mesmas observações servem para os casos previstos na Lei da Mata Atlântica, na Lei do Zoneamento Costeiro (art. 6º, §2º) e na Lei de Gestão de Florestas Públicas (art. 18, §2º), que devem ser encaradas como presunção de "obra ou atividade potencialmente causadora de significativa degradação do meio ambiente", sem retirar um mínimo de substância do dispositivo constitucional (art. 225, §1º, IV). Como bem doutrinou Antonio Beltrão, deve-se evitar a vulgarização do EIA, exigindo-o de forma criteriosa uma vez que ele "não deve ser exigido para todos os impactos ambientais, mas apenas para aqueles que forem significativos".[591] Por isso a doutrina entende que o impacto significativo faz parte mesmo da proporcionalidade no uso do EIA.[592]

Exigir um estudo ambiental mais complexo do que o imposto pela Constituição e pelas Resoluções do Conama importa em ônus excessivo sobre o cidadão e o Estado, consumindo inutilmente recursos da iniciativa privada e da pública, em um exemplo de desarrazoabilidade e ineficiência ímpar. Nem a lei ordinária pode, por si só, exigir o EIA, porque lhe é vedado criar uma ficção de significância de impacto ambiental, sob pena de transformar o conceito constitucional em mero jogo de palavras.

É ilusória a ideia de quanto mais EIA melhor para a adequada proteção do meio ambiente em atividades ou empreendimentos licenciados. Diante da escassez de recursos humanos e materiais da Administração Pública, realizar o EIA sem impacto significativo não aumenta o grau de proteção ambiental e demanda providências administrativas que drenam o uso dos escassos recursos que poderiam ser direcionados para outras frentes de atuação estatal ambiental.

---

[590] MACIEL, Marcela Albuquerque. *Compensação Ambiental*: instrumento para a implementação do Sistema Nacional de Unidades de Conservação, 2012. p. 113-114.

[591] BELTRÃO, Antonio F. G. *Aspectos Jurídicos do Estudo de Impacto Ambiental (EIA)*, 2007. p. 33. Laudicéia Fumis leciona que "o EIA/RIMA não é requisito obrigatório no licenciamento ambiental, visto que a Constituição Federal limita sua exigência aos empreendimentos e atividades potencialmente causadoras de significativa degradação no meio ambiente (art. 225, §1º, IV)" (FUMIS, Laudicéia Blenner. Licenciamento ambiental: conflitos de competência no procedimento licenciatório. *Revista Brasileira de Direito Ambiental*, São Paulo: Fiuza, v. 6, n. 24. p. 61-92, out./dez. 2010. p. 66).

[592] MILARÉ, Lucas Tamer. Competência Licenciatória Ambiental. 2011. 118 fls. Dissertação (Mestrado) – Faculdade de Direito, Pontifícia Universidade Católica de São Paulo, São Paulo, 2011. p. 30-31.

Para além do desrespeito ao mínimo semântico do artigo 225, §1º, IV da CF, há evidente excesso na atuação estatal (desproporcionalidade) na tese de que o EIA poderia ser exigido sem potencialidade de impacto significativo, comprometendo, ao mesmo tempo, a eficiência, a economicidade e o direito fundamental à análise do processo administrativo em tempo razoável (CF, art. 5º, LXXVIII). Aplicar a mais pesada arma do arsenal de avaliação de impacto ambiental, sugando recursos materiais e humanos por uma leitura pretensamente mais protetiva, acaba indo contra o próprio meio ambiente, minando a célere e criteriosa análise de outros processos de licenciamento ambiental ou mesmo comprometendo a ação do órgão ambiental em outras frentes de atuação.

Em suma, em nosso ordenamento jurídico atual, o EIA está condicionado à potencialidade de significativa degradação do meio ambiente.

5.6 O aproveitamento dos estudos ambientais em outros empreendimentos ou atividades

Normalmente os estudos ambientais contêm um diagnóstico da área de influência do projeto a ser licenciado, a previsão de impactos desse projeto e as medidas que podem evitá-los, reduzi-los ou compensá-los quando eles são adversos.

Alguns trechos dos estudos ambientais elaborados para certo projeto podem ser aproveitados em outro, especialmente a parte do diagnóstico e das previsões de impacto quando sua matriz for parecida ou igual. A rigor, isso nada mais é do que usar dados secundários no estudo ambiental, com a peculiaridade de que o dado utilizado provém de outro estudo de impacto.

De modo didático, a Portaria Interministerial MMA/MJ/MINC/MS 60/2015 permite expressamente o aproveitamento de estudos ambientais:

> Art. 15. No caso de empreendimentos localizados em áreas nas quais tenham sido desenvolvidos estudos anteriores, o empreendedor poderá utilizar os dados provenientes desses estudos no processo de licenciamento, e lhe caberá fazer as adequações e complementações necessárias relacionadas ao impacto da atividade ou empreendimento.

Situação distinta é aproveitar o próprio estudo, como visto (cap. IX, 2), quando da expedição de licença de instalação ou de operação após o prazo de validade da licença predecessora.

5.7 Sinergia entre estudos ambientais e licenças a serem expedidas: possível simplificação pela existência de estudos prévios?

Estudos ambientais menos complexos podem substituir mais complexos, como o EIA, se, por exemplo, o órgão ambiental licenciador entender que não há impacto significativo não analisado. Aqui não se trata de afastar a presunção da Resolução Conama nº 1/86 ou de alguma legislação específica, como a da Mata Atlântica (Lei nº 11.284/06), mas de reconhecer a sinergia entre estudos ambientais, que podem justificar a simplificação dos subsídios a serem prestados, de acordo com a avaliação fundamentada efetuada pelo órgão ambiental licenciador.

O EIA seria exigível porque existe "obra ou atividade potencialmente causadora de significativa degradação do meio ambiente" (CF, art. 225, §1º, IV). Entretanto, por causa de outro estudo ambiental já efetuado e que abranja a área da atividade ou empreendimento a ser licenciado, movimentar a mais pesada peça do arsenal dos estudos ambientais, o EIA, torna-se desnecessário.

Um licenciamento efetuado dentro de uma UC cujo plano de manejo contemple a obra ou empreendimento pode justificar a exigência de estudo ambiental mais simples que o EIA, ainda que o impacto seja significativo. Um EIA antigo de um empreendimento, cujo diagnóstico ainda seja válido ou precise de complementação, pode gerar a desnecessidade de outro EIA para licenciar outro empreendimento na mesma área.

Como bem defendeu Antonio Beltrão, o EIA "pretende gerar e colher informações" sobre o projeto a ser licenciado "para servir como base para a decisão a ser tomada pelo ente governamental competente".[593] Se o órgão ou entidade ambiental licenciadora têm informações suficientes que mostrem que o EIA seria um desperdício de recursos humanos e materiais do empreendedor, da sociedade e do Estado, nada mais pertinente do que somente exigir os estudos ambientais necessários.

O reconhecimento dessa sinergia ou aproveitamento entre os estudos ambientais terá que ser analisado tecnicamente pelo órgão licenciador porque há a necessidade, por exemplo, de analisar a matriz de impacto e a atualidade do diagnóstico.

Tal previsão de estudos se encontra no âmbito da discricionariedade administrativa, podendo ser normatizada de forma geral, como na Portaria Interministerial MME/MMA 198/12 (art. 3º, IV e V),[594] ou definida no caso concreto.

Deve-se superar a tendência de tornar o EIA o suprassumo da proteção ambiental, esquecendo-se que outros estudos ambientais, eventualmente conjugados com alguma norma técnica, podem torná-lo desnecessário e que se afigura desarrazoado e conflitante com o artigo 225, §1º, IV, da CF, exigir-se EIA para obra ou atividade que não seja potencialmente causadora de significativa degradação do meio ambiente.

Evitar a vulgarização do EIA é dever do intérprete, exigindo-o somente quando houver impactos significativos, não para todos os impactos ambientais.[595] Segundo Paulo de Bessa Antunes, "não se deve supervalorizar o papel do EIA no contexto do licenciamento ambiental, haja vista que ele é um instrumento da política ambiental, não sendo o único".[596]

Existem outros estudos ambientais ou instrumentos de planejamento que podem, ao se integrar com o licenciamento ambiental, tornar a exigência do EIA ou outro estudo ambiental um mero capricho legal ou regulamentar.

---

[593] BELTRÃO, Antonio F. G. *Aspectos Jurídicos do Estudo de Impacto Ambiental (EIA)*, 2007. p. 15.

[594] Na Portaria Interministerial MME/MMA 198/12, que instituiu a Avaliação Ambiental de Área Sedimentar (AAAS), estabelece-se que esta serve para "promover a eficiência e aumentar a segurança jurídica nos processos de licenciamento ambiental" e "possibilitar maior racionalidade e sinergia necessárias ao desenvolvimento de estudos ambientais nos processos de licenciamento ambiental de atividades ou empreendimentos de exploração e produção de petróleo e gás natural, por meio do aproveitamento e da utilização dos dados e informações da AAAS nos referidos estudos".

[595] BELTRÃO, Antonio F. G. *Aspectos Jurídicos do Estudo de Impacto Ambiental (EIA)*, 2007. p. 33.

[596] ANTUNES, Paulo de Bessa, *Direito Ambiental*. 16. ed. 2014. p. 638.

5.8 Desmembramento ou compartimentação v. fracionamento do licenciamento ambiental (Res. Conama nº 237/97, art. 12, *caput*): reflexo nos estudos ambientais

A depender do caso concreto, pode-se admitir o desmembramento do licenciamento ambiental. Com efeito, a Resolução Conama nº 237/97, artigo 12, *caput*, preceitua que o "órgão ambiental competente definirá, se necessário, procedimentos específicos para as licenças ambientais, observadas a natureza, características e peculiaridades da atividade ou empreendimento".

A crítica que se faz a esse procedimento é que ele representaria um fracionamento do licenciamento ambiental para burlar algum tipo de estudo ambiental mais detalhado do que o exigido para todo o conjunto da obra, geralmente o EIA. Para os críticos do desmembramento, há uma espécie de desvio de poder na competência para escolher procedimento específico de acordo com a natureza e características do empreendimento ou atividade. Seria a denominada fragmentação do licenciamento ambiental.[597]

A AGU[598] e a doutrina[599] reconhecem a validade do desmembramento do licenciamento ambiental com base no artigo 12, *caput*, da Resolução Conama nº 237/97, para a seguinte situação:

> Concebe-se situação em que não é a totalidade da obra – composta pela soma de elementos do empreendimento dependentes finalisticamente um do outro – que necessita de EIA/RIMA, mas tão somente parcela identificável do empreendimento, sendo o estudo ambiental mais complexo desnecessário para a restante.

Entretanto, o desmembramento do licenciamento ambiental não se confunde com a sua fragmentação. Tanto a AGU[600] quanto a doutrina citada esclarecem que o desmembramento somente é possível – apartando-se da fragmentação – desde que (i) não implique a desconsideração da obrigação de realizar o EIA, e (ii) não sirva para legitimar o fato consumado, ou seja, somente se poderá conceder a LI após a conclusão da viabilidade ambiental das obras restantes via LP. Quanto a esse segundo ponto, a LI – que necessariamente teria que ser parcial – corre por conta e risco do empreendedor, não havendo impedimento para que ela seja concedida, mas certamente não pode legitimar uma licença prévia sem que os requisitos técnico-legais para tanto. O importante é não perder o gerenciamento dos impactos ambientais, mas de forma alguma isso pode tem o condão de conceder licenças ambientais por arrastamento. Bernardo Monteiro Ferraz

---

[597] Fragmentação que é reconhecida e vedada até mesmo em resolução do Conama, como a 349/04 (art. 3º, §4º), que veda a fragmentação de empreendimentos e atividades para fins de enquadramento em procedimento simplificado.

[598] Parecer nº 417/2010/COEPE/PFE-IBAMA/PGF/AGU, aprovado pelo Procurador-chefe nacional da PFE-Ibama, em 21.07.2010, mediante Despacho nº 228/2010/GABIN/PFE-IBAMA/PGF/AGU, nos autos do PA nº 02001.001329/2007-98; Parecer nº 138/2014/CGAJ/CONJUR-MMA/CGU/AGU, aprovado pelo Consultor Jurídico do MMA, em 14.02.2014, mediante do Despacho nº 204/2013/CONJUR-MMA, nos autos do PA nº 02000.000040/2014-91.

[599] FERRAZ, Bernardo Monteiro. Do desmembramento do licenciamento ambiental. *Jus Navigandi*, Teresina, ano 15, n. 2720, 12 dez. 2010. Disponível em: http://jus.com.br/artigos/18007. Acesso em 28 jul. 2014.

[600] Parecer nº 417/2010/COEPE/PFE-IBAMA/PGF/AGU, aprovado pelo Procurador-chefe da PFE-Ibama, em 21.07.2010, mediante Despacho nº 228/2010/GABIN/PFE-IBAMA/PGF/AGU, nos autos do PA nº 02001.001329/2007-98.

ainda acrescenta que o desmembramento do licenciamento ambiental não pode servir para alterar a competência do órgão licenciador,[601] embora possa haver delegação de competência atendidos os requisitos para tanto.

O Parecer nº 138/2014/CGAJ/CONJUR-MMA/CGU/AGU teceu significativas considerações sobre a juridicidade do desmembramento:

> [...] 19. Ora, sabe-se que um procedimento administrativo destinado ao licenciamento de qualquer empreendimento não pode ser um fim em si mesmo. Sendo ícone do poder de polícia ambiental, é meio de controle apenas para que o gestor do meio ambiente, *in casu*, o Poder Público, possa administrar aquilo que é de outrem, em busca do interesse público, neste caso a defesa, conservação e preservação do meio ambiente ecologicamente equilibrado. Assim, exercendo função, este interesse (público) ambiental é *dever* de concretização do Estado, sendo imperioso, para tanto, o uso de seus deveres-poderes, prerrogativas ancilares, à obtenção do fim ótimo público.
> 20. O dever de polícia ambiental, manifestado por meio do licenciamento ambiental, deve ser exercido senão nos estritos termos da adequação, necessidade e proporcionalidade em sentido estrito, sob pena do administrado ser despojado injustificada e injuridicamente, de forma desproporcional, de sua esfera jurídica. Desta forma, a atuação do poder de polícia ambiental deve ser informada por um garantismo negativo, suficiente à contenção de excessos na busca do fim público. [...]
> 22. Ora, a definição do tipo de procedimento a ser adotado para o licenciamento ambiental, – se globalmente considerado ou de forma desmembrada – é conduta que, após levar em conta as várias variáveis ambientais, não pode proscrever indevidamente direitos do administrado requerente da anuência estatal, submetendo-o a exigências vazias, inúteis, meramente formalísticas e excessivas por mero capricho administrativo, pois quando assim age, viola o garantismo negativo, atua de forma ineficiente, diversamente como a atuação ótima administrativa deve ser informada, macula o princípio da proporcionalidade e eficiência [...]
> 23. Ato contínuo, é de bom alvitre destacar que o desmembramento do licenciamento ambiental é medida que concretiza o direito fundamental à razoável duração do processo administrativo, previsto no art. 5º, inciso LXXVIII da CFRB/88 [...]
> 26. O fracionamento do licenciamento ambiental, por gerar adequação do procedimento, subsume-se ao *caput* do art. 12 da Resolução do Conama nº 237/97.
> 27. Com baldrame no exposto, observadas as balizas acima, EM TESE, é possível o desmembramento do licenciamento ambiental.[602]

O desmembramento do licenciamento ambiental, que reflete, ao menos em parte, nos estudos ambientais, pode ser a única forma de viabilizar a análise de empreendimentos de grande porte. Ele pode, ainda, permitir melhor planejamento, pormenorização das diversas variáveis envolvidas, controle e monitoramento de cada etapa, prestigiando os princípios da eficiência, duração razoável do processo administrativo e praticabilidade.

O licenciamento de uma ponte não precisa incluir o do sistema viário de acesso a ela, por exemplo, como ocorreu no caso da *segunda ponte Brasil Paraguai*, no qual o Ibama licenciou a ponte, mas não suas vias de acesso. O Ibama desmembra a análise

---

[601] FERRAZ, Bernardo Monteiro. Do desmembramento do licenciamento ambiental. *Jus Navigandi*, Teresina, ano 15, n. 2720, 12 dez. 2010. Disponível em: http://jus.com.br/artigos/18007. Acesso em 28 jul. 2014.
[602] Parecer nº 138/2014/CGAJ/CONJUR-MMA/CGU/AGU, aprovado pelo Consultor Jurídico do MMA, em 14.02.2014, mediante do Despacho nº 204/2013/CONJUR-MMA, nos autos do PA nº 02000.000040/2014-91.

do licenciamento ambiental em diversos outros empreendimentos. Na ampliação ou construção de portos, por exemplo, é comum exigir-se a melhora nos acessos viários, que não são licenciados pelo órgão federal, mas pelos estaduais ou municipais. O mesmo ocorre com estradas e ferrovias, apenas elas são licenciadas, sendo os acessos ou eventuais obras de arte para escoamento de água, passagens de dutos etc., licenciados pelos Estados ou Municípios. É comum que obras complementares, como canteiro de obras, pedreiras etc., sejam licenciados por órgãos ambientais locais.[603]

A prática é tão comum que, didaticamente, o artigo 3º, §1º, do Decreto nº 8.437/15 (tipologias) preceitua que a competência da União "não se aplica nos casos de contornos e acessos rodoviários, anéis viários e travessias urbanas". Nada mais natural, dado que o licenciamento desses empreendimentos é feito com esse desmembramento.

Às vezes, o caso não chega nem a caracterizar o desmembramento, porque se trata de projetos diferentes, embora com alguma relação de utilidade entre eles. Com efeito, a menos que as exigências tenham por fim exclusivo atender ao empreendimento, sem nenhuma outra utilidade, não se pode nem mesmo falar em desmembramento. Se a pedreira ou o acesso viário tiverem usos múltiplos, não há que se falar em desmembramento do licenciamento. Ele somente poderá estar presente quando o que precisa ser licenciado tem relação direta e exclusiva com a obra, sem que esse aproveitamento esteja previsto para uso futuro como compartilhado.

A 9ª Corte de Circuito (*Sierra Club v. Bureau of Land Management* – 2015) entendeu ser possível licenciar uma rodovia de acesso a um Parque Eólico (*Wind Project*) de forma apartada do licenciamento deste, porque ela tinha "utilidade independente". Para demonstrar tal independência, usou-se, como reforço argumentativo, o fato de haver alternativa à rodovia de acesso.

O desmembramento é possível, ainda que haja uma relação de dependência exclusiva, se os impactos puderem ser controlados pelo licenciamento ambiental apartado e desde que não haja abuso de direito. Essa é a regra de ouro.

Uma linha de transmissão de energia não precisa ser licenciada em conjunto com a hidrelétrica ou com a termoelétrica,[604] bem como um mineroduto com a mina, por exemplo, salvo disposição normativa ambiental em sentido contrário,[605] como é o caso

---

[603] No licenciamento da UHE de Belo Monte, sua LP (342/2010), emitida em 01.02.2010, foi expressa (item 2.32) em ressaltar que os licenciamentos de obras decorrentes seriam efetuados pelos órgãos estaduais ou municipais: "2.32. Dependerão de licenciamento no órgão municipal ou estadual de meio ambiente as seguintes obras decorrentes: residências de trabalhadores a serem construídas em Altamira e Vitória do Xingu; reassentamentos; sistemas de abastecimento público de água, esgotamento sanitário e drenagem urbana; aterros sanitários; escolas; hospitais; postos de saúde; postos policiais; porto; relocação de rodovias e estradas vicinais. Para demais estruturas não previstas nesta listagem, o empreendedor deverá efetuar consulta prévia aos órgãos ambientais, com vistas à definição da competência legal para o licenciamento".

[604] "[...] 1. A separação dos procedimentos de licenciamento ambiental para construção de usinas hidrelétricas na Bacia do Rio Madeira e de suas respectivas linhas de transmissão atende às exigências da Resolução nº 1/86 do CONAMA, que reconhece as referidas obras como empreendimentos distintos" (TRF 1ª Região, 6ª T., v.u., AC 0003066-42.2008.4.01.0000, Rel. Des. Fed. Maria Isabel Gallotti Rodrigues, j. em 19.01.2009, e-DJF1 25.02.2009. p. 194).

[605] É o entendimento do Ibama exarado no Despacho nº 5578075/2019-GABIN (PA nº 02001.036608/2018-25 – 5578075), da Presidência: "11. Razão assiste ao Despacho nº 5274299/2019-DILIC (5274299), uma vez que é perfeitamente possível que a mina seja licenciada separadamente do mineroduto. Os impactos ambientais são plenamente gerenciáveis de forma autônoma, motivo pelo qual o Ibama já licenciou outros minerodutos sem que tivesse licenciado a mina. Não há que se falar em tentativa de burla à necessidade de estudo de impacto ambiental, no qual os impactos cumulativos e sinérgicos devem ser analisados, porque pelo porte dos empreendimentos, tanto a mina quanto o mineroduto terão que ser licenciados subsidiados pelo EIA. 12. A preocupação nesse tipo de caso gira em torno da viabilidade ambiental da mina dissociada da viabilidade do mineroduto, o que pode levar

da geração de energia elétrica a partir de fonte eólica em superfície terrestre (*onshore*), cuja Resolução Conama nº 462/14 prevê que o licenciamento ambiental de parque ou complexo eólico ocorrerá "sempre de forma conjunta com seus respectivos sistemas associados" (art.14).[606] Entretanto, o Ibama já entendeu pela viabilidade de se licenciar em momentos distintos porque permanece na mesma esfera de competência o licenciamento da LT exclusiva e o da fonte eólica terrestre, licenciamentos de forma conjunta, mas tão somente em momentos distintos, especialmente tendo em vista pedidos de modificação do traçado após os leilões, o que se apresenta como garantia da não interferência na oportunidade de negócios do empreendedor prevista na Lei nº 13.874/19 (Lei da Liberdade Econômica), bem como de economicidade dos recursos públicos.[607] É comum surgirem acusações de fragmentação quando o projeto licenciado não está submetido ao EIA ou, mesmo quando submetido a este, almeja-se maior compensação ambiental. Porém, o que determina o EIA é o grau de impacto. Da mesma forma que não se deve usar as audiências públicas para justificá-lo, a compensação ambiental não se presta para caracterizar a fragmentação do licenciamento. É o EIA que traz a compensação ambiental, não o contrário.

A jurisprudência já se debruçou sobre a questão, validando o desmembramento do licenciamento ambiental:

> PROCESSUAL CIVIL. AÇÃO CIVIL PÚBLICA. LICENCIAMENTO AMBIENTAL. PORTOS E TERMINAIS DE MINÉRIO, DE PETRÓLEO E DERIVADOS, DE PRODUTOS QUÍMICOS E SUAS AMPLIAÇÕES. COMPARTIMENTAÇÃO DO LICENCIAMENTO AMBIENTAL. EIA/RIMA. ESTUDO DE IMPACTO DE VIZINHANÇA (EIV). AUSÊNCIA DE *PERICULUM IN MORA*. [...] 2. A compartimentação do licenciamento ambiental se justifica à medida que o aprimoramento da infraestrutura portuária ocorrerá por meio de dois empreendimentos diferenciados. O primeiro, o terminal público de fertilizantes, é público, de responsabilidade da APPA. O outro, relativo aos armazéns de retaguarda e à interligação entre eles e deles com o armazém público, é empreendimento privado, de responsabilidade da Rocha Top. Não há irregularidades no ponto, tampouco desprestígio da tese sempre defendida de que o licenciamento não poderia ser por partes, mas observada a integralidade das obras.[608]
>
> [...] Embora afirme o *Parquet* que o "fracionamento" do licenciamento não permite dimensionar os danos ambientais que possam decorrer da totalidade do empreendimento, observo que não consta qualquer comprovação nos autos quanto à absoluta necessidade de que o empreendimento e demais instalações e obras necessárias à sua futura operação tenham que ser analisadas de uma única vez. Sendo uma obra de grande porte, nada obsta

---

a situação de que um é viável e outro não, o que compromete a execução do projeto. Entretanto, isso é risco do empreendedor que solicitou o licenciamento em processos separados, nada havendo no ordenamento jurídico que impeça que ele corra tal risco. Nas palavras do requerente, essa lógica econômica não gera necessidade de avaliação ambiental conjunta. Isso porque a simbiose econômica dos projetos não pertence ao âmbito de análise do licenciamento ambiental. O licenciamento ambiental analisa as vulnerabilidades e viabilidades ambientais, não as econômicas. 13. De forma clara, o risco de que um dos projetos seja declarado inviável do ponto de vista ambiental corre por conta do empreendedor, não tendo relação alguma com a análise ambiental a ser efetuada pelo Ibama. O risco de a mina obter licença ambiental e o mineroduto não é inteiramente de quem empreende".

[606] Sistema associados são definidos como "sistemas elétricos, subestações, linhas de conexão de uso exclusivo ou compartilhado, em nível de tensão de distribuição ou de transmissão, acessos de serviço e outras obras de infraestrutura que compõem o empreendimento eólico, e que são necessárias a sua implantação, operação e monitoramento" (Resolução Conama nº 462/14, art. 2º, III).

[607] Despacho nº 6225558/2019-CGTEF/DILIC (PA nº 02001.016849/2018-58).

[608] TRF da 4ª Região, 4. T., AI 5009757-32.2010.404.0000, Rel. p/ ac. Des. Fed. Marga Inge Barth Tessler, j. em 16.03.2011, *DE* 18.03.2011.

que o órgão ambiental analise os projetos referentes ao empreendimento na medida em que as respectivas instalações sejam feitas.[609]

Importante ressaltar que a autorização do §1º do artigo 12 da Resolução Conama nº 237/97 não implica chancela de qualquer tipo que possa ser aplicada aos Conselhos Estaduais de Meio Ambiente, ou mesmo ao Conama, uma vez que seu fim é a normatização abstrata, não a concreta do *caput*, para instituir procedimentos simplificados.[610]

Um aspecto que aparenta envolver essa questão, fragmentação *versus* desmembramento, reside em projetos lineares, especialmente as rodovias, as quais são licenciadas por trechos, tendo em vista a impossibilidade delas, se forem federais, serem licenciadas por inteiro por causa da sua extensão. Embora uma rodovia, ou linha de transmissão, por exemplo, tenha um início e um fim, geralmente um trecho dela tem utilidade independente, motivando o seu licenciamento ambiental de forma desmembrada. Às vezes, não se trata de implementar um trecho, mas de melhorá-lo, como é o caso do asfaltamento.

O fundamental no licenciamento ambiental, inclusive nesses casos de licenciamento por trechos, é manter o controle da gestão ambiental. Se os estudos efetuados até então são suficientes para controlar os impactos do trecho objeto do licenciamento ambiental, não há que se falar em fragmentação ou ilegalidade.

Situação surreal é a exigência por órgão ambiental de licenciamentos ambientais separados de certas agroindústrias em relação à plantação que lhe fornece matéria-prima, às vezes até ignorando a legislação local. Surreal porque o discurso do licenciamento ambiental em geral cobra que se submeta a mesma licença o maior número de atividades. O limite para o desmembramento ou agrupamento do licenciamento ambiental é o controle ou gerenciamento dos impactos ambientais. Se este controle é possível, está no âmbito discricionário, o que vai ser objeto de determinado licenciamento ambiental, não podendo outro órgão do Sisnama impor sua visão via auto de infração no cidadão que respeitou a lei e a postura do ente competente para licenciar.

5.9 Estudos ambientais complementares

Os estudos ambientais complementares, suplementares ou incrementais são aqueles efetuados após o aceite dado pelo órgão licenciador.

Podem ser exigidos porque faltaram informações mínimas no estudo, houve alteração no projeto ou ocorreram mudanças no contexto do projeto licenciado ou na tecnologia usada.

---

[609] TRF da 2ª Região, 8. T., v.u., AI nº 0007534-85.2009.4.02.0000, Rel. Des. Fed. conv. Marcelo Pereira, j. em 14.07.2010, DJF2R 21.07.2010.

[610] Como esclareceu o Parecer nº 138/2014/CGAJ/CONJUR-MMA/CGU/AGU, aprovado pelo Consultor Jurídico do MMA, em 14.02.2014, mediante do Despacho nº 204/2013/CONJUR-MMA, nos autos do PA nº 02000.000040/2014-91: "[...] 40. Destarte, vê-se que o §1º do art. 12 da Resolução Conama nº 237/97 não atribui competência aos conselhos ambientais para autorizarem empreendimentos específicos, mas apenas para normatização abstrata de determinados procedimentos simplificados. 41. Do exposto, é desnecessária a aprovação pelo Conama do desmembramento de licenciamento ambiental de empreendimento da exclusiva governança e responsabilidade do IBAMA, afinal, sendo caso concreto, não é hipótese de incidência do §1º do art. 12 da Resolução Conama nº 237/97 e, também enquanto caso concreto, o parágrafo único do art. 3º dispensa apreciação de colegiados ambientais".

Em relação a alterações contextuais, como bem adverte Herman Benjamin, "mudanças radicais no meio ambiente ou novos dados, no período entre a elaboração e execução, exigem EIA suplementar".[611] Essas diferenças radicais de contexto e de dados devem ser analisadas pelo órgão licenciador, para que seja apreciada a necessidade de novos estudos e em qual medida.

O estudo ambiental complementar mais comum é o decorrente de alteração do projeto.

5.9.1 Alteração do empreendimento na fase da LI ou LO

Raramente o empreendimento a ser construído é exatamente igual ao aprovado na LP. Com certa frequência, o projeto sofre pequenas alterações. Como doutrinou Paulo de Bessa Antunes, há uma enorme diferença entre a concepção do projeto e o que efetivamente será implantado.[612]

Em regra, essas alterações são insignificantes do ponto de vista ambiental, isto é, elas agregam pouca coisa ao impacto já avaliado no estudo ambiental pertinente. Entretanto, se as alterações forem significativas do ponto de vista do impacto ambiental, serão necessários estudos ambientais suplementares, com possível retorno de fase no licenciamento ambiental.

Alterações insignificantes do empreendimento, que não impactem na correção dos estudos ambientais efetuados para a licença anterior – geralmente a prévia –, não impõem a complementação dos estudos ambientais. Seria mero capricho formal a repetição dos estudos ambientais quando as condições ambientais fossem praticamente as mesmas. Frise-se, praticamente inalteradas porque é quase impossível vislumbrar uma alteração do projeto sem algum reflexo ambiental. O importante é que este não seja significativo a ponto de justificar novo estudo ambiental ou, pelo menos, sua atualização.

Dessa forma, a alteração do projeto entre as fases do licenciamento ambiental (LP → LI ou LI → LO) não deve demandar novos estudos ambientais, ainda que parciais, se não houver alteração significativa dos impactos ambientais. Como o objetivo do licenciamento ambiental é ponderar entre os bens conflitantes, mesmo que, após a modificação do projeto do empreendimento ou atividade, o estudo ambiental ainda possibilite a adequada mensuração dos impactos, é possível a concessão da licença subsequente. Esse é o posicionamento da AGU:

> [...] a Licença Prévia, ao ser concedida, atesta que, num universo determinado, mantidas que sejam as condições ambientais apresentadas, estudadas e avaliadas, o empreendimento ou atividade é possível... [...]
> Diante disso, é de se perquirir se a Licença Prévia determina a exatidão do local onde se pretende instalar o empreendimento. A legislação, tal qual colocada, não chega a esse nível de detalhamento. Limita-se a, ao conceituar a LP, determinar que esta define a localização, abrindo margem, portanto, a interpretações. Não há, destarte, qualquer determinante legal que fixe a LP ao exato local onde foi autorizado o empreendimento. Por outro lado, sendo uma licença de localização, também não é válido afirmar que vale para qualquer

---

[611] BENJAMIN, Antonio Herman V. *In*: BENJAMIN, Antonio Herman V.; MILARÉ, Édis. *Estudo Prévio de Impacto Ambiental*. 1993. p. 79.
[612] ANTUNES, Paulo de Bessa. *Direito Ambiental*. 16. ed. São Paulo: Atlas, 2014. p. 206.

local. A localização geográfica é determinante e é da essência da LP. A questão a saber é até que ponto uma alteração de projeto que desloque o empreendimento no território pode ser considerada alteração de localização ou não. [...]

A LP necessariamente não aprova o local exato. Ela atesta a viabilidade ambiental num dado local, presentes determinadas circunstâncias. [...] Diante do exposto, é fato que o local autorizado pela LP é aquele em que as condições ambientais (clima, solos, áreas afetadas, tipo de impactos, biodiversidade etc.) permanecem inalteradas em razão do tipo de empreendimento e das condições em que ele se apresentou. [...]

Ressalte-se que não importa exatamente o quanto a alteração tenha se dado em distância, mas sim o quanto ocorreu alterações das condições ambientais inicialmente propostas. [...] Donde, a análise técnica a ser feita deverá se prender a definir se a proposta de projeto, com as alterações do eixo da barragem, implicam ou não em alterações das condições ambientais que sugeriram a concessão da Licença Prévia.[613]

Nos EUA costuma-se exigir estudos ambientais suplementares (*Supplementary Environmental Impact Statement – SEIS*) quando a alteração inova a tal ponto no meio ambiente que os estudos já realizados são insuficientes para uma decisão informada sobre o projeto. A regulação do CEQ (40 CFR §1502.9, C, 1) prevê que o órgão licenciador deve apresentar estudos ambientais suplementares quando (i) ocorrerem mudanças substanciais na ação proposta que são relevantes para as questões ambientais ou (ii) há novas circunstâncias significativas ou informações relevantes para as questões ambientais que recaem sobre a ação proposta ou seus impactos. No capítulo sobre alternativas (cap. VI, 2.5), é visto como a jurisprudência aplica essa regra.

A jurisprudência nacional também admite a complementação dos estudos ambientais, sendo desnecessária sua renovação integral:

> [...] A constatação de deficiências no estudo ambiental prévio determina que, caso procedentes e relevantes tais incompletudes, os estudos deverão ser acrescidos, complementados ou esclarecidos, no bojo do licenciamento ambiental e não completamente reelaborados, desconsiderando-se *in totum* o EIA inicialmente trazido ao órgão ambiental.
>
> Admitir a conclusão contrária é admitir que haverá, no curso do licenciamento ambiental, diversas reelaborações completas dos EIAs e nulidade das licenças já concedidas, uma para cada oportunidade de esclarecimentos e saneamento de deficiências, o que comprometeria, de forma definitiva, a necessária efetividade da atuação administrativa no licenciamento ambiental.[614]

---

[613] Parecer nº 88/2008/GAB/PFE-IBAMA-ICMBIO-SEDE/PGF/AGU, proferido pela Procuradora-Chefe Nacional da PFE-Ibama, em 06.10.2008, nos autos do PA nº 02001.002715/2008-88. Entendimento mantido no Parecer nº 93/2008/GAB/PFE-IBAMA-ICMBIO-SEDE/PGF/AGU: "[...] reiteramos nosso parecer, já expedido, no sentido de que a Licença Prévia concedida pode, do ponto de vista jurídico, albergar alterações de projeto, desde que a área objeto da investigação de impactos ambientais permaneça no âmbito das mesmas características ambientais avaliadas por ocasião do EIA e complementações que concluíram pela viabilidade ambiental do empreendimento".
O Parecer nº 93/2008/GAB/PFE-IBAMA-ICMBIO-SEDE/PGF/AGU foi proferido pela Procuradora-Chefe Nacional da PFE-Ibama, em 14.11.2008, nos autos do PA nº 02001.002715/2008-88. Embora tenha a mesma numeração e data de outro parecer (sobre licença ambiental – fls. 786-792) expedido no mesmo PA, ele tratou de outra questão (validade da alteração do projeto após a LP), estando localizado às fls. 768-771 do PA nº 02001.002715/2008-88.

[614] TRF da 4ª Região, 3. T., v.u., AC 2006.71.01.003801-8/RS, Rel. Des. Fed. Carlos Eduardo Thompson Flores Lenz, j. em 13.10.09, D.E. 04.11.09. A decisão rechaça a tese de que a necessidade de complementações dos estudos ambientais geraria sua nulidade por descumprimento de algum requisito previsto na legislação.

Portanto, a necessidade de complementar os estudos ambientais não significa que o Estado perca o controle do gerenciamento dos impactos, ou seja, do licenciamento ambiental. Significa apenas que não se deva refazer integralmente os estudos já realizados por mera formalidade.

5.9.2 Após a autorização ou a implantação do empreendimento e os princípios da precaução ou prevenção: complementação e o EIA *a posteriori*

Em alguns casos, a realização de estudos ambientais após a emissão da licença de instalação ou de operação pode ser necessária por dois motivos: (i) alguns dos impactos somente se delineiam após a apresentação dos estudos ambientais iniciais ou (ii) descobriu-se que outro estudo era o correto durante o curso do licenciamento ambiental.

Alguns impactos ambientais somente poderão ser corretamente dimensionados depois da operação ou instalação do empreendimento, até mesmo pelo monitoramento operacional. Como observou Thiago Erthal, no decorrer do processo de licenciamento ambiental, "os estudos vão se enriquecendo em detalhes, as intervenções do empreendimento na natureza vão gerando consequências diversas daquelas inicialmente calculadas, enfim, há necessidade de um constante acompanhamento".[615] É natural, portanto, que haja estudos posteriores à licença prévia (LP), licença de instalação (LI) ou mesmo à licença de operação (LO). Nesses casos, o que existe é a continuidade dos estudos ambientais, normalmente pelo monitoramento ou como etapa de desenvolvimento dos estudos iniciais.

Os estudos ambientais são preditivos e, nesse sentido, eles são elaborados antes da implantação ou autorização para a localização do empreendimento, mas isso não significa que eles não possam ser feitos *a posteriori*. Alguns estudos ambientais, que seriam ordinariamente pedidos na fase anterior à LP, LI ou LO, podem ser exigidos em fases posteriores se houver razões técnicas que o justifiquem, como a descoberta da necessidade de EIA após a LP, LI ou LO.

O esgotamento dos estudos ambientais e a melhor forma de exigi-los encontram-se na esfera de discricionariedade técnica, motivada, do órgão licenciador, que deve exigir novos estudos se o caso e a legislação exigirem.

A compreensão desse ponto é importante, porque usualmente é denunciado como violação ao princípio da precaução. Nesses casos, não existe ofensa aos princípios da precaução ou prevenção porque o simples fato de existirem avaliações ambientais complementares, posteriores à implantação do empreendimento, não necessariamente se relaciona com a incerteza científica ou mesmo com os seus impactos conhecidos. Presumir-se a violação da precaução pela necessidade de mais estudos ambientais é inadequado, porque isso demonstra que o órgão ambiental não perdeu o gerenciamento dos impactos, não descumprindo a razão de ser do licenciamento ambiental.

Ressalte-se que a própria existência do licenciamento ambiental corretivo, que na maioria dos casos pressupõe ausência de estudos ambientais, afasta a tese de que haveria violação aos princípios da precaução ou da prevenção.

---

[615] ERTHAL, Thiago Serpa. *Revisibilidade das Licenças Ambientais*. 2015. p. 123-124.

No caso de ser necessário fazer outro estudo para embasar o licenciamento ambiental, como o conhecido EIA *a posteriori*, pode ser demandado outro tipo de estudo ambiental, de forma a se conseguir o máximo possível do conteúdo do EIA, o que inclui o pagamento da compensação ambiental.

Corretamente o TRF da 1ª Região observou que o EIA deve ser anterior ao licenciamento, na verdade, anteceder a LP, não fazendo sentido obrigar ao EIA *a posteriori* de empreendimento já instalado e operando após licenciamento ambiental conduzido com estudo ambiental menos complexo do que o EIA.[616] Da mesma forma, o STJ já entendeu que empreendimentos efetuados antes da exigência de licenciamento ambiental não precisam fazer estudos de impacto ambiental (EIA), uma vez que empresa já está em pleno funcionamento e que outros tipos de controle seriam suficientes.[617]

Nesse sentido, consta de excerto do Parecer MCC 24/2015, da PGE-RJ (Inea), a possibilidade de substituir o EIA, no licenciamento de empreendimento em fase final de instalação, por outro tipo de estudo ambiental, embora isso não afaste a necessidade de pagamento da compensação ambiental. Constou do opinativo jurídico:

> Após a emissão do Parecer MCC nº 08/2014, esta Procuradoria se manifestou em outro processo, por meio do Parecer GC nº 32/2014 (anexo), do assessor Dr. Gustavo de Menezes Souza Campos, no sentido de que, quando a implantação do empreendimento a ser licenciado já está em andamento na fase final de instalação, é possível a substituição do EIA/RIMA por outro estudo de avaliação que possa controlar os impactos ambientais.[618]

No Parecer GC 32/2014, tal entendimento foi detalhado em relação aos estudos substitutivos do EIA, destacando-se a necessidade de se atender as exigências das normativas sobre o EIA ainda possíveis de serem cumpridas:

> Desta forma, se consolida o entendimento de que os empreendimentos que já estão instalados ou possuem licença de operação, estes não precisam elaborar um EPIA/RIMA, pois o "estudo não seria mais que um caro capricho da Administração imposto ao empreendedor", no qual todos os aspectos técnicos que poderiam ser levantados estariam prejudicados pela instalação já efetuada ou pelo início das operações há anos.

---

[616] "[...] 13. Acrescente-se que o EIA/RIMA se constitui que deve anteceder o licenciamento, por sua natureza preventiva, sendo que no caso em apreço não se vislumbra efeito prático em sua realização, diante do atual estágio do empreendimento, com licença de operação concedida desde o ano de 2010, a partir de quando as PCHs encontram-se operando" (TRF da 1ª Região, 5ª T. Ampliada, AC 0000023-64.2008.4.01.3600, Rel. Des. Fed. Daniele Maranhão, j. em 13.08.2019, *e-DJF1* 13.09.2019).

[617] "PROCESSUAL CIVIL. RECURSO ESPECIAL. ADMINISTRATIVO. AÇÃO CIVIL PÚBLICA. PROTEÇÃO AO MEIO AMBIENTE. ESTUDO PRÉVIO DE IMPACTO AMBIENTAL. RELATÓRIO DE IMPACTO AMBIENTAL. DESNECESSIDADE NO CASO CONCRETO. 1. O Estudo Prévio de Impacto Ambiental revela exigência administrativa que não se coaduna com o funcionamento de empresa instalada há mais de 3 (três) décadas, conjurando, a um só tempo, a evidência do direito e o *periculum in mora* (art. 273 do CPC). 2. Deveras, sobressai carente de prova inequívoca a ação que visa à referida exigência legal instituída após 1 (uma) década da instalação da empresa, por isso que, *in casu*, através de cognição exauriente e no curso da lide, prova técnica, sob contraditório, encerra meio pertinente à aferição da verossimilhança da alegação. [...] 4. A fungibilidade dos requisitos viola o art. 273 do CPC, tanto mais que, *in casu*, a tutela antecipada visa a estagnação das atividades da empresa, caso não apresente o Estudo Prévio, sendo certo que a atividade resta exercida por 37 (trinta e sete) anos" (STJ, 1ª T., REsp nº 766.236/PR, Rel. p/ ac. Min. Luiz Fux, j. em 11.12.2007, *DJe* 04.08.2008).

[618] "Manifestação da Procuradoria do INEA. Possibilidade de substituição de EIA/RIMA por estudos para avaliar e controlar possíveis impactos ambientais. Necessidade de compensação ambiental prevista no art. 36 da Lei Federal nº 9.985/2000" (Parecer MCC 24/2015, aprovado pela Procuradora-Chefe do INEA (em exercício), em 30.03.2015, nos autos do PA E-07/002.13301/2013).

Ressalta-se, contudo, que ainda que não caiba a exigência de elaboração e apresentação de EIA/RIMA nestas hipóteses, *indispensável é a realização de estudos de avaliação destinados a acompanhar ou controlar os possíveis impactos ambientais*. [...]

Imprescindível destacar que, apesar de não ser possível no caso concreto a elaboração de um EIA (*strictu senso*), nos termos da Resolução Conama nº 001/1986, os estudos a serem realizados devem, sem dúvida, cumprir todos os requisitos ainda possíveis de serem realizados (tendo em vista a já instalação do empreendimento) previstos na norma.[619]

5.10 A ausência do direito de acompanhar os estudos ambientais por meio de assistente técnico

Em regra, os (i) estudos ambientais são confeccionados pelos empreendedores com base em termo de referência efetuado pelo órgão licenciador. Posteriormente, eles são submetidos ao órgão licenciador para as sucessivas etapas: (ii) análise técnica (com eventuais solicitações de esclarecimentos e complementações), (iii) participação popular (comentários e/ou audiências públicas), com eventuais solicitações de esclarecimentos e complementações dela decorrentes, (iv) parecer técnico conclusivo e, quando couber, parecer jurídico, e (v) concessão ou indeferimento da licença (Res. Conama nº 237/97, art. 10).

Há um momento próprio para que ocorra o controle social, podendo ser requeridas cópias do processo administrativo a qualquer momento, não existindo direito de interferir com o rito estabelecido para o licenciamento ambiental. Veda-se, por exemplo, a nomeação de "assistente técnico" para acompanhar a confecção dos estudos ambientais. A discricionariedade do rito pertence à Administração Pública (*Vermont Yankee*), como será visto no capítulo XII.

Quaisquer objeções aos estudos ambientais poderão ser levadas aos autos do processo administrativo de licenciamento ambiental por ofício, petição, participação na fase de comentários ou eventual audiência pública etc.

Embora em alguns empreendimentos haja uma litigiosidade social (a favor ou contra a concessão da licença), o processo administrativo de licenciamento ambiental não é do tipo contencioso, no sentido de haver direito de defesa, de instrução, de alegações finais.

5.11 Equipe do EIA: necessidade de técnicos da área de estudos?

A equipe que elaborará o EIA deve ser multidisciplinar, não apenas por imposição normativa, mas também porque dificilmente um perito seria capaz de dominar todas as especialidades exigidas pelos estudos ambientais. Como expôs Aluísio Pinna Braga, a "equipe responsável pelo desenvolvimento dos estudos precisa englobar profissionais de diferentes áreas, de forma a termos uma visão holística da interferência produzida e da ação desejada".[620]

---

[619] Parecer GC 32/2014, aprovado pela Procuradora-chefe do INEA, em 10.04.2014, nos autos do PA E-07/502.181/2011.
[620] BRAGA, Aluísio Pinna. Avaliação de impacto ambiental: sua relevância na demora das obras públicas. *Revista da Escola Superior da Procuradoria-Geral do Estado de São Paulo (RESPGE-SP)*, São Paulo: Procuradoria-Geral do Estado de São Paulo, Escola Superior, v. 4, n. 1, p. 259-286, jan./dez. 2013. p. 267.

O Decreto nº 99.274/90, em seu artigo 17, §2º, cita "técnicos habilitados" quando da confecção do EIA, sendo a Resolução Conama nº 237/97 mais genérica ao dizer que os estudos ambientais devem ser efetuados por "profissionais legalmente habilitados" (art. 11).

Sem dúvida seria praticamente impossível um estudo ambiental do calibre do EIA ser efetuado por um único técnico, mas isso não significa que se deva exigir um especialista, com ou sem título, em cada área coberta pelo estudo. A participação de técnicos é imprescindível, mas algumas formações técnicas podem ser suficientes para cobrir mais de uma área do estudo ambiental, motivo pelo qual a exigência deve ser vista sem exageros.

A parte paradoxal é que frequentemente muitos daqueles que contestam o EIA, exigindo, por exemplo, equipe multidisciplinar ou contestando algum aspecto técnico, o fazem apenas com um ou dois técnicos/especialistas em um dos temas do EIA ou com profissionais cuja capacidade técnica é manifestamente inferior àquela que se cobra da equipe que confeccionou ou confeccionará o EIA.

5.12 Necessidade de unanimidade quanto ao resultado dos estudos ambientais?

Outro mito comum em relação ao estudo ambiental é que o parecer da equipe que o elaborou deve ser unânime.

Considera-se um mito porque a unanimidade é algo raro, ainda mais em estudos muito complexos recheados de questões científicas, como o EIA. Como se viu no capítulo I, o processo decisório do licenciamento ambiental é permeado por naturais divergências científicas ou metodológicas, sendo perfeitamente normal que os profissionais que trabalharam no estudo tenham visões diferentes sobre alguns assuntos.

Se o parecer técnico conclusivo e, em última instância, a decisão que aprecia o pedido de licença entenderem que a divergência apresentada não é suficiente para inviabilizar a análise dos impactos ambientais, não há problema algum, tanto do ponto de vista jurídico quanto técnico.

A Recomendação Conjunta PRESI-CN 2/20 (art. 2º, parágrafo único) trata bem da questão da divergência, recomendando autocontenção do ministério público "diante da falta de consenso científico em questão fundamental à efetivação de política pública", pois "é atribuição legítima do gestor a escolha de uma dentre as posições díspares e/ou antagônicas, não cabendo ao Ministério Público a adoção de medida judicial ou extrajudicial destinadas a modificar o mérito dessas escolhas".

5.13 Os impactos cumulativos e sinérgicos

A obra ou atividade sujeita ao estudo ambiental se insere em determinado contexto, não operando ou existindo isoladamente de outros empreendimentos ou atividades. Antes, reconhece a existência do outro, afastando-se da concepção de que a atividade ou empreendimento seria uma ilha, em termos de impacto ambiental.

A rigor, a análise do impacto cumulativo e sinérgico deve constar de qualquer AIA. Se há inserção dos impactos ambientais do empreendimento no contexto no qual ele se encontra, adicionando a sua matriz de impacto os correlatos do meio, há análise cumulativa e sinérgica. É fundamental que se comparem os impactos do contexto do empreendimento licenciado com os mesmos tipos de impactos do empreendimento, sob pena de se misturarem coisas diferentes. Para haver cumulatividade ou sinergia deve-se comparar a mesma matriz de impacto. A própria previsão da Resolução Conama nº 01/86 (art. 6º, II) parece corroborar tal entendimento porque aduz que se faz necessário analisar os prováveis impactos ambientais relevantes discriminando "suas propriedades cumulativas e sinérgicas",[621] entre outras coisas.

Embora essa exigência esteja atrelada somente ao EIA (Res. Conama nº 01/86, art. 6º, II), faz-se necessária uma análise de seu conteúdo pelos possíveis desentendimentos do seu significado.

Embora recomendável, não há necessidade de tópico separado para a análise dos impactos cumulativos e sinérgicos. Da mesma forma que um mero tópico sobre impactos cumulativos e sinérgicos não é suficiente para cumprir os requisitos legais, a sua ausência formal não invalida o estudo ambiental, desde que tenham sido analisados. A análise dos impactos cumulativos e sinérgicos pode estar dispersa no estudo ambiental, sendo até natural que esteja, uma vez que eles, por serem produto de interação com outros, podem estar narrados na parte do estudo que trata desses outros impactos ambientais.

Dependendo do tipo de estudo ambiental ou do termo de referência a ser feito sobre ele, exige-se que se faça a análise dos impactos cumulativos e sinérgicos. Em regra, um empreendimento tem o seu impacto ambiental alterado quando inserido em determinado local, não apenas pela mera soma dos impactos preexistentes, mas pela sinergia entre eles e o empreendimento.

Por causa dessa amplitude, Lance McCold e James Saulsbury mencionam que muitos doutrinadores sugerem que os impactos cumulativos não podem ser adequadamente medidos em qualquer estudo de impacto ambiental e recomendam que eles sejam mensurados no planejamento ou ordenação do território (*comprehensive or regional planning*).[622] Essa questão impõe que se analisem os impactos cumulativos e sinérgicos de forma mais restritiva, para que o EIA não se transforme em um instrumento diferente daquele a que ele se propõe em termos de nível de alcance. Deve-se evitar que a exigência de avaliação de impactos cumulativos e sinérgicos no EIA o transforme em Avaliação Ambiental Estratégica (AAE) ou Integrada (AAI).

De qualquer forma, embora sem vinculação com o EIA, o fato de a AAE e a AIA não descerem a minúcias, em termos de impactos, está longe de significar que a sua análise não possa contribuir para a avaliação dos impactos cumulativos e sinérgicos.

Inicialmente é preciso destacar que a determinação de análise dos impactos cumulativos e sinérgicos deve ser considerada com razoabilidade, pois sem ela qualquer projeto, por menor que fosse, quando analisado cumulativa e sinergicamente, acabaria por acarretar um significativo impacto, trazendo à tona a necessidade de confecção do

---

[621] "Artigo 6º. O estudo de impacto ambiental desenvolverá, no mínimo, as seguintes atividades técnicas: [...] II – Análise dos impactos ambientais do projeto e de suas alternativas, através de identificação, previsão da magnitude e interpretação da importância dos prováveis impactos relevantes, discriminando: os impactos positivos e negativos (benéficos e adversos), diretos e indiretos, imediatos e a médio e longo prazos, temporários e permanentes; seu grau de reversibilidade; *suas propriedades cumulativas e sinérgicas*; a distribuição dos ônus e benefícios sociais" (sem destaques no original).

[622] McCOLD, Lance N.; SAULSBURY, James W. Including past and present impacts in cumulative impact assessments. *Environmental Management*, New York: Springer-Verlag, v. 20, n. 5, p. 767-776, 1996. p. 768.

EIA. Charles H. Eccleston, ao constatar o que chamou de *paradoxo do impacto cumulativo*, advertiu que uma leitura rigorosa da legislação "pode levar a resultados absurdos, desarrazoados e politicamente inaceitáveis", defendendo que deve prevalecer a razão "quando a exigência regulamentar tiver como consequência um resultado absurdo".[623]

Embora a Administração Pública tenha se mostrado bastante hábil para analisar os impactos diretos e indiretos, a análise dos impactos cumulativos tem apresentado problemas metodológicos mais difíceis.[624] Como bem explicam Jerry Magee e Roger Nesbit, "o CEQ notou, a avaliação de impacto cumulativo não é uma ciência exata e, assim, proporciona oportunidades para divergência sobre as metodologias utilizadas, recursos analisados, efeitos causados, delimitação de tempo e espaço específicos dos recursos, avaliação das ações passadas e presentes, ações futuras consideradas razoavelmente previsíveis e, em última análise, as conclusões alcançadas do impacto cumulativo".[625]

Sem metodologia bem estabelecida, as divergências são mais do que naturais, desaguando a sua resolução invariavelmente no Judiciário. Mas quando se trata de divergências científicas ou metodológicas, cabe à Administração resolvê-las, devendo haver deferência judicial, na esteira da doutrina Chevron.

A 9ª *Circuit Court* já analisou a questão algumas vezes, decidindo pela deferência à metodologia adotada pelo órgão licenciador em relação à análise dos impactos cumulativos e sinérgicos. Em questionamento sobre o impacto cumulativo na bacia hidrográfica, citando precedente próprio, ela decidiu em *Environmental Protection Information Center v. United States Forest Service* (2006) que, "com efeito, essa corte tem se recusado a questionar essa metodologia, deixando a cargo da expertise da Administração Pública o desenvolvimento do modelo. *Inland Empire Pub. Lands Council v. Schultz*, 992 F.2d 977, 981 (9th Cir. 1993)".[626]

A cumulatividade dos impactos ambientais remete à possibilidade de sua soma, enquanto a sinergia à de sua multiplicação.[627] Sua identificação deve ocorrer o quanto antes na preparação do estudo ambiental, porque eles são mais difíceis de avaliar e provavelmente mais significativos do que os impactos do empreendimento em si.[628] O "quanto antes" não significa especulação, conjecturando empreendimentos e atividades

---

[623] ECCLESTON, Charles H. Applying the significant departure principle in resolving the cumulative impact paradox: assessing significance in areas that have sustained cumulatively significant impacts. *Environmental Practice*, Cambridge: Cambridge University Press, v. 8, n. 4, p. 241-250, dec. 2006. p. 243 – tradução livre.

[624] MAGEE, Jerry; NESBIT, Roger. Proximate causation and the no action alternative trajectory in cumulative effects analysis. *Environmental Practice*, Cambridge: Cambridge University Press, v. 10, n. 3, p. 107-115, set. 2008. p. 107.

[625] MAGEE, Jerry; NESBIT, Roger. Proximate causation and the no action alternative trajectory in cumulative effects analysis. *Environmental Practice*, Cambridge: Cambridge University Press, v. 10, n. 3, p. 107-115, set. 2008. p. 109 – tradução livre.

[626] Em *Inland Empire Public Lands Council v. L Schultz E F*, a 9ª *Circuit Court* deixou assentado: "Nós prestamos deferência à expertise da Administração Pública a menos que ela tenha falhado completamente em enfrentar algum fator, 'consideração que era essencial para uma decisão verdadeiramente informada de preparar ou não um EIA.' Id. (citando *Foundation for N. Am. Wild Sheep v. United States Dep't of Agric.*, 681 F.2d 1172, 1178 (9th Cir.1982)). O Conselho não demonstrou a omissão de qualquer fator necessário para uma decisão informada. Nós não devemos criticar *a posteriori* [*second-guess*] escolhas metodológicas feitas por um órgão ou instituição públicos em sua área de expertise" (tradução livre).

[627] SÁNCHEZ, Luis Enrique. *Avaliação de Impacto Ambiental*: conceito e métodos. 2. ed. 2013. p. 235.

[628] McCOLD, Lance N.; SAULSBURY, James W. Including past and present impacts in cumulative impact assessments. *Environmental Management*, New York: Springer-Verlag, v. 20, n. 5, p. 767-776, 1996. p. 775.

que poderão ser implementados, especialmente sem a delimitação de seu desenvolvimento quando controlado pelo Estado.

A avaliação dos impactos cumulativos e sinérgicos não necessariamente deve ser uma mera soma aritmética destes. Por exemplo, quando se instala o segundo empreendimento, o seu EIA tem que considerar a existência do primeiro, e analisar ambos globalmente, não efetuar uma mera soma, como se eles não tivessem nenhuma interligação agregadora (sinergia). Essa soma deve ocorrer até para o efeito de se exigir estudo ambiental mais completo quando a legislação o dispensa pela insignificância isolada do impacto, uma vez que a cumulação de pequenos impactos pode alterar a insignificância presumida pela legislação, tornando necessária a realização de um estudo ambiental ou de uma AIA mais complexa. De qualquer forma, como visto, deve-se analisar tal situação com razoabilidade, evitando-se o *paradoxo do impacto cumulativo* (Charles H. Eccleston).

O Direito estadunidense e o canadense contemplam a inclusão do impacto cumulativo e sinérgico com uma regulamentação extremamente mais detalhada e exigente do que a legislação brasileira, o que diminuiu a discricionariedade do tema nesses países em relação ao Brasil.

Nos EUA, a regulamentação do CEQ sobre o assunto (40 CFR §1508.7) define efeitos cumulativos como "o impacto sobre o meio ambiente que resulta do impacto incremental da ação quando adicionada a outras do passado, do presente e ações futuras razoavelmente previsíveis, independentemente de qual órgão ou instituição da Administração Pública (federal ou não federal) ou pessoa execute as demais ações". Na legislação canadense, a Lei sobre Estudos Ambientais de 2012 (*Canadian Environmental Assessment Act*) prevê que um de seus objetivos é encorajar o estudo de efeitos cumulativos e o seu uso nos estudos ambientais (art. 4º, "i") que deverão consignar "quaisquer efeitos cumulativos ambientais que provavelmente resultem do projeto em combinação com outras atividades físicas que foram ou serão realizadas" (art. 19, 1, "a").

A mensuração de impactos cumulativos decorrentes de ações passadas pressupõe as condições de quando o recurso era abundante ou menos afetado como base.[629] Mas segundo o Memorando do CEQ, intitulado *Guidance on the consideration of past actions in cumulative effects analysis* (2005), não há necessidade de listar ou analisar os efeitos de ações individuais passadas, a menos que essa informação seja necessária para descrever os efeitos cumulativos de todas as ações passadas juntas. Catalogar ações passadas pode ser útil em alguns contextos para prever efeitos cumulativos do empreendimento ou atividade, mas a regulamentação do CEQ "não exige que a Administração Pública catalogue ou exaustivamente liste e analise todas as ações passadas individuais".

Fica claro no Direito Comparado que os impactos do passado, do presente e de ações futuras razoavelmente previsíveis (EUA) ou que serão realizadas (Canadá) devem ser considerados para que haja análise cumulativa. A legislação brasileira não prevê o que se entende por efeitos cumulativos e sinérgicos, cabendo ao intérprete ser cauteloso no dimensionamento dos impactos decorrentes de empreendimentos ou atividades futuras. Isso não impede que eles sejam considerados, mas sem dúvida não

---

[629] McCOLD, Lance N.; SAULSBURY, James W. Including past and present impacts in cumulative impact assessments. *Environmental Management*, New York: Springer-Verlag, v. 20, n. 5, p. 767-776, 1996. p. 768 e 775.

trazem a mesma intensidade e força daqueles encontrados no Direito Comparado, pois o nível de regulamentação deste permite uma discricionariedade bem menor por parte do órgão licenciador.

Sob esse prisma, qual seria o limite das análises cumulativas e sinérgicas dos impactos futuros? Admitir-se-iam impactos futuros especulativos?

Sabe-se que a análise de impactos cumulativos e sinérgicos integra certo tipo de estudo ambiental no Brasil, o EIA, e que para se determinar o seu conteúdo se faz necessário elaborar um termo de referência (TR). Ocorre que se o órgão licenciador ou o empreendedor não souberem das ações futuras ou em que termos elas ocorrerão (o que inclui suas mitigantes e condicionantes), pelo menos em uma concepção mínima, a análise cumulativa não será integrada no TR. Como bem destacado por Sánchez:

> Quando o poder decisório reside no mesmo organismo responsável pelo processo de AIA, como ocorre nos Estados Unidos, a consideração de "outras ações presentes" e de "ações futuras razoavelmente previsíveis" pode, em boa parte, estar sob seu controle. Mas em sistemas de AIA em que o proponente do projeto prepara o seu EIA (ou contrata serviços sob o seu controle), as informações sobre outras ações podem simplesmente ser inacessíveis. [...] "ações futuras" são raramente do conhecimento do proponente de um projeto privado, embora possa ser do conhecimento do órgão ambiental, caso este tenha recebido pedidos de licenciamento de outros projetos situados na mesma área.[630]

Esse fato já representa um primeiro requisito da análise cumulativa e sinérgica, o *temporal*. Se o licenciamento ambiental é um processo administrativo e este é uma sucessão de atos, as ações futuras razoavelmente previsíveis devem ser consideradas, enquanto tais, até o momento da confecção do termo de referência para serem integrados ao EIA. Pelo fato de o licenciamento ambiental ser dinâmico e, na maioria dos casos de EIA, trifásico (LP, LI e LO), nada impede que se exija essa análise cumulativa e sinérgica a partir do momento em que as ações futuras razoavelmente previsíveis se caracterizem. Nesse caso, não haveria nulidade do EIA ou do licenciamento pela sua ausência.

Entretanto, o que seriam ações futuras razoavelmente previsíveis?

Ações futuras razoavelmente previsíveis devem ser aquelas que possuem algum indício de que ocorrerão, incluindo as suas mitigantes e medidas compensatórias. Se forem ações que dependem de licenciamento ambiental, podem ser razoavelmente previsíveis a partir da expedição da LP, quando se revela o mínimo em termos de concepção e localização. Ela não significa que o empreendimento será construído, mas que já conta com chancela estatal para tal, com a especificação da sua localização e concepção. Entretanto, um empreendimento ou atividade geram impactos na medida em que se descontam os mitigados e compensados, fazendo da LI um parâmetro mais seguro para a medição dos impactos cumulativos e sinérgicos, quando já se tem um projeto mais elaborado com a previsão das mitigantes e medidas compensatórias. Joseph Miller alertou sobre a excessiva especulação na medição dos impactos cumulativos e sinérgicos de projetos a cargo de outros órgãos ou instituições da Administração Pública:

> Um órgão licenciador preparando um EIA para uma atividade além do seu controle seria, portanto, forçado a especular sobre as várias formas nas quais outro ator poderia mitigar

---

[630] SÁNCHEZ, Luis Enrique. *Avaliação de Impacto Ambiental*: conceito e métodos. 2. ed. 2013. p. 237.

efeitos adversos, e informação relativa às opções disponíveis para esse outro ator poderia ser cara ou impossível de ser obtida pelo órgão licenciador.[631]

A determinação do momento em que os dados de um empreendimento ou atividade futuros – que dependa de aval estatal para ocorrer, mormente o ambiental – devem ser computados como impactos cumulativos ou sinérgicos pertence à discricionariedade do órgão licenciador, que deve escolher entre a necessidade da LP ou da LI para efeitos de medi-los. Essa discricionariedade deve ser ainda maior se o empreendimento ou atividade estiverem sob a responsabilidade de outro órgão licenciador, visto que as especulações aumentam significativamente devido à discricionariedade ambiental em conduzir o licenciamento e impor as medidas pertinentes para mitigar ou compensar o impacto.

Além de evitar ações altamente especulativas, a necessidade da presença, ao menos, da LP, quando em face de empreendimento sujeito ao controle estatal por licenciamento ambiental, é reforçada pelo fato de que no EIA a compatibilização dos impactos futuros está inserida na consideração dos "planos e programas governamentais, propostos e em implantação na área de influência do projeto, e sua compatibilidade" (Res. Conama nº 1/86, art. 5º, IV).

Ao analisar o estudo ambiental de um projeto de exploração de madeira, fruto da cisão de um projeto maior, cuja outra metade tinha ficado parada (projeto Meteoro), a 9ª *Circuit Court* decidiu que "porque os parâmetros do projeto Meteoro eram desconhecidos à época do estudo ambiental, não foi arbitrário e caprichoso por parte do Serviço Florestal omitir do projeto a análise cumulativa. Além disso, mesmo se o Serviço Florestal houver incorrido em claro erro de julgamento ao falhar em incluir esse projeto no estudo ambiental, ele sanou esse erro ao incluir uma discussão razoavelmente completa da questão no parecer técnico conclusivo, baseado nos parâmetros do projeto que eram conhecidos àquele tempo" (*Environmental Protection Information Center v. United States Forest Service* – 2006).

Assim como o licenciamento ambiental não pode ser o redentor, a panaceia, a análise dos impactos cumulativos e sinérgicos não pode ser usada para internalizar no licenciamento todos os problemas sociais que recaem sobre a região, potencializando os impactos que não têm nexo de causalidade direto com a atividade ou empreendimento.

Para mensurar o impacto cumulativo, deve haver nexo de causalidade próximo ao da atividade ou empreendimento e os efeitos sobre o mesmo recurso, evitando, assim, excessiva especulação. Em *Department of Transportation v. Public Citizen* (2004), ao acolher a doutrina de que o NEPA exige razoável relação causal próxima entre o efeito ambiental e a causa alegada (*Metropolitan Edison Co. v. People Against Nuclear Energy* – 1983), a Suprema Corte estadunidense, como destacado por Jery Magee e Roger Nesbit, "interpretou a 'norma do impacto cumulativo' como exigindo da Administração Pública apenas a consideração do 'impacto incremental' proximamente causado pela ação proposta".[632]

---

[631] MILLER, Joseph. United States Department of *Transportation v. Public Citizen*. *Harvard Environmental Law Review*, Cambridge: Harvard Law School Student Journals Office, v. 28, n. 2, p. 593-604. 2004. p. 603 – tradução livre.

[632] MAGEE, Jerry; NESBIT, Roger. Proximate causation and the no action alternative trajectory in cumulative effects analysis. *Environmental Practice*, Cambridge: Cambridge University Press, v. 10, n. 3, p. 107-115, set. 2008. p. 111 – tradução livre.

5.14 Estudos ambientais dentro de unidades de conservação

Os estudos ambientais podem ocorrer dentro das unidades de conservação, especialmente as de proteção integral? A dúvida surge porque os órgãos gestores das UCs normalmente relutam em aceitar a confecção de estudos ambientais na área da UC sob o argumento de que o empreendimento não pode ser licenciado afetando a UC de proteção integral, uma vez que se veda o uso direto (Lei nº 9.985/00, art. 7º, §1º). Aduzem que para a realização dos estudos ou do licenciamento ambiental na área seria necessária a desafetação da UC (não haveria viabilidade ambiental), forçando uma solução que está longe de ser a menos invasiva, embora não seja inconstitucional.

Esse posicionamento é paradoxal porque os gestores das UCs deveriam ser os primeiros a defender que os estudos ambientais podem ser efetuados antes da desafetação da unidade de conservação, deixando-a como *ultima ratio*. Com essa atitude, acaba-se forçando a desafetação antes mesmo de se saber a viabilidade ambiental do empreendimento, além de antecipar seu juízo a ser efetuado quando da autorização para licenciamento ambiental.

A importância de tomar uma decisão bem informada, em termos de Poder Legislativo, foi bem captada pelo TRF da 2ª Região, ao reconhecer, apenas para argumentar, que o fato de a Constituição exigir autorização do Congresso Nacional para autorizar a localização e funcionamento de usina nuclear (art. 21, XXIII, *a*), não significa que ela tem que existir antes do licenciamento ambiental. Ao contrário, recomenda-se que seja posterior ao início do processo e dos estudos ambientais, porque propicia emitir decisão mais bem informada.[633] De qualquer forma, não procede o argumento no sentido da impossibilidade de abertura de processo administrativo para autorizar estudos ambientais em UC de proteção integral. O processo administrativo deve ser aberto para que haja alguma decisão, ainda que ela seja negativa. Não existe relação entre autuar o pedido em um processo e alguma anuência tácita de que ele será deferido. As decisões administrativas, em regra, devem ser prolatadas nos autos de um processo administrativo. Não é diferente com a autorização de realização de estudos ambientais em unidades de conservação, ainda que de proteção integral.

Outro motivo que desabona a tese de que a autorização para realizar os estudos é impossível, do ponto de vista jurídico, reside no fato de que se admitem pesquisas nas UCs de proteção integral e, com maior razão, nas de uso sustentável. Sabe-se que a Lei do Snuc (Lei nº 9.985/00) restringiu diversas atividades nas UCs de proteção integral, limitando-as basicamente à pesquisa e/ou educação. O estudo ambiental nada mais é do que uma pesquisa voltada a subsidiar o processo de licenciamento ambiental, podendo fornecer dados importantes para a gestão da UC ou para outras pesquisas. Assim, não prospera o argumento de que haveria uma impossibilidade jurídica para a análise do pedido de realização de estudos em UC, ainda que de proteção integral.

---

[633] "[...] VIII – Outrossim, ainda que se admita a imprescindibilidade de cumprimento de tais requisitos, entende-se que os mesmos não devem vincular o início do procedimento de licenciamento ambiental. E isso porque é neste procedimento onde serão realizados todos os estudos necessários para a efetivação de empreendimento considerado poluidor, estudos estes imprescindíveis ao Congresso Nacional no momento em que for avaliar se deve ou não autorizar o funcionamento do referido empreendimento. IX – Caso contrário, o Congresso Nacional estaria sem qualquer referencial para emitir sua decisão, seja sobre a aprovação da construção da usina, seja sobre o local em que a mesma deverá ser construída". (TRF da 2ª Região, 7ª T. Especializada, v.u., AI 151046 (Proc. 2006.02.01.013281-6/0013281-21.2006.4.02.0000), Rel. Des. Fed. Reis Friede, j. em 11.04.2007, *DJU* 24.04.2007).

Aliás, a Resolução Conama nº 428/10 preceitua que o "órgão responsável pela administração da UC facilitará o acesso às informações pelo interessado" (art. 2º, §4º).

Não há que se falar que a mera autorização para a realização dos estudos ambientais geraria uma expectativa juridicamente tutelável ao proponente do projeto a ser licenciado, existindo plena liberdade do órgão gestor da UC para que decida livremente, com base nos estudos apresentados, sobre a autorização para licenciamento ambiental, no momento oportuno para tanto. Também não haveria fato consumado em relação à UC pelo simples fato de serem efetuados estudos ambientais.

Há sentido na condução de procedimento de licenciamento ambiental, ainda que eventual licença a ser expedida seja, por ocasião da confecção dos estudos ambientais, incompatível com o regime jurídico da UC. Permitir os estudos ambientais possibilita identificar a extensão exata dos danos à UC, viabilizando uma decisão política bem informada, seja para manter a UC, seja para desafetá-la. Isso não impede que haja uma decisão política sobre a supressão das áreas de especial proteção antes da confecção dos estudos ambientais, podendo existir outros valores a justificar a desafetação antes mesmo dos estudos ambientais, mas é inegável que aguardar os estudos ambientais abasteceria o processo decisório político com mais elementos sobre a questão, ainda que não essenciais.

Vedar os estudos ambientais, por outro lado, pode não ser producente por conduzir à utilização exclusiva de dados secundários, conforme abordado em item específico desse capítulo, podendo ter menor precisão nos diagnósticos e previsão de impactos.

Não há por que concluir que o fato de o empreendimento ou atividade situar-se em unidade de conservação seria motivo suficiente para obstar o processo de licenciamento ambiental.

Além disso, o ato normativo de desafetação poderá prever a reafetação da área, por ato do Executivo, caso não haja a sua efetiva ocupação pelo empreendimento ou atividade licenciada. Contudo, entre a eventual ocupação e a reafetação haveria um lapso sem a proteção ambiental da UC, o que não parece ser uma medida aceitável em termos de proteção ambiental. Foi o que ocorreu com a Medida Provisória nº 558/12, convertida na Lei nº 12.678/12, art. 14,[634] cuja constitucionalidade foi posta à prova pelo Procurador-Geral da República na ADI nº 4.717,[635] tendo como um dos argumentos o de que a desafetação somente poderia ocorrer após os estudos ambientais.

Embora somente se analise a questão da desafetação prévia aos estudos ambientais sob a ótica ambiental, outras razões que gravitam em torno da temática ambiental, mas que acabam transcendendo-a, podem justificar essa postura. Quando se vai investir bilhões ou milhões de reais em algum empreendimento, nada mais razoável do que propiciar segurança jurídica ao empreendedor, ao banco que vai financiar a obra e a todos os interessados. Assim, a opção pela desafetação antes dos estudos ambientais

---

[634] "Art. 14. As frações das áreas discriminadas no inciso II do art. 2º e nos arts. 5º, 10, 11, 12 e 13 que, eventualmente, não forem atingidas pela cota de inundação efetiva dos Aproveitamentos Hidrelétricos de Tabajara, São Luiz do Tapajós e Jatobá serão reintegradas às unidades de conservação da qual foram destacadas por efeito desta Lei, mediante ato próprio do Poder Executivo federal, dispensado o disposto no §2º do art. 22 da Lei nº 9.985, de 18 de julho de 2000".

[635] No ano anterior, a MP nº 542/11, também prevendo a desafetação de UCs, foi contestada mediante a ADI nº 4.678, embora ela tenha sido prejudicada pela perda de eficácia da MP.

não é inconstitucional, mas é uma prática que pode ser superada, se for compreendida a possibilidade de licenças ambientais com condicionantes, no caso de desafetação da área.

O próprio STF admitiu a desnecessidade do estudo técnico para a desafetação dos espaços territorialmente protegidos, o que não se confunde com a vedação de que sejam efetuados para melhor subsidiar a decisão política sobre a eventual desafetação.[636]

Se houver negativa da autorização para o licenciamento ambiental (ALA) pela impossibilidade de o empreendimento ocupar a área de certa UC, nada impede que o órgão licenciador expeça a LP e a LI condicionada à desafetação da área, desde que as intervenções físicas na área da UC não sejam efetuadas, respeitando, dessa forma, a manifestação do órgão gestor. Quando houver a desafetação da área, o óbice da negativa da ALA, ou das razões que a subsidiam, para quem entende que ela não é vinculante, estará superado, podendo o licenciamento ambiental prosseguir.

---

[636] "[...] 1. O art. 225, §1º, III, da Constituição prevê a necessidade de lei para redução ou supressão de espaços territoriais especialmente protegidos, como forma de reforçar a proteção institucional do meio ambiente, direito fundamental de caráter intergeracional e essencial à sadia qualidade de vida. 2. Todavia, a validade abstrata de leis dessa espécie não depende da elaboração de prévio estudo técnico" (STF, RE nº 519.778/RN, Rel. Min. Roberto Barroso, j. em 27.02.2014, *DJe* 06.03.2014. Decisão confirmada pelo colegiado: STF, 1. T., v.u., RE nº 519.778/RN, Rel. Min. Roberto Barroso, j. em 24.06.2014, *DJe* 01.08.2014).

CAPÍTULO VI

AS ALTERNATIVAS TÉCNICAS E LOCACIONAIS NOS ESTUDOS AMBIENTAIS

As alternativas tecnológicas e locacionais no processo decisório ambiental, embora sejam o cerne ou coração do estudo de impacto ambiental,[637] não têm recebido a devida atenção em nossa doutrina, diferentemente do que ocorre na doutrina estadunidense. O estudo da legislação estadunidense é ilustrativo, porque ela é a fonte de inspiração da nossa legislação sobre as alternativas.

Nos Estados Unidos, o *National Environmental Policy Act* (NEPA) prevê que as grandes ações federais que afetam significativamente a qualidade do meio ambiente devem contar com detalhada descrição sobre as alternativas para a ação proposta (Seção 102, 2, C, III), o que foi posteriormente regulamentado pelo Conselho de Qualidade Ambiental (*Council on Environmental Quality* – *CEQ*).[638] De certa maneira, foi o que a nossa legislação fez ao listar os elementos do EIA (Decreto nº 99.274/90, art. 17, §1º, "b"; Res. Conama nº 1/86, art. 5º, I), em pura previsão infralegal. Ao contrário do que pode parecer, nem todos os países que protegem o meio ambiente na Constituição exigem a previsão de alternativas, como é o caso da França.[639]

Embora a regulação brasileira seja bem mais simples e menos detalhada do que a norte-americana, isso não impede o uso do Direito estadunidense na análise do nosso

---

[637] MILARÉ, Édis. *Direito do Ambiente*. 10. ed. 2015. p. 775; MACHADO, Paulo Affonso Leme. *Direito Ambiental Brasileiro*. 17. ed. 2009. p. 234; CAPPELLI, Sílvia. O Estudo de Impacto Ambiental na realidade Brasileira. Disponível em: http://www.mprs.mp.br/ambiente/doutrina/id21.htm. Acesso em 17 fev. 2014; *Council on Environmental Quality* (CEQ) *guidelines*, 40 CFR 1502.14; HILL, William W.; ORTOLANO, Leonard. NEPA's effect on the consideration of alternatives: a crucial test. *Natural Resources Journal*, Albuquerque: UNM School of Law, v. 18, n. 2, p. 285-311, 1978. p. 286; KIRSCH Peter J.; RIPPY, Conrad M. Defining the scope of alternatives in an EIS after Citizens Against Burlington. *Environmental Law Report*, n. 21, p. 10701-10710, 1991. p. 10702; MARRIOTT, Betty Bowers. *Environmental Impact Assessment*: a practical guide. New York: McGraw-Hill, 1997. p. 51; STEINEMANN, Anne. Improving alternatives for environmental impact assessment. *Environmental Impact Assessment Review*, n. 21, p. 3-21, 2001. p. 4-5; SMITH, Michael D. A review of recent NEPA alternatives analysis case law. *Environmental Impact Assessment Review*, n. 27, p. 126-144, 2007. p. 127.

[638] A regulamentação do NEPA pelo CEQ goza de substancial deferência por parte do Judiciário, como reconheceu a Suprema Corte estadunidense em *Andrus v. Sierra Club* (1979 – 442 U.S. 358), *Robertson v. Methow Valley Citizens Council* (1989 – 490 U.S. 356), *Marsh v. Oregon Natural Resources Council* (1989 – 490 U.S. 372).

[639] Luis Enrique Sánchez narra que, na França, "o estudo de impacto deve somente explicitar quais as razões, de ordem ambiental, que levaram à escolha da alternativa apresentada" (*Avaliação de Impacto Ambiental*: conceito e métodos. 2. ed. São Paulo: Oficina dos Textos, 2013. p. 175). A informação não é destituída de importância porque na França a Constituição foi alterada (*Loi Constitutionnelle* 2005-205) para incluir em seu preâmbulo o respeito aos direitos e deveres constantes da Carta do Meio Ambiente (*Charte de l'environnement*) de 2004.

Direito Ambiental. Nos EUA, as alternativas nos estudos ambientais constituem-se em um dos três principais temas contestados no Judiciário envolvendo a aplicação do NEPA,[640] tornando a jurisprudência norte-americana um valioso subsídio para a compreensão do assunto.

A escolha de alternativas locacionais ou tecnológicas é tarefa complexa. Em relação às alternativas locacionais de um empreendimento, deve-se considerar uma série de fatores, dentre os quais os ambientais são apenas um. É impossível fazer-se uma abordagem do tema de forma maniqueísta, como se fosse a melhor alternativa locacional ou tecnológica sem considerações de outra ordem. Isso fica claro não apenas a partir do rol de fatores elaborado por Paulo de Bessa Antunes,[641] mas também da própria fisionomia do processo decisório ambiental, do ponto de vista substancial, conforme abordado no capítulo I.

Importante destacar que alguns países implementam a melhor tecnologia disponível, o que seria uma variável da alternativa tecnológica, em discussões com a sociedade, incluindo o setor atingido, fazendo uma lista fechada (nível regulatório), não trabalhando caso a caso.

6.1 As espécies de alternativas tecnológicas e locacionais e a sua previsão no processo decisório ambiental brasileiro

As alternativas técnicas e locacionais são citadas na legislação sobre (i) o EIA, (ii) a autorização de intervenção em Área de Preservação Permanente (APP), (iii) a supressão de vegetação no bioma Mata Atlântica e (iv) o zoneamento industrial (Lei nº 6.803/80, art. 10, §2º).

A exigência das alternativas é listada por matéria, mas todas devem fazer parte de algum estudo ambiental, mais ou menos complexo, que subsidiará o processo de tomada de decisão. Embora a Resolução Conama nº 237/97 defina estudos ambientais como "todos e quaisquer estudos relativos aos aspectos ambientais relacionados à localização, instalação, operação e ampliação de uma atividade ou empreendimento, apresentado como subsídio para a análise da licença requerida" (art. 1º, III), eles podem subsidiar outros atos administrativos autorizativos ambientais que não a licença ambiental, a depender da legislação.

Existem diversas formas de classificar as alternativas no Direito Ambiental, sendo a mais usual, por ser abrangente, a classificação em alternativas técnicas e locacionais. No entanto, Glasson, Therivel e Chadwick classificam as alternativas no Direito Ambiental nas seguintes categorias: (i) de não ação; (ii) locacionais; (iii) de escalas do projeto, de

---

[640] SMITH, Michael D. A review of recent NEPA alternatives analysis case law. *Environmental Impact Assessment Review*, n. 27, p. 126-144, 2007. p. 129.

[641] "i) facilidade de acesso a mercados/centros de distribuição; ii) facilidade de acesso a fornecedores e recursos necessários para funcionamento do empreendimento; iii) bom relacionamento com a comunidade e autoridades governamentais, iv) competitividade da localização em relação às demais alternativas analisadas; v) considerações ambientais (legais e ecológicas); vi) facilidade de relacionamento com as demais empresas do mesmo grupo econômico; vii) abundância e capacitação profissional da mão de obra necessária para a implementação da atividade; viii) atratividades do local; ix) situação tributária, disponibilidade de crédito e incentivos para a implementação da atividade; x) boa infraestrutura de transportes; xi) existência de utilidades de serviços" (ANTUNES, Paulo de Bessa. *Direito Ambiental*. 16. ed. São Paulo: Atlas, 2014. p. 625-626).

equipamento ou de processos; (iv) de *layouts* do empreendimento; (v) de condições de operação e (vi) de modo de lidar com os impactos ambientais.[642]

Destaque-se que pode haver rigidez locacional que restringe a análise das alternativas locacionais a realizar ou não (alternativa zero) o empreendimento ou atividade. Embora a mineração tenha como característica a rigidez locacional, existe a agravante de que a jazida está quase sempre em área de preservação permanente, especialmente em topo de morro, serra ou nas várzeas dos corpos d'água.[643] A ampliação de obras existentes, tais como as estradas, portos e aeroportos, também tem rigidez locacional.

Antes de abordar as questões gerais das alternativas técnicas e locacionais no Direito Ambiental, núcleo da teoria geral propriamente dita, de forma a ilustrar a sua aplicação, discorre-se, na sequência, sobre os casos previstos em nossa legislação.

6.1.1 As alternativas tecnológicas e locacionais no EIA (Res. Conama nº 1/86, art. 5º, I) e a alternativa zero (ou de não ação)

A Lei nº 6.938/81 (com redação dada pela Lei nº 8.028/90) previu competir ao Conama "determinar, quando julgar necessário, a realização *de estudos das alternativas e das possíveis consequências ambientais de projetos públicos ou privados*" (art. 8º, II). Vê-se, assim, que a exigência de estudos de alternativas não é necessária em todos os licenciamentos ambientais.

Ao regulamentar a Lei nº 6.938/81, o Decreto nº 99.274/90 estipulou que cabe ao Conama fixar os critérios básicos, segundo os quais serão exigidos estudos de impacto ambiental para fins de licenciamento, contendo, entre outros, a "descrição da ação proposta e suas alternativas" (Decreto nº 99.274/90, art. 17, §1º, "b").

A redação do NEPA ("*alternatives to the proposed action*" – Seção 102, 2, C, III) é praticamente a mesma do Decreto nº 99.274/90, embora omissa sobre as alternativas de não ação (zero), de mitigação, de ação reduzida ou de postergação, isso não impediu que a doutrina estadunidense as considerasse abrangidas pelo conceito mais amplo de alternativas.[644]

A Resolução Conama nº 1/86, em seu artigo 5º, I, preceitua que o estudo de impacto ambiental (EIA), como diretriz geral, contemplará "todas as alternativas tecnológicas e de localização de projeto", confrontando-a "com a hipótese de não execução do projeto":

> Artigo 5º. O estudo de impacto ambiental, além de atender à legislação, em especial os princípios e objetivos expressos na Lei de Política Nacional do Meio Ambiente, obedecerá às seguintes diretrizes gerais:
> I – Contemplar todas as alternativas tecnológicas e de localização de projeto, confrontando-as com a hipótese de não execução do projeto;

---

[642] GLASSON, John; THERIVEL, Riki; CHADWICK, Andrew. *Introduction to Environmental Impact Assessment*. 4. ed. Abindgon: Routledge, 2012. p. 91 – tradução livre.
[643] HERRMANN, Hildebrando; POVEDA, Eliane Pereira Rodrigues, SILVA, Marcus Vinicius Lopes da. *Código de Mineração de A a Z*. 2. ed. Campinas, SP: Millennium, 2010. p. 12-14.
[644] "Lida literalmente, claro, essa regra eliminaria a jurisprudência exigindo a consideração de alternativas de não ação, de ação mitigada, de ação reduzida, de postergamento" (RODGERS JR.; William H. *Environmental Law*. 2. ed. West Pub., St. Paul, 1994. p. 960-961 – tradução livre).

Um dos requisitos do EIA é a descrição de "todas as" alternativas tecnológicas e locacionais para efetuar o empreendimento. Tal descrição também deve constar do Relatório de Impacto Ambiental (RIMA) (Res. Conama nº 1/86, art. 9º, II).

Comparada com as demais previsões da legislação, tem-se aqui uma peculiaridade: a necessidade da *alternativa zero* ("não execução do projeto"). Esta alternativa deve conter a avaliação do que ocorreria se o empreendimento não se realizasse. É na alternativa zero que se coloca a possibilidade de se alcançar os mesmos objetivos sem executar o empreendimento.

Nesse tipo de alternativa pode haver impactos positivos ou negativos, uma vez que não agir também tem consequências. Por isso, Anne Steinemann lembra que a alternativa zero "não necessariamente significa que não haverá impactos ambientais".[645] Betty Marriott, por sua vez, aduz que a alternativa de não ação pode produzir impactos ambientais prejudiciais, sendo, às vezes, fato esquecido "que nada fazer pode causar efeitos adversos".[646]

As cortes estadunidenses consideram que a alternativa zero engloba a *ação reduzida* (*lesser action*), bem como a *postergação* (*delay*), constituindo-se, por si só, em uma alternativa.[647]

Nem sempre a alternativa zero ou de não ação é tratada nominalmente ou em tópico com tal nome nos estudos ambientais. É comum que ela esteja na justificativa do projeto, uma vez que é na justificativa que se descreve o que está ocorrendo sem a existência do empreendimento e se existem outros meios melhores para se alcançar o mesmo resultado. Outra forma que ela costuma aparecer é no diagnóstico, uma vez que esse também descreve o que acontece na área sem a interferência do futuro projeto. Em suma, não se pode desconsiderar a substância da alternativa zero, como se sua exigência fosse um mero tópico formal dentro do EIA. A Resolução Conama nº 1/86 (art. 5º, I) não exige um tópico apartado, mas apenas o confronto das alternativas locacionais e técnicas com a hipótese de não execução do projeto.

A alternativa zero deve ser vista com razoabilidade. Não deve ser apenas uma exigência formal do EIA, mas alternativa necessária e factível. Se estiver fora de consideração a manutenção do *status quo*, beirando ao senso comum as razões para a realização do projeto, a exigência de análise da alternativa zero se torna mera formalidade e, consequentemente, dispensável.

6.1.2 A alternativa técnica para intervenção em APP

A intervenção ou a supressão de vegetação em APP somente ocorrerá nas hipóteses de utilidade pública, interesse social ou baixo impacto ambiental previstas na Lei nº 12.651/12 (art. 8º, *caput*).

Ao contrário da legislação pretérita (Lei nº 4.771/65 e Res. Conama nº 369/06, art. 3º, I),[648] o novo Código Florestal (Lei nº 12.651/12) não exigiu a inexistência de

---

[645] STEINEMANN, Anne. Improving alternatives for environmental impact assessment. *Environmental Impact Assessment Review*, n. 21, p. 3-21, 2001. p. 6 – tradução livre.

[646] MARRIOTT, Betty Bowers. *Environmental Impact Assessment*: a practical guide, 1997. p. 57 – tradução livre.

[647] CZARNEZKI, Jason J. Defining the project purpose under NEPA: promoting consideration of viable EIS alternatives. *The University of Chicago Law Review*, v. 70, n. 2, p. 599-619, 2003. p. 616.

[648] "Art. 3º. A intervenção ou supressão de vegetação em APP somente poderá ser autorizada quando o requerente, entre outras exigências, comprovar: I – a inexistência de alternativa técnica e locacional às obras, planos, atividades ou projetos propostos;".

alternativa técnica ou locacional para todos os casos de intervenção, de modo que há quem defenda que ela está implícita em todos os casos nos quais essa intervenção é legalmente possível.[649]

O problema desse posicionamento é o de ignorar que o legislador conhecia o elemento "alternativa técnica ou locacional" há anos e somente resolveu exigi-lo em alguns casos.

O legislador listou diversas atividades, especificando não somente em quais casos poderia haver a autorização para intervenção ou supressão de APP (*v.g.*, art. 8º, §1º e 2º), como também a sua dispensa (*v.g.*, art. 8º, §3º). Ele foi minucioso e deixou claro as hipóteses nas quais a inexistência de "alternativa técnica e locacional" ao empreendimento ou atividade propostos é necessária. Reservou esse requisito para casos residuais, que somente podem ser definidos em ato do Chefe do Poder Executivo federal (utilidade pública e interesse social – art. 3º, VIII, "e", IX, "g") ou em ato do Conama ou, ainda, dos Conselhos Estaduais de Meio Ambiente (atividades eventuais ou de baixo impacto ambiental – art. 3º, X, "k") em hipóteses bem definidas.

Por três motivos, não é necessário apelar ao silêncio eloquente para concluir que houve dispensa da inexistência de alternativa técnica e locacional para toda e qualquer supressão ou intervenção em APP. Primeiro, porque o legislador foi minucioso em prever as hipóteses de intervenção e supressão em APP, inviabilizando o argumento de que ele disse menos do que quis ao se esquecer de prever tal requisito. Segundo, poque exigir a inexistência de alternativa técnica e locacional retira a ponderação do órgão ambiental, reduzindo drasticamente a sua discricionariedade e evitando que outros valores também sejam perseguidos de forma menos custosa. E, por fim, porque essa redução do poder de ponderação dos órgãos ambientais deve ser exceção, e não regra, de forma que não se pode usá-la para ampliar a exigência de inexistência de alternativas para toda e qualquer supressão ou intervenção em APP, visto que as exceções se interpretam restritivamente.[650]

Também pode ser conjecturado, apenas para argumentar, que houve silêncio eloquente do legislador.[651] O legislador propositalmente não previu a inexistência de

---

[649] SOUZA, Adriano Andrade de; VARJABEDIAN, Roberto. Inexistência de alternativa técnica e locacional: pressuposto inafastável para intervenção em APP. *Revista de Direito Ambiental*, São Paulo: RT, ano 18, v. 71, p. 159-174, jul./set. de 2013.

[650] MAXIMILIANO, Carlos. *Hermenêutica e Aplicação do Direito*. 19. ed. 3. tir. Rio de Janeiro: Forense, 2002. p. 183-194. Ilustrativos os entendimentos no STF e no STJ: "[...] pois 'a aposentadoria especial é a exceção, e, como tal, sua interpretação só pode ser restritiva' (ADI nº 178, Rel. min. Maurício Corrêa, Tribunal Pleno, DJ 26.04.1996)" (STF, 2. T., v.u., AR no RE nº 288.640/PR, Rel. Min. Joaquim Barbosa, j. em 06.12.2011, *DJe* 01.02.2012); "[...] II – Segundo o princípio de hermenêutica jurídica, não pode o intérprete criar ressalvas onde a lei não o faz, uma vez que as exceções devem ser interpretadas restritivamente" (STJ, 5. T., v.u., REsp nº 643.342/PE, Rel. Min. Gilson Dipp, j. em 17.08.2006, *DJU* 11.09.2006. p. 337); "[...] 5. Aliás, a jurisprudência do E. STJ, encontra-se em sintonia com o entendimento de que as normas legais que instituem regras de exceção não admitem interpretação extensiva. (REsp nº 806027/PE; Rel. Min. FRANCISCO PEÇANHA MARTINS, DJ de 09.05.2006; REsp nº 728753/RJ, Rel. Min. JOÃO OTÁVIO DE NORONHA, DJ de 20.03.2006; REsp nº 734450/RJ, deste relator, *DJ* de 13.02.2006; REsp nº 644733/SC; Rel. Min. FRANCISCO FALCÃO, Rel. p/ acórdão, este relator, DJ de 28.11.2005)" (STJ, 1. T., REsp nº 829.726/PR, Rel. p/ ac. Min. Luiz Fux, j. em 29.06.2006, *DJU* 27.11.2006. p. 254).

[651] "O silêncio eloquente do legislador pode ser definido como aquele relevante para o Direito, aquele silêncio proposital. Por ele, um silêncio legislativo sobre a matéria de que trata a lei pode ser considerado como uma lacuna normativa a ser preenchida pelo intérprete, mas como uma manifestação de vontade do legislador apta a produzir efeitos jurídicos bem definidos. Ele faz parte do contexto da norma, influenciando sua compreensão" (BIM, Eduardo Fortunato. A subsistência do ISS fixo para as sociedades uniprofissionais em face da Lei Complementar 116/03: a plena vigência do §3º do artigo 9º do DL 406/68. *In*: ROCHA, Valdir de Oliveira (coord.). *O*

alternativa técnica e locacional como requisito para todos os casos de supressão ou intervenção em APP, mas apenas para casos bem definidos. Sustentar o contrário é fazer típica *interpretação retrospectiva*, que, como destacado por Luís Roberto Barroso, "procura interpretar o texto novo de maneira a que ele não inove em nada, mas, ao revés, fique tão parecido quanto possível com o antigo".[652]

O uso de cláusulas abertas da Constituição, como é o caso do meio ecologicamente equilibrado (CF, art. 225), não tem o condão de desvirtuar as normas impostas pelo legislador ordinário (*v.g.*, novo Código Florestal).

Entretanto, o STF, ao julgar a constitucionalidade do Código Florestal (ADC 42 e ADIs 4901, 4902, 4903 e 4937) entendeu pela permanência, na intervenção por interesse social ou utilidade pública, da necessidade de inexistência de alternativa técnica ou locacional à atividade proposta.

6.1.3 Supressão de vegetação no bioma Mata Atlântica

Na Lei de Proteção ao Bioma Mata Atlântica (Lei nº 11.428/06) está contida a previsão de inexistência de alternativa técnica ou locacional ao empreendimento proposto como requisito para autorização de supressão de vegetação, em determinadas hipóteses.[653] Com efeito, dispõe o seu artigo 14:

> A supressão de vegetação primária e secundária no estágio avançado de regeneração somente poderá ser autorizada em caso de utilidade pública, sendo que a vegetação secundária em estágio médio de regeneração poderá ser suprimida nos casos de utilidade pública e interesse social, em todos os casos devidamente caracterizados e motivados em procedimento administrativo próprio, quando inexistir alternativa técnica e locacional ao empreendimento proposto, ressalvado o disposto no inciso I do art. 30 e nos §§1º e 2º do art. 31 desta Lei.

Em resumo, a própria lei excepciona a exigência da inexistência da alternativa técnica e locacional nas hipóteses descritas – "ressalvado o disposto no inciso I do art. 30 e nos §§1º e 2º do art. 31 desta Lei". Além disso, limita-a apenas à vegetação primária e secundária, nos estágios de regeneração que ela prevê. Também considera a previsão de inexistência de alternativa técnica e locacional para atividades de mineração que precisem de supressão de vegetação secundária. O seu artigo 32 assim dispõe:

> A supressão de vegetação secundária em estágio avançado e médio de regeneração para fins de atividades minerárias somente será admitida mediante:

ISS e a LC nº 116. São Paulo: Dialética, 2003. p. 97).

[652] BARROSO, Luís Roberto. *Interpretação e Aplicação da Constituição*. 5. ed. São Paulo: Saraiva, 2003. p. 71. Cunhador dessa expressão, José Carlos Barbosa Moreira, estigmatizando a equivocidade desta postura hermenêutica, aduziu: "Põe-se ênfase nas semelhanças, corre-se um véu sobre as diferenças e conclui-se que, à luz daquelas, e a despeito destas, a disciplina da matéria, afinal das contas, mudou pouco, se é que na verdade mudou. É um tipo de interpretação a que não ficaria mal chamar 'retrospectiva': o olhar do intérprete dirige-se antes ao passado que ao presente, e a imagem que ele capta é menos a representação da realidade que uma sombra fantasmagórica" (BARBOSA MOREIRA, José Carlos. O Poder Judiciário e a efetividade da nova Constituição. *Revista Forense*. Rio de Janeiro: Forense, n. 304, p. 151-155, out./dez. 1988. p. 152).

[653] O Decreto nº 6.660/08, ao regulamentar a Lei nº 11.428/06, tratou da questão em diversos dispositivos (arts. 30, §4º, 39, *caput*, 48).

I – licenciamento ambiental, condicionado à apresentação de Estudo Prévio de Impacto Ambiental/Relatório de Impacto Ambiental – EIA/RIMA, pelo empreendedor, e desde que demonstrada a inexistência de alternativa técnica e locacional ao empreendimento proposto;

Como se observa são casos específicos e excepcionais, não devendo ser ampliados por mera exegese, porque o requisito da inexistência de alternativas técnicas e locacionais – se não for visto com razoabilidade – aniquila o poder decisório estatal de promover o balanceamento dos valores em jogo, além de manter intocável o ambiente protegido, já que a previsão de alternativas sempre é possível, máxime a alternativa zero.

6.1.4 As alternativas para a implantação dos empreendimentos previstos no art. 10, §2º, da Lei nº 6.803/80

Existe previsão específica de "estudos especiais de alternativas e de avaliações de impacto, que permitam estabelecer a confiabilidade da solução a ser adotada" (Lei nº 6.803/80, art. 10, §3º) à "implantação de zonas de uso estritamente industrial que se destinem à localização de polos petroquímicos, cloroquímicos, carboquímicos, bem como a instalações nucleares e outras definidas em lei" (art. 10, §2º).

Na Lei nº 6.803/80, anterior às legislações aqui citadas, fala-se somente em alternativas, sem qualificá-las como tecnológicas ou locacionais.

6.2 A necessária razoabilidade nas alternativas tecnológicas e locacionais do EIA: todas as alternativas razoáveis

Algumas das críticas mais frequentes à apresentação de alternativas técnicas e locacionais no licenciamento ambiental decorrem da inadequada compreensão do seu *status* no processo decisório e, dentro do próprio EIA, da sua suposta onisciência, imaginando-as em um cenário no qual tudo pode ser previsto e detalhado de igual forma.

A idealização relativa à previsão das alternativas gera equívocos não apenas por parte da equipe que produz o EIA, mas também pelos órgãos licenciadores, o que atinge o próprio controle efetuado sobre o processo decisório ambiental. Smith nota que, em âmbito federal nos EUA, no período analisado, a impugnação mais comum das alternativas constantes dos estudos ambientais é, de longe, a inadequada gama de alternativas analisadas (89% dos casos no período analisado por ele).[654] Isso, por si só, já demonstra a aptidão da matéria para gerar uma excessiva judicialização, justificando a sua análise pormenorizada.

No licenciamento ambiental federal estadunidense que exige estudo de impacto ambiental, a análise das alternativas se torna tão importante que a seção que cuida do assunto na regulamentação do NEPA – efetuada pelo *Council on Environmental Quality* (CEQ) – é considerada o coração do EIA (*"heart of the EIS"* – 40 CFR 1502.14).

Ser o coração do EIA tem uma razão. Para Czarnezki, as alternativas são o coração do NEPA, não apenas do EIA, porque elas "podem, em última instância, permitir à Administração Pública realizar os objetivos do projeto de forma a minimizar o dano

---

[654] SMITH, Michael D. A review of recent NEPA alternatives analysis case law. *Environmental Impact Assessment Review*, n. 27, p. 126-144, 2007. p. 134.

ao meio ambiente".[655] As alternativas podem ser consideradas o coração do EIA porque maximizam a racionalidade da decisão estatal autorizadora da intervenção no meio ambiente, possibilitando o balanceamento dos diversos valores envolvidos. Elas não têm relação com a imposição de uma alternativa, como defende Sílvia Cappelli, para quem as alternativas são o coração do EIA "pois de nada vale o estudo se a forma de atuar e a localização do projeto forem impostas à sociedade".[656] A questão não é a imposição das alternativas, papel do Estado no licenciamento ambiental, mas a boa formação da decisão a ser tomada, considerando todos os aspectos, inclusive os ambientais.

As fases envolvidas nas alternativas nos estudos ambientais são: (i) identificação das alternativas e (ii) sua comparação.[657] Na fase de identificação (*design phase*) determinam-se as alternativas que já devem ser razoáveis e, na fase de comparação (*choice phase*), escolhe-se a melhor alternativa ao compará-las, momento em que o balanceamento dos valores é evidente.

6.2.1 O conceito de alternativa

Definir o que seja uma alternativa é provavelmente um dos mais complicados aspectos do tema. Lexicamente, alternativa é a "opção, escolha entre duas ou mais possibilidades", é "aquilo que pode substituir alguma coisa" (*Dicionário Aulete*), é "uma de duas ou mais possibilidades pelas quais se pode optar" (*Houaiss*).[658] O termo alternativa geralmente significa "incluir todos os tipos de opções, escolhas ou cursos de ação para realizar um objetivo determinado".[659]

Somente existe alternativa quando se pode realizar o empreendimento de mais de uma forma, seja em relação a sua tecnologia, funcionamento, construção ou localização. Alternativa pressupõe opção – meios para a realização de certo fim – que seja razoável, como será visto adiante.

A opção, friamente considerada, não precisa ser a melhor ou mesmo razoável, basta ser possível em termos técnicos ou locacionais. Sob essa perspectiva, possibilita a geração de um grave equívoco sobre o seu papel no processo decisório ambiental, porque sugere, indevidamente, que todas as alternativas devem ser contempladas, o que demandaria uma análise sem fim, com um possível agravante: o de que elas devem ser analisadas com a mesma profundidade.

Ocorre que é impossível analisar todas as alternativas imagináveis, sempre podendo haver a crítica de que faltou alguma alternativa ou que existem dúvidas a respeito da isonomia da análise. Shrader-Frechette reconhece "que todas as alternativas possíveis nunca poderiam ser avaliadas".[660]

---

[655] CZARNEZKI, Jason J. Defining the project purpose under NEPA: promoting consideration of viable EIS alternatives. *The University of Chicago Law Review*, v. 70, n. 2, p. 599-619, 2003. p. 601 – tradução livre.

[656] CAPPELLI, Sílvia. O Estudo de Impacto Ambiental na realidade Brasileira. Disponível em: http://www.mprs.mp.br/ambiente/doutrina/id21.htm. Acesso em 17 fev. 2014.

[657] GENELETTI, Davide. Integration of impact assessment types improves consideration of alternatives. *Impact Assessment and Project Appraisal*, v. 32, n. 1, p. 17-18, 2014. p. 17 – tradução livre.

[658] HOUAISS, Antônio; VILLAR, Mauro de Salles. *Dicionário Houaiss da Língua Portuguesa*. 2. reimp. com alterações. Rio de Janeiro: Objetiva, 2007. p. 169, verbete: alternativa.

[659] GENELETTI, Davide. Integration of impact assessment types improves consideration of alternatives. *Impact Assessment and Project Appraisal*, v. 32, n. 1, p. 17-18, 2014. p. 17 – tradução livre.

[660] SHRADER-FRECHETTE, K. S. Environmental impact assessment and the fallacy of unfinished business. *Environmental Ethics*, v. 4, n. 1, p. 37-47, 1982. p. 44 – tradução livre.

Embora o NEPA tenha sido sancionado no primeiro dia de 1970, sua regulamentação vinculante pelo CEQ ocorreu somente em 1978,[661] com eficácia a partir de meados de 1979. Em decorrência dessa regulamentação, surgiram diversas dúvidas, obrigando o CEQ a efetuar vários encontros pelos EUA em meados de 1980. Em 1981, as respostas às questões mais frequentes foram compiladas no documento conhecido como as Quarenta Questões (*CEQ's Forty Most-Asked Questions* ou simplesmente *Forty Questions*), que constitui a terceira fonte de aplicação do NEPA – a regulamentação pelo CEQ é a segunda, precedida pelo próprio NEPA.[662]

Ao responder à indagação sobre quantas alternativas deveriam ser discutidas, quando houvesse um infinito número delas, e, ao mesmo tempo, reconhecendo a desnecessidade de se analisar todas as alternativas possíveis, o CEQ aduziu que "quando existir um grande número potencial de alternativas, apenas um razoável número de exemplos, cobrindo todo o espectro de alternativas, deve ser analisado e comparado no EIA".[663]

Entretanto, como decidido pela Suprema Corte estadunidense, não figura nesse espectro amplo de análise ambiental o pior cenário possível (*worst case analysis or scenario*),[664] demonstrando a presença constante da razoabilidade no tema. Antes de aduzir que a Suprema Corte rejeita a análise do pior cenário "caso baseado em possibilidades especulativas e conjecturas", Harold Hickok afirma que a "análise do pior caso é atrativa para os opositores do projeto porque lhes permite aumentar as possibilidades que frequentemente são horríveis".[665]

Outro problema reside na adoção de alternativas excêntricas ou desproporcionais, apenas para acrescentar falsas alternativas ao processo decisório. É certo que o preceito regulamentar fala em "alternativas", significando que, "pelo menos, duas opções deverão ser colocadas diante do administrador público para que a decisão administrativa seja possível",[666] porém não se deve inventar alternativas não factíveis apenas para cumprir essa exigência numérica.

Não sendo possível, dentro do ponto de vista da viabilidade das diretrizes da política pública em comento, da técnica ou da economia, estabelecer uma segunda alternativa, o estudo deve arrolar somente uma (para quem não considera a alternativa zero uma alternativa), descartando as demais motivadamente.

---

[661] Betty Bowers Marriott explica que foram editadas diretrizes (*guidelines*) do NEPA pelo CEQ em 1970, revisadas em 1973 para implementar a Seção 102(2)(C) da lei. Essas diretrizes eram para ser vinculantes, mas algumas cortes e órgãos da Administração Pública as viam como aconselhativas. Diante dessa divergência, o Presidente Carter expediu a *Executive Order* 11.991/77 determinando ao CEQ que expedisse regulação (*regulation*) a respeito. Então, em 1978, as diretrizes foram convertidas em regulações, vinculantes para toda a Administração Pública federal (*Environmental Impact Assessment*: a practical guide. New York: McGraw-Hill, 1997. p. 7).

[662] YOST, Nicholas C. CEQ's "Forty Questions:" the key to understanding NEPA, Natural Resources & Environment, American Bar Association, v. 23, n. 4, p. 8-10, 2009. p. 10.

[663] *Forty most asked questions concerning CEQ's National Environmental Policy Act Regulations*, 1b – tradução livre.

[664] *Robertson v. Methow Valley Citizens Council* (1989) e *Marsh v. Oregon Natural Resources Council* (1989).

[665] HICKOK, Harold. *Introduction to Environmental Law*. Albany: Delmar Publishers, 1996. p. 81 – tradução livre.

[666] MACHADO, Paulo Affonso Leme. *Direito Ambiental Brasileiro*. 17. ed. 2009. p. 234.

6.2.2 Somente as alternativas razoáveis, praticáveis e consistentes com as diretrizes políticas básicas

O entendimento inadequado sobre o número de alternativas a ser apresentado poderá estimular a invenção de alternativas inviáveis ou mesmo desarrazoadas, apenas para dizer que várias alternativas foram analisadas. O equívoco está em considerar que, quando a legislação exige alternativas, ela impõe muitas alternativas – e não apenas mais do que uma (no mínimo duas, caso seja possível) – ou que ela imponha alternativas impossíveis ou inviáveis, ignorando o fato de que elas devem ser razoáveis e factíveis.

A obsessão pela demonstração de muitas alternativas é tamanha, que se criam alternativas para evitar eventual alegação de nulidade do estudo e, *ipso facto*, do processo decisório ambiental. Essa distorção ainda pode gerar outra, qual seja, o fraco enfrentamento qualitativo da alternativa.

Apenas as alternativas razoáveis devem ser apresentadas no processo decisório ambiental. Por alternativas razoáveis entenda-se (i) alternativas factíveis, (ii) viáveis e (iii) que estejam dentro das normas técnicas e legais aplicáveis ao empreendimento, garantindo a sua segurança e viabilidade, ainda que muito parecidas entre si.

Embora o NEPA simplesmente exija alternativas para a ação proposta (*"alternatives to the proposed action"*),[667] a regulamentação do CEQ (40 CFR 1502.14, *a*) exige expressamente que se avalie "todas as alternativas razoáveis" (*"all reasonable alternatives"*) e que a eliminação de alternativa contenha sucinta motivação (*"briefly discuss the reasons"*).

O mesmo critério deve ser adotado em nosso Direito, uma vez que o Decreto nº 99.274/90 (art. 17, §1º, b) e a Resolução Conama nº 1/86 (art. 5º, I) não falam em alternativas razoáveis, mas apenas em alternativas. Nesse ponto, a razoabilidade das alternativas deve vir muito mais da impossibilidade de analisar todas as alternativas possíveis, bem como das naturais divergências em identificá-las, do que pela experiência jurídica norte-americana.

Paulo Affonso Leme Machado também não hesita em lecionar que "as alternativas analisadas deverão ter razoável viabilidade",[668] excluindo-se as inexequíveis. É a mesma crítica feita por Marcia Leuzinger e Sandra Cureau, que apontam a existência de alternativas impraticáveis.[669] O direito da União Europeia e o do Reino Unido exigem que as alternativas sejam razoáveis, "não podendo incluir ideias que não são tecnicamente possíveis, ou ilegais".[670]

Mas, afinal, o que é razoável?

Anne Steinemann, ao responder esse questionamento explicita, que "o número de alternativas para um projeto de empreendimento é, em teoria, infinito. Então, a variedade de alternativas deve ser limitada 'por alguma noção de viabilidade'". Acrescenta que essa variedade "não deve ultrapassar aquelas razoáveis relacionadas aos objetivos do projeto", que "tipicamente inclui a viabilidade técnica, econômica e política".[671]

---

[667] NEPA, Seção 102, 2, C, III (42 U.S.C. §4332).
[668] MACHADO, Paulo Affonso Leme. *Direito Ambiental Brasileiro*. 17. ed. 2009. p. 234.
[669] LEUZINGER, Marcia Dieguez; CUREAU, Sandra. *Direito Ambiental*. Rio de Janeiro: Elsevier, 2013. p. 86.
[670] GLASSON, John; THERIVEL, Riki; CHADWICK, Andrew. *Introduction to Environmental Impact Assessment*. 4. ed. 2012. p. 94 – tradução livre.
[671] STEINEMANN, Anne. Improving alternatives for environmental impact assessment. *Environmental Impact Assessment Review*, n. 21, p. 3-21, 2001. p. 8 – tradução livre.

Czarnezki é enfático quanto a esse ponto: "[...] apenas aquelas alternativas que podem atingir o objetivo do projeto precisam ser discutidas [...] não precisam ser consideradas aquelas possibilidades que são tecnologicamente impraticáveis".[672]

Tal discussão também existe entre nós, embora não na seara jurídica. Antes de concluir que o limite do razoável pode dar margem a muita discussão, Luis Sánchez observa que o "alcance das alternativas pode ser tamanho que inviabilize um EIA, pelo nível de generalização necessário ou pela indefinição quanto à localização".[673]

Em famoso precedente (*Vermont Yankee v. NRDC*), a Suprema Corte estadunidense abordou a questão citando expressamente a necessidade de que as alternativas sejam factíveis, sendo impossível contemplar cada alternativa conjecturável pela mente humana. Nas palavras da Corte:

> Mas, como deveria ser óbvio mesmo após uma breve reflexão, o termo "alternativas" não se define por si só. Para fazer uma declaração de impacto algo mais do que um exercício de clichê fútil, o conceito de alternativas tem que ser delimitado por alguma noção de viabilidade. [...] O senso comum também nos ensina que a "declaração detalhada de alternativas" não pode ser encontrada simplesmente porque a Administração Pública falhou em incluir cada alternativa mentalmente concebível pela mente humana. Tempo e recursos são demasiadamente limitados para sustentar que uma declaração de impacto é falha porque a Administração Pública não conseguiu trazer à tona cada alternativa possível, independentemente de quão rara ou desconhecida a alternativa pode ter sido na época que o projeto foi aprovado.[674]

Examinar cada alternativa concebível pela mente humana, além de repugnar o senso comum, esgotaria os recursos estatais e, paradoxalmente, minaria a proteção ao meio ambiente. "Um exame exaustivo de muitas alternativas poderia minar perversamente o processo estabelecido pelo NEPA e colocaria uma tensão muito grande sobre os limitados recursos estatais".[675]

A razoabilidade não apenas rechaça a consideração de todas as alternativas possíveis, mas também aquelas de implementação improvável ou inconsistentes com as diretrizes políticas básicas – razões pelas quais elas devem ser viáveis ou factíveis.

Mantendo a sua jurisprudência, em *HonoluluTraffic.com v. Federal Transit Administration* (2014), a 9ª *Circuit Court*[676] foi categórica quanto a esse ponto: "A Administração Pública não tem qualquer obrigação de considerar cada alternativa possível para uma ação proposta, nem mesmo deve considerar alternativas que não sejam susceptíveis de serem implementadas ou aquelas incompatíveis com os seus

---

[672] CZARNEZKI, Jason J. Defining the project purpose under NEPA: promoting consideration of viable EIS alternatives. *The University of Chicago Law Review*, v. 70, n. 2, p. 599-619, 2003. p. 599-600.

[673] SÁNCHEZ, Luis Enrique. *Avaliação de Impacto Ambiental*: conceito e métodos. 2. ed. 2013. p. 175.

[674] *Vermont Yankee Nuclear Power Corp. v. Natural Resources Defense Council* (1978) (435 U. S. 551) – tradução livre.

[675] TABB, William Murray. An Environmental Conversation. *Natural Resources Journal*, Albuquerque: UNM School of Law, v. 54, n. 1, p. 143-179, 2014. p. 169-170 – tradução livre.

[676] Responsável por toda a costa oeste norte-americana, incluindo o Alasca e o Havaí. Além de ser conhecida como o tribunal mais amigo do meio ambiente, sua abrangência territorial cobre 34% do território norte-americano (SMITH, Michael D. Cumulative Impact Assessment under the National Environmental Policy Act: an analysis of recent case law. *Environmental Practice*. Cambridge: Cambridge University Press, v. 8, n. 4, p. 228-240, dez. 2006. p. 230).

objetivos políticos básicos".[677] Em decisão anterior, a mesma Corte foi ainda mais enfática quanto a outros aspectos:

> A seção 4332 não requer a consideração de alternativas "cujo efeito não pode ser razoavelmente determinado, e cuja implementação seja considerada remota e especulativa". *Life of the Land v. Brinegar*, 485 F.2d 460, 472 (9ª Cir. 1973), cert. negado, 416 U.S. 961, 94 S.Ct. 1979, 40 L.Ed.2d 312 (1974). Nem um órgão público deve considerar alternativas que são inviáveis, ineficazes ou inconsistentes com os objetivos políticos fundamentais para a gestão da área. *Block*, 690 F.2d at 767 (a apreciação de alternativas não adequadas aos objetivos da política do plano de gestão não precisa ser considerada); *Kilroy v. Ruckelshaus*, 738 F.2d 1448, 1454 (9ª Cir.1984) (a Administração Pública não precisa considerar alternativas "distantes da realidade"). Por fim, NEPA não requer uma análise separada das alternativas que não são significamente distinguíveis das alternativas realmente consideradas, ou que têm consequências substancialmente semelhantes. *Northern Plains Resource Council v. Lujan*, 874 F.2d 661, 666 (9ª Cir. 1989). Portanto, a consideração pela Administração Pública de alternativas é suficiente se isso considerar um conjunto adequado de alternativas, mesmo que não considere todas as alternativas disponíveis.[678]

Não é raro iniciar a investigação sobre uma alternativa e essa se mostrar, posteriormente, inadequada por algum motivo. Infelizmente, ao invés de descartá-la motivadamente, algumas vezes tenta-se aproveitá-la, o que configura um erro. Ao fazê-lo, não se aprofunda os estudos na mesma intensidade das alternativas viáveis, pela manifesta perda de tempo em fazê-lo. Tal equívoco não reside na análise incompleta ou superficial, mas em considerá-la como uma alternativa razoável ou factível, quando ela de fato não é. "Alternativas consideradas desarrazoadas são dispensadas de estudos adicionais", como doutrina Charles H. Eccleston.[679]

Por outro lado, esse equívoco gera outro efeito: o de julgar que houve superficialidade na análise da alternativa, objeto de desigual atenção frente às demais.

Embora a legislação brasileira refira-se às alternativas, o que pressupõe pelo menos duas, esse conceito é limitado pela viabilidade técnica, econômica e pela compatibilidade com os objetivos políticos básicos. Ninguém está obrigado ao impossível, como dizia o milenar axioma romano. Somente devem ser admitidas como alternativas as viáveis, seja do ponto de vista dos seus custos, do seu enquadramento dentro da política, da legislação, da decisão estatal ou mesmo da técnica, abrangida a segurança do projeto, considerada viável para o grau de risco que se pretende assumir.

Michael Smith relata que, a depender do escopo da ação proposta, tem-se uma discricionariedade em escolher quantos detalhes serão analisados. Em projetos mais impactantes, faz-se um EIA (*EIS*) contendo um número de alternativas que costuma variar entre três e sete. Para projetos menos impactantes, elabora-se um estudo ambiental mais simples (*EA*), e muitos desses estudos, por exemplo, para projetos pequenos,

---

[677] Tradução livre. No mesmo sentido, cf. *Seattle Audubon Society v. Moseley* (9. Circuit 1996) (80 F.3d 1404), que cita os seguintes precedentes: *Resources Limited, Inc. v. Robertson*, 8 F.3d 1394, 1401-02 (9. Cir. 1993); *Headwaters v. Bureau of Land Management*, 914 F.2d 1174, 1180-81 (9. Cir. 1990).

[678] *Headwaters Inc. v. Bureau of Land Management Medford District* (9. Circuit 1990) (914 F.2d 1174 e ss.) – tradução livre.

[679] ECCLESTON, Charles H. *Effective environmental assessments*: how to manage and prepare NEPA EAs. Boca Raton: Lewis Publishers, 2001. p. 39 – tradução livre.

geralmente analisam apenas uma alternativa. De qualquer forma, conclui que muitas das decisões judiciais reiteram que não existe um número mínimo de alternativas a serem analisadas em um estudo ambiental previsto no NEPA.[680]

Por outro lado, como as Forty Questions do CEQ advertem, a regulamentação do NEPA fala em alternativa razoável, e não em alternativas que o proponente gosta ou é capaz de realizar dentro de sua competência específica (2a). Entretanto, a exigência da legislação se dirige à consideração de alternativas, não de objetivos. O que deve ser razoável são as alternativas, não os objetivos. Um dos maiores perigos da criatividade no tema das alternativas é que ela pode alterar os fins estabelecidos de tal forma que viola o espaço decisório público ou privado. Por isso, a consideração das Forty Questions (2a) deve ser corretamente interpretada.

De qualquer modo, não se pode exigir alternativas que impactem as finalidades do particular, na mesma intensidade que poderia ocorrer em um projeto público. Em outras palavras, a análise da razoabilidade deve ser ainda mais deferente quando se tratar de projetos efetuados pela iniciativa privada do que quando realizados pela pública.

A 10ª *Circuit Court* (*Citizens' Committee to Save Our Canyons v. United States Forest Service – 2002*) admitiu essa diferença entre público e privado, em termos de alternativa, ao decidir que o empreendimento particular submetido ao EIA gera um dever por parte do órgão licenciador de atribuir peso substancial aos propósitos e objetivos do setor privado.[681] Assim, não é incomum admitir apenas duas alternativas, aprovar o projeto ou rejeitá-lo (alternativa zero), como foi referendado pela *D.C. Circuit Court* em *Citizens Against Burlington v. Busey*. Neste caso, decidiu-se que "a análise das alternativas assume uma característica diferente quando a Administração Pública é solicitada apenas a responder ao projeto de terceiro (e.g., concedendo uma permissão ou aprovação para permuta de terras) em oposição a quando ela age como proponente de um projeto, plano ou política federal".[682] Essa conclusão, que vai ao encontro do posicionamento de Matthew Haws, também já foi referendada por outras Cortes de Circuito – 4ª (*Alliance for Legal Action v. FAA* – 2003), 5ª (*Louisiana Wildlife Federation v. York* – 1985) e a 9ª (*City of Angoon v. Hodel* – 1986).[683]

Nesse contexto, foi validada, pelo Judiciário estadunidense, a análise de apenas duas alternativas (uma delas, a alternativa zero) em estudo ambiental, uma vez que o Serviço Florestal inicialmente considerou seis alternativas, eliminando quatro mediante razões plausíveis. Em suma, foi decidido que "a regulação não impõe um piso numérico de alternativas para serem consideradas. Nem nós [9ª Corte de Circuito] temos previamente imposto uma exigência numérica como termômetro de razoabilidade. Ao

---

[680] SMITH, Michael D. A review of recent NEPA alternatives analysis case law. *Environmental Impact Assessment Review*, n. 27, p. 126-144, 2007. p. 127 e 143.

[681] Como alerta a Suprema Corte da Califórnia: "Isto não é sugerir que projetos privados são categoricamente isentos de avaliação de alternativa locacional. Compreensivelmente, o poder estatal do domínio eminente e o acesso a terras públicas sugerem que os locais alternativos podem ser mais viáveis, com mais frequência, quando o empreendedor é o Estado, em vez do particular" (*Citizens of Goleta Valley v. Board of Supervisors* – Cal. 1990) – tradução livre.

[682] HAWS, J. Matthew. Analysis paralysis: rethinking the court's role in evaluating EIS reasonable alternatives. *University of Illinois Law Review*, n. 2, p. 537-576, 2012. p. 557 – tradução livre.

[683] HAWS, J. Matthew. Analysis paralysis: rethinking the court's role in evaluating EIS reasonable alternatives. *University of Illinois Law Review*, n. 2, p. 537-576, 2012. p. 559.

contrário, a substância das alternativas tem sido o foco, não a grandeza numérica das alternativas consideradas".[684]

As alternativas não precisam ser muito diferentes entre si, bastando ser semelhantes ou até virtualmente idênticas,[685] desde que abranjam todo o espectro razoável dos cursos de ação.

6.2.3 A vedação de interferir nas escolhas políticas ou administrativas mediante alternativas tecnológicas ou locacionais

A alternativa é sempre relacional, pois são meios para algo, para um determinado fim. Quando se fala em alternativas, deve-se ter sempre em vista um fim que as delimita. Como elucidou a *D.C. Circuit Court*, a "ação proposta é razoável apenas se ela vai realizar os fins da ação governamental",[686] concluindo que "os objetivos de uma ação delimitam o universo de alternativas razoáveis".[687]

Umas das críticas mais contundentes às alternativas é que sendo elas meios para certos fins, a questão mais importante sobre os impactos ambientais não é escolher entre essa ou aquela tecnologia como meio para se atingir algum fim X, mas a de selecionar o fim X ou Y.[688] Embora essa crítica seja comumente efetuada por não juristas, é importante se debruçar sobre ela, ainda mais porque ela pode aparecer nas mais variadas formas na contestação do processo decisório, exigindo-se redobrada atenção do intérprete.

Ocorre que as alternativas não têm o condão de alterar os fins, definidos pelas políticas públicas vigentes ou, no caso dos particulares, permitidos nesse quadro. Como bem frisou Luis Enrique Sánchez, "parece duvidoso que as legislações nacionais (...) tenham pretendido abarcar um escopo tão amplo. Tal tipo de questão depende de decisões propriamente políticas cujo fórum não é o processo de avaliação de impactos".[689]

Em *South Carolina ex Rel. Campbell v. O'Leary* (1995), enfrentando a alegação de que o estudo ambiental era inadequado por ignorar completamente ou discutir de forma insuficiente duas alternativas, a 4ª *Circuit Court* entendeu que não havia o dever de analisar alternativas que contrariassem a política estadunidense.[690] Por essa razão,

---

[684] *Native Ecosystems Council v. U.S. Forest Service* (9. Cir. 2005 – 428 F.3d 1233) – tradução livre. Admitindo apenas a alternativa zero como alternativa e rechaçando um número mínimo delas, cf. *People of the State of California v. U.S. D.O.I.* (9. Circuit – 2014).

[685] *League of Wilderness Defenders-Blue Mountains Biodiversity Project v. United States Forest Service Bov Eav* (9. Cir. 2012).

[686] Usando como exemplo o seguinte caso: "Se licenciar o reator Vernon for feito para ajudar o suprimento de energia a New England, licenciar um reator ao norte de New York pode fazer igual sentido. Se licenciar o reator Vernon for feito para também estimular o mercado de trabalho, licenciar o reator em Lake Placid seria muito menos eficaz" (*Citizens Against Burlington v. Busey* – tradução livre) (D.C. Cir. 1991 – 938 F.2d. 195).

[687] *Citizens Against Burlington v. Busey* (D.C. Cir. 1991 – 938 F.2d. 195) – tradução livre.

[688] SHRADER-FRECHETTE, K. S. Environmental impact assessment and the fallacy of unfinished business. *Environmental Ethics*, v. 4, n. 1, p. 37-47, 1982. p. 42.

[689] SÁNCHEZ, Luis Enrique. *Avaliação de Impacto Ambiental*: conceito e métodos. 2. ed. 2013. p. 174.

[690] "E os tribunais não são livres para rejeitar uma avaliação ambiental porque o órgão governamental recusa-se a mudar sua política. Ver *Coalition For Responsible Regional Development v. Coleman*, 555 F.2d 398, 401-02 (4. Cir. 1977) (alternativa corretamente rejeitada porque "não realizaria os objetivos do (proposto) projeto"); *Headwaters, Inc. v. Bureau of Land Management*, 914 F.2d 1174, 1180 (9. Cir. 1990) (um órgão público não é obrigado a considerar alternativas que são "inviáveis, ineficazes ou inconsistentes com os objetivos políticos fundamentais" para a ação em questão)" (tradução livre).

frequentemente se decide que "quando o objetivo é realizar uma coisa, não faz sentido considerar os caminhos alternativos pelos quais outra coisa pode ser alcançada".[691]

Quando há um projeto específico em questão, sobretudo como um mandado do legislador, a obrigação de discutir alternativas estreita-se, como ponderou a *D.C. Circuit Court* em diversos precedentes.[692]

Essa incapacidade de alterar os fins não impede a declaração de inviabilidade do projeto pelo órgão ambiental, a exigência de estudos complementares ou, ainda, discordar da alternativa preferida pelo empreendedor, mas tais cursos de ação estão longe de poder alterar os fins admitidos pelas políticas públicas vigentes.

Essa restrição na análise das alternativas impacta, consequentemente, na exigência das alternativas, porque evita a sua transformação em fins ao se exigirem opções tão radicais ("alternativas") que acabam mudando o objetivo do projeto proposto por particulares ou pelo poder público. Em suma, não se pode mudar os objetivos traçados no âmbito das políticas públicas ou da livre-iniciativa por meio das alternativas ambientais.

6.2.4 O critério qualitativo das alternativas e a imanente questão da metodologia

Uma crítica frequente que se faz ao EIA é a de que "nos estudos das alternativas tecnológicas ou locacionais [...] a comparação entre as alternativas costuma ser feita a partir de base de conhecimento diferenciada ou cotejando alternativas reconhecidamente inferiores àquela selecionada no EIA".[693] Para evitar tal problema, algumas legislações preveem que as alternativas devem ser exploradas com relativa igualdade de profundidade, sob pena de nulidade do licenciamento.[694]

No estudo intitulado *Deficiências em estudos de impacto ambiental: síntese de uma experiência*, critica-se a "comparação de alternativas a partir de base de conhecimento diferenciada", uma vez que essa análise "deve ser feita a partir de opções com um mesmo nível de detalhamento, o que demanda a elaboração de estudos para todas as alternativas. Esta não foi a regra observada nos documentos analisados, que, predominantemente, desenvolveram diagnóstico apenas para uma proposta". Conclui, então, que o resultado disso é "o descarte das alternativas que não foram devidamente analisadas, até mesmo sob a alegação de serem ambientalmente menos atrativas".[695]

---

[691] *City of Angoon v. Hodel* (9. Cir. 1986) (803 F.2d 1021); *Citizens Against Burlington v. Busey* (D.C. Cir. 1991 – 938 F.2d. 195) – tradução livre.
[692] *Citizens Against Burlington v. Busey* (D.C. Cir. 1991 – 938 F.2d. 196); *Izaak Walton League of Am. v. Marsh* (D.C. Cir. 1981 – 655 F.2d 372). Cf. ainda *City of New York v. Department of Transp.* (1983 – 715 F.2d 743-745), na qual a 2ª *Circuit Court* reformou decisão de primeira instância porque o Departamento de Transporte não tinha a obrigação de considerar como alternativa o transporte de combustível nuclear por barcaças se a previsão da política pública era para fazê-lo via rodoviária.
[693] LEUZINGER, Marcia Dieguez; CUREAU, Sandra. *Direito Ambiental*. 2013. p. 85-86.
[694] Exemplo disso está no Código Ambiental Estadual do Rio Grande do Sul, que preceitua a possibilidade de invalidação do EIA – e, portanto, de sustação do processo de licenciamento – diante da "ausência de equidade, uniformidade metodológica e grau de aprofundamento equivalente no estudo das diferentes alternativas locacionais e tecnológicas" (Lei nº 11.520/00, art. 81, II).
[695] *Deficiências em estudos de impacto ambiental*: síntese de uma experiência. Brasília: Ministério Público Federal/4. Câmara de Coordenação e Revisão; Escola Superior do Ministério Público da União, 2004. p. 13.

Alternativas econômica ou ambientalmente insustentáveis apresentadas pelo empreendedor devem ser evitadas, embora somente seja possível descobri-las no curso da investigação efetuada no EIA, o que gera o mau hábito de elencá-las como alternativa, apenas para não perder o esforço empreendido no estudo ou para oferecer mais uma alternativa, quando, na verdade, não há.

Essa questão gera inúmeros desentendimentos, principalmente pelo equívoco de se considerar como alternativa, o que, de fato, é uma pré-alternativa. Ao invés de ser descartada como pré-alternativa que é, ela é mantida no EIA como se fosse uma alternativa, gerando, desse modo, a natural acusação de que não houve análise aprofundada de seus aspectos, ou que ela somente está presente no EIA para fazer volume, sendo manifestamente inferior às demais alternativas.

Didática é a prática citada por Charles H. Eccleston, ao ressaltar que alternativas que foram elencadas, mas não analisadas ou rejeitadas, são geralmente arroladas em seção separada rotulada "Alternativas consideradas, mas não levadas adiante".[696]

Se a alternativa é viável e razoável, deve-se analisá-la de forma isonômica às demais, aplicando-lhe a mesma metodologia, quando cabível. Nas *Quarenta Questões*, o CEQ aduz que o nível de análise dedicada a cada alternativa deve ser substancialmente similar ao devotado à alternativa da ação proposta. A exigência do *tratamento substancial* (*substantial treatment*), prevista na Seção 1502.14(b), para cada alternativa "não impõe uma quantidade de informação a ser fornecida, mas prescreve um nível de tratamento, o que pode, por sua vez, requerer diferentes quantidades de informação para permitir que um revisor avalie e compare as alternativas".[697] Segundo a regulamentação do CEQ, o objetivo do tratamento substancial das alternativas no NEPA é permitir a avaliação de seus méritos comparativos (40 CFR 1502.14, b).

Quanto à escolha de alternativas reconhecidamente inferiores, a situação é ainda mais complexa, uma vez que decisão procede da discricionariedade administrativa. Se o órgão licenciador concordar com as alternativas analisadas no estudo ambiental, ele o fará dentro de sua discricionariedade, bem como se pedir para o estudo ser aditado ou rejeitar todas.

Para os norte-americanos é tão óbvia a exigência de razoabilidade da alternativa para que ela seja analisada que eles a denominam de regra da razão (*rule of reason*). Assim, a *regra da razão* para o Direito Ambiental estadunidense significa que "não se exige a consideração de alternativas 'distantes da realidade'".[698]

Sedimentando sua jurisprudência em *American Rivers v. Federal Energy Regulatory Commission* (2000), a 9ª *Circuit Court* consignou que a razoabilidade se aplica tanto à *escolha* das alternativas quanto à *extensão em que elas devem ser discutidas* no EIA. Nas palavras da Corte:

> A regra da razão guia tanto a escolha das alternativas quanto a extensão que o EIA deve discutir cada alternativa. *City of Carmel-By-The-Sea v. United States Dep't of Transp.*, 123 F.3d 1142, 1155 (9ª Cir. 1997) (citações omitidas). Sob a regra da razão, a Comissão

---

[696] ECCLESTON, Charles H. *Effective environmental assessments*: how to manage and prepare NEPA EAs, 2001. p. 46.
[697] *Forty most asked questions concerning CEQ's National Environmental Policy Act Regulations*, 5b – tradução livre.
[698] LACKEY JR., Michael E. Misdirecting NEPA: leaving the definition of reasonable alternatives in the EIS to the applicants. *The George Washington Law Review*, n. 60, p. 1232-1274, 1992. p. 1239.

"não precisa considerar uma infinidade de alternativas, apenas as razoáveis e factíveis" (tradução livre).[699]

A *D.C. Circuit Court*, ao consolidar a sua jurisprudência no sentido de que a regra da razão se aplica tanto à escolha quanto à extensão da discussão das alternativas,[700] consignou "que recai sobre a Administração Pública a responsabilidade de decidir quais as alternativas a considerar em uma declaração de impacto ambiental".[701] Nada mais natural, uma vez que "a preparação de um EIA exige necessariamente um julgamento, e esse julgamento é da Administração Pública".[702]

Decorrente da regra da razão, a discricionariedade do órgão licenciador sobre a profundidade da análise e dos dados exigidos também é reconhecida por outras cortes. Em *County of Suffolk v. Secretary of Interior* (1977), a 2ª *Circuit Court* entendeu que, sob a regra da razão, o EIA "não precisa ser exaustivo a ponto de discutir todos os possíveis detalhes", mas será aceito como adequado se for compilado de boa-fé e tiver apresentado informações suficientes que viabilizem uma decisão consciente de todos os fatores ambientais envolvidos, possibilitando uma decisão fundamentada depois de ponderar os riscos de danos ambientais em face dos benefícios do empreendimento, "bem como fazer uma escolha fundamentada entre alternativas".[703] Entendimento expressamente seguido pela *D.C. Circuit Court* em *North Slope Borough. v. D. Andrus National Wildlife Federation* (1980 – 642 F.2d 601).

O juízo do órgão ambiental, quanto aos resultados ambientais de suas escolhas, não deve ser substituído pelo Judiciário. Neste sentido, a Suprema Corte estadunidense advertiu no *leading case Kleppe v. Sierra Club* (1976), repetido inúmeras vezes pela jurisprudência estadunidense:[704]

> Nem o NEPA nem a sua história legislativa contemplam que o Judiciário deve substituir seu julgamento pelo da Administração Pública no tocante às consequências ambientais de suas ações. O único papel do Judiciário consiste em assegurar que a Administração Pública analisou de forma rigorosa as consequências ambientais; não pode imiscuir-se na área de discricionariedade do Executivo quanto à escolha da ação a ser tomada. (427 U.S. 410, nota 21 – tradução livre)

---

[699] Este entendimento foi expressamente adotado pela 10. *Circuit Court* em *Custer County Action Association v. Jane F. Garvey* (2001).

[700] *State of Alaska v. D. Andrus* (D.C. Cir. 1978) (580 F.2d 475).

[701] *Citizens Against Burlington v. Busey* (D.C. Cir. 1991) (938 F.2d. 195) – tradução livre. No mesmo sentido, cf. *North Slope Borough. v. D. Andrus National Wildlife Federation* (D.C. Cir. 1980) (642 F.2d 601).

[702] *Lathan v. S Brinegar Lathan* (9. Cir. 1974) (506 F.2d 693) e *City of Angoon v. Hodel City of Angoon* (9. Cir. 1986) (803 F.2d 1021) – tradução livre.

[703] 562 F.2d 1375 – tradução livre.

[704] Cf., na Suprema Corte estadunidense mesmo, *Vermont Yankee Nuclear Power Corp. v. NRDC* (1978) (435 U. S. 555), que usa as mesmas palavras, bem como *Strycker's Bay Neighborhood Council, Inc. v. Karlen* (1980), no qual foi decidido que, atendidas as exigências procedimentais do NEPA pela Administração Pública, "a única regra para o Judiciário é garantir que a Administração Pública considerou as consequências ambientais; não pode imiscuir-se na área de discricionariedade do Executivo quanto à escolha da ação a ser tomada" (444 U.S. 223, 227-228 – tradução livre). No já citado *Citizens Against Burlington v. Busey* (D.C. Circuit 1991), decidiu-se que compete à Administração Pública, não às cortes, a função de avaliar os planos para reduzir os danos ambientais; assim, as cortes não devem microgerir os estudos ambientais a cargo da Administração Pública, no caso estratégias para proteger as unidades de conservação (938 F.2d. 204).

Por essa razão, os "tribunais não devem discutir teorias ambientais para decidir se a alternativa selecionada pelas agências consiste na mais favorável ao ambiente ou não".[705] Deve-se ter em mente que as críticas às metodologias das alternativas das avaliações de impacto ambiental não significam que elas sejam juridicamente inválidas. Como alerta Anne Steinemann, "um conjunto de alternativas legalmente aceitável pode não ser necessariamente um bom conjunto de alternativas".[706] A advertência é importante porque revela que a análise das alternativas ideais não é exigida pelo ordenamento jurídico, bastando uma análise razoável, ainda que não seja a melhor.

Além disso, em assuntos de alta complexidade ou naqueles nos quais reinam divergências científicas, deve haver uma postura de deferência do Judiciário às escolhas administrativas, como exposto no capítulo sobre controle jurisdicional do licenciamento ambiental.

Essa deferência está longe de tornar a decisão administrativa imune a críticas ou ao controle judicial, apenas reconhece que as limitações da ciência tornam qualquer decisão criticável, embora não inválida. Por isso, um ponto fundamental da doutrina Chevron é o de que por ela não se averigua qual é a melhor interpretação do significado da norma, mas apenas a razoável, vedando-se leituras arbitrárias por parte do Poder Executivo. Como a Suprema Corte estadunidense asseverou em *Smiley v. Citibank (South Dakota)* (1996), depois de se reconhecer o primeiro passo (*first step*): "a pergunta diante de nós não é se isso representa a melhor interpretação da lei, mas se isso representa uma interpretação razoável".[707] Não por outro motivo, em *Marsh v. Oregon Natural Resources Council* (1989), a Suprema Corte estadunidense decidiu que "quando especialistas expressam pontos de vista conflitantes, a Administração Pública deve ter liberdade para contar com as opiniões razoáveis de seus próprios peritos qualificados, ainda que, enquanto assunto novo, um tribunal pudesse achar pontos de vista contrários mais persuasivos".[708]

A cautela na análise da metodologia é tão grande que, embora possam existir erros metodológicos que afetem etapas posteriores do processo decisório ambiental, não pode o Judiciário "presumir que a Administração Pública não irá cumprir com as suas obrigações ditadas pelo NEPA em estágios posteriores do processo".[709]

Pelo mesmo motivo, em relação às medidas mitigadoras, a Suprema Corte estadunidense aduz que "existe uma distinção fundamental, entretanto, entre a exigência de que a mitigação seja discutida em detalhes suficientes para assegurar que as consequências ambientais sejam razoavelmente avaliadas, de um lado, e a exigência substancial de que um completo plano de mitigação seja realmente formulado e adotado, de outro".[710] Posicionamento que foi mantido logo após em *Marsh v. Oregon Natural Resources Council* (1989 – 490 U. S. 369-370), quando se rechaçou a invalidade de EIA de uma barragem,

---

[705] BELTRÃO, Antonio F. G. *Aspectos Jurídicos do Estudo de Impacto Ambiental (EIA)*. São Paulo: MP Editora, 2007. p. 105.
[706] STEINEMANN, Anne. Improving alternatives for environmental impact assessment. *Environmental Impact Assessment Review*, n. 21, p. 3-21, 2001. p. 11 – tradução livre.
[707] "[...] *the question before us is not whether it represents the best interpretation of the statute, but whether it represents a reasonable one*" (517 U.S 744-745).
[708] 490 U.S. 378 – tradução livre.
[709] *Northern Alaska Environmental Center v. Lujan E* (9. Cir. 1992 – 961 F. 2d 886); *Conner v. Burford* (9. Cir. 1988) – tradução livre.
[710] *Robertson v. Methow Valley Citizens Council* (1989 – 490 U.S. 353) – tradução livre.

por ele não ter previsto um plano de mitigação completo e analisado o pior cenário possível, bem como o impacto cumulativo com as outras duas barragens no mesmo rio.

Deve-se ter em mente a advertência efetuada pela 1ª *Circuit Court* e pela Suprema Corte da Califórnia no sentido de que a exigência da consideração de alternativas pelo NEPA "não pode ser transformada em um jogo para ser jogado por pessoas que – por quaisquer motivos e com qualquer profundidade de convicção – estão interessadas principalmente em afundar um projeto particular".[711] Por isso, a 1ª *Circuit Court* esclarece que "não haveria fim para as alternativas que viessem a ser propostas, se os adversários não têm a obrigação de fazer mais do que uma sugestão *prima facie* plausível que uma particular alternativa possa ser interessante, e pudessem, então, depois de serem conhecidos os resultados, encontrar razões pelas quais levantamento da Administração Pública era inadequado".[712]

Mesmo que a ampla discussão possa eliminar alternativas, e ao mesmo tempo sugerir algumas novas, reduzindo a litigiosidade, "é improvável que uma alternativa emergirá como sendo a mais aceitável para todas as partes envolvidas".[713] Não há como eliminar as divergências que surgirão entre as alternativas, seja a escolha em si, seja – aspecto bem mais complicado – a comparação entre elas. Não se pode perder de vista que, como destacado pela Suprema Corte da Califórnia, "o dever de identificar e avaliar alternativas de projetos potencialmente viáveis pertence ao proponente e ao órgão ou entidade pública licenciadora, não ao público".[714]

6.2.4.1 A crítica metodológica efetuada por órgãos estatais não responsáveis pelo licenciamento ambiental

A crítica efetuada por órgãos governamentais não responsáveis pelo licenciamento ambiental não deve servir para descredenciar a decisão tomada, negando-se a regra da deferência, pois o fato de ela vir do próprio Estado não infirma sua validade.

O órgão decisório ambiental é aquele que goza da deferência judicial e da presunção de validade, sendo a participação dos demais, ainda que em sua área de expertise, meramente opinativa, não vinculante (LC nº 140/11, art. 13, §1º). Somente a lei pode interferir na capacidade decisória do órgão licenciador, dando *status* vinculante à manifestação de algum órgão.

Em *Citizens Against Burlington v. Busey* (1991), a *D.C. Circuit Court* manteve a validade do EIA conduzido pela *Federal Aviation Administration* (*FAA*) apesar das críticas da *Environmental Protection Agency* (*EPA*) à metodologia de determinação do impacto sonoro.[715]

Por outro lado, o órgão licenciador pode confiar nos dados constantes no estudo ambiental a ele apresentado, independentemente de sua origem ser pública ou privada.

---

[711] *Seacoast Anti-Pollution League v. NRC* (1. Cir. 1979 – 9 ELR 20389); *Citizens of Goleta Valley v. Board of Supervisors* (Cal. 1990) – tradução livre.

[712] *Seacoast Anti-Pollution League v. NRC* (1. Cir. 1979 – 9 ELR 20389) – tradução livre.

[713] GLASSON, John; THERIVEL, Riki; CHADWICK, Andrew. *Introduction to Environmental Impact Assessment*. 4. ed. Abingdon: Routledge, 2012. p. 94 – tradução livre.

[714] *Citizens of Goleta Valley v. Board of Supervisors* (Cal. 1990) – tradução livre.

[715] LACKEY JR., Michael E. Misdirecting NEPA: leaving the definition of reasonable alternatives in the EIS to the applicants. *The George Washington Law Review*, n. 60, p. 1232-1274, 1992. p. 1248.

Não se faz necessário proceder a uma investigação independente ou obter sua própria informação.

A 7ª *Circuit Court*, decidindo sobre a análise das alternativas na Lei de Água Limpa (*Clean Water Act – CWA*), entendeu que, conquanto o Corpo de Engenheiros do Exército (*Army Corps of Engineers*) tenha a responsabilidade independente de fazer cumprir a legislação e, por isso, "não pode simplesmente endossar garantias de outro órgão da Administração Pública relativos à praticidade e danos ambientais, não se exige que ele reinvente a roda. Se outro órgão da Administração Pública conduziu uma análise responsável, o Corpo de Engenheiros do Exército pode contar com ela para tomar as suas próprias decisões. Afinal de contas, permite-se contar (embora não acriticamente) com contribuições produzidas por particulares".[716]

Obviamente, aceitar os dados colhidos é faculdade do órgão licenciador, não obrigação.

6.2.5 Alteração das alternativas inicialmente analisadas e a necessidade de estudos ambientais complementares: mesclagem ou subconjunto

Na dinâmica do licenciamento ambiental, pode acontecer de as alternativas inicialmente analisadas no estudo ambiental não serem aquelas adotadas no final. É frequente a censura de que esse curso de ação altera os impactos ambientais inicialmente estimados, demandando estudos complementares.

Os casos mais comuns são as alterações que combinam as alternativas (mesclagem) ou adotam alternativa que se compreende dentro das analisadas no estudo ambiental (subconjunto). Caso menos frequente é a escolha de alternativas que contemplem parte da(s) discutida(s) adicionando algo a ela(s).

Se os estudos ambientais efetuados podem prever os impactos da nova alternativa, ainda que não tão meticulosamente quanto se gostaria, dado sempre se tratar de estimativas, será desnecessário proceder a sua complementação.

Em *Great Old Broads v. RHL Ram Abigail Kimbell* (2013), a 9ª *Circuit Court* entendeu que não eram necessários estudos suplementares ao EIA diante da mesclagem de três alternativas anteriormente discutidas, porque isso iria ao encontro da regulamentação do NEPA efetuada pelo CEQ.

Citando sua própria jurisprudência, a Corte decidiu que o órgão licenciador possui certa flexibilidade para modificar alternativas examinadas no EIA na fase de consulta pública (*California v. Block*, 690 F.2d 753, 771 – 1982). Entretanto, se após essa fase elas forem substancialmente alteradas e isso for relevante em termos ambientais, deve-se preparar um EIA suplementar (*SEIS*), nos termos da regulamentação do NEPA pela CEQ – 40 CFR §1502.9, C, 1, i. A diretriz traçada pelo CEQ aduz que a "suplementação não é exigida quando dois requisitos são preenchidos: (1) a nova alternativa é uma '*variante menor* de uma das alternativas discutidas no EIA', e (2) a nova alternativa está 'qualitativamente dentro do espectro de alternativas que foram discutidas no EIA'",

---

[716] *Hoosier Environmental Council v. U.S. Army Corps of Engineers* (7. Cir. 2013) – tradução livre.

conforme decidido pela 9ª Corte de Circuito em *Russell Country Sportsmen v. United States Forest Service* (2011), citando as *Forty Question*.

Esse posicionamento está mais vinculado à racionalidade do que às normas federais estadunidenses. Se as alternativas pertencerem ao conjunto das discutidas, é razoável deixar à discricionariedade da Administração Pública exigir estudos complementares. O fato de a decisão final sobre alternativas não ser exatamente aquela discutida inicialmente não implica, por si só, nenhum vício, sob pena de se criar um *moto perpetuo* decisório.

CAPÍTULO VII

AS CONDICIONANTES E AS MITIGANTES NO LICENCIAMENTO AMBIENTAL

Um dos temas mais litigiosos no licenciamento ambiental é o das condicionantes. Embora o litígio que as envolve raramente seja judicializado inicialmente, nem por isso as condicionantes deixam de constituir um dos focos de maior controvérsia dentro do licenciamento, notadamente pela sua desvirtuação como moeda de troca ou salvadora dos problemas estatais ou sociais.

No licenciamento ambiental, condicionantes são cláusulas da licença ambiental que não se constituem na autorização em si e normalmente visam a mitigar o impacto ambiental adverso ou negativo (mitigantes). Em essência, são elementos acidentais da licença ambiental, embora não seja comum licença ambiental sem condicionantes. Sua base normativa reside no artigo 1º, II, da Resolução Conama nº 237/97. É a parte da licença ambiental na qual o órgão licenciador "estabelece as condições, restrições e medidas de controle ambiental que deverão ser obedecidas pelo empreendedor, pessoa física ou jurídica".

Frise-se, a competência para estabelecer condicionantes, tratem ou não de mitigantes, é do órgão licenciador.[717] Se é ele que expede a licença ambiental, tendo o dever de controlar os impactos ambientais, e as condicionantes fazem parte dela, somente ao órgão licenciador é permitida a palavra final em termos de condicionantes.

A decisão do órgão licenciador deve ser motivada de forma explícita, clara e congruente, tendo ainda marco temporal para cumprimento e, quando cabível, avaliação periódica.[718]

As condicionantes não podem – "muito menos com subterfúgios ou sob pretexto de medidas mitigatórias ou compensatórias vazias ou inúteis – dispensar exigências legais, regulamentares ou de pura sabedoria ecológica, sob pena de, ao assim proceder, fulminar de nulidade absoluta e insanável o ato administrativo praticado".[719] Não raramente, os órgãos ambientais estabelecem condicionantes que afrontam a ordem

---

[717] NASCIMENTO, Sílvia Helena Nogueira. *Competência para o Licenciamento Ambiental na Lei Complementar 140/2011*. São Paulo: Atlas, 2015. p. 161.
[718] "3. As condicionantes ambientais mitigatórias ou compensatórias deverão apresentar redação e motivação adequadas, de forma explícita, clara e congruente, e marco temporal de cumprimento e/ou avaliação periódica" (OJN 33/2022/PFE-ICMBIO/PGF/AGU, *DOU* 14.04.2022. p. 282).
[719] STJ, 2. T., v.u., REsp nº 1.245.149/MS, Rel. Min. Herman Benjamin, j. em 09.10.2012, *DJe* 13.06.2013.

jurídica, sob os mais variados argumentos, geralmente focando em aspecto meramente mecânico e social da atividade, desconsiderando a sua ilegalidade (*v.g.*, mineração sem licença), ou usando o cheque em branco de compensação do impacto não mitigável.

Como a licença ambiental é mutável por natureza, pode haver sua alteração caso se constate a necessidade de se incluir, modificar ou suprimir condicionantes para, por exemplo, gerenciar impactos não previstos, que não se concretizaram ou para retirar condicionantes inválidas.

As condicionantes não são homogêneas e nem sempre exigem alguma atividade do empreendedor, haja vista as condicionantes *orientativas*, que não demandam nenhum retorno por parte do empreendedor, embora tenham a função de mitigar o dano ambiental (*v.g.*, não realizar dragagem em determinada época, somente realizar supressão vegetal com a ASV).

As condicionantes são comumente classificadas em: (i) *gerais* – relacionadas às exigências legais, e (ii) *específicas* – relacionadas ao empreendimento ou atividade licenciada.

7.1 As mitigantes

As mitigantes são medidas que visam a evitar, diminuir, retificar ou mesmo compensar o impacto ambiental adverso. Segundo Arlindo Philippi Jr. e Ivan Maglio:

> As medidas mitigadoras são destinadas a corrigir ou compensar impactos negativos, ou a reduzir a sua magnitude, ou ainda para potencializar impactos positivos. Para cada um dos impactos verificados no projeto, devem-se identificar os esquemas ou mecanismos capazes de cumprir essa função, avaliando-se sua eficiência e eficácia, bem como definir responsáveis pela sua implantação.[720]

As mitigantes estão previstas na Resolução Conama nº 1/86 como conteúdo do EIA ("Definição das medidas mitigadoras dos impactos negativos, entre elas os equipamentos de controle e sistemas de tratamento de despejos, avaliando a eficiência de cada uma delas" – art. 6º, III). As mitigantes constantes no EIA são apenas sugestões, pois ele não tem conteúdo vinculante ao órgão licenciador. Assim, somente serão mitigantes aquelas que constem da licença ambiental.

A legislação norte-americana, por exemplo, bem delineia a questão da mitigação. Ela é categórica ao conclamar toda a Administração Pública a empregar todos os meios possíveis, e compatíveis com as exigências da Lei, bem como outras considerações essenciais da política nacional, para *evitar ou minimizar* os eventuais efeitos adversos de suas ações sobre a qualidade do ambiente humano.[721]

As mitigantes devem ser consideradas independentemente de os impactos serem significantes, segundo item 19 das *Quarenta Questões* (*CEQ's Forty Most-Asked Questions* ou simplesmente *Forty Questions*), terceira fonte mais importante do Direito Ambiental estadunidense, precedida pelo NEPA e pela regulação do CEQ.

---

[720] PHILIPPI JR., Arlindo; MAGLIO, Ivan Carlos. Avaliação de impacto ambiental. *In*: PHILIPPI JR., Arlindo; ALVES, Alaôr Caffé. *Curso Interdisciplinar de Direito Ambiental*. Barueri, SP: Manole, 2005. p. 252.
[721] 40 CFR 1500.2(f).

A regulamentação da CEQ (40 CFR §1508.20) inclui entre as mitigantes: (i) *evitar* o impacto, não tomando certas ações ou parte de uma ação; (ii) *minimizar* os impactos ao limitar o grau ou a magnitude da ação e sua implementação; (iii) *retificar* o impacto, reparando, reabilitando ou restaurando o meio ambiente afetado; (iv) *reduzir* ou eliminar o impacto sobre o tempo das operações de manutenção e conservação enquanto durar a ação; (v) *compensar* o impacto substituindo ou provendo recursos substitutivos ou ambientais.

As mitigantes são importantes porque permitem gerenciar os impactos reais do empreendimento ou atividade licenciados, até então idealmente previstos no EIA/licença ambiental, numa estimativa que, inclusive, pode não se concretizar. Como a importância de uma avaliação de impactos não reside na previsão de impactos, mas no seu gerenciamento,[722] as condicionantes assumem papel fundamental no licenciamento ambiental. Como aduziu Luis Sánchez:

> Talvez os mais sólidos argumentos que fundamentam tal afirmação prendam-se ao fato de que os estudos de impacto tratam de situações ideais, no sentido de que são projetos a serem realizados: somente quando começam a ser implementados, esses projetos se materializam e, portanto, manifestam-se também seus impactos. [...] Há uma incerteza inerente a muitas previsões de impactos e não são poucos os casos de impactos que não são corretamente identificados ou previstos no EIA [...], mas que podem ser corrigidos por meio de medidas mitigadoras desenvolvidas depois da aprovação do projeto.[723]

7.1.1 Hierarquia ou sequência de mitigação e seus problemas

A mitigação é conhecida por tentar *evitar* os impactos adversos em primeiro lugar. Se isso não for possível, busca-se *reduzir* os impactos negativos, que inclui ações de retificação/recuperação do dano.[724] Por fim, se após a redução ou retificação restarem impactos residuais, a solução é a *compensação*, a qual visa substituir o bem ambiental afetado por outro com função equivalente. O impacto residual é o critério por excelência da incidência da compensação, pois é ele – aquilo que resta depois de se buscar evitar e reduzir impactos – que se objetiva neutralizar. Essa sequência é conhecida como *hierarquia de mitigação (mitigation hierarchy)*.

A PFE-ICMBio publicou a Orientação Jurídica Normativa PFE/ICMBio nº 35/2022, com a seguinte hierarquia de mitigação:

> 1. As condicionantes ambientais podem ser sistematizadas em uma sequência de mitigação: (1º) evitar o impacto, não tomando certas ações ou parte de uma ação; (2º) minimizar os impactos ao limitar o grau ou a magnitude da ação e sua implementação; (3º) retificar o impacto, reparando, reabilitando ou restaurando o meio ambiente afetado; (4º) compensar o impacto substituindo ou provendo recursos substitutivos ou ambientais.

---

[722] Sánchez, depois de citar a opinião de Balley et al. no sentido de que a utilidade da AIA é mais o gerenciamento dos impactos do que a sua previsão, doutrina: "Trabalhos posteriores têm enfatizado as variáveis de ordem gerencial do processo de AIA como determinantes do seu sucesso, muito mais do que a qualidade técnica ou o conteúdo científico de um estudo de impacto ambiental" (SÁNCHEZ, Luis Enrique. *Avaliação de Impacto Ambiental*: conceito e métodos. 2. ed. São Paulo: Oficina dos Textos, 2013. p. 515).

[723] SÁNCHEZ, Luis Enrique. *Avaliação de Impacto Ambiental*: conceito e métodos. 2. ed. 2013. p. 515.

[724] Note-se que a Constituição do Equador de 2008 tem artigo específico preceituando que no caso de impacto grave ou permanente o Estado estabelecerá os mecanismos mais eficazes para alcançar a restauração e adotará as medidas adequadas para eliminar ou mitigar as consequências ambientais nocivas (art. 72).

2. As medidas/condicionantes mitigadoras são destinadas a diminuir a escala, a abrangência ou o grau de alteração da qualidade ambiental ou socioambiental decorrente dos impactos causados pela implantação ou operação de atividade ou empreendimento, conforme conceitua o art. 2º, V, da Instrução Normativa ICMBio nº 10/2020.

3. As medidas/condicionantes compensatórias constituem exigências complementares para compensar os impactos negativos e não mitigáveis. Apresentam caráter específico, voltado para impactos pontuais, devendo o ganho ambiental corresponder, ao menos e dentro das possibilidades técnicas, à perda verificada.

4. Se alguma medida/condicionante preventiva puder evitar completamente o impacto, não devem ser exigidas medidas/condicionantes mitigatórias ou compensatórias.[725]

Para a legislação estadunidense, a sequência de mitigação é a seguinte: evitar → minimizar → reparar ou restaurar → reduzir com o tempo → compensar (40 CFR §1508.20).

Isso por si só causa enorme confusão porque se mitigar é reduzir, evitar e compensar, há de se investigar a complexa relação entre essas etapas da mitigação. Saber se realmente o dano foi evitado ou se a sua redução foi suficiente, a ponto de não serem estabelecidas medidas de retificação, é foco de inúmeras divergências técnicas. Quanto à compensação, melhor sorte não lhe assiste. Conhecer a intensidade do dano residual, ou sua própria existência, e o quanto ele exige de compensação mitigante está longe de ser uma conta matemática e é, indubitavelmente, um dos campos com maior discricionariedade no licenciamento ambiental, motivo pelo qual se exigem prudência e autocontenção por parte do órgão licenciador. Identificar a quantidade de dano residual exige metodologia para avaliar e equivalência ecológica para se determinar o que foi perdido.

A Lei do Snuc é clara em prever a compensação ambiental financeira (Lei nº 9.985/00, art. 36), presumindo, aparentemente de forma absoluta, impactos não mitigáveis em licenciamentos ambientais com potencialidade de significativo impacto ambiental, geralmente[726] subsidiados pelo EIA e que devem ser compensados na política das unidades de conservação. Entretanto, essa compensação diferencia-se da compensação mitigante. Como explica Luis Sánchez:

> A natureza dessa compensação, contudo, é diferente da compensação ecológica vista nessa seção, uma vez que, independentemente do recurso ambiental afetado, a compensação deve ser em benefício de uma unidade de conservação, ou seja, não é seguido o princípio *like for like*. Ademais, na compensação em benefício de unidades de conservação, não há conexão funcional entre o impacto negativo a ser causado e o resultado esperado da compensação. Diferente da compensação por intervenção em áreas de preservação permanente ou por supressão de vegetação (Quadro 13.7), a compensação em benefício de uma unidade de conservação não é um mecanismo de reposição, de substituição ou mesmo de indenização de funções ou componentes ambientais perdidos.[727]

---

[725] Cf. Portaria ICMBio nº 285, de 2 de fevereiro de 2024, no DOU 21/02/2024, S1, p. 40.

[726] Normalmente porque existe entendimento da AGU no sentido de que o fato gerador da compensação ambiental do artigo 36 da Lei do Snuc é o significativo impacto ambiental, ainda que não haja EIA por se tratar de licenciamento corretivo de empreendimento pós Resolução Conama nº 10/1987 (Parecer nº 01/2015/CONEP/PFE-IBAMA-SEDE/PGF/AGU, aprovado pelo Procurador-Chefe Nacional da PFE-Ibama, em 27.01.2015, mediante o Despacho nº 55/2015/GABIN/PFE-IBAMA-SEDE/PGF/AGU, nos autos do PA nº 02001.007721/2014-70).

[727] SÁNCHEZ, Luis Enrique, *Avaliação de Impacto Ambiental*: conceito e métodos. 2. ed. 2013. p. 401.

Daniel Araújo de Oliveira também distingue a compensação ambiental da Lei do Snuc da compensação mitigante, ao doutrinar que a "obrigatoriedade de pagamento de compensação não deve ser confundida, em hipótese alguma, com a implantação de projetos de controle e de mitigação de impactos negativos necessários para garantir a viabilidade ambiental do empreendimento".[728] Da mesma forma a OJN 35/2022/PFE-ICMBio retro citada, ao prever que "6. As medidas/condicionantes mitigadoras ou compensatórias não se confundem com a compensação ambiental financeira do art. 36 da Lei nº 9.985/2000, e por tal razão devem ter destinações distintas".[729]

Embora haja uma distinção entre compensação Snuc e compensação mitigante, o fato é que ambas procuram compensar os impactos ambientais, sendo pertinente ao intérprete se perguntar se a compensação do Snuc não reduz a compensação mitigante.

Ademais, qual é o limite para evitar ou reduzir os impactos negativos? Como mensurar os impactos adversos reduzidos para calcular os residuais ou estipular a compensação?

Não existe na legislação nenhuma exigência quantitativa para a mitigação dos impactos negativos, apenas a de prevê-la, o que gera conflitos insolúveis, ainda mais porque os impactos, antes do monitoramento operacional, são apenas estimados. A discricionariedade do órgão ambiental é ampla, mormente porque pode entender que não existe impacto residual ou que ele não pode ou deve ser compensado.

A LC nº 140/11 também adota, de forma mais léxica, a hierarquia de mitigação como redução do impacto. No artigo 17, §2º, ao tratar das medidas cautelares na atividade de fiscalização, ela prevê que o ente federativo que tiver conhecimento de casos de iminência ou ocorrência de degradação da qualidade ambiental deve tomar medidas para "evitá-la, fazer cessá-la ou mitigá-la".

7.1.2 A razoabilidade nas mitigantes

Embora as mitigantes façam parte da licença ambiental por meio de condicionantes – que, como se verá, devem ter relação direta e proporcional com os impactos adversos do projeto –, é importante registrar que elas devem ser razoáveis.

Da mesma forma que há razoabilidade na escolha das alternativas ambientais, há também nas mitigantes. Se não houver razoabilidade, as mitigantes podem atingir patamares extremamente onerosos e inviabilizadores do projeto. Um impacto residual quase sempre existe, não havendo como parar esse impacto na sequência de mitigação (evitar ou mitigar) se isso for extremamente oneroso. É por essa razão que a legislação exige compensação ambiental nos casos de projetos com potencialidade de impacto significativo (Lei nº 9.985/00, art. 36), presumindo-se o impacto não mitigável nas primeiras etapas da hierarquia de mitigação, embora tal compensação seja financeira, não a *in natura*, que é a ideal para a mitigação.

---

[728] OLIVEIRA, Daniel Araujo de. *Licenciamento Ambiental na prática*: controle ou oportunidade? Rio de Janeiro: Lumen Juris, 2015. p. 122.
[729] Cf. Portaria ICMBio nº 285, de 2 de fevereiro de 2024, no DOU 21/02/2024, S1, p. 40.

7.1.3 A importância da fase de acompanhamento: monitoramento ambiental

Os impactos adversos previstos nos estudos ou no licenciamento ambiental são apenas estimados, significando que eles podem não ocorrer e, caso ocorram, a magnitude de cada um dos impactos pode não ser confirmada. É nesse contexto que o monitoramento ambiental – instrumento da fase de acompanhamento – aparece como peça fundamental para o conhecimento real dos impactos adversos do empreendimento ou atividade licenciada. Sem o monitoramento, "não pode haver qualquer controle contínuo da qualidade ambiental".[730] Da mesma forma que ele permite determinar quando os padrões regulatórios devem ser fortalecidos ou relaxados,[731] também serve às mitigantes previstas no licenciamento ambiental. A previsão do monitoramento ambiental para o EIA está na Resolução Conama nº 1/86. Após prever que o EIA deve prever um conjunto de medidas mitigadoras (art. 6º, III), estipulou que se fazia necessário elaborar "programa de acompanhamento e monitoramento" (art. 6º, IV).

Um dos maiores desafios do monitoramento é como "medir um sistema complexo com especificidade suficiente para ser preciso, mas com a generalidade suficiente para ser útil".[732] Ademais, como realizar essa medição, que parte da forma como se descreverá o meio ambiente e de seus custos? Há quem entenda que "há um número quase infinito de formas de descrever o estado de um ecossistema. Além disso, esses métodos requerem dados que frequentemente são caros e difíceis de obter".[733]

Por isso, em se tratando de monitoramento, o Judiciário, receando ser pego em uma "guerra de especialistas" sobre informações técnicas, geralmente atribui muito mais peso para a informação estatal do que para a de particulares.[734]

No que diz respeito às etapas da atividade ou do empreendimento, o monitoramento ambiental pode ser classificado em (i) *pré-operacional*: efetuado durante os estudos ambientais, mas antes do início da implantação; (ii) *operacional*: realizado durante as etapas de implantação, funcionamento e desativação; (iii) *pós-operacional*: efetuado após o fechamento da atividade, geralmente nos casos em que há potencial de significativos impactos residuais (*v.g.*, disposição de resíduos e a mineração).

O licenciamento ambiental é cíclico, porque o monitoramento dos impactos começa antes mesmo da implantação do projeto e, em alguns casos, vai até mesmo depois do encerramento da operação.

Não se deve perder de vista que o monitoramento não deve ser desproporcional ao que se almeja controlar. Infelizmente alguns órgãos licenciadores têm exagerado não apenas na quantidade de monitoramentos a serem realizados, mas também em seu aspecto temporal, o que se afigura excessivo e, consequentemente, inválido.

---

[730] ELLIS, D. V. Monitoring and environmental impact assessment. *Marine Pollution Bulletin*, Oxford: Pergamon Press Ltd., v. 14, n. 12, p. 437-438, 1983. p. 437 – tradução livre.

[731] BIBER, Eric. The problem of environmental monitoring. *University of Colorado Law Review*, Boulder: University of Colorado Law, v. 83, n. 1, p. 01-82, 2001. p. 15.

[732] KELLY, Ryan P.; CALDWELL, Margaret R. "Not supported by current science": the National Forest Management Act and the lessons of environmental monitoring for the future of public resources management. *Stanford Environmental Law Journal*, Stanford: Stanford Law School, v. 32, n. 1, p. 151-212, 2013. p. 152 – tradução livre.

[733] KELLY, Ryan P.; CALDWELL, Margaret R. "Not supported by current science": the National Forest Management Act and the lessons of environmental monitoring for the future of public resources management. *Stanford Environmental Law Journal*, v. 32, n. 1, p. 151-212, Stanford: Stanford Law School, 2013. p. 153 – tradução livre.

[734] BIBER, Eric. The problem of environmental monitoring. *University of Colorado Law Review*, Boulder: University of Colorado Law, 83, 1, p. 01-82, 2001. p. 42.

7.2 O órgão competente para impor as condicionantes: órgão licenciador e/ou intervenientes?

O órgão ou entidade pública responsável pelo licenciamento ambiental é o competente para estabelecer as condicionantes, sendo tal competência exercida com discricionariedade. Conforme bem pontuado por André Krull, "a discricionariedade do ato da licença não reside somente na concessão ou não da mesma, mas também nas suas características, entre as quais destaca-se a importância das condicionantes".[735]

É certo que intervenientes no licenciamento ambiental podem *sugerir* condicionantes, mas a palavra final sobre a sua pertinência e, consequentemente, sobre a sua imposição compete ao órgão ou entidade pública responsável pelo licenciamento. Isso pode estar explícito na legislação, como ocorre no âmbito federal com a Portaria Interministerial MMA/MJ/MINC/MS 60/2015, ao preceituar que as condicionantes enviadas pelos intervenientes nela previstos serão avaliadas motivadamente pelo Ibama (art. 16, §1º e 3º). Entretanto, decidir sobre condicionantes faz parte da natureza do processo decisório do licenciamento ambiental, não dependendo de previsões infralegais ou regulamentares, porque decorre da lei (Lei nº 6.938/81, art. 10 c/c LC nº 140/11, art. 13).

Mesmo em relação à interveniência do órgão gestor da UC prevista na Lei do Snuc (art. 36, §3º) e na Resolução Conama nº 428/10, as condicionantes devem guardar pertinência direta com os impactos à UC. Como bem destacado pela AGU, a participação do órgão gestor da UC no licenciamento ambiental "deverá se restringir especificamente à análise de impacto sobre a UC gerida pelo órgão manifestante, não sendo permitida pelo legislador, obviamente, uma negativa de autorização baseada em motivos outros ou mesmo com ausência de motivação".[736]

Nesse caso, porém, a Resolução nº 428/10 não prevê nenhum mecanismo para solucionar eventual impasse entre o órgão licenciador e o órgão gestor da UC em relação a alguma condicionante prevista na ALA.

De qualquer forma, não cabe ao Judiciário determinar "quais medidas mitigadoras e compensatórias devem ser observadas. Essas decisões fazem parte do juízo de conveniência e oportunidade dos atos do órgão ambiental competente que, pautado na discricionariedade técnica, opta por aquela que, dentro das possíveis previstas em lei, melhor se ajusta às suas finalidades, em conformidade com a tipologia, localidade e características do empreendimento a ser licenciado, de modo a compatibilizar a preservação do meio ambiente com o desenvolvimento econômico-social".[737]

---

[735] KRULL, André. Proporcionalidade e condicionantes na licença ambiental. *Jus Navigandi*, Teresina, ano 17, n. 3310, 24 jul. 2012. Disponível em: http://jus.com.br/artigos/22262. Acesso em 31 mar. 2015.

[736] Parecer nº 03/2014/CONEP/PFE-IBAMA-SEDE/PGF/AGU (item 17), aprovado pelo Procurador-Chefe Nacional da PFE-Ibama, em 28.01.2014, mediante o Despacho nº 47/2014/GABIN/PFE-IBAMA-SEDE/PGF/AGU, nos autos do PA nº 02001.000053/2014-50. O opinativo da AGU (item 20) complementa aduzindo que a negativa somente poderá surgir quando os impactos não puderem ser mitigados/compensados por eventuais condicionantes: "[...] cabe ainda reconhecer, no que tange especificamente à decisão autorizativa do licenciamento ambiental a ser emitida pelo órgão responsável pela UC, a necessidade de vinculação dos motivos do ato com a proteção da respectiva unidade. Nesse sentido, apesar de o Ibama ter que respeitar a decisão do órgão responsável pela UC, a quem compete dar a última palavra em relação à autorização, é fato que esta deve necessariamente estar fundamentada em razão de fato e/ou direito que guarde relação efetiva com a instalação do empreendimento naquela área protegida. Impõe-se, assim, a justificativa do ato em relação aos impactos negativos na UC a ser protegida, impactos estes que não podem vir a ser compensados/mitigados por condicionantes presentes na licença a ser emitida, segundo juízo técnico da autoridade gestora competente".

[737] TRF da 1ª Região, Corte Especial, AGRSLT 0056226-40.2012.4.01.0000/MA, Rel. Des. Fed. Mário César Ribeiro, j. em 16.05.2013, *e-DJF1* 03.06.2013. p. 02.

Em *Citizens Against Burlington v. Busey* (1991), o D.C. *Circuit* decidiu que compete à Administração Pública, não às cortes, a função de avaliar os planos para reduzir os danos ambientais; assim, as cortes não devem microgerir os estudos ambientais a cargo da Administração Pública, no caso estratégias para proteger as unidades de conservação (938 F.2d. 204).

7.2.1 A fiscalização de condicionantes por outro órgão do Sisnama

Questão conexa com a questão das condicionantes é a sua fiscalização. Poderia outro órgão do Sisnama que não o licenciador fiscalizar o cumprimento das condicionantes?

Entende-se que sim, uma vez que o artigo 17 da LC nº 140/11 apenas estipula a prevalência, não a exclusividade, no caso de empreendimentos licenciados.

O que não se equipara bem a essa situação são os embargos decorrentes de autuação por ausência de licença ambiental. Se a licença ambiental for obtida, ainda que com condicionantes, o embargo deve ser levantado, independentemente de as condicionantes terem sido cumpridas. A licença ambiental obtida deve ser adequada ao estágio do empreendimento embargado. Se foi embargado algo em funcionamento, somente a licença de operação teria o condão de provocar o levantamento do embargo.

7.3 Inexistência de ato jurídico perfeito ou direito adquirido às condicionantes ambientais

Equívoco comum é achar que as condicionantes do processo de licenciamento ambiental constituem-se direito adquirido ou ato jurídico perfeito, tanto da natureza quanto dos atingidos por ela.

Em primeiro lugar, não custa relembrar que o entendimento dominante no Direito Ambiental é pela ausência de direito adquirido. Proteger o meio ambiente é objetivo por natureza, dinâmico, sujeito a inúmeras ponderações e à constante evolução do Estado da arte, ou seja, *rebus sic stantibus* (estando as coisas assim), sendo incabível, por esse motivo, defender que estipuladas as condicionantes elas integrariam o patrimônio de alguém, tornando-se imutáveis.

Em segundo lugar, não poderia ser direito adquirido ou ato jurídico perfeito favorável à natureza porque ela não é sujeito de direitos, não podendo portar direito algum.

Em relação aos atingidos pelas condicionantes, também não se pode falar em direito adquirido ou ato jurídico perfeito. Não há um direito do empreendedor ou dos beneficiados pela condicionante, o que há é o gerenciamento de impactos, cuja análise, sempre motivada, pertence ao órgão licenciador. É este que deve decidir pela manutenção ou alteração das condicionantes, nunca o empreendedor ou os supostos beneficiários delas.

7.4 O cumprimento das condicionantes ambientais: dinamicidade e gerenciamento dos impactos

Como as condicionantes têm a função de mitigar ou compensar os impactos ambientais do projeto, incorporando-se à dinâmica que caracteriza o processo administrativo de licenciamento ambiental, elas são cumpridas de acordo com os impactos adversos que visam mitigar. Assim, não há relação entre o cumprimento das condicionantes e a expedição da próxima licença ambiental.

O gerenciamento das condicionantes vincula-se ao impacto ambiental, não com a fase tripartite do licenciamento ambiental, embora possa haver relação do impacto com as fases do licenciamento tripartite. A ocorrência do impacto ambiental adverso vinculado a certa condicionante dificilmente coincide com o da expedição de alguma licença. As condicionantes não são degraus de passagem para outra fase, mas formas de mitigar os impactos do empreendimento conforme eles forem surgindo.

As condicionantes não têm esse nome porque condicionam a próxima fase da licença, mas porque condicionam a viabilidade ambiental do projeto licenciado (atividade ou empreendimento), do processo de licenciamento como um todo, sendo necessário aferir o impacto (e não a fase LP, LI ou LO) para averiguar a necessidade de seu cumprimento. Ressalte-se que algumas condicionantes somente são cumpridas após a expedição da LO.

Dentro das fases do processo de licenciamento ambiental (LP, LI e LO) há divisões, em termos de execução, que variam de acordo com o projeto em curso e da forma pela qual é desenvolvido, devendo o órgão licenciador considerar o impacto para firmar o cronograma de execução das condicionantes.

No que concerne à LP, o resultado prático é que ela não precisa exaurir todas as mitigantes possíveis para a operação do objeto licenciado, apenas as adequadas para a fase de viabilidade ambiental e localização; também não precisa antecipar mitigantes que devem ser previstas na fase de implementação ou operação ou, em termos de execução, não há necessidade de ser cumprir todas as suas condicionantes antes de se expedir a próxima licença. Se na LP tivesse que haver todas as mitigantes ou o seu cumprimento, não haveria razão para o processo de licenciamento ambiental ser bi ou trifásico. Posteriormente à LP, há imanente calibração das mitigantes decorrentes do detalhamento de projeto e da sua feição, instalação ou operação.

Quando o Decreto nº 99.274/1990 prevê que a LP contenha "requisitos básicos a serem atendidos nas fases de localização, instalação e operação" (art. 19), ele não exige que (i) a LP preveja todas as mitigantes do licenciamento e (ii) nem que todas as previstas sejam executadas na fase de LP. Caso contrário não haveria sentido prever que os requisitos básicos devem ser também atendidos nas fases de instalação e operação.

O TRF da 1ª Região teceu considerações precisas sobre essa questão, destacando que não há nenhuma regra ambiental que condicione o cumprimento de todas as exigências impostas na LP à expedição da LI:

> AGRAVO REGIMENTAL. SUSPENSÃO DE LIMINAR. UHE SINOP. LICENÇA DE INSTALAÇÃO MEDIANTE CUMPRIMENTO DE CONDICIONANTES PREVISTAS NA LICENÇA PRÉVIA. INEXISTÊNCIA DE PREVISÃO. POTENCIALIDADE LESIVA DA DECISÃO DE PRIMEIRA INSTÂNCIA. AGRAVO DESPROVIDO. [...] 2. *As condicionantes instituídas na Licença Prévia podem ser cumpridas nas fases seguintes*, visto que, de acordo com o art. 8º, III, da Resolução CONAMA nº 237, é na Licença de Operação que se verifica o efetivo cumprimento do que consta das licenças anteriores, com as medidas de controle ambiental e condicionantes determinados para a operação. 3. A Licença Prévia é expedida na fase preliminar do planejamento de atividade, contendo requisitos básicos a serem atendidos nas fases de localização, instalação e operação (art. 19, I, do Decreto nº 99.274/1990). *4. Não há nenhuma regra ambiental que condicione o cumprimento de todas as*

exigências impostas na Licença Prévia à expedição da Licença de Instalação. 5. Mediante decisão motivada, o órgão ambiental competente poderá modificar os condicionantes e as medidas de controle de adequação, suspender ou cancelar uma licença expedida, quando ocorrer [...] (art. 19, I, II e III, da Resolução nº 237 do CONAMA).[738]

As mais diversas razões podem motivar a alteração das condicionantes durante o processo de licenciamento. A dinamicidade do processo de licenciamento ambiental possibilita que questões descobertas posteriormente sejam trazidas para o processo decisório e, se for o caso, influam nas condicionantes, seja no cronograma de execução, seja no conteúdo.

A legislação sufraga a dinamicidade do gerenciamento dos impactos.

A Lei nº 6.938/81 arrola, como instrumento da Política Nacional do Meio Ambiente, a revisão de atividades efetiva ou potencialmente poluidoras (art. 9º, IV) no mesmo inciso que trata do licenciamento, deixando claro que ele é cíclico e continuado,[739] ou seja, dinâmico. Antes de dizer que o Direito Ambiental é dinâmico e, consequentemente o licenciamento ambiental também o é,[740] Thiago Serpa Erthal doutrina:

> Portanto, revisão das licenças ambientais é o instrumento da Política Nacional do Meio Ambiente através do qual o órgão competente exerce constante juízo de ponderação dos interesses atinentes a determinados empreendimentos licenciados, podendo culminar na manutenção ou, respeitado o devido processo legal, na suspensão, modificação ou cancelamento dessas.[741]

O artigo 19, I, do Decreto nº 99.274/90, que regulamenta a Lei da Política Nacional do Meio Ambiente (Lei nº 6.938/81), preceitua que na licença prévia devem constar os requisitos básicos a serem atendidos nas fases de localização (a própria LP), instalação e operação,[742] requisitos esses que abrangem as condicionantes. Por essa previsão já se pode constatar que as condicionantes podem ser cumpridas em qualquer fase do processo de licenciamento, desde que compatíveis com o gerenciamento de impactos a ser estipulado pelo órgão licenciador.

O Decreto nº 99.274/90 é confirmado pelo artigo 8º, I, da Resolução Conama nº 237/97, ao determinar que as condicionantes serão atendidas nas próximas fases de implementação do empreendimento ("estabelecendo os requisitos básicos e condicionantes a serem atendidos nas próximas fases de sua implementação"), o que é corroborado nos incisos II e III desse artigo. O inciso II cita as "demais condicionantes, da qual constituem motivo determinante", ou seja, a LI obriga a execução das condicionantes relativas com os impactos negativos verificados nessa fase ("da qual constituem motivo determinante"), assim como o inciso III também cita as condicionantes na fase de operação.[743]

---

[738] TRF da 1ª Região, CE, v.u., AGRSLT 0037123-76.2014.4.01.0000, Rel. Des. Fed. Cândido Ribeiro, j. em 15.01.2015, e-DJF1 30.01.15. p. 7 – sem destaques no original.

[739] ERTHAL, Thiago Serpa. *Revisibilidade das Licenças Ambientais*. 2015. p. 113.

[740] ERTHAL, Thiago Serpa. *Revisibilidade das Licenças Ambientais*. 2015. p. 123.

[741] ERTHAL, Thiago Serpa. *Revisibilidade das Licenças Ambientais*. 2015. p. 118.

[742] "Art. 19. O Poder Público, no exercício de sua competência de controle, expedirá as seguintes licenças: I – Licença Prévia (LP), na fase preliminar do planejamento de atividade, contendo *requisitos básicos a serem atendidos nas fases de localização, instalação e operação*, observados os planos municipais, estaduais ou federais de uso do solo;" (sem destaques no original).

[743] "Art. 8º. O Poder Público, no exercício de sua competência de controle, expedirá as seguintes licenças: I – Licença Prévia (LP) – concedida na fase preliminar do planejamento do empreendimento ou atividade aprovando sua

Nada mais natural. O gerenciamento de impacto acompanha a sua concretização, variando conforme o momento de sua ocorrência. Quando o inciso I do artigo 8º da Resolução Conama nº 237/97 prevê "próximas fases", ele deixa mais do que clara a existência de condicionantes que vão além da licença prévia, podendo ser executadas após esse momento, inclusive após a LO, o que inclui até o descomissionamento do empreendimento ou atividade.

Essa exegese do artigo 8º da Resolução Conama nº 237/97 foi expressamente reconhecida como correta pelo Tribunal Regional Federal da 1ª Região, ao asseverar que o dispositivo evidencia a veracidade do argumento do órgão licenciador, "de que não há necessidade de cumprimento de todas as condicionantes listadas na licença prévia para a emissão da licença de instalação inicial do empreendimento.[744]

Mesmo o cumprimento parcial (quase total) das condicionantes não é motivo para se obstar a concessão ou suspender uma licença ambiental, se o órgão ambiental licenciador aduz que o gerenciamento dos impactos não foi prejudicado, ou seja, se há uma análise qualitativa da situação. Por essa razão, o STF encampou tal tese ao preceituar, no voto do Min. Menezes Direito, que o Ibama

> apresentou parecer técnico deixando claro que *praticamente todas as condicionantes* específicas mencionadas na Licença Prévia foram cumpridas. Poucas não foram totalmente atendidas [...], o que viabilizaria a concessão, agora, da Licença de Instalação. [...] Observo que, realmente, das 31 (trinta e uma) condicionantes mencionadas no parecer, apenas 6 (seis) foram parcialmente cumpridas, tendo as demais sido cumpridas na integralidade, o que seria suficiente para passar à fase seguinte do projeto.[745]

As condicionantes podem ser até mesmo deslocadas da fase inicialmente imaginada, quando isso estiver estabelecido na licença, desde que não seja inviabilizado o gerenciamento dos impactos. Como destacou a Min. Cármen Lúcia, o procedimento de licenciamento, por ser dinâmico, é controlável.[746]

---

localização e concepção, atestando a viabilidade ambiental e estabelecendo os requisitos básicos e *condicionantes a serem atendidos nas próximas fases de sua implementação*; II – Licença de Instalação (LI) – autoriza a instalação do empreendimento ou atividade de acordo com as especificações constantes dos planos, programas e projetos aprovados, *incluindo* as medidas de controle ambiental e *demais condicionantes, da qual constituem motivo determinante*; III – Licença de Operação (LO) – autoriza a operação da atividade ou empreendimento, após a verificação do efetivo cumprimento do que consta das licenças anteriores, com as medidas de controle ambiental e *condicionantes determinados para a operação*" (sem destaques no original).

[744] TRF da 1ª Região, SLAT 0012208-65.2011.4.01.0000/PA, Rel. Des. Fed. Presidente, j. em 03.03.2011. Ainda constou da decisão: "A medida liminar, portanto, tem aptidão para causar grave lesão à ordem pública, pois *invade a esfera da discricionariedade da administração e usurpa a competência privativa da administração pública* de conceder licença de instalações iniciais específicas para 'implantação de trecho novo do 'Travessão 27' e melhorias e obras de arte corrente no trecho já existente; realização de terraplanagem e instalação de estruturas de canteiro, no sítio Pimental e no sítio Belo Monte' (fl. 374), emitida após a evolução das análises e avanços no atendimento das condicionantes (Pareceres Técnicos 88/2010 e Notas Técnicas nº 51/2010 e 08/2011).
O material técnico juntado aos autos demonstra que o requerente tem monitorado e cobrado o cumprimento das diretrizes e exigências estabelecidas para proceder ao atendimento de requerimentos de licenças para a execução de novas etapas do empreendimento" (sem destaques no original).
Essa decisão mantida pelo TRF da 1ª Região, Corte Especial, v.u., SLAT 0012208-65.2011.4.01.0000/PA, Rel. Des. Fed. Presidente, j. em 20.09.2012, *E-DJF1* 04.10.2012.

[745] STF, Pleno, m.v., ACO 876 MC-AgR/BA, Rel. Min. Menezes Direito, j. em 19.12.2007, *DJe* 31.07.2008, *RTJ* 205.02/548.

[746] STF, Pleno, m.v., ACO nº 876 MC-AgR/BA, Rel. Min. Menezes Direito, j. em 19.12.2007, *DJe* 31.07.2008, *RTJ* 205/02/562.

Em suma, a definição do momento de atendimento das condicionantes não se baseia em atos procedimentais estanques, mas em uma análise concreta de compatibilidade entre o cronograma de implementação existente e a compatibilidade de gestão e monitoramento ambientais do projeto. Por essa razão, não existe a necessidade de cumprimento de todas as condicionantes constantes na LP para a emissão da LI, ou das condicionantes previstas nessas para a emissão da LO.

Ademais, não se pode perder de vista que a legislação permite que haja alteração no conteúdo das condicionantes, bem como das condicionantes em si.

A própria Resolução Conama nº 237/97 (art. 19, I) expressamente prevê a possibilidade de o órgão licenciador modificar as condicionantes, na hipótese de não atendimento ou inadequação das condicionantes originais. Essa exegese foi reconhecida pela AGU[747] e pelo TRF da 1ª Região:

> AGRAVO REGIMENTAL. SUSPENSÃO DE LIMINAR. UHE SINOP. LICENÇA DE INSTALAÇÃO MEDIANTE CUMPRIMENTO DE CONDICIONANTES PREVISTAS NA LICENÇA PRÉVIA. INEXISTÊNCIA DE PREVISÃO. [...]
> 2. As condicionantes instituídas na Licença Prévia podem ser cumpridas nas fases seguintes, visto que, de acordo com o art. 8º, III, da Resolução Conama nº 237, é na Licença de Operação que se verifica o efetivo cumprimento do que consta das licenças anteriores, com as medidas de controle ambiental e condicionantes determinados para a operação.
> 3. A Licença Prévia é expedida na fase preliminar do planejamento de atividade, contendo requisitos básicos a serem atendidos nas fases de localização, instalação e operação (art. 19, I, do Decreto nº 99.274/1990).
> 4. Não há nenhuma regra ambiental que condicione o cumprimento de todas as exigências impostas na Licença Prévia à expedição da Licença de Instalação.
> 5. Mediante decisão motivada o órgão ambiental competente poderá modificar as condicionantes e as medidas de controle de adequação, suspender ou cancelar uma licença expedida, quando ocorrer I – violação ou inadequação de quaisquer condicionantes ou normas legais; II – omissão ou falsa descrição de informações relevantes que subsidiaram a expedição da licença; III – superveniência de graves riscos ambientais e de saúde (art. 19, I, II e III, da Resolução 237 do Conama).[748]

Édis Milaré chega mesmo a afirmar que o artigo 19 da Resolução Conama nº 237/97 é antídoto aos vários problemas que podem ocorrer com as condicionantes. Doutrina o ambientalista:

> Não se trata, ressalte-se, de hipótese cerebrina, já que a dinâmica da natureza nem sempre permite ao órgão licenciador entrever, à exaustão, todas as condicionantes e medidas de controle necessárias para cada caso. Nem se há de descartar as indefectíveis injunções de ordem política e econômica a influir no livre convencimento do agente público. Muito menos, ainda, se desconsiderará a possível fundamentação do ato licenciatório em dados técnico-científicos inconsistentes ou enganosos, em falsa descrição de informações relevantes etc.[749]

---

[747] Parecer nº 85/2014/DEPCONT/PGF/AGU, aprovado pelo Advogado-Geral da União, em 07.08.2014, mediante despacho nos autos do PA nº 50600.039629/2014-62 (itens 29-30).

[748] TRF da 1ª Região, AGRSLT 0037123-76.2014.4.01.0000/MT, Rel. Des. Cândido Ribeiro, j. em 15.01.2015, *e-DJF1* 30.01.2015. p. 7.

[749] MILARÉ, Édis. *Direito do Ambiente*. 10. ed. São Paulo: RT, 2015. p. 836.

Não se pode confiar no órgão licenciador somente quando ele estabelece condicionantes, mas também quando ele as modifica ou as revoga. Se é admitida a validade das condicionantes quando da sua previsão, qual é a razão de não ser quando de sua revisão ou revogação?

O TCU foi categórico ao decidir que, de acordo com a Resolução Conama nº 237/97 (art. 8º), é "o órgão ambiental, no exercício de sua competência de controle", quem "estabelece as condicionantes a serem atendidas pelo empreendedor em cada etapa do processo de licenciamento e também verifica o seu efetivo cumprimento".[750]

Esse entendimento foi adotado pela AGU, em parecer cuja ementa ficou assim redigida:

> LICENCIAMENTO AMBIENTAL. RITO TRIFÁSICO. CONDICIONANTES. PREVISÃO NA LICENÇA PRÉVIA. CUMPRIMENTO ATRELADO AO IMPACTO QUE SE ALMEJA MITIGAR. DESVINCULAÇÃO COM A LICENÇA DE INSTALAÇÃO OU OPERAÇÃO. GERENCIAMENTO PELO ÓRGÃO LICENCIADOR. DINAMICIDADE DO LICENCIAMENTO AMBIENTAL. POSSIBILIDADE DE CALIBRAR O CRONOGRAMA DE CUMPRIMENTO DAS CONDICIONANTES DO LICENCIAMENTO AMBIENTAL, BEM COMO DE ESTIPULAR NOVA CONDICIONANTE, REFORMAR, REVOGAR OU ANULAR EXISTENTE. ATO QUE DEVE SER MOTIVADO E QUE NÃO SE CONFUNDE COM ATOS INTERMEDIÁRIOS PREPARATÓRIOS.
>
> I – As condicionantes têm a função de mitigar ou compensar os impactos ambientais do projeto, independentemente da fase incorporando-se à dinâmica que caracteriza o processo administrativo de licenciamento ambiental, elas são cumpridas de acordo com os impactos adversos que elas visam mitigar, não com a fase tripartite do licenciamento ambiental.
>
> II – As condicionantes previstas na licença prévia são para serem atendidas nas próximas fases de implementação do empreendimento (Dec. Nº 99.274/90, art. 19, I; Res. Conama nº 237/97, art. 8º), o que inclui até o descomissionamento do empreendimento ou atividade.
>
> III – Possibilidade de o órgão licenciador alterar o cronograma das condicionantes previstas na licença ambiental, bem como de estipular nova condicionante, reformar, revogar ou anular existente.
>
> IV – O ato administrativo que prevê a condicionante, altera o seu cronograma de execução, ou o seu conteúdo, que a revoga, ou a anula, deve ser motivado. Impossibilidade de se confundir tal ato com atos intermediários (*v.g.*, pareceres técnicos ou mesmo despachos), caso estes não tenham sido encampados pela autoridade máxima competente para decidir sobre o licenciamento ambiental.[751]

Em suma, não existe a necessidade de cumprimento de todas as condicionantes constantes na LP para emitir a LI ou mesmo a LO, podendo o órgão licenciador calibrar (adiantar ou postergar), se for o caso, o momento da execução das condicionantes de acordo com a ocorrência dos impactos que as condicionantes visam mitigar, bem como estipular nova condicionante, reformar, revogar ou anular as existentes, visto que o licenciamento ambiental é dinâmico. O ato de calibração deve ser motivado e não se

---

[750] TCU, Plenário, AC. 2.212/09 (TC 009.362/2009-4), Rel. Min. Aroldo Cedraz, j. em 23.09.2009.
[751] Parecer nº 83/2015/COJUD/PFE-IBAMA-SEDE/PGF/AGU foi aprovado pela Procuradora-Chefe Nacional da PFE-Ibama, em 25.01.2016, mediante Despacho nº 03/2016/GABIN/PFE-IBAMA-SEDE/PGF/AGU, nos autos do PA nº 02001.007258/2015-47. As considerações do Parecer nº 83/2015 já constavam do Parecer nº 61/2015/COJUD/PFE-IBAMA-SEDE/PGF/AGU, aprovado pela Procuradora-Chefe Nacional da PFE-Ibama, em 05.10.2015, mediante Despacho nº 606/2015/GABIN/PFE-IBAMA-SEDE/PGF/AGU, nos autos do PA nº 00807.000782/2015-96.

confunde com os preparatórios do processo de licenciamento, exceto se estes atos forem encampados pela autoridade máxima para a sua prática.

7.4.1 Os Acórdãos nº 1147/2005-P e nº 1869/2006-P do Tribunal de Conta da União (TCU)

Recorrentemente, o acórdão 1869/2006-P do TCU[752] é citado como se exigisse o cumprimento de todas as condicionantes fixadas na LP antes da emissão da LI (item 2.2.2). Essa decisão do TCU tratou do projeto de transposição do Rio São Francisco, sendo decorrência de outra, o acórdão 1147/2005-P.[753]

O que foi decidido pelo TCU, ao analisar diversos aspectos da transposição do Rio São Francisco, é que não se pode transformar parte do diagnóstico, isto é, da análise sobre o Estado da área de influência antes da instalação do empreendimento ou atividade, em condicionantes da LP para a próxima fase. Isso porque se a legislação ambiental exige o diagnóstico (Res. Conama nº 1/86, art. 6º, I) para o EIA, fica difícil sustentar que há viabilidade ambiental do projeto sem que o diagnóstico seja completo. No caso, havia pendências em termos de diagnóstico.

Então, o que o TCU entendeu inadequado foi postergar a confecção do diagnóstico, essência do EIA, como condicionantes da LI, porque não haveria como efetuar um estudo ambiental que atestasse a viabilidade ambiental cristalizada na LP.[754] Nada foi decidido, por exemplo, sobre a necessidade de as condicionantes serem cumpridas nessa ou naquela fase, antes ou depois da LI. E nem poderia, uma vez que estava sob julgamento questão que precedia a estipulação de qualquer condicionante, o cumprimento das exigências do EIA à luz da legislação ambiental.

7.5 A condicionante deve ter relação direta e proporcional com o impacto ambiental adverso

Como a finalidade das condicionantes é a mitigação dos impactos ambientais adversos, elas devem ter relação direta com estes.

A AGU entende que o órgão gestor das unidades de conservação não pode impor condicionantes que não guardem relação direta com os impactos (OJN PFE-ICMBio nº 7/11). Na mesma linha de raciocínio, a Portaria Interministerial MMA/MJ/MINC/MS nº 60/2015 preceitua que as condicionantes enviadas pelos intervenientes devem guardar "relação direta com os impactos" adversos decorrentes da atividade ou do

---

[752] TCU, Plenário, v.u., Ac. 1869/2006 (TC 011.659/2005-0), Rel. Min. Benjamin Zymler, j. em 11.10.2006. O item 2.2.2 estipulou: "não admite a postergação de estudos de diagnóstico próprios da fase prévia para fases posteriores sob a forma de condicionantes do licenciamento, conforme prescreve o art. 6º da Resolução Conama nº 01/86;".

[753] TCU, Plenário, v.u., Ac. 1147/2005 (TC 011.659/2005-0), Rel. Min. Benjamin Zymler, j. em 10.08.2005.

[754] "[...] 46. Ressalte-se que foram legados à etapa posterior, como condicionantes da Licença de Instalação, estudos de diagnósticos relativos aos meios sócio-econômicos, biológicos e limnológicos (relativos à água doce e seus organismos, sob o ponto de vista ecológico), na área de influência do Projeto, conforme ressaltado nos itens 101 e 102 da instrução transcrita no Relatório. Tais estudos, por óbvio, deveriam se fazer presentes anteriormente à concessão da Licença Prévia, porquanto necessários à avaliação prévia dos impactos ambientais do Projeto. 47. Conclui-se, portanto, que a Licença Prévia expedida pelo IBAMA teve por base um Estudo de Impacto Ambiental no qual se apresentaram lacunas que, em essência, comprometem o atestamento da viabilidade ambiental do Projeto" (TCU, Plenário, v.u., Ac. 1147/2005 (TC 011.659/2005-0), Rel. Min. Benjamin Zymler, j. em 10.08.2005).

empreendimento identificados nos estudos ambientais e deverão "ser acompanhadas de justificativa técnica" (art. 7º, §12, e art. 16, §2º). Nesse sentido, são procedentes as críticas de Marcia Leuzinger e Sandra Cureau sobre medidas mitigadoras e compensatórias: "constata-se que, muitas vezes, são propostas sem qualquer relação com o impacto ambiental ou não apresentam nenhuma solução prática para ele".[755]

Por tal razão é que não poderia existir condicionante consistente em pagamento de porcentagem do valor do empreendimento para um ente político da região afetada; não haveria nexo entre o impacto adverso e o financiamento do poder público.

Frederico Rios Paula e Talden Farias doutrinam que "não faz sentido algum exigir medidas compensatórias não diretamente relacionadas aos impactos ambientais causados pela atividade poluidora, uma vez que é preciso configurar a existência do nexo de causalidade". A previsão do PL de licenciamento ambiental, aprovado na Câmara dos Deputados, de estabelecer a impossibilidade de o empreendedor ficar responsável pelo desenvolvimento de políticas públicas (§§6º e 7º do art. 13), é "medida necessária, pois ajuda a evitar as exigências desproporcionais ou sem base legal, que por vezes não passam de verdadeiros disparates dos órgãos ambientais a que o empreendedor se submete para não comprometer o cronograma de investimentos ou para não perder o timing do negócio".[756]

Qualquer condicionante que não tenha *relação direta, ou seja, clara e imediata*, com os impactos adversos do empreendimento ou atividade são ilegais porque cristalizam patente desvio de poder. As condicionantes não podem suprir deficiências decorrentes da ausência estatal e nem substituir soluções específicas do direito positivo.

Exigir comprovante de posse ou propriedade sobre o imóvel, autorização de outros órgãos que cuidam de políticas públicas relacionadas com o empreendimento, como, no âmbito federal, SPU, Antaq etc., são exemplos claros de ausência de nexo de causalidade. O licenciamento ambiental não é o lugar para resolver todos os problemas associados ao empreendimento ou atividade. Ele não é um guardião de outras políticas públicas que não as estritamente ambientais. Mesmo em relação às políticas ambientais, o empreendimento ou atividade licenciados podem exigir outras autorizações ambientais que não são concedidas no licenciamento ambiental (licença ambiental), não devendo ser internalizadas, ainda que sob o aspecto de controle, apenas por se tratar de questões ambientais.

Ademais, as condicionantes devem ser *proporcionais*, fazendo com que a carga que recaia sobre o proponente do projeto não seja descolada dos impactos adversos causados pelo empreendimento ou atividade que se pretenda licenciar. Com razão, André Krull defende que "não resta dúvida também sobre a possibilidade lógica de aplicação da proporcionalidade em relação às condicionantes impostas ao empreendedor no bojo da licença ambiental".[757]

O TCU (Ac. 775/2017-P, item 9.7) também entende dessa forma, motivo pelo qual recomendou que a administração pública garanta que as mitigantes "sejam

---

[755] LEUZINGER, Marcia Dieguez; CUREAU, Sandra. *Direito Ambiental*. 2013. p. 86.
[756] PAULA, Frederico Rios; FARIAS, Talden. Parâmetros jurídicos para fixação de condicionantes ambientais. *Conjur*, 23 abr. 2022. Disponível em: https://www.conjur.com.br/2022-abr-23/ambiente-juridico-parametros-juridicos-fixacao-condicionantes-ambientais#_ftn8. Acesso em 06.03.2023.
[757] KRULL, André. Proporcionalidade e condicionantes na licença ambiental. *Jus Navigandi*, Teresina, ano 17, n. 3310, 24 jul. 2012. Disponível em: http://jus.com.br/artigos/22262. Acesso em 31 mar. 2015.

diretamente relacionadas e proporcionais aos impactos causados pelos respectivos empreendimentos".[758]

A Lei da Liberdade Econômica (Lei nº 13.874/2019, art. 3º, XI) vedou a exigência de compensações ambientais abusivas, conceito no qual são assegurados a toda pessoa, natural ou jurídica, não ser exigida medida ou prestação compensatória ou mitigatória abusiva, em sede de estudos de impacto ou outras liberações de atividade econômica no direito urbanístico, entendida como aquela que: b) requeira medida que já era planejada para execução antes da solicitação pelo particular, sem que a atividade econômica altere a demanda para execução da referida medida; c) utilize-se do particular para realizar execuções que compensem impactos que existiriam independentemente do empreendimento ou da atividade econômica solicitada; d) requeira a execução ou prestação de qualquer tipo para áreas ou situação além daquelas diretamente impactadas pela atividade econômica; ou e) mostre-se sem razoabilidade ou desproporcional, inclusive utilizada como meio de coação ou intimidação.

Tais orientações legais foram expressamente recepcionadas pela OJN 33/2022/PFE-ICMBio,[759] ao esclarecer que elas não se aplicam "às situações de acordo resultantes de ilicitude, bem como em caso de condicionantes compensatórias propostas pelo próprio empreendedor no projeto ou estudo ambiental e tecnicamente justificadas (item 2)".

Percebe-se que embora a lei tenha restringido as condicionantes abusivas de forma taxativa, as lições que se retira da lei é que não se admite condicionantes sem nexo de causalidade (já planejada antes da solicitação, que compensem impactos que existiriam independentemente do empreendimento ou atividade) ou que sejam desproporcionais ou desarrazoadas, o que ocorre quando elas se apresentam como meio de coação ou intimidação.

Também exige relação direta do impacto com as condicionantes, parecendo complicado se considerar o impacto indireto, eis que considera como condicionante abusiva aquela que requeira a execução ou prestação de qualquer tipo para áreas ou situação além daquelas diretamente impactadas pela atividade (Lei nº 13.874/2019, art. 3º, XI, *d*).

Entre a relação direta dos impactos adversos e a proporcionalidade das mitigantes, deve-se rechaçar o que pode ser chamado de *condicionantes emocionais*. Aquelas que não se relacionam ao impacto adverso, mas com o risco exacerbado, que preveem um cenário improvável, não condizente com as estatísticas ao encampar o pior cenário possível ou algo próximo disso.

A AGU rechaça essas previsões sem probabilidade, meramente plausíveis, remotas e sem ter base lógica ou empírica de evidenciação:

---

[758] TCU, Plenário, v.u., Ac. 775/2017 (TC-021.223/2016-5), Rel. Min. José Múcio Monteiro, j. em 19.4.2017, *DJU* 02.05.2017. p. 100.

[759] "DIREITO AMBIENTAL. CONDICIONANTES AMBIENTAIS. PARÂMETROS JURÍDICOS. 1. Não devem ser exigidas condicionantes ambientais mitigatórias ou compensatórias abusivas, em sede de estudos de impacto ou outras liberações de atividade econômica a cargo do ICMBio, entendidas como aquelas que: I – requeiram medidas que já eram planejadas para execução antes da solicitação pelo particular, sem que a atividade econômica altere a demanda para execução das referidas medidas; II – utilizem-se do particular para realizar execuções que compensem impactos que existiriam independentemente do empreendimento ou da atividade econômica solicitada; III – requeiram a execução ou prestação de qualquer tipo para áreas ou situação além daquelas diretamente impactadas pela atividade econômica; ou IV – mostrem-se sem razoabilidade ou desproporcional, inclusive utilizadas como meio de coação ou intimidação" (OJN nº 33/2022/PFE-ICMBIO/PGF/AGU, *DOU* 14.04.2022. p. 282).

4. A decisão que se basear exclusivamente em valores jurídicos abstratos, aqueles previstos em normas jurídicas com alto grau de indeterminação e abstração, obriga o administrador a indicar as consequências práticas que, no exercício diligente de sua atuação, consiga vislumbrar diante dos fatos e fundamentos de mérito e jurídicos. Nesta hipótese, consequências práticas devem ser entendidas como aquelas admissíveis pela Constituição de 1988 e exequíveis; certas e prováveis, e não apenas plausíveis; imediatas e imediatamente futuras, e não remotas no tempo; e ter alguma base, lógica ou empírica, de evidenciação. [OJN 33/2022/PFE-ICMBio]

O Direito estadunidense também se preocupa com a relação direta entre a condicionante e o impacto adverso, além de exigir a proporcionalidade, não sendo admissível condicionante que não tenha equivalência com o impacto adverso a ser causado.

A exigência de proporcionalidade nas condicionantes constantes do licenciamento ambiental é que torna ainda mais importante a motivação, pois é por meio dela, segundo a AGU, que se demonstrará a "adequação e a necessidade da condicionante, inclusive consideradas as possíveis alternativas, observados os critérios de proporcionalidade, bem como a forma de aferição de seu cumprimento" (OJN 33/2022/PFE-ICMBio, item 5), sugerindo ao administrador roteiro para fins de utilização da proporcionalidade como técnica de fundamentação da fixação das condicionantes ambientais:

6. Em termos objetivos, para fins de utilização do princípio da proporcionalidade, como técnica de fundamentação da fixação de condicionantes ambientais, sugere-se que o administrador percorra o seguinte itinerário lógico: 1º) Questionamento de adequação: a condicionante ambiental imposta é apta para atingir o fim buscado? 2º) Questionamento de necessidade/exigibilidade: há outros meios alternativos igualmente eficazes e menos gravosos (técnica e economicamente viáveis) para atingir o mesmo fim buscado com a condicionante ambiental imposta? 3º) Questionamento de proporcionalidade em sentido estrito: em uma análise de custo-benefício, os benefícios resultantes da condicionante ambiental imposta em relação às suas consequências práticas superam os prejuízos e inconvenientes dela esperados ao empreendimento, inclusive sob a ótica do interesse público envolvidos no projeto? [OJN 33/2022/PFE-ICMBio]

Nos EUA, a Suprema Corte já entendeu que deve haver nexo de causalidade e proporcionalidade entre a exigência (condicionante) e o seu propósito. Tais exigências foram sacramentadas, respectivamente, em *Nollan v. California Coastal Commission* (1987) e *Dolan v. City of Tigard* (1994).

Em *Nollan v. California Coastal Commission*, considerou-se possível ao Estado condicionar a concessão de uma licença se essa condição passasse no teste do nexo essencial (*essential nexus*). A condição imposta deve ser justificada pelo mesmo motivo que eventualmente poderia levar à negativa da licença. A Comissão Costeira da Califórnia (*California Coastal Commission*) tinha aprovado licença de construção para que fosse substituído o bangalô de Nollan na praia por uma casa de três quartos, desde que se criasse uma servidão que permitisse o acesso do público à praia pelos fundos de sua casa. Havia a alegação, como justificativa da condicionante, de que a casa afetaria o acesso visual da praia. A Suprema Corte concluiu que, enquanto tal acesso à praia pública pode ser uma meta desejável, a servidão de acesso público não serviria para promover a capacidade do público de ver a praia ou perceber o acesso à praia a partir da rua, portanto, não havia relação entre a meta e a condicionante.[760]

Por sua vez, em *Dolan v. City of Tigard* expandiu-se *Nollan* porque, além do nexo, houve a exigência da proporcionalidade em sentido estrito (*rough proportionality*) entre o ônus da condicionante e o impacto adverso do projeto. Quanto maior o impacto adverso do projeto, maior a restrição que a condicionante poderá causar. Dolan pediu a ampliação para construir um estacionamento adjacente a sua loja, que foi condicionada à criação de um corredor verde para uso público, incluindo um caminho para bicicletas e pedestres. Essa condicionante visava a reduzir o risco de inundações e congestionamento de tráfego criados pela expansão da loja, além de, simultaneamente, criar vias verdes públicas. A Suprema Corte decidiu que, embora houvesse alguma relação teórica entre as metas da cidade, a condição era excessiva em comparação com o impacto previsto. Ainda que um corredor verde fosse adequado para prevenir inundações, não foi demonstrada a razão para ele ser público, ao invés de privado, e a cidade também não conseguiu quantificar o grau em que a ciclovia/caminho de pedestres iria compensar o aumento do tráfego.[761]

Esses precedentes foram reafirmados pela Suprema Corte em *Koontz v. St. Johns River Water Management District* (2013), explicitando que suas restrições também se aplicavam às condicionantes envolvendo dinheiro – não apenas a propriedade – e à negativa de autorizações, não apenas para aprovações.[762]

As condicionantes devem ser empregadas para gerenciar os impactos do empreendimento, não se podendo utilizar o licenciamento ambiental "como mero balcão de troca, com compensações que não possuem relação de nexo e proporção com o impacto causado pelo empreendimento que se está licenciando".[763]

Rafael Aizenstein Cohen, com precisão, doutrina que passivos socioeconômicos pré-existentes ao empreendimento ou atividade não são, obviamente, causados por eles, extrapolando o objetivo do licenciamento ambiental exigir a sua mitigação, constituindo delegação imprópria de políticas públicas aos empreendedores exigi-la.[764]

A proporcionalidade ou razoabilidade das condicionantes podem ocorrer em relação a sua recorrência. Frequentemente são impostas condicionantes de monitoramento com intervalo amostral muito curto, tornando-se desarrazoado, especialmente naqueles casos nos quais não existe risco ambiental que justifique essa amostragem quase contínua.

Embora o Judiciário permaneça altamente deferente (*highly deferential*) às condicionantes, não podendo substituir a decisão administrativa sobre elas baseado apenas em sua discordância,[765] verifica-se que é pacífica a possibilidade de seu controle com base

---

[760] ARVIDSON, Carys A. Koontz v. St. Johns River Water Management District: will it impact mitigation conditions in §404 permits? *Environmental Law Report*, n. 44, p. 10886-10897, 2014. p. 10.892.

[761] ARVIDSON, Carys A. Koontz v. St. Johns River Water Management District: will it impact mitigation conditions in §404 permits? *Environmental Law Report*, n. 44, p. 10886-10897, 2014. p. 10.892-10.893.

[762] COHEN, Molly; MAY, Rachel Proctor. Revolutionary or routine? Koontz v. St. Johns River Water Management District. *Harvard Environmental Law Review*, Cambridge: Harvard Law School Student Journals Office, v. 38, n. 1, p. 245-257, 2014. p. 245.

[763] MOURA, Gabriel et al. A necessária sistematização da interlocução entre os órgãos públicos no âmbito dos processos de licenciamento ambiental das obras de infraestrutura. *In*: MILARÉ, Édis et al. (Coord.). *Infraestrutura no Direito do Ambiente*. São Paulo: RT, 2016. p. 332.

[764] COHEN, Rafael Aizenstein. A componente social no licenciamento ambiental. *In*: COLI, Adriana, DIAS, Pedro (Coord.). *O setor elétrico e o meio ambiente*. Rio de Janeiro: Synergia: FMASE, 2017. p. 29-30.

[765] ARVIDSON, Carys A. Koontz v. St. Johns River Water Management District: will it impact mitigation conditions in §404 permits? *Environmental Law Report*, n. 44, p. 10886-10897, 2014. p. 10.896.

nos parâmetros do nexo causal e da proporcionalidade, não constituindo a competência para estabelecer condicionantes um cheque em branco para a Administração Pública.

Em suma, os parâmetros estadunidenses são aplicáveis ao ordenamento brasileiro para definir se as condicionantes são lícitas, o que não impede declarar sua invalidade por outros motivos.

7.5.1 As condicionantes sociais e as substituições de soluções do direito positivo (*v.g.*, desapropriações e remoções)

Como as condicionantes são aquelas orientações ou exigências que constam da licença ambiental, mas que não se referem à autorização para o empreendimento em si, elas são um campo fértil para a internalização de questões que não agregam nada em termos de controle ambiental, como questões dominiais, possessórias, urbanísticas locais, ou simplesmente que suprem a ausência de Estado. Essas condicionantes são chamadas de condicionantes sociais.

Infelizmente, os órgãos licenciadores tendem a incorporar essas necessidades básicas e repassá-las aos empreendedores (inclusive o próprio Estado), tentando suprir com condicionantes as deficiências estatais nas políticas públicas ou até mesmo problemas entre particulares. O problema extrapola a mera conspurcação e tumulto no licenciamento ambiental porque usá-lo para alcançar outros fins caracteriza-se desvio de poder ou finalidade.

Rafael Lima Daudt D'Oliveira captou esse desvio ao lembrar que "é lamentável constatar que o licenciamento ambiental no Brasil se desviou de seus objetivos de controle concreto da poluição das atividades para tornar-se um verdadeiro *check list* de políticas públicas em que, não raras vezes, aproveita-se o momento de desespero do empreendedor para agilizar o licenciamento de sua atividade para exigir-lhe obrigações sem fundamento na legislação e que não guardam relação de causa e efeito com os impactos sociais e ambientais adversos por ela causados".[766]

Frise-se: as condicionantes do licenciamento ambiental não podem ser usadas para sanar a falta de Estado ou para desvirtuar soluções de direito positivo. Assim, questões de direitos reais, de propriedade, posse, individuais, que o direito positivo solucione, devem ser obedecidas pelo licenciamento ambiental. Um desvio comum nas condicionantes previstas nas licenças ambientais consiste na previsão de indenizações ou reassentamentos para quem vive em terras públicas. Há desvio porque não é possível usucapir bens públicos, evidenciando a impossibilidade de posse, ou seja, existe mera detenção, que é incompatível com o dever de indenização ou direito de retenção, ainda que de boa-fé. O regime jurídico dos bens públicos e da gestão dos negócios do poder público não pode ser burlado pelo licenciamento ambiental, obrigando o empreendedor a pagar indenizações proibidas por tal regime, afastando prerrogativas de ordem pública e estratégicas.[767]

---

[766] D'OLIVEIRA, Rafael Lima Daudt. *A Simplificação do Direito Administrativo e Ambiental (de acordo com a Lei nº 13.874/2019 – Lei de Liberdade Econômica)*. Rio de Janeiro: Lumen Juris, 2020. p. 127.

[767] A intensidade do regime de direito público incidente sobre a propriedade pública é tal que a Corte Especial do STJ definiu que é possível o ajuizamento de oposição pela União quando em trâmite ação de reintegração de posse entre particulares, no caso específico de bens públicos (EDiv 1.134.446).

Sob uma concepção equivocada de que mitigar ou compensar os impactos ambientais do empreendimento ou atividade licenciados autoriza a determinação de qualquer coisa, os órgãos ambientais têm substituído ou mesmo subvertido as soluções e vedações de direito positivo relacionados aos bens públicos.

A ocupação de bem público não gera o direito de retenção, de indenização pelos frutos ou benfeitorias, ainda que estas sejam de boa-fé, mas somente o dever de o particular pagar indenização ao Estado pelo uso da área. Por esta razão, são equivocadas as condicionantes previstas nas licenças ambientais com a previsão de indenizações ou reassentamentos, para quem vive em terras públicas e deve ser removido pelo projeto submetido ao licenciamento ambiental. Há desvio porque não é possível usucapir bens públicos, evidenciando a impossibilidade de posse, ou seja, existe mera detenção, que é incompatível com o dever de indenização ou direito de retenção, ainda que de boa-fé.

O STJ é pacífico em negar qualquer tipo de indenização à ocupação de bem público porque caracterizada mera detenção, negando nessa situação a existência de direitos possessórios, indenização pelas benfeitorias ou mesmo o reconhecimento do direito de retenção, ainda que haja boa-fé.[768]

PROCESSUAL CIVIL. ADMINISTRATIVO. BEM PÚBLICO. OCUPAÇÃO INDEVIDA. INEXISTÊNCIA DE POSSE. DIREITO À INDENIZAÇÃO NÃO CONFIGURADO.
1. Configurada a ocupação indevida de bem público, não há falar em posse, mas em mera detenção, de natureza precária, o que afasta o direito de indenização por benfeitorias.[769]

RECURSO ESPECIAL. AÇÃO DECLARATÓRIA DE NULIDADE DE CONTRATO DE CESSÃO DE DIREITOS SOBRE IMÓVEL. TERRAS PÚBLICAS. LOTEAMENTO IRREGULAR. RETORNO AO ESTADO ANTERIOR. INDENIZAÇÃO POR BENFEITORIAS INCABÍVEL. [...]
3. A retomada de bem público pelo legítimo titular do domínio não enseja o pagamento de indenização pelas acessões e benfeitorias realizadas. Precedentes.[770]

A postura de indenizar quem ocupa área pública chega mesmo a ser um incentivo para invasões e ocupações, transcendendo o desrespeito das normas de regência dos bens públicos. Em exemplar acórdão da lavra de Herman Benjamin, ao encampar a impossibilidade de se indenizar detentores de bens públicos por benfeitorias, o STJ consignou:

---

[768] STJ, 2. T., v.u., REsp nº 1.223.141/DF, Rel. Min. Herman Benjamin, j. em 10.05.2016, DJe 01.06.2016; STJ, 2. T., v.u., AgRg no AREsp nº 824.129/PE, Rel. Min. Mauro Campbell Marques, j. em 23.02.2016, DJe 01.03.2016; STJ, 3. T., v.u., AgRg no REsp nº 1.319.975/DF, Rel. Min. João Otávio de Noronha, j. em 01.12.2015, DJe 09.12.2015. Cf. ainda STJ, 4. T., v.u., AR no REsp nº 851.906/DF, Rel. Min. Antonio Carlos Ferreira, j. em 04.12.2014, DJe de 11.12.2014; STJ, 4. T., v.u., AR no AR no AREsp nº 66.538/PA, Rel. Min. Antonio Carlos Ferreira, j. em 18.12.2012, DJe de 01.02.2013; STJ, 1. T., v.u., REsp nº 850.970/DF, Rel. Min. Teori Albino Zavascki, j. em 01.03.2011, DJe 11.3.2011; STJ, 2. T., v.u., AR no Ag 1.343.787/RJ, Rel. Min. Herman Benjamin, j. em 01.03.2011, DJe 16.3.2011; STJ, 1. T., v.u., REsp nº 1.183.266/PR, Rel. Min. Teori Albino Zavascki, j. em 10.05.2011, DJe de 18.5.2011; STJ, 4. T., v.u., REsp nº 841.905/DF, Rel. Min. Luis Felipe Salomão, j. em 17.05.2011, DJe 24.5.2011; STJ, 3. T., v.u., AR no Ag 1.160.658/RJ, Rel. Min. Massami Uyeda, j. em 27.4.2010, DJe 21.5.2010; STJ, 4. T., v.u., REsp nº 146.367/DF, Rel. Min. Barros Monteiro, j. em 14.12.2004, DJ 14.03.2005. p. 338.

[769] STJ, 2. T., v.u., AgRg no Ag 1.343.787/RJ, Rel. Min. Herman Benjamin, j. em 01.03.2011, DJe 16.03.2011.

[770] STJ, 4ª T., REsp nº 1.025.552/DF, Rel. p/ ac. Min. Maria Isabel Gallotti, j. em 04.04.2017, DJe 18.05.2017.

> [...] 11. Entender de modo diverso é atribuir à detenção efeitos próprios da posse, o que enfraquece a dominialidade pública, destrói as premissas básicas do Princípio da Boa-Fé Objetiva, estimula invasões e construções ilegais e legitima, com a garantia de indenização, a apropriação privada do espaço público.[771]

Assim, não há que falar, portanto, em obrigação de que se realize algum tipo de compensação financeira como condição para concessão da reintegração de posse, entendimento que não pode ser subvertido pelo licenciamento ambiental sob pena de se negar a aplicação da lei, em genuíno *bypass* hermenêutico.

O uso não autorizado da área pública às vistas do Administrador ou diante de sua inércia, conivência ou mesmo (inconcebível) aceitação tácita não transforma o errado em certo. O STJ esclarece, de forma peremptória, que a taxa de ocupação de imóvel público é devida ainda que não haja prévia formalização de ato ou negócio jurídico administrativo, porque o ocupante irregular de bem público não pode se beneficiar da sua própria ilegalidade, contrariando o princípio da boa-fé objetiva, para deixar de cumprir obrigação imposta a todos.

> [...] 2. Nessa linha de raciocínio, dispensar o detentor irregular de imóvel público de pagar taxa de ocupação, modalidade de ressarcimento mínimo (e não de lucro), é ferir duplamente o interesse coletivo, pois, não obstante a situação de apropriação ilícita, alça o já infrator à injusta posição de privilégio anti-isonômico em relação aos outros cidadãos, cumpridores dos requisitos e formalidades exigidos para a fruição do patrimônio coletivo. Tal isenção gera atraente e irresistível (e por isso mesmo indefensável) incentivo aos particulares a não se incomodarem com a ilegalidade e a nela repousarem suas esperanças e eternamente permanecerem. Se a ilegalidade se mostra mais vantajosa do que a legalidade, aí se materializa quadro de grave ameaça a uma das premissas existenciais do Estado de Direito, que depende, fundamentalmente, do cumprimento da lei por todos.
> 3. Nos termos do art. 884 do Código Civil, caracteriza enriquecimento sem causa ocupar, usar, fruir ou explorar ilicitamente a totalidade ou parte do patrimônio público, material e imaterial. À luz do princípio da indisponibilidade do interesse público, eventual omissão do Estado no exercício do seu poder de polícia – ao deixar de fiscalizar e adotar medidas cabíveis para se opor ou reagir à apropriação irregular de bem público – não transforma o errado em certo, irrelevante ademais que a injuricidade ocorra às vistas do Administrador ou com a sua inércia, conivência ou mesmo (inconcebível) aceitação tácita. Tolerância administrativa não converte em boa-fé aquilo que a lei qualifica como má-fé, pois admitir-se o contrário seria o mesmo que reconhecer a servidores públicos a possibilidade de, por meio de um simples fechar de olhos, rasgarem a norma e a vontade do legislador.[772]

Um exemplo de terrenos públicos cuja solução normativa não pode ser subvertida pelo licenciamento ambiental é o dos terrenos marginais ou reservados (DL 9.760/46, art. 4º), uma vez que não cabe indenização de quem os ocupa, não podendo essa restrição ser burlada pela determinação de realocação da ocupação desses terrenos. O Supremo Tribunal Federal já entendeu que as "margens dos rios navegáveis são de domínio público, insuscetíveis de expropriação e, por isso mesmo, excluídas de indenização" (Súmula 479). Esse entendimento é seguido pelo STJ em diversos precedentes (*v.g.*, REsp

---
[771] STJ, 2. T., v.u., REsp nº 945.055/DF, Rel. Min. Herman Benjamin, j. em 02.06.2009, *DJe* 20.08.2009. No mesmo sentido, cf. STJ, REsp nº 993.941, Rel. Min. Olindo Menezes (conv.), j. em 16.06.2015, *DJe* 04.08.2015.
[772] STJ, 2ª T., v.u., REsp nº 1.986.143/DF, Rel. Min. Herman Benjamin, j. em 06/12/2022, *DJe* 19.12.2022.

nº 617.822 e REsp nº 686.318), havendo decisão da 1ª Seção pela não indenizabilidade dos terrenos reservados às margens dos rios navegáveis, salvo se houver a comprovação de concessão por título legítimo (EREsp nº 617.822).

Agrava esse desvio do ordenamento jurídico a possibilidade de haver infração ou crime ambiental pela ocupação de área de preservação permanente (APP), o que costuma ser ignorado no licenciamento ambiental.

Como se isso não fosse suficiente, o ocupante irregular do bem público tem a obrigação de indenizar o Estado pelo seu uso,[773] independentemente da boa-fé do particular, seja pela vedação do enriquecimento sem causa, seja pela previsão de lei específica do ente público nesse sentido (Lei nº 9.636/98, art. 10, parágrafo único):

> ADMINISTRATIVO. RECURSO ESPECIAL. EDIFICAÇÃO IRREGULAR EM ÁREA DA UNIÃO. INDENIZAÇÃO DO ART. 10, PARÁGRAFO ÚNICO, DA LEI nº 9.636/98. CABIMENTO. PRECEDENTE DA PRIMEIRA TURMA. RETIFICAÇÃO PARCIAL DE VOTO.
>
> 1. Consoante já decidiu a Primeira Turma no julgamento do REsp nº 855.749/AL (Min. Francisco Falcão, DJ 14.06.2007), a ocupação irregular de terreno de praia, bem de uso comum do povo, dá ensejo à obrigação de indenizar prevista no art. 10, parágrafo único, da Lei nº 9.636/98, independentemente da boa-fé do particular.
>
> 2. No presente caso, a Ação Reivindicatória, cumulada com a Ação Demolitória, foi ajuizada em 21.06.2005, assim, o provimento dos recursos especiais, tanto da União, quanto do Ministério Público, são parciais, a fim de que o réu responda pelo pagamento da indenização apenas de 21.06.2005 – data do ajuizamento da Ação Reivindicatória contra ele movida pela União – até 22.12.2005, quando o imóvel foi demolido, e, consequentemente desocupado.
>
> 3. Recursos especiais parcialmente providos para que o réu responda pelo pagamento de indenização no período entre 21.06.2005 a 22.12.2005.[774]

No entanto, apenas por se estar diante de um licenciamento ambiental, ignora-se o direito aplicável à espécie, criando-se um ordenamento paralelo, e obriga o empreendedor a reassentar ou indenizar os ocupantes de terras públicas.

Os problemas de moradias e trabalho devem ser tratados em paralelo ao licenciamento ambiental, não estando na finalidade dos condutores do empreendimento, atividade ou obra, muito menos do órgão ambiental.

Outro efeito desse regime dos bens públicos é a impossibilidade jurídica de desapropriação de ocupações de área pública, seja pela óbvia ausência de propriedade, seja por faltar qualquer tutela jurídica ao ocupante de bens públicos.

Esse regime de direito público não pode ser burlado pelos órgãos ambientais fazendo exigências nos licenciamentos ambientais, ainda que seja de forma indireta, como é o caso da imposição de condicionantes para acompanhamento dos removidos.

Isso não significa que o Estado, por meio de seus órgãos e entidades competentes, não possa dar uma solução para a questão das ocupações em bens públicos, que, em última instância, é pelo menos um problema de moradia. Entende-se apenas que esse

---

[773] STJ, 2. T., v.u., AgRg no REsp nº 1.369.444/MG, Rel. Min. Humberto Martins, j. em 10.11.2015, DJe 20.11.2015; STJ, 2. T., v.u., REsp nº 1.432.486/RJ, Rel. Min. Mauro Campbell Marques, j. em 10.11.2015, DJe 18.12.2015; STJ, 1. T., v.u., REsp nº 855.749, Rel. Min. Francisco Falcão, j. em 22.05.2007, DJ 14.06.2007 p. 264.

[774] STJ, 2. T., v.u., REsp nº 1.432.486/RJ, Rel. Min. Mauro Campbell Marques, j. em 10.11.2015, DJe 18.12.2015;

problema não compete ao licenciamento ambiental, não sendo impacto gerenciável por esse instrumento da política nacional do meio ambiente, que não detém autorização para burlar o ordenamento jurídico, especialmente as normas do regime dos bens públicos e prerrogativas asseguradas à administração pública no desenvolvimento de empreendimentos, por meio de comandos ao empreendedor.

Incorporar questões não pertinentes ao empreendimento, como são a realocação ou indenização pelas ocupações de bens públicos, e também ao licenciamento ambiental, acaba por internalizar um custo que será repassado, por exemplo, para a tarifa, no caso dos concessionários. Sabe-se que o equilíbrio tarifário é requisito da concessão e tem expressa previsão constitucional (art. 37, XXI), tornando desnecessária a previsão contratual.

Por essa expressa previsão constitucional, é impossível que os custos das condicionantes, ainda que ilegais por distorcerem o ordenamento jurídico, não sejam computados no reequilíbrio econômico-financeiro. Como destaca Floriano de Azevedo Marques Neto, ao defender que a mantença da equação econômica é pressuposto do instituto da concessão, "se a concessão se apoia na perspectiva do poder público obter uma melhoria para a coletividade sem desembolsar recursos orçamentários, qualquer desequilíbrio havido nesta relação implicaria em que a Administração amealhasse bens, patrimônio, em detrimento do concessionário. Cabal restaria o enriquecimento desprovido de causa por parte da Administração contratante, o que não pode ser admitido".[775]

A tarifa do setor, como o elétrico, portuário, aeroviário, ferroviário, rodoviário, irá subsidiar a realocação ou indenização dos ocupantes irregulares dos imóveis públicos, onerando indevidamente os usuários desses serviços públicos com políticas públicas alheias a esses serviços, em vez de onerar os entes públicos que eventualmente deveriam cuidar dessas realocações.

Dessa forma, o órgão licenciador não pode substituir ou alterar o regime jurídico dos bens públicos quando diante de remoções decorrentes de projetos licenciados ambientalmente, não podendo, por exemplo, obrigar quaisquer tipos de indenizações ou compensações para quem não tem direito. É imperativa a obediência do regime de direito público existente para a questão.

Outra questão que não deve sofrer intervenção do órgão licenciador é a desapropriação – via consensual (acordo) ou judicial (ação de desapropriação) – decorrente de obras, empreendimentos ou atividades ambientalmente licenciadas.

A desapropriação é regida no direito brasileiro por normas constitucionais e infraconstitucionais. A desapropriação é uma figura jurídica que retira o bem do patrimônio do seu titular por necessidade estatal, de interesse público, mediante prévia e justa indenização, atingindo "o caráter perpétuo do direito de propriedade, pois extingue o vínculo entre proprietário e bem, substituindo-o por uma indenização".[776]

Em termos constitucionais, há a previsão de que "a lei estabelecerá o procedimento para desapropriação por necessidade ou utilidade pública, ou por interesse social, mediante justa e prévia indenização em dinheiro, ressalvados os casos previstos nesta Constituição" (art. 5º, XXIV). Essa é a desapropriação ordinária, utilizada pelo direito

---

[775] MARQUES NETO, Floriano de Azevedo. Breves considerações sobre o equilíbrio econômico financeiro das concessões. *Revista de Direito Administrativo*. nº 227, p. 105-109, 2002. p. 106.
[776] MEDAUAR, Odete. *Direito Administrativo Moderno*. 16. ed. São Paulo: RT, 2012. p. 383.

brasileiro na quase totalidade dos projetos licenciados ambientalmente pelos órgãos ambientais.[777] O principal diploma normativo da desapropriação ordinária é o Decreto-Lei (DL) 3.365/41 (Lei Geral das Desapropriações), embora haja inúmeras leis especiais que tratem do assunto.[778]

A Lei Geral das Desapropriações prevê que os concessionários de serviços públicos e os estabelecimentos de caráter público ou que exerçam funções delegadas de poder público poderão promover desapropriações mediante autorização expressa, constante de lei ou contrato (art. 3º). Importante também destacar que a desapropriação pode ser *consensual* ou *judicial*, conforme previsto expressamente no artigo 10 do DL 3.365/41.

Quando a desapropriação é consensual ou amigável, o valor pago é acertado diretamente entre as partes, que devem ser plenamente capazes ou competentes para tanto. A indenização deve ser justa, prévia e em dinheiro, exceto nos casos de desapropriação extraordinária previstos na Constituição (arts. 182, §4º, III, 184).

Em relação ao expresso comando constitucional para que a indenização seja justa, cabe uma breve digressão sobre a formação do preço do imóvel. Essa explicação é fundamental porque se tem como justa a indenização que recomponha exatamente a propriedade desapropriada, não podendo ser aquém ou além do desfalque suportado pelo expropriado.[779]

Os preços são determinados pelo julgamento de valores feitos pelos envolvidos (vendedor e comprador). Eles refletem relações de troca e, consequentemente, são determinados pelas pessoas comprando e vendendo em livre negociação ou por aquelas que se abstêm de comprar e de vender. O mesmo imóvel pode ter preços diferentes a depender de quem esteja vendendo ou comprando. Inúmeras variáveis entram em cena ao se determinar o valor de um imóvel: valor sentimental, necessidade ou não imediata do dinheiro, resistência em se mudar etc.

Essas características ficam ainda mais acentuadas em relação ao acordo, no qual o preço se torna ainda mais subjetivo. Uns querem fazer um rápido acordo, sendo mais importante receber dinheiro imediatamente do que tentar um valor maior. Outros não têm pressa e somente venderão seu imóvel se o preço for maior. Uns não venderiam seu imóvel nem por todo o dinheiro do mundo. Não é muito fácil, dessa forma, determinar o que é indenização justa, porque o preço é variável, não se atendo apenas ao valor de mercado, como se costuma propagar. A natureza subjetiva do interesse da compra e/ou da venda é também uma variável importante na formação do preço.

A peculiaridade da identificação do preço faz o TRF da 5ª Região rechaçar demanda que visa à complementação dos valores pagos em desapropriação amigável pela comparação da tabela de preços de outros procedimentos desapropriatórios. Para

---

[777] A desapropriação extraordinária é aquela na qual a transferência da propriedade para o patrimônio público ocorre por ela não estar de acordo com os ditames da função social da propriedade (desapropriação-sanção). Não é paga mediante prévia e justa indenização em dinheiro, mas em "títulos da dívida pública de emissão previamente aprovada pelo Senado Federal" para a política urbana (art. 182, §4º, III) ou em "títulos da dívida agrária" para a reforma agrária (art. 184).

[778] Cf.: por todos, NIEBUHR, Karlin Olbertz. Regimes da desapropriação: a crítica de Hely Lopes Meirelles. WALD, Arnoldo *et al.* (Org.). *O direito administrativo na atualidade*: estudos em homenagem ao centenário de Hely Lopes Meirelles (1917-2017): defensor do estado de direito. São Paulo: Malheiros, 2017. p. 702.

[779] CUSTODIO, Vinícius Monte. *Um novo olhar sobre as desapropriações no direito brasileiro*. Rio de Janeiro: Lumen Juris, 2017. p. 145.

o tribunal, em entendimento adotado de forma pacífica, "não se faz mais possível, em sede de ação ordinária, pretender-se a rediscussão do preço acordado, visando a uma complementação do que já fora pago, com base em outros procedimentos expropriatórios, referentes a outros imóveis com peculiaridades diferentes".[780]

Embora haja em relação aos imóveis a NBR 1653 (ABNT), exigida em todas as manifestações escritas de trabalhos que caracterizam o valor de bens, de seus frutos ou de direitos sobre eles, dando a ilusão de que o justo preço é identificado pelo fato de existir uma metodologia em NBR, a verdade é que ele varia consideravelmente. Só o fato de o preço em várias desapropriações judiciais não corresponder ao estimado extrajudicialmente mostra o quão complicada é a crença de que o preço justo é algo certo, fixo e imutável, podendo ser milimetricamente identificado graças à ciência envolvida na avaliação do bem. Pelo fato de a identificação do preço estar longe de ser algo exato, a legislação mais atual sobre desapropriação, como é o caso da LC nº 76/93 (art. 13, §1º), exige o duplo grau de jurisdição somente quando a sentença que condenar o expropriante for em quantia superior a cinquenta por cento sobre o valor oferecido na inicial.

O preço é uma estimativa em que costumam entrar inúmeras variáveis do caso concreto, do contexto no qual ocorre a negociação. Pode acontecer de o preço pago na desapropriação administrativa ser maior do que na judicial tendo em conta o *holdout problem*, como visto adiante, ou outros fatores. Para o expropriante, vale a pena pagar um pouco mais para evitar o *holdout* e o atraso na implementação de seu projeto. Para o expropriado, não valeria a pena esperar por um preço melhor sob pena de receber um valor menor ao cabo de uma desapropriação judicial. A avaliação do justo preço deve ser vista nesse contexto, tanto por parte do poder público e seu delegatário quanto por parte do particular.

Quando diante da desapropriação amigável, na qual as partes pactuam o preço, a forma de pagamento (nem sempre em dinheiro e nem sempre integralmente prévia), existe doutrina que chega a propugnar que se tem um autêntico contrato de compra e venda de direito privado.[781] É a disponibilidade do direito do expropriado que torna possível o pagamento por outra forma que não o dinheiro, bem como de forma que não seja prévia, como ocorre com o pagamento após a transferência da propriedade, ainda que parcialmente.

Independentemente da sua natureza jurídica, o fato é que o acordo subjetiva ainda mais aquele processo de formação do preço no caso concreto, tornando o seu controle mais deferente ao que foi pactuado entre as partes. Uma vez acordado o valor para a transferência da propriedade ou das benfeitorias, não há mais que se discutir o preço, exceto se presente algum vício de vontade ou consentimento dos negócios jurídicos (Defeitos do negócio jurídico – arts. 138-157 do Código Civil).

---

[780] TRF da 5ª Região, 4ª T., v.u., AC 457929 / 2008.05.00.090092-9, Rel. Des. Fed. Edílson Nobre, j. em 17.04.2012, DJE 19.04.2012. p. 742. No mesmo sentido: TRF da 5ª Região, 3ª T., v.u., AC 340.301/CE, Rel. Des. Federal Geraldo Apoliano, DJ 13.03.2007. p. 575; TRF da 5ª Região, 2ª T., v.u., AC 328.341/CE, Rel. Des. Fed. Francisco Barros Dias, DJ 10.06.2009. p. 185; TRF da 5ª Região, 4ª T., v.u., AC 531.663/CE, Rel. Des. Fed. Margarida Cantarelli, DJe 09.12.2011. p. 204; TRF da 5ª Região, 1ª T., v.u., AC 328.443/CE, Rel. Des. Fed. Ubaldo Ataíde Cavalcante, DJ 28.02.2008. p. 1.387.

[781] CUSTODIO, Vinícius Monte. *Um novo olhar sobre as desapropriações no direito brasileiro*. 2017. p. 185.

A jurisprudência também entende que não há que se falar em rediscutir o preço, chegando mesmo, em alguns casos, a decidir pela ausência de interesse processual para eventual ação visando rediscutir o montante livremente acordado entre as partes.[782]

Entretanto, o fato de se tratar de negócio jurídico bilateral não torna a desapropriação amigável imune ao controle jurisdicional, inclusive em relação ao preço. Os defeitos ou vícios de vontade ou consentimento dos negócios jurídicos (erro, dolo, coação, estado de perigo e lesão) são aplicáveis, mas não cabe a mera rediscussão de preço, sendo ônus de quem alega o vício provar a sua ocorrência. Em relação ao preço, deve-se interpretar a questão de acordo com as considerações acima, evitando-se a ilusão de que seria possível identificar exatamente um valor x ou y, e que deverá haver deferência judicial ao acordado.

Importante frisar que dentre os requisitos gerais de validade do ato jurídico não se encontra a assistência pelo advogado, ou seja, a intermediação obrigatória por advogado dos negócios jurídicos praticados entre o expropriante e os expropriados não consta com respaldo no ordenamento jurídico. Sem dúvida, aqueles que negociam podem contratar advogados, mas isso é faculdade das partes, não podendo ser imposto pelo licenciamento ambiental. Se a parte é hipossuficiente, existem órgãos estatais para lhe prestar assistência jurídica, judicial e extrajudicial, de forma integral e gratuita, aos necessitados, por expressa determinação constitucional (art. 134): defensoria pública federal e estadual.

Caso não haja a possibilidade de a desapropriação se efetivar por via extrajudicial (amigável ou administrativamente), entra em cena o processo judicial, geralmente para a hipótese de dissenso a respeito do preço indenizatório, embora também seja utilizado quando desconhecido o proprietário do bem. Excepcionalmente se poderá falar em homologação judicial diante da desapropriação amigável para fins de regularização da matrícula do imóvel bem como para determinar a expedição da carta de adjudicação da área ao órgão ou entidade pública.[783] Entretanto, a via judicial é desaconselhada por tomar mais tempo, além de requerer recursos materiais e financeiros, especialmente por causa dos juros compensatórios e honorários advocatícios.

De qualquer forma, protelar a resolução das desapropriações na esfera extrajudicial pode fazer com que desapropriados aumentem seu poder de barganha nas negociações, o que é descrito como *holdout problem* (problema da retenção). Os proprietários, sabendo

---

[782] Diversos tribunais rechaçam a pretensão de rever os valores acordados na desapropriação amigável em inúmeros precedentes, exceto diante de vícios de consentimento: TJRJ, 8ª Câmara Cível, AC 0001725-14.2006.8.19.0065, Rel. Des. Cezar Augusto Rodrigues Costa, j. em 24/03/2015; TJRJ, 12ª Câmara Cível, m.v., AC 0000455-11.2006.8.19.0014, rela. p/ ac. Desa. Nancí Mahfuz, j. em 18.06.2013, *DJERJ* 29/11/2013; TJSP, 9ª Câmara de Direito Público, v.u., AC 1000365-75.2014.8.26.0445, Rel. Des. Décio Notarangeli, j. em 16.06.2016; TJSP, 13ª Câmara de Direito Público, AC 1000025-59.2015.8.26.0587, Rel. Des. Spoladore Dominguez, j. 06.04.2016; TJSP, 2ª Câmara de Direito Público, v.u., AC 0009123-94.2013.8.26.0348, rela. Desa. Vera Angrisani, j. em 10.05.2016; TJSP, 10ª Câmara de Direito Público, AC 0004456-65.2013.8.26.0348, Rel. Des. Marcelo Semer, j. em 16.06.2014; TJSC, 1ª Câmara de Direito Público, v.u., AC 2014.088919-3, rel, Des. Jorge Luiz de Borba, j. em 01/12/2015; TJSC, 2ª Câmara de Direito Público, v.u., AC 2014.085150-3, Rel. Des. Rodolfo C. R. S. Tridapalli, j. em 14.07.2015; TRF da 3ª Região, 1ª Turma, v.u., AC 83487 / 0011305-15.1988.4.03.6100, Rel. Des. Fed. Oliveira Lima, j. em 04/08/1998, *DJ* 01.12.1998. p. 109; TRF da 1ª Região, 4ª T, v.u., AC 0001089-93.2001.4.01.3901, Rel. Des. Fed. I'talo Fioravanti Sabo Mendes, j. em 10.01.2006, *DJU* 06.02.2006. p. 102; TRF da 1ª Região, 4ª T, v.u., AC 0000565-28.2003.4.01.3901, Rel. Des. Fed. Carlos Olavo, j. em 10.01.2006, *DJU* 25.01.2006. p. 06; TRF da 1ª Região, 3ª T, v.u., AC 0004862-52.2001.4.01.3900, Rel. Des. Fed. Olindo Menezes, j. em 17.01.2006, *DJU* 03.02.2006. p. 11.

[783] TJSP, 2ª Câmara Extraordinária de Direito Público, AC 0004972-27.2007.8.26.0597, Rela. Desa. Beatriz Braga, j. em 31.05.2016.

da essencialidade de seu imóvel para a conclusão de algum projeto, tendem a elevar os preços, buscando preços bem acima do que seriam os usualmente praticados ou pelo qual venderiam em circunstâncias normais.

Quanto maior for o número de vendedores, maior é o potencial de esse preço adicional inviabilizar o empreendimento. Para evitar esse comportamento oportunista e bloqueador do interesse público, a desapropriação "será o instituto jurídico adequado para assegurar a viabilidade dessa operação. Na maioria dos casos, a simples ameaça de desapropriação já será suficiente para evitar comportamentos oportunistas dos proprietários, que tenderão a negociar a venda de seus imóveis a preços razoáveis".[784] Como destaca Jéssica Acocella, o melhor cenário, do ponto de vista econômico, não prescinde da desapropriação quando se tratar de vários indivíduos afetados pela atividade estatal.[785]

Em suma, a desapropriação pode ocorrer de forma consensual ou judicial, sendo que em ambos os casos não deve ser rediscutido o preço. No primeiro caso, pela existência de ato jurídico perfeito, no segundo, pela existência da coisa julgada. Embora o negócio jurídico possa conter algum vício, sendo passível de anulação, da mesma forma que a coisa julgada pode ser desconstituída nos casos previstos em lei, essas situações são excepcionais e somente podem ser acatadas dentro dos estritos critérios legais.

Essa regulamentação da desapropriação pelas normas de direto público impede que o órgão licenciador intervenha no processo de desapropriação (consensual ou judicial) em qualquer estágio, ainda que seja na formação inicial do preço, antes mesmo de o processo negocial começar.

Não muda essa realidade o fato de o empreendedor enviar ou ter enviado o caderno de preços utilizado por ele para negociar os preços na desapropriação amigável. Essa avaliação dos valores dos imóveis deve ser objeto de controle dos órgãos de contas, não do órgão ambiental. A previsão de metodologia em norma ABNT ou em outra norma qualquer não torna a questão um problema ambiental a ser gerenciado pelo licenciamento ambiental. O eventual erro no caderno de preços nada tem a ver com o controle ambiental efetuado pelo órgão licenciador. Como visto, o acordo entre as partes é soberano, bem como o é a decisão judicial estabelecendo o preço.

---

[784] PINTO, Victor Carvalho. O reparcelamento do solo: um modelo consorciado de renovação urbana. Brasília: Senado Federal – Núcleo de Estudos e Pesquisas, maio de 2013. p. 6.

[785] "De fato, haveria, neste cenário, um elevado custo de transação para o Estado, que não teria outra alternativa senão negociar com todos os particulares – número que pode tornar faticamente impossível qualquer tipo de transação real – a transferência voluntária de sua propriedade. Tal procedimento abriria espaço, porém, para que cada proprietário, aproveitando-se do estado de premência estatal, barganhasse individualmente por preços excessivos, superiores aos possivelmente obtidos em relações normais de mercado. Extraordinários custos acabariam tendo de ser suportados pelo Estado. Resultado lógico: menor eficiência no atendimento da legítima demanda social que se quer, com o projeto público, atender. Esta forma nociva de barganha pode, assim, ser evitada negando-se aos pretensos alienantes, sobretudo quando são em grande quantidade, a possibilidade de recusar a transferência de sua propriedade para a Administração Pública. [...] Nota-se, portanto, que quanto maior o número de indivíduos afetados pela atividade estatal, mais ineficiente tende a ser a adoção, pelo agente público, de instrumentos negociais. Nesses casos, torna-se, diante do raciocínio econômico, mais imperiosa a adoção de instrumentos impositivos, que sujeitam o particular à vontade estatal sem oportunidade de se lhe opor resistência. Em condição diversa, isto é, quando for reduzido o universo de agentes privados atingidos, tende a ser facilitada a adoção, pela Administração, de mecanismos consensuais, estabelecendo-se, com o particular, uma relação menos verticalizada e mais voltada para o conserto de interesses" (ACOCELLA, Jéssica. *Uma releitura da desapropriação à luz da Constituição de 1988 e suas principais repercussões sobre o regime jurídico vigente*. 2013. 331 f. Dissertação (Mestrado) – Faculdade de Direito, UERJ, Rio de Janeiro, 2013. p. 105).

A intervenção do estado para discutir aspectos indiretos do preço da desapropriação, tal como a possibilidade de se reassentar em substituição ao valor pago, é ato que impacta diretamente o preço das obras públicas e desvirtua o regime das desapropriações ao se transformar o justo preço em preço do remanejamento. O pagamento do preço pode ocorrer em pecúnia ou mesmo em bens de outra espécie, como imóveis etc., mas como faculdade. Como obrigação, é apenas em pecúnia. Assim, obrigar o empreendedor a pagar de forma não imposta pelo ordenamento jurídico, forçando um curso de ação, não está no escopo do licenciamento ambiental em relação à desapropriação.

Não há previsão legal para a importação de qualquer aspecto da desapropriação ao licenciamento ambiental, não podendo a socioeconomia do licenciamento ambiental intervir em expressas regulações e espaços decisórios garantidos pela legislação. O regime desapropriatório amigável é algo consolidado; a única discussão a ser feita é sobre o preço. Internalizar outras questões na desapropriação apenas aumenta o custo das transações, impacta a gestão pública (*v.g.*, modicidade tarifária, eficiência, economicidade) e, consequentemente, subverte as soluções positivadas para a expropriação.

A identificação do preço ofertado ou pago, a forma de negociação, o eventual parcelamento do preço, o que os expropriados fizeram ou farão com o dinheiro da indenização, obrigar o custeio de assistência jurídica etc. são questões negociais e econômicas íntimas pertinentes ao expropriante e ao expropriado, não ao órgão ambiental, não se admitindo intrusão do licenciamento ambiental porque o espaço decisório garantido no direito sobre desapropriação não pode ser desvirtuado sob o pretexto de gerenciar impactos socioambientais do projeto.

Sob a perspectiva do cidadão, sua autonomia de vontade e privacidade em negociar o preço impede a intervenção do Estado, inclusive do órgão ou entidade licenciadora; do lado do expropriante, é a sua discricionariedade em conduzir o processo desapropriatório dentro das balizas legais que impede a ingerência do licenciamento ambiental, cabendo aos órgãos de controle fiscalizar se a formação da oferta não foi manifestamente desarrazoada, causando prejuízo ao Erário.

Em suma, o licenciamento ambiental não pode intervir em qualquer aspecto da desapropriação, ainda que sob o pretexto de gerenciar os impactos socioeconômicos, uma vez que isso gera o desvirtuamento do regime legal desse instituto.

A não interferência do órgão licenciador nas desapropriações e a impossibilidade de determinação ou gerenciamento das eventuais remoções a serem efetuadas foi defendida pela AGU no Parecer nº 35/2018/COJUD/PFE-IBAMA-SEDE/PGF/AGU, acatado como orientação administrativa pela Diretoria de Licenciamento do Ibama.[786]

---

[786] "[...] I – A desapropriação tem regime jurídico próprio de direito público, não interferindo nesse regime o fato de ela ser derivada de obra, empreendimento ou atividade sujeitos ao licenciamento ambiental. Ela pode ocorrer via consensual (desapropriação amigável ou administrativa) ou via judicial (desapropriação judicial). Preço justo. O preço é uma estimativa, em que costumam entrar inúmeras variáveis do caso concreto, inclusive o *holdout problem*. Desapropriação amigável torna a formação do preço justo mais subjetiva, tornando o acordo ainda mais imune à revisão judicial (deferência ao negociado), devendo haver inequívoca presença de vícios de consentimento dos negócios jurídicos para haver a sua invalidação. O licenciamento ambiental não pode intervir em qualquer aspecto da desapropriação, sob qualquer pretexto, tendo em vista a autonomia do cidadão em negociar o preço que lhe seja justo, assim como a discricionariedade do expropriante em agir e negociar dentro das balizas legais. Controle da desapropriação é tarefa dos órgãos de controle, não do órgão ambiental. A discricionariedade do órgão licenciador para impor mitigantes, via condicionantes, não pode usar o licenciamento ambiental para burlar as normas do direito administrativo e constitucional previstas para a desapropriação. II – Impossibilidade jurídica de desapropriação ou indenização de ocupações de áreas públicas.

Por isso a doutrina vem rechaçando as condicionantes sociais, clamando pelo retorno de suas funções de mitigação, não meio de resolução dos problemas sociais por uma visão distorcida dos impactos socioambientais. Como salienta Daniel Tobias Athias, "as condicionantes não devem servir como substitutivo da inação estatal".[787] Em entrevista concedida ao jornal Valor Econômico, o, à época, presidente do Ibama, Volney Zanardi, foi categórico ao afastar esse papel paternalista do licenciamento ambiental: "O que ele tem a obrigação de fazer é o gerenciamento dos impactos, e não propor uma estratégia de desenvolvimento sustentável para a região. Isso está muito além do licenciamento".[788]

Uma boa forma de evitar as condicionantes sociais é se orientar pela experiência estadunidense, que o Brasil copiou literalmente em alguns aspectos da legislação sobre o licenciamento ambiental. Nos EUA, existe previsão de que o impacto socioambiental diz respeito à relação das pessoas com o meio ambiente natural e físico. Efeitos econômicos e sociais não se destinam, por si próprios, a exigir a preparação de um estudo de impacto ambiental (*"This means that economic or social effects are not intended by themselves to require preparation of an environmental impact statement"* – 40 CFR §1508.14).

Com base em tal norma, a 6ª Corte de Circuito (*Ky. Coal Ass'n, Inc. v. TVA* – 2015) já decidiu, ao julgar caso no qual não se achou significativo impacto na troca do carvão por gás em uma Usina Térmica, que a Lei Nacional da Política do Meio Ambiente estadunidense (NEPA) "não é uma lei nacional sobre o emprego", e seus objetivos e políticas ambientais nunca se destinaram a alcançar os problemas sociais como os aqui apresentados, redução de empregos e potencial fuga de indústrias. Décadas antes, em *Breckinridge v. Rumsfeld* – 1976, o mesmo Tribunal havia entendido que a redução de empregos civis e a transferência de pessoal militar ("18 military and 2,630 civilian"), por parte do Exército, não seriam um problema ambiental para fins do NEPA. Seria um erro transformar o NEPA em um inibidor de transferência de pessoal e instalações militares ou mesmo usá-lo "para fins de promoção do pleno emprego ou para prevenir a dispensa ou transferência de servidores federais". Esse estatuto legal "não tinha a intenção de ser uma cura legal para todos os males econômicos temporários" de certa região.

Mesmo a perda de tributos sobre a renda e a propriedade não deve ser considerada como impacto ambiental para fins do NEPA (*Maryland – National Capital Park & Planning Commission v. U. S. Postal Service* – D.C. Cir. 1973).

O órgão licenciador não pode substituir ou alterar o regime jurídico dos bens públicos quando diante de remoções decorrentes de projetos licenciados ambientalmente, não podendo, por exemplo, obrigar quaisquer tipos de indenizações ou compensações a quem não tem esses direitos. Imperatividade da obediência do regime de direito público existente para a questão. A ocupação de bem público não gera o direito de retenção, de indenização pelos frutos ou benfeitorias, ainda que estas sejam de boa-fé, mas somente dever de o particular pagar indenização pelo uso da área. Precedentes. Equivocadas as condicionantes previstas nas licenças ambientais com a previsão de indenizações ou reassentamentos para quem está em terras públicas e deve ser removido pelo projeto submetido ao licenciamento ambiental. No caso de concessionários de serviço público, a indenização ou realocação de ocupantes de bens públicos impactam na tarifa, tornando indevidamente os usuários desse serviço público responsáveis por subsidiar uma política pública alheia ao serviço público utilizado" (Parecer nº 35/2018/COJUD/PFE-IBAMA-SEDE/PGF/AGU, aprovado pelo Procurador-Chefe da PFE-Ibama, em 28.05.2018, mediante o Despacho nº 00248/2018/GABIN/PFE-IBAMA-SEDE/PGF/AGU, nos autos do PA nº 00807.000774/2018-92, acolhido como orientação administrativa pela Diretoria de Licenciamento do Ibama, mediante Despacho Dilic SEI nº 2560803, nos autos do PA nº 02001.016495/2018-41).

[787] ATHIAS, Daniel Tobias. Direitos sociais no licenciamento ambiental. *Valor Econômico*, 11.03.2015 (E2).

[788] Citado em reportagem de Daniel Rittner e Murillo Camarotto intitulada "Ibama acelera emissão de licenças e estuda redução de exigências". *Valor Econômico*, 30.12.2014.

Na mesma diretriz, a Portaria Interministerial MMA/MJ/MinC/MS 60/2015 (arts. 7º, §12, e 16), reproduzindo a revogada Portaria Interministerial MMA/MJ/MinC/MS 419/2011 (art. 6º, §8º), é categórica em exigir "relação direta" e "justificativa técnica" das condicionantes com os impactos identificados nos estudos apresentados pelo empreendedor, com o objetivo de evitar exigências absurdas, que normalmente decorrem do oportunismo dos intervenientes no processo de licenciamento ambiental em tentar resolver seus problemas, em termos de política pública, desvinculados do empreendimento ou atividade a ser licenciado.

Ao invés de os intervenientes cumprirem a política pública que lhes cabe, eles usam as condicionantes no processo de licenciamento ambiental para realizá-la, chegando a forçar a existência de impactos para poder opinar sobre condicionantes a serem exigidas pelo órgão licenciador. Essa atitude deve ser veementemente rechaçada pelo órgão licenciador ou por qualquer órgão de controle.

Portanto, mesmo que existam exigências ambientais, elas devem se relacionar com o empreendimento de forma direta e clara, além de proporcional, não se devendo empregar o licenciamento ambiental para equacionar problemas ambientais sem nexo de causalidade minimamente proporcional com o empreendimento.

7.6 Condicionantes imorais

Problema específico quanto ao desvio de poder nas condicionantes é o seu emprego para benefício próprio, fora dos casos nos quais não existe relação direta e proporcional.

Ao expedir a licença, algumas vezes o órgão licenciador impõe condicionantes em benefício próprio, embora eventualmente elas mitiguem o impacto adverso. Assim, condicionantes que imponham a melhoria nas instalações ou equipamentos do órgão ambiental ou a encampação de projetos ambientais no qual membro do órgão licenciador tenha interesse – caso mais comum nos colegiados – são nulas de pleno direito. Tal conduta atenta contra os princípios constitucionais da moralidade, isonomia e impessoalidade (CF, art. 37, *caput*), devendo-se anular as mitigantes.

Ainda pode haver condicionantes nos mesmos moldes do nepotismo cruzado,[789] o que deve ser igualmente rechaçado.

As condicionantes não podem ser utilizadas para delegar ou terceirizar a função pública, embora se admitam colaborações.

Deve-se atentar para o fato de que, se instituições de pesquisa, universidades etc. adotam determinada postura em relação ao projeto licenciado, usando sua expertise e liberdade acadêmica para defendê-lo ou criticá-lo enquanto objeto de estudo, devem ser consideradas impedidas de receberem verbas dos projetos, ainda que indiretamente, pela impessoalidade e moralidade que norteiam a Administração Pública.

Esse problema infelizmente vai além do processo de licenciamento ambiental, também atingindo termos de ajustamento de conduta (TAC).

---

[789] Tão ilegal quanto o nepotismo, cf. STF, 2. T., v.u., MS 24.020/DF, Rel. Min. Joaquim Barbosa, j. em 06.03.2012, *DJe* 12.06.2012.

7.7 A nulidade de condicionante acarreta a da licença?

A condicionante é uma exigência efetuada para a gestão dos impactos ambientais adversos. A nulidade de uma condicionante não acarreta a do licenciamento. Apenas significa que alguma mitigante ou outra medida não está de acordo com o ordenamento jurídico. É o acessório que segue o principal e não o contrário.

A invalidade do acessório (condicionante) não alcança o principal (licença ambiental).

Segundo o artigo 19, I, da Resolução Conama nº 237/97, o descumprimento de condicionante pode acarretar a sua modificação, a suspensão ou cancelamento da licença expedida. Por quê? Sem a condicionante pode haver uma perda de viabilidade ambiental, justificando as medidas do dispositivo. Isso não significa que reconhecida a nulidade de alguma condicionante há perda automática da viabilidade ambiental ou do gerenciamento dos impactos, especialmente porque algumas mitigantes não têm "relação direta" e "justificativa técnica" com os impactos identificados nos estudos apresentados pelo empreendedor (art. 6º, §8º) ou têm um coeficiente de segurança bem generoso, ou seja, são intencionalmente exageradas.

As condicionantes anuladas por não terem relação direta com o impacto adverso nunca impactariam na viabilidade ambiental do empreendimento. Porém, esta poderia ser atingida no caso das condicionantes anuladas por desproporcionalidade, porque, apesar de elas extrapolarem o justificável para mitigar, algo ainda restaria a ser mitigado. Obviamente seria uma possibilidade, visto que existe uma tendência em exagerar a quantidade e intensidade das condicionantes. Somente a análise do órgão licenciador é que permitirá saber se há a necessidade de calibrar ou impor nova condicionante.

7.8 Alterações de estudos ambientais e impacto sobre as condicionantes

Estudos ambientais podem ser complementados ou retificados após a expedição da licença ambiental, mas tais alterações não necessariamente atingem as condicionantes constantes nessa licença. Não é necessariamente a alteração do estudo ambiental que impõe novas condicionantes, mas a alteração dos impactos adversos a serem mitigados ou dos impactos positivos, pela eventual necessidade de compensação no âmbito das mitigantes, o que deve ser analisado pelo órgão licenciador em seu espaço discricionário.

Se na alteração dos estudos ambientais for constatada a violação ou inadequação de quaisquer condicionantes ou normas legais, a omissão ou falsa descrição de informações relevantes que subsidiaram a expedição da licença ou a superveniência de graves riscos ambientais e de saúde, há motivo não apenas para alterar as condicionantes como também para anular a licença ambiental expedida (Res. Conama nº 237/97, art. 19).

Entretanto, essas situações não se comparam à mera complementação ou retificação dos estudos ambientais, não existindo interferência automática da modificação dos estudos ambientais sobre as condicionantes.

7.9 O descumprimento das condicionantes e a nulidade da licença

Importante destacar que existe precedente judicial que desliga o descumprimento das condicionantes da eventual anulação ou cassação da licença.[790] Entretanto, o artigo 19, I, da Resolução Conama nº 237/97 é categórico no sentido de que pode haver a suspensão ou cancelamento de uma licença ambiental quando ocorrer violação de quaisquer condicionantes ou normas legais, e não que isso esteja proibido, como aparentemente reconheceu o precedente.

Esse poder atribuído pelo artigo 19, I, da Resolução Conama nº 237/97 pode ser empregado em qualquer momento do processo de licenciamento ambiental, mesmo após a expedição da licença, tendo em vista a dinamicidade. Como destacou o Min. Sepúlveda Pertence: "Não há, é certo, limitação temporal para o exercício desse poder, em virtude do evidente realce concedido à questão ambiental em nossa ordem jurídica".[791]

Uma leitura do precedente judicial citado compatível com a Resolução Conama nº 237/97 seria a de que não pode haver o pedido de anulação judicial da licença pelo descumprimento das condicionantes porque essa função é exclusiva da Administração Pública, mas admite-se a determinação para que o órgão ou entidade licenciador proceda à avaliação motivada do descumprimento para tomar as medidas que entender necessárias: manutenção, modificação das condicionantes ou das medidas de controle, suspensão ou cancelamento da licença.

De qualquer forma, é fundamental a análise da questão sob o prisma da proporcionalidade, evitando que se anule o ato administrativo (licença ambiental) pelo descumprimento justificado de condicionantes ou cujo desatendimento não provoque uma ruptura significativa no equilíbrio ambiental delineado no licenciamento.

---

[790] "Estudo ambiental simplificado é suficiente para a licença para construção de presídio em zona de amortecimento de parque estadual. O não cumprimento de condicionantes tão só possibilita ação para exigência de atendimento, mas não prejudica a licença concedida" (TJSP, 7. Câmara de Direito Público, v.u., AC 0003459-16.2006.8.26.0126, Rel. Barreto Fonseca, j. em 28.02.2011).

[791] STF, ACO-MC 876/BA, Rel. Min. Sepúlveda Pertence, j. em 18.12.2006, *DJU* 01.02.2007. p. 148, *RTJ* 200/01/235.

CAPÍTULO VIII

LICENCIAMENTO AMBIENTAL E DIREITO INTERTEMPORAL: A LEI AMBIENTAL NO TEMPO

Em tempos de alteração dos padrões ambientais, vem à tona a questão da aplicação da lei ambiental no tempo pelo aspecto material ou processual/procedimental.

Com a recente LC nº 140/11, o Direito Ambiental Processual ganha notável importância, especialmente pelo artigo específico tratando da questão de forma diferente da regra da transitoriedade de normas processuais.

No âmbito do Direito Ambiental material, a dimensão temporal ganha complexidade porque se entende que não há direito adquirido de poluir, ou seja, de descumprir as leis atuais de proteção ambiental porque a atividade ou empreendimento preexistia a elas. Como destacou Consuelo Yoshida, existe uma "complexa conflituosidade entre o princípio/direito fundamental à segurança jurídica calcado no primado da lei, sua irretroatividade e respectivas garantias em relação ao ato jurídico perfeito, ao direito adquirido e à coisa julgada; e o princípio/direito fundamental ao meio ambiente ecologicamente equilibrado e à correlata sadia qualidade de vida, assim reconhecido pela Ordem Constitucional brasileira (art. 225 da CF/1988)".[792]

8.1 A aplicação dos critérios da LC nº 140/11 no tempo (art. 18)

O artigo 18 da LC nº 140/11 contempla uma série de disposições sobre a temporalidade da aplicação de seus preceitos aos licenciamentos ambientais. Em artigo de três parágrafos, o legislador pretendeu evitar conflitos intertemporais na matéria, chegando mesmo a conter previsões redundantes para evitar possíveis exegeses que atrapalhassem essa transição. Preceitua o artigo 18:

> Art. 18. Esta Lei Complementar aplica-se apenas aos processos de licenciamento e autorização ambiental iniciados a partir de sua vigência.
> §1º Na hipótese de que trata a alínea "h" do inciso XIV do art. 7º, a aplicação desta Lei Complementar dar-se-á a partir da entrada em vigor do ato previsto no referido dispositivo.
> §2º Na hipótese de que trata a alínea "a" do inciso XIV do art. 9º, a aplicação desta Lei

---

[792] YOSHIDA, Consuelo Yatsuda Moromizato. Ato jurídico perfeito, direito adquirido, coisa julgada e meio ambiente. *Revista de Direito Ambiental*, São Paulo: RT, ano 17, v. 66, p. 113-152, abr./jun. 2012. p. 113.

Complementar dar-se-á a partir da edição da decisão do respectivo Conselho Estadual.

§3º Enquanto não forem estabelecidas as tipologias de que tratam os §§1º e 2º deste artigo, os processos de licenciamento e autorização ambiental serão conduzidos conforme a legislação em vigor.

8.1.1 A regra de transitoriedade do artigo 18, *caput*, não subverte a lógica da LC nº 140/11

O *caput* do dispositivo estipula a perpetuação da competência do processo administrativo de licenciamento ambiental no órgão em que tramitava antes da sua vigência. Somente se aplicam as suas disposições aos processos iniciados a partir de sua entrada em vigor.

Como será detalhado no capítulo da convalidação do licenciamento ambiental, a AGU e o Ibama (OJN 43/2012/PFE-IBAMA/PGF/AGU) adotam entendimento de que tal dispositivo é salutar porque possibilita uma transição sem solavancos e evita tumulto no licenciamento ambiental, cuja existência poderia gerar prejuízo não apenas aos administrados, mas à máquina administrativa e ao meio ambiente.

Essa disposição não decorre da natureza das coisas, de algo inexorável, mas da fórmula para não criar empecilhos à tramitação do processo administrativo de licenciamento ambiental nas suas fases de constituição, evitando rupturas à continuidade administrativa e surpresas ao cidadão com mudanças repentinas durante o processo de aquisição das licenças (LP, LI e LO), prestigiando a eficiência e a coerência na proteção do meio ambiente.

Esse dispositivo não segue a natureza das coisas porque o seu curso natural seria aplicar o mesmo entendimento das normas processuais. Ainda que o processo tenha se iniciado na lei anterior, no caso de a lei alterar a competência, o processo seria deslocado no Estado em que se encontrasse, caso fosse seguida a lógica processual. No Direito Processual a regra é que a norma seja aplicada imediatamente, alcançando todos os processos em curso. Entretanto, o intérprete deve se perguntar se a intenção legislativa foi a de realmente eternizar o processo de licenciamento no ente licenciador antigo, como sugere a redação do artigo 18, ou se ela admite a sua alteração quando, por exemplo, da renovação da licença de operação.

As licenças e autorizações ambientais trabalham em um ciclo, uma vez que têm eficácia temporal limitada, exigindo, portanto, renovações. Quem obtém o ato autorizativo do Estado sabe de antemão que precisará renová-lo, conspirando contra a própria fixação de competência da LC nº 140/11 eternizar o que deveria ser transitório.

Embora a redação original da OJN 43/2012/PFE-IBAMA/PGF/AGU não tenha enfrentado a questão de forma categórica, dando a impressão de que o licenciamento ficaria no órgão licenciador originário *ad eaternum*,[793] a sua atualização em 2016 confirmou a impressão,[794] em entendimento paradoxal com a exegese que manteria o espírito da

---

[793] "Assim, não deverá o Ibama repassar para o respectivo órgão ambiental estadual os processos de licenciamento ou autorização nele iniciados até a data de 08.12.2011, cabendo à Autarquia Federal dar continuidade à condução dos procedimentos já em andamento. Parece razoável entender que processo já iniciado é aquele cujo pedido de licenciamento ambiental ou de regularização foi apresentado ao órgão ambiental, *à época competente*, até a data de 08.12.2011" (Orientação Jurídica Normativa nº 43/2012/PFE-IBAMA/PGF/AGU).

[794] "[...] III. A condução do processo licenciatório, iniciado com base na competência definida em legislação não mais vigente, deve ser finalizado pela mesma instância licenciatória, sem solução de continuidade. Cabe, contudo,

LC nº 140/11, que apenas prorrogou momentaneamente a competência. Como bem destacado no Parecer nº 50/2013/CONEP/PFE-IBAMA-SEDE/PGF/AGU:

> [...] 21. Assim, *caso fosse orientada para o cenário fático permanente*, a norma do art. 18, *caput*, subverteria a lógica do diploma. Isso, considerando a premissa normativa de que o exercício de uma pluralidade de entes da mesma ação administrativa – contrariando a sistemática estanque de distribuição de competências – põe em risco os objetivos insculpidos na Lei.
> 22. De fato, a compatibilização da norma do art. 18, caput, com as demais disposições da LC nº 140/2011 só se faz possível enquanto seja entendida como excepcionalidade voltada ao atendimento de conjuntura transitória, situada no curto período – anterior e posterior – que orbita a data de vigência da Lei Complementar. [...]
> 29. Entretanto, a regra de transição não alberga a prorrogação, *ad eternum*, da competência para emissão de autorizações e licenças e para as atividades decorrentes, referente aos processos iniciados antes da vigência da LC nº 140/2011, por ente que, pelas regras dos arts. 7º, 8º, 9º e 10, não é mais competente para exercê-la.
> 30. Atuação em sentido contrário não encontra fundamento nas razões expostas nos itens 23 a 27, *supra*, viola a sistemática de distribuição de competência escolhida pelo legislador e ameaça os objetivos delineados no art. 3º da Lei. Trata-se, portanto, de anomalia *não autorizada* pela norma excepcional;[795]

Em outras palavras, a AGU tem duas exegeses do artigo 18 da LC nº 140/11: uma quando o processo é de licenciamento ambiental, e outra quando se trata de processo autorizativo diverso. O problema desse entendimento é que a lei não distinguiu o licenciamento ambiental de outros processos autorizativos.

Mais recentemente, a AGU manteve o mesmo entendimento, propugnando pela impossibilidade de que haja regime híbrido (pré e pós LC nº 140) sem expressa previsão legal.[796]

No Direito Ambiental, que trabalha com a noção de regime jurídico, evitando-se falar em direito adquirido e ato jurídico perfeito, não faz sentido algum que o atual tratamento da LC nº 140 não seja aplicado. Da mesma forma que não se pode falar em direito adquirido ou ato jurídico perfeito a não ser licenciado em face de nova legislação que o exija, não se pode sustentar que há direito jurídico e ato jurídico perfeito em continuar a se submeter ao licenciamento ambiental se a nova legislação não mais o exige.

O próprio Poder Executivo corroborou tal entendimento, via Presidência da República. O Decreto nº 8.437/15, de tipologias, encampou tal solução, preceituando

---

a transferência da condução do processo após a finalização do procedimento, quando já exarada a Licença de Operação, devendo suas renovações serem processadas pela nova instância competente, por analogia ao que estabelece o art. 4º do Decreto nº 8.437/2015".

[795] Parecer nº 50/2013/CONEP/PFE-IBAMA-SEDE/PGF/AGU, aprovado pelo Procurador-Chefe Nacional da PFE-Ibama, em 16.04.2013, mediante Despacho nº 258/2013/AGU/PGF/PFE-IBAMA-SEDE, nos autos do PA nº 02001.001703/2012-12. O item 3 da ementa ficou assim redigido:
"3· Competência para aprovar criadouros de fauna silvestre. Alcance da regra do artigo 18, *caput*, da Lei Complementar nº 140/2011. Norma voltada para a tutela da situação transitória que circunda a edição da LC. Regra que não alberga perpetuação de competência em desacordo com a distribuição ordinária feita pelos arts. 7º, 8º, 9º e 10 da LC. Interpretação sistemática da LC. Necessidade de transferência, no tempo oportuno, do passivo das autorizações e licenças ambientais ao ente competente pelas novas regras".

[796] "[...] V – Extinção do processo de licenciamento ambiental em curso de empreendimentos ou atividades de preparo e emprego das Forças Armadas. Impossibilidade de regime híbrido (pré e pós LC nº 140) sem expressa previsão legal. Inteligência do artigo 18 da LC nº 140/11" (Parecer nº 66/2016/COJUD/PFE-IBAMA-SEDE/PGF/AGU, aprovado pela Procuradora-Chefe Nacional da PFE-Ibama, em 22.06.2016, mediante Despacho nº 348/2016/GABIN/PFE-IBAMA-SEDE/PGF/AGU, nos autos do PA nº 02001.002998/2016-78).

o deslocamento da competência até o término da vigência da LO (art. 4º) ou quando de sua renovação (art. 5º). Em termos de teoria geral do licenciamento ambiental, não existe diferença entre a alteração de competência em razão da pessoa (União, Estados e Municípios) e, por ser uma incompetência para todas as pessoas, a alteração de competência do objeto (ser ou não licenciável).

Não se pode falar, dessa forma, em regime híbrido de licenciamento ambiental (pré e pós LC nº 140) perpétuo, e nem em justificativa para fazer uma leitura diferenciando a aplicação do artigo 18 da LC nº 140 nos casos de titularidade de competência e não da ausência de competência em si, pelo fato de o legislador entender que não deve haver licenciamento ambiental.

Essa transição não deve demorar mais do que o mínimo necessário. Se for licenciamento ambiental, a transição deve ocorrer logo após a expedição da LO. Não se faz necessário aguardar o monitoramento pós-LO, uma vez que este é constante, postergando a transferência até a eventual renovação da LO. O órgão licenciador com essa competência temporária decorrente do *caput* do artigo 18 da LC nº 140/11 deve transferir, tão logo seja possível, o processo decisório para o ente atualmente competente. É dever do intérprete restringir ao máximo possível essa perpetuação de competência. Conforme constou do entendimento da AGU:

> [...] 31. Registre-se que a falta de planejamento administrativo, bem como eventuais problemas de interlocução entre os entes federativos não são escudo para perdoar a demora, por período não razoável, do processo de transferência da gestão das autorizações e licenças emitidas pelo órgão anteriormente competente. *Os entes envolvidos devem tomar todas as medidas deles esperadas, para a materialização da referida transição, sob pena de estarem suscetíveis à eventual repressão dos órgãos de controle.*[797]

Registre-se que, no caso das tipologias, não foi essa a solução do Decreto nº 8.437/15 para a generalidade dos casos, visto que manteve a competência até o término da vigência da LO (art. 4º). Se a remessa do processo de licenciamento ambiental ocorrer quando do vencimento da LO ou da requisição de sua renovação, essa efetuada nos termos do art. 18, §4º, da Resolução Conama nº 237 – uma vez que nesse caso a sua validade fica automaticamente prorrogada até a manifestação definitiva do órgão ambiental competente e o órgão agora competente precisa de tempo para analisar a renovação da LO –, não faz sentido esperar o vencimento da licença ambiental e aumentar a possibilidade de lesionar o bem ambiental pela falta de análise. Nos casos nos quais não se tratar de alteração de competência decorrente do decreto de tipologias, como a alteração dos limites entre Estados-membros, a remessa do licenciamento ambiental deve ser imediata.

A solução de transferir assim que possível, fixada para a generalidade dos casos sem regra específica, também foi aplicada nos licenciamentos ambientais de trechos de rodovias e ferrovias federais albergados pela tipologia (art. 5º), que devem ser transferidos logo quando da expedição da LO, desde que haja o cumprimento das condicionantes pertinentes para esse momento.

---

[797] Parecer nº 50/2013/CONEP/PFE-IBAMA-SEDE/PGF/AGU, aprovado pelo Procurador-Chefe Nacional da PFE-Ibama, em 16.04.2013, mediante Despacho nº 258/2013/AGU/PGF/PFE-IBAMA-SEDE, nos autos do PA nº 02001.001703/2012-12.

8.1.2 As regras de transição dos parágrafos do artigo 18: vedação de exegese retrospectiva

Os §§1º e 2º do artigo 18 deixam claro que a LC nº 140/11 entrará em vigor somente depois de definidas as tipologias previstas na alínea "h" do inciso XIV do artigo 7º e na alínea "a" do inciso XIV do artigo 9º. Obviamente que não é a lei inteira, mas a parte dela que se refere à tipologia a ser estabelecida em ato do Poder Executivo, ou do Conselho Estadual de Meio Ambiente. Sem a previsão dessas tipologias, aplica-se a LC nº 140.

Não satisfeito em prever essa regra em parágrafos diferentes, o legislador ainda reforçou tal norma no preceito do §3º do artigo 18, ao dispor que, enquanto não forem definidas as tipologias dos artigos 7º (XIV, "h") e 9º (XIV, "a"), aplicam-se os preceitos da legislação em vigor, ou seja, da LC nº 140 e do que não lhe for incompatível.

A OJN 43/2012/PFE-IBAMA/PGF/AGU, aprovada pela AGU e pelo Ibama, discorria sobre o sentido desse dispositivo:

> Nesse sentido, o §3º acima transcrito dá margem à interpretação de que, até serem estabelecidas as tipologias, os processos de licenciamento e autorização ambiental, iniciados a partir da data de 09.12.2011, devem ser conduzidos pelo órgão ambiental competente, de acordo com a legislação em vigor. Ou seja, a definição de competência obedecerá aos demais dispositivos da LC nº 140/2011, que é a norma legal atualmente vigente sobre o assunto.

Assim, no item "c" da OJN 43/2012/PFE-IBAMA/PGF/AGU concluiu-se que o critério de abrangência do impacto previsto no artigo 4º da Resolução Conama nº 237/97 não apenas havia sido revogado como também não tinha mais aplicação, ainda que transitória, em nosso ordenamento.[798]

Entretanto, para alguns, a previsão do §3º do artigo não seria redundante, dado que a lei não contém palavras inúteis. E a única forma de dar sentido não redundante ao §3º seria afastá-lo do significado dos §§1º e 2º. Em outras palavras, se esses parágrafos preceituaram que somente se aplicariam as normas da tipologia a partir da "entrada em vigor do ato previsto no referido dispositivo" e da "edição da decisão do respectivo Conselho Estadual", o §3º teria que ter algum outro significado que não repetição com outras palavras.

Dessa forma, a AGU, em 22.03.2013, mediante a Nota nº 04/2013/GABIN/PFE-IBAMA-SEDE,[799] suspendeu a vigência do item *c* da conclusão da OJN 43/2012/PFE-Ibama. A Nota aduziu:

> 5. Há aparente intenção finalística da norma de estabelecer um regime transitório para a total supressão dos critérios de abrangência de impactos como definidores da competência para promoção do licenciamento ambiental – evitando criar um vácuo legal e sobretudo de expertise enquanto não definidas as tipologias que, pelo porte, potencial poluidor e natureza da atividade ou empreendimento, deveriam ser mantidas sob a competência federal.[800]

---

[798] "Deve-se reconhecer a revogação, por incompatibilidade com Lei Complementar que lhe é superior, do critério genérico definido no *caput* do art. 4º da Resolução CONAMA nº 237/1997, sendo que os seus incisos também não estão perfeitamente de acordo com a recém-editada Lei;".

[799] Nota proferida pelo Procurador-Chefe Nacional do Ibama, nos autos do PA nº 02001.001697/2010-31.

[800] Posteriormente tal suspensão provisória foi confirmada, em 26.05.2014, pela Nota nº 05/2014/GABIN/PFE-IBAMA-SEDE/PGF/AGU, do Procurador-Chefe Nacional do Ibama, no PA nº 02001.007045/2012-72.

Igual entendimento é compartilhado por Sílvia Helena Nogueira Nascimento,[801] PGE-SP[802] e Bárbara Suely Guimarães Câmera,[803] além de ter sido uma das conclusões das oficinas sobre a LC nº 140/11 no Curso Internacional Judicial de Atualização em Direito Ambiental e Agrário.[804]

Mesmo assim, de certo modo, a LC nº 140/11 foi redundante nos parágrafos do artigo 18, porque, do ponto de vista lógico, seria impossível aplicar uma competência baseada em tipologia ainda não prevista. Por outro lado, essa redundância é útil ao trazer segurança jurídica, pois rechaça a tentação de imaginar essa tipologia antes de ela ser prevista, empregando "os critérios de porte, potencial poluidor e natureza da atividade".

A condução dos processos de licenciamento e autorização ambiental, conforme a legislação em vigor do §3º do artigo 18, não significa uma nostalgia do critério de abrangência de impacto, mas a aplicação da LC nº 140/11, que é a legislação em vigor, na sua plenitude.

A legislação em vigor do §3º do artigo 18 é a própria LC nº 140/11 porque o artigo 4º, *caput*, da Resolução Conama nº 237/97 é mera cópia do §4º do artigo 10 da Lei nº 6.938/81 – na redação dada pela Lei nº 7.804/89 –, que foi expressamente revogado pelo artigo 21 da LC nº 140/11 e tacitamente pelo seu artigo 20. O legislador não poderia ignorar tal revogação, pois ele a citou duas vezes (arts. 20 e 21), acompanhada de uma cláusula de restauração da eficácia de dispositivo, sem ser categórico quanto a esse ponto. Se o §4º do artigo 10 da Lei nº 6.938/81 foi revogado e a LC nº 140/11 entrou em vigor com a sua publicação (art. 22), os parágrafos do artigo 18, especialmente o §3º, não podem ser lidos como se a legislação em vigor fosse um artigo revogado pela própria LC nº 140/11.

Adicione-se que não faria sentido propugnar por uma exegese que mantivesse as coisas como elas estavam, que foi exatamente o que a LC nº 140/11 almejou evitar. O alvo do preceito foi evitar que se usasse qualquer outro critério que não o da LC nº 140/11, como o revogado critério da abrangência territorial do impacto. Isso implica

---

[801] "A resposta parece estar na própria Lei Complementar nº 140/2011, em suas disposições transitórias, ao fixar que enquanto tais tipologias não tiverem sido estabelecidas, "os processos de licenciamento e autorização ambiental serão conduzidos conforme a legislação em vigor", nos termos expressos no §3º, do artigo 18, do diploma legal em questão. Ou seja, permanecem em vigor, ainda que de forma transitória, as regras de competência ditadas pela Resolução CONAMA nº 237/97 no que se refere, especificamente, à abrangência dos impactos ambientais, cabendo, assim, à União o licenciamento de obras, atividades e empreendimentos de potenciais impactos diretos de âmbito regional ou nacional até que venha a ser estabelecida a tipologia de que trata o artigo 7º, inciso XIV, 'h', da Lei Complementar nº 140/2011" (NASCIMENTO, Sílvia Helena Nogueira, *O Sistema Nacional do Meio Ambiente – SISNAMA e a competência para o licenciamento ambiental na Lei Complementar nº 140/2011*. 2013. p. 150). No mesmo sentido, cf.: NASCIMENTO, Sílvia Helena Nogueira. *Competência para o Licenciamento Ambiental na Lei Complementar 140/2011*. São Paulo: Atlas, 2015. p. 137.

[802] Esse o entendimento da PGE-SP, constante do Parecer CJ/SMA 338/2014, de 11.04.2014, elaborado nos autos do PA SMA 696/2012.

[803] "Vale destacar, entretanto, que, enquanto não forem estabelecidas as tipologias acima referidas, os processos de licenciamento e autorização ambiental serão conduzidos conforme a legislação vigente antes da edição da lei complementar ora estudada (LC nº 140/2011, art. 18, §3º, das Disposições Finais e Transitórias)" (CÂMERA, Bárbara Suely Guimarães. *Nível único de competência para o licenciamento ambiental: mutações e possibilidades jurídicas*. 2012. 189 fls. Dissertação (mestrado) – Universidade Salvador– UNIFACS. Salvador, 2012. p. 39-40).

[804] "[...] 7. À luz do disposto no art. 18, §1º, da LC nº 140/2011, enquanto não definidas – por Decreto do Poder Executivo Federal – as tipologias de que trata o art. 7º, XIV, *h*, da mesma Lei, remanescerá vigente o critério de competência do Ibama ao licenciamento de empreendimentos de significativo impacto ambiental de âmbito nacional ou regional, prevista no art. 4º da Res. Conama nº 237/1997" (*Revista de Direito Ambiental*. São Paulo: RT, ano 19, v. 76, p. 533-541, out./dez. 2014 [extraído da Revista dos Tribunais *on line*]).

uma mudança de mentalidade porque, até saírem os atos com as tipologias, obras que podem ser licenciadas pela União o serão pelos Estados ou Municípios. Entretanto, essa foi a opção do legislador, que respeitou a vontade da União em não usar critérios revogados até a previsão das tipologias.

Entre uma exegese que prestigie o espírito da lei de trazer segurança jurídica mediante mudança de paradigma (abandono do critério de abrangência de impacto) e uma que faz o novo parecer o antigo (interpretação retrospectiva), opta-se pela primeira, reconhecendo-se o abandono do artigo 4º, *caput*, da Resolução Conama nº 237/97, que se ancorava no revogado §4º do artigo 10 da Lei nº 6.938/81.

8.1.2.1 A intertemporalidade na tipologia do artigo 7º, XIV, "h", e parágrafo único

O artigo 4º do Decreto nº 8.437/15 define o direito intertemporal nos casos que envolvam a tipologia da União.[805]

Com a tipologia entrando em vigor e alterando a competência da União, nada mais natural que existam licenciamentos de atividades ou empreendimentos listados na tipologia que estejam tramitando perante os Estados-membros ou Municípios, gerando um problema que deve ser resolvido pela regulação com a fixação do critério para correção da competência. Por outro lado, para quem entendia que o critério de abrangência de impacto ainda estava em vigor, com a edição da tipologia aquele critério se encerrou, devendo haver a migração para o órgão agora competente.

O primeiro aspecto dessa regulamentação é que ela corrobora que a LC nº 140/11 (art. 18) não deve ser lida de forma a perpetuar uma distorção da competência, ou seja, que ele não pode justificar a manutenção eterna do licenciamento perante o ente que não é atualmente competente. Em suma, ainda que o processo de licenciamento comece antes da publicação do decreto (23.04.2015), ele deverá ser enviado para o órgão competente quando da renovação da LO (Decreto nº 8.437/15, art. 4º, *caput*).

O segundo aspecto é que esse artigo se diferencia do critério adotado pela AGU quando não existia nenhuma norma expressa a respeito, pois tem como marco temporal geral para a transferência do processo de licenciamento ambiental a data da renovação da LO (art. 4º), não logo após a sua expedição,[806] exceção somente aplicável aos casos do artigo 5º do Decreto nº 8.437/15.

Entretanto, os processos de licenciamento ambiental de trechos de rodovias e ferrovias federais que estão albergados pela tipologia, mas que tramitam nos Estados ou

---

[805] "Art. 4º Os processos de licenciamento e autorização ambiental das atividades e empreendimentos de que trata o art. 3º iniciados em data anterior à publicação deste Decreto terão sua tramitação mantida perante os órgãos originários até o término da vigência da licença de operação, cuja renovação caberá ao ente federativo competente, nos termos deste Decreto. §1º Caso o pedido de renovação da licença de operação tenha sido protocolado no órgão ambiental originário em data anterior à publicação deste Decreto, a renovação caberá ao referido órgão. §2º Os pedidos de renovação posteriores aos referidos no §1º serão realizados pelos entes federativos competentes, nos termos deste Decreto".

[806] Parecer nº 50/2013/CONEP/PFE-IBAMA-SEDE/PGF/AGU, aprovado pelo Procurador-Chefe Nacional da PFE-Ibama, em 16.04.2013, mediante Despacho nº 258/2013/AGU/PGF/PFE-IBAMA-SEDE, nos autos do PA nº 02001.001703/2012-12; Parecer nº 66/2016/COJUD/PFE-IBAMA-SEDE/PGF/AGU, aprovado pela Procuradora-Chefe Nacional da PFE-Ibama, em 22.06.2016, mediante Despacho nº 348/2016/GABIN/PFE-IBAMA-SEDE/PGF/AGU, nos autos do PA nº 02001.002998/2016-78.

Municípios quando da edição do decreto, serão assumidos pelo órgão federal quando da LO (art. 5º),[807] ou seja, não seguem a regra do artigo 4º que fala da renovação da LO, seguem o parecer da AGU. Entretanto, impõe como condição para essa migração ocorrer antes do tempo do artigo 4º o atendimento das condicionantes, o que deve ser demonstrado pelo órgão licenciador originário mediante documento que ateste tal fato.[808]

Nos casos nos quais a tipologia "retirou" dos demais entes federativos a sua competência para licenciar, por terem decorridos quase quatro anos, o próprio Decreto nº 8.437/15 estabelece cláusula de transição, fundada em sua liberdade regulamentar. Esses critérios de transição dos licenciamentos ambientais previstos na tipologia seriam válidos? Entende-se que sim.

Se o Decreto nº 8.437/15 podia, com base expressa na LC nº 140, "avocar" qualquer empreendimento ou atividade para a União, com tanto mais razão ele poderia fazê-lo com cláusulas de transição, usadas como uma válvula de descompressão e estabilização dos licenciamentos ambientais em curso. Não se trata de desrespeitar a LC nº 140, mas de exercer sua competência para prever as tipologias de forma a não trazer insegurança jurídica ou instabilidade para os processos em curso. Certamente, a migração seria instantânea se o decreto de tipologias tivesse sido silente a respeito, mas não foi. O que a LC nº 140 previu foi sua plena operatividade até que fosse editado o decreto, mas não vedou que o decreto contivesse cláusulas de transição.

Dessa forma, é válida a opção do Decreto nº 8.437/15 ao impor cláusula de transição em seus artigos 4º e 5º, preferindo manter no ente federativo de origem o licenciamento ambiental corretamente iniciado nele até a expedição da LO.

Nesse lapso entre a edição da LC nº 140/11 e o Decreto nº 8.437/15 os processos de licenciamento continuam no órgão de origem, somente sendo transferidos nos casos previstos em seus artigos 4º ou 5º. Eventual alteração de projeto a ser licenciado pós-Decreto nº 8.437/15, mas cujo processo tenha se iniciado antes de sua publicação, não tem o condão de afastar as suas regras de transição se as alterações estiverem dentro das previsões de tipologia. O fato de a alteração do projeto ter, por exemplo, aumentado a capacidade operacional de um porto, após a edição do decreto de tipologia, não afasta as regras de transição e, consequentemente, não desloca a competência imediatamente para a União (Ibama). É o que consta da OJN 43/2012 (revista e atualizada em 2016) da PFE-Ibama,[809] aprovada como vinculante ao Ibama, bem como de precedentes da Diretoria de Licenciamento Ambiental da autarquia.[810]

---

[807] "Art. 5º O processo de licenciamento ambiental de trechos de rodovias e ferrovias federais que se iniciar em órgão ambiental estadual ou municipal de acordo com as disposições deste Decreto será assumido pelo órgão ambiental federal na licença de operação pertinente, mediante comprovação do atendimento das condicionantes da licença ambiental concedida pelo ente federativo. Parágrafo único. A comprovação do atendimento das condicionantes ocorrerá por meio de documento emitido pelo órgão licenciador estadual ou municipal".

[808] Obviamente que o cumprimento das condicionantes atende a regra geral relativa a elas, como visto no capítulo VII, devendo ser proporcional à fase do impacto a ser mitigado.

[809] "[...] III. A condução do processo licenciatório, iniciado com base na competência definida em legislação não mais vigente, deve ser finalizado pela mesma instância licenciatória, sem solução de continuidade. Cabe, contudo, a transferência da condução do processo após a finalização do procedimento, quando já exarada a Licença de Operação, devendo suas renovações serem processadas pela nova instância competente, por analogia ao que estabelece o art 4º do Decreto nº 8.437/2015".

[810] Cf.: Parecer Técnico nº 33/2018-DENEF/COHID/CGTEF/DILIC (SEI nº 2898807, PA nº 02001.018964/2018-67), aprovado pelo Ofício 157/2018/DENEF/COHID/CGTEF/DILIC-IBAMA (SEI nº 2918748); Parecer Técnico nº 61/2019-DENEF/COHID/CGTEF/DILIC (SEI nº 6200120, PA nº 02001.029853/2019-67), aprovado pelos Despachos nº 6291086/2019-CGTEF/DILIC e 6293376/2019-DILIC.

O critério do Decreto nº 8.437/15 é claro – início do processo de licenciamento –, pouco importando se ele foi ou não alterado no curso do processo de licenciamento ambiental. Obviamente essa alteração de projeto, para sofrer a aplicação das regras de transição do decreto de tipologia, somente pode fazer alterações relacionadas a critérios de competência nele previstos. Não pode, por exemplo, passar a abarcar mais de um Estado ou estar em unidade de conservação instituída pela União, caso nos quais não se aplicam as regras de transição previstas nos artigos 4º ou 5º do Decreto nº 8.437/15. Importante destacar que ainda que um empreendimento iniciado pós-LC nº 140 no OEMA tivesse característica acobertada pelo decreto de tipologia, ele não seria transferido imediatamente para a União, de forma que não faria sentido que uma alteração de projeto – algo corriqueiro no licenciamento ambiental – gerasse tal transferência. Assim, também nesse caso, o licenciamento somente seria transferido para a União pelas regras dos artigos 4º ou 5º do Decreto nº 8.437/15.

8.2 A licença ambiental e o regime jurídico do ato ambiental

É lugar comum no Direito Ambiental afirmar que não existe direito adquirido de poluir,[811] ou seja, que se aplica a legislação posterior a um empreendimento ou atividade, ainda que ela seja, de alguma forma, mais rigorosa (*v.g.*, padrão de emissão de poluentes, metragem de APP ou RL). Também não se admite o fato consumado, que ocorre quando a atividade é desenvolvida há muito tempo sem a licença ambiental.

Expressando-se de forma simples, as exigências ambientais alcançam as atividades e empreendimentos em curso, normalmente esperando a próxima fase do licenciamento para operar seus efeitos. Curt e Terence Trennepohl exemplificam esse entendimento da seguinte forma: "A edição de regras mais restritivas, por exemplo, de emissão de poluentes, obriga o licenciado a adequar suas atividades aos novos limites estabelecidos, sob pena de suspensão da atividade sem direito à indenização".[812]

A jurisprudência, em regra, rechaça qualquer tentativa de se falar em fato consumado ou direito adquirido:

> [...] 4. A natureza do direito ao meio ambiente ecologicamente equilibrado – fundamental e difusa – não confere ao empreendedor direito adquirido de, por meio do desenvolvimento de sua atividade, agredir a natureza, ocasionando prejuízos de diversas ordens à presente e futura gerações.[813]
> AMBIENTAL E PROCESSUAL CIVIL. AÇÃO CIVIL PÚBLICA. OCUPAÇÃO E EDIFICAÇÃO EM ÁREA DE PRESERVAÇÃO PERMANENTE-APP. CASAS DE VERANEIO. MARGENS DO RIO IVINHEMA/MS. SUPRESSÃO DE MATA CILIAR. DESCABIMENTO. ART. 8º DA LEI nº 12.651/2012. NÃO ENQUADRAMENTO. DIREITO ADQUIRIDO AO POLUIDOR. FATO CONSUMADO. DESCABIMENTO. [...] 3. Em tema

---

[811] HARTMANN, Analúcia de Andrade. Proteção do meio ambiente e direito adquirido. *In*: KISHI, Sandra Akemi Shimada; SILVA, Solange Teles da; SOARES, Inês Virgínia Prado (Org.). *Desafios do Direito Ambiental no Século XXI*: estudos em homenagem a Paulo Affonso Leme Machado. São Paulo: Malheiros, 2005. p. 353; BENJAMIN, Antonio Herman V. *In*: CANOTILHO, José Joaquim Gomes; LEITE, José Rubens Morato (Org.). *Direito Constitucional Ambiental Brasileiro*. 3. ed. São Paulo: Saraiva, 2010. p. 146; OJN 45/2013/PFE-IBAMA/PGF/AGU.

[812] TRENNEPOHL, Curt; TRENNEPOHL, Terence. *Licenciamento Ambiental*. 5. ed. Niterói: Impetus, 2013. p. 35.

[813] STJ, 1ª T., REsp nº 1.172.553/PR, Rel. Min. Arnaldo Esteves Lima, j. em 27.05.2014, *DJe* 04.06.2014.

de direito ambiental, não se cogita em direito adquirido à devastação, nem se admite a incidência da teoria do fato consumado. Precedentes do STJ e STF.[814]

[...] 2. Inexiste direito adquirido a poluir ou degradar o meio ambiente. [...] 3. Décadas de uso ilícito da propriedade rural não dão salvo-conduto ao proprietário ou possuidor para a continuidade de atos proibidos ou tornam legais práticas vedadas pelo legislador, sobretudo no âmbito de direitos indisponíveis, que a todos aproveita, inclusive às gerações futuras, como é o caso da proteção do meio ambiente.[815]

[...] 5. Inexiste direito adquirido à averbação da Reserva Legal aquém do limite mínimo estabelecido pela legislação vigente.[816]

[...] 7. Isso porque, sendo a licença espécie de ato administrativo autorizativo submetido ao regime jurídico administrativo, a sua nulidade implica que dela não pode advir efeitos válidos e tampouco a consolidação de qualquer direito adquirido (desde que não ultrapassado o prazo previsto no art. 54 da Lei nº 9.784/99, caso o beneficiário esteja de boa-fé). Vale dizer, declarada a sua nulidade, a situação fática deve retornar ao estado *ex ante*, sem prejuízo de eventual reparação civil do lesado caso presentes os pressupostos necessários para tal. Essa circunstância se torna ainda mais acentuada tendo em vista o bem jurídico tutelado no caso em tela, que é o meio ambiente, e a obrigação assumida pelo Estado brasileiro em diversos compromissos internacionais de garantir o uso sustentável dos recursos naturais em favor das presentes e futuras gerações.[817]

[...] A despeito de a ocupação ser pretérita à legislação ambiental em vigor, a atividade deve adequar-se à lei vigente, sob pena de responsabilização dos causadores do dano.[818]

O STF tem entendimento no sentido de que a licença urbanística municipal não exclui a necessidade da ambiental, não se podendo falar em fato consumado pela consolidação da situação fática em relação a direito inexistente:

AGRAVO REGIMENTAL NO RECURSO EXTRAORDINÁRIO. DIREITO AMBIENTAL. MANDADO DE SEGURANÇA. AUSÊNCIA DE LICENÇA AMBIENTAL. MATÉRIA INFRACONSTITUCIONAL. REEXAME DE FATOS E PROVAS. INAPLICABILIDADE DA TEORIA DO FATO CONSUMADO. [...] 3. A teoria do fato consumado não pode ser invocada para conceder direito inexistente sob a alegação de consolidação da situação fática pelo decurso do tempo. Esse é o entendimento consolidado por ambas as turmas desta Suprema Corte. Precedentes: RE nº 275.159, Rel. Min. Ellen Gracie, Segunda Turma, DJ 11.10.2001; RMS 23.593-DF, Rel. Min. MOREIRA ALVES, Primeira Turma, DJ de 02.02.01; e RMS 23.544-AgR, Rel. Min. Celso de Mello, Segunda Turma, DJ 21.6.2002.[819]

A AGU e o Ibama também defendem esse entendimento na OJN 45/2013/PFE-IBAMA/PGF/AGU, ao negarem o direito adquirido de poluir ou o fato consumado em direito ambiental. A Advocacia-Geral do Estado de Minas Gerais, ao tratar da aplicação

---

[814] STJ, 2ª T., v.u., REsp nº 1.394.025/MS, Rel. Min. Eliana Calmon, j. em 08.10.2013, DJe 18.10.2013.
[815] STJ, 2ª T., v.u., REsp nº 948.921/SP, Rel. Min. Herman Benjamin, j. em 23.10.2007, DJe 11.11.2009. No mesmo sentido: STJ, 2ª T., v.u., REsp nº 1.222.723/SC, Rel. Min. Mauro Campbell Marques, j. em 08.11.2011, DJe 17.11.2011.
[816] STJ, 2ª T., v.u., REsp nº 625.024/RO, Rel. Min. Herman Benjamin, j. em 03.09.2009, DJe 04.05.2011.
[817] STJ, 2ª T., v.u., REsp nº 1.362.456/MS, Rel. Min. Mauro Campbell Marques, j. em 20.06.2013, DJe 28.06.2013.
[818] TRF da 4ª Região, 3ª T., v.u., AC 2001.72.00.007456-0/SC, Rel. Des. Fed. José Paulo Baltazar Júnior, j. em 05.06.2006, DJ 26.07.2006.
[819] STF, 1ª T., v.u., AR no RE nº 609.748/RJ, Rel. Min. Luiz Fux, j. em 23.08.2011, DJe 13.09.2011.

da compensação a empreendimentos licenciados anteriormente a sua previsão na Lei do Snuc, é bem clara nesse sentido também:

> Na oportunidade, reafirmamos os termos do Parecer AGE nº 15.016/2010, porque, como é cediço, as inovações legislativas em matéria ambiental alcançam os empreendimentos em fase de instalação e de operação.
> Quando uma lei entra em vigor, sua aplicação é para o presente e para o futuro. Não se trata de retroatividade, mas de aplicação imediata. Logo, a criação de um novo instituto de direito ambiental impõe a adequação de todas as situações abarcadas pela regra.
> É que não há direito adquirido à continuidade de determinado empreendimento com base em licença pretérita.[820]

O argumento contrário a tal entendimento seria o direito fundamental, previsto na Constituição, de que "a lei não prejudicará o direito adquirido, o ato jurídico perfeito e a coisa julgada" (art. 5º, XXXVI). Se a lei ambiental não pode prejudicar o direito adquirido, o ato jurídico perfeito e a coisa julgada, como ela poderia ser aplicável a empreendimentos ou atividades que lhe são anteriores?

Por que não se trata de retroatividade, mas de aplicação imediata? Porque não se trata de um regime contratual, mas de um regime inteiramente legal. Quando se fala em padrões ambientais, em regra, está se falando de regime jurídico, no qual as noções de direito adquirido, ato jurídico perfeito e coisa julgada não se aplicam em toda a sua plenitude. Por isso, a jurisprudência do STF é pacífica em reconhecer que não existe direito adquirido a regime jurídico, da mesma forma que o STJ reconhece a aplicabilidade do novo regime legal do Código Florestal para recompor a cobertura florestal,[821] já o tendo feito explicitamente em relação ao licenciamento ambiental:

> [...] 1. A superveniência da Lei nº 12.651/2012 (Novo Código Florestal) repercutindo no presente caso, é considerado normativo afluente, nos termos do art. 462 do CPC, porquanto deve o procedimento administrativo de licenciamento, já requerido pelo interessado, ser analisado e decidido pela Autoridade Ambiental, sob as novas diretrizes hoje vigentes, não se exigindo a apresentação de outro ou novo pleito administrativo.
> 2. A aplicação tópica do princípio da precaução recomenda, no caso dos autos, que antes de se determinar o eventual desfazimento das obras, o que ensejará maiores prejuízos ambientais, seja dado prosseguimento ao procedimento administrativo de licenciamento, até a sua regular conclusão, decidindo-se o pedido na forma prevista no Novo Código Florestal.

---

[820] Parecer nº 15.044/10, aprovado pelo Advogado-Geral Adjunto do Estado em 03.09.2010. Esse entendimento também é aplicado pela PGE-RS: "Não há que se falar em direito adquirido das prestadoras de serviços de lavagem de veículos às margens do Arroio Leão. O fato de lá estarem instaladas há vários anos não lhes proporciona garantia alguma" (Parecer PGE-RS nº 15.241/07, aprovado pela Procuradora-Geral do Estado em 21.05.2010, nos autos do PA nº 102399-1010.00/06-9).

[821] "[...] RECOMPOSIÇÃO EM PROPRIEDADE RURAL DE COBERTURA FLORESTAL E AVERBAÇÃO NO CARTÓRIO IMOBILIÁRIO DA ÁREA DE RESERVA LEGAL. DECISÃO MONOCRÁTICA DE DESPROVIMENTO DO AGRAVO. AGRAVO REGIMENTAL PUGNANDO PELA APLICAÇÃO DO ART. 462 DO CPC/73 ANTE A SUPERVENIÊNCIA DE NOVO CÓDIGO FLORESTAL. PRECEDENTES QUE ABONAM ESTE ENTENDIMENTO: EDCL NO RESP nº 1.138.559/SC, REL. MIN. LUIS FELIPE SALOMÃO, DJE 1.7.2011, EDCL NO MS 10.171/DF, REL. MIN. LAURITA VAZ, DJE 7.10.2010 E RESP nº 704.637/RJ, REL. MIN. LUIS FELIPE SALOMÃO, DJE 22.3.2011. PROCESSO ANULADO A PARTIR DO DESPACHO SANEADOR PARA A NECESSÁRIA DILAÇÃO PROBATÓRIA E JULGAMENTO SOB A ÓTICA DO NOVO CÓDIGO FLORESTAL" (STJ, AR no AREsp nº 118.066/SP, Rel. Min. Napoleão Nunes Maia Filho, j. em 25.04.2016, DJe 06.05.2016).

3. O propósito de proporcionar a preservação ambiental a qualquer custo não é um fim em si mesmo, e não pode ser aplicado cegamente, causando até, um efeito contrário indesejado, razão pela qual, este caso, não comporta mero decreto de provimento ou improvimento recursal, mas sim a determinação de que o procedimento de licenciamento seja reanalisado, ante a superveniência de nova legislação ambiental, não sendo razoável impor-se a renovação do mesmo pleito na via administrativa, para decisão conforme as novas diretrizes ambientais.

4. Recurso Especial parcialmente provido para o fim de se determinar o prosseguimento do procedimento administrativo de licenciamento, agora sob a égide da nova legislação ambiental.[822]

Situação diferente é a do direito contratual, por exemplo, no qual a cláusula do artigo 5º, XXXVI, da CF é aplicável. A Súmula Vinculante 1 (STF) bem retrata esse entendimento, ao afastar do poder judicial a desconsideração da validez e da eficácia de acordo constante de termo de adesão instituído pela LC nº 110/2001, sem ponderar as circunstâncias do caso concreto, por ofender a garantia constitucional do ato jurídico perfeito.

Essa compreensão distorcida da proteção ambiental, sujeita a regime jurídico, leva nossa doutrina a propugnar que as obrigações decorrentes da legislação anterior devem ser cumpridas, mesmo que não estejam mais em vigor. É o que Fernando Reverendo Vidal Akaui e Nathan Glina defendem:

> Portanto, todos aqueles que tinham o dever de recompor as Áreas de Preservação Permanente e a Reserva Legal, por força de lei ou ato administrativo que lhes impôs termo prefixo, ou que tenham firmado compromissos de ajustamento de conduta com os órgãos públicos legitimados a tanto, ou, ainda, que tenham sido condenados por decisão já transitada em julgado àquelas mesmas obrigações, não poderão invocar eventual novel legislação menos restritiva, *in pejus*, portanto, para elidi-las. Tais obrigações permanecem íntegras em face do princípio constitucional fundamental contido no art. 5º, XXXVI, da CF/1988.[823]

Estranhamente, em uma categoria de direitos que se dizem inapropriáveis, não sujeitos ao direito adquirido, os autores, ao empregarem a classificação de Savigny, aquisição de direitos (existência de direitos adquiridos) e a relativa à existência de direitos (inexistência de direitos adquiridos), defendem que as regras constantes do Código Florestal são do primeiro tipo – o da aquisição de direitos –, gerando direitos adquiridos.[824]

Em suma, para esses doutrinadores só existe direito adquirido no Direito Ambiental quando ele for mais protetivo para o meio ambiente, chegando a igual conclusão com a aplicação irrefletida do princípio da vedação do retrocesso.[825] O pior

---

[822] STJ, 1ª T., v.u., REsp nº 1.201.954/SP, Rel. Min. Napoleão Nunes Maia Filho, j. em 22.11.2016, DJe 17.08.2017.
[823] AKAUI, Fernando Reverendo Vidal; GLINA, Nathan. Intertemporalidade e reforma do Código Florestal. *Revista de Direito Ambiental*, São Paulo: RT, ano 17, v. 65, p. 27-40, jan./mar. 2012. p. 38-39.
[824] AKAUI, Fernando Reverendo Vidal; GLINA, Nathan. Intertemporalidade e reforma do Código Florestal. *Revista de Direito Ambiental*, São Paulo: RT, ano 17, v. 65, p. 27-40, jan./mar. 2012. p. 31-32.
[825] A parte curiosa é que em nenhum momento os autores citaram o entendimento comum de que não existe direito adquirido de poluir, ou seja, que não existe direito adquirido no Direito Ambiental, o que facilitaria a revelação do paradoxo no raciocínio. Mas e se a legislação tivesse imposto regime mais rigoroso do que estipulado em

aspecto, no que tange à reserva legal, é a defesa de um padrão já baseado em "retrocesso" em termos percentuais, uma vez que o Código Florestal de 1965 (art. 16, "a") alterou para 20% a reserva legal para algumas regiões do país, enquanto o Código de 1934 (art. 23, *caput*) preservava 25%.

Esse posicionamento equivocado tem contaminado até mesmo a aplicação do novo Código Florestal pelo Poder Público, especialmente na AGU e no Incra. Com efeito, na Nota Técnica nº 01/2013/PFE/INCRA/PGF/AGU ficou consignado:

> A lei posterior menos restritiva não pode prevalecer sobre a lei mais protetiva, pois não se pode perder o foco de que o meio ambiente deverá servir às presentes e futuras gerações, de modo que a retroatividade da lei não pode ocorrer para ameaçar esta proteção.[826]

Entretanto, existe uma distorção na aplicação desse regime jurídico no Direito Ambiental, exigindo-se a aplicação de legislação não mais vigente com base em alegações de ato jurídico perfeito (*v.g.*, TAC, termo de compromisso etc.) ou de coisa julgada, quando o padrão atual for menos protetivo ao meio ambiente.

O direito adquirido tem a função de manter a incolumidade perante ulteriores regramentos, conservando indenes as situações acobertadas pelas disposições da lei velha, como nos lembra Celso Antônio Bandeira de Mello.[827]

Quando o caso é o de impor padrão ambiental mais rigoroso, não existe direito adquirido, ato jurídico perfeito ou coisa julgada, mas quando esse padrão é suavizado pela nova legislação, propugna-se pelo respeito ao direito adquirido, ao ato jurídico perfeito ou à coisa julgada. Em outras palavras, utilizam-se dois pesos e duas medidas.

Várias razões levam a esse entendimento, contudo, a principal delas é acreditar que, quando o legislador inova em padrões de proteção ambiental, é só o meio ambiente que está em jogo, e não vários outros direitos balanceados pela legislação. Desconsiderar as inovações legislativas, quando elas abrandam padrões ambientais, é ignorar a base do próprio pensamento de que não existe direito adquirido em matéria ambiental, isto é, que se está diante de regime jurídico.

De que adiantaria fazer cumprir um TAC sobre uma recomposição de reserva legal e APP, se pela nova legislação essa recomposição seria menor ou mesmo inexistente? Obrigar-se-ia o seu cumprimento para que o proprietário reduzisse a recomposição para os padrões atuais, no dia seguinte? Advogar isso parece caprichoso, para não dizer arbitrário, ainda mais tendo-se em vista que o TAC, embora pressuponha vontade das partes para sua celebração, deve sempre se conformar à lei. Desse modo, Arruda Alvim doutrina:

> A conformação das disposições dos termos de compromisso àquilo que dispõe a lei superveniente é então um poder-dever da Administração Pública, pois o "ajustamento de

---

compromisso de ajustamento de conduta ou em sentença transitada em julgado? O artigo dos autores só teve um objetivo: tentar esterilizar juridicamente, caso eventuais arguições de inconstitucionalidade não prosperassem, as alterações que estavam sendo debatidas no Congresso Nacional sobre o Código Florestal.

[826] Nota Técnica nº 01/2013/PFE/INCRA/PGF/AGU, decorrente das conclusões do Grupo de Trabalho instituído pela Portaria Conjunta/INCRA/DT/PFE nº 01/2013, conforme Despachos nº 466/2013/GAB/PFE-INCRA/PGF/AGU e INCRA/DT 50/2013, nos autos do PA nº 54400.001455/2012-19.

[827] MELLO, Celso Antônio Bandeira de. O direito adquirido e o direito administrativo. *Revista Trimestral de Direito Público*, São Paulo: Malheiros, n. 24, p. 54-62, 1998. p. 58.

conduta" que se busca decorre do que dispuser o regime jurídico que trata da matéria ambiental. Quer dizer, "se há discricionariedade no momento da celebração do termo, essa não existe na fixação de suas cláusulas. Isso porque a conduta deve redundar numa conduta adequada às exigências legais". O mesmo pode ser dito em relação aos demais termos de compromisso, tomados com o objetivo específico de recomposição, instituição ou regularização da reserva legal.[828]

Por isso que a AGU e o Ibama (OJN 45/2013/PFE-IBAMA/PGF/AGU), ao analisarem a legislação aplicável à elaboração de projeto de recuperação de área degradada (PRAD) após a vigência do novo Código Florestal, entendem que independentemente de a atual legislação ambiental ser mais ou menos restritiva que a anterior, deve-se aplicá-la, construindo o seu raciocínio no sentido de que a solidariedade intergeracional implementa o atual padrão ambiental, que atenderia o cumprimento da função social da propriedade. Nas palavras da OJN 45/2013/PFE-IBAMA/PGF/AGU:

> [...] O dever cível de reparar o dano ambiental causado se justifica, em prol da presente e das futuras gerações, e, nesse sentido, é desgarrado do passado, não havendo razão que justifique, em princípio, a aplicação de legislação já revogada, seja ela mais ou menos restritiva aos direitos individuais. [...]
> Quer-se com isso dizer que, independentemente das normas vigentes em passado recente, a restauração de condições favoráveis ao meio ambiente deve se focar no futuro, garantindo o exercício desse relevante direito às próximas gerações. Daí, costuma-se afirmar que, em matéria de responsabilidade civil ambiental, não importa quem foi o efetivo degradador (obrigação *propter rem*), suas intenções (responsabilidade objetiva), ou mesmo se, na época do fato, não foram adotadas medidas para evitar a ofensa ao meio ambiente, não havendo que se falar, portanto, na existência de situações jurídicas consolidadas ou no direito adquirido de poluir.
> Em matéria ambiental, destarte, vale o direito difuso, das presentes e das futuras gerações, de obter um meio ambiente sadio e equilibrado, respeitando-se normas e regras ditadas pelo atual legislador. [...]
> Seguindo-se igual lógica (e aí parece irrelevante que as novas regras sejam mais ou menos restritivas ao direito anterior), não há razão que justifique a aplicação de norma revogada à recomposição de dano ambiental que pretende adequar a degradação ambiental indesejada à regularização atualmente traçada pelo legislador. O que verdadeiramente interessa, destarte, é que seja recomposto, em matéria ambiental, o estado das coisas, garantindo-se a observância das normas, no momento, vigentes.
> Nesse sentido, importa lembrar que a Constituição Federal Brasileira estabelece que *a propriedade atenderá a sua função social* (art. 5º, inciso XXIII), e ainda que a função social da propriedade rural é cumprida quando atende, *seguindo critérios e graus de exigência estabelecidos em lei*, a requisitos certos, entre os quais o de *"utilização adequada dos recursos naturais disponíveis e preservação do meio ambiente" (art. 186, inciso II)*. [...]
> Assim, não se pode deixar de destacar, a respeito, que a própria função social da propriedade deve ser exercida em conformidade com as finalidades, *ditadas pelo legislador*, de preservar o meio ambiente. Cumpre reconhecer que tais necessidades são dinâmicas e, se sofrem mudança com o tempo, seguindo-se novas regras estabelecidas em leis posteriormente editadas, não há que afastar a aplicação destas às situações atuais.

---

[828] ALVIM, Arruda. A incidência de novas normas ambientais em hipótese de haver ou não haver processos em curso (parte 2). *Revista de Processo*, São Paulo: RT, ano 38, n. 219, p. 357-388, maio 2013 [extraído da *Revista dos Tribunais on line*].

Não apenas a AGU e o Ibama encamparam tal entendimento. O próprio Executivo Federal, ao regulamentar o CAR previsto no novo Código Florestal (Lei nº 12.651/12), estatuiu que os "termos de compromissos ou instrumentos similares para a regularização ambiental do imóvel rural referentes às Áreas de Preservação Permanente, de Reserva Legal e de uso restrito, firmados sob a vigência da legislação anterior, *deverão ser revistos para se adequarem ao disposto na Lei nº 12.651, de 2012*", quando requerido pelo proprietário ou o possuidor do imóvel rural (Decreto nº 8.235/2014, art. 12, *caput* c/c §1º).

O Decreto nº 8.235/2014 aduz que caso não haja pedido de revisão, os termos ou instrumentos dos quais trata o *caput* do artigo 12 serão respeitados (art. 12, §3º). Entretanto, isso não significa que quem o firmou ficará livre de cumprir o patamar mínimo imposto pela legislação ambiental em vigor. Somente significa que o Estado não poderá mudar unilateralmente o termo de compromisso ou ajuste similar para incluir o padrão ambiental mais recente, sem que haja pedido nesse sentido. Todavia, isso não impede o Estado de exigir o cumprimento da legislação ambiental atual pelos outros meios de que dispõe.

A interpretação de que o §3º do artigo 12 do Decreto nº 8.235/2014 significa imunidade ao estabelecido no termo de compromisso ou ajuste similar seria o mesmo que advogar que a coisa julgada e o ato jurídico perfeito livrariam os cidadãos das leis posteriores. Então bastaria assinar um TAC ou ter um título judicial transitado em julgado para se imunizar de toda a legislação ambiental posterior, o que apenas demonstra o despautério dessa exegese.

No Direito Ambiental, onde se trabalha com regime jurídico, mesmo a coisa julgada deve ser entendida com a cláusula *rebus sic stantibus*.[829] Por isso que Arruda Alvim doutrina que na "hipótese de haver ocorrido coisa julgada, dever-se-á aplicar o disposto no art. 471, I e II, do mesmo CPC, naturalmente, demonstrando-se o 'direito novo' confrontado com o 'direito velho', com vistas ao prevalecimento daquele".[830] Continua o processualista na mesma linha de argumentação da OJN 45/2013/PFE-IBAMA/PGF/AGU, lecionando que os efeitos da legislação passada não podem se projetar para o futuro para negar a aplicabilidade ao novo Código Florestal:

> No caso, há decisões judiciais baseadas no Código Florestal anterior, em que a restrição ao direito de propriedade era maior do que a que hoje tem vigência. Essas restrições,

---

[829] "[...] 2. Cinge-se a controvérsia ao momento em que a tarifa progressiva instituída pela Lei nº 11.445/07 poderia ser cobrada do Condomínio, no caso de haver sentença transitada em julgado em sentido contrário. 3. O art. 471, inciso I, do CPC reconhece a categoria das chamadas sentenças determinativas. Essas sentenças transitam em julgado como quaisquer outras, mas, pelo fato de veicularem relações jurídicas continuativas, a imutabilidade de seus efeitos só persiste enquanto não suceder modificações no estado de fato ou de direito, tais quais as sentenças proferidas em processos de guarda de menor, direito de visita ou de acidente de trabalho. 4. Assentadas essas considerações, conclui-se que a eficácia da coisa julgada tem uma condição implícita, a da cláusula *rebus sic stantibus*, norteadora da Teoria da Imprevisão, visto que ela atua enquanto se mantiverem íntegras as situações de fato e de direito existentes quando da prolação da sentença. 5. Com base nos ensinamentos de Liebman, Cândido Rangel Dinamarco, é contundente asseverar que "a autoridade da coisa julgada material sujeita-se sempre à regra rebus sic stantibus, de modo que, sobrevindo fato novo 'o juiz, na nova decisão, não altera o julgado anterior, mas, exatamente, para atender a ele, adapta-o ao estado de fatos supervenientes'". 6. Forçoso concluir que a CEDAE pode cobrar de forma escalonada pelo fornecimento de água a partir da vigência da Lei nº 11.445/2007 sem ostentar violação da coisa julgada" (STJ, 2ª T., v.u., AR no REsp nº 1.193.456/RJ, Rel. Min. Humberto Martins, j. em 07.10.2010, *DJe* 21.10.2010).

[830] ALVIM, Arruda. A incidência de novas normas ambientais em hipótese de haver ou não haver processos em curso (parte 1). *Revista de Processo*, São Paulo: RT, ano 38, n. 218, p. 281-312, abr. 2013 [extraído da Revista dos Tribunais *on line*].

decorrentes da lei anterior e aplicadas pelas decisões judiciais, são permanentes, i.e., claramente se projetam para o futuro. Acabam, pois, por restringir e gravar o direito de propriedade além da medida permitida pela lei vigente.[831]

Marcelo Abelha Rodrigues também nega que possa existir uma situação jurídica que faça frente a novos padrões ambientais:

> Ora, se os fatos são outros, e supervenientes ao julgado, automaticamente, não há que se falar em autoridade da coisa julgada e toda a questão envolvendo a impactação da atividade poderá ser discutida pelo Poder Judiciário. Incide aí a cláusula *rebus sic stantibus*, e tal como acontece nas relações jurídicas continuativas [...] Enfim, o que se quer dizer é que os bens ambientais são extremamente sensíveis e, muitas vezes, o objeto e a causa de pedir fixados em juízo numa demanda ambiental, não raras vezes poderá no curso dela ser modificado ou alterado, pela só instabilidade desses bens. Se isso vier à tona no curso da demanda, aplica-se o art. 462 do CPC. Se após ela, então não há que se falar em coisa julgada sobre a situação jurídica nova, resultante da instabilidade dos bens ambientais.[832]

Por isso são equivocados alguns julgados da 2ª Turma do STJ que se recusaram a aplicar a legislação mais recente, sob a alegação de redução da proteção ambiental ou violação de ato jurídico perfeito, direitos adquiridos e coisa julgada.

O equívoco começou no REsp nº 980.709/RS,[833] que preceituou que a legislação urbanística aplicável deveria ser a da época dos fatos, ainda que revogada. Além de o STJ reconhecer a existência de "fato constitutivo, modificativo ou extintivo do direito" (CPC, art. 462), tomou a iniciativa de criar um dever de cumprir aquilo que não mais existe. A questão revela-se ainda mais surreal quando se verifica que o direito superveniente é tranquilamente observado pelo STJ.[834]

---

[831] ALVIM, Arruda. A incidência de novas normas ambientais em hipótese de haver ou não haver processos em curso (parte 1). *Revista de Processo*, São Paulo: RT, ano 38, n. 218, p. 281-312, abr. 2013 [extraído da Revista dos Tribunais *on line*].

[832] RODRIGUES, Marcelo Abelha. Reflexos do direito material do ambiente sobre o instituto da coisa julgada (*in utilibus*, limitação territorial, eficácia preclusiva da coisa julgada e coisa julgada *rebus sic stantibus*). *Revista dos Tribunais*, n. 861, p. 24-30, jul. 2007 [extraído da Revista dos Tribunais *on line*].

[833] "[...] 4. O direito material aplicável à espécie é o então vigente à época dos fatos. *In casu*, Lei nº 6.766/79, art. 4º, III, que determinava, em sua redação original, a *"faixa non aedificandi de 15 (quinze) metros de cada lado"* do arroio" (STJ, 2ª T., v.u., REsp nº 980.709/RS, Rel. Min. Humberto Martins, j. em 11.11.08, *DJe* 02.12.2008 – destaques no original).

[834] "[...] 3. A superveniência de fato ou direito que possa influir no julgamento da lide deve ser considerada pelo julgador, desde que não importe em alteração do pedido ou da causa de pedir (e, na instância extraordinária, desde que atendido o inarredável requisito do prequestionamento), uma vez que a decisão judicial deve refletir o estado de fato da lide no momento da entrega da prestação jurisdicional (Precedentes do STJ: AgRg no REsp nº 989.026/ES, Rel. Ministra Eliana Calmon, Segunda Turma, julgado em 16.12.2008, *DJe* 17.02.2009; REsp nº 907.236/CE, Rel. Ministro Luiz Fux, Primeira Turma, julgado em 06.11.2008, *DJe* 01.12.2008; REsp nº 710.081/SP, Rel. Ministro Luiz Fux, Primeira Turma, julgado em 14.03.2006, *DJ* 27.03.2006; REsp nº 614.771/DF, Rel. Ministra Denise Arruda, Primeira Turma, julgado em 13.12.2005, *DJ* 01.02.2006; REsp nº 688.151/MG, Rel. Ministra Nancy Andrighi, Terceira Turma, julgado em 07.04.2005, *DJ* 08.08.2005; AgRg no Ag 322.635/MA, Rel. Ministro Franciulli Netto, Segunda Turma, julgado em 18.09.2003, *DJ* 19.12.2003; REsp nº 12.673/RS, Rel. Ministro Sálvio de Figueiredo Teixeira, Quarta Turma, julgado em 01.09.1992, *DJ* 21.09.1992; e REsp nº 53.765/SP, Rel. Ministro Barros Monteiro, Quarta Turma, julgado em 04.05.2000, *DJ* 21.08.2000). 4. Destarte, a ulterior edição da lei estadual que exime o contribuinte/recorrido de responsabilidade fiscal, caracteriza fato superveniente, constitutivo de seu direito, e que deve ser sopesado quando da prolação da decisão, donde se extrai seu interesse processual na lide" (STJ, 1ª T., v.u., AR no REsp nº 1.116.836/MG, Rel. Min. Luiz Fux, j. em 05.10.2010, *DJe* 18.10.2010).

Esse acórdão influenciou a PET no REsp nº 1.240.122/PR, no qual o STJ, depois de incorrer no mesmo erro teórico, decidiu de forma correta, mas empregando para esse fim outro fundamento. Com efeito, não houve anistia automática, mas condicionada a uma série de requisitos, conforme bem constou na ementa:

[...] AUTO DE INFRAÇÃO. IRRETROATIVIDADE DA LEI NOVA. ATO JURÍDICO PERFEITO. DIREITO ADQUIRIDO. ART. 6º, CAPUT, DA LEI DE INTRODUÇÃO ÀS NORMAS DO DIREITO BRASILEIRO.

1. Trata-se de requerimento apresentado pelo recorrente, proprietário rural, no bojo de "ação de anulação de ato c/c indenizatória", com intuito de ver reconhecida a falta de interesse de agir superveniente do Ibama, em razão da entrada em vigor da Lei nº 12.651/2012 (novo Código Florestal), que revogou o Código Florestal de 1965 (Lei nº 4.771) e a Lei nº 7.754/1989. Argumenta que a nova legislação "o isentou da punição que o afligia", e que "seu ato não representa mais ilícito algum", estando, pois, "livre das punições impostas". Numa palavra, afirma que a Lei nº 12.651/2012 procedera à anistia dos infratores do Código Florestal de 1965, daí sem valor o auto de infração ambiental lavrado contra si e a imposição de multa de R$1.500, por ocupação e exploração irregulares, anteriores a julho de 2008, de Área de Preservação Permanente nas margens do rio Santo Antônio. [...]

3. Precedente do STJ que faz valer, no campo ambiental-urbanístico, a norma mais rigorosa vigente à época dos fatos, e não a contemporânea ao julgamento da causa, menos protetora da vaqwsedrfygcv 6Natureza: O "direito material aplicável à espécie é o então vigente à época dos fatos. *In casu*, Lei nº 6.766/79, art. 4º, III, que determinava, em sua redação original, a 'faixa *non aedificandi* de 15 (quinze) metros de cada lado' do arroio" (REsp nº 980.709/RS, Rel. Ministro Humberto Martins, Segunda Turma, DJe 2.12.2008).

4. Ademais, como deixa claro o novo Código Florestal (art. 59), o legislador não anistiou geral e irrestritamente as infrações ou extinguiu a ilicitude de condutas anteriores a 22 de julho de 2008, de modo a implicar perda superveniente de interesse de agir. Ao contrário, a recuperação do meio ambiente degradado nas chamadas áreas rurais consolidadas continua de rigor, agora por meio de procedimento administrativo, no âmbito de Programa de Regularização Ambiental – PRA, após a inscrição do imóvel no Cadastro Ambiental Rural – CAR (§2º) e a assinatura de Termo de Compromisso (TC), valendo este como título extrajudicial (§3º). Apenas a partir daí "serão suspensas" as sanções aplicadas ou aplicáveis (§5º, grifo acrescentado). Com o cumprimento das obrigações previstas no PRA ou no TC, "as multas" (e só elas) "serão consideradas convertidas em serviços de preservação, melhoria e recuperação da qualidade do meio ambiente".

5. Ora, se os autos de infração e multas lavrados tivessem sido invalidados pelo novo Código ou houvesse sido decretada anistia geral e irrestrita das violações que lhe deram origem, configuraria patente contradição e ofensa à lógica jurídica a mesma lei referir-se a "suspensão" e "conversão" daquilo que não mais existiria: o legislador não suspende, nem converte o nada jurídico. Vale dizer, os autos de infração já constituídos permanecem válidos e blindados como atos jurídicos perfeitos que são – apenas a sua exigibilidade monetária fica suspensa na esfera administrativa, no aguardo do cumprimento integral das obrigações estabelecidas no PRA ou no TC. Tal basta para bem demonstrar que se mantém incólume o interesse de agir nas demandas judiciais em curso, não ocorrendo perda de objeto e extinção do processo sem resolução de mérito (CPC, art. 267, VI).[835]

Com duas decisões dizendo que não se aplica a legislação mais recente, a 2ª Turma do STJ não titubeou antes de decidir novamente, no AR no REsp nº 1.367.968/

---

[835] STJ, 2ª T., v.u., PET no REsp nº 1.240.122/PR, Rel. Min. Herman Benjamin, j. em 02.10.2012, DJe 19.12.2012.

SP, que não se aplica "norma ambiental superveniente de cunho material aos processos em curso, seja para proteger o ato jurídico perfeito, os direitos ambientais adquiridos e a coisa julgada, seja para evitar a redução do patamar de proteção de ecossistemas frágeis sem as necessárias compensações ambientais".[836]

8.2.1 A compreensão da vedação do retrocesso e a alteração da legislação ambiental

Como visto, uma das bases para não se aplicar a legislação presente reside na aplicação do princípio da vedação do retrocesso. É um argumento independente daquele relativo ao respeito ao direito adquirido, ao ato jurídico perfeito e à coisa julgada, embora alguns os confundam. Por causa dessa confusão, é interessante tratar do tema, ainda que de forma secundária.

Ocorre que a sua aplicação, além de sua existência ser polêmica, não tem o condão de evitar alterações na legislação, notadamente pelo prisma unilateral da proteção ao meio ambiente.

Não apenas o meio ambiente está presente na legislação ou nas decisões estatais. Livre-iniciativa, direito à saúde, à vida, ao desenvolvimento, são apenas alguns dos direitos fundamentais envolvidos quando se lida com o Direito Ambiental.

Com tantos direitos em jogo é complicado falar em retrocesso, uma vez que o eventual retrocesso de um poderia ser o avanço de outro. Então, não adianta falar em garantia progressiva dos direitos fundamentais (desenvolvimento progressivo), como faz a Convenção Americana de Direitos Humanos (art. 26) – mais conhecida como Pacto de San José da Costa Rica –, porque ela mesma prevê que direitos concorrentes, como os econômicos, sociais, educacionais, científicos e culturais, devem buscar a plena efetividade, ou seja, o desenvolvimento progressivo.

A jurisprudência portuguesa, citada como paradigma no assunto, tem como *leading case* o Acórdão 509/2002, no qual o Tribunal Constitucional português assentou que a vedação se dirigiria para uma retrocessão que implicasse uma inconstitucionalidade por omissão.[837] Posicionamento coerente com o seu julgado pioneiro na matéria (Ac. 39/84), que, colocado em forma de pergunta, poderia ser expresso da seguinte forma: "Podia o Serviço Nacional de Saúde, criado pela Lei nº 65/79, ser pura e simplesmente extinto?".[838] A resposta do TC português foi negativa.

Mesmo na França, a Corte Constitucional também trilhou esse caminho, de somente garantir o mínimo existencial do direito.[839] Anote-se que Canotilho nunca

---

[836] STJ, 2ª T., v.u., AR no REsp nº 1.367.968/SP, Rel. Min. Humberto Martins, j. em 17.12.2013, DJe 12.03.2014.

[837] "[...] onde a Constituição contenha uma *ordem de legislar*, suficientemente precisa e concreta, de tal sorte que seja possível «determinar, com segurança, quais as medidas jurídicas necessárias para lhe conferir exequibilidade» (cfr. Acórdão nº 474/02, ainda inédito), a margem de liberdade do legislador para *retroceder* no grau de protecção já atingido é necessariamente mínima, já que só o poderá fazer na estrita medida em que a alteração legislativa pretendida não venha a consequenciar uma *inconstitucionalidade por omissão* – e terá sido essa a situação que se entendeu verdadeiramente ocorrer no caso tratado no já referido Acórdão nº 39/84" (Tribunal Constitucional, Plenário, Ac. 509/02, Rel. Conselheiro Luís Nunes de Almeida, j. em 19.12.2002, Diário da República, I série-A, n. 36, 12.02.2033. p. 911).

[838] CONTO, Mário de. *O Princípio da Proibição do Retrocesso*: uma análise a partir dos pressupostos da hermenêutica filosófica. Porto Alegre: Livraria do Advogado, 2008. p. 110.

[839] PRADO, Tônia Aparecida Tostes do. O Estado Socioambiental na Sociedade de Risco: a efetivação do direito ao meio ambiente ecologicamente equilibrado pela vedação de retrocesso socioambiental. 2014. 205 fls. Dissertação

defendeu a proibição de retrocesso para todos os direitos fundamentais, limitando-se aos sociais e econômicos, deixando bem claro que não se tratava de garantir um *status quo* social:

> [...] sendo inconstitucionais quaisquer medidas estaduais que, sem a criação de outros esquemas alternativos ou compensatórios, se traduzam, na prática, numa "anulação", "revogação" ou "aniquilação" pura e simples desse núcleo essencial. Não se trata, pois, de proibir um retrocesso social captado em termos ideológicos ou formulado em termos gerais ou de garantir em abstracto um *status quo* social, mas de proteger direitos fundamentais sociais sobretudo no seu núcleo essencial.[840]

Sustentar a inconstitucionalidade por violação ao princípio da vedação do retrocesso à alteração na legislação ambiental não apenas é complicado, porque o seu histórico no controle de constitucionalidade não abrange os direitos ambientais, mas principalmente porque deveria haver uma retrocessão equivalente à inconstitucionalidade por omissão.

Luís Roberto Barroso, ao comentar o princípio da vedação do retrocesso, aduz que quando o legislador, ao regulamentar um comando constitucional, institui um direito, este não pode ser totalmente suprimido. Assim entende por que a nova norma regulamentadora não poderia retirar a eficácia da norma constitucional, isto é, Barroso está longe de defender que a regulamentação é inalterável.[841]

Não se pode retroceder ao ponto de configurar omissão do dever de tutelar o direito constitucional regulamentado. Por isso que ele não tem relação alguma com a largura da APP, com o cômputo da reserva legal ou mesmo de algum outro aspecto periférico da legislação ambiental. O que se veda, para quem entende aplicável a vedação do retrocesso, é a aniquilação do direito, a sua supressão, a negativa de um mínimo existencial, e não a sua calibração de acordo com os valores adotados pela legislação.

Em outras palavras, somente se revogada a legislação florestal ou algum de seus institutos estar-se-ia diante da possibilidade de se invocar a proibição de retrocesso.[842]

De qualquer modo ainda resta o princípio formal de respeitar a opção do legislador e da segurança jurídica que é lhe inerente. Para além dos princípios que uma regra prestigia ou restringe, há também a questão da alocação da competência decisória e da previsibilidade na aplicação do Direito.[843] No controle da emissão de uma substância

---

(Mestrado) – Faculdade de Direito, Pontifícia Universidade Católica de Minas Gerais, Belo Horizonte, 2014. p. 141 e 143.

[840] CANOTILHO, José Joaquim Gomes. *Direito Constitucional e Teoria da Constituição*. 7. ed. 12. reimp. Coimbra: Almedina, 2013. p. 340.

[841] "Nessa ordem de ideias, uma lei posterior não pode extinguir um direito ou uma garantia, especialmente os de cunho social, sob pena de promover um retrocesso, abolindo um direito fundado na Constituição. O que se veda é o ataque à efetividade da norma, que foi alcançada a partir da sua regulamentação. Assim, por exemplo, se o legislador infraconstitucional deu concretude a uma norma programática ou tornou viável o exercício de um direito que dependia de sua intermediação, não poderá simplesmente revogar o ato legislativo, fazendo a situação voltar ao estado de omissão legislativa anterior" (BARROSO, Luís Roberto. *O Direito Constitucional e a Efetividade de suas Normas*. 5. ed. Rio de Janeiro: Renovar, 2001. p. 158-159 – atualizou-se a redação).

[842] DANTAS, Marcelo Buzaglo. *Direito Ambiental de Conflitos*. Rio de Janeiro: Lumen Juris, 2015. p. 261; ALVIM, Arruda. A incidência de novas normas ambientais em hipótese de haver ou não haver processos em curso (parte 2). *Revista de Processo*, São Paulo: RT, ano 38, n. 219, p. 357-388, maio de 2013 [extraído da Revista dos Tribunais on line].

[843] LIMA, Rafael Bellem de. *Regras na Teoria dos Princípios*. São Paulo: Malheiros, 2014. p. 82.

poluente, não apenas há conflito entre a proteção do meio ambiente e a liberdade de iniciativa; há também, como princípio formal, a lei que conta como uma tentativa legítima para decidir a competição entre esses princípios.[844]

O princípio da vedação do retrocesso ambiental inviabilizaria as opções democráticas do legislador para regular a vida em sociedade, para além de sua notória subjetividade.[845]

Robert Alexy afirma que no tema dos direitos fundamentais entra em jogo o princípio formal da competência decisória do legislador, porque somente define quem deve decidir.[846] Adicione-se, ainda, a "Lei de Combinação", "segundo a qual os princípios formais se juntam a pelo menos um princípio material quando entram em colisão com um outro princípio jurídico. O peso deste último, para justificar a introdução de uma exceção em uma regra jurídica, deve superar os pesos cumulativos do princípio que justifica esta regra e do princípio formal que exige o respeito às decisões do legislador".[847]

As opções políticas da atual legislação ambiental devem ser respeitadas, motivo pelo qual a doutrina propõe que o princípio da vedação do retrocesso não é absoluto, apenas garantidor de um núcleo essencial, considerando sempre "a liberdade do legislador em determinar a forma de consecução das políticas públicas".[848] Logo, não existindo direito adquirido em Direito Ambiental, a nova política pública ambiental é imediatamente aplicável, exceto, para alguns, nos casos em que a autorização ambiental ainda não tenha expirado, como ocorre pelo prazo de validade da LO.

Deve-se ter cautela ao interpretar o REsp nº 302.906/SP,[849] pois, apesar da expressa menção ao princípio da vedação do retrocesso ou da não regressão, as peculiaridades do caso, em termos de desvio de poder legislativo e administrativo, inviabilizam sua generalização. Além disso, quem deve julgar um princípio, ainda mais implícito, supostamente aplicável a todos os direitos fundamentais e, por isso, tendo *status* constitucional, é o STF, não o STJ em recurso especial por uma de suas turmas, cujas hipóteses de cabimento dificilmente embasariam a fundamentação em um princípio constitucional implícito.

Com o julgamento das ações diretas de inconstitucionalidade (ADIs 4901, 4902, 4903 e 4937) e da ação direta de constitucionalidade (ADC 42) do Código Florestal pelo STF, ruiu a tese de que qualquer alteração na lei ambiental que seja menos protetiva é vedada por causa da vedação do retrocesso.

---

[844] BOROWSKI, Martin. The structure of formal principles – Robert Alexy's 'Law of Combination'. In: BOROWSKI, Martin (Org.). *On the Nature of Legal Principles, Archiv für Rechts-und Sozialphilosophie, Beiheft 119*. Stuttgart: Franz Steiner Verlag, 2010. p. 33.

[845] GULIN, Gleyse; SAES, Marcos André Bruxel; TONON NETO, Nelson. O princípio da proibição do retrocesso e o licenciamento ambiental. In: COLI, Adriana; DIAS, Pedro (Coord.). *O Setor Elétrico e o Meio Ambiente*. Rio de Janeiro: Synergia: FMASE, 2017. p. 115.

[846] ALEXY, Robert. *Teoria dos Direitos Fundamentais*. Trad. Virgílio Afonso da Silva. São Paulo: Malheiros, 2008. p. 615.

[847] BUSTAMANTE, Thomas. Princípios, regras e conflitos normativos: uma nota sobre a superabilidade das regras jurídicas e as decisões *contra legem*. *Direito, Estado e Sociedade*, PUC-RJ: Departamento de Direito, n. 37, p. 152-180, jul./dez. 2010. p. 162, nota 20.

[848] CONTO, Mário de. *O Princípio da Proibição do Retrocesso*: uma análise a partir dos pressupostos da hermenêutica filosófica, 2008. p. 129.

[849] STJ, 2ª T., v.u., REsp nº 302.906/SP, Rel. Min. Herman Benjamin, j. em 26.08.2010, DJe 01.12.2010.

8.2.2 A questão no direito sancionador: *novatio legis in mellius*?

A questão da aplicação imediata da norma no direito administrativo sancionador toma um rumo pouco diferente da sua aplicação na seara civil. Não se admite a aplicação da legislação atual se ela for mais severa do que a antiga, ainda mais porque a aplicação da legislação atual, para quem a entende aplicável, deve ser em bloco, não podendo fracionar partes boas. Então, a questão que realmente se põe é: poder-se-ia aplicar a lei favorável na seara do direito administrativo sancionador ambiental? Se uma norma deixasse de prever alguma conduta como infração ambiental e existisse uma sanção aplicada com base na lei antiga, a novel legislação poderia ser aplicada, como ocorre na seara penal?

Mesmo reconhecendo a subjetividade na seara administrativa sancionadora,[850] o STJ tem entendido não ser aplicável a retroação da norma sancionadora mais benéfica, excluindo a aplicação analógica do artigo 106 do Código Tributário Nacional (CTN),[851] ao direito administrativo sancionador[852] ou ao ambiental,[853] que prevê expressamente a possibilidade de se excluir a penalidade, desde que o ato administrativo de aplicação da penalidade não esteja definitivamente julgado.

Por causa desse entendimento jurisprudencial, diversos órgãos da AGU (PFE-Anatel[854] e PFE-Ibama)[855] bem como a Advocacia-Geral de Minas Gerais,[856] também encamparam esse entendimento, somente admitindo a retroatividade de lei mais benéfica com expressa previsão legal.

---

[850] "[...] MULTA APLICADA ADMINISTRATIVAMENTE EM RAZÃO DE INFRAÇÃO AMBIENTAL. EXECUÇÃO FISCAL AJUIZADA EM FACE DO ADQUIRENTE DA PROPRIEDADE. ILEGITIMIDADE PASSIVA. MULTA COMO PENALIDADE ADMINISTRATIVA, DIFERENTE DA OBRIGAÇÃO CIVIL DE REPARAR O DANO. [...] 7. A questão, portanto, não se cinge ao plano da responsabilidade civil, mas da responsabilidade administrativa por dano ambiental. 8. Pelo princípio da intranscendência das penas (art. 5º, inc. XLV, CR 88), aplicável não só ao âmbito penal, mas também a todo o Direito Sancionador, não é possível ajuizar execução fiscal em face do recorrente para cobrar multa aplicada em face de condutas imputáveis a seu pai. 9. Isso porque a aplicação de penalidades administrativas não obedece à lógica da responsabilidade objetiva da esfera cível (para reparação dos danos causados), mas deve obedecer à sistemática da teoria da culpabilidade, ou seja, a conduta deve ser cometida pelo alegado transgressor, com demonstração de seu elemento subjetivo, e com demonstração do nexo causal entre a conduta e o dano" (STJ, 2ª T., REsp nº 1.251.697/PR, Rel. Min. Mauro Campbell Marques, j. em 12.04.2012, *DJe* 17.04.2012).

[851] "Art. 106. A lei aplica-se a ato ou fato pretérito: [...] II – tratando-se de ato não definitivamente julgado: a) quando deixe de defini-lo como infração; b) quando deixe de tratá-lo como contrário a qualquer exigência de ação ou omissão, desde que não tenha sido fraudulento e não tenha implicado em falta de pagamento de tributo; c) quando lhe comine penalidade menos severa que a prevista na lei vigente ao tempo da sua prática".

[852] STJ, 2ª T., v.u., AgRg no REsp nº 761.191/RS, Rel. Min. Mauro Campbell Marques, j. em 12.05.2009, *DJe* 27.05.2009; STJ, 2ª T., v.u., REsp nº 1.176.900/SP, Rel. Min. Eliana Calmon, j. em 20.04.2010, *DJe* 03.05.2010.

[853] STJ, 2ª T., v.u., REsp nº 623.023/RJ, Rel. Min. Eliana Calmon, j. em 03.11.2005, *DJU* 14.11.2005. p. 251.

[854] "[...] 5. Retroatividade da lei mais benéfica. Art. 5º, XL, Constituição Federal. Inaplicabilidade ao direito administrativo sancionador. Aplicação do princípio do *tempus regit actum*" (Parecer nº 384/2010/LBC/PGF/PFE-Anatel, aprovado, em 06.05.2010, pelo Procurador-Chefe Nacional da Anatel, nos autos do PA 53532.001853/2005). A Procuradoria Federal Especializada da Anatel já tinha entendido dessa forma no Parecer nº 876/2009/PGF/PFE-Anatel, aprovado, em 19.06.2009, pela Procuradora-Chefe Nacional da Anatel, nos autos do PA 53500.020772/2005.

[855] Na OJN 45/2013/PFE-IBAMA/PGF/AGU, também aprovada pelo Ibama como parecer vinculante, ao tratar da questão do direito intertemporal pelo novo Código Florestal, ficou consignado: "É preciso, desde logo, afastar qualquer intuito de aplicação das conclusões jurídicas a seguir apresentadas à responsabilização administrativa do infrator ambiental, ou seja, às sanções impostas, como é exemplo a multa, que porventura tenham sido aplicadas pelo Ibama ao infrator ambiental. Da mesma forma, rechaça-se, desde logo, a aplicação à controvérsia posta dos princípios orientadores do poder sancionatório administrativo, e mais ainda do Direito Penal, ramo próprio do Direito, que, nem mesmo por analogia, deve ser estendido ao dever de recomposição ambiental:".

[856] Parecer nº 15.138/2011, aprovado pelo Advogado-Geral do Estado de Minas Gerais em 28.12.2011.

Quando as normas sancionatórias trabalham com o conteúdo de outras normas, que não mais preveem aquela situação como irregular, a tendência do direito sancionador é não mais considerar existente a sanção em questão. No Direito Penal, tem-se a previsão expressa desse princípio na Constituição, em seu artigo 5º, XL ("a lei penal não retroagirá, salvo para beneficiar o réu"). Essa norma constitucional seria aplicável ao direito administrativo sancionador e, consequentemente, às infrações ambientais?

Na ausência de norma infraconstitucional prevendo um regime geral do direito sancionador, foi natural se recorrer ao CTN. Afinal, era mais gerenciável a analogia com uma regra do que um saque puro e simples de um princípio de direito sancionador a partir de uma regra da Constituição (art. 5º, XL), embora Regis Fernandes de Oliveira entenda que esse dispositivo constitucional não se limita à seara penal, aplicando-se diretamente à administrativa também.[857] Heraldo Garcia Vitta simplesmente defende a *novatio legis in mellius na seara administrativa sancionadora, sem se preocupar com a sua base normativa*.[858]

Por outro lado, a jurisprudência espanhola, por exemplo, saca a retroatividade da norma administrativa sancionatória do princípio da legalidade e da irretroatividade da norma sancionadora ou restritiva de direitos,[859] o que também seria válido para nós.

Ressalte-se que o CTN é bem restritivo, porque ele impõe a coisa julgada administrativa como limite da retroação da norma mais benéfica, o que não existe em Direito Penal. Curiosamente,[860] o STJ amplia o alcance do dispositivo para admitir que em casos *sub judice* também se aplica o artigo 106, II, do CTN.[861] Em outras palavras, admite a extensão do alcance do preceito enquanto nega, como princípio geral do direito sancionador, a retroação da norma sancionadora mais benéfica.

Mais paradoxal ainda é admitir o princípio da prevalência da norma mais favorável no direito disciplinar, sancionador por excelência, mesmo sem lei expressa prevendo-o[862] – onde está a mesma razão, aplica-se a mesma lei (*ubi eadem legis ratio, ibi eadem legis dispositio*). O que realmente assusta é o STJ aplicar esse princípio até para concurso público,[863] mas não ao direito administrativo sancionador.

Mesmo Fábio Medina Osório, depois de aduzir que não haveria uma aplicação direta da Constituição, o que impossibilitaria a lei de vedar a retroação da norma

---

[857] OLIVEIRA, Regis Fernandes de. *Infrações e Sanções Administrativas*. 2. ed. São Paulo: RT, 2005. p. 64-65.

[858] VITTA, Heraldo Garcia. *A Sanção no Direito Administrativo*. São Paulo: Malheiros, 2003. p. 112-114.

[859] NIETO, Alejandro. *Derecho Administrativo Sancionador*. 4. ed. 2. reimp. Madrid: Tecnos, 2008. p. 243. Na Espanha, também defende o princípio da retroatividade da norma mais benéfica ao direito administrativo sancionador José María Quirós Lobo (*Principios de Derecho Sancionador*. Granada: Colmares, 1996. p. 53-59).

[860] Disse-se curiosamente porque na Espanha a *Ley 30/1992, de 26 de noviembre, de Régimen Jurídico de las Administraciones Públicas y del Procedimiento Administrativo Común* prevê a retroatividade da norma sancionadora mais favorável (art. 128.2), mas usa a palavra suposto (*presunto*) infrator, o que faz Alejandro Nieto doutrinar que ele somente se aplica quando não se trata de ato definitivamente julgado – como ocorreria com uma exegese estrita e literal do nosso CTN; entretanto, essa não é a leitura do Tribunal Supremo espanhol (NIETO, Alejandro. *Derecho Administrativo Sancionador*. 4. ed. 2. reimp., 2008. p. 244).

[861] STJ, 1ª S., EREsp nº 184.642/SP, Rel. Min. Garcia Vieira, j. em 26.05.1999, DJU 16.08.1999 p. 41; STJ, 2ª T., v.u., REsp nº 183.994/SP, Rel. Min. Franciulli Netto, j. em 11.04.2000, DJU 15.05.2000. p. 151; STJ, 2ª T., v.u., REsp nº 230.557/RS, Rel. Min. Francisco Peçanha Martins, j. em 16.10.2001, DJU 18.02.2002. p. 293; STJ, 2ª T., v.u., REsp nº 621.070/RS, Rel. Min. Eliana Calmon, j. em 18.08.2005, DJU 12.09.2005 p. 280.

[862] STJ, 6ª T., v.u., RMS nº 19.942/PE, Rel. Min. Paulo Medina, j. em 06.10.2005, DJU 21.11.2005. p. 301; STJ, 5ª T., v.u., RMS nº 20.883/PE, Rel. Min. Arnaldo Esteves Lima, j. em 23.08.2007, DJe 01.10.2007. p. 291; STJ, 5ª T., v.u., AR no RMS nº 30.553/PE, Rel. Min. Jorge Mussi, j. em 12.04.2011, DJe 29.04.2011.

[863] STJ, 3ª S., v.u., EREsp nº 446.077/DF, Rel. Min. Paulo Medina, j. em 10.05.2006, DJU 28.06.2006. p. 224.

sancionatória mais favorável, defende que se houvesse uma mudança radical de valores na norma mais favorável, ela seria aplicável diante do silêncio do legislador.[864] Em outras palavras, se o legislador nada estipulasse a respeito e os valores tivessem sido alterados, aplicar-se-ia a norma administrativa sancionadora mais favorável.

Acredita-se que essa solução é a mais adequada para o nosso ordenamento. Não sacar o princípio da *novatio in mellius* na seara administrativa sancionatória da Constituição, reservada exclusivamente ao Direito Penal, e sim como princípio do direito sancionador sem *status* constitucional, possibilita ao legislador dispor de forma diferente, caso deseje. Na França, Georges Dellis narra que o respeito a esse princípio em matéria sancionadora administrativa não é mais contestado, o que não significa que ele tenha *status* constitucional.[865]

A irretroatividade da norma administrativa sancionadora mais benéfica não deve ser considerada questão pacificada, ainda que haja entendimento do STJ nesse sentido. Embora ele negue a aplicação analógica do CTN e não exista lei geral ou setorial (*v.g.*, só para o meio ambiente), cabe ao STF dar a última palavra, em tema que usualmente é derivado de normas constitucionais.

Ressalte-se que a IN Ibama nº 14/2009, que dispõe sobre os procedimentos para apuração de infrações administrativas por condutas e atividades lesivas ao meio ambiente, previu a retroatividade da norma sancionadora mais benigna em caso específico: autos de infração lavrados após 22 de julho de 2008 atinentes a fatos infracionais ocorridos em data anterior à IN e quando não se tratar de infração continuada (art. 149).

---

[864] OSÓRIO, Fábio Medina. *Direito Administrativo Sancionador*. São Paulo: RT, 2000. p. 277-278.
[865] DELLIS, Georges. *Droit Pénal et Droit Administratif*: l'influence des principes du droit penal sur le droit administrative répressiv. Paris: LGDJ, 1997. p. 292.

CAPÍTULO IX

TRIAGEM, TITULARIDADE, FASES E LICENCIAMENTO AMBIENTAL CORRETIVO

O processo de licenciamento ambiental não começa exatamente quando o interessado apresenta o seu pedido para licenciar determinado projeto, mas da concepção do que precisa ser licenciado.

Há a possibilidade de se criar uma fase (interna) no processo de licenciamento ambiental para essa avaliação. Para o direito estrangeiro inspirado no estadunidense, essa fase chama-se triagem (*screening*). Entretanto, a triagem pode ocorrer mesmo antes do início do processo de licenciamento ambiental, ou seja, não se faz necessário que toda a atividade potencialmente poluidora receba expressa decisão sobre a necessidade de ser licenciada, como será visto.

Somente depois disso é que o processo administrativo de licenciamento ambiental se inicia na sua concepção tradicional e, salvo previsão específica, será dividido em três fases: licença prévia (LP), de instalação (LI) e de operação (LO).

Essa divisão trifásica do licenciamento ambiental não é algo intrínseco a ele, mas mera opção do Decreto nº 99.274/90 (art. 19), que foi repetida pela Resolução Conama nº 237/97 (art. 8º). Logo, não há óbice à legislação estipular modelo de fases de forma diferenciada ou mesmo monofásico. Na quase totalidade dos sistemas jurídicos não há esse modelo trifásico e ninguém diz que o meio ambiente está sendo prejudicado ou não está sendo garantido. Nesse sentido, a doutrina vem defendendo que o licenciamento trifásico deixe de ser a regra, "substituído pelo licenciamento bifásico ou único, conforme a gradação de riscos e impactos adversos".[866]

Ao contrário do que normalmente se imagina, a LI e a LO por si só não autorizam a efetiva instalação ou operação do empreendimento. São apenas marcos ou gatilhos dentro do processo de licenciamento que autorizam outras medidas para que haja a efetiva instalação ou operação. Por exemplo, a LI não autoriza a supressão de vegetação de APP ou do Bioma Mata Atlântica, sendo necessário para tanto a ASV. Quando não é o objeto central do licenciamento, a dragagem normalmente depende de autorização específica do órgão licenciador, não sendo suficiente a LI.

---

[866] D'OLIVEIRA, Rafael Lima Daudt. *A Simplificação do Direito Administrativo e Ambiental (de acordo com a Lei 13.874/2019 – Lei de Liberdade Econômica).* Rio de Janeiro: Lumen Juris, 2020. p. 130.

A repartição do licenciamento ambiental em fases tem outra importante consequência: definir o que deve ser apresentado em termos de projeto e estudos ambientais ao órgão licenciador, bem como o momento em que isso deverá ser feito. Na fase de LP se tem um projeto conceitual: viabilidade locacional e tecnológica; na fase da LI se trata de forma pormenorizada da forma como o projeto será implantado (projeto executivo), sendo em nível executivo, mais detalhado e devendo sofrer as devidas calibrações ambientais dessa maior precisão. O fato de projeto executivo ser apresentado pós-LP e pré-LI garante que se tenha em conta o conhecimento até então acumulado, incluindo tecnologia mais atual. Não se deve cobrar especificações de projeto na fase inicial (LP), por exemplo. Muitas vezes, contesta-se a validade do licenciamento ambiental com base em especulações sobre a técnica que será usada na execução do projeto, acusando o estudo ambiental de ser omisso a esse respeito, ainda que não seja a fase de detalhamento da sua execução. Esse tipo de especulação deve ser rechaçado porque tumultua o processo ao tentar antecipar o que deveria ser analisado na LI ou, mediante autorizações específicas, em momento posterior. Em decorrência dessa fragmentação e da discricionariedade procedimental, surgem várias questões, destacando-se a validade da (i) LI ou LO parcial, (ii) expedição de LI ou de LO após o prazo de validade da licença predecessora e (iii) a alteração do empreendimento na fase da LI ou da LO, que, embora já tenha sido abordada no capítulo dos estudos ambientais (estudos ambientais complementares), será complementada nesse capítulo.

9.1 Triagem do que deve ser licenciado e as competências legislativas no Estado federal

Parte da doutrina entende que a triagem (*screening*) somente ocorre dentro do processo de licenciamento ambiental, tendo como resultado o enquadramento do projeto em uma das seguintes categorias: (i) necessidade de aprofundar estudos; (ii) desnecessidade de aprofundamento dos estudos ou (iii) dúvidas sobre o potencial de causar impacto significativo ou sobre as medidas de controle.[867]

Em outras palavras, a triagem seria apenas para determinar questões acerca do estudo ambiental e não da necessidade de licenciar a atividade ou empreendimento. Embora seu uso geralmente seja dentro do processo de licenciamento ambiental, entende-se que se pode falar em triagem antes mesmo da sua existência. Andressa de Oliveira Lachotti também entende dessa forma, ao lecionar que a triagem é a análise para determinar se o projeto se submete a licenciamento ambiental e, em caso positivo, em qual nível de detalhe.[868] Por exemplo, se o órgão elabora listas negativas de atividades licenciáveis, existe triagem, ainda que não seja dos estudos ambientais.

Em alguns casos é razoável criar critérios para realizar essa triagem quando não fica clara a subsunção de alguma atividade como licenciável.

Nesse contexto surge a questão, recorrente em termos de licenciamento ambiental e que tem muita importância em um sistema federado, da obrigatoriedade de se licenciar

---

[867] SÁNCHEZ, Luis Enrique. *Avaliação de Impacto Ambiental*: conceito e métodos. 2. ed. 2013. p. 108.
[868] LACHOTTI, Andressa de Oliveira. *Evaluación de Impacto Ambiental y Desarrollo Sostenible*. Belo Horizonte: Arraes Editores, 2014. p. 107.

ou não todas as atividades constantes no Anexo 1 da Resolução Conama nº 237/97, intitulado "Atividades ou empreendimentos sujeitos ao licenciamento ambiental".

Apesar do entendimento de que a Resolução Conama nº 237/97 obriga o licenciamento de qualquer atividade listada no seu anexo, o referido rol não tem esse caráter absoluto, podendo haver legislação ou atos administrativos que mitiguem o alcance do Anexo. Embora a Resolução Conama nº 237/97 regule a Lei nº 6.938/81, essa não prevê que todas as atividades ou empreendimentos sejam licenciados.

Nos termos do artigo 10 da Lei nº 6.938/81, dependerão de prévio licenciamento ambiental a "construção, instalação, ampliação e funcionamento de estabelecimentos e atividades utilizadores de recursos ambientais, efetiva ou potencialmente poluidores ou capazes, sob qualquer forma, de causar degradação ambiental". Conceito que se aproxima do adotado nos EUA, onde o estudo ambiental (avaliação de impacto) é sinônimo de licenciamento ambiental.[869]

Nesse contexto, a 2ª Corte de Circuito (*Hanly v. Mitchell* – 1972) foi categórica em dizer que "não há dúvida de que o NEPA contempla alguma ação da Administração Pública que não exige o licenciamento ambiental porque é menor e tem tão pouco efeito no meio ambiente que chega a ser insignificante". Recusou o entendimento de que toda ação federal importante ou "de vulto"[870] (*major action*) necessariamente tem significativo impacto ambiental e, por isso, precisa ser licenciada.[871] Em outras palavras, no sistema estadunidense o impacto que gera a necessidade de EIA – para nós licenciamento ambiental – não é aquele decorrente de obra federal de vulto, mas o potencial de degradação ambiental, termos que não são sinônimos.

Não é de se estranhar que não se possa conceber de forma absoluta o rol do Anexo 1 da Resolução Conama nº 237/97. Entende-se que o rol do Anexo 1 Resolução Conama nº 237/97 não impôs o licenciamento de todas as atividades ali previstas, sobretudo porque é uma lista de "tipos de empreendimentos, sem considerações quanto ao porte ou localização".[872] Precisas as observações feitas pela AGU e aprovadas pelo MMA, tornando-as vinculantes a todos os respectivos órgãos autônomos e entidades vinculadas a essa pasta (LC nº 73/93, art. 42) até a sua equivocada revogação mediante o Despacho nº 55998/2017-MMA (SEI nº 0030352), ao admitirem que a legislação estadual possa prever que certas atividades não precisam ser licenciadas, uma vez que o rol da Resolução Conama nº 237/97 não é rígido ou determinista. Nas palavras do Parecer nº 826/2015/CGAJ/CONJUR-MMA/CGU/AGU:

> 29. A primeira questão é que o Estado pode, mesmo sem legislação específica, estabelecer critérios de exigibilidade, levando em consideração as especificidades, os riscos ambientais, o porte e outras características do empreendimento ou atividade (§2º do art. 2º da Resolução CONAMA nº 237/97) que levem a conclusão que a atividade daquele rol não é licenciável.

---

[869] "A Avaliação de Impactos Ambientais – AIA tem sua introdução no direito brasileiro inspirada no direito norte-americano (*National Environmental Policy Act – Nepa*, de 1969) e consiste propriamente em procedimento administrativo que, no contexto pátrio, foi transposto sob a forma do licenciamento ambiental" (CARVALHO, Délton Winter de. *Desastres Ambientais e sua Regulação Jurídica*. São Paulo: RT, 2015. p. 94).

[870] Para usar a tradução de Antonio F. G. Beltrão, *Aspectos Jurídicos do Estudo de Impacto Ambiental (EIA)*, 2007. p. 93.

[871] Threshold determinations by Federal Agencies under the National Environmental Policy Act of 1969, Hanly v. Mitchell, 460 F.2d 640 (2d Cir. 1972), *Washington University Law Quarterly*, v. 1973, n. 1, p. 235-244, 1973. p. 243.

[872] SÁNCHEZ, Luis Enrique. As etapas iniciais no processo de avaliação de impacto ambiental. *In*: GOUVÊA, Yara Maria Gomide; ACKER, Francisco Thomaz Van; SÁNCHEZ, Luis Enrique et al. *Avaliação de Impacto Ambiental*. São Paulo: Secretaria do Meio Ambiente, 1998. p. 54.

[...]
31. Repita-se, o rol da Resolução CONAMA nº 237/97 não é rígido nem determinista. Tanto assim é que, traçando um paralelo com a Resolução 01/86, para efeitos de EIA/RIMA, é assente na doutrina que o rol lá constante, goza de presunção relativa. Ora, se observado caso a caso, pode-se chegar à conclusão de que não é necessário EIA/RIMA por que em casos menos gravosos para o meio ambiente não se pode concluir que atividades ou empreendimentos não são licenciáveis, tendo em vista os critérios estabelecidos pelos Estados? Em contrapartida, outras atividades, que não lá incluídas, podem vir a ser licenciáveis a partir da análise do fato real.[873]

Deve-se destacar que a Nota Conjunta AGU/CGU/PGF nº 02/2011 (item 12), aprovada pelo Advogado-Geral da União, em 11.10.2011 (PA nº 00400.015591/2011-78), aduz que a regulação da União é prevalente sobre a do Conama, então por qual razão a dos Estados ou Municípios não seria, se existe autonomia em nosso Estado federativo e o dispositivo que serviu de base para esse entendimento da AGU (Decreto nº 99.274/90, art. 7º, I) cita expressamente Estados e Municípios? Em suma, o rol do Anexo 1 da Resolução Conama nº 237/97 é relativo, podendo ser afastado não somente por regulamentação da União, mas ainda pela dos Estados e Municípios.

Como consequência de tal entendimento, entendeu que o órgão ambiental federal (Ibama) fica impedido de avocar a fiscalização do empreendimento ou atividade "quando há uma atuação proativa do órgão ambiental estadual ou mesmo municipal, baseada em legislação também estadual quanto aos casos que devem ou não ser licenciados".[874] É estranho à prática do licenciamento ambiental que o Ibama seja um órgão supervisor dos procedimentos estaduais[875] ou municipais. Como destacado pela PFE-Ibama, "não há fundamento legal para que o Ibama atue como corregedor das ações de órgãos estaduais e municipais".[876] De fato, a própria LC nº 140/11, em termos

---

[873] Parecer nº 826/2015/CGAJ/CONJUR-MMA/CGU/AGU, da lavra do Consultor Jurídico do MMA, de 10.12.2015, nos autos do PA nº 02000.002095/2015-16. Nas conclusões do opinativo consta:
"a) O fato de que a conclusão a) do Parecer nº 665/2015/CGAJ/CONJUR-MMA/CGU/AGU/omtm afirma que 'diplomas normativos primários estaduais, distritais ou municipais que dispensem *tout court* pura e simplesmente o licenciamento ambiental violam o pacto federativo brasileiro' não elide ou afasta a possibilidade de que essas legislações estabeleçam critérios, levando em consideração as especificidades, os riscos ambientais, o porte e outras características do empreendimento ou atividade (§2º do art. 2º da Resolução nº 237/97) que levem a conclusão que alguma atividade do rol de atividades da Resolução CONAMA nº 237/97 não é licenciável, incluídas aí as atividades agropecuárias. b) Não é dado ao IBAMA a avocação plena da atividade fiscalizatória quando o Estado atua proativamente baseado em legislação estadual que estabeleça critérios, levando em consideração as especificidades, os riscos ambientais, o porte e outras características do empreendimento ou atividade (§2º do art. 2º da Resolução nº 237/97) que levem a conclusão que alguma atividade do rol de atividades da Resolução CONAMA nº 237/97 não é licenciável, incluídas aí as atividades agropecuárias".
Ressalte-se que o Parecer nº 826/2015/CGAJ/CONJUR-MMA/CGU/AGU foi aprovado pela Ministra do Meio Ambiente, em 29.01.2016, tornando-o vinculante aos respectivos órgãos autônomos e entidades vinculadas (LC nº 73/93, art. 42).
[874] Parecer nº 826/2015/CGAJ/CONJUR-MMA/CGU/AGU, da lavra do Consultor Jurídico do MMA, de 10.12.2015, nos autos do PA nº 02000.002095/2015-16 (item 33), aprovado pela Ministra do Meio Ambiente, em 29.01.2016, tornando-o vinculante aos respectivos órgãos autônomos e entidades vinculadas (LC nº 73/93, art. 42).
[875] ANTUNES, Paulo de Bessa. *Direito Ambiental*. 16. ed. São Paulo: Atlas, 2014. p. 187. Como destacado por Lucas Milaré: "Ao que nos parece, nenhum órgão de qualquer ente federativo pode se arvorar em corregedor de seus congêneres, posto que tal não é função sua. Assim, os vícios porventura existentes devem ser sanados pelo próprio órgão do qual emanou" (MILARÉ, Lucas Tamer. *Competência Licenciatória Ambiental*. 2011. 118 fls. Dissertação (Mestrado) – Faculdade de Direito, Pontifícia Universidade Católica de São Paulo, São Paulo, 2011. p. 95).
[876] Parecer nº 134/2015/CONEP/PFE-IBAMA-SEDE/PGF/AGU, aprovado, em 22.09.2015, mediante Despacho nº 574/2015/GABIN/PFE-IBAMA-SEDE/PGF/AGU, nos autos do PA nº 02058.000008/201440.

de fiscalização, adota a mesma diretriz, motivo pelo qual a OJN nº 49/2013/PFE-IBAMA preceitua que se deve respeitar, no âmbito administrativo, o entendimento do órgão ambiental competente para licenciar ou autorizar a atividade ou empreendimento.

9.1.1 Os projetos de recuperação ambiental

Um dos aspectos mais elementares da triagem reside em obras de recuperação ou restauração da área degradada. Visam remediar, recuperar, descontaminar, eliminar, restaurar ou minimizar o passivo ambiental, motivo pelo qual são chamados de projetos de recuperação ambiental. Alguns projetos não são assim chamados, mas têm nítida função de diminuir o impacto ambiental, como uma estação de tratamento de esgoto.

Seria extremo formalismo exigir licenciamento ambiental em todo e qualquer projeto de recuperação ou restauração ambiental, sendo ainda mais grave se exigir o EIA. Certo que alguns projetos de recuperação ambiental devem ter algum controle, sendo objeto de licenciamento, mas não se pode esquecer que se o projeto é de recuperação o nível de estudos ambientais exigidos dificilmente chegará ao EIA, que somente pode ser exigido diante de obra ou atividade potencialmente causadora de significativa *degradação* do meio ambiente.

Também não se pode desconsiderar que o controle ambiental dos projetos de recuperação ambiental pode ser efetuado com outros instrumentos de que o ordenamento dispõe.

A jurisprudência rechaçou a exigência de licenciamento em obra de recuperação de orla marítima degradada pela ação humana, obra que visava a reconstrução do meio ambiente em suas condições originais. Decidiu o TRF da 4ª Região:

> AMBIENTAL. ADMINISTRATIVO. AÇÃO CIVIL PÚBLICA. LICENCIAMENTO AMBIENTAL. DESNECESSIDADE. PROJETO DE RECUPERAÇÃO DE ORLA MARÍTIMA DEGRADADA POR AÇÃO ANTRÓPICA. 1. A LC nº 140/2011, que dispõe sobre o licenciamento ambiental, atribui ao Município o licenciamento de atividades que causem impacto em âmbito local, e a Resolução CONAMA nº 237/1997 não prevê a necessidade de licenciamento ambiental para "obras civis" ou "serviços de utilidade" que não sejam considerados efetiva ou potencialmente poluidores ou capazes de causar degradação ambiental. 2. Não se tratando de construção/obra com potencial poluidor, mas de projeto destinado à recuperação da orla marítima, no qual é buscada a recuperação da área degradada pela intervenção humana, não há que se falar em demolição da obra ou de indenização por parte do Município.[877]

Esse entendimento não autoriza que se disfarcem empreendimentos ou atividades sob a veste de projetos de recuperação ambiental para não realizar o licenciamento ambiental ou não realizar certa espécie de estudo ambiental, apenas obriga uma análise finalística do objeto do projeto.

---

[877] TRF da 4ª Região, 3ª T., v.u., AC 5004883-69.2014.4.04.7208, Rel. Des. Fed. Ricardo Teixeira do Valle Pereira, j. em 04.11.2015, *DE* 05.11.2015.

9.1.2 A dispensa do licenciamento ambiental diante da emergência

O licenciamento ambiental tem por fim gerenciar os impactos do objeto licenciado, ponderando os valores envolvidos.

Situações emergenciais, como estados de calamidade pública e situações menos drásticas, mas que exigem uma pronta intervenção para recuperar o meio ambiente ou outros bens, devem ser dispensadas do licenciamento ambiental. Em caso de risco iminente, devem ser tomadas as medidas necessárias para evitá-lo ou minorá-lo, ainda que isso signifique a não exigibilidade do licenciamento ambiental prévio.

Obviamente que não está vedado o controle ambiental posterior das intervenções, ainda que seja via licenciamento ambiental corretivo com a imposição de mitigantes, mas é importante destacar que a urgência pode dispensar o licenciamento ambiental prévio.

Embora fosse para autorização ambiental em sentido estrito, não sendo sobre licenciamento ambiental, a AGU e o Ibama se manifestaram admitindo o controle ambiental posterior da AVS na faixa de domínio em casos em que a segurança das pessoas estivesse em risco.[878]

A faixa de domínio de rodovias ou ferrovias, tendo em vista a sua inerente função de proteger a segurança do tráfego e, *ipso facto*, a dos seus usuários e terceiros na vizinhança, pressupõe uma situação emergencial. É que em situações de urgência, como se presume nos casos de manutenção da via, a ASV é diferida, sendo o controle ambiental praticado posteriormente.

Por isso, existe normativa do Ibama (IN Ibama nº 9, de 23 de maio de 2014) que autoriza intervenções de urgência, visando à segurança do tráfego, sem nem mesmo exigir ASV, seja de vegetação nativa, seja de exótica. Essa norma deve ser aplicada analogicamente às situações não expressamente contempladas por ela porque os valores que a situação de perigo põe em xeque (situação de emergência) impõem a intervenção imediata sem necessidade de ASV, o que não elimina o controle ambiental posterior.

Não faria sentido o próprio CFlo reconhecer a utilidade pública nas obras destinadas aos serviços públicos de transporte e do sistema viário (art. 3º, VIIII, *b*), e essas vias não serem seguras, aptas aos seus fins, por causa de um controle ambiental que pode ser feito *a posteriori*. Ressalte-se que não se pode falar em controle ambiental que leve à morte ou mutilação de seres humanos, tratando-os como objeto e, consequentemente, ignorando a sua dignidade, garantida constitucionalmente (CF, art. 1º, III). A depender da intensidade do risco a que usuários e não usuários das vias se expõem, há clara violação aos direitos fundamentais à vida, à segurança e à propriedade (CF, art. 5º, *caput*).

A proporcionalidade entre os valores envolvidos admite tal diferimento no controle ambiental, evitando que vidas humanas sejam colocadas em risco, eventualmente até mesmo questões ambientais, tendo em vista que um processo erosivo

---

[878] "[...] II – Necessidade de segurança do tráfego que dispensa a AVS, ainda que de espécie nativa, caso haja risco aos usuários da ferrovia (IN Ibama nº 9, de 23 de maio de 2014) que deve ser aplicada por analogia as demais espécies de vias porque os valores que a situação de perigo põe em xeque (situação de emergência) impõe a intervenção imediata sem necessidade de ASV, o que não elimina o controle ambiental posterior. Exegese sistemática com CFlo (art. 3º, VIII, *b*) e os direitos fundamentais da vida, segurança, propriedade (CF, art. 5º, *caput*) e dignidade da pessoa humana (CF, art. 1º, III), o que baliza a intensidade do risco, que deve ser suficiente para, de forma evidente, afetar a vida, a segurança ou a propriedade" (Parecer nº 39/2017/COJUD/PFE-IBAMA-SEDE/PGF/AGU, aprovado pelo Procurador-Chefe da PFE-Ibama, em 07/07/2017, mediante Despacho nº 381/2017/GABIN/PFE-IBAMA-SEDE/PGF/AGU, nos autos do PA nº 02026.000352/2017-59, entendimento aprovado na mesma data e autos pela Presidência do Ibama mediante Despacho SEI nº 0354694).

pode ser mais prejudicial ao meio ambiente do que uma eventual autorização ambiental necessária para o sanear.

É que não se pode falar em necessidade de autorização quando a eventual conduta da administração ambiental não poderia ter sido outra que não a de conceder a autorização. *Ad impossibilia nemo tenetur*.[879] A própria Procuradoria-Geral Federal (PGF) reconhece situações emergenciais, garantindo a sobrevivência do maior valor em jogo,[880] bem como o Advogado-Geral da União (Orientação Normativa nº 11/2009).

A presença do risco é uma constante na vida, inclusive em vias rodoviárias e ferroviárias, por isso, para caracterizar a situação de urgência, o risco deve ter intensidade suficiente para afetar a vida, a segurança ou a propriedade de forma evidente. O gestor da via fará tal avaliação, de forma fundamentada nas normas e *expertise* técnica do setor, cabendo ao Ibama analisá-la quando da apresentação do relatório com os dados da supressão ou intervenção em vegetação.

Frise-se que não existe alijamento da ASV, como não deveria haver do licenciamento ambiental. Há apenas seu diferimento.

9.2 Alteração de titularidade da licença ou do licenciamento ambiental

O licenciamento ambiental, tal como previsto em nossa legislação, não é um processo administrativo personalíssimo (*intuitu personae*). Ao contrário, nossa legislação deixa bem claro que o que se licencia é o empreendimento ou atividade, não a pessoa.

A Lei da Política Nacional do Meio Ambiente (Lei nº 6.938/81) é cristalina em citar estabelecimentos e atividades como objeto do licenciamento ambiental. Em seus artigos 9º, IV, e 10, *caput*, dispõe:

> Art. 9º. São instrumentos da Política Nacional do Meio Ambiente: [...]
> IV – o licenciamento e a revisão de *atividades* efetiva ou potencialmente poluidoras; [...]
> Art. 10. A construção, instalação, ampliação e funcionamento de *estabelecimentos e atividades* utilizadores de recursos ambientais, efetiva ou potencialmente poluidores ou capazes, sob qualquer forma, de causar degradação ambiental dependerão de prévio licenciamento ambiental. (destacou-se).

A LC nº 140/2011, ao definir o licenciamento ambiental, altera os termos do objeto licenciado para "atividades ou empreendimentos" (art. 2º, I), provavelmente motivada pela Resolução Conama nº 237/1997, que menciona "empreendimentos e atividades" (arts. 1º, I, 2º, *caput* e §1º, 4º, *caput*), embora a própria LC nº 140/11 use a ordem dos termos de forma aleatória (arts. 7º, XIV, XV, "b", 8º, XIV e XV, 9º, XIV), ou, ainda, somente o termo empreendimento (art. 7º, parágrafo único).

A Resolução Conama nº 1/1986 também mantém o mesmo objeto licenciado, ao falar em licenciamento de "atividades modificadoras do meio ambiente" (arts. 2º, *caput*, e 4º) ou simplesmente atividades (art. 3º).

---

[879] STF, Pleno, v.u., RE-RG 841.526/RS, Rel. Min. Luiz Fux, j. em 30.03.2016, *DJe* 01.08.2016.
[880] Parecer nº 07/2016/CPLC/DEPCONSU/PGF/AGU (PA nº 00407.007116/2016-72, seq. 27): prorrogação excepcional do contrato administrativo de serviço continuado nos termos do artigo 57, §4º, da Lei nº 8.666/1993, é admissível quando a ausência do serviço acarretar prejuízos consideráveis ao bom funcionamento do órgão ou da entidade contratante.

O Decreto nº 99.274/1990, ao dispor sobre a competência do Conama, prevê o licenciamento de atividades (art. 7º, I e §1º), tendo em seu capítulo IV (Do Licenciamento das Atividades) alterado um pouco o objeto do licenciamento para "estabelecimento de atividades" (art. 17, *caput*) ou simplesmente "estabelecimentos" (art. 19, §4º).

Em nossa Constituição Federal, ao tratar da exigência de licenciamento ambiental subsidiado pelo EIA, tem como seu objeto a "obra ou atividade" (art. 225, §1º, IV).

Por outro lado, ao definir o ato administrativo que é a licença ambiental, a Resolução Conama nº 237/97 impõe a obediência do "empreendedor, pessoa física ou jurídica, para localizar, instalar, ampliar e operar empreendimentos ou atividades utilizadoras" (art. 1º, II).

Em suma, é insofismável que pela legislação ambiental o objeto licenciado é o empreendimento, estabelecimento ou atividade, e não a pessoa responsável por eles. Alguns licenciamentos ambientais, por questões regulatórias, são efetuados até a fase de licença prévia por um empreendedor e, depois do leilão, quando assinado o contrato de concessão, há a mudança de titularidade. Em outros casos há fusão, incorporação ou cisão empresarial, o que também provoca a natural transferência de titularidade.

O foco do licenciamento ambiental está no objeto, e não na pessoa natural ou jurídica requerente da licença ambiental. A função do licenciamento ambiental é a de gerenciar os impactos ambientais do empreendimento ou atividade licenciados e não das pessoas que os detêm.

Nesse contexto, não existe óbice algum à mudança de titularidade do processo de licenciamento ambiental, independentemente de que fase ele se encontra. Não existe prejuízo ambiental na transferência da titularidade do licenciamento e da licença ambientais porque tal mudança não acarreta alteração de nenhuma obrigação ou ação estabelecida, especialmente as condicionantes. Certamente que o sucessor tem de cumprir os requisitos previstos no ordenamento para tanto, mas são os requisitos já estabelecidos para qualquer empreendedor, não havendo nada de extraordinário nisso.

Tão comum é a mudança de titularidade do licenciamento ambiental que o Estado do Rio de Janeiro prevê a averbação da licença ambiental para a alteração, dentre outras coisas, da titularidade (Decreto Estadual nº 44.820/14, art. 22, §1º, I).

Destaque-se que a assunção do licenciamento ambiental implica que o sucessor deve assumir todas as obrigações ambientais, exceto as que decorrem de sanções administrativas, essas personalíssimas. Por isso, é fundamental, quando se tratar de ato negocial, que o sucessor anua expressamente com a sucessão e com a assunção de todas as obrigações impostas pelo licenciamento, ou seja, suceda nos ônus e bônus.

Para evitar uma transferência indevida, caso o ato seja negocial entre antigo e novo titular, faz-se necessário que o antigo titular também anua expressamente ao ato. Tanto o sucessor quanto o sucedido devem provar que têm poderes para fazê-lo. Essa é a regra, mas existem casos nos quais a transferência da titularidade pode ocorrer sem a anuência, como na mudança da titularidade da concessão de serviço público, caso no qual a transferência regulatória impacta na ambiental, não precisando o antigo titular da concessão anuir na transferência. Ainda que o antigo titular não concorde com a transferência efetuada pelo Estado, isso não impede a mudança de titularidade do licenciamento ambiental pelo órgão ambiental.

A AGU e o Ibama admitem pacificamente a mudança de titularidade da licença ou do licenciamento ambiental:

[...] I – O objeto do licenciamento ambiental é o empreendimento, obra, estabelecimento ou atividade, sendo esse seu foco e não a pessoa natural ou jurídica requerente da licença ambiental. O licenciamento ambiental não é um processo administrativo personalíssimo (*intuitu personae*). Possibilidade de mudança de titularidade do licenciamento ambiental a qualquer tempo, desde que o sucessor cumpra os requisitos normativos exigidos para tornar-se empreendedor perante o órgão licenciador. Para evitar uma transferência indevida, caso o ato seja negocial entre antigo e novo titular, faz-se necessário que o antigo titular também anua expressamente ao ato. Essa é a regra, mas existem casos nos quais a transferência da titularidade pode ocorrer sem a anuência do antigo titular, como sucede na mudança da titularidade da concessão de serviço público, no qual a transferência regulatória impacta na ambiental, não precisando o antigo titular da concessão anuir na transferência. A assunção do licenciamento ambiental implica que o sucessor assume todas as obrigações ambientais, exceto as sancionatórias administrativas, essas personalíssimas. Precedentes."[881]

O Procedimento Operacional Padrão (POP) 11/2020, cuja utilização foi prevista pela Portaria 2.725, de 23 de novembro de 2020, do Diretor de Licenciamento Ambiental do Ibama (DOU 25.05.2022, S1, p. 469), regulamentou o tema no Ibama.

9.3 Validade de a execução ser efetuada por preposto do empreendedor, titular da licença ambiental

A incompreensão de que o licenciamento ambiental se volta ao empreendimento ou à atividade, e não à pessoa que o requer, gera o entendimento de que seria ilegal o objeto do licenciamento ser executado por quem não esteja na licença ambiental. Dessa forma, o fato de a LP ter sido concedida a X e as demais licenças a Y, em mudança de titularidade de licença, impediriam que o objeto licenciado fosse efetuado por terceiro.

A base desse entendimento é a consideração de que as licenças ambientais são pessoais e intransferíveis, não podendo ser utilizadas por terceiros, o que já se viu não ser verdadeiro no item anterior, quando se destacou que o objeto do licenciamento ambiental é o empreendimento, obra, estabelecimento ou atividade, sendo esse seu foco e não a pessoa natural ou jurídica requerente da licença ambiental.

O licenciamento ambiental não é um processo administrativo personalíssimo (*intuitu personae*), havendo a possibilidade de mudança de titularidade do licenciamento ambiental a qualquer tempo, desde que o sucessor cumpra os requisitos normativos exigidos para ser empreendedor perante o órgão licenciador. É claramente equivocado o entendimento de que as licenças ambientais são emitidas em função das condições de execução demonstradas por determinada pessoa, sendo pessoais e intransferíveis.

---

[881] Parecer nº 41/2018/COJUD/PFE-IBAMA-SEDE/PGF/AGU, aprovado pelo Procurador-Chefe Nacional da PFE-Ibama, em 24.04.2018, mediante o Despacho nº 261/2018/GABIN/PFE-IBAMA-SEDE/PGF/AGU, nos autos do PA nº 00414.021655/2017-14, bem como pela Presidência do Ibama (Despacho SEI nº 2210697), na mesma data, nos autos do PA nº 02001.004964/2018-80. No mesmo sentido, cf. Parecer nº 82/2016/COJUD/PFE-IBAMA-SEDE/PGF/AGU, aprovado pelo Procurador-Chefe Nacional da PFE-Ibama, em 05.08.2016, mediante Despacho nº 412/2016/GABIN/PFE-IBAMA-SEDE/PGF/AGU, nos autos do PA nº 02001.003789/2016-41: "LICENCIAMENTO AMBIENTAL. TITULARIDADE. POSSIBILIDADE DE MUDANÇA. INEXISTÊNCIA DE LICENCIAMENTO AMBIENTAL *INTUITU PERSONAE*. OBJETO LICENCIADO É O EMPREENDIMENTO OU ATIVIDADE. I – O objeto do licenciamento ambiental é o empreendimento, obra, estabelecimento ou atividade, sendo esse seu foco e não a pessoa natural ou jurídica requerente da licença ambiental. O licenciamento ambiental não é um processo administrativo personalíssimo (*intuitu personae*). II – Possibilidade de mudança de titularidade do licenciamento ambiental a qualquer tempo, desde que o sucessor cumpra os requisitos normativos exigidos para ser empreendedor perante o órgão licenciador".

Ao órgão licenciador não interessa quem executa o projeto, geralmente não havendo identidade entre o empreendedor e o executor. Isso ocorre porque o empreendedor terceiriza a execução do projeto licenciado. Nada mais natural. O empreendedor de uma Usina Hidrelétrica (UHE) ou ferrovia dificilmente terá em seu objeto social a construção de UHEs ou ferrovias, sendo mais provável que ele seja apenas um operador dos empreendimentos ou atividades sujeitos ao licenciamento ambiental. Da mesma forma que não é o empreendedor quem elabora o Estudo de Impacto Ambiental (EIA) ou executa os programas ambientais do Plano Básico Ambiental (PBA).

Entretanto, o fato de a execução do projeto ser efetuada por terceiros não significa que a responsabilidade ambiental não seja do empreendedor. Ele responde pelos atos do seu contratado ou preposto. Os arranjos privados para a execução da obra não interessam ao licenciamento ambiental, sendo o titular da licença ambiental integralmente responsável pelos aspectos tratados no processo de licenciamento e na execução do projeto. Essa responsabilidade no licenciamento não exime a do executor, que responde solidariamente.

Assim, não há ilegalidade no fato de a execução do projeto submetido ao licenciamento ambiental ser executado por preposto do titular da licença, isto é, por um terceiro. Essa possibilidade, para além de sua lógica, é reconhecida pela AGU e pelo Ibama:

> II – Validade da execução do projeto submetido ao licenciamento ambiental ser executado por preposto (terceiro) do titular da licença. Essa situação não é excepcional, mas a regra, pois dificilmente o empreendedor terá como atividade fim a execução do próprio projeto submetido ao licenciamento ambiental.[882]

9.4 A LI ou LO por etapas ou parcial: o licenciamento ambiental por fases ou etapas

Um desdobramento da liberdade procedimental é a existência da diversidade de ritos para se expedir a licença ambiental, admitindo-se, também por esse motivo, o licenciamento ambiental por fases, também conhecido como licenciamento por etapas. Destaque-se que são fases ou etapas do projeto que moldam essa alcunha. Então, depois de uma LP, pode haver LI e LO para essas fases do projeto e não, como costuma ocorrer, para o projeto inteiro.

A Resolução Conama nº 237/97 tem previsão expressa no sentido de que cabe ao órgão ambiental definir os procedimentos específicos para as licenças ambientais e, adicionalmente, compatibilizar o processo de licenciamento com as etapas de planejamento, implantação e operação (art. 12), cuja disposição normativa constava do licenciamento ambiental sujeito ao EIA, com a expressa previsão de que essa compatibilização tenha "por base a natureza o porte e as peculiaridades de cada atividade" (Res. Conama nº 1/1986, art. 4º). Discricionariedade que se alastra aos atos administrativos (licenças) constantes do processo de licenciamento ambiental, uma vez que as licenças ambientais poderão ser expedidas isolada ou sucessivamente, de acordo com a natureza,

---

[882] Parecer nº 41/2018/COJUD/PFE-IBAMA-SEDE/PGF/AGU, aprovado pelo Procurador-Chefe Nacional da PFE-Ibama, em 24.04.2018, mediante o Despacho nº 261/2018/GABIN/PFE-IBAMA-SEDE/PGF/AGU, nos autos do PA nº 00414.021655/2017-14, bem como pela Presidência do Ibama (Despacho SEI nº 2210697) na mesma data nos autos do PA nº 02001.004964/2018-80.

características e fase do empreendimento ou atividade (art. 8º, parágrafo único). Essa discricionariedade também existe na definição dos estudos ambientais adequados e pertinentes ao respectivo processo de licenciamento, se a atividade ou empreendimento não forem potencialmente causadores de significativa degradação do meio ambiente (art. 3º, parágrafo único).

Em suma, não existe nenhuma norma que obrigue a emitir uma LI ou LO total, sendo perfeitamente admitida a licença parcial, ao admitir a instalação da obra em etapas, destacando que ela não é caso isolado, sendo a regra em inúmeros licenciamentos ambientais e apta a garantir a duração razoável do processo, bem como a adequada proteção ambiental, como visto no próximo item.

Há polêmica na expedição da LI ou LO parcial porque, para elas serem expedidas, as condicionantes previstas na licença anterior não devem ter sido cumpridas integralmente. As LI ou LO, parcial ou por trechos, nada mais são do que a autorização para que o projeto seja instalado ou opere parcialmente sem o cumprimento integral das exigências contidas na LP ou LI, uma vez que ele se afigura desnecessário, tendo em vista os impactos a serem gerenciados nesse cenário.

Preliminarmente, como visto no capítulo sobre condicionantes e mitigantes, deve-se considerar que a execução das condicionantes pode ser deslocada de fase (LP → LI → LO) se surgirem motivos para tanto, bem como serem alteradas ou suprimidas,[883] como reconhece o *caput* do artigo 19 da Resolução Conama nº 237/97.

O artigo 19, I, do Decreto nº 99.274/90, que regulamenta a Lei da Política Nacional do Meio Ambiente (Lei nº 6.938/81), é categórico ao preceituar que na licença prévia devem constar os requisitos básicos a serem atendidos nas fases de localização (a própria LP), instalação e operação, o que abrange as condicionantes que possam ser até identificadas nessa fase. O artigo 8º, I, da Resolução Conama nº 237/97 também segue a mesma linha, ao determinar que as condicionantes devem ser atendidas nas próximas fases de implementação do empreendimento, o que é corroborado nos incisos II e III desse artigo. O inciso II cita as "demais condicionantes, da qual constituem motivo determinante", ou seja, a LI autoriza a implantação das condicionantes que são motivo determinante dessa fase, assim como o inciso III também cita as condicionantes na fase de operação.

Não se pode confiar no órgão licenciador somente quando ele estabelece condicionantes, mas também quando ele as modifica ou as revoga. Não existe direito adquirido às condicionantes ou mesmo a sua imutabilidade – o licenciamento ambiental é dinâmico.

Além disso, como não existe ato normativo que obrigue a emitir a licença de instalação ou operação única, sendo silente o Decreto Federal nº 99.274/90 ao prever a LP, LI e a LO (art. 19), deve prevalecer a discricionariedade ou liberdade procedimental da Administração Pública.

O fundamento geralmente invocado em prol da impossibilidade da concessão da licença parcial, nos casos de LI parcial, é o artigo 19, I, da Resolução Conama

---

[883] Nesse sentido, conforme reconhece a AGU no Parecer nº 83/2015/COJUD/PFE-IBAMA-SEDE/PGF/AGU, aprovado pela Procuradora-Chefe Nacional da PFE-Ibama, em 25.01.2016, mediante Despacho nº 03/2016/GABIN/PFE-IBAMA-SEDE/PGF/AGU, nos autos do PA nº 02001.007258/2015-47. As considerações do Parecer nº 83/2015 já constavam do Parecer nº 61/2015/COJUD/PFE-IBAMA-SEDE/PGF/AGU, aprovado pela Procuradora-Chefe Nacional da PFE-Ibama, em 05.10.2015, mediante Despacho nº 606/2015/GABIN/PFE-IBAMA-SEDE/PGF/AGU, nos autos do PA nº 00807.000782/2015-96.

nº 237/97, que possibilita alterar as condicionantes ou as medidas de controle e adequação, além da suspensão ou cancelamento da licença expedida, quando ocorrer "violação ou inadequação de quaisquer condicionantes ou normas legais". Porém, em nenhum momento o dispositivo proíbe conceder licença ambiental parcial (LI ou LO) ou preceitua que a condicionante da licença anterior condicionaria a da posterior, ainda que fosse licença parcial. Sendo o licenciamento dinâmico, pode haver alteração das condicionantes a qualquer momento, desde que motivadamente.[884]

As condicionantes da LP são previstas para o empreendimento como um todo, não para parte dele, sendo desproporcional exigi-las para uma instalação ou operação parcial.

Corroborando a tese de que é possível expedir licença parcial, o Decreto Federal nº 4.340/02 (art. 31, §4º), com as alterações promovidas pelo Decreto nº 6.848/09, preceitua que a compensação ambiental poderá incidir sobre cada trecho nos empreendimentos em que a LI for emitida por trecho.

Entretanto, não apenas é válida a LI parcial, mas também a LO. A LO parcial é expressamente reconhecida pela AGU no Parecer nº 93/08/GAB/PFE-IBAMA-ICMBIO-SEDE/PGF/AGU, no qual restou consignado que "garantida a viabilidade ambiental, a construção do empreendimento ou até a sua operação parcial pode ser autorizada por etapas e, diga-se, isso não é incomum". Nesse opinativo jurídico ficou ainda estabelecido:

> [...] não há nenhuma determinante legal estabelecendo que a licença deva ser concedida para o total da obra de instalação do empreendimento. De outro viés, é fácil vislumbrar que o objetivo da norma é garantir que a instalação do empreendimento se dê de forma ambientalmente adequada. Assim, é importante é que as obras atendam as condicionantes ambientais necessárias ao controle de impactos ambientais adversos.
>
> Diante do exposto, não é importante que a licença de instalação seja dada para o todo, pois não é isso que garantirá maior ou menor proteção ao ambiente. O importante é que ao ser dada, seja considerada que a parte ou o todo da obra autorizada esteja de acordo com as condicionantes ambientais necessárias. [...]
>
> Acrescente-se à argumentação que isso somente é possível porque o empreendimento foi submetido a uma avaliação prévia que atestou a sua viabilidade por ocasião da LP, considerando os aspectos globais envolvidos.[885]

---

[884] Também se costuma citar o artigo 27, §1º, da IN Ibama nº 184/08 como impeditivo à licença de instalação parcial, uma vez que ele preceitua que a LI é subsidiada pelo Projeto Básico Ambiental (PBA), Plano de Compensação Ambiental e Inventário Florestal, para emissão de autorização de supressão de vegetação, que deverão ser elaborados com base, dentre outras coisas, nos critérios fixados nas condicionantes da LP. Entretanto, ter uma licença baseada em instrumentos ambientais que devem ser compatíveis com as condicionantes, não significa que uma parte da obra não possa ser instalada ou operada se as medidas já adotadas forem suficientes para isso. Dispõe o artigo 27, §1º, da IN Ibama nº 184/08: "Art. 27. A concessão da Licença de Instalação – LI é subsidiada pelo Projeto Básico Ambiental – PBA, Plano de Compensação Ambiental e quando couber o PRAD e Inventário Florestal para emissão de autorização de supressão de vegetação. §1º O PBA, o Plano de Compensação Ambiental e o Inventário Florestal deverão ser elaborados em conformidade com os impactos identificados no EIA e com os critérios, metodologias, normas e padrões estabelecidos pelo Ibama, bem como aos fixados nas condicionantes da LP".

[885] Parecer nº 93/08/GAB/PFE-IBAMA-ICMBio-Sede/PGF/AGU, confeccionado pela Procuradora-Chefe Nacional da PFE-Ibama, em 14.11.2008, nos autos do PA nº 02001.002715/2008-88. Embora tenha a mesma numeração e data de outro parecer (sobre validade da alteração do projeto após a LP – fls. 768-771) expedido no mesmo PA, ele tratou de outra questão (licença parcial), estando localizado às fls. 786-792 do PA nº 02001.002715/2008-88.

Por sua vez, no Parecer nº 607/2010/COEPE/BMF/PFE-IBAMA-SEDE/PGF/AGU,[886] a AGU corroborou tal entendimento, desde que a licença parcial não implicasse prejuízos ambientais, isto é, mediante o devido ajuste decorrente dos impactos causados pela instalação parcial, e a Administração Pública não ficasse refém de fato consumado, o que ocorreria se a conclusão da parcela licenciada impedisse o órgão licenciador de alterar os projetos e programas referentes às demais etapas da obra. Como asseverado pela AGU:

> [...] Por outro lado, deve ser observado que inexiste ato normativo que obrigue a emitir a licença de instalação única, válida para toda a instalação da obra.
>
> Pelo contrário: mais do que admitida por uma questão de interpretação sistemática e teleológica, a possibilidade de emissão de licença de instalação por etapas recebe guarida expressa do ordenamento jurídico, inclusive dirigida à espécie de obra de maior potencial lesivo, qual seja, aquela sujeita à exigência constitucional do EIA/RIMA [Dec. nº 4.340/02, art. 31, §4º].
>
> [...] Assim, necessário se faz que o órgão ambiental tenha espaço para adequar os procedimentos aos casos concretos, sempre com vistas a permitir a efetiva proteção dos recursos naturais. [...]
>
> Isso porque, em tese, inexiste prejuízo ao meio ambiente na concessão de licença de instalação por etapas, na medida em que, partindo-se da premissa de que a concepção do projeto já foi aprovada, discute-se tão somente a forma menos danosa de construir o empreendimento, bem como as respectivas medidas mitigatórias e compensatórias.
>
> Em casos tais, cabe ao Poder Público analisar os requerimentos de licença de instalação por etapa, nos limites demandados pelo empreendedor, indicando os ajustes e medidas cabíveis, devidamente precedidos da identificação dos impactos causados pelas instalações pleiteadas da adequação das medidas mitigadoras propostas (planos, programas e projetos) e do atendimento das condicionantes ambientais previstas especificamente para a parcela da obra requerida... [...]
>
> A instalação da obra por etapas, portanto, não pode acarretar ampliação dos danos ambientais, nem, por outro lado, tornar a Administração refém da situação de fato consumado. Assim, não se faz possível admitir a emissão de licença de instalação para uma etapa do projeto... quando a conclusão dessa parcela da obra impedir o Ibama de alterar, melhorando, os projetos e programas referente às demais etapas da obra.
>
> A análise dos planos, projetos e programas destinados às demais parcelas da obra – objeto das futuras licença/licenças de instalação por etapas – não pode estar limitada pelo juízo realizado sobre a licença de instalação anterior, de forma a impedir que a autarquia exerça com plenitude sua prerrogativa de criticar e melhorar ambientalmente o empreendimento.[887]

---

[886] Parecer nº 607/2010/COEPE/BMF/PFE-IBAMA-SEDE/PGF/AGU, aprovado pelo Procurador-Chefe Nacional da PFE-Ibama, em 06.12.2010, mediante Despacho nº 345/2010, sendo aprovado também pelo Procurador-Geral Federal em 07.12.2010, nos autos do PA nº 02001.006895/2010-91.

[887] Parecer nº 607/2010/COEPE/BMF/PFE-IBAMA-SEDE/PGF/AGU, aprovado pelo Procurador-Chefe Nacional da PFE-Ibama, em 06.12.2010, mediante Despacho nº 345/2010, sendo aprovado também pelo Procurador-Geral Federal em 07.12.2010, nos autos do PA nº 02001.006895/2010-91. Continua o parecer: "[...] Não se admite, portanto, a existência de relação de prejudicialidade entre a parcela da obra autorizada pela licença de instalação específica e os demais componentes dela, uma vez que tal circunstância acarretaria inadmissível submissão do órgão licenciador às situações consumadas. Dessa forma, por exemplo, caso o eixo do barramento – objeto da licença de instalação por etapas requerida – seja elemento decisivo para a definição da localização e espécie de turbinas – elemento ainda não aprovado pela autarquia, elemento de licença de instalação futura – não se pode permitir a pronta realização da parcela inicial da obra, posto que isso impediria o Ibama de atuar livremente sobre a questão. Na hipótese de etapas da obra diretamente relacionadas – que exijam planos, programas e projetos intrinsecamente relacionados – solução outra não há senão a emissão de licença de instalação única. Nesse

Curt e Terence Trennepohl expressamente admitem a LI parcial.[888] Na esteira da AGU, concluem que a licença por etapas não pode significar um fracionamento da licença, ou seja, "somente atividades independentes podem ser licenciadas separadamente, não se admitindo, por exemplo, o licenciamento da terraplenagem separadamente do asfaltamento de uma estrada".[889] Faça-se apenas uma observação de que a terraplenagem é perfeitamente possível de ser efetuada em etapa separada do asfaltamento se ela por si só trouxer melhoria, como é o caso das estradas de chão relativamente estáveis, cuja terraplenagem pode ser uma utilidade durável, podendo o asfalto vir algum tempo depois sem prejuízo algum. Lucas Tamer Milaré também doutrina que a LI e a LO parciais são válidas, sendo possível a emissão de LO provisória ou LI para pré-operação.[890]

Esse entendimento foi recentemente reafirmado pela AGU e encampado expressamente pelo Ibama, no Parecer nº 41/2018/COJUD/PFE-IBAMA-SEDE/PGF/AGU.[891]

---

contexto, ressalvado o caso em que exista a mencionada relação de prejudicialidade, o exame detido de cada requerimento específico de licença de instalação, com a fixação das respectivas correções e medidas de redução de impactos, é instrumento capaz de proteger adequadamente o meio ambiente, dando concreção ao princípio da prevenção, inexistindo prejuízo ambiental com a medida. A realização do licenciamento de instalação por etapas, outrossim, tem o mérito de permitir a antecipação da conclusão das obras, medida benéfica não apenas ao meio ambiente, mas também ao interesse que justificou a realização do empreendimento. Se a alteração do meio ambiente já foi aprovada pela autoridade pública responsável, sendo questão de tempo a consumação do dano ambiental admitida, a pronta conclusão das obras é medida que traz benefícios ambientais, desde que compreendido este em sua concepção ampla, abrangendo os efeitos positivos na socioeconomia, como ocorre com a ampliação dos empregos e a circulação de bens. Ressalte-se, ademais, que a emissão da licença por etapas não representa – em si mesma – risco de produção do chamado 'fato consumado', consubstanciado na instalação de uma parcela da obra sem que, posteriormente, o restante seja concluído. Caso, após a realização de etapa da obra admitida por licença de instalação específica, os projetos e programas referentes ao restante da obra não forem aprovados – mesmo depois de reiteradas intervenções do ente licenciador –, inviabilizando a conclusão do empreendimento, o vício estará não na licença de instalação por etapas, mas sim na licença prévia anterior, posto que esta havia atestado a compatibilização do empreendimento com o meio ambiente atingido, juízo não condizente com a realidade prática. [...] Assim, estando a concepção e localização do empreendimento devidamente atestadas pela licença prévia anterior, que abrange todo projeto, inexiste a possibilidade de as obras autorizadas pela licença de instalação específica restarem ociosas, uma vez que a obra como, um todo, será construída. Ressalte-se, como já realizado pelo parecer de fls. 04/07, que a emissão de licenças de instalação por etapas, longe de ser caso isolado, é regra em inúmeros empreendimentos, tais quais rodovias, gasodutos e portos, havendo, inclusive, precedentes em sede de usinas hidrelétricas, a exemplo da UHE Simplício e da UHE Jirau. Nesse contexto, por fim, absurdo e ilegal seria o fracionamento do próprio licenciamento, posto que não se admite que o Poder Público consinta pontualmente com alguma parcela da atividade danosa ao meio ambiente, antes de haver firmado entendimento pela viabilidade do empreendimento como um todo. [...] Em conclusão, considera-se que a emissão da licença de instalação por etapas, longe de representar qualquer ilegalidade, é procedimento apto, a um só tempo, a prestigiar o direito fundamental da duração razoável do processo, aplicável também no procedimento administrativo (artigo 5º, inciso LXXVIII, da Constituição), e a garantir a adequada proteção ambiental".

[888] "Tomemos como exemplo o licenciamento de uma hidrelétrica, em que a Licença Prévia atestou a viabilidade ambiental, mas impôs uma série de condições para o represamento do curso d'água. Nada impede que seja expedida a Licença de Instalação para o canteiro de obras da hidrelétrica enquanto as medidas de prevenção ou compensação do barramento da água estiverem sendo cumpridas. O mesmo exemplo pode ser citado no caso da construção de um terminal portuário. Atestada a viabilidade ambiental do empreendimento, nada impede que se emita a Licença de Instalação para obras de infraestrutura em terra enquanto são cumpridas as condicionantes para a dragagem ou aprofundamento do leito marinho" (TRENNEPOHL, Curt; TRENNEPOHL, Terence. *Licenciamento Ambiental*. 5. ed. 2013. p. 61).

[889] TRENNEPOHL, Curt; TRENNEPOHL, Terence. *Licenciamento Ambiental*. 5. ed. 2013. p. 62.

[890] MILARÉ, Lucas Tamer. *Competência Licenciatória Ambiental*. 2011. 118 fls. Dissertação (Mestrado) – Faculdade de Direito, Pontifícia Universidade Católica de São Paulo, São Paulo, 2011. p. 45-46.

[891] "[...] Validade da expedição da LI ou LO, parcial ou por trechos, uma vez que as condicionantes da licença anterior (LP ou LI) a serem cumpridas são aquelas relativas aos impactos atualmente existentes pela instalação ou operação parcial. Na ausência de ato normativo que obrigue a emitir a licença de instalação ou operação

9.5 Expedição de licença de instalação ou de operação após o prazo de validade da licença predecessora: mora administrativa e licenciamento ambiental por fases

A expedição da LI ou da LO, após o prazo de validade da licença predecessora, é polêmica porque os estudos ambientais podem estar desatualizados, não mais havendo viabilidade ambiental constatada na LP ou LI.

O que gera a necessidade de se enfrentar essa tese é a demora da Administração Pública ambiental em analisar os estudos ambientais entregues pelo empreendedor, seja os que são entregues antes da LP (*v.g.*, EIA), seja os que são entregues pré LI (*v.g.*, PBA), bem como a possibilidade de o licenciamento ambiental ser efetuado por fases ou etapas, porque esse tipo de licenciamento geralmente ocorre em prazos bem mais dilatados, fazendo com que o prazo da licença predecessora esteja expirado. Para complicar um pouco mais, ainda que os estudos entregues tenham sido analisados antes do vencimento da licença, às vezes são necessárias complementações que somente serão realizadas após o termo final daquele ato.

Licenciamento ambiental por fases ou etapas é aquele no qual as licenças de instalação e operação são obtidas de forma parcial em relação à licença prévia.

Uma licença expedida depois de vencida a anterior poderia ser nula porque haveria uma presunção absoluta de que os estudos ambientais não seriam mais aptos a subsidiar a tomada de decisão. Como doutrina Herman Benjamin em relação ao EIA, mas que vale para todos os estudos ambientais: "Nem muito antes, nem depois [...] Mudanças radicais no meio ambiente ou novos dados, no período entre a elaboração e execução do projeto, exigem EIA suplementar".[892]

Entretanto, a simples passagem do tempo, por si só, não faz com que o estudo ambiental fique desatualizado e seja necessário exigir sua complementação ou novo estudo ambiental. Da mesma forma que não existe a presunção absoluta de que o estudo ambiental esteja atualizado dentro do prazo de validade da licença, podendo o órgão licenciador exigir estudos complementares, não existe presunção de que eles seriam necessários pelo simples fato de que o prazo de validade da licença expirou.

Ao se deparar com a expiração do prazo máximo da LP ou da LI (Res. Conama nº 237/97, art. 18), não se deve perder de vista que esse prazo de vigência é formal, embora exista para garantir um bem substancial: o controle dos impactos e a eficácia das mitigantes.

O prazo de vigência da licença ambiental não é um fim em si, pois ao prevê-lo a norma visa garantir a atualidade dos dados usados no licenciamento ambiental e,

---

 únicas, sendo silente o Decreto Federal nº 99.274/90 ao prever a LP, LI e a LO (art. 19), deve prevalecer a discricionariedade ou liberdade procedimental da Administração Pública. As condicionantes da LP são previstas para o empreendimento como um todo, não para parte dele, sendo desproporcional exigi-las para uma instalação ou operação parcial, exceto nos impactos específicos delas decorrentes. O Decreto Federal nº 4.340/02 (art. 31, §4º), com as alterações promovidas pelo Decreto nº 6.848/09, corrobora a tese de que é possível expedir licença parcial, ao preceituar que a compensação ambiental poderá incidir sobre cada trecho nos empreendimentos cuja LI seja parcial. Precedentes" (Parecer nº 41/2018/COJUD/PFE-IBAMA-SEDE/PGF/AGU, aprovado pelo Procurador-Chefe Nacional da PFE-Ibama, em 24.04.2018, mediante o Despacho nº 261/2018/GABIN/PFE-IBAMA-SEDE/PGF/AGU, nos autos do PA nº 00414.021655/2017-14, bem como pela Presidência do Ibama (Despacho SEI nº 2210697) na mesma data nos autos do PA nº 02001.004964/2018-80).

[892] BENJAMIN, Antonio Herman V. *In*: BENJAMIN, Antonio Herman V.; MILARÉ, Édis. *Estudo Prévio de Impacto Ambiental*. 1993. p. 79.

consequentemente, a eficácia do controle ambiental efetuado pelo órgão ambiental. Deve-se evitar a interpretação literal do dispositivo normativo, sob pena de se resvalar para um formalismo estéril, obcecado e irracional, que empobrece e cega o aplicador do direito para os fins do processo administrativo de licenciamento ambiental. Interpretar a lei não se resume a conhecer a sua letra, mas o seu alcance e força (Celso); é descobrir o significado que detém.[893] Carlos Maximiliano lembra que o maior perigo na interpretação literal é o apego excessivo às palavras, devendo o sentido da lei vir tanto da sua letra quanto de seu espírito, não merecendo o nome de jurisconsulto quem somente atende à letra da lei.[894] Como destacado por Tercio Sampaio Ferraz Júnior sobre o papel do jurista: [...] o propósito básico do jurista não é simplesmente compreender um texto, como faz, por exemplo, o historiador ao estabelecer-lhe o sentido e o movimento no seu contexto, mas também determinar-lhe a força e o alcance, pondo o texto normativo em presença dos dados atuais de um problema. Ou seja, a intenção do jurista não é apenas conhecer, mas conhecer tendo em vista as condições de aplicabilidade da norma enquanto modelo de comportamento obrigatório (questão da decidibilidade).[895]

Sobre a cautela com leituras baseadas meramente no método literal, adverte, de forma específica, o jusfilósofo: [...] uma interpretação literal, que se pretenda capaz de esgotar, eventualmente, o sentido de um texto, é ilusória [...] Assim, ao lado da interpretação vocabular (gramatical), o jurista se vê obrigado, para obter um sentido razoável, a valer-se de técnicas de objetivos mais amplos, que buscam então, o sentido contextual da norma. Falamos em interpretação lógica e sistemática.[896]

Na verdade, o método literal ou gramatical é apenas o início do processo interpretativo, mas nunca ou quase nunca o seu fim.[897] Assim, é importante saber a razão de existir do prazo máximo das licenças, evitando-se criar burocracias inúteis, meramente formais, sob o pretexto de se estar interpretando a legislação ambiental. Deve-se averiguar a finalidade da norma, cotejando o preceito a ser interpretado com essa finalidade, captando-se os fins para os quais a norma é construída.

Nesse sentido são salutares as palavras de Luis Enrique Sánchez ao esclarecer, de forma categórica, que o procedimento da avaliação de impacto ambiental não é um fim em si:

> não se estabelece uma série de requisitos e de procedimentos no vazio, mas para atingir determinado propósito, perspectiva que não se pode perder ao analisar o processo de AIA, pois procedimentos ou exigências que não se encaixem nessa finalidade não têm razão de ser e são mera formalidade burocrática.[898]

Aliás, nenhum procedimento é um fim em si. Na medida em que os elementos místicos e religiosos desaparecem, passando a intervir certa racionalidade, o formalismo

---

[893] MAYNEZ, Eduardo Garcia. *Introduccion al estudio de Derecho*. 41. ed. Mexico: Porrua, 1990. p. 327.
[894] MAXIMILIANO, Carlos. *Hermenêutica e aplicação do Direito*. 20. ed. Rio de Janeiro: Forense, 2011. p. 91-92.
[895] FERRAZ JÚNIOR, Tercio Sampaio. *A ciência do Direito*. 2. ed. São Paulo: Atlas, 1980. p. 73-74.
[896] FERRAZ JÚNIOR, Tercio Sampaio. *A ciência do Direito*. 2. ed. São Paulo: Atlas, 1980. p. 76.
[897] FERRAZ JÚNIOR, Tercio Sampaio. *A ciência do Direito*. 2. ed. 1980. p. 76; ANDRADE, Christiano José de. *O problema dos métodos a interpretação jurídica*. São Paulo: RT, 1992. p. 32.
[898] SÁNCHEZ, Luis Enrique. *Avaliação de impacto ambiental*: conceito e métodos. 2. ed. São Paulo: Oficina de Textos, 2013. p. 102.

processual é enfraquecido, como sublinha Carlos Alberto Álvaro de Oliveira antes de explicar a razão de ser da forma:

> Repelida a forma pela forma, forma oca e vazia, a sua persistência ocorre apenas na medida de sua utilidade ou como fator de segurança, portanto apenas e enquanto ligada a algum conteúdo, a algum valor considerado importante.[899]

Faz-se necessário ir além da superfície das palavras, contextualizando-as e atendendo a finalidade do preceito normativo no licenciamento ambiental. Se o sentido literal não coincide com a vontade da lei, com a sua leitura sistemática e lógica, deve-se sacrificar o meio (letra) ao fim do dispositivo, pois o pensamento deve triunfar sobre a forma, a vontade sobre a escama verbal – *prior atque potentior est quam vox, mens dicentis* (7, §2º, Dig. 33, 10), como doutrina Francesco Ferrara.[900] A interpretação sistemática é fundamental, uma vez que tem como mais importante recomendação a de que "qualquer preceito isolado deve ser interpretado em harmonia com os princípios gerais do sistema, para que se preserve a coerência do todo. Portanto, nunca devemos isolar o preceito".[901] Por sua vez, a interpretação teleológica também deve ser considerada, pois ela "aponta para a finalidade da lei, a realização de sua vontade, a execução dos valores que ela encerra e, em última instância, a defesa dos interesses que resguarda".[902]

Em suma, revelar o sentido do artigo 18 da Resolução Conama nº 237/97 não significa somente conhecer o significado das palavras, mas, sobretudo descobrir a finalidade da norma jurídica no contexto do ordenamento jurídico ambiental: o de garantir a correta gestão dos impactos ambientais ao evitar que os dados, sobre o qual se apoia o processo decisório das fases subsequentes à licença prévia ou de instalação, estejam desatualizados.

O TRF da 4ª Região já classificou o vencimento da licença ambiental como mera irregularidade, inapta a nulificar o processo de licenciamento ambiental.[903]

Isso não significa que o licenciamento ambiental não possa ser anulado devido a estudos ambientais inadequados, mas a inadequação não ocorre pela simples passagem do tempo ou do vencimento do prazo da licença. Contudo, vencida a licença, o órgão licenciador deverá se manifestar expressamente, de forma fundamentada, sobre a adequação dos estudos ambientais e das análises efetuadas para o gerenciamento dos impactos ambientais.

---

[899] OLIVEIRA, Carlos Alberto Alvaro de. *Do formalismo no Processo Civil*. 2. ed. São Paulo: Saraiva, 2003. p. 6.
[900] FERRARA, Francesco. *Interpretação e aplicação das leis*. Trad. Manuel A. D. de Andrade. 2. ed. Coimbra: Arménio Amado, 1963. p. 148-149.
[901] FERRAZ JÚNIOR, Tercio Sampaio. *Introdução ao estudo do Direito*: técnica, decisão e dominação. 9. ed. São Paulo: Atlas, 2016. p. 245.
[902] GREZ, Pablo Rodriguez. *Teoria de la interpretacion juridica*. Santiago: Editorial Juridica de Chile, 2004. p. 106.
[903] "PROCESSUAL CIVIL. AÇÃO CIVIL PÚBLICA. LICENCIAMENTO AMBIENTAL. PORTOS E TERMINAIS DE MINÉRIO, DE PETRÓLEO E DERIVADOS, DE PRODUTOS QUÍMICOS E SUAS AMPLIAÇÕES. COMPARTIMENTAÇÃO DO LICENCIAMENTO AMBIENTAL. EIA/RIMA. [...] 1. A validade da expedição de licença de instalação em favor da APPA será melhor esclarecida após o contraditório. É que, embora a licença prévia tenha sido emitida em 22.11.2005, com validade por um ano, é possível que tenha sido prorrogada, nos termos do art. 18, I e §1º, da Resolução CONAMA nº 237/1997, até a expedição da licença de instalação, em 23.07.2008. Ainda que assim não seja, o art. 8º, parágrafo único, do mesmo diploma normativo estabelece que as licenças ambientais poderão ser expedidas isolada ou sucessivamente, de acordo com a natureza, características e fase do empreendimento ou atividade, *de modo que eventual solução de continuidade entre a LP e a LI constitui mera irregularidade, insuficiente a nulificar o procedimento*" (TRF da 4ª Região, 4ª T., AI 5009757-32.2010.404.0000, Rel. p/ ac. Des. Fed. Marga Inge Barth Tessler, j. em 16.03.2011, D.E. 18.03.2011 – sem destaques no original).

A AGU já se manifestou expressamente sobre a questão ao responder ao seguinte questionamento: "para a emissão de licença de instalação faz-se necessária a renovação ou prorrogação da licença prévia cujo prazo de validade encontra-se findo?". Após discorrer sobre a função da LP – atestar a viabilidade ambiental e elaboração de planos, projetos e programas para as próximas fases do projeto –, impossibilitando ao empreendedor realizar os estudos quando bem entendesse ao inserir um prazo para tanto, aduziu-se no opinativo jurídico da AGU:

> Partindo-se dessa premissa, cumpre asseveramos que o prazo de validade da licença prévia não corresponde ao prazo limite para a obtenção da licença de instalação – uma vez que não é esse seu objetivo –, mas sim ao prazo final dentro do qual compete ao interessado elaborar os programas e projetos ambientais que serão a base para a emissão da licença de instalação, portanto, quando ainda presumida pela norma a vigência da declaração do órgão ambiental de viabilidade ambiental do empreendimento (artigo 8º, inciso II, da Resolução CONAMA nº 237/97).
>
> Nesse contexto, em apresentando o interessado os programas, planos e documentos referentes às condicionantes da licença prévia dentro de seu prazo de validade, respeitado estará seu escopo cabendo ao órgão ambiental realizar as adequadas análises referentes à adequação de material enviado, não estando presa ao prazo de validade da licença prévia. [...]
>
> Outro não é o entendimento quando se observa que a própria Resolução CONAMA nº 237/97 estabelece como prazo mínimo de validade da licença prévia o "estabelecido pelo cronograma de elaboração dos planos, programas e projetos relativos ao empreendimento ou atividade", identificando os limites da validade, portanto, apenas com o tempo necessário à elaboração dos projetos, em nada mencionando sobre o tempo de análise destes pelo órgão ambiental (artigo 18, inciso I).
>
> Caso fosse necessária a vigência da licença prévia para a emissão da licença de instalação, como compreender a regra normativa que fixa como prazo mínimo de validade o tempo de elaboração dos planos, programas e projetos, que sempre será seguido de outro período para a análise de referidos documentos, acarretando a inafastável fluência do prazo antes do fim das análises pelo órgão ambiental?
>
> Entender que a licença de instalação só pode ser emitida quando pendente a validade da licença prévia significa não apenas ignorar o seu escopo, mas fazer letra morta do dispositivo acima mencionado.[904]

A exegese do artigo 18, I, II e III, da Resolução Conama nº 237/97 reside na presunção (relativa) de que os estudos ambientais apresentados podem estar desatualizados, tanto pela mudança do contexto quanto pelas soluções apresentadas. Por estudos ambientais entenda-se tanto os que antecedem à LP (EIA, PCA, RCA etc.) quanto os apresentados pós-LP (*v.g.*, caracterização detalhada dos sedimentos), incluindo os monitoramentos. Alguns impactos ambientais somente poderão ser corretamente dimensionados depois da operação ou instalação do empreendimento, até mesmo pelo monitoramento operacional. Como observou Thiago Serpa Erthal, no decorrer do processo de licenciamento ambiental, "os estudos vão se enriquecendo em detalhes, as intervenções do empreendimento na natureza vão gerando consequências

---

[904] Parecer nº 175/2010/COEPE/BMF/PFE-IBAMA-SEDE/PGF/AGU, aprovado pelo Procurador-Chefe Nacional da PFE-Ibama, em 20.09.2010, mediante Despacho nº 155/2010, nos autos do PA nº 02001.002157/2010-75.

diversas daquelas inicialmente calculadas, enfim, há necessidade de um constante acompanhamento".[905] É natural, portanto, que haja estudos posteriores à licença prévia (LP), à licença de instalação (LI) ou mesmo à licença de operação (LO). Nestes casos, o que existe é a continuidade dos estudos ambientais, normalmente pelo monitoramento ou como etapa de desenvolvimento dos estudos iniciais.

Talden Farias é categórico em doutrinar que a razão de ser dos prazos de vigência das licenças ambientais é "a garantia de segurança jurídica na proteção do meio ambiente, em face das inovações tecnológicas e das dinâmicas das condições ambientais".[906] Realmente, depois de 5 (cinco), 6 (seis) ou 10 (dez) anos, a realidade sobre a qual se debruçaram os estudos ambientais pode ter mudado substancialmente, da mesma forma que soluções para mitigar os impactos ambientais identificados, sendo, portanto, razoável que a norma imponha um limite para que o órgão ambiental não labore com dados desatualizados, comprometendo o controle ambiental almejado pelo licenciamento ambiental.

Em outras palavras, o prazo da Resolução Conama nº 237/97 (art. 18) visa evitar que os dados sobre os quais se apoia o processo decisório das fases subsequentes à licença prévia ou de instalação estejam desatualizados. Não é o que ocorre no licenciamento ambiental por fases. Nesse procedimento, sabe-se de antemão que a instalação e, às vezes, também a operação, ocorrerá por fases, efetuando-se um rigoroso acompanhamento (monitoramento) da situação ambiental, não havendo que se falar em possibilidade de defasagem dos dados sobre os quais se apoia o processo decisório do licenciamento ambiental.

Por isso, mais recentemente, a AGU admitiu o licenciamento por fases, validando a expedição de novas licenças de instalação parciais mesmo tendo expirado o prazo da licença prévia, desde que ancorada em manifestação técnica do Ibama, prestigiando a substância sobre a forma.[907]

Ainda que o licenciamento ambiental não se inicie com essa concepção em fases, a depender do controle efetuado depois da LP ou LI, garantindo a manutenção das condições e análises de viabilidade, concepção e localização do empreendimento ou atividade ou de sua instalação de acordo com as mitigantes e medidas de controle ambiental, é perfeitamente possível expedir-se a LI ou LO, ainda que parciais. Neste caso, entretanto, diferentemente da situação na qual o licenciamento ambiental é planejado por fases, faz-se necessário constatar a manutenção das condições estampadas nas licenças anteriores, garantindo que o processo decisório esteja ocorrendo em cima de dados atualizados.

As normas do Conama devem ser interpretadas de acordo com o Decreto nº 99.274/1990. Este preceitua que "nas atividades de licenciamento, fiscalização e controle deverão ser evitadas exigências burocráticas excessivas ou pedidos de informações já disponíveis" (art. 16, §1º). Exigir-se nova expedição de LP, LI ou a abertura de novo

---

[905] ERTHAL, Thiago Serpa. *Revisibilidade das licenças ambientais*. Rio de Janeiro: Lumen Juris, 2015. p. 123-124.
[906] FARIAS, Talden. *Licenciamento Ambiental*. 6. ed. Belo Horizonte: Fórum, 2017. p. 92.
[907] Parecer nº 180/2017/CONEP/PFE-IBAMA-SEDE/PGF/AGU (seq. 7), PA nº 02001.005920/2014-43: "[...] 2. Superada a análise de viabilidade do empreendimento, considerado como um todo indivisível pela área técnica do Ibama. Entendimento consolidado de que emitida Licença de Instalação para um dos platôs, ultrapassada a fase de análise própria da Licença Prévia". Cf.: também Parecer nº 41/2018/COJUD/PFE-IBAMA-SEDE/PGF/AGU, citado adiante.

processo administrativo para convalidar os dados do processo de licenciamento anterior impõem burocracia excessiva, na contramão dos princípios constitucionais da economicidade (art. 70, *caput*) e eficiência administrativa (art. 37, *caput*).

Com tanto mais razão deve ser evitada leitura formalista no licenciamento corretivo, pois, nessa espécie de licenciamento, a regularização ambiental do empreendimento, obra ou atividade é de interesse da boa gestão ambiental. Ademais, não há *a priori* melhoria no controle ambiental almejado pelo licenciamento ambiental em se encerrar o processo, para se iniciar outro, ou retroceder à sua fase processual.

O princípio constitucional da economicidade gera a necessidade de uma análise do custo-benefício para a alocação dos recursos públicos, não sendo a economicidade apenas a busca do menor custo, mas a maximização do bem-estar social pela busca da "maior quantidade e a melhor qualidade dos serviços prestados pela Administração".[908] Por sua vez, o princípio constitucional da eficiência, antigamente conhecido como "dever de eficiência", impõe a busca do melhor resultado, proteção do meio ambiente, com o mínimo esforço e custo possíveis. Em seu núcleo está a redução do desperdício de recursos públicos,[909] orientando a "atividade administrativa no sentido de conseguir os melhores resultados com os meios escassos de que se dispõe e a menor custo".[910] O princípio da eficiência veda "o comportamento administrativo negligente, contraprodutivo, ineficiente",[911] priorizando não mais um mero cumprimento formal do ordenamento, mas o atingimento do interesse público subjacente à norma.

Interpretar o prazo de validade do artigo 18 da Resolução Conama nº 237/97, da licença prévia (5 anos) e de instalação (6 anos) como óbice à expedição da próxima licença ambiental, quando o gerenciamento dos impactos ambientais está garantido pela atualidade dos dados e do conhecimento da tecnologia (este sempre presumido em relação ao órgão licenciador), traduz-se em interpretação formalista, que impõe custo desnecessário ao processo decisório ambiental, não garantindo qualidade ao serviço público de controle ambiental ao mesmo tempo que desperdiça recursos públicos com a repetição de um rito sem substância.

Por uma questão de coerência, e apenas para argumentar e evidenciar o absurdo de uma leitura formalista da questão, admitir que a expiração do prazo máximo da licença ambiental prévia ou de instalação previsto no artigo 18 da Resolução Conama nº 237/97 geraria uma nulidade no licenciamento, impedindo-o de alcançar o seu fim, com resolução de mérito do pedido, também deveria ser aplicado à licença de operação, tendo que iniciar novo licenciamento ambiental após o prazo máximo de 10 anos da licença de operação.

A coerência com o todo é uma das características do ordenamento jurídico e da interpretação sistemática, gerando ao intérprete um dever de interpretar elementos do mesmo ato normativo de forma coerente. Considerar a expiração da LP e da LI pura e simplesmente como óbice para a expedição da LI e da LO, mas não a expiração da LO como óbice para a sua renovação, que nada mais é do que a emissão de nova LO,

---

[908] LIMA, Gustavo Massa Ferreira. *O Princípio Constitucional da Economicidade e o Controle de Desempenho pelos Tribunais de Contas*. Belo Horizonte: Fórum, 2010. p. 18, 31, 33 e 37.

[909] CARVALHO FILHO, José dos Santos. *Manual de Direito Administrativo*. 27. ed. São Paulo: Atlas, 2014. p. 31.

[910] SILVA, José Afonso da. *Curso de Direito Constitucional Positivo*. 24. ed. São Paulo: Malheiros, 2005. p. 671.

[911] MODESTO, Paulo. Notas para um debate sobre o princípio da eficiência. *Revista do Serviço Público*, v. 51, n. 2, p. 105-119, 2000. p. 109.

é exegese incoerente, que apenas demonstra o desacerto de se interpretar de forma diferente entre si os prazos máximos de vigência das licenças ambientais previstos no artigo 18.

Admitir a expedição de LI ou LO, diante da expiração do prazo (5 ou 6 anos) da licença predecessora e da atualidade dos dados sob os quais incide o processo decisório da licença evita atuação administrativa contraprodutiva, ineficiente, custosa ao contribuinte e ao administrado, desrespeitando o princípio da finalidade (Lei nº 9.784/99, art. 2º, *caput*) e da proporcionalidade, uma vez que não respeita a adequação entre meios e fins, que veda a imposição de obrigações em medida superior àquelas estritamente necessárias ao atendimento do interesse público (Lei nº 9.784/99, art. 2º, parágrafo único, VI). Iniciar novo processo de licenciamento ambiental, não se admitindo a expedição da LI ou LO, apenas pela expiração da LP ou LI pelo decurso de prazo do artigo 18 da Resolução Conama nº 237/97, certamente seria medida superior àquelas estritamente necessárias ao controle ambiental visado pelo licenciamento, que, no caso, é o interesse público tutelado.

A medida proporcional e adequada seria, caso o licenciamento não seja por fases, a solicitação de estudos complementares, caso o órgão ambiental não tenha condições de afirmar a atualidade dos dados sob os quais alicerçará seu processo decisório, cuja presunção relativa se esvai com a expiração do prazo máximo da licença prévia ou de instalação. Com isso se aproveitam ao máximo os atos processuais e se caminha para a uma decisão de mérito, evitando-se leitura cuja rigidez da forma subverteria o meio em fim. Como destacado por Luiz César Medeiros, "subverter o meio em fim, e acreditar que fazer justiça se resume em impor a rigidez da forma, sem olhos para os valores humanos subjacentes à lide, parecer ser o caminho mais promissor a uma decisão injusta".[912]

O Código de Processo Civil (Lei nº 13.105/15) prevê como premissa interpretativa a primazia do julgamento do mérito e do máximo aproveitamento processual, princípios processuais derivados de vários artigos (*v.g.*, arts. 4º, 139, IX, 488, 932, parágrafo único, 938, §1º, 1039, §3º) e do espírito do novo Código que são aplicáveis ao processo administrativo de licenciamento ambiental por força do artigo 15 do mesmo diploma.[913] Destaque-se que o STJ já reconheceu a aplicabilidade ao processo administrativo do princípio da preservação do processo e do aproveitamento dos atos processuais (EDcl no AR no REsp nº 1.537.392/PR). A aplicação das regras do CPC se justifica tanto diante da omissão absoluta (aplicação supletiva) quanto da omissão relativa ou parcial (aplicação subsidiária) (art. 15).[914]

Se as normas ambientais, como a Resolução Conama nº 237/97, nada preceituavam sobre a questão do máximo aproveitamento processual ou sobre a primazia do julgamento de mérito, embora essas orientações pudessem ser extraídas da Lei nº

---

[912] MEDEIROS, Luiz César. *O Formalismo Processual e a Instrumentalidade*: um estudo à luz dos princípios constitucionais do processo e dos poderes jurisdicionais. Florianópolis: OAB/SC, 2006. p. 171.

[913] "Art. 15. Na ausência de normas que regulem processos eleitorais, trabalhistas ou administrativos, as disposições deste Código lhes serão aplicadas supletiva e subsidiariamente".

[914] "A aplicação supletiva do CPC pressupõe a ocorrência de omissão absoluta (lacuna plena) acerca da matéria processual analisada, enquanto a aplicação subsidiária pressupõe a ocorrência de omissão relativa acerca da matéria processual observada" [SILVA, Carlos Sérgio Gurgel da. Impactos do novo CPC no direito e processo administrativo. *Revista Síntese de Direito Administrativo*, a. XII, n. 135, p. 55-65, mar. de 2017. p. 60 (Edição Especial – Dos Impactos do Novo CPC no Direito e Processo Administrativo)].

9.784/99, que veda o formalismo que não seja essencial à garantia dos direitos dos administrados, adota formas simples e impõe a interpretação que melhor garanta o atendimento do fim público a que se dirige a norma administrativa (art. 2º, parágrafo único, VIII, IX e XIII), há plena aplicabilidade desses cânones hermenêuticos normativos do CPC, em decorrência do artigo 15 do mesmo Código.

Admitir que o prazo máximo da licença ambiental prévia ou de instalação significa o encerramento do processo de licenciamento ambiental, ainda que possa haver aproveitamento dos estudos ambientais efetuados, atenta contra o máximo aproveitamento processual e primazia da decisão (julgamento) de mérito no processo administrativo de licenciamento ambiental (CPC, arts. 15 c/c 4º), uma vez que inicia outro processo de licenciamento e nega ao administrado uma decisão sobre o mérito do seu pedido por uma interpretação formalista da Resolução Conama nº 237/97, desconectada da finalidade de se garantir o correto gerenciamento dos impactos ambientais. Mesmo que se propugne o necessário retorno de fase (expedição de nova LP ou LI) dentro do processo de licenciamento ambiental, ainda assim se estará adotando um formalismo opaco, desprezando o aproveitamento processual dos atos que foram praticados na fase prévia ou de instalação, atrasando a decisão de mérito a que tem direito o administrado.

Admitir a primazia da solução de mérito e o aproveitamento máximos dos atos processuais do licenciamento ambiental gera o dever de se determinar a atualização dos estudos ambientais, quando expirado o prazo máximo da licença ambiental, se o licenciamento não for concebido por fases ou não houver condições de se afirmar a atualidade dos dados, tal como o CPC o faz, ao determinar o suprimento de pressupostos processuais e o saneamento de outros vícios processuais (CPC, art. 139, IX). O objetivo desse dispositivo, aplicável ao processo de licenciamento ambiental (CPC, art. 15), é alcançar o julgamento de mérito, aproveitando ao máximo o próprio processo para tanto, a fim de que este tenha sequência sem ser prejudicado por incidentes que podem ser sanados pela parte, no caso do licenciamento ambiental, pelo administrado requerente da licença ambiental. Obviamente esse dever somente existirá se a atualização for possível, necessária e não houver nenhuma razão imperativa em sentido contrário decorrente do caso concreto.

Em relação às alterações tecnológicas, embora a depender da intensidade da melhoria e do seu impacto no meio ambiente, pode-se solicitá-las durante a vigência da licença, embora excepcionalmente, ou quando da expedição da próxima licença.

A atualização dos dados de acordo com a nova legislação é comum, especialmente em ambiente dinâmico como o licenciamento ambiental. Essa atualização não demandará novo licenciamento ou retorno à fase da LP, podendo ser tranquilamente manejada na fase da LI, tendo em vista a dinamicidade das condicionantes no processo de licenciamento ambiental (Res. Conama nº 237/97, art. 19). Por esta razão, doutrina-se que a licença ambiental "tem como uma de suas mais importantes características a possibilidade de modificação", sendo ato administrativo que "poderá sofrer modificações posteriormente caso se descubra algum erro ou omissão relevante ou caso haja algum motivo superior que o justifique".[915]

Esse tipo de licenciamento por fase dentro das fases, quando as licenças parciais estão previstas desde a sua concepção inicial, ocorre em diversas tipologias, não somente

---

[915] FARIAS, Talden, *Licenciamento Ambiental*: aspectos teóricos e práticos. 6. ed. 2017. p. 165.

em dragagens. Na mineração ela também é comum quando a LP é obtida para diversos sítios e a LI e LO ocorre por sítio (parcial), tendo em vista a impossibilidade ou menor impacto de se explorar todos concomitantemente. Da mesma forma, em licenciamento de rodovias, é comum, após a concessão da LP, a obtenção da LI e LO parciais ou por trechos.

Na verdade, o licenciamento ambiental por fases propicia a vantagem de impor um controle mais rigoroso e eficaz nas diversas fases de implantação e operação do empreendimento ou atividade, porque facilita a análise das mitigantes e o monitoramento acrescenta conhecimento que pode ser utilizado para as próximas fases. O Parecer nº 607/2010/COEPE/BMF/PFE-IBAMA-SEDE/PGF/AGU, aprovado pelo Procurador-Geral Federal, também entende que o licenciamento ambiental por etapas, com a pronta conclusão das obras, é medida que traz benefício ambiental, não prejuízo.

Por essas razões, a AGU e o Ibama entendem que o vencimento da licença anterior não impede a expedição da próxima licença, não se fazendo necessário se iniciar novo processo de licenciamento ambiental, desde que o controle dos impactos ambientais não seja comprometido:

Validade da expedição de LI ou LO ainda que o prazo de vigência da licença anterior esteja expirado. O prazo máximo das licenças ambientais da Resolução Conama nº 237/97 (art. 18) é presunção relativa (*juris tantum*) da desatualização da base do processo decisório. Considerar que haveria uma nulidade no licenciamento pela ocorrência de seu prazo máximo é leitura formalista, que deve ser evitada. A interpretação lógica, teleológica e sistemática deste prazo máximo evidencia a finalidade de evitar que os dados sobre os quais se apoia o processo decisório das fases subsequentes à licença prévia ou de instalação estejam desatualizados, prejudicando o correto gerenciamento dos impactos ambientais. Tal não ocorre no licenciamento ambiental por fases do projeto, porque neste se sabe de antemão que a instalação e, ocasionalmente, a operação ocorrerão por etapas, efetuando-se um rigoroso acompanhamento (monitoramento) da situação ambiental. Os cânones da primazia do julgamento do mérito e do máximo aproveitamento processual aplicáveis ao processo administrativo de licenciamento ambiental (CPC, art. 15) também impedem a interpretação formalista do licenciamento ambiental. Com tanto mais razão, deve-se evitar leituras formalistas no licenciamento corretivo, uma vez que a regularização ambiental é de interesse da boa gestão ambiental.[916]

De forma alguma essa exegese poderia retirar do órgão licenciador o dever de bem avaliar os impactos ambientais, verificando, desse modo, a viabilidade ambiental do empreendimento ou atividade licenciados, uma vez que o licenciamento ambiental é dinâmico. Como advertiu a AGU:

> Ademais, assevere-se que a afirmação acima não tem por consequência a redução do campo de proteção ambiental, fim maior do licenciamento ambiental, sob o argumento de que eventual mora do órgão licenciador na análise dos programas apresentados – superando o prazo de validade da LP e o atestado de viabilidade que lhe é ínsito – poderia acarretar na instalação de empreendimento inviável.

---

[916] Parecer nº 41/2018/COJUD/PFE-IBAMA-SEDE/PGF/AGU, aprovado pelo Procurador-Chefe Nacional da PFE-Ibama, em 24.04.2018, mediante o Despacho nº 261/2018/GABIN/PFE-IBAMA-SEDE/PGF/AGU, nos autos do PA nº 00414.021655/2017-14, bem como pela Presidência do Ibama (Despacho SEI nº 2210697) na mesma data nos autos do PA nº 02001.004964/2018-80.

Isso porque, caso o órgão ambiental, quando da análise do PBA, entender que as circunstâncias fáticas que alicerçaram a emissão da licença prévia não mais estão presentes, poderá cassar a licença antes concedida, ceifando o procedimento pela ausência de seu pressuposto, conduta permitida pelo artigo 19, inciso III, da Resolução CONAMA nº 237/97.[917]

A AGU, ao manter tal entendimento, afirmou que, embora os estudos e documentação ambientais pertinentes tenham sido considerados insuficientes pelo órgão licenciador – o que seria natural, visto que a exigência de complementações é permitida pela própria legislação (LC nº 140/11, art. 14, §1º) –, não existiriam óbices jurídicos à expedição da licença de instalação, mesmo que o prazo de validade da LP esteja vencido, ressalvada a hipótese de má-fé, na qual o empreendedor entrega documentos manifestamente incompletos apenas para cumprir o prazo.[918]

No licenciamento ambiental por fases ou etapas a questão é mais simples porque não incide a mora da administração, apenas se planeja a execução do projeto em várias etapas, pelos mais variados motivos, sendo comum a licença prévia para todo o projeto, e as de instalação e operação para partes dele.

De qualquer forma, apenas para argumentar, ainda que não se admitisse a expedição da licença, com a necessidade de iniciar novamente o processo de licenciamento ambiental, poder-se-ia aproveitar os atos administrativos praticados sob a égide do processo anterior cuja LP ou LI foram expedidas, desde que mantidas as condições técnicas e de projeto que motivaram o juízo de viabilidade firmado na etapa anterior do licenciamento. Para a AGU, esse aproveitamento, espécie de convalidação encampada pelo artigo 55 da Lei nº 9.784/99, prestigia a eficiência administrativa.[919]

Os requisitos para a convalidação do ato administrativo (Lei nº 9.784/99, art. 55) são as ausências (i) de lesão ao interesse público e (ii) de prejuízo a terceiros. A AGU, em matéria de convênios administrativos, entende que não existe rol taxativo de vícios convalidáveis, isto é, recusa rígida catalogação daquilo que pode ou não ser convalidado pela Administração Pública federal.[920]

---

[917] Parecer nº 175/2010/COEPE/BMF/PFE-IBAMA-SEDE/PGF/AGU, aprovado pelo Procurador-Chefe Nacional da PFE-Ibama, em 20.09.2010, mediante Despacho nº 155/2010, nos autos do PA nº 02001.002157/2010-75.

[918] "[...] 8. Assim, parece razoável interpretar que, caso (i) o empreendedor tenha dado impulso de boa-fé ao processo de licenciamento dentro dos prazos regimentais, ainda que o órgão licenciador venha a solicitar complementações documentais para a emissão da licença, e (ii) não tenham sobrevindo questões técnicas que modifiquem de forma substancial o juízo prévio de viabilidade do empreendimento já firmado na etapa anterior do licenciamento, não há óbice jurídico à emissão da licença de instalação com o prazo da licença prévia vencido" (Despacho nº 279/2014/GABIN/PFE-IBAMA-SEDE/PGF/AGU, prolatado pelo Procurador-Chefe Nacional da PFE-Ibama, em 19.05.2014, nos autos do PA nº 02001.000270/2014-40).

[919] "[...] 9. E ainda que assim não o fosse, o reinício do processo de licenciamento decorrente da expiração do prazo da licença prévia poderia, perfeitamente, aproveitar os atos administrativos praticados sob a égide do procedimento anterior, desde que mantidas as condições técnicas e de projeto que motivaram o juízo de viabilidade firmado na etapa anterior do licenciamento. Trata-se, antes de direito do licenciado, de comando legal de eficiência administrativa consubstanciado no art. 55 da Lei nº 9.784/99, consoante o qual '[e]m decisão na qual se evidencie não acarretarem lesão ao interesse público nem prejuízo a terceiros, os atos que apresentarem defeitos sanáveis poderão ser convalidados pela própria Administração'. [...] O procedimento administrativo de licenciamento ambiental deve observar o disposto na Lei nº 9.784/99, no que couber" (Despacho nº 279/2014/GABIN/PFE-IBAMA-SEDE/PGF/AGU, proferido pelo Procurador-Chefe Nacional da PFE-Ibama, em 19.05.2014, nos autos do PA nº 02001.000270/2014-40).

[920] Parecer Conjur-MT/CGU/AGU 243/2013, aprovado pelo Advogado-Geral da União, em 05.07.2013, nos autos do PA nº 00400.0006975/2013-61; Parecer nº 85/2014/DECOR/CGU/AGU, aprovado pelo Advogado-Geral da União, em 08.12.2014, nos autos do PA nº 25100.019371/2014-71.

Por isso, "salvo elementos técnicos que indiquem o contrário (*v.g.*, dizendo que os estudos ambientais se encontram em realidade fática não mais existente ou que não mais existe viabilidade ambiental), o aproveitamento de atos praticados até o momento da expiração do prazo de vigência da licença prévia em nada fere o interesse público".[921]

9.6 Alteração do empreendimento nas fases da LI ou LO

Após a declaração de viabilidade ambiental e localização de um projeto pela LP, seria possível promover alguma alteração no projeto sem o retornar à fase inicial do licenciamento? A importância de tal questionamento decorre do fato de serem comuns alterações qualitativas e quantitativas no projeto de empreendimento ou atividade durante o licenciamento ambiental.[922]

Às vezes, as alterações são meramente quantitativas (*v.g.*, aumento no número de turbinas em uma UHE) ou qualitativas (*v.g.*, mudança no eixo do barramento de uma UHE).

Entende-se que tal situação por si só não impõe a anulação da LP ou regressão do licenciamento ambiental. Normalmente os estudos ambientais fazem um diagnóstico amplo do local, bem como um prognóstico igualmente amplo dos impactos. Se a alteração do projeto demandar modificações substanciais nos estudos ambientais, melhor voltar à fase de entrega dos estudos ambientais complementares. Caso não exijam alterações substanciais, deve-se dar prosseguimento ao licenciamento com a retificação do projeto e acertamento das condicionantes.

A AGU reconhece a viabilidade dessas alterações pós-LP quando a área técnica atesta que as condições ambientais (condições do ambiente v. impactos ambientais) foram mantidas.[923]

No âmbito federal, essa alteração de projeto normalmente vem acompanhada da apresentação de nova Ficha de Caracterização de Atividade (FCA), mas de forma alguma significa retorno ao início do processo de licenciamento ambiental.

Algumas alterações nem mesmo precisam ser comunicadas ao órgão licenciador, por serem pequenas alterações de projeto, rotineiras nas frentes de obras, não gerando impacto ambiental além do já previsto, estando elas, automaticamente, amparadas pelos programas ambientais aprovados. Outras devem ser comunicadas, mas sem precisar de anuência do órgão licenciador. Por fim, existem aquelas que devem ser comunicadas e precisam de anuência do órgão licenciador. Essas são aquelas alterações impactantes não previstas no projeto original, ou que, embora tenham suas execuções amparadas pelos programas ambientais, representam potencial incremento à degradação ambiental causada pelo empreendimento.[924]

---

[921] Despacho nº 279/2014/GABIN/PFE-IBAMA-SEDE/PGF/AGU, proferido pelo Procurador-Chefe Nacional da PFE-Ibama, em 19.05.2014, nos autos do PA nº 02001.000270/2014-40.

[922] Embora tais questionamentos sejam respondidos no capítulo sobre estudos ambientais, no item sobre estudos ambientais complementares, aqui se farão considerações complementares.

[923] Pareceres nº 88/2008/GAB/PFE-IBAMA-SEDE/PGF/AGU, elaborado em 06.10.2008, e 93/2008/GAB/PFE-IBAMA-SEDE/PGF/AGU, elaborado em 14.11.2008, ambos pela Procuradora-Chefe Nacional da PFE-Ibama, nos autos do PA nº 02001.002715/2008-88.

[924] Para projetos ferroviários, o Ibama tem orientação estampada na Nota Técnica nº 000636/2014 COTRA/IBAMA, de 08 de abril de 2014, na qual divide as alterações em três grupos: GRUPO A – Alterações de projeto que não necessitam comunicação prévia ao IBAMA; GRUPO B – Alterações de projeto que devem ser previamente

As alternativas locacionais ou tecnológicas são os melhores exemplos de que as alterações posteriores do projeto não devem necessariamente reiniciar o processo de licenciamento. Às vezes, a alternativa escolhida pelo órgão licenciador nem sequer consta no estudo ambiental apresentado e ainda assim ela pode ser considerada posteriormente, quando os impactos ambientais são conhecidos e o seu gerenciamento é possível.

Outra questão que costuma justificar a retomada de fases anteriores, quando da alteração do projeto, é a participação popular, especialmente a audiência pública. Aduz-se que haveria uma burla à participação se o projeto fosse alterado.

Essa concepção não deve ser automaticamente acatada, sem importantes distinções. Se as alterações do projeto tiverem efeitos significativos sobre impactos ambientais, pode, de fato, ser necessária a abertura de nova fase de participação popular. Se as alterações não têm impacto substancial sobre o que foi apresentado anteriormente, consistindo, por exemplo, em pequenas correções, não se faz necessário reabrir a fase participativa.

Deve-se atuar com proporcionalidade, senão cada mudança nos estudos ambientais reabriria o prazo para a audiência pública.

A 9ª Corte de Circuito já teve a oportunidade de decidir que é desnecessária a reabertura da participação popular a cada modificação ou incerteza em um projeto complexo e demorado. Em *Sierra Club v. Marsh* (1987), ficou consignado: "Nós não entendemos que cada modificação ou incerteza em um projeto complexo e demorado requer que o órgão ou entidade pública pare e reinicie a consulta".[925]

9.7 A licença ambiental corretiva (retificadora, tardia ou *a posteriori*)

Embora não seja licenciamento ambiental ordinário, ou seja, anterior ao empreendimento ou atividade, a licença corretiva, conhecida como licença retificadora, de regularização, tardia ou *a posteriori*,[926] é aquela obtida depois da operação ou começo da instalação do empreendimento ou atividade. Como destaca Talden Farias, "se o empreendimento já estiver instalado ou estiver em operação, o modelo a ser adotado é o do licenciamento ambiental corretivo".[927] A regra é que o licenciamento seja preventivo, "mas há casos de natureza corretiva".[928]

Para a AGU, o licenciamento ambiental corretivo é aquele "destinado à adequação do empreendimento ou atividade às exigências ambientais prévias, quando

---

comunicadas, mas que não dependem de anuência do IBAMA; GRUPO C – Alterações de projeto a serem previamente comunicadas e que dependem da manifestação do IBAMA.

A Portaria Ibama nº 78, de 11 de janeiro de 2021, ao estabelecer a classificação de risco, prevê situações nas quais deve haver comunicação prévia ao Ibama, independentemente de ato autorizativo, ou seja, não precisa de licença ambiental, mas deve-se dar ciência à autarquia ambiental federal.

[925] Tradução livre. Mais recentemente ela voltou a entender dessa forma em *Conservation Congress v. Finley* (2014): "No entanto, 50 C.F.R. §402,16 não exige que os órgãos e entidades públicos parem e reiniciem a consulta para 'toda modificação ou incerteza em um projeto complexo e demorado'" (tradução livre).

[926] BECHARA, Erika. *Licenciamento e Compensação Ambiental na Lei do Sistema Nacional das Unidades de Conservação (SNUC)*. São Paulo: Atlas, 2009. p. 84.

[927] FARIAS, Talden. *Licenciamento Ambiental*: aspectos teóricos e práticos. 4. ed. Belo Horizonte: Fórum, 2013. p. 77.

[928] OLIVEIRA, Raísa Lustosa de. *Licenciamento Ambiental*: avaliação ambiental estratégica e (in)eficiência da proteção do meio ambiente. Curitiba: Juruá, 2014. p. 88.

desrespeitadas, ou supervenientes, quando inexistentes".[929] No decreto que regulamenta a Lei do Snuc (Decreto nº 4.340/02) há a previsão de licenciamento corretivo:

> Art. 34. Os empreendimentos implantados antes da edição deste Decreto e em operação sem as respectivas licenças ambientais deverão requerer, no prazo de doze meses a partir da publicação deste Decreto, a regularização junto ao órgão ambiental competente mediante licença de operação corretiva ou retificadora.

A licença corretiva é uma solução para a questão prática da necessidade de regularização ambiental de determinado empreendimento ou atividade, que, de outro modo, estaria fadado às sanções administrativas, notadamente o embargo.[930] Isso porque não existe norma que proíba uma atividade, que esteja operando irregularmente do ponto de vista ambiental, de se regularizar. Ao contrário, existem até ações judiciais exigindo o licenciamento corretivo.[931] A regularização não apenas é bem-vinda pelo ordenamento, mas obrigatória.

A AGU (Súmula nº 55 AGU)[932] e o STJ[933] admitem que o recadastramento de criador amadorista de passeriformes possa ser efetuado após prazo previsto em instrução normativa quando preenchidos os requisitos legais, reconhecendo que postura contrária poderia causar maior dano ao ambiente do que se pretenderia evitar com a vedação do recadastro. Em outras palavras, a questão da perda do prazo não impede que haja a regularização da situação, desde que preenchidos os demais requisitos previstos no ordenamento jurídico, lógica que também deve ser aplicada ao licenciamento ambiental e demais autorizações ambientais.

Duas são as formas pelas quais o licenciamento corretivo se faz necessário: (i) operação ou instalação de empreendimento ou atividade sem licença ambiental e (ii) alteração legislativa que exija o licenciamento ambiental antes não exigível.[934] Em ambos

---

[929] Parecer nº 152/2015/CGAJ/CONJUR-MMA/CGU/AGU, aprovado pelo Consultor Jurídico do MMA, em 31.03.2105, mediante Despacho nº 242/2015/CONJUR-MMA, nos autos do PA nº 02000.000498/2015-21.

[930] Como admitiu o TJSP, ao permitir que o condenado a demolir o imóvel tentasse o seu licenciamento antes: "Desocupação. Desocupação da área, demolição das construções e reposição no estado anterior. Razoabilidade, no entanto, de facultar ao réu o licenciamento ambiental antes do início da demolição" (TJSP, 1ª Câmara Reservada ao Meio Ambiente, v.u., Apelação 9000007-43.2010.8.26.0338, Rel. Des. Torres de Carvalho, j. em 04.12.2014).

[931] "PROCESSUAL CIVIL – AGRAVO DE INSTRUMENTO – DEFERIMENTO LIMINAR EM AÇÃO CIVIL PÚBLICA – CONSTRUÇÃO DE QUIOSQUES NO CANTO ESQUERDO DA PRAIA DE GERIBÁ – LICENCIAMENTO AMBIENTAL CORRETIVO – NECESSIDADE – PODER DE CAUTELA DO JUIZ. IMPROVIMENTO. I – A hipótese consiste em agravo de instrumento interposto contra decisão interlocutória que deferiu o requerimento liminar na ação civil pública, determinando que o agravante submeta as obras de construção de calçada e quiosques no canto esquerdo da Praia de Geribá a licenciamento ambiental corretivo junto ao INEA. [...] IV – Mantida a decisão agravada, pelos seus próprios fundamentos, na medida em que a parte agravante não logrou infirmá-la. V – Agravo de instrumento conhecido e não provido" (TRF da 2ª Região, 6ª T. Especializada, v.u., AI 0015777-76.2013.4.02.0000 (236122), Rel. Desa. Carmen Silvia Lima de Arruda, j. em 10.03.2014, E-DJF2R 19.03.2014).

[932] "A não observância do prazo estabelecido na Instrução Normativa nº 06/2002 para o recadastramento do criador amadorista de passeriforme não inviabilizará a efetivação do ato pelo IBAMA, desde que preenchidos os demais requisitos legais".

[933] STJ, 2ª T., v.u., AR no AI 1.020.022/MG, Rel. Min. Herman Benjamin, j. em 02.09.2008, DJe 13.03.2009; 2ª T., v.u., REsp nº 972.979/MG, Rel. Min. Humberto Martins, j. em 04.03.2008, DJe 17.03.2008.

[934] A Resolução CEMAm 13, de 18.09.2014 (DOE em 18 set 2014), suspensa pela Portaria SEMARH-GO 790-2014, que instituiu a licença ambiental corretiva em Goiás, bem explica esses dois casos em seu artigo 3º: "Art. 3º. Poderão requerer a Licença Ambiental Corretiva os empreendimentos e as atividades que se enquadrem em qualquer das seguintes situações: I – atividade ou empreendimento anteriormente licenciado, para atender exigência

os casos existe uma situação de ilicitude; no primeiro, ela é originária, no segundo, é superveniente.

No caso de alteração normativa, como não existe direito adquirido em matéria ambiental – ordinariamente traduzido na assertiva de que não existe direito adquirido de poluir –, o empreendimento deve obter a licença para continuar operando,[935] com prazo razoável para a adequação e sem qualquer sanção administrativa. Como bem destaca Erika Bechara, em matéria de licenciamento ambiental a própria Lei nº 6.938/81 prevê a "revisão de atividades efetiva ou potencialmente poluidoras", o que reforçaria a possibilidade do licenciamento corretivo.[936]

Se os empreendimentos ou atividades foram instalados antes da previsão do licenciamento ambiental no ordenamento jurídico, a solução pode ser mais flexível. No Estado de São Paulo, por exemplo, nesses casos o órgão ambiental convocará o empreendedor para a obtenção do licenciamento, afastando o dever automático de obtê-la sem a provocação oficial específica.[937]

Na IN Ibama nº 184/08, que trata dos licenciamentos ambientais federais, a licença corretiva ocorrerá "pela emissão de Licença de Operação, que será subsidiada por estudos ambientais definidos pela Diretoria de Licenciamento Ambiental" (art. 41). Dificilmente esse estudo é o EIA, pois ele foi moldado para ser efetuado previamente a instalação do empreendimento ou execução da atividade.

Entretanto, o STJ já entendeu que empreendimentos efetuados antes da exigência de licenciamento ambiental não precisam fazer estudos de impacto ambiental (EIA), uma vez que empresa já está em pleno funcionamento e que outros tipos de controle seriam suficientes, como é o caso da utilização da ISO 14.000.[938] Essa decisão não é polêmica por dispensar o EIA, mas por afastar a competência do órgão licenciador para impor condicionantes e mitigantes – que são medidas que podem ser necessárias mesmo após muitos anos, ainda que sem EIA – ao substituí-las pela ISO 14.000.

---

legal posterior à emissão da licença ainda em vigor; II – empreendimento ou atividades em que o licenciamento ambiental é obrigatório e que estejam em instalação ou operação sem a licença ambiental correspondente".

[935] OLIVEIRA, Antonio Inagê de Assis. *O Licenciamento Ambiental*. São Paulo: Iglu, 1999. p. 124-125; BECHARA, Erika. *Licenciamento e Compensação Ambiental na Lei do Sistema Nacional das Unidades de Conservação (SNUC)*. 2009. p. 85; ARAÚJO, Sarah Carneiro. *Licenciamento Ambiental*: uma análise jurídica e jurisprudencial. Rio de Janeiro: Lumen Juris, 2013. p. 108; MILARÉ, Édis. *Direito do Ambiente*. 9. ed. São Paulo: RT, 2014. p. 841-842.

[936] BECHARA, Erika. *Licenciamento e Compensação Ambiental na Lei do Sistema Nacional das Unidades de Conservação (SNUC)*. 2009. p. 85.

[937] Decreto Paulista nº 8.468/76, art. 71-A, §1º – com alterações promovidas pelo Decreto nº 47.397/02.

[938] "PROCESSUAL CIVIL. RECURSO ESPECIAL. ADMINISTRATIVO. AÇÃO CIVIL PÚBLICA. PROTEÇÃO AO MEIO AMBIENTE. ESTUDO PRÉVIO DE IMPACTO AMBIENTAL. RELATÓRIO DE IMPACTO AMBIENTAL. DESNECESSIDADE NO CASO CONCRETO. 1. O Estudo Prévio de Impacto Ambiental revela exigência administrativa que não se coaduna com o funcionamento de empresa instalada há mais de 3 (três) décadas, conjurando, a um só tempo, a evidência do direito e o *periculum in mora* (art. 273 do CPC). 2. Devéras, sobressai carente de prova inequívoca a ação que visa à referida exigência legal instituída após 1 (uma) década da instalação da empresa, por isso que, *in casu*, através de cognição exauriente e no curso da lide, prova técnica, sob contraditório, encerra meio pertinente à aferição da verossimilhança da alegação. [...] 4. A fungibilidade dos requisitos viola o art. 273 do CPC, tanto mais que, *in casu*, a tutela antecipada visa a estagnação das atividades da empresa, caso não apresente o Estudo Prévio, sendo certo que a atividade resta exercida por 37 (trinta e sete) anos" (STJ, 1ª T., REsp nº 766.236/PR, Rel. p/ ac. Min. Luiz Fux, j. em 11.12.2007, *DJe* 04.08.2008).

Em outro caso, o STJ entendeu pela desnecessidade do estudo ambiental para empreendimento (usina hidrelétrica) que está em atividade desde 1971.[939] Ocorre que nesse caso, o estudo ambiental visaria avaliar "os efetivos impactos ocasionados pela instalação da Usina Hidroelétrica de Chavantes no Município de Santana de Itarapé/PR, para que seja apurado se realmente houve perda de arrecadação em razão da redução das atividades agropastoris, considerando, por outro lado, os eventuais aumentos de receita tributária (impostos diretos e indiretos) subjacentes à produção de energia elétrica, bem como os impactos decorrentes do aumento da circulação de riquezas na região".

Não se tratava de averiguar os impactos ambientais, mas de se mensurar perda de arrecadação, em ação mais indenizatória do que ambiental; por isso se entendeu pela pertinência da perícia, ao invés do EIA, o que faz todo sentido.

Em uma ação que visa o controle ambiental, não faz sentido "delegar" tal controle a uma norma ISO, motivo pelo qual não deve prevalecer o entendimento plasmado no REsp nº 766.236/PR. Não são as normas da ISO que tutelam o meio ambiente, no caso de atividades ou empreendimentos já instalados e não licenciados, mas as previstas na legislação nacional, de acordo com a análise técnica do órgão ambiental licenciador competente.

O rechaço à norma ISO para garantir a sustentabilidade do empreendimento ou atividade não necessariamente deflagra a necessidade de realização de um EIA posterior, ainda que originalmente esse fosse o estudo adequado, mas do estudo ambiental que o órgão licenciador entender pertinente de acordo com as peculiaridades do caso.

Portanto, o que fazer enquanto a licença corretiva não é expedida? Esse é o ponto nevrálgico do licenciamento corretivo.

É possível que se regularize o empreendimento sem que haja autuação do licenciado, mas o ideal é que seja firmado um TAC, entre órgão licenciador e empreendedor, prevendo a possibilidade de continuidade do empreendimento, com eventual pagamento de multa ou medidas mitigantes ou compensatórias. Geralmente, esse acordo, ou ato administrativo, com o empreendedor, substitui a licença ambiental pelo tempo da regularização, caso não haja outro termo final.

Embora o licenciamento ambiental corretivo seja dever estatal, isso não significa que haja direito de permanecer operando ou instalando o empreendimento enquanto se licencia *a posteriori*, muito menos de não ser autuado ou deixar de responder nas esferas cível e criminal.

---

[939] "ADMINISTRATIVO. RECURSO ESPECIAL. AÇÃO CIVIL PÚBLICA. DANOS AO MEIO AMBIENTE. USINA HIDRELÉTRICA DE CHAVANTES. [...] EXIGÊNCIA DE ESTUDO PRÉVIO DE IMPACTO AMBIENTAL (EIA/RIMA). OBRA IMPLEMENTADA ANTERIORMENTE À SUA REGULAMENTAÇÃO. PROVIDÊNCIA INEXEQUÍVEL. PREJUÍZOS FÍSICOS E ECONÔMICOS A SEREM APURADOS MEDIANTE PERÍCIA TÉCNICA. RECURSO PARCIALMENTE PROVIDO. [...] 4. A natureza do direito ao meio ambiente ecologicamente equilibrado – fundamental e difusa – não confere ao empreendedor direito adquirido de, por meio do desenvolvimento de sua atividade, agredir a natureza, ocasionando prejuízos de diversas ordens à presente e futura gerações. 5. Atrita com o senso lógico, contudo, pretender a realização de prévio Estudo de Impacto Ambiental (EIA/RIMA) num empreendimento que está em atividade desde 1971, isto é, há 43 anos. 6. Entretanto, impõe-se a realização, em cabível substituição, de perícia técnica no intuito de aquilatar os impactos físicos e econômicos decorrentes das atividades desenvolvidas pela Usina Hidrelétrica de Chavantes, especialmente no Município autor da demanda (Santana do Itararé/PR)" (STJ, 1ª T., REsp nº 1.172.553/PR, Rel. Min. Arnaldo Esteves Lima, j. em 27.05.2014, *DJe* 04.06.2014).

O ideal é que o tema seja regulamentado,[940] mas isso não impede que o órgão ambiental resolva a questão com base em sua discricionariedade, enquanto não é expedida a licença ambiental. Lapidares as palavras de Erica Bechara:

> Não se deve olvidar que os empreendimentos que não tenham as licenças exigíveis podem ser suspensos enquanto o licenciamento corretivo não for concluído, pois, se foram instalados ao arrepio da lei, não se lhes reconhece qualquer direito ao funcionamento enquanto irregulares. Apenas na hipótese de o órgão ambiental entender que a sua operação é absolutamente necessária ou justificável, é que, discricionariamente, autorizará a sua continuidade durante o licenciamento.[941]

O passado pode não ser modificado, mas o presente não apenas pode, como deve, sem prejuízo das sanções administrativas ou criminais aplicáveis. O Estado tem o dever de estimular a regularização ambiental, não podendo se furtar de efetuar o licenciamento corretivo, "sob pena de se consentir com a poluição e a degradação em detrimento do direito de todos a um ambiente ecologicamente equilibrado".[942]

Destaque-se que não existe direito subjetivo à expedição da licença corretiva, a exemplo da preventiva ou ordinária, sendo que os danos causados durante o funcionamento irregular devem ser recompostos, nas esferas administrativa, cível e penal.[943] Como doutrinou Antonio Inagê, se a licença ambiental não for possível, ela deve ser negada e o responsável deve recompor o dano causado, restabelecendo as condições preexistentes ao seu empreendimento, o que não exclui a reparação de qualquer dano, ainda que seja expedida a licença ambiental corretiva.[944]

Algumas normas sobre a licença corretiva já contêm algumas restrições, em parte decorrentes do sistema da separação de poderes e de vedações da legislação ambiental, motivo pelo qual elas devem ser interpretadas tendo em vista o fim a que se dirigem.[945]

---

[940] A Resolução CEMAm 13, de 18.09.2014 (*DOE* em 18 set. 2014), suspensa pela Portaria SEMARH-GO 790-2014, que instituiu a licença ambiental corretiva em Goiás, regulamentou esse ponto, vedando a aplicação de sanções em decorrência da ausência de licenciamento a partir do protocolo do requerimento de licença ambiental corretiva até o prazo estipulado no termo de compromisso ambiental a ser assinado (art. 6º). A Resolução Conama nº 349/04, por sua vez, autorizou as atividades a serem regularizadas (art. 7º, parágrafo único), mas esclareceu que o "licenciamento ambiental corretivo será feito sem prejuízo das responsabilidades administrativas, cíveis e penais" (art. 9º, §2º).

[941] BECHARA, Erika. *Licenciamento e Compensação Ambiental na Lei do Sistema Nacional das Unidades de Conservação (SNUC)*. 2009. p. 88-89.

[942] MILARÉ, Édis. *Direito do Ambiente*. 9. ed. São Paulo: RT, 2014. p. 843.

[943] O que não impede que a legislação dispense as multas se houver a regularização, como ocorre com o Programa de Rodovias Federais Ambientalmente Sustentáveis (PROFAS), no qual "a assinatura do Termo de Compromisso suspende as sanções administrativas ambientais já aplicadas pelo IBAMA e impede novas autuações, quando relativas à ausência da respectiva licença ambiental" (Portaria Interministerial MMA-MT 288/13, art. 4º, §5º). Recentemente, a AGU exarou novo parecer sobre a validade do PROFAS (Parecer nº 152/2015/CGAJ/CONJUR-MMA/CGU/AGU, aprovado pelo Consultor Jurídico do MMA, em 31.03.2015, mediante Despacho nº 242/2015/CONJUR-MMA, nos autos do PA nº 02000.000498/2015-21), uma vez que o que analisou a validade da portaria original foi o Parecer nº 638/2011/CGAJ/CONJUR-MMA/CGU/AGU.

[944] OLIVEIRA, Antonio Inagê de Assis. *O Licenciamento Ambiental*. São Paulo: Iglu, 1999. p. 127-128. No mesmo sentido: TEIXEIRA, Diego Monte. Os procedimentos do licenciamento ambiental. *Boletim Científico ESMPU*, Brasília, ano 9, n. 32-33, p. 37-69, jan./dez. 2010. p. 58.

[945] A Resolução CEMAm 13, de 18.09.2014 (*DOE* em 18 set 2014), suspensa pela Portaria SEMARH-GO 790-2014, vedava a licença ambiental corretiva em Goiás para empreendimentos (i) embargados por decisão judicial definitiva; (ii) que tenham sido embargados pela Secretaria de Estado do Meio Ambiente e dos Recursos Hídricos ou pelo Poder Judiciário por representar riscos para a saúde pública; (iii) que tiveram ou venham a ter licença de instalação negada por incompatibilidade ambiental da área com o tipo de atividade; (iv) em áreas

A licença corretiva pode ocorrer mediante outro ato que não a licença propriamente dita. Conforme parecer da AGU:

> – Uma vez instaurado o procedimento administrativo de regularização ambiental perante o órgão ou entidade competente, verificados técnica e juridicamente o preenchimento de todas as condicionantes ambientais e assim sanada a questão ambiental, *ao fim haverá algum tipo de manifestação estatal conclusiva, seja pelo assentimento – ou não – da observância de todas as condicionantes ambientais, desimportando, in totum, a terminologia deste último ato que o particular receberá*, se "licença", "licença ambiental", "termo de anuência", "assentimento estatal" ou quejandos outros. Repita-se, deve haver um devido processo administrativo ambiental que, sem proscrever a análise material (de conteúdo) pertinente a cada um dos requisitos, seja suficiente, necessário, proporcional e razoável à correição da situação ambiental submetida ao crivo do Poder Público.[946]

No Estado do Rio de Janeiro, usa-se a certidão ambiental (CA) para os casos nos quais não cabe LO, dispondo que ela serve como "atestado de regularidade ambiental de atividades e empreendimentos que se instalaram sem a devida licença ou autorização ambiental, a ser emitida após a aplicação de sanção pela infração cometida e o cumprimento integral das obrigações ambientais determinadas por notificação ou fixadas em Termo de Ajustamento de Conduta, sendo seu requerimento facultativo" (Decreto Estadual nº 44.820/14, art. 18, §1º, IV).

O processo administrativo de licença corretiva em curso não impede que concomitantemente haja pedido de licenciamento de alteração, reforma, ampliação do mesmo empreendimento ou atividade desde que haja a compatibilização entre a licença corretiva e a nova que se almeja.

9.8 Pedido de renovação da licença ambiental em menos de 120 dias de seu vencimento (LC nº 140, art. 14, §4º)

Existe em nossa legislação a previsão de prorrogação da validade da licença ambiental até que haja manifestação definitiva do órgão ambiental competente, desde que o pedido de renovação seja efetuado com antecedência mínima de 120 (cento e vinte) dias da expiração de seu prazo de validade (LC nº 140, art. 14, §4º).[947]

Em outras palavras, havendo pedido de renovação no prazo legal, antes algo meramente regulamentar e reservado à LO (Res. Conama nº 237/97, art. 18, §4º), há prorrogação automática da licença até a manifestação definitiva do órgão ambiental, não valendo como termo final a indicação do prazo estampada na licença.

---

contaminadas com produtos que apresentem riscos à saúde humana; (v) instalados e/ou em funcionamento sem licença ambiental na data de publicação desta Resolução em APP, neste caso excetuados os empreendimentos de irrigação e barramentos, bem como os casos admitidos em lei; (vi) instalados e/ou em funcionamento sem licença ambiental na data de publicação desta Resolução na Reserva Legal, ressalvados os casos admitidos em lei (art. 4º).

[946] Parecer nº 152/2015/CGAJ/CONJUR-MMA/CGU/AGU, aprovado pelo Consultor Jurídico do MMA, em 31.03.2015, mediante Despacho nº 242/2015/CONJUR-MMA, nos autos do PA nº 02000.000498/2015-21 – sem destaques no original.

[947] "§4º A renovação de licenças ambientais deve ser requerida com antecedência mínima de 120 (cento e vinte) dias da expiração de seu prazo de validade, fixado na respectiva licença, ficando este automaticamente prorrogado até a manifestação definitiva do órgão ambiental competente".

Nesse cenário é relevante saber quais são as implicações de um pedido de renovação de licença ambiental formulado em menos de 120 dias (cento e vinte) da sua expiração. Isso porque, às vezes, o detentor de uma licença não requer a sua renovação com a antecedência necessária para que a legislação expressamente garanta a sua prorrogação até a manifestação definitiva do órgão ambiental competente.

A regra da LC nº 140, ao abranger todas as licenças ambientais, revogou tacitamente a previsão contida na Resolução Conama nº 237/97 (art. 18, §4º), pois, diferentemente desta, não se limitou à licença de operação.

Requerida a renovação da licença, com mais de 120 dias de antecedência, ela permanecerá válida, incluindo as suas condicionantes que possam ser de cumprimento continuado, até que o órgão licenciador se manifeste definitivamente sobre o pedido.

A prorrogação, por si só, pressupõe extensão de vigência, ainda existente, para além de seu termo final original,[948] mas, nesse caso, ela é qualificada, uma vez que se faz necessário solicitar a renovação da licença ambiental antes de 120 dias de seu termo *ad quem*.

A teleologia da norma que permite a prorrogação automática parece instintiva, pois os empreendimentos, via de regra, são concebidos para perdurarem no tempo, e a continuidade do licenciamento pela renovação da licença serve apenas para ajustes eventualmente necessários, decorrentes de regras novas ou impactos ambientais. A legislação gera essa garantia ao administrado, presumindo, desse modo, a legalidade do empreendimento ou atividade, ao considerar a existência de um licenciamento prévio e a continuidade das ações (de instalação, de operação etc.).

Se tal prazo for cumprido, a licença vigerá até que o órgão se manifeste definitivamente. Se o órgão ambiental aprovar a prorrogação, o prazo até então passado é computado no prazo máximo da licença renovada. Se houver negativa da renovação, a vigência da licença ambiental se esgota nesse ato, considerando que doravante não existirá mais licença ambiental amparando a atividade ou empreendimento.

Da data do pedido de renovação até a negativa da licença, não se pode considerar que a atividade ou empreendimento são irregulares, não cabendo, dessa forma, qualquer sanção por ter sido negada a prorrogação da licença,[949] ressalvado o descumprimento dos termos (condicionantes) da licença até então vigente.

A prorrogação automática é uma garantia/regra protetiva do administrado e não do órgão ambiental. Desse modo, o prazo estabelecido não deve ser entendido como

---

[948] "[...] Não permite o disposto no artigo 37, III, da Constituição que, escoado o prazo de dois anos de validade do concurso público, sem que tenha ele sido prorrogado, possa a Administração instituir novo prazo de validade por dois anos, pois *prorrogar é estender prazo ainda existente para além de seu termo final*" (STF, 1ª T., m.v., RE nº 201.634/BA, Rel. p/ ac. Min. Moreira Alves, j. em 15.02.2000, DJ 17.05.2002. p. 66 – destacou-se). No mesmo sentido a ON AGU 03/2009, uma vez que só admite prorrogação contratual se não há extrapolação do atual prazo de vigência, bem como solução de continuidade nos aditivos precedentes, hipóteses que configuram a extinção do ajuste, impedindo a sua prorrogação.

[949] No que diz respeito às sanções, importante consignar que o embargo do empreendimento deve ser evitado ainda que o pedido tenha sido efetuado após o vencimento da licença. Em ordenamento jurídico que admite o licenciamento corretivo, salvo algum perigo claramente demonstrável e que não se resuma à ausência da licença, não deve haver embargo do empreendimento ou atividade. No entanto, isso não significa o impedimento da aplicação de multa (sanção pecuniária), mas há necessidade de dosá-la para que se diferencie a situação do empreendimento ou atividade que nunca tiveram licença daqueles que a requereram logo após o vencimento da anterior. De qualquer forma, é imperativo um tratamento proporcional a essas situações, não as tratando de forma mais drástica do que a do licenciamento ambiental corretivo, por exemplo.

prazo peremptório para solicitação da renovação da licença ambiental. Além disso, é importante observar que a prorrogação automática não implica prazo de 120 dias para o órgão ambiental decidir sobre a renovação, existindo para isso outros dispositivos normativos. Compreender isso é fundamental para não usar esse prazo em prejuízo do administrado, negando, desse modo, leitura sistemática do ordenamento jurídico.

Se não houver regulamentação, o lapso temporal necessário para análise do pedido de renovação será o previsto em legislação especial ou naqueles estabelecidos na Lei nº 9.784/99, a partir do qual será possível verificação referente à eventual mora administrativa. O prazo máximo previsto no artigo 14 da Resolução Conama nº 237/97 é para análise da concessão da licença, não de sua renovação, que já pressupõe monitoramento do órgão ambiental e, por essa razão, tem menor complexidade em relação à primeira análise.

Se outro prazo não for previsto em legislação específica, a mora administrativa, considerada no âmbito da Administração Pública Federal, caracteriza-se no momento em que a Administração não decide dentro de trinta dias, salvo prorrogação por igual período expressamente motivada (Lei nº 9.784/99, art. 49).

Ainda que não haja solicitação com a antecedência de 120 dias do término da licença, se ela for efetuada (i) antes do vencimento e (ii) com prazo hábil para caracterizar a mora administrativa ainda dentro do prazo de validade da licença a ser renovada, não se deve considerar a licença como vencida.

A mora administrativa atua como uma segunda barreira de proteção do administrado, sendo razoável que se aplique a intenção legislativa do artigo 14, §4º, da LC nº 140/11 a esses casos. Em outras palavras, a regra do artigo 14, §4º, da LC nº 140 não esgota a possibilidade de se manter uma licença vigendo diante da inércia da Administração em apreciá-la.

No entanto, se a solicitação for efetuada durante a vigência da licença ambiental, mas em prazo no qual não haveria a caracterização da mora administrativa durante essa vigência original, o risco de eventual decisão negativa recai sobre o administrado, ou seja, se a licença vier a ser negada, ele pode ser autuado desde seu vencimento (*ex tunc*). É fundamental destacar que, mesmo nesses casos, somente haverá sanção administrativa por qualquer ente do Sisnama após a negativa do ente licenciador, e nunca antes, pois isso implicaria um juízo de premonição sobre a decisão a ser emitida pelo órgão licenciador.

Os TRFs da 1ª e da 5ª Regiões, o TJPR e o TJSP já entenderam que não cabe o sancionamento do empreendedor, se ele requereu a renovação da licença ambiental quando ela ainda vigia, ainda que com menos de 120 dias para seu término.[950]

> ADMINISTRATIVO. AMBIENTAL. LICENÇA DE OPERAÇÃO. RENOVAÇÃO. NÃO OBSERVÂNCIA DO PRAZO PREVISTO NO §4º DO ART. 18 DA RESOLUÇÃO Nº 237/1997 DO CONAMA. AUTUAÇÃO. FALTA DE RAZOABILIDADE.

---

[950] TRF da 1ª Região, 6ª T., v.u., EDcl REENEC 0004027-94.2011.4.01.4100, Rel. Des. Kassio Nunes Marques, j. em 08.09.2014, *e-DJF1* 18.09.2014; TJPR, 4ª Câm. Cível, v.u., RN 839.674-1, Rel. Des. Abraham Lincoln Calixto, j. em 17.04.2012, *DJ* 30.04.2012; TRF da 5ª Região, v.u., 2ª T., APELREEX 2009.81.00.012181-1/CE (Ac. 14638), Rel. Des. Fed. Ivan Lira de Carvalho, j. em 09.08.2011, *DJE* 18.08.11. p. 228; TJSP, Câm. Especial Meio Ambiente, v.u., AC 379.04 4-5/9-00, Rel. Des. Torres de Carvalho, j. em 24.05.2007.

1. É desarrazoada e desproporcional a suspensão das atividades da empresa que, no momento da fiscalização, apresenta comprovante do pedido de renovação da Licença de Operação, ainda que fora do prazo de 120 dias estabelecido no §4º do art. 18 da Resolução nº 237/1997 do CONAMA, porém antes do vencimento da licença anterior.[951]

[...] 3. O fato de não ter se solicitado no prazo de 120 (cento e vinte) dias anterior ao vencimento da licença expirada em meados do ano de 2007, não autoriza o embargo praticado pelo IBAMA, porque no momento de interdição estava pendente um requerimento administrativo.

4. Não cabe fazer um juízo de valor porque a parte demorou ou não a requerer administrativamente a continuidade da licença, muito menos sobre a demora do órgão fiscalizador, que promoveu o embargo discutido nos autos, em atuar junto às empresas que estavam em descumprimento da lei. Pois se o administrado se omitiu a pugnar a destempo a sua autorização de atuação na prática exploratória ambiental, a Administração Pública também deixou de atuar durante os mais de dois anos em que inexistia documento que pudesse corroborar a atuação do particular na dita atividade.[952]

[...] 4. Por outro lado, conquanto tenha havido a realização do pedido de renovação da licença fora do prazo de 120 (cento e vinte) dias previsto na Resolução CONAMA nº 237/97, não se pode perder de vista que tal solicitação foi promovida com mais de 90 (noventa) dias de antecedência, de sorte que não se afigura razoável penalizar a empresa quando, no momento da lavratura do auto de infração – que se deu após 2 (dois) anos do mencionado requerimento -, ainda se encontrava pendente de apreciação seu pedido de renovação.[953]

Embora aparentemente apoie o mérito dessas decisões, o STJ tem se manifestado pelo não conhecimento dos recursos especiais por implicar revolvimento de questões fáticas.[954]

O Estado, tendo responsabilidade sobre a decisão acerca da renovação requerida, não pode se escudar na garantia dada ao administrado com o objetivo de ignorar os seus demais deveres previstos no ordenamento jurídico. Seria algo como dizer que não cabe reconhecer a ilegalidade do ato estatal em ação anulatória porque seu manejo ocorreu depois de 120 (cento e vinte) dias, prazo decadencial do mandado de segurança.

Ademais, considerado todo o Sisnama, o Estado deve se comportar de forma coerente, sendo vedado ao órgão ambiental ignorar que existe pendência de apreciação da renovação da licença ambiental em outro.

Em suma, ocorre prorrogação da licença ambiental até a manifestação definitiva do órgão ambiental competente, ainda que o pedido de renovação tenha sido efetuado com menos de 120 dias do término de sua validade e antes do prazo para a caracterização

---

[951] TRF da 1ª Região, 6ª T., v.u., REENEC 0004027-94.2011.4.01.4100, Rel. Des. Daniel Paes Ribeiro, j. em 14.11.2011, e-DJF1 29.11.2011.

[952] TRF da 5ª Região, 2ª T., AG 2009.05.00.097556-9 (Ac. 101727/CE), Des. Fed. Francisco Barros Dias, j. em 20.04.2010, DJE 29.04.2010. p. 191.

[953] TRF da 5ª Região, 4ª T., AC 0812664-78.2017.4.05.8400, Rel. Des. Fed. Edilson Pereira Nobre Júnior, j. em 11.12.2018. No mesmo sentido: "[...] 4. Este TRF já se manifestou sobre a questão, entendendo que o fato de não ter o Impetrante solicitado a renovação de sua licença, no prazo de 120 (cento e vinte) dias anterior ao vencimento da mesma, não autoriza a instauração de um Auto de Infração pelo IBAMA, já que, no momento da interdição, estava pendente um requerimento administrativo" (TRF da 5ª Região, 1ª T., AC 0800024-95.2016.4.05.8103, Rel. Des. Fe. Elio Wanderley de Siqueira Filho, j. em 06.07.2017).

[954] STJ, 2ª T., AR no AREsp nº 686.366/PE, Rel. Min. Humberto Martins, j. em 06.08.2015, DJe 17.08.2015; STJ, 1ª T., AR no AREsp nº 749.434/RO, Rel. Min. Regina Helena Costa, j. em 26.04.2016, DJe 16.05.2016.

da mora administrativa dentro do prazo de validade da licença. Se for efetuado antes do vencimento da licença ambiental, e não antes do prazo de eventual mora administrativa, corre por conta e risco do requerente eventual negativa do pedido, que tem aqui efeito *ex tunc*.

O Ibama tem adotado esse entendimento, admitindo a prorrogação da validade da licença ainda que requerida posteriormente à antecedência mínima de 120 dias, conforme se constata do Despacho nº 02001.025018/2016-13 DILIC/IBAMA, o qual foi aprovado pela sua Presidência em 09.11.2016.

9.9 Mito do licenciamento ambiental trifásico como único meio apto ao meio ambiente ecologicamente equilibrado e sua origem

Existe a equivocada compreensão de que somente o licenciamento ambiental trifásico (LP, LI e LO) tem o condão de proteger o meio ambiente ou, ainda, de que ele seria o meio mais eficiente de fazê-lo. É baseado nessa perspectiva que se costuma propugnar pela inconstitucionalidade e/ou ilegalidade do licenciamento que não for trifásico.

Tal entendimento é equivocado por diversos motivos.

O primeiro deles é que o sistema trifásico não tem *status* legal e muito menos constitucional; ele consta no Decreto nº 99.274/90 (art. 19) e na Resolução Conama nº 237/97 (art. 8º).

Consequentemente, o segundo motivo reside no fato de a própria Resolução Conama nº 237/97 autorizar outros sistemas de licenciamento ambiental que não o trifásico (art. 3º, parágrafo único), bem como autorizar procedimento simplificado, o que pode significar a redução de atos exigidos dentro do processo de licenciamento ambiental, "para as atividades e empreendimentos de pequeno potencial de impacto ambiental, que deverão ser aprovados pelos respectivos Conselhos de Meio Ambiente" (art. 12, §1º).

Em terceiro lugar, o licenciamento ambiental no resto do mundo não é trifásico, somente no Brasil existe tal previsão, e nem por isso o resto do mundo está deixando de proteger o meio ambiente. Assim, sob pena de estender essa violação a todos os outros países do mundo, não caberia alegar violação ao princípio da precaução, geralmente utilizado pelos que não têm argumento e que querem impor seu ponto de vista de forma dissociada do ordenamento jurídico.

Sob a jabuticaba do licenciamento ambiental trifásico, parte da doutrina explica que ele foi consequência de uma má interpretação da legislação sueca.

> Essa forma trifásica foi fruto de uma adaptação equivocada do modelo sueco de licenciamento ambiental, quando da elaboração do processo de licença brasileiro. O modelo da Suécia é bifásico, compreendendo a emissão de uma licença de instalação (com declaração de impacto ambiental) e outra, para operação do empreendimento – renovável. No entanto, ao analisarem o fluxograma, os técnicos brasileiros entenderam que para cada bloco ali disposto, havia um processo de licenciamento correspondente. Daí o equívoco, que, no entanto, por aqui segue sendo "festejado" pelos seus entusiastas...[955]

---

[955] PEDRO, Antonio Fernando Pinheiro. *Desmistificando o licenciamento ambiental*. Disponível em: http://www.theeagleview.com.br/2013/04/desmistificando-o-licenciamento.html?q=licenciamento+ambiental. Acesso em 17 nov. 2016.

Outros aduzem que sua configuração adveio do Decreto carioca 1.633/1977 que, ao regulamentar o Decreto-Lei carioca 134/1975 (art. 8º), criou o Sistema de Licenciamento de Atividades Poluidoras (Slap), "que já trazia, em seu art. 4º, as três espécies de licença que, anos mais tarde, seriam as mais conhecidas e utilizadas em todo o país: licença prévia, licença de instalação e licença de operação".[956]

Na área federal, as três licenças foram previstas no Decreto nº 88.351/83 (art. 20), que *previa a emissão de licença por órgão não ambiental*, a Comissão Nacional de Energia Nuclear (CNEN), nos casos de estabelecimentos destinados a produzir materiais nucleares, ou a utilizar a energia nuclear e suas aplicações, mediante parecer da SEMA, ouvidos os órgãos de controle ambiental estaduais e municipais (art. 20, §4º).

O Decreto nº 88.351/83 foi revogado pelo Decreto nº 99.274/1990, que manteve o modelo trifásico (art. 19), que somente foi mitigado pela Resolução Conama nº 237/97 (arts. 8º c/c 12).

Dessa forma, não se vislumbra violação de alguma norma constitucional, seja substancial, seja procedimental, em se estipular, por regulação ou lei, licenciamento que não seja trifásico.

O fato de o licenciamento ambiental ser ou não trifásico não tem relação com a exigência constitucional de EIA para a instalação de obra ou atividade potencialmente causadora de significativa degradação do meio ambiente (art. 225, §1º, IV), uma vez que o licenciamento em fase única ou bifásico pode ser subsidiado por EIA.

9.10 Licenciamento por adesão ou compromisso (praticabilidade nos atos estatais)

O licenciamento ambiental é um ato de controle de gestão dos impactos de empreendimento ou atividade. Esse controle pode ser efetuado artesanalmente, de forma padronizada ou mesclando ambas.

No licenciamento ambiental artesanal, o órgão ambiental faz tudo de forma específica ou casuística, somente para um empreendimento ou atividade, sem trabalhar com nenhum padrão preestabelecido.

No licenciamento ambiental padronizado, o órgão ambiental prevê padrões que devem ser adotados pelo empreendedor. É nesse tipo de licenciamento que se enquadra o licenciamento por adesão ou compromisso.

Quando o órgão ambiental já detecta que certos critérios que devem ser obedecidos por determinado tipo de atividade ou empreendimento são suficientes para gerenciar seus impactos ambientais, ele adota o licenciamento por adesão ou compromisso, também chamado, impropriamente, de autolicenciamento.[957]

Deve-se destacar que nesse tipo de licenciamento ambiental existe o controle do impacto ambiental, mas ele é efetuado de acordo com critérios preestabelecidos pelo órgão ambiental, dentro dos limites do ordenamento jurídico.

---

[956] D'OLIVEIRA, Rafael Lima Daudt. O novo Sistema de Licenciamento Ambiental (Slam) do estado do Rio de Janeiro. *In*: SAMPAIO, Rômulo; LEAL, Guilherme; REIS, Antonio (Orgs.). *Tópicos de Direito Ambiental*: 30 anos da Política Nacional do Meio Ambiente. Rio de Janeiro: Lumen Juris, 2011. p. 325.

[957] Não confundir esse autolicenciamento com a dúvida sobre a juridicidade, em desuso, do licenciamento ambiental ser efetuado por órgão ou entidade do próprio ente federativo que implantava o empreendimento ou atividade.

Como no licenciamento ambiental não se pode falar em preclusão do gerenciamento dos impactos, nada mais natural que a legislação que o implementa dificilmente o faça de forma pura, optando pela forma mista. A normativa geralmente deixa aberta a possibilidade de fiscalização e calibração de algum critério adicional no caso concreto (licenciamento artesanal), caso as medidas preestabelecidas não sejam as mais adequadas em determinada situação.

Esse tipo de licenciamento ambiental decorre do princípio da praticabilidade, desenvolvido pelo Direito Tributário, mas cuja aplicação pertence à teoria geral do direito, posto que prestigia ao mesmo tempo a racionalidade, a eficiência e a economicidade estatais.

Regina Helena Costa, ao doutrinar sobre o a praticabilidade nos atos administrativos, entende que ela é uma categoria lógico-jurídica porque sua "noção antecede o próprio Direito posto, correspondendo a exigência do senso comum", citando ainda que Misabel Derzi "acentua ser a praticidade um princípio geral e difuso, que não apresenta formulação escrita, nem no ordenamento jurídico alemão, onde se originou, nem no nacional, encontrando-se implícito por detrás das normas constitucionais".[958]

Destaque-se que na ADI nº 5014, ajuizada contra lei do Estado da Bahia que prevê a licença por adesão e compromisso (LAC), o Advogado-Geral da União reconheceu a sua validade porque a Resolução Conama nº 237/97 possibilita não apenas a união das licenças (art. 8º, parágrafo único), mas a estipulação de procedimentos específicos para o licenciamento (art. 12). Assim, não seria inválida previsão do licenciamento por adesão ou compromisso para empreendimentos ou atividades de baixo e médio potencial poluidor, casos nos quais não haveria a dispensa de EIA, uma vez que as características das atividades que pressupõem a mencionada licença tornam prescindível a realização de tal estudo, embora não retirem a possibilidade de exigência de outras espécies de estudos ambientais menos complexos (Res. Conama nº 237/97, art. 3°, parágrafo único).

O STF, por unanimidade, confirmou a validade de lei estadual do Ceará que trata de procedimentos simplificados para emissão de licenças ambientais voltadas à construção de empreendimentos ou atividades com pequeno potencial de impacto ambiental (ADI nº 4615).[959] Esse entendimento se fundamenta na leitura conjunta da Lei nº 6.938/81 e da Resolução Conama nº 237/97, que admite simplificação procedimental para "atividades e empreendimentos de pequeno potencial de impacto ambiental", embora essa simplificação devesse ser aprovada pelos conselhos de meio ambiente e não por lei.[960]

---

[958] COSTA, Regina Helena. A praticabilidade nos atos administrativos. *In*: MARQUES NETO, Floriano de Azevedo et al. (Org.). *Direito e Administração Pública*: estudos em homenagem a Maria Sylvia Zanella Di Pietro. São Paulo: Atlas, 2013. p. 823.

[959] "4. A Lei nº 6.938/1981, de âmbito nacional, ao instituir a Política Nacional do Meio Ambiente, elegeu o Conselho Nacional do Meio Ambiente – CONAMA como o órgão competente para estabelecer normas e critérios para o licenciamento de atividades efetiva ou potencialmente poluidoras a ser concedido pelos Estados e supervisionado pelo IBAMA. O CONAMA, diante de seu poder regulamentar, editou a Resolução nº 237/1997, que, em seu art. 12, §1º, fixou que poderão ser estabelecidos procedimentos simplificados para as atividades e empreendimentos de pequeno potencial de impacto ambiental, que deverão ser aprovados pelos respectivos Conselhos de Meio Ambiente. 5. A legislação federal, retirando sua força de validade diretamente da Constituição Federal, permitiu que os Estados-membros estabelecessem procedimentos simplificados para as atividades e empreendimentos de pequeno potencial de impacto ambiental". (STF, v.u., ADI nº 4615, Rel. Min. Roberto Barroso, j. em 19.09.2019, DJe 28.10.2019).

[960] O STF manteve o entendimento na ADI nº 6288, validando licenças ambientais específicas e simplificadas de licenciamento, por considerar que a norma se situa no âmbito normativo concorrente autorizado pela

Embora sem apontar a lei local como critério que admite a inclusão de atividades de médio impacto ambiental ao procedimento simplificado de licenciamento ambiental por adesão e compromisso, o STF validou lei local que previu esse tipo de licenciamento para atividades de baixo e médio potencial poluidor instituído (ADI nº 5014).[961]

Certamente o licenciamento por adesão ou compromisso não se coaduna com a exigência de EIA, mas certamente é compatível com diversas situações sujeitas ao licenciamento ambiental com baixo ou médio impacto.

O TJSC validou o licenciamento por adesão ou compromisso previsto em lei estadual, com detalhamento por ato do órgão licenciador, destacando corretamente que ele "atende o princípio da prevenção, pois há a atuação prévia do órgão ambiental ao instituir os requisitos e as condições para a concessão da licença ambiental".[962]

9.11 O descomissionamento (desinstalação ou desativação) do empreendimento ou atividade

Descomissionamento não existe em vernáculo, sendo um neologismo vindo do inglês *decommission*, que significa desativação, desinstalação, retirada do equipamento de uso. É a fase de desinstalação do objeto licenciado. Embora nem sempre haja o que desinstalar, seja do ponto de vista da necessidade ambiental, seja pelo redirecionamento da área do objeto licenciado, alguns empreendimentos ou atividades demandam providências de desinstalação para controle dos impactos ambientais.

O descomissionamento da atividade ou empreendimento licenciado não está previsto expressamente em nossa legislação, nem como fase separada, sujeita a licença própria (licença de desinstalação), nem como integrante da fase de operação.

O artigo 2º da Resolução Conama nº 237/1997 não prevê o descomissionamento como objeto do licenciamento ambiental, devendo-se considerá-lo uma fase imanente ao processo decisório e, consequentemente, tratá-lo no mesmo processo administrativo. Na falta de previsão expressa sobre o descomissionamento, ele deve ser considerado fase implícita do processo de licenciamento ambiental, dispensando a necessária presença de intervenientes e a antecipação para a LO ou qualquer licença anterior dessa fase. Esse é o entendimento da AGU.[963]

Área na qual o descomissionamento costuma ser discutido é a das instalações *offshore* de petróleo e gás, uma vez que com a exploração não sendo mais economicamente aproveitável é natural que surja a questão do que fazer com as instalações.

Haveria dúvida sobre o descomissionamento mediante alijamento total ou parcial das estruturas porque a Lei da Política Nacional de Resíduos Sólidos (Lei nº 12.305/2010

Constituição, não havendo "desproteção ambiental. Em realidade, busca-se otimizar a atuação administrativa estadual, em prestígio ao princípio da eficiência e em prol da manutenção da proteção ambiental" (STF, Pleno, v.u., ADI nº 6288, Rel. Min. Rosa Weber, j. em 23.11.2020, *DJe* 03.12.2020).

[961] STF, Pleno, ADI nº 5.014, Rel. Min. Dias Toffoli, j. em 13.11.2023, *DJe* 20.02.2024.

[962] TJSC, Órgão Especial, ADI nº 8000190-67.2018.8.24.0900, Rel. Desa. Soraya Nunes Lins, j. em 20.03.2019.

[963] "[...] IV – O descomissionamento se traduz na desativação e desinstalação das estruturas do empreendimento sujeito ao licenciamento ambiental. A Resolução Conama nº 237/1997 (art. 2º) não prevê expressamente o descomissionamento como objeto do licenciamento ambiental, devendo-se considerá-lo uma fase imanente ao processo decisório e, consequentemente, tratá-lo no mesmo processo administrativo" (Parecer nº 60/2018/COJUD/PFE-IBAMA-SEDE/PGF/AGU, aprovado, em 30.05.2018, pelo Procurador-Chefe da PFE-Ibama, mediante o Despacho nº 383/2018/GABIN/PFE-IBAMA-SEDE/PGF/AGU, nos autos do PA nº 02001.010683/2018-66).

– LPNRS) veda a destinação ou disposição final de resíduos sólidos ou rejeitos por meio do seu lançamento em praias, no mar ou em quaisquer corpos hídricos (art. 47, I).

O alijamento está previsto expressamente em duas convenções internacionais, sendo uma delas claramente sobre direitos humanos, eis que trata do meio ambiente. Assim, tanto a Convenção para Prevenção da Poluição Marinha por Alijamento de Resíduos e outras matérias, de 1972 (promulgada pelo Decreto nº 87.566/1982), quanto a Convenção das Nações Unidas sobre Plataforma Continental (CNUDM ou Unclos III), de 1982, (promulgada pelo Decreto nº 1.530/1995) admitem o alijamento das estruturas *offshore*. Na legislação especial sobre o tema, a Lei nº 9.966/2000, sobre prevenção, controle e fiscalização da poluição causada por lançamento de óleo em águas sob jurisdição nacional, admite e define o alijamento (art. 2º, XVI), impondo que ele seja conforme a Convenção sobre Prevenção da Poluição Marinha por Alijamento de Resíduos (art. 30).[964]

A LPNRS não veda o alijamento das estruturas *offshore* de petróleo e gás. Ela não elimina a possibilidade de alijamento, que, aliás, dispõe de legislação específica, apenas ressaltou uma obviedade na tutela do meio ambiente.[965] A leitura literal isolada do dispositivo legal seria inadequada, especialmente se for considerado que ela vedaria qualquer descarga, ainda que dentro dos padrões de qualidade, nos corpos hídricos. Essa não é a finalidade da Lei nº 12.305/10, motivo pelo qual a AGU entendeu pela inaplicabilidade da Lei da Política Nacional de Resíduos Sólidos (Lei nº 12.305/10, art. 47, I) ao descarte de fluidos e cascalhos, por a matéria contar com lei especial (Lei nº 9.966/2000, art. 20).[966] O entendimento da AGU foi encampado pelo Ibama, por meio do Despacho nº 5540547/2019-GABIN (SEI nº 5540547, PA nº 48610.006818/2018-11).

O abandono da instalação *offshore* de petróleo e gás no mar não é proibido pelas normas internacionais e nacionais referentes à matéria, sendo esse um limite aos órgãos reguladores de petróleo e gás e de meio ambiente. A regulamentação é bem-vinda, mas

---

[964] O órgão federal de meio ambiente deve regulamentar a descarga de resíduos sólidos das atividades de perfuração de poços de petróleo (Lei nº 9.966/2000, art. 20). Sendo o controle ambiental da descarga de resíduos sólidos inerente ao próprio licenciamento ambiental da atividade de perfuração, o que a norma determinou foi que essas regras ou melhores práticas sejam padronizadas em ato administrativo normativo, e não descobertas ou criadas caso a caso.

[965] Como visto, a própria Convenção sobre Prevenção da Poluição Marinha por Alijamento de Resíduos distingue os casos de afundamento deliberado de embarcações, aeronaves, plataformas ou outras construções no mar daqueles casos de lançamento de "resíduos e outras substâncias" (art. III, 1, "a"). Assim, interdita-se a leitura de que a Lei nº 12.305/2010 vedou o lançamento no mar, uma vez que o abandono se enquadra em outra categoria, e, mesmo para a disposição final de resíduos sólidos ou rejeitos, consta autorização na Convenção, que tem *status* supralegal.

[966] "DIREITO REGULATÓRIO E AMBIENTAL. CONTROLE DE POLUIÇÃO DECORRENTE DE EXPLORAÇÃO DE PETRÓLEO E GÁS EM ÁGUAS NACIONAIS BRASILEIRAS. ANÁLISE DA COMPETÊNCIA REGULAMENTAR DO INSTITUTO BRASILEIRO DE MEIO AMBIENTE E RECURSOS NATURAIS RENOVÁVEIS – IBAMA. DESTINAÇÃO FINAL DE RESÍDUOS SÓLIDOS NO MAR. CONFLITO APARENTE DE NORMAS. APLICABILIDADE DA LEI QUE INSTITUIU A POLÍTICA NACIONAL DE RESÍDUOS SÓLIDAS – PNRS (LEI nº 12.305/2010). I – A Lei nº 12.305/2010 instituiu a Política Nacional de Resíduos Sólidos, trazendo, em seu artigo 47, I, a vedação da destinação ou disposição final de resíduos sólidos ou rejeitos em praias, no mar ou em quaisquer corpos hídricos. O mesmo diploma legal, ressalvou, contudo, a aplicação de normas específicas, dentre elas as veiculados pela Lei nº 9.966/2000. II – O artigo 20 da Lei nº 9.966/2000 traz norma que confere competência ao IBAMA para regulamentar a descarga de resíduos sólidos das operações de perfuração de poços de petróleo, tendo caráter especial em relação à disciplina geral trazida pela Lei nº 12.305/2010. III – O IBAMA não está obrigado a instituir o descarte zero de resíduos da exploração de petróleo no mar por força do artigo 47, I, da Lei nº 12.305/2010, mas pode fazê-lo, com fundamento no artigo 20, da Lei nº 9.966/2000" (Parecer nº 07/2019/DEPCONSU/PGF/AGU, aprovado, em 30.04.2019, pleo Procurador-Geral Federal, nos autos do PA nº 48610.006818/2018-11.

não a ponto de acabar aniquilando o alijamento previsto em tratados internacionais e legislação nacional sob o pretexto de detalhá-lo.[967]

Em relação à exploração de recursos minerais, a Constituição previu expressamente a fase do descomissionamento com o fim da lavra, com a recuperação do meio ambiente degradado de acordo com a solução técnica exigida pelo órgão público competente, na forma da lei (art. 225, §2º).

Como há liberdade procedimental da Administração Pública, a regulação de cada órgão ou a escolha dentro do processo administrativo podem imprimir peculiaridades sobre a questão. De qualquer forma, o descomissionamento não precisa ser uma condicionante da licença ambiental quando isso se encontra implícito nos deveres sobre o empreendimento degradador de petróleo e gás e expresso na Lei da Política Energética Nacional (art. 28, §2º).

---

[967] Para aprofundamento na questão, cf.: BIM, Eduardo Fortunato. O descomissionamento das instalações *offshore* de petróleo e gás. *Revista do Advogado*, São Paulo: AASP, v. 133, p. 60-66, 2017.

CAPÍTULO X

DA PARTICIPAÇÃO POPULAR NO LICENCIAMENTO AMBIENTAL

A participação da população no processo decisório ambiental, especialmente no licenciamento ambiental, ganha importância a cada dia, sendo foco de inúmeros desentendimentos. Dessa forma, é importante situar o cidadão perante esses instrumentos participativos previstos no ordenamento jurídico, especificamente as audiências públicas e oitivas dos povos indígenas e tribais.[968]

Como consideração geral, deve-se frisar que a democracia indireta é a regra do exercício do poder estatal, sendo os instrumentos da direta exceção, cuja leitura deve ser restritiva e atrelada exclusivamente à lei.

O Legislativo pode não prever ou mesmo revogar a necessidade de democracia direta, discricionária pela nossa modelagem democrática constitucional, pois uma das formas de exercício da soberania popular será por meio da realização direta de consultas populares, mediante plebiscitos e referendos (CF, art. 14, *caput*), a serem convocados, privativamente, pelo Congresso Nacional (CF, art. 49), salvo quando a própria Constituição expressamente determinar.

O STF, na ADI nº 6965, encampou essa discricionariedade e excepcionalidade dos instrumentos de democracia direta, destacando que a sua adoção não torna a "decisão estatal mais ou menos legítima e consentânea com os princípios e direitos constitucionais", não havendo "qualquer violação aos princípios constitucionais da razoabilidade, proporcionalidade e proibição ao retrocesso social" em ato normativo e não mais prevendo a necessidade de plebiscito para a prática de certo ato.[969]

---

[968] Para um aprofundamento no tema das audiências públicas, inclusive da participação popular no direito administrativo em geral (direito administrativo democrático ou administração pública democrática), cf.: BIM, Eduardo Fortunato. *Audiências Públicas*. São Paulo: RT, 2014.

[969] [...] 3. O Constituinte originário brasileiro fez uma opção inequívoca pela democracia de partidos como regra geral para o exercício do poder constituído do Estado. O emprego do plebiscito como técnica legislativa complementar, à exceção das hipóteses expressamente exigidas pela Constituição, insere-se no âmbito da discricionariedade do Poder Legislativo, cujo exercício só poderá ser sobreposto pelo Judiciário diante de manifesta inconstitucionalidade. 4. A consulta popular prévia acerca de determinada medida adotada pelo Poder Público não torna essa decisão estatal mais ou menos legítima e consentânea com os princípios e direitos constitucionais. 5. Inocorrência de qualquer violação aos princípios constitucionais da razoabilidade, proporcionalidade e proibição ao retrocesso social. 6. Ação Direta julgada improcedente" (STF, Pleno, v.u., ADI nº 6.965, Rel. Min. Alexandre de Moraes, j. em 22.04.2022, DJe 27.04.2022).

Da mesma forma, o STF (ADI nº 5014) validou lei estadual que dispensa a faculdade de ocorrência de prévias consultas públicas para subsidiar a elaboração do termo de referência (TR) do EIA, anteriormente previsto em sua redação original, pois o princípio da proibição ao retrocesso socioambiental não é absoluto e somente é tido por inobservado quando o núcleo essencial do direito fundamental já concretizado pela norma é desrespeitado, de modo a esvaziar ou até mesmo inviabilizar a eficácia do direito social garantido por norma anterior. Como ainda existem outras formas de participação da sociedade civil no processo de licenciamento, a supressão da participação na elaboração do TR do EIA foi válida.[970]

10.1 As consultas e audiências públicas no licenciamento ambiental

Com a constatação de que a democracia representativa deveria ser complementada com formas mais diretas de participação, surgiu a democracia participativa, cuja intensidade varia de acordo com os instrumentos colocados à disposição do cidadão para o controle do poder estatal.

Direito de petição, legitimidade para ação popular, plebiscito, referendo, direito de acesso ou à informação, cogestão de órgão ou entidade, iniciativa popular de lei, audiências e consultas públicas, *amicus curiae* no controle de constitucionalidade, são citados como instrumentos da democracia participativa.

Ocorre que tais instrumentos apresentam graus variados de influência nas decisões estatais e alguns têm sido distorcidos pela ausência de compreensão, não apenas da democracia, mas da própria cidadania perante o Estado.

As audiências públicas e as consultas efetuadas no âmbito do Poder Executivo, não obstante serem meios para operacionalizar a democracia, têm se transformado, praticamente, em mecanismos para declaração de nulidades de ações governamentais, quando integram algum processo cuja decisão não agrada a quem as contesta. Tais tentativas decorrem não apenas da rediscussão da matéria em outro foro, mas também da má compreensão do significado, alcance e finalidade das audiências e consultas públicas dentro do ordenamento jurídico, especialmente quanto à compreensão da regra estabelecida pela Constituição, a democracia indireta.

10.1.1 A regra da participação administrativa (administração pública democrática): não orgânica, não vinculante e facultativa

A democracia participativa pode se manifestar politicamente, mediante plebiscito, referendo e iniciativa popular, ou administrativamente, por meio de conselhos, consultas ou audiências públicas, acompanhamento de reuniões de órgãos públicos, conferências etc.

A partir da constatação de que diversos dispositivos constitucionais mencionam a participação da sociedade em questões administrativas, temos o que se denomina de direito administrativo de participação (ou participativo) ou Administração Pública democrática.

---

[970] STF, Pleno, ADI nº 5.014, Rel. Min. Dias Toffoli, j. em 13.11.2023, *DJe* 20.02.2024.

No direito administrativo participativo o cidadão tem a aptidão de colaborar com o processo decisório da Administração Pública. Essa participação pode ocorrer de diversas formas, tais como em conselhos, fóruns, consultas ou audiências públicas.

A participação administrativa pode ser (i) *orgânica*, com a integração dos cidadãos – diretamente ou por meio de organizações e associações legalmente reconhecidas – nos conselhos consultivos[971] ou nos órgãos de decisão (em alguns casos também conhecida como cogestão),[972] ou (ii) *não orgânica*, com a oitiva da população ou outros órgãos estatais sobre certos temas.[973] [974]

A participação cidadã também pode ser *vinculativa* ou *meramente consultiva ou opinativa*, mas somente poderá ser vinculativa quando estiver em jogo a participação política por meio do voto, com mobilização de todo o eleitorado, ou quando ela integrar órgãos deliberativos. Ao comentar o regime das audiências públicas na Lei nº 9.784/99, Thiago Marrara bem explicita: "tal como feito no tocante à consulta pública, que o particular não tem direito a dirigir a decisão da autoridade. Sob o ponto de vista jurídico, sua manifestação não é vinculante, senão meramente opinativa".[975]

Por essa razão, Lord Carnwath, da Suprema Corte do Reino Unido, asseverou em *Walton v. The Scottish Ministers (Scotland)* (2012) que existe o direito de ser consultado, de fazer seus pontos de vista conhecidos e considerados, mas "não o direito de ter esses pontos de vista examinados na audiência pública" (*public inquiry*) e nem "o direito de ditar o resultado" (*no right to dictate the result*) (parágrafo 114).

É uma moderna tendência do direito público que marca "a transição do Direito Administrativo que, absorvendo a ação participativa dos administrados, valoriza o princípio da cidadania e coloca o indivíduo e a empresa em presença da Administração Pública, como colaboradores privilegiados para a consecução do interesse público".[976]

Subjaz no direito administrativo participativo a modificação do conceito de cidadania, que varia conforme o sistema jurídico considerado, porque ela é "uma ideia eminentemente política que não está necessariamente ligada a valores universais, mas a

---

[971] *V.g.*, Conselho da República.

[972] *V.g.*, Conselho Nacional de Recursos Hídricos, Comitês de Bacia Hidrográfica (Lei nº 9.433/97, arts. 34, III, 39, IV. A representação dos cidadãos nesses órgãos do Sistema Nacional de Gerenciamento de Recursos Hídricos ocorre na condição de usuários dos recursos hídricos).

[973] *V.g.*, assistindo a reuniões de órgãos públicos, participando de consulta, oitivas, audiências, instrumentos negociais entre a Administração e o cidadão ou de outra forma, segundo prevê o artigo 33 da Lei nº 9.784/99 para matérias relevantes.

[974] Em relação à participação orgânica, o STF decidiu que o membro do Ministério Público somente poderia participar de conselho como mero convidado, sem direito a voto (no caso, tratava-se de Conselho Estadual de Defesa da Criança e do Adolescente) – como ocorre no Conama – ainda que defendesse os direitos correlatos à atribuição desse conselho (STF, Pleno, m.v., ADI nº 3.463/RJ, Rel. Min. Ayres Britto, j. em 27.10.2011, DJe 06.06.2012).

[975] MARRARA, Thiago. Da instrução. *In*: NOHARA, Irene Patrícia; MARRARA, Thiago. *Processo Administrativo*: Lei nº 9.784/99 comentada. São Paulo: Atlas, 2009. p. 212-311. p. 243. Em relação às consultas públicas, foi enfático: "O dever de considerar e responder os comentários dos administrados não implica, porém, o dever de utilizar os argumentos contidos nessas manifestações para a tomada da decisão. O Poder Público não está obrigado a seguir os conselhos de um ou outro administrado. As contribuições recebidas em sede de consulta não são juridicamente vinculantes, senão meramente opinativas. [...] Repisando: o direito à análise da manifestação e a uma resposta fundamentada não corresponde a um dever de a autoridade seguir a manifestação formulada pelo particular" (p. 237).

[976] TÁCITO, Caio. Direito administrativo participativo. *Revista de Direito Administrativo*, Rio de Janeiro, n. 209, p. 1-6, jul./set. 1997. p. 6.

decisões políticas".⁹⁷⁷ Por isso é que no sistema jurídico estatal serão definidos o limite e o alcance da cidadania para concretizar a prevista no artigo 1º, II, da Constituição brasileira, porque ela é um conceito que a política vai transformar em conceito jurídico.⁹⁷⁸

Essa cidadania (um dos fundamentos da República Federativa do Brasil) engloba *o direito de ter direitos e deveres*. Para Michel Rosenfeld, "a moderna cidadania implica certos direitos, incluindo direitos humanos, bem como certos deveres".⁹⁷⁹ Em outras palavras, a cidadania garante e outorga direitos ao mesmo tempo em que impõe deveres. Embora haja unanimidade em reconhecer que a cidadania também gera deveres, na prática são enfatizados quase que exclusivamente os direitos, esquecendo-se das responsabilidades.⁹⁸⁰

É importante realçar esse aspecto, uma vez que o não exercício dos deveres de cidadania pode levar à perda de direitos,⁹⁸¹ inclusive os de participação. Tal constatação é fundamental porque existem discursos em ações judiciais sobre o direito participativo na Administração Pública – especialmente no tema das audiências públicas – que desconsideram diversos deveres do cidadão, como o de se informar, de se deslocar até a audiência pública, de postar uma carta ou efetuar um protocolo para dirigir petição aos poderes públicos etc.

Qualquer do povo, inclusive estrangeiro, pode comparecer à audiência pública e oferecer sua contribuição em formato de crítica, sugestão ou pergunta, independentemente de estar em pleno gozo de seus direitos políticos. Esse é o motivo pelo qual a audiência pública é espaço de cidadania.⁹⁸² Ressalte-se que a conotação de cidadão habilitado para participar nas audiências públicas tem sentido amplo, não se circunscrevendo apenas àquele detentor do direito de votar. Nelas se permite a "presença de qualquer pessoa ou entidade interessada no assunto objeto de discussão".⁹⁸³

Não somente as pessoas ou grupos diretamente afetados ou vinculados à proposta de regulamentação a ser promovida têm o direito de participar (*obvious party*), mas todos aqueles que se interessem pelo assunto, ainda que o processo decisório estatal não vá regulamentar direitos difusos.⁹⁸⁴ Por isso, Thiago Marrara doutrina que a audiência

---

⁹⁷⁷ BENEVIDES, Maria Victoria. Cidadania e direitos humanos. *In*: Instituto de Estudos Avançados da Universidade de São Paulo. Disponível em: http://www.iea.usp.br/iea/textos/benevidescidadaniaedireitoshumanos.pdf. Acesso em 01 abr. 2011.

⁹⁷⁸ ROCHA, Cármen Lúcia Antunes. Cidadania e Constituição (as cores da revolução constitucional do cidadão). *Revista Trimestral de Direito Público*, São Paulo: Malheiros, n. 19, p. 19-37, 1997. p. 21.

⁹⁷⁹ ROSENFELD, Michel. *The Identity of the Constitutional Subject*: selfhood, citizenship, culture and community. New York: Routledge, 2009. p. 221 – tradução livre.

⁹⁸⁰ MENDONÇA, Felippe. *A evolução do conceito jurídico de cidadania no panorama democrático do Século XXI*. 2012. 176 fls. Dissertação (Mestrado em Direito), Faculdade de Direito, Universidade de São Paulo, São Paulo, 2012. p. 123.

⁹⁸¹ GORCZEVKI, Clovis; CUNHA, Camila Santos da. A cidadania no Estado democrático de direito – a necessária concretização da cidadania participativa como condição imperiosa de reconhecimento do novo cidadão. *In*: CECATO, Maria Aurea Baroni *et al*. *Estado, Jurisdição e Novos Atores Sociais*. São Paulo: Conceito Editorial, 2010. p. 186.

⁹⁸² CAVEDON, Fernanda de Salles; DOMINGOS, Silvia. A audiência pública como instrumento de participação pública e acesso à informação nos processos decisórios de licenciamento ambiental: espaço de cidadania ambiental? *Revista de Direitos Difusos*, São Paulo: IBAP/ADCOAS, v. 5, n. 27, p. 3797-3811, set./out. 2004. p. 3797.

⁹⁸³ FURRIELA, Rachel Biderman. *Democracia, Cidadania e Proteção do Meio Ambiente*. São Paulo: Annablume; Fapesp, 2002. p. 100.

⁹⁸⁴ Na Resolução CNMP 82/2012, sobre as audiências públicas realizadas no âmbito do Ministério Público, fala-se em "qualquer cidadão" (art. 1º, §1º). Na Deliberação Consema (SP) Normativa nº 01/2011, permite-se "a participação de qualquer pessoa" (art. 15).

pública – instrumento participativo em evidência e objeto dos casos a serem analisados – é "voltada para pessoas físicas e jurídicas que não atuam no processo administrativo sob o *status* de interessado nos termos do art. 9º da LPA".[985] A própria Lei nº 9.784/99 reconhece isso ao preceituar, em relação às consultas públicas, que "os autos restarão acessíveis a quaisquer pessoas que queiram examiná-los",[986] pessoas físicas ou jurídicas, na dicção do §1º do artigo 31.

Esse novo espaço de cidadania, com o enfoque participativo, pode levar à falsa impressão de que qualquer violação a uma de suas manifestações faria a república ou a democracia ruir. No entanto, tal não ocorre. Pelo próprio fato de essa concepção de cidadania ter conteúdo muito amplo, não se pode entender que cada problema envolvendo algum direito que a ela se relacione – como o de participação, que pode ocorrer quando da realização de audiências públicas – seja considerado absoluto ou sagrado a ponto de não se admitir balanceamento com outros direitos democráticos e republicanos.

Os princípios do formalismo moderado, do efetivo prejuízo, da proteção da boa-fé, da reserva legal, dentre outros, não podem ser negligenciados. Especialmente porque esse exercício direto da democracia pelo povo é, na realidade, indireto e, em regra, não tem efeito vinculante, visto que a democracia participativa é, simplesmente, a democracia representativa com algumas nuanças de pontual auscultação popular. A democracia participativa é semidireta e acopla-se à democracia representativa, mas não significa a superação desse modelo.

Mesmo a democracia ateniense não era direta. José Afonso da Silva, apoiando-se na obra *Démocratie Directe*, de Yannis Papadopoulos, doutrina que a democracia ateniense não era tão direta quanto se costuma apregoar, tampouco teve peso na história dos regimes políticos, visto que já "era um regime passavelmente complexo e elaborado, incluindo diversas instâncias de decisão e contrapeso, assim como numerosos mecanismos de controle e de responsabilidade dos dirigentes".[987]

A democracia direta nunca existiu como exercício, por ser impraticável, embora especule-se a sua existência em organizações extremamente primitivas de convivência social. Siddharta Legale Ferreira, com extrema lucidez, antes de constatar que "a democracia direta revela-se uma ficção intertemporal, uma fábula contada ao longo dos séculos", aduz que não existe democracia semidireta, porque ela é a democracia representativa com algumas peculiaridades: instrumentos de participação popular, como o plebiscito e o referendo. Dessa forma, conclui que tais mecanismos não são da democracia direta, mas "instrumentos para atuação conjunta entre mandantes e mandatários e não uma atuação apenas dos mandantes: do povo".[988]

É falsa a impressão de que a democracia representativa, a reboque do Poder Legislativo, perdeu o brilho de outrora ou o espaço no discurso político, pois ainda é a base do nosso sistema político. Além da previsão constitucional ("por meio de

---

[985] MARRARA, Thiago. Da instrução. *In*: NOHARA, Irene Patrícia; MARRARA, Thiago. *Processo Administrativo*: Lei nº 9.784/99 comentada. São Paulo: Atlas, 2009. p. 212-311. p. 238.

[986] MARRARA, Thiago. Da instrução. *In*: NOHARA, Irene Patrícia; MARRARA, Thiago. *Processo Administrativo*: Lei nº 9.784/99 comentada. São Paulo: Atlas, 2009. p. 212-311. p. 235.

[987] SILVA, José Afonso da. Democracia participativa. *Cadernos de Soluções Constitucionais*, São Paulo: Malheiros, v. 2, p. 183-214, 2006. p. 186.

[988] FERREIRA, Siddharta Legale. Democracia direta vs. Representativa: uma dicotomia inconciliável com algumas reinvenções. *Direito Público*, São Paulo: IOB Thomson, n. 18, p. 111-136, 2007. p. 113.

representantes eleitos" – CF, art. 1º, parágrafo único), não se pode desconhecer seus méritos. Os cientistas políticos recentemente têm enfatizado a importância, para o correto funcionamento da democracia, da existência de instâncias intermediárias de decisão, característica da democracia representativa.

Os defensores da democracia participativa máxima – ao empregarem o termo como sinônimo de democracia direta ou de algo a ela se assemelhado, algo impraticável – geralmente defendem que a sua implementação ocorreria com a adoção da democracia eletrônica (digital, *on-line*, virtual, ciberdemocracia ou *e*-democracia), com a crença de que assim se viabilizaria a mobilização permanente.[989]

Entretanto, a concepção radical da participação suscita dois problemas básicos, conhecidos de longa data pela ciência política: (i) o da colheita da vontade popular e (ii) o de quem será responsável pela formulação das perguntas.[990] Também se esquecem as tendências contramajoritárias de alguns direitos fundamentais e do fato de que algumas perguntas não podem ser respondidas de maneira maniqueísta (sim/não).

O problema de colher a vontade popular de maneira verdadeiramente abrangente é o abismo digital, sendo impossível a mobilização permanente.

Quanto ao elaborador das perguntas, registre-se que na extinta União Soviética, por exemplo, foi realizado plebiscito em 1991, no qual a escolha do "sim" ou do "não" implicava uma série de ambiguidades, tendo em vista a forma com a qual a pergunta foi apresentada.[991] Em outras palavras, a depender do modo como se faz a pergunta, tanto faz responder sim ou não.

Outra consequência do questionamento sobre quem fará as perguntas ao povo é a ausência de consistência das respostas. Se for perguntado ao cidadão se ele quer mais direito à saúde, à educação, à moradia etc., certamente trará uma resposta positiva. No entanto, se a esses mesmos cidadãos for questionado se querem pagar mais tributos, provavelmente surgirão respostas inconsistentes. Celso Campilongo bem salienta este limite da democracia participativa: a geração de mais discordância devido à maior participação, ou, em outras palavras, quanto mais participação, mais dissenso. Além disso, *a participação está longe de significar o atendimento de todos os desejos ou satisfação de todas as necessidades, independentemente dos limites materiais ou estruturais que elas tenham.*[992]

Para quem acredita que os novos movimentos sociais trabalham sempre afinados com concepções democráticas, merece referência a salutar advertência feita por Campilongo:

> Mas, mal ou bem, com todos os problemas da democracia representativa, o certo é que do ponto de vista da teoria política e da prática política, a democracia parlamentar, a

---

[989] Tal empolgação é acentuada porque "aqueles que entendem sobre tecnologia sabem pouco sobre democracia, e aqueles que entendem de democracia são deploravelmente ignorantes sobre tecnologia" (BARBER, Benjamin. The uncertainty of digital politics: democracy's uneasy relationship with information technology. *Harvard International Review*, Cambridge: Harvard University, v. 23, I. p. 42-47, 2006 – tradução livre. Disponível em: http://hir.harvard.edu/media/the-uncertainty-of-digital-politics. Acesso em 17 abr. 2011).

[990] MOISÉS, José Álvaro. *Cidadania e Participação*: ensaio sobre o plebiscito, referendo e a iniciativa popular na nova Constituição. São Paulo: Cedec; Marco Zero, 1990. p. 51.

[991] BENEVIDES, Maria Victoria de Mesquita. *A Cidadania Ativa*: referendo, plebiscito e iniciativa popular. 3. ed. 5ª reimp. São Paulo: Ática, 2003. p. 182-183.

[992] CAMPILONGO, Celso Fernandes. Democracia direta dos cidadãos na criação e efetivação dos direitos. *In*: XIX Conferência Nacional dos Advogados: república, poder e cidadania. Florianópolis, 25-29 set. 2005. *Anais...* Brasília: Conselho Federal da OAB, 2006. p. 231.

democracia representativa foi capaz de institucionalizar regras que preservem as diferenças, que respeitem as minorias, que respeitem os direitos da oposição, ou que garantam variabilidade e alternância no exercício do poder.

Os chamados 'novos movimentos sociais' trabalham, muitas vezes, com a lógica da participação intensa e em bloco, a lógica da supressão do espaço das diferenças, a lógica de uma ação coletiva que se impõe pela unanimidade e não pelo respeito às diferenças e respeito à oposição. E é preciso, também, neste aspecto, levar em consideração as diferenças entre a participação direta inerente aos novos movimentos sociais e a tradição institucionalizada de participação política pela via partidária.[993]

De forma inédita na história constitucional pátria, foi previsto o exercício do poder de maneira semidireta (art. 1º, parágrafo único),[994] embora se tenha ressaltado que isso ocorreria nos termos definidos na própria Constituição, que previu apenas três instrumentos políticos (art. 14)[995] e alguns administrativos para tanto, sendo que a maioria deles precisa de intermediação legislativa (ou seja, da democracia representativa) para ser operado.

Portanto, a melhor leitura da democracia participativa confere-lhe caráter *auxiliar da democracia representativa*. Não se deve deformar os institutos de participação nas decisões estatais, transformando-os em armas do mito da democracia direta, como se somente eles representassem a vontade geral e vinculassem os poderes públicos. *A democracia participativa deve conviver com a representativa, sendo esta a regra e aquela a exceção, cujo exercício deve ocorrer dentro dos estritos parâmetros constitucionais, implicando, dessa forma, a exegese restritiva de seus instrumentos, ainda que previstos na Constituição.*

O reflexo dessa abordagem nos instrumentos de participação administrativa não orgânicos, como são as audiências públicas, é que eles não podem ser vistos como canalizadores da vontade geral e tampouco podem assumir funções vinculantes,[996] mesmo que existisse lei nesse sentido. Isso se torna evidente, *a fortiori*, dado que nem os instrumentos de participação política, com previsão expressa na Constituição, teriam sua eficácia vinculante pacificamente reconhecida.

Embora exista doutrina defendendo que o plebiscito é vinculante, ao menos no sentido de reduzir o âmbito de atuação do parlamento,[997] *a lei que o regulamenta no Brasil não prevê efeito vinculante, cuja existência não é clara nem mesmo no plebiscito territorial, tal qual previsto em nossa Constituição.* Embora este seja uma das espécies de plebiscito, por esse modelo a regra seria a não vinculação no caso dos Municípios, bastando a mera consulta prévia (art. 18, §4º), porque a Constituição não exige consulta com aprovação.

---

[993] CAMPILONGO, Celso Fernandes. Democracia direta dos cidadãos na criação e efetivação dos direitos. *In*: XIX Conferência Nacional dos Advogados: república, poder e cidadania. Florianópolis, 25-29 set. 2005. *Anais...* Brasília: Conselho Federal da OAB, 2006. p. 232.

[994] MOISÉS, José Álvaro. *Cidadania e Participação*: ensaio sobre o plebiscito, referendo e a iniciativa popular na nova Constituição. São Paulo: Cedec; Marco Zero, 1990. p. 7.

[995] O *recall* foi previsto nas Constituições estaduais de Santa Catarina, Rio Grande do Sul e Goiás, mas foi revogado pelas reformas constitucionais estaduais de 1898 (GO), 1910 (SC) e 1913 (RS). Cf. BENEVIDES, Maria Victoria de Mesquita. *A Cidadania Ativa*: referendo, plebiscito e iniciativa popular. 3. ed. 5. reimp. São Paulo: Ática, 2003. p. 115.

[996] Como bem destacado por Thiago Marrara (MARRARA, Thiago. Da instrução. *In*: NOHARA, Irene Patrícia; MARRARA, Thiago. *Processo Administrativo*: Lei nº 9.784/99 comentada. São Paulo: Atlas, 2009. p. 212-311. p. 237).

[997] SOARES, Marcos A. S. *O Plebiscito, o Referendo e o exercício do poder*. São Paulo: Celso Bastos, 1998. p. 73, 89.

Referendo é a consulta à população sobre decisão já tomada. Ele pode ser deliberativo, também conhecido como mandatório, ou consultivo.[998] Quanto ao momento, ele pode ser *constitutivo* (na fase de elaboração da lei) ou *ab-rogativo* (visando a confirmar ou não a lei).[999] O referendo consultivo não necessariamente influi na decisão a ser referendada, a não ser que o Estado, tendo em vista o resultado do referendo, altere-a. O referendo deliberativo ou mandatório influi na eficácia da decisão submetida ao escrutínio popular.

Todavia, quando a Constituição ou – na ausência de regramento constitucional expresso – lei nacional reguladora não preveem o caráter deliberativo/mandatório do referendo, este é consultivo (não vinculante), pois essa deve ser a regra na democracia participativa, que apenas traz elementos participativos à democracia representativa. A comparação entre as Constituições Ibéricas é ilustrativa nesse sentido.[1000]

No Brasil, o veto popular (uma espécie de referendo revocatório) foi derrubado em segundo turno de votação da Constituição de 1988,[1001] demonstrando que o constituinte tinha, aparentemente, resistência em acatar instrumentos vinculativos. O referendo deliberativo ou mandatório deve ser visto como exceção na ausência de regra constitucional que trate do assunto. Eventual vinculação ao referendo se insere na discricionariedade do legislador.

A iniciativa popular é instrumento da democracia participativa que consiste na apresentação de projeto de lei ao Legislativo, subscrito por um número mínimo de eleitores (CF, arts. 61, §2º, 27, §4º, e 29, XII). O projeto de lei apresentado pela iniciativa popular deve ser monotemático, circunscrevendo-se "a um só assunto" (Lei nº 9.709/98, art. 13, §1º).

Os instrumentos da democracia participativa foram criados para aperfeiçoar a legitimidade das decisões estatais. Originalmente previstos para a participação na legislação – na qual a regra é a não vinculação –, estenderam-se recentemente, com substantivas alterações (reduções quanto à eficácia, vinculação e formalismo), para a esfera administrativa. Na esfera administrativa, diferentemente da legislativa, o participante, em regra, não é o cidadão portador dos direitos políticos, mas o titular da cidadania ampla prevista no artigo 1º, II, da CF.

Frise-se que, mesmo com expressa previsão na Magna Carta, nos plebiscitos territoriais existe a intermediação da democracia representativa (por lei complementar federal, quando se tratar de Estados-membros, ou por lei estadual, quando se tratar de Municípios – CF, art. 18, §§3º e 4º). Se nem mesmo o Poder Constituinte abdicou da democracia representativa nos instrumentos políticos de participação, será que o

---

[998] SILVA, José Afonso da. Democracia participativa. *Cadernos de Soluções Constitucionais*, São Paulo: Malheiros, v. 2, p. 183-214, 2006. p. 194; MOISÉS, José Álvaro, *Cidadania e Participação*: ensaio sobre o plebiscito, referendo e a iniciativa popular na nova Constituição. 1990. p. 67.

[999] FERREIRA FILHO, Manoel Gonçalves. *Do Processo Legislativo*. São Paulo: Saraiva, 1968. p. 126.

[1000] Na Constituição espanhola de 1978, o único referendo previsto é o consultivo: "As decisões políticas de especial importância poderão ser submetidas ao referendo consultivo de todos os cidadãos" (art. 91, 1). Em Portugal, por outro lado, o referendo é vinculativo, porque está expressamente previsto na Constituição com tal propriedade. Introduzido pela revisão constitucional de 1989, o artigo 115, 1, da Constituição portuguesa dispõe que "os cidadãos eleitores recenseados no território nacional podem ser chamados a pronunciar-se directamente, a título vinculativo, através de referendo".

[1001] BENEVIDES, Maria Victoria de Mesquita. *A Cidadania Ativa*: referendo, plebiscito e iniciativa popular. 3. ed. 2003. p. 130.

legislador infraconstitucional e o intérprete poderiam fazê-lo no tocante às audiências ou consultas públicas que, além de não terem previsão constitucional expressa, não exigem a presença de cidadãos eleitores, aos quais a própria Constituição outorgou poder para participar dos instrumentos da democracia semidireta?

Diferentemente do que ocorre nos instrumentos políticos – manifestação da vontade geral visando ao bem comum (interesse público ou nacional) –, nos instrumentos administrativos de participação popular o risco de prevalecerem os interesses dos grupos é maior, com tendências para o NIMBY – *not in my backyard* (não em meu quintal) –, e de pressionar o Estado com pedidos que extravasam o objeto do ato submetido às audiências ou consultas públicas.[1002]

Nesse cenário é que se analisa a autocontenção judicial em matéria procedimental participativa, no qual a audiência pública não é idolatrada como a salvação da democracia por inserir um elemento participativo no processo decisório estatal. Não porque as demais formas participativas (consulta pública, ouvidoria, participação em conselhos etc.) não sejam importantes e úteis; o problema surge quando esses instrumentos se transformam em fins. As ferramentas da democracia participativa são exceções à democracia representativa, submetendo-se à leitura restritiva e à intermediação legislativa para existir, sendo, em regra, de aplicação facultativa (Lei nº 9.784/99, art. 32).

10.1.2 Panorama geral das audiências públicas

Antes de se abordar as consultas e audiências públicas no Direito Ambiental, com destaque para aquelas que ocorrem no licenciamento ambiental, faz-se necessário discorrer-se sobre aspectos gerais do regime das audiências públicas.

Tendo em vista a escassa regulação do tema no Direito Ambiental, o uso da teoria geral das audiências públicas, lastreada pela compreensão da participação em nosso ordenamento, é fundamental para a correta aplicação dos instrumentos participativos vinculados ao licenciamento ambiental.

10.1.2.1 Direito de participação, não ao devido processo legal

Não há previsão no ordenamento jurídico brasileiro vigente de um direito à audiência pública em face de uma decisão que possa afetar alguma coletividade, exceto em alguns casos de agências regulatórias. Mesmo quando previstas em face de mudanças nas regras regulatórias, não se pode falar em direito coletivo à ampla defesa ou ao contraditório (devido processo legal) do cidadão. Quando a audiência pública

---

[1002] Rachel Biderman Furriela aduz que um dos problemas recorrentes das audiências públicas reside no fato de as comunidades ouvidas utilizarem "o espaço de uma audiência pública em que têm acesso a autoridades de governo para reivindicar atendimento das necessidades básicas (ex.: posto de saúde, escola, transporte público, luz, água), em vez de discutir o projeto sob análise" (FURRIELA, Rachel Biderman. *Democracia, Cidadania e Proteção do Meio Ambiente*. São Paulo: Annablume; FAPESP, 2002. p. 105). Obviamente tal crítica não engloba as reivindicações decorrentes do impacto do empreendimento; o que se critica é o uso do empreendimento como pretexto para pedir atendimentos a necessidades que nada têm a ver com ele e, consequentemente, com a razão da realização da audiência pública. Por isso, a doutrina aduz que a audiência pública do licenciamento ambiental é o local no qual "os interessados poderão debater e levantar questões relevantes ao licenciamento em questão" (FARIAS, Talden. *Licenciamento Ambiental*: aspectos teóricos e práticos. 4. ed. Belo Horizonte: Fórum, 2013. p. 79).

é obrigatória, não se está diante do contraditório e da ampla defesa do cidadão, mas apenas do dever da Administração de implementar essa etapa para poder atuar.

Claramente, tanto na audiência pública como no contraditório visa-se à participação do interessado (cidadão ou simplesmente réu no processo). Embora audiência pública e contraditório compartilhem desse fundamento, eles não se confundem, pois a audiência pública não é adversarial. Isso se torna evidente quando se está em face de audiências que devem ser realizadas antes da alteração de normas. Se o seu fundamento fosse o devido processo legal, a regra seria a previsão da realização de audiências públicas para a alteração de qualquer norma, criando-se um procedimento adicional ao processo legislativo.

Na legislação das agências reguladoras, encontram-se exemplos de audiências públicas que devem preceder a alteração de normas que interfiram no setor. Elas estão previstas para quando for iniciado o processo decisório que implique afetação dos agentes econômicos ou dos consumidores do setor elétrico, seja qual for o meio de alteração dessas condições (legislativa – iniciativa do projeto de lei – ou administrativa), pela Aneel (Lei nº 9.427/96, art. 4º, §3º). Também se deve convocar audiência pública quando houver iniciativa de projetos de lei ou alterações de normas administrativas que afetem agentes econômicos ou consumidores e usuários de bens e serviços da indústria do petróleo, a ser dirigida e convocada pela ANP (Lei nº 9.478/97, art. 19). A Lei nº 10.233/01 (Antaq) prevê que as iniciativas de projetos de lei, as alterações de normas administrativas e as decisões da Diretoria para resolução de pendências que afetem os direitos de agentes econômicos ou de usuários de serviços de transporte serão precedidas de audiência pública (art. 68).

Ressalte-se que essa participação prévia à alteração da legislação da agência tem inspiração no Direito Administrativo estadunidense, no qual somente se exige a publicação e a possibilidade de participação. Em regra, essa participação é na forma escrita, podendo ser oral, o que pressupõe uma audiência perante a agência (*agency hearing*) com o intuito de expor seus pontos de vista. Essa audiência é aberta (*open meeting*), embora não necessariamente configure audiência pública, na qual todos poderiam se manifestar, nos termos regulamentares.

Cabral de Moncada, ao tratar da participação no direito regulatório estadunidense, é categórico em ressalvar que "o procedimento é nos EUA uma criação legislativa e não propriamente uma exigência constitucional, não obstante a cláusula constitucional do '*due process*' (Emenda 5ª da Constituição), de aplicação muito mais limitada".[1003]

No Brasil, as audiências públicas também não decorrem do direito ao devido processo legal. Somente quando forem imposição legal à Administração Pública geram direito subjetivo, do ponto de vista coletivo, aos cidadãos. Mas não basta a mera previsão em lei, tem que haver obrigatoriedade de sua realização além de, caso a lei assim preveja, densidade regulatória suficiente.

[1003] MONCADA, Luís S. Cabral de. *Estudos de Direito Público*. Coimbra: Coimbra Editora, 2001. p. 129.

10.1.2.2 A exceção da obrigatoriedade e regra da facultatividade da realização das audiências públicas

Na legislação federal, podem ser apontados como exemplos de audiência pública obrigatória aquela das Leis nº 8.666/93 (art. 39, *caput*), nº 9.427/96 (art. 4º, §3º), nº 9.478/97 (art. 19), LC nº 101/00 (arts. 9º, §4º, e 48, parágrafo único, inc. I), Lei nº 10.233/01 (art. 68) e Lei nº 10.257/01 (art. 40, §4º, I,).

Embora haja exceções, sua obrigatoriedade é comum no âmbito das agências administrativas regulatórias, por opção do legislador nacional em seguir a tradição de ausculação pública vigente na legislação estadunidense. O *Administrative Procedure Act* (APA) de 1946 exige que os órgãos e entidades federais noticiem e deem oportunidade para comentários do público quando da implementação de regra que afete seus direitos (§553 e ss.), mas não exige que essa participação seja em audiência pública.[1004]

Como hipóteses de audiência pública facultativa podem ser citadas a da Lei do Processo Administrativo Federal (Lei nº 9.784/99, art. 32),[1005] a participação prevista no artigo 2º, XIII,[1006] do Estatuto da Cidade (Lei nº 10.257/01), as das Comissões do Congresso Nacional (CF, art. 58, §2º, II)[1007] e a do licenciamento ambiental (Res. Conama nº 9/87), desde que interpretada sistematicamente. Assim, o STF reconheceu a facultatividade das audiências públicas no processo de licenciamento ambiental: "A disciplina do licenciamento ambiental e do EIA/RIMA apenas faculta a realização de audiências públicas (art. 11, §2º, da Resolução nº 1/1986 e art. 10, inciso V, da Resolução nº 237/1997, ambas do CONAMA). Noutros termos, ainda que o CTNBio entenda necessário o licenciamento ambiental ou o EIA/RIMA, ainda assim o regramento atual não obriga a realização de audiência pública".[1008]

10.1.2.3 Finalidade

Por tradição do Direito Ambiental (Resoluções do Conama nº 1/86, art. 11, §2º, e nº 9/87, art. 1º), costuma-se doutrinar que a audiência pública *visa informar e expor o conteúdo da decisão ou futura decisão à sociedade, promovendo a discussão sobre o tema* ao dirimir as dúvidas e recolher dos presentes as críticas e sugestões a respeito. Lúcia Valle Figueiredo e Mariana Mencio também corroboram essa dupla finalidade: ampla

---

[1004] Tais previsões não tornam as audiências públicas elementos obrigatórios no processo decisório estatal, ainda que dentro das agências reguladoras. *A regra ainda é a sua realização mediante expressa regra nesse sentido, uma vez que sem previsão expressa, aplica-se o artigo 32 da Lei nº 9.784/99, que, ao regular o processo administrativo no âmbito da administração pública federal, prevê a sua realização facultativa.*

[1005] "Art. 32. Antes da tomada de decisão, a juízo da autoridade, diante da relevância da questão, poderá ser realizada audiência pública para debates sobre a matéria do processo".

[1006] O TJSP já asseverou que essa audiência não era obrigatória pela falta de determinação da lei sobre tal questão, remetendo-se tal obrigatoriedade a regulação legislativa local ou a discricionariedade administrativa (TJSP, Câmara Reservada ao Meio Ambiente, Agravo Interno 0390466-55.2009.8.26.0000, Rel. Des. Torres de Carvalho, j. em 17.09.2009).

[1007] "Art. 58. O Congresso Nacional e suas Casas terão comissões permanentes e temporárias, constituídas na forma e com as atribuições previstas no respectivo regimento ou no ato de que resultar sua criação. (...) §2º – às comissões, em razão da matéria de sua competência, cabe: (...) II – realizar audiências públicas com entidades da sociedade civil;".

[1008] STF, Pleno, m.v., ADI nº 3.526, Rel. p/ ac. Min. Gilmar Mendes, j. em 22.08.2023, Pub. 09.10.2023 (p. 96).

publicidade e discussão/diálogo.[1009] Marcos Augusto Perez destaca a finalidade de esclarecimento – em vez de publicidade, informação ou exposição – e de discussão.[1010]

Na doutrina de Antonio Cabral, a audiência pública simplesmente tem a função de colher impressões e demandas da comunidade envolvida sobre tema que será objeto de decisão administrativa.[1011]

A audiência pública é "um instituto de participação administrativa aberta a indivíduos e a grupos sociais determinados, visando à legitimidade da ação administrativa, formalmente disciplinada em lei, pela qual se exerce o direito de expor tendências, preferências e opções que possam conduzir o Poder Público a uma decisão de maior aceitação consensual".[1012] O TJSP, ao corretamente declarar a não vinculatividade da audiência pública, frisou sua finalidade "consultiva e destinada à apresentação de projeto, esclarecimentos e coleta de críticas e sugestões".[1013] Ao tratar das audiências pública ambientais, o Min. Sepúlveda Pertence destacou "que o objetivo dessas audiências é colher da sociedade informações que poderão, inclusive, demandar a elaboração de novos estudos".[1014]

Sem dúvida a audiência pública reforça a divulgação da informação (*v.g.*, LC nº 101/00, art. 48, parágrafo único, inc. I; Lei nº 12.527/11, art. 9º, II).[1015] "Há uma dupla caminhada na audiência pública: o órgão público presta informações ao público e o público presta informações à Administração Pública",[1016] mas isso não faz parte de sua gênese, que é a de obter a opinião do cidadão visando trazer elementos para o Estado melhor decidir. Para a divulgação da informação, tem-se o princípio da publicidade, que pode até ser reforçado pela audiência pública, mas que não lhe é imanente ou imprescindível. Sua função é promover o debate, o que pressupõe esclarecimentos, mas não a publicidade no sentido convencional.

Nossa legislação é bem clara ao destacar a finalidade de promoção de debates na audiência pública. No artigo 32 da Lei nº 9.784/99 está expressamente consignado que poderá ser realizada audiência pública "para debates sobre a matéria do processo". O Direito argentino também consagra idêntica solução de maneira expressa. A Lei provincial de Buenos Aires nº 13.569/06 frisa que a finalidade da audiência pública é conhecer a opinião dos cidadãos (art. 2º). O Decreto Argentino nº 1.172/03 (cujo anexo I trata do regulamento geral das audiências públicas na Argentina) fala em espaço institucional para que a cidadania possa expressar sua opinião (art. 3º), permitindo o

---

[1009] FIGUEIREDO, Lúcia Valle. Instrumentos da administração consensual. A audiência pública e sua finalidade. *RTDP*, São Paulo: Malheiros, n, 38, p. 5-15, 2002. p. 9; MENCIO, Mariana. *Regime Jurídico da Audiência Pública na Gestão Democrática das Cidades*. Belo Horizonte: Fórum, 2007. p. 113.

[1010] PEREZ, Marcos Augusto. *A Administração Pública Democrática* – institutos de participação popular na Administração Pública. 1. ed. 1. reimp. Belo Horizonte: Fórum, 2009. p. 168.

[1011] CABRAL, Antonio. Os efeitos processuais da audiência pública, *Boletim de Direito Administrativo*, v. 22, n. 7, p. 789-800, jul./2006. p. 790.

[1012] MOREIRA NETO, Diogo de Figueiredo. *Direito da Participação Política*: legislativa, administrativa, judicial: fundamentos e técnicas constitucionais de legitimidade. Rio de Janeiro: Renovar, 1992. p. 129.

[1013] TJSP, Câmara Reservada ao Meio Ambiente, v.u., AI 0075731-61.2007.8.26.0000 (668.940.5/0-00), Rel. Des. Antonio Celso Aguilar Cortez, j. em 27.09.2007, *DOE* 12.11.2007.

[1014] STF, ACO-MC 876/BA, Rel. Min. Sepúlveda Pertence, j. em 18.12.2006, *DJU* 01.02.2007. p. 148, *RTJ* 200/01/243.

[1015] "Art. 9º O acesso a informações públicas será assegurado mediante: (...) II – realização de audiências ou consultas públicas, incentivo à participação popular ou a outras formas de divulgação".

[1016] MACHADO, Paulo Affonso Leme. *Direito Ambiental Brasileiro*. 17. ed. São Paulo: Malheiros, 2009. p. 259.

confronto das distintas opiniões, propostas, experiências, conhecimentos e informações existentes sobre as questões sob consulta (art. 4º).

Exemplo dessa função da audiência pública também se encontra naquela promovida pelo Ministério Público. Na Lei Orgânica Nacional do Ministério Público está previsto que compete a este órgão promover audiências públicas (Lei nº 8.625/93, art. 27, parágrafo único, IV). Hugo Nigro Mazzilli enfatiza que as audiências públicas não submetem o Ministério Público à assembleia popular ou nela se votam opções ou linhas de ação para a instituição,[1017] ainda que reconheça, juntamente com Daniel Alberto Sabsay e Pedro Tarak, que elas constituem importante contribuição da passagem da democracia representativa à participativa. Conclui Mazzilli que elas servem para o Ministério Público "obter informações, depoimentos e opiniões, sugestões, críticas e propostas, para haurir com mais legitimidade o fundamento de sua ação institucional".[1018]

10.1.2.4 Desnecessidade de sobrecarregar a publicidade em relação ao tema da audiência pública

Antes das audiências públicas deveria o poder público "sobrecarregar" o princípio da publicidade, disponibilizando informação que possa interessar ao tema da audiência pública?

Sem dúvida que a prévia divulgação da informação pertinente à audiência pública é necessária, além de se exigir linguagem acessível, pois sem isso não seria possível a participação efetiva. A disponibilidade da informação é inquestionável, mas isso não significa necessariamente que o Estado deva entregá-la em domicílio ou que deva sobrecarregar o princípio da publicidade. A cidadania também implica deveres, nos quais se inclui o de procurar a informação, seja na repartição pública, seja no diário oficial ou mesmo na internet. Não apenas procurá-la (obviamente no diário oficial e/ou, a depender do volume de informação, no site do órgão estatal), como ir ao local da audiência pública, que não necessariamente será realizada perto de sua residência. Em outras palavras, o Estado deve disponibilizar – por exemplo, na internet (site do órgão, diário oficial eletrônico) – a informação, mas não precisa imprimir, distribuir cartilhas, faixas e *outdoors* em locais públicos etc., embora possa fazê-lo se entender conveniente.

Paradoxalmente, e não raras vezes, grupos sociais muito bem organizados, que disponibilizam poderosa logística (alugam ônibus e/ou carros de som, providenciam refeições, têm alto-falantes) para esses mesmos cidadãos, requerem a nulidade do ato administrativo praticado pós-audiência pública alegando, por exemplo, que as informações para o debate na audiência deveriam ser distribuídas no formato de cartilha/

[1017] MAZZILLI, Hugo Nigro. *O Inquérito Civil* – investigações do Ministério Público, compromissos de ajustamento de conduta e audiências públicas. São Paulo: Saraiva, 1999. p. 327.

[1018] MAZZILLI, Hugo Nigro, *O Inquérito Civil* – investigações do Ministério Público, compromissos de ajustamento de conduta e audiências públicas, 1999. p. 327. A diferenciação que Hugo Nigro Mazzilli faz das audiências públicas a cargo do Ministério Público e aquelas promovidas pelo Executivo e/ou Legislativo (as de caráter político-governamental) não procede porque, embora pareçam estar embasadas no objeto, estão na função. Para diferenciá-las, ele cita logo após que as audiências públicas realizadas pelo MP "são apenas um mecanismo pelo qual o cidadão e as entidades civis (as entidades chamadas não governamentais) podem colaborar com o Ministério Público no exercício de suas finalidades institucionais" (MAZZILLI, Hugo Nigro. *O Inquérito Civil*. p. 326), mas as promovidas pelo Executivo também têm tal função, auxílio, mediante auscultamento popular, ao exercício das funções cometidas pela Constituição ao Executivo ou Legislativo.

panfleto – insuficiências quantitativas e temporais da distribuição ou dificuldades de acesso pela divulgação apenas pela internet –, o que supostamente criaria um abismo para o cidadão, apesar dos inúmeros usuários de redes sociais.

Para cumprir a função de melhor informar e possibilitar debates mais maduros, é recomendável disponibilizar informações que enriqueçam o debate, ainda que o princípio da publicidade não determine essa providência ou falte pedido nesse sentido. Quanto mais objetiva, clara e em linguagem acessível, melhor será a informação, mesmo atentando-se ao fato de que a tradução da linguagem técnica para o leigo pode não ser viável sem alguma perda de objetividade, pertencendo à autoridade administrativa a escolha entre essas opções.

Embora não haja obrigatoriedade de divulgação e nem nulidade na sua não divulgação, desde que os documentos não sejam protegidos pelo segredo de Estado, segurança pública ou pela intimidade do cidadão (privacidade, segredo comercial, industrial etc.),[1019] não está afastada a possibilidade de eles serem divulgados, de preferência na internet. Tal divulgação pode ser efetuada em decorrência do direito de acesso à informação estatal, corolário do princípio da publicidade, mormente quando um documento somente puder ser discutido com o acesso a outro,[1020] sinalizando ao Estado para que tenha bom senso de divulgá-los *ex officio*, para ele não se desgastar com pedidos de acesso à informação e atrasar o processo decisório, uma vez que esses documentos têm que estar disponíveis aos interessados dentro do prazo legal de sua obtenção.

A obrigatoriedade de fornecer informações por parte da Administração Pública não significa que esta tenha que preparar relatórios ou mesmo organizar a informação da maneira requerida. Muitas vezes a informação se encontra em estado bruto, dentro do ponto de vista da forma que o cidadão requerente gostaria de obtê-la, mas a Administração não tem o dever de entregar a informação de maneira diferente daquela constante em seus arquivos.

10.1.2.5 Prazo para solicitação de realização e distinção com divulgação (mito dos 45 dias para a convocação)

Para que o público se prepare, a audiência deve ser divulgada (convocação) com certa antecedência da data de sua realização.

Frise-se, entretanto, que é equivocada a aplicação do prazo de 45 dias, previsto no §1º do artigo 2º da Resolução Conama nº 9/87, de antecedência à divulgação da audiência pública, pois tal prazo é para eventuais interessados em sua solicitação. Conforme disposto no Parecer nº 76/2015/COJUD/PFE-IBAMA-SEDE/PGF/AGU, não

---

[1019] Quanto a esse aspecto é digno de nota que o Código Ambiental francês (*Code de l'environnement*) prevê expressamente que a audiência deve ser realizada com o respeito ao segredo da defesa nacional, do segredo industrial e de todo o segredo protegido pela lei (art. L123-15).

[1020] "[...] II – Consistindo a audiência pública numa forma democrática de se propiciar o amplo debate, no seio da sociedade, acerca de determinado tema, afigura-se legítima a pretensão deduzida em juízo, com vistas na divulgação do Relatório de Diagnósticos elaborado pela autoridade impetrada, para fins de discussão pública do Relatório de Alternativas para a Reorientação Estratégica do Conjunto das Instituições Financeiras Públicas Federais, como consequência daquele, prestigiando-se, assim, o direito à informação, a que faz jus a parte interessada, e o princípio da publicidade dos atos administrativos" (TRF da 1ª Região, 6ª T., v.u., AMS 2000.34.00.025471-5/DF, Rel. Des. Fed. Souza Prudente, j. em 30.04.2007, *DJU* 04.06.2007).

se confundem a eventual abertura de prazo para solicitar audiência pública – quando o órgão licenciador não resolve efetuá-la *ex officio* – com a necessária convocação:

> [...] II – A publicidade de (i) abertura do prazo para que se solicite audiência pública (Res. Conama nº 9/87, art. 2º, §1º) não se confunde com a de (ii) convocação para a realização da audiência pública (art. 2º, §3º). Enquanto aquela tem a função de possibilitar que a sociedade manifeste interesse na realização da audiência pública, uma vez que ela não é fase obrigatória no processo de licenciamento ambiental, essa tem por desiderato convocar os cidadãos para participar da audiência pública a ser realizada em relação a certo empreendimento objeto de licenciamento ambiental, dando tempo para eles avaliarem o RIMA.[1021]

Ademais, essa previsão se circunscreve unicamente ao licenciamento ambiental. Depois de solicitada a audiência pública, ou que a Administração Pública decida efetuá-la *ex officio*, o prazo não precisa ser tão dilatado, sendo recomendado que o legislador intervenha e supra essa lacuna, que somente serve para municiar ações judiciais ao deixar ao bel-prazer do autor a escolha do prazo que ele considera adequado.

Como destacado por Fernando Pedro, a adoção de "tese contrária seria admitir a ideia desarrazoada de que cada audiência deveria ser realizada 45 dias depois da outra, caso necessário fosse se proceder a mais de uma audiência sobre o mesmo empreendimento".[1022]

Corrobora tal entendimento o fato de que o §3º do artigo 2º da Resolução Conama nº 9/87 preceitua que a convocação será feita após o prazo de 45 dias. Por quê? Porque somente após a eventual decisão sobre a realização da audiência é que se pode convocá-la. Se a Administração Pública decidiu realizá-la, não se faz necessário aguardar o término do prazo para algum legitimado requerê-la. Esse foi o entendimento da AGU:

> [...] III – A decisão do órgão licenciador em realizar a audiência pública no processo de licenciamento ambiental *ex officio*, tornando obrigatória uma fase facultativa, faz perder o sentido a publicação para que a sociedade civil possa requerer o que já foi dado (perda de objeto).
> IV – A possibilidade de ocorrer mais de uma audiência pública não infirma a perda de objeto, uma vez que a eventual pluralidade de audiências é matéria analisada por dever de ofício pelo órgão ambiental.[1023]

Por outro lado, é recomendável que o prazo de convocação para a audiência seja maior do que o necessário à obtenção dos documentos (relatórios, estudos etc.) diretamente vinculados ao tema da audiência,[1024] mediante direito de acesso à informação

---

[1021] Parecer nº 76/2015/COJUD/PFE-IBAMA-SEDE/PGF/AGU, aprovado pela Procuradora-Chefe Nacional da PFE-Ibama, em 15.12.2015, mediante Despacho nº 800/2015/GABIN/PFE-IBAMA-SEDE/PGF/AGU, nos autos do PA nº 02001.016650/2015-87.

[1022] PEDRO, Antonio Fernando Pinheiro. *Aspectos legais do licenciamento ambiental e das audiências públicas concernentes à instalação da Usina Nuclear Angra 3*. Disponível em: http://www.theeagleview.com.br/2015/12/licenciamento-ambiental-de-angra-3.html. Acesso em 17 dez. 2015.

[1023] Parecer nº 76/2015/COJUD/PFE-IBAMA-SEDE/PGF/AGU, aprovado pela Procuradora-Chefe Nacional da PFE-Ibama, em 15.12.2015, mediante Despacho nº 800/2015/GABIN/PFE-IBAMA-SEDE/PGF/AGU, nos autos do PA nº 02001.016650/2015-87.

[1024] Frise-se que a relação dos documentos deve ser direta e evidente, sob pena de se admitir pedidos procrastinatórios ou maliciosos, visando unicamente plantar nulidade no processo ao qual a audiência faz parte. Em um mundo integrado como o nosso deve-se ter cautela em se admitir que qualquer documento possa influenciar

estatal, possibilitando a obtenção desses documentos antes da realização da audiência. Isso, evidentemente, quando eles não forem divulgados pelo Estado na internet, diário oficial ou nas repartições do órgão pertinente. Tal publicação prévia excluiria o interesse dos cidadãos em requerer documentos indispensáveis ao amplo trato da questão na audiência.

Existe decisão do TRF da 4ª Região entendendo que o prazo de 45 dias é para que os interessados se preparem, porque o referido prazo já estaria correndo antes de se solicitar a audiência pública e possibilitaria que o órgão ambiental marcasse a audiência pública imediatamente após o prazo do §1º do artigo 2º da Resolução Conama nº 9/87.[1025] Apenas para ilustrar, no caso julgado (REO 2000.72.01.000607-8), o edital, contendo a informação sobre a elaboração e o recebimento do RIMA, foi publicado em 23.12.99. Entretanto, o órgão ambiental designou a audiência pública para o dia 19.01.2000, menos de 30 dias após a publicação, o que na visão do Tribunal impossibilitou a participação efetiva da autora na audiência pública, impedindo a elaboração de parecer adequado a respeito do RIMA.

Cabe à Administração Pública o poder discricionário para definição do local e quantidade das audiências públicas. Não faz sentido deixar o prazo de 45 dias – específico do licenciamento ambiental – para que os interessados peçam a realização das audiências quando a Administração já decidiu pela sua realização, ainda que sem divulgar as datas e os locais de sua realização. Também comunga desse entendimento Sarah Carneiro Araújo ao doutrinar que somente se fixa em edital o prazo de 45 dias caso a Administração não realize a audiência pública de ofício.[1026]

Embora o órgão promotor das audiências possa abrir prazo para que os interessados apresentem propostas para novas audiências, tal não se mostra obrigatório e nem vincula a Administração Pública, além de estar longe de criar direito subjetivo ao requerente, ainda que ele a requeira para localidade diversa.

Frise-se que o pedido de audiência pública referente ao licenciamento ambiental pode ser efetuado pelo cidadão antes mesmo da publicação do RIMA.

A Lei nº 8.666/93 (art. 39)[1027] preceitua o prazo mínimo de 10 dias úteis, embora os prazos previstos nesse artigo, incluindo o da antecedência mínima de 15 dias da publicação do edital, somente se apliquem às licitações que estejam na alçada do artigo.[1028]

---

substancialmente na audiência pública a ponto de anulá-la, como ocorreu no acórdão do TRF da 1ª Região citado na nota anterior.

[1025] "PROCESSO CIVIL. DIREITO AMBIENTAL. NULIDADE DE AUDIÊNCIA PÚBLICA. DESCUMPRIMENTO DO PRAZO FIXADO NA RESOLUÇÃO DO CONAMA Nº 9/87. – O Estudo de Impacto Ambiental, assim como o respectivo Relatório de Impacto Ambiental, são norteados pelos princípios da publicidade e da participação pública que visam a ampla discussão da comunidade acerca da obra ou atividade a ser licenciada. – O art. 2º, parágrafo 1º, da Resolução nº 09/87 do CONAMA, prevê 45 dias, contados a partir da data de recebimento do RIMA, para ser fixado edital e anunciado, pela imprensa local, a abertura de prazo para a solicitação de audiência pública. – Impossibilitada a eficaz participação na audiência pública da autora por descumprimento do prazo legal, é ineficaz a convocação e a designação da audiência na data estabelecida pelo IBAMA" (TRF da 4ª Região, 3ª T., v.u., REO 2000.72.01.000607-8/SC, Rel. Des. Fed. Silvia Maria Gonçalves Goraieb, j. em 31.08.2004, DJ 22.09.2004. p. 487).

[1026] ARAÚJO, Sarah Carneiro. Licenciamento Ambiental: uma análise jurídica e jurisprudencial. 2013. p. 166-167.

[1027] "Divulgada, com a antecedência mínima de 10 (dez) dias úteis de sua realização".

[1028] TJMT, 2ª Câmara Cível, v.u., AI 13.013/Cáceres (38191), Rel. Des. Benedito Pereira do Nascimento, j. em 13.03.2001: "AGRAVO DE INSTRUMENTO – LICITAÇÃO CONCORRÊNCIA – AUDIÊNCIA PÚBLICA – ANTECEDÊNCIA – VALOR – ARTIGO 39, C/C 23 DA LEI Nº 8.666/93 – RECURSO PROVIDO. A exigência de audiência pública com antecedência mínima de 15 (quinze) dias, conforme preceitua o artigo 39 da Lei de

Nas audiências públicas da Comissão Técnica Nacional de Biossegurança – CTNBio (Lei nº 11.105/05, art. 15) existe a previsão específica de convocação (no mínimo 30 dias de antecedência) e publicação no Diário Oficial da União e no SIB (Sistema de Informações em Biossegurança) (Decreto nº 5.591/2005, art. 43, §1º). Tal prazo, integrante da discricionariedade do Executivo, é provavelmente dilatado porque organismos geneticamente modificados (OGM) são tema polêmico e complexo. Na esfera federal e no âmbito do Ibama, tal prazo é preferencialmente de 15 dias (IN Ibama nº 184/08, art. 22, §1º).

Corrobora o entendimento da desnecessidade da convocação com mais de 45 dias, a discricionariedade procedimental da Administração Pública no licenciamento ambiental, que pode moldá-lo para o caso concreto.

10.1.2.6 Publicidade

Não existe previsão de que haja intimação pessoal para a realização da audiência pública, bastando a publicação de editais na imprensa oficial. O artigo 31, §1º, da Lei nº 9.784/99, prevê a divulgação pelos meios oficiais que estão a cargo da Administração na consulta pública, instituto irmão da audiência pública. Tal divulgação também deve fazer parte essencial da audiência pública. Sem prejuízo, a autoridade realizadora da audiência pode determinar outras providências que considere pertinentes; nesse caso, contudo, estará apenas reforçando a publicidade, e o eventual não exercício dessa faculdade não será causa de nulidade da audiência.

Ressalte-se a desnecessidade de se utilizar todos os meios oficiais de divulgação, (diário oficial, veículos de comunicação pertencentes à Administração, site do órgão etc.), sendo suficiente o uso da imprensa oficial, ainda que seja para as consultas públicas. O que a legislação eventualmente exige é a divulgação da convocação, que pode ocorrer mediante correspondência, rádios, televisão, publicações em jornais etc. Esse reforço de publicidade dado pela divulgação não se constitui em elemento central do processo de chamamento à audiência pública, papel esse reservado à publicação no diário oficial.

Discorda-se do entendimento de que há necessidade de publicação em jornal local, divulgação em rádio comunitária, colocação de faixas em lugares estratégicos etc., além da mera publicação no diário oficial, sob a alegação de que "tal publicidade não atingirá o grupo social devido".[1029] Essa excessiva publicidade não está prevista em norma e origina-se de visão equivocada sobre os instrumentos de participação. A cidadania também engloba o dever do cidadão de se informar, inclusive pelo diário oficial, sendo esta a publicidade adequada ao nosso sistema normativo. Emendas constitucionais, leis complementares e acórdãos do Judiciário são publicados no diário oficial e não é dito que não se atinge o grupo social devido.

Conviver com a busca do ideal de publicidade, que se traduz na questão da efetividade da ciência da audiência, é discussão sem fim. Comparecer a audiências públicas

---

Licitações, só é necessária quando o valor da concorrência for superior a 100 (cem) vezes o valor fixado na alínea c, do inciso I do artigo 23 da mesma lei".

[1029] DI SARNO Daniela Campos Libório. Audiência pública na gestão democrática da política urbana. In: DALLARI, Adilson Abreu; DI SARNO, Daniela Campos Libório (Coord.). *Direito Urbanístico e Ambiental*. Belo Horizonte: Fórum, 2007. p. 63.

não é tarefa fácil, mormente pela nossa já conhecida cidadania apática, a despeito do desconhecimento delas também decorrer da nossa ausência de cultura cívica. A ideia de inflar a publicidade parece compensar esse déficit, mas está longe de resolver o problema, além de criar uma desproporcional publicidade de ato secundário de participação política – tanto que é opcional, não vinculante e sem base representativa adequada (vontade de alguns sobre a de todos). A pobreza e o analfabetismo do cidadão também são fatores que prejudicam o acesso à informação, seja às leis ou à realização de audiências públicas. Por mais que se incremente a publicidade, sempre haverá quem não soube.[1030] O Direito não pode se perder nesses labirintos comunicativos, abrindo-se à insegurança jurídica ao permitir inúmeras contestações sobre o alcance da publicidade. Por tais motivos, a publicação em diário oficial deve ser considerada suficiente.

Em determinados casos, há previsão específica que excepciona os meios de divulgação comuns. Por exemplo, os solicitantes da audiência pública ambiental deverão ser intimados por carta.

10.1.2.7 Limitações materiais para as audiências públicas

A audiência pública não pode ser usada para violar a separação de poderes (*v.g.*, impor prestação de contas em audiência pública por norma local,[1031] submeter pedido de abertura de créditos suplementares à prévia audiência pública por lei local)[1032] ou mesmo tratar de matéria na qual o ente envolvido não detém a competência administrativa ou legislativa, consoante decisões sobre o tema na Alemanha (Tribunal Constitucional)[1033] e sobre o plebiscito no Brasil (STF).[1034]

10.1.2.8 Ordem dos trabalhos e poder de polícia

Na audiência pública há a possibilidade de participação dos presentes, dentro do possível e da ordem.

A ordem é necessária para manter a viabilidade da participação porque ela evita a transformação da audiência pública em testemunho (individual) de todos os presentes, evitando-se a sua perenização. Quando não há potencial de participação, não é audiência pública, mas sessão pública (*open meeting*). O cidadão somente presencia o ato, mas não interfere nem mesmo por escrito.

[1030] Por exemplo, publicar em jornais teoricamente não atinge os analfabetos, que não são poucos. Possivelmente a publicação na televisão resolveria tal problema, mas em qual horário? Quantas veiculações? Em qual canal? Se a pessoa for pobre, ela pode não ter televisão em casa ou somente alguns canais terão sinal para chegar a sua residência. E se for comunidade ribeirinha que não tiver TV ou mesmo que usar o sinal do satélite?

[1031] TJSP, Órgão Especial, v.u., ADI nº 9041894-56.2007.8.26.0000 (994.07.011787-5), Rel. Des. Viana Santos, j. em 20.02.2008, DJe 23.04.2008.

[1032] TJRS, Pleno, ADI nº 592091649, Rel. Des. Décio Antônio Erpen, j. em 21.12.1992.

[1033] "Em 1958, por exemplo, a Corte Constitucional da Alemanha Ocidental declarou nulas as consultas populares, realizadas nas cidades de Hamburgo e Bremen, sobre armamento nuclear e construção de bases no território nacional – questões consideradas de 'defesa nacional' e, portanto, incluídas na competência federal" (BENEVIDES, Maria Victoria de Mesquita, *A Cidadania Ativa*: referendo, plebiscito e iniciativa popular. 3. ed. 5. reimp. 2003. p. 139).

[1034] STF, Pleno, v.u., Rp 1.130/RS, Rel. Min. Néri da Silveira, j. em 26.09.1984, DJ 30.11.1984. p. 10.438.

O poder de conduzir a audiência implica discricionariedade da autoridade que a preside, podendo até alterar o seu pré-regramento. A autoridade pode, por exemplo, alterar o tempo inicialmente previsto para os presentes apresentarem suas razões, dúvidas e críticas, podendo aumentá-lo ou diminuí-lo, tendo em vista a situação concreta, o que tornaria a audiência praticável.[1035] Como se verá, isso não significa que a participação do público deva ser necessariamente oral, estando no âmbito da discricionariedade administrativa determinar a participação somente por escrito, desde que haja estrutura para redigir as perguntas, sugestões, críticas dos analfabetos ou deficientes visuais.

Para evitar a perpetuação da audiência pública, muitas vezes existe norma que prevê a possibilidade do envio, por escrito, de perguntas, sugestões etc. ao órgão promotor da audiência, logo após o seu encerramento.

Ainda em relação à ordem dos trabalhos, não configura ilegalidade a presença de policiamento ou mesmo de seguranças contratados para zelar pela integridade dos presentes e ajudar na ordem dos trabalhos. Como nos relembra Menezes Direito, "democracia não significa licença para baderna e para ameaça à ordem pública".[1036] Se nas audiências promovidas pelo Ministério Público há a possibilidade de "requisitar os serviços de policiamento necessários para o dia do evento",[1037] nas demais audiências públicas essa possibilidade também existe pelas mesmas razões, sem que isso lhes traga qualquer mácula. No Direito estrangeiro não é difícil existir expressa menção à força policial nas audiências públicas. Na Argentina, por exemplo, o Decreto nº 1.172/03 (art. 27, j) prevê como poder do presidente da audiência recorrer ao auxílio da força pública para manter o seu curso normal, o que inclui a integridade física dos participantes.

Os trabalhos da audiência pública são conduzidos pelo órgão da Administração Pública, que tem o dever de imprimir ordem à audiência pública,[1038] sendo o controle de quem formará a mesa sua atribuição. Não existe direito subjetivo de compor a mesa, seja pelos participantes, seja pelos membros de ONGs ou do Ministério Público, e nem o dever de nela estarem certos servidores ou mesmo servidores públicos.[1039] A promoção de audiências públicas pelo Ministério Público (Lei nº 8.625/93,[1040] art. 27, IV) se relaciona com audiências públicas no que diz respeito a sua função institucional, ou seja, é o MP quem organiza essas audiências para que o cidadão ou as entidades civis possam colaborar com ele "no exercício de suas finalidades institucionais".[1041] Se o

---

[1035] A conduta da autoridade presidente deve ser pautada pela ponderação dos interesses em jogo, mormente a praticabilidade. O tempo pode aumentar consideravelmente se for deixado para os participantes, divididos em blocos dicotômicos, por exemplo.

[1036] DIREITO, Carlos Alberto Menezes. *A Democracia nossa de cada dia*. Rio de Janeiro: Forense Universitária: Winston Ed., 1984. p. 32.

[1037] MAZZILLI, Hugo Nigro. *O Inquérito Civil* – investigações do Ministério Público, compromissos de ajustamento de conduta e audiências públicas. 1999. p. 329.

[1038] GORDILLO, Agustín. *Tratado de Derecho Administrativo*. 8. ed. Buenos Aires: Fundación de Derecho Administrativo, 2006. t. II. p. XI-11 – tradução livre.

[1039] Gordillo explica que não é indispensável que a audiência seja conduzida por servidores públicos, podendo sê-lo por terceiro alheio ao debate. Tal conduta evita o risco de *strepitus fori* aos servidores em audiências públicas, o que os faz reticentes a assumir um alto nível de confronto e exposição (*Tratado de Derecho Administrativo*. 8. ed. 2006. t. II. p. XI-14).

[1040] Lei Orgânica Nacional do Ministério Público.

[1041] MAZZILLI, Hugo Nigro. *O Inquérito Civil* – investigações do Ministério Público, compromissos de ajustamento de conduta e audiências públicas. p. 326.

Parquet, dentro de sua autonomia, entender que sua participação é imprescindível, basta comparecer, respeitar o regulamento e participar, respeitando a ordem dos trabalhos. Lembre-se de que o Ministério Público também pode realizar audiências sobre o assunto, caso entenda oportuno, e enviar o material colhido à Administração Pública.

Embora as audiências sejam conduzidas pela Administração Pública, nada impede que tal atribuição caiba ao empreendedor, ainda que esse não tenha poder de decisão estatal. A finalidade das audiências é colher a opinião, não decidir algo; o caráter vinculante ou plebiscitário (nos sistemas nos quais o plebiscito sempre é vinculante) não existe na audiência, não se fazendo necessário que se tenha a plenitude dos poderes estatais presente nela. Adicionalmente, pela própria gênese da colaboração poderia haver a possibilidade de o particular-empreendedor auxiliar a Administração Pública, desde que autorizado por ela. Maria Sylvia Zanella Di Pietro já doutrinou que a participação popular na Administração Pública também poderia ser intitulada de "colaboração do particular com a Administração".[1042] Essa colaboração não necessariamente advém somente do cidadão participante da audiência pública, podendo advir também do empreendedor.

A ausência de eventuais interessados em participar da audiência pública (audiência pública deserta), caso ela tenha sido previamente divulgada, também não a invalida. A cidadania traz responsabilidade, ainda que seja pela não participação. Se os eventuais interessados não comparecerem à audiência, não há nulidade. Também não invalida a audiência pública quando os cidadãos a abandonam. Essa legítima forma de manifestação da cidadania, e possivelmente de protesto, é válida, mas não tem o condão de macular a validade da audiência.

O cidadão pode participar com testemunhos (quando permitida a participação oral), apresentando provas, fazendo indagações, comentários etc., dentro da ordem dos trabalhos. Essa ordem, normalmente predeterminada, pode ser alterada para se adaptar a dinâmica da audiência, detendo a autoridade que a preside discricionariedade no assunto. Na regulamentação estadunidense do §142.13, *e*, do *Code of Federal Regulations* (CFR), está prevista a condução da audiência de maneira rápida, ordenada e informal, assim como o Decreto Argentino nº 1172/03 prevê a informalidade como um dos princípios da audiência pública (Anexo I, art. 5º).

Ressalte-se que cidadão aqui tem sentido amplo, não se circunscrevendo apenas àquele detentor do direito de votar. Nas audiências públicas se permite a "presença de qualquer pessoa ou entidade interessada no assunto objeto de discussão".[1043]

Quanto à publicidade na própria audiência, admite-se transmissão televisiva ou radiofônica a critério da autoridade que a preside, se não houver desvio dos fins do ato ou prejuízo à regularidade dos trabalhos.[1044]

[1042] DI PIETRO, Maria Sylvia Zanella Di. Participação popular na Administração Pública. *RTDP*, São Paulo: Malheiros, n. 1, p. 127-139, 1993. p. 127.

[1043] FURRIELA, Rachel Biderman. *Democracia, Cidadania e Proteção do Meio Ambiente*. São Paulo: Annablume: Fapesp, 2002. p. 100.

[1044] MAZZILLI, Hugo Nigro. *O Inquérito Civil* – investigações do Ministério Público, compromissos de ajustamento de conduta e audiências públicas. p. 332.

10.1.2.9 Prolongamento e número de audiências públicas: discricionariedade administrativa

O número de audiências públicas a serem efetuadas submete-se à discricionariedade administrativa, como se verá no próximo item, assim como a necessidade de se prolongar a sua realização para fora do horário inicialmente previsto ou para o(s) próximo(s) dia(s).

A Administração pode efetuar mais do que uma audiência pública para tratar da matéria, ainda que a sua realização seja facultativa. Entretanto, a interação do cidadão com o Estado por meio de audiência pública é apenas um dos meios participativos possíveis, podendo-se admitir uma única audiência pública ou mesmo não prorrogar o seu funcionamento.

A dificuldade maior reside quando os impactos do tema a ser discutido na audiência pública se alastram por diversas localidades do território nacional. Embora o tema pertença ao âmbito da discricionariedade administrativa, ainda que ela seja obrigatória, e não exista direito subjetivo de se exigir mais do que uma audiência pública, a questão liga-se à área de influência do objeto da audiência, que será tratado no próximo item.

A título de Direito Comparado, a legislação colombiana ambiental – bastante avançada em termos participativos, como se verá adiante – preceitua que nos casos de projetos lineares, entendidos como os oleodutos (linhas de duto de hidrocarbonetos), linhas de transmissão elétrica, corredores viários e ferrovias, poderão ser realizadas até duas audiências públicas em lugares que se encontram dentro da área de influência do projeto, a juízo da Administração Pública (Decreto Colombiano nº 330/07, art. 11).

É perfeitamente possível, para se evitar a proliferação de audiências públicas ou a sua perpetuação, a previsão da possibilidade de enviar perguntas, sugestões etc. por escrito à autoridade promotora da audiência logo após o encerramento da audiência ou mesmo antes, inclusive com videoconferência.

10.1.2.10 Área de influência do empreendimento, número e local de realização: desnecessidade em cada cidade afetada pelo ato estatal

A audiência pública deve ocorrer em local adequado para receber os interessados em participar, ainda que não fique perto da área imediatamente atingida pelo ato estatal. Pode ser que próximo à área a ser afetada (zona ou área de influência) – o que atrairia o interesse natural dos moradores locais em participar da reunião – não tenha espaço adequado para conduzir uma audiência pública, sendo necessário usar área não tão próxima.

Não pode a Administração escolher área distante sem a devida motivação, sob o risco de cometer desvio de poder e nulificar a audiência. Isso não significa que o local adequado deve sempre acomodar todos os interessados, pois a segurança dos participantes impõe respeito à sua capacidade de lotação.[1045] A ordem de chegada e de

---

[1045] O TJSP já rechaçou a alegação de vício na audiência pública pela existência de lotação insuficiente, uma vez que não houve inutilização da audiência, apenas a restrição da entrada de novos participantes pelo atingimento da capacidade máxima de lotação. Nas palavras do Tribunal: "(...) não houve alegada vedação à participação

inscrição pode ser importante no caso de eventual limitação de espaço físico, não configurando, portanto, nulidade, desde que não haja abuso de poder da Administração Pública em escolher local manifestamente inadequado. A escolha de local inadequado pode ser identificada, *a priori*, pelo descompasso com experiências passadas em outras audiências públicas, número de inscritos para participarem dela, quando isso for do rito da audiência.

Nesse contexto, é possível que a atividade em determinada área tenha efeito(s) em outra(s), aconselhando, nesse caso, um local intermediário que viabilize a presença de maior número de pessoas ou a realização de mais de uma audiência. Deve-se, dessa forma, superar a ilusão do localismo físico. O impacto direto da decisão administrativa é o critério mais palpável para se escolher o local da audiência pública – dado que decisões com impacto nacional poderiam demandar audiências em todo o país, o que é impraticável – embora possa ocorrer a exclusão de interessados. O melhor critério seria o da *área de maior influência do empreendimento*. No caso de decisões de impacto supralocal, a analogia com o foro das ações coletivas (capital do Estado ou em Brasília) para se realizar a audiência pública pode ser salutar, embora não obrigatória, mormente tendo em conta que o número de audiências a serem realizadas decorre de decisão discricionária da Administração.

Na seara ambiental, o tema costuma ser problemático porque o artigo 2º, §4º, da Resolução Conama nº 9/87 prevê que a "audiência pública deverá ocorrer em local acessível aos interessados". Além disso, o §5º do artigo 2º dessa resolução também faculta a realização de mais de uma audiência pública sobre o mesmo RIMA, a depender da localização dos solicitantes e da complexidade do tema. Não basta apenas a ocorrência de um dos requisitos, mas deve haver a vontade discricionária da Administração, a ponderação sobre a localidade geográfica dos solicitantes e a complexidade do tema. *Não significa que precisa haver uma audiência pública por cidade ou localidade atingida pelo ato estatal, ainda que a matéria seja complexa e/ou tenha havido solicitação, devido ao fato de os solicitantes estarem em localidade geográfica diversa daquela da audiência pública.*

Foi o que entenderam o TRF da 4ª Região, em relação à audiência pública ambiental relativa às unidades de conservação,[1046] e o TRF da 1ª Região, ao decidir que não é razoável que sejam realizadas audiências públicas em cada uma das localidades afetadas pelo empreendimento objeto do licenciamento ambiental, nem mesmo sob o

---

popular no processo legislativo, e tampouco qualquer simulação de sua realização, mas simplesmente utilização do poder de polícia pela Municipalidade, que restringiu o acesso ao local tão somente após a sua lotação" (TJSP, 3ª Câm. de Direito Público, v.u., AC nº 9149917-09.2001.8.26.0000 (238.07 0-5/8-00), Rel. Des. Peiretti de Godoy, j. em 11.05.2004).

[1046] "ADMINISTRATIVO. AMBIENTAL. CRIAÇÃO DE UNIDADES DE CONSERVAÇÃO. ALEGAÇÃO DE FALHAS NOS PROCEDIMENTOS ADMINISTRATIVOS PREPARATÓRIAS. ANTECIPAÇÃO DE TUTELA. EFEITO SUSPENSIVO CONCEDIDO PELA DECISÃO MONOCRÁTICA DO RELATOR. CONFIRMAÇÃO. Não há obrigatoriedade da realização de audiências públicas em todos os municípios atingidos. Inteligência dos dispositivos da Lei nº 9.985/00 e da Resolução nº 9 do Conama. De igual modo, a legislação de regência não exige a intimação pessoal de todos os proprietários atingidos. A consulta, que se revela em autêntico instrumento de democracia participativa, deve ser divulgada amplamente. Restou comprovado que foi dada ampla publicação ao ato convocatório, quer mediante a publicação no Diário Oficial e na imprensa da região, quer por meio de ofícios aos prefeitos. Presunção de legitimidade dos atos administrativos a ser assegurada. Agravo provido" (TRF da 4ª Região, 3ª T., v.u., AI 2005.04.01.022658-6, Rel. Des Fed. Fernando Quadros da Silva, j. em 12.12.2006, *D.E.* 14.02.2007). Também não exigindo a divulgação em todos os Municípios atingidos, cf. TRF da 4ª Região, Corte Especial, AGVSS 2004.04.01.041192-0/SC, Rel. Des. Fed. Vladimir Passos de Freitas, j. em 28.03.2005, *DJ* 06.04.2005.

argumento de que a sociedade civil precisa de mais informações por ainda restarem dúvidas.

Com efeito, em mais de uma oportunidade relativa ao licenciamento ambiental, cuja regulamentação é a mais desenvolvida no Direito brasileiro, o TRF da 1ª Região entendeu que o órgão ambiental goza de discricionariedade para escolher o local e o número das audiências públicas a serem efetuadas no licenciamento ambiental:

> 8. Não é razoável que seja realizada audiências públicas em cada uma das localidades afetadas pelo empreendimento, nem que todas as dúvidas dos cidadãos envolvidos sejam exaustivamente esclarecidas.[1047]
> CONSTITUCIONAL E AMBIENTAL. AÇÃO CIVIL PÚBLICA. EXPANSÃO DO SETOR SUDOESTE. QUADRA 500. LICENCIAMENTO AMBIENTAL. INVALIDADE NÃO CONFIGURADA. AUDIÊNCIA PÚBLICA: OBSERVÂNCIA DA LEGISLAÇÃO DE REGÊNCIA. REALIZAÇÃO DE MÚLTIPLAS AUDIÊNCIAS PÚBLICAS EM RAZÃO DE DÚVIDAS DA SOCIEDADE: DESNECESSIDADE. [...]
> II – Hipótese dos autos em que não se discute se as autoridades administrativas competentes observaram ou não os requisitos formais de ampla divulgação da realização de audiência pública relativa ao processo de licenciamento ambiental do empreendimento denominado "Expansão do Setor Sudoeste – Quadra 500", previstos na Resolução CONAMA nº 9/1987, mas sim se a realização de apenas uma audiência pública seria suficiente para satisfazer o princípio da participação previsto nos diplomas que regem as questões relativas ao Direito do Meio Ambiente.
> III – A existência de dúvidas dos cidadãos presentes em audiência pública [...] é resultante da própria complexidade que envolve o respectivo projeto e da multiplicidade de interesses da parcela da sociedade nela presente, não sendo suficiente, no caso concreto, para ensejar a nulidade do processo de licenciamento ambiental pela necessidade de realização de tantas audiências públicas quanto necessárias para o esclarecimento da população envolvida [...].
> IV – Em se adotando entendimento no sentido pretendido pelo Ministério Público, poder-se-ia chegar à situação de nunca se adiantar no processo de licenciamento ambiental de determinado empreendimento na medida em que dúvidas e opiniões contrárias sempre existirão, posto que inerente à participação popular, sobretudo porque envolvidos cidadãos que lá estão por diversas motivações e cada qual expondo opinião a respeito dos mais variados assuntos [...].[1048]

Não há necessidade de "realização de uma audiência pública em cada Município da zona de influência".[1049] Ao tratar das audiências públicas da Lei do Snuc, o próprio STF (MS nº 35.232) considera válida a "não realização de audiência pública em todos os municípios envolvidos", quando há cumprimento das disposições legais que regem a questão, como a publicidade,[1050] bem como validou as audiências públicas realizadas na Assembleia Legislativa do Estado (Capital) para a criação de unidade de conservação

---

[1047] TRF da 1ª Região, 6ª T., v.u., AI 0015640-87.2014.4.01.0000/RO, Rel. Des. Fed. Kassio Nunes Marques, j. em 20.02.2017, e-DJF1 24.02.2017; TRF da 1ª Região, 6ª T., v.u., AI 0028618-96.2014.4.01.0000/RO, Rel. Des. Fed. Kassio Nunes Marques, j. em 20.02.2017, e-DJF1 24.02.2017.
[1048] TRF da 1ª Região, 6ª T., v.u., AMS 0030295-54.2011.4.01.3400/DF, Rel. Des. Fed. Jirair Aram Meguerian, j. em 18.05.2015, e-DJF1 29.05.2015. p. 2.441.
[1049] TRF da 3ª Região, 3ª T., v.u., ApReeNec 1.777.009/SP (0001121-19.2010.4.03.6103), Rel. Des. Fed. Nelton dos Santos, j. em 21.03.2018, e-DJF3 Judicial 1 27.03.2018.
[1050] STF, MS nº 35.232, Rel. Min. Nunes Marques, j. em 02.08.2021, DJe 10.08.2021.

na Serra da Bodoquena/MS, região que envolvia pelo menos 5 (cinco) municípios (MS nº 23.800).[1051]

O exemplo mais comum da ausência de razoabilidade seria exigir audiência em cada comuna atingida pelo gasoduto da Bolívia para o porto de Santos/SP/Brasil, ou da construção de linhas de transmissão de energia elétrica que cruzassem vários Estados brasileiros. Além dessa previsão não constar em legislação, nem mesmo na seara ambiental, ela adultera a função da audiência, que está longe de ser plebiscitária ou de valorizar os territorialmente atingidos (mito do localismo físico). Às vezes, o reflexo do ato se alastra muito além da área diretamente atingida, como ocorre na preservação da biodiversidade mediante a criação de unidades de conservação, ou no fornecimento de energia, quando da construção e operação de empreendimentos que a gera.

A audiência pública não tem dia ou horário certo ou ideal para acontecer, dependendo, para tanto, da discricionariedade da autoridade que a convoca, ressalvando-se alguma lei específica em sentido contrário.

10.1.2.11 Tumultos e abuso de poder participativo: desaforamento, substituição por outros meios participativos e *ad impossibilia nemo tenetur*

Em alguns casos, vê-se que há tentativas de tumultuar a audiência pública para gerar atrasos no procedimento administrativo de licenciamento ambiental, criação de unidades de conservação etc., chegando mesmo a impedir a sua realização.

Se a realização da audiência pública não for segura para os participantes da audiência, sejam eles simplesmente cidadãos ou membros da administração ambiental, ela pode ser desaforada ou mesmo substituída por outras formas de participação administrativa, desde que motivadamente. A audiência pública não é a única forma de participação administrativa, podendo ser, em casos justificados, substituída ou complementada por outras formas de participação.

A *Câmara Nacional de Apelaciones de lo Contencioso Administrativo Federal* (Sala IV, caso *Youssefian, Martin c. Secretaria de Comunicaciones* – 1998), tribunal argentino, mesmo reconhecendo importância das audiências públicas para concretizar o princípio da participação previsto no artigo 42 da Constituição da Argentina, deixou consignado que *as audiências não eram o único meio de realizá-lo*. Admitiu que a participação poderia ocorrer por intermédio de audiência pública ou por outro mecanismo.

Em nossa legislação esse entendimento também tem suporte, uma vez que outro mecanismo poderia ser qualquer um que fosse permitido pela cláusula aberta do artigo 33 da Lei nº 9.784/99 ou mesmo pela consulta do artigo 31 do mesmo diploma legal.

Em alguns casos, nem mesmo o desaforamento seria possível, não apenas porque os motivos que geraram o tumulto seguirão para a nova localidade, mas porque algumas audiências públicas, e especialmente a do licenciamento ambiental subsidiado com EIA, têm como finalidade colher sugestões e explicar a população sobre o projeto, não uma população abstratamente considerada, mas geralmente a residente nas redondezas do empreendimento ou atividade licenciados.

[1051] STF, Pleno, v.u., MS nº 23.800, Rel. Min. Maurício Côrrea, j. em 14.11.2002, *DJU* 07.02.2003. p. 22.

Já houve caso no qual certo grupo tumultuou audiências públicas, efetuadas em licenciamento ambiental federal, impossibilitando que elas fossem efetuadas regularmente, encerrando-as antes do rito regular. Embora tenha havido oficinas preparatórias para essas audiências públicas, o que já significa uma forma de participação em si, o órgão ambiental as considerou realizadas, uma vez que ninguém era obrigado ao impossível: realizar audiências públicas em meio a tumultos orquestrados por grupos, colocando em risco a integridade dos participantes.

Houve nítido abuso de poder participativo. Como bem lembra José Manuel Sérvulo Correia, a participação implica riscos, chegando mesmo ao abuso do direito participativo, "com a articulação de operações obstrutivas com o faseamento legal do procedimento".[1052] Segundo reconhecido em parecer da AGU:

> LICENCIAMENTO AMBIENTAL. AUDIÊNCIAS PÚBLICAS. LIMINAR. IMPOSSIBILIDADE DE CUMPRIMENTO DA ORDEM. AUSÊNCIA DE SEGURANÇA. TUMULTO ORQUESTRADO POR PARTICIPANTES. IMPOSSIBILIDADE DE PROSSEGUIMENTO DAS AUDIÊNCIAS PÚBLICAS. ABUSO DO DIREITO DE PARTICIPAÇÃO. PARTICIPAÇÃO POPULAR NAS AUDIÊNCIAS INTERROMPIDAS REFORÇADAS POR OFICINAS PRÉVIAS E RESPOSTAS POR ESCRITO AOS QUESTIONAMENTOS ENCAMINHADOS AO ÓRGÃO LICENCIADOR DURANTE O ATO. AD IMPOSSIBILIA NEMO TENETUR. CUMPRIMENTO DA ORDEM JUDICIAL. [...]
> II – A realização de todas as medidas do órgão licenciador para o cumprimento da ordem judicial, com efetiva participação durante, pré e pós as audiências públicas, a presença do abuso de poder participativo e o risco à integridade dos participantes e organizadores das audiências públicas cumprem o comando judicial, dentro do possível.[1053]

Entretanto, o juízo de primeiro grau não entendeu como cumprida a ordem judicial nesse caso, ordenando um reforço policial ao já existente nos atos obstruídos pelo tumulto popular.

Esse entendimento é equivocado, pois realizar audiência pública com a presença maciça de força policial ou militar frustra a própria razão de ser do ato. Não apenas impede o verdadeiro diálogo entre o Estado e a sociedade pelo clima bélico, mas potencializa o risco de incidentes que podem enterrar de vez esse diálogo.

Levada essa decisão judicial ao conhecimento do TRF da 1ª Região, esse considerou as audiências efetuadas, uma vez que houve outros meios participativos no processo:

> [...] As sessões presenciais, no entanto, foram marcadas por insurgências de manifestantes e tumultos, o que inviabilizou a sua conclusão com êxito por questões de segurança. [...] Na

---

[1052] "A participação tem riscos. Riscos, em primeiro lugar, para a paralela finalidade do procedimento administrativo, que é a racionalidade e eficiência da administração. A conduta dos participantes pode não primar ela própria pela racionalidade. A ausência de informação ou de preparação qualificada, o défice de motivação, o rígido alinhamento segundo egoísmos individuais ou de grupo podem retirar utilidade objectiva às intervenções e apenas contribuir para complicar e atrasar o cumprimento da tarefa administrativa. Poderá mesmo assistir-se ao abuso do direito de participação, com a articulação de operações obstrutivas com o faseamento legal do procedimento" (CORREIA, José Manuel Sérvulo. Prefácio. In: NETTO, Luísa Cristina Pinto e. *Participação administrativa procedimental*: natureza jurídica, garantias, riscos e disciplina adequada. Belo Horizonte: Fórum, 2009. p. 18-19).

[1053] Parecer nº 116/2016/COJUD/PFE-IBAMA-SEDE/PGF/AGU, aprovado pelo Procurador-Chefe Nacional da PFE-Ibama, em 19.12.2016, mediante Despacho nº 742/2016/GABIN/PFE-IBAMA-SEDE/PGF/AGU, nos autos do PA nº 02001.017917/2016-34.

circunstância de inexistir exigência taxativa na norma, à luz do caso concreto examinado, a forma como realizadas as audiências públicas, aliadas aos meios alternativos de controle social dos atos administrativos verificados, supriram o caráter de acesso à informação e participação da comunidade – finalidade geral da norma.[1054]

Há um polimorfismo no abuso de poder participativo, podendo ele se manifestar de diversas formas. No entanto, independentemente da forma de sua manifestação, a conduta abusiva não é amparada pelo ordenamento jurídico, devendo ser rechaçada pelos órgãos estatais envolvidos. Faz-se remissão às considerações do item 10.1.4, que tratam dos excessos nas alegações de nulidade.

Assim, em relação às audiências públicas ambientais, o STF acerta ao rechaçar o abuso do direito de participar, ao admitir como superável a participação no processo de licenciamento ambiental diante das tentativas de boicotá-la. Nas palavras do Min. Sepúlveda Pertence:

> [...] 111. Causa estranheza que se busque evitar a realização dessas audiências. [...] 112. Não se pode imputar, contudo, ao Ibama ou ao empreendedor a frustração parcial das audiências programadas [..] 115. Não tenho, pois, como intransponível, para a licença que se discute – a Licença Prévia –, o obstáculo gerado pelo torpedeamento de várias das audiências programadas, que, de outra forma, implicaria a punição ao empreendedor, quando é certo que não se lhe pode imputar culpa pelos fatos.[1055]

Em audiência pública de processo de licenciamento de aterro sanitário no Estado do Rio de Janeiro, brigas e ameaças à integridade física dos participantes fez o órgão competente[1056] considerar válida a audiência pública pela Deliberação CECA/CLF 5.143/09, colocando como requisito a realização de reunião pública no Município vizinho, a disponibilização do Rima na página eletrônica do Inea e o procedimento de licenciamento para consulta pública e manifestação popular no prazo de 20 dias.

Tal entendimento foi endossado por Parecer PCSA/TVM 01/2009, da procuradoria do Inea (órgão licenciador), ao reconhecer que os princípios da participação popular em matéria ambiental e da democracia participativa foram observados, porque,

> mesmo que não se considere o tumulto havido no dia 26.08.2009 como legítima manifestação de repúdio, fato é que a audiência pública ocorreu e foi convalidada pela CECA, não havendo qualquer dispositivo na legislação estadual que considere nulo o processo de licenciamento pelo fato de não ter a audiência pública seguido o seu curso ideal e chegado ao final.
>
> Além disso, foram utilizados outros meios de participação popular, quais sejam, a consulta prevista no artigo 5º da Lei Estadual nº 1.356/1988, a reunião pública realizada em 30.09.2009 no Município de Itaguaí e, por fim, a consulta pública prevista no artigo 27 da

---

[1054] TRF da 1ª Região, 6ª T., v.u., AI nº 0015640-87.2014.4.01.0000/RO, Rel. Des. Fed. Kassio Nunes Marques, j. em 20.02.2017, e-DJF1 24.02.2017; TRF da 1ª Região, 6ª T., v.u., AI nº 0028618-96.2014.4.01.0000/RO, Rel. Des. Fed. Kassio Nunes Marques, j. em 20.02.2017, e-DJF1 24.02.2017.

[1055] STF, ACO-MC 876/BA, Rel. Min. Sepúlveda Pertence, j. em 18.12.2006, DJU 01.02.2007. p. 148, RTJ 200/01/242-243.

[1056] Comissão Estadual de Controle Ambiental (Ceca), da Secretaria de Estado do Ambiente e Sustentabilidade (Seas/RJ), órgão colegiado responsável por conduzir as audiências públicas dos processos de licenciamento ambiental de competência do Estado.

Lei Estadual nº 5.427/2009, restando assegurada a ampla participação popular no processo de licenciamento.[1057]

Irretocável a decisão do TJRS ao entender que, se não houver condições de se continuar a realização da audiência pública, está correta a decisão da autoridade administrativa de suspendê-la e oportunizar a manifestação por escrito, uma vez que "o direito subjetivo de manifestação não reside na forma de exercê-lo, mas no seu efetivo exercício, que, assegurado, afasta o matiz da ilegalidade".[1058]

10.1.2.12 Vinculatividade e diferenciação do plebiscito

A audiência pública não tem *eficácia vinculatória* de seu resultado, ainda que haja específica previsão legal, como quer Diogo de Figueiredo Moreira Neto, ao preceituar que "o exercício direto do poder, ou seja, com dispensa de representantes políticos", só se admite nos termos da Constituição mediante lei específica, sempre de iniciativa do Poder Executivo.[1059] Embora o administrativista afirme que a eficácia vinculatória não precisa ser plena para caracterizar a audiência pública, não se concorda com tal afirmação.

O que existe é o dever da Administração Pública de considerar o que foi debatido na audiência pública, e isso está longe de se traduzir em vinculação, pelo menos no sentido de que "as orientações substantivas colhidas na fase instrutória só poderão ser contrariadas pelo órgão público competente para decidir sob motivação realista e razoável".[1060] O Decreto Argentino nº 1.172/2003 é categórico em dizer que as opiniões dadas na audiência não são vinculantes (Anexo I, art. 6º), no que, em relação ao Direito Ambiental, cumpre o artigo 20 da Lei Nacional nº 25.675/02 (*Ley General del Ambiente*), também expresso em preceituar que a opinião ou objeção dos participantes não serão vinculantes às autoridades convocantes.

Em outras palavras, *audiência pública não é plebiscito* e nem funciona de forma parecida com o veto. O próprio Supremo Tribunal Federal reconheceu tal fato na consulta pública, na sua espécie de consulta aos interessados.[1061] Se esse entendimento se aplica à consulta, também deve ser estendido à audiência pública, sendo ambos institutos de participação administrativa não orgânicos e não vinculantes. A audiência pública também *não é um plebiscito*. Como frisou o Min. Sepúlveda Pertence:

> 113. Vale realçar que o objetivo dessas audiências é colher da sociedade informações que poderão, inclusive, demandar a elaboração de novos estudos. 114. Não constituem, porém,

---

[1057] Parecer PCSA/TVM nº 01/2009, aprovado pelo Procurador Chefe do Inea em 27.10.2009, nos autos do PA E-07/202.723/2003.
[1058] TJRS, Primeiro Grupo de Câmaras Cíveis, EI 595021817, Rel. Des. Salvador Horácio Vizzotto, j. em 06.12.1996.
[1059] MOREIRA NETO, Diogo de Figueiredo. *Mutações do Direito Administrativo*. 2. ed. Rio de Janeiro: Renovar, 2001. p. 204.
[1060] MOREIRA NETO, Diogo de Figueiredo. *Mutações do Direito Administrativo*. 2. ed. 2001. p. 205. Pelo mesmo motivo não se concorda com a afirmação de Lúcia Valle Figueiredo quando doutrina que se inverte, em termos de controle, o ônus da prova, sendo da Administração a necessidade de se provar que a sua decisão foi bem tomada (FIGUEIREDO, Lúcia Valle. Instrumentos da administração consensual. A audiência pública e sua finalidade. *RTDP*, São Paulo: Malheiros, n. 38, p. 5-15, 2002. p. 7).
[1061] STF, Pleno, v.u., MS 25.347/DF, Rel. Min. Carlos Ayres Britto, j. em 17.02.2010, DJe 18.03.2010.

uma modalidade plebiscitária de aprovação popular, de cujos resultados adviesse, quando negativa, a frustração do projeto.[1062]

Ao comentar um caso de audiência pública obrigatória, Marçal Justen Filho observou que ela "não equivale a um plebiscito sobre a realização da contratação, nem cabe promover uma votação destinada a determinar o destino a ser dado aos recursos públicos".[1063]

Esse aspecto é fundamental porque essa é uma das causas dos maiores equívocos na matéria. A audiência púbica não submete aos cidadãos quesitos ou soluções que necessariamente deverão ser implementadas, ela ausculta a cidadania sobre problemas e possíveis cursos de ação. Em outras palavras, o que foi debatido na audiência pública não necessariamente será implementado, embora a solução não possa, sem motivo algum, ser completamente diferente do que foi discutido, sob pena de se anular o sentido da participação. Pode ser que se tenha debatido, sob o guarda-chuva de um tema/problema/política pública, as ações a, b e c, mas a solução administrativa pode ser a e d, b e z ou mesmo d ou z. Se fosse possibilitada a reabertura da audiência pública, existiria a surreal situação do moto perpetuo da audiência pública e ela se transformaria em um plebiscito, o que está distante de ser a sua função.

Em Portugal, o Supremo Tribunal Administrativo, em caso de planejamento urbanístico, reconhecendo o direito de participação bem como da audiência pública influenciar o ato objeto da participação, decidiu, "sob pena de a fase de audição se tornar impraticável e interminável", que "nem toda a alteração da proposta determina a reabertura da discussão pública". Concluindo que "esta só se torna imperativa, à luz da garantia de participação procedimental, se a modificação introduzida consubstanciar uma inovação normativa essencial que represente a negação dos pontos nucleares que formaram a substância do texto legal participado, com consagração de soluções fundamentalmente diferentes".[1064]

Indubitavelmente, a negação dos pontos nucleares, que formaram a substância do texto legal participado, frustraria completamente a finalidade da audiência pública. Frise-se, porém, que isso é mais fácil de ocorrer quando se trata de projeto de lei submetido à audiência pública. É mais complicado de se aplicar tal solução quando se trate de discussão sobre políticas públicas ou planos de ação administrativa.

Deve-se atentar que existe a possibilidade de a alteração ser significativa, a despeito de sua discussão já ter ocorrido, caso no qual há nulidade do ato normativo produzido. Pode ocorrer de, em um primeiro momento, se decidir de uma forma – versão original do projeto de lei, por exemplo –, entendendo-se que ela deva ser a adotada quando se discutir a contrariedade com o interesse público das demais opções (*v.g.*, alteração de perímetro urbano), mas no trâmite legislativo toma-se posicionamento diverso. Nesses casos não há que se falar em nulidade e muito menos em negação de pontos nucleares para invalidar o ato estatal, porque houve participação na qual se discutiu a questão, ainda que para aceitar a versão original e rechaçar as demais opções, não se confundindo, portanto, com um plebiscito.

[1062] STF, ACO-MC 876/BA, Rel. Min. Sepúlveda Pertence, j. em 18.12.2006, *DJU* 01.02.2007. p. 148, *RTJ* 200/01/243.

[1063] JUSTEN FILHO, Marçal. *Comentários à Lei de Licitações e Contratos Administrativos*. 13. ed. São Paulo: Dialética, 2009. p. 510.

[1064] STA, 2ª Subsecção do CA, v.u., AC 01159/05, Rel. Políbio Henriques, j. em 21.05.2008.

Considerar o que foi debatido na audiência pública significa que os debates servirão de base para a decisão da Administração Pública, como está previsto na seara ambiental (Res. Conama nº 9/87, art. 5º). Entretanto, servir de base está longe de significar abordar individualmente cada um dos pontos tratados na audiência, transformando-a em uma enquete à administração, com a consequente nulidade diante da ausência de alguma resposta ou de sua irresignação. Eduardo Rocha Dias leciona que o Estado não necessariamente deve "oferecer resposta a todos os questionamentos" efetuados em audiências públicas.[1065]

Está sedimentado em nossa jurisprudência que não cabe ao juiz responder cada um dos argumentos da parte, entendimento que também se aplica à esfera administrativa. Não existe a obrigação de responder um questionário da parte, se a resposta administrativa englobar mais do que uma pergunta/crítica ou for suficiente para abranger vários questionamentos. Conforme decidiu o STF, a motivação "resta satisfeita quando os fundamentos do julgado repelem, por incompatibilidade lógica, os argumentos que a parte alega não terem sido apreciados".[1066] Em repercussão geral, julgou que a exigência de fundamentação, ainda que sucinta, não exige "o exame pormenorizado de cada uma das alegações ou provas, nem que sejam corretos os fundamentos da decisão".[1067]

Portanto, a audiência pública não se configura um questionário à Administração Pública, o que não significa que o administrador não deva responder a perguntas feitas, dar explicações e discutir as escolhas tomadas ou a serem tomadas. Em Portugal, onde o Código de Procedimento Administrativo (CPA) garante o direito de audiência dos interessados antes da decisão final (art. 100, 1), mesmo quando o número de interessados não é elevado,[1068] o Supremo Tribunal Administrativo entendeu que "o cumprimento do art. 100º do CPA não obriga a Administração a responder ponto por ponto a todas as objecções dos administrados, pois não vigoram aí as regras adjectivas relacionadas com ónus de impugnação ou omissões de pronúncia".[1069]

Tampouco existe direito de ficar satisfeito com as respostas dadas ou convencido pelos argumentos da autoridade. O TCU já foi categórico nesse sentido:

> [...] 6. Já em relação à insatisfação quanto aos esclarecimentos efetuados, deve-se ter em conta que a audiência busca esclarecer à sociedade acerca do objeto licitado e fornecer aos administradores informações que contribuam para o processo de tomada de decisão de modo a melhor atender aos anseios sociais. Entretanto, não é seu pressuposto de validade que todos os participantes do evento saiam satisfeitos com as respostas ou convencidos da necessidade da realização da licitação.[1070]

[1065] DIAS, Eduardo Rocha. Dimensões da tutela constitucional do meio ambiente: algumas considerações acerca da participação popular. *In*: MENEZES, Joyceane Bezerra (Org.). *Teoria do Direito em Debate*: estudos em homenagem ao Professor Arnaldo Vasconcelos. Florianópolis: Conceito Editorial, 2014. p. 150.

[1066] STF, 1ª T., v.u., RMS 27.967/DF, Rel. Min. Luiz Fux, j. em 14.02.2012, *DJe* 07.03.2012.

[1067] STF, Pleno, AI 791.292 QO-RG/PE, Rel. Min. Gilmar Mendes, j. em 23.06.2010, *DJe* 13.08.2010.

[1068] Se o número de participantes for muito grande, está vedada a audiência do CPA (art. 103, 1, c), sendo o caso de aplicação da Lei nº 83/95, embora continue se aplicando o CPA por expressa disposição dessa lei (art. 11).

[1069] STA, 1ª Subseção do CA, v.u., Proc. 027/11, Rel. Cons. Madeira dos Santos, j. em 10.03.2011.

[1070] TCU, 1ª Câm., v.u., Ac. 1.100/2005 (Proc. 002.826/2005-0), Rel. Min. Marcos Bemquerer, j. em 07.06.2005, *DOU* 13.06.2005. No mesmo sentido, Marçal Justen Filho: "Não é relevante se os presentes reputam (ou não) que os esclarecimentos são satisfatórios" (JUSTEN FILHO, Marçal. *Comentários à Lei de Licitações e Contratos Administrativos*. 13. ed. 2009. p. 510).

Diz-se que a audiência pública deve ser efetuada antes da tomada da decisão estatal, mas isso está longe de significar que não exista alguma decisão antes da audiência pública ou que ela deva ser diferente após a realização da audiência. *Para que a própria audiência pública seja efetuada normalmente, existirá alguma decisão tomada (pressuposto lógico), pelo menos como uma concepção inicial do que poderá ou será feito*, caso contrário somente políticas públicas altamente abstratas se encaixariam na quase utópica existência de audiência sem prévia decisão estatal sobre algum assunto.

Após a audiência pública, não existe direito de exigir a alteração do que foi inicialmente concebido ou decidido pela Administração. Não é porque os participantes da audiência pública, ainda que por unanimidade, criticaram ou se opuseram integralmente à decisão de se construir uma determinada obra de infraestrutura, que ela terá que sofrer alterações em sua concepção inicial. Os instrumentos de participação administrativa não orgânicos (audiências públicas, consultas, oitivas etc.) não são simplesmente plebiscitos e muito menos plebiscitos vinculantes.

10.1.2.13 Desnecessidade da oralidade bilateral

Na audiência pública, diferente da consulta, deve haver oralidade, mas não necessariamente bilateral.

Entretanto, para parte da doutrina essa oralidade precisa ser bilateral, como doutrina Agustín Gordillo, ao afirmar que "é a participação oral e pública que qualifica as audiências públicas";[1071] "o debate na audiência pública deve, pela sua própria natureza, ser oral e informal".[1072] Evanna Soares segue a mesma linha ao defender a participação oral do público como forma de qualificar a audiência pública.[1073]

Como a Lei nº 9.784/99 (art. 32) preceitua que na audiência pública ocorrerão debates sobre a matéria, parte da doutrina defende que essa oralidade seria bilateral, ou seja, ocorreriam debates orais,[1074] embora Maria Sylvia Zanella Di Pietro mencione somente debates sobre a matéria.[1075] José dos Santos Carvalho Filho é categórico: "A característica normal da audiência pública consiste na adoção do princípio da oralidade, segundo o qual as manifestações são veiculadas por palavras proferidas pelo participante na sessão designada para os debates".[1076] Daniela Di Sarno também entende que a oralidade bilateral faz parte da audiência pública, pois fala em "direito a voz", que o encontro "deve ser precipuamente verbal".[1077]

[1071] GORDILLO, Agustín. *Tratado de Derecho Administrativo*. 8. ed. Buenos Aires: Fundación de Derecho Administrativo, 2006. t. II, p. XI-8 – tradução livre.

[1072] GORDILLO, Agustín. *Tratado de Derecho Administrativo*. 8. ed. 2006. t. II, p. XI-10-11 – tradução livre.

[1073] SOARES, Evanna. A audiência pública no processo administrativo. *RDA*, Rio de Janeiro: Renovar, n. 229, p. 259-283, jul./set. 2002. p. 265 e 267.

[1074] PEREZ, Marcos Augusto, *A Administração Pública Democrática* – institutos de participação popular na Administração Pública, 2009. p. 176; CARVALHO FILHO, José dos Santos. *Processo Administrativo Federal (Comentários à Lei nº 9.784 de 29.1.1999)*. 3. ed. Rio de Janeiro: Lumen Juris, 2007. p. 194.

[1075] DI PIETRO, Maria Sylvia Zanella. *Direito Administrativo*. 22. ed. São Paulo: Atlas, 2009. p. 633.

[1076] CARVALHO FILHO, José dos Santos. Processo Administrativo Federal (Comentários à Lei nº 9.784 de 29.1.1999). 3. ed. p. 194.

[1077] DI SARNO Daniela Campos Libório. Audiência pública na gestão democrática da política urbana. *In*: DALLARI, Adilson Abreu; DI SARNO, Daniela Campos Libório (Coord.). *Direito Urbanístico e Ambiental*. Belo Horizonte: Fórum, 2007. p. 62.

O debate oral entre o Estado e os participantes (oralidade bilateral) não é imanente à audiência pública. A oralidade é exigida na condução da audiência, nas explicações e nas respostas dadas durante a audiência, não necessariamente nas perguntas. Aos cidadãos pode ser facultada a participação oral, mas deve haver a forma escrita, havendo quem escreva para os analfabetos ou para os que assim queiram justificadamente.

O que se exige na audiência pública, que comporta graus e formas, é a participação. A palavra audiência vem do latim *audire* (ouvir), o que não significa a fala de maneira direta pelos participantes da audiência. As perguntas, críticas e sugestões podem ser lidas pela autoridade presidente da audiência, não havendo nenhum direito subjetivo de falar, salvo regulamentação em contrário. O próprio CPA português usa a audiência pública como sinônimo de manifestação, cabendo ao órgão instrutor dizer, "em cada caso, se a audiência dos interessados é escrita ou oral" (art. 100, 2). Ainda em Portugal, a Lei nº 83/95 é expressa em dizer que os cidadãos podem ser "ouvidos oralmente" em audiência pública, deixando claro que a audiência por si só não significa participação oral, embora essa lei reserve para a audiência a oitiva oral dos cidadãos (art. 8º, 1).

Além disso, o significado de *audire* não pode estar restrito ao ato de escutar, mas o de receber o conteúdo da mensagem do interlocutor, seja oral ou escrita. Assim, Lúcia Valle Figueiredo aduz que o ouvir leva ao necessário "diálogo entre a Administração Pública e os participantes e não monólogo, sob pena de se frustrar a participação popular".[1078] O diálogo significa troca de ideias e não necessariamente conversação.

A distinção entre a audiência pública e a sessão pública bem realça a desnecessidade da manifestação diretamente oral do público. Na sessão, o público não participa, tendo apenas o direito de presença (*open meeting*). Na audiência pública, ele participa, mas não necessariamente oralmente. O regulamento da audiência pode prever apenas a participação por escrito, embora a pergunta, crítica ou sugestão devam ser lidas na audiência antes de ser respondida, exceto se houver várias perguntas iguais, quando, pelo princípio da praticabilidade, poder-se-á agrupá-las, verbalizando o conteúdo delas, descartando a forma.

O debate previsto na Lei nº 9.784/99 significa discussão no sentido de trocar ideias, de examinar, de analisar, mas não obrigatoriamente de forma verbal. "Debate significa transmissão de informações na qual os polos da relação processual administrativa, a administração, os interessados e os participantes da Audiência Pública *discutam* sobre a questão do processo".[1079] Aliás, o artigo 22 da Lei nº 9.784/99 preceitua que os atos do processo administrativo não dependem de forma determinada senão quando a lei expressamente a exigir.

Mesmo Gordillo, que defende a oralidade bilateral, admite mitigações, no sentido de ela não ser intrinsecamente bilateral, ao citar legislação do Estado de Nova York que preceitua a forma escrita de qualquer iniciativa ou contestação das apresentações nas audiências públicas, salvo no caso da autorização do presidente da audiência, por razões justificadas e circunstâncias extraordinárias, quando serão admitidos testemunhos

---

[1078] FIGUEIREDO, Lúcia Valle. Instrumentos da administração consensual. A audiência pública e sua finalidade. *RTDP*, São Paulo: Malheiros, n. 38, p. 5-15, 2002. p. 12.

[1079] FRANGETTO, Flavia Withowski. A instrução processual administrativa adaptada à participação pública (arts. 29 a 35). In: FIGUEIREDO, Lúcia Valle (Coord.). *Comentários à Lei Federal de Processo Administrativo (Lei nº 9.784/99)*. 2. ed. Belo Horizonte: Fórum, 2008. p. 161.

orais.[1080] A Lei Provincial de Buenos Aires nº 13.569/06, que trata das audiências públicas, é expressa em permitir somente perguntas na audiência por escrito (art. 8º). Já o Decreto Argentino nº 1.172/03 reserva a participação escrita para quem não esteja previamente inscrito na audiência (Anexo I, art. 30).

Em suma, a oralidade bilateral não é imanente às audiências públicas, podendo existir restrição ao uso da palavra pelos participantes, sendo criticável a definição de audiências públicas com base nessa oralidade bilateral.

As manifestações jurisprudenciais sobre o tema no Brasil ainda são incipientes, havendo entendimento do TRF da 1ª Região[1081] de que oralidade bilateral é desnecessária na audiência pública, diferentemente do TJSP.[1082]

Importante destacar que para a esfera federal, no âmbito da Política Nacional de Participação Social (PNPS), a audiência pública é oral bilateral, visto que o artigo 2º, VIII, do Decreto nº 8.243/14 preceitua que ela é um meio participativo "com a possibilidade de manifestação oral dos participantes".

10.1.3 A audiência pública do processo de licenciamento ambiental

A audiência pública do licenciamento ambiental é também modalidade de participação popular, embora não a principal (função reservada aos comentários, como visto no próximo subitem), e também não se confunde com o plebiscito[1083] ou tem função vinculatória,[1084] da mesma forma que a do regime geral do Direito Administrativo. Embora siga o regime geral das audiências públicas administrativas já exposto, ela detém algumas peculiaridades.

[1080] GORDILLO, Agustín. *Tratado de Derecho Administrativo*. 8. ed. 2006. t. II, p. XI-11. Na Argentina não é difícil defender a existência de oralidade bilateral porque o Decreto nº 1.172/03 (art. 30) estabelece que as pessoas presentes e que não tenham feito a inscrição podem participar unicamente mediante perguntas por escrito. Se elas podem participar unicamente por escrito, é porque existe outra forma de participação para os inscritos, que seria a oral, tornando a audiência bilateralmente oral (por parte do promotor e dos cidadãos).

[1081] "ADMINISTRATIVO. AGÊNCIA NACIONAL DE AVIAÇÃO. AVISO DE AUDIÊNCIA PÚBLICA Nº 02/2010. PROCEDIMENTOS DE TARIFAS APLICÁVEIS AOS SERVIÇOS DE TRANSPORTE AÉREO. ALEGAÇÃO DE VIOLAÇÃO À LEI. AUSÊNCIA DE COMPROVAÇÃO E DE PREJUÍZO. AGRAVO REGIMENTAL A QUE SE NEGA PROVIMENTO. 1. A discussão posta nos autos refere-se à realização da audiência pública, nos moldes propostos pela Agência Nacional de Aviação Civil (ANAC), que, segundo alega o agravante, veda a participação popular direta, uma vez que somente admite o oferecimento de sugestões por intermédio de preenchimento de formulários, impossibilitando o debate. 2. Apesar de decorrer da própria essência dos processos decisórios da ANAC a necessidade de dar-lhes publicidade, verifica-se que a sistemática utilizada, na hipótese, de participação em audiência pública mediante preenchimento de formulários, não violou, em princípio, qualquer dispositivo legal. 3. Não há comprovação, nos autos, de que a forma de participação popular adotada pela ANAC na audiência pública nº 02/2010 viole os princípios que regem a Administração Pública. 4. Dos documentos trasladados, não consta informação indicando que a ANAC realizou a audiência pública na forma descrita pelo agravante, ou seja, de que a participação foi vedada, ou, de outra forma, que tenha havido prejuízo da participação popular. 5. Agravo regimental a que se nega provimento" (TRF da 1ª Região, 6ª T., v.u., AR no AI 0019798-30.2010.4.01.0000/DF, Rel. Des. Fed. Evaldo de Oliveira Fernandes Filho (conv.), j. em 11.06.2012, *e-DJF1* 13.07.2012. p. 962).

[1082] TJSP, 7ª Câmara de Direito Público, v.u., AC 0061029-30.2005.8.26.0114, Rel. Des. Eduardo Gouvêa, j. em 05.11.12, *DJe* 22.11.2012.

[1083] CAPPELLI, Silvia. Acesso à justiça, à informação e a participação popular em temas ambientais no Brasil. In: LEITE, José Rubens Morato, DANTAS, Marcelo Buzaglo (Org.). *Aspectos Processuais do Direito Ambiental*. 2. ed. Rio de Janeiro: Forense Universitária, 2004. p. 278 e 280.

[1084] FERREIRA, Maria Augusta Soares de Oliveira. *Direito Ambiental Brasileiro*: princípio da participação. 2. ed. Belo Horizonte: Fórum, 2010. p. 68; MILARÉ, Édis. *Direito do Ambiente*. 3. ed. São Paulo: RT, 2004. p. 465.

No Direito Ambiental, as audiências públicas geralmente ocorrem no processo de licenciamento ambiental, como instrumento de participação popular complementar à fase de comentários e, por isso, são facultativas. A participação implementada pelas audiências públicas é secundária, tendo apenas a função de reforçar a participação já existente no processo de licenciamento ambiental, não constituindo elemento essencial deste, mesmo que seja em termos participativos.

Como particularidade, ressalte-se que a Constituição da Colômbia (art. 79[1085]) prevê que a lei garantirá a participação da comunidade nas decisões que possam afetar o meio ambiente, regulada pela Lei nº 99/93 (art. 72). A Constituição francesa foi alterada pela *Loi Constitutionelle* 2005-205 para incluir em seu preâmbulo o respeito aos direitos e deveres constantes da Carta do Meio Ambiente (*Charte de l'environnement*) de 2004, fruto de consulta à sociedade francesa. A *Charte de l'environnement* prevê o direito de participação na elaboração de decisões públicas que afetem o meio ambiente (art. 7º). Tal direito foi regulamentado no Código ambiental (*Code de l'environnement*) francês e recentemente alterado pela *Loi* 2010-788, que prevê, em seu artigo L120-1, como se exteriorizará o direito de participação previsto no artigo 7º da Carta do Meio Ambiente.

Em nossa Constituição não existe tal direito, embora ele possa, diante da ausência de impedimento constitucional, ser implementado pela legislação infraconstitucional, bem como pela diretriz dada pelo princípio 10 da Declaração do Rio sobre Meio Ambiente e Desenvolvimento, que fala em oportunizar a participação em processos de tomadas de decisões sobre o meio ambiente.

Embora a participação popular tenha potencialidade de melhorar a tomada de decisões no licenciamento ambiental bem como aumentar a sua legitimidade, sua prática não está imune a críticas. Rafael Lima Daudt D´Oliveira aduz que "a prática demonstra que as audiências públicas pouco contribuem na efetiva participação popular e na proteção do meio ambiente. São procedimentos marcados por posições extremas e pouco razoáveis, reações emocionais exageradas, tumulto, confusão e até brigas. É também comum que adversários econômicos do empreendedor compareçam com supostas boas intenções ambientais para as atividades alheias".[1086]

10.1.3.1 A pluralidade de vias participativas no licenciamento ambiental: publicação da licença, comentários e eventuais audiências públicas

José Afonso da Silva defende que a finalidade da audiência pública ambiental é expor o produto do EIA, dirimir dúvidas e recolher críticas e sugestões,[1087] na esteira da literalidade do artigo 1º da Resolução Conama nº 09/87.

[1085] "Art. 79. Todas las personas tienen derecho a gozar de un ambiente sano. La ley garantizará la participación de la comunidad en las decisiones que puedan afectarlo".

[1086] D'OLIVEIRA, Rafael Lima Daudt. *A Simplificação do Direito Administrativo e Ambiental (de acordo com a Lei nº 13.874/2019 – Lei de Liberdade Econômica).* Rio de Janeiro: Lumen Juris, 2020. p. 135.

[1087] SILVA, José Afonso da. *Direito Ambiental Constitucional.* 2. ed. São Paulo: Malheiros, 1995. p. 206. No mesmo sentido: CAPPELLI, Silvia. Acesso à justiça, à informação e a participação popular em temas ambientais no Brasil. *In:* LEITE, José Rubens Morato; DANTAS, Marcelo Buzaglo (Org.). *Aspectos Processuais do Direito Ambiental.* 2. ed. 2004. p. 280.

Entretanto, a função de publicidade do EIA no licenciamento ambiental ocorre – por comando constitucional (art. 225, §1º, IV) – com a sua publicação, não sendo mais necessária a realização de audiência pública para isso, além de ela ser elemento eventual do licenciamento ambiental. Não seria razoável que um procedimento eventual tenha a função de operacionalizar o princípio da publicidade. Por outro lado, fora do processo de licenciamento ambiental, a critério da autoridade administrativa competente (Lei nº 9.784/99, art. 32), também poderá ser convocada audiência pública em outros procedimentos ambientais, e nem por isso ela assumirá função publicitária.

É importante desfazer a equivocada percepção, induzida pela leitura literal da Resolução Conama nº 09/87, de que a função da audiência pública é publicizar o EIA, como foi analisado no item 1.2.3 deste capítulo, o que a tornaria obrigatória em todas as cidades da área de influência direta e para todos os processos com EIA ou de licenciamento ambiental. Ela é apenas umas das formas de possibilitar a participação popular no processo de licenciamento e, certamente, não tem a função de dar publicidade ao EIA, quando o processo de licenciamento exigir essa espécie de estudo ambiental.

Por tais motivos, é equivocada a defesa de que a audiência pública é imprescindível à publicidade do EIA, ou do licenciamento ambiental em si, e que isso obrigaria o órgão licenciador a realizar quantas audiências públicas forem requeridas, especialmente quando já se decidiu efetuar ao menos uma.

A participação administrativa no processo de licenciamento ambiental precede a eventual realização de audiência pública e mesmo comentários, existindo uma pluralidade de meios participativos.

Com efeito, a Lei nº 6.938/81, desde sua redação originária, já obrigava a publicação dos "pedidos de licenciamento, sua renovação e a respectiva concessão" (art. 10, §1º). Na sua redação atual, dada pela LC nº 140/11, tal obrigação persiste, embora possibilite a publicação unicamente em "meio eletrônico de comunicação mantido pelo órgão ambiental competente". Dispõe o artigo 10, §1º, da Lei da Política Nacional do Meio Ambiente:

> [...] §1º Os pedidos de licenciamento, sua renovação e a respectiva concessão serão publicados no jornal oficial, bem como em periódico regional ou local de grande circulação, ou em meio eletrônico de comunicação mantido pelo órgão ambiental competente.

Um dos motivos pelo qual a Lei nº 6.938/81 determina a publicação dos "pedidos de licenciamento, sua renovação e a respectiva concessão" é possibilitar a participação social, viabilizando, desse modo, o acompanhamento e eventual intervenção no licenciamento ambiental pela sociedade.[1088] Roberto Pfeiffer, ao comentar esse preceito legal, leciona que "[...] sem ter o conhecimento da existência da solicitação da licença ambiental, não haveria como as pessoas e associações ambientalistas interessadas reunirem elementos para intervirem *qualificadamente* no processo".[1089]

[1088] MILARÉ, Lucas Tamer. *Competência Licenciatória Ambiental*. 2011. 118 fls. Dissertação (Mestrado) – Faculdade de Direito, Pontifícia Universidade Católica de São Paulo, São Paulo, 2011. p. 59.

[1089] PFEIFFER, Roberto Augusto Castellanos. A publicidade e o direito de acesso a informações no licenciamento ambiental. *Revista de Direito Ambiental*, São Paulo: RT, ano 2, v. 8, p. 20-23, out./dez. 1997 – destaque no original [extraído do RT on line].

Já no início do processo administrativo de licenciamento ambiental, a participação de eventuais interessados, entes públicos ou sociedade civil pode ser exercida pelo direito de petição.

Com o processo iniciado, a Resolução Conama nº 1/1986 (art. 11, §2º) possibilita a participação, como fase obrigatória, dos "órgãos públicos e demais interessados" no instante da determinação da execução do EIA.

Essa admissão da possibilidade de participação é comum durante a elaboração do Termo de Referência do EIA, sendo exigida expressamente a intimação dos órgãos públicos com eventual interesse, pois "demais interessados" serão determinados quando e se houver pedido no processo de licenciamento para ser reconhecido como tal.

A participação pela via da audiência pública, presente, no imaginário de alguns, como depositária de toda a participação administrativa no licenciamento ambiental, não é sempre obrigatória e, como visto, nem é o único meio participativo, pois existem outros meios que são ou podem ser utilizados pelos interessados para atingir a mesma finalidade.

Cumpre destacar que a audiência pública é uma fase eventual no processo de licenciamento ambiental, uma vez que não é obrigatória. Antes da Resolução Conama nº 09/87, a previsão das audiências públicas ambientais constava na Resolução Conama nº 1/86 (art. 11, §2º), que prevê abertura de prazo "para recebimento dos comentários a serem feitos pelos órgãos públicos e demais interessados" quando da execução do EIA e da apresentação do RIMA, preceituando que a autoridade licenciadora, "sempre que julgar necessário, promoverá a realização de audiência pública para informação sobre o projeto e seus impactos ambientais e discussão do RIMA". Na Resolução Conama nº 237/97, a audiência pública aparece como possível etapa no procedimento de licenciamento ambiental porque ela será realizada "quando couber, de acordo com a regulamentação" (arts. 3º e 10, V).

Não são as audiências públicas que imprimem ao EIA a publicidade exigida pela Constituição, mas a publicação no diário oficial e a disponibilização do EIA/RIMA na sede do órgão ambiental. Assim, não há que se falar em imprescindibilidade da audiência pública como instrumento de publicidade do EIA/RIMA.

Embora as audiências públicas concretizem a participação administrativa no licenciamento ambiental, elas são apenas uma das formas de participação – considerado o processo de licenciamento como um todo e sistematicamente, e não apenas sob o ponto de vista isolado da Resolução Conama nº 9/1987. Portanto, as audiências públicas não são tão fundamentais, em termos participativos, para o processo de licenciamento, até porque, se fossem, seriam sempre obrigatórias.

Para alguns, no plano participativo, as audiências não detêm a primazia dentro do processo de licenciamento, como pode parecer, sendo dos *comentários* (Res. Conama nº 1/86, art. 11, §2º) tal preferência.[1090] Ainda que as audiências públicas possam ter o salutar efeito de instigar a Administração Pública para pedir esclarecimentos e complementações ao empreendedor (Res. Conama nº 237/97, art. 10, VI), tal efeito também pode ser facilmente alcançável pelos comentários ou mesmo pelo exercício do direito de petição.

[1090] DIAS, Eduardo Rocha. Dimensões da tutela constitucional do meio ambiente: algumas considerações acerca da participação popular. *In*: MENEZES, Joyceane Bezerra (Org.). *Teoria do Direito em Debate*: estudos em homenagem ao Professor Arnaldo Vasconcelos. Florianópolis: Conceito Editorial, 2014. p. 148.

Na ausência de preceito claro sobre o procedimento participativo a ser efetuado pela Administração Pública, cabe à sua discricionariedade resolver a questão, seja por regulação, seja por ato administrativo, como bem destacado pela Suprema Corte estadunidense em *Vermont Yankee Nuclear Power Corp. v. Natural Resources Defense Council* (1978) e pela doutrina.[1091]

O licenciamento ambiental admite diversas formas de participação, não podendo falar na primazia de uma forma (*v.g.*, audiências públicas) em relação à outra, como se alguma delas condensassem a participação administrativa. Como destacado pela AGU:

> [...] I – A participação administrativa no processo de licenciamento se viabiliza pela publicação dos pedidos de licenciamento, sua renovação e a respectiva concessão (Lei nº 6.938/81, art. 10, §1º), passando pela fase dos comentários (Res. Conama nº 1/1986, art. 11, §2º) e, eventualmente, pelas audiências públicas. Pluralidade de vias participativas no processo de licenciamento ambiental que evita a primazia de uma sobre a outra.[1092]

Em suma, não são as audiências públicas que imprimem a publicidade exigida pela Constituição para o EIA (missão da publicação no diário oficial, com a disponibilização do EIA/RIMA na sede do órgão ambiental) e nem mesmo são a única forma de participação no processo de licenciamento ambiental, função compartilhada com os comentários, que são obrigatórios, e o direito de petição, deflagrado pela publicidade dos pedidos de licenciamento, sua renovação e a respectiva concessão.

10.1.3.2 Inexistência de direito potestativo à audiência pública e discricionariedade numérica

A Resolução Conama nº 9/87 dispõe que o órgão ambiental promoverá a realização de audiência pública a (i) seu critério ou (ii) "quando for solicitado por entidade civil, pelo Ministério Público, ou por 50 (cinquenta) ou mais cidadãos" (art. 2º, *caput*). O significado de "promoverá" ganha mais força quando ela também prevê a ausência de validade à licença concedida sem que haja a realização da audiência pública a pedido de alguns dos legitimados (art. 2º, §2º).

Não explicita, porém, se é suficiente o mero pedido, se tal pedido tem que ser fundamentado, se a audiência pública a ser realizada deve ser a requerida pelos legitimados ou se basta que seja efetuada alguma, de acordo com os critérios que o órgão licenciador entender pertinentes. Saliente-se que a decisão da autoridade ambiental para realizar ou não a audiência pública deve ser fundamentada.

Não parece haver dúvida de que, sob a literalidade da Resolução Conama nº 9/87, haveria o direito subjetivo à audiência pública em face do pedido dos legitimados. Entretanto, tal exegese se mantém quando é analisada a base legal das audiências públicas? A questão se torna mais relevante porque no Estado de São Paulo parece não existir tal direito subjetivo, uma vez que o pedido deve ser fundamentado (Deliberação

---

[1091] Cf.: do autor A autocontenção judicial no direito administrativo participativo: o caso das audiências públicas ambientais. *Revista Digital de Direito Administrativo*, v. 2, p. 37-70, 2015.

[1092] Parecer nº 76/2015/COJUD/PFE-IBAMA-SEDE/PGF/AGU, aprovado pela Procuradora-Chefe Nacional da PFE-Ibama, em 15.12.2015, mediante Despacho nº 800/2015/GABIN/PFE-IBAMA-SEDE/PGF/AGU, nos autos do PA nº 02001.016650/2015-87.

Consema-SP 50/92, art. 3º, *caput*). Mesmo que na Constituição bandeirante seja garantida a realização de audiências públicas (art. 192, §2º), elas não parecem ser obrigatórias no processo de licenciamento ambiental.[1093] A Política Estadual do Meio Ambiente, Lei Paulista nº 9.509/97 (art. 19, §5º),[1094] com redação similar à da Resolução Conama nº 9/87, prevê somente o requerimento, sem exigir fundamentação.

Seria ilegal essa regulamentação do Consema/SP, uma vez que ao falar em pedido fundamentado põe na margem de discricionariedade da autoridade ambiental decidir sobre a sua procedência, contrariando o artigo 19, §5º da Lei Paulista nº 9.509/96? Entende-se que não.

Atualmente não existe base para que resolução do Conama torne obrigatório o acatamento de pedido para realização da audiência. Não há nada na Lei nº 9.784/99 que aponte para tal solução; ao contrário, o artigo 32 dessa lei deixa claro que poder de realizar audiências públicas fica a "juízo da autoridade", não podendo a legislação ambiental ir além, reduzindo o poder discricionário da administração sem base legal. Quando o processo de participação popular é obrigatório, ele se configura pré-requisito do ato/procedimento, como ocorre com as consultas públicas da Lei do Snuc (art. 22).

Como alguns defendem que a base legal da regulamentação pelo Conama da audiência pública estaria no art. 8º, II, da Lei nº 6.938/81,[1095] faz-se necessário analisá-lo para conferir o seu alcance, lastreando a regulamentação do Conama. Assim, parece que tal artigo não impõe a obrigatoriedade da realização da audiência porque simplesmente trata da faculdade do Conama requisitar informações indispensáveis para a apreciação de estudos de impactos ambientais. Essa faculdade não se relaciona com as audiências públicas, nas quais não existem requisições de informações, e muito menos com um automatismo da audiência pública mediante o pedido, pois, se assim fosse, existiria a presunção de que haveria informações indispensáveis que poderiam ser dadas na audiência. Se essa presunção existe, ela não deveria depender do pedido, mas ser automática.

Ad argumentandum tantum, o poder do Conama de prever as audiências públicas poderia advir do artigo que lhe atribui o poder de "estabelecer, mediante proposta do Ibama, normas e critérios para o licenciamento de atividades efetiva ou potencialmente poluidoras, a ser concedido pelos Estados e supervisionado pelo Ibama" (art. 8º, I). Mesmo considerando que o Conama se beneficia da *Chevron doctrine* (ou *judicial deference doctrine*), a regulamentação que imprime a obrigatoriedade da audiência parece desarrazoada, ao não se escorar em nenhuma norma parecida do regime geral administrativo das audiências públicas e ser incongruente, por submeter a realização do ato à mera vontade dos listados no artigo 2º da Resolução Conama nº 9/87.

[1093] FINK, Daniel Roberto. Audiência pública em matéria ambiental no Direito brasileiro. *Justitia*, São Paulo: MP-SP, n. 169, ano 57, p. 60-64, jan./mar 1995. p. 62.

[1094] "§5º O CONSEMA convocará Audiência Pública para debater processo de licenciamento ambiental sempre que julgar necessário ou quando requerido por: a) órgãos da administração direta, indireta e fundacional da União, Estados e Municípios: b) organizações não governamentais, legalmente constituídas, para a defesa dos interesses difusos relacionados à proteção ao meio ambiente e dos recursos naturais: c) por 50 (cinquenta) ou mais cidadãos, devidamente identificados; d) partidos políticos, Deputados Estaduais, Deputados Federais e Senadores eleitos em São Paulo; e) organizações sindicais legalmente constituídas".

[1095] MENCIO, Mariana. *Regime Jurídico da Audiência Pública na Gestão Democrática das Cidades*. 2007. p. 119; NOBRE JUNIOR, Edilson Pereira. Função administrativa e participação popular. *Revista Trimestral de Direito Público*, São Paulo: Malheiros, n. 36, p. 114-123, 2001. p. 122.

Não se pode deixar de notar que a própria Resolução Conama nº 9/87 cita, como seu fundamento, o artigo 7º, II, do Decreto nº 88.351/83 (regulamentador da Lei nº 6.938/81), que diz competir ao Conama "baixar as normas de sua competência, necessárias à regulamentação e implementação da Política Nacional do Meio Ambiente". Por sua vez, a Resolução Conama nº 1/86, em seu artigo 11, §2º, preceitua que, caso a Administração julgue necessário, ela promoverá a realização de audiência pública. Em outras palavras, no fundamento autointitulado da Resolução Conama nº 9/87 não se fala em momento algum da audiência como direito potestativo.

A Lei do Processo Administrativo Federal (Lei nº 9.784/99) não prevê a obrigatoriedade de audiência pública e muito menos a sua ocorrência como direito potestativo de alguns. "Normas e critérios" que justificam a regulamentação do processo de licenciamento pelo Conama têm que ser técnicos. Até que ponto se pode reconhecer como técnica a criação da audiência pública como direito potestativo, com o agravante de que ela não seria obrigatória, supostamente estando ao talante da Administração Pública ou dos listados no artigo 2º? Tal leitura da regulação Resolução Conama nº 9/87 não se configura como técnica, ao contrário, dá margem ao uso desmotivado do instituto, devendo, portanto, ser rechaçada.

No Direito colombiano, no qual a Constituição e a legislação infraconstitucional (Lei nº 99/93, art. 72)[1096] garantem o direito de participação (art. 40, 2)[1097] ambiental (art. 79) do cidadão, o pedido é submetido à avaliação da autoridade ambiental competente, que se pronunciará sobre a pertinência ou não de se convocar a audiência pública (Decreto Federal Colombiano nº 330/07, art. 6º, *caput*).

No *Code of Federal Regulations* (CFR) estadunidense, no título 40 (proteção ao meio ambiente), está previsto que os interessados podem pedir uma audiência pública, embora ela possa ser negada, caso o pedido seja fútil (*frivolous*) ou infundado (*insubstantial*) (§142.13, *b*; §142.44, *c*). Além disso, em diversas passagens do CFR há expressa menção de que esse pedido deve ser acompanhado com breve declaração do que o requerente pretende submeter à audiência pública (§142.13, *c*, 2, §142.32, *b*, 3, §142.44, *c*, 2).

Na Argentina, a Lei Nacional nº 25.675/02 (*Ley General del Ambiente*), na parte destinada à participação cidadã, prevê que toda pessoa tem direito a ser consultada e a opinar em procedimentos administrativos que se relacionam à preservação e proteção do meio ambiente que tenham alcance geral (art. 19). Também preceitua que a autoridade deve institucionalizar procedimentos de consultas ou audiências públicas como instâncias obrigatórias para autorizar atividades que possam gerar efeitos negativos e significativos sobre o meio ambiente (art. 20).

[1096] "Artículo 72. *De las Audiencias Públicas Administrativas sobre Decisiones Ambientales en Trámite.* El Procurador General de la Nación o el Delegado para Asuntos Ambientales, el Defensor del Pueblo, el Ministro del Medio Ambiente, las demás autoridades ambientales, los gobernadores, los alcaldes o por lo menos cien (100) personas o tres (3) entidades sin ánimo de lucro, cuando se desarrolle o pretenda desarrollarse una obra o actividad que pueda causar impacto al medio ambiente o a los recursos naturales renovables, y para la cual se exija permiso o licencia ambiental conforme a la ley o a los reglamentos, podrán solicitar la realización de una audiencia pública que se celebrará ante la autoridad competente para el otorgamiento del permiso o la licencia ambiental respectiva".

[1097] "Art. 40. Todo ciudadano tiene derecho a participar en la conformación, ejercicio y control del poder político. Para hacer efectivo este derecho puede: Tomar parte en... otras formas de participación democrática".

Quando o sistema normativo almejou a obrigatoriedade da consulta popular, ele o fez expressamente em lei,[1098] como ocorreu na consulta pública da Lei do Snuc. Em suma, a necessidade de audiência deve ser fundamentada, seja pela iniciativa estatal ou a requerimento dos legitimados, devendo ser negada se faltar motivo para a sua realização.

Aspecto olvidado é o de que o órgão licenciador não é obrigado a realizar a audiência pública requerida (local), podendo analisar sobre a sua procedência, como tem discricionariedade em relação ao seu número, como detalhadamente visto no item 10.1.2.10. Conforme Parecer nº 76/2015/COJUD/PFE-IBAMA-SEDE/PGF/AGU,

> [...] não é porque pode haver mais de uma audiência pública que ocorrerá mais de uma audiência pública. Será o órgão licenciador que, considerando as peculiaridades do empreendimento e em juízo discricionário, estabelecerá os locais e o número de audiências necessárias e adequadas ao efetivo controle ambiental. Esse é o procedimento, haja, ou não, pedido de realização de audiência formulado pela sociedade civil, ou pelo Ministério Público. [...] Em outras palavras, e apenas para argumentar, ainda que haja a obrigatoriedade de realização da audiência pública pelo requerimento, em cenário no qual não haja a decisão pela sua realização *ex officio* pelo órgão licenciador, esse pedido não é capaz de multiplicar o número de audiências públicas, ou mesmo de determinar o local de sua realização. [...] Dessa forma, não existe direito a uma audiência pública adicional àquela(s) programada(s) pelo órgão licenciador, pelo só fato de ter sido formulado pedido por parte dos interessados.[1099]

Como será mais bem desenvolvido adiante, a solicitação de audiência pública no prazo de 45 dias não gera direito a tantas audiências quanto requeridas, pois ela deverá ser avaliada pelo órgão licenciador a partir dos critérios do §5º do artigo 2º da Resolução Conama nº 9/87. Esse pode, à luz de sua discricionariedade, entender que somente algumas, ou em outra localidade, audiências públicas devem ser realizadas.

10.1.3.2.1 Eventual obrigatoriedade de realizar audiência pública mediante pedido da sociedade (Resolução Conama nº 9/87, art. 2º)

Apenas para argumentar, ainda que se considerasse existir um direito potestativo, caso haja solicitação, à audiência pública, esse direito seria somente de quem pediu ou de todos? Em outras palavras, se o órgão licenciador estivesse submetido à realização da audiência pública, quando fosse requerido dentro do prazo de 45 dias (quando esse prazo fosse aplicável, uma vez que não houve determinação para a sua realização *ex*

[1098] Embora decidindo questão diferente, o Conselho de Estado francês, em *leading case* (CE, 3 oct. 2008, nº 297931) reconhecendo o *status* constitucional da Carta do Meio Ambiente de 3 de outubro de 2008, entendeu que somente o legislador detém poder para regular as modalidades do direito de participação do cidadão garantido pela Carta, garantindo que esse direito fundamental somente poderia ser regulado pelo legislador.

[1099] Parecer nº 76/2015/COJUD/PFE-IBAMA-SEDE/PGF/AGU, aprovado pela Procuradora-Chefe Nacional da PFE-Ibama, em 15.12.2015, mediante Despacho nº 800/2015/GABIN/PFE-IBAMA-SEDE/PGF/AGU, nos autos do PA nº 02001.016650/2015-87. Parecer cujo trecho respectivo ficou assim ementado: "[...] V – Eventual pedido para a realização de audiência pública não gera direito à realização de mais uma audiência, ou se configura como fator determinante para a fixação do(s) local(is) no(s) qual(is) ocorrerá(ão). A definição do número de audiências públicas e do local da sua realização se insere no juízo de discricionariedade administrativa do órgão licenciador, que considerará as peculiaridades do empreendimento no momento de estabelecer a medida necessária e adequadas ao efetivo controle ambiental".

officio), esta teria que ser aquela(s) requerida(s) ou bastaria sua realização da forma que se entendesse mais adequada?

A Resolução Conama nº 9/87 (art. 2º, §2º) não responde esse questionamento, uma vez que apenas prevê ser nula a licença concedida – não o licenciamento, frise-se – quando houver "solicitação de audiência pública e na hipótese do Órgão Estadual não realizá-la".

Não é claro na normativa do Conama se o realizar a audiência pública se refere à solicitada ou à audiência em geral. Entende-se que se refere a audiência de modo genérico, pela própria natureza do direito discutido e pela função de auxílio da participação popular na Administração Pública.

Como o Direito Ambiental cuida do direito de todos, quem solicita uma audiência pública não vai defender direito subjetivo. Somente se fosse uma defesa de direito subjetivo, é que se justificaria a exegese de que o órgão licenciador teria que efetuar exatamente a audiência requerida.

Além de que o auxílio prestado ao órgão licenciador, pela participação popular, pode ser mais relevante em outra localidade, e não naquela para a qual foi solicitada. Se o órgão não decidiu realizar a audiência pública *ex officio*, abrindo prazo para eventual pedido visando melhor subsidiar a sua escolha, ele poderá analisar onde seria mais interessante realizar a audiência pública, diante dos critérios do §5º do artigo 2º da Resolução Conama nº 9/87.

Em suma, ainda que a realização da audiência pública seja obrigatória quando solicitada no prazo de 45 dias, não seria exatamente (local) aquela requerida pelos legitimados pela Resolução Conama nº 9/87, mas aquela que o órgão licenciador entendesse mais pertinente nesse cenário de compulsoriedade, bem como, saliente-se, que este entendimento não gera direito a tantas audiências quanto requeridas, o que será avaliado pelo órgão licenciador a partir dos critérios do §5º do artigo 2º da Resolução Conama nº 9/87.

10.1.3.3 Ausência da audiência ou defeito em sua confecção

As audiências públicas ambientais não necessariamente conduzem à nulidade do ato da qual fazem parte, devendo ser ponderada a regra do §2º do artigo 2º da Resolução Conama nº 9/87, nos termos expostos no tópico supra e do artigo 55 da Lei nº 9.784/99.

Deve-se compreender que a ausência de audiência pública no licenciamento ambiental não causa prejuízo a terceiros ou mesmo ao interesse público, na medida em que os terceiros podem participar na fase de comentários ou, a qualquer tempo, usar seu constitucional direito de petição, resguardando dessa forma o interesse público imanente à participação cidadã no processo de licenciamento ambiental. O cidadão poderá exercer seu direito à participação administrativa por escrito, na fase de comentários ou em qualquer fase, mediante o uso do seu direito fundamental de petição, não sendo imprescindível a audiência pública.

Não há nulidade sem prejuízo, como preceitua o princípio *pas de nullité sans grief*, que se aplica até mesmo à nulidade absoluta no processo penal,[1100] bem mais

---

[1100] "[...] 1. A demonstração de prejuízo, a teor do art. 563 do CPP, é essencial à alegação de nulidade, seja ela relativa ou absoluta, eis que, conforme já decidiu a Corte, 'o âmbito normativo do dogma fundamental da disciplina

formalizado do que o administrativo. Se for considerado que o processo administrativo mais formalizado é o disciplinar, pela analogia evidente com o processo penal, não existe razão para tratar os processos administrativos não disciplinares de forma mais rígida do que os disciplinares, ou até mesmo do processo penal.

Como se isso não fosse suficiente, a ausência ou defeito na audiência pública não causa danos ao meio ambiente e nem impede que em outras fases do licenciamento ambiental possa haver alterações em decorrência do direito de petição ou de nova audiência pública. Isso não deve gerar a nulidade nem paralisar o processo ambiental de licenciamento, uma vez que depois da licença prévia (LP) ainda haverá a licença de instalação (LI) e a de operação (LO). Em outras palavras, a participação posterior – ainda que por outros mecanismos que não a audiência pública – pode alterar o licenciamento do empreendimento ou, em casos extremos, nos quais a LO já tenha sido expedida, modificar a licença.

Digno de nota é o posicionamento de Daniel Roberto Fink, ao admitir que a realização da audiência pública pode ser realizada após a conclusão do empreendimento.[1101] Deixa claro que os vícios que a atingem podem ser convalidados, embora só o possam, na sua visão, com a realização da audiência pública.

Por último, se houver dano, ele pode ser impedido mediante as vias administrativas ou judiciais, não se confundindo com as mitigações constantes do licenciamento ambiental. Danos não avaliados no licenciamento podem ser objeto de ação de indenização própria, conforme decidiu o STJ no REsp nº 896.863/DF.[1102]

Em suma, deve ser excepcional a declaração de nulidade ou a paralisação do processo de licenciamento, exigindo-se provas de que a participação administrativa mediante a audiência pública traria algo inédito em relação à fase de comentários ou ao eventual uso do direito de petição, sob pena de se resvalar para o formalismo desprovido de substância. Adiciona-se, ainda, que há a possibilidade de realizar audiência pública a qualquer momento e, pela característica dinâmica do licenciamento ambiental, essa participação posterior pode influir em suas exigências, ainda que excepcionalmente, na renovação da LO.

10.1.3.4 Publicação, convocação e imprensa local

A publicação da realização das audiências públicas não muda em relação ao regime administrativo que foi exposto anteriormente, com exceção da convocação por carta dos eventuais solicitantes da audiência e da necessidade de divulgação da imprensa local (Res. Conama nº 9/87, art. 2º, §3º), agora alterada pela LC nº 140/11, que admitiu a publicação apenas no site da internet.

---

das nulidades – *pas de nullité sans grief* – compreende as nulidades absolutas' (HC 81.510, Rel. Min. Sepúlveda Pertence, 1ª Turma, unânime, DJ de 12.4.2002)" (STF, 2ª T., v.u., HC 85.155/SP, Rel. Min. Ellen Grace, j. em 22.03.2005, DJU 15.04.2005. p. 38). Entendimento que ecoa em julgados recentes: STF, 1ª T., HC 104.308/RN, Rel. Min. Luiz Fux, j. em 31.05.2011, DJe 29.06.2011; STF, 1ª T., HC 100.867/MG, Rel. Min. Cármen Lúcia, j. em 14.12.2010, DJe 10.02.2010; STF, 2ª T., v.u., RHC 97.667/DF, Rel. Min. Ellen Gracie, j. em 09.06.2009, RTJ 211/462.

[1101] FINK, Daniel Roberto. Audiência pública em matéria ambiental no Direito brasileiro. *Justitia*, São Paulo: MP-SP, n. 169, ano 57, p. 60-64, jan./mar. 1995. p. 64.

[1102] STJ, 2ª T., REsp nº 896.863/DF, Rel. Castro Meira, j. em 19.05.2011, DJe 02.06.2011.

As audiências públicas promovidas pelo Ibama têm regulamentação própria na IN Ibama nº 184/2008 (art. 22, §1º), que dispõe sobre a convocação "preferencialmente com antecedência mínima de quinze dias" para a audiência pública que discutirá o RIMA (e o EIA também, claro). *Embora essa antecedência seja apenas preferencial, não sendo obrigatória, ela desloca o ônus argumentativo de justificar o porquê do não uso da preferência da IN para a autoridade que convocar a audiência com prazo menor.*

A intimação por carta aos solicitantes é uma deferência a quem a solicitou, somente se aplicando aos legitimados do *caput* do artigo 2º da Resolução Conama nº 9/87, uma vez que o próprio dispositivo da Resolução prevê solicitantes, termo também empregado pelo *caput*. A carta deverá ser enviada para o endereço que o solicitante declinar em seu pedido. Sendo o único responsável por essa indicação, não existe irregularidade caso a carta retorne, devido à mudança de endereço não habilmente comunicada ou porque não havia ninguém para recebê-la.

Essa deferência é um reforço de divulgação, que pode chegar (e normalmente chega) ao conhecimento do solicitante de outra forma, não devendo por si só gerar nulidade da audiência pública. Atacar a validade da audiência pública porque não houve a expedição da carta avisando a data da realização da audiência (convocação) deve ser visto com cautela, porque ela apenas é um reforço de comunicação, não se constituindo em direito fundamental do solicitante ou formalidade essencial do ato convocatório. Quando se contextualiza a organização e a estrutura institucional do solicitante, há a possibilidade de ele ser bem articulado e/ou informado, o que reforçaria o mero caráter formal da intimação por carta, devendo, portanto, o solicitante provar que a divulgação ordinária não foi suficiente, mesmo desconsiderando que a leitura do diário oficial é dever de todos os cidadãos e que as audiências públicas ambientais são divulgadas na mídia local e na internet.

O prejuízo deve ser provado para caracterizar a nulidade, não bastando o mero descumprimento do envio da carta, sob pena de se resvalar em formalismo estéril. Mesmo na seara penal, o Pleno do STF reconheceu que a intimação por edital não anularia o processo pela ausência de prejuízo.[1103] Uma boa analogia é com o princípio da instrumentalidade de formas e do prejuízo concreto (real). Nessa análise, deve-se ponderar que participar da audiência pública não é privilégio de quem solicita a sua realização, mas de todos os cidadãos, legitimados ou não para pedir, e que a sua convocação pela imprensa a todos alcança.

A necessidade de publicação na *imprensa local* deve ser vista com cautela, mormente pela nada simples definição do termo local. O local se refere ao impacto direto do empreendimento, sendo a imprensa local aquela que cobre a região/localidade inteira. A imprensa local então será a que cobre toda a área do impacto direto do empreendimento, e não aquela que se localiza em cada Município.

Após o advento da LC nº 140/11 – que alterou o artigo 10, §1º, da Lei nº 6.938/81, a publicação do pedido, renovação ou concessão de licenciamento ambiental deverá ser realizada no (i) diário oficial e em periódico regional ou local de grande circulação, ou (ii) em meio eletrônico de comunicação mantido pelo órgão ambiental competente. Em outras palavras, a publicação da convocação pode ser efetuada na página da internet do órgão licenciador. Embora a audiência pública, eventualmente, faça parte do processo de

---

[1103] STF, Pleno, v.u., AR na CR 6.529/CB, Rel. Min. Sepúlveda Pertence, j. em 25.09.1996, *DJ* 14.11.1996. p. 44.487.

licenciamento, não se confundindo com o pedido, renovação ou mesmo com a concessão da licença, não faz sentido admitir que estágios mais importantes do licenciamento ambiental, anteriores e posteriores, sejam publicados unicamente na internet e esse ato acessório e eventual do processo administrativo não possa ser.

10.1.3.5 Divulgação das informações necessárias à audiência pública

Embora o regime jurídico de divulgações das informações não destoe do regime geral administrativo, quando a audiência pública é efetuada pelo Ibama, a sua IN nº 184/08 preceitua que o RIMA estará disponível no site do Ibama e nos locais indicados na publicação (art. 22, §3º). O modelo é excelente porque amplifica a publicidade com a divulgação por meio da internet.

A Lei nº 10.650/03[1104] pode ter algum efeito sobre a questão da pré-divulgação de informações no que diz respeito à realização da audiência pública ambiental, sobretudo diante de pedido dos interessados em obter a documentação para participar do processo decisório ambiental, que pode ser o de licenciamento. No entanto, não existe direito de obter informações para participar da audiência pública, a não ser que essa relação seja direta, sob pena de pedidos exóticos postergarem a audiência pública e, *ipso facto*, o processo decisório ambiental a que ela está ligada. Ademais, essa participação não precisa ser necessariamente na audiência pública, podendo ocorrer a qualquer momento pelo direito de petição e/ou na fase dos comentários do licenciamento ambiental.

Frise-se que as atas das audiências públicas deverão ser disponibilizadas no *site* do Ibama (IN Ibama nº 184/08, art. 23, §2º).

10.1.3.6 Momento da audiência pública ambiental: após o aceite ou após a entrega das complementações?

Questão que é comumente levantada é se, no processo participativo previsto no EIA, a fase participativa (comentários ou audiências públicas) pode ocorrer imediatamente após a entrega do EIA e do seu aceite pelo órgão licenciador, ou somente após a emissão de parecer técnico e/ou a entrega das complementações eventualmente exigidas pelo órgão ambiental licenciador.

A questão é importante porque, ao se admitir a fase participativa logo após o aceite do EIA, podem ser exigidas complementações que resultem em informações fundamentais à participação administrativa via comentários ou audiências públicas.

O artigo 10 da Resolução Conama nº 237/97 estabelece etapas do processo decisório ordinário de licenciamento ambiental, que passa da elaboração de um termo de referência (TR) até o deferimento ou indeferimento da licença.

Depois da análise dos estudos ambientais pelo órgão licenciador, este pode solicitar complementações. Se levado o artigo 10 ao pé da letra, verificar-se-á que após o pedido de complementação existe previsão de eventuais audiências públicas. Em uma leitura literal do artigo 10 da Resolução Conama nº 237/97, o TR seria confeccionado antes

---

[1104] Dispõe sobre o acesso público aos dados e informações existentes nos órgãos e entidades integrantes do Sisnama.

mesmo de se ter um processo de licenciamento e de um pedido de licença ambiental, o que se configuraria um absurdo. Não há como confeccionar um TR fora de processo administrativo criado com um propósito (salvo TR padronizado), no caso, a expedição da licença, que, por sua vez, pressupõe pedido normalmente feito com o preenchimento dos dados básicos para a caracterização do empreendimento.

Por isso, deve-se evitar a leitura literal do artigo 10 da Resolução Conama nº 237/97, porque ele se constitui em roteiro para o licenciamento ambiental nacional que deve ser conjugado com a discricionariedade procedimental para melhor dinamizar o processo decisório, conforme estipulado pelo artigo 12, *caput*, da Resolução Conama nº 237/97.

Não existe estudo ambiental que não precise de complementações, mas é recomendável que o órgão ambiental, ao autorizar a audiência pública, se manifeste sobre as complementações e seu impacto na eventual fase de participação popular. Entretanto, caso isso não ocorra, está longe de ser automática a caracterização de prejuízo à participação popular. Por tal razão é que o Min. Sepúlveda Pertence destacou: "[...] 109. Já os vícios e as falhas acaso detectados no seu conteúdo [EIA/RIMA] poderão e deverão ser corrigidos no decorrer do processo de licenciamento ambiental, certo que sua eventual existência não significa, necessariamente, frustração do princípio da participação pública, como se alega".[1105]

Não se pode admitir que seja inaugurada a fase de participação popular a partir de aceite do estudo ambiental que, em termos substanciais, precisa ser refeito, e não simplesmente complementado, de tão descompassado das obrigações do termo de referência, prejudicando de forma evidente a participação administrativa informada. Essa análise é predominantemente qualitativa, não sendo o número de páginas de informações que determina se o estudo foi bem elaborado ou não.

Entretanto, se as complementações não interferirem de forma evidente na participação, deve-se admitir, dentro da discricionariedade procedimental, que a participação popular seja realizada logo após o aceite e antes da análise das complementações.

10.1.3.7 Audiências públicas conjuntas

Empreendimentos que têm estudos ambientais parecidos, por ficarem muito próximos um dos outros e terem características semelhantes, podem dar lugar à realização de audiência pública conjunta, ou seja, em uma mesma audiência pública discute-se o licenciamento ambiental de vários empreendimentos.

Em regra, o aproveitamento de um único procedimento administrativo, que contém participação administrativa, para mais de um fim não é ilegal,[1106] havendo discricionariedade para a medida em nosso ordenamento.

Com efeito, a AGU entendeu válida a audiência pública conjunta, visto que não haveria norma proibindo-o, estando tal faculdade no âmbito de discricionariedade

---

[1105] STF, ACO-MC 876/BA, Rel. Min. Sepúlveda Pertence, j. em 18.12.2006, *DJU* 01.02.2007. p. 148, *RTJ* 200/01/242. No mesmo sentido: TRF da 4ª Região, 3ª T., v.u., AC 2006.71.01.003801-8/RS, Rel. Des. Fed. Carlos Eduardo Thompson Flores Lenz, j. em 13.10.2009, D.E. 04.11.2009.

[1106] O que levou o STF a validar a "criação de mais de um tipo de unidade de conservação da natureza a partir de um único procedimento administrativo" (STF, Pleno, v.u., MS nº 25.347/DF, Rel. Min. Ayres Britto, j. em 17.02.2010, DJe 18.03.2010).

procedimental da Administração Pública. Nas palavras do Parecer nº 22/2015/CONEP/PFE-IBAMA-SEDE/PGF/AGU:

> Se serão realizadas uma ou duas audiências em um mesmo procedimento licenciatório ou se apenas um evento contemplará mais de um empreendimento/atividade, trata-se de matéria compreendida no poder discricionário do órgão licenciador, o qual deverá justificar sua escolha e atentar-se para a inexistência de prejuízo à participação da comunidade [...] A própria jurisprudência pátria já teve a oportunidade de entender que nem todas as regras precisam estar expressamente previstas nas normativas vigentes, decidindo-se, na ocasião, que "o simples fato de a legislação não prever o desdobramento da audiência não significa que ela não possa ocorrer. É o interesse público quem dita tais regras. O que a legislação veda é a surpresa, a surdina, simulacro de audiência visando burlar o interesse da coletividade" (TRF-3ª Reg., AC 2008.61.00.004538-0/00004538-57.2008.4.036199 (AC 1564005), 3ª T, j 07.07.2011, vu, Rel. Des. Fed. Rubens Calixto (conv.), DJF3 CJ1 15.07.2011. p. 503.[1107]

No despacho de aprovação do citado parecer, constou a complementação de fundamento que as "audiências públicas conjuntas otimizam o tempo, recursos humanos e financeiros e evitam repetidos processos de mobilização da sociedade civil, sendo prática a ser adotada não apenas pela discricionariedade administrativa procedimental, mas pelo prestígio da eficiência e economicidade estatais (CF, arts. 37 e 70, *caput*)".[1108]

A AGU esclareceu que a audiência pública conjunta não significa que o nível participativo se equipare ao da realização de uma audiência pública por licenciamento ambiental. Seria utópico pensar em tal equiparação. O que há é a possibilidade de se realizar a audiência pública conjunta mediante a ponderação entre os valores tempo, dinheiro, recursos humanos e evitar repetidos processos de mobilização da sociedade civil. Se o órgão ambiental licenciador entender que não existe prejuízo participativo, o que não se confunde com a existência de mesmo nível de participação, a audiência pública conjunta é válida. No Despacho nº 146/2015/GABIN/PFE-IBAMA-SEDE/PGF/AGU foi consignado:

> [...] 12. Obviamente que existem ganhos e perdas ao se realizar a audiência pública conjunta, mas ela é, em tese, válida, uma vez que não é vedada pela legislação de regência, compreendendo-se na discricionariedade administrativa procedimental. Deve-se ter em mente que o cumprimento da finalidade da audiência pública não é uma conta matemática, mas balanceamento entre a finalidade de garantir uma participação popular mínima – adequada a poder aportar subsídios e críticas ao tema em debate – e a otimização do tempo, recursos humanos e financeiros, além de evitar repetidos processos de mobilização da sociedade civil.
>
> 13. Se o órgão ambiental entender que está garantida a possibilidade de colheita de subsídios por parte da sociedade, pela característica dos empreendimentos etc., com ganhos operacionais, será válida a audiência pública conjunta.[1109]

[1107] Parecer nº 22/2015/CONEP/PFE-IBAMA-SEDE/PGF/AGU, aprovado pelo Procurador-Chefe Nacional da PFE-Ibama, em 23.03.2015, mediante do Despacho nº 146/2015/GABIN/PFE-IBAMA-SEDE/PGF/AGU, nos autos do PA nº 02001.007684/2014-08.

[1108] Despacho nº 146/2015/GABIN/PFE-IBAMA-SEDE/PGF/AGU, proferido, em 23.03.2015, pelo Procurador-Chefe Nacional da PFE-Ibama, nos autos do PA nº 02001.007684/2014-08.

[1109] Despacho nº 146/2015/GABIN/PFE-IBAMA-SEDE/PGF/AGU, proferido, em 23.03.2015, pelo Procurador-Chefe Nacional da PFE-Ibama, nos autos do PA nº 02001.007684/2014-08.

10.1.4 Informalismo, impacto de outros meios participativos e convalidação das audiências públicas

Como os processos administrativos de auscultação popular têm feições procedimentais administrativas, aplica-se às audiências e consultas públicas o princípio do formalismo moderado,[1110] da simplicidade das formas[1111] ou do informalismo.[1112] Esse princípio veda a sacralização das fases que compõem a audiência ou consulta públicas, que, dessa forma, não se transformam em um rito inflexível.

Até mesmo o artigo 55 da Lei nº 9.784/99[1113] é ignorado quando se trata da questão, porque todos os eventuais defeitos que atingem as audiências públicas são equivocadamente considerados como insanáveis. Embora tal postura equivocada decorra da má compreensão do instituto da audiência pública, ela também se embasa em um interesse prático: se esses defeitos forem sanáveis, esgota-se importante fonte de argumentação para invalidade do ato administrativo. Logo, um dos motivos dessa fetichização, repelida pelo princípio do formalismo moderado e pelo artigo 55 da Lei nº 9.784/99, reside muito mais em criar nulidade do que possibilitar o exercício da cidadania em sentido amplo.[1114] Dessa forma, acaba-se afastando de plano esse dispositivo da Lei nº 9.784/99, bem como qualquer consideração sobre o princípio do formalismo moderado.

Nos antecedentes da audiência pública nota-se que o formalismo nunca foi o seu forte, mesmo na origem vinculativa das *town meetings*. É difícil precisar a origem das audiências públicas (*public hearings*), embora costume-se associá-la às *town meetings* do Direito anglo-saxão da Nova Inglaterra – Colônia de Massachussets –, instituto no qual reuniões decidiam os assuntos locais. As *town meetings* ocorriam apenas uma vez por ano e, na maioria das vezes, no mesmo dia.[1115] Entretanto, as *town meetings* não representavam propriamente uma democracia direta porque seu alcance era muito limitado.[1116]

Em sua evolução, a formalização das audiências públicas levou Gordillo a diferenciá-las, equivocadamente, das *town meeting*, porque estas são informais e abertas ao público de forma ilimitada,[1117] o que supostamente não ocorreria nas audiências

---

[1110] MOREIRA NETO, Diogo de Figueiredo. *Mutações do Direito Administrativo*. 2. ed. Rio de Janeiro: Renovar, 2001. p. 210.

[1111] SOARES, Evanna. A audiência pública no processo administrativo. *RDA*, Rio de Janeiro: Renovar, n. 229, p. 259-283, jul./set. 2002. p. 265.

[1112] DI PIETRO, Maria Sylvia Zanella. *Direito Administrativo*. 22. ed. São Paulo: Atlas, 2009. p. 626.

[1113] "Art. 55. Em decisão na qual se evidencie não acarretarem lesão ao interesse público nem prejuízo a terceiros, os atos que apresentarem defeitos sanáveis poderão ser convalidados pela própria Administração".

[1114] Em que pese o informalismo que anima as audiências públicas, bem como as consultas, elas foram descobertas como nicho de invalidades jurídicas, não raras vezes por causa de formalismo que ultrapassa ao do processo judicial, inclusive o penal, ou mesmo do processo eleitoral. Em decorrência dessa forçada fetichização, elas vêm se tornando uma forma de se opor a decisões estatais pela via judicial.

[1115] BRYAN, Frank M. *Real Democracy*: the New England town meeting and how it works. Chicago: The University of Chicago Press, 2004. p. 15. Ressalte-se que a Assembleia ateniense geralmente se reunia apenas 40 dias no ano (COMPARATO, Fábio Konder. A nova cidadania. *Lua Nova*, São Paulo, n. 28-29, abr. 1993. Disponível em: http://www.scielo.br/scielo.php?script=sci_arttext&pid=S0102-64451993000100005&lng=en&nrm=iso. Acesso em 16 abr. 2011).

[1116] FERREIRA, Siddharta Legale. Democracia direta vs. representativa: uma dicotomia inconciliável com algumas reinvenções. *Direito Público*, São Paulo: IOB Thomson, n. 18, p. 111-136, 2007. p. 126.

[1117] GORDILLO, Agustín. *Tratado de Derecho Administrativo*. 8. ed. Buenos Aires: Fundación de Derecho Administrativo, 2006. t. II, p. XI-9.

públicas. Ocorre que tais diferenças não se justificam,[1118] não sendo a formalidade uma característica da audiência pública.

Dizer que o princípio do formalismo moderado se aplica às consultas e audiências públicas não significa que a sua ausência ou irregularidade procedimental não seriam capazes de gerar nulidade,[1119] mas *que a nulidade deve ser a exceção, não a regra*, quando a participação popular posterior pode ser útil ou já houve a possibilidade de participação por outros meios.

Por exemplo, a auscultação do cidadão em momento posterior às mudanças das regras estabelecidas por alguma agência regulatória pode muito bem ter impacto nessas regras, mesmo após a sua alteração ser efetivada sem passar pela fase das consultas ou audiências públicas. Essa participação posterior também seria útil no licenciamento ambiental, como já se viu, porque ela poderia alterar a próxima licença a ser concedida (ou renovada) pelo órgão ambiental.

Em meados de 2011, a *D.C. Circuit Court* unanimemente decidiu que a transformação do *full body scanner* em sistema primário de busca pela *Transportation Security Administration* (TSA) exigia a consulta pública (*notice-and-comment procedures*) prevista no *Administrative Procedure Act* (APA) (§553 e ss.), contudo não suspendeu o uso do sistema de segurança (*EPIC v. Department of Homeland Security*). Admitiu, dessa forma, a auscultação posterior dos cidadãos, ainda que a reconhecesse como obrigatória. E isso ocorreu em um sistema claramente democrático e no qual a tradição legal de consultar o público na matéria posta sob julgamento tem mais de seis décadas.

Ressalte-se que, se a decisão administrativa não pudesse ser outra, a ausência/defeito da audiência ou consulta não invalidaria a decisão posterior, como entendeu o Supremo Tribunal Administrativo de Portugal ao aplicar o princípio geral do aproveitamento do ato administrativo.[1120]

Ademais, a audiência pública deve ser obrigatória para que se cogite de nulidade. Caso seja exigida a mera oitiva da população interessada, uma vez que essa oitiva não precisa ocorrer mediante a audiência pública, conforme prevê o Decreto nº 4.340/02 (art. 5º, §1º), por exemplo, não há que se falar em nulidade. Ainda que a audiência seja obrigatória, somente com o prejuízo insanável justifica-se a aplicação da nulidade; se ela ocorrer por outros meios ou não houver prejuízo insanável, não há que se falar em nulidade.

[1118] As audiências públicas têm certa formalidade por causa da complexidade e da quantidade de pessoas, um pouco mais complicado com a prática rural da Nova Inglaterra denominada *town meeting*. Ademais, as *town meetings* também tinham certo formalismo, estando longe de ser um bando de cidadão discutindo desordenadamente, sem data e lugar marcados. Quanto à participação, nas audiências públicas também se admite a participação de qualquer cidadão, inclusive pessoas jurídicas, públicas ou privadas, sendo abertas ao público de maneira ilimitada.

[1119] "Desde que obrigatória, a realização da audiência pública será condição de validade do processo administrativo em que está inserida" (OLIVEIRA, Gustavo Henrique Justino de. As audiências públicas e o processo administrativo brasileiro. *RTDP*, São Paulo: Malheiros, n. 21, p. 161-172, 1998. p. 169).

[1120] "I – A participação dos contribuintes na formação das decisões que lhes digam respeito pode efectuar-se, sempre que a lei não prescrever em sentido diverso, pelo direito de audição antes da liquidação (artigos 267.º da CRP e 60º da LGT). II – A preterição da formalidade que constitui o facto de não ter sido assegurado o exercício do direito de audiência só pode considerar-se não essencial se se demonstrar que, mesmo sem ela ter sido cumprida, a decisão final do procedimento não poderia ser diferente" (STA, 2ª Secção, v.u., Proc. 0833/10, Rel. Cons. António Calhau, j. em 11.05.2011). No mesmo sentido: STA, 2ª Secção, v.u., Proc. 0671/10, Rel. Cons. António Calhau, j. em 10.11.2010.

Também se deve levar em consideração o fato de que o momento de arguição da nulidade da audiência pode influenciar a invalidação do ato posterior. O TJDF, citando entendimento de Marçal Justen Filho, entendeu que "a ausência de realização da audiência pública prévia ao início do procedimento licitatório somente produzirá nulidade absoluta da contratação realizada posteriormente se demonstrada cabalmente a má-fé ou violação ao princípio da economicidade".[1121]

O artigo 33 da Lei nº 9.784/99 prevê que a Administração Pública, em matéria relevante, pode estabelecer outros meios de participação de administrados, diretamente ou por meio de organizações e associações legalmente reconhecidas.

As demais formas de participação não servem apenas para a Administração adaptar criativamente os objetivos da participação administrativa não orgânica, também servem para dar substrato participativo ao procedimento, tendo potencial de impactar a apreciação da nulidade do procedimento, quando a sua causa se relacionar com participação.

Uma das formas que tem sido concretizada, mormente na seara ambiental e em locais distantes, como é o caso das comunidades isoladas, é a visita por equipes técnicas que coletam opiniões e explicam a situação aos interessados. Elas não se caracterizam como audiência pública, mas podem assumir a forma de pequenas reuniões e têm uma forma mais simples do que a oitiva. É uma postura proativa estatal, que não aguarda a vinda do cidadão e nem o chama, indo até ele com uma equipe reduzida para explicar ao mesmo tempo em que coleta opinião.

Dando substrato participativo ao processo estatal, esses outros meios podem chegar até mesmo a suprir a ausência ou defeito na audiência pública, como visto no item 10.1.2.11.

Por fim, é fundamental reafirmar que, como mera decorrência do princípio da instrumentalidade das formas do direito processual, não pode existir nulidade sem prejuízo (*pas de nullité sans grief*). Preceito esse que se aplica até mesmo à nulidade absoluta no processo penal,[1122] que é bem mais formalizado do que o processo administrativo ou civil. Não existindo motivo para tratar dos processos administrativos não disciplinares de maneira mais rígida do que os disciplinares, penal ou civil, impõe-se o requisito do efetivo prejuízo, o que reduz a anulação pelo mero descumprimento de alguma formalidade relativa à audiência pública ou outro instrumento de participação administrativa. É por tal motivo que o Superior Tribunal de Justiça não anula o julgamento pela simples falta de intimação do Ministério Público, ainda que sua intervenção seja obrigatória.[1123]

[1121] TJDF, 2ª Turma Cível, v.u., APC 0005706-43.2010.8.07.0001, rela. Desa. Carmelita Brasil, j. em 21.07.2010, *DJe* 29.07.2010. p. 113.

[1122] "[...] 1. A demonstração de prejuízo, a teor do art. 563 do CPP, é essencial à alegação de nulidade, seja ela relativa ou absoluta, eis que, conforme já decidiu a Corte, 'o âmbito normativo do dogma fundamental da disciplina das nulidades – *pas de nullité sans grief* – compreende as nulidades absolutas' (HC 81.510, Rel. Min. Sepúlveda Pertence, 1ª Turma, unânime, DJ de 12.4.2002)" (STF, 2ª T., v.u., HC 85.155/SP, Rel. Min. Ellen Grace, j. em 22.03.2005, *DJU* 15.04.2005. p. 38). Entendimento que ecoa em julgados recentes: STF, 1ª T., HC 104.308/RN, Rel. Min. Luiz Fux, j. em 31.05.2011, *DJe* 29.06.2011; STF, 1ª T., HC 100.867/MG, Rel. Min. Cármen Lúcia, j. em 14.12.2010, *DJe* 10.02.2010; STF, 2ª T., v.u., RHC 97.667/DF, Rel. Min. Ellen Gracie, j. em 09.06.2009, *RTJ* 211/462.

[1123] "[...] 2. A ausência de intimação do Ministério Público, por si só, não enseja a decretação de nulidade do julgado, a não ser que se demonstre o efetivo prejuízo às partes ou para apuração da verdade substancial da controvérsia jurídica, à luz do princípio *pas de nullités sans grief*. 3. Até mesmo nas causas em que a intervenção do Parquet é obrigatória, seria necessária a demonstração de prejuízo deste para que se reconheça a nulidade processual. (Precedentes: REsp nº 1.010.521/PE, Rel. Min. Sidnei Beneti, Terceira Turma, julgado em 26.10.2010,

Eduardo Rocha Dias, depois de "destacar o abuso da invocação de vícios em consultas públicas, ou em sua não realização, como forma de tentar obstar o desenvolvimento de determinados projetos", aduz que se faz necessário "verificar se houve prejuízo, bem como se não há outros meios de o público participar, como por meio dos comentários e também do direito de petição e mesmo da via judicial".[1124]

O prejuízo deve ser contextualizado, considerando, por exemplo, a existência de outros meios participativos e o papel do eventual prejudicado, que, por sua vez, pode forçar um prejuízo inexistente.

10.2 A participação dos povos indígenas e tribais: oitivas na Convenção 169 da OIT, Constituição Federal e IN Funai nº 01/2012

A democracia não exclui ninguém do diálogo, ainda mais aquela que se funda na cidadania e no pluralismo, como é o caso da brasileira (CF, art. 1º, II e V). Os povos indígenas e tribais também têm o direito de participar das decisões estatais, contribuindo para o aperfeiçoamento das instituições democráticas e da gestão da coisa pública. As oitivas dos povos indígenas e tribais não se baseiam na auscultação da população genericamente considerada, mas isso não impede, em processo participativo mais amplo, que os povos indígenas ou tribais sejam ouvidos pelo Estado, na medida em que há flexibilidade procedimental para a questão diante da ausência de regulamentação da Convenção OIT nº 169 no Brasil.

Em outras palavras: embora as oitivas da C169 não se confundam com a audiência pública ou outros instrumentos participativos gerais, elas têm diversos pontos de aplicação comum por sua natureza comum participativa. Embora a oitiva tenha como objetivo a auscultação dos povos indígenas ou tribais – o que não ocorre com as audiências e consultas públicas, cujo público é mais amplo –, seu regime geral segue as regras aplicáveis às audiências ou consultas públicas (regime participativo), nada impedindo, na falta de regulamentação da matéria e pela liberdade procedimental da Administração Pública, que os povos indígenas e tribais sejam ouvidos em audiências públicas, por exemplo.

10.2.1 Natureza política da autorização do Congresso Nacional, o julgamento Raposa Serra do Sol e o posicionamento da AGU na oitiva dos povos indígenas

A oitiva das comunidades indígenas também tem como objetivo subsidiar a atuação estatal, mas não necessariamente o destinatário das informações trazidas pelos indígenas é o Congresso Nacional, que deve deliberar, politicamente (CF, art.

DJe 9.11.2010; REsp nº 814.479/RS, Rel. Min. Mauro Campbell Marques, Segunda Turma, julgado em 2.12.2010, DJe 14.12.2010)" (STJ, 2ª T., v.u., REsp nº 1.249.050/RN, Rel. Min. Humberto Martins, j. em 21.06.2011, DJe 29.06.2011).

[1124] DIAS, Eduardo Rocha. Dimensões da tutela constitucional do meio ambiente: algumas considerações acerca da participação popular. In: MENEZES, Joyceane Bezerra (Org.). Teoria do Direito em Debate: estudos em homenagem ao Professor Arnaldo Vasconcelos. Florianópolis: Conceito Editorial, 2014. p. 150.

49, XVI), sobre a realização da obra ou empreendimento nas terras indígenas. A Constituição exige para o aproveitamento dos recursos a autorização do Legislativo a oitiva dos indígenas que tenham o aproveitamento em suas terras e, quando o caso e na forma da lei, a participação indígena na lavra (CF, art. 231, §3º). A oitiva é requisito para o aproveitamento dos recursos, mas não para a decisão do Congresso Nacional. Recentemente, o STF, em decisão monocrática pendente de recurso, entendeu que a autorização do Congresso deve ocorrer somente após a oitiva da C169 OIT, ainda que o empreendimento esteja fora do território indígena ou tribal (RE nº 1.379.751/PA).[1125] Essa decisão será detalhada no item 10.2.5.

Segundo o STF, esse ato deliberativo se traduz em "legítimo exercício de sua competência soberana e exclusiva",[1126] devendo ser concretizado por decreto legislativo, uma vez que se veda a interferência do Executivo nessa decisão.[1127]

A autorização do Congresso para a realização da obra ou empreendimento em terras indígenas tem amplo espaço decisório, constituindo-se em autêntica questão política (*political question*).[1128] Outro efeito dessa natureza política é a quantidade de informações que o Congresso Nacional considerará suficiente para decidir, bem como o instrumento mediante o qual elas serão apresentadas, além da ausência de motivação. Em que pese a boa-fé na oitiva pressuponha a apresentação às comunidades indígenas de uma concepção básica do projeto do empreendimento, atividade ou obra, a autorização do Congresso independe de qualquer documento, laudo ou estudo, inclusive a própria oitiva, eis que, como dito, é o aproveitamento que pressupõe a oitiva e, quando o caso, a participação na lavra, não a autorização legislativa.

A oitiva das comunidades indígenas ocupa lugar de destaque porque não apenas pode influenciar no projeto original da obra, posto que os subsídios colhidos na oitiva devem ser utilizados na avaliação de impacto ambiental, como também gerar o deslocamento das comunidades de seu local de origem. A deliberação acerca da remoção dos grupos indígenas pode ser efetuada no mesmo ato que autoriza a obra, caso o projeto da obra seja explícito sobre o deslocamento.[1129]

[1125] STF, RE nº 1.379.751/PA, Rel. Min. Alexandre de Moraes, j. em 01.09.2022, *DJe* 02.09.2022. Haveria violação do Decreto Legislativo nº 788/2005 (que autorizou a AHE de Belo Monte) ao §3º do art. 231 da Constituição Federal c/c os artigos 3º, item 1; 4º, itens 1 e 2; 6º, item 1, alíneas "a", "b", e "c", e 2; 7º, itens 1, 2 e 4; 13, item 1; 14, item 1; e 15, itens 1 e 2, todos da Convenção 169 da OIT.

[1126] STF, SL 125, Rel. Min. Ellen Gracie, j. em 16.03.2007, *DJU* 29.03.2007. p. 36.

[1127] STF, Pleno, ADI-MC 3.352, Rel. Min. Sepúlveda Pertence, j. em 02.12.2004, *RTJ* 193/2/534.

[1128] Ao contrário do juiz, que deve motivar a sua decisão (livre convencimento motivado), o Congresso não precisa motivar (basta expedir o decreto legislativo), embora também tenha liberdade para analisar, produzir, aguardar e/ou solicitar os documentos que entender necessário para decidir, podendo aguardar, ao contrário do que já decidiu o TRF da 1ª Região, o EIA/RIMA: "[...] 5. O aproveitamento de recursos hídricos em terras indígenas somente pode ser efetivado por meio de prévia autorização do Congresso Nacional, na forma prevista no artigo 231, §3º, da Constituição Federal. Essa autorização deve anteceder, inclusive, aos estudos de impacto ambiental, sob pena de dispêndios indevidos de recursos públicos" (TRF da 1ª Região, 6ª T., v.u., AI 2001.01.00.030670-5/PA, Rel. Des. Fed. Alexandre Machado Vasconcelos (conv.), j. em 17.09.2001, *DJU* 25.10.2001. p. 424). Cf., no mesmo sentido: TRF da 1ª Região, 6ª T., v.u., REO 1999.01.00.109279-2/RR, Rel. Des. Fed. Moacir Ferreira Ramos (conv.), j. em 24.11.2006, *DJU* 29.01.2007. p. 09.

[1129] Não se faz necessário ato específico, porque, uma vez autorizada a obra que exija a remoção das comunidades indígenas pelo Congresso Nacional, presume-se que a obra reflete o interesse da soberania do país e a autorização de remoção (CF, art. 231, §5º), o que seria mera consequência lógica e inexorável. O juízo aqui é político e independe de regulamentação legal, uma vez que se constitui em conceito jurídico indeterminado. Ainda que a oitiva das comunidades indígenas tenha como fim subsidiar a decisão política do Congresso Nacional, de maneira alguma isso significa que os índios estão desamparados nas fases posteriores do empreendimento,

Acrescente-se, por fim, que a AGU regulou a exegese de algumas questões indígenas na Portaria AGU 303/12, de 16 de julho de 2012 (*DOU* 17.07.2012) – dispondo sobre as salvaguardas institucionais às terras indígenas, conforme entendimento fixado pelo STF na Petição 3.388/RR[1130] – que deve ser uniformemente seguida pelos órgãos jurídicos da Administração Pública Federal direta e indireta, vale dizer: vincula todos os órgãos e membros da AGU. Em seu artigo 1º, v, ela preceituou:

> o usufruto dos índios não se sobrepõe ao interesse da política de defesa nacional; a instalação de bases, unidades e postos militares e demais intervenções militares, a expansão estratégica da malha viária, a exploração de alternativas energéticas de cunho estratégico e o resguardo das riquezas de cunho estratégico, a critério dos órgãos competentes (Ministério da Defesa e Conselho de Defesa Nacional), serão implementados independentemente de consulta às comunidades indígenas envolvidas ou à FUNAI.

A única inovação nesse ponto da Portaria AGU 303/12 foi torná-la obrigatória para os órgãos da Advocacia-Geral da União, uma vez que essa salvaguarda já existia no voto do Min. Menezes Direito na Petição 3.388/RR.[1131] Foi o próprio Supremo que estabeleceu tais salvaguardas, determinando, ainda, que a sua execução ocorresse imediatamente. Enquanto o STF não alterar o seu entendimento, a Portaria AGU 303/12 é legal e constitucionalmente hígida, devendo ser observada pelos membros e órgãos da AGU.

Posteriormente, a AGU editou parecer (Parecer GMF 05/17) que foi aprovado pelo Presidente da República, em 19.07.2017, e publicado no *DOU* 20.07.17, vinculando todos os órgãos e entidades da Administração Pública federal (*v.g.*, MMA, MJ, Ibama, ICMBio, Funai), cuja ementa é a seguinte:

> I. O Supremo Tribunal Federal, no acórdão proferido no julgamento da PET 3.388/RR, fixou as "salvaguardas institucionais às terras indígenas", as quais constituem normas decorrentes da interpretação da Constituição e, portanto, devem ser seguidas em todos os processos de demarcação de terras indígenas.

---

caso ele tenha sido autorizado pelo Congresso. No processo de licenciamento ambiental, os índios contam com o respaldo da Funai e são consultados diversas vezes durante o processo no qual a Funai acompanha o licenciamento ambiental, como se verá.

[1130] Essa portaria previa a sua entrada em vigor na data de sua publicação (art. 6º), que foi prorrogada pela Portaria AGU 308/12 para 24.09.2012 e, por fim, para o "dia seguinte ao da publicação do acórdão nos embargos declaratórios a ser proferido na Pet 3388-RR que tramita no Supremo Tribunal Federal", com a redação dada pela Portaria AGU 415/12 (*DOU* 18.09.2012). A publicação deste acórdão ocorreu em 04.02.2014, motivo pelo qual a partir de 05.02.2014 a Portaria AGU 303/12 está em pleno vigor.

[1131] Nesse julgamento, conhecido como o da Raposa Serra do Sol, o STF entendeu que o voto do relator agrega "aos respectivos fundamentos salvaguardas institucionais ditadas pela superlativa importância histórico-cultural da causa. Salvaguardas ampliadas a partir de voto-vista do Ministro Menezes Direito e deslocadas, por iniciativa deste, para a parte dispositiva da decisão. Técnica de decidibilidade que se adota para conferir maior teor de operacionalidade ao acórdão" (STF, Pleno, Pet 3.388/RR, Rel. Min. Carlos Britto, j. em 19.03.2009, *DJe* 25.09.2009, *RJT* 212/49). Condicionantes que foram mantidas no julgamento dos embargos declaratórios, constando da ementa: "[...] 3. As chamadas condições ou condicionantes foram consideradas pressupostos para o reconhecimento da validade da demarcação efetuada. Não apenas por decorrerem, em essência, da própria Constituição, mas também pela necessidade de se explicitarem as diretrizes básicas para o exercício do usufruto indígena, de modo a solucionar de forma efetiva as graves controvérsias existentes na região. Nesse sentido, as condições integram o objeto do que foi decidido e fazem coisa julgada material" (STF, Pleno, ED na Pet 3.388/RR, Rel. Min. Roberto Barroso, j. em 23.10.2013, *DJe* 04.02.2014).

II. A Administração Pública Federal, direta e indireta, deve observar, respeitar e dar efetivo cumprimento, em todos os processos de demarcação de terras indígenas, às condições fixadas na decisão do Supremo Tribunal Federal na PET 3.388/RR, em consonância com o que também esclarecido e definido pelo Tribunal no acórdão proferido no julgamento dos Embargos de Declaração (PET-ED 3.388/RR).

De qualquer forma, é importante frisar que o direito de ser ouvido (oitiva) não é absoluto, tendo o STF decidido que o usufruto dos índios "não se sobrepõe aos interesses da política de defesa nacional; a instalação de bases, unidades e postos militares e demais intervenções militares, a expansão estratégica da malha viária, a exploração de alternativas energéticas de cunho estratégico e o resguardo das riquezas de cunho igualmente estratégico, a critério dos órgãos competentes (Ministério da Defesa, ouvido o Conselho de Defesa Nacional) serão implementados independentemente de consulta às comunidades indígenas envolvidas, assim como à Fundação Nacional do Índio (FUNAI)",[1132] lição com tanto mais razão aplicável aos povos tribais, que não têm usufruto previsto na Constituição.

Esse entendimento foi previsto na Lei nº 14.701/23, que regulamenta o art. 231 da Constituição Federal, para dispor sobre o reconhecimento, a demarcação, o uso e a gestão de terras indígenas, cujo artigo 20, parágrafo único, dispõe:

> Art. 20. O usufruto dos indígenas não se sobrepõe ao interesse da política de defesa e soberania nacional.
>
> Parágrafo único. A instalação de bases, unidades e postos militares e demais intervenções militares, a expansão estratégica da malha viária, a exploração de alternativas energéticas de cunho estratégico e o resguardo das riquezas de cunho estratégico serão implementados independentemente de consulta às comunidades indígenas envolvidas ou ao órgão indigenista federal competente.

10.2.2 Âmbito de aplicação da Convenção OIT nº 169: conceito de povos tribais e indígenas

A própria Convenção OIT nº 169 reconhece que ela se aplica aos povos indígenas e tribais (*Indigenous and Tribal Peoples* ou *Peuples Indigènes et Tribaux*). Embora o escopo do presente texto esteja mais voltado aos povos indígenas, faz-se oportuno discorrer sobre o que se entende como povos tribais, ainda que esses não estejam abrangidos pela cláusula do artigo 231, §3º, da Constituição Federal.

A Convenção OIT nº 169 substituiu a Convenção OIT nº 107 (1957). Concernente à proteção das populações indígenas e outras populações tribais e semitribais de países independentes, a Convenção OIT nº 107 era expressa em se dizer aplicável às populações tribais e semitribais. No atual diploma normativo, o termo *semitribal* não mais existe, restando apenas povos tribais.

O conceito de semitribal era previsto na própria Convenção OIT nº 107, abrangendo, para fins da Convenção, "os grupos e as pessoas que, embora prestes a

---

[1132] STF, Pleno, Pet 3.388/RR, Rel. Min. Carlos Britto, j. em 19.03.2009, *DJe* 25.09.2009 (salvaguarda institucional ou condicionante *f*). Aspecto mantido no julgamento dos embargos de declaração (STF, Pleno, ED na Pet 3.388/RR, Rel. Min. Roberto Barroso, j. em 23.10.2013, *DJe* 04.02.2014).

perderem suas características tribais, não se achem ainda integrados na comunidade nacional" (art. 1º, 2). Isso significa que existiam povos tribais e não tão tribais (semitribais), tendo em vista que ainda não perderam todas as características tribais, embora estejam a caminho de perdê-las, o que configurava uma visão assimilacionista.

A questão ganha relevância porque existe corrente que almeja equiparar *automaticamente* povos tribais às comunidades tradicionais (*v.g.*, seringueiros, ribeirinhos, caiçaras, babaçueiros, quilombolas), entendimento que se reputa equivocado.[1133] Equiparar povos tribais como aqueles descendentes das tribos africanas que vivam como tal é razoável, o que pode até ser o caso de algumas comunidades quilombolas, mas de forma alguma se identificaria com todas as comunidades tradicionais.

Deve-se evitar a banalização do conceito de povo tribal para fins da Convenção OIT nº 169, como corretamente destacado pela AGU em mais de uma oportunidade:

> 38. Por isso, deve-se considerar como passível de enquadramento no conceito de 'povos tribais' apenas aquelas comunidades que, em função de uma existência autônoma e diferenciada, tenham gerado uma especificidade sociocultural, refletida principalmente na língua, religião e costumes (modo de agir), de tal maneira diferenciada que as tornem inconfundíveis com o restante da sociedade brasileira, o que não parece ser o caso das comunidades ditas *quilombolas*, cujo modo de ser não só apresentava variações conforme a necessidade de sobrevivência e os costumes das regiões onde estão inseridas, mas inclui manifestações que não são estranhas a parcela significativa da população brasileira (especialmente da que vive em áreas rurais) como, por exemplo, a prática de um catolicismo sincrético, de cultos de origem africana que possuem adeptos em todo o território nacional, e até de cultos denominados evangélicos por determinados grupos, bem como atuação de parteiras, benzedeiras e rezadeiras, medicina raizeira, alimentação baseada na farinha de mandioca, cultivo de lavouras de subsistência etc.[1134]

DIREITOS HUMANOS. DIREITO AMBIENTAL. CONCEITO DE POVOS TRIBAIS PREVISTO NA CONVENÇÃO OIT Nº 169. DISTINÇÃO DO CONCEITO DE COMUNIDADES/POPULAÇÕES TRADICIONAIS PREVISTOS NO DECRETO Nº 6.040/2007, DECRETO Nº 8.750/2016, LEI Nº 11.516/2007 E LEI Nº 11.284/2006.

[1133] Se essa associação for procedente, o Decreto nº 4.887/03 – que regulamenta o procedimento para identificação, reconhecimento, delimitação, demarcação e titulação das terras ocupadas por remanescentes das comunidades dos quilombos de que trata o art. 68 do ADCT – deveria, só por esse motivo, ser julgado inconstitucional na ADI nº 3.239, uma vez que se desconhece a consulta prévia às comunidades quilombolas nacionais antes da edição desse ato, o que feriria o artigo 6º, 1, "a", da Convenção OIT nº 169. Isso porque a consulta deve ser efetuada "independentemente de que tal efeito seja positivo ou negativo, aspecto este que deve ser, precisamente, o objeto da consulta" (RUBIO, Ramon Esteban Laborde. Colômbia: a implementação do direito à consulta prévia previsto na Convenção 169 da OIT. *In:* GARZÓN, Biviany Rojas (Org.). *Convenção 169 da OIT sobre Povos Indígenas e Tribais*: oportunidades e desafios para a sua implementação. São Paulo: ISA, 2009. p. 140).
As primeiras consultas às comunidades quilombolas ocorreram entre 15 e 17 de abril de 2008, para a edição de IN do Incra que disciplinaria o procedimento de titulação de terras de quilombo, em substituição a IN Incra 20/2005 (atual IN Incra 49/2008). A Advocacia-Geral da União, através de despacho do Advogado-Geral da União, reconheceu que essa era a primeira consulta do Governo Federal às comunidades quilombolas: "Destaco, por fim, importante avanço na efetivação das diretrizes da Convenção nº 169, da Organização Internacional do Trabalho – OIT, consistente na realização da primeira consulta do Governo Federal às comunidades quilombolas, em face da proposta de alteração de ato normativo que disciplina a efetivação de seus direitos. Trata-se de momento histórico a ser exaltado" (Despacho do AGU de 22.08.2008 – *DJU* 19.09.2008, Seção 1. p. 12).

[1134] Parecer nº 457/2010/HP/PROGE/DNPM (PFE-DNPM/PGF/AGU), aprovado por despacho da Procuradora-Chefe Nacional do DNPM, em 27.09.2016, nos autos do PA nº 48400-000108/2010-82, sendo aprovado com força normativa pelo Diretor-Geral do DNPM, por despacho, em 15.10.2010, vinculando os membros dessa autarquia.

1. Tema não enfrentado no âmbito da ADI nº 3.239, não cabendo deduzir equiparação, conforme análise dos votos do acórdão.

2. Histórico da edição da Convenção OIT nº 169 a partir dos documentos que embasaram a: necessidade de revisão da Convenção OIT nº 107, principalmente quanto aos termos "populações" e aos conceitos pejorativos e assimilacionistas presentes na referida convenção quanto aos destinatários de natureza tribal e semi-tribal.

3. Elementar "povos" enquanto revisão do termo "populações" para descrever os destinatários da convenção foi fundamental para reconhecer o grau de autonomia e auto-determinação com que os referidos grupos se identificavam. Conceito abaixo apenas daquele presente no direito internacional que autorizaria secessão (inconstitucional no Brasil), não passível de equiparação com "comunidades" ou outras coletividades.

4. Característica tribal na Convenção OIT nº 169. Insuficiência da auto-declaração conforme documentos e guias da própria OIT, o qual preenche apenas o requisito subjetivo. Conceito presente na Convenção OIT nº 169 evoluído para remoção do conteúdo pejorativo da Convenção OIT nº 107, sem alteração de destinatários. Precedentes semelhantes da CIDH.

5. Os remanescentes das comunidades dos quilombos são considerados povos tribais para fins da Convenção OIT nº 169 como já assentado pela PGF (DESPACHO nº 00034/2017/PGF/AGU), pelo STF (ADI Nº 3.239) e pela OIT, conforme Observação do Comitê de Experts sobre a Aplicação de Convenções e Recomendações (Observação (CEACR) – adotada em 2008, publicada na 98ª sessão da Conferência Internacional do Trabalho (2009).[1135]

Tal equiparação, feita de forma automática, não tem razão de ser, uma vez que a Convenção OIT nº 169 não se aplica somente aos povos indígenas e tribais, mas também porque ela se aplica aos (i) povos tribais em países independentes, (ii) cujas condições sociais culturais e econômicas os distingam de outros setores da coletividade nacional e (iii) que sejam regidos, total ou parcialmente, por seus próprios costumes ou tradições ou por legislação especial.[1136]

Ademais, apenas para argumentar, empregando parte do conceito de comunidade tradicional do Decreto nº 6.040/07,[1137] não se poderia considerar como povo tribal, pela dificuldade de enquadrá-lo como comunidade tradicional, aquele que não usa "territórios e recursos naturais como condição para sua reprodução cultural, social, religiosa, ancestral e econômica, utilizando conhecimentos, inovações e práticas gerados e transmitidos pela tradição" (art. 3º, I).

Em suma, a caracterização automática da comunidade tradicional como povo tribal, para fins da aplicação da Convenção OIT nº 169, deve ser vista caso a caso e com cautela, mormente considerando que não basta ser povo tribal, mas tem que cumprir outros requisitos.

[1135] Orientação Jurídica Normativa nº 56/2022/PFE/IBAMA, decorrente do Despacho de Aprovação 00219/2022/GABIN/PFE-IBAMA-SEDE/PGF/AGU da lavra do Procurador-Chefe Nacional da PFE-Ibama, nos autos do PA nº 02001.014888/2021-16.

[1136] A Convenção OIT nº 107, em seu artigo 1º, era aplicável aos (i) membros das populações tribais ou semitribais em países independentes, (ii) cujas condições sociais e econômicas correspondem a um estágio menos adiantado que o atingido pelos outros setores da comunidade nacional e (iii) que sejam regidas, total ou parcialmente, por costumes e tradições que lhes sejam peculiares ou por uma legislação especial.

[1137] Institui a Política Nacional de Desenvolvimento Sustentável dos Povos e Comunidades Tradicionais.

10.2.3 A questão da oitiva (coleta de opinião) dos povos indígenas (Convenção OIT nº 169 e CF, art. 231, §3º): natureza de consulta e não de consentimento prévio

Como anteriormente destacado, a democracia não deve excluir ninguém do diálogo, ainda mais aquela que se funda na cidadania e no pluralismo, como é a brasileira (CF, art. 1º, II e V).[1138] Como cidadãos que são, os índios e os tribais participam das decisões estatais, mas o fazem de forma e em casos especiais, mediante oitiva, que nada mais é do que uma consulta específica.

A consulta ou oitiva dos povos indígenas e tribais é *coleta de opinião*, processo "aberto a grupos sociais determinados, identificados por certos interesses coletivos ou difusos, visando à legitimidade da ação administrativa pertinente a esses interesses, formalmente disciplinado, pelo qual o administrado exerce o direito de manifestar a sua opção".[1139] No estágio normativo atual da matéria, *a oitiva das comunidades indígenas e tribais é consulta e não consentimento ou consentimento prévio informado*.

A previsão de que os índios e os povos tribais sejam consultados (separadamente do resto da população) sobre assuntos que os afetem está na Convenção OIT nº 169 (arts. 6º, 1, "a", 14 e 15, 2),[1140] aprovada pelo Decreto Legislativo nº 143/02 e promulgada pelo Decreto nº 5.051/04, a partir de quando se tornou aplicável ao ordenamento jurídico nacional, segundo entendimento do STF.[1141]

O procedimento de consulta previsto no artigo 15, 2, da Convenção deixa claro que a finalidade da oitiva é "determinar se os interesses desses povos seriam prejudicados, e em que medida, antes de se empreender ou autorizar qualquer programa de prospecção ou exploração dos recursos existentes nas suas terras".

A consulta/oitiva não se destina a ter caráter obstativo do empreendimento em suas terras,[1142] apenas a de tomar conhecimento de qual é a extensão dos eventuais

---

[1138] Os povos indígenas também têm o direito de participar das decisões estatais, contribuindo para o aperfeiçoamento das instituições democráticas e da gestão da coisa pública. Exemplar, nesse sentido, a Constituição do Equador (2008), que expressamente reconhece que os diversos povos indígenas, afroequatorianos etc. formam parte do Estado equatoriano, uno e indivisível (art. 56).

[1139] MOREIRA NETO, Diogo de Figueiredo. *Mutações do Direito Administrativo*. 2. ed. Rio de Janeiro: Renovar, 2001. p. 213.

[1140] "2. Em caso de pertencer ao Estado a propriedade de recursos minerais e de subsolo, ou de ter direitos sobre outros recursos existentes na terra, os governos, antes de empreender ou autorizar qualquer programa de prospecção ou exploração dos recursos existentes em suas terras, *deverão estabelecer ou manter procedimentos com vistas a consultar esses povos*, para definir se e até que ponto seus interesses seriam prejudicados".

[1141] STF, Pleno, ADI-MC 1.480/DF, Rel. Min. Celso de Mello, j. em 04.09.1997, *DJU* 18.05.2001. p. 429.

[1142] O conceito de terras indígenas deve respeitar o marco temporal utilizado pela Constituição: "A Constituição Federal trabalhou com data certa – a data da promulgação da própria (5 de outubro de 1988) – como insubstituível referencial para o dado da ocupação de um espaço geográfico por essa ou aquela etnia aborígine; ou seja, para o reconhecimento, aos índios, dos direitos originários sobre as terras que tradicionalmente ocupam" (STF, Pleno, Pet 3.388/RR, Rel. Min. Carlos Britto, j. em 19.03.2009, *DJe* 25.09.2009, *RJT* 212/49). Acrescente-se que o STF exige, complementarmente, além do marco temporal (promulgação da Constituição de 1988), a efetiva relação dos índios com a terra (marco da tradicionalidade da ocupação) (STF, 2ª T., RMS 29.087/DF, Rel. p/ ac. Min. Gilmar Mendes, j. em 16.09. 2014, *DJe* 14.10.2014).
Recentemente, o STF reviu o entendimento a declarar que "9. A proteção constitucional aos 'direitos originários sobre as terras que tradicionalmente ocupam' independe da existência de um marco temporal em 05 de outubro de 1988 e da configuração do renitente esbulho como conflito físico ou controvérsia judicial persistente à data da promulgação da Constituição." (STF, Pleno, RE-RG 1.017.365, rel Min. Edson Fachin, j. em 27.09.2023, *DJe* 15.02.2024). Ocorre que a Lei nº 14.701/23 previu o marco temporal em seu artigo 4º, §§2 e 3º, deixando a questão em aberto: "Art. 4º São terras tradicionalmente ocupadas pelos indígenas brasileiros aquelas que, na data da

prejuízos que os povos indígenas ou tribais poderiam sofrer, auxiliando o procedimento de tomada de decisões estatais. Em outras palavras, ela não tem caráter vinculante.

A Corte Constitucional colombiana, em decisão na qual reconheceu a aplicabilidade da Convenção OIT nº 169 (*Sentencia* C175/09), foi categórica ao reconhecer que "decisões anteriores deste Tribunal têm previsto que o dever de consulta prévia aos povos indígenas e tribais não constitui um poder de veto contra a implementação de medidas legislativas por parte do Estado".[1143]

O Supremo Tribunal Federal também entendeu que não haveria poder de veto ou consentimento na oitiva dos povos indígenas. Ao rechaçar a tese, o Min. Barroso, no caso Raposa Serra do Sol (EDcl na Pet nº 3.388/RR), teceu as seguintes considerações, citando inclusive decisão anterior:

> [...] conforme observado pelo Ministro Gilmar Mendes, a relevância da consulta às comunidades indígenas "não significa que as decisões dependam formalmente da aceitação das comunidades indígenas como requisito de validade" (fl. 799). Os índios devem ser ouvidos e seus interesses devem ser honesta e seriamente considerados. Disso não se extrai, porém, que a deliberação tomada, ao final, só possa valer se contar com a sua aquiescência. Em uma democracia, as divergências são normais e esperadas. Nenhum indivíduo ou grupo social tem o direito subjetivo de determinar sozinho a decisão do Estado.[1144]

Mesmo quando o artigo 6º, 2, da Convenção OIT nº 169 preceitua que a consulta nele prevista visa a chegar a um acordo ou obter o consentimento ("objetivo de se chegar a um acordo e conseguir o consentimento acerca das medidas propostas"), esse pode não existir (ou mesmo ser possível), embora não signifique que haja efeito obstativo pela ausência de acordo ou consentimento. Ainda que essa seja a finalidade da consulta, ela pode não ser alcançada, o que está longe de significar que não se trataria de uma consulta, mas de consentimento, como ocorre com o plebiscito ou o referendo, quando estes são vinculantes. Como a própria OIT já consignou:

---

promulgação da Constituição Federal, eram, simultaneamente. [...] §2º A ausência da comunidade indígena em 5 de outubro de 1988 na área pretendida descaracteriza o seu enquadramento no inciso I do caput deste artigo, salvo o caso de renitente esbulho devidamente comprovado. §3º Para os fins desta Lei, considera-se renitente esbulho o efetivo conflito possessório, iniciado no passado e persistente até o marco demarcatório temporal da data de promulgação da Constituição Federal, materializado por circunstâncias de fato ou por controvérsia possessória judicializada".

[1143] E citou um precedente em nota de rodapé: "Al respecto, la sentencia SU-383/03 indicó: 'Cabe precisar que el derecho a la consulta previa, previsto en el Convenio 169, no conlleva el derecho de los pueblos indígenas y tribales a vetar las medidas legislativas y administrativas que los afectan, sino que se presenta como una oportunidad para que los Estados partes consideren y valoren las posiciones que sobre sus decisiones tienen los integrantes y representantes de las minorías étnicas nacionales, forzándose a propiciar un acercamiento y, de ser posible, un acuerdo. Las consultas que se ordenan, entonces, no pueden ser utilizada para imponer una decisión, como tampoco para eludir el cumplimiento de una obligación, sino que deberán ser tenidas como una ocasión propicia y no desperdiciable para que las entidades gubernamentales encargadas de autorizar, ejecutar y vigilar la política estatal de erradicación de cultivos ilícitos consideren el derecho de los pueblos indígenas y tribales a exponer los condicionamientos que dicha política debe incluir, con miras a respetar su derecho a la integridad cultural, y la autonomía de sus autoridades en sus territorios. Oportunidad que debe ser utilizada para que dichos pueblos y autoridades conozcan la posición de las mayorías nacionales, en torno de las medidas consultadas, y participen activamente en ellas, usando canales apropiados y, en consecuencia, propiciando un acercamiento'".

[1144] STF, Pleno, EDcl na Pet nº 3.388/RR, Rel. Min Roberto Barroso, j. em 23.10.13, *DJe* 04.02.2014. Entendimento replicado no RE nº 1.312.132, Rel. Min. Cármen Lúcia, j. em 02.03.2021, *DJe* 23.03.2021.

[...] 59. O Comitê lembra que, na discussão sobre a adoção do artigo 6 da Convenção sobre Consulta Prévia, um representante do Secretário Geral indicou que, ao elaborar o texto, o Escritório não quis sugerir que as consultas referidas deveriam resultar na obtenção de um acordo ou no consentimento sobre o que se consulta, mas ao contrário, expressar um objetivo para as consultas.[1145]

O Estado deve buscar o acordo com os povos afetados, mas isso está longe de significar que ele pode mesmo ser possível. A síndrome NIMBY, o não desejo de um perigo de integração, dentre outros motivos, podem inviabilizar qualquer acordo. Nos casos de acordo ou consentimento impossível, o Estado não precisa realizar a consulta por ausência de objeto. O fato de a consulta não ser um meio de se obter um "sim" ou um "não" dos povos afetados, embora seja um importante meio de diálogo, não impõe consulta nesses casos, mas obriga o Estado a considerar a opinião dos povos indígenas e tribais em sua decisão. Se o acordo ou consentimento é impossível, o Estado já deve saber qual é a sua causa e, caso não saiba, a consulta se impõe para conhecê-la, usando esse conhecimento em seu processo decisório.

Nesse contexto e ainda que sem força normativa,[1146] diferentemente da Convenção OIT nº 169, deve ser analisada a "Declaração das Nações Unidas sobre os Direitos dos Povos Indígenas" (2007), cujo artigo 32, 2, fala em consentimento livre e informado, que deve ser prévio à aprovação de qualquer projeto que afete as terras, territórios ou outros recursos. Dispõe o artigo 32, 2:

> 2. Os Estados celebrarão consultas e cooperarão de boa-fé com os povos indígenas interessados, por meio de suas próprias instituições representativas, *a fim de obter seu consentimento livre e informado antes de aprovar qualquer projeto que afete suas terras ou territórios e outros recursos*, particularmente em relação ao desenvolvimento, à utilização ou à exploração de recursos minerais, hídricos ou de outro tipo.

Entretanto, além de a declaração não ter caráter normativo, diferentemente da Convenção OIT nº 169 e de nossa Constituição, a leitura do artigo 32, 2 deve ser efetuada sob a ótica democrática.

Não é porque a democracia é o governo da maioria que deve ser empregada para esmagar as minorias (vedação de ditaduras da maioria), que, por sua vez, não podem anular decisões de interesse geral (ditadura das minorias). *O dever do Estado é trabalhar para obter (a fim de obter) o consentimento dos povos indígenas, não necessariamente consegui-lo, antes de tomar a decisão definitiva.* Não pode uma minoria obstar decisões da maioria. Se o consentimento fosse obrigatório, não haveria necessidade de tomar medidas para a reparação justa e equitativa que as decisões estatais pudessem ter sobre as comunidades indígenas, com a adoção de medidas apropriadas para mitigar suas

---

[1145] RUBIO, Ramon Esteban Laborde. Colômbia: a implementação do direito à consulta prévia previsto na Convenção 169 da OIT. In: GARZÓN, Biviany Rojas (Org.). *Convenção 169 da OIT sobre Povos Indígenas e Tribais*: oportunidades e desafios para a sua implementação. São Paulo: ISA, 2009. p. 131.

[1146] A ausência de vinculatividade, de força normativa da Declaração das Nações Unidas sobre os Direitos dos Povos Indígenas (2007) é pacificamente reconhecida pela doutrina nacional (cf.: SILVEIRA, Edson Damas. Direitos fundamentais indígenas, movimento socioambiental e a formatação do estado na modernidade, *Veredas do Direito*, Belo Horizonte, v. 6, n, 12, p. 25-56, jul./dez. 2009. p. 47) e estrangeira (KNICLEY, Jared E. Debt, nature, and indigenous rights: twenty-five years of debt-for-nature evolution. *Harvard Environmental Law Review*, Cambridge: Harvard Law School Student Journals Office, v. 36, n. 1, p. 79-122, 2012. p. 92).

consequências nocivas (art. 32, 3). O suposto acordo, baseado no hipotético consenso que a norma exigiria, já seria suficiente.

Nenhum segmento da população pode proibir políticas que atendam os interesses da maioria. Os povos indígenas e tribais, fazendo parte do povo brasileiro, não podem prejudicar o interesse geral com um suposto direito de veto. Por outro lado, não pode um empreendimento dizimar determinado povo indígena ou tribal, mas essa questão não se relaciona com a vinculatividade da consulta da Convenção OIT nº 169.

A ausência de consentimento é condizente com a democracia porque uma minoria não pode decidir pelo bem de todos. Esse foi o argumento usado pelo Equador quando, nos debates da Assembleia Constituinte de 2007, tentaram incluir na Constituição a obrigatoriedade do consentimento, ao invés da consulta, como prevista na Convenção OIT nº 169.[1147] Biviany Rojas Garzón constata ser impossível falar abstratamente de poder de veto ou de obrigação de consentimento nas consultas da Convenção OIT nº 169, ainda mais em "se tratando de sociedades plurais nas quais nenhum grupo deve ter o poder se de impor sobre os demais".[1148] Raciocínio também efetuado pela Senadora Marina Silva, ex-Ministra do Meio Ambiente, ao dizer que o veto desvirtuaria o sentido da Convenção OIT nº 169, devendo ser rechaçado "porque o poder de veto já ia pressupor que um grupo se sobrepõe ao conjunto da sociedade".[1149]

O filósofo Julián Marías, em seu *Tratado sobre a Convivência*, mostrou-se preocupado com a substituição da imposição das vigências majoritárias, que oprimiam as minorias discrepantes, "por outra, que de certo modo a inverte: *são os discrepantes que procuram impor-se*".[1150] Classifica tal tendência como

> estranho fenômeno iniciado ultimamente: a opressão das maiorias pelas minorias. [...] Produziu-se uma glorificação de interesses, atitudes, propósitos de grupos muito reduzidos, por vezes minúsculos, dos quais se fala todo o tempo, que estão presentes diante de todos os olhos e os ouvidos, que ocupam uma desmedida parte do horizonte público. Deveria ser feita uma apuração do que realmente significam, e de sua comparação com o volume efetivo das maiorias quase silenciosas. Os direitos das minorias a expressar-se e fazer valer seus pontos de vista me parecem essenciais; [...] O que me parece indesejável é que elas exerçam opressão, porque toda opressão me repugna. E se os mais numerosos ficam obscurecidos por muito poucos, isso significa ademais uma usurpação, uma desfiguração do real, em suma uma falsificação.[1151]

A própria Convenção OIT nº 169 autoriza a remoção dos índios ou povos tribais, somente reconhecendo o direito de eles voltarem a suas terras tradicionais assim que

---

[1147] Disse o Presidente da República equatoriana, àquela altura, que a criação do consentimento não seria possível porque "implicava em que uma minoria de 2% da população equatoriana decidia sobre recursos que pertencem a todos os equatorianos" (MELO, Mario. As perversidades de uma regulamentação deficiente e autoritária do direito de consulta prévia: o caso do Equador. In: GARZÓN, Biviany Rojas (Org.). *Convenção 169 da OIT sobre Povos Indígenas e Tribais*: oportunidades e desafios para a sua implementação. São Paulo: ISA, 2009. p. 180).

[1148] GARZÓN, Biviany Rojas. Qualificando a democracia representativa em sociedades plurais. A consulta de matérias legislativas no Brasil. In: GARZÓN, Biviany Rojas (Org.). *Convenção 169 da OIT sobre Povos Indígenas e Tribais*: oportunidades e desafios para a sua implementação. São Paulo: ISA, 2009. p. 293.

[1149] SILVA, Marina. O direito de consulta prévia sobre medidas legislativas que afetam os povos indígenas e quilombolas. In: GARZÓN, Biviany Rojas (Org.). *Convenção 169 da OIT sobre Povos Indígenas e Tribais*: oportunidades e desafios para a sua implementação. São Paulo: ISA, 2009. p. 363.

[1150] MARÍAS, Julián. *Tratado sobre a Convivência*: concórdia sem acordo. Trad. Maria Stela Gonçalves. São Paulo: Martins Fontes, 2003. p. 3.

[1151] MARÍAS, Julián. *Tratado sobre a Convivência*: concórdia sem acordo. 2003. p. 226-227.

deixarem de existir as causas que motivaram seu translado e reassentamento (art. 16, 3). Esse diploma normativo deixa claro que a remoção dos índios ou tribais é possível, embora indesejável sem o seu consentimento (art. 16, 2), harmonizando os interesses para que não haja ditadura da minoria.

Nossa Constituição também efetuou o mesmo balanceamento ao preceituar que somente haverá remoção dos índios (não há previsão para os povos tribais) de suas terras em hipóteses restritas, o que inclui o interesse nacional, havendo deliberação do Congresso Nacional, garantindo-se o retorno imediato logo que cesse o risco, quando este for a causa da remoção (art. 231, §5º). O conceito de interesse nacional não precisa ser detalhado em lei, porque é conceito jurídico indeterminado. Só haveria necessidade de lei se a Constituição o exigisse, como fez no §3º do artigo 37, o que, além de não ter ocorrido no caso, se torna desnecessário em face de conceito jurídico indeterminado.

A única previsão normativa que fala em consentimento prévio informado reside na Convenção sobre Diversidade Biológica (CDB), aprovada pelo Decreto Legislativo nº 2/94 e promulgada pelo Decreto nº 2.519/1998. Ao citar o consentimento prévio informado (*Prior Informed Consent* – PIC), ela o faz como *requisito de acesso aos recursos genéticos* (art. 15, 5), não como requisito para construção de empreendimentos em seu território ou mesmo permitir eventuais impactos que eles causem. O Estado brasileiro reconheceu que tal consentimento deveria ser dado, preliminarmente, pelas comunidades indígenas ou locais, quando está em jogo o acesso ao patrimônio genético (MP 2.186-16/01, art. 8º, §1º), embora ele tenha guardado para si a autorização final através do Conselho de Gestão do Patrimônio Genético (CGEN) ou instituição por ele credenciada (MP 2.186-16/01, art. 8º, *caput*, c/c art. 4º da Resolução CGEN 5/03). Em outras palavras, mesmo nesse caso, o consenso não significa poder de veto, já que a palavra final está com o CGEN. Despropositada a pretensão de empregar a previsão da CDB para interpretar a oitiva das comunidades indígenas, ou mesmo tribais, quando de empreendimentos ou autorizações de qualquer programa de prospecção ou exploração dos recursos existentes nas suas terras.

Mesmo a Constituição da Bolívia, aprovada em referendo constitucional em janeiro de 2009, que é, sem dúvida, uma das cartas constitucionais que mais prevê direitos aos indígenas, não exige o consentimento, apenas a consulta, ainda que obrigatória. Ela estabelece o direito dos povos indígenas de serem consultados mediante procedimentos apropriados, particularmente por suas instituições, toda vez que se prevejam medidas legislativas ou administrativas suscetíveis de afetá-los. Nesse contexto, respeita e garante o direito à consulta prévia obrigatória, realizada pelo Estado em relação à exploração dos recursos naturais não renováveis no território que habitam (art. 30, II, 15).

Essa opção constitucional boliviana foi mais que consciente, foi eloquente, porque o Tribunal Constitucional boliviano declarou inconstitucional frase do artigo 115 da Lei de Hidrocarbonetos (Lei nº 3.058/05), que previa o consentimento dos povos consultados.[1152] O argumento do Tribunal, segundo Marin Abadí Gutierrez Lópes, foi o

---

[1152] Na redação original constava: "ARTÍCULO 115º (Consulta). En concordancia con los Artículos 6º y 15º del Convenio 169 de la OIT, la consulta se efectuará de buena fe, con principios de veracidad, transparencia, información y oportunidad. Deberá ser realizada por las autoridades competentes del Gobierno Boliviano y con procedimientos apropiados y de acuerdo a las circunstancias y características de cada pueblo indígena, para determinar en qué medida serían afectados y con la finalidad de llegar a un acuerdo o lograr el consentimiento de las Comunidades y los Pueblos Indígenas y Originarios. La Consulta tiene carácter obligatorio y las

de que "apesar da consulta por mandato da Convenção 169 ser obrigatória, essa consulta não implica em outorgar autoridade à consulta, e, portanto, o consentimento dos povos indígenas impede ou vai contra a vontade geral do Estado e do resto da população".[1153]

10.2.3.1 A diferença entre a consulta prévia do artigo 6º, 1, "a", e a do artigo 15, 2, da Convenção OIT nº 169

Existe discussão na doutrina sobre o âmbito de aplicabilidade das consultas prévias aos povos indígenas e tribais, porque a prevista no artigo 6º parece mais abrangente do que a prevista no artigo 15 da Convenção OIT nº 169, tornando essa última desnecessária.

Isabela Figueroa doutrina que as previsões específicas na Convenção OIT nº 169 servem para reforçar a necessidade de oitiva em casos específicos, mas esses dispositivos devem ser vistos em harmonia com o artigo 6º.[1154] Por isso a autora critica o entendimento de que não se pode dispensar a consulta se o empreendimento não estiver em terras indígenas. Para ela, quando coexistirem os requisitos dos artigos 1º e 6º da Convenção, "a obrigação de consultar está configurada. A C169 não indica que os projetos a serem consultados são aqueles que estão no interior de terras demarcadas".[1155]

Adotar esse posicionamento tem significativos desdobramentos práticos. Um deles é a exigência de consulta aos povos, ainda que a atividade ou empreendimento não estejam dentro das áreas ocupadas pelos povos indígenas ou tribais, uma vez que se poderia estar diante do caso previsto no artigo 6º, 1, "a".

A tese é sedutora, mas se levada a ferro e fogo esbarra no óbice instransponível de inutilizar a consulta prevista no artigo 15, 2. A consulta deste artigo somente é necessária quando a obra ou atividade ocorre dentro da área indígena ou tribal, mas se houver impacto direto, existe espaço hermenêutico para a consulta com base no artigo 6º, 1, *a*. Embora se entenda que essa oitiva tem por fim condutas de alcance nacional, o texto deixa margem para que impactos diretos locais também a deflagrem.

Ao comentar sobre a oitiva da Convenção OIT nº 169, Roberta Jardim de Moraes e Mayara Bezerra entendem que o impacto direto teria o condão de atrair a realização da oitiva:

> Todavia, tal direito não é absoluto e irrestrito, mas sujeito à delimitação normativa fixada pela própria Convenção, refletida na condição de que a comunidade em questão seja

---

decisiones resultantes del proceso de Consulta deben ser respetadas". A Sentença Constitucional 0045/2006, de 02 de junho de 2006, declarou inconstitucional o artigo 115 da Lei nº 3.058 na frase "o lograr el consentimiento de las comunidades y los pueblos indígenas y originarios".

[1153] LÓPES, Marin Abadi Gutierrez. Entre a lei e a jurisprudência. Consulta ou consentimento. O caso da Bolívia. In: GARZÓN, Biviany Rojas (Org.). *Convenção 169 da OIT sobre Povos Indígenas e Tribais*: oportunidades e desafios para a sua implementação. São Paulo: ISA, 2009. p. 194.

[1154] "Mas ainda que os artigos 15 e 22 classifiquem tipos específicos de consulta, não devem ser interpretados restritivamente, de forma a limitar as situações que devem dar lugar a consulta, mas sim ser lidos conjuntamente com os artigos 6 e 7 da C169" (FIGUEROA, Isabela. A Convenção 169 da OIT e o dever do Estado brasileiro de consultar os povos indígenas e tribais. In: GARZÓN, Biviany Rojas (Org.). *Convenção 169 da OIT sobre Povos Indígenas e Tribais*: oportunidades e desafios para a sua implementação. São Paulo: ISA, 2009. p. 34.

[1155] FIGUEROA, Isabela. A Convenção 169 da OIT e o dever do Estado brasileiro de consultar os povos indígenas e tribais. In: GARZÓN, Biviany Rojas (Org.). *Convenção 169 da OIT sobre Povos Indígenas e Tribais*: oportunidades e desafios para a sua implementação. São Paulo: ISA, 2009. p. 41.

afetada diretamente pelas medidas administrativas em causa. Em outras palavras, apenas aquelas comunidades tribais que venham sofrer impacto direto em razão de alguma obra, ação, política ou programa a ser desenvolvido têm direito à Consulta assegurada pelo art. 6º daquele tratado.[1156]

Por outro lado, a consulta do artigo 6º, 1, "a", nada dispõe sobre obra ou atividade, preceituando que deverá haver consulta aos povos interessados "sempre que sejam previstas medidas legislativas ou administrativas suscetíveis de afetá-los diretamente" (art. 6º, 1, "a").

Enquanto no artigo 15, 2 é exigida a existência de obra ou atividade em área indígena ou tribal (dentro das terras), o artigo 6º, 1, "a", pressupõe medidas legislativas ou administrativas suscetíveis de afetação direta aos povos indígenas ou tribais como aptas a deflagrar a necessidade de consulta.

A interpretação que se propõe é a sistemática, harmonizando ambos os dispositivos sem tornar desnecessário algum deles, evitando-se que um seja fagocitado pelo outro.

Não haveria sentido prever uma consulta para os casos nos quais a atividade ou o empreendimento ocorresse dentro das terras indígenas ou tribais (art. 15, 2) e, ao mesmo tempo, prever outra consulta mais ampla e com critérios bem mais rigorosos (art. 6º, 1, "a"). Bastaria apenas prever que qualquer medida legislativa ou administrativa suscetível de afetar os povos diretamente ensejaria a consulta, e que o posicionamento geográfico da atividade ou empreendimento pouco importaria, tornando desnecessária a previsão do artigo 15, 2, da Convenção OIT nº 169.

Entretanto, como são dispositivos normativos diferentes, o intérprete deve conjugá-los, estabelecendo os limites de cada um, mas extraindo a utilidade conjunta de todos, uma vez que se na lei não há palavras inúteis, com tanto mais razão, incisos inteiros.

A interpretação que conjuga ambos os dispositivos e evita a sobreposição fagocitadora é aquela que distingue as consultas sobre (i) medidas legislativas ou administrativas de caráter nacional, que afetam os povos indígenas ou tribais (art. 6º, 1, "a"), daquelas relativas (ii) aos empreendimentos e atividades que estão em área desses povos (art. 15, 2).

A intenção da Convenção é a de garantir a consulta aos povos indígenas e aos tribais, levando em consideração a especificidade da consulta. A previsão específica (art. 15, 2) difere da geral (art. 6º, 1, "a") porque esta tem área de atuação diferenciada, ao preocupar-se com alterações legislativas ou administrativas com impacto em todos os povos – alteração de política pública que tenha alcance nacional. Quando a medida for pontual, não impactando a política pública como um todo, como é o caso de obras e atividades, seguem-se as previsões específicas, no caso a do artigo 15, 2, da Convenção OIT nº 169.

O artigo 6º não é soldado ou cláusula de reserva, ou mesmo utilizável quando as demais previsões de consulta não forem aplicáveis. As cláusulas de reserva vêm no

---

[1156] Reflexões sobre as consultas às comunidades quilombolas, no contexto do licenciamento ambiental e sua moldura no ordenamento jurídico atual. *In*: SILVA, Bruno Campos; GURGEL, Carlos Sérgio; THAMAY, Rennan (Coords.). *Direito e Política no Brasil – estudos em homenagem ao Professor José Afonso da Silva*. São Paulo: Almedina, 2023, p. 747.

final da regulação, com a devida ênfase a sua subsidiariedade. O artigo 6º localiza-se no início da Convenção OIT nº 169, não existindo nada a indicar ainda o seu caráter subsidiário. Ele exige a participação, via consulta, nos casos nos quais o Estado queira modificar ou criar políticas públicas que requeiram atos legislativos ou administrativos. Se a alteração for pontual, não abrangendo a todos os povos indígenas ou tribais, entram em ação cláusula de consulta especial, como a do artigo 15, 2 (obra ou empreendimento dentro do território).

Essa leitura parecer ter sido encampada pela recente Constituição do Equador (2008), aperfeiçoamento notório do que dispunha a anterior (1998).[1157] Com precisão, a atual Constituição equatoriana – depois de expressamente reconhecer que os diversos povos indígenas, afroequatorianos etc. formam parte do Estado equatoriano, uno e indivisível (art. 56) – é categórica ao prever a consulta obrigatória e oportuna, sobre planos de prospecção, exploração e comercialização de recursos não renováveis "que se encontrem em suas terras e que possa lhes afetar ambiental ou culturalmente" (art. 57, 7).[1158] Aparentemente, seguindo o artigo 6º, 1, "a", da Convenção 169 da OIT, ela previu também que os índios têm o direito de "ser consultados antes da adoção de uma medida legislativa que possa afetar qualquer de seus direitos coletivos" (art. 57, 17).

A Magna Carta equatoriana anterior (1998) somente previu a consulta para atividades dentro das terras indígenas, o que foi repetido pela atual, mas com a incorporação de que medidas legislativas que os afetam também gera o dever estatal de realizar a consulta. De certa maneira, nossa Constituição encampou a mesma ideia, mas sem prever a consulta para medidas gerais.

Essas previsões corroboram que a consulta do artigo 6º, 1, "a", é substancialmente distinta daquela do artigo 15, 2, da Convenção OIT nº 169, cuja tradição já se encontra constitucionalizada, ainda que não incluam os povos tribais.

O motivo da consulta do artigo 6º, 1, "a", da Convenção OIT nº 169, citar medidas legislativas ou administrativas não é para ampliar sua incidência sobre qualquer atividade estatal, por menor que seja. O objetivo é limitar essa consulta àquelas medidas gerais, que vão impactar os povos indígenas ou tribais. Citam-se também as medidas administrativas, porque além de poderem ter impacto nacional em alguns Estados, elas podem chegar a substituir a lei, o que poderia esvaziar a previsão da Convenção.

A consulta do artigo 6º da Convenção destina-se à edição de regras gerais, normalmente nacionais, dentro da esfera política do Estado em questão. Se o Estado for federal, vários entes federativos poderão editar normas locais que afetam diretamente os povos indígenas ou tribais, caso no qual eles também deverão ser ouvidos.

[1157] A Constituição do Equador de 1998 dispunha: "Art. 84. El Estado reconocerá y garantizará a los pueblos indígenas, de conformidad con esta Constitución y la ley, el respeto al orden público y a los derechos humanos, los siguientes derechos colectivos: [...] 5. Ser consultados sobre planes y programas de prospección y explotación de recursos no renovables que se hallen en sus tierras y que puedan afectarlos ambiental o culturalmente; participar en los beneficios que esos proyectos reporten, en cuanto sea posible y recibir indemnizaciones por los perjuicios socio-ambientales que les causen".

[1158] "Art. 57. Se reconoce y garantizará a las comunas, comunidades, pueblos y nacionalidades indígenas, de conformidad con la Constitución y con los pactos, convenios, declaraciones y demás instrumentos internacionales de derechos humanos, los siguientes derechos colectivos: [...]
7. La consulta previa, libre e informada, dentro de un plazo razonable, sobre planes y programas de prospección, explotación y comercialización de recursos no renovables que se encuentren en sus tierras y que puedan afectarles ambiental o culturalmente; participar en los beneficios que esos proyectos reporten y recibir indemnizaciones por los perjuicios sociales, culturales y ambientales que les causen. La consulta que deban realizar las autoridades competentes será obligatoria y oportuna. Si no se obtuviese el consentimiento de la comunidad consultada, se procederá conforme a la Constitución y la ley".

Outra leitura sistemática possível, que corrobora a primeira, é a de que a própria Convenção OIT nº 169 interpretou o seu espírito em relação à prévia consulta. Ao estabelecer que, no caso de obras ou atividades, a consulta de medidas que atingissem diretamente os povos indígenas e tribais fosse efetuada somente quando estivesse dentro de terras indígenas, ela nada mais fez do que concretizar o que ela entende por "medidas legislativas ou administrativas suscetíveis de afetá-los diretamente" (art. 6º, 1, "a") no caso de obras e atividades.

A afetação direta da medida legislativa ou administrativa aos povos indígenas e tribais tem que ser direta, visível, caso contrário qualquer legislação, por mais geral que seja, deverá passar pelo crivo dos povos indígenas e tribais, desbordando, desse modo, do sentido da norma da Convenção. Certamente se inclui, no âmbito mínimo do dispositivo da Convenção (art. 6º, 1, "a"), a regulação das populações indígenas como competência privativa da União (CF, art. 22, XIV), mas também situações igualmente claras em termos de impacto direto sobre os povos indígenas, como a regulamentação do artigo 176, §1º, da Constituição, quando a lei estabelecerá as condições específicas, no caso de a pesquisa e a lavra de recursos minerais e o aproveitamento dos potenciais de energia hidráulica se desenvolverem em terras indígenas.

A Corte Constitucional colombiana, em decisão recente (*Sentencia* C-175/09), asseverou que somente se faz necessária a oitiva em relação às medidas legislativas que podem impactar diretamente os povos indígenas e/ou tribais.[1159]

No caso de medidas de âmbito nacional, regional ou local gerarem consultas baseadas no artigo 6º, faz-se necessário estabelecer mecanismos de como consultar os povos afetados diretamente. A realidade fragmentada das lideranças e a praticabilidade impõem a consulta às lideranças nacionais, regionais ou locais, quando forem efetuadas medidas administrativas ou legislativas nacionais, regionais e locais, respectivamente. Essa consulta pode ser efetuada via órgãos representativos, nacionais e/ou locais, desses povos.

Esse sistema de consultas tende a se aperfeiçoar de forma bidirecional com o passar do tempo, na medida em que as consultas são realizadas: do Estado para as lideranças dos povos indígenas e tribais, e vice-versa. Nas primeiras consultas, tanto o Estado quanto os povos estarão se aperfeiçoando para melhor colher a opinião das lideranças. Deve-se ter consciência de que o desenvolvimento desse instrumento participativo (consulta) é um processo contínuo e lento, até alcançar a sua forma ideal – se é que ela existe, tendo em vista as peculiaridades que norteiam esse tipo de consulta.

A criação ou reorganização de órgãos ou entidades que tenham relação direta com esses povos pode ensejar a consulta prévia, caso as mudanças sejam suscetíveis de afetá-los diretamente. Não basta o simples deslocamento instrumental das atribuições do órgão, é necessário que haja alterações que realmente causem *impactos substanciais*, sob pena de a organização do Estado ficar na dependência da consulta, o que extrapola o alcance da consulta da Convenção OIT nº 169.[1160]

[1159] Para el caso particular de las medidas legislativas, la consulta se predica sólo de aquellas disposiciones legales que tengan la posibilidad de afectar directamente los intereses de las comunidades, por lo que, aquellas medidas legislativas de carácter general, que afectan de forma igualmente uniforme a todos los ciudadanos, entre ellos los miembros de las comunidades tradicionales, no están sujetas al deber de consulta, excepto cuando esa normatividad general tenga previsiones expresas, comprendidas en el ámbito del Convenio 169 de la OIT, que sí interfieran esos intereses.

[1160] Os impactos substanciais, de qualquer maneira, devem ser harmonizados com a derrogação da oitiva nos casos descritos pelo Supremo Tribunal Federal (Petição 3.388/RR) e pela Advocacia-Geral da União (Portaria AGU 303/12, art. 1º).

10.2.4 Diferença entre a oitiva das comunidades indígenas e tribais e as audiências públicas

Nada impede que os índios participem das audiências públicas, embora essas dificilmente ocorrerão em suas terras, pois a audiência deve acontecer em espaço acessível a todos. A terra indígena não seria um local adequado para audiências públicas, porque a sua natureza e função impõem a restrição de acesso a todos os interessados. Então, a regra é que a participação da comunidade indígena na audiência pública não elimina a necessidade de sua oitiva, que é motivada em hipótese mais restrita (existência de futuros empreendimentos em terras indígenas), como será analisado no próximo item desse capítulo. Ressalte-se que o mesmo não ocorre para os povos tribais, uma vez que a restrição de acesso não existe para eles.

A diferença entre oitiva das comunidades indígenas ou tribais e audiências públicas é evidente. Nestas, a língua utilizada é o português e pode participar qualquer cidadão, inclusive os índios ou membros das tribos e suas lideranças. Não existe a obrigatoriedade de converter a linguagem da audiência pública para qualquer minoria, como analfabetos, surdos, cegos ou índios. Mesmo os documentos sobre os quais girarão os debates na audiência pública (*v.g.*, Rima) não precisam ser colocados em áudio, braile, em alguma língua utilizada por alguma comunidade quilombola ou indígena.

Tal distinção não impede o reconhecimento de que na audiência pública possa ter havido a oitiva indígena, por exemplo, pela participação de suas lideranças ou representantes. Nesse caso, teria havido o direito de participação porque, pela autodeterminação dos povos indígenas e tribais, as lideranças podem representar a todos.

10.2.5 Oitiva somente quando empreendimento (de exploração de recursos) estiver em terras indígenas ou tribais: insuficiência do impacto direto

Tanto pela Convenção OIT nº 169 (art. 15, 2) quanto pela Constituição (art. 231, §3º), a consulta é necessária quando *o empreendimento estiver em terras indígenas*, ressalvado que apenas a Convenção impõe a consulta em relação às terras simplesmente tribais. Por essa razão, fala-se em "pertencer ao Estado a propriedade dos minérios ou dos recursos do subsolo, ou de ter direitos sobre outros recursos, *existentes nas terras*", "programa de prospecção ou exploração dos recursos existentes *nas suas terras*" (art. 15, 2) ou mesmo "aproveitamento dos recursos hídricos, incluídos os potenciais energéticos, a pesquisa e a lavra das riquezas minerais *em terras indígenas*" (art. 231, §3º).

Pela terminologia adotada na Convenção OIT nº 169 e pela nossa Constituição, constata-se que o critério foi geográfico, não sendo necessária a oitiva quando simplesmente houver impacto, ainda que direto. O STF assim já entendeu na SL 246/MT.[1161]

[1161] "Pelo que consta dos autos, tem-se que as pequenas centrais hidrelétricas não serão instaladas em área indígena, mas em suas adjacências, situação que, em análise perfunctória, se distanciaria da necessidade de autorização do Congresso Nacional exigida pelo art. 231, §3º, da Constituição Federal" (STF, Presidência, SL 246/MT, Rel. Min. Gilmar Mendes, j. em 06.06.08, DJe 18.06.2008). Entendimento mantido pelo Pleno do Supremo Tribunal Federal (STF, Pleno, v.u., SL 246 AgR/MT, Rel. Min. Cármen Lúcia, j. em 07.04.2017, DJe 09.05.2017).

Em 2009 e 2019, o TRF da 1ª Região entendeu que se o empreendimento (Complexo Hidrelétrico de Juruena/UHEs Santo Antonio e Jirau) não se localiza em terra indígena não precisa de autorização do Congresso Nacional,[1162] mudando de orientação em relação a julgados que a exigiam ainda que não localizados dentro de terra indígena tendo em vista a "interferência direta no mínimo existencial-ecológico das comunidades indígenas" (UHE Teles Pires[1163] e UHE Paiaguá).[1164]

Como visto, há espaço para interpretação de que o impacto direto necessita da oitiva ainda que não esteja dentro do território do povo indígena ou tribal, a depender da exegese do artigo 6º, I, *a*, da Convenção OIT nº 169. Entretanto, tal exegese não é possível quando se trata do artigo 231, §3º, da CF, que é muito claro ao exigir empreendimento, obra ou atividade *em* terra indígena.

A Constituição colombiana também prevê que a participação dos representantes das comunidades indígenas somente ocorre quando há exploração de recursos naturais "em territórios indígenas" (art. 330, parágrafo único).

Ademais, agregue-se ao fato de que a oitiva não se justifica somente diante de mero empreendimento em terras indígenas, mas também da exploração de recursos existentes nessas terras. O próprio artigo 49, XVI, além do artigo 231, §5º, da CF corrobora esse entendimento, ao dispor que cabe ao Congresso Nacional "autorizar, em terras indígenas, a exploração e o aproveitamento de recursos hídricos e a pesquisa e lavra de riquezas minerais". Sem (i) exploração de recursos, não bastando a mera localização do empreendimento não basta,[1165] (ii) em terras indígenas não há que se falar em oitiva ou mesmo autorização do Congresso.

Entretanto, o STF, em decisão monocrática pendente de recurso (RE nº 1.379.751), entendeu que não se deveria fazer uma interpretação literal da Constituição, em análise sistêmica e teleológica da Convenção, bastando que houvesse impacto em terras indígenas, sendo desnecessário que a localização do empreendimento estivesse dentro do território.

> Além disso, uma interpretação sistemática e finalística do art. 231, §3º, da Constituição Federal não impõe como requisito que o empreendimento propriamente dito esteja situado em terras indígenas, mas apenas que estas terras venham a ser efetivamente por ele afetadas.

[1162] "[...] AUTORIZAÇÃO DO CONGRESSO NACIONAL. OBRAS SITUADAS FORA DE ÁREA INDÍGENA. DESNECESSIDADE. SENTENÇA MANTIDA. [...] 14. Afasta-se a necessidade de autorização do Congresso Nacional, nos termos do que disciplina o art. 231, §3º, da Constituição, haja vista que o empreendimento não se situa em terras indígenas, mas em suas adjacências, conforme comprovado nos autos e consoante interpretação autorizada pelo STF ao analisar a Suspensão da Liminar nº 246/MT, pertinente a esta causa". (TRF da 1ª Região, 5ª T. Ampliada, AC 0000023-64.2008.4.01.3600, Rel. Des. Fed. Daniele Maranhão, j. em 13.08.2019, *e-DJF1* 13.09.2019).
"[...] 2. Não se cuidando de aproveitamento hidrelétrico em terras indígenas, não há necessidade de autorização do Congresso Nacional e nem de consentimento prévio de populações indígenas. Precedentes do STF. 3. Agravo de instrumento a que se nega provimento". (TRF 1ª Região, 6ª T., v.u., AC 0003066-42.2008.4.01.0000, Rel. Des. Fed. Maria Isabel Gallotti Rodrigues, j. em 19.01.2009, *e-DJF1* 25.02.2009. p. 194)

[1163] TRF da 1ª Região, 5ª T., AC 0003947-44.2012.4.01.3600, Rel. Des. Fed. Souza Prudente, j. em 30.11.2016, *e-DJF1* 14.03.2017.

[1164] TRF da 1ª Região, 5ª T., AI 0076857-68.2013.4.01.0000, Rel. Des. Fed. Souza Prudente, j. em 15.05.2014, *e-DJF1* 13.06.2014. p. 388.

[1165] "[...] 3. Havendo, tão-somente, a construção de canal passando dentro de terra indígena, sem evidência maior de que recursos naturais hídricos serão utilizados, não há necessidade da autorização do Congresso Nacional" (STF, Pleno, ACO 876 MC-AgR/BA, Rel. Min Menezes Direito, j. em 19.12.2007, *DJe* 31.07.2008, *RTJ* 205/02/537).

> Do contrário, caso o referido dispositivo constitucional seja interpretado de forma literal e restritiva, como proposto pelos recorrentes, admitir-se-ia o absurdo de considerar constitucional a realização de empreendimento que, por não estar incluído em terras propriamente indígenas, venha a torná-las inóspitas, direta ou indiretamente, ou prejudicar drasticamente a cultura e a qualidade de vida das populações indígenas que habitam na região.[1166]

Na decisão é presumida, equivocadamente, que a oitiva é prévia à decisão do Congresso, e não à autorização para o aproveitamento dos recursos. O que a Constituição prevê é autorização do Congresso, oitiva e participação nos resultados da lavra, essa na forma da lei, para que haja aproveitamento dos recursos hídricos, incluídos os potenciais energéticos, a pesquisa e a lavra das riquezas minerais em terras indígenas (CF, art. 231, §3º). A Constituição não exige a prévia oitiva para a autorização do Congresso; na verdade, a Lei Maior nem mesmo preceitua que o destinatário das oitivas é o Congresso Nacional.

Em sua discricionariedade política, o Congresso Nacional pode exigir que haja a oitiva dos indígenas para a sua tomada de decisão, mas essa oitiva é mera faculdade, e não uma obrigação constitucional a ele dirigida.

Na primeira autorização do Congresso Nacional, pós Constituição, de empreendimento em terra indígena, cujo impacto (alagamento) alcançava quase 10% da TI, a oitiva dos indígenas foi mediante visita de parlamentares à região.

O Decreto Legislativo nº 103, de 24 de outubro de 1996 (UHE Serra da Mesa/TO) foi editado após audiência pública no Congresso Nacional, ao destacar em seu parecer que essa audiência resultou "em importantes subsídios para esta Relatoria, que foram somados aos obtidos no próprio local do empreendimento, resultante da visita que fizemos à região, em setembro de 1996".[1167]

O caso da UHE Belo Monte é singular porque (i) o próprio RE nº 1.379.751 admitiu que não havia empreendimento em terra indígena, apenas impactos nela e a (ii) edição do Decreto Legislativo nº 788/2005 ocorreu em decorrência de decisão prolatada em ACP 0005850-73.2001.4.01.3900 (2001.39.00.005867-6), cuja causa de pedir continha violação ao artigo 231, §3º, da CF, que não permitiu a elaboração dos estudos ambientais sem a autorização legislativa. Essa decisão não foi suspensa pelo STF (PET 2604), o que a tornou ainda mais efetiva. A SL 125 (STF) somente veio em 2007, quando já havia decreto legislativo, e cujo objeto foi possibilitar a oitiva pelo Executivo (Ibama).

Outro equívoco do RE nº 1.379.751 é pressupor o conhecimento do impacto para a autorização legislativa. Esse requisito não consta da Constituição e transformaria a decisão do Congresso Nacional em decisão técnica, não política.

Ainda que a Constituição seja categórica em exigir que o empreendimento ou a atividade estejam dentro do território indígena (elemento geográfico) como requisito para a anuência do Congresso, a natureza da decisão ainda é política.

Logo, cabe ao Parlamento interpretar como a sua decisão ocorrerá, se com oitiva prévia ou posterior à sua decisão, ou, ainda, delegada, como ocorreu com o AHE Belo Monte – delegação ao Executivo posteriormente à autorização cristalizada no Decreto Legislativo nº 788/2005.

[1166] STF, RE nº 1.379.751/PA, Rel. Min. Alexandre de Moraes, j. em 01.09.2022, DJe 02.09.2022.

[1167] Diário da Câmara dos Deputados, 13 de setembro de 1996. p. 25.446.

Também compete ao Congresso Nacional exigir ou não estudos para decidir, não havendo necessidade de haver estudo de impacto ambiental (EIA) ou, mais especificamente, do estudo do componente indígena (ECI). A questão dos impactos ambientais compete aos órgãos ambientais licenciadores, havendo ainda a possibilidade de outros também lidarem com tais impactos no âmbito dos planos, programas e políticas públicas (PPP), mas nesses casos não se exige o EIA, mas, no máximo, uma avaliação ambiental estratégica (AAE).

É essencial salientar que não cabe exegese ampliativa para abarcar a necessidade de oitiva diante de qualquer impacto, ainda que direto, em suas terras. Como se viu, além dos instrumentos de participação serem exceção na democracia semidireta, o que já justificaria exegese restritiva, a oitiva, por ser previsão mais específica e excepcional (exceção dentro da exceção), deve sofrer leitura ainda mais restritiva. Ademais, o critério é geográfico (dentro da área indígena) e utilitarista (extração de recursos que existem em terras indígenas), o que corrobora a afirmação de que não é o impacto que está em jogo, mas a exploração de recursos nas terras indígenas.

Nesses casos, não há a necessidade de oitiva para a decisão política do Congresso Nacional, prevista na Constituição para os indígenas, ou para o Estado em geral no caso de povos tribais, uma vez que a Convenção OIT nº 169 não especifica o órgão. Quando está em jogo o processo de licenciamento ambiental, a comunidade indígena pode ser ouvida ainda que o impacto seja indireto, desde que prevista na normativa ambiental.

10.2.6 Necessidade de oitiva para implementar a obra, não para autorizá-la, ainda que condicionalmente, e nem para efetuar estudos de viabilidade

Na Constituição (art. 231, §3º), também existe previsão de oitiva das comunidades indígenas afetadas quando o "aproveitamento dos recursos hídricos, incluídos os potenciais energéticos, a pesquisa e a lavra das riquezas minerais", ocorre em suas terras, exigindo também a autorização do Congresso Nacional.

A consulta tem que anteceder a implementação da obra, não se fazendo necessária quando da tomada da decisão ou de estudos prévios, sejam ambientais ou não. *A Constituição fala em aproveitamento e não em previsão de exploração, que nada mais é do que a mera probabilidade de prospecção.* O objetivo desse dispositivo constitucional é consultar a comunidade indígena para lhe dar a possibilidade de conhecer o que teoricamente será feito (o que já torna necessária alguma decisão – pressuposto lógico), o que pode incluir algum detalhamento rudimentar ou mais bem-acabado, tendo em vista que a teoria não se opõe a projetos provisoriamente bem definidos. Sem alguma decisão, em termos de planejamento, a própria oitiva da comunidade seria prejudicada, dificultando, senão impossibilitando, "determinar se os interesses desses povos seriam prejudicados, e em que medida" (Convenção OIT nº 169, art. 15, 2).

Por outro lado, pelo fato de a Convenção OIT nº 169 empregar o verbo autorizar (embora também use o empreender) pode-se ter a impressão de que a oitiva é necessária, antes mesmo de se pensar em decisões que tenham o potencial de afetar as comunidades indígenas. O que a Convenção proíbe é uma decisão política imutável antes da oitiva, não chegando a vedar, por exemplo, estudos técnicos (*v.g.*, estudos ambientais, inventário hidrelétrico). Se o Estado autoriza alguma obra ou atividade que afete diretamente os índios enquanto tais e que é sujeita a mudanças – ao licenciamento ambiental, por exemplo – que podem influenciar na sua própria concepção, a decisão não é nula. *O que a Convenção proíbe é a tomada definitiva de decisão sem a oitiva*. Como se pode fazer uma oitiva se não há certeza do que será feito!? Quais questões seriam objeto da oitiva? Alguma decisão tem que haver (pressuposto lógico). *O critério utilizado para aferir a validade da decisão deve ser a possibilidade de a oitiva surtir algum efeito na decisão estatal, que deve, pelo menos, assumir forma mínima.*

Ressalte-se que não existe nenhuma vedação à decisão condicional sobre o empreendimento, submetendo-o à aprovação, por exemplo, dos estudos antropológicos e ambientais que forem efetuados, quando haverá a efetiva autorização (jurídica) sobre implantação do projeto condicionalmente aprovado. Esse tipo de decisão em nada impacta a oitiva das comunidades indígenas, nem desprestigia o instituto da participação de um modo geral, sendo normalmente adotada para evitar a repetição de atos desnecessários. A consulta continua apta a influenciar a decisão estatal, porque o órgão prolator do ato pode a qualquer momento editar outro ato desautorizando a implantação do empreendimento, por motivos políticos ou técnicos, o que certamente inclui o resultado das oitivas, consultas e audiências públicas, bem como os demais estudos necessários.

No Chile, o Ministério de Minas e Energia entende que a obrigação estabelecida no artigo 15.2 da Convenção é a de consultar os povos antes do início das *operações* nos territórios indígenas.[1168]

10.2.7 A representatividade dentro da comunidade indígena ou tribal e a boa-fé

A representatividade dentro da comunidade indígena ou tribal também é questão fundamental. Às vezes, a oitiva é feita somente por intermédio dos líderes das comunidades, tendo em vista sua auto-organização e o respeito as suas lideranças.

Como a Convenção OIT nº 169 prevê a consulta aos povos indígenas mediante procedimentos apropriados e, *particularmente, por meio de suas instituições representativas* (artigo 6, 1, "a"), a consulta das lideranças pode ser o meio adequado para a oitiva da comunidade, não se exigindo, portanto, a oitiva de toda comunidade afetada. Em relação aos povos indígenas, a própria Funai também reconhece o papel das lideranças. Ao regulamentar o seu papel na análise de licenciamentos ambientais que impactam os índios, ela tem como princípio considerar o respeito a sua organização social, usos, costumes, tradições e a "participação livre dos povos indígenas interessados [...] respeitando suas tradições e instituições representativas" (IN Funai nº 01/2012, art. 3º, III e VIII).

A Constituição Federal garante aos "índios, suas comunidades e organizações" como partes legítimas para ingressar em juízo em defesa de seus direitos e interesses" (art. 232), mas nas ações coletivas a representação é feita pelo Cacique. Não há necessidade de que os indígenas participem da ação em condição de litisconsortes ativos e, nem por isso,

---

[1168] PINTO, Vladimir. Situação do direito à consulta e o consentimento prévio, livre e informado aos povos indígenas no Peru. *In*: GARZÓN, Biviany Rojas (Org.). *Convenção 169 da OIT sobre Povos Indígenas e Tribais*: oportunidades e desafios para a sua implementação. São Paulo: ISA, 2009. p. 168.

está se refutando a existência de seu interesse no objeto da ação, apenas reconhecendo que não detém qualquer direito individual a resguardar, porque todo o patrimônio indígena pertence à coletividade indígena.[1169]

A Constituição colombiana também prevê que a participação devida, quando houver exploração de recursos naturais em territórios indígenas, deve ser mediada por representantes das comunidades indígenas (*"los representantes de las respectivas comunidades"* – art. 330, parágrafo único).

Na interlocução com os indígenas ou tribais pode ser necessário recorrer à boa-fé do poder público e à responsabilidade que as comunidades indígenas ou tribais depositam em seus representantes. Não invalida a oitiva eventuais desencontros representativos. Respeitar as lideranças é obrigação do Estado, mas a relação delas com os representados é questão interna dos povos tribais e indígenas, não podendo o Estado interferir na sua autodeterminação e organização.

A boa-fé na relação com as lideranças também impõe que essas traduzam adequadamente (informação adequada) os impactos aos seus liderados. Não é apenas uma questão de usar a língua do povo envolvido, mas a de facilitar a compreensão do que está sendo proposto de acordo com a cultura específica, que ninguém conhece melhor do que o líder. Em outras palavras, as lideranças também têm responsabilidades no processo de consulta.

10.2.8 A necessidade de procedimentos prévios para a consulta e a razoabilidade do prazo: vedação do abuso de direito ou dos atos emulativos

As comunidades indígenas e tribais devem ter um prazo razoável para se manifestar sobre a consulta que lhe é dirigida. Não adianta disponibilizar a informação e cobrar decisões em prazos apertados, desarrazoados. Deve-se, dentro do possível, respeitar os costumes dos povos a serem consultados, atribuindo-lhes tempo razoável para que decidam.

A boa condução do procedimento consultivo também envolve o ajuste prévio com as lideranças de como a consulta ocorrerá. Na verdade, é parte imanente da consulta.

Entretanto, a exigência de acordar sobre a forma de realização da consulta e razoabilidade de prazo não pode se transformar em óbice à continuidade do processo consultivo. A razoabilidade do prazo não pode implicar veto ao processo consultivo sob o pretexto da falta de acordo sobre o procedimento ou exiguidade dos prazos para decidir. Se a própria consulta não pode obstar a decisão estatal, muito menos os procedimentos prévios.

[1169] Cf.: TRF da 4ª Região, 4ª T., AI 5034037-47.2022.4.04.0000, Rel. Des. Fed. Luís Alberto D'azevedo Aurvalle, j. aos autos em 02.08.2023: "ADMINISTRATIVO. PROCESSUAL CIVIL. AGRAVO DE INSTRUMENTO. LEGITIMIDADE ATIVA DO CACIQUE PARA REPRESENTAR A COMUNIDADE INDÍGENA EM SEUS DIREITOS E INTERESSES. ART. 232 DA CF/88. 1. O cacique representa associação ou comunidade indígena, *ex vi* do art. 232 da CF/88, o que o legitima para ingressar em juízo em defesa de seus direitos e interesses, mormente que o MPF anui com a representação da comunidade tribal pelo cacique, pois envolve direitos e interesses que afetam a coletividade do grupo indígena, a Constituição Federal, as normas internacionais e o Estatuto do Índio garantem a legitimidade das comunidades e organizações indígenas para demandarem judicialmente, por meio de seus legítimos representantes".

O prazo definido pelo Estado não descaracteriza a consulta como livre, porque a conjugação de esforços para a oitiva deve nortear ambas as partes, tanto o Estado quanto os povos consultados.

Em casos nos quais há evidências de que os povos a serem consultados estão inviabilizando a oitiva, evitando acordos em prazos razoáveis para a sua realização, deve-se continuar o processo decisório sem a consulta. Normalmente a resistência não é explícita, mas assume uma forma velada. Por isso os indícios e a análise contextual são fundamentais. Há abusos que transformam razões legítimas em meros pretextos para se evitar a oitiva.

Aliás, essa conduta obstativa no âmbito do direito à participação não é fenômeno exclusivo das oitivas, existindo também nas audiências públicas, como destacado nos itens "10.1.2.11 Tumultos e abuso de poder participativo: desaforamento, substituição por outros meios participativos e *ad impossibilia nemo tenetur*".

Em relação às audiências públicas ambientais, o STF rechaçou o abuso do direito de participar, ao admitir como superável a participação no processo de licenciamento ambiental diante das tentativas de boicotá-la. O argumento do Min. Sepúlveda Pertence foi assim expresso:

> [...] 111. Causa estranheza que se busque evitar a realização dessas audiências. [...] 112. Não se pode imputar, contudo, ao Ibama ou ao empreendedor a frustração parcial das audiências programadas [..] 115. Não tenho, pois, como intransponível, para a licença que se discute – a Licença Prévia –, o obstáculo gerado pelo torpedeamento de várias das audiências programadas, que, de outra forma, implicaria a punição ao empreendedor, quando é certo que não se lhe pode imputar culpa pelos fatos.[1170]

Esse entendimento é aplicável a outras modalidades de participação, como a oitiva dos povos indígenas e tribais da Convenção OIT nº 169. Por essa razão, são meramente aclaratórias as normas que preveem a não realização da oitiva por motivos alheios à responsabilidade da instituição, do órgão estatal responsável por ela ou do empreendedor como não obstativa do seguimento do processo de licenciamento ambiental, como faz a IN Incra nº 111/21 (art. 8º).[1171]

Roberta Jardim de Moraes e Mayara Alves Bezerra também admitem o abuso de poder na recusa ou postura protelatória em participar do processo de consulta, com vistas a configurar verdadeiro óbice à condução do processo de licenciamento ambiental: "Com efeito, o direito à consulta livre, prévia e informada deve ser exercido de boa-fé e com o intuito de chegar a bom termo, não podendo ser utilizado como instrumento de objeção ao empreendimento".[1172]

Recentemente, constou do RE nº 1.379.751 que "essa oitiva deve ser efetiva e eficiente, de modo a possibilitar que os anseios e as necessidades dessa parte da

---

[1170] STF, ACO-MC 876/BA, Rel. Min. Sepúlveda Pertence, j. em 18.12.2006, *DJU* 01.02.2007. p. 148, *RTJ* 200/01/242-243.

[1171] "Art. 8º. Adotadas todas as providências visando à realização de oitiva das comunidades quilombolas e esta não se efetivar por motivos alheios à responsabilidade da Autarquia ou do empreendedor, o Incra manifestar-se-á com relação aos produtos apresentados, registrando a ausência de oitiva".

[1172] Reflexões sobre as consultas às comunidades quilombolas no contexto do licenciamento ambiental e sua moldura no ordenamento jurídico atual. *In*: SILVA, Bruno Campos; GURGEL, Carlos Sérgio; THAMAY, Rennan (Coords.). *Direito e Política no Brasil – estudos em homenagem ao Professor José Afonso da Silva*. São Paulo: Almedina, 2023, p. 756-757.

população sejam atendidos com prioridade", o que poderia levar a impropriedade na exegese da questão. Não se trata de transformar a consulta em balcão de negócios ou de exigências ("atendimento prioritário dos anseios e as necessidades") sob a ameaça de veto, ainda que velado, por obstrução processual, mas de incorporar o aporte informacional para decisão.

A Funai, em Despacho – CGLIC/DPDS/2022 (4295621, PA nº 08620.006397/2022-71) de 09.07.2022, analisou a teoria do abuso de poder por meio de atos emulativos, comissivos ou omissivos, que sobrestam de forma indefinida a sua manifestação a respeito dos impactos socioambientais e culturais aos povos e terras indígenas decorrentes da atividade/empreendimento objeto do licenciamento. Solicitou orientação jurídica para aplicar por analogia o já exposto no art. 8º da Instrução Normativa Incra nº 111/2021, tendo como resultado o amparo legal para autorizar a elaboração do ECI por meio da utilização de dados secundários e, na sequência, se manifestar em relação aos produtos apresentados, registrando a ausência de oitiva.

A AGU entendeu que configurado o ato emulativo, este "não fica infenso ao controle estatal, e a fundamentação trazida na própria consulta é cabal, juridicamente acertada e suficiente para a adoção das providências continuativa do licenciamento ambiental" (Nota Jurídica nº 00028/2022/COAF-CONS/PFE-FUNAI/PGF/AGU), tendo o Despacho nº 00854/2022/GAB/PFE/PFE-FUNAI/PGF/AGU sido categórico em dizer que,

> em se constatando documentalmente o desinteresse dos Povos Indígenas em participar da elaboração do Estudo do Componente Indígena de empreendimentos, há amparo legal para que a Coordenação-Geral de Licenciamento Ambiental autorize a elaboração do ECI por meio da utilização de dados secundários e, na sequência, se manifeste com relação aos produtos apresentados, registrando a ausência de oitiva.[1173]

Esse comportamento obstativo também ocorreu nos Estados Unidos, tendo a Corte de Circuito do Distrito de Columbia (*D.C. Circuit Court*), em *Oglala Sioux Tribe v. Nuclear Regulatory Commission* (2022), mantido a licença para o empreendimento, porque determinada tribo impactada se negou a participar do procedimento por discordar dos métodos e tempo do estudo da área, bem como da quantia para a tribo participar dele.

O órgão licenciador entendeu como cumpridos os requisitos do *National Environmental Policy Act* (NEPA) e do *National Historic Preservation Act* (NHPA), que impõe participação da tribo indígena afetada pela futura decisão, garantindo-lhe razoável oportunidade para identificar problemas e ajudar a resolver qualquer efeito adverso. Embora sem o estudo efetuado, essa decisão foi mantida pelo Judiciário, "porque a intransigência da Tribo tornou suas informações de recursos culturais, de fato, indisponíveis".

A regulamentação do NEPA pelo Conselho de Qualidade Ambiental (*Council on Environmental Quality* – CEQ) prevê que, quando informações importantes estão indisponíveis, os órgãos ou entidades estatais podem explicar no estudo ambiental por que as informações não estavam disponíveis e quais as ações tomadas para lidar com essa indisponibilidade.[1174] Conforme narrado na decisão judicial, consta na explicação

---

[1173] Nota Jurídica nº 00028/2022/COAF-CONS/PFE-FUNAI/PGF/AGU, de 03.08.2022, e o Despacho nº 00854/2022/GAB/PFE/PFE-FUNAI/PGF/AGU, de 29.09.2022, foram proferidos nos autos do PA nº 08620.006397/2022-71.
[1174] *Oglala Sioux Tribe v. Nuclear Regulatory Commission* (D.C. Circuit Court – 2022).

do órgão licenciador que a indisponibilidade das informações foi devido "à "falta de vontade demonstrada da Tribo ou falha injustificável em trabalhar" com a Comissão, sem "garantia razoável" de um acordo futuro. Sem a participação da Tribo, suas informações de recursos culturais "não seriam obtidas de outra forma" e, portanto, não estavam disponíveis".

10.2.9 A possibilidade de delegação da oitiva das comunidades indígenas pelo Congresso

Não apenas o Congresso Nacional pode consultar diretamente as comunidades indígenas, como também delegar a outros órgãos públicos, inclusive do Poder Executivo. A obrigação é de oitiva, não se relaciona aos órgãos que a promovem. Tal delegação é até recomendada pelo princípio da eficiência e praticabilidade administrativas, uma vez que os órgãos do Executivo – Funai, Ibama[1175] e ICMBio, por exemplo – têm melhores condições de auscultar a comunidade indígena.

O ato que não pode ser delegado é a decisão sobre a efetivação do empreendimento ou obra em terras indígenas, motivo pelo qual a Constituição prevê que é da competência exclusiva do Congresso Nacional autorizar, em terras indígenas, a exploração e o aproveitamento de recursos hídricos e a pesquisa e lavra de riquezas minerais (art. 49, XVI). O restante do processo é questão interna corporis, havendo ampla margem para o Legislativo decidir como proceder.

A delegação da oitiva para órgãos do Poder Executivo não se confunde com a oitiva efetuada pelo empreendedor privado, ainda que a obra seja efetuada pelo Executivo. Não existe privatização de uma função pública e nem ausência de imparcialidade na consulta. Se esse último raciocínio procedesse, a própria oitiva pelo Congresso Nacional seria suspeita no caso de obras federais, porque ele é um órgão federal. A Funai, o Ibama e o ICMBio, por exemplo, são órgãos estatais (natureza de autarquias) com conhecimento, derivado de sua área de atuação, para proceder às oitivas.

A consulta deve ser feita aos indígenas, não a órgãos que os tutelam, como a Funai, devendo, em regra, haver consulta apenas aos representantes indicados pelos índios, as suas lideranças.

O TRF da 1ª Região já entendeu que essa delegação não apenas era válida, como obrigatória, sendo a oitiva efetuada pela Funai:

> Extrai-se do Texto Magno a intelecção de que o Constituinte não conferiu ao Congresso Nacional a atribuição de ouvir, por seus representantes, as comunidades afetadas. Não se trata, na espécie, de delegação de atribuições, até mesmo porque a consulta às comunidades tribais pode e deve ser realizada por intermédio da Fundação Nacional do Índio (FUNAI), a qual possui quadro de pessoal com formação e especialização no trato com essa etnia, e que tem o papel institucional de exercer, em nome da União, a proteção e a promoção dos direitos dos povos indígenas; bem como formular, coordenar, articular, acompanhar e garantir o cumprimento da política indigenista do Estado brasileiro (Lei nº 5.371/67 e Decreto nº 7.056/2009).[1176]

[1175] Pela LC nº 140/11 é a União (Ibama) que licencia empreendimentos e atividades localizados ou desenvolvidos em terras indígenas (art. 7º, XIV, "c").
[1176] TRF da 1ª Região, 5ª T., m.v., AC 0000709-88.2006.4.01.3903 / 2006.39.03.000711-8/PA, Rel. p/ ac. Des. Fed. Fagundes de Deus, j. em 09.11.2011, e-DJF1 25.11.2011. p. 566.

10.2.10 A participação da Funai no processo de licenciamento ambiental (IN Funai nº 01/2012) e a oitiva dos povos indígenas nesse processo

Os povos indígenas e tribais também têm o direito de participar do processo de licenciamento ambiental, no qual podem ser realizadas audiências públicas. Nas audiências públicas do licenciamento ambiental está em jogo a participação dos povos indígenas e tribais como qualquer povo, baseado na cidadania ampla de que gozam.[1177]

Entretanto, a Funai regulamentou a participação indígena de forma necessária ao regular desenvolvimento do processo de licenciamento, prevendo consultas obrigatórias, além da atuação do órgão de como auxiliar no licenciamento, quando ela entender que existe licenciamento ambiental de empreendimentos ou atividades "causadoras de impactos ambientais e socioculturais que afetem terras e povos indígenas" (IN Funai nº 01/2012, art. 1º).

A Funai deve agir em colaboração com os órgãos licenciadores (Ibama, OEMA ou órgão municipal) e ser responsável pelo componente indígena em todas as fases do processo de licenciamento ambiental (IN Funai nº 01/12, art. 4º, §3º).

10.2.10.1 O fundamento normativo da IN Funai nº 01/2012: Portaria Interministerial MMA/MJ/MinC/MS nº 419/2011 (atual Portaria Interministerial MMA/MJ/MinC/MS 60/2015)

A IN Funai nº 01/2012 tem como principal base normativa a Portaria Interministerial MMA/MJ/MinC/MS nº 419/2011, revogada pela Portaria Interministerial MMA/MJ/MinC/MS 60/2015 (art. 20), doravante denominada de Portaria Interministerial nº 60/2015. Embora também cite a Constituição e a Convenção OIT nº 169, essas são muito mais vetores hermenêuticos do que propriamente a sua base normativa. Essa portaria interministerial, por sua vez, baseou-se no artigo 14[1178] da Lei Federal nº 11.516/07.

Como o licenciamento ambiental é estudo multidisciplinar e o Estado atua mediante órgãos (administração direta) ou entidades (administração indireta), em um evidente processo de especialização, ocasionalmente se faz necessário envolver vários outros órgãos ou entidades para analisar um licenciamento ambiental.

Para evitar que cada órgão ou entidade fizesse a sua própria e desvinculada regulamentação, os ministérios envolvidos optaram por elaborar uma portaria interministerial, a revogada Portaria Interministerial nº 419/2011, atual Portaria Interministerial nº 60/2015, que regulou a participação de alguns órgãos e entidades[1179] envolvidos no licenciamento ambiental levado a cabo pelo Ibama (art. 1º).

No início do processo de licenciamento, o Ibama, na Ficha de Caracterização da Atividade (FCA), deverá "solicitar informações do empreendedor sobre possíveis

---

[1177] Dessa forma, não existe a necessidade de o Estado disponibilizar transporte para indígenas participarem das audiências públicas, que certamente serão efetuadas fora de suas terras, nem mesmo traduzir todas as fases do estudo de impacto ambiental para a língua indígena, exceto na consulta da Convenção OIT nº 169.

[1178] "Art. 14. Os órgãos públicos incumbidos da elaboração de parecer em processo visando à emissão de licença ambiental deverão fazê-lo em prazo a ser estabelecido em regulamento editado pela respectiva esfera de governo".

[1179] Fundação Nacional dos Povos Indígenas (Funai), Fundação Cultural Palmares (FCP), Instituto do Patrimônio Histórico e Artístico Nacional (Iphan) e do Ministério da Saúde (MS).

interferências em terra indígena", presumindo-se tais interferências "quando a atividade ou empreendimento submetido ao licenciamento ambiental localizar-se em terra indígena ou apresentar elementos que possam gerar dano socioambiental direto na terra indígena, respeitados os limites do Anexo I" (Portaria Interministerial nº 60/2015, art. 3º).[1180]

Os órgãos e entidades potencialmente envolvidos (Funai, FCP, Iphan e MS) no licenciamento ambiental deverão apresentar ao Ibama manifestação conclusiva em até 90 dias para EIA/RIMA e 30 dias nos demais casos, a contar da data do recebimento da solicitação (Portaria Interministerial nº 60/2015, art. 7º), considerando a Funai a avaliação dos impactos provocados pela atividade ou empreendimento em terras indígenas, bem como apreciação da adequação das propostas de medidas de controle e de mitigação decorrentes desses impactos.

Embora possa ser solicitada excepcional prorrogação do prazo por mais 15 dias (Portaria Interministerial nº 60/2015, art. 7º, §3º), a ausência de manifestação dos órgãos e entidades envolvidos, no prazo estabelecido, não implicará prejuízo ao andamento do processo de licenciamento ambiental, nem para a expedição da respectiva licença (art. 7º, §4º).[1181] Tal observação é fundamental para se evitar que o licenciamento seja boicotado por alguns dos órgãos ou entidades públicas auxiliares.

O licenciamento é de competência do Ibama, tendo os órgãos e entidades públicas papéis meramente secundários, como meros intervenientes. Isso obviamente não implica alienação dos interesses representados por esses órgãos e entidades públicas, apenas que a ausência de suas manifestações não obsta a marcha do licenciamento, embora sejam consideradas, ainda que extemporâneas, na fase em que se encontrar o processo de licenciamento (Portaria Interministerial nº 60/2015, arts. 7º, §4º, e 18).

A Portaria Interministerial MMA/MJ/MinC/MS 60/2015, visando evitar exigências absurdas e oportunistas dos intervenientes, que tentam resolver, pelo licenciamento ambiental, problemas desvinculados do empreendimento ou atividade a serem licenciados, foi categórica em exigir "relação direta" e "justificativa técnica" das condicionantes com os impactos identificados nos estudos apresentados pelo empreendedor (arts. 7º, §12º, e 16).

Compreender a base normativa direta da IN Funai nº 01/12 é fundamental para evitar leituras infiéis ao seu conteúdo ou seu papel auxiliar no licenciamento ambiental, especialmente depois de se aclarar que compete ao Ibama decidir sobre a pertinência das condicionantes enviadas pelos intervenientes (Portaria Interministerial nº 60/2015, art. 16, §3º).

[1180] Houve uma mudança de redação, mas sem consequências práticas, uma vez que pela Portaria Interministerial nº 419/2011 o dano socioambiental direto deveria ser "no interior da terra indígena". Na nova portaria preceitua-se apenas terra indígena, tendo sido retirada a menção a interior.

[1181] Tal dispositivo parece revogar o artigo 21, §2º, da IN Ibama nº 184/08, que impunha efeito obstativo ao não envio das manifestações conclusivas para a expedição da LI ("Art. 21. Aos órgãos envolvidos no licenciamento será solicitado posicionamento sobre o estudo ambiental em 60 dias e no que segue: [...] §2º Os órgãos intervenientes deverão se manifestar em 30 dias após a entrega do estudo, a não manifestação será convertida em condicionante da licença prévia, neste caso a licença de instalação não será emitida até a definitiva manifestação dos órgãos federais intervenientes").

10.2.10.2 A federalização do licenciamento, do caráter auxiliar da Funai no licenciamento ambiental e a questão do termo de referência específico

Caso a Funai entenda estar presente o interesse indígena no licenciamento, ela deve requerer "a transferência do procedimento de licenciamento instaurado nos órgãos licenciadores ambientais estaduais e municipais ao Ibama" (IN Funai nº 01/12, art. 6º).[1182] Entretanto, não é o fato de um órgão federal estar envolvido que justifica por si só a atração do licenciamento ao Ibama,[1183] mas o de o empreendimento ou atividade estar localizado em terras indígenas (LC nº 140/11, art. 7º, XIV, "c"). Por isso, esse requerimento da Funai não deve ser entendido como alguma norma que autorize o deslocamento da competência para o órgão ambiental federal, havendo uma federalização a pedido, analogamente ao artigo 109, §5º, da CF.

Como foi visto, ao estudar a Portaria Interministerial MMA/MJ/MinC/MS 60/2015, a atribuição dos órgãos ou entidades é auxiliar, não obstativa ou mesmo paralisante pela ausência de entrega das manifestações conclusivas ao Ibama.[1184] Esse papel secundário também tem importância vital na análise da questão do termo de referência, mormente o termo de referência especial da Funai, que segundo a sua IN nº 01/12 somente deverá ser emitido quando necessário, depois da consulta da Diretoria de Proteção Territorial e da Coordenação Geral de Índios Isolados e de Recente Contato (art. 9º).

Entretanto, no artigo 10, a Funai inseriu algumas exigências mínimas para o termo de referência do estudo ambiental, o que somente pode ser entendido como referência ao termo de referência específico (TER) constante da Portaria Interministerial nº 60/2015 (art. 2º, XI). A Funai não poderia impor ao Ibama o conteúdo do termo de referência (TR), apenas o TER, esclarecendo-se que impor o TER é muito diferente de impor condicionantes, atribuição cuja última palavra pertence ao Ibama (Portaria Interministerial nº 60/2015, art. 16, §3º).

Antes de se manifestar conclusivamente, a Funai pode considerar insatisfatórios os estudos apresentados e solicitar "complementações e/ou revisões" (IN Funai nº 01/12, art. 18, §2º). Entretanto, tal disposição deve ser harmonizada com o §1º do artigo 14 da LC nº 140/11, que atribui ao órgão licenciador a exigência de complementação dos estudos, de uma única vez, ressalvadas aquelas decorrentes de fatos novos. Portanto, se a Funai considerar o estudo insatisfatório, ela deve enviar sua opinião e requerimento para complementações e/ou revisões ao órgão licenciador, que, por seu turno, exigirá as complementações necessárias de uma só vez.[1185]

[1182] A Funai entende que haveria um deslocamento da competência inicialmente atribuída aos Estados e Municípios para licenciar pela existência do componente indígena, como se a Funai não pudesse dialogar com os órgãos estaduais ou municipais.

[1183] Esse entendimento contraria a própria IN Funai nº 01/12 porque em seu art. 4º, §3º, ela diz ser dever da Funai reportar e agir em colaboração com os órgãos licenciadores (Ibama ou OEMA) em relação ao componente indígena nas fases do processo de licenciamento ambiental.

[1184] Além das previsões constantes da Portaria Interministerial nº 60/2015, antes na PI nº 419/2011, seu papel de interveniente é explicitado na própria IN Funai nº 01/12, que fala em instauração de procedimento interno para "acompanhamento de processo de licenciamento ambiental" (art. 7º, caput) e em participação da Funai no processo de licenciamento ambiental, que "tem caráter interveniente à ação dos órgãos licenciadores" (art. 7º, parágrafo único). O próprio artigo 8º (caput), ao traçar de quem seria a competência para abrir o processo administrativo na Funai, fala em "acompanhamento de licenciamento ambiental". De qualquer forma, o artigo 13, §1º, da LC nº 140/11 parece reforçar a natureza de participação acessória.

[1185] Foi o que se previu no artigo 17 da Portaria Interministerial MMA/MJ/MinC/MS 60/2015.

Como o juízo sobre o empreendimento é do órgão licenciador, mesmo que a Funai entenda que os estudos são insatisfatórios, ela deve enviar o seu parecer sobre a questão ao órgão licenciador, possibilitando que este avalie, em sua discricionariedade técnico-política, a necessidade das complementações indicadas pela Funai.

10.2.10.3 Os motivos que autorizam a Funai a intervir no licenciamento ambiental

A intervenção da Funai no processo de licenciamento ambiental não ocorre por mera vontade, mas mediante a constatação do cumprimento de requisitos do artigo 2º da IN Funai nº 01/12, a saber: a presença de empreendimentos ou atividades potencial e efetivamente causadoras de impactos ambientais e socioculturais a terras e povos indígenas. Contudo, nem de longe isso significa que o licenciamento deve ser feito pela União, exceto se o empreendimento ou atividade estiver localizado em terras indígenas (LC nº 140/11, art. 7º, XIV, "c").

Para efeito da IN Funai nº 01/12, os empreendimentos ou atividades potencial e efetivamente causadores de impactos ambientais e socioculturais a terras e povos indígenas são aqueles i) localizados em terras indígenas ou em seu entorno e os ii) listados como tal pela Resolução Conama nº 237/97 (art. 2º). Existe, assim, um critério puramente geográfico e um baseado na atividade, que, por sua vez, deve ser mesclado com aquele, sob pena de ser tornar inútil. O critério baseado na atividade determina a utilização da lista da Resolução Conama nº 237/97 (art. 2º, II). Portanto, o fato de a atividade estar prevista na lista não pode, por si só, atrair a competência da Funai para acompanhar o licenciamento, sendo necessário que a atividade ou empreendimento estejam localizados dentro das terras indígenas ou no seu entorno. A simples existência da atividade listada não pode, por si só, atrair a competência da Funai para acompanhar o licenciamento.

De qualquer maneira, a IN Funai nº 01/12 deve ser lida com os limites impostos pela Portaria Interministerial nº 60/15. Esta somente autoriza a intervenção da Funai quando houver interferência em terra indígena, presumindo-se a interferência "em terra indígena, quando a atividade ou empreendimento submetido ao licenciamento ambiental localizar-se em terra indígena ou apresentar elementos que possam gerar dano socioambiental direto na terra indígena, respeitados os limites do Anexo I" (art. 3º, §2º, I).[1186] Para alterar o limite estabelecido no Anexo I, é necessário "comum acordo entre o Ibama, o órgão ou entidade envolvido e o empreendedor", desde que devidamente justificada a excepcionalidade em "função das especificidades da atividade ou empreendimento e das peculiaridades locais" (Portaria Interministerial nº 60/15, art. 3º, §3º).

Como se analisou no capítulo sobre competência ambiental para licenciar, esse limite da Portaria Interministerial não significa que o licenciamento ambiental deva ser conduzido pela União, visto que a LC nº 140/11 somente preceitua "localizados ou

---

[1186] Ao preceituar que se devem respeitar os limites do seu Anexo II, a Portaria na verdade limita o impacto que geraria a interferência às distâncias previstas no anexo II, que variam conforme o tipo de empreendimento (*v.g.*, rodovias, ferrovias, dutos, linhas de transmissão, aproveitamentos hidrelétricos, portos) e o local (Amazônia legal/demais regiões). O propósito da norma é restringir a atuação dos órgãos e entidades auxiliares no licenciamento porque a limitação ocorre mesmo se presumindo que há impacto, ou seja, a norma presume o impacto, mas o limita territorialmente.

desenvolvidos em terras indígenas" (art. 7º, XIV, "c") e não localizados ou desenvolvidos em terras indígenas ou, ainda, que possam apresentar elementos que possam gerar danos socioambientais diretos na terra indígena.

10.2.10.4 A consulta às comunidades indígenas: legalidade do reforço participativo?

A participação indígena no licenciamento ocorre na condição de cidadãos que são, parte do povo brasileiro, e não como uma exigência estatal. Se o povo indígena quiser participar do licenciamento, ele deve se manifestar nos foros competentes como cidadãos que são. Se encontrar alguma dificuldade no processo de participação, ele pode pedir ajuda à Funai. O que não pode ocorrer é a Funai, misturando a exegese de normas com aquelas da própria Convenção OIT nº 169, criar participações inexistentes em cada fase do licenciamento, criando requisitos procedimentais não autorizados pela legislação ambiental.

Existem diversas previsões de participação indígena no processo de licenciamento ambiental por meio da Funai.

A IN Funai nº 01/12 determina três oportunidades concretas de participação dos indígenas no processo mediante consulta prévia, livre e informada (art. 17) e manifestação (arts. 24 e 29). Há, ainda, uma quarta hipótese, um pouco mais fluida, que prevê a participação efetiva (art. 10, IV).

A primeira refere-se ao conteúdo do termo de referência, que deve incluir a "participação efetiva das comunidades indígenas em todo o processo de levantamento de dados, reflexão e discussão dos impactos" (art. 10, IV).

Essa previsão é a mais complicada porque parece ser um curinga usado para viabilizar a participação indígena no processo. Ocorre que a participação deve ter hora e lugar para ocorrer. Do jeito que ficou estabelecida, fica a impressão de que, se o empreendedor ou mesmo a Funai derem um passo sem consultar os índios, haveria descumprimento do termo de referência.

É importante ressaltar que a participação obrigatória (que se traveste em dever de consultar) é medida que decorre da lei, ainda que seja da Convenção OIT nº 169. Sem estar prevista em tal instrumento normativo, ela sempre será facultativa e sujeita ao juízo discricionário da Administração, que pode regular a questão normativamente, desde que internamente. No caso, a Funai pretendeu impor a consulta em todas as fases para órgãos externos a ela, via termo de referência.

Sua competência para elaborar o termo de competência específico não pode chegar ao ponto de impor requisitos procedimentais ao órgão ambiental licenciador via termo de referência, com fases de consulta. A Convenção OIT nº 169 só fala em consulta prévia à medida legislativa ou administrativa, ainda que seja empreendimento em terras indígenas, não, especificamente, em consultas prévias a cada fase do processo de licenciamento ou mesmo na elaboração do termo de referência.

As duas outras previsões de oitiva das comunidades indígenas são mais concretas e fáceis de operacionalizar, trazendo segurança jurídica e incluindo os indígenas no processo de licenciamento. Embora possam ser feitas as mesmas críticas da primeira previsão, agora a IN previu momentos certos e razoáveis para a participação indígena.

A segunda previsão de consulta é para ocorrer após a análise da elaboração de parecer técnico pelo órgão interno da Funai responsável (CGGAM/DPDS). Os estudos, bem como esse parecer, serão apresentados às comunidades indígenas afetadas em consulta prévia, livre e informada (art. 17). Para a realização dessa consulta serão encaminhados às comunidades consultadas (1) o componente indígena em sua versão integral, (2) o Rima ou o RAS (relatório ambiental simplificado) e (3) um relatório em linguagem acessível ou com tradução para línguas indígenas, a ser elaborado pelo empreendedor (art. 17, parágrafo único).

Essa consulta prévia é para que a Funai possa se manifestar conclusivamente sobre a expedição de licença prévia (LP).

Quando a Funai tiver que se manifestar sobre a expedição da licença de instalação (LI) ou da licença de operação (LO), as comunidades indígenas devem ter a oportunidade de se manifestar novamente (arts. 24 e 29).

CAPÍTULO XI

CONVALIDAÇÃO DO LICENCIAMENTO AMBIENTAL EFETUADO POR ÓRGÃO INCOMPETENTE

Em decorrência da forma federativa de nosso Estado, a competência para o licenciamento ambiental gera inúmeras controvérsias que, invariavelmente, deságuam no Judiciário.

Infelizmente, o que já era objeto de intermináveis disputas sob a égide das Resoluções Conama nº 1/86 e nº 237/97, não foi eliminado pela LC nº 140/11. Ademais, as normas anteriores sobre a competência para licenciar continuam sendo aplicáveis aos processos iniciados anteriormente à vigência da LC nº 140, embora com mitigações.

A insegurança em relação a quem compete licenciar faz com que o processo administrativo de licenciamento ambiental fique, por vezes, à deriva diante de tantas indefinições, o que, não raro, ocasiona sua transferência a um órgão ambiental que não o iniciou.

Como o licenciamento ambiental não é considerado pela doutrina ambientalista sob a perspectiva do ato ou do processo administrativo, a sua transferência a outro órgão ou entidade origina inúmeras dúvidas, particularmente sobre a possibilidade de convalidação dos atos praticados por outro órgão, das licenças em si, de um ato intermediário qualquer ou do licenciamento ambiental como um todo.

No presente capítulo será estudada a convalidação nos processos de licenciamento ambiental – aplicável, *mutatis mutandis*, às demais autorizações ambientais – no caso de deslocamento por questões de competência, independentemente da causa: consensual (delegação), legislativa ou judicial.

11.1 Considerações gerais sobre o licenciamento ambiental no âmbito do processo administrativo (ato e procedimento)

A Administração Pública "utiliza-se de diversificados *procedimentos*, que recebem a denominação comum de *processo administrativo*".[1187] Um desses processos administrativos é o licenciamento ambiental,[1188] instrumento da Política Nacional do Meio Ambiente

---

[1187] MEIRELLES, Hely Lopes; ALEIXO, Délcio Balestero; BURLE FILHO, José Emmanuel. *Direito Administrativo Brasileiro*. 39. ed. São Paulo: Malheiros, 2012. p. 761 – destaques no original.

[1188] LC nº 140/11, art. 2º, I, Portaria Interministerial MMA/MJ/MinC/MS 60/2015, art. 2º, V, e Resolução Conama nº 237/97, art. 1º, I.

(Lei nº 6.938/81, art. 9º, IV), que "corresponde a uma sucessão de atos administrativos, que tem por escopo imediato o deferimento ou não de um requerimento de licença ambiental".[1189] Como esclarece Herman Benjamin, "o direito ambiental tomou de empréstimo ao direito administrativo o procedimento de licenciamento".[1190]

As licenças ambientais são atos administrativos[1191] expedidos no processo administrativo de licenciamento ambiental. São "essencialmente uma decisão administrativa permissiva".[1192] Embora elas sejam o ato final do processo administrativo de licenciamento, elas são eventuais.[1193] O licenciamento ambiental é "uma sucessão de atos concatenados com o objetivo de alcançar uma decisão final externada pela licença ambiental"[1194] ou "um encadeamento de atos que progressivamente se desenvolvem em várias fases, suscitando a observância de uma série de princípios, tudo com vistas à emissão de um ato administrativo de outorga (a *licença ambiental*, propriamente dita)".[1195]

No Brasil o sistema de licenciamento ambiental ordinário é trifásico. Em vez de se licenciar um empreendimento de uma só vez, encadeiam-se três fases sucessivas com o deferimento ou não de licenças em cada uma delas. Mesmo que concedida uma licença (LP, LI ou LO), não existe direito subjetivo de obter sua renovação ou o deferimento da próxima.[1196]

Paulo de Bessa Antunes enfatiza a importância do "conhecimento aprofundado do direito administrativo" para o estudo do licenciamento ambiental, porque ele está submetido às regras de natureza administrativa.[1197] É pelo processo administrativo que a função administrativa se transforma em ato:[1198] a licença ambiental. Por isso, a compreensão da processualidade administrativa e da teoria dos atos administrativos é fundamental para o correto enquadramento do licenciamento ambiental efetuado por órgão incompetente. A importância do processo administrativo aumenta porque ele se configura "como ponto de encontro ou ponto de convergência de vários princípios

---

[1189] SILVA, Maurício de Jesus Nunes da. A revogação da licença ambiental. *Revista de Direito Ambiental*, São Paulo: RT, ano 14, v. 53, p. 187-222, jan./mar. 2009. p. 207.

[1190] BENJAMIN, Antonio Herman V.; MILARÉ, Édis. *Estudo Prévio de Impacto Ambiental*. 1993. p. 74.

[1191] Resolução Conama nº 237/97, art. 1º, II; Portaria Interministerial MMA/MJ/MinC/MS 60/2015, art. 2º, IV; BENJAMIN, Antonio Herman V. *In*: BENJAMIN, Antonio Herman V.; MILARÉ, Édis. *Estudo Prévio de Impacto Ambiental*. 1993. p. 83; FREITAS, Vladimir Passos de. *Direito Administrativo e Meio Ambiente*. 3. ed. 5. tir. Curitiba: Juruá, 2004. p. 76; BECHARA, Erika. *Licenciamento e Compensação Ambiental na Lei do Sistema Nacional das Unidades de Conservação (SNUC)*. São Paulo: Atlas, 2009. p. 96; GUERRA, Sidney; GUERRA, Sérgio. *Intervenção Estatal Ambiental*: licenciamento e compensação de acordo com a Lei Complementar nº 140/2011. São Paulo: Atlas, 2012. p. 125; MILARÉ, Édis. *Direito do Ambiente*. 8. ed. 2013. p. 778; LEUZINGER, Marcia Dieguez; CUREAU, Sandra. *Direito Ambiental*. 2013. p. 87; SIRVINSKAS, Luís Paulo. *Manual de Direito Ambiental*. 11. ed. São Paulo: Saraiva, 2013. p. 224.

[1192] GOMES, Carla Amado. *Risco e Modificação do Acto Autorizativo Concretizador de Protecção do Ambiente*. Coimbra: Coimbra Editora, 2007. p. 582.

[1193] Motivo pelo qual Talden Farias leciona que "o licenciamento ambiental deve ser compreendido como o processo administrativo no decorrer ou ao final do qual a licença ambiental poderá ou não ser concedida" (FARIAS, Talden. *Licenciamento Ambiental*: aspectos teóricos e práticos. 4. ed. Belo Horizonte: Fórum, 2013. p. 26).

[1194] SIRVINSKAS, Luís Paulo. *Manual de Direito Ambiental*. 11. ed. São Paulo: Saraiva, 2013. p. 223.

[1195] SILVA FILHO, Derly Barreto e. A processualidade das licenças ambientais como garantia dos administrados. *Revista de Direito Ambiental*, São Paulo: RT, ano 2, v. 5, p. 81-91, jan./mar. 1997. p. 85 – itálicos no original.

[1196] "A emissão da Licença Prévia não garante a emissão da Licença de Instalação, e nenhuma das duas é garantia da Licença de Operação" (TRENNEPOHL, Curt; TRENNEPOHL, Terence. *Licenciamento Ambiental*. 5. ed. Niterói: Impetus, 2013. p. 60).

[1197] ANTUNES, Paulo de Bessa. *Direito Ambiental*. 16. ed. São Paulo: Atlas, 2014. p. 59.

[1198] SCHIRATO, Vitor Rhein. O processo administrativo como instrumento do Estado de Direito e da Democracia. *In*: MEDAUAR, Odete; SCHIRATO, Vitor Rhein (Org.). *Atuais Rumos do Processo Administrativo*. São Paulo: RT, 2010. p. 19.

e regras comuns que presidem à atividade administrativa",[1199] como é a teoria dos atos administrativos, e os conceitos de invalidação ou convalidação. Desse modo, o licenciamento ambiental deve observar o disposto na Lei nº 9.784/99, no que couber.[1200] A própria Lei nº 9.784/99 não deixa dúvida sobre a aplicação de seus preceitos a qualquer processo administrativo, quando não exista disposição específica em "lei própria" (art. 69).

No caso específico do licenciamento ambiental existe previsão expressa da sua unicidade, ou seja, apenas "um único ente federativo" pode conduzi-lo mediante processo único (LC nº 140/11, art. 13, *caput*). De qualquer forma, quem não conduz o licenciamento não fica alijado dele, porque tem a sua participação garantida pelo §1º do artigo 13 da LC nº 140/11.

Como a regra da unicidade estipula que somente um ente pode conduzir o licenciamento ambiental, é possível que o órgão ou entidade do Sisnama onde o processo de licenciamento foi iniciado ou, em algum momento, tramitado, não tivesse ou tenha deixado de ter competência para tanto. Tem-se um vício de competência, dado que "sob o aspecto organizacional, a competência é o limite de ação de certa entidade pública".[1201] Logo, a incompetência, em termos de ato administrativo, é "vício que consiste na prática, por um órgão administrativo, de um acto incluído nas atribuições ou na competência de outro órgão administrativo".[1202]

Nessa moldura, a eventual convalidação dos atos administrativos constantes do licenciamento ambiental observará o regime jurídico dos atos e do processo administrativo.

11.1.1 As formas de deslocamento e a singularidade das decisões judiciais na questão do vício de competência do licenciamento ambiental

O deslocamento de competência do licenciamento ambiental pode acontecer por três razões principais: (i) consenso entre os órgãos ambientais; (ii) alteração legislativa e (iii) decisão judicial.

O consenso ocorre quando a delegação da competência é possível, valendo citar, como exemplo, a hipótese veiculada na LC nº 140/11, que considera o licenciamento como atividade administrativa (arts. 7º, XIV, 8º, XIV, e 9º, XIV) passível de delegação (arts. 4º, V e VI, e 5º).[1203]

A qualquer tempo, uma alteração legislativa pode afetar a competência do órgão encarregado de licenciar, alcançando os licenciamentos em curso por força da aplicabilidade imediata das normas processuais, salvo disposição em sentido contrário (*v.g.*, art. 18 da LC nº 140/11).

[1199] MEDAUAR, Odete. *A Processualidade do Direito Administrativo*. São Paulo: RT, 1993. p. 69.

[1200] MACIEL, Marcela Albuquerque. *Compensação Ambiental*: instrumento para a implementação do Sistema Nacional de Unidades de Conservação, 2012. p. 118-119.

[1201] MARRARA, Thiago. Competência, delegação e avocação na Lei de Processo Administrativo (LPA). *Revista Brasileira de Direito Público – RBDP*, Belo Horizonte, ano 8, n. 29, abr./jun. 2010. Disponível em: http://bid.editoraforum.com.br/bid/PDI0006.aspx?pdiCntd=67656. Acesso em 20 jan. 2014.

[1202] AMARAL, Diogo Freitas do. *Curso de Direito Administrativo*. 2. ed. Coimbra: Almedina, 2012. v. II, p. 426.

[1203] Consensualmente também os órgãos licenciadores podem encaminhar o licenciamento ambiental a outro porque um dos motivos que atraía a sua competência restou afastado em seu curso, não sendo caso de deslocamento de competência ou da execução de ações administrativas, mas apenas do seu correto enquadramento no curso do processo administrativo de licenciamento ambiental.

Ações judiciais podem ocasionar o deslocamento da competência quando o Poder Judiciário, ao interpretar a legislação ou os acordos entre os entes políticos, decide quem é o órgão ou entidade competente para o licenciamento ambiental. Os deslocamentos de competência provocados por decisões judiciais são os mais complexos, pois decorrem de impulso externo à dinâmica dos órgãos licenciadores.

Ressalte-se que a lei ou acordo administrativo podem alterar a competência *sub judice*, sendo imediatamente aplicável ao processo em curso, se não houver ressalva em sentido contrário.

11.1.2 A indesejabilidade do deslocamento da competência de licenciamento ambiental – diretriz enunciada na LC nº 140/11 (art. 18)

O artigo 18 da LC nº 140/11[1204] determinou a prorrogação da competência do órgão em que estava tramitando o processo administrativo de licenciamento ambiental anterior à sua vigência.

A AGU e o Ibama adotam entendimento de que tal dispositivo é salutar porque evita o tumulto no licenciamento ambiental e prejuízo não apenas aos administrados, mas também à máquina administrativa e ao meio ambiente:

> Vê-se, assim, que a nova Lei garantiu a continuidade, nos termos da legislação anteriormente aplicada, dos processos de licenciamento e autorização ambiental iniciados antes de sua vigência. A disposição legal parece salutar e necessária, uma vez que a transferência de competência de processos de licenciamento já conduzidos por um determinado ente federativo causaria uma análise tumultuada, com consideráveis prejuízos aos administrados, aos próprios entes competentes e quiçá ao meio ambiente.[1205]

Como visto, essa disposição não decorre da natureza das coisas, de algo inexorável, mas da fórmula para não criar empecilhos à tramitação do processo administrativo de licenciamento ambiental na sua fase de constituição, evitando rupturas à continuidade administrativa e surpresas ao cidadão com mudanças repentinas durante o processo de aquisição das licenças (LP, LI e LO), prestigiando a eficiência e a coerência na proteção do meio ambiente.

Por isso, Consuelo Yoshida leciona ser consenso o ganho significativo na prevenção e resposta aos danos ambientais resultante da superação ou minimização dos "conflitos e disputas em torno das questões federativas, político institucionais e técnico-procedimentais para a definição de poder competente para os atos de política preventivos e repressivos".[1206]

[1204] "Art. 18. Esta Lei Complementar aplica-se apenas aos processos de licenciamento e autorização ambiental iniciados a partir de sua vigência".

[1205] Orientação Jurídica Normativa nº 43/2012/PFE-IBAMA/PGF/AGU. Cf. Capítulo VIII, sobre o direito ambiental intertemporal, no qual se explica que AGU (Parecer nº 50/2013/CONEP/PFE-IBAMA-SEDE/PGF/AGU) se manifestou pela exegese da regra do *caput* que manteria o espírito da LC nº 140/11, no sentido de apenas prorrogar momentaneamente a competência, devendo o processo ser encaminhado assim que possível ao ente federativo agora competente.

[1206] YOSHIDA, Consuelo Yatsuda Moromizato. Critérios de definição de competências em matéria ambiental na estrutura federativa brasileira. *In*: RASLAN, Alexandre (Org.). *Direito Ambiental*. Campo Grande: Ed. UFMS, 2010. p. 221.

O preceito normativo tem em mira os deslocamentos de competência em decorrência da aplicação da própria LC nº 140/11, e não em decorrência de acordos ou decisões judiciais, mas não há como deixar de extrair da regra de prorrogação da competência um norte a ser considerado pelos poderes públicos: o de não perturbar o curso dos licenciamentos ambientais pelo prejuízo que isso causaria aos administrados, aos órgãos públicos e, em última instância, ao meio ambiente.

Ainda que tal conclusão demande análise caso a caso, pode-se afirmar a existência de interesse público na manutenção provisória do licenciamento ambiental no mesmo órgão que o iniciou, sendo, portanto, o deslocamento de sua competência indesejado antes de que ele seja concluído, ou seja, antes da concessão da LO, atentando sempre para a possibilidade ou não de convalidação dos atos administrativos.

11.1.3 A continuidade normativa e a convalidação quando houver deslocamento de competência

Nem sempre o deslocamento da competência vicia os atos ou os processos administrativos ambientais e, *ipso facto*, há a necessidade de convalidação. Se os atos foram praticados por órgão ambiental competente que, posteriormente, teve suas competências alteradas pela via legislativa e/ou consensual (*v.g.*, convênios, acordos de cooperação), isso não retira a validade dos atos praticados até a alteração da competência.

Situação mais complicada é aquela na qual se descobre, no curso do licenciamento ambiental, que a competência pertence a outro órgão ou entidade. Neste caso, os atos praticados anteriormente têm vício congênito de competência, o que não impede como solução a convalidação dos atos (LP, LI, LO, laudos etc.) e da própria tramitação processual do licenciamento ambiental.

Após o deslocamento de competência, o integrante do Sisnama que assumiu o processo administrativo não tem o poder de devolvê-lo ao órgão de origem para correções, salvo na hipótese de acordo no instrumento de delegação. Cabe àquele sanar eventual vício ou anular o ato ou conjunto de atos como se o processo fosse seu desde o início. A competência para a execução de ações administrativas agora é sua, independentemente de ter sido pela via consensual ou legislativa. Se houver delegação, a convalidação pode ser efetuada antes ou depois deste ato. Na esfera federal, a IN Ibama nº 08/19 aduz que o delegatário é quem deve proceder a eventual convalidação (art. 8º, §4º), e essa eventual convalidação independe de o delegatário ter conduzido o processo anteriormente.

11.2 A convalidação como mecanismo de restauração da legalidade: superação da dicotomia entre atos nulos e anuláveis

A convalidação, também conhecida como saneamento, é o instituto usado pela "Administração Pública para suprir vício que desnatura o ato administrativo, com efeitos retroativos à data em que foi praticado, a fim de que ele possa continuar a produzir os efeitos desejados".[1207]

[1207] NOHARA, Irene Patrícia. *Direito Administrativo*. 3. ed. São Paulo: Atlas, 2013. p. 221.

Na falta de critério adotado pelo direito positivo e com pequenas variações em seu conteúdo, parte da doutrina divide a convalidação em três espécies: ratificação, conversão e reforma.[1208]

Existe divergência na doutrina sobre o uso de categorias tradicionalmente atribuídas ao Direito Privado, especialmente as do Direito Civil, tais como a existência de nulidades relativas e absolutas, com os seus respectivos corolários em termos de convalidação.[1209] Entretanto, tal distinção não conta com respaldo na Lei nº 9.784/99, que regula o processo administrativo no âmbito da Administração Federal Direta e Indireta, diploma que em seu artigo 55 não distingue as nulidades para os fins de admitir a convalidação.[1210]

Segundo a Lei nº 9.784/99, os dois requisitos previstos para convalidar um ato administrativo são (i) a ausência de lesão ao interesse público e (ii) a ausência de prejuízo a terceiros.[1211] A previsão de que os defeitos sejam sanáveis, para o fim de aceitar a sua convalidação, não permite sustentar a existência de nulidades relativas e absolutas, antes é uma redundância da lei que se destina a mostrar que nem todos os atos podem ser convalidados.

Dentro da classe dos não convalidáveis estão os atos inexistentes, assim entendidos aqueles portadores de vícios tão graves que não seriam passíveis de serem convalidados, uma vez que seriam não atos. Esta linha interpretativa encontra suporte na doutrina de José Cretella Júnior, para quem apenas os atos inexistentes não se convalidam, mas os demais (nulos e anuláveis) sim, pela regra da conservação dos atos jurídicos.[1212]

Ao prever defeitos sanáveis, o dispositivo é didático porque não são todos os vícios que são sanáveis. Isso não significa que se possa interpretar o artigo 55 da Lei nº 9.784/99 como cristalizador do que se entende por ato anulável, em contraposição ao nulo. Ademais, mesmo os atos tradicionalmente classificados como nulos têm sofrido uma relativização, como a admissão de efeito *ex nunc* no controle de constitucionalidade e dos atos administrativos.[1213]

Com conclusão mais afinada com o atual direito administrativo, Carlos Bastide Horbach leciona que a invalidade depende do caso concreto, embora não retire a

---

[1208] ARAÚJO, Edmir Netto de. *Convalidação do Ato Administrativo*. São Paulo: LTr, 1999. p. 142; CRETELLA JÚNIOR, José. *Dos Atos Administrativos*. 2. ed. Rio de Janeiro: Forense, 1995. p. 415; CARVALHO FILHO, José dos Santos. *Manual de Direito Administrativo*. 26. ed. São Paulo: Atlas, 2013. p. 166; AMARAL, Diogo Freitas do. *Curso de Direito Administrativo*. 2. ed. Coimbra: Almedina, 2012. v. II, p. 514-515; OLIVEIRA, Rafael Carvalho Rezende. *Curso de Direito Administrativo*. Rio de Janeiro: Forense; São Paulo: Método, 2013. p. 311; MOREIRA NETO, Diogo de Figueiredo. *Curso de Direito Administrativo*. 14. ed. Rio de Janeiro: Forense, 2006. p. 216-217.

[1209] MELLO, Celso Antônio Bandeira de. *Curso de Direito Administrativo*. 30. ed. São Paulo: Malheiros, 2013. p. 479; NOHARA, Irene Patrícia. *Direito Administrativo*. 3. ed. São Paulo: Atlas, 2013. p. 220.

[1210] Em decisão na qual se evidencie não acarretarem lesão ao interesse público nem prejuízo a terceiros, os atos que apresentarem defeitos sanáveis poderão ser convalidados pela própria Administração.

[1211] CARVALHO FILHO, José dos Santos. *Processo Administrativo Federal*: comentários à Lei nº 9.784/99. 5. ed. São Paulo: Atlas, 2013. p. 283.

[1212] CRETELLA JÚNIOR, José. *Dos Atos Administrativos*. 2. ed. Rio de Janeiro: Forense, 1995. p. 412. Entendimento aparentemente compartilhado por Sérgio Ferraz e Adilson Dallari quando doutrinam que para haver convalidação não pode se tratar de ato inexistente (FERRAZ, Sérgio; DALLARI, Adilson Abreu. *Processo Administrativo*. 3. ed. São Paulo: Malheiros, 2012. p. 320).

[1213] ARAGÃO, Alexandre Santos de. *Curso de Direito Administrativo*. 2. ed. Rio de Janeiro: Forense, 2013. p. 173; MELLO, Celso Antônio Bandeira de. *Curso de Direito Administrativo*. 30. ed. São Paulo: Malheiros, 2013. p. 474; OLIVEIRA, Rafael Carvalho Rezende. *Curso de Direito Administrativo*. Rio de Janeiro: Forense; São Paulo: Método, 2013. p. 304; SIMÕES, Mônica Martins Toscano. *O Processo Administrativo e a Invalidação de Atos Viciados*. São Paulo: Malheiros, 2004. p. 121.

importância das classificações efetuadas pelos civilistas e pelos administrativistas, uma vez que elas atuam como referências na resolução do problema.[1214] Referências que, porém, não significam vedação à convalidação onde a lei não o fez.

Como visto, a AGU reconhece a possibilidade de se convalidar vícios ocorridos em convênios, não cabendo, em rol taxativo, os vícios convalidáveis,[1215] ou seja, nega que exista uma catalogação rígida do que pode ou não ser convalidado pela Administração Pública federal.

Segundo Carlos Ari Sundfeld, a convalidação, "eliminando o ato, o substitui e herda seus efeitos, tomando-os como seus e fazendo-os sobreviver". É um ato que contém dupla finalidade: (i) reconhecer a invalidade do ato passado e (ii) herdar os efeitos que ele produziria, tornando-os seus, salvando-o do desfazimento.[1216] Dessa forma, "o ato de convalidação retroage e outorga, aos efeitos que haviam sido produzidos pelo ato inválido, uma validade que lhes faltava".[1217]

Outro argumento em prol da convalidação do ato administrativo viciado é o princípio da conservação dos valores jurídicos.[1218] Para o STJ, "a anulação dos atos processuais é a *ultima ratio*",[1219] o que se aplica ao processo administrativo por força artigo 15 do CPC. Excetuados os casos de vício de competência em atos discricionários, para alguns juristas o que existe é o dever de convalidar,[1220] mostrando o quão importante é a preservação dos atos jurídicos.

Esse dever de convalidar se evidenciou para alguns por causa do parágrafo único do artigo 21 da Lindb, no qual se preceitua que a invalidação deve "indicar as condições para que a regularização ocorra de modo proporcional e equânime e sem prejuízo aos interesses gerais, não se podendo impor aos sujeitos atingidos ônus ou perdas que, em função das peculiaridades do caso, sejam anormais ou excessivos". Para o Instituto Brasileiro de Direito Administrativo (IBDA), em seus "Enunciados relativos à interpretação da Lei de Introdução às Normas do Direto Brasileiro – LINDB e seus impactos no Direito Administrativo", a convalidação, conversão, modulação de efeitos e saneamento são prioritárias à invalidação:

> 7. Na expressão "regularização" constante do art. 21 da LINDB estão incluídos os deveres de convalidar, converter ou modular efeitos de atos administrativos eivados de vícios sempre que a invalidação puder causar maiores prejuízos ao interesse público do que a

---

[1214] HORBACH, Carlos Bastide. *Teoria das Nulidades do Ato Administrativo*. 2. ed. São Paulo: RT, 2010. p. 276.

[1215] Parecer cuja ementa é a seguinte: "Aplicação da teoria da convalidação dos atos administrativos ao regramento atinente ao convênio administrativo. Possibilidade, desde que observados os requisitos legais, em especial o interesse público primário" (Parecer Conjur-MT/CGU/AGU 243/2013, aprovado pelo Advogado-Geral da União, em 05.07.2013, nos autos do Processo Administrativo nº 00400.0006975/2013-61). Entendimento reafirmado pelo Parecer nº 85/2014/DECOR/CGU/AGU, aprovado pelo Advogado-Geral da União, em 08.12.2014, nos autos do PA nº 25100.019371/2014-71.

[1216] SUNDFELD, Carlos Ari. *Ato Administrativo Inválido*. São Paulo: RT, 1990. p. 51.

[1217] SUNDFELD, Carlos Ari. *Ato Administrativo Inválido*. São Paulo: RT, 1990. p. 51-52.

[1218] ARAÚJO, Edmir Netto de. *Convalidação do Ato Administrativo*. São Paulo: LTr, 1999. p. 130-131; CRETELLA JÚNIOR, José. *Dos Atos Administrativos*. 2. ed. Rio de Janeiro: Forense, 1995. p. 412.

[1219] STJ, 3ª T., v.u., REsp nº 1.845.542/PR, Rel. Min. Nancy Andrighi, j. em 11.05.2021, *DJe* 14.05.2021.

[1220] FREITAS, Juarez. *Direito Fundamental à Boa Administração Pública*. 3. ed. São Paulo: Malheiros, 2014. p. 109-110; MELLO, Celso Antônio Bandeira de. *Curso de Direito Administrativo*. 30. ed. São Paulo: Malheiros, 2013. p. 485; DI PIETRO, Maria Sylvia Zanella. *Direito Administrativo*. 25. ed. São Paulo: Atlas, 2012. p. 254; ZANCANER, Weida. *Da Convalidação e da Invalidação dos Atos Administrativos*. 3. ed. São Paulo: Malheiros, 2008. p. 64-66, 76 e 87; SILVA, Clarissa Sampaio. *Limites à Invalidação dos Atos Administrativos*. São Paulo: Max Limonad, 2001. p. 133.

manutenção dos efeitos dos atos (saneamento). As medidas de convalidação, conversão, modulação de efeitos e saneamento são prioritárias à invalidação.

A conservação do ato administrativo vem ao encontro de diversos preceitos constitucionais: a economicidade (art. 70, *caput*), a eficiência (art. 37, *caput*) e a celeridade (art. 5º, LXXVIII). Pela convalidação, evita-se a repetição de ato estatal e, consequentemente, o dispêndio dos recursos humanos e materiais, bem como o atraso da decisão estatal, garantindo um prazo razoável de duração do processo administrativo, sendo, portanto, a convalidação meio para facilitar a celeridade de sua tramitação. Essas são as razões pelas quais a convalidação tem que ser tentada sempre que possível, ou seja, existe um dever de convalidar.[1221]

Esse é o espírito do federalismo cooperativo que anima a defesa do meio ambiente (CF, art. 23): o de possibilitar a atuação de qualquer dos entes estatais "visando ao melhor resultado na matéria. A finalidade constitucional é a cooperação produtiva entre eles, e não, evidentemente, uma superposição inútil e dispendiosa".[1222] A convalidação, nesses casos, prestigia a cooperação produtiva, ainda que não previamente acordada, evitando que haja mais de uma instância executando exatamente o mesmo trabalho, em sobreposição inútil e, *ipso facto*, dispendiosa. A própria LC nº 140/11 previu essa cooperação ao falar em gestão eficiente, ações administrativas sem sobreposição e eficientes (art. 3º, I e III).

Edmir Netto de Araújo aduz que nem sempre o interesse público, que preside as atividades de invalidação e convalidação dos atos administrativos, será mais bem alcançado (finalidade) mediante a supressão do ato viciado do mundo jurídico.[1223] A convalidação "em nada se incompatibiliza com interesses públicos"; exatamente para atendê-los é que o ordenamento jurídico reage de maneira diferenciada diante dos diversos atos administrativos viciados. Celso Antônio Bandeira de Mello é categórico: "É que a convalidação é uma forma de recomposição da legalidade ferida".[1224] Por isso se diz que "há duas formas de recompor a ordem jurídica violada em razão dos atos inválidos, quais sejam: a *invalidação* e a *convalidação*".[1225] Esse entendimento já foi adotado pelo STJ.[1226]

Digna de menção é a Lei nº 5.427/09, do Estado do Rio de Janeiro, ao admitir a convalidação, independentemente do vício apurado, se constatado que a invalidação

---

[1221] "[...] A convalidação do ato administrativo viciado que tenha gerado direitos para terceiros, sempre quando possível, constitui obrigação da Administração, em decorrência dos princípios da boa-fé objetiva e da segurança jurídica" (TJMG, 4ª Câm. Cível, AC 1.0433.09.311458-8/001 (3114588-79.2009.8.13.0433), Rela. Desa. Heloisa Combat, j. em 07.08.2014, DJe-TJMG 13.08.2014).

[1222] BARROSO, Luís Roberto. *Temas de Direito Constitucional*. Rio de Janeiro: Renovar, 2003. t. II, p. 128.

[1223] ARAÚJO, Edmir Netto de. *Convalidação do Ato Administrativo*. São Paulo: LTr, 1999. p. 129.

[1224] MELLO, Celso Antônio Bandeira de. *Curso de Direito Administrativo*. 30. ed. São Paulo: Malheiros, 2013. p. 479-481. No mesmo sentido: ARAGÃO, Alexandre Santos de. *Curso de Direito Administrativo*. 2. ed. Rio de Janeiro: Forense, 2013. p. 174-175.

[1225] ZANCANER, Weida. *Da Convalidação e da Invalidação dos Atos Administrativos*. 3. ed. São Paulo: Malheiros, 2008. p. 65 – itálicos no original.

[1226] "A infringência à legalidade por um ato administrativo, sob o ponto de vista abstrato, sempre será prejudicial ao interesse público; por outro lado, quando analisada em face das circunstâncias do caso concreto, nem sempre a sua anulação será a melhor solução. Em face da dinâmica das relações jurídicas sociais, haverá casos em que o próprio interesse da coletividade será melhor atendido com a subsistência do ato nascido de forma irregular" (STJ, 5ª T., v.u., RMS 24.430/AC, Rel. Min. Napoleão Nunes Maia Filho, j. em 03.03.2009, DJe 30.03.2009; STJ, 5ª T., v.u., RMS 24.339/TO, Rel. Min. Napoleão Nunes Maia Filho, j. em 30.10.2008, DJe 17.11.2008).

do ato trará mais prejuízos ao interesse público do que a sua manutenção (art. 52, parágrafo único, III).

Em suma, a possibilidade de existir convalidação do ato administrativo viciado, ainda que tradicionalmente apontado como nulo, faz-se presente em nosso ordenamento jurídico, sendo uma das formas de recomposição da legalidade do ato, caso concorram condições para isso, como a ausência de lesão ao interesse público e de prejuízo a terceiros.

11.3 A convalidação do vício de competência no licenciamento ambiental

Uma licença ambiental expedida sem que o órgão prolator tenha competência para tanto contém vício de competência. Mas esse vício seria passível de convalidação pelo órgão competente? A resposta afirmativa não suscita nenhuma dúvida.

Os princípios de direito administrativo, de forma geral, e os de processo administrativo, especificamente, norteiam o licenciamento ambiental.[1227] Assim, nada mais natural que aplicar o direito administrativo (substantivo ou processual) ao licenciamento ambiental.

A possibilidade de convalidar atos maculados por vícios de competência é pacífica.[1228] Weida Zancaner aduz que dentre os vícios convalidáveis se encontram os de competência.[1229] Não importa se a incompetência é do agente, da pessoa jurídica de Direito Público ou do órgão.[1230] Odete Medauar classifica como ratificação a espécie de preservação do ato administrativo que corrige defeito relativo à competência,[1231] e Sergio de Andréa Ferreira leciona ser possível a "confirmação ou ratificação, pela autoridade competente, do ato praticado por órgão incompetente",[1232] ambos sacramentando a possibilidade da convalidação na hipótese de vício de competência.

O administrativista português Diogo Freitas do Amaral cita, como um dos exemplos da ratificação, "a assunção pelo órgão competente de um acto praticado por órgão incompetente".[1233]

Somente é possível a ratificação "quando o desaparecimento do vício depende unicamente da declaração de vontade feita pelo agente competente, e este possa, de

---

[1227] FARIAS, Talden. *Licenciamento Ambiental*: aspectos teóricos e práticos. 4. ed. Belo Horizonte: Fórum, 2013. p. 145.

[1228] FERREIRA, Sergio de Andréa. *Direito Administrativo Didático*. Rio de Janeiro: Forense, 1981. p. 116; FARIA, Edimur Ferreira de. *Curso de Direito Administrativo Positivo*. 3. ed. Belo Horizonte: Del Rey, 2000. p. 258; SILVA, Clarissa Sampaio. *Limites à Invalidação dos Atos Administrativos*. São Paulo: Max Limonad, 2001. p. 129; COELHO, Paulo Magalhães da Costa. *Manual de Direito Administrativo*. São Paulo: Saraiva, 2004. p. 170; SIMÕES, Mônica Martins Toscano. *O Processo Administrativo e a Invalidação de Atos Viciados*. São Paulo: Malheiros, 2004. p. 141-142; OLIVEIRA, Rafael Carvalho Rezende. *Curso de Direito Administrativo*. Rio de Janeiro: Forense; São Paulo: Método, 2013. p. 310; NOHARA, Irene Patrícia. *Direito Administrativo*. 3. ed. São Paulo: Atlas, 2013. p. 223.

[1229] ZANCANER, Weida. *Da Convalidação e da Invalidação dos Atos Administrativos*. 2. ed. São Paulo: Malheiros, 1993. p. 85-86.

[1230] SUNDFELD, Carlos Ari. *Ato Administrativo Inválido*. São Paulo: RT, 1990. p. 61. Sergio de Andréa Ferreira também cita que o vício de incompetência "pode ser do funcionário, do órgão que ele ocupa, ou da pessoa administrativa que este integra" (FERREIRA, Sergio de Andréa. *Direito Administrativo Didático*. Rio de Janeiro: Forense, 1981. p. 110).

[1231] MEDAUAR, Odete. *Direito Administrativo Moderno*. 16. ed. São Paulo: RT, 2012. p. 174.

[1232] FERREIRA, Sergio de Andréa. *Direito Administrativo Didático*, 1981. p. 116. Alguns autores distinguem entre *confirmação* ou *ratificação* conforme o ato convalidador provenha do mesmo órgão ou de órgão distinto.

[1233] AMARAL, Diogo Freitas do. *Curso de Direito Administrativo*. 2. ed. 2012. v. II, p. 515.

acordo com a lei, manifestá-la nesse sentido".[1234] Aqui importa enfatizar um aspecto fundamental da convalidação: nos casos de incompetência somente "o órgão competente para a sua prática"[1235] pode ratificar o ato ilegal. A Lei nº 10.177/98 do Estado de São Paulo é clara ao preceituar que somente poderá convalidar "a autoridade titulada para a prática do ato" (art. 11, I).

Estando a competência para o licenciamento ambiental inserida na competência comum dos entes federados, nos termos do artigo 23 da CF,[1236] não é de se espantar que todos detenham os meios para tanto, devendo aplicar a mesma legislação e critérios ambientais. Assim, todos dispõem do conhecimento necessário para convalidar o licenciamento ambiental que contenha algum vício, sendo igualmente aptos para avaliar os impactos ambientais da atividade a ser licenciada. Paulo Affonso Leme Machado argutamente doutrina:

> No exercício da competência comum, a União, os Estados, o Distrito Federal e os Municípios não só utilizam a legislação por eles criada, como a legislação instituída pelo ente que tenha uma competência constitucional própria e até privativa.[1237]

Na convalidação do licenciamento ambiental por vício de competência, ou de forma, haveria o reconhecimento da invalidade do processo de licenciamento e/ou dos atos nele praticados (*v.g.*, licenças expedidas, parecer ou exame técnico, termo de referência), mas o órgão competente os tomaria para si, tornando-os seus e salvando-os do desfazimento, caso entenda que há motivos para tal.

Dentro de sua expertise técnica e discricionariedade administrativa, o órgão licenciador competente do Sisnama é que, ao analisar o processo administrativo de licenciamento, decidirá se é o caso de convalidar. Somente poderá fazê-lo se for constatada a ausência de lesão ao interesse público e de prejuízo a terceiros. Essa análise, embora seja discricionária, não dispensa motivação, implicando, em regra, avaliação caso a caso.

Diferenças de procedimento não devem obstar a convalidação porque os vícios de forma também são convalidáveis, e o processo administrativo, inclusive o de licenciamento ambiental, orienta-se pelo formalismo moderado.

A AGU, mediante a OJN 33/2012/PFE-IBAMA/PGF/AGU,[1238] admitiu a convalidação de licenciamento ambiental conduzido por órgão incompetente do Sisnama (órgão estadual de meio ambiente – OEMA). Ao analisar licenciamento ambiental de duplicação e reforma de estrada que atravessava terras indígenas, que estava sendo efetuado por OEMA, a AGU foi peremptória:

[1234] ARAÚJO, Edmir Netto de. *Convalidação do Ato Administrativo*. 1999. p. 143.
[1235] AMARAL, Diogo Freitas do. *Curso de Direito Administrativo*. 2. ed. 2012. v. II, p. 516.
[1236] D'OLIVEIRA, Rafael Lima Daudt. Notas sobre alguns aspectos polêmicos do licenciamento ambiental. *Revista de Direito da Procuradoria Geral*, Rio de Janeiro: PGE-RJ, n. 61, 2006. p. 279; MACHADO, Paulo Affonso Leme. *Direito Ambiental Brasileiro*. 17. ed. 2009. p. 277; Orientação Jurídica Normativa nº 43/2012/PFE-IBAMA/PGF/AGU; FARIAS, Talden. *Licenciamento Ambiental*: aspectos teóricos e práticos. 4. ed. 2013. p. 104; LEUZINGER, Marcia Dieguez. CUREAU, Sandra. *Direito Ambiental*. 2013. p. 88; MILARÉ, Édis. *Direito do Ambiente*. 8. ed. 2013. p. 786-787; SÁNCHEZ, Luis Enrique. *Avaliação de Impacto Ambiental*: conceitos e métodos. 2. ed. 2013. p. 93.
[1237] MACHADO, Paulo Affonso Leme. *Direito Ambiental Brasileiro*, 17. ed., 2009. p. 277.
[1238] Assim também é o Parecer nº 14/2014/CONEP/PFE-IBAMA-SEDE/PGF/AGU, aprovado pelo Procurador-Chefe Nacional da PFE-Ibama, em 20.02.2014, mediante Despacho nº 83/2014/GABIN/PFE-IBAMA-SEDE/PGF/AGU, nos autos do PA nº 02001.000352/2014-94.

> [...] É que sendo do Ibama a competência licenciatória em questão, não se pode negar que os atos anteriormente realizados o foram com vício de competência, sendo, destarte, anuláveis ou convalidáveis. Com efeito, o vício de competência, que atinge determinado ato administrativo, é de natureza extrínseca, podendo ser convalidado pela autoridade competente. [...]
> Assim, na situação concreta sob exame, caso o Ibama decida delegar a competência licenciatória em questão, deverá necessariamente decidir sobre a validade dos atos já praticados, podendo convalidá-los, por meio de uma ratificação ou exigindo reformas (OJN 33/2012/PFE-IBAMA/PGF/AGU).

A PGE-RJ, pela Procuradoria do INEA, também opinou pela possibilidade de o licenciamento ambiental ser convalidado, tanto por vício de competência quanto pelo de forma.[1239] Assim, concluiu ser possível o Estado convalidar um licenciamento ambiental impropriamente conduzido pelo Município, ainda que sem EIA. Nos termos do Parecer BENT 16/2012, "a eventual convalidação das licenças ambientais municipais deverá ser realizada através da ratificação da autoridade competente, a qual deverá ser precedida da demonstração de que a decisão não acarretará lesão ao interesse público nem prejuízo a terceiros".[1240]

O TRF da 3ª Região, após reconhecer a incompetência do OEMA, decidiu pela validade dos atos praticados até a expedição da licença prévia concedida pelo órgão incompetente e determinou a remessa do processo administrativo de licenciamento ao órgão competente, considerando a manifestação do órgão licenciador competente (Ibama) de que os procedimentos adotados pelo OEMA eram compatíveis com os seus:

> [...] 5. Faz-se de rigor o encaminhamento do procedimento ao IBAMA para que se manifeste no sentido de dar prosseguimento ao licenciamento, com o aproveitamento dos atos praticados até a expedição da Licença Prévia pela Secretaria do Meio Ambiente, inclusive.[1241]

O TRF da 5ª Região já decidiu pelo cabimento da convalidação, em sede administrativa, em caso gerado por ação civil pública, na qual se alegava a competência do Ibama para o licenciamento. A corte reconheceu a validade de licenciamento concedido por órgão estadual porque ele foi convalidado (ratificado) pelo Município competente para a prática do ato:

> [...] – Há, pois, de um lado, as opiniões dos órgãos encarregados da concessão do licenciamento ambiental, todos acordes no sentido da competência do Município de Fortaleza, inclusive, destaque-se, do próprio IBAMA, e, de outro lado, o MPF em sentido diverso.
> – De outra banda, *nada obstante que o licenciamento tenha sido inicialmente deferido pela SEMACE (Superintendência Estadual do Meio Ambiente do Ceará) e posteriormente ratificado pelo Município de Fortaleza, cuida-se de mera irregularidade formal*, que, no caso, é insuficiente ao provimento do agravo de instrumento.[1242]

[1239] Parecer MCC nº 08/2014, aprovado pela Procuradora-chefe do INEA, em 07.02.2014, nos autos do PA E-07/002.13301/2013.

[1240] Parecer BENT nº 16/2012, aprovado pelo Procurador-chefe do INEA, em 16.07.2012, nos autos do PA E-07/504.106/2009.

[1241] TRF da 3ª Região, 6ª T., m.v., AI 0036432-28.2002.4.03.0000 (Ac. 162.230), Rel. Des. Fed. Mairan Maia, j. em 30.03.2005, *DJU* 25.04.2005.

[1242] TRF da 5ª Região, 2ª T., m.v., AI 132.377-CE (Proc. 0004540-61.2013.4.05.0000), Rel. Des. Fed. Paulo Machado Cordeiro (conv.), j. em 17.09.13, *DJe* 23.09.2013. p. 65 – sem destaques no original.

O TRF da 1ª Região entendeu que a manifestação do Ibama no licenciamento ambiental conduzido pelo Estado-membro, objeto de demanda de invalidação por vício de competência (federal, na visão do autor), produziria efeitos convalidatórios, suprindo a existência de qualquer eventual irregularidade.[1243]

Talden Farias também defende a possibilidade de o órgão licenciador – dentro de sua expertise técnica e discricionariedade administrativa – convalidar o licenciamento ambiental que tramitou perante órgão incompetente, "seja no todo ou em parte, desde que manifeste, expressamente, a concordância com os atos praticados".[1244] Curt e Terence Trennepohl defendem a tese de que "o pedido de licenciamento apresentado em um órgão ambiental não significa, obrigatoriamente, que este o conduzirá até o final. Nem que a emissão de uma das licenças torna o emitente prevento para a concessão das demais. No decurso do processo, pode ocorrer a interveniência de mais de um agente licenciador".[1245] Para tanto, ilustram com o interessante caso ocorrido no Estado de Alagoas, no qual o órgão estadual, ao assumir o processo de licenciamento, convalidou as LP e LI dadas por órgão ambiental municipal e concedeu a LO ao empreendimento, após o Município declarar que não teria capacidade de licenciar.[1246]

Diante de licenciamento que saiu, por ordem judicial provisória, do OEMA e foi para o Ibama, o TRF da 4ª Região não paralisou a obra porque a autarquia federal, ao reconhecer a necessidade de mais estudos, entendeu que isso não era necessário.[1247] A peculiaridade do caso foi que a ordem judicial de primeiro grau evitava que houvesse continuidade da obra, mas aceitou, referendado pelo tribunal, a ratificação pelo Ibama da LI e a sua conclusão para não paralisar a obra.

Isso mostra que o formalismo nessa seara não é bem recebido.

A anulação judicial do licenciamento ambiental, no todo ou em parte, não impede, por si só, a convalidação pelo órgão licenciador competente – até mesmo porque a nulidade do ato a ser convalidado é pressuposto para a convalidação, não óbice a sua prática – quando o vício reconhecido judicialmente puder ser sanado. Obviamente que quando a eventual convalidação tiver sido discutida no processo judicial e tiver sido rechaçada pela parte dispositiva, os seus efeitos obstarão a possibilidade de se convalidar.

A AGU ainda reconheceu que a consumação do ato poderia prejudicar a convalidação, bem como a anulação do ato naquela fase do licenciamento:

> [...] com o esgotamento dos efeitos de uma licença ambiental prévia ou com a finalização da construção de empreendimento, após a concessão de uma licença de instalação indevida emitida. Nesses casos, pode-se estar diante de delimitação à invalidação do ato administrativo, face à aplicação da teoria do fato consumado. [...] 45. Assim, caso configurada a situação jurídica consolidada no caso em questão, tendo a licença de instalação, emitida pelo órgão incompetente, esgotado os seus efeitos legais plenos, poderá ser mais adequado ao Ibama exigir eventuais correções na próxima fase do licenciamento. (OJN 33/2012/PFE-IBAMA/PGF/AGU).

[1243] TRF da 1ª Região, 5ª T., REO 0007786-39.2010.4.01.3603/MT, Rel. Des. Fed. Néviton Guedes, j. em 04.11.2015, e-DJF1 17.12.15.
[1244] FARIAS, Talden. *Licenciamento Ambiental*: aspectos teóricos e práticos. 5. ed. Belo Horizonte: Fórum, 2015. p. 138.
[1245] TRENNEPOHL, Curt; TRENNEPOHL, Terence. *Licenciamento Ambiental*. 5. ed. 2013. p. 60.
[1246] TRENNEPOHL, Curt; TRENNEPOHL, Terence. *Licenciamento Ambiental*. 5. ed. 2013. p. 61.
[1247] TRF da 4ª Região, 3ª T., v.u., AI 2008.04.00.006370-7, Rel. Des. Fed. Maria Lúcia Luz Leiria, j. em 19.10.2010, DE 29.10.2010.

11.4 A competência indelegável ou exclusiva e a impugnação do ato como óbices a sua não convalidação

Existem duas proposições predominantes na doutrina em matéria de convalidação dos atos administrativos. A primeira entende que não pode haver convalidação nos casos de competência indelegável;[1248] a segunda, que a impugnação administrativa ou judicial, por interessado direto ou não, também impediria a convalidação.[1249]

A vedação de convalidação do ato indelegável, porque incluso num rol de competências exclusivas, funda-se na premissa de que o ato assim praticado padeceria de uma nulidade absoluta.[1250] Tal entendimento teve repercussão jurisprudencial[1251] e foi reproduzido na Lei Paulista nº 10.177/98 (art. 11, I).[1252]

A vedação de convalidação do ato indelegável é essencialmente uma importação da tipologia das nulidades do Direito Civil. No Código Civil de 1916 (art. 145, I) e no vigente (art. 166, I) existem as previsões da incapacidade absoluta como causa de nulidade, não se admitindo convalidação,[1253] diferente da incapacidade relativa, que a admite.[1254]

Já no âmbito processual civil, no qual as competências são indelegáveis e estão bem delimitadas na Constituição ou na legislação infraconstitucional, além de o formalismo ser mais intenso do que é na seara administrativa, há previsão expressa de que os atos decisórios são nulos nos casos de incompetência absoluta (CPC, art. 113, §2º). Entretanto, isso não impede que, no julgamento do conflito de competência, o mesmo Código preveja a possibilidade de manutenção de atos praticados por juiz incompetente, ao dispor que o tribunal declarará qual é o juiz competente, pronunciando-se também sobre a validade dos atos do juiz incompetente (art. 122, *caput*). De qualquer modo, o juiz competente não está impedido de proferir decisão encampando a nula, visto que a nulidade do ato, caso o órgão competente concorde com o seu conteúdo, é pressuposto da convalidação, não óbice a sua adoção.

[1248] MEDAUAR, Odete. *Direito Administrativo Moderno*. 16. ed. 2012. p. 174; DI PIETRO, Maria Sylvia Zanella. *Direito Administrativo*. 25. ed. 2012. p. 255.

[1249] SUNDFELD, Carlos Ari. *Ato Administrativo Inválido*. 1990. p. 73; SILVA, Clarissa Sampaio. *Limites à Invalidação dos Atos Administrativos*. 2001. p. 153-154; FRANÇA, Vladimir da Rocha. *Estruturas e Motivação do Ato Administrativo*. São Paulo: Malheiros, 2007. p. 190; ZANCANER, Weida. *Da Convalidação e da Invalidação dos Atos Administrativos*. 3. ed. 2008. p. 72; MELLO, Celso Antônio Bandeira de. *Curso de Direito Administrativo*. 30. ed. 2013. p. 482; FERRAZ, Sérgio; DALLARI, Adilson Abreu. *Processo Administrativo*. 3. ed. 2012. p. 319-320; MAZZA, Alexandre. *Manual de Direito Administrativo*. 3. ed. São Paulo: Saraiva, 2013. p. 259; CARVALHO FILHO, José dos Santos. *Manual de Direito Administrativo*. 26. ed. 2013. p. 167.

[1250] "Não se admite a *ratificação* no caso em que a lei estabelece a competência exclusiva de uma dada autoridade, o que dá como resultante a *nulidade absoluta* (BIELSA, *Derecho Administrativo*. 5. ed. 1955. v. II, p. 95) (CRETELLA JÚNIOR, José. *Dos Atos Administrativos*. 2. ed. 1995. p. 416). Lúcia Valle Figueiredo parece encampar esse entendimento ao assinalar que "não se convalidam atos se praticados por autoridade totalmente incompetente" (FIGUEIREDO, Lúcia Valle. *Curso de Direito Administrativo*. 9. ed. São Paulo: Malheiros, 2008. p. 247).

[1251] "[...] 5. O vício na competência poderá ser convalidado desde que não se trate de competência exclusiva, o que não é o caso dos autos" (STJ, 2ª T., v.u., REsp nº 1.348.472/RS, Rel. Min. Humberto Martins, j. em 21.05.2013, DJe 28.05.2013). Decisão na qual não se fundamentou a razão dessa suposta impossibilidade (competência exclusiva) ao admitir a convalidação no processo licitatório via homologação. Foi mais um *obiter dictum* do que uma razão de decidir, uma vez que não pôs à prova a restrição, eis que não se tratava de competência exclusiva.

[1252] "Art. 11. A Administração poderá convalidar seus atos inválidos, quando a invalidade decorrer de vício de competência ou de ordem formal, desde que: I – na hipótese de vício de competência, a convalidação seja feita pela autoridade titulada para a prática do ato, e não se trate de competência indelegável;".

[1253] CC/1916, art. 146, parágrafo único, CC/02, art. 168, parágrafo único.

[1254] CC/1916, art. 148 e CC/02, art. 172.

Mantendo a filosofia do CPC de 1973, o novo CPC (Lei nº 13.105/15), após ter preceituado que os autos serão remetidos ao juízo competente caso seja acolhida a incompetência (art. 64, §3º), é categórico em estabelecer como regra a convalidação dos atos praticados pelo juízo incompetente (art. 64, §4º). Consta no novo CPC:

> §4º Salvo decisão judicial em sentido contrário, conservar-se-ão os efeitos de decisão proferida pelo juízo incompetente até que outra seja proferida, se for o caso, pelo juízo competente.

Isso só reforça as conclusões no sentido de que não apenas a convalidação é possível nos atos indelegáveis, como também em atos que sofreram impugnação administrativa ou judicial, não procedendo as restrições construídas a respeito.

Neste terreno das nulidades, o que se constata é o equivocado translado de categorias do Direito Privado para o âmbito do Direito Administrativo, mediante uma simples alteração de rótulos, isto é, competências delegáveis (incompetência relativa, correspondente à incapacidade relativa do Direito Civil – ato anulável) e não delegáveis (incompetência absoluta, correspondente à incapacidade absoluta do Direito Civil – ato nulo).

Weida Zancaner critica essa importação ao concluir que nada obsta "que o ato de interdição de uma fábrica poluente subscrito por um secretário de Estado, a quem não está afeta a matéria, seja convalidado, posteriormente, pelo secretário competente".[1255] Como relata Christofer Forsyth em relação ao Direito Administrativo inglês, o "judiciário está 'cada vez mais impaciente' com a distinção entre os atos nulos ou anuláveis e tem evitado esta questão".[1256] Os que assim laboram, conforme critica Maria Sylvia Di Pietro ao narrar situação similar, "incidem no erro de somente considerar esses institutos à luz do direito civil, como se os conceitos nele formulados fossem compreensivos de toda a realidade que constitui objeto do estudo do direito".[1257]

A Lei Fluminense nº 5.427/09, que regulamenta a convalidação em seu artigo 52, não apenas admite a convalidação por vícios de competência pura e simplesmente, como ainda a permite, independentemente do vício apurado, se constatado que a invalidação do ato trará mais prejuízos ao interesse público do que a sua manutenção (parágrafo único, I e III). No mesmo sentido a Lei nº 9.784/99 (art. 55), como visto.

Em suma, há a possibilidade de convalidação mesmo diante de incompetência absoluta e, em regra, indelegável.

É preciso atentar para a realidade que nos cerca, sob pena de esquizofrenia jurídica. A jurisprudência convalida diversos atos que são tradicionalmente tidos como inconvalidáveis. Atos que foram praticados com desrespeito à Constituição e/

[1255] ZANCANER, Weida. *Da Convalidação e da Invalidação dos Atos Administrativos*. 3. ed. 2008. p. 86. Clarissa Sampaio Silva também entende possível a convalidação nesses casos: "O mesmo pode ocorrer em relação a atos praticados por agentes que possuem competências materiais díspares, como seria o caso de um ato da alçada do Ministro da Saúde praticado pelo Ministro da Educação ou, ainda, por pessoas políticas distintas" (*Limites à Invalidação dos Atos Administrativos*. 2001. p. 129).

[1256] FORSYTH, Christofer. "A metafísica da nulidade" invalidade, raciocínio conceitual e o Estado de direito. *Interesse Público IP*, Belo Horizonte, ano 10, n. 52, nov./dez. 2008. Disponível em: http://www.bidforum.com.br/bid/PDI0006.aspx?pdiCntd=56170. Acesso em 19 dez. 2013.

[1257] DI PIETRO, Maria Sylvia Zanella. Ainda existem os contratos administrativos? *In*: DI PIETRO, Maria Sylvia Zanella; RIBEIRO, Carlos Vinícius Alves (Org.). *Supremacia do Interesse Público e Outros Temas Relevantes do Direito Administrativo*. São Paulo: Atlas, 2010. p. 401.

ou à lei[1258] e atos discricionários sem motivação,[1259] dentre outros, são convalidados a todo o momento, embora sempre de forma excepcional, indo muito além da tradicional possibilidade de convalidação de atos com vícios de competência ou forma.

Quanto à impossibilidade de convalidação devido ao fato de o ato ter sido impugnado, Celso Antônio Bandeira de Mello leciona que, se houvesse a possibilidade de convalidação de ato impugnado, administrativa ou judicialmente, "seria inútil a arguição do vício, pois a extinção dos efeitos ilegítimos dependeria da vontade da Administração, e não do dever de obediência à ordem jurídica".[1260] Esse entendimento já fez escola na Lei Paulista nº 10.177/98, que não admite a convalidação "quando se tratar de ato impugnado" (art. 11, §1º).

Ocorre que o interesse público, reconhecido pelo próprio jurista como o motor da convalidação, que, para ele, é até um dever da Administração Pública, é exatamente o que leva o ato a ser convalidado. A impugnação não pode sobrepor-se ao interesse público, motivo pelo qual a Lei nº 9.784/99 preceitua que a desistência ou a renúncia do interessado não prejudicam o prosseguimento do processo, se a Administração considerar que o interesse público assim o exige (art. 51, §2º). Se a desistência do interessado não resulta necessariamente na extinção do processo administrativo, com tanto mais razão diante de simples impugnação.

Por esse motivo, a doutrina tem rechaçado a afirmação de que a impugnação impede a convalidação. Mônica Simões, com apoio em Sérgio Ferraz, aduz que a convalidação não torna inútil a impugnação porque ela teria a utilidade de impelir a Administração a corrigir o vício.[1261] Em outras palavras, a impugnação não infirma os fundamentos da convalidação, antes, os torna possíveis, uma vez que ainda há o prestígio do interesse público, desde que sem prejuízo a terceiros. Sérgio Ferraz, de forma contundente, arremata a questão:

> Enfim, a impugnação é um dado menor, de interesse egocêntrico, sem a transcendência do interesse público. De fato, tinha e tem sempre a Administração o dever de obediência à ordem jurídica e à legalidade. Se para tanto só é ela "acordada" pela impugnação, tanto melhor: corrija-se o erro e repare-se o dano que alguém tenha sofrido. O que não nos parece razoável é dizer: você (Administração) deveria ter convalidado antes da minha impugnação; como não o fez, agora não pode restaurar a legalidade![1262]

[1258] STF, Pleno, v.u., MS nº 22.357/DF, Rel. Min. Gilmar Mendes, j. em 27.05.04, DJU 05.11.2004. p. 06; STF, Pleno, MS nº 23.441/DF, Rel. p/ ac. Min. Joaquim Barbosa, j. em 27.11.08, DJe 06.11.2009; STF, Pleno, ADI-ED 2.791/PR, Rel. p/ ac. Min. Menezes Direito, j 22.04.09, DJe 04.09.09; STF, Pleno, v.u., ACO 79/MT, Rel. Min. Cezar Peluso, j. em 15.03.12, DJe 28.05.2012; STJ, 5ª T., RMS 25.652/PB, Rel. Min. Napoleão Nunes Maia Filho, j. em 16.09.2008, DJe 13.10.2008; TCU, Plenário, AC-2.789/13, Rel. Min. Benjamin Zymler, j. em 16.10.2013; TCU, Plenário, Ac. 854/1999, Proc. 001.725/1996-3, Rel. Min. Marcos Vilaça, j. em 24.11.99, DOU 13.12.1999; Parecer AGU GQ 118, de 10.12.1996, assim ementado: "Ato administrativo anulado, após verificada a irregularidade da documentação apresentada. Direitos de terceiros de boa-fé. Manutenção do ato, ainda quando eivado de vício, desde que presentes o interesse público e a comprovada boa-fé de terceiros interessados".

[1259] "[...] 3. Os atos de remoção *ex officio* dos servidores restam convalidados pela demonstração, ainda que postergada, dos motivos que levaram o agente público à prática daqueles atos. Nesse sentido, *mutatis mutandis*: MS nº 11.862/DF, Rel. p/ Ac. Min. LUIZ FUX, Primeira Seção, DJe 25.5.09; REsp nº 1.331.224/MG, Rel. Min. MAURO CAMPBELL MARQUES, Segunda Turma, DJe 26.2.13" (STJ, 1ª T., v.u., AgRg no RMS nº 40.427/DF, Rel. Min. Arnaldo Esteves Lima, j. em 03.09.2013, DJe 10.09.2013).

[1260] MELLO, Celso Antonio Bandeira de. *Curso de Direito Administrativo*. 30. ed. 2013. p. 482.

[1261] SIMÕES, Mônica Martins Toscano. O Processo Administrativo e a Invalidação de Atos Viciados. 2004. p. 145.

[1262] FERRAZ, Sérgio. Extinção dos atos administrativos: algumas reflexões. *Revista de Direito Administrativo*, Rio de Janeiro: Renovar, n. 231, p. 47-66, jan./mar. 2003. p. 63-64.

O STJ já admitiu a convalidação de exigência editalícia não cumprida pela empresa vencedora de licitação, em matéria que não era nem de competência, nem de forma, além de ela ter sido contestada em ação civil pública,[1263] mostrando a quão infundada se afigura a vedação de convalidar perante a impugnação judicial ou administrativa do ato. Por outro lado, em duas ocasiões o mesmo STJ acatou o entendimento de que não é possível convalidar atos impugnados,[1264] embora a questão tenha sido levantada mais como um reforço argumentativo do que como principal ou exclusiva razão de decidir.

A moderna tendência de avaliar a possibilidade de convalidação caso a caso é mais consentânea com o princípio da conservação dos atos administrativos, mormente porque impõe exegese restritiva nas próprias exceções a tal possibilidade. Conforme pontuou Patrícia Ferreira Baptista: "Existe um dever geral de conservação dos atos administrativos, segundo o qual as invalidades devem ser interpretadas restritivamente. Pelo princípio do *favor acti*, um ato administrativo só deve ser desfeito quando não puder ser salvo".[1265]

Em suma, no caso de licenciamentos ambientais, ambas as questões são relevantes porque geralmente ocorre impugnação, judicial ou administrativa, podendo ainda se deparar com casos nos quais não há previsão de delegação.

Quanto ao primeiro caso, viu-se que não é o fato de o ato ser impugnado que impede a sua convalidação. Na verdade, em boa parte dos casos, o vício será descoberto pela Administração Pública em decorrência de uma relação conflituosa, e a convalidação certamente será implementada para tutelar o interesse público, indisponível até mesmo para a parte que renuncia ou desiste do processo administrativo (Lei nº 9.784/99, art. 51, §2º).

Em relação à possibilidade de delegação, embora a LC nº 140/11 a tenha previsto (arts. 4º, V, VI, e 5º) e não se trate de competência exclusiva, motivo pelo qual o artigo 23 da CF a previu como competência comum, poder-se-ia questionar a sua possibilidade em relação a específico órgão do Sisnama. A alegação consistiria na impossibilidade de delegação no caso concreto, porque o órgão licenciador incompetente não poderia ter aquela competência delegada, pois seria (i) incapacitado a executar as ações administrativas a serem delegadas (LC nº 140/11, art. 5º, parágrafo único – *a contrario sensu*); (ii) não teria conselho de meio ambiente ou a sua instituição conteria alguma invalidade na composição, forma de atuação etc. ou (iii) matéria indelegável, embora a LC nº 140/11 não imponha restrições à delegação que não as previstas em seu artigo 5º.

Além de ser descabida a restrição à convalidação de atos indelegáveis pela visão mais atual sobre o assunto, seria preciosismo negar a possibilidade de o órgão ambiental licenciador competente sanar o licenciamento ambiental feito por órgão incompetente, porque, mesmo incapacitado, nos termos do artigo 5º, parágrafo único da LC nº 140/11, ele pode ter seguido as normas técnicas e jurídicas de regência e, dessa forma, realizado um licenciamento ambiental digno de ser convalidado. A inexistência ou eventual deficiência do conselho de meio ambiente também não devem ser obstáculo à possibilidade

---

[1263] STJ, 1ª T., v.u., REsp nº 950.489/DF, Rel. Min. Luiz Fux, j. em 03.02.2011, *DJe* 23.02.2011.

[1264] "Somente são passíveis de convalidação os atos da Administração que não foram impugnados administrativa ou judicialmente" (STJ, 2ª T., REsp nº 719.548/PR, rela. Mina. Eliana Calmon, j. em 03.04.2008, *DJe* 21.11.2008; STJ, 1ª T., v.u., AgRg no Ag 1.320.981/RS, Rel. Min. Napoleão Nunes Maia Filho, j. em 25.06.2013, *DJe* 07.08.2013).

[1265] BAPTISTA, Patrícia Ferreira. A revisão dos atos ilegais no direito administrativo contemporâneo: entre legalidade e proteção da confiança. *In*: ALMEIDA, Fernando Dias Menezes *et al*. *Direito Público em Evolução*: estudos em homenagem à Professora Odete Medauar. Belo Horizonte: Fórum, 2013. p. 315.

de convalidação, sob pena de serem inutilizados os esforços administrativos e os recursos públicos por causa de argumento meramente formal. Além disso, o conselho só profere a decisão final do processo administrativo de licenciamento ambiental, existindo uma série de outros atos praticados, pelo particular e por outros órgãos públicos, no processo de licenciamento, como são o estudo ambiental ou a emissão de parecer técnico, que não podem ser desconsiderados. A convalidação é instituto que só existe para ir além da forma.

Mesmo admitindo, apenas para argumentar, que não se pode convalidar atos indelegáveis, entende-se que essa restrição se atém ao tipo de matéria ser ou não delegável de forma absoluta, abstrata. Com essa restrição à possibilidade de convalidação, almeja-se desestimular a prática de atos por órgãos estatais cuja competência nunca poderia, sequer em tese, abranger a matéria decidida, por esta ser exclusiva de outro órgão, o que não se aplica ao licenciamento ambiental, como visto, matéria de competência comum e delegável.

Paulo de Bessa Antunes, ao criticar a prática de anular a licença ambiental por vícios formais, defende a possibilidade de sua convalidação com base no artigo 55 da Lei nº 9.784/99. Sustenta que a anulação

> não é, obviamente, a solução mais adequada. É importante que a administração busque aproveitar todos os atos que tenham sido praticados no processo de licenciamento, pois ele, como se sabe, é extremamente caro e difícil, não tendo sentido a anulação de seus atos se, substancialmente, eles não estão eivados de vícios ou outros elementos que possam pôr em dúvida a lisura da concessão da licença.[1266]

A convalidação do licenciamento ambiental com vício de competência, bem como com os demais vícios formais, é possível, ainda que a matéria seja indelegável e/ou tenha havido impugnação, judicial ou administrativa.

11.5 A discricionariedade administrativa na autotutela administrativa (anulação ou convalidação)

A autotutela administrativa pode ser exercida para revogar, anular ou convalidar o ato administrativo nulo ou o anulável. Segundo Edmir Netto de Araújo, da autotutela "descendem, por duas vias opostas, de um lado o poder de auto impugnação (faculdade de anulação e de revogação) e de outro, o poder de convalidação, quase como o verso e reverso de uma mesma medalha".[1267]

O juízo sobre como exercerá a sua autotutela compete à Administração Pública, principalmente por envolver uma complexa atividade de "avaliação ou ponderação"[1268] de diversos elementos. Carlos Batisde Horbach leciona que a Administração Pública "deve ponderar qual a melhor solução para o caso concreto, a invalidação ou a manutenção do ato".[1269] Edmir Netto de Araújo, por sua vez, é categórico ao negar que

---

[1266] ANTUNES, Paulo de Bessa. *Direito Ambiental*. 16. ed. 2014. p. 609.
[1267] ARAÚJO, Edmir Netto de. *Convalidação do Ato Administrativo*. 1999. p. 132.
[1268] MEDAUAR, Odete. *Direito Administrativo Moderno*. 16. ed. 2012. p. 174.
[1269] HORBACH, Carlos Bastide. *Teoria das Nulidades do Ato Administrativo*. 2. ed. 2010. p. 232. No mesmo sentido: MOREIRA NETO, Diogo de Figueiredo. *Curso de Direito Administrativo*. 14. ed. 2006. p. 215.

existe, propriamente, um dever de convalidar; há apenas o "de recompor a legalidade ferida, o que se faz tanto fulminando o ato viciado quanto convalidando-o, e esta opção, como se viu, é discricionariamente voltada à melhor solução para o Direito, com vistas ao cumprimento do fim específico de interesse público do ato em revisão, pois o fim especial do novo ato é o resguardo da ordem jurídica".[1270]

Isso porque as alternativas de anular e convalidar o ato ilegal "não infirmam o princípio da legalidade; antes, segundo Moreira Neto, representam uma conciliação deste com o princípio da finalidade pública".[1271] A convalidação é meio para restaurar a juridicidade,[1272] havendo discricionariedade da Administração Pública para "sopesar os interesses públicos envolvidos no caso concreto".[1273]

A depender do caso, parte da doutrina entende que a convalidação é obrigatória, não havendo que se falar em discricionariedade. Carlos Ari Sundfeld defende que abstratamente se pode falar em um campo para apreciação discricionária da convalidação, que praticamente inexistiria em face de atos vinculados, mas seria ampla no caso dos discricionários.[1274]

Diversos administrativistas não admitem uma ampla discricionariedade para convalidar, mas são enfáticos em ressalvá-la de forma ampla, na hipótese de tratar-se de vício de competência em ato de conteúdo discricionário.[1275] Para Maria Sylvia Zanella Di Pietro, "se o ato praticado por autoridade incompetente é discricionário [...] não pode a autoridade competente ser obrigada a convalidá-lo, porque não é obrigada a aceitar a mesma avaliação subjetiva feita pela autoridade incompetente".[1276] Weida Zancaner também é contundente quanto a esse ponto:

> De fato, se alguém pratica em lugar de outrem um dado ato discricionário e esse alguém não era o titular do poder para expedi-lo, não se poderá pretender que o agente a quem competia tal poder seja obrigado a repraticá-lo sem vício (convalidá-lo), porquanto poderá discordar da providência tomada. Se sujeito competente não tomaria a decisão em causa, por que deveria tomá-la ante o fato de que outrem, sem qualificação para isto, veio a agir em lugar dele? Por outro lado, também não se poderá pretender que deva invalidá-lo, ao invés de convalidá-lo, pois é possível que a medida em questão seja a mesma que ele – o titulado – teria adotado.[1277]

[1270] ARAÚJO, Edmir Netto de. *Convalidação do Ato Administrativo*. 1999. p. 135. Não por outro motivo Diogo Figueiredo Moreira Neto aduz que "ante as dificuldades práticas, como seriam a *inoportunidade* e a *inconveniência* da anulação de um ato *útil*, em termos de atendimento do interesse público, embora apresentando um defeito de legalidade, abre-se à Administração a alternativa discricionária de aplicar o instituto da *sanatória* para salvá-lo, tornando-o *válido e eficaz*" (*Curso de Direito Administrativo*. 14. ed. 2006. p. 215 – itálicos no original).

[1271] ARAÚJO, Edmir Netto de. *Convalidação do Ato Administrativo*. 1999. p. 129.

[1272] MAZZA, Alexandre. *Manual de Direito Administrativo*. 3. ed. 2013. p. 257.

[1273] NOHARA, Irene Patrícia. *Direito Administrativo*. 3. ed. 2013. p. 222. No mesmo sentido, falando em ponderação de interesses envolvidos: FARIA, Edimur Ferreira de. *Curso de Direito Administrativo Positivo*. 3. ed. 2000. p. 258.

[1274] SUNDFELD, Carlos Ari. *Ato Administrativo Inválido*. 1990. p. 74-75.

[1275] MELLO, Celso Antônio Bandeira de. *Curso de Direito Administrativo*. 30. ed. 2013. p. 483 e 485; DI PIETRO, Maria Sylvia Zanella. *Direito Administrativo*. 25. ed. 2012. p. 253-254; ZANCANER, Weida. *Da Convalidação e da Invalidação dos Atos Administrativos*. 3. ed. 2008. p. 64-66, 76 e 87; SIMÕES, Mônica Martins Toscano. *O Processo Administrativo e a Invalidação de Atos Viciados*. 2004. p. 140-141; MARINELA. Fernanda. *Direito Administrativo*. 4. ed. 2010. p. 289.

[1276] DI PIETRO, Maria Sylvia Zanella. *Direito Administrativo*. 25. ed. 2012. p. 254.

[1277] ZANCANER, Weida. *Da Convalidação e da Invalidação dos Atos Administrativos*. 3. ed. 2008. p. 66. Adiante, em sua obra, volta ao assunto com as seguintes palavras: "Por outro lado, tratando-se de atos decorrentes do exercício de atividade discricionária, a questão se inverte e a obrigatoriedade do dever de convalidar torna-se insustentável, posto que nestes casos o que gera a possibilidade de aplicação da norma é justamente o juízo

Como o Judiciário não pode, em regra, conceder a licença ambiental, substituindo a Administração Pública,[1278] também não pode cercear o seu poder – para alguns, dever – de convalidar.

Essa avaliação da conveniência e oportunidade deve ser efetuada no próprio processo administrativo de licenciamento ambiental, porque é ele "o meio adequado para que se possa proceder à identificação dos interesses públicos legítimos existentes e à ponderação desses a fim de escolher um ou alguns para atendimento no caso concreto".[1279]

O licenciamento ambiental é medida exclusiva de poder de polícia do Executivo,[1280] não se admitindo a intervenção sistemática dos demais Poderes (STF, ADI nº 1.505[1281] e ADI-MC 3.252);[1282] eventuais intervenções judiciais devem ser excepcionais, sob pena de subversão institucional. A anulação da licença ou do processo de licenciamento pelo Judiciário não deve impossibilitar a eventual convalidação pelo órgão licenciador competente, ainda mais tendo em vista que para alguns a convalidação é – exceto nos atos discricionários – obrigatória.

11.6 Convalidação de outros aspectos do licenciamento ambiental

Nesse capítulo, defendeu-se que o vício de competência no licenciamento ambiental pode ser convalidado. Porém, a convalidação não se restringe aos vícios de competência.

Como visto, a AGU não limita os vícios que podem ser convalidados pela Administração Pública,[1283] nem o Judiciário, que convalida até vícios de inconstitucionalidade, sendo digno de nota que a PGE-RJ se pronunciou pela convalidação de

---

subjetivo do administrador, e este não está compelido a acatar o juízo subjetivo formulado pelo emissor do ato gravado pelo vício de incompetência. É claro que nada obsta a que o agente competente convalide, quando possível, ato discricionário exarado por agente incompetente; mas inexiste a obrigatoriedade de fazê-lo, por ser apenas ele o sujeito competente e titulado pelo Direito para dar concreção, mediante seu juízo subjetivo, ao disposto na hipótese ou no mandamento de uma norma jurídica que enseja discrição" (p. 87).

[1278] Cf.: por exemplo, TRF da 4ª Região, 2ª S., m.v., EI 5019789-93.2011.404.7200, Rel. Des. Fed. Candido Alfredo Silva Leal Junior, j. em 12.09.2013, DJe 07.10.2013, cuja ementa é ilustrativa: "[...] 1. A concessão da licença ambiental somente pode ser concedida pelo órgão licenciador, não podendo tal atividade ser substituída por atuação do Poder Judiciário. [...] 3. O argumento levantado de que há, nos autos, vários pareceres favoráveis ao empreendimento não é suficiente para a autorização buscada porque inexiste, por parte do empreendedor, direito adquirido à licença ambiental, ainda que estivesse demonstrado que todos os atos administrativos, até certo momento, indicavam que ela seria deferida, tendo em vista a precariedade de tal ato".

[1279] SCHIRATO, Vitor Rhein. O processo administrativo como instrumento do Estado de Direito e da Democracia. In: MEDAUAR, Odete; SCHIRATO, Vitor Rhein (Org.). Atuais Rumos do Processo Administrativo. 2010. p. 16.

[1280] Lei nº 6.938/81, art. 17-L; FINK, Daniel Roberto. O controle jurisdicional do licenciamento ambiental. In: FINK, Daniel Roberto; ALONSO JUNIOR, Hamilton; DAWALIBI, Marcelo. Aspectos Jurídicos do Licenciamento Ambiental. 2. ed. Rio de Janeiro: Forense Universitária, 2000. p. 74.

[1281] "[...]. 1. É inconstitucional preceito da Constituição do Estado do Espírito Santo que submete o Relatório de Impacto Ambiental – RIMA – ao crivo de comissão permanente e específica da Assembleia Legislativa. 2. A concessão de autorização para desenvolvimento de atividade potencialmente danosa ao meio ambiente consubstancia ato do Poder de Polícia – ato da Administração Pública – entenda-se ato do Poder Executivo" (STF, Pleno, v.u., ADI nº 1.505/ES, Rel. Min. Eros Grau, j. em 24.11.2004, DJU 04.03.05. p. 10, RTJ 193/58).

[1282] "[...] 3. Condicionar a aprovação de licenciamento ambiental à prévia autorização da Assembleia Legislativa implica indevida interferência do Poder Legislativo na atuação do Poder Executivo, não autorizada pelo art. 2º da Constituição. Precedente: ADI nº 1.505" (STF, Pleno, v.u., ADI-MC 3.252/RO, Rel. Min. Gilmar Mendes, j. em 06.04.2005, DJe 24.10.2008, RTJ 208/3/951).

[1283] Cf.: Parecer Conjur-MT/CGU/AGU 243/2013, aprovado pelo Advogado-Geral da União, em 05.07.2013, nos autos do PA nº 00400.0006975/2013-61 e Parecer nº 85/2014/DECOR/CGU/AGU, aprovado pelo Advogado-Geral da União, em 08.12.2014, nos autos do PA nº 25100.019371/2014-71.

vício de competência e de forma no processo de licenciamento ambiental.[1284] Andrea Struchel, antes de destacar que a convalidação, se possível, é dever do agente público decorrente da economicidade e eficiência administrativas, destaca não apenas a questão da incompetência como passível de convalidação, mas também ato ou procedimento do licenciamento ambiental.[1285]

O TRF da 4ª Região admitiu a convalidação da LP em processo cuja participação da Funai somente ocorreu após a expedição da LP, porque o licenciamento ambiental é dinâmico, sem preclusões, podendo as eventuais condicionantes relativas ao componente indígena serem incorporadas ao licenciamento a qualquer momento.[1286]

11.7 A motivação da convalidação e a inexistência de perfeita simetria

Por conter requisitos previstos na Lei nº 9.784/99 (art. 55), a convalidação, embora discricionária, deve ser motivada.

Como ato administrativo que é, a convalidação não prescinde de fundamentação. A AGU entende que é possível a convalidação durante a delegação do licenciamento, mas sempre de forma motivada: "Convalidação ou invalidação dos atos já praticados por órgão incompetente é medida que se impõe, de forma expressa, motivada e específica, e pode ser realizada em eventual instrumento de delegação de competência".[1287]

Como o licenciamento ambiental procedido em outra esfera da federação não é igual ao que seria efetuado pelo órgão competente, a convalidação deve ser vista *cum grano salis* por parte do órgão licenciador competente.

Se mesmo dentro de um único órgão licenciador há diferentes modos de conduzir o licenciamento, em termos de exigências substanciais e, às vezes, até mesmo procedimentais, com tanto mais razão quando se trata de órgãos ou entidades diferentes. Portanto, negar-se-ia a convalidação integral ou de parte do licenciamento ambiental se fosse exigido exatamente o que o ente competente faria. Se fosse assim, provavelmente não se convalidaria o próprio licenciamento.

A análise do órgão licenciador, que eventualmente convalidará o ato ou processo administrativo ambiental, deve se ater ao gerenciamento dos impactos ambientais, ainda que na convalidação sejam feitas exigências adicionais de complementação,[1288] não se devendo buscar uma perfeita simetria.

Em suma, ainda que o licenciamento ambiental, ou algum aspecto desse, não seja exatamente o que faria o órgão licenciador com poder para convalidar, isso não se constitui óbice à convalidação.

[1284] Parecer MCC nº 08/2014, aprovado pela Procuradora-chefe do INEA, em 07.02.2014, nos autos do PA E-07/002.13301/2013.

[1285] STRUCHEL, Andrea Cristina de Oliveira. *Licenciamento Ambiental Municipal*. São Paulo: Oficina dos Textos, 2016. p. 72.

[1286] TRF da 4ª Região, 4ª T., v.u., AC e REEX 5000550-92.2014.4.04.7008, Rel. Des. Fed. Candido Alfredo Silva Leal Junior, j. em 05.11.2015, *DE* 10.11.2015.

[1287] Parecer nº 14/2014/CONEP/PFE-IBAMA-SEDE/PGF/AGU, aprovado pelo Procurador-Chefe Nacional da PFE-Ibama, em 20.02.2014, mediante Despacho nº 83/2014/GABIN/PFE-IBAMA-SEDE/PGF/AGU, nos autos do PA nº 02001.000352/2014-94.

[1288] Como ocorreu em caso julgado pelo TRF da 4ª Região (3ª T., v.u., AI 2008.04.00.006370-7, Rel. Des. Fed. Maria Lúcia Luz Leiria, j. em 19.10.2010, *D.E.* 29.10.2010), supradescrito.

CAPÍTULO XII

CONTROLE JURISDICIONAL DO LICENCIAMENTO AMBIENTAL

O controle jurisdicional do licenciamento ambiental concentra-se principalmente no procedimento e no seu ato administrativo mais importante, a licença ambiental.

Com esse enquadramento é tema clássico do Direito estadunidense. Em dois dos mais importantes precedentes da Suprema Corte estadunidense sobre Direito Administrativo, o controle judicial sobre a forma (processo administrativo) e a substância (ato administrativo) fincou as balizas para a revisão dos atos administrativos pelo Poder Judiciário. Ambos os precedentes tinham como pano de fundo o meio ambiente.

Com efeito, o ponto comum dos dois casos é a consideração da discricionariedade administrativa, resultando na construção das regras de autocontenção judicial (*judicial self-restraint*) sobre o procedimento (participação popular, *Vermont Yankee Nuclear Power Corp. v. NRDC* – 1978) e conteúdo da regulação ambiental (*Chevron USA v. NRDC* – 1984), especialmente diante de disputas entre teorias científicas.

Na doutrina nacional, Herman Benjamin bem destacou a relevância da matéria ao anotar que "a proteção ambiental está diretamente relacionada com a questão da discricionariedade administrativa".[1289]

Atualmente, contudo, esqueceu-se que a discricionariedade do Executivo nada mais é do que um reflexo da discricionariedade do legislador, que deixa espaços decisórios entreabertos – até pela impossibilidade de se fechá-los totalmente – para que, na aplicação da legislação, o Executivo faça as calibrações necessárias.

Qualquer decisão ambiental legislativa ou administrativa envolverá diversos direitos, não somente o direito ao meio ambiente ecologicamente equilibrado. Como visto no primeiro capítulo, o licenciamento ambiental é arena na qual competem vários, sendo dever da Administração Pública ponderá-los. A escolha administrativa pode não ser a melhor ou aquela que o órgão jurisdicional proferiria, ou seja, conquanto não seja incontestável, o parâmetro para o *judicial review* deve ser o disparate manifesto da opção administrativa, sob pena de anular a vantagem prática da separação de poderes (especialização das funções) com a sobreposição de vontades. Ainda é atual a lição de Hamilton, em *O Federalista*, nº 78, no sentido de que, se os juízes, no processo

---

[1289] BENJAMIN, Antonio Herman V. *In*: BENJAMIN, Antonio Herman V.; MILARÉ, Édis. *Estudo Prévio de Impacto Ambiental*. 1993. p. 61.

de interpretação da lei ou da constituição, "tentarem substituir o julgamento por vontade, as consequências serão as mesmas da predominância de seus desejos sobre os dos legisladores. Se tal procedimento fosse válido, não seria necessário que os juízes deixassem de pertencer ao Poder Legislativo".[1290] Por isso, a deferência judicial às decisões tomadas pela Administração Pública ambiental é essencial.

As escolhas discricionárias não são apenas mero balanceamento entre direitos envolvidos: é imperativo considerar que o peso da escolha da autoridade pública (alocação da competência decisória) também conta como um princípio formal fundamental à correta compreensão do alcance do controle jurisdicional, além de trazer previsibilidade à aplicação do Direito.[1291] Martin Borowski demonstra que a escolha vertida na lei – ou, acrescenta-se, na decisão administrativa – tem substrato democrático que deve ser preservado, conforme explicitado no seguinte exemplo: ao preceituar que no controle da emissão de uma substância poluente não há apenas um conflito entre a proteção do meio ambiente e a liberdade de iniciativa, há também o princípio formal de que a lei é uma tentativa legítima para decidir a competição entre esses princípios.[1292]

Uma das legislações ambientais mais desenvolvidas, o *California Environmental Quality Act* (CEQA), do Estado da Califórnia (EUA), preceitua que os tribunais não interpretem suas normas de forma a impor requisitos processuais ou materiais além dos expressamente referidos nessa legislação ou nas diretrizes estaduais adotadas a partir dela (§21083.1).

Segundo a Suprema Corte da Califórnia, os objetivos desse dispositivo legal são limitar a expansão judicial das exigências do CEQA, reduzir a incerteza e o risco de litígio, provendo um porto seguro para os entes locais e empreendedores que obedeçam às explícitas exigências legais.[1293] A Corte californiana considera que "as normas que regulam a proteção do meio ambiente não podem ser subvertidas em um instrumento de opressão e atraso do desenvolvimento e avanço social, econômico ou recreacional".[1294]

12.1 O controle judicial em matéria procedimental: o exemplo da Suprema Corte estadunidense em Vermont Yankee *v.* NRDC (1978)

O controle jurisdicional do processo de licenciamento ambiental assume diversas nuanças pelo alto grau de litigiosidade do Direito Ambiental.

Há uma tendência de superprocedimentalizar o processo decisório ambiental, tornando sagrado cada elemento, potencializando as nulidades e minando o formalismo moderado e a instrumentalidade das formas. Há também a adição judicial de requisitos não previstos por questões de justiça, maior ou melhor participação, devido processo

---

[1290] HAMILTON, Alexander; MADISON, James; JAY, John. *O Federalista, por Alexander Hamilton, James Madison e John Jay*. Trad. de Heitor Almeida Herrera. Brasília: Universidade de Brasília, 1984. p. 579.

[1291] LIMA, Rafael Bellem de. *Regras na Teoria dos Princípios*. São Paulo: Malheiros, 2014. p. 82.

[1292] BOROWSKI, Martin. The structure of formal principles – Robert Alexy's 'Law of Combination'. In: BOROWSKI, Martin (Org.). *On the Nature of Legal Principles, Archiv für Rechts-und Sozialphilosophie, Beiheft 119*. Stuttgart: Franz Steiner Verlag, 2010. p. 33.

[1293] *Berkeley Hillside Preservation v. City of Berkeley* (Cal. 2015). A alteração da lei em 1993 superou o antigo entendimento da Corte californiana de que o CEQA deveria ser interpretado de forma mais ampla possível, desde que dentro do campo razoável de suas disposições (*Friends of Mammoth v. Board of Supervisors* – 1972).

[1294] *Citizens of Goleta Valley v. Board of Supervisors* (Cal. 1990); *Berkeley Hillside Preservation v. City of Berkeley* (Cal. 2015).

legal etc., o que, combinados com a tendência de superprocedimentalizar, geram efeito devastador sobre a segurança jurídica e a eficiência do processo decisório ambiental.

Um dos pontos mais contestados do licenciamento ambiental é o direito de participação, tornando-se mais fácil a partir dessa experiência compreender o papel do Judiciário no controle do procedimento do processo decisório ambiental. Assim, foca-se na parte (controle judicial da participação no processo) para ilustrar o todo (controle judicial do procedimento).

A autocontenção judicial em matéria participativa decorre da obediência à lei – a participação só é concebível nos termos legais – e deferência à discricionariedade administrativa, bem como da visão restritiva da democracia participativa, por esta ser exceção no modelo da democracia representativa. Em outras palavras, a autocontenção nada mais faz do que respeitar a separação de poderes, preservando as escolhas do Legislativo ou do Executivo, quando a lei lhes possibilitar opções.

Na década de 70, o *D.C. Circuit Court*, tribunal norte-americano que julgava praticamente todas as causas relativas às agências federais, passou a acrescentar requisitos procedimentais não previstos no *Administrative Procedure Act* (APA) relativo ao processo decisório informal (*notice-and-comment*).[1295] Essas adições eram feitas com base em considerações de justiça ou para oportunizar uma participação significativa no procedimento.

O *leading case*, entretanto, foi *Vermont Yankee Nuclear Power Corp. v. Natural Resources Defense Council* (1978), no qual foram reformadas duas decisões do *D.C. Circuit Court*,[1296] que reviram atos da Comissão de Regulação Nuclear (NRC). Essa decisão é frequentemente considerada como uma das mais importantes do Direito Administrativo estadunidense[1297] ou sobre a interpretação do APA.[1298]

A Suprema Corte estadunidense (*Baltimore Gas & Electric Co. v. NRDC* – 1983), repetindo o seu posicionamento adotado poucos anos antes (*Vermont Yankee Nuclear Power Corp. v. Natural Resources Defense Council* – 1978), decidiu que o *National Environmental Policy Act* (NEPA) não exige que as agências adotem qualquer estrutura interna de decisão (462 U. S. 100), validando ato da *Nuclear Regulatory Commission* (NRC), ex-*Atomic Energy Commission* (AEC), deixando consignado, também, que "as cortes geralmente não têm autoridade para impor procedimentos híbridos superiores àqueles contemplados pelas leis de regência" (*Baltimore Gas & Electric Co. v. NRDC* – 462 U. S. 92).

Tal entendimento foi mantido em *Pension Benefit Guaranty Corp. v. The LTV Corp.* (1990), ao consignar que "*Vermont Yankee* estabeleceu a regra geral de que os tribunais não são livres para impor às agências exigências procedimentais específicas que não têm base no APA" (496 U. S. 654).

[1295] O que o *D.C. Circuit Court* já havia sinalizado em *obiter dictum* na decisão *American Airlines v. Civil Aeronautics Board* (1966) ele depois confirmou em diversas decisões, ainda que apenas de passagem, por exemplo, *Automotive Parts & Accessories Ass'n v. Boyd* (1968), *Mobil Oil Corp. v. FPC* (1973), *International Harvester Co. v. Ruckelshaus* (1973), *Portland Cement Ass'n v. Ruckelshaus* (1973), *O'Donnell v. Shaffer* (1974), *HBO, Inc. v. FCC* (1977).

[1296] *Natural Resources Defense Council Inc. v. United States Nuclear Regulatory Commission* e *Consumers Power Co. v. Aeschliman et al.* (1976).

[1297] LAWSON, Gary; BEERMANN, Jack M. Reprocessing Vermont Yankee. *In: WORKING PAPER SERIES, PUBLIC LAW & LEGAL THEORY*, Boston: Boston University School of Law, n. 06-25, p. 1-56, ago. 2006. p. 4. Disponível em: http://ssrn.com/abstract=926349. Acesso em 25 mar. 2013.

[1298] METZGER, Gillian. The story of Vermont Yankee: a cautionary tale of judicial review and nuclear waste. *Columbia Public Law & Legal Theory Working Papers*. 2005, Paper 0592. p. 1. Disponível em: http://lsr.nellco.org/columbia_pllt/0592. Acesso em 25 mar. 2013.

A análise de *Vermont Yankee* é fundamental, pois mostra a tentativa de remodelar, por via judicial, o processo administrativo, no caso, o participativo, previsto em lei (APA), a partir de hiperintegrações hermenêuticas com o NEPA e outros *topoi* argumentativos, como a natureza das questões debatidas (energia nuclear, meio ambiente etc.) e a participação popular plena ou significativa.

Quando a *Atomic Energy Commission* (atual *Nuclear Regulatory Commission*) deflagrou o processo decisório informal (*notice-and-comment*) para regular o impacto ambiental relativo às usinas nucleares, decidiu realizar audiência pública, embora o procedimento somente exigisse contribuições escritas. Ainda que houvesse a oportunidade de apresentar contribuições escritas por até 30 dias após a audiência pública, possibilitando, desse modo, a oportunidade de contraditar ou comentar os testemunhos e questões surgidas na audiência, a Comissão não possibilitou a prévia troca de informações sobre as provas e testemunhos (*discover*), o interrogatório (*cross-examination*) ou, ainda, que os participantes propusessem questões para a mesa perguntar. Essa conduta representava uma espécie de desvio de recentes práticas da Comissão de Energia Atômica, que as admitiu em outros casos.[1299]

O argumento contra a audiência pública efetuada nesses moldes defendia que experiências recentes haviam demonstrado que apenas por meio desses instrumentos (*discover*, *cross-examination* etc.) seria possível trazer à tona eventuais preocupações levantadas pelo segundo escalão que, porventura, não foram incluídas na avaliação ambiental ou nos depoimentos prestados aos servidores do primeiro escalão.[1300]

O *Justice* Rehnquist deixou absolutamente claro, como "um princípio fundamental do direito administrativo" (435 U. S. 544), que as agências são livres para moldar as suas próprias regras procedimentais (*"free to fashion their own rules of procedure"*), salvo previsão constitucional ou circunstância extremamente imperiosa em contrário (435 U. S. 543).

Como as regras procedimentais estão definidas no APA, a Corte decidiu que este estabeleceu o máximo de exigências procedimentais que o Congresso desejava que as cortes impusessem às agências federais na condução do processo decisório; e, *enquanto as agências são livres para conceder garantias processuais adicionais de acordo com a sua discricionariedade, as cortes geralmente não são livres para impô-las, se as agências não escolheram garanti-las* (435 U. S. 520).

Vermont Yankee rechaçou a alegação do NRDC de que o APA (553, §4º) previu patamares mínimos de participação e que o Judiciário poderia rotineiramente exigir mais do que esse mínimo, quando a norma a ser alterada pela agência tratasse de complexas questões técnicas, fáticas ou de grande importância pública (435 U. S. 545). Reforçando sua argumentação, a Suprema Corte citou materiais legislativos sobre esse dispositivo do APA, concluindo que resta "pouca dúvida de que o Congresso quis que a discricionariedade das agências, e não dos tribunais, seja exercida para determinar quando dispositivos processuais extras devem ser empregados" (435 U. S. 546).

[1299] METZGER, Gillian. The story of Vermont Yankee: a cautionary tale of judicial review and nuclear waste. *Columbia Public Law & Legal Theory Working Papers*. 2005, Paper 0592. p. 13. Disponível em: http://lsr.nellco.org/columbia_pllt/0592. Acesso em 25 mar. 2013.

[1300] METZGER, Gillian. The story of Vermont Yankee: a cautionary tale of judicial review and nuclear waste. *Columbia Public Law & Legal Theory Working Papers*. 2005, Paper 0592. p. 14. Disponível em: http://lsr.nellco.org/columbia_pllt/0592. Acesso em 25 mar. 2013.

A Suprema Corte, depois de reconhecer a presença do mínimo participativo exigido pelo APA, advertiu que o tribunal não deve "afastar-se para além da província judicial para explorar o formato processual ou para impor à agência a sua própria noção de quais procedimentos são 'melhores' ou mais prováveis de favorecer algum bem público vago e indefinido" (435 U. S. 549).

Uma das características de *Vermont Yankee* é o respeito à vontade do Congresso e, *ipso facto*, à lei, ainda que contrastadas por previsões sobre democracia participativa, tal como sucede no processo decisório das agências estadunidenses. Segundo Gary Lawson e Jack M. Beermann, "a ira da Suprema Corte foi especificamente dirigida às adições pelas cortes inferiores de procedimentos não exigidos por uma fonte positiva do direito".[1301] Outra característica reside no reconhecimento de margem de discricionariedade à Administração Pública para que estabeleça sua própria normatização sobre a participação popular, desde que obedecido o mínimo previsto na lei. Adicionar garantias processuais integra a discricionariedade da Administração, não devendo, portanto, o Judiciário intervir na matéria sem clara base legal.

Por isso, a doutrina salienta que o primeiro "princípio básico de *Vermont Yankee* é o de que o Congresso e as agências, e não os tribunais federais, devem decidir o apropriado nível de procedimento para as agências. Segundo, a Corte anunciou políticas fortes contra a imprevisibilidade e superprocedimentalização" (*overproceduralization*).[1302]

Essa lição já era conhecida de longa data no exterior e no Brasil. Caio Tácito, ao tratar do controle judicial do poder discricionário, assinala que "não cabe ao juiz substituir a ação administrativa pelo arbítrio da toga. A ditadura judiciária será tão nociva quanto o descritério da Administração".[1303]

Lembre-se que o Min. Ayres Britto, relator da ADI nº 3.510 (Lei de Biossegurança), ao convocar a primeira audiência pública da Corte, decidiu que – na falta de estipulação legal sobre o regime da audiência pública a ser promovida pelo STF[1304] – o regime previsto no Regimento Interno da Câmara dos Deputados (RI-CD) poderia ser aplicado, naquilo que fosse compatível.

Em outras palavras, embora houvesse discricionariedade para a escolha do regime aplicável, preferiu o Judiciário aplicar analogamente o regimento do Legislativo a criar sua própria regra. O Min. Ayres Britto teve a preocupação expressa de dizer que, na ausência de regulamentação legal, haveria que se ter um "parâmetro objetivo do procedimento de oitiva", evitando-se criações de regras baseadas no casuísmo do caso concreto, preocupando-se com a segurança jurídica.

Posteriormente, as audiências públicas no STF foram regulamentadas pela Emenda Regimental nº 29/2009 (18.02.2009), que atribuiu competência ao Presidente ou ao Relator de "convocar audiência pública para ouvir o depoimento de pessoas com experiência e autoridade em determinada matéria" (RI-STF, arts. 13, XVII, e 21, XVII).

[1301] LAWSON, Gary; BEERMANN, Jack M. Reprocessing Vermont Yankee. *In*: *WORKING PAPER SERIES, PUBLIC LAW & LEGAL THEORY*, Boston: Boston University School of Law, n. 06-25, p. 1-56, ago. 2006. p. 17. Disponível em: http://ssrn.com/abstract=926349. Acesso em 25 mar. 2013.

[1302] LAWSON, Gary; BEERMANN, Jack M. Reprocessing Vermont Yankee. *In*: *WORKING PAPER SERIES, PUBLIC LAW & LEGAL THEORY*, Boston: Boston University School of Law, n. 06-25, p. 1-56, ago. 2006. p. 17. Disponível em: http://ssrn.com/abstract=926349. Acesso em 25 mar. 2013.

[1303] TÁCITO, Caio. Controle judicial da administração pública no direito brasileiro. *In*: *Temas de Direito Público (estudos e pareceres)*. Rio de Janeiro: Renovar, 1997. p. 981-1012. v. 1, p. 989.

[1304] Não havia regulamentação da questão pelo Supremo Tribunal Federal das Leis nº 9.868/99 e nº 9.882/99.

Duas lições são extraídas da regulamentação das audiências públicas pelo STF. A primeira é que o Tribunal buscou, na ausência de regras sobre a matéria, parâmetros objetivos para a participação popular. A segunda é que o próprio Supremo, ao regulamentar a matéria, reconhece o amplo espaço da discricionariedade na ausência de parâmetros legais claros – como *Vermont Yankee v. NRDC* –, adotando posicionamentos, não raras vezes, contestados em audiências públicas realizadas pelo Executivo[1305] e, principalmente, deixando claro que casos omissos serão resolvidos pelo Ministro que convocar a audiência (RI-STF, art. 154, parágrafo único, VII), ou seja, pela própria autoridade convocante e com base em sua discricionariedade, e não com base em algum critério melhor ou mais provável de favorecer algum bem público vago e indefinido.

A autocontenção judicial é necessária para que o Judiciário não crie ou altere o procedimento com base em seus próprios parâmetros e torne a separação de poderes desnecessária, ao substituir as funções do Legislativo e do Executivo, contribuindo para a insegurança jurídica. Como alertou a Suprema Corte estadunidense em *Vermont Yankee*, "se os tribunais continuamente revissem os procedimentos dos órgãos e instituições públicas para determinar quando a Administração Pública empregou procedimentos que eram, na opinião da corte, perfeitamente adaptados para alcançar o que a corte entende como o 'melhor' ou 'correto' resultado, o controle judicial seria totalmente imprevisível" (435 U. S. 546).

A indesejável criatividade judicial não se expressa apenas por decidir sem base legal, com fulcro em princípios ou buscando a analogia, mas também pela integração de diplomas legais imiscíveis, ainda que em parte, ao se criar, por exemplo, uma nova fase ou audiências não previstas na legislação de regência. É por causa da autocontenção judicial em matéria procedimental que o Judiciário brasileiro nega estabelecer novas fases processuais apenas com previsão em lei processual genérica.

Como decidiu o Superior Tribunal de Justiça: "Se não há previsão na Lei nº 8.112/90 para o oferecimento de alegações finais pelo acusado antes do julgamento, não cabe acrescentar nova fase no processo para tal fim com base na lei genérica".[1306] Tal entendimento foi mantido em sucessivos julgados da Terceira Seção do STJ,[1307] vedando, veementemente, a aplicação da Lei nº 9.784/99 no processo administrativo disciplinar (PAD) para criar fase de alegação final não prevista pela Lei nº 8.112/90.

Se a aversão à criação de nova fase ocorre quando a Lei nº 9.784/99 prescreve que as alegações finais são obrigatórias, com tanto mais razão em relação à criação de consultas e audiências públicas, que são fases facultativas no processo administrativo, segundo expressa dicção dos artigos 31 e 32 ("órgão competente poderá, mediante despacho motivado, abrir período de consulta pública"/"poderá ser realizada audiência pública"). Maria Sylvia Zanella Di Pietro assinala que a audiência é facultativa:

[1305] Como a escolha das pessoas que serão ouvidas é da competência da autoridade convocante da audiência pública, no caso do Supremo o Ministro que presidirá a audiência pública (RI-STF, art. 154, parágrafo único, III), não existe nenhuma obrigatoriedade de fazer o sorteio ou escolher com base na ordem de inscrição. Interessante notar que tal solução também é adotada pelo Legislativo, particularmente pela Câmara dos Deputados, cujo Regimento Interno prevê: "Art. 256. Aprovada a reunião de audiência pública, a Comissão selecionará, para serem ouvidas, as autoridades, as pessoas interessadas e os especialistas ligados às entidades participantes, cabendo ao Presidente da Comissão expedir os convites".

[1306] STJ, 3ª S., v.u., MS 8.209/DF, Rel. Min. Felix Fischer, j. em 12.06.2002, *DJ* 05.08.2002. p. 200.

[1307] STJ, 3ª S., v.u., MS 12.937/DF, rela. Mina. Maria Thereza de Assis Moura, j. em 13.12.2010, *DJe* 01.02.2011; STJ, 3ª S., v.u., MS 7.453/DF, Rel. Min. Paulo Gallotti, j. em 24.09.2003, *DJ* 04.10.2004. p. 207.

"a audiência pública também não é prevista em caráter obrigatório, ficando sua realização a critério da autoridade".[1308] Antes de asseverar que leis específicas poderão determinar a obrigatoriedade de realização de audiência pública, Thiago Marrara afirma que "a audiência pública constitui, a princípio, uma atividade discricionária do Poder Público".[1309]

A integração com a legislação geral não é proibida, sendo aconselhada em algumas questões, como a existência ou não de efeito suspensivo de um recurso administrativo,[1310] prazo para decisão de requerimento administrativo[1311] ou mesmo para recorrer,[1312] com previsão, neste último caso, de alcance generalizante firmado pela própria Lei nº 9.784/99 (art. 59, *caput*). A integração chancelada pela jurisprudência ocorre quando se trata de questão que obrigatoriamente deve ser resolvida e não possui previsão legal que o faça.[1313]

Entretanto, a participação popular administrativa, exceção à regra da democracia representativa, não é algo que deva necessariamente ocorrer ou existir, sendo elemento eventual no processo decisório. Quando a participação popular for compulsória, ela decorrerá de expressa previsão legal, podendo, em alguns casos, ser realizada de diversas formas, mediante a escolha discricionária da Administração de alguma dessas formas de realização da democracia participativa.

Nem considerações de justiça natural são suficientes para adicionar requisitos procedimentais não escritos em normas.

Na Inglaterra, a *House of Lords*[1314] recusou a paralisação da construção de mais dois novos trechos de uma autoestrada, pleiteada em razão da suposta ilegalidade da conduta do delegado do Secretário de Estado de não permitir o interrogatório (*cross-examination*) oral das testemunhas do Departamento de Estado, na audiência pública (*local public inquiry*) prevista no processo decisório, com base na contestação dos critérios existentes em documentos oficiais, como o Red Book (*Bushell v. Secretary of State for the Environment* – 1980). Alegou-se a violação ao procedimento justo (*fair procedure*) no processo decisório. Ressalte-se que foi permitido pela Administração o depoimento de especialistas e críticas à metodologia empregada, apenas não foi permitido o interrogatório dos representantes do Departamento de Estado.[1315]

A Suprema Corte Inglesa também se recusou a impor requisitos procedimentais não previstos no processo decisório – mesmo que isso envolvesse impactos ambientais

---

[1308] DI PIETRO, Maria Sylvia Zanella. *Direito Administrativo*. 25. ed. 2012. p. 692.

[1309] MARRARA, Thiago. Da instrução. *In*: NOHARA, Irene Patrícia; MARRARA, Thiago. *Processo Administrativo*: Lei nº 9.784/99 comentada. São Paulo: Atlas, 2009. p. 212-311. p. 242. O mesmo entendimento é aplicado para a consulta pública: "O ato de abertura da consulta é um ato predominantemente discricionário" (p. 233).

[1310] STF, Pleno, v.u., MS 25.477/DF, Rel. Min. Marco Aurélio, j. em 11.02.2008, DJe 02.05.2008; STF, Pleno, v.u., MS 24.163/DF, Rel. Min. Marco Aurélio, j. em 13.08.2003, DJ 19.09.2003. p. 16.

[1311] STF, Pleno, v.u., MS 24.167/RJ, Rel. Min. Joaquim Barbosa, j. em 05.10.06, DJ 02.02.2007. p. 75. Anteriormente, o STJ estipulava um prazo de 60 dias para decidir questões de anistia, segundo paradigma traçado pela própria legislação de regência da matéria (Lei nº 10.559/2002, art. 12, §4º). Cf., nesse sentido, STJ, 1ª S., m.v., MS 9.190/DF, Rel. Min. Luiz Fux, j. em 12.11.2003, DJ 15.12.2003. p. 175.

[1312] STF, Pleno, v.u., MS 24.095/DF, Rel. Min. Carlos Velloso, j. em 01.07.2002, DJ 23.08.2002. p. 71.

[1313] Como visto, (i) a decisão administrativa não pode ficar pendente de ser proferida para sempre, (ii) o efeito no qual um recurso é processado interfere na eficácia da decisão expedida antes de seu julgamento (*v.g.*, validade do decreto desapropriatório), (iii) deve-se saber qual é o prazo para interpor um recurso administrativo, sob pena de admiti-lo *ad eternum* e nunca encerrar o processo administrativo.

[1314] Transformada, em 1º de outubro de 2009, em *Supreme Court of the United Kingdom*.

[1315] STOTT, David; FELIX, Alexandra. *Principles of Administrative Law*. London: Cavendish Publishing Limited, 1997. p. 136.

– sem lei ou a partir de cláusulas abertas, ainda que alicerces do sistema jurídico do país, como é a do *fair procedure*. Ela estava "consciente da desnecessidade de se 'superjudicializar' (*over-judicialise*) o procedimento, e não estava convencida que, mesmo em processos judiciais, o interrogatório fosse o único meio justo de verificar os elementos de fato relevantes".[1316]

Apesar do expresso respaldo constitucional (a participação em matéria ambiental é direito constitucional na França), a jurisprudência francesa se recusa a admitir formas participativas não previstas em lei, reconhecendo a exclusividade do legislador nessa seara.

Em *leading case* (CE, 3 oct. 2008, nº 297931), no qual reconheceu o *status* constitucional da Carta do Meio Ambiente, o Conselho de Estado francês decidiu que somente o legislador pode regular as modalidades do direito de participação do cidadão garantido pela Carta, sendo inválido o decreto *sub judice* que interveio nesse domínio, usurpando o domínio da lei. A última instância do contencioso administrativo francês estabeleceu, dessa forma, que o direito fundamental de participação ambiental[1317] somente poderia ser regulado pelo legislador. Se somente o legislador pode dispor sobre a matéria, resta claro que o Judiciário não pode.

A criatividade judicial, ao impor participação em situações nas quais a legislação não a exige, tem ainda como efeitos colaterais indesejados a perda de eficiência e o prolongamento do processo decisório. Esse aspecto é pouco explorado até mesmo pelos que tratam do tema da participação, mas não pode ser negligenciado, porque a participação não é um fim em si mesmo, não está isolada no sistema, e não deve se sobrepor à eficiência (procedimental), princípio constitucional expresso da Administração Pública (CF, art. 37, *caput*).[1318]

Em relação à consulta pública, Thiago Marrara pondera que, no regime geral da Lei de Processo Administrativo, a sua realização deve ser motivada, pois "pode tornar o processo mais lento, mais demorado", além de ser onerosa aos cofres públicos e, *ipso facto*, à sociedade em geral, ao dispender recursos humanos. Por isso, conclui que "não pode a Administração lançar mão de expedientes de participação popular que não colaboram efetivamente com o processo".[1319]

Luísa Cristina Pinto e Netto cita como inconvenientes "a redução da eficiência em virtude do prolongamento do caminho da decisão" (José Manuel Sérvulo Correia) e que a participação acaba "complicando e alongando o processo de decisão" (João

---

[1316] CARROL, Alex. *Constitutional and Administrative Law*. 4. ed. London: Pearson Education Limited, 2007. p. 347 – tradução livre.

[1317] É importante relembrar que na França a Constituição foi alterada (*Loi Constitutionnelle* 2005-205) para incluir em seu preâmbulo o respeito aos direitos e deveres constantes da Carta do Meio Ambiente (*Charte de l'environnement*) de 2004, que prevê o direito de participação da elaboração de decisões públicas que afetam o meio ambiente (art. 7º). "Em outras palavras, o ordenamento constitucional francês passou a reconhecer de forma expressa, um direito fundamental (e humano) ao ambiente, o que, conforme afirma Michel Prieur, conduz ao entendimento de que o ser humano e os elementos da Natureza estabelecem um contexto ecologicamente indissociável" (SARLET, Ingo Wolfgang; FENSTERSEIFER, Tiago. *Direito Ambiental*: introdução, fundamentos e teoria geral. São Paulo: Saraiva, 2014. p. 170).

[1318] Luísa Cristina Pinto e Netto, ao reconhecer que as virtualidades positivas da participação procedimental "paradoxalmente se fazem acompanhar de riscos" e podem "gerar efeitos indesejados, desequilibrando a equação", adverte que as potencialidades da participação "não devem obscurecer a necessidade de seu estudo crítico" (NETTO, Luísa Cristina Pinto e. *Participação Administrativa Procedimental*: natureza jurídica, garantias, riscos e disciplina adequada. Belo Horizonte: Fórum, 2009. p. 119-120).

[1319] MARRARA, Thiago. Da instrução. *In*: NOHARA, Irene Patrícia; MARRARA, Thiago. *Processo Administrativo*: Lei nº 9.784/99 comentada. São Paulo: Atlas, 2009. p. 212-311. p. 232 e 234.

Baptista Machado).[1320] Aduz, ainda, que tal preocupação se alastra por diversos países, citando também a doutrina italiana, que reconhece "uma tensão entre participação e a necessidade de assegurar a celeridade, a certeza de definição da relação jurídica substancial".[1321] Considera que, mesmo sendo a participação fundamental,

> nela não se compreende um direito a "dilatar o procedimento". Como escreve Eberhard Schidt-Assmann, é errôneo considerar que a tutela efetiva dos direitos fundamentais exige uma ampliação cada vez mais complexa do procedimento a ponto de retardar ao máximo a atuação administrativa, desnaturando o procedimento em uma "oportunidade para a dilação".[1322]

A perda de eficiência do processo decisório estatal não pode justificar a aniquilação da participação prevista em lei, embora seja um valor que deve ser considerado na análise do caso, guiando o aplicador do direito à solução harmonizadora dos valores em jogo, sobretudo à consideração de eventual convalidação e à adição de segurança ao processo decisório com decisões prospectivas. Essa consideração ganha maior relevo em um contexto no qual a duração razoável do processo constitui um direito fundamental (CF, art. 5º, LXXVIII).

A autocontenção judicial em matéria procedimental (i) evita a dilação do procedimento sem base legal (legalidade e eficiência), (ii) prestigia a democracia – globalmente considerada, porque a regra é a democracia representativa, sendo a exceção a participativa, e (iii) fortalece a separação de poderes, motivo pelos quais ela conta com a chancela de diversas cortes supremas de nações democráticas.

12.1.1 Críticas às decisões judiciais sobre audiências públicas

Não são poucas as decisões judiciais que criam a exigência de participação, especialmente sob a forma de consultas ou audiências públicas, a partir de princípios ou expressões lacônicas da Constituição ou, mais grave, de fontes não normativas. Vejamos alguns exemplos nos quais a autocontenção não foi observada.

12.1.1.1 O caso da eleição do Conselho Gestor da APA Costa Brava

A decisão do TRF da 4ª Região, que manteve sentença que ordenava a realização de audiência pública para que fossem escolhidos os novos membros do conselho gestor de Área de Proteção Ambiental, é equivocada. Primeiro porque tanto a sentença quanto o acórdão impuseram a realização de audiência pública desprovidos de qualquer fundamentação legal.[1323] Segundo porque a audiência pública não teria aptidão de resolver o eventual problema da escolha das entidades representantes da sociedade

---

[1320] NETTO, Luísa Cristina Pinto e. *Participação Administrativa Procedimental*: natureza jurídica, garantias, riscos e disciplina adequada. 2009. p. 120.

[1321] NETTO, Luísa Cristina Pinto e. *Participação Administrativa Procedimental*: natureza jurídica, garantias, riscos e disciplina adequada. p. 125.

[1322] NETTO, Luísa Cristina Pinto e. *Participação Administrativa Procedimental*: natureza jurídica, garantias, riscos e disciplina adequada. p. 127.

[1323] Constou da sentença: "A fria análise da paridade numérica entre entidades privadas e órgãos públicos no Conselho Gestor da APA Costa Brava não comprova equilíbrio representativo do colegiado, especialmente em razão de que dele foram excluídas muitas das associações de moradores do local. De registrar, outrossim, que

civil e da população residente no conselho gestor da Área de Proteção Ambiental (Lei nº 9.985/00, art. 15, §5º).

Ao ser confrontado por embargos de declaração para esclarecer qual era a base legal da audiência pública, o juízo novamente se esquivou de determinar as bases legais de tal medida, algo compreensível diante de sua inexistência. Em grau de apelação, o TRF da 4ª Região manteve tal decisão, sem gastar uma só palavra sobre a fundamentação legal da audiência pública determinada pelo juízo *a quo*.[1324]

Tão impressionante quanto (i) descaracterizar a função da audiência pública como instrumento de auxílio no processo decisório da Administração Pública, (ii) aparentemente conferindo-lhe função decisória, (iii) confundir a participação (representação) no Conselho Gestor com a eleição dos critérios para a nomeação desse Conselho e (iv) suprimindo, assim, a discricionariedade administrativa para a eleição desses critérios, é sacar, sem base legal, a necessidade de audiência pública para "estabelecer os critérios de composição do Conselho Gestor da APA Costa Brava".

12.1.1.2 O caso do tombamento provisório do encontro das águas dos rios Negro e Solimões

Nas adjacências do encontro das águas dos rios Negro e Solimões, um dos cartões postais de Manaus/AM, almejava-se construir um porto. Esse desiderato foi obstado pelo tombamento (provisório), efetuado pelo Instituto do Patrimônio Histórico e Artístico Nacional (Iphan), desse encontro das águas, paisagem passível de tombamento.[1325]

O tombamento é regido pelo Decreto-Lei nº 25, de 30 de novembro de 1937, que estabelece o de procedimento administrativo a ser observado,[1326] no qual, saliente-se, não estão previstas a realização de audiências e/ou consultas públicas.

O Estado do Amazonas propôs ação anulatória contra a União e o Iphan (0000780-89.2011.4.01.3200 – 7ª Vara Federal – Ambiental e Agrária) para que o tombamento provisório fosse nulo, dentre outros motivos, por não ter havido consultas e audiências públicas.[1327] O juízo acatou esse argumento.[1328]

---

as exigências da municipalidade para a representação e integração do Conselho não podem ser extremamente formalistas a ponto de impedir a participação da comunidade. [...] Por fim, invalidado o Decreto Municipal 5.878/2010, deverá a municipalidade convocar audiência pública para estabelecer os critérios de composição do Conselho Gestor da APA Costa Brava, observando-se o princípio da participação comunitária, nos termos do presente *decisum*. As conclusões da audiência pública deverão ser publicadas em periódico local, com base no princípio da publicidade" (2ª Vara Federal de Itajaí/SC, ACP 5003317-27.2010.4.04.7208/SC, j. em 19.09.2011).

[1324] TRF da 4ª Região, 3ª T., v.u., AC 5003317-27.2010.4.04.7208, Rel. Des. Fed. Eduardo Thompson Flores Lenz, j. em 01.03.2012, D.E. 16.02.2012.

[1325] CF, art. 216, V, c/c DL 25/37, art. 1º, §2º, e Portaria nº 11/1986, da extinta Secretaria do Patrimônio Histórico e Artístico Nacional – SPHAN, atual Iphan.

[1326] ARAÚJO, Edmir Netto de. *Curso de Direito Administrativo*. 5. ed. 2. tir. São Paulo: Saraiva, 2012. p. 1111; DI PIETRO, Maria Sylvia Zanella. *Direito Administrativo*. 25. ed. 2012. p. 146; TELLES, Antonio A. Queiroz. *Tombamento e seu regime jurídico*. São Paulo: RT, 1992. p. 63, 79. Mesmo quem discorda do tombamento como procedimento administrativo, vendo esse como ato, reconhece que ele "*resulta* necessariamente de procedimento administrativo" ou "é o ato final do processo administrativo que a lei exige para o fim de apurar corretamente os aspectos que conduzem à necessidade de intervenção na propriedade para a proteção do bem tombado" (CARVALHO FILHO, José dos Santos. *Manual de Direito Administrativo*. 25. ed. São Paulo: Atlas, 2012. p. 797 e 801).

[1327] Importante notar que essa não era a única ação sobre a questão, havendo ainda as ACP 0010007-40.2010.4.01.3200 e 0000011-81.2011.4.01.3200. Todas as decisões tomadas nesses processos foram liminarmente suspensas pelo STF na Rcl 12.957/AM, Rel. Min. Dias Toffoli, j. em 07.05.2012, DJe 09.05.2012, decisão posteriormente confirmada pela 1ª Turma em 26.08.2014.

[1328] Constou do dispositivo: "[...] – Ante o exposto, julgo parcialmente procedentes os pleitos requeridos pelo Autor, nos termos do artigo 269, I, do CPC, para anular o Procedimento nº 1.599-T-10-Tombamento do Encontro das Águas dos Rios Negro e Solimões, no Estado do Amazonas, tão somente com efeitos a partir do ato que

Na fundamentação da sentença constam vários argumentos para a imposição das consultas e audiências públicas previstas na Lei nº 9.784/99.

O primeiro deles é que a ampla defesa e o contraditório "devem ter sua abrangência amplificada quando se tratar de um bem ambiental cuja relevância seja suprarregional, quiçá supranacional", "de modo que se faz necessária uma discussão mais ampla acerca de seu tombamento" por meio de audiências e consultas públicas. O segundo, desdobramento do primeiro, resume-se à possibilidade de o Judiciário controlar a discricionariedade do ato por meio da aplicação do princípio da proporcionalidade, cujo desrespeito "vem acompanhado também do desrespeito a outros princípios constitucionais, como no presente caso, ao da informação e participação".

Continua a sentença, a explicar a questão posta: "A discussão cinge-se na necessidade, adequação e proporcionalidade de suprimir do referido procedimento audiências e consultas públicas". Em outras palavras, a sentença trata as audiências e consultas públicas como se fossem algo que foi suprimido do processo de tombamento provisório, quando, ao contrário, elas nunca fizeram parte do processo de tombamento, segundo a sua legislação de regência (DL 25/37 e Portaria SPHAN 11/1986).

Para contornar a legislação de regência, a sentença invoca a aplicação subsidiária da Lei nº 9.784/99, superando a sua literalidade, porque isso daria "às audiências públicas e consultas públicas um caráter de instrumento discricionário". Na visão da sentença, "deve-se buscar o sentido teleológico da norma, qual seja, a possibilidade de uma decisão administrativa mais segura e fundamentada, de modo que, tratando-se de um bem cuja importância transcende, inclusive, os limites regionais, como é o Encontro das Águas, impõe-se oportunizar a participação da sociedade, órgãos, institutos e outros interessados no processo de tombamento".

Segundo a sentença, as audiências públicas "nada mais são que instrumentos utilizados para dar efetividade aos princípios ambientais da participação e informação, os quais se encontram expressamente previstos no Princípio 10 da Declaração do Rio/92 (Eco/92)".

Portanto, para o órgão jurisdicional, esses instrumentos participativos viabilizariam a participação dos interessados, inclusive das comunidades ribeirinhas, conferindo "efetividade ao artigo 216, §1º,[1329] da Constituição Federal", segundo o qual a promoção e a proteção do patrimônio cultural brasileiro serão feitas pelo poder público com a "colaboração da comunidade". Em suma, a decisão toma essa expressão e a traz para o processo decisório de tombamento – uma das modalidades de proteção do patrimônio cultural brasileiro – para, segundo sua concepção subjetiva, justificar consultas e audiências públicas que não estão previstas pela norma de regência.

De fato, esqueceu-se que a colaboração da comunidade não necessariamente ocorre por meio de audiências e consultas públicas; talvez, nem necessariamente se

---

decidira pelo Tombamento Provisório, inclusive, até que sejam realizadas as audiência públicas, pelo menos uma em cada Município diretamente afetado, nos termos da fundamentação, conforme art. 32 e seguintes da Lei nº 9.784/99, bem como viabilizadas consultas públicas na forma aludida no artigo 31 e seguintes da Lei nº 9.784/99. – Indefiro o pedido de condenação do Autor em litigância de má-fé. – Nos termos da fundamentação, antecipo os efeitos da tutela, concedendo desde logo os efeitos da nulidade decretada, a contar da intimação desta sentença ao IPHAN. – Sem custas e honorários" (E-DJF1 12.08/2011. p. 770).

[1329] "§1º O Poder Público, com a *colaboração da comunidade*, promoverá e protegerá o patrimônio cultural brasileiro, por meio de inventários, registros, vigilância, tombamento e desapropriação, e de outras formas de acautelamento e preservação" (destacou-se).

trate de participação administrativa, mas, mesmo que assim fosse, haveria outros meios participativos possíveis, *v.g.*, tais como a participação em conselhos, as ouvidorias e a educação patrimonial. Note-se, ainda, que a sentença, apesar de construída sobre o princípio da proporcionalidade, não se aprofunda sobre a necessidade em sentido estrito das audiências ou consultas, pressupondo que esses seriam os meios ideais, o que não passa de uma abstração preconcebida sobre a efetividade desses instrumentos.

A expressão *colaboração da comunidade* não está necessariamente no âmbito da participação do cidadão na Administração Pública (direito administrativo democrático), mas pode significar, por exemplo, que a sociedade deve ajudar na preservação do patrimônio cultural brasileiro mediante o ônus que ele causa ao proprietário do imóvel (membro da comunidade), no sentido de arcar com uma restrição parcial ao uso do seu próprio bem, ou mesmo de eventualmente ser desapropriado.[1330] Talvez isso tenha levado Paulo Affonso Leme Machado a doutrinar que "os constituintes colocaram tanto o Poder Público como a comunidade como responsáveis pela promoção e proteção do patrimônio cultural",[1331] fazendo analogia com o artigo 225, que conclama a sociedade a colaborar na proteção do meio ambiente.

Dever inerente ao processo decisório, a colaboração da comunidade deve ser efetivada mediante previsão legal, tratando-se de norma não autoaplicável, embora possa haver colaboração voluntária sem base legal, como parece ser o caso da Educação Patrimonial,[1332] que não deixa de ser um caso de participação social não orgânica. A colaboração, como dever, depende da observância ao princípio da legalidade. Não se pode aplicá-la sem a regulamentação legal. É ultrapassada a negativa da força normativa da Constituição, mas isso não justifica o extremo de lhe atribuir concretude capaz de eclipsar as demais estruturas da ordem jurídica.

Fosse incontestável o argumento pragmático da sentença – a colaboração da comunidade identifica-se com a da participação em audiências e consultas públicas – então todos os tombamentos pós-Constituição de 1988 seriam inválidos.

Além disso, merece atenção, caso se entenda que a colaboração da comunidade é sinônimo de participação administrativa orgânica, que o Iphan[1333] já a implementou, pelo menos de uma forma, mediante o *Conselho Consultivo do Patrimônio Cultural*.

[1330] "O tombamento é sempre uma restrição parcial, não impedindo ao particular o exercício dos direitos inerentes ao domínio; por isso mesmo, não dá, em regra, direito a indenização; para fazer jus a uma compensação pecuniária, o proprietário deverá demonstrar que realmente sofreu algum prejuízo em decorrência do tombamento. Se, para proteger o bem, o Poder Público tiver que impor restrição total, de modo que impeça o proprietário do exercício de todos os poderes inerentes ao domínio, deverá desapropriar o bem e não efetuar o tombamento, uma vez que as restrições possíveis, nesta última medida, são as que constam da lei, nela não havendo a previsão de qualquer imposição que restrinja integralmente o direito de propriedade" (DI PIETRO, Maria Sylvia Zanella. *Direito Administrativo*. 25. ed. 2012. p. 146).

[1331] MACHADO, Paulo Affonso Leme. *Direito Ambiental Brasileiro*. 17. ed. 2009. p. 949.

[1332] A Educação Patrimonial é uma forma participativa de proteção do patrimônio cultural, na qual as pessoas se reúnem para debater sobre o patrimônio cultural. O Iphan tem como principal iniciativa nesse sentido as *Casas do Patrimônio*, projeto no qual essa autarquia transforma seus imóveis ou outros lugares em ambientes de interlocução local, promovendo, pelo viés da educação patrimonial, o diálogo e a participação cidadã na construção das políticas de patrimônio cultural. O Regimento Interno do Iphan prevê que as Casas do Patrimônio são espaços de "interlocução, acesso à informação e gestão participativa da política de patrimônio, visando estabelecer novas formas de relacionamento do IPHAN com a sociedade e com o poder público, conferindo transparência e ampliando os mecanismos de gestão da preservação do patrimônio cultural" (art. 100, parágrafo único do Anexo da Portaria Ministro da Cultura 92, de 5 de julho de 2012).

[1333] Antigo Serviço do Patrimônio Histórico e Artístico Nacional, criação provisória por ato de Getúlio Vargas (13.04/1936), com estrutura definitiva dada pela Lei nº 378/37 e ratificado no DL nº 25/37. Com a edição do Decreto nº 66.967/1970 (art. 14) há a alteração do nome para Instituto do Patrimônio Histórico e Artístico Nacional (Iphan). Posteriormente o Decreto nº 84.198/1979 transforma o Iphan em Secretaria do Patrimônio

Com efeito, integra a estrutura organizacional do Iphan, como órgão colegiado, o Conselho Consultivo do Patrimônio Cultural (Decreto nº 6.844/09, art. 3º, I, "b"), que é presidido pelo Presidente do Iphan e composto pelos membros previstos no artigo 7º.[1334] Esse Conselho tem como função "examinar, apreciar e decidir sobre questões relacionadas ao tombamento, ao registro de bens culturais de natureza imaterial e à saída de bens culturais do País e opinar acerca de outras questões relevantes propostas pelo Presidente" (Decreto nº 6.844/09, art. 11). A necessidade de seu parecer consta expressamente da Portaria SPHAN 11/1986 (arts. 18 e 19).

A participação do Conselho Consultivo do Patrimônio Cultural no processo de tombamento decorre da lei, contando com a expressa manifestação do legislador. O DL 25/37 prevê a remessa do processo de tombamento, quando impugnado (tombamento compulsório), ao Conselho Consultivo, que preferirá decisão a respeito (art. 9º, 3).

Nesse sentido, Paulo Affonso Leme Machado adverte que a "ideia de participação da comunidade na proteção do patrimônio cultural concretizada no Conselho Consultivo mostra um pioneirismo marcante na história do direito da participação no País".[1335]

Portanto, se a colaboração da comunidade, insculpida no §1º do artigo 216 da CF, significa Administração Pública democrática, não há motivo para impor mais participação do que a já prevista em lei para a proteção do patrimônio cultural mediante a participação de diversos setores sociais no Conselho Consultivo do Patrimônio Cultural do Iphan (DL 25/37, art. 9º, 3 c/c Decreto nº 6.844/09, arts. 3º, I, "b", e 7º).

Para Adriana Zandonade, a adoção da colaboração da comunidade na redação final do §1º do artigo 216 da CF – em contraposição à referência dos trabalhos da constituinte, "respaldados por conselhos representativos da sociedade civil" – "não significou a rejeição do princípio da participação popular na amplitude inicialmente definida".[1336] Em outras palavras, segundo a autora supracitada, a colaboração da comunidade ainda significa participação em conselhos que representem a sociedade. De fato, isso é o que ocorre, por exemplo, no Iphan, com diversos segmentos sociais ligados à proteção do patrimônio cultural com assento no Conselho Consultivo do Patrimônio Cultural.

A sentença prolatada no processo 0000780-89.2011.4.01.3200 simplesmente impôs a própria concepção do órgão julgador sobre a melhor forma de implementar o §1º do artigo 216 da CF, ignorando que, se ela procedesse, (i) todos os tombamentos do país seriam inválidos – o que traz à tona a questão do próprio significado da expressão

---

Histórico e Artístico Nacional (SPHAN). Em 16 de abril de 1990, a Lei nº 8.029 autoriza a constituição do Instituto Brasileiro do Patrimônio Cultural (IBPC), sucedendo a Secretaria do Patrimônio Histórico e Artístico Nacional (art. 2º, §1º), com a natureza de autarquia federal, tendo sua estrutura regimental efetivada, realmente, pela Lei nº 8.113/1990 (Cf.: TELLES, Antonio A. Queiroz. *Tombamento e seu regime jurídico*. 1992. p. 23-27). Posteriormente, com a MP nº 610/94 (art. 6º), houve o resgate do nome Instituto do Patrimônio Histórico e Artístico Nacional (IPHAN).

[1334] I – um representante, e respectivo suplente, de cada uma das seguintes entidades, que serão indicados pelos respectivos dirigentes: a) Instituto dos Arquitetos do Brasil – IAB; b) Conselho Internacional de Monumentos e Sítios – ICOMOS/BRASIL; c) Sociedade de Arqueologia Brasileira – SAB; d) Instituto Brasileiro do Meio Ambiente e dos Recursos Naturais Renováveis – IBAMA; e) Ministério da Educação; f) Ministério das Cidades; g) Ministério do Turismo; h) Instituto Brasileiro dos Museus – IBRAM; e i) Associação Brasileira de Antropologia – ABA; II – treze representantes da sociedade civil, com especial conhecimento nos campos de atuação do IPHAN.

[1335] MACHADO, Paulo Affonso Leme. *Direito Ambiental Brasileiro*. 17. ed. 2009. p. 967.

[1336] ZANDONADE, Adriana. *O Tombamento à luz da Constituição Federal de 1988*. São Paulo: Malheiros, 2012. p. 91.

colaboração da comunidade –, e (ii) que existe participação da comunidade, no processo de proteção do patrimônio cultural brasileiro no âmbito federal, por meio do Conselho Consultivo do Patrimônio Cultural, além da educação patrimonial.

Em suma, no caso examinado, sob o pretexto de interpretar o §1º do artigo 216 da CF o Judiciário usurpou a competência do Legislativo e a discricionariedade do Executivo para a regulamentação da participação no processo de tombamento.

12.1.1.3 O emblemático caso das audiências públicas do Porto Sul/BA

Mais emblemático é o caso Porto Sul/BA, no qual ajuizou-se ação civil pública para que fossem realizadas audiências ambientais adicionais à prevista pelo órgão ambiental federal (Ibama). Tratava-se de pedido para a realização de audiências públicas nos Municípios afetados pelo empreendimento (Porto Sul) a ser licenciado, além da já realizada em Ilhéus/BA, local do empreendimento.

O pedido foi efetuado porque se considerou insuficiente a realização de uma única audiência pública, ainda que realizada no Município do empreendimento.

O pedido de liminar na ACP 0005023-64.2011.4.01.3301 (Vara Federal Única de Ilhéus/BA) foi negado pelo magistrado de primeiro grau, mas, em Agravo de Instrumento 0009759-03.2012.4.01.0000, a tutela foi monocraticamente deferida pelo TRF da 1ª Região, pelos seguintes fundamentos:

> (i) dever de proteção do meio ambiente ecologicamente equilibrado (CF, art. 225, *caput*), que instrumentaliza o princípio da precaução e o da prevenção, exigindo-se, na forma da lei, a prevenção de potencial desequilíbrio ambiental;[1337]
> (ii) a Lei de Política Nacional do Meio Ambiente (Lei nº 6.938/81), que fala da compatibilização entre o desenvolvimento e o equilíbrio ecológico, da avaliação de impacto ambiental e do licenciamento, concluindo pela prevenção do dano a sua reparação;[1338]
> (iii) insiste que a atuação do poder público deve se orientar pelo princípio da precaução, adotado no Brasil e com *status* de regra de direito internacional.

[1337] "[...] na medida em que a pretensão deduzida pelo douto Ministério Público Federal encontra-se em sintonia com a tutela constitucional, que impõe ao Poder Público e a toda coletividade o dever de defender e preservar, para as presentes e futuras gerações, o meio ambiente ecologicamente equilibrado, essencial à sadia qualidade de vida, como direito difuso e fundamental, feito bem de uso comum do povo (CF, art. 225, *caput*), e que já instrumentaliza, em seus comandos normativos, o *princípio da precaução* (quando houver dúvida sobre o potencial deletério de uma determinada ação sobre o ambiente, torna-se a decisão mais conservadora, evitando-se a ação) e a consequente *prevenção* (pois uma vez que possa prever que uma certa atividade possa ser danosa, ela deve ser evitada), exigindo-se, inclusive, na forma da lei, a implementação de políticas públicas voltadas para a prevenção de potencial desequilíbrio ambiental".

[1338] "Com esta inteligência, a Lei de Política Nacional do Meio Ambiente, no Brasil (Lei nº 6.938, de 31.08.81) inseriu como objetivos essenciais dessa política pública 'a compatibilização do desenvolvimento econômico e social com a preservação da qualidade do meio ambiente e do equilíbrio ecológico' e 'a preservação e restauração dos recursos ambientais com vistas à sua utilização racional e disponibilidade permanente, concorrendo para a manutenção do equilíbrio ecológico propício à vida" (art. 4º, incisos I e VI). Dentre os instrumentos da Política Nacional do Meio Ambiente, exigem-se "a avaliação de impactos ambientais" e "o licenciamento e a revisão de atividades efetiva ou potencialmente poluidoras" (art. 9º, III e IV), estabelecendo-se, ainda, que "a construção, instalação, ampliação e funcionamento de estabelecimentos e atividades utilizadoras de recursos ambientais, considerados efetiva e potencialmente poluidoras, bem como os capazes sob qualquer forma, de causar degradação ambiental, dependerão de prévio licenciamento de órgão estadual competente e do IBAMA, no caso de atividades e obras com significativo impacto ambiental, de âmbito nacional ou regional" (art. 10 e respectivo parágrafo 4º, com a redação dada pela Lei nº 7.804, de 18.07.89).

O TRF da 1ª Região concluiu que "girando a controvérsia em torno de questão relativa à preservação do meio ambiente [...] afigura-se manifesta, na hipótese em comento, a legitimidade da pretensão deduzida pelo douto Ministério Público Federal, no sentido de realizarem-se audiências públicas, tanto quanto necessário forem". Ainda, segundo a Corte, "o poder discricionário do órgão ambiental, no tocante à realização de audiência pública, limita-se àquelas hipóteses em que a sua atuação se opere independentemente de provocação, sendo que, quando solicitado (por entidade civil, pelo Ministério Público ou por 50 ou mais cidadãos), referida audiência pública possui caráter obrigatório", o que traria a obrigatoriedade de se realizar quantas audiências públicas quisesse um dos legitimados.

Em outras palavras, de acordo com a decisão do TRF da 1ª Região, o dever de proteger o equilíbrio ambiental mais o princípio da precaução aparentemente eliminam o poder discricionário do órgão ambiental quanto ao número de audiências a serem realizadas, obrigando-o a realizar tantas quantas forem requeridas pelos legitimados listados no artigo 2º da Resolução Conama nº 09/87. Prevê esse dispositivo normativo que o órgão do meio ambiente promoverá a realização de audiência pública "sempre que julgar necessário, ou quando for solicitado por entidade civil, pelo Ministério Público, ou por 50 (cinquenta) ou mais cidadãos" (art. 2º, *caput*).

Levada a questão ao Superior Tribunal de Justiça, sob o estreito prisma da suspensão de segurança (o que complica generalizações sobre o mérito da decisão em si), a decisão do TRF da 1ª Região foi mantida, basicamente pelos mesmos motivos.[1339] No voto constou que não haveria grave lesão à economia pública porque a decisão "apenas determina a realização de audiências públicas com a participação da população local envolvida e que sofrerá os efeitos daquele empreendimento. Nesse contexto, e à vista do princípio da precaução, o interesse público parece estar melhor protegido pela decisão impugnada do que pela suspensão dos seus respectivos efeitos".

A partir do conceito de meio ambiente ecologicamente equilibrado e do princípio da precaução, impôs-se uma leitura distorcida das audiências públicas no processo de licenciamento ambiental.

Há certo consenso de que existe a obrigatoriedade de realizar a audiência pública – integrante do licenciamento ambiental subsidiado pelo EIA – quando requerida pelos legitimados do artigo 2º da Resolução Conama nº 9/87. Entretanto, esse consenso não tem o alcance conferido pelo TRF da 1ª Região no AI 0009759-03.2012.4.01.0000 e chancelado pelo STJ no AgRg na SLS 1.552/BA.

No licenciamento ambiental, se o mero pedido justificasse a realização de tantas audiências públicas quantas requeridas, ainda que o órgão ambiental já tivesse deliberado pela sua realização, haveria o caos. Estar-se-ia instituindo um verdadeiro poder de veto ao empreendimento por qualquer dos legitimados, que poderiam solicitar múltiplas audiências, inviabilizando o prosseguimento do licenciamento pelo aumento brutal de seus custos ou pela perda do tempo adequado para implementação do empreendimento. Se o órgão ambiental já deliberou pela realização da audiência pública – evento acidental

---

[1339] "PEDIDO DE SUSPENSÃO DE MEDIDA LIMINAR. LICENÇA AMBIENTAL. AUDIÊNCIAS PÚBLICAS. PRINCÍPIO DA PRECAUÇÃO. Em matéria de meio ambiente vigora o princípio da precaução que, em situação como a dos autos, recomenda a realização de audiências públicas com a participação da população local. Agravo regimental não provido" (STJ, CE, v.u., AgRg na SLS 1.552/BA, Rel. Min. Ari Pargendler, j. em 16.05.2012, *DJe* 06.06.2012).

no processo de licenciamento ambiental, sendo obrigatória, em termos participativos, a fase de comentários (Res. Conama nº 1/86, art. 11, §2º) –, não há que se falar em aplicação compulsória da segunda parte do artigo 2º da Resolução Conama nº 9/87. Nesse cenário, a solicitação dos legitimados perderia o objeto em termos de levar a realização obrigatória da audiência pública. A leitura literal do §2º desse mesmo artigo ("No caso de haver solicitação de audiência pública e na hipótese do Órgão Estadual não realizá-la, a licença não terá validade") é completamente desarrazoada. Ele é apenas uma garantia de que deve haver audiência pública quando solicitada, e não mais audiências públicas além da(s) decidida(s) de ofício pelo órgão ambiental.

A exegese levada a cabo no caso Porto Sul/BA pelos órgãos jurisdicionais significaria um sem-número de audiências (tantas quantas forem requeridas), o que já demonstra a sua desarrazoabilidade. Além disso, esse entendimento ignora não apenas a razoabilidade, a prudência interpretativa, como também a leitura sistemática com o próprio §5º do mesmo artigo. Este preceitua que *poderá* haver mais de uma audiência pública sobre o mesmo projeto e respectivo RIMA "em função da localização geográfica dos solicitantes e da complexidade do tema". Claramente tais análises (localização geográfica dos solicitantes e complexidade do tema) são efetuadas pelos órgãos ambientais, mediante avaliação discricionária.

Pragmaticamente, é evidente o risco de abuso da audiência pública para obstar ou prolongar o processo decisório do licenciamento ambiental, caso prevaleça esse entendimento, o de que o pedido pelos legitimados deflagraria a necessidade de realização de mais audiências públicas além da(s) realizada(s) pela Administração Pública. Não se pode ignorar que, diante de tantos interesses conflitantes nas questões ambientais, é real o uso indevido desse instrumento da Administração Pública democrática por causa da síndrome NIMBY ou por segundas intenções que nada têm a ver com os ideais democráticos.

Alguns poderão dizer que não haveria esse risco porque os legitimados não requereriam audiências públicas a esmo. Ocorre que ninguém ousaria testar tal tese requerendo tantas audiências; começariam roubando uma flor do jardim, nos dizeres de Eduardo Alves da Costa no famoso trecho de seu poema "No Caminho, com Maiakóvski". Às vezes o pedido pode começar com ordem judicial, como ocorreu em 15.01.2013 na ACP 5018535-51.2012.4.04.7200/SC, tramitando na Justiça Federal de Florianópolis. Nessa ação foi deferida liminar ordenando que se façam *pelo menos* duas audiências públicas, sem gastar uma só palavra sobre elas no relatório ou na fundamentação.

Ademais, não se pode perder de vista que a criatividade judicial em impor mais participação, nas situações em que a legislação não a exige, tem ainda o efeito colateral indesejado da perda de eficiência e prolongamento do processo decisório.

A Administração Pública pode efetuar mais do que uma audiência pública para tratar da matéria, ainda que a sua realização seja facultativa. Entretanto, a interação do cidadão com o Estado por meio da audiência pública é apenas um dos meios participativos possíveis, podendo-se admitir uma única audiência pública ou mesmo não prorrogar o seu funcionamento. O fato de a audiência pública ser obrigatória, ainda que mediante pedido, não tem a capacidade de multiplicar o número de audiências públicas, realizando-se uma por cidade, comunidade, vila, bairro, Estado-membro etc., pela própria impraticabilidade disso (*ad impossibilia nemo tenetur*).

Na jurisprudência do próprio TRF da 1ª Região encontra-se o reconhecimento da discricionariedade administrativa para realizar o número de audiências, rechaçando a possibilidade de o juiz substituir o critério administrativo quanto às audiências a serem realizadas. Com efeito, decidiu a Corte Especial do TRF da 1ª Região:

> [...] II – Ao determinar a realização de grande quantidade de audiências públicas, a decisão de primeiro grau invade a esfera de competência da administração pública, pois cabe ao IBAMA, órgão responsável pela realização das políticas públicas nacionais ligadas ao meio ambiente, decidir, com base nos critérios de conveniência e oportunidade, a quantidade, o local e momento propício para a sua realização.[1340]

Em relação à criação de unidades de conservação, o TRF da 4ª Região também foi peremptório em dizer que o número de audiências públicas estaria sobre o crivo discricionário da autoridade ambiental, não sendo exigido sequer pela Resolução Conama nº 9/87:

> ADMINISTRATIVO. AMBIENTAL. CRIAÇÃO DE UNIDADES DE CONSERVAÇÃO. ALEGAÇÃO DE FALHAS NOS PROCEDIMENTOS ADMINISTRATIVOS PREPARATÓRIOS. ANTECIPAÇÃO DE TUTELA. EFEITO SUSPENSIVO CONCEDIDO PELA DECISÃO MONOCRÁTICA DO RELATOR. CONFIRMAÇÃO. Não há obrigatoriedade da realização de audiências públicas em todos os municípios atingidos. Inteligência dos dispositivos da Lei nº 9.985/00 e da Resolução nº 9 do Conama.[1341]

A legislação colombiana ambiental – com forte tradição na participação popular – preceitua que nos casos de projetos lineares, entendidos como sendo os oleodutos (linhas de duto de hidrocarbonetos), linhas de transmissão elétrica, corredores viários e ferrovias, poderão ser realizadas *até* 2 (duas) audiências públicas em lugares que se encontram dentro da área de influência do projeto, a juízo da Administração Pública (Decreto Colombiano nº 330/07, art. 11).

Há indiscutível discricionariedade administrativa para avaliar o número de audiências públicas a serem efetuadas, caracterizando indevida interferência judicial a determinação de um número superior ao estabelecido pelo órgão ambiental, sem que exista clara fundamentação sobre a ilegalidade da escolha administrativa e a necessidade concreta das audiências públicas adicionais.

Portanto, no tocante à discricionariedade na quantificação das audiências públicas, se superado o argumento da obrigatoriedade pelo aspecto prático (impossível fazer tantas audiências públicas quantas forem requeridas), resta confrontar aquele lastreado no princípio da precaução e da conservação de um meio ambiente ecologicamente equilibrado.

Ver-se-á que as considerações são bem parecidas com as premissas que levaram ao julgamento de *Vermont Yankee*, uma vez que há hiperintegrações hermenêuticas do princípio da precaução e outros *topoi* argumentativos, como são os casos da proteção do meio ambiente e da prevenção do dano ambiental.

[1340] TRF da 1ª Região, CE, AR na SL ou STA 2009.01.00.069492-2, Rel. Des. Fed. Jirair Aram Meguerian, j. em 25.03.2010, *e-DJF1* 26.04.2010. p. 40. Embora seja complicado generalizar, uma vez que baseado em pedido de suspensão de segurança, a decisão é bem assertiva.

[1341] TRF da 4ª Região, 3ª T., v.u., AI 2005.04.01.022658-6, Rel. Des Fed. Fernando Quadros da Silva, j. em 12.12.2006, D.E. 14.02.2007. Também não exigindo a realização de audiências públicas em todos os Municípios atingidos, cf. TRF da 4ª Região, Corte Especial, AGVSS 2004.04.01.041192-0/SC, Rel. Des. Fed. Vladimir Passos de Freitas, j. em 28.03.2005, *DJ* 06.04.2005.

Quanto ao princípio da precaução, é importante frisar que ele serve para resolver questões que suscitam dúvidas científicas, aconselhando-se, nesses casos, preservar o *status quo*. Ocorre que o caso do Porto Sul não se relaciona com incertezas científicas, ainda mais porque as audiências públicas requeridas judicialmente não se concentravam na convocação de especialistas – que poderiam ter participado da audiência realizada em Ilhéus ou ter enviado suas considerações na fase dos comentários –, mas na dos moradores de outras cidades. Vale lembrar que, em regra, na seara ambiental, ante a complexidade do bioma, "a prova pericial é necessária sempre que a prova do fato depender de conhecimento técnico".[1342] Mas nada disso estava em jogo, apenas a neutralidade ou mesmo apatia científica na realização de mais de uma audiência pública, realizada no Município que abrigará o empreendimento.

De qualquer modo, apenas para argumentar, se sempre fosse dada prevalência ao princípio da precaução,[1343] haveria mau funcionamento de uma das funções do Estado, a de ponderar os interesses em jogo. Depois de afirmar que os poderes do Estado "devem respeitar o princípio da proteção ambiental na interpretação das normas jurídicas, na ponderação de interesses e no exercício da discricionariedade", o administrativista alemão Rolf Stober esclarece que "a função central do Estado consiste em pôr em equilíbrio os conflitos ou interesses econômicos e ecológicos. Esta obrigação de concordância prática exclui a interpretação da proteção ambiental como fim prioritário. *A suprema linha de orientação tem de ser que a atuação econômica geral é tolerável pelo ambiente*".[1344]

O direito ao meio ambiente ecologicamente equilibrado (CF, art. 225, *caput*) não poderia criar audiências públicas, ainda mais além do patamar mínimo previsto na legislação de regência. Se a realização de mais audiências públicas, sobre o mesmo EIA/RIMA, melhorasse automaticamente a proteção ao meio ambiente ou fosse tão fundamental a ela, a legislação ambiental sobre licenciamento seria inconstitucional, porque deixaria nas mãos do órgão ambiental ou de alguns legitimados a decisão para a realização ou não desse fundamental instrumento de proteção ao meio ambiente. Não se pode perder de vista que a audiência pública no licenciamento ambiental com EIA/RIMA é apenas mais um meio participativo, dentre outros, como os comentários, o direito de petição, e que, no caso, ela foi realizada, mas não em número considerado suficiente pelo autor da ACP 0005023-64.2011.4.01.3301.

Por fim, foi citado, como motivo para justificar audiências públicas adicionais, que o Direito Ambiental prefere a prevenção do dano à sua reparação. Ocorre que a prevenção do dano a sua reparação não é privilégio do Direito Ambiental, mas da responsabilidade civil em geral. Não é de hoje que houve a quebra do paradigma da tutela reparatória, classicamente prevista no Direito Civil francês (CC de Napoleão, art. 1.142),[1345] pela preferência à tutela inibitória. Não sendo especificidade do Direito

---

[1342] STJ, 2ª T., v.u., REsp nº 1.060.753/SP, rela. Mina. Eliana Calmon, j. em 01.12.2009, DJe 14.12.2009.

[1343] Ainda que o princípio da precaução seja sempre encarado como gerando um dever de não fazer (abstenção), como se manter o *status quo* fosse uma atitude de precaução ambiental, ignorando os seus riscos.

[1344] STOBER, Rolf. *Direito Administrativo Econômico Geral*. Trad. António Francisco de Sousa. São Paulo: Saraiva, 2012. p. 201-202 – destacou-se.

[1345] "Toda obrigação de fazer ou não fazer resolve-se em perdas e danos em favor do interessado, no caso de inexecução por parte do devedor" – tradução livre. Interessante notar que foi na própria França que tal paradigma foi superado, pela criação pretoriana das *astreintes*. Posteriormente a própria Lei francesa 91-650, de 09.07.1991 reformou o processo de execução e positivou as *astreintes* em seu artigo 33: "Qualquer juiz pode, mesmo de ofício, impor multa pecuniária para assegurar a execução de suas decisões" (tradução livre).

Ambiental, é equivocado afirmar que isso suprimiria a discricionariedade da autoridade de escolher o número de audiências públicas. A prevenção do dano ambiental é apenas estimada, pelo órgão ambiental, no licenciamento como um todo, não em uma de suas etapas eventuais, isoladamente consideradas (audiência pública), especialmente se for considerado que essa etapa é facultativa e já ter sido realizada no local com maior impacto: o da cidade na qual ocorreria o empreendimento. De qualquer forma, considerar que audiências públicas adicionais previnem dano ambiental é pura especulação.

A decisão judicial do TRF da 1ª Região no caso Porto Sul/BA criou audiências públicas adicionais, em detrimento da discricionariedade do órgão ambiental de promovê-las, com base em cláusulas tão abertas que tornam difícil relacioná-las com a específica previsão das audiências públicas no processo de licenciamento ambiental.

Essa decisão consagrou entendimento que torna impossível a previsão do controle jurisdicional a ser praticado nessa seara: admitir que sejam efetuadas tantas audiências públicas quanto requeridas seria impraticável, abrindo precedente perigoso à segurança jurídica e ao oportunismo processual administrativo. Como alertou a Suprema Corte estadunidense, em *Vermont Yankee*, são necessários parâmetros precisos e seguros para controlar os procedimentos empregados pelos órgãos e entidades públicos, porque, "se os tribunais continuamente revissem os procedimentos das agências para determinar quando a agência empregou procedimentos que eram, na opinião da corte, perfeitamente adaptados para alcançar o que a corte entende como o 'melhor' ou 'correto' resultado, o controle judicial seria totalmente imprevisível" (435 U. S. 546).

12.2 O controle substancial do licenciamento ambiental: o processo judicial como foro inadequado para resolver disputas entre cientistas ou metodologias científicas

Reforça-se o papel da discricionariedade administrativa no processo decisório ambiental de licenciamento, em face da conscientização de que: (i) ele exige o balanceamento dos interesses em jogo, (ii) existem limites para o conhecimento humano, ainda que científico, não sendo raras as divergências entre os cientistas e suas metodologias, (iii) o licenciamento não é onisciente ou exauriente, não sendo o conhecimento tão exato ou pacífico quanto se imagina, (iv) a ciência não é imune à política e, consequentemente, não é neutra e, por fim, (v) não se deve seguir modismos científicos.

O próprio conhecimento técnico-científico propalado como a discricionariedade técnica nada mais é do que o reconhecimento dos aspectos mencionados no parágrafo anterior. Por isso, doutrina-se:

> Esses atos administrativos produziram um alargamento *necessário* da discricionariedade dos agentes públicos, haja vista demandarem maior conhecimento técnico-científico produzido por ciências não jurídicas. Tudo isso promoveu o aumento da possibilidade de escolhas e soluções válidas perante o Direito.[1346]

[1346] MARIN, Jeferson Dytz; SILVA, Mateus Lopes da. Limites e possibilidades da decisão em matéria ambiental. *Sequência*: Estudos Jurídicos e Políticos. Florianópolis: UFSC, n. 67, p. 223-249, dez. 2013. p. 227.

É nesse contexto arenoso que o Judiciário é chamado a se manifestar, ainda que todas essas questões costumem ser ignoradas sob a equivocada visão do princípio da inafastabilidade do controle jurisdicional.

Faz-se necessário que o Judiciário não ultrapasse os seus limites, sob pena de se chancelar o arbítrio científico e tornar a separação de poderes desnecessária. Foi o que defendeu Hamilton em *O Federalista*, nº 78.[1347]

Não por outro motivo, o *D.C. Circuit Court* deixou assentado que os "tribunais não devem usar o controle jurisdicional da análise ambiental da Administração Pública para censurar *ex post facto* [*second-guess*] decisões substantivas que dizem respeito à discricionariedade administrativa".[1348]

Há na doutrina alerta para essa questão da substituição do juízo administrativo pelo judicial, especialmente quando estão em jogo várias opções científicas, o que se convencionou chamar de discricionariedade técnica. Almiro do Couto e Silva observa que os problemas administrativos podem apresentar extrema complexidade, suscitando

> várias opiniões ou propostas de solução, a respeito das quais, porém – muito embora no plano estritamente lógico só possa existir uma única correta –, será frequentemente difícil ou mesmo impossível afirmar qual a mais acertada. Essa deficiência cognitiva é que estaria a impedir que o Poder Judiciário, nesses casos, exerça controle, substituindo o juízo da administração pelo seu.[1349]

O próprio conceito de discricionariedade administrativa trabalha considerando normais essas divergências de opiniões, pois, como destacado por Lord Diplock, em julgamento da *House of Lords* (*Secretary of State for Education and Science v. Tameside Metropolitan Borough Council* – 1976), "envolve o direito de escolher entre mais de um curso de ação possível, sobre a qual há espaço para as pessoas razoáveis manterem opiniões divergentes quanto a que será tomada".

Embora as divergências e, consequentemente, as incertezas estejam longe de serem atributos únicos do Direito Ambiental, elas lhe são muito comuns pela tradição combativa que lhe acompanha desde o seu nascimento. Adrian Vermeule, professor de Direito Constitucional de Harvard, entende que existem princípios bem definidos para delimitar o controle judicial de racionalidade da decisão administrativa em situações de incerteza:

> Um deles é que cortes revisoras devem ser o "mais deferente" possível quando agências fazem "previsões, dentro de [suas] área[s] de especial expertise, nas fronteiras da ciência". Outro princípio, aplicável quando há divergência entre especialistas, é que agências têm a prerrogativa de repousar sobre as opiniões razoáveis de seus qualificados peritos internos. Como demonstrarei, tribunais violam esses princípios frequentemente, não que juízes

---

[1347] Se os juízes, no processo de interpretação da lei ou da constituição, "tentarem substituir o julgamento por vontade, as consequências serão as mesmas da predominância de seus desejos sobre os dos legisladores. Se tal procedimento fosse válido, não seria necessário que os juízes deixassem de pertencer ao Poder Legislativo" (HAMILTON, Alexander; MADISON, James, JAY, John. *O Federalista, por Alexander Hamilton, James Madison e John Jay*. Trad. de Heitor Almeida Herrera. Brasília: Editora Universidade de Brasília, 1984. p. 579).

[1348] *Delaware Riverkeeper Network, et al. v. FERC* (D.C. Circ. – 2014).

[1349] SILVA, Almiro do Couto e. Poder discricionário no direito administrativo brasileiro. *Revista de Direito Administrativo*, n. 179-180, p. 51-67, jan./jun. 1990. p. 57.

deixem de entendê-los como aplicáveis, mas porque os juízes cometem erros conceituais sobre o que conta como decisão racionalmente tomada sob incerteza.[1350]

Diante desse cenário, a autocontenção judicial era defendida até mesmo por Kelsen. Ele "previa o perigo de, caso se julgasse com base em textos vagos, ambíguos ou principiológicos, poderia ocorrer não apenas o espraiamento dos problemas que afligem os poderes políticos até o judiciário, mas, pior, a geração de um governo paralelo – e não de um mero 'diálogo constitucional'".[1351] Destacando as desvantagens do ativismo judicial, Daniel Almeida de Oliveira leciona:

> É importante que o Judiciário e os órgãos de controle em geral tenham o conhecimento necessário para desempenhar bem o controle, não um que possibilite a substituição da decisão do controlado ou uma decisão "superior". O contrário seria propor um bicameralismo entre instituições. O que pode, nessa hipótese, ser considerado um desperdício de recursos (humanos e materiais) ou uma aplicação deficiente deles. E, como indicam a ciência política e a economia, caso isso ocorra, os vícios do controlado migrariam para o controlador, pondo fim à vantagem e à razão de ser do controle.[1352]

Como frisado, as decisões estatais que abordam questões nas quais a ciência esteja envolvida não são apenas decisões técnicas, mas também administrativas, o que motivou Renato Alessi a doutrinar que as decisões que envolvam a discricionariedade técnica não se apoiam em critérios puramente técnicos, senão também administrativos.[1353] E os critérios administrativos nem sempre são tão distantes dos políticos, o que diminui a possibilidade de contraste pela via do controle jurisdicional.

Reconhecer isso é difícil para os juristas porque, além de eles tenderem a ter uma visão comum sobre valores, eles naturalmente prestigiam o seu ofício "e, principalmente, a sua catedral: o tribunal".[1354] Para o jurista não é fácil dizer que existem espaços nos quais o controle jurisdicional não pode intervir plenamente sob pena de se judicializar opções políticas. Para ele, tudo está dentro do direito e cada escolha estatal deve ser contrastada pelo Judiciário, ainda mais em um sistema que prestigia constitucionalmente a inafastabilidade do controle jurisdicional (art. 5º, XXXV).

Existe uma simbiose entre direito e técnica/ciência para trazer legitimidade à decisão estatal. Daniel Bodansky diz que o povo, por um lado, quer que a formulação da política seja mais científica, mas, por outro, quer que ela permaneça no mundo da política.[1355] Depois de mais algumas considerações, ele doutrina que "a tomada de

---

[1350] VERMEULE, Adrian. Decisões racionalmente arbitrárias no direito administrativo. *Revista Estudos Institucionais*, Rio de Janeiro: UFRJ, vol. 3, n. 1, p. 01-47, 2017. p. 12.

[1351] OLIVEIRA, Daniel Almeida de. *Direito Regulatório e Teoria da Interpretação*: como interpretar e aplicar direitos complexos. Rio de Janeiro: Synergia Editora, 2015. p. 290.

[1352] OLIVEIRA, Daniel Almeida de. *Direito Regulatório e Teoria da Interpretação*: como interpretar e aplicar direitos complexos. Rio de Janeiro: Synergia Editora, 2015. p. 296.

[1353] ALESSI, Renato. *Instituciones de Derecho Administrativo*. Trad. Buenaventura Pellisé Prats. Barcelona: Casa Editorial Bosch, 1970. t. I, p. 198.

[1354] OLIVEIRA, Daniel Almeida de. *Direito Regulatório e Teoria da Interpretação*: como interpretar e aplicar direitos complexos. Rio de Janeiro: Synergia Editora, 2015. p. 313.

[1355] BODANSKY, Daniel. The legitimacy of international governance: a coming challenge for international environmental law? *The American Journal of International Law*, Washington: The American Society of International Law, v. 93, n. 3, p. 596-624, jul. 1999. p. 620.

decisões ambientais frequentemente levanta questões que envolvem a ciência, mas não podem ser respondidas em termos puramente científicos".[1356]

Por esses motivos, quando a ciência ou a técnica não estiverem claras ou pacificadas, e a lei não escolher alguma opção – além de a questão eventualmente envolver outras considerações jurídicas –, deve-se manter a decisão tomada pela política, através dos instrumentos que o ordenamento põe à disposição dos órgãos estatais decisores, mesmo que seja através de atos infralegais.

Não por outro motivo, em *Marsh v. Oregon Natural Resources Council* (1989), a Suprema Corte estadunidense decidiu que "quando especialistas expressam pontos de vista conflitantes, a Administração Pública deve ter liberdade para contar com as opiniões razoáveis de seus próprios peritos qualificados, ainda que, enquanto assunto novo, um tribunal pudesse achar pontos de vista contrários mais persuasivos".[1357]

Uma teoria que evita a utilização abusiva do Judiciário é a *judicial deference* ou *Chevron doctrine*.

A Suprema Corte estadunidense, em *Chevron v. NRDC*[1358] (1984), entendeu que a Administração Pública detém primazia na interpretação dos conceitos indeterminados das leis a ela dirigidas, somente podendo intervir o Judiciário em casos teratológicos. Portanto, o Judiciário deveria respeitar, em regra, a exegese do Executivo. A doutrina estabelecida no caso Chevron ficou conhecida como *judicial deference*, *Chevron deference* ou *Chevron doctrine*.

A deferência judicial remete "ao livre juízo da Administração a interpretação que esta se digne a fazer dos conceitos ambíguos, imprecisos ou indeterminados das Leis".[1359] As cortes devem deferência às interpretações promovidas pelas agências (Poder Executivo), a menos que a lei seja clara ou a interpretação dada por elas seja desarrazoada.

A teoria estabelece dois passos para que seja reconhecida a deferência judicial (*judicial deference*).

De acordo com o *Justice Stevens*, o primeiro passo (*first step*) para a aplicação da doutrina Chevron seria a ambiguidade da lei.[1360] Se a lei contiver vaguidade ou indefinição, haverá espaço para que seu sentido dúbio seja precisado. A Suprema Corte (*City of Arlington v. F.C.C.* – 2013), ao tratar desse passo, asseverou que "o Congresso sabe falar em linguagem clara quando ele pretende limitar e em termos amplos quando pretende ampliar a discricionariedade do órgão ou entidade públicas".[1361]

O segundo passo (*step two*) seria a razoabilidade da regulamentação legal.[1362] Destaque-se nesse ponto que não é a melhor interpretação da norma pela Administração

---

[1356] BODANSKY, Daniel. The legitimacy of international governance: a coming challenge for international environmental law? *The American Journal of International Law*, Washington: The American Society of International Law, v. 93, n. 3, p. 596-624, jul. 1999. p. 622 – tradução livre.

[1357] 490 U.S. 378 – tradução livre.

[1358] *Chevron U.S.A., Inc. v. Natural Resources Defense Council, Inc.*

[1359] GARCÍA DE ENTERRÍA, Eduardo. Una nota sobre el interés general como concepto jurídico indeterminado, *Revista do Tribunal Regional Federal da 4ª Região*, Porto Alegre: O Tribunal, n. 25, ano 7, p. 27-50, jul./dez. 1996. p. 31, nota 10 – tradução livre.

[1360] SCALIA, Antonin. Judicial deference to administrative interpretations of law. *Duke Law Journal*, Twentieth Annual Administrative Law Issue, v. 1989, n. 3, p. 511-521, 1989. p. 511 e 515.

[1361] 569 U.S. 5 – tradução livre.

[1362] SCALIA, Antonin. Judicial deference to administrative interpretations of law. *Duke Law Journal*, Twentieth Annual Administrative Law Issue, v. 1989, n. 3, p. 511-521, 1989. p. 512.

Pública que se busca, apenas a razoável. Talvez com uma exceção (*AT&T Corp. v. Iowa Utilities Board*), a Suprema Corte nunca invalidou uma construção do Executivo com base no segundo passo.[1363]

Em *Smiley v. Citibank (South Dakota)* (1996), a Suprema Corte afirmou que a doutrina Chevron não seria afetada nem mesmo pela ausência de contemporaneidade da norma regulamentada – no caso, maior do que 100 anos[1364] – ou pela necessidade de regulação revelada por litígio atual sobre o alcance da norma,[1365] incluindo o próprio processo na Suprema Corte,[1366] o que poderia indicar a necessidade de regulamentação pelo Executivo. Por fim, a Suprema Corte firmou um dos aspectos mais polêmicos da *judicial deference*: o de que *a existência de interpretação diferente no passado não é sinal de que a nova regulamentação seria inválida* ("*Of course the mere fact an agency interpretation contradicts a prior agency position is not fatal*"), desde que não haja mudança súbita e inexplicável ou que não considere a confiança legítima gerada na interpretação anterior.

O campo perfeito para a aplicação da doutrina Chevron reside exatamente na questão científica ou técnica, uma vez que por diversos motivos são intermináveis as disputas entre cientistas e/ou metodologias científicas, assim como as alterações de decisões embasadas nessa dinâmica. Salvo em casos nos quais a escolha regulamentar ou do caso concreto seja desarrazoada, deve prevalecer a decisão administrativa, até mesmo pelo campo discricionário/político reservado à Administração.

Depois de narrar que o Tribunal Administrativo Federal (BVerwG) alemão reconhece ampla discricionariedade para o licenciamento de instalações de alta tecnologia (nucleares e de engenharia genética), Andreas J. Krell doutrina que a licença ambiental costuma envolver juízo discricionário, porque a legislação ambiental geralmente usa conceitos indeterminados de natureza técnica, valorativa ou de prognose.[1367]

Em *Baltimore Gas & Electric Co. v. NRDC* (1983), a Suprema Corte estadunidense discutiu se a presunção de liberação zero (*zero-release assumption*) na atividade de licenciamento de usinas nucleares estaria de acordo com o NEPA, que exige um *hard look* sobre a sua regulamentação. A Suprema Corte, repetindo o posicionamento adotado poucos anos antes (*Vermont Yankee Nuclear Power Corp. v. NRDC* – 1978[1368]), decidiu que o NEPA não exige que as agências adotem qualquer estrutura interna de decisão, sendo válida a avaliação genérica da *Nuclear Regulatory Commission* (NRC) ao regulamentar tal atividade.

A Suprema Corte asseverou que a eficiência administrativa e a consistência da decisão são alcançadas pela determinação genérica destes efeitos, sem que seja necessária a sua repetição em procedimentos individuais, que poderão, em qualquer caso, ser objeto de revisão pela Comissão (NRC).

[1363] Segundo M. Elizabeth Magill. *In*: DUFF, John F.; HERZ, Michael (Ed.). *A Guide to Judicial and Political Review of Federal Agencies*. Chicago: American Bar Association, 2005. p. 86.

[1364] "The 100-year delay makes no difference... But neither antiquity nor contemporaneity with the statute is a condition of validity".

[1365] "That it was litigation which disclosed the need for the regulation is irrelevant".

[1366] "Nor does matter that the regulation was prompted by litigation, including this very suit".

[1367] KRELL, Andreas J. A conveniência funcional dos órgãos administrativos e judiciais no controle da discricionariedade no âmbito da proteção ao meio ambiente: aspectos *políticos-ideológicos* da ação civil pública. *In*: TRENNEPOHL, Curt; TRENNEPOHL, Terence. *Direito Ambiental Atual*. Rio de Janeiro: Elsevier, 2014. p. 28 e 34.

[1368] Caso no qual foi decidido que "as cortes geralmente não têm autoridade para impor procedimentos híbridos superiores àqueles contemplados pelas leis de regência".

Além disso, a presunção de liberação zero (*zero-release assumption*) era apenas uma das matérias tratadas em uma tabela inteira, com propósito limitado. A outra, que se constituía na principal, é o fato de a regulação da NRC situar-se em área de conhecimento especializado, na fronteira da ciência, o que tornaria a intervenção do Judiciário excepcional, demonstrando, desse modo, o reconhecimento da Suprema Corte estadunidense sobre a complexidade da matéria científica. Textualmente:

> O Judiciário deve lembrar que a Comissão faz previsões, dentro de sua área de conhecimento especializado, nas fronteiras da ciência. Quando examinar esse tipo de determinação científica, ao contrário de simples averiguação de fatos, a corte revisora deve ser geralmente mais deferente. Veja, *e.g.*, Industrial Union Dept. v. American Petroleum Institute, 448 U.S. 607, 656 (1980) (*plurality opinion*); id., at 705-706 (MARSHALL, J., dissenting). [462 U.S. 87, 104] (tradução livre).

Por esta razão, na análise do estudo de impacto ambiental o Judiciário estadunidense prudentemente se nega a julgar (autocontenção/*self-restraint*) divergências entre metodologias ou cientistas.[1369] Em *Friends of the Boundary Waters Wilderness v. Dombeck* (1999), a 8ª *Circuit Court* bem enfrentou a questão nos seguintes termos:

> Nós prestamos deferência à escolha metodológica da Administração Pública desde que ela não seja arbitrária ou sem fundamento. Ver Minnesota Pub. Interest Research Group, 541 F.2d at 1302. Nós não podemos censurar *ex post facto* [*second-guess*] os valores atribuídos aos impactos ambientais considerados no estudo ambiental; e o NEPA não prevê que o Judiciário determine o mérito de visões conflitantes entre duas ou mais correntes do pensamento científico. Id. Não é papel deste tribunal escolher entre diferentes estudos ou diferentes visões de especialistas. Nós prestamos deferência à explicação fundamentada da Administração Pública. "NEPA não requer que nós decidamos se um estudo ambiental é baseado na melhor metodologia científica disponível, nem requer que nós resolvamos divergências entre os vários cientistas quanto à metodologia". Oregon Envtl. Council v. Kunzman, 817 F.2d 484, 496 (9th Cir.1987) [...] Não é para essa corte revisar *ex post facto* [*second-guess*] qual é o melhor método para determinar a satisfação do visitante no BWCA [Boundary Waters Canoe Area] Wilderness, nem é papel desta corte examinar o valor científico do modelo computadorizado.

O STF reconheceu tal fato no RE nº 519.778/RN, no qual ficou consignado, diante de laudos técnicos divergentes, o rechaço pelo tribunal da tese de que isso geraria uma solução favorável ao meio ambiente pela aplicação do princípio da precaução: "As complexidades técnicas relativas à análise ambiental da área, aliadas à presunção de constitucionalidade das leis, recomendam postura de autocontenção judicial".[1370]

Quando se trata de matéria técnica, o STJ chama tal prudência de *princípio da deferência técnico-administrativa*, mero desdobramento da doutrina Chevron. O STJ,

---

[1369] *Friends of Endangered Species, Inc. v. Jantzen* (9ª Cir. 1985); *Greenpeace Action v. Franklin* (9ª Cir. 1992); *Salmon River Concerned Citizens v. Robertson* (9ª Cir. 1994); *Sierra Club v. Marita* (7ª Cir. 1995); *City of Carmel-by-the-Sea v. United States Department of Transportation* (9ª Cir. 1997); *Friends of the Boundary Waters Wilderness v. Dombeck* (8ª Cir. 1999); *Matter of John Fisher et. al. v. Rudolph Giuliani* (Supreme Court of New York 2001); *Chinese Staff and Workers Association et. al. v. Amanda M. Burden* (Supreme Court of New York 2010); *Defense of Animals v. Dep't of the Interior* (9ª Cir. 2014).

[1370] STF, RE nº 519.778/RN, Rel. Min. Roberto Barroso, j. em 27.02.2014, DJe 06.03.2014. Decisão confirmada pelo colegiado (STF, 1ª T., RE nº 519.778/RN, Rel. Min. Roberto Barroso, j. em 24.06.2014, DJe 01.08.2014).

depois de mencionar o *princípio da deferência técnico-administrativa*, bem sintetizou a questão nos seguintes termos:

> Em matéria eminentemente técnica, que envolve aspectos multidisciplinares (telecomunicações, concorrência, direito de usuários de serviços públicos), convém que o Judiciário atue com a maior cautela possível – cautela que não se confunde com insindicabilidade, covardia ou falta de arrojo.[1371]

Diuturnamente, entes públicos fazem diversas escolhas técnicas. Entretanto, isso não significa que suas escolhas tenham que ser as mais acertadas ou incontestáveis, mas apenas razoáveis. Por isso a função do Judiciário deve ser a de controlar a razoabilidade do ato, jamais de substituir a decisão técnico-administrativa.

Como alerta Rafael Bellem de Lima, o exame da proporcionalidade do ato não autoriza "a substituição de atos estatais por alternativas que, no entendimento dos órgãos judiciais, corresponderiam à solução ótima para a colisão de princípios que se dá no caso concreto, nem que seriam mais convenientes, mais adequadas, mais necessárias ou mais proporcionais".[1372]

O juízo do órgão ambiental, quanto aos resultados ambientais de suas escolhas, não deve ser substituído pelo Judiciário. Neste sentido, a Suprema Corte estadunidense advertiu no *leading case Kleppe v. Sierra Club* (1976), repetido diversas vezes pela doutrina[1373] e jurisprudência estadunidense:[1374]

> Nem o NEPA nem a sua história legislativa contemplam que o Judiciário deve substituir seu julgamento pelo da Administração Pública no tocante às consequências ambientais de suas ações. O único papel do Judiciário consiste em assegurar que a Administração Pública analisou de forma rigorosa as consequências ambientais; não pode imiscuir-se na área de discricionariedade do Executivo quanto à escolha da ação a ser tomada (427 U.S. 410, *nota 21* – tradução livre).

Em recente decisão, o *D.C. Circuit Court* (*Center for Biological Diversity v. EPA* – 2014) exemplarmente relembrou diversos de seus julgados que, desde a década de 70, vedam a substituição do juízo administrativo pelo judicial:

> Temos de olhar para a decisão não como o químico, biólogo ou estatístico que não somos nem por formação nem experiência, mas como um tribunal exercendo nosso dever

---

[1371] STJ, 2ª T., v.u., REsp nº 1.171.688/DF, Rel. Min. Mauro Campbell Marques, j. em 01.06.2010, *DJe* 23.06.2010.

[1372] LIMA, Rafael Bellem de. *Regras na Teoria dos Princípios*. São Paulo: Malheiros, 2014. p. 121.

[1373] K. S. Weiner afirma que o processo previsto no NEPA é feito para informar o planejamento e a tomada de decisão, não serve como substituto a isso (CZARNEZKI, Jason J. Defining the project purpose under NEPA: promoting consideration of viable EIS alternatives. *The University of Chicago Law Review*, v. 70, n. 2, p. 599-619, 2003. p. 601, nota 12).

[1374] Cf.: na Suprema Corte estadunidense mesmo, *Vermont Yankee Nuclear Power Corp. v. NRDC* (1978) (435 U. S. 555), que usa as mesmas palavras, bem como *Strycker's Bay Neighborhood Council, Inc. v. Karlen* (1980), no qual foi decidido que, atendidas as exigências procedimentais do NEPA pela Administração Pública, "a única regra para o Judiciário é garantir que a Administração Pública considerou as consequências ambientais; não pode imiscuir-se na área de discricionariedade do Executivo quanto à escolha da ação a ser tomada" (444 U.S. 223, 227-228 – tradução livre). No já citado *Citizens Against Burlington v. Busey* (*D.C. Circuit* 1991), decidiu-se que compete à Administração Pública, não às cortes, a função de avaliar os planos para reduzir os danos ambientais; assim, as cortes não devem microgerir os estudos ambientais a cargo da Administração Pública, no caso estratégias para proteger as unidades de conservação (938 F.2d. 204).

estritamente definido de manter a Administração Pública dentro de certos padrões mínimos de racionalidade. (*Ethyl Corp. v. EPA*, 541 F.2d 1, 24, 36 – 1976).

Na área caracterizada pela incerteza científica e tecnológica... essa corte deve proceder com particular cautela, evitando toda a tentação de direcionar a Administração Pública em uma escolha entre alternativas racionais. (*Envtl. Def. Fund v. Costle*, 578 F.2d 337, 339 – 1978).

[Quando decisões da EPA] lidam com... previsões que tratem de questões sobre as fronteiras do conhecimento científico, exigiremos razões e explicações adequadas, mas não "constatações" familiares ao mundo do julgamento [adjudication] (*Amoco Oil Co. v. EPA*, 501 F.2d 722, 741 – 1974).

Felizmente, não é atribuição do Poder Judiciário fazer avaliações comparativas de evidências científicas conflitantes. Nossa revisão visa apenas a discernir se a avaliação do órgão ou entidade públicos era racional. (*Natural Res. Def. Council v. EPA*, 824 F.2d 1211, 1216 – 1987).

O STF chegou mesmo a falar em dever de deferência do Judiciário às decisões técnicas (AR no RE nº 1.083.955).[1375]

A discussão técnica sempre estará aberta, sendo um *moto perpetuo* científico para contestação. Entretanto, reconhecer esse *moto perpetuo* científico não autoriza a ingerência judicial nessa matéria, antes a desaconselha, a não ser em casos flagrantemente desarrazoados. Prudência, por óbvio, que "não se confunde com insindicabilidade, covardia ou falta de arrojo" (REsp nº 1.171.688). Na mesma linha, em *Department of Commerce v. New York* (2019), a Suprema Corte estadunidense deixou claro que a deferência aos atos do Executivo não cria um controle jurisdicional ingênuo, devendo estar presentes motivações genuínas para o ato e não razões inventadas (588 U. S. 28).

Citando *Baltimore Gas & Electric Co. v. Natural Resources Defense Council, Inc.* (1983), a 9ª Corte de Circuito, em mais de um precedente, foi enfática ao dizer: "quando julgando juízos científicos e análises técnicas dentro da especialidade dos órgãos e entidades públicos, o judiciário deve ser ainda mais deferente".[1376] Em *San Luis & Delta-Mendota Water Authority v. Locke* (2014), embora sem conferir deferência ilimitada às escolhas da Administração Pública em matéria científica, ficou consignado:

> Essa tradicional deferência aos órgãos e entidades da Administração Pública deve ser ainda mais elevada quando o tribunal está julgando uma ação estatal que requer um alto nível de conhecimento técnico. *Marsh*, 490 U.S. at 377; *see also Baltimore Gas & Elec. Co. v. Natural Res. Def. Council, Inc.*, 462 U.S. 87, 103, 103 S. Ct. 2246 (1983) ("Ao analisar esse tipo de determinação científica ...o judiciário geralmente deve ser ainda mais deferente".). Como parte dessa deferência, nós admitimos a discricionariedade dos órgãos e entidades públicas em escolher entre modelos científicos; nós 'rejeitamos a escolha de um modelo científico por um órgão ou entidade pública apenas quando o modelo não tem qualquer relação racional com as características dos dados a que se aplica". *Delta Smelt*, 747 F.3d at 621 (citações internas omitidas).

Frise-se que essa autocontenção judicial alcança as opiniões dos auxiliares do juízo. Não faria sentido deixar nas mãos do perito a escolha da teoria/metodologia científica mais correta e vedá-la ao magistrado, que é o perito dos peritos (*peritus*

[1375] STF, 1ª T., v.u., AR no RE nº 1.083.955, Rel. Min. Luiz Fux, j. em 28.05.2019, *DJe* 07.06.2019.

[1376] *Conservation Congress v. Finley* (9ª Cir. 2014); *Conservation Congress v. U.S. Forest Service* (9ª Cir. 2013).

peritorum). Mesmo que assim fosse, o Judiciário ainda estaria "resolvendo" a disputa científica.

No caso do amianto crisotila, julgado pelo STF, embora a questão da competência fosse o foco principal das ações, na primeira vez em que a Suprema Corte enfrentou o tema, negou validade às leis estaduais que o proibiam e, de passagem, assinalou:

> Não cabe a esta Corte dar a última palavra a respeito das propriedades técnico-científicas do elemento em questão e dos riscos de sua utilização para a saúde da população. Os estudos nesta seara prosseguem e suas conclusões deverão nortear as ações das autoridades sanitárias.[1377]

Posteriormente, ainda em sede cautelar, negou-se a sufragar o entendimento anterior (ADI nº 3.937),[1378] ressaltando a sua cautela em questões que envolvem ciência, o que poderia dar aos Estados-membros poderes legislativos fora do padrão constitucional.[1379]

Vários argumentos científicos e/ou jurídicos vieram à luz nesse julgamento cautelar.[1380] Embora o STF aparentemente tenha superado o seu entendimento de não adentrar em critérios científicos, vê-se que a decisão não foi tão simples. As questões científicas foram analisadas não apenas por si só, mas também com a declaração posterior ao julgamento das primeiras ADIs de órgãos técnicos nacionais (*v.g.*, Conama), com o reconhecimento de que a legislação (Lei nº 9.055/95, art. 1º) já admitia a periculosidade do amianto, sem contar que alguns Ministros (Eros Grau e Cezar Peluso) se pronunciaram pela inconstitucionalidade da permissão do amianto crisotila mesmo na legislação federal.

Essas considerações são importantes para evitar conclusões precipitadas de que o STF estaria julgando a ciência. Se realmente estivesse julgando com base puramente científica, provavelmente a questão ainda não estaria *sub judice* na ADI nº 3.937 e teria havido liminar na ADI nº 4.066, que contesta a permissão do uso do amianto crisotila pela Lei Federal nº 9.055/95 (art. 2º), e o STF não teria derrubado a lei estadual paulista que proibia o transporte do amianto no território paulista (ADPF-MC 234).[1381]

[1377] STF, Pleno, v.u., ADI nº 2.396/MS, Rel. Min. Ellen Gracie, j. em 08.05.2003, *DJU* 01.08.2003. p. 100. No mesmo dia, o STF também acabou por declarar a inconstitucionalidade da legislação paulista (ADI nº 2.656/SP), mas cuja ementa nada declarou sobre a questão da ciência envolvida no amianto.

[1378] STF, m.v., ADI-MC 3.937/SP, Rel. Min. Marco Aurélio, j. em 04.06.2008, *DJe* 09.10.2008.

[1379] Cf.: aparte do Min. Gilmar Mendes às fls. 18 do acórdão, no qual fala que o tema é delicado, opinião seguida pela Min. Ellen Gracie.

[1380] Destacando-se no voto do Min. Joaquim Barbosa: (i) a afirmação do Conama (2004), respaldada pela Organização Mundial de Saúde (OMS), de que não existiam níveis seguros para o homem na exposição dessa substância (fls. 42 do acórdão); (ii) a Convenção OIT nº 162, preceituando a substituição do amianto quando houver alternativa técnica possível (art. 10), conjugada com o artigo 196 (direito à saúde) da CF, de competência legislativa concorrente, bem como pelo fato de que a CEDH (*Vermeire v. Bélgica* – 1991) asseverou que a liberdade para os Estados adequarem a sua ordem jurídica à Convenção Europeia de Direitos Humanos não significava que ela poderia ficar suspensa enquanto tal reforma não fosse implementada pelo Estado (fls. 50-54 do acórdão). A limitação do amianto acaba sendo razoável pela inexistência de alternativas, já que o contexto fático indica que não há medida intermediária à proibição (fls. 55 do acórdão). Por fim, acaba afirmando que a literatura científica sugere que os riscos do uso dos substitutos do amianto crisotila são menores (fls. 56 do acórdão). Por sua vez, o Min. Ricardo Lewandowski disse que o perigo para a saúde humana ficou evidenciado pelos estudos apresentados (fls. 67 do acórdão). O próprio artigo 2º da Lei Federal nº 9.055/95 deixa claro que o amianto é substância perigosa, como bem observou o Min. Carlos Britto (fls. 74 do acórdão).

[1381] STF, Pleno, m.v., ADPF-MC 234/DF, Rel. Min. Marco Aurélio, j. em 29.09.2011, *DJe* 06.02.12.

O Tribunal de Justiça da Comunidade Europeia – TJCE (C-60/05 – 2006) também adentrou na questão da ciência, quando exigiu que a regulamentação da caça de determinada espécie de ave seja respaldada em critérios científicos rigorosos.[1382]

Entretanto, tal afirmação não foi efetuada gratuitamente e não retirou do Estado a capacidade de fazer escolhas científicas. A base para que fosse exigida prova científica contundente foi a existência de relatório de órgão, elemento que já tinha sido prestigiado pela Corte (C-79/03 e 344/03 – item 26). Embora as quantidades não fossem juridicamente vinculantes, "devido à autoridade científica de que gozam os trabalhos do comitê ORNIS e na falta de apresentação de todo e qualquer elemento de prova científica em contrário" (item 27), tal parâmetro deve ser a base para a decisão estatal, invertendo-se, desse modo, o ônus da prova de que a quantidade está em conformidade com a diretriz da comunidade europeia (item 34).

Então, o TJCE decidiu que os Estados poderiam derrogar o regime de proibição de caça, desde que respeitada a caça em pequena quantidade "com base em informações científicas rigorosas" (item 28), "dados científicos rigorosos" (item 29) ou "indicadores suficientemente precisos" (item 36).

A decisão de ambas as cortes foi baseada não apenas na ciência, mas também na legislação produzida pelo Estado ou Comunidade Europeia. O Direito não se subordinou aos critérios técnico-científicos puros, mas houve uma filtragem estatal desses critérios, corroborando a lição de que o conhecimento científico não pode ser para o Direito um valor absoluto, eliminando qualquer consideração sobre bens jurídicos, valores e direitos.[1383]

Corrobora a dificuldade deste tipo de controle a própria natureza da adoção dos conceitos científicos trabalhados no Direito Ambiental (sustentabilidade, biodiversidade etc.), não confortavelmente enquadráveis na categoria dos conceitos jurídicos indeterminados. Os conceitos das ciências da natureza "não podem ser considerados conceitos jurídicos: são, inequivocamente, conceitos extrajurídicos (...) que necessariamente hão de ser interpretados e aplicados extramuros do sistema jurídico pelos cientistas e técnicos que operam tais conceitos".[1384]

Isso está longe de tornar a decisão administrativa imune a críticas ou ao controle judicial, apenas reconhece que as limitações da ciência tornam qualquer decisão naturalmente criticável, embora isso não signifique que ela seja inválida. Por essa razão, um ponto fundamental da doutrina Chevron é que não se averigua qual é a melhor interpretação do significado da norma, mas apenas se ela é razoável, vedando-se leituras arbitrárias.

Como magistralmente a Suprema Corte estadunidense asseverou em *Smiley v. Citibank (South Dakota)* (1996), depois de se reconhecer o primeiro passo (*first step*): "a pergunta diante de nós não é se isso representa a melhor interpretação da lei, mas se isso representa uma interpretação razoável".[1385] Pelo mesmo motivo, o ambientalista

---

[1382] Tribunal de Justiça da Comunidade Europeia, 2ª Seção, v.u., C-60/05, Rel. R. Silva de Lapuerta, j. em 08.06.2006.
[1383] PARDO, José Esteve. *El Desconcierto del Leviatán*: política y derecho ante las incertidumbres de la ciencia, 2010. p. 160.
[1384] PARDO, José Esteve. *El Desconcierto del Leviatán*: política y derecho ante las incertidumbres de la ciencia, 2010. p. 99 – tradução livre.
[1385] "... *the question before us is not whether it represents the best interpretation of the statute, but whether it represents a reasonable one*".

português Vasco Pereira da Silva, com apoio em doutrina alemã, defende que "a fiscalização judicial do poder discricionário tem por finalidade a verificação da conformidade da decisão com a lei e o direito, e não a procura de *'uma 'melhor' apreciação ou de uma 'melhor' decisão discricionária'* (Starck)".[1386]

Eduardo Rocha Dias, após narrar o mito da suposta unidade de resposta do Direito, da ciência e da técnica, aduz que tal pensamento "ruiu diante da demonstração das limitações do conhecimento científico e da incerteza ante a complexidade do real. Ao lado da ruptura da crença no progresso inexorável do homem e da ciência, também se questionou a possibilidade de o direito oferecer uma solução única para cada caso. Passou-se a buscar apenas a solução mais razoável, ou mais plausível, verossímil ou defensável".[1387]

As decisões administrativas ou legislativas podem lidar, também, com a incerteza, o que não necessariamente invalida a decisão. O Tribunal Constitucional Alemão (caso *Kalkar I* – 1978), que teve a oportunidade de tratar da questão da incerteza perante regulamentação legislativa sobre o uso pacífico da energia nuclear, asseverou:

> Em uma situação necessariamente marcada pela incerteza, faz parte em primeira linha da responsabilidade política do legislador e do governo tomar, com base em suas respectivas competências, as decisões por eles consideradas convenientes. Dada essa situação fática, não é tarefa dos tribunais colocar-se, com suas valorações, no lugar dos órgãos políticos cunhados [funcionalmente] para tanto, pois neste caso faltam parâmetros jurídicos [de decisão].[1388]

No mesmo caso, a Corte Constitucional alemã concluiu, com precisão, pela impossibilidade de regulamentação legislativa ou executiva do risco zero ou mesmo dos riscos meramente hipotéticos quando baseados em prognósticos não demonstráveis pela ciência experimental:

> Exigir do legislador, com vistas ao seu dever de proteção, uma regulamentação que exclua com precisão absoluta riscos sofridos por direitos fundamentais, que possivelmente pode surgir da permissão de instalações técnicas e suas operações, significaria desconhecer os limites da faculdade cognoscitiva humana e, no mais, baniria definitivamente toda autorização estatal para o uso da técnica. Para a conformação da ordem social, deve, a esse respeito, satisfazer-se com prognósticos baseados na razão prática. Incertezas [que estão] além dos limites da razão prática são inevitáveis, devendo, nesse caso, ser suportados como ônus socialmente adequados por todos os cidadãos.[1389]

Em 1994, o Tribunal Constitucional Alemão voltou a decidir sobre a ciência e o processo decisório estatal ao validar lei que criminalizava a "fabricação, comercialização, disseminação e aquisição de produtos derivados da *cannabis*", acusada de ferir a

---

[1386] SILVA, Vasco Pereira da. "Mais vale prevenir do que remediar" – Prevenção e precaução no direito do ambiente. *In*: PES, João Hélio Ferreira; OLIVEIRA, Rafael Santos de (Coord.). *Direito Ambiental Contemporâneo*: prevenção e precaução. Curitiba: Juruá, 2009. p. 24 – destaques no original.

[1387] DIAS, Eduardo Rocha. *Direito à Saúde e Informação Administrativa*. Belo Horizonte: Fórum, 2008. p. 289.

[1388] MARTINS, Leonardo (Org.). *Cinquenta Anos da Jurisprudência do Tribunal Constitucional Alemão*. Montevideo: Konrad-Adenauer-Stiftung, 2005. p. 860.

[1389] MARTINS, Leonardo (Org.). *Cinquenta Anos da Jurisprudência do Tribunal Constitucional Alemão*. Montevideo: Konrad-Adenauer-Stiftung, 2005. p. 860.

liberdade geral de ação e a pessoal. "A resposta do tribunal baseou-se na tese de que não existem 'conhecimentos fundados cientificamente que decidam indubitavelmente em favor de um ou de outro caminho'. Nessa situação, a decisão do legislador teria que ser aceita, '[p]ois o legislador tem uma prerrogativa de avaliação e decisão para a escolha entre diversos caminhos potencialmente adequados para alcançar um objetivo legal'".[1390]

No contencioso da comunidade europeia sobressai-se o caso *Pfizer*, quando a *Court of First Instance* (CFI), em 11 de setembro de 2002 (*Case* T-13/99 – *Pfizer Animal Health SA/NV* v. *Council of the European Union*), recusou o pedido da Pfizer para anular a alteração na Diretiva 70/524/CEE, que vedava a comercialização de antibiótico utilizado como aditivo nos alimentos dos animais. A CFI asseverou que em cenários de incerteza, de controvérsia entre cientistas e com uma boa base de dados em mãos, o decisor deve adotar as medidas que "lhe parecerem adequadas e necessárias para evitar a realização do risco" (*Case* T-13/99 – Consideranda 163), o que não significa imunidade ao controle judicial.

Nos casos em que não haja consenso, deve-se prestigiar a decisão administrativa pela imanente discricionariedade nestes casos.[1391] Até mesmo a *escolha da metodologia deve ser respeitada*. Como doutrinou Almiro Couto e Silva, o poder discricionário não é um "resíduo do absolutismo que ficou no Estado de Direito, nem um anacronismo autoritário incrustrado no Estado contemporâneo. Ele não pode ser visto como uma anomalia ou como um vírus que deva ser combatido até a extinção".[1392]

Sierra Club v. Marita (1995) foi um dos casos em que o Judiciário estadunidense se recusou a rever divergência entre critérios metodológicos na elaboração de estudo de impacto ambiental (na parte do inventário de biodiversidade), afastando alegações de que o Serviço Florestal (*Forest Service*) não teria usado ciência de "alta qualidade" na preparação do estudo ao não usar o método de conservação biológica, mas o indicador de espécies (*indicator species*).

Sierra Club embasou seu pleito, sobre como proceder à correta confecção do estudo através da conservação biológica, em vasta literatura (*mountain of literature*) e na opinião de 13 especialistas. A 7ª *Circuit Court* estadunidense entendeu que o Serviço Florestal usou um método de análise adequado. Embora este não tenha empregado a conservação biológica em sua análise final, considerou-a no estudo. Ao constatar que o Serviço Florestal examinou a questão da conservação biológica, concluiu que tal ciência seria de aplicação incerta, mantendo a decisão administrativa contestada. Concluiu a referida corte que a Lei Nacional de Política Ambiental (NEPA) não exige que o Judiciário decida se um EIA é baseado na *melhor metodologia científica disponível* ou que resolva *divergências entre vários cientistas quanto à metodologia*.

Antes disso, porém, a 9ª Corte de Circuito havia manifestado que o Judiciário não deveria escolher a melhor metodologia científica ou resolver as discordâncias entre os cientistas.

[1390] ALEXY, Robert. *Teoria dos Direitos Fundamentais*. Trad. Virgílio Afonso da Silva. São Paulo: Malheiros, 2008. p. 591.

[1391] "É bom ressaltar que o EIA não aniquila, por inteiro, a discricionariedade administrativa em matéria ambiental. O seu conteúdo e conclusões não extinguem a apreciação da conveniência e oportunidade que a Administração Pública pode exercer, como, por exemplo, na escolha de uma entre múltiplas alternativas, optando, inclusive, por uma que não seja ótima em termos estritamente ambientais. Tudo desde que a decisão final esteja coberta de razoabilidade, seja motivada e tenha levado em conta o próprio EIA" (BENJAMIN, Antonio Herman V.; MILARÉ, Édis. *Estudo Prévio de Impacto Ambiental*. São Paulo: RT, 1993. p. 68).

[1392] SILVA, Almiro do Couto e. Poder discricionário no direito administrativo brasileiro. *Revista de Direito Administrativo*, n. 179-180, p. 51-67, jan./jun. 1990. p. 67.

Ao rechaçar que o estudo ambiental tenha se baseado em dados falhos, a 9ª *Circuit Court* consignou que o "NEPA não exige que nós decidamos se um [estudo ambiental] baseia-se na melhor metodologia científica disponível, nem exige que resolvamos discordâncias entre vários cientistas, como questões metodológicas".[1393] Assim, o Tribunal confirmou a decisão do órgão licenciador e foi categórico ao decidir que, embora o autor tenha demonstrado "que *alguns cientistas contestam análises e conclusões do Serviço [Florestal], tal exibição não é uma base suficiente para concluir que a ação do Serviço foi arbitrária ou caprichosa. Se fosse, a Administração Pública só poderia atuar mediante a obtenção de um grau de certeza que, em última análise, é ilusório*".[1394] Pelo mesmo motivo, em *Indiana Forest Alliance v. Forest Service* (2003), a 7ª Corte de Circuito também reconheceu que não se exige unanimidade científica para as decisões da Administração Pública em matéria ambiental.

Apreciando caso no qual se desafiava regulação da EPA sobre níveis de ozônio, em face da Lei do Ar Limpo (*Clean Air Act*), alegando equívoco metodológico, a 7ª Corte de Circuito entendeu que ainda que fosse possível ser mais analítico na metodologia adotada para o caso, a legislação não exigiria esse poder fazer mais, contentando-se com uma estimativa, especialmente em um assunto considerado complicado (*trick*), como é a redução de ozônio (*Sierra Club v. EPA* – 2014).

Situação análoga ocorre no Brasil quando o órgão licenciador escolhe uma das espécies de estudos ambientais possíveis ou concepções científicas no seu bojo. Deve-se, exceto em casos teratológicos, prestigiar essas decisões administrativas[1395] tendo em mente que o ato administrativo goza de presunção de legitimidade,[1396] que somente deve cessar, ainda que provisoriamente, diante de fatos concretos e objetivos, não meras especulações. Como bem destacado pelo TRF da 1ª Região, o Judiciário deve ter cautela para intervir em atividades típicas e privativas da Administração, como seria o licenciamento ambiental (Lei nº 6.938/81, art. 17-L):

> 5. A interferência da atividade jurisdicional em políticas públicas, nas atribuições específicas e privativas da Administração, implicando não raro [em] alterações na condução do planejamento da sua atuação, deve ser *feita com critério e prudência*, de forma pontual e *calcada em dados objetivos e técnicos* que justifiquem a intervenção judicial.[1397]

[1393] *Friends of Endangered Species, Inc. v. Jantzen* (9ª Cir. 1985); *Greenpeace Action v. Franklin* (9ª Cir. 1992). Cf. ainda *Inland Empire Public Lands Council v. US Forest Service* (9ª Cir. 1996), no qual entendeu-se que o litígio se fundava em tergiversações sobre a escolha de metodologias científicas.

[1394] *Greenpeace Action v. Franklin* (9ª Cir. 1992) – sem destaques no original.

[1395] "LICENÇA AMBIENTAL. NÃO EXIGÊNCIA DO EIA/RIMA. ATO DISCRICIONÁRIO. ÓRGÃO AMBIENTAL COMPETENTE. O órgão ambiental tem competência para, dentro das suas atribuições legais, verificando que a atividade ou o empreendimento não é potencialmente causador de significativa degradação do meio ambiente, definir os estudos ambientais pertinentes ao respectivo processo de licenciamento. Entendendo o IBAMA que descabe a exigência do EIA/RIMA para a concessão de licença ambiental, mas sim que o estudo adequado é o RCA, não compete ao Poder Judiciário intervir em ato discricionário da Administração Pública" (TRF da 4ª Região, 4ª T., AI 0008650-38.2010.4.04.0000/PR, Rel. p/ ac. Des. Fed. Jorge Antonio Maurique, j. em 21.07.2010, *DJe* 19.08.2010).

[1396] "[...] 1. O *Ministério Público* não é o órgão responsável pelos *licenciamentos ambientais* e, em princípio, gozam de presunção de legitimidade e adequação as atividades dos órgãos estadual e municipal, FLORAM e FATMA, que licenciaram e autorizaram o empreendimento questionado na Ação Civil Pública originária. 2. O parecer técnico que fundamenta a pretensão ministerial e a decisão inicial estão isolados nos autos. Há manifestações favoráveis ao empreendedor por parte da FATMA, FLORAM e IBAMA e o próprio Serviço de Patrimônio da União confessa que cometeu equívoco e que a área é área turística residencial" (TRF da 4ª Região, 3ª T., AG 2002.04.01.010666-0, Rel. Des. Fed. Marga Inge Barth Tessler, j. em 22.10.2002, *DJU* 06.11.2002).

[1397] TRF da 1ª Região, Corte Especial, AGRSLT 0021954-88.2010.4.01.0000/PA, Rel. Des. Fed. Presidente, j. em 17.06.2010, *e-DJF1* 19.07.2010. p. 14.

Nem mesmo o princípio da precaução ou o da prevenção podem ser usados para justificar qualquer medida, ainda que seja em prol do meio ambiente,[1398] ou da saúde humana. Acertadamente o TRF da 4ª Região, mesmo após os acidentes nucleares de Chernobyl (1986), *Three Mile Island* (1979) e do Césio 137 em Goiânia (1987), manteve regulação da CNEN (Comissão Nacional de Energia Nuclear) sobre a margem de radiação admissível em carne destinada ao consumo humano, deixando expressamente consignado que a legitimidade das normas "não pode, do ponto de vista jurídico, ser contestada com base em corrente científica dissidente".[1399] Recusou-se a trazer para a arena jurídica, que tem outro método para resolver problemas, as divergências científicas quanto aos níveis de radiação toleráveis pelo ser humano, mantendo o critério do órgão legitimado para decidir sobre essas questões.

A Recomendação Conjunta PRESI-CN 2/20 (art. 2º, parágrafo único) trata bem da questão da divergência, recomendando autocontenção do ministério público "diante da falta de consenso científico em questão fundamental à efetivação de política pública", pois "é atribuição legítima do gestor a escolha de uma dentre as posições díspares e/ou antagônicas, não cabendo ao Ministério Público a adoção de medida judicial ou extrajudicial destinadas a modificar o mérito dessas escolhas".

A *Court of First Instance*, no caso *Pfizer* (*Case* T-13/99), foi categórica em manter a decisão das instituições comunitárias, ao deixar de julgar a divergência científica, visto que existiam opiniões de peritos eminentes em ambos os lados, realçando que a decisão caberia à autoridade administrativa.[1400]

A entrega aos órgãos estatais, legitimados pela lei, das decisões que envolvem divergências científicas, nada mais é do que uma fórmula para superar o bloqueio ou paralisação que poderia afligir o órgão decisor.[1401] Essa solução encontrada pelo Direito não apenas mantém a decisão no âmbito do Direito, por meio dos órgãos legitimados para tanto, como evita discussões intermináveis, com prejuízo à segurança e à previsibilidade jurídicas. Como se frisou, essa decisão é política, embora se ancore em

---

[1398] "DIREITO AMBIENTAL. AGRAVO DE INSTRUMENTO. DECISÃO QUE DETERMINOU A RETIRADA IMEDIATA DE MATERIAL SUPOSTAMENTE NOCIVO AO MEIO AMBIENTE ('BORRA DE SAL') EM ÁREA COSTEIRA, SOB PENA DE MULTA DIÁRIA. IMPROVIMENTO. AUSÊNCIA DE ESTUDO DE IMPACTO AMBIENTAL CONCLUSIVO, CAPAZ DE CONSTATAR A OCORRÊNCIA DE EFETIVO DANO AO MEIO AMBIENTE. [...] – Diante da ausência de um estudo conclusivo realizado pelo Poder Público acerca dos resíduos supracitados ('borra de sal'), capaz de demonstrar a ocorrência de um efetivo dano ao meio ambiente, e em conformidade com as informações constantes nos autos, colacionadas pela própria agravante, não prospera a decisão *a quo*, no que tange à retirada imediata da 'borra de sal' da área afetada, e, por consequência, a aplicação da multa diária de R$30.000,00 (trinta mil reais)" (TRF da 5ª Região, 4ª T., v.u., AI 92.180-RN (0090093-52.2008.4.05.0000), Rel. Des. Fed. Edilson Pereira Nobre Júnior, j. em 09.11.2010, DJe 18.11.2010).

[1399] TRF da 4ª Região, Turmas Reunidas, m.v., EIAC 90.04.09456-3, Rel. Des. Fed. Teori Albino Zavascki, j. em 17.10.1990, *DJU* 05.12.1990. p. 29.421.

[1400] "Não cabe ao Tribunal apreciar a procedência de uma ou de outra posição científica defendida perante ele e subsistir a apreciação das instituições comunitárias, a quem o Tratado conferiu esta missão, pela sua. Com base no que precede, o Tribunal considera todavia que os argumentos das partes, confortados de ambos os lados por opiniões de peritos eminentes, demonstram que existia, no momento da adopção do regulamento impugnado, uma grande incerteza quanto à relação entre a utilização da virginiamicina como aditivo na alimentação animal e o desenvolvimento da resistência às estreptograminas no homem. Ora, na medida em que as instituições comunitárias puderam validamente considerar que dispunham de um fundamento científico bastante quanto à existência dessa relação, a mera existência de indicações científicas em sentido contrário não é suscetível de mostrar que as instituições comunitárias transpuseram os limites do seu poder de apreciação ao considerarem que existia um risco para a saúde humana" (*Case* T-13/99 – Consideranda 393).

[1401] PARDO, José Esteve. *El Desconcierto del Leviatán*: política y derecho ante las incertidumbres de la ciencia. 2010. p. 169.

dados técnico-científicos, e acaba fazendo uma (inevitável) ponderação entre os riscos envolvidos. Gabriela Bueno bem destaca tal papel das decisões políticas em escolher qual risco prevalecerá na decisão estatal:

> Na eventualidade de dois riscos coexistirem ao aplicar o princípio da precaução, a escolha final, mais uma vez, ficará a cargo das decisões políticas sobre quais riscos são "aceitáveis" e quais não o são.[1402]

A ambiguidade necessária para a aplicação da doutrina Chevron pode ser criada pela própria Administração Pública. Por isso Giuseppe Melis doutrinou que a dúvida interpretativa pode ser causada pela própria Administração ao adotar atos contraditórios.[1403]

Entretanto, tal dúvida deve ser resolvida independentemente de já ter gerado litígios judiciais ou mesmo se constituir em algo diferente do que foi decidido pela própria Administração Pública no passado, como reconheceu a Suprema Corte estadunidense em *Smiley v. Citibank (South Dakota)* (1996).

A cautela para a análise da metodologia é tão grande que, embora possam existir erros metodológicos que afetem etapas posteriores do processo decisório ambiental, já se decidiu não poder o Judiciário "presumir que a Administração Pública não irá cumprir com as suas obrigações ditadas pelo NEPA em estágios posteriores do processo".[1404]

Uma das formas de se aplicar a deferência à brasileira é exigir a apreciação em profundidade da juridicidade das licenças ambientais, por se tratar de atos com presunção de legitimidade e validade,[1405] *sob pena de violação aos artigos 10 e 17-L da Lei nº 6.938/81.* Como destacado pelo STJ:

> [...] I – O fundamento que serviu de alicerce para o Tribunal *a quo* determinar a paralisação da obra, qual seja, a necessidade de análise dos efeitos que o empreendimento provocaria ao meio ambiente, vai de encontro à autorização concedida pela Secretaria de Meio Ambiente Estadual, através do Conselho Estadual de Controle Ambiental – CECA e da Fundação do Estado do Meio Ambiente – FEEMA.
>
> II – Tal proceder importa em violação ao artigo 10 da Lei nº 6.938/81, que atribui ao Órgão Estadual competente autorizar a instalação de empreendimento com potencial impacto ao meio ambiente.[1406]

Nada mais razoável. Quando se trata de decisão que envolve expertise técnica do órgão ou entidade públicos, como é a avaliação do impacto ambiental de certa atividade ou empreendimento, quem a contesta tem um ônus probatório pesado (*heavy burden*), como bem destacado pela 10ª *Circuit Court* (*Sierra Club v. Bostick* – 2015).

[1402] MORAES, Gabriela Bueno de Almeida. *O princípio da precaução no direito internacional do meio ambiente*. 2011. 211 fls. Dissertação (Mestrado) – Faculdade de Direito, Universidade de São Paulo, São Paulo, 2011. p. 106.

[1403] MELIS, Giuseppe. *L'Interpretazione nel Diritto Tributario*. Padova: CEDAM, 2003. p. 517.

[1404] *Northern Alaska Environmental Center v. Lujan E* (9ª Cir. 1992 – 961 F. 2d 886); *Conner v. Burford* (9ª Cir. 1988) – tradução livre.

[1405] STJ, 1ª T., REsp nº 1.193.474/SP, Rel. Min. Napoleão Nunes Maia Filho, j. em 05.06.2014, DJe 04.08.2014; STJ, 1ª T., v.u., REsp nº 1.227.328/SP, Rel. Min. Benedito Gonçalves, j. em 05.05.2011, DJe 20.05.2011; STJ, 1ª T., v.u., REsp nº 1.011.581/RS, Rel. Min. Teori Albino Zavascki, j. em 07.08.2008, DJe 20.08.2008.

[1406] STJ, 1ª T., v.u., REsp nº 763.377/RJ, Rel. Min. Francisco Falcão, j. em 20.03.2007, DJe 20.3.2007.

12.2.1 O controle sobre a necessidade e a escolha (triagem) de estudo ambiental adequado (EIA, RCA, PCA, RAP etc.)

Outro tema frequentemente submetido ao controle judicial refere-se à exigibilidade e especificação do estudo ambiental durante o licenciamento ambiental.

A regra é a de que o órgão licenciador tem a discricionariedade para escolher decidir sobre a necessidade e escolha do estudo ambiental adequado a determinado empreendimento ou atividade. Para o administrador público, segundo Herman Benjamin, há "discricionariedade limitada, mas não excluída por inteiro. Sobra-lhe uma margem de liberdade, por exemplo, na apreciação do que seja ou não seja 'significativa degradação ambiental' (respeitados os limites legais), ou mesmo para exigir ou não perícias não previstas na lei".[1407] Por outro lado, há quem entenda que a competência para dizer se há ou não significativa degradação ao meio ambiente, ou seja, para escolher o estudo ambiental adequado, é "discricionária e exclusiva do órgão ambiental competente".[1408]

Como bem pontuam o STJ e os Tribunais Regionais Federais, compete aos membros do Sisnama a avaliação dos danos e, consequentemente, a escolha do estudo ou das mitigantes necessárias para o licenciamento ambiental:

> ADMINISTRATIVO. MEIO AMBIENTE. OBRA POTENCIALMENTE AGRESSIVA. LICENÇA DO SISNAMA. LEI Nº 6.938/81, ART. 10. Em havendo obra potencialmente ofensiva ao meio-ambiente, *reserva-se aos integrantes do Sisnama, a competência para avaliar o alegado potencial*. Acordão fincado na assertiva de que a obra impugnada está livre de autorização do Sisnama, porque leva em conta os cuidados exigidos para a preservação do meio-ambiente. *tal aresto efetuou juízo de valor, penetrando a competência do SISNAMA e maltratando o artigo 10, da lei nº 6.938/81.*[1409]
>
> [...] 4. Não cabe ao Judiciário dizer qual o modelo de estudo de impacto ambiental deve ser elaborado para a obtenção de licenças ambientais, nem quais medidas mitigadoras e compensatórias devem ser observadas. Essas decisões fazem parte do juízo de conveniência e oportunidade dos atos do órgão ambiental competente que, pautado na discricionariedade técnica, opta por aquela que, dentro das possíveis previstas em lei, melhor se ajusta às suas finalidades, em conformidade com a tipologia, localidade e características do empreendimento a ser licenciado, de modo a compatibilizar a preservação do meio ambiente com o desenvolvimento econômico-social.[1410]
>
> LICENÇA AMBIENTAL. NÃO EXIGÊNCIA DO EIA/RIMA. ATO DISCRICIONÁRIO. ÓRGÃO AMBIENTAL COMPETENTE. O órgão ambiental tem competência para, dentro das suas atribuições legais, verificando que a atividade ou empreendimento não é potencialmente causador de significativa degradação do meio ambiente, definir os estudos ambientais pertinentes ao respectivo processo de licenciamento. Entendendo o IBAMA que descabe a exigência do EIA/RIMA para a concessão de licença ambiental, não compete ao Poder Judiciário intervir em ato discricionário da Administração Pública.[1411]

[1407] BENJAMIN, Antonio Herman V. *In*: BENJAMIN, Antonio Herman V.; MILARÉ, Édis. *Estudo Prévio de Impacto Ambiental*. São Paulo: Revista dos Tribunais, 1993. p. 112.

[1408] CARNEIRO, Cheila da Silva dos Passos. *Licenciamento Ambiental*: prevenção e controle. Rio de Janeiro: Lumen Juris, 2014. p. 40.

[1409] STJ, 1ª T., v.u., REsp nº 114.549/PR, Rel. Min. Humberto Gomes de Barros, j. em 02.10.1997, DJU 24.11.1997. p. 61.111 – destacou-se.

[1410] TRF da 1ª Região, Corte Especial, AGRSLT 0056226-40.2012.4.01.0000/MA, Rel. Des. Fed. Mário César Ribeiro, j. em 16.05.2013, e-DJF1 03.06.2013. p. 02.

[1411] TRF da 4ª Região, 4ª T., v.u., AI 5005057-76.2011.4.04.0000, Rel. Des. Fed. Jorge Antonio Maurique, j. em 18.10.2011, D.E. 20.10.2011. No mesmo sentido: TRF da 4ª Região, 4ª T., AI 0008648-68.2010.4.04.0000, Rel. p/

Embora o estudo ambiental mais complexo seja o EIA, existem diversos estudos ambientais que podem ser suficientes à proteção ambiental. *Mais importante do que uma avaliação abstrata, sem considerar as especificidades do caso, é a análise do caso concreto, que pode implicar um estudo ambiental mais ou menos complexo.* Um empreendimento causador de significativo impacto ambiental pode, por especificidades do caso, como, por exemplo, um plano de manejo prévio ao empreendimento, prescindir de estudo ambiental da complexidade do EIA, tornando-o um mero capricho protocolar.[1412]

Obviamente, *essa discricionariedade não significa arbitrariedade, atuação livre e imune ao controle jurisdicional*. O Judiciário não pode se furtar de analisar a razoabilidade do ato administrativo que escolheu estudo ambiental específico, ou pela sua dispensa, sob a alegação genérica de que o ato seria insindicável. O controle jurisdicional deve analisar se há alguma ilegalidade no ato administrativo sobre o estudo ambiental, mas sem substituir o critério discricionário do órgão licenciador. Na célebre doutrina de Hely Lopes Meirelles:

> Erro é considerar-se o ato discricionário imune à apreciação judicial [...] O que o Judiciário não pode é, no ato discricionário, substituir o discricionarismo do administrador pelo do juiz. Não pode, assim, "invalidar opções administrativas ou substituir critérios técnicos por outros que repute mais convenientes ou oportunos.[1413]

Deve, sim, corrigir qualquer ilegalidade ou inconstitucionalidade e nunca buscar a melhor solução sob o seu critério, verificando se o administrador atuou razoavelmente dentro do espaço de discricionariedade permitido pela norma, visto que "pode-se afirmar que a independência do administrador frente ao legislador e a sua independência em relação ao controle judicial são 'as duas caras da mesma moeda'".[1414] Como Maria

---

ac. Des. Fed. Jorge Antonio Maurique, j. em 24.11.2010, *D.E.* 03.12.2010; TRF da 4ª Região, 4ª T., AI 0013993-15.2010.4.04.0000, Rel. p/ ac. Des. Fed. Jorge Antonio Maurique, j. em 20.10.2010, *D.E.* 05.11.2010; TRF da 4ª Região, 4ª T., AI 0013850-26.2010.4.04.0000, Rel. p/ ac. Des. Fed. Jorge Antonio Maurique, j. em 20.10.2010, *D.E.* 05.11.2010; TRF da 4ª Região, 4ª T., AI 0013404-23.2010.4.04.0000, Rel. p/ ac. Des. Fed. Jorge Antonio Maurique, j. em 20.10.2010, *D.E.* 05.11.2010; TRF da 4ª Região, 4ª T., AI 0013849-41.2010.4.04.0000, Rel. p/ ac. Des. Fed. Jorge Antonio Maurique, j. em 21.07.2010, *D.E.* 27.08.2010; TRF da 4ª Região, 4ª T., AI 0008500-57.2010.4.04.0000, Rel. p/ ac. Des. Fed. Jorge Antonio Maurique, j. em 21.07.2010, *D.E.* 27.08.2010, dentre outros.

[1412] "[...] 3. Quanto à dispensa de elaboração de EIA/RIMA, a legislação ambiental deve ser interpretada de forma sistemática e, sob esse aspecto, a Resolução CONAMA nº 237/1997 indica a possibilidade de utilização de outros instrumentos ou estudos ambientais para subsidiar a avaliação da viabilidade ambiental de um empreendimento, tais como Relatório de Controle Ambiental (RCA) e Plano de Controle Ambiental (PCA), que não somente o EIA/RIMA. A seleção do estudo a ser utilizado é ato discricionário da instituição condutora do procedimento de licenciamento e deve ser feita com base em critérios técnicos relacionados ao porte do empreendimento e ao potencial indutor de impactos ambientais que o empreendimento apresenta. Nesse ponto, as manifestações de todos os órgãos ambientais indicam que os impactos ambientais são de reduzida magnitude e, em última análise, o empreendimento favorecerá o equilíbrio ambiental da região. Assim, embora a melhoria da infraestrutura portuária corresponda formalmente à ampliação da capacidade operacional do porto, não apresenta o mesmo potencial gerador de danos que o porto, em si, detém, sendo dispensável a elaboração de EIA/RIMA. Isso não significa que as obras tenham sido autorizadas sem prévia avaliação. Foi elaborado extenso e detalhado Plano de Controle Ambiental, no qual foi justificada a necessidade da obra e restaram analisadas as suas áreas de influência e os impactos ambientais gerados" (TRF da 4ª Região, 4ª T., AI 5009757-32.2010.404.0000, Rel. p/ ac. Des. Fed. Marga Inge Barth Tessler, j. em 16.03.2011, *D.E.* 18.03.2011).

[1413] MEIRELLES, Hely Lopes. *Direito Administrativo*. 39. ed. São Paulo: Malheiros, 2013. p. 129. No mesmo sentido: NOHARA, Irene Patrícia. *Direito Administrativo*. 4. ed. São Paulo: Atlas, 2014. p. 119.

[1414] KRELL, Andreas Joachim. A recepção das teorias alemãs sobre "conceitos jurídicos indeterminados" e o controle da discricionariedade no brasil. *Interesse Público*, Belo Horizonte: Fórum, n. 23, jan./fev. 2004. Disponível em: http://www.bidforum.com.br/bid/PDI0006.aspx?pdiCntd=50570. Acesso em 19 jul. 2014.

Sylvia Zanella Di Pietro doutrinou, "o Judiciário não pode alegar, *a priori*, que se trata de matéria de mérito e, portanto, aspecto discricionário vedado ao exame judicial".[1415]

O Judiciário deve analisar a motivação do órgão licenciador – que entende por algum estudo ambiental ou pela sua dispensa, de acordo com a intensidade do impacto, dentre outras razões – para verificar se ela não é desarrazoada, como se faz na doutrina Chevron. O Judiciário não deve aceitar pura e simplesmente a alegação de que a matéria se encontra na órbita da discricionariedade do órgão, mas analisar a motivação do ato administrativo que escolheu o estudo ambiental para verificar se este se manteve dentro da discricionariedade do órgão licenciador.

Nessa altura, é importante considerar o REsp nº 1.279.607/PR, porque a partir dele começou a ganhar força a hipótese de que o controle do licenciamento pelo Judiciário seria ilimitado, especialmente em relação ao tipo de estudo ambiental a ser exigido. Nada mais equivocado do que essa hipótese. Embora não exista imunidade ao controle jurisdicional, isso está longe de significar que o Judiciário substituirá a Administração Pública ambiental, entrando em querelas científicas e metodológicas.

Destacam-se da ementa os trechos pertinentes a essa questão:

> [...] REALIZAÇÃO DE EIA/RIMA. CONCLUSÕES DO IBAMA NA ESFERA ADMINISTRATIVA PELA SUFICIÊNCIA DE RCA. CONTESTAÇÃO JUDICIAL. POSSIBILIDADE. ART. 5º, INC. XXXV, DA CR 88. INAFASTABILIDADE DO CONTROLE JURISDICIONAL. [...]
>
> 2. O acórdão recorrido acolheu a tese do DNIT no sentido de só caberia ao Ibama, no exercício de sua discricionariedade administrativa, definir se é cabível ou não o licenciamento ambiental, não podendo o Poder Judiciário se imiscuir nesta decisão agora, a considerar que, no caso concreto, o Ibama já se manifestou pelo não-cabimento de EIA/Rima, mas apenas de Relatório de Controle Ambiental (RCA). [...]
>
> 5. Inviável sustentar as conclusões do acórdão recorrido. E isto muito menos em razão do princípio da precaução – pois, para sua estrita observância, a Administração possui mais de um mecanismo, entre eles o próprio RCA, não se limitando seu cumprimento, portanto, apenas à realização de EIA/Rima –, e muito mais porque, no Brasil, vige a inafastabilidade do controle jurisdicional.
>
> 6. Quer dizer: salvo em casos excepcionalíssimos (como, por exemplo, os consagrados atos nitidamente políticos), todo e qualquer ato é, a princípio, controlável pelo Judiciário.
>
> 7. Nesta lógica, se é verdade que ao Ibama compete avaliar a necessidade de realização de EIA/Rima, não é menos verdade que qualquer conclusão a que chegue a referida autarquia é sindicável na via judicial.
>
> 8. É de pelo menos muito duvidosa a afirmação, feita peremptoriamente no acórdão recorrido em corroboração ao que disse o DNIT, ora recorrido, de que os atos praticados no âmbito do licenciamento ambiental são marcados por alta discricionariedade administrativa. Se isso é correto em face de alguns atos, trata-se de conclusão inteiramente inadequada em face de outros. É que a simples utilização de conceitos indeterminados não é suficiente para conferir a qualquer escolha administrativa a correção. Ao contrário, a utilização deste tipo de técnica de construção normativa tem por escopo possibilitar que a Administração identifique, na análise casuística, qual é a melhor escolha – que, por ser a melhor, é única.
>
> 9. Mesmo que se admitisse se estar diante de um ato eminentemente discricionário, alegar que o confronto judicial do mesmo seria inviável equivale a sustentar, em última linha, que

---

[1415] DI PIETRO, Maria Sylvia Zanella. *Direito Administrativo*. 27. ed. São Paulo: Atlas, 2013. p. 228.

a legislação vigente retirou do Poder Judiciário a possibilidade de analisar impugnações aos mais diversos atos administrativos, o que é inconstitucional, em face do que dispõe o art. 5º, inc. XXXV, da Constituição da República.

10. Nesse contexto de ideias, o acórdão recorrido merece reforma: *não para asseverar que, na hipótese, o EIA/Rima é pura e simplesmente de realização compulsória, mas para que o Tribunal Regional avalie o agravo de instrumento interposto para dizer se concorda ou não com a necessidade de realização do estudo de impacto ambiental no caso concreto (em lugar do RCA), como sustenta o MPF, afastando-se a conclusão de que os aportes do Ibama na esfera administrativo-ambiental não são sindicáveis em face do Judiciário*.[1416]

A questão decidida pelo STJ foi a de que não cabem argumentações gerais no sentido de que a Administração Pública tem liberdade total para escolher o tipo de estudo ambiental, exigindo a Corte Superior a análise concreta da questão pelo tribunal de origem. Não houve decisão sobre o acerto ou não da decisão do TRF da 4ª Região (cf. item 10 da ementa), mas simples constatação de que ele não poderia tecer alegações genéricas sobre a natureza discricionária do ato, devendo apenas analisar se concorda ou não com a necessidade de realização do EIA no caso concreto, em lugar do RCA. Caso contrário haveria revolvimento do contexto fático-probatório.[1417] A questão federal restringia-se ao campo processual: descumprimento do dever de motivação pelo Tribunal de origem.

Ademais, a violação de normas regulamentares do Conama ou da Secretaria do Meio Ambiente, por exemplo, é insuscetível de controle por recurso especial,[1418] não podendo haver leitura do REsp nº 1.279.607/PR no sentido de que ele superou esse entendimento. Na maioria das vezes os estudos ambientais estão definidos em normas regulamentares.

A 7ª Corte de Circuito, ao julgar sobre a necessidade de um estudo ambiental mais aprofundado, corretamente afirmou que a "disputa científica é uma parte da existência cotidiana da Administração Pública envolvida em projetos ambientais", arrematando que o "NEPA não exige unanimidade científica para validar uma FONSI;[1419] se assim fosse, 'órgãos e entidades públicos apenas poderiam agir mediante a obtenção de um grau de certeza que é ilusório'. *Greenpeace Action*, 14 F.3d at 1336".[1420]

Mesmo que se entenda que a escolha do estudo ambiental adequado seja conceito jurídico indeterminado,[1421] e não questão que envolva a discricionariedade, deve-se aplicar o entendimento retrocitado.

[1416] STJ, 2ª T., v.u., REsp nº 1.279.607/PR, Rel. Min. Mauro Campbell Marques, j. em 06.12.2011, DJe 13.12.2011 – destacou-se.

[1417] Por isso, a própria 2ª Turma entende que se foi efetuada minuciosa análise pela instância ordinária, "a alteração do acórdão recorrido, sobretudo o exame da tese de que o empreendimento questionado nos autos não possui impacto ambiental significativo a ensejar o licenciamento pelo Ibama (art. 10, §4º, da Lei nº 6.938/1981), demanda revolvimento do conjunto fático-probatório, o que esbarra no óbice da Súmula 7/STJ" (STJ, 2ª T., v.u., REsp nº 1.177.692/SC, Rel. Min. Herman Benjamin, j. em 12.04.2012, DJe 03.02.2015).

[1418] "[...] 1. A verificação da necessidade de realização do EIA/RIMA na hipótese passa necessariamente pelo exame de Resoluções do CONAMA e a SMA, normas insuscetíveis de apreciação em sede de recurso especial por não se inserirem no conceito de lei federal. Precedentes". (STJ, 2ª T., v.u., REsp nº 1.330.841/SP, Rel. Min. Eliana Calmon, j. em 06.08.2013, DJe 14.08.2013.

[1419] *Finding of non significant impact* (declaração de ausência de impacto significativo).

[1420] *Indiana Forest Alliance v. Forest Service* (7ª Cir. 2003).

[1421] Entendimento que encontra algum eco na 2ª Turma do STJ, cf. STJ, 2ª T., v.u., REsp nº 1.330.841/SP, Rel. Min. Eliana Calmon, j. em 06.08.2013, DJe 14.08.2013.

Andreas Krell também critica a distinção entre conceitos jurídicos indeterminados e a discricionariedade administrativa, com o objetivo de garantir controle judicial pleno sobre a valoração administrativa, destacando as razões históricas que conduziram o Direito Administrativo alemão nessa direção.

De acordo com o professor da Universidade Federal de Alagoas, em razão do trauma causado pelo regime nazista na Segunda Guerra Mundial, logo após a criação da República Federal da Alemanha (Alemanha Ocidental), "o poder discricionário foi considerado extremamente reduzido por parte da doutrina e jurisprudência", em reação compreensível contra o nazismo, que praticamente erradicara o controle judicial dos órgãos governamentais e administrativos. Como reação a essa blindagem, somada a desconfiança da Administração Pública e uma confiança sólida no trabalho judicial – embora com o passado subserviente ao regime nazista –, doutrina e jurisprudência alemãs adotaram "amplamente a linha de que o emprego de conceitos indeterminados numa hipótese legal não atribuía qualquer discricionariedade".[1422]

Narra Andreas Krell que na maioria dos países europeus não se fez uma distinção rígida entre discricionariedade e conceitos jurídicos indeterminados, mas na Alemanha, nos anos 50 do século XX, "aquilo que em outros sistemas teria sido considerado como discricionariedade, na Alemanha passou a ser visto como hipótese de interpretação legal, passível de controle pelo Judiciário". Essa postura atribuiu "aos tribunais alemães um extenso poder de substituição das valorações efetuadas pela Administração", até o fim dos anos 70, quando houve uma mudança.

> Desde então, houve uma mudança na doutrina administrativista deste país, que começou a criticar a propriedade teórico-normativa e efetivo-funcional desse controle judicial abrangente. Nas últimas décadas, cresceu consideravelmente o número de autores germânicos que não aceitam mais a distinção rígida entre conceitos indeterminados e discricionariedade; hoje, eles representam talvez a maioria. Por isso, *é equivocada a afirmação de vários autores brasileiros de que a posição, que distingue rigidamente entre conceitos indeterminados e discricionariedade, refletiria a linha da "moderna" doutrina alemã*.[1423]

Conclui, dessa forma, que não parece correta a distinção entre discricionariedade e conceitos jurídicos indeterminados, sendo pleno o controle judicial nesses e somente sindicáveis naquela "em casos de graves erros de avaliação ou arbitrariedade. Muitas vezes, a questão não passa de uma contingência na formulação do próprio texto legal".[1424]

Em suma, na análise da exigibilidade e determinação dos estudos ambientais também deve haver uma autocontenção judicial, porque não cabe ao órgão jurisdicional substituir a discricionariedade técnica do órgão licenciador, que detém exclusividade

---

[1422] KRELL, Andreas Joachim. *Discricionariedade Administrativa e Proteção Ambiental*: o controle dos conceitos jurídicos indeterminados e a competência dos órgãos ambientais: um estudo comparativo. Porto Alegre: Livraria do Advogado, 2004. p. 30.

[1423] KRELL, Andreas Joachim. *Discricionariedade Administrativa e Proteção Ambiental*: o controle dos conceitos jurídicos indeterminados e a competência dos órgãos ambientais: um estudo comparativo, 2004. p. 31-32 – sem destaques no original.

[1424] KRELL, Andreas Joachim. *Discricionariedade Administrativa e Proteção Ambiental*: o controle dos conceitos jurídicos indeterminados e a competência dos órgãos ambientais: um estudo comparativo. 2004. p. 32. Ainda aduz que "é cada vez maior o número de autores alemães que entendem que o legislador *habilita* (explícita ou implicitamente) a Administração para *completar* ou aperfeiçoar, no ato de aplicação, uma hipótese normativa incompleta ou concretizar uma norma aberta" (p. 33).

para a análise da matéria de elevado grau de tecnicidade (Lei nº 6.938/81, art. 17-L). Não porque essa prerrogativa torne insindicável o ato administrativo, o que se afiguraria absurdo diante de um sistema que prevê a inafastabilidade do controle jurisdicional (CF, art. 5º, XXXV), mas somente porque, sem apontar, em claro contraste, a ilegalidade da decisão administrativa, o órgão jurisdicional somente estaria substituindo a vontade do administrador pela sua, tornando essa substituição arbitrária, ainda mais em matéria sujeita a tal grau de tecnicidade e, *ipso facto*, de discricionariedade.

Devem ser evitadas exegeses ampliativas ou analógicas para justificar a exigência do EIA, por exemplo. Ainda que se reconheça a obrigatoriedade de se licenciar diante das hipóteses previstas no Anexo I da Resolução Conama nº 237/97, o que não se defende de forma absoluta nesse trabalho,[1425] isso não significa a obrigatoriedade do EIA para todas as atividades lá listadas, ou mesmo para as previstas no rol do artigo 2º da Resolução Conama nº 1/86.[1426]

A precaução é tutelada pelo prévio controle da atividade pelos órgãos do Sisnama, e não pela imposição de estudo ambiental mais complexo. Nem mesmo a participação popular e a publicidade justificariam a escolha de um estudo ambiental mais complexo, como é o caso do EIA, invertendo-se a ordem das coisas: não se faz EIA para aumentar a participação popular, mas, ao invés disso, a participação popular se dá quando os pressupostos do EIA estão presentes. Como visto, ingerências procedimentais pelo Judiciário no processo de licenciamento ambiental já foram rechaçadas em *Vermon Yankee v. NRDC* (1978), não devendo ser admitidas no processo decisório ambiental por noções vagas de justiça, participação ou outro valor qualquer.

Ademais, o processo de escolha do estudo ambiental adequado envolve a ponderação de diversas variáveis substanciais, o que, nos moldes da *Chevron doctrine*, tornaria admissível o controle judicial somente quando diante de manifesta desarrazoabilidade. Luis Enrique Sánchez, ao ressaltar o espaço de razões técnicas e políticas que deveriam concorrer na escolha do estudo ambiental adequado,[1427] mostra o quão complexa é a questão, devendo o Judiciário prestar deferência à decisão administrativa se essa não for absurda e arbitrária, considerações que também valem para nosso sistema pela discricionariedade administrativa e pela discricionariedade técnica presentes no processo decisório ambiental.

Como destacado pela AGU, em posicionamento acatado pelo Ibama:

> O Judiciário não deve ser usado para resolver disputas entre especialistas ou metodologias, não devendo se manifestar sobre divergências técnico-científicas relacionadas à metodologia dos estudos ambientais e/ou de sua análise. O fato de existirem divergências entre especialistas da área ambiental não retira a lisura e nem o poder decisório estatal de arbitrar as inúmeras divergências metodológicas ou científicas que podem ocorrer no curso do licenciamento ambiental. Deferência judicial (autocontenção judicial). Intervenção judicial na discricionariedade administrativa somente diante de desarrazoabilidade manifesta

---

[1425] Cf.: Cap. IX, 1.

[1426] Cf.: Cap. V, 5.

[1427] "Na verdade, ao se reconhecer que o conceito de impacto ambiental significativo tem muito de subjetividade e depende da percepção dos indivíduos e grupos sociais, deve-se admitir que tanto razões técnicas como políticas (no sentido nobre da palavra) deveriam concorrer para decidir qual nível de detalhamento e, portanto, que tipo de estudo ambiental será necessário para fundamentar decisões quanto ao licenciamento de um empreendimento" (SÁNCHEZ, Luis Enrique. *Avaliação de Impacto Ambiental*: conceito e métodos. 2. ed. 2013. p. 136).

ou ilegalidade da opção efetuada pela Administração Pública, não devendo dirimir divergências entre cientistas, professores ou profissionais da área. O próprio conceito de discricionariedade administrativa pressupõe que essas divergências de opiniões são normais, pois "envolve o direito de escolher entre mais de um curso de ação possível, sobre a qual há espaço para as pessoas razoáveis manterem opiniões divergentes quanto a que será tomada" (Lord Diplock).[1428]

Em suma, a exigência do licenciamento e da espécie de estudo ambiental a ele inerente depende primordialmente de análises técnicas e científicas, o que impõe o respeito à discricionariedade administrativa, como destaca a doutrina Chevron, com deferência ao posicionamento administrativo.

12.2.2 Os laudos efetuados para contestar as análises ambientais e a divergência dentro da própria Administração Pública

Frequentemente as análises e/ou os estudos ambientais são contestados com base em laudos divergentes, requerendo-se a paralisação do processo de licenciamento ou a nulidade da licença expedida. Essa situação de divergência técnica e/ou científica deságua de forma disfarçada no Judiciário sob inúmeros dispositivos regulamentares, mormente os que preveem os requisitos do EIA (Res. Conama nº 1/86, arts. 5º e 6º). Entretanto, em regra essas contestações nada mais são do que divergências técnico-científicas sobre a metodologia dos estudos ambientais e/ou de sua análise. Como já se vislumbrava nos primórdios do uso da avaliação de impacto ambiental nos EUA – baseado em visão romântica de que a ciência seria precisa e isenta – ela é "mais arte do que ciência. Não existem procedimentos universais para realizar uma adequada avaliação"[1429] de impacto ambiental.

Parte interessante desse tipo de discussão é que o estudo ambiental, especialmente o EIA, deve ser feito por equipe multidisciplinar, porque "como documento científico complexo, envolvendo área de conhecimento de setores diversos da técnica e da ciência, *não poderia o EIA ficar a cargo de uma única pessoa, de um super-profissional*".[1430] Embora também sua análise seja feita por uma equipe técnica do órgão licenciador, sua contestação dificilmente é realizada por uma equipe, e quando o é, ela não tem metade da multidisciplinaridade exigida para a confecção do EIA.

É paradoxal se exigir muito mais tecnicidade, quando da confecção do estudo ambiental, do que na sua contestação, o que faz algumas decisões judiciais terem ainda mais cautela na hora de paralisar o processo decisório do licenciamento ambiental.

[1428] Parecer nº 41/2018/COJUD/PFE-IBAMA-SEDE/PGF/AGU, aprovado pelo Procurador-Chefe Nacional da PFE-Ibama, em 24.04.2018, mediante o Despacho nº 261/2018/GABIN/PFE-IBAMA-SEDE/PGF/AGU, nos autos do PA nº 00414.021655/2017-14, bem como pela Presidência do Ibama (Despacho SEI nº 2210697) na mesma data nos autos do PA nº 02001.004964/2018-80.

[1429] WARNER, Maurice L.; PRESTON, Edward H. *A Review of Environmental Impact Assessment Methodologies*. Washington: Office of Research and Development U.S. EPA, 1974. p. 1 – tradução livre.

[1430] MILARÉ, Édis. *In*: BENJAMIN, Antonio Herman V.; MILARÉ, Édis. *Estudo Prévio de Impacto Ambiental*. São Paulo: Revista dos Tribunais, 1993. p. 37; BUGALHO, Nelson R. Estudo prévio de impacto ambiental. *Revista de Direito Ambiental*, São Paulo: RT, ano 4, v. 15, p. 18-33, jul./set. 1999 [extraído da *Revista dos Tribunais on line*] – sem destaques no original.

O Tribunal de Justiça do Rio de Janeiro, ao negar a presença dos requisitos para uma liminar em ação que contestava uma licença prévia, teceu importantes considerações sobre a deferência ao licenciamento ambiental:

> [...] o parecer técnico apresentado pelo órgão auxiliar do Ministério Público (GATE – GRUPO DE APOIO TÉCNICO), assinado por dois biólogos, não pode prevalecer, ainda mais em sede liminar, sobre o estudo técnico realizado por equipe multidisciplinar, envolvendo mais de trinta profissionais, de emissão do órgão ambiental, possuidor da atribuição constitucional e legal para o licenciamento. [...]
>
> Outro ponto importante, é que a licença prévia foi concedida dentro dos parâmetros legais afetos ao órgão público competente, no caso, o INEA que é composto de "experts" contratados e concursados... não havendo o menor cabimento que ambientalistas, ONGs ou até mesmo órgãos de apoio possam invadir a seara pública, dizendo se esta ou aquela licença pode ou não, ser concedida. Com isso, não se invalida o zelo e a sempre atenta atuação do Ministério Público, mas que em hipótese alguma pode se sobrepor às atividades e funções estatais definidas, como é o caso dos três órgãos – FUNDAÇÃO ESTADUAL DE ENGENHARIA E MEIO AMBIENTE (FEEMA), a SUPERINTENDÊNCIA ESTADUAL DE RIOS E LAGOAS (SERLA) e o INSTITUTO ESTADUAL DE FLORESTAS (IEF), todos unidos num só órgão, que é o INEA (INSTITUTO ESTADUAL DO AMBIENTE).
>
> Contudo, não há prova evidente nos autos que ampare o deferimento da liminar pretendida; passa ao largo, a "fumaça do bom direito" e muito mais longe ainda, o imprescindível "perigo da demora", imprescindíveis no exame de medida liminar em vias de ser concedida. Isso, porque o laudo produzido unilateralmente por ambientalista, ou biólogo, ou técnico pertencente ao Grupo de Apoio ao Ministério Público não deve possuir o condão de sustar os efeitos da licença prévia para realização de estudos no local, concedida pelo INEA, composto de três órgãos públicos que cuidam do meio ambiente.[1431]

O Tribunal de Justiça de São Paulo foi além ao reconhecer um problema que aflige qualquer um que trabalhe na área técnica: as divergências entre os próprios técnicos envolvidos no licenciamento ambiental. Seria utópico acreditar que em um licenciamento todos os técnicos da mesma equipe tenham o mesmo posicionamento, que concordem sobre tudo. *A discricionariedade e as diferentes visões sobre a ciência e a técnica não raras vezes produzem manifestações paradoxais no processo de licenciamento ambiental, motivo pelo qual é necessário ter uma visão holística do processo decisório ambiental.* Como bem pontuou o TJSP:

> O interesse público na realização da obra, de necessidade indiscutida, é amparado nas substanciosas manifestações dos diversos órgãos administrativos e ambientais que opinaram nessa fase preliminar; os autos demonstram até onde se pode ir neste momento a preocupação da administração com a minoração do impacto ambiental, com a opção por um trajeto e por uma técnica construtiva mais adequada e a imposição de numerosas condicionantes que visam compensar, restaurar ou mitigar o mesmo impacto. [...] *Citações*

[1431] TJRJ, 13ª Câmara Cível, AI 0029799-74.2009.8.19.0000, Rel. p/ ac. Des. Sirley Abreu Biondi, j. em 24.11.2010. O STJ também entendeu de igual forma, prestigiando a opinião dos órgãos técnicos: "[...] I – O fundamento que serviu de alicerce para o Tribunal *a quo* determinar a paralisação da obra, qual seja, a necessidade de análise dos efeitos que o empreendimento provocaria ao meio ambiente, vai de encontro à autorização concedida pela Secretaria de Meio Ambiente Estadual, através do Conselho Estadual de Controle Ambiental – CECA e da Fundação do Estado do Meio Ambiente – FEEMA. II – Tal proceder importa em violação ao artigo 10 da Lei nº 6.938/81, que atribui ao Órgão Estadual competente autorizar a instalação de empreendimento com potencial impacto ao meio ambiente" (STJ, 1ª T., v.u., REsp nº 763.377/RJ, Rel. Min. Francisco Falcão, j. em 20.03.2007, *DJe* 27.08.2007. p. 192).

descontextualizadas de trechos escolhidos de algumas manifestações técnicas não invalidam as manifestações favoráveis nem a decisão dos órgãos superiores da administração.[1432]

Se a existência de divergência no processo de licenciamento ambiental é comum entre membros do próprio órgão licenciador, com tanto mais razão em relação a terceiros. Por esse motivo é necessária a autocontenção judicial na matéria, sob pena de se perenizar as discussões, gerando um ciclo perpétuo de impugnações, pois as análises do licenciamento ambiental nunca estarão suficientes boas para alguém.

Não por outro motivo, o Judiciário costuma negar os pedidos de nulidades do licenciamento ambiental, ou de parte dele, ao argumento de que não existe metodologia única, é falaciosa a tese de que a análise deveria ser incontestável ou contar com apoio social unânime.

O TJSP, ao encampar o que foi sintetizado pelo parecer do Ministério Público sobre divergências ocorrentes em relação ao licenciamento ambiental, decidiu que "no mérito verificamos que a questão é mais uma discussão da área técnica ambiental do que de direito ambiental" e que "jamais haverá unanimidade em relação ao empreendimento".[1433]

Criticando a tentativa de totalização do laudo técnico do agravante, ignorando as imanentes divergências que surgem nos estudos ambientais, e cenários especulativos, o TJSP asseverou:

> [...] os órgãos administrativos competentes fizeram seus estudos e apresentaram suas conclusões, que não podem ser ilididas por trabalho elaborado por um técnico escolhido pelo agravante e presunções de que esta ou aquela situação poderá ocorrer e que não teria sido suficientemente considerado no EIA-RIMA.[1434]

O TRF da 4ª Região também recusou a anulação de avaliação ambiental integrada, em confronto com pareceres elaborados por técnicos do MPF, por inexistir metodologia única.[1435] O TRF da 1ª Região já teve a oportunidade de manter a validade dos entendimentos técnicos do órgão ambiental, desafiado por laudo produzido por Universidade Federal, dado que os estudos ambientais referendados pelo órgão licenciador contêm presunção de legitimidade e veracidade que precisam ser infirmados com sólidos argumentos, não bastando a mera divergência técnica.[1436]

[1432] TJSP, 1ª Câmara Reservada ao Meio Ambiente, v.u., AI 0205003-35.2012.8.26.0000, Rel. Des. Torres de Carvalho, j. em 13.02.2014, *DJe* 26.03.2014. p. 1494 – destacou-se.

[1433] TJSP, Câmara Especial do Meio Ambiente, v.u., AI 546.688-5/9-00, Rel. Des. Samuel Junior, j. em 21.09.2006.

[1434] TJSP, Câmara Especial do Meio Ambiente, v.u., AI 546.688-5/9-00, Rel. Des. Samuel Junior, j. em 21.09.2006.

[1435] "AGRAVO DE INSTRUMENTO. ADMINISTRATIVO. AMBIENTAL. AVALIAÇÃO INTEGRADA. BACIA DO RIO TIBAGI. METODOLOGIA. CUMPRIMENTO DE SENTENÇA. ADEQUAÇÃO. 1. Sedimentada a inexistência de uma única metodologia de trabalho para a elaboração da Avaliação Ambiental Integrada da Bacia do Rio Tibagi, não há motivos para desconsiderar o estudo elaborado por pessoa jurídica especializada, sob o argumento de estar em confronto com pareceres elaborados por técnicos do Ministério Público Federal – que, embora de reconhecida qualificação, não substituem a avaliação noticiada no cumprimento de sentença" (TRF da 4ª Região, 3ª T., AI 5028713-91.2013.4.04.0000, Rel. p/ ac. Des. Fed. Fernando Quadros da Silva, j. em 07.05.2014, *D.E.* 09.05.2014).

[1436] TRF da 1ª Região, 3ª T., v.u., AI 0016850-13.2013.4.01.0000/PA, Rel. Des. Fed. Catão Alves, j. em 11.09.2013, *e-DJF1* 20.09.2013. No caso a divergência pairava sobre a metodologia utilizada para mensurar a altura de uma cota altimétrica em campo, o que teria efeitos na área de alagamento do reservatório da usina hidrelétrica e, consequentemente, na necessidade de se retirar as pessoas dessa área.

Embora os estudos ambientais, em regra, sejam efetuados pelo empreendedor, o órgão ou instituição licenciadora os analisa e avaliza por meio de seu setor técnico, que diversas vezes ordena o seu refazimento ou complementações. Os estudos técnicos passam pelo crivo de técnicos ambientais, cujo trabalho não pode ser desconsiderado por pareceres unilaterais divergentes, mormente em questões com a síndrome NIMBY e marcados pela discricionariedade técnica, quando não pela política administrativa de fazer a ponderação entre a promoção do meio ambiente e os demais valores em jogo.

CAPÍTULO XIII

AVALIAÇÃO AMBIENTAL ESTRATÉGICA (AAE) E AVALIAÇÃO AMBIENTAL INTEGRADA (AAI)

Seria estranho tratar da Avaliação Ambiental Estratégica (AAE) em obra sobre licenciamento ambiental, porque no Brasil ela não é obrigatória e não o vincula, além de se aplicar em plano diferente, como deixou assentado o Supremo Tribunal Federal (ADPFs nºs 825 e 887). Ela apenas subsidia outro processo decisório, o dos planos, programas e políticas públicas, quando prevista em normativos com força para tal imposição procedimental à confecção das políticas públicas. Entretanto, ela entrou no cotidiano da judicialização ambiental e embora seu equivocado protagonismo como pré-requisito ao licenciamento ambiental tenha arrefecido com o julgamento das ADPFs nºs 825 e 887, faz-se necessário abordar o tema.

Apesar de a AAE ser conhecida por imposição dos organismos financiadores internacionais, foi a sua previsão na legislação da Comunidade Europeia que impulsionou o seu estudo no Brasil. O que torna a sua análise imprescindível nesta obra é o entendimento equivocado que exige seu uso no licenciamento ambiental, mormente de empreendimentos de infraestrutura do setor energético e, mais recentemente, no de óleo e gás.

Embora não haja diferenças de natureza entre ambas, é muito comum a citação da Avaliação Ambiental Integrada (AAI) em vez da AAE, especialmente quando relacionada ao setor hidrelétrico. O motivo disso é que elas apenas se distinguem pelo escopo: enquanto a AAE é geral (aplica-se a diversas atividades), a AAI é específica (apenas um setor ou tipo de obra, *v.g.*, o aproveitamento hidrelétrico em uma bacia hidrográfica).

No presente trabalho, emprega-se apenas o acrônimo AAE como gênero englobante da AAI e demais espécies de avaliações de planos, programas e políticas, como a Avaliação Ambiental de Área Sedimentar (AAAS) e a *Avaliação de Sustentabilidade* (AS).[1437] Isso porque AAE "é o termo usado para descrever o processo de avaliação

---

[1437] Ressalte-se que o conceito de AAE é de difícil compreensão, o que fica claro pela variedade de conceitos apresentados em estudo do Ministério do Meio Ambiente sobre a AAE (*Avaliação Ambiental Estratégica*. Brasília: MMA/SQA, 2002. p. 15-16). Luis Enrique Sánchez também sublinha tal dificuldade: "Assim como a noção de desenvolvimento sustentável, o termo "avaliação ambiental estratégica" admite diferentes interpretações. Seu sentido e significado são potencialmente muito amplos, e se não forem definidos por meio de legislação, regulamentação ou outro tipo de acordo entre os interessados, seus objetivos, alcance e potencialidades podem

ambiental de políticas, planos e programas (PPP), que devem ser aprovados previamente à formulação e à decisão sobre a implementação de projetos",[1438] dando-lhe elasticidade suficiente para abranger a AAI ou outros nomes que venham a surgir. Para Luis Enrique Sánchez, a "avaliação ambiental estratégica (AAE) é o nome que se dá a todas as formas de avaliação de impacto de ações mais amplas que projetos individuais. Tipicamente, a AAE refere-se à avaliação das consequências ambientais de políticas, planos e programas (PPPs), em geral no âmbito de iniciativas governamentais".[1439]

O intuito do presente capítulo é tecer considerações gerais sobre a AAE, sob o ponto de vista do Direito Ambiental, e não do planejamento governamental puro e simples, uma vez que qualquer órgão ou entidade pública pode inserir a questão ambiental em seu processo decisório, mas isso não transforma tal exigência em instrumento da Política Nacional do Meio Ambiente, que deva ser considerada facultativa ou vinculante para avaliações de impactos ambientais ou licenciamentos ambientais subsequentes.

O fato de a AAE não ser necessária ao licenciamento ambiental não significa que ela seja exorcizada, mas apenas que ela não constitui requisito para o licenciamento ambiental, e a sua ausência não incapacita o licenciamento ambiental de gerenciar corretamente os impactos ambientais.

13.1 Avaliação ambiental estratégica (AAE), integrada (AAI) e a sua equivocada contextualização no licenciamento ambiental: AAE subsidia política pública

Preliminarmente, é necessário frisar que, salvo previsão expressa, a AAE não é obrigatória, ou seja, não se constitui etapa prévia do planejamento governamental que tenha algum efeito sobre o meio ambiente.

Além disso, é equivocada sua contextualização no licenciamento ambiental porque ela não o vincula e nem poderia, pois são institutos completamente distintos que trabalham em frequências diferenciadas.

O Supremo Tribunal Federal frisou essa diferença de plano de aplicação entre a AAE e o licenciamento ambiental na APDF nº 825:

> 2. A viabilidade ambiental de certo empreendimento é atestada não pela apresentação de estudos ambientais e da Avaliação Ambiental de Área Sedimentar (AAAS), mas pelo

---

facilmente ser objeto de discórdia" (Avaliação Ambiental Estratégica e sua Aplicação no Brasil. 2008. p. 15. Disponível em: http://www.iea.usp.br/publicacoes/textos/aaeartigo.pdf. Acesso em 12 dez. 2016). Jon C. Cooper (*Broad programmatic, policy and planning assessments under the national environmental policy act and similar devices: a quiet revolution in an approach to environmental considerations*. Pace Environmental Law Review, v. 11, n. 1, p. 89-156, 1993. p. 94) doutrina que existe pouco consenso sobre o que exatamente se inclui na AAE, o que não vem impedindo seu uso.

[1438] TEIXEIRA, Izabella Mônica Vieira. O uso da avaliação ambiental estratégica no planejamento da oferta de blocos para exploração e produção de petróleo e gás natural no Brasil: uma proposta. 2008. 288 p. (Tese em Engenharia). Universidade Federal do Rio de Janeiro (UFRJ), Rio de Janeiro. p. 29. A Agência de Avaliação Ambiental Canadense (*Canadian Environmental Assessment Agency*) define a AAE (SEA) como "a ferramenta que contribui para decisões informadas em prol do desenvolvimento sustentável pela incorporação de considerações ambientais no desenvolvimento de políticas públicas e decisões estratégicas" (tradução livre). Disponível em: http://www.ceaa-acee.gc.ca/default.asp?lang=En&n=A4C57835-1. Acesso em 29 mai. 2013.

[1439] SÁNCHEZ, Luis Enrique. *Avaliação Ambiental Estratégica e sua Aplicação no Brasil*. 2008. p. 1. Disponível em: http://www.iea.usp.br/publicacoes/textos/aaeartigo.pdf. Acesso em 12 dez. 2016.

procedimento de licenciamento ambiental, no qual se aferem, de forma específica, aprofundada e minuciosa, a partir da Lei nº 6.938/1991, os impactos e riscos ambientais da atividade a ser desenvolvida.[1440]

Apenas para argumentar, ainda que a AAE fosse obrigatória para o processo decisório de políticas públicas, em sentido amplo (políticas, planos e programas), isso está longe de significar que ela vincula os projetos a serem licenciados. Como bem destacou a AGU:

> [...] 30. Impõe-se destacar, com relação à elaboração da AAI, que este instrumento de gerenciamento do meio ambiente não é objeto de qualquer diploma legal como condicionante para o licenciamento de empreendimentos hidrelétricos. [...] 32. [...] não pode ser erigida à categoria de condicionante do processo de licenciamento ambiental. [...] 35. [...] a AAI não se constitui condicionante de licenciamento nem pode ser tomada como uma espécie de "Estudo de Impacto Ambiental Ampliado".[1441]

Aliás, a AAE não vincula nem as decisões das políticas públicas que ela visa subsidiar, porque essas decisões constituem autêntica questão política. A AAE não é a decisão política, mas tão somente seu subsídio em termos ambientais. Como destaca Victor Lobos G., a AAE "é uma ferramenta de apoio ao processo decisório", devendo haver um "diálogo permanente entre a AAE e o processo decisório".[1442]

A AAE está para o processo decisório das políticas públicas assim como o estudo ambiental (*v.g.*, EIA) está para o licenciamento ambiental. Como leciona Édis Milaré, "a AIA encontra-se na esfera do Licenciamento Ambiental, ao passo que a AAE está na seara do Planejamento Ambiental".[1443] Em termos de atos, a AAE está para a decisão sobre PPP assim como os estudos ambientais estão para a licença ambiental, com a diferença que a decisão das PPP é menos influenciada pela AAE do que a decisão do licenciamento ambiental é pelo estudo ambiental, uma vez que ela é, em geral, ato político, e não ato administrativo, como o proferido no licenciamento ambiental.

A diferença é que no licenciamento ambiental há um ato administrativo, que gera um controle sobre a sua discricionariedade, e na escolha das políticas, planos e programas públicos há um ato político, que em regra atrai a doutrina das questões políticas (*political question doctrine*), "uma região impenetrável à autoridade da Justiça: a região *política*".[1444]

Embora se deva ter cautela ao sustentar a existência de zonas imunes de apreciação judicial, vê-se facilmente que a decisão sobre os planos, programas e políticas públicas

---

[1440] STF, Pleno, v.u., ADPF nº 825, Rel. p/ ac. Min. Nunes Marques, j. em 03.08.2021, DJe 26.11.2021.

[1441] Parecer nº 152/2008/CONJUR-MME/CGU/AGU, aprovado pelo Consultor Jurídico do MME em 16.04.2008, sem PA. No mesmo sentido, cf.: Informação nº 154/2011/CONJUR-MME/CGU/AGU, aprovado pela Consultora Jurídica do MME em 01.09.2011, nos autos do PA nº 48000.0001376/2011-29. O TRF da 4ª Região também rechaçou a pretensão de vincular o licenciamento ambiental a AAI (2ª Seção, v.u., MS nº 2008.04.00.015393-9/PR, Rel. Des. Fed. Jorge Antonio Maurique, j. em 09.12.10, DJe 17.01.2011).

[1442] LOBOS G., Victor. La evaluación ambiental estratégica (EAE) como instrumento de gestión ambiental: conceptos, evolución y práctica. *In*: HERNÁNDEZ, Ana Laura Acuña; LARA, María C. A. C. *La Constitución y los Derechos Ambientales*. México: UNAM, 2015. p. 179 – tradução livre.

[1443] MILARÉ, Édis. *Direito do Ambiente*. 10. ed. São Paulo: RT, 2015. p. 752.

[1444] BARBOSA, Ruy. *Os atos inconstitucionais do Congresso e do Executivo ante a justiça federal*. Capital Federal: Companhia Impressora 7, 1893. p. 125.

envolve questões políticas sujeitas à decisão do Poder Executivo ou Legislativo. Não existindo critérios de controle (a AAE não faz o balanceamento do que deve ser decidido, apenas subsidia o processo decisório), a intervenção supostamente jurídica seria inevitavelmente impedida pela questão política: a escolha dos cursos de ação.

A AAE é conhecida sob diversos nomes nos EUA[1445] e, como Avaliação Ambiental de Planos e Programas[1446] ou *Strategic Environmental Assessment* (SEA), na legislação da Comunidade Europeia.[1447][1448] Frise-se que em Portugal a nova Lei de Bases do Ambiente (Lei nº 19/2014) previu a AAE conjuntamente com a AIA-projetos: "Os programas, planos e projetos, públicos ou privados, que possam afetar o ambiente, o território ou a qualidade de vida dos cidadãos, estão sujeitos a avaliação ambiental prévia à sua aprovação, com vista a assegurar a sustentabilidade das opções de desenvolvimento" (art. 18, 1).

Entretanto, no Brasil a AAE não tem nem denominação específica e muito menos previsão legal.

No Estudo da Dimensão Territorial para o Planejamento (vol. VII) – efetuado pela Secretaria de Planejamento e Investimentos Estratégicos do Ministério do Planejamento, Orçamento e Gestão (SPI/MPOG)[1449] –, a AAE é conhecida como *Avaliação de Sustentabilidade* (AS) ou, no setor do petróleo, como *Avaliação Ambiental de Área Sedimentar* (AAAS), que foi instituída pela Portaria Interministerial MME/MMA nº 198/12 e validada pelo STF na ADPF nº 887,[1450] ainda que não seja um instrumento da Política Nacional do Meio Ambiente.

[1445] *Programmatic impact statement; programmatic environmental impact statement* ou, simplesmente, *programmatic EIS; cumulative EIS; comprehensive impact statement; generic environmental impact statement* (PORTERFIELD, Matthew. Agency action, finality and geographical nexus: judicial review of agency compliance with NEPA's programmatic environmental impact statement requirement after Lujan v. National Wildlife Federation. *University of Richmond Law Review*, v. 28, 1994. p. 619).

[1446] Cf.: Diretiva 2001/42/CE, prevendo que as legislações locais a instituíssem em seus respectivos países até 21 de julho de 2004 (art. 13).

[1447] Na Inglaterra também é conhecida como *strategic environmental assessment* (SEA), na França como *évaluation environnementale stratégique*, na Espanha como *evaluación ambiental estratégica*, bem como ainda é denominada de *sustainability appraisal* (THERIVEL, Riki. *Strategic Environmental Assessment in Action*. 2. ed. Londres: Earthscan, 2010. p. 6). Na Itália é conhecida como *valutazione ambientale strategica* (VAS) (FILIPPUCCI, Leonardo. *La Valutazione di Impatto Ambientale e la valutazione strategica, alla luce delle modifiche introdotte dal Dlgs 4/2008*. Milano: Edizioni Ambiente, 2009. p. 165).

[1448] Na Europa a AAE parece ser resultado do aperfeiçoamento da avaliação de impactos transfronteiriços. Aperfeiçoamento porque a Convenção de Espoo (1991) já havia tratado de tal questão em impactos transfronteiriços, tendo a Convenção de Kiev (2003), que foi uma reunião extraordinária das partes da Convenção de Espoo, desenvolvido o tema em âmbito nacional sob o fundamento do artigo 2º, 7, da Convenção Mãe: "As avaliações dos impactos ambientais determinadas pela presente Convenção serão efetuadas pelo menos na fase de projeto da atividade proposta. As Partes esforçar-se-ão, na medida do necessário, por aplicar os princípios da avaliação dos impactos ambientais às políticas, planos e programas".

[1449] BRASIL. Ministério do Planejamento, Orçamento e Gestão. Secretaria de Planejamento e Investimentos Estratégicos – SPI. *Estudo da Dimensão Territorial para o Planejamento: Volume VII – Avaliação de Sustentabilidade da Carteira de Investimentos*. Ministério do Planejamento, Orçamento e Gestão. Secretaria de Planejamento e Investimentos Estratégicos. Brasília: MPOG, 2008.

[1450] "ARGUIÇÃO DE DESCUMPRIMENTO DE PRECEITO FUNDAMENTAL. RESOLUÇÃO N. 17/2017/CNPE. PORTARIA INTERMINISTERIAL N. 198/2012/MME/MMA. NOTA TÉCNICA CONJUNTA N. 2/2020/ANP/MME/MMA. REALIZAÇÃO DE RODADA DE LICITAÇÃO DE BLOCOS PARA EXPLORAÇÃO E PRODUÇÃO DE PETRÓLEO E GÁS NATURAL. PROCEDIMENTO ALTERNATIVO À APRESENTAÇÃO DE ESTUDOS MULTIDISCIPLINARES DE AVALIAÇÕES AMBIENTAIS DE BACIAS SEDIMENTARES. VIOLAÇÃO AOS PRECEITOS FUNDAMENTAIS DO DESENVOLVIMENTO SUSTENTÁVEL, DA PRECAUÇÃO EM MATÉRIA AMBIENTAL E DA PROTEÇÃO DO MEIO AMBIENTE. INEXISTÊNCIA. PLANEJAMENTO DE POLÍTICA PÚBLICA. COMPETÊNCIA REGULAMENTAR. CAPACIDADE TÉCNICA. 1. A viabilidade ambiental de determinado empreendimento é atestada não ante a apresentação de estudos ambientais e da Avaliação Ambiental de Área Sedimentar (AAAS), mas por meio do procedimento de licenciamento ambiental em que se aferem, de forma específica, aprofundada e minuciosa, a partir da Lei n. 6.938/1991, os impactos e

A relevância da AAE é diretamente relacionada à sua utilização como instrumento de diagnóstico amplo dos impactos ambientais, e não ferramenta exclusiva para a consideração dos impactos cumulativos e sinérgicos, pois a Resolução Conama nº 01/86 também prevê a ampla avaliação de impacto ambiental no EIA, incluindo assim os cumulativos e sinérgicos, com o escopo nos projetos, não nas políticas, planos e programas públicos (PPP), esfera de atuação da AAE.

13.1.1 A AAE é estudo que orienta a política, não é a política em si, e a excessiva confiança na AAE

Deve-se evitar excessiva confiança na AAE, pois ela é apenas um estudo que orienta a política, não é a política em si. Paulo Procópio Burian aduziu que o principal problema em relação aos EIAs está "na sua excessiva valorização, gerando grandes expectativas que acabam frustradas".[1451] Deposita-se uma fé exagerada no EIA, acusando-o de ser deficitário em termos de avaliação de impacto ambiental, mas se esquece de que as limitações do EIA podem ser ampliadas na AAE, que trabalha no nível de políticas e, consequentemente, com maiores abstrações do que o EIA ou outros processos de AIA.[1452]

A AAE faz conjecturas ambientais para orientar a elaboração de políticas públicas e, quanto mais gerais elas são, mais especulativas se tornam as avaliações/prognósticos ambientais, sem considerar que a metodologia da AAE ainda é nebulosa. Por isso é que na Portaria Interministerial MME/MMA 198/12 está prevista a criação de um comitê (Comitê Técnico de Acompanhamento – CTA) para cada AAAS (art. 8º), que tem a incumbência de elaborar o termo de referência (art. 9º, I), embora nada garanta que este, ainda que com base legal e regulamentar, seja eficiente e solucione os problemas aos quais o EIA é supostamente inapto.

Além de nebulosa, a metodologia da AAE não pode ser estanque, sendo natural a existência de inúmeras variações dela, a depender de quem a realizará.

Não por outro motivo, o TRF da 4ª Região deixou clara a inexistência de uma metodologia única e específica para a realização da Avaliação Ambiental Integrada da Bacia do Rio Tibagi, não criando empecilho para que ela fosse realizada segundo

---

riscos ambientais da atividade a ser desenvolvida. Precedente: ADPF 825, acórdão por mim redigido, DJe de 26 de novembro de 2021. 2. A Avaliação Ambiental de Área Sedimentar (AAAS) e o procedimento alternativo previsto nas normas objeto de arguição – manifestação conjunta dos Ministérios do Meio Ambiente e de Minas e Energia – não esgotam os estudos ambientais que devem anteceder a exploração da área avaliada. 3. Não vincula o licenciamento ambiental eventual conclusão pela aptidão de determinada área em sede de Avaliação Ambiental de Área Sedimentar (AAAS). 4. Em atenção aos princípios da separação dos poderes, da eficiência administrativa e da razoabilidade, cabe ao Supremo atuar com cautela e deferência à capacidade institucional do administrador quanto às soluções encontradas pelos órgãos técnicos, tendo em vista a elaboração e implementação de política pública de elevada complexidade e repercussão socioeconômica. 5. Decisão de indeferimento da medida cautelar confirmada, julgando-se improcedente o pedido formulado na arguição de descumprimento de preceito fundamental" (STF, Pleno, v.u., ADPF 887, rel. Min. Nunes Marques, j. em 03/07/2023, Pub. 21/08/2023).

[1451] BURIAN, Paulo Procópio. Avaliação Ambiental Estratégica como instrumento de licenciamento para hidrelétricas – o caso das bacias do rio Chopim no Paraná. p. 01-20, 2004 (Trabalho apresentado no II Encontro da Associação Nacional de Pós-graduação e Pesquisa em Ambiente e Sociedade (ANPPAS). p. 06. Disponível em: http://www.anppas.org.br/encontro_anual/encontro2/GT/GT06/paulo_burian.pdf. Acesso em 05 jun. 2013.

[1452] Há a limitação técnica de que a discussão ambiental na AAE "não pode ter o mesmo grau de detalhe se comparada com o processo de AIA" (AGRA FILHO, Severino Soares; EGLER, Paulo Cesar Gonçalves. *Avaliação Ambiental Estratégica – AAE – Texto básico*. p. 01-52, nov. 2006. p. 26. Disponível em: http://www.uems.br/propp/conteudopos/AAE/aaepantanal.pdf. Acesso em 31 mai. 2013).

metodologia específica e não uma a ser eventualmente efetuada por algum órgão do Sisnama.[1453] Marina Montes Bastos destaca, como entrave à AAE, a questão da metodologia e do grau de detalhamento, porque "toda atividade de análise de impacto futuro, a AAE é uma atividade imprecisa, e, por isso, é difícil definir princípios, procedimentos e uma metodologia que acomode todas as suas incertezas".[1454]

Como alerta Michel Prieur, "a integração do meio ambiente em todas as decisões e estratégicas públicas e privadas é uma exigência fundamental para garantir o desenvolvimento sustentável".[1455] Contudo, não pode ser subestimado o fato de que – e com frequência isso também ocorre no EIA – *a AAE é apenas um estudo preditivo que orienta a política, mas jamais é a política em si*. Frederico R. Silva corretamente alerta que a AAE "deve ser usada na formulação e desenvolvimento de planos e programas e não para submissão desses planos ao processo AAE".[1456]

Ademais, se no licenciamento não se pode falar em vinculação da licença a partir das conclusões do EIA – restará sempre uma esfera discricionária para decidir, fruto da compatibilização do desenvolvimento econômico-social com a preservação do meio ambiente (Lei nº 6.938/81, art. 4º, I) –, com tanto mais razão quando se tratar de políticas públicas. Tão intrincada é a questão e tão delicado é o monitoramento dos resultados da AAE, que alguns doutrinadores propugnam a sua irrelevância. É o que aduz Maria Belen Aliciardi ao lecionar que "em nível estratégico não se pode medir nada".[1457]

A AAE não é a panaceia para os males da AIA-projetos. Ainda que seja desagradável admitir, alguns impactos são apenas estimados, mormente os indiretos, estejam eles na AAE ou, por exemplo, no EIA.[1458] Os limites são de cognoscibilidade e não do instrumento utilizado.

[1453] "ADMINISTRATIVO. AMBIENTAL. BACIA HIDROGRÁFICA DO RIO TIBAGI. AVALIAÇÃO AMBIENTAL INTEGRADA. SUSPENSÃO DO PROCEDIMENTO AVALIATÓRIO. PERDA SUPERVENIENTE DO OBJETO. INOBSERVÂNCIA DE METODOLOGIA DEFINIDA EM SENTENÇA. NÃO VERIFICAÇÃO. [...] 2. Embora o autor pretenda, com a demanda, em pedido inicial, a suspensão do procedimento relativo à 'Avaliação Ambiental Integrada (AAI) da Bacia do Rio Tibagi', firmara termo de transação, em autos de ação civil pública distinta, estabelecendo parâmetros para a realização de seminários públicos, previstos como etapas inicial e final do estudo pertinente à AAI. Na hipótese, evidencia-se a perda superveniente do interesse de agir, notadamente por força dos conceitos parcelares da boa-fé objetiva (dentre eles, por certo, o adágio *non venire contra factum proprium*). 3. A sentença paradigmática ventilada pelo requerente (como norte interpretativo do adequado procedimento de Avaliação Ambiental Integrada) não precisou metodologia específica para os estudos avaliatórios. Dessa forma, desde que atingido o fim de proteção da norma individualizada no dispositivo sentencial, não há que se falar em insuficiência do projeto de Avaliação Ambiental Integrada levado a efeito pela entidade atribuída, por meio de procedimento licitatório próprio. 4. O condicionamento da realização da AAI à observância de critérios fixados pelo SISNAMA, em normatização ainda inexistente, acaba por postergar indefinidamente a instalação de empreendimento hidrelétricos na Bacia do Rio Tibagi (para cujo licenciamento exigem-se estudos particularizados, mas contundentes)" (TRF da 4ª Região, 3ª T., AC 5000063-51.2011.4.04.7001, Rel. p/ ac. Des. Fed. Fernando Quadros da Silva, j. em 10.07.2013, *DE* 12.07.2013).

[1454] BASTOS, Marina Montes. Avaliação ambiental estratégica para políticas públicas, planos e programas governamentais de infraestrutura no Brasil. In: MILARÉ, Édis et al. (Coord.). *Infraestrutura no Direito do Ambiente*. São Paulo: RT, 2016. p. 307.

[1455] PRIEUR, Michel. *Droit de l'Environnement*. 6. ed. Paris: Dalloz, 2011. p. 85 – tradução livre.

[1456] SILVA, Frederico Rodrigues. Avaliação ambiental estratégica como instrumento de promoção do desenvolvimento sustentável. *Revista Direitos Fundamentais & Democracia*, v. 8, n. 8, p. 301-329, jul./dez. 2010. p. 326.

[1457] ALICIARDI, Maria Belen. Evaluación Ambiental Estratégica. In: CAPPARELLI, Mario Augusto. *El Proceso de Evaluación de Impacto Ambiental*. San Isidro: Centro Norte. p. 68-88, 2010. p. 84 – tradução livre.

[1458] Tão difícil é apurar os impactos indiretos que certos doutrinadores aduzem "que a apuração do impacto indireto, que é o resultante de uma reação secundária em relação à ação ou é parte de uma cadeia de reações, tornou-se praticamente impossível nos tempos atuais" (FARIAS, Talden. *Licenciamento Ambiental*: aspectos teóricos e práticos, 4. ed., 2013. p. 50).

13.2 Os argumentos para exigir a AAE como requisito para o licenciamento estatal

Ao se exigir a AAE como pré-requisito do licenciamento ambiental, utilizam-se os seguintes argumentos que, embora interconectados, são analisados separadamente.
1) A mensuração dos impactos cumulativos e sinérgicos somente seria possível na AAE ou na AAI; o estudo de impacto ambiental (EIA) seria inapropriado para tal, ainda mais porque, neste, as medidas mitigadoras não teriam uma visão holística dos impactos cumulativos e sinérgicos. Em outras palavras, sem a AAE/AAI o meio ambiente estaria desprotegido;
2) A AAE e/ou AAI seriam espécies de avaliações de impacto ambiental com respaldo na Lei nº 6.938/81 (art. 9º, III), o que levaria ao terceiro argumento;
3) A desnecessidade de lei formal para a sua exigência no Brasil pela via judicial, com o respaldo da redação genérica do artigo 225 da CF.

13.3 Ausência de exclusividade da AAE para mensurar impactos cumulativos e sinérgicos e o pleno controle dos impactos ambientais no licenciamento ambiental sem ela

Ao contrário do que se costuma propagar, a mensuração de impactos cumulativos e sinérgicos não é exclusividade da AAE. Essa mesma função está presente no Estudo de Impacto Ambiental (EIA), tal qual previsto na Resolução Conama nº 01/86 (art. 6º, II).

Essa redução do âmbito do EIA é defendida por Leonardo Castro Maia ao aduzir que decisões ambientais sobre empreendimentos hidrelétricos "sejam precedidas de uma avaliação ambiental capaz de considerar os impactos agregados de várias obras e/ou atividades, tais como os denominados efeitos sinérgicos e cumulativos de uma série de empreendimentos idealizados para uma bacia hidrográfica".[1459] Na proposta de resolução Conama, a criação de uma AAE para o setor dos Aproveitamentos Hidrelétricos (AHE) foi fundamentada no fato de que a análise do enfoque global da influência de cada projeto não pode ser substituída pela mera consolidação dos estudos de impactos ambientais relativos aos aproveitamentos hidrelétricos implementados e barramentos de grande porte.[1460]

Um dos problemas ao impor a AAE, como requisito ao licenciamento ambiental, é pressupor que esse é um processo estanque, compartimentado, desconsiderando, desse modo, uma visão mais ampla do empreendimento ou atividade. Embora a AAE seja o nome atribuído a todas as formas de avaliação de impacto de ações mais amplas

---

[1459] MAIA, Leonardo Castro. Usinas hidrelétricas e a atuação do Ministério Público em defesa do meio ambiente. *Revista dos Tribunais*, n. 921, p. 121-162, São Paulo: RT, jul. 2012. p. 141. Este mesmo entendimento já foi admitido por Édis Milaré ao doutrinar que, uma das circunstâncias que justifica a AAE "é o efeito cumulativo que decorre de obras sucessivas ou de efeito sinérgico que resulta de obras que se implantam em determinada área e que, em princípio, nada têm a ver umas com as outras" (MILARÉ, Édis. *Direito Ambiental*. 6. ed. 2009. p. 416).

[1460] "Estudos parciais dificilmente mostrarão, quando unidos, a dinâmica do todo, pois a dinâmica global pode também ser variável e não refletida numa simples somatória de trabalhos parciais" (fls. 05 do Proc. 02000.002863/2010-27– DCONAMA/SECEX/MMA. Informação constante do site do Ministério do Meio Ambiente (3ª Reunião da CT de Controle Ambiental, em 26.10.12): http://www.mma.gov.br/port/conama/processos/F053739B/PropostaResolucao.pdf. Acesso em 5 abr. 2013).

que projetos individuais,[1461] isso está longe de significar que o licenciamento ambiental careça de visão ampla.

O EIA não se limita à análise isolada dos efeitos reflexos ou indiretos do empreendimento. O artigo 6º, II, da Resolução Conama nº 01/86, é categórico em citar as propriedades cumulativas e sinérgicas do impacto ambiental.[1462]

A AGU reconheceu a ausência de exclusividade da AAE – no caso era a AAAS do setor petrolífero – para analisar os impactos cumulativos e sinérgicos do empreendimento, pois eles também são analisados no EIA. Por isso, rechaçou também a alegação de que a AAE seria fundamental para o controle dos impactos do empreendimento ou atividade, o que não significa que a AAE não possa contribuir para o licenciamento ambiental.[1463] O licenciamento ambiental é apto para analisar os impactos ambientais de determinado projeto no meio em que ele se encontra, não sendo imprescindível ou necessariamente melhor para isso a AAE, pois, mesmo que as suas conclusões sejam interessantes, a política pública pode não acatá-las.

Paulo Affonso Leme Machado, ao tratar do conteúdo do EIA, tal como previsto na Resolução Conama nº 01/86, ressalta que "os impactos deverão ser avaliados em suas 'propriedades cumulativas e sinérgicas' [...]. Levando-se em conta os efeitos sinérgicos advindos da execução de uma obra e/ou atividade, o EPIA terá que, em determinados casos, indicar medidas de alteração do sistema de produção em outras obras e/ou atividades já existentes na área".[1464]

Não procede, ainda, o argumento de que o EIA não precisa contemplar uma visão holística ou de que ignore planos e programas governamentais (políticas públicas). O artigo 5º da Resolução Conama nº 01/86 é expresso em preceituar que o estudo de impacto ambiental definirá "os limites da área geográfica a ser direta ou indiretamente afetada pelos impactos" (área de influência), devendo ainda considerar, "em todos os casos, a bacia hidrográfica na qual se localiza" (inc. III) e "os planos e programas governamentais, propostos e em implantação na área de influência do projeto, e sua compatibilidade" (inc. IV).

Como bem destacado por Marga Tessler, ao examinar a Resolução Conama nº 1/86, "verifica-se que no item IV deve ser considerada a inclusão do projeto em exame nos planos e programas governamentais propostos e em implantação na área de influência do projeto. Ressaltamos o que já foi antecipado, a Resolução nº 1/86 tinha perspectiva estratégica".[1465]

[1461] SÁNCHEZ, Luis Enrique. *Avaliação Ambiental Estratégica e sua Aplicação no Brasil*. 2008. p. 01. Disponível em: http://www.iea.usp.br/publicacoes/textos/aaeartigo.pdf. Acesso em 12 dez. 2016.

[1462] "Artigo 6º. O estudo de impacto ambiental desenvolverá, no mínimo, as seguintes atividades técnicas: [...] II – Análise dos impactos ambientais do projeto e de suas alternativas, através de identificação, previsão da magnitude e interpretação da importância dos prováveis impactos relevantes, discriminando: os impactos positivos e negativos (benéficos e adversos), diretos e indiretos, imediatos e a médio e longo prazos, temporários e permanentes; seu grau de reversibilidade; *suas propriedades cumulativas e sinérgicas*; a distribuição dos ônus e benefícios sociais" (sem destaques no original).

[1463] Informações nº 38/2015/COJUD/PFE-IBAMA-SEDE/PGF/AGU, aprovado e complementado pelo Despacho nº 140/2015/COJUD/PFE-IBAMA-SEDE/PGF/AGU, ambos aprovados pela Procuradora-Chefe Nacional da PFE-Ibama, em 23.12.2015, mediante Despacho nº 836/2015/GABIN/PFE-IBAMA-SEDE/PGF/AGU, nos autos do PA nº 00807.001111/2015-42.

[1464] MACHADO, Paulo Affonso Leme. *Direito Ambiental Brasileiro*. 17. ed. 2009. p. 237.

[1465] TESSLER, Marga Barth. Análise da Resolução Conama nº 1/86 sob perspectiva da avaliação ambiental estratégica. *Revista do TRF da 4ª Região*, Porto Alegre, n. 63, ano 18, p. 15-66, 2007. p. 25.

A avaliação dos impactos cumulativos e sinérgicos do EIA não deve ser uma mera soma aritmética destes. Por exemplo, quando se instala o segundo empreendimento, o seu EIA tem que considerar a existência do primeiro e analisar ambos globalmente, não efetuar uma mera soma, como se eles não tivessem nenhuma interligação agregadora (sinergia).

Por tais motivos não procede sustentar que a soma dos impactos de cada empreendimento (impactos cumulativos e sinérgicos) é superior à mera soma aritmética, como argumento para tornar a AAE obrigatória, pois, mesmo que os impactos entre os empreendimentos gerem uma reação/potencialização recíproca, superando a sua mera soma aritmética, o EIA é ainda suficiente para aferi-los.

Vários autores também criticam essa tendência da sobreposição da AAE ao EIA, em relação aos impactos cumulativos e sinérgicos.[1466]

Assim, não é incomum a concessão de suspensões de segurança, em face da ausência de risco inverso, como ocorreu na SS 1.863/PR, julgada pela Corte Especial do STJ:

> Discute-se, em resumo, se é possível condicionar a concessão de licença de instalação (LI) de usinas hidrelétricas (UHE) à prévia avaliação ambiental integrada (AAI) das consequências da obra para toda a bacia hidrográfica que compreende o rio onde se pretende implantar o empreendimento. (...)
>
> A construção dos empreendimentos hidrelétricos na Bacia do Rio Tibagi – narram os autos – não está sendo planejada sem estudos de impacto ambiental. Ao invés de um estudo maior, englobando toda a bacia, optou-se pela elaboração de estudos menores, individualizados para cada empreendimento.
>
> Não há, portanto, risco de que a proteção ao meio ambiente seja esquecida. (...)
>
> Tal rapidez – repito – não se dará à custa de ignorar os impactos ambientais: no caso, a exigência constitucional de realização prévia de estudo de impacto ambiental está sendo observada.
>
> Ciente de que cada um dos empreendimentos será precedido de EIA, não me parece razoável – ao contrário, parece-me mesmo desproporcional – exigir avaliação ambiental integrada prévia como condição para a concessão de licença de instalação.[1467]

Também se observa que a exigência de AAE já foi rechaçada até em mandados de segurança, como foi decidido pelo TRF da 4ª Região:

> Diante da imperiosa necessidade econômica e social da construção de usinas hidrelétricas, respeitada a proteção ao meio ambiente, configurada a partir da emissão de licença

---

[1466] Izabella Teixeira observa que "parece haver uma demanda de estudos ambientais adicionais para avaliar questões e aspectos que deixaram de ser tratados nos estudos de impacto ambiental [...] ganhando ressonância [...] fazer uso da AAE para discutir questões pertinentes aos processos de avaliação de impacto ambiental, conforme rezam os regulamentos, por exemplo, a cumulatividade de impactos ambientais e as implicações ambientais secundárias (impactos ambientais indiretos) decorrentes da implantação de empreendimentos ditos estruturantes. Um ajuste ou aperfeiçoamento nos processos de proposição de termos de referência ou de instruções técnicas de EIA/RIMA por parte dos órgãos licenciadores poderia evitar esse tipo de demanda, contribuindo para a prática da AAE no Brasil fosse mais direcionada aos propósitos e funções do instrumento" (TEIXEIRA, Izabella Mônica Vieira. O uso da avaliação ambiental estratégica no planejamento da oferta de blocos para exploração e produção de petróleo e gás natural no Brasil: uma proposta. 2008. 288 p. (Tese em Engenharia). Universidade Federal do Rio de Janeiro (UFRJ), Rio de Janeiro. p. 91-92).

[1467] STJ, CE, v.u., AR na SS 1.863, Rel. Min. Cesar Asfor Rocha, j. em 18.02.2009, *DJe* 12.03.2009.

prévia e licença de instalação pelo Instituto Ambiental do Paraná, incabível a exigência da avaliação ambiental integrada (AAI) como condição para a concessão da licença de instalação (LI) nos termos pretendidos pelo presente mandado de segurança.[1468]

Portanto, não existe exclusividade da AAE para avaliar impactos cumulativos e sinérgicos, sendo juridicamente possível que tal mister também seja efetuado pelo EIA, ao menos tendo em vista o atual regramento da matéria em nosso ordenamento. Ainda que o licenciamento ambiental de empreendimento ou atividade seja ancorado em outro estudo ambiental que não o EIA, esse estudo tem o dever de contextualizar os impactos ambientais causados, analisando como os impactos do objeto licenciado se comportam no meio, no contexto no qual se inserem, acabando, portanto, por analisar os impactos cumulativos e sinérgicos. O resultado prático disso é que o EIA tem aptidão para preservar o meio ambiente ecologicamente equilibrado.

Isso não significa que a AAE não deva ser inserida em nosso ordenamento, pela via legislativa, detalhando quando, quem e como tal estudo deve ser elaborado. O que se defende é que *o meio ambiente ecologicamente equilibrado não fica à deriva sem a previsão da AAE em nosso ordenamento jurídico. Ademais, mesmo que a AAE seja criada, ela vai orientar a política pública a ser tomada, e não vincular ou ser um obstáculo ao licenciamento ambiental ou, ainda, ser a panaceia dos impactos ambientais*. Lei que instituísse a AAE como obstáculo ao licenciamento ambiental incorreria em flagrante desvio de poder, pois seu papel é o de apoiar o processo decisório de PPP, não de ser óbice a essas decisões políticas e muito menos às obras, empreendimentos ou atividades.

Na verdade, a instituição da AAE como instrumento da Política Nacional do Meio Ambiente entre nós pode ser vantajosa à medida que ela reduzir a abrangência de estudos ambientais subsequentes. Doutrina Frederico Rodrigues Silva que Sibout Nooteboom "demonstra como as avaliações ambientais em níveis estratégicos podem realmente reduzir a abrangência e o escopo dos estudos de impacto ambiental de ações subsequentes".[1469] A AAE pode analisar as alternativas dos elementos que compõem certa política pública e, consequentemente, poderá "diminuir tanto a quantidade quanto a complexidade do EIA".[1470]

Essa redução na abrangência e no escopo dos estudos ambientais de projetos pode ocorrer independentemente de previsão normativa, se o material da AAE puder ser aproveitado em outro estudo ambiental, pois estudos amplos geralmente influenciam (*tiering*) os específicos, evitando-se, assim, o desperdício de recursos públicos. Em Portugal, prevê-se a articulação do estudo de impacto ambiental com a AAE (DL 232/07, art. 13), mesmo sabendo-se que ela ocorrerá naturalmente.

Essa redução na abrangência e no escopo dos estudos ambientais de projetos pode ocorrer independentemente de previsão normativa, se o material da AAE puder ser

---

[1468] TRF da 4ª Região, 2ª Seção, v.u., MS 2008.04.00.015393-9/PR, Rel. Des. Fed. Jorge Antonio Maurique, j. em 09.12.10, DJe 17.01.2011.

[1469] SILVA, Frederico Rodrigues. Avaliação ambiental estratégica como instrumento de promoção do desenvolvimento sustentável. *Revista Direitos Fundamentais & Democracia*, v. 8, n. 8, p. 301-329, jul./dez. 2010. p. 312. No mesmo sentido, cf.: ALICIARDI, Maria Belen. Evaluación Ambiental Estratégica. *In*: CAPPARELLI, Mario Augusto. *El Proceso de Evaluación de Impacto Ambiental*. San Isidro: Centro Norte. p. 68-88, 2010. p. 85.

[1470] BASTOS, Marina Montes. Avaliação ambiental estratégica para políticas públicas, planos e programas governamentais de infraestrutura no Brasil. *In*: MILARÉ, Édis et al. (Coord.). *Infraestrutura no Direito do Ambiente*. São Paulo: RT, 2016. p. 302.

aproveitado em outro estudo ambiental, pois estudos amplos geralmente influenciam (*tiering*) os específicos, evitando-se, assim, o desperdício de recursos públicos, como previsto na Portaria Interministerial MMA/MJ//MC/MS 60/2015 (art. 15). Mas tal aproveitamento jamais deve ser visto do ponto de vista decisório, uma vez que a AAE não é a decisão, apenas um subsídio a ela. Em outras palavras, a AAE deve orientar os estudos ambientais menos amplos, mas sempre limitada ao que não foi rechaçado pela decisão de PPP.

Validada pelo STF na ADPF nº 887, a Portaria Interministerial MME/MMA (PI) 198/12, que instituiu a Avaliação Ambiental de Área Sedimentar (AAAS) para a outorga de blocos exploratórios de petróleo e gás natural, vai bem nessa linha, ao estabelecer que esta serve para tornar o processo de licenciamento ambiental mais eficaz e juridicamente seguro, bem como viabilizar "maior racionalidade e sinergia" nos estudos ambientais dessas atividades, "por meio do aproveitamento e da utilização dos dados e informações da AAAS nos referidos estudos" (art. 3º, IV e V). Entretanto, a relação entre a AAAS e o licenciamento ambiental não é de prejudicialidade, isto é, a sua inexistência não impede o licenciamento das atividades de exploração de petróleo e gás natural.

Tendo como objetivo tratar da relação da AAAS da outorga de exploração de petróleo e gás natural com o licenciamento ambiental dos respectivos empreendimentos e atividades, a PI MME/MMA 198/12 apenas preceitua que a eventual AAAS deverá ser considerada no EIA/licenciamento, aproveitando-se os dados e informações da AAAS nos estudos ambientais (art. 3º, V). Em outras palavras, a PI 198/12 não torna a AAAS um requisito do licenciamento ambiental.

O que existe são proposições de recomendações ao licenciamento ambiental (arts. 5º, IV, e 12, X), tais como: medidas mitigadoras específicas, exigências tecnológicas e de estudos e monitoramentos específicos. Mesmo no Capítulo XI da PI 198/12 (arts. 22-25), que trata da relação entre a AAAS e o licenciamento ambiental, vê-se que os estudos produzidos no âmbito da AAAS deverão ser considerados pelos órgãos do Sisnama quando do licenciamento ambiental de empreendimentos ou atividades de exploração e produção de petróleo e gás natural, com vistas à racionalização dos estudos exigidos nesse âmbito, inclusive do Estudo de Impacto Ambiental e Relatório de Impacto Ambiental – EIA/RIMA (arts. 22 e 24). Essas disposições somente têm validade para os órgãos federais do Sisnama, uma vez que Ministros de Estado da União não têm poder de direção sobre os entes estaduais e municipais.

Conclusão: a AAAS não é condição do licenciamento ambiental relativo à exploração de petróleo e gás natural, mas, caso seja efetuada, deve ser considerada pelo licenciamento ambiental federal.

Ainda deve-se citar como possível vantagem da instituição da AAE a de ajudar naqueles cenários de ausência de sensibilidade dos órgãos licenciadores em face de empreendimentos com impactos ambientais que não exijam uma AIA, mas que estejam relacionados com outros que potencializem os impactos para níveis que exigem AIA. Frise-se, sua vantagem é possível, mas não necessária e nem deixa o meio ambiente desguarnecido, porque esses casos poderiam ser resolvidos com exegese das normas sobre o licenciamento ambiental para obrigar a confecção de estudo ambiental que incluísse essa questão, não sendo nem mesmo necessário um EIA porque o TR de estudo mais simples poderia englobar tal necessidade. Ademais, o órgão licenciador poderia utilizar os estudos ambientais de outros empreendimentos efetuados na área.

Portanto, vê-se que o problema não é a ausência de avaliação de impactos cumulativos e sinérgicos no EIA, mas da vontade de confeccionar políticas públicas sustentáveis por meio da AAE, o que afasta a questão do licenciamento ambiental.

13.3.1 O argumento da relação entre as partes e o todo

Outra forma de apresentar o argumento de que a soma dos impactos de cada empreendimento (impactos cumulativos e sinérgicos) é superior à mera soma aritmética está na justificativa de que o todo não é simplesmente a soma das partes. Frise-se que esse argumento opera com a correta ideia de que tudo está interligado na natureza.

Como dito anteriormente, dizer que a soma das partes é maior do que o todo não exime o EIA de avaliar os impactos cumulativos e sinérgicos do empreendimento. Da mesma forma, não implica o milagroso aperfeiçoamento do conhecimento técnico-científico, a ponto de se prever todos os impactos indiretos do empreendimento. A AAE, tanto quanto o EIA, é apenas uma estimativa dos impactos, embora ela seja sensivelmente mais abstrata.

Em outras palavras, sobrevalorizar a AAE não garante que os impactos indiretos – que supostamente avaliariam o todo – sejam corretamente apontados. A limitação é muito mais cognitiva do que propriamente do EIA.

Para reforçar a ideia de que as relações entre a parte e o todo são complicadas e demonstrar que o problema reside na limitação do conhecimento humano, cite-se Edgar Morin. Para o filósofo francês "o todo é ao mesmo tempo mais e menos do que a soma das partes", explicando as razões deste entendimento:

> Tomemos uma tapeçaria contemporânea. Ela comporta fios de linho, de seda, de algodão e de lã de várias cores. Para conhecer esta tapeçaria seria interessante conhecer as leis e os princípios relativos a cada um desses tipos de fio. Entretanto, a soma dos conhecimentos sobre cada um desses tipos de fios componentes da tapeçaria é insuficiente para se conhecer esta nova realidade que é o tecido, isto é, as qualidades e propriedades próprias desta textura, como, além disso, é incapaz de nos ajudar a conhecer sua forma e configuração.
> Primeira etapa da complexidade: temos conhecimentos simples que não ajudam a conhecer as propriedades do conjunto. Uma constatação banal cujas consequências não são banais: a tapeçaria é mais do que a soma dos fios que a constituem. *Um todo é mais do que a soma das partes que o constituem.*
> Segunda etapa da complexidade: o fato de haver uma tapeçaria faz com que as qualidades deste ou daquele tipo de fio não possam se exprimir plenamente. Essas são inibidas ou virtualizadas. *O todo é então menor do que a soma das partes.*
> Terceira etapa: isto apresenta dificuldades para nosso entendimento e nossa estrutura mental. *O todo é ao mesmo tempo mais e menos do que a soma das partes.*[1471]

Não apenas a natureza (*v.g.*, florestas, os rios, o ar) está interligada, mas todo o planeta, afinal, ele nada mais é do que o meio ambiente, natural, transformado ou criado. Tal fato fica mais evidente à medida que o conhecimento evolui, o que infelizmente não significa que a AAE seja a solução definitiva para realização dessa visão holística.

[1471] MORIN, Edgar. *Introdução ao Pensamento Complexo*. 3. ed. 2007. p. 85-86.

13.3.2 A desnecessidade do Zoneamento Ecológico-Econômico/ agroecológico para a licença ambiental

Algumas impugnações a empreendimentos empregam o argumento de que se faz necessário o Zoneamento Ecológico-Econômico (ZEE), na sua previsão específica de zoneamento agroecológico, como etapa anterior à concessão da licença ambiental.

Ressalte-se que tal tendência se acentua no caso dos aproveitamentos hidrelétricos, principalmente por causa da parte final do artigo 19, III, da Lei nº 8.171/91 (que dispõe sobre a política agrícola):

> Art. 19. O Poder Público deverá: [...]
> III – realizar zoneamentos agroecológicos que permitam estabelecer critérios para o disciplinamento e o ordenamento da ocupação espacial pelas diversas atividades produtivas, bem como para a instalação de novas hidrelétricas;

A mera citação de novas hidrelétricas faz com que se almeje o estancamento dos seus licenciamentos ambientais, sendo que o dispositivo cita "ocupação espacial pelas diversas atividades produtivas", ou seja, quaisquer atividades, "bem como" novas hidrelétricas.

Em outras palavras, se o zoneamento for necessário, ele deve abranger toda a atividade produtiva no campo, uma vez que o artigo 19, III, da Lei nº 8.171/91, assim o preceitua. Ocorre que essa exegese é tão absurda e desarrazoada que nunca foi implementada, a não ser como argumentação de isoladas ações civis públicas contra novos aproveitamentos hidrelétricos.

Ademais, a inexistência de zoneamento não pode ser impeditiva para o licenciamento ambiental porque não é seu requisito. Se assim fosse, nada mais poderia ser licenciado no país.

Embora o Decreto nº 4.297/02 tenha escolhido uma das interpretações possíveis em relação à eficácia do ZEE, preceituando a obediência do licenciamento aos "critérios, padrões e obrigações estabelecidos no ZEE, quando existir" (art. 20), ele apenas demonstra sua vinculação com o licenciamento ambiental quando o ZEE existe e foi aprovado no rito previsto pelo Direito.

13.4 A AAE como espécie da avaliação de impacto ambiental (AIA)? Possibilidade de criação por ato infralegal? Por quem?

A Lei nº 6.938/81 prevê como instrumento da Política Nacional do Meio Ambiente a avaliação de impactos ambientais (art. 9º, III), o que pode induzir a leitura de que a AAE é uma espécie da avaliação de impacto ambiental (AIA).

Marcela Albuquerque entende que para diferenciar as espécies de AIA passou-se a utilizar os termos *AIA de Projetos* e *AIA de PPPs* (políticas, planos ou programas) "que, posteriormente, receberam terminologias próprias, como Estudo de Impacto Ambiental (EIA) e Avaliação Ambiental Estratégica (AAE), respectivamente".[1472]

[1472] MACIEL, Marcela Albuquerque. *Compensação Ambiental*: instrumento para a implementação do Sistema Nacional de Unidades de Conservação, 2012. p. 106.

Como corolário do fato de a AAE ser espécie da AIA prevista na Lei nº 6.938/81 (art. 9º, III),[1473] Marcela Albuquerque doutrina ser razoável compreender que o instrumento de avaliação de impactos ambientais instituído no artigo 9º, III, da Lei nº 6.938/81, "corresponde a todos os níveis de decisão, de projetos a políticas, planos e programas, ou seja, é o gênero no qual é inserido não só o Estudo de Impacto Ambiental (EIA), mas também diversos outros estudos ambientais". Por esta razão, conclui: "para a implementação das demais tipologias de AIA, como a AAE, basta, portanto, a adoção de regulamentação específica nesse sentido. Não é necessária qualquer alteração legislativa".[1474] Defendendo a mera regulamentação para a inserção da AAE em nosso ordenamento, Marga Tessler, por sua vez, propugna: "Não se acredita que seja necessária uma lei para introduzir a AAE formalmente nas práticas dos gestores ambientais. Aliás, lineamentos de estratégia já estão na Lei da Política Nacional do Meio Ambiente – Lei nº 6.938/81, bastará uma Resolução do Conama".[1475]

Discorda-se de que a AAE seja instrumento da Política Nacional do Meio Ambiente, na modalidade avaliação de impactos ambientais. A AAE nem existia à época de edição da Lei nº 6.938/81, sendo indevido tentar atualizar o sentido da norma para abrigar algo totalmente diferente do que foi pensado à época, mormente sem nenhum ato regulamentar nesse sentido.

O licenciamento ambiental é atividade exclusiva dos órgãos de execução do Sisnama (art. 17-A da Lei nº 6.938/81), submetido, portanto, às regulamentações do Conama.

Pelo Decreto nº 99.274/90 (art. 7º, inc. I), regulamentador da Lei nº 6.938/81, compete ao Conama "estabelecer, mediante proposta do Ibama, normas e critérios para o licenciamento de atividades efetiva ou potencialmente poluidoras". É esse órgão do Sisnama que deve legislar, usando seu poder regulamentar, sobre o licenciamento ambiental, estipulando seus critérios. Segundo Talden Farias, "cabe ao Conama deliberar sobre o licenciamento ambiental de atividades efetiva ou potencialmente poluidoras".[1476]

Salvo previsão legal específica, não compete a nenhum ministério ou manual elaborado pela Administração Pública a imposição de critérios ao licenciamento ambiental, mas ao Conama. De qualquer modo, não existe um licenciamento de planos, programas e políticas públicas. A importância do reconhecimento da ausência de competência para os ministérios preverem regras atinentes ao meio ambiente reside no fato de que exigências de AAE – ou mesmo AAI, como ocorre no Manual de Inventários Hidrelétricos das Bacias Hidrográficas (2007) do MME[1477] – não podem ser consideradas como normas ambientais relativas ao licenciamento, mas meros procedimentos administrativos sem impacto jurídico sindicável pelo prisma do Direito Ambiental.

[1473] Aparentemente, Karina Pinto Costa defende a mesma ideia ao doutrinar que a "AAE, novo modelo de avaliação ambiental, baseado na Política Nacional de Meio Ambiente (Lei nº 6.938/1981), surgiu há bastante tempo, aproximadamente na década de 70, e passou a ser implementada em vários países em razão das dificuldades em lidar com fatores complexos e problemas de forma integrada" (COSTA, Karina Pinto. A (in)efetividade do direito ambiental brasileiro: análise prática das normas, dos instrumentos processuais e casos concretos. *Revista de Direito Privado*, v. 36, p. 206-226, out. de 2008. Disponível em *Revista dos Tribunais Online*. Acesso em 01 jun. 2013).

[1474] MACIEL, Marcela Albuquerque. *Compensação Ambiental*: instrumento para a implementação do Sistema Nacional de Unidades de Conservação, 2012. p. 108.

[1475] TESSLER, Marga Barth. Análise da Resolução Conama nº 1/86 sob perspectiva da avaliação ambiental estratégica. *Revista do TRF da 4ª Região*, Porto Alegre, n. 63, ano 18, p. 15-66, 2007. p. 27.

[1476] FARIAS, Talden, *Licenciamento Ambiental*: aspectos teóricos e práticos. 4. ed. 2013. p. 124.

[1477] Cujo uso é obrigatório de acordo com a Portaria MME nº 372/09.

A maior prova dessa desvinculação das normas ministeriais com o Direito Ambiental é que o órgão licenciador é o responsável pela licença ambiental e por suas consequências jurídicas, não se eximindo por, eventualmente, aproveitar o material da AAE. Esse aproveitamento pertence à discricionariedade do órgão licenciador, só podendo se tornar vinculante com base em lei ou, talvez, com base no poder hierárquico, mas ainda restaria o problema de como aproveitar considerações tão gerais e que podem não ter sido acatadas pelos definidores das PPP. Além disso, é no mínimo discutível tornar compulsório o estudo (ambiental), como etapa de planejamento da política pública, na qual o meio ambiente é apenas uma das preocupações, sem que haja lei prevendo sua existência e metodologia que possibilite ao órgão licenciador fazer um aproveitamento não apenas racional da AAE, mas jurídico também, trazendo segurança a todos, meio ambiente, Estado e empreendedor.

Nessa senda, é importante ressaltar a rejeição pelo Conama de proposta de resolução para criação da AAE, como requisito dos licenciamentos ambientais de Aproveitamentos Hidrelétricos (AHE), Usinas Hidrelétricas (UHE) e Pequenas Centrais Hidrelétricas (PCH). O artigo 2º da proposta estabelecia que as licenças ambientais AHE, UHE ou PCH deveriam ser precedidas de *Estudo Integrado de Bacias Hidrográficas* (EIBH), com critérios mínimos previstos no termo de referência anexado, "de maneira a constatar e averiguar precipuamente os impactos cumulativos (seja acumulação de alterações nos sistemas ambientais ao longo do tempo e no espaço, de maneira aditiva e interativa dos empreendimentos hidrelétricos instalados e em vias de instalação)" (fls. 06 do Proc. 02000.002863/2010-27 – DCONAMA/SECEX/MMA).[1478]

O Conama, na 3ª Reunião da Câmara Técnica de Controle Ambiental, em 26 de outubro de 2012, rejeitou proposta de resolução para a instituição do Estudo Integrado de Bacias Hidrográficas, que, na verdade, era uma AAE.[1479]

A AAE pode ser compreendida como uma espécie de avaliação de impacto ambiental (AIA), visto que seu escopo é exatamente o de mensurar o impacto ambiental, mas não, pelo menos no atual estágio do direito positivo, como instrumento da Política Nacional do Meio Ambiente. Entretanto, tal reconhecimento como espécie deve passar pelo prisma jurídico, ou seja, não se deve usar somente uma concepção funcional da AAE para concluir que ela é espécie da AIA, mormente porque não se está tratando de um licenciamento ambiental, mas da análise de um plano, programa ou política pública.

Embora possa ser considerada como tal, a AAE não é uma simples avaliação de impacto ambiental. Ela se aplica às políticas públicas, podendo influenciar a ação governamental em seu sentido mais puro e extrapolar a mera execução das políticas ao vedar, por exemplo, qualquer empreendimento previsto em alguma dessas políticas. Pode, ademais, atingir a própria formulação da política, e em todos os níveis federativos.

Na pior das hipóteses, tem-se uma cláusula muito ampla que poderia ter sido precisada pelo legislador nas inúmeras reformas legislativas da Lei nº 6.938/81, mas

---

[1478] Informação constante do site do Ministério do Meio Ambiente (3ª Reunião da CT de Controle Ambiental, em 26.10.12): http://www.mma.gov.br/port/conama/processos/F053739B/PropostaResolucao.pdf. Acesso em 5 abr. 2013.

[1479] Na justificativa da proponente da resolução consta a necessidade de se conhecer plenamente os impactos ambientais de todos os AHE e "estudar os efeitos sinérgicos e cumulativos dos grupos de AHE nas bacias hidrográficas correspondentes por meio dos estudos integrados das bacias hidrográficas (EIBH)" (fls. 09 do Proc. 02000.002863/2010-27 – DCONAMA/SECEX/MMA).

não foi nem mesmo nas mais recentes: LC nº 140/11 e Lei nº 12.651/12. Nesse sentido, os projetos de lei que almejavam implantar a AAE entre nós são bons exemplos de como o tema deve ser tratado, isto é, no mínimo, por lei.

De qualquer modo, a legislação, ao tratar do licenciamento, preceituou que este é necessário à "construção, instalação, ampliação e funcionamento de estabelecimentos e atividades utilizadores de recursos ambientais" (Lei nº 6.938/81, art. 10), e não ao planejamento, algo ideal e que pode não ser implementado, inclusive, por razões ambientais. O poder normativo do Conama não pode ir tão longe a ponto de criar uma obrigação ambiental sem base legal, conforme reconheceu o próprio MMA em estudo sobre o tema.[1480]

Por tais motivos, é razoável exigir-se expressa previsão legal, como ocorreu nos Estados Unidos (NEPA, Sec. 102 [42 USC §4332], 2, C c/c 40 CFC §1508.18, 2-3) e na Europa, ressaltando que esta, através da Diretiva 2001/42/CE, não impôs a AAE de forma direta, mas estabeleceu prazo para que os Estados o fizessem (art. 13). Tal observação é necessária por dois motivos: (i) o Tribunal de Justiça da Comunidade Europeia (C-40/07) condenou a Itália pela mora em prever a AAE em seu ordenamento,[1481] mas não substituiu a autonomia da Itália em tal julgamento, recusando-se a impor a AAE judicialmente; (ii) antes e depois de a Itália ser condenada, a jurisprudência italiana se recusava a aceitar a aplicabilidade direta da Diretiva 2001/42/CE, exigindo previsão legal interna (italiana) para tanto,[1482] o que ocorreu em 2008 (Dlgs 4/2008).

Não por outra razão, Aparecida Antônia de Oliveira e Marcel Bursztyn lecionam que "diversos países têm realizado um esforço considerável no sentido de adotar os procedimentos da AAE. Em alguns casos, a legislação ambiental está sendo modificada para incluir os requisitos para AAE".[1483]

A criação da AAE com o objetivo de propiciar uma visão mais holística da avaliação ambiental nos planos, programas e políticas públicas não pode mascarar que ela *não é ainda normatizada e muito menos obrigatória*.

A AAE não se constitui em requisito para o planejamento governamental (PPP), pelo respeito ao princípio da legalidade (CF, art. 5º, II, c/c art. 37, *caput*), e muito menos para o licenciamento ambiental. Nesse caso, tal ocorre não somente pelo fato de que ninguém será obrigado a fazer ou deixar de fazer alguma coisa senão em virtude de lei ou de que a Administração Pública somente deve fazer o que estiver expressamente previsto na lei, mas por não ser seu papel subsidiar o processo decisório do licenciamento ambiental, o que não impede que as análises produzidas possam ser aproveitadas pelos órgãos licenciadores.

Esse é o motivo de Luis Enrique Sánchez elencar, como uma das características das avaliações ambientais estratégicas, a voluntariedade, ou seja, "elas não foram apresentadas como resposta ou para atendimento de alguma exigência legal – como

---

[1480] *Avaliação Ambiental Estratégica*. Brasília: MMA/SQA, 2002. p. 68.

[1481] "Incumprimento de Estado – Diretiva 2001/42/CE – Avaliação dos efeitos de determinados planos e programas no ambiente – Não transposição no prazo estabelecido" (TJCE, 8ª Seção, C-40/07, j. em 08.11.07, resumo do caso disponível em: http://eur-lex.europa.eu/LexUriServ/LexUriServ.do?uri=CELEX:62007CJ0040:PT:PDF. Acesso em 03 jun. 2013).

[1482] FILIPPUCCI, Leonardo. *La Valutazione di Impatto Ambientale e la valutazione strategica, alla luce dele modifiche introdotte dal Dlgs 4/2008*. Milano: Edizioni Ambiente, 2009. p. 165, nota 1.

[1483] OLIVEIRA, Aparecida Antônia de; BURSZTYN, Marcel. Avaliação de impacto ambiental de políticas públicas. *Interações – Revista Internacional de Desenvolvimento Local*, v. 2, n. 3, p. 45-56, set. 2001. p. 49.

é o caso do estudo de impacto ambiental necessário para o licenciamento de obras ou atividades potencialmente causadoras de significativa degradação ambiental –, mas como iniciativas de planejamento".[1484] Para Marina Montes Bastos, a AAE não é tratada pela legislação ambiental brasileira, existindo apenas experiências voluntárias.[1485] Ao estudar o caso da AAE do Rodoanel, Rie Kawasaki segue a mesma linha:

> A AAE consiste em um instrumento de gestão ambiental não regulamentado com força de lei no País, razão pela qual há que se buscar na literatura e em experiências nacionais e internacionais conceitos, princípios, diretrizes, objetivos, elementos fundamentais, procedimentos e metodologias. Existem regulamentos infralegais e projetos de lei dispondo sobre a Avaliação Ambiental Estratégica; mas por serem regras legais que estão hierarquicamente abaixo da lei formal, isto é, elaborada pelo Poder Legislativo e sancionada pelo Chefe do Poder Executivo, não obrigam particulares nem o Poder Público, eis que, nos termos do art. 5º, II da Constituição Federal de 1988, "... ninguém será obrigado a fazer ou deixar de fazer alguma coisa senão em virtude de lei".[1486]

A própria Lei da Política Nacional do Meio Ambiente é clara em não abarcar o planejamento público como objeto do licenciamento ambiental, sendo exclusivo para "construção, instalação, ampliação e funcionamento de estabelecimentos e atividades utilizadores de recursos ambientais" (art. 10).

Pelas mesmas razões, o estudo do MMA sobre a AAE reconhece a necessidade de alteração legislativa para a sua criação: "Para a instituição da AAE no País, é de todo necessário criar uma base legal mínima que apoie e facilite sua implementação".[1487] O MMA voltou a se manifestar no mesmo sentido na Nota Técnica nº 02 GPLA/DLAA/SMCQ/MMA/2011: "[...] considera-se que não há previsão legal que forneça alicerces seguros para sustentar o Conama, com propriedade, em uma iniciativa dessa natureza. O colegiado, afinal, tem a incumbência, entre outras, de estabelecer normas e critérios para o licenciamento ambiental, não podendo ir além do que a Lei nº 6.938/81 determina" (fls. 12 do Proc. 02000.002863/2010-27 – DCONAMA/SECEX/MMA).[1488]

Mesmo quem defende o uso de regulamentação do Poder Executivo, por colegiado interministerial, entende que "seria temerário, por exemplo, adotar-se uma deliberação do Conselho Nacional de Meio Ambiente, na medida em que se trata apenas de um colegiado no âmbito de um dos ministérios. A possibilidade do entendimento de que

---

[1484] SÁNCHEZ, Luis Enrique. Avaliação Ambiental Estratégica e sua Aplicação no Brasil. 2008. p. 01. Disponível em: http://www.iea.usp.br/publicacoes/textos/aaeartigo.pdf. Acesso em 12 dez. 2016. No mesmo sentido, cf.: MARGATO, Vítor; SÁNCHEZ, Luis E. Quality and outcomes: a critical review os strategic environmental assessment in Brazil. *Journal of Environmental Assessment Policy and Management*, v. 16, n. 2, june 2014.

[1485] BASTOS, Marina Montes. Avaliação ambiental estratégica para políticas públicas, planos e programas governamentais de infraestrutura no Brasil. *In*: MILARÉ, Édis *et al.* (Coord.). *Infraestrutura no Direito do Ambiente*. São Paulo: RT, 2016. p. 308.

[1486] KAWASAKI, Rie. Análise dos estudos de impacto ambiental e dos relatórios de impacto ambiental elaborados antes e após a realização da avaliação ambiental estratégica – Caso do rodoanel Trecho Sul. Monografia (Aperfeiçoamento/Especialização em Perícia e Auditoria Ambiental) – Instituto de Pesquisas Tecnológicas do Estado de São Paulo, 2007. p. 43-44. Entendendo que a AAE não tem previsão legal, motivo pelo qual deve estar presente como instrumento da PNMA, cf.: OLIVEIRA, Raísa Lustosa de. *Licenciamento Ambiental*: avaliação ambiental estratégica e (in)eficiência da proteção do meio ambiente. Curitiba: Juruá, 2014. p. 140 e 158.

[1487] *Avaliação Ambiental Estratégica*. Brasília: MMA/SQA, 2002. p. 68.

[1488] Disponível em: http://www.mma.gov.br/port/conama/processos/F053739B/NotaTecnica02.pdf. Acesso em 05 abr. 2013.

isso constituiria uma subordinação dos outros ministérios ao de Meio Ambiente poderia suscitar resistências".[1489] Embora seja uma aproximação de fundo mais institucional que jurídico, a advertência pode ser jurídica porque sem lei não se pode subordinar um ministério a outro, exceto se houver expressa vontade do Presidente da República. Ademais, não se pode ignorar que algumas políticas públicas são elaboradas de forma direta pelo Legislativo, o que a regulamentação do Presidente da República não teria o condão de resolver.

13.4.1 A situação da AAE nos EUA e a diferença com a possibilidade regulatória brasileira

A instituição da AAE nos EUA é importante experiência jurídica para se entender o porquê da impossibilidade de implementá-la no Brasil sem expresso respaldo legal.

O NEPA não previu de forma direta a AAE, mas apenas que, da maneira mais ampla possível, todos os órgãos e entidades governamentais deverão incluir, em cada recomendação ou relatório de "propostas de legislação e outras importantes ações federais" que afetam significativamente a qualidade do meio ambiente humano, uma declaração detalhada do impacto ambiental desta ação (Sec. 102 [42 USC §4332], 2, C).[1490]

Adicionalmente, houve a exigência, pelo NEPA, da publicidade dessa avaliação ambiental. Depois de analisada mediante conhecimento técnico, qualquer comprometimento de recursos considerado irreversível diante dos padrões ambientais deve ser citado e realçado, e cópias do acordo, comentários e pontos de vista dos órgãos públicos locais, estaduais e federais devem estar disponíveis ao Presidente, ao Conselho de Qualidade do Meio Ambiente e ao público.

Quem regulamentou a AAE nos Estados Unidos foi o *Council on Environmental Quality* (CEQ – Conselho de Qualidade Ambiental),[1491] órgão abrigado na estrutura administrativa da Casa Branca, criado por determinação do NEPA.[1492] A regulamentação

---

[1489] AGRA FILHO, Severino Soares; EGLER, Paulo Cesar Gonçalves. *Avaliação Ambiental Estratégica – AAE – Texto básico*. p. 01-52, nov. 2006. p. 47. Disponível em: http://www.uems.br/propp/conteudopos/AAE/aaepantanal.pdf. Acesso em 31 mai. 2013.

[1490] A Seção 102 [42 USC §4332] do NEPA preceitua: "The Congress authorizes and directs that, to the fullest extent possible: (1) the policies, regulations, and public laws of the United States shall be interpreted and administered in accordance with the policies set forth in this Act, and (2) all agencies of the Federal Government shall – (C) include in every recommendation or report on proposals for legislation and other major Federal actions significantly affecting the quality of the human environment, a detailed statement by the responsible official on -- (i) the environmental impact of the proposed action, (ii) any adverse environmental effects which cannot be avoided should the proposal be implemented, (iii) alternatives to the proposed action, (iv) the relationship between local short-term uses of man's environment and the maintenance and enhancement of long-term productivity, and (v) any irreversible and irretrievable commitments of resources which would be involved in the proposed action should it be implemented. Prior to making any detailed statement, the responsible Federal official shall consult with and obtain the comments of any Federal agency which has jurisdiction by law or special expertise with respect to any environmental impact involved. Copies of such statement and the comments and views of the appropriate Federal, State, and local agencies, which are authorized to develop and enforce environmental standards, shall be made available to the President, the Council on Environmental Quality and to the public as provided by section 552 of title 5, United States Code, and shall accompany the proposal through the existing agency review processes;".

[1491] PORTERFIELD, Matthew. Agency action, finality and geographical nexus: judicial review of agency compliance with NEPA's programmatic environmental impact statement requirement after Lujan v. National Wildlife Federation. *University of Richmond Law Review*, v. 28. p. 619-667, 1994. p. 625.

[1492] §202 [42 USC §4342].

da matéria pelo CEQ decorreu da definição do conceito de *major action*, utilizado pelo NEPA ao tratar das avaliações de impacto ambiental.

No §1.508.18 (B) do *Code of Federal Regulations* (CFR), definiu-se que as ações federais tendem a se enquadrar em quatro categorias: (1) políticas oficiais, como regras, regulações e interpretações etc.; (2) planos formais; (3) programas; (4) projetos específicos.[1493]

Na previsão de planos e programas se inclui a AAE, uma vez que toda ação federal importante (ou "de vulto")[1494] (*major action*), que afeta significativamente a qualidade do meio ambiente humano – como são os planos e programas públicos –, deve ser precedida de uma recomendação ou relatório detalhado do seu impacto ambiental (Sec. 102 [42 USC §4332], 2, C).

A implementação da AAE nos EUA ocorreu pela via regulamentar, o que poderia dar impressão de que o mesmo seria possível no Brasil. No entanto, existem diferenças significativas entre os dois ordenamentos que desautorizam tal conclusão.

Nos EUA, a lei da política nacional do meio ambiente (NEPA) prevê que deve haver avaliação de impacto ambiental quando existirem importantes ações (*major action*) governamentais, que, pela regulamentação da CEQ, abrangem planos e programas públicos. No Brasil, a Lei nº 6.938/81 apenas impõe o licenciamento para "construção, instalação, ampliação e funcionamento de estabelecimentos e atividades utilizadores de recursos ambientais" (Lei nº 6.938/81, art. 10), não para o planejamento, planos ou programas.

Ampliar o conceito de "avaliação de impactos ambientais" (Lei nº 6.938/81, art. 9º, III) para incluir o que nele nunca esteve previsto, ultrapassando as possibilidades semânticas do artigo 10, não parece possível no atual contexto jurídico brasileiro, notadamente quando a própria Constituição exige EIA para "obra ou atividade" (art. 225, §1º, IV).

Caso se admitisse, a partir da previsão genérica do artigo 9º, III, da Lei nº 6.938/81, a desnecessidade de lei específica para instituição da AAE como instrumento da Política Nacional do Meio Ambiente, seria imprescindível a regulamentação desse dispositivo legal pela Presidência da República, já que a AAE interferirá na própria atividade de planejamento do Poder Executivo, não sendo aconselhável que, sem expressa previsão legal, um órgão de um Ministério interfira na concepção das políticas públicas dos demais.

Mesmo se assim fosse, ainda restaria a questão da sua aplicação aos demais entes federados, tendo em mente a autonomia federativa.

Consequentemente, as normas que preveem a AAE devem ser lidas nesse contexto, visto que algumas delas somente impõem a AAE como *objetivo* (Decreto

---

[1493] CFR, §1508.18 (*Major Federal action*).
(b) *Federal actions tend to fall within one of the following categories: (1) Adoption of official policy, such as rules, regulations, and interpretations adopted pursuant to the Administrative Procedure Act, 5 U.S.C. 551 et seq.; treaties and international conventions or agreements; formal documents establishing an agency's policies which will result in or substantially alter agency programs. (2) Adoption of formal plans, such as official documents prepared or approved by federal agencies which guide or prescribe alternative uses of Federal resources, upon which future agency actions will be based. (3) Adoption of programs, such as a group of concerted actions to implement a specific policy or plan; systematic and connected agency decisions allocating agency resources to implement a specific statutory program or executive directive. (4) Approval of specific projects, such as construction or management activities located in a defined geographic area. Projects include actions approved by permit or other regulatory decision as well as federal and federally assisted activities.*

[1494] Para usar a tradução de Antonio F. G. Beltrão, *Aspectos Jurídicos do Estudo de Impacto Ambiental (EIA)*, 2007. p. 93.

nº 4.339/02[1495]), outras *disciplinam competências* dentro do órgão para propor normas e definir estratégias relativas a ela (Decreto nº 6.101/07)[1496] ou as aguardam como *resultados esperados* na Avaliação do Potencial Mineral da Plataforma Continental Jurídica Brasileira e Áreas Oceânicas – Remplac (Decreto nº 6.678/08).[1497] Tal contextualização evidencia que essas previsões estão longe de implantar ou tornar a AAE compulsória, seja do ponto de vista da legislação administrativa, seja da legislação ambiental.

13.4.2 A impossibilidade de exigir a AAE baseada na mera discricionariedade técnica do órgão ambiental

Como a Resolução Conama nº 01/86 (art. 5º, III) prevê que o EIA deve delimitar a "área de influência do projeto, considerando, em todos os casos, a bacia hidrográfica na qual se localiza", existe entendimento de que isso geraria o dever de realizar a AAE, pois o empreendimento para aproveitamento hidrelétrico teria que ser holisticamente avaliado.

Com base nesse entendimento, por exemplo, o órgão estadual ambiental do Paraná (IAP), por meio da Portaria IAP/GP 120/04, que condicionava "o licenciamento ambiental atinente aos empreendimentos de geração de energia hidrelétrica do Paraná, a realização de avaliação ambiental estratégica relativa às bacias hidrográficas", resolveu:

> Condicionar, o licenciamento ambiental atinente aos empreendimentos de Geração de Energia Hidrelétrica do Estado do Paraná, a realização de avaliação ambiental estratégica relativa às Bacias Hidrográficas e, principalmente, da execução do Zoneamento Ecológico-Econômico do território paranaense em elaboração pelo Governo do Estado do Paraná.
> Excetuam-se desta exigência processos de renovação de Licença de Operação e regularização de empreendimentos, já em funcionamento.
> Esta Portaria tem efeitos a partir de 01 de maio de 2004.

Esta Portaria, independentemente de ter sido excepcionada pela Portaria IAP 70/05, cometeu a ilicitude de acrescer ao processo de licenciamento a AAE de uma política pública que não lhe pertence e que não tem base na legislação nacional.

Somente o ente federativo competente para elaborar o plano, programa ou política é que deve realizar a AAE. Sem previsão legal, não pode o Estado-membro interferir em política pública da União e de autarquia federal (Aneel). Pelo direito positivo

---

[1495] O Decreto nº 4.339/02, ao instituir princípios e diretrizes para a implementação da Política Nacional da Biodiversidade, traçou como objetivo "estabelecer mecanismos para determinar a realização de estudos de impacto ambiental, inclusive Avaliação Ambiental Estratégica, em projetos e empreendimentos de larga escala, inclusive os que possam gerar impactos agregados, que envolvam recursos biológicos, inclusive aqueles que utilizem espécies exóticas e organismos geneticamente modificados, quando potencialmente causadores de significativa degradação do meio ambiente" (13.2.19).

[1496] O Decreto nº 6.101/07 prescreve dentro da estrutura do MMA: "Art. 14. À Secretaria de Mudanças Climáticas e Qualidade Ambiental compete: I – propor políticas e normas e definir estratégias nos temas relacionados com: a) a avaliação ambiental estratégica; [...] Art. 16. Ao Departamento de Licenciamento e Avaliação Ambiental compete: I – subsidiar a formulação de políticas e normas e a definição de estratégias para a implementação de programas e projetos em temas relacionados com: a) a avaliação ambiental estratégica;".

[1497] No caso, o resultado esperado, no VII Plano Setorial para os Recursos do Mar, que inclui a AAE/AAI, é: "áreas de relevante interesse minero-energético identificadas por meio de avaliação ambiental estratégica; estudos de avaliação ambiental integrada (AAI) desenvolvidos para petróleo e gás em águas rasas".

vigente, a AAE deve ser efetuada pelos órgãos responsáveis por fazer a política, plano ou programa, somente podendo ser exigida por estes. A intenção do Estado do Paraná, nesse contexto, se caracteriza como autêntico desvio de poder. Ainda que sobreviesse lei estadual, haveria desvio de poder legislativo, tão pernicioso quanto o administrativo, como advertiu Miguel Reale.[1498]

Não existe poder criativo dos órgãos do Sisnama para impor a AAE ao seu bel-prazer, ainda que sob o princípio da precaução. Por tal motivo, é equivocado o acórdão do TRF da 4ª Região que manteve a exigência de AAE/AAI para o licenciamento ambiental de aproveitamentos hidrelétricos.[1499]

Em outro acórdão,[1500] cuja fundamentação se ateve essencialmente à elaboração de um EIA/RIMA que abrangesse os impactos cumulativos e sinérgicos da bacia hidrográfica em questão, o que estaria de acordo com a Resolução Conama nº 1/86 (arts. 5º, III c/c 6º, II), mas cujo dispositivo acabou exigindo uma AAI pura e simples, houve equívoco maior. Foi criada uma AAE não apenas sem base legal alguma – o que traz à tona a questão da autocontenção, desenvolvida no próximo item –, mas com fundamentação incongruente.

O equívoco se torna ainda mais evidente quando se constata, com base nessa portaria paranaense, que é o empreendedor quem arca com os custos da AAE efetuada por empresa de consultoria ambiental. Em outras palavras, além de não ter base legal e querer mudar a política pública da União (MME)/Aneel, onera o empreendedor com o pagamento do estudo ambiental que subsidia o desenvolvimento de políticas públicas.

[1498] "Não se creia que só haja desvio de poder por parte do Executivo. Na estrutura do Estado Federal, quando há um 'código superior de deveres', o ato legislativo local não escapa da mesma increpação se a lei configurar o emprego malicioso de processos tendentes a camuflar a realidade, usando-se dos poderes inerentes ao 'processo legislativo' para atingir objetivos que não se compadecem com a ordem constitucional" (REALE, Miguel. Abuso do poder de legislar. *Revista de Direito Público*, São Paulo: RT, n. 39-40, p. 73-82, jul./dez. 1976. p. 76-77).

[1499] "ADMINISTRATIVO E AMBIENTAL. CONCESSIONÁRIA DE ENERGIA ELÉTRICA. RECURSO DE APELAÇÃO. REGULARIDADE FORMAL. CERCEAMENTO DE DEFESA. CITAÇÃO DA UNIÃO. DESNECESSIDADE. PRESENÇA NO FEITO DA ANEEL. LICENCIAMENTO AMBIENTAL: PREVISÃO LEGAL, NATUREZA E HIPÓTESES DE CANCELAMENTO. CONSTITUIÇÃO FEDERAL. LEI Nº 6.938/81. RESOLUÇÕES CONAMA Nºs 001/86 E 237/97. *CONCESSÃO DE LICENÇA CONDICIONADA À REALIZAÇÃO DE AVALIAÇÃO AMBIENTAL ESTRATÉGICA DAS BACIAS HIDROGRÁFICAS E ZONEAMENTO ECOLÓGICO-ECONÔMICO NO ESTADO DO PARANÁ. PRINCÍPIO DA PRECAUÇÃO.* PROTEÇÃO DO MEIO AMBIENTE COMO OBJETIVO DA POLÍTICA ENERGÉTICA NACIONAL. LEGALIDADE DO ATO DE CANCELAMENTO DA LICENÇA DE INSTALAÇÃO EXPEDIDA PELO INSTITUTO AMBIENTAL DO PARANÁ. Estando caracterizado que o empreendimento pertinente à central hidrelétrica discutida na demanda, cuja licença foi cancelada, oferece risco ao meio ambiente, no mínimo relativamente à incerteza quantos aos possíveis impactos ambientais decorrentes da central hidrelétrica, não há reparo a fazer no ato administrativo que cancelou a licença para o empreendimento" (TRF da 4ª Região, 3ª T., v.u., AMS 2004.70.00.033268-5/PR, rela. Desa. Fed. Vânia Hack de Almeida, j. em 26.09.06, *DJU* 16.11.2006. p. 481 – destacou-se).

[1500] "AÇÃO CIVIL PÚBLICA. DANO AMBIENTAL. BACIA HIDROGRÁFICA DO RIO TIBAGI. USINA HIDRELÉTRICA. ESTUDO DE IMPACTO AMBIENTAL. AVALIAÇÃO AMBIENTAL INTEGRADA. NECESSIDADE. [...] 3. Necessidade da realização de Avaliação Ambiental Integrada da Bacia do Rio Tibagi como pré-requisito para a concessão de licença ambiental para construção de qualquer Usina Hidrelétrica nessa Bacia Hidrográfica, exceção feita a UHE de Mauá. 4. Apelações da Copel, da ANEEL e da União parcialmente providas para afastar as exigências postas na sentença apenas para a UHE de Mauá. Apelação do Ministério Público Federal parcialmente provida para que, à exceção da UHE de Mauá, os órgãos ambientais não efetuem o licenciamento sem a realização prévia da Avaliação Ambiental Integrada" (TRF da 4ª Região, 3ª T., v.u., AC 0007514-38.1999.4.04.7001 ou 1999.70.01.007514-6/PR, Rel. Des. Fed. Fernando Quadros da Silva, j. em 26.04.11, *DJe* 04.05.2011). Processo cujo REsp (1.324.924/PR) foi monocraticamente negado, em 14.06.2013, por questões processuais, sendo tal decisão posteriormente mantida (STJ, 2ª T., v.u., AgRg no REsp nº 1.324.924/PR, j. em 06.02.2014, *DJe* 11.02.2014).

Como destacado no Parecer nº 07/2017/COJUD/PFE-IBAMA-SEDE/PGF/AGU, sobre a ilegalidade de se exigir a AAE para o licenciamento ambiental, abordando também a questão da sua imposição judicial, tema do próximo item:

> [...] V – Não existe previsão legal para a AAE no Brasil, não podendo ser exigida, sob pena de violar o princípio da legalidade (CF, arts. 5º, II, c/c 37, *caput*), nem mesmo pelos órgãos do Sisnama, ainda que sob o princípio da precaução. A AAE não pode ser considerada requisito do processo de licenciamento ambiental porque seu o objeto legal expresso são obras ou atividades (Lei nº 6.938/81, art. 10), não planejamento público (PPP). Não se deve usar a exigência de AAE para divergir abstratamente sobre políticas administrativas ao, por via transversa, impedir licenciamentos ambientais. Necessidade de autocontenção judicial. Precedentes judiciais.[1501]

O Parecer nº 14/2023/CGPP/DECOR/CGU/AGU manteve esse entendimento ao preceituar que "seja no plano jurídico, ou no plano fático, no âmbito do licenciamento ambiental não é exigível a AAAS".[1502]

13.5 Autocontenção judicial no procedimento administrativo de licenciamento ambiental: impossibilidade de exigir a AAE

Embora não se admita que a AAE possa ser implementada no Brasil por regulamentação, tendo em vista o atual quadro normativo da matéria, deve-se, apenas para argumentar, indagar se seria possível a sua imposição via judicial.

Em outras palavras, ainda que ela pudesse ser instituída como instrumento da Política Nacional do Meio Ambiente por ato infralegal, deve haver autocontenção judicial nessa matéria ou seria permitido ao Judiciário impor a AAE? Vários argumentos militam em favor da autocontenção judicial em matéria de AAE.

Em primeiro lugar, como visto, a ausência da AAE não deixa o meio ambiente indefeso, porque a aferição dos impactos cumulativos e sinérgicos não apenas é possível, como é obrigatória no EIA, conforme a Resolução Conama nº 1/86.

Em segundo lugar, a proteção ao meio ambiente (CF, art. 225) materializa-se de diversas formas, sendo uma delas através do estudo prévio de impacto ambiental, "na forma da lei" para a instalação de obra ou atividade potencialmente causadora de significativa degradação do meio ambiente (CF, art. 225, §1º, IV). A própria Constituição exigiu o EIA para "obra ou atividade" como um mínimo garantidor do meio ambiente ecologicamente equilibrado, impedindo a lesão jurídica em previsões do próprio constituinte originário, tendo em vista a inexistência de normas constitucionais inconstitucionais quando a previsão constitucional for originária. É somente esse mínimo que pode ser exigido judicialmente.

Não existe base para sacar a AAE, sem intermediação legislativa, do artigo 225 da CF. A expansão da proteção ao meio ambiente não tem a força normativa de criar

---

[1501] Parecer nº 07/2017/COJUD/PFE-IBAMA-SEDE/PGF/AGU, aprovado pelo Procurador-Chefe da PFE-Ibama, em 08.02.2017, mediante Despacho nº 68/2017/GABIN/PFE-IBAMA-SEDE/PGF/AGU, nos autos do PA nº 00807.000116/2017-10.

[1502] Parecer nº 14/2023/CGPP/DECOR/CGU/AGU, aprovado pelo Consultor-Geral da União em 22.08.2023, mediante Despacho nº 00549/2023/GAB/CGU/AGU, nos autos do PA nº 00400.002273/2023-81.

procedimentos com bases em cláusulas vagas. Quando a Constituição assim quis, ela foi expressa, motivo pelo qual o nosso artigo 225 é mundialmente citado por ser exaustivo sobre a proteção ao meio ambiente.

Por esta razão, deve-se contextualizar a doutrina de Édis Milaré, quando ele, ao tratar da AAE, aduz que a Lei Maior "contemplou, em seu art. 225, atribuições específicas para governos e gestores da coisa pública. Em particular está implícito que a Administração Pública deve incorporar em seus procedimentos rotineiros a variável ambiental, principalmente quando se tratar de formulação e implementação de planos de governo".[1503] Ele não disse que a AAE era obrigatória, apenas que ela contribuiria para o meio ambiente ecologicamente equilibrado. Por isso quando o jurista aduz que a precaução e a prevenção deveriam constituir exigências prévias à formulação de políticas governamentais, como se fossem "ativo exigível" dos partidos políticos e das plataformas eleitorais por parte dos cidadãos e da coletividade,[1504] não significa dizer que a AAE existe em nosso ordenamento ou é obrigatória.

Em terceiro lugar, a AAE tem mais natureza política do que técnica,[1505] o que levou alguns doutrinadores e tribunais estadunidenses a defender, mormente após o caso *Lujan v. Natural Wildlife Federation*, julgado pela Suprema Corte em 1990, que a AAE não poderia ser judicializada pela inexistência de uma ação estatal com densidade suficiente para ser contrastada.[1506] Em decisões mais recentes, a Suprema Corte estadunidense decidiu novamente no mesmo sentido: em *Ohio Forestry Ass'n v. Sierra Club* (1998), a Corte, por unanimidade, concluiu que contestar o plano de manejo da Floresta Nacional Wayne, especialmente sobre a previsão para o corte de árvores, antes de alguma implantação concreta, seria consagrar "divergências abstratas sobre políticas administrativas" (*"abstract disagreements over administrative policies"* – 523 U. S. 736 – tradução livre).[1507]

Um teste importante para o controle judicial está na distinção entre os atos administrativos e os atos políticos da Administração, pois ainda que se exija a AAE não se conseguiria nenhum contraste de legalidade pelo fato de a decisão que ela influenciaria ser política. Uma coisa é influenciar um ato administrativo (licença ambiental), que, mesmo não vinculado ao conteúdo do EIA, tem elementos sindicáveis; outra, bem diferente, é controlar a política pública, em princípio insindicável jurisdicionalmente

---

[1503] MILARÉ, Édi. *Direito Ambiental*. 10. ed. 2015. p. 670.
[1504] MILARÉ, Édis. *Direito Ambiental*. 10. ed. 2015. p. 670.
[1505] *Avaliação Ambiental Estratégica*. Brasília: MMA/SQA, 2002. p. 17.
[1506] PORTERFIELD, Matthew. Agency action, finality and geographical nexus: judicial review of agency compliance with NEPA's programmatic environmental impact statement requirement after Lujan v. National Wildlife Federation. *University of Richmond Law Review*, v. 28, p. 619-667, 1994. p. 643.
[1507] Em *Norton v. Southern Utah Wilderness Alliance* (2004), a Suprema Corte estadunidense analisou a contestação de que era necessário realizar estudo de impacto ambiental para avaliar a passagem de veículos *off-road* em certas áreas do parque (*Wilderness Study Areas*) do plano de manejo. Por unanimidade, a Corte entendeu que discordâncias sobre políticas não deviam ser resolvidas no Judiciário e que, nas palavras de Michael C. Blumm e Sherry L. Bosse, os termos do plano não podiam ser impostos judicialmente (BLUMM, Michael C., BOSSE, Sherry L. Norton v. SUWA and the unraveling of federal public land planning. *Duke Environmental Law & Policy Forum*, v. 18, n. 1, p. 105-161, 2007. p. 108). "Se as cortes fossem habilitadas a emitir decisões gerais para obrigar o cumprimento de leis amplas [*broad statutory mandates*]... isso se tornaria tarefa de supervisão da corte, em vez de tarefa da agência, no sentido de impor o cumprimento de leis amplas, inserindo o juiz no gerenciamento do dia a dia da agência" (542 U.S. 66-67 – tradução livre).

(*political question doctrine*),[1508] limite que impediria o contraste de legalidade, especialmente com base na alegação de indispensabilidade ou inafastabilidade da AAE. Nesse sentido, Frederico R. Silva doutrina que a AAE "objetiva promover o desenvolvimento sustentável através da incorporação da variável ambiental no processo de planejamento estratégico das políticas públicas" e alerta que a AAE "deve ser usada na formulação e desenvolvimento de planos e programas e não para submissão desses planos ao processo AAE".[1509] Adentrar na esfera da formulação das políticas públicas poderia, ainda, afrontar a separação de poderes (CF, art. 2º).[1510]

Adicione-se, ainda, a limitação técnica de que a discussão ambiental na AAE "não pode ter o mesmo grau de detalhe se comparada com o processo de AIA".[1511]

Embora a política pública deva ser informada sobre os aspectos ambientais, não necessariamente deve se servir apenas da AAE – cuja definição já é difícil de precisar, quanto mais a metodologia – para tal fim.

Em quarto lugar, segundo o direito vigente, a AAE não pode ser considerada requisito do processo de licenciamento ambiental, dado que o objeto legal deste são obras ou atividades, situando-se fora dele o planejamento. A Lei nº 6.938/81, com a redação que lhe foi dada pela LC nº 140/2011, é clara quanto a esse ponto:

> Art. 10. A construção, instalação, ampliação e funcionamento de estabelecimentos e atividades utilizadores de recursos ambientais, efetiva ou potencialmente poluidores ou capazes, sob qualquer forma, de causar degradação ambiental dependerão de prévio licenciamento ambiental.

Para licenciar algo, o nosso ordenamento elegeu diversos tipos de avaliação de impactos de atividades ou empreendimentos, sendo o EIA o mais significativo, mesmo porque é previsto na Constituição. Impor, por ação judicial, a AAE como requisito do licenciamento é incluir elemento estranho à nossa legislação nesse processo decisório.

Existem instrumentos específicos que foram eleitos pela nossa Constituição, por nossas leis e resoluções do Conama, não cabendo, portanto, ao Judiciário aditar a legislação para impor a AAE ou a AAI como requisito do processo decisório de licenciamento ambiental.

Sendo assim, tem-se o quinto argumento favorável à autocontenção: evitar a superprocedimentalização (*overproceduralization*) do processo decisório de licenciamento ambiental pela imposição de requisito (AAE) sem previsão constitucional ou legal.

[1508] Elival da Silva Ramos observa que "a função de governo, na maioria das vezes, se desenvolve mediante a elaboração de programas de governo, de planos de ação, globais ou setoriais" e que "enquanto se mantenha no plano exclusivamente político, a função de governo revela-se judicialmente incontrolável" (RAMOS, Elival da Silva. *Ativismo Judicial*: parâmetros dogmáticos. 1. ed. 3. tir. São Paulo: Saraiva, 2013. p. 154-155)

[1509] SILVA, Frederico Rodrigues. Avaliação ambiental estratégica como instrumento de promoção do desenvolvimento sustentável. *Revista Direitos Fundamentais & Democracia*, v. 8, n. 8, p. 301-329, jul./dez. 2010. p. 307 e 326.

[1510] "[...] 2. As restrições impostas ao exercício das competências constitucionais conferidas ao Poder Executivo, entre elas a fixação de políticas públicas, importam em contrariedade ao princípio da independência e harmonia entre os Poderes" (STF, Pleno, v.u., ADI-MC-REF 4.102/RJ, Rela. Mina. Cármen Lúcia, j. em 26.05.2010, DJe 24.09.2010).

[1511] AGRA FILHO, Severino Soares; EGLER, Paulo Cesar Gonçalves. *Avaliação Ambiental Estratégica – AAE – Texto básico*. nov. 2006. p. 26. Disponível em: http://docplayer.com.br/8565676-Avaliacao-ambiental-estrategica-aae-texto-basico-paulo-cesar-goncalves-egler-severino-soares-agra-filho.html. Acesso em 17 jan. 2017.

A autocontenção judicial em matéria procedimental não é novidade e decorre da obediência à lei e da discricionariedade administrativa. Em outras palavras, ela nada mais faz do que prestigiar a separação de poderes, respeitando o âmbito de escolha do Legislativo ou do Executivo.

Como visto no capítulo XII, algumas cortes estadunidenses começaram a acrescentar requisitos procedimentais não previstos na Lei de Processo Administrativo a partir de considerações de justiça ou para oportunizar uma participação significativa no procedimento. A Suprema Corte desautorizou esses acréscimos,[1512] consignando que "as cortes geralmente não têm autoridade para impor procedimentos híbridos superiores àqueles contemplados pelas leis de regência".[1513]

A Suprema Corte estadunidense vedou a tentativa de remodelar, por via judicial, o processo decisório previsto em lei, no caso o APA, a partir de hiperintegrações hermenêuticas com o NEPA e outros *topoi* argumentativos, como é a natureza das questões debatidas, tais como a energia nuclear, a proteção ao meio ambiente etc.

Reconhecendo que houve o mínimo participativo exigido pelo APA, a Suprema Corte advertiu que o tribunal não deve "afastar-se para além da província judicial para explorar o formato processual ou para impor à agência a sua própria noção de quais procedimentos são 'melhores' ou mais prováveis de favorecer algum bem público vago e indefinido" (*Vermont Yankee* – 435 U. S. 549). Em outras palavras, reconheceu margem de discricionariedade para a Administração Pública estabelecer sua própria normatização sobre seu procedimento, desde que obedecido o mínimo previsto na lei.

À luz de *Vermont Yankee*, é impossível o estabelecimento judicial da AAE, exigindo-a sem fonte de direito positivo, porque o Congresso não emitiu nenhuma manifestação de vontade nesse sentido, havendo, ao contrário, vedação de que a AAE faça parte do processo de licenciamento ambiental no atual estágio da matéria na Lei da Política Nacional do Meio Ambiente (art. 10), sem contar, ainda, a rejeição pelo Conama de criá-la para o setor de aproveitamentos hidrelétricos.[1514] Se não existe discricionariedade para o órgão licenciador impor a AAE, como requisito do processo de licenciamento ambiental no atual quadro normativo da matéria, com tanto mais razão não existirá tal possibilidade para o Judiciário.

A autocontenção judicial é necessária para que o Judiciário não crie ou altere o procedimento com base em seus próprios parâmetros, gerando, desse modo, insegurança jurídica. Se a essa imprevisibilidade forem agregadas a ausência de definição segura sobre o significado da AAE, sua metodologia, seu impacto em termos de formulação das políticas públicas, verificar-se-á que o resultado é caótico.

A autocontenção judicial, segundo a Suprema Corte estadunidense, deve ser observada tanto *em matéria procedimental* (*Vermont Yankee*) *como na de mérito* (doutrina Chevron).

[1512] *Vermont Yankee Nuclear Power Corp. v. Natural Resources Defense Council* (1978); *Baltimore Gas & Electric Co. v. NRDC* (1983); *Pension Benefit Guaranty Corp. v. The LTV Corp.* (1990).

[1513] *Baltimore Gas & Electric Co. v. NRDC* – 462 U. S. 92.

[1514] Proc. 02000.002863/2010-27 – DCONAMA/SECEX/MMA, discutido na 3ª Reunião da CT de Controle Ambiental, disponível em 26.10.12: http://www.mma.gov.br/port/conama/processos/F053739B/PropostaResolucao.pdf. Acesso em 5 abr. 2013.

O TRF da 3ª Região, ao cassar liminar para que não fosse expedida mais nenhuma licença ambiental na Bacia do Alto Paraguai, até que fosse efetuada a AAE assentou que:[1515]

> A Constituição Federal estabelece no art. 225, o direito de todos ao meio ambiente ecologicamente equilibrado, impondo ao Poder Público e à coletividade o dever de defendê-lo e preservá-lo para as presentes e futuras gerações.
> Na hipótese dos autos, observa-se que os estudos previstos em lei foram realizados e à exaustão, eis que se trata de um procedimento ambiental em que vários órgãos devem se manifestar, sendo certo que nesse aspecto é importante ressaltar a realização da AIA – Avaliação de Impacto Ambiental.
> Não deve ser exigido dos empreendedores e das esferas de poder local, regional e federal, outros instrumentos fora daqueles previstos na lei e nas Resoluções ambientais expedidas pelo CONAMA.
> Decretar-se a invalidade de licenciamento ambiental exercido dentro das determinações legais com foco na preservação do meio ambiente pantaneiro é afastar a competência administrativa do Poder Público e dos órgãos licenciadores da manutenção responsável do meio ambiente, em todas as suas vertentes, no qual se situa o empreendimento, e outorgar ao autor da ação bem assim ao Poder Judiciário um poder normativo legiferante que não lhes pertence.[1516]

Frise-se que a tentativa de transformar a lei nacional de proteção ao meio ambiente em salvo-conduto para decisões judiciais criativas em matéria de avaliação de impacto ambiental, sem lastro legal ou consideração à discricionariedade administrativa, não é exclusividade nacional e foi rechaçada pelo *D. C. Circuit Court* em *Citizens Against Burlington v. Busey*. O relator do caso, Clarence Thomas, hoje juiz da Suprema Corte

---

[1515] "A razão pela qual o órgão ministerial pugna pela realização da AAE – Avaliação Ambiental Estratégica não prevista no nosso ordenamento jurídico – deve-se ao fato de que na Alemanha em alguns empreendimentos e na Dinamarca em geral utiliza-se esse mecanismo.
No entanto não se pode desvirtuar a realização da AIA no Brasil e não é dado ao Ministério Público e muito menos ao Judiciário impor obrigações às partes que não decorrem da análise de lei vigente no ordenamento jurídico.
Todos temos responsabilidade com o meio ambiente e sadia qualidade de vida, não sendo aceitável que se imponha ao Poder Público restrições ao desenvolvimento de atividade essencial para a vida das pessoas, como é o caso da energia, relegando todos os estudos procedidos para que se instale e opere o empreendimento. (...) Evidente, pois, que o país tem elementos de identificação de impactos muito bem deduzidos na legislação atendendo a comando constitucional.
Não se justifica possa ser exigido dos empreendedores e das esferas de poder local, regional e federal, outros instrumentos fora daqueles previstos na lei e nas Resoluções ambientais expedidas pelo CONAMA.
Lacuna normativa, se por acaso existisse não se resolve com a criação de direitos e obrigações em clara afronta ao art. 5º, inciso II, da CF, sendo certo que na hipótese dos autos, eventual mandado de injunção somente poderia ser impetrado perante o C. STF, *ex vi* do art. 102, inciso I, alínea 'q', da CF" (TRF da 3ª Região, AI 0005872-20.2013.4.03.0000, Rel. Desa. Fed. Marli Ferreira, j. em 03.05.13, *e-DJF3 Judicial 1* 09.05.2013).

[1516] TRF da 3ª Região, 4ª T., v.u., AI 0005833-23.2013.4.03.0000 (ac. 499.356), rela. Desa. Fed. Marli Ferreira, j. em 23.08.13, *e-DJF3 Judicial 1* 09.09.13; TRF da 3ª Região, 4ª T., v.u., AI 0005953-66.2013.4.03.0000 (ac. 499.510), rela. Desa. Fed. Marli Ferreira, j. em 23.08.13, *e-DJF3 Judicial 1* 09.09.13; TRF da 3ª Região, 4ª T., v.u., AI 0006638-73.2013.4.03.0000 (ac. 500.081), rela. Desa. Fed. Marli Ferreira, j. em 23.08.13, *e-DJF3 Judicial 1* 09.09.13; TRF da 3ª Região, 4ª T., v.u., AI 0005872-20.2013.4.03.0000 (499.367), rela. Desa. Fed. Marli Ferreira, j. em 23.08.13, *e-DJF3 Judicial 1* 30.09.13; TRF da 3ª Região, AI 0009855-27.2013.4.03.0000 (ac. 502.703), Rel. Desa. Fed. Marli Ferreira, j. em 03.10.2013, *e-DJF3 Judicial 1* 16.10.2013; TRF da 3ª Região, AI 0009370-27.2013.4.03.0000 (ac. 502.519), Rel. Desa. Fed. Marli Ferreira, j. em 10.10.2013, *e-DJF3 Judicial 1* 17.10.2013; TRF da 3ª Região, AI 0005920-76.2013.4.03.0000 (ac. 499.394), Rel. Desa. Fed. Marli Ferreira, j. em 10.10.2013, *e-DJF3 Judicial 1* 17.10.2013.

estadunidense, defendeu a autocontenção na matéria, dizendo que do mesmo modo que o NEPA (equivalente à nossa Lei nº 6.938/81) não é uma Constituição verde, os juízes federais não são Barões de Runnymede, vale dizer: não são legisladores (*"Just as NEPA is not a green Magna Carta, federal judges are not the barons at Runnymede"*).[1517]

[1517] *Citizens Against Burlington v. Busey (D.C. Circuit Court – 1990) – 938 F.2d 194.*

CONCLUSÕES

Seria entediante, e até mesmo improdutivo, repetir as teses expostas ao longo desse texto, entretanto, frise-se, o processo decisório do licenciamento ambiental é ato político-administrativo que tem como função ponderar entre os diversos interesses concorrentes postos diante da questão do licenciamento ambiental. Existe discricionariedade não apenas técnica no processo de licenciamento ambiental, mas também discricionariedade administrativo-política para ponderar entre os diversos valores em jogo, diante de uma atividade ou empreendimento licenciáveis.

Existe um mito de que o licenciamento ambiental é onisciente e exauriente, desconsiderando os limites da cognoscibilidade dos estudos ambientais e, em última análise, do homem. É comum o hábito de se criticar tudo depois de feito, conduta típica de engenheiros de obra pronta. Até mesmo as incertezas científicas são desprezadas ao se judicializar a ciência em lides ambientais, muitas vezes mediante modismos ou vozes divergentes.

Aos poucos o licenciamento ambiental está se transformando no redentor de todos os problemas que circundam o empreendimento ou atividade licenciada. Incluem-se no licenciamento ambiental questões que não agregam nada em termos de controle ambiental, como são os casos das questões dominiais, possessórias, urbanísticas locais ou mesmo aquelas que suprem a ausência de Estado. Ao incorporar essas demandas e interesses, repassando-as para o empreendedor, o órgão licenciador tenta suprir, via condicionantes, as deficiências estatais nas políticas públicas ou até mesmo problemas entre particulares, que se afiguram juridicamente inadmissíveis.

Usar o licenciamento ambiental para alcançar outros fins pode caracterizar desvio de poder ou finalidade (legislativo ou administrativo), especialmente no caso de imposição de condicionantes que não se relacionam com a questão ambiental. Mesmo que existam exigências ambientais, estas devem se relacionar com o empreendimento, não devendo o licenciamento ambiental ser utilizado para equacionar problemas ambientais sem nexo causal direto com ele. Esse desvio de finalidade gera a impressão de que o licenciamento ambiental seria o redentor, a panaceia, o que está longe de ser verdadeiro.

Tão perniciosa quanto esse desvio de finalidade é a sacralização do licenciamento ambiental, que não apenas afeta o seu rito, mas obscurece o fato dele se desenvolver em um processo administrativo, e a licença ambiental ser um ato administrativo. Assim, esquece-se que a convalidação é possível, que as suas formas devem sofrer influência do formalismo moderado e que, embora seu controle jurisdicional seja indiscutível, deve haver autocontenção em face da discricionariedade administrativa procedimental (*Vermont Yankee*) ou substancial (*Chevron doctrine*).

A responsabilidade que tem impregnado o licenciamento ambiental – sem haver necessidade ou base normativa – distorce até mesmo o papel a ser desenvolvido por outros instrumentos, como é o caso da avaliação ambiental estratégica, indevidamente colocada como óbice ao licenciamento, apesar de não existir previsão legal que possa amparar essa visão.

REFERÊNCIAS

ACOCELLA, Jéssica. Uma releitura da desapropriação à luz da Constituição de 1988 e suas principais repercussões sobre o regime jurídico vigente. 2013. 331 f. Dissertação (Mestrado) – Faculdade de Direito, UERJ, Rio de Janeiro, 2013.

AGRA FILHO, Severino Soares; EGLER, Paulo Cesar Gonçalves. *Avaliação Ambiental Estratégica – AAE – Texto básico*. p. 1-6, nov. 2006. Disponível em: http://www.uems.br/propp/conteudopos/AAE/aaepantanal.pdf. Acesso em 31 mai. 2013.

AKAUI, Fernando Reverendo Vidal; GLINA, Nathan. Intertemporalidade e reforma do Código Florestal. *Revista de Direito Ambiental*, São Paulo: RT, ano 17, v. 65, p. 27-40, jan./mar 2012.

ALESSI, Renato. *Instituciones de Derecho Administrativo*. Trad. Buenaventura Pellisé Prats. Barcelona: Casa Editorial Bosch, 1970. t. I.

ALEXY, Robert. *Teoria dos Direitos Fundamentais*. Trad. Virgílio Afonso da Silva. São Paulo: Malheiros, 2008.

ALICIARDI, Maria Belen. Evaluación Ambiental Estratégica. *In*: CAPPARELLI, Mario Augusto. *El Proceso de Evaluación de Impacto Ambiental*. San Isidro: Centro Norte, 2010.

ALLEN, James. NEPA alternatives analysis: the evolving exclusion of remote and speculative alternatives. *Journal of Land, Resources & Environmental Law*, v. 25, n. 2, p. 287-316, 2005.

ALMEIDA, Fernanda Dias Menezes de. A doutrina contemporânea do federalismo. *Revista da Procuradoria-Geral do Estado de São Paulo*, n. 80, p. 13-36, jan./dez. 2014.

ALMEIDA, Fernanda Dias Menezes de. *Competências na Constituição de 1988*. 6. ed. São Paulo: Atlas, 2013.

ALMEIDA, Fernando Dias Menezes de. Competências legislativas e analogia – breve ensaio a partir de decisões judiciais sobre a aplicação do art. 54 da Lei nº 9.784/99. *Revista da Faculdade de Direito da Universidade de São Paulo*, v. 102, p. 357-370, 2007.

ALONSO JUNIOR, Hamilton. O autolicenciamento ambiental. *In*: FINK, Daniel Roberto; ALONSO JUNIOR, Hamilton; DAWALIBI, Marcelo. *Aspectos Jurídicos do Licenciamento Ambiental*. 2. ed. Rio de Janeiro: Forense Universitária, 2002.

ALVIM, Arruda. A incidência de novas normas ambientais em hipótese de haver ou não haver processos em curso (parte 1). *Revista de Processo*, São Paulo: RT, n. 218, p. 281-312, abr. 2013.

ALVIM, Arruda. A incidência de novas normas ambientais em hipótese de haver ou não haver processos em curso (parte 2). *Revista de Processo*, São Paulo: RT, n. 219, p. 357-388, maio 2013.

AMADO, Frederico Augusto Di Trindade. *Direito Ambiental Esquematizado*. 4. ed. Rio de Janeiro: Forense; São Paulo: Método, 2013.

AMADO, Frederico Augusto Di Trindade. *Critérios Definidores da Competência Administrativa no Processo de Licenciamento Ambiental*. São Paulo: Baraúna, 2011.

AMARAL, Diogo Freitas do. *Curso de Direito Administrativo*. 2. ed. Coimbra: Almedina, 2012. v. II.

ANDRADE, Christiano José de. *O problema dos métodos a interpretação jurídica*. São Paulo: RT, 1992.

ANGELL, Marcia. *Science on Trial*: the clash medical evidence and the law in the breast implant case. New York: London: W. W. Norton & Company, 1996.

ANTUNES, Paulo de Bessa. *Direito Ambiental*. 11. ed. Rio de Janeiro: Lumen Juris, 2008.

ANTUNES, Paulo de Bessa. *Direito Ambiental*. 16. e 18. ed. São Paulo: Atlas, 2014 e 2016.

ANTUNES, Paulo de Bessa. *Federalismo e Competências Ambientais no Brasil*. 2. ed. São Paulo: Atlas, 2015.

ANTUNES, Paulo de Bessa. Indústria siderúrgica: impactos ambientais e controle da poluição – uma outra visão ou defesa de uma agressão injusta. *Revista de Direito Ambiental*, São Paulo: RT, ano 7, v. 25, p. 175-192, jan./mar. 2002.

ANTUNES, Paulo de Bessa. The precautionary principle in the brazilian environmental law. *Veredas do Direito*, v. 13, n. 27, p. 63-88, set./dez. 2016.

AQUINO, Juliana Louyza de Souza Cavalcante. Licenciamento ambiental no direito ambiental e no direito administrativo. *Direito, Estado e Sociedade*, PUC-RJ: Departamento de Direito,n. 33, p. 131-148, jul./dez. 2008.

ARAGÃO, Alexandre Santos de. *Curso de Direito Administrativo*. 2. ed. Rio de Janeiro: Forense, 2013.

ARAÚJO, Edmir Netto de. *Convalidação do Ato Administrativo*. São Paulo: LTr, 1999.

ARAÚJO, Edmir Netto de. *Curso de Direito Administrativo*. 5. ed. 2. tir. São Paulo: Saraiva, 2012.

ARAÚJO, Florivaldo Dutra de. *Motivação e Controle do Ato Administrativo*. Belo Horizonte: Del Rey, 2005.

ARAÚJO, Sarah Carneiro. *Licenciamento Ambiental*: uma análise jurídica e jurisprudencial. Rio de Janeiro: Lumen Juris, 2013.

ARCURI, Alessandra; SIMONCINI, Marta. Scientists and Legal Accountability: lessons from the L'Aquila Case. *EUI Working Paper LAW* 2015/17, Florence: European University Institute, p. 1-17, 2015.

AREOSA, João. O risco no âmbito da teoria social. Trabalho apresentado no *VI Congresso Português de Sociologia*, 2008. p. 4. Disponível em: http://www.aps.pt/vicongresso/pdfs/323.pdf. Acesso em 10 jan. 2012.

ARTIGAS, Priscila Santos. *Contribuição ao estudo das medidas compensatórias em direito ambiental*. 2011. 315 fls. Tese (Doutorado) – Faculdade de Direito, Universidade de São Paulo, São Paulo, 2011.

ARTIGAS, Priscila Santos. O dano ambiental e o impacto negativo ao meio ambiente. *Revista do Advogado*, São Paulo: AASP, ano XXXVII, n. 133, mar. 2017. p. 174-179.

ARVIDSON, Carys A. Koontz v. St. Johns River Water Management District: will it impact mitigation conditions in §404 permits? *Environmental Law Report*, n. 44, p. 10886-10897, 2014.

ATAÍDE, Pedro H. de Sousa; FARIAS, Talden. A compensação ambiental do art. 36 da Lei 9.985/2000: aspectos conceituais e questões controvertidas. *Revista de Direito Ambiental*, São Paulo: RT, vol. 81, ano 21, p. 233-266, out./jan./mar. 2016.

ATHIAS, Daniel Tobias. Direitos sociais no licenciamento ambiental. *Valor Econômico*, 11.03.2015 (E2).

ÁVILA, Humberto. *Teoria dos Princípios:* da definição à aplicação dos princípios jurídicos. 10. ed. São Paulo: Malheiros, 2009.

AVZARADEL, Pedro Curvello Saavedra. EIV e EIA: compatibilização, precaução, processo decisório e sociedade de risco. *Revista de Direito da Cidade*, Rio de Janeiro: UERJ, vol. 2, n. 1, p. 130-150, 2007.

BAPTISTA, Patrícia Ferreira. A revisão dos atos ilegais no direito administrativo contemporâneo: entre legalidade e proteção da confiança. *In:* ALMEIDA, Fernando Dias Menezes *et al. Direito Público em Evolução:* estudos em homenagem à Professora Odete Medauar. Belo Horizonte: Fórum, 2013.

BARBER, Benjamin. The uncertainty of digital politics: democracy's uneasy relationship with information technology. *Harvard International Review*, Cambridge: Harvard University, v. 23, I, p. 42-47, 2006. Disponível em: http://hir.harvard.edu/media/the-uncertainty-of-digital-politics. Acesso em 17 abr. 2011.

BARBOSA MOREIRA, José Carlos. O Poder Judiciário e a efetividade da nova Constituição. *Revista Forense*, Rio de Janeiro: Forense, n. 304, p. 151-155, out./dez. 1988.

BARBOSA, Ruy. *Os atos inconstitucionais do Congresso e do Executivo ante a justiça federal*. Capital Federal: Companhia Impressora 7, 1893.

BARROS, Sergio Resende de. *Contribuição Dialética para o Constitucionalismo*. Campinas/SP: Millennium, 2008.

BARROS, Suzana de Toledo. *O Princípio da Proporcionalidade e o Controle de Constitucionalidade das Leis Restritivas de Direitos Fundamentais*. Brasília: Brasília Jurídica, 1996.

BARROSO, Luís Roberto. A proteção do meio ambiente na Constituição Brasileira. *Revista Forense*, Rio de Janeiro: Forense, n. 317, p. 161-178, jan./mar. 1992.

BARROSO, Luís Roberto. *Direito Constitucional Brasileiro*: o problema da federação. Rio de Janeiro: Forense, 1982.

BARROSO, Luís Roberto. Federação, transportes e meio ambiente – interpretação das competências federativas. *In*: TAVARES, André Ramos; LEITE, George Salomão; SARLET, Ingo Wolfgang (Org.). *Estado Constitucional e Organização do Poder*. São Paulo: Saraiva, 2010.

BARROSO, Luís Roberto. *Interpretação e Aplicação da Constituição*. 5. ed. São Paulo: Saraiva, 2003.

BARROSO, Luís Roberto. *O Direito Constitucional e a Efetividade de suas Normas*. 5. ed. Rio de Janeiro: Renovar, 2001.

BARROSO, Luís Roberto. *Temas de Direito Constitucional*. Rio de Janeiro: Renovar, 2003. t. II.

BASTOS, Marina Montes. Avaliação ambiental estratégica para políticas públicas, planos e programas governamentais de infraestrutura no Brasil. *In*: MILARÉ, Édis et al. (Coord.). *Infraestrutura no Direito do Ambiente*. São Paulo: RT, 2016.

BECHARA, Erika. *Licenciamento e Compensação Ambiental na Lei do Sistema Nacional das Unidades de Conservação (SNUC)*. São Paulo: Atlas, 2009.

BECHARA, Erika. *Uma contribuição ao aprimoramento do instituto da compensação ambiental previsto na Lei 9.985/2000*. 2007. 352 fls. Tese (Doutorado) – Faculdade de Direito, Pontifícia Universidade Católica de São Paulo, São Paulo, 2007.

BELCHIOR, Germana Parente Neiva. *Fundamentos Epistemológicos do Direito Ambiental*. 2015. fls. 306. Tese (Doutorado) – Faculdade de Direito, UFSC, Florianópolis, 2015.

BELCHIOR, Germana Parente Neiva; LEITE, José Rubens Morato. O Estado de Direito Ambiental e a particularidade de uma hermenêutica jurídica. *Sequência: estudos jurídicos e políticos*, Florianópolis: UFSC, n. 60, p. 291-318, jul. 2010.

BELTRÃO, Antonio F. G. *Aspectos Jurídicos do Estudo de Impacto Ambiental (EIA)*. São Paulo: MP Editora, 2007.

BENEVIDES, Maria Victoria de Mesquita. *A Cidadania Ativa*: referendo, plebiscito e iniciativa popular. 3. ed. 5. reimp. São Paulo: Ática, 2003.

BENEVIDES, Maria Victoria de Mesquita. Cidadania e direitos humanos. *In*: INSTITUTO DE ESTUDOS AVANÇADOS DA UNIVERSIDADE DE SÃO PAULO. Disponível em: http://www.iea.usp.br/iea/textos/benevidescidadaniaedireitoshumanos.pdf. Acesso em 01 abr. 2011.

BENJAMIM, Antonio Herman de Vasconcellos e. *In*: CANOTILHO, José Joaquim Gomes; LEITE, José Rubens Morato (Org.). *Direito Constitucional Ambiental Brasileiro*. 3. ed. São Paulo: Saraiva, 2010.

BENJAMIM, Antonio Herman de Vasconcellos e. Os princípios do estudo de impacto ambiental como limites da discricionariedade administrativa, *Revista Forense*, Rio de Janeiro: Forense, n. 317, p. 25-45, jan./mar. de 1992.

BERCOVICI, Gilberto. A descentralização de políticas sociais e o federalismo cooperativo brasileiro, *Revista de Direito Sanitário*, São Paulo: USP, v. 3, n. 1, p. 13-28, mar. 2002.

BEZERRA, Luiz Gustavo Escorcio; GOMES, Gedham Medeiros. Lei complementar nº 140/11 e fiscalização ambiental: o delineamento do princípio do licenciador sancionador primário. *Revista de Direito da Cidade*, Rio de Janeiro: UERJ, v. 9, n. 4, p. 1738-1765, 2017.

BIBER, Eric. The problem of environmental monitoring. *University of Colorado Law Review*, Boulder: University of Colorado Law, 83, 1, p. 01-82, 2001.

BIM, Eduardo Fortunato. A autocontenção judicial no direito administrativo participativo: o caso das audiências públicas ambientais. *Revista Digital de Direito Administrativo*, Ribeirão Preto, SP: USP, v. 2, p. 37-70, 2015.

BIM, Eduardo Fortunato. A inconstitucionalidade das sanções políticas tributárias no Estado de direito: violação ao *substantive due process of law* (Princípios da razoabilidade e da proporcionalidade). *In*: ROCHA, Valdir de Oliveira (Coord.). *Grandes Questões Atuais do Direito Tributário (8º vol.)*. Dialética, 2004.

BIM, Eduardo Fortunato. A subsistência do ISS fixo para as sociedades uniprofissionais em face da Lei Complementar 116/03: a plena vigência do §3º do artigo 9º do DL 406/68. *In*: ROCHA, Valdir de Oliveira (Coord.). *O ISS e a LC 116*. São Paulo: Dialética, 2003.

BIM, Eduardo Fortunato. Divergências científicas e metodológicas no direito ambiental e autocontenção judicial. *Direito Público*, Porto Alegre: IOB/Síntese, n. 46, p. 9-38, 2012.

BIM, Eduardo Fortunato. O descomissionamento das instalações *off shore* de petróleo e gás. *Revista do Advogado*, São Paulo: AASP, v. 133, p. 60-66, 2017.

BINENBOJM, Gustavo. *Temas de Direito Administrativo e Constitucional* – artigos e pareceres. Rio de Janeiro: Renovar, 2008.

BLUMM, Michael C.; BOSSE, Sherry L. Norton v. SUWA and the unraveling of federal public land planning. *Duke Environmental Law & Policy Forum*, v. 18, n. 1, p. 105-161, 2007.

BODANSKY, Daniel. The legitimacy of international governance: a coming challenge for international environmental law? *The American Journal of International Law*, Washington: The American Society of International Law, v. 93, n. 3, p. 596-624, jul. 1999.

BOEIJE, Hennie R.; HOX, Joop J. Data collection, primary vs. secondary. In: KEMPF-LEONARD, Kimberly (Ed.). *Encyclopedia of Social Measurement*. Elsevier, p. 593-599, 2005, v. I (A-G).

BOROWSKI, Martin. The structure of formal principles – Robert Alexy's 'Law of Combination'. In: BOROWSKI, Martin (Org.). *On the Nature of Legal Principles, Archiv für Rechts-und Sozialphilosophie, Beiheft 119*. Stuttgart: Franz Steiner Verlag, 2010.

BRAGA, Aluísio Pinna. Avaliação de impacto ambiental: sua relevância na demora das obras públicas. *Revista da Escola Superior da Procuradoria-Geral do Estado de São Paulo (RESPGE-SP)*, São Paulo: Procuradoria-Geral do Estado de São Paulo, Escola Superior, v. 4, n. 1, p. 259-286, jan./dez. 2013.

BRASIL. *Avaliação Ambiental Estratégica*. Brasília: MMA/SQA, 2002.

BRASIL. Ministério do Planejamento, Orçamento e Gestão. Secretaria de Planejamento e Investimentos Estratégicos – SPI. *Estudo da Dimensão Territorial para o Planejamento: Volume VII – Avaliação de Sustentabilidade da Carteira de Investimentos*. Ministério do Planejamento, Orçamento e Gestão. Secretaria de Planejamento e Investimentos Estratégicos. Brasília: MPOG, 2008.

BRASIL. *Regularização fundiária em unidades de conservação*. Brasília: MPF, 2014.

BRYAN, Frank M. *Real Democracy*: the New England town meeting and how it works. Chicago: The University of Chicago Press, 2004.

BUENO, José Antonio Pimenta. *Direito Publico Brazileiro e analyse da Constituição do Imperio*. Rio de Janeiro: Typographia Imp. e Const. de J. Villeneuve & C., 1857.

BUGALHO, Nelson R. Estudo prévio de impacto ambiental. *Revista de Direito Ambiental*, São Paulo: RT, ano 4, v. 15, p. 18-33, jul./set. 1999.

BURIAN, Paulo Procópio. Avaliação Ambiental Estratégica como instrumento de licenciamento para hidrelétricas – o caso das bacias do rio Chopim no Paraná. Disponível em: http://www.anppas.org.br/encontro_anual/encontro2/GT/GT06/paulo_burian.pdf. p. 01-20, 2004 (Trabalho apresentado no II Encontro da Associação Nacional de Pós-graduação e Pesquisa em Ambiente e Sociedade – ANPPAS). Acesso em 05 jun. 2013.

BUSTAMANTE, Thomas. Princípios, regras e conflitos normativos: uma nota sobre a superabilidade das regras jurídicas e as decisões *contra legem*. *Direito, Estado e Sociedade*, PUC-RJ: Departamento de Direito, n. 37 p. 152-180, jul./dez. 2010.

CABRAL, Antonio. Os efeitos processuais da audiência pública. *Boletim de Direito Administrativo*, v. 22, n. 7, p. 789-800, jul./2006.

CALUWAERTS, Amanda Loiola. *O Licenciamento e a Fiscalização Ambiental*: uma análise acerca da competência dos entes federados. Pará de Minas, MG: VirtualBooks, 2011.

CÂMERA, Bárbara Suely Guimarães. *Nível único de competência para o licenciamento ambiental*: mutações e possibilidades jurídicas. 2012. 189 fls. Dissertação (mestrado) – Universidade Salvador – UNIFACS. Salvador, 2012.

CAMPHORA, Ana Lucia. *Ambiente institucional da compensação ambiental de que trata o artigo 36 da Lei Federal 9.985/2000*: da necessidade de governança regulatória. 2008. fls. 171. Tese (doutorado) – Instituto de Ciências Humanas e Sociais, UFRRJ, Seropédica, 2008.

CAMPILONGO, Celso Fernandes. Democracia direta dos cidadãos na criação e efetivação dos direitos. *In*: XIX CONFERÊNCIA NACIONAL DOS ADVOGADOS: república, poder e cidadania. Florianópolis, 25-29 set. 2005. *Anais...* Brasília: Conselho Federal da OAB, 2006.

CANOTILHO, José Joaquim Gomes. *Direito adquirido, ato jurídico perfeito e coisa julgada em matéria ambiental (Parecer Jurídico encomendado por Secovi-SP e Fiabci-SP)*. São Paulo: Secovi-SP, 2013.

CANOTILHO, José Joaquim Gomes. *Direito Constitucional e Teoria da Constituição*. 7. ed. 12. reimp. Coimbra: Almedina, 2013.

CAPPELLI, Silvia. Acesso à justiça, à informação e a participação popular em temas ambientais no Brasil. *In*: LEITE, José Rubens Morato; DANTAS, Marcelo Buzaglo (Org.). *Aspectos Processuais do Direito Ambiental*. 2. ed. Rio de Janeiro: Forense Universitária, 2004.

CAPPELLI, Silvia. *O Estudo de Impacto Ambiental na realidade Brasileira*. Disponível em: http://www.mprs.mp.br/ambiente/doutrina/id21.htm. Acesso em 17 fev. 2014.

CARMONA, Paulo Afonso Cavichioli. *Das normas gerais*: alcance e extensão da competência legislativa concorrente. Belo Horizonte: Fórum, 2010.

CARNEIRO, Cheila da Silva dos Passos. *Licenciamento Ambiental*: prevenção e controle. Rio de Janeiro: Lumen Juris, 2014.

CARRAMENHA, Roberto. Natureza jurídica das exigências formuladas no licenciamento ambiental. *In*: BENJAMIN, Antonio Herman; SÍCOLI, José Carlos Meloni. *Anais do 5º Congresso Internacional de Direito Ambiental*. São Paulo: IMESP, 2001.

CARROL, Alex. *Constitutional and Administrative Law*. 4. ed. London: Pearson Education Limited, 2007.

CARVALHO, Délton Winter de. *Desastres Ambientais e sua Regulação Jurídica*: deveres de prevenção, resposta e compensação ambiental. São Paulo: RT, 2015.

CARVALHO, Salma Saráty de. *A importância da definição das áreas de influência (AI's) no licenciamento ambiental para a sociedade – estudo de caso*: as minas de Caulim nos municípios de Ipixuna do Pará. Dissertação de mestrado em Ciências Ambientais na Universidade Federal do Pará, Belém, 2009

CARVALHO, Salma Saráty de. A utilização da Área Diretamente Afetada – ADA na Avaliação de Impacto Ambiental e sua importância para a sociedade. *Anais do 1º Congresso Brasileiro de Avaliação de Impacto/ 2. Conferência da REDE de Língua Portuguesa de Avaliação de Impactos*. pág. 8. Disponível em: http://avaliacaodeimpacto.org.br/wp-content/uploads/2012/10/126_ADA.pdf. Acesso em 18 nov. 2014.

CARVALHO FILHO, José dos Santos. Manual de Direito Administrativo. 26. e 27. eds. São Paulo: Atlas, 2013 e 2014. *In*: CARVALHO FILHO, José dos Santos. *Processo Administrativo Federal (Comentários à Lei nº 9.784 de 29.1.1999)*. 3. ed. Rio de Janeiro: Lumen Juris, 2007.

CARVALHO FILHO, José dos Santos. *Processo Administrativo Federal*: comentários à Lei nº 9.784/99. 5. ed. São Paulo: Atlas, 2013.

CAVEDON, Fernanda de Salles; DOMINGOS, Silvia. A audiência pública como instrumento de participação pública e acesso à informação nos processos decisórios de licenciamento ambiental: espaço de cidadania ambiental? *Revista de Direitos Difusos*, São Paulo: IBAP/ADCOAS, v. 5, n. 27, p. 3797-3811, set./out. 2004.

CHALMERS, Alan F. *O que é ciência afinal?* Trad. Raul Filker. São Paulo: Brasiliense, 1993.

CHAPCE, Juliana Fernandes. *Territórios quilombolas e unidades de conservação de proteção integral*: desafios da conciliação na Administração Federal. 2014. 156 f. Dissertação (Mestrado) – Centro de Desenvolvimento Sustentável, Universidade de Brasília, Brasília, 2014.

CHIANCA, Maria Helena da Costa. As manifestações de outros órgãos no licenciamento ambiental sob a perspectiva da Lei Complementar nº 140/2011. *In*: *Direito, economia e desenvolvimento sustentável II* [Recurso eletrônico on-line] organização CONPEDI/UFMG/FUMEC/ Dom Helder Câmara; coordenadores: Fernando Gustavo Knoerr, Marco Antônio César Villatore, Romeu Faria Thomé da Silva – Florianópolis: CONPEDI, 2015.

COELHO, Paulo Magalhães da Costa. *Manual de Direito Administrativo*. São Paulo: Saraiva, 2004.

COHEN, Molly; MAY, Rachel Proctor. Revolutionary or routine? Koontz v. St. Johns River Water Management District. *Harvard Environmental Law Review*, Cambridge: Harvard Law School Student Journals Office, v. 38, n. 1, p. 245-257, 2014.

COHEN, Rafael Aizenstein. A componente social no licenciamento ambiental. *In*: COLI, Adriana, DIAS, Pedro (Coord.). *O setor elétrico e o meio ambiente*. Rio de Janeiro: Synergia; FMASE, 2017.

COMPARATO, Fábio Konder. A nova cidadania. *Lua Nova*, São Paulo, n. 28-29, abr. 1993. Disponível em: http://www.scielo.br/scielo.php?script=sci_arttext&pid=S0102-64451993000100005&lng=en&nrm=iso. Acesso em 16 abr. 2011.

CONTO, Mário de. *O Princípio da Proibição do Retrocesso*: uma análise a partir dos pressupostos da hermenêutica filosófica. Porto Alegre: Livraria do Advogado, 2008.

COOPER, Jon C. Broad programmatic, policy and planning assessments under the national environmental policy act and similar devices: a quiet revolution in an approach to environmental considerations. *Pace Environmental Law Review*, v. 11, n. 1, p. 89-156, 1993.

COSTA, Ana Cristina Pasini da. Avaliação de impacto ambiental no Estado de São Paulo. *In*: GOUVÊA, Yara Maria Gomide; ACKER, Francisco Thomaz Van; SÁNCHEZ, Luis Enrique *et al*. *Avaliação de Impacto Ambiental*. São Paulo: SMA, 1998.

COSTA, Karina Pinto. A (in)efetividade do direito ambiental brasileiro: análise prática das normas, dos instrumentos processuais e casos concretos. *Revista de Direito Privado*, n. 36, p. 206-226, out. 2008.

COSTA, Regina Helena. A praticabilidade nos atos administrativos. *In*: MARQUES NETO, Floriano de Azevedo *et al*. (Org.). *Direito e Administração Pública*: estudos em homenagem a Maria Sylvia Zanella Di Pietro. São Paulo: Atlas, 2013.

COUNCIL ON ENVIRONMENTAL QUALITY. *Forty most asked questions concerning CEQ's National Environmental Policy Act Regulations*. 46 Fed. Reg. 18026 (*March* 23, 1981), *as amended*. Washington, D.C.: Council of Quality, 1981.

COWTON, Christopher J. The use of secondary data in business ethics research. *Journal of Business Ethics*, Dordrecht: Kluwer Academic Publishers, v. 17 (4), p. 423-434, 1998.

CRETELLA JÚNIOR, José. *Dos Atos Administrativos*. 2. ed. Rio de Janeiro: Forense, 1995.

CUNHA, Alexander Montero. *Ciência, Tecnologia e Sociedade na Óptica Docente*: construção e validação de uma escala de atitudes. 2008. 103 fls. Dissertação (Mestrado) – Faculdade de Educação, Unicamp, Campinas, 2008.

CUSTODIO, Vinícius Monte. *Um novo olhar sobre as desapropriações no direito brasileiro*. Rio de Janeiro: Lumen Juris, 2017.

CZARNEZKI, Jason J. Defining the project purpose under NEPA: promoting consideration of viable EIS alternatives. *The University of Chicago Law Review*, v. 70, n. 2, p. 599-619, 2003.

DANTAS, Marcelo Buzaglo. *Ação Civil Pública e Meio Ambiente*. São Paulo: Saraiva, 2009.

DANTAS, Marcelo Buzaglo. *Direito Ambiental de Conflitos*. Rio de Janeiro: Lumen Juris, 2015.

Deficiências em estudos de impacto ambiental: síntese de uma experiência. Brasília: Ministério Público Federal/4. Câmara de Coordenação e Revisão; Escola Superior do Ministério Público da União, 2004.

DELLIS, Georges. *Droit Pénal et Droit Administratif*: l'influence des principes du droit penal sur le droit administrative répressiv. Paris: LGDJ, 1997.

DERANI, Cristiane. *Direito ambiental econômico*. 3. ed. São Paulo: Saraiva, 2008.

DI PIETRO, Maria Sylvia Zanella. Ainda existem os contratos administrativos? *In*: DI PIETRO, Maria Sylvia Zanella; RIBEIRO, Carlos Vinícius Alves (Org.). *Supremacia do interesse público e outros temas relevantes do direito administrativo*. São Paulo: Atlas, 2010.

DI PIETRO, Maria Sylvia Zanella. *Direito Administrativo*. 27., 25. e 22. ed. São Paulo: Atlas, 2013, 2012 e 2009.

DI PIETRO, Maria Sylvia Zanella. Participação popular na Administração Pública. *Revista Trimestral de Direito Público*, n. 1, p. 127-139, São Paulo: Malheiros, 1993.

DI SARNO Daniela Campos Libório. Audiência pública na gestão democrática da política urbana. *In*: DALLARI, Adilson Abreu; DI SARNO, Daniela Campos Libório (Coord.). *Direito Urbanístico e Ambiental*. Belo Horizonte: Fórum, 2007.

DIAS, Eduardo Rocha. Dimensões da tutela constitucional do meio ambiente: algumas considerações acerca da participação popular. In: MENEZES, Joyceane Bezerra (Org.). *Teoria do Direito em Debate*: estudos em homenagem ao Professor Arnaldo Vasconcelos. Florianópolis: Conceito Editorial, 2014.

DIAS, Eduardo Rocha. *Direito à Saúde e Informação Administrativa*. Belo Horizonte: Fórum, 2008.

DIREITO, Carlos Alberto Menezes. *A Democracia nossa de cada dia*. Rio de Janeiro: Forense Universitária: Winston Ed., 1984.

D'OLIVEIRA, Rafael Lima Daudt. *A Simplificação do Direito Administrativo e Ambiental (de acordo com a Lei nº 13.874/2019 – Lei de Liberdade Econômica)*. Rio de Janeiro: Lumen Juris, 2020.

D'OLIVEIRA, Rafael Lima Daudt. Notas sobre alguns aspectos polêmicos do licenciamento ambiental. *Revista de Direito da Procuradoria-Geral*, Rio de Janeiro: PGE-RJ, n. 61, 2006, p. 273-298.

D'OLIVEIRA, Rafael Lima Daudt. O novo Sistema de Licenciamento ambiental (Slam) do estado do Rio de Janeiro. In: SAMPAIO, Rômulo; LEAL, Guilherme; REIS, Antonio (Orgs.). *Tópicos de Direito Ambiental*: 30 anos da Política Nacional do Meio Ambiente. Rio de Janeiro: Lumen Juris, 2011.

DUFF, John F.; HERZ, Michael (Ed.). *A Guide to Judicial and Political Review of Federal Agencies*. Chicago: American Bar Association, 2005.

ECCLESTON, Charles H. Applying the significant departure principle in resolving the cumulative impact paradox: assessing significance in areas that have sustained cumulatively significant impacts. *Environmental Practice*, Cambridge: Cambridge University Press, v. 8, n. 4, p. 241-250, dec. 2006.

ECCLESTON, Charles H. *Effective environmental assessments*: how to manage and prepare NEPA EAs. Boca Raton: Lewis Publishers, 2001.

ELLIS, D. V. Monitoring and Environmental Impact Assessment. *Marine Pollution Bulletin*, Oxford: Pergamon Press Ltd., v. 14, n. 12, p. 437-438, 1983.

ERTHAL, Thiago Serpa. *Revisibilidade das Licenças Ambientais*. Rio de Janeiro: Lumen Juris, 2015.

FARIA, Edimur Ferreira de. *Curso de Direito Administrativo Positivo*. 3. ed. Belo Horizonte: Del Rey, 2000.

FARIAS, Paulo José Leite. Competência comum e o federalismo cooperativo na subsidiariedade do licenciamento ambiental – avanços da Lei Complementar nº 140/2011 na proteção do meio ambiente. *Revista de Informação Legislativa*, Brasília: Senado, ano 51, n. 203, p. 39-51, jul./set. 2014.

FARIAS, Paulo José Leite. *Competência Federativa e Proteção Ambiental*. Porto Alegre: SAFE, 1999.

FARIAS, Talden. A repartição de competências para o licenciamento ambiental e a atuação dos municípios. *Revista de Direito Ambiental*, São Paulo: RT, ano 11, v. 43, p. 246-266, jul./set. 2006.

FARIAS, Talden. *Licenciamento Ambiental*: aspectos teóricos e práticos. 4. e 6. ed. Belo Horizonte: Fórum, 2013 e 2017.

FERNANDES, Paulo Victor. *Impacto Ambiental*: doutrina e jurisprudência. São Paulo: RT, 2005.

FERRARA, Francesco. *Interpretação e Aplicação das Leis*. Trad. Manuel A. D. de Andrade. 2. ed. Coimbra: Arménio Amado, 1963.

FERRAZ, Bernardo Monteiro. Do desmembramento do licenciamento ambiental. *Jus Navigandi*, Teresina, ano 15, n. 2720, 12 dez. 2010. Disponível em: http://jus.com.br/artigos/18007. Acesso em 28 jul. 2014.

FERRAZ, Sérgio. Extinção dos atos administrativos: algumas reflexões. *Revista de Direito Administrativo*, Rio de Janeiro: Renovar, n. 231, p. 47-66, jan./mar. 2003.

FERRAZ, Sérgio; DALLARI, Adilson Abreu. *Processo Administrativo*. 3. ed. São Paulo: Malheiros, 2012.

FERRAZ JUNIOR, Tercio Sampaio. *A ciência do Direito*. 2. ed. São Paulo: Atlas, 1980.

FERRAZ JUNIOR, Tercio Sampaio. *Introdução ao estudo do Direito*: técnica, decisão e dominação. 9. ed. São Paulo: Atlas, 2016.

FERREIRA, Luciana de Morais. A força vinculatória do licenciamento ambiental. *Revista de Direito Administrativo*, Rio de Janeiro: Renovar, v. 209, p. 109-119, jul./set. 1997.

FERREIRA, Maria Augusta Soares de Oliveira. *Direito Ambiental Brasileiro:* princípio da participação. 2. ed. Belo Horizonte: Fórum, 2010.

FERREIRA, Sergio de Andréa. *Direito Administrativo Didático.* Rio de Janeiro: Forense, 1981.

FERREIRA, Siddharta Legale. Democracia direta vs. Representativa: uma dicotomia inconciliável com algumas reinvenções. *Direito Público*, São Paulo: IOB Thomson, n. 18, p. 111-136, 2007.

FERREIRA FILHO, Manoel Gonçalves. *Do Processo Legislativo.* São Paulo: Saraiva, 1968.

FERRERI, Janice Helena. A federação. *In*: BASTOS, Celso Ribeiro (Coord.). *Por uma Nova Federação.* São Paulo: RT, 1995.

FIGUEIREDO, Guilherme José Purvin de. *A propriedade no Direito Ambiental.* 4. ed. São Paulo: RT, 2010.

FIGUEIREDO, Guilherme José Purvin de. *Curso de Direito Ambiental.* 3. ed. Curitiba: Arte & Letra, 2009.

FIGUEIREDO, Guilherme José Purvin de. *Curso de direito ambiental.* 6. ed. São Paulo: Revista dos Tribunais, 2013.

FIGUEIREDO, Lúcia Valle. *Curso de Direito Administrativo.* 9. ed. São Paulo: Malheiros, 2008.

FIGUEIREDO, Lúcia Valle. Instrumentos da administração consensual. A audiência pública e sua finalidade. *Revista Trimestral de Direito Público*, São Paulo: Malheiros, n. 38, p. 5-15, 2002.

FIGUEIRÓ, Fabiana da Silva; COLAU, Suzane Girondi. Competência legislativa ambiental e aplicação da norma mais restritiva como forma de resolução de conflitos: uma análise crítica. *Veredas do Direito*, Belo Horizonte: Escola Superior Dom Elder Câmara, v. 11, n. 21, p. 255-280, jan./jun. de 2014.

FIGUEROA, Isabela. A Convenção 169 da OIT e o dever do Estado brasileiro de consultar os povos indígenas e tribais. *In*: GARZÓN, Biviany Rojas (Org.). *Convenção 169 da OIT sobre Povos Indígenas e Tribais*: oportunidades e desafios para a sua implementação. São Paulo: ISA, 2009.

FILET, Martinus; PEDRO, Antonio Fernando Pinheiro. *Interferência normativa indevida do Iphan no licenciamento ambiental.* Disponível em: https://www.theeagleview.com.br/2016/11/interferencia-normativa-indevida-do. html. Acesso em 10 jun. 2018.

FILIPPUCCI, Leonardo. *La Valutazione di Impatto Ambientale e la valutazione strategica, alla luce dele modifiche introdotte dal Dlgs 4/2008.* Milano: Edizioni Ambiente, 2009.

FINK, Daniel Roberto. Audiência pública em matéria ambiental no Direito brasileiro. *Justitia*, São Paulo: MP-SP, n. 169, p. 60-64, jan./mar 1995.

FINK, Daniel Roberto. O controle jurisdicional do licenciamento ambiental. *In*: FINK, Daniel Roberto; ALONSO JUNIOR, Hamilton; DAWALIBI, Marcelo. *Aspectos Jurídicos do Licenciamento Ambiental.* 2. ed. Rio de Janeiro: Forense Universitária, 2002.

FIORILLO, Celso Antonio Pacheco. *Curso de Direito Ambiental Brasileiro.* 13. ed. São Paulo: Saraiva, 2012.

FIORILLO, Celso Antonio Pacheco; MORITA, Dione Mari; FERREIRA, Paulo. *Licenciamento Ambiental.* São Paulo: Saraiva, 2011.

FISHER, Louis. *Constitutional Conflicts between Congress and the President.* 4. ed. Kansas: University Press of Kansas, 1997.

FORSYTH, Christofer. "A metafísica da nulidade" invalidade, raciocínio conceitual e o Estado de direito. *Interesse Público*, Belo Horizonte: Fórum, n. 52, nov./dez. 2008. Disponível em: http://www.bidforum.com. br/bid/PDI0006.aspx?pdiCntd=56170. Acesso em 19 dez. 2013.

FOUREZ, Gérard. *A Construção das Ciências:* introdução à filosofia e à ética das ciências. Trad. Luiz Paulo Rouanet. São Paulo: Editora da UNESP, 1995.

FRANÇA, Vladimir da Rocha. *Estruturas e Motivação do Ato Administrativo.* São Paulo: Malheiros, 2007.

FRANGETTO, Flavia Withowski. A instrução processual administrativa adaptada à participação pública (arts. 29 a 35). *In*: FIGUEIREDO, Lúcia Valle (Coord.). *Comentários à Lei Federal de Processo Administrativo (Lei nº 9.784/99).* 2. ed. Belo Horizonte: Fórum, 2008.

FREIRE-MAIA, Newton. *Verdades da Ciência e outras Verdades:* a visão de um cientista. São Paulo: UNESP; Ribeirão Preto: SBG, 2008.

FREITAS, Juarez. *Direito Fundamental à Boa Administração Pública*. 3. ed. São Paulo: Malheiros, 2014.

FREITAS, Vladimir Passos de. *Direito Administrativo e Meio Ambiente*. 3. ed. 5. tir. Curitiba: Juruá, 2004.

FUMIS, Laudicéia Blenner. Licenciamento ambiental: conflitos de competência no procedimento licenciatório. *Revista Brasileira de Direito Ambiental*, São Paulo: Fiuza, v. 6, n. 24, p. 61-92, out./dez. 2010.

FURRIELA, Rachel Biderman. *Democracia, Cidadania e Proteção do Meio Ambiente*. São Paulo: Annablume; Fapesp, 2002.

GARCÍA DE ENTERRÍA, Eduardo. Una nota sobre el interés general como concepto jurídico indeterminado. *Revista do Tribunal Regional Federal da 4ª Região*, Porto Alegre: O Tribunal, n. 25, ano 7, p. 27-50, jul./dez. 1996.

GARDNER, Dan. *Risco – A Ciência e a Política do Medo*. Trad. Léa Viveiros de Castro e Eduardo Süssekind. Rio de Janeiro: Odisseia, 2009.

GARZÓN, Biviany Rojas. Qualificando a democracia representativa em sociedades plurais. A consulta de matérias legislativas no Brasil. *In*: GARZÓN, Biviany Rojas (Org.). *Convenção 169 da OIT sobre Povos Indígenas e Tribais*: oportunidades e desafios para a sua implementação. São Paulo: ISA, 2009.

GAVIÃO FILHO, Anizio Pires. *Direito Fundamental do Ambiente*. Porto Alegre: Livraria do Advogado, 2005.

GENELETTI, Davide. Integration of impact assessment types improves consideration of alternatives. *Impact Assessment and Project Appraisal*, v. 32, n. 1, p. 17-18, 2014.

GLASSON, John; THERIVEL, Riki; CHADWICK, Andrew. *Introduction to Environmental Impact Assessment*. 4. ed. Abindgon: Routledge, 2012.

GODOY, Larissa Ribeiro da Cruz. *Compensação Ambiental e Financiamento de Áreas Protegidas*. Porto Alegre: SAFE, 2015.

GOLDENSTEIN, Stela. Apresentação. *In*: GOUVÊA, Yara Maria Gomide; ACKER, Francisco Thomaz Van; SÁNCHEZ, Luis Enrique et al. *Avaliação de Impacto Ambiental*. São Paulo: Secretaria do Meio Ambiente, 1998.

GOMES, Carla Amado. *And now something completely different*: a coincineração nas malhas da precaução, anotação ao Acórdão do TCANorte de 29 de março de 2007. *Cadernos de Justiça Administrativa*, n. 63, p. 55-59, mar./abr. 2007.

GOMES, Carla Amado. As providências cautelares e o "princípio da precaução": ecos da jurisprudência. Disponível em: https://dspace.ist.utl.pt/bitstream/2295/156543/1/PROVPREC.pdf. Acesso em 09 fev. 2011.

GOMES, Carla Amado. *Risco e Modificação do Acto Autorizativo Concretizador de Protecção do Ambiente*. Coimbra: Coimbra Editora, 2007.

GOMES, Carla Amado. *Risco e Modificação de Actos Autorizativos Concretizadores de Deveres de Protecção do Ambiente*. Lisboa, 2012 (e-book).

GOMES, Carla Amado. Subsídios para um quadro principiológico dos procedimentos de avaliação e gestão do risco ambiental. *Revista de Estudos Constitucionais, Hermenêutica e Teoria do Direito (RECHTD)*, São Leopoldo, RS: Unisinos, 3(2), p. 140-149, jul./dez. 2011.

GOODWIN, John. Editor's introduction: secondary sources and secondary analysis. *In*: GOODWIN, John (Ed.). *SAGE Secondary Data Analysis*. London: SAGE Publications Ltd., 2012. v. I, p. xix-xxxvii.

GORCZEVKI, Clovis; CUNHA, Camila Santos da. A cidadania no Estado democrático de direito – a necessária concretização da cidadania participativa como condição imperiosa de reconhecimento do novo cidadão. *In*: CECATO, Maria Aurea Baroni et al. *Estado, Jurisdição e Novos Atores Sociais*. São Paulo: Conceito Editorial, 2010.

GORDILLO, Agustín. *Tratado de Derecho Administrativo*. 8. ed. Buenos Aires: Fundación de Derecho Administrativo, 2006. t. II, p. XI.

GOUVÊA, Yara Maria Gomide. A interpretação do artigo 2º da Resolução CONAMA 1/86. *In*: GOUVÊA, Yara Maria Gomide; ACKER, Francisco Thomaz Van; SÁNCHEZ, Luis Enrique et al. *Avaliação de Impacto Ambiental*. São Paulo: Secretaria do Meio Ambiente, 1998.

GRANZIERA, Maria Luiza Machado. *Direito Ambiental*. 3. ed. São Paulo: Atlas, 2014.

GRECO, Leonardo. Competências constitucionais em matéria ambiental. *Revista de Informação Legislativa*, Brasília: Senado, ano 29, n. 116, p. 135-152, out/dez. 1992.

GREZ, Pablo Rodriguez. *Teoria de la Interpretacion Juridica*. Santiago: Editorial Juridica de Chile, 2004.

GUEDES, Rogério Pereira. A tênue estabilidade da licença ambiental: uma ponderação sem supremacias. *In*: SOUSA, José Péricles Pereira de (Org.). *Jurisdição Constitucional e Direitos Fundamentais*: estudos em homenagem a Jorge Reais Novais. Belo Horizonte: Arraes Editores, 2015.

GUERRA, Sérgio. Compensação ambiental nos empreendimentos de significativo impacto. *In*: SILVA, Bruno Campos *et al*. *Direito Ambiental*: vistos por nós advogados. Belo Horizonte: Del Rey, 2005.

GUERRA, Sidney; GUERRA, Sérgio. *Intervenção Estatal Ambiental*: licenciamento e compensação de acordo com a Lei Complementar nº 140/2011. São Paulo: Atlas, 2012.

GULIN, Gleyse; SAES, Marcos André Bruxel; TONON NETO, Nelson. A correta delimitação da área de influência na avaliação de impacto ambiental. *In*: COLI, Adriana; DIAS, Pedro (Coord.). *O Setor Elétrico e o Meio Ambiente*. Rio de Janeiro: Synergia: FMASE, 2017.

GULIN, Gleyse; SAES, Marcos André Bruxel; TONON NETO, Nelson. O princípio da proibição do retrocesso e o licenciamento ambiental. *In*: COLI, Adriana; DIAS, Pedro (Coord.). *O Setor Elétrico e o Meio Ambiente*. Rio de Janeiro: Synergia: FMASE, 2017.

HAMILTON, Alexander; MADISON, James; JAY, John. *O Federalista, por Alexander Hamilton, James Madison e John Jay*. Trad. de Heitor Almeida Herrera. Brasília: Universidade de Brasília, 1984.

HARRIS, Howard. Content analysis of secondary data: a study of courage in managerial decision making. *Journal of Business Ethics*, Dordrecht: Kluwer Academic Publishers, v. 34 (3-4), p. 191-208, 2001.

HARTMANN, Analúcia de Andrade. Proteção do meio ambiente e direito adquirido. *In*: KISHI, Sandra Akemi Shimada; SILVA, Solange Teles da; SOARES, Inês Virgínia Prado (Org.). *Desafios do Direito Ambiental no Século XXI*: estudos em homenagem a Paulo Affonso Leme Machado. São Paulo: Malheiros, 2005.

HAWS, J. Matthew. Analysis paralysis: rethinking the court's role in evaluating EIS reasonable alternatives. *University of Illinois Law Review*, n. 2, p. 537-576, 2012.

HERRMANN, Hildebrando; POVEDA, Eliane Pereira Rodrigues; SILVA, Marcus Vinicius Lopes da. *Código de Mineração de A a Z*. 2. ed. Campinas, SP: Millennium, 2010.

HICKOK, Harold. *Introduction to Environmental Law*. Albany: Delmar Publishers, 1996.

HILL, William W.; ORTOLANO, Leonard. NEPA's effect on the consideration of alternatives: a crucial test. *Natural Resources Journal*, Albuquerque: UNM School of Law, v. 18, n. 2, p. 285-311, 1978.

HORBACH, Carlos Bastide. *Teoria das Nulidades do Ato Administrativo*. 2. ed. São Paulo: RT, 2010.

HORGAN, John. *O Fim da Ciência*: uma discussão sobre os limites do conhecimento científico. Trad. Rosaura Eichemberg. 2. reimp. São Paulo: Companhia das Letras, 1998.

HOUAISS, Antônio; VILLAR, Mauro de Salles. *Dicionário Houaiss da Língua Portuguesa*. 2. reimp. com alterações. Rio de Janeiro: Objetiva, 2007.

HUBER, Peter W. *Galileo's Revenge*: junk science in the courtroom. New York: Basicbooks, 1993.

JACCOUD, Cristiane; SION, Alexandre. Certidão municipal de conformidade com a legislação aplicável ao uso e ocupação do solo. *In*: QUERUBINI. Albenir; BURMANN, Alexandre; ANTUNES, Paulo de Bessa (Org.). *Direito Ambiental e os 30 anos da Constituição de 1988*. Londrina: Thoth, 2018.

JUNOY, Joan Picó. Iudex iudicare debet secundum allegata et probata, nin secundum conscientiam: storia della erronea citazion di un brocardo nella dottrina tedesca e italiana. *Rivista di Diritto Processuale*, Milano: CEDAM, ano 62, n. 6, p. 1497-1518, 2007.

JUSTEN FILHO, Marçal. *Comentários à Lei de Licitações e Contratos Administrativos*. 13. ed. São Paulo: Dialética, 2009.

JUSTEN FILHO, Marçal. *Curso de Direito Administrativo*. 10. ed. São Paulo: RT, 2014.

KAYSER, Harmut-Emanuel. *Os direitos dos povos indígenas do Brasil*: desenvolvimento histórico e estágio atual. Trad. Maria da Glória L. Rurack e Klaus-Peter Rurak. Porto Alegre: SAFE, 2010.

KAWASAKI, Rie. *Análise dos estudos de impacto ambiental e dos relatórios de impacto ambiental elaborados antes e após a realização da avaliação ambiental estratégica – Caso do rodoanel Trecho Sul*. Monografia (Aperfeiçoamento/

Especialização em Perícia e Auditoria Ambiental) – Instituto de Pesquisas Tecnológicas do Estado de São Paulo, 2007.

KELLY, Ryan P.; CALDWELL, Margaret R. "Not supported by current science": the National Forest Management Act and the lessons of environmental monitoring for the future of public resources management. *Stanford Environmental Law Journal*, Stanford: Stanford Law School, v. 32, n. 1, p. 151-212, 2013.

KIRSCH Peter J.; RIPPY, Conrad M. Defining the scope of alternatives in an EIS after Citizens Against Burlington. *Environmental Law Report*, n. 21, p. 10701-10710, 1991.

KNICLEY, Jared E. Debt, nature, and indigenous rights: twenty-five years of debt-for-nature evolution. *Harvard Environmental Law Review*, Cambridge: Harvard Law School Student Journals Office, v. 36, n. 1, p. 79-122, 2012.

KRELL, Andreas Joachim. A conveniência funcional dos órgãos administrativos e judiciais no controle da discricionariedade no âmbito da proteção ao meio ambiente: aspectos *políticos-ideológicos* da ação civil pública. *In*: TRENNEPOHL, Curt; TRENNEPOHL, Terence. *Direito Ambiental Atual*. Rio de Janeiro: Elsevier, 2014.

KRELL, Andreas Joachim. A recepção das teorias alemãs sobre "conceitos jurídicos indeterminados" e o controle da discricionariedade no brasil. *Interesse Público*, n. 23, Belo Horizonte: Fórum, jan./fev. 2004. Disponível em: http://www.bidforum.com.br/bid/PDI0006.aspx?pdiCntd=50570. Acesso em 19 jul. 2014.

KRELL, Andreas Joachim. Autonomia municipal e proteção ambiental: critérios para definição das competências legislativas e das políticas locais. *In*: KRELL, Andreas J. (Org.). *A Aplicação do Direito Ambiental no Estado Federativo*. Rio de Janeiro: Lumen Juris, 2005.

KRELL, Andreas Joachim. *Discricionariedade Administrativa e Proteção Ambiental*: o controle dos conceitos jurídicos indeterminados e a competência dos órgãos ambientais: um estudo comparativo. Porto Alegre: Livraria do Advogado, 2004.

KRELL, Andreas Joachim. *Leis de Normas Gerais, Regulamentação do Poder Executivo e Cooperação Intergovernamental em tempos de Reforma Federativa*. Belo Horizonte: Fórum, 2008.

KRELL, Andreas Joachim. Problemas do licenciamento ambiental no sistema nacional do meio ambiente. *Revista de Direitos Difusos*, São Paulo: IBAP/ADCOAS, v. 5, n. 27, p. 3765-3781, set./out. 2004.

KRULL, André. Proporcionalidade e condicionantes na licença ambiental. *Jus Navigandi*, Teresina, ano 17, n. 3310, 24 jul. 2012. Disponível em: http://jus.com.br/artigos/22262. Acesso em 31 mar. 2015.

KUHN, Thomas S. *A Estrutura das Revoluções Científicas*. Trad. Beatriz Vianna Boeira e Nelson Boeira. 9. ed. São Paulo: Perspectiva, 2006.

LACKEY JR. Michael E. Misdirecting NEPA: leaving the definition of reasonable alternatives in the EIS to the applicants. *The George Washington Law Review*, n. 60, p. 1232-1274, 1992.

LACHOTTI, Andressa de Oliveira. *Evaluación de Impacto Ambiental y Desarrollo Sostenible*. Belo Horizonte: Arraes Editores, 2014.

LAMY, Marcelo. Repartição federal de competências ambientais. *Revista Brasileira de Direito Constitucional*, São Paulo: ESDC, n. 13, p. 13-39, jan./jun. 2009.

LAVRATTI, Paula Cerski. *El Derecho Ambiental como instrumento de Gestión del Riesgo Tecnológico*. Tarragona: Publicacions URV, 2011.

LAWSON, Gary; BEERMANN, Jack M. Reprocessing Vermont Yankee. In: *Working Paper Series, Public Law & Legal Theory*, Boston: Boston University School of Law, n. 06-25, p. 1-56, ago. 2006. p. 17. Disponível em: http://ssrn.com/abstract=926349. Acesso em 18 mai. 2013.

LEAL, Fernando. A retórica do Supremo: precaução ou proibição? *In*: FALCÃO, Joaquim; ARGUELHES, Diego W.; RECONDO, Felipe (Org.). *Onze Supremos*: o supremo em 2016. Belo Horizonte: Letramento: Casa do Direito: Supra: Jota: FGV Rio, 2017.

LEUZINGER, Marcia Dieguez; CUREAU, Sandra. *Direito Ambiental*. Rio de Janeiro: Elsevier, 2013.

LIMA, Gustavo Massa Ferreira. *O princípio constitucional da economicidade e o controle de desempenho pelos Tribunais de Contas*. Belo Horizonte: Fórum, 2010.

LIMA, Rafael Bellem de. *Regras na Teoria dos Princípios*. São Paulo: Malheiros, 2014.

LOBO, José María Quirós. *Principios de Derecho Sancionador*. Granada: Colmares, 1996.

LÓPES, Marin Abadí Gutierrez. Entre a lei e a jurisprudência. Consulta ou consentimento. O caso da Bolívia. *In*: GARZÓN, Biviany Rojas (Org.). *Convenção 169 da OIT sobre Povos Indígenas e Tribais*: oportunidades e desafios para a sua implementação. São Paulo: ISA, 2009.

LORENZETTI, Ricardo Luis. *Teoria Geral do Direito Ambiental*. Trad. Fábio Costa Morosini e Fernanda Nunes Barbosa. São Paulo: RT, 2010.

MACHADO, Paulo Affonso Leme. *Direito Ambiental Brasileiro*. 17. e 24. ed. São Paulo: Malheiros, 2009 e 2016.

MACIEL, Marcela Albuquerque. *Compensação Ambiental:* instrumento para a implementação do Sistema Nacional de Unidades de Conservação. São Paulo: Letras Jurídicas, 2012.

MACIEL, Marcela Albuquerque. Competência para o licenciamento ambiental: uma análise das propostas de regulamentação do art. 23 da CF. *Jus Navigandi*, Teresina, ano 15, n. 2716, 8 dez. 2010. Disponível em: http://jus.com.br/artigos/17978/competencia-para-o-licenciamento-ambiental. Acesso em 6 out. 2014.

MAFFINI, Rafael. *Princípio da proteção substancial da confiança no direito administrativo brasileiro*. 2005. 253 fls. 2005. Tese (Doutorado) – Faculdade de Direito, Universidade Federal do Rio Grande do Sul, Porto Alegre, 2005.

MAGEE, Jerry; NESBIT, Roger. Proximate causation and the no action alternative trajectory in cumulative effects analysis. *Environmental Practice*, Cambridge: Cambridge University Press, v. 10, n. 3, p. 107-115, set. 2008.

MAIA, Leonardo Castro. Usinas hidrelétricas e a atuação do Ministério Público em defesa do meio ambiente. *Revista dos Tribunais*, São Paulo: RT, n. 921, p. 121-162, jul. 2012.

MARGATO, Vítor; SÁNCHEZ, Luis E. Quality and outcomes: a critical review of strategic environmental assessment in Brazil. *Journal of Environmental Assessment Policy and Management*, v. 16, n. 2, jun. 2014.

MARINELA, Fernanda. *Direito Administrativo*. 4. ed. Niterói: Impetus, 2010.

MARÍAS, Julián. *Tratado sobre a Convivência*: concórdia sem acordo. Trad. Maria Stela Gonçalves. São Paulo: Martins Fontes, 2003.

MARIN, Jeferson Dytz; SILVA, Mateus Lopes da. Limites e possibilidades da decisão em matéria ambiental. *Sequência*: estudos jurídicos e políticos, Florianópolis: UFSC, n. 67, p. 223-249, dez. 2013.

MARQUES NETO, Floriano de Azevedo. Aspectos jurídicos enredados na implantação do programa de inspeção veicular. *Revista de Informação Legislativa*, Brasília: Senado, ano 38, n. 151, p. 183-189, jul./set. 2001.

MARQUES NETO, Floriano de Azevedo. Breves considerações sobre o equilíbrio econômico financeiro das concessões. *Revista de Direito Administrativo*, nº 227, p. 105-109, 2002.

MARRARA, Thiago. Competência, delegação e avocação na Lei de Processo Administrativo (LPA). *Revista Brasileira de Direito Público – RBDP*, Belo Horizonte, ano 8, n. 29, abr./jun. 2010. Disponível em: http://bid.editoraforum.com.br/bid/PDI0006.aspx?pdiCntd=67656. Acesso em 20 jan. 2014.

MARRARA, Thiago. Da instrução. *In*: NOHARA, Irene Patrícia; MARRARA, Thiago. *Processo Administrativo*: Lei nº 9.784/99 comentada. São Paulo: Atlas, 2009.

MARRARA, Thiago. O princípio da publicidade: uma proposta de renovação. *In*: MARRARA, Thiago (Org.). *Princípios de Direito Administrativo*. São Paulo: Atlas, 2012.

MARRIOTT, Betty Bowers. *Environmental Impact Assessment*: a practical guide. New York: McGraw-Hill, 1997.

MARTINS, Leonardo (Org.). *Cinquenta Anos da Jurisprudência do Tribunal Constitucional Alemão*. Montevideo: Konrad-Adenauer-Stiftung, 2005.

MAXIMILIANO, Carlos. *Hermenêutica e Aplicação do Direito*. 19. ed. 3. tir. e 20. ed. Rio de Janeiro: Forense, 2002 e 2011.

MAYNEZ, Eduardo Garcia. *Introduccion al estudio de Derecho*. 41. ed. Mexico: Porrua, 1990.

MAZZA, Alexandre. *Manual de Direito Administrativo*. 3. ed. São Paulo: Saraiva, 2013.

MAZZILLI, Hugo Nigro. *O Inquérito Civil* – investigações do Ministério Público, compromissos de ajustamento de conduta e audiências públicas. São Paulo: Saraiva, 1999.

MCCOLD, Lance N.; SAULSBURY, James W. Including past and present impacts in cumulative impact assessments. *Environmental Management*, New York: Springer-Verlag, v. 20, n. 5, p. 767-776, 1996.

MEDAUAR, Odete. *A Processualidade do Direito Administrativo*. São Paulo: RT, 1993.

MEDAUAR, Odete. *Direito Administrativo Moderno*. 16. ed. São Paulo: RT, 2012.

MEDEIROS, Luiz César. *O formalismo processual e a instrumentalidade*: um estudo à luz dos princípios constitucionais do processo e dos poderes jurisdicionais. Florianópolis: OAB/SC, 2006.

MEIRELLES, Hely Lopes; ALEIXO, Délcio Balestero; BURLE FILHO, José Emmanuel. *Direito Administrativo Brasileiro*. 39. ed. São Paulo: Malheiros, 2012.

MELIS, Giuseppe. *L'Interpretazione nel Diritto Tributario*. Padova: CEDAM, 2003.

MELLO, Celso Antônio Bandeira de. *Curso de Direito Administrativo*. 30. ed. São Paulo: Malheiros, 2013.

MELLO, Celso Antônio Bandeira de. O direito adquirido e o direito administrativo. *Revista Trimestral de Direito Público*, São Paulo: Malheiros, n. 24, p. 54-62, 1998.

MELO, Mario. As perversidades de uma regulamentação deficiente e autoritária do direito de consulta prévia: o caso do Equador. In: GARZÓN, Biviany Rojas (Org.). *Convenção 169 da OIT sobre Povos Indígenas e Tribais*: oportunidades e desafios para a sua implementação. São Paulo: ISA, 2009.

MENDES, Gilmar Ferreira; BRANCO, Paulo Gustavo Gonet. *Curso de Direito Constitucional*. 11. ed. São Paulo: Saraiva, 2016.

MENCIO, Mariana. *Regime Jurídico da Audiência Pública na Gestão Democrática das Cidades*. Belo Horizonte: Fórum, 2007.

MENDONÇA, Felippe. *A evolução do conceito jurídico de cidadania no panorama democrático do Século XXI*. 2012. 176 fls. Dissertação (Mestrado em Direito), Faculdade de Direito, Universidade de São Paulo, São Paulo, 2012.

METZGER, Gillian. The story of Vermont Yankee: a cautionary tale of judicial review and nuclear waste. *Columbia Public Law & Legal Theory Working Papers*, 2005, Paper 0592. Disponível em: http://lsr.nellco.org/columbia_pllt/0592. Acesso em 18 mai. 2013.

METZL, Jonathan M.; KIRKLAND, Anna (Org.). *Against Health*: how health became the new morality. New York: New York University Press, 2010.

MILARÉ, Édis. *Direito Ambiental*. 3., 6., 8. e 10. ed. São Paulo: RT, 2004, 2009, 2013 e 2015.

MILARÉ, Édis; BENJAMIM, Antonio Herman de Vasconcellos e. *Estudo Prévio de Impacto Ambiental*. São Paulo: RT, 1993.

MILARÉ, Lucas Tamer. *Competência Licenciatória Ambiental*. 2011. 118 fls. Dissertação (Mestrado) – Faculdade de Direito, Pontifícia Universidade Católica de São Paulo, São Paulo, 2011.

MILLER, Joseph. United States Department of Transportation v. Public Citizen. *Harvard Environmental Law Review*, Cambridge: Harvard Law School Student Journals Office, v. 28, n. 2, p. 593-604. 2004.

MIRRA, Álvaro Luiz Valery. *Impacto Ambiental*: aspectos da legislação brasileira. 2. ed. São Paulo: Juarez de Oliveira, 2002.

MODESTO, Paulo. Notas para um debate sobre o princípio da eficiência. *Revista do Serviço Público*, v. 51, nº 2, p. 105-119, 2000.

MOISÉS, José Álvaro. *Cidadania e Participação*: ensaio sobre o plebiscito, referendo e a iniciativa popular na nova Constituição. São Paulo: Cedec; Marco Zero, 1990.

MONCADA, Luís S. Cabral de. *Estudos de Direito Público*. Coimbra: Coimbra Editora, 2001.

MORAES, Alexandre. *Constituição do Brasil Interpretada e Legislação Constitucional*. 9. ed. São Paulo: Atlas, 2013.

MORAES, Alexandre. *Direito Constitucional*. 33. ed. São Paulo: Atlas, 2017.

MORAES, Gabriela Bueno de Almeida. *O Princípio da Precaução no Direito Internacional do Meio Ambiente*. 2011. 211 fls. Dissertação (Mestrado) – Faculdade de Direito, Universidade de São Paulo, São Paulo, 2011.

MORAES, Roberta Jardim de; BEZERRA, Mayara Alves. Reflexões sobre as consultas às comunidades quilombolas, no contexto do licenciamento ambiental, e sua moldura no ordenamento jurídico atual. In: SILVA, Bruno Campos; GURGEL, Carlos Sérgio; THAMAY, Rennan (Coords.). *Direito e Política no Brasil – estudos em homenagem ao Professor José Afonso da Silva*. São Paulo: Almedina, 2023, p. 745-761.

MOREIRA, João Batista Gomes. Competência comum para o licenciamento ambiental. *Revista do Tribunal Regional Federal da 1ª Região*, Brasília: TRF 1ª Região, v. 24, n. 7, p. 47-56, jul. 2012.

MOREIRA NETO, Diogo de Figueiredo. *Curso de Direito Administrativo*. 14. ed. Rio de Janeiro: Forense, 2006.

MOREIRA NETO, Diogo de Figueiredo. *Direito da Participação Política*: legislativa, administrativa, judicial: fundamentos e técnicas constitucionais de legitimidade. Rio de Janeiro: Renovar, 1992.

MOREIRA NETO, Diogo de Figueiredo. *Mutações do Direito Administrativo*. 2. ed. Rio de Janeiro: Renovar, 2001.

MORIN, Edgar. *Introdução ao Pensamento Complexo*. Trad. Eliane Lisboa. 3. ed. Porto Alegre: Sulina, 2007.

MOTA, Mauricio. Princípio da precaução: uma construção a partir da razoabilidade e da proporcionalidade. *In*: MOTA, Mauricio (Coord.). *Fundamentos Teóricos do Direito Ambiental*. Rio de Janeiro: Elsevier, 2008.

MOURA, Gabriel *et al*. A necessária sistematização da interlocução entre os órgãos públicos no âmbito dos processos de licenciamento ambiental das obras de infraestrutura. *In*: MILARÉ, Édis *et al*. (Coord.). *Infraestrutura no Direito do Ambiente*. São Paulo: RT, 2016.

NASCIMENTO, Sílvia Helena Nogueira. *O Sistema Nacional do Meio Ambiente – SISNAMA e a competência para o licenciamento ambiental na Lei Complementar nº 140/2011*. 2013. 193 fls. Dissertação (Mestrado) – Faculdade de Direito, Pontifícia Universidade Católica de São Paulo, São Paulo, 2013.

NASCIMENTO, Sílvia Helena Nogueira. *Competência para o Licenciamento Ambiental na Lei Complementar 140/2011*. São Paulo: Atlas, 2015.

NETTO, Luísa Cristina Pinto e. *Participação Administrativa Procedimental*: natureza jurídica, garantias, riscos e disciplina adequada. Belo Horizonte: Fórum, 2009.

NIEBUHR, Karlin Olbertz. Regimes da desapropriação: a crítica de Hely Lopes Meirelles. WALD, Arnoldo *et al*. (Org.). *O direito administrativo na atualidade*: estudos em homenagem ao centenário de Hely Lopes Meirelles (1917-2017): defensor do estado de direito. São Paulo: Malheiros, 2017.

NIETO, Alejandro. *Derecho Administrativo Sancionador*. 4. ed. 2. reimp. Madrid: Tecnos, 2008.

NIETZSCHE, Friedrich. *Além do Bem e do Mal ou Prelúdio de uma Filosofia do Futuro*. Trad. Márcio Pugliese. Curitiba: Hemus, 2001.

NOBRE JUNIOR, Edilson Pereira. Função administrativa e participação popular. *Revista Trimestral de Direito Público*, São Paulo: Malheiros, n. 36, p. 114-123, 2001.

NOHARA, Irene Patrícia. *Direito Administrativo*. 3. e 4. ed. São Paulo: Atlas, 2013 e 2014.

NOHARA, Irene Patrícia; MARRARA, Thiago. *Processo Administrativo*: Lei nº 9.784/99 comentada. São Paulo: Atlas, 2009.

OLIVEIRA, Antonio Inagê de Assis. *O Licenciamento Ambiental*. São Paulo: Iglu, 1999.

OLIVEIRA, Aparecida Antônia de; BURSZTYN, Marcel. Avaliação de impacto ambiental de políticas públicas. *Interações – Revista Internacional de Desenvolvimento Local*, v. 2, n. 3, p. 45-56, set. 2001.

OLIVEIRA, Carlos Alberto Alvaro de. *Do Formalismo no Processo Civil*. 2. ed. São Paulo: Saraiva, 2003.

OLIVEIRA, Cláudia Alves de. Competências ambientais na federação brasileira. *Revista de Direito da Cidade*, Rio de Janeiro: UERJ, v. 4, n. 2, p. 40-64, 2012.

OLIVEIRA, Daniel Almeida de. *Direito Regulatório e Teoria da Interpretação*: como interpretar e aplicar direitos complexos. Rio de Janeiro: Synergia Editora, 2015.

OLIVEIRA, Daniel Araujo de. *Licenciamento Ambiental na prática*: controle ou oportunidade? Rio de Janeiro: Lumen Juris, 2015.

OLIVEIRA, Gustavo Henrique Justino de. As audiências públicas e o processo administrativo brasileiro. *Revista Trimestral de Direito Público*, São Paulo: Malheiros, n. 21, p. 161-172, 1998.

OLIVEIRA, José Roberto Pimenta. *Os Princípios da Razoabilidade e da Proporcionalidade no Direito Administrativo Brasileiro*. São Paulo: Malheiros, 2006.

OLIVEIRA, Rafael Carvalho Rezende. *Curso de Direito Administrativo*. Rio de Janeiro: Forense; São Paulo: Método, 2013.

OLIVEIRA, Raísa Lustosa de. *Licenciamento Ambiental*: avaliação ambiental estratégica e (in)eficiência da proteção do meio ambiente. Curitiba: Juruá, 2014.

OLIVEIRA, Regis Fernandes de. *Infrações e Sanções Administrativas*. 2. ed. São Paulo: RT, 2005.

OSÓRIO, Fábio Medina. *Direito Administrativo Sancionador*. São Paulo: RT, 2000.

PAGEL, Rogério. A responsabilidade civil do estado frente à concessão de licença ambiental. *Veredas do Direito*, Belo Horizonte: Editora Dom Helder, v. 9, n. 18, p. 229-248, jul./dez. 2012.

PARDO, José Esteve. *El Desconcierto del Leviatán*: política y derecho ante las incertidumbres de la ciencia. Madrid: Marcial Pons, 2010.

PAULA, Frederico Rios; FARIAS, Talden. Parâmetros jurídicos para fixação de condicionantes ambientais. *Conjur*, 23 abr. 2022. Disponível em: https://www.conjur.com.br/2022-abr-23/ambiente-juridico-parametros-juridicos-fixacao-condicionantes-ambientais#_ftn8. Acesso em 06 mar. 2023.

PEDRO, Antonio Fernando Pinheiro. *Aspectos legais do licenciamento ambiental e das audiências públicas concernentes à instalação da Usina Nuclear Angra 3*. Disponível em: http://www.theeagleview.com.br/2015/12/licenciamento-ambiental-de-angra-3.html. Acesso em 17 dez. 2015.

PEDRO, Antonio Fernando Pinheiro. *Desmistificando o licenciamento ambiental*. Disponível em: http://www.theeagleview.com.br/2013/04/desmistificando-o-licenciamento.html?q=licenciamento+ambiental. Acesso em 17 nov. 2016.

PEDROLLO, Gustavo Fontana. O caso Chevron: controle judicial do poder regulamentar das agências no direito estadunidense. *Publicações da Escola da AGU (1º Curso de Introdução ao Direito Americano)*, Brasília: EAGU, ano III, n. 13, v. 2, p. 262-283. nov./dez. 2011.

PEREZ, Marcos Augusto. *A Administração Pública Democrática*: institutos de participação popular na Administração Pública. 1. ed. 1. reimp. Belo Horizonte: Fórum, 2009.

PFEIFFER, Roberto Augusto Castellanos. A publicidade e o direito de acesso a informações no licenciamento ambiental. *Revista de Direito Ambiental*, São Paulo: RT, ano 2, v. 8, p. 20-23, out./dez. 1997.

PINTO, Victor Carvalho. *O reparcelamento do solo*: um modelo consorciado de renovação urbana. Brasília: Senado Federal – Núcleo de Estudos e Pesquisas, maio de 2013.

PINTO, Vladimir. Situação do direito à consulta e o consentimento prévio, livre e informado aos povos indígenas no Peru. *In*: GARZÓN, Biviany Rojas (Org.). *Convenção 169 da OIT sobre Povos Indígenas e Tribais*: oportunidades e desafios para a sua implementação. São Paulo: ISA, 2009.

PIRES, Thiago Magalhães. *As Competências Legislativas na Constituição de 1988*: uma releitura de sua interpretação e da solução de seus conflitos à luz do direito constitucional contemporâneo. Belo Horizonte: Fórum, 2015.

PONTES, Helenilson Cunha. *O Princípio da Proporcionalidade e o Direito Tributário*. São Paulo: Dialética, 2000.

PORTERFIELD, Matthew. Agency action, finality and geographical nexus: judicial review of agency compliance with NEPA's programmatic environmental impact statement requirement after Lujan v. National Wildlife Federation. *University of Richmond Law Review*, v. 28, p. 619-667, 1994.

PRADO, Tônia Aparecida Tostes do. *O estado socioambiental na sociedade de risco*: a efetivação do direito ao meio ambiente ecologicamente equilibrado pela vedação de retrocesso socioambiental. 2014. 205 fls. Dissertação (Mestrado) – Faculdade de Direito, Pontifícia Universidade Católica de Minas Gerais, Belo Horizonte, 2014.

PRIEUR, Michel. *Droit de l'Environnement*. 6. ed. Paris: Dalloz, 2011.

Programa Nacional de Capacitação de gestores ambientais: licenciamento ambiental / Ministério do Meio Ambiente. – Brasília: MMA, 2009.

QUISPE, Iván K. Lanegra. *El (Ausente) Estado Ambiental*: razones para la reforma de las instituciones y las organizaciones públicas ambientales en el Perú. Lima: Realidades S/A, 2008.

RABIANSKI, Joseh S. Primary and secondary data: concepts, concerns, errors, and issues. *The Appraisal Journal*, Madison: The Appraisal Institute, v. 71 (1), p. 43-55, jan. 2003.

RAMOS, Elival da Silva. *Ativismo Judicial*: parâmetros dogmáticos. 1. ed. 3. tir. São Paulo: Saraiva, 2013.

RAMOS, Erasmo Marcos. *Direito Ambiental Comparado (Brasil – Alemanha – EUA)*: uma análise exemplificada dos instrumentos ambientais brasileiros à luz do direito comparado. Maringá: Midiograf II, 2009.

REALE, Miguel. A ecologia na legislação brasileira. *Revista Jurídica*, Campinas: PUC-Campinas, v. 19, n. 1, p. 5-8, 2003.

REALE, Miguel. Abuso do poder de legislar. *Revista de Direito Público*, São Paulo: RT, n. 39-40, p. 73-82, jul./dez. 1976.

ROCHA, Cármen Lúcia Antunes. Cidadania e Constituição (as cores da revolução constitucional do cidadão). *Revista Trimestral de Direito Público*, São Paulo: Malheiros, n. 19, p. 19-37, 1997.

RODGERS JR., William H. *Environmental Law*. 2. ed. West Pub., St. Paul, 1994.

RODRIGUES, Lucas de Faria. Autuações concorrentes e as infrações administrativas ambientais: a disciplina da Lei Complementar nº 140/2011. *Revista da Escola Superior da Procuradoria-Geral do Estado de São Paulo (RESPGE-SP)*, São Paulo: Procuradoria-Geral do Estado de São Paulo, Escola Superior, v. 4, n. 1, p. 185-224, jan./dez. 2013.

RODRIGUES, Marcelo Abelha. Reflexos do direito material do ambiente sobre o instituto da coisa julgada (*in utilibus*, limitação territorial, eficácia preclusiva da coisa julgada e coisa julgada *rebus sic stantibus*). *Revista dos Tribunais*, n. 861, p. 24-30, jul. 2007.

ROSA, Patrícia Silveira da. *O Licenciamento Ambiental à Luz da Teoria dos Sistemas Autopoiéticos*. Rio de Janeiro: Lumen Juris, 2009.

ROSENBAUM, Kenneth L. Amending CEQ's Worst Case Analysis Rule: Towards Better Decisionmaking? *Environmental Law Reporter*, 15, p. 10.275-10.278, 1985.

ROSENFELD, Michel. *The Identity of the Constitutional Subject*: selfhood, citizenship, culture and community. New York: Routledge, 2009.

RUBIO, Ramon Esteban Laborde. Colômbia: a implementação do direito à consulta prévia previsto na Convenção 169 da OIT. *In*: GARZÓN, Biviany Rojas (Org.). *Convenção 169 da OIT sobre Povos Indígenas e Tribais*: oportunidades e desafios para a sua implementação. São Paulo: ISA, 2009.

RUSSO, J.; RUSSO, Ricardo O. In dubio pro natura: un principio de precaución y prevención a favor de los recursos naturales. *Tierra Tropical*: sostenibilidad, ambiente y sociedad, Guácimo, CR: Universidad Earth, año 5, v. 1, p. 73-82, 2009.

SALVADOR, Aline Valéria Archangelo. *Manual Prático de Licenciamento Ambiental*. 2013. 264 fls. Dissertação (Mestrado) – IPÊ – Instituto de Pesquisas Ecológicas, Nazaré Paulista, 2013.

SÁNCHEZ, Luis Enrique. As etapas iniciais no processo de avaliação de impacto ambiental. *In*: GOUVÊA, Yara Maria Gomide; ACKER, Francisco Thomaz Van; SÁNCHEZ, Luis Enrique et al. *Avaliação de Impacto Ambiental*. São Paulo: Secretaria do Meio Ambiente, 1998.

SÁNCHEZ, Luis Enrique. *Avaliação Ambiental Estratégica e sua Aplicação no Brasil*. 2008. Disponível em: http://www.iea.usp.br/publicacoes/textos/aaeartigo.pdf. Acesso em 12 dez. 2016.

SÁNCHEZ, Luis Enrique. *Avaliação de Impacto Ambiental*: conceito e métodos. 2. ed. São Paulo: Oficina dos Textos, 2013.

SÁNCHEZ, Luis Enrique. Development on environmental impact assessment in Brazil. *UVP Report*, v. 27 (4 + 5), p. 193-200, 2013.

SANTOS, Boaventura de Sousa. *Um Discurso sobre as Ciências*. 6. ed. Porto: Afrontamento, 1993.

SARLET, Ingo Wolfgang; FENSTERSEIFER, Tiago. *Direito Ambiental*: introdução, fundamentos e teoria geral. São Paulo: Saraiva, 2014.

SCALIA, Antonin. Judicial deference to administrative interpretations of law. *Duke Law Journal*, Twentieth Annual Administrative Law Issue, v. 1989, n. 3, p. 511-521, june 1989.

SCALIA, Antonin. Vermont Yankee: the AAP, the D.C. Circuit, and the Supreme Court. *The Supreme Court Review*, Chicago: The University of Chicago Press, v. 1978, p. 345-409, 1978.

SCHIRATO, Vitor Rhein. O processo administrativo como instrumento do Estado de Direito e da Democracia. *In*: MEDAUAR, Odete; SCHIRATO, Vitor Rhein (Org.). *Atuais Rumos do Processo Administrativo*. São Paulo: RT, 2010.

SCOTT, Dayna Nadine. Shifting the burden of proof: the precautionary principle and its potential for the "democratization" of risk. In: *Law and Risk (edited by the Law Commission of Canada)*. Vancouver: UBC Press, 2005.

SETZER, Joana; GOUVEIA, Nelson da Cruz. Princípio da precaução rima com ação. *Revista de Direito Ambiental*, São Paulo: RT, ano 13, v. 49, p. 158-183, jan./mar. 2008.

SHAFRANSKI, Marcelo Derbli. *Medicina* – Fragilidades de um modelo ainda imperfeito. Salto, SP: Editora Schoba, 2011.

SHRADER-FRECHETTE, K. S. Environmental Impact Assessment and the Fallacy of Unfinished Business. *Environmental Ethics*, v. 4, n. 1, p. 37-47, 1982.

SILVA, Ana Cristina Maximo *et al*. Notas sobre a LC 140/2011. *Revista de Direito Ambiental*, São Paulo: RT, ano 18, v. 70, p. 39-73, abr./jun. 2013.

SILVA, Almiro do Couto e. Poder discricionário no direito administrativo brasileiro. *Revista de Direito Administrativo*, Rio de Janeiro: Renovar, n. 179-180, p. 51-67, jan./jun. 1990.

SILVA, Bruno Campos. O licenciamento ambiental único e outros temas relevantes da Lei Complementar 140/2011. *In*: FARIAS, Talden (Org.). *10 anos da Lei Complementar 140*: desafios e perspectivas. Andradina: Meraki, 2022.

SILVA, Carlos Sérgio Gurgel da. Impactos do novo CPC no direito e processo administrativo. *Revista Síntese de Direito Administrativo*, a. XII, nº 135, p. 55-65, mar. de 2017 (Edição Especial – Dos Impactos do Novo CPC no Direito e Processo Administrativo).

SILVA, Clarissa Sampaio. *Limites à Invalidação dos Atos Administrativos*. São Paulo: Max Limonad, 2001.

SILVA, Frederico Rodrigues. Avaliação ambiental estratégica como instrumento de promoção do desenvolvimento sustentável. *Revista Direitos Fundamentais & Democracia*, v. 8, n. 8, p. 301-329, jul./dez. 2010.

SILVA, José Afonso da. *Curso de Direito Constitucional Positivo*. 24. ed. São Paulo: Malheiros, 2005.

SILVA, José Afonso da. *Direito Ambiental Constitucional*. 2. ed. São Paulo: Malheiros, 1995.

SILVA, José Afonso da. Democracia participativa. *Cadernos de Soluções Constitucionais*. São Paulo: Malheiros, v. 2, p. 183-214, 2006.

SILVA, Marina. O direito de consulta prévia sobre medidas legislativas que afetam os povos indígenas e quilombolas. *In*: GARZÓN, Biviany Rojas (Org.). *Convenção 169 da OIT sobre Povos Indígenas e Tribais*: oportunidades e desafios para a sua implementação. São Paulo: ISA, 2009.

SILVA, Maurício de Jesus Nunes da. A revogação da licença ambiental. *Revista de Direito Ambiental*, São Paulo: RT, ano 14, v. 53, p. 187-222, jan./mar. 2009.

SILVA, Romeu Faria Thomé da. Comentários sobre a nova lei de competências em matéria ambiental (LC 140, de 08.12.2011). *Revista de Direito Ambiental*, São Paulo: RT, ano 17, v. 66, p. 55-76, abr./jun. 2012.

SILVA, Vasco Pereira da. "Mais vale prevenir do que remediar" – Prevenção e precaução no direito do ambiente. *In*: PES, João Hélio Ferreira; OLIVEIRA, Rafael Santos de (Coord.). *Direito Ambiental Contemporâneo*: prevenção e precaução. Curitiba: Juruá, 2009.

SILVA, Virgílio Afonso da. O proporcional e o razoável. *Revista dos Tribunais*, São Paulo: RT, n. 798, p. 23-50, 2002.

SILVA FILHO, Derly Barreto e. A processualidade das licenças ambientais como garantia dos administrados. *Revista de Direito Ambiental*, São Paulo: RT, ano 2, v. 5, p. 81-91, jan./mar. 1997.

SILVEIRA, Edson Damas. Direitos fundamentais indígenas, movimento socioambiental e a formatação do estado na modernidade. *Veredas do Direito*, Belo Horizonte, v. 6, n. 12, p. 25-56, jul./dez. 2009.

SIMÕES, Mônica Martins Toscano. *O Processo Administrativo e a Invalidação de Atos Viciados*. São Paulo: Malheiros, 2004.

SIRVINSKAS, Luís Paulo. *Manual de Direito Ambiental*. 11. ed. São Paulo: Saraiva, 2013.

SMITH, Michael D. A review of recent NEPA alternatives analysis case law. *Environmental Impact Assessment Review*, n. 27, p. 126-144, 2007.

SMITH, Michael D. Cumulative Impact Assessment under the National Environmental Policy Act: an analysis of recent case law. *Environmental Practice*, Cambridge: Cambridge University Press, v. 8, n. 4, p. 228-240, dez. 2006.

SOARES, Evanna. A audiência pública no processo administrativo. *Revista de Direito Administrativo*, Rio de Janeiro: Renovar, n. 229, p. 259-283, jul./set. 2002.

SOARES, Marcos A. S. *O Plebiscito, o Referendo e o exercício do poder*. São Paulo: Celso Bastos, 1998.

SOUZA, Adriano Andrade de; VARJABEDIAN, Roberto. Inexistência de alternativa técnica e locacional: pressuposto inafastável para intervenção em APP. *Revista de Direito Ambiental*, São Paulo: RT, ano 18, v. 71, p. 159-174, jul./set. 2013.

SOUZA, Omar Bradley Oliveira de. O impacto do empreendimento, e não a titularidade dos bens afetados, como parâmetro para definir a competência de um licenciamento ambiental. *Boletim de Direito Municipal*, São Paulo, NDJ, v. 25, n. 7, p. 479-483, jul. 2009.

SOUZA, Vinícius Vieira de. *A influência das políticas públicas na construção das identidades de populações tradicionais e indígenas*, 2015. 137 fls. Dissertação (Mestrado) – Instituto de Ciência Política, Universidade de Brasília, Brasília, 2015.

STAUT JUNIOR, Sebastião Vilela. A competência administrativa para licenciamento ambiental em face das disposições do artigo 225, parágrafo 4º, da Constituição Federal: áreas do patrimônio nacional. *Revista de Direitos Difusos*, São Paulo: IBAP/ADCOAS, v. 5, n. 27, p. 3861-3871, set./out. 2004.

STEINEMANN, Anne. Improving alternatives for environmental impact assessment. *Environmental Impact Assessment Review*, Elsevier, n. 21, p. 3-21, 2001.

STENGERS, Isabelle. *As Políticas da Razão*: dimensão social e autonomia da ciência. Trad. Artur Morão. Lisboa: Edições 70, 2000.

STOBER, Rolf. *Direito Administrativo Econômico Geral*. Trad. António Francisco de Sousa. São Paulo: Saraiva, 2012.

STOTT, David; FELIX, Alexandra. *Principles of Administrative Law*. London: Cavendish Publishing Limited, 1997.

STRUCHEL, Andrea Cristina de Oliveira. *Licenciamento Ambiental Municipal*. São Paulo: Oficina dos Textos, 2016.

SUNDFELD, Carlos Ari. *Ato Administrativo Inválido*. São Paulo: RT, 1990.

SUNDFELD, Carlos Ari. *Direito Administrativo para Céticos*. São Paulo: Malheiros, 2012.

SUNSTEIN, Cass R. *Laws of Fear*: beyond the precautionary principle. 4. reimp. Cambridge University Press, 2008.

TABB, William Murray. An environmental conversation. *Natural Resources Journal*, Albuquerque: UNM School of Law, v. 54, n. 1, p. 143-179, 2014.

TABET, Fernando de Faria. Florestamento e reflorestamento em área de preservação permanente. *In*: SILVA, Bruno Campos et al. *Direito Ambiental*: vistos por nós advogados. Belo Horizonte: Del Rey, 2005.

TÁCITO, Caio. Controle judicial da administração pública no direito brasileiro. *In: Temas de Direito Público (estudos e pareceres)*. Rio de Janeiro: Renovar, 1997. v. 1.

TÁCITO, Caio. Direito administrativo participativo. *Revista de Direito Administrativo*, Rio de Janeiro, n. 209, p. 1-6, jul./set. 1997.

TÁMARA, Felipe Cárdenas. Los silenciamientos de la ciencia ambiental: una reflexión crítica sobre estructuras de opresión. *Nómadas*: Revista Crítica de Ciencias Sociales y Jurídicas, 16 (2007:2). Disponível em: http://www.ucm.es/info/nomadas/16/felipecardenas.pdf. Acesso em 28 jan. 2012.

TAVARES, André Ramos. Normas gerais e competência legislativa concorrente: uma análise a partir de decisões do STF. *Revista da Procuradoria-Geral do Estado de São Paulo*, n. 73-74, p. 01-39, jan./dez. 2011.

TELLES, Antonio A. Queiroz. *Tombamento e seu regime jurídico*. São Paulo: RT, 1992.

TEIXEIRA, Diego Monte. Os procedimentos do licenciamento ambiental. *Boletim Científico ESMPU*, Brasília, ano 9, n. 32-33, p. 37-69, jan./dez. 2010.

TEIXEIRA, Izabella Mônica Vieira. *O uso da avaliação ambiental estratégica no planejamento da oferta de blocos para exploração e produção de petróleo e gás natural no Brasil: uma proposta.* 2008. 288 p. (Tese em Engenharia). Universidade Federal do Rio de Janeiro (UFRJ), Rio de Janeiro, 2008.

TEIZEN, Thaís. *A atividade fiscalizatória ambiental na vigência da Lei Complementar nº 140/11.* 2014. 231 fls. Dissertação (Mestrado) – Faculdade de Direito, Pontifícia Universidade Católica de São Paulo, São Paulo, 2014.

TESSLER, Luciane Gonçalves. A importância do princípio da precaução na aferição da prova nas ações inibitórias ambientais. In: SILVA, Bruno Campos *et al.* (Coord.). *Direito ambiental*: visto por nós advogados. Belo Horizonte: Del Rey, 2005.

TESSLER, Marga Barth. Análise da Resolução nº 1/86 Conama sob perspectiva da avaliação ambiental estratégica. *Revista do TRF da 4ª Região*, Porto Alegre, n. 63, ano 18, p. 15-66, 2007.

THERIVEL, Riki. *Strategic Environmental Assessment in Action*. 2. ed. Londres: Earthscan, 2010.

THOMÉ, Romeu. *Manual de Direito Ambiental*. 7. ed. Salvador: Juspodivm, 2017.

Threshold determinations by Federal Agencies under the National Environmental Policy Act of 1969, Hanly v. Mitchell, 460 F.2d 640 (2d *Cir.* 1972), *Washington University Law Quarterly*, v. 1973, n. 1, p. 235-244, 1973.

TOMMASI, Luiz Roberto. *Estudo de Impacto Ambiental*. São Paulo: Cetesb: Terragraph Artes e Informática, 1994.

TORRES, Marcos Abreu. *Conflito de normas ambientais concorrentes*: uma nova exegese. 2014 188 fls. Dissertação (Mestrado) – Instituto Brasiliense de Direito Público, Brasília: 2014.

TORRES, Marcos Abreu. *Conflitos de Normas Ambientais na Federação*. Rio de Janeiro: Lumen Juris, 2016.

TORRES, Silvia Faber. *O Princípio da Subsidiariedade no Direito Público Contemporâneo*. Rio de Janeiro: Renovar, 2001.

TRENNEPOHL, Curt; TRENNEPOHL, Terence. *Licenciamento Ambiental*. 5. e 6. ed. Niterói: Impetus, São Paulo: RT, 2013 e 2015.

VERMEULE, Adrian. Decisões racionalmente arbitrárias no direito administrativo. *Revista Estudos Institucionais*, Rio de Janeiro: UFRJ, vol. 3, n. 1, p. 01-47, 2017.

VILLAR, Pilar Carolina. O licenciamento ambiental: competência, procedimento e fiscalização. In: CIBIM, Juliana Cassano; VILLAR, Pilar Carolina (Orgs). *Direito, Gestão e Prática*: direito ambiental empresarial. São Paulo: Saraiva, FGV Direito SP, 2017.

VITTA, Heraldo Garcia. *A Sanção no Direito Administrativo*. São Paulo: Malheiros, 2003.

WARNER, Maurice L.; PRESTON, Edward H. *A Review of Environmental Impact Assessment Methodologies*. Washington: Office of Research and Development U.S. EPA, 1974.

WEBER, Max. *Ciência e Política*: duas vocações. Trad. Leonidas Hegenberg e Octany Silveira da Mota. 11. ed. São Paulo: Cultrix, 1999.

YAMASHITA, Douglas. In: MARTINS, Ives Gandra da Silva (Coord.). *Execução Fiscal* – Pesquisas Tributárias – Nova Série (v. 14). São Paulo: RT: Centro de Extensão Universitária, 2008.

YOSHIDA, Consuelo Yatsuda Moromizato. Ato jurídico perfeito, direito adquirido, coisa julgada e meio ambiente. *Revista de Direito Ambiental*, São Paulo: RT, ano 17, v. 66, p. 113-152, abr./jun. 2012.

YOSHIDA, Consuelo Yatsuda Moromizato. Critérios de definição de competências em matéria ambiental na estrutura federativa brasileira. In: RASLAN, Alexandre (Org.). *Direito Ambiental*. Campo Grande: Ed. UFMS, 2010.

YOSHIDA, Consuelo Yatsuda Moromizato. Rumos do federalismo cooperativo brasileiro na tutela estatal ambiental: excessos e busca de equilíbrio e integração dos entes federativos. *Revista da Procuradoria-Geral do Estado de São Paulo*, n. 73-74, p. 103-144, jan./dez. 2014.

YOST, Nicholas C. CEQ's "Forty Questions:" the key to understanding NEPA. *Natural Resources & Environment*, American Bar Association, v. 23, n. 4, p. 8-10, 2009.

ZANCANER, Weida. *Da Convalidação e da Invalidação dos Atos Administrativos*. 3. ed. São Paulo: Malheiros, 2008.

ZANDONADE, Adriana. *O Tombamento à luz da Constituição Federal de 1988*. São Paulo: Malheiros, 2012.

ZIMMERMAN, Ann S. *Data sharing and secondary use of scientific data: experiences of ecologists*. 2003. 272 fls. Tese (doutorado em Filosofia) – University of Michigan. Ann Arbor, 2003.

ZIMMERMANN, Augusto. *Teoria Geral do Federalismo Democrático*. 2. ed. Rio de Janeiro: Lumen Juris, 2005.

Esta obra foi composta em fonte Palatino Linotype, corpo 10
e impressa em papel Offset 75g (miolo) e Supremo 250g (capa)
pela Gráfica Star7.